ENCICLOPEDIA DE LINGÜÍSTICA HISPÁNICA

T0361091

Escrita por completo en español, la *Enciclopedia de Lingüística Hispánica* proporciona un tratamiento detallado de los campos principales y subsidiarios de la lingüística hispánica. Las entradas se organizan alfabéticamente en tres secciones principales:

La parte I cubre las disciplinas, enfoques y metodologías lingüísticas.
La parte II incluye varios aspectos de la gramática del español, cubriendo sus componentes fonológicos, morfosintácticos y semánticos.
La parte III reúne los factores, históricos, psicológicos y aplicados en la evolución y distribución del español.

Basada en las aportaciones de un amplio espectro de expertos del ámbito hispanoparlante, la *Enciclopedia de Lingüística Hispánica* es una obra de referencia indispensable para los estudiantes de español en los niveles de grado y posgrado y para cualquier persona con interés académico o profesional en el español y la lingüística hispánica.

Javier Gutiérrez-Rexach es catedrático de Lingüística Hispánica en The Ohio State University

Written exclusively in Spanish, the *Enciclopedia de Lingüística Hispánica* provides comprehensive coverage of the major and subsidiary fields of Hispanic Linguistics. Entries are arranged alphabetically within three main sections:

Part I covers linguistic disciplines, approaches and methodologies.
Part II includes several aspects of the grammar of Spanish, covering its phonological, morphosyntactic and semantic components.
Part III brings together the historical, social, psychological and applied factors in the evolution and distribution of Spanish.

Drawing on the expertise of a wide range of contributors from across the Spanish-speaking world, the *Enciclopedia de Lingüística Hispánica* is an indispensable reference for undergraduate and graduate students of Spanish, and for anyone with an academic or professional interest in the Spanish language and linguistics.

Javier Gutiérrez-Rexach is Professor of Hispanic Linguistics at The Ohio State University.

ENCICLOPEDIA DE LINGÜÍSTICA HISPÁNICA

Volumen 2

Editado por
Javier Gutiérrez-Rexach

Routledge
Taylor & Francis Group

LONDON AND NEW YORK

First published 2016 by Routledge

2 Park Square, Milton Park, Abingdon, Oxfordshire OX14 4RN
52 Vanderbilt Avenue, New York, NY 10017

Routledge is an imprint of the Taylor & Francis Group, an informa business

First issued in paperback 2019

British Library Cataloguing in Publication Data
A catalogue record for this book is available from the British Library

Library of Congress Cataloging in Publication Data
A catalog record for this book has been requested

ISBN: 978-1-138-94142-7 (hbk) (Volume II)
ISBN: 978-0-367-87483-4 (pbk) (Volume II)

Typeset in Times New Roman
by Wearset Ltd, Boldon, Tyne and Wear

ÍNDICE

Índice

Índice

AUTORES

Albaladejo Martínez, Juan Antonio. Es profesor de traducción e interpretación en la Universidad de Alicante. Ha publicado dos libros en la colección Letras Universales de Ediciones Cátedra en calidad de editor y traductor, y cinco libros como editor. Sus líneas de investigación giran en torno a la traducción literaria, las relaciones culturales, la literatura de migración y la fraseología contrastiva.

Alcázar, Asier. Es profesor en el Departamento de Lenguas Románicas de la Universidad de Missouri. Entre sus áreas de interés se incluyen la sintaxis, sus relaciones con la morfología y semántica, la lingüística computacional y la sociolingüística. Es autor de *The syntax of imperatives* (2013).

Alonso-Marks, Emilia. Es catedrática de español y directora del Institute for the Empirical Study of Language en la Ohio University. Sus intereses incluyen la percepción del habla, la fonética, el procesamiento y adquisición del lenguaje y la pedagogía. Sus publicaciones han aparecido en *The Mental Lexicon*, *ELIA*, *Hispania* y el *Journal of the Acoustical Society of America*.

Ambadiang, Théophile. Es profesor del Departamento de Lingüística General (Universidad Autónoma de Madrid). En el ámbito de la morfología ha publicado *La morfología flexiva* (1993) y "La flexión nominal", capítulo de la *Gramática descriptiva de la lengua española* (1999).

Andueza, Patricia. Es profesora de lengua española en la Universidad de Evansville, Indiana. Sus áreas de especialización son la pragmática, la semántica, las construcciones exclamativas y la ironía.

Arche, María J. Es profesora titular en lingüística y español en la Universidad de Greenwich (Reino Unido). Su investigación se centra en la gramática del tiempo, el aspecto y la estructura argumental y su adquisición.

Blackwell, Sarah E. Es profesora de lingüística española en el Departamento de Lenguas Romances de la Universidad de Georgia (Athens, Georgia, USA). Es autora de *Implicatures in* *discourse* (2003) y fue editora del *Journal of Pragmatics* de 2003 a 2008. Sus investigaciones se han enfocado en la referencia, los marcos, y la causalidad y evaluación en el discurso.

Bartra, Anna. Es profesora en el Departamento de Filología Catalana de la Universitat Autònoma de Barcelona. Sus áreas de trabajo incluyen la sintaxis, el léxico y la adquisición de lenguas. Se centra en la estructura argumental, el foco y la estructura del sintagma nominal.

Bonet, Eulàlia. Es catedrática en el Departamento de Filología Catalana de la Universitat Autònoma de Barcelona. Ha publicado numerosos artículos sobre morfología, fonología y sus relaciones teóricas y empíricas en catalán y otras lenguas románicas.

Bosque, Ignacio. Es catedrático honorario de lengua española de la Universidad Complutense de Madrid. Ha estudiado muy diversos aspectos de la morfología y la sintaxis del español, así como de la relación de esta última con el léxico. Codirigió, junto con Violeta Demonte, la *Gramática descriptiva de la lengua española* (1999), y coordinó la *Nueva gramática de la lengua española* (2009). Ha dirigido asimismo dos diccionarios combinatorios del español (2004, 2006).

Bravo, Ana. Es profesora en el Departamento de Lengua Española de la Universidad de Murcia. Sus áreas de investigación se centran en la sintaxis y semántica de las categorías relacionadas con el tiempo, el aspecto y la modalidad.

Briz, Antonio. Es catedrático de la Facultad de Filología de la Universidad de Valencia. Es autor de numerosos artículos y varios libros sobre el español coloquial, y ha coordinado el *Diccionario de partículas discursivas del español*.

Brucart, José María. Es catedrático de lengua española de la Universitat Autònoma de Barcelona. Especialista en la sintaxis del español, sus publicaciones versan sobre las relativas, la elipsis, la determinación, la alternancia copulativa, las construcciones comparativas, los tiempos verbales, las construcciones vectoriales y la subordinación.

Bustos, Eduardo de. Es catedrático de filosofía del lenguaje en la UNED, Madrid. Es autor de *Introducción a la filosofía del lenguaje* (1982), *Pragmática del español* (1986), *La metáfora: ensayos transdisciplinares* (2000) y *Metáfora y argumentación* (2014), además de numerosos trabajos sobre las relaciones entre lenguaje, pensamiento y realidad.

Cabrera Méndez, Margarita. Es profesora titular en la Universidad Politécnica de Valencia y basa su investigación en la comunicación digital en español. Ha coordinado para la Fundación del Español Urgente el libro *Escribir en Internet, guía para los nuevos medios y las redes sociales*. Ha publicado para la UOC el libro *Emprender en periodismo*.

Camacho, José. Es profesor de lingüística en la Universidad de Rutgers. Se especializa en sintaxis del español y otras lenguas de las américas (variación dialectal, coordinación, evidencialidad, cambio de referencia). Además, investiga aspectos de bilingüismo.

Cameron, Richard. Es profesor en el Departamento de Lingüística de la Universidad de Illinois en Chicago. Trabaja sobre sociolingüística, análisis del discurso y pragmática. Recientemente ha coeditado el *Oxford handbook of sociolinguistics*.

Campos, Héctor. Es profesor en el Departamento de Español de la Universidad de Georgetown. Se especializa en la sintaxis del español y otras lenguas románicas. Es autor del libro *De la oración simple a la oración compuesta* (1993) y coautor de varias monografías sobre el albanés.

Campos-Astorkiza, Rebeka. Es profesora de lingüística hispánica en The Ohio State University. Se especializa en fonética y fonología, desde una perspectiva tanto experimental como teórica. Algunos de sus temas de investigación incluyen la representación de la duración y su uso lingüístico, y la fonética y fonología de la sonoridad.

Carrasco Gutiérrez, Ángeles. Es profesora titular de lingüística general en la Universidad de Castilla-La Mancha. Su investigación se ha centrado en el fenómeno de la concordancia de tiempos, la semántica y la sintaxis de los tiempos verbales, las perífrasis aspectuales y discursivas, la estatividad y los verbos de percepción.

Castilla-Earls, Anny. Es profesora en SUNY en Freedonia. Investiga sobre el desarrollo típico y atípico del español, las marcas específicas de los trastornos del lenguaje y la adquisición de segundas lenguas en general.

Cipria, Alicia. Es profesora de lingüística hispánica en la Universidad de Alabama, Tuscaloosa. Su especialización primaria es la semántica de fenómenos aspectuales del español. También investiga temas de contacto lingüístico, prácticas de traducción y el español en Estados Unidos.

Colina, Sonia. Es catedrática de lingüística hispánica en el Departamento de Español y Portugués de la Universidad de Arizona. Es la autora de *Spanish phonology* (2009), coeditora de *Fonología de la lengua española contemporánea* (2014), *Romance linguistics* (2009) y *Optimality theoretic studies in Spanish phonology* (2006).

Company Company, Concepción. Es catedrática de la Universidad Nacional Autónoma de México. Sus áreas de trabajo son la sintaxis histórica, la filología y la variación lingüística. Es directora y coautora de la obra *Sintaxis histórica de la lengua española* (7 volúmenes). Es miembro de número de la Academia Mexicana de la Lengua.

Czerwionka, Lori. Es profesora de español y lingüística en Purdue University. Sus áreas de especialización son la pragmática, la sociolingüística y la adquisición de segundas lenguas.

Danielsen, Swintha. Es investigadora de lingüística en la Universidad de Leipzig, Alemania. Ha trabajado en distintos proyectos lingüísticos, documentando y describiendo varias lenguas indígenas de Bolivia. En colaboración con Fernando Zúñiga y Katja Hannß está editando el volumen *Word formation in South American languages*.

Delicado Cantero, Manuel. Es profesor de español en la Australian National University. Su investigación se centra en la lingüística histórica, la sintaxis, y el análisis formal del cambio y la variación lingüística.

Demonte, Violeta. Es catedrática emérita de la Universidad Autónoma de Madrid. Ha publicado numerosos trabajos en el campo de la lingüística teórica, la gramática española y gramática formal de las lenguas naturales, la teoría léxica y el estudio de la interficie léxico-sintaxis-semántica. Es autora de los libros *Teoría sintáctica* (1989) y *Detrás de la palabra* (1991), y coeditora de la *Gramática descriptiva de la lengua española* (1999).

Díaz-Campos, Manuel. Es profesor de lingüística hispánica de la Universidad de Indiana. Realiza estudios en las áreas de variación fonológica y morfosintáctica, adquisición de la fonología en hablantes nativos y adquisición fonológica en estudiantes de español como segunda lengua. Entre sus publicaciones están *The handbook of Hispanic sociolinguistics* (2011) e *Introducción a la sociolingüística hispánica* (2014).

Díaz-Hormigo, María Tadea. Es catedrática de lingüística general de la Universidad de Cádiz. Sus investigaciones están centradas en los dominios de la morfología, la formación de palabras y la neología, con numerosas publicaciones, conferencias impartidas y contribuciones presentadas en distintos foros internacionales y nacionales.

Dumitrescu, Domnita. Es catedrática de lingüística hispánica en California State University, miembro de la Academia Norteamericana de la Lengua y editora asociada de *Hispania*. Sus áreas de investigación son la pragmática, semántica y sintaxis de las lenguas románicas. Ha publicado recientemente *Aspects of Spanish pragmatics* (2011).

Dussias, Paola E. Es catedrática en la Pennsylvania State University. Emplea técnicas de movimiento ocular y potenciales evocados para estudiar el procesamiento del lenguaje en hablantes adultos de dos idiomas.

Dworkin, Steven N. Es catedrático de lingüística románica y lingüística general en la Universidad de Michigan. El foco central de sus investigaciones es la historia del léxico español. Es el autor de *A history of the Spanish lexicon: A linguistic perspective* (2012) y redactor de artículos para el proyecto *Dictionnaire étymologique roman*.

Eguren, Luis. Es catedrático de filología española en la Universidad Autónoma de Madrid. Se especializa en la sintaxis del español y la gramática generativa. Ha publicado numerosos artículos sobre la estructura del sintagma nominal, la elipsis, los determinantes y adjetivos, entre otros temas.

Escandell-Vidal, Victoria. Es catedrática de lingüística general en la UNED, Madrid. Investiga en el área de la pragmática, así como en sus relaciones con la sintaxis. Es autora de los libros *Introducción a la pragmática* (1996), *La comunicación* (2005), *Fundamentos de semántica composicional* (2004) y *Los complementos del nombre* (1995/2012).

Escobar, Anna María. Es profesora en el Departamento de Español y Portugués de la Universidad de Illinois, en Urbana-Champaign. Su investigación se centra en el estudio de la variación y el cambio lingüístico, las lenguas en contacto y la sociolingüística. Es autora de *Contacto social y lingüístico* (2000), y coautora de *Introducción a la lingüística española* (2001) y *El español de los Estados Unidos* (2015).

Espinal, M. Teresa. Es catedrática en la Universitat Autònoma de Barcelona. Trabaja sobre la interficie entre la semántica y la sintaxis, las construcciones idiomáticas, la negación y la semántica de los nombres en catalán y español. Ha publicado numerosos trabajos en revistas de primera fila como *The Linguistic Review*, *Lingua*, *NLLT*, etc.

Fábregas, Antonio. Es catedrático de lengua española en la Universidad de Tromsø (Noruega) y está afiliado a CASTL (Center for Advanced Study in Theoretical Linguistics) en esta misma institución. Su investigación se centra en una aproximación sintáctica a la morfología. Es autor de tres libros y más de ochenta artículos.

Face, Timothy L. Es catedrático de lingüística hispánica en la Universidad de Minnesota. Es autor de varios libros y artículos sobre la entonación del español peninsular y también trabaja en otros aspectos de la fonética y la fonología del español.

Felíu Arquiola, Elena. Es profesora titular de lengua española en la Universidad de Jaén. Su investigación se centra fundamentalmente en la teoría morfológica y en la morfología del español, así como en las relaciones de la morfología con otros componentes de la gramática.

Félix-Brasdefer, J. César. Es profesor de español y lingüística en la Universidad de Indiana. Publica en las áreas de pragmática, análisis del discurso, pragmática de segundas lenguas y variación lingüística. Es autor y coeditor de libros de pragmática y discurso en primera y segundas lenguas, además de múltiples artículos en revistas de lingüística.

Fernández-Ordóñez, Inés. Es catedrática de lengua española en la Universidad Autónoma de Madrid y académica de la Real Academia Española. Es especialista en la historia y la dialectología del español. Dentro de esta última faceta dirige el *Corpus oral y sonoro del español rural*.

Fernández Soriano, Olga. Es catedrática de lengua española en la Universidad Autónoma de Madrid. Ha publicado, entre otros libros, *Los pronombres átonos* (1993), *Aproximación a una sintaxis minimista* (2004) y *La terminología gramatical* (2006).

Freixa, Judit. Es profesora en la Universitat Pompeu Fabra de Barcelona. Investiga dentro de las áreas de la terminología, la neología y la variación lingüística. Ha publicado numerosos artículos en estas áreas y coeditado varios volúmenes.

Gallego, Ángel J. Es profesor en el Departamento de Filología Española de la Universitat Autònoma de Barcelona. Sus áreas de investigación son la sintaxis, la lingüística comparada, y el estudio formal de los dialectos y variedades del español. Es autor de *Phase Theory* (2010) y *Sobre la elipsis* (2011).

Garayzábal Heinze, Elena. Es profesora en la Universidad Autónoma de Madrid. Es doctora en filología hispánica y terapias del habla. Su investigación se centra en la lingüística forense y los trastornos del desarrollo.

García, Ofelia. Es catedrática en los programas de educación urbana y lenguas y culturas hispanas y luso-brasileñas de CUNY. Es autora o coautora, entre otros, de los libros *Bilingual education in the 21st century* (2009) *Educating emergent bilinguals* (2010) y *Translanguaging* (2014).

García Fernández, Luis. Es profesor titular de la Universidad Complutense de Madrid y especialista en tiempo, aspecto, modo de acción y perífrasis verbales.

García Mouton, Pilar. Es profesora de investigación del Consejo Superior de Investigaciones Científicas (CSIC, Madrid); directora de la *Revista de Filología Española*; coordinadora del proyecto para editar el *Atlas lingüístico de la Península Ibérica*; coautora del *Atlas lingüístico y etnográfico de Castilla-La Mancha* y del *Atlas dialectal de Madrid*.

García Platero, Juan Manuel. Es profesor de lengua española en la Universidad de Sevilla. Trabaja en temas de lexicografía y lexicología, así como en sus aspectos diacrónicos y didácticos.

Garrido Gallardo, Miguel Ángel. Es catedrático y profesor de investigación del CSIC en el área de teoría de la literatura. Es autor de varios libros sobre retórica, semiótica literaria y teoría de la literatura.

Garrido, Joaquín. Es catedrático de lengua española en la Universidad Complutense de Madrid. Dirige un grupo de investigación sobre el discurso en los medios. Actualmente estudia el discurso en español, inglés, francés o alemán, y la política lingüística del español en contacto con otras lenguas.

Gavarró Algueró, Anna. Es profesora en el Departamento de Filología Catalana de la Universitat Autònoma de Barcelona. Investiga sobre la sintaxis de la adquisición y el agramatismo. Ha coeditado *Language acquisition and development* (2008) y *Merging features* (2009).

Geeslin, Kimberly. Es profesora de lingüística hispánica en la Universidad de Indiana. Investiga la adquisición de segundas lenguas y la variación sociolingüística. Es editora del *Handbook of Spanish second language acquisition* (2013) y coautora de *Sociolinguistics and second language acquisition* (2014).

Gil, Juana. Es directora del Laboratorio de Fonética del CSIC (Madrid), donde dirige, además, el Posgrado Oficial en Estudios Fónicos y, asimismo, la revista *Loquens: Spanish Journal of Speech Sciences*. Sus áreas de interés son la relación fonética-fonología y algunas aplicaciones de la fonética. Es autora de varios libros y diversos artículos.

Godev, Concepción B. Su labor docente se centra en traducción y lingüística española. Sus áreas de investigación abarcan los siguientes temas: pragmática y traducción de discursos políticos, el español en áreas multilingües y la enseñanza del español como segunda lengua.

González Rivera, Melvin. Es profesor de lengua española y lingüística en la Universidad de Puerto Rico, Mayagüez. Sus áreas de especialización son la sintaxis, la semántica y el contacto lingüístico.

González Rodríguez, Raquel. Es profesora de lengua española en la Facultad de Letras de la Universidad de Castilla-La Mancha. Su investigación se ha centrado en las propiedades sintácticas y semánticas de las partículas de polaridad, y las propiedades tempo-aspectuales de los predicados.

Guitart, Jorge M. Es catedrático de lingüística hispánica en SUNY, Buffalo. Ha publicado numerosos trabajos sobre la fonología del español. Es autor del libro *Sonido y sentido: teoría y práctica de la pronunciación del español* (2004).

Gutiérrez-Rexach, Javier. Es catedrático de lingüística hispánica de The Ohio State University. Sus temas de investigación incluyen la semántica y sintaxis del español, así como la semántica y pragmática formales. Es autor de *Los indefinidos* (2004), *Fundamentos de sintaxis formal* (2009) e *Interfaces and domains of quantification* (2014).

Gutiérrez Rodríguez, Edita. Es profesora en el Departamento de Lengua Española de la Universidad de Castilla-La Mancha. Sus trabajos versan sobre temas de gramática y sintaxis del español, especialmente en torno a las propiedades estructurales y semánticas del sintagma nominal.

Guzzardo Tamargo, Rosa E. Es catedrática auxiliar en la Universidad de Puerto Rico, Río Piedras. Emplea técnicas de movimiento ocular para estudiar la adquisición y el procesamiento del lenguaje en hablantes adultos de dos idiomas.

Hernanz, M. Lluïsa. Es catedrática en el Departamento de Filología Española de la Universitat Autònoma de Barcelona. Sus áreas de investigación son la sintaxis teórica, la gramática del español y la sintaxis comparada de las lenguas románicas. Ha publicado numerosos artículos sobre los elementos y propiedades de la periferia izquierda oracional.

Holguín Mendoza, Claudia. Es profesora en el Departamento de Lenguas Románicas de la Universidad de Oregón. Sus áreas de especialización incluyen la sociolingüística y el análisis de la variación y el cambio en el español de México y de los Estados Unidos.

Kempchinsky, Paula. Es profesora de lingüística en los Departamentos de Español y Portugués y de Lingüística en la Universidad de Iowa. Su programa de investigación se desarrolla dentro del marco teórico de la sintaxis generativa. Colabora también en proyectos de investigación en la adquisición sintáctica de segundas lenguas.

Koike, Dale. Es catedrática de lingüística hispánica y portuguesa en la Universidad de Texas en Austin. Está especializada en las áreas de pragmática, análisis del discurso y adquisición de segundas lenguas. Recientemente ha coeditado el volumen *Pragmatic variation in first and second language contexts*.

Lacorte, Manel. Es profesor de lingüística aplicada del español en la Universidad de Maryland. Su investigación y publicaciones se centran en pedagogía y cuestiones sociopolíticas en la enseñanza del español como segunda lengua y de herencia, formación de profesores y lingüística aplicada.

Leonetti, Manuel. Es catedrático de lengua española en la Universidad de Alcalá. Dentro de las áreas de la semántica y la pragmática, ha publicado numerosos artículos sobre los determinantes, nombres y la estructura informativa.

Liceras, Juana M. Es catedrática de lingüística hispánica y general en la Universidad de Ottawa y profesora asesora de investigación de la Universidad Nebrija. Su investigación se centra en la adquisición del español como segunda lengua, el desarrollo sintáctico y el contacto lingüístico.

Lipski, John M. Es catedrático de lingüística hispánica en la Pennsylvania State University. Sus áreas principales de investigación incluyen la dialectología, la variación lingüística, la fonología, el contacto lingüístico y las variedades criollas. Es autor, entre otros libros, de *Latin American Spanish* (1994) y *Varieties of Spanish in the United States* (2008).

Long, Avizia Yim. Es candidata de doctorado de lingüística hispánica en la Universidad de Indiana. Investiga aspectos fonológicos y morfosintácticos de la adquisición del español como segunda lengua, además del papel de los factores individuales. Es coautora de *Sociolinguistics and second language acquisition* (2014).

López Carretero, Luis. Es catedrático de lingüística hispánica en la Universidad de Illinois en Chicago y jefe del Departamento de Estudios Hispánicos e Italianos. Es autor de tres libros de lingüística teórica así como de numerosos artículos en revistas de difusión internacional. Ha recibido becas de la Fundación Alexander von Humboldt (Alemania) y la Fundación Fulbright (Estados Unidos).

López Palma, Helena. Es catedrática de la Universidad de La Coruña. Sus áreas de investigación comprenden la semántica formal, la sintaxis minimista, la tipología lingüística, la filosofía del lenguaje y el lenguaje de la música contemporánea. Ha trabajado sobre el ámbito de los cuantificadores, los determinantes distributivos, la interrogación, los eventos y los verbos deícticos, entre otros temas.

Lorenzo, Guillermo. Es profesor titular de lingüística general en la Universidad de Oviedo. Su investigación se centra actualmente en el llamado enfoque biolingüístico. Su libro más reciente es *Computational phenotypes. Towards an evolutionary developmental biolinguistics* (2013).

Lloret Romero, Nuria. Es doctora en documentación y profesora titular en la Universidad Politécnica de Valencia. Basa su investigación en los sistemas de información en nuevos medios y el estudio de la entidad digital y proyectos colaborativos audiovisuales a través de Internet.

Mallen, Enrique. Es catedrático en la Sam Houston State University. Es autor de varios libros sobre pintura, poesía y lingüística.

Marín, Rafael. Es investigador titular del CNRS en el laboratorio UMR 8163 ("STL") de la Universidad de Lille 3. Su investigación se centra en el aspecto léxico y cuestiones conexas. Ha trabajado principalmente sobre la predicación no verbal (nominalizaciones, adjetivos y participios, construcciones copulativas) y los predicados psicológicos.

Márquez Reiter, Rosina. Es profesora de comunicación en la Universidad de Surrey. Ha trabajado en temas relacionados con la pragmática, la sociolingüística y la comunicación intercultural. Es autora de *Spanish pragmatics* (2005) y *Mediated business interactions* (2011).

Martín García, Josefa. Es profesora titular de lengua española en la Universidad Autónoma de Madrid. Su investigación se centra en la morfología derivativa del español y en la teoría morfológica, áreas en las que ha publicado varios trabajos.

Martínez-Gil, Fernando. Es profesor de lingüística hispánica en The Ohio State University. Sus áreas de investigación son la fonología, la lingüística histórica y el estudio de las variedades del español.

Mascaró, Joan. Es catedrático en el departamento de filología catalana de la Universitat Autònoma de Barcelona. Sus líneas de investigación incluyen la fonología teórica, y la fonología y morfología descriptiva de las lenguas románicas. Ha publicado numerosos artículos en revistas como *Language, Linguistic Inquiry* y *Probus*.

Mateu, Jaume. Es profesor agregado de filología catalana en la Universitat Autònoma de Barcelona (UAB). Es el director actual del Centre de Lingüística Teòrica de la UAB. Su investigación se centra en la interfaz léxico-sintaxis, especialmente en el estudio de la estructura argumental y la estructura eventiva.

Medina Guerra, Antonia Mª. Es profesora titular de lengua española en la Universidad de Málaga. Sus líneas de investigación se enmarcan en el estudio de la lexicografía, la lexicología y la problemática del lenguaje en relación con el género.

Meirinho-Guede, Vítor. Es doctor en Lenguas y Literaturas Hispánicas y Luso-Brasileñas por el Graduate Center de la City University of New York (CUNY) con una tesis titulada *El bilingüismo español-inglés y la nueva política educativa en España: análisis ideológico-lingüístico*.

Miguel, Elena de. Es catedrática de Lengua Española de la Universidad Autónoma de Madrid. Su investigación se centra en la relación entre el léxico y la sintaxis, especialmente en el aspecto léxico, la información subléxica y la polisemia verbal, temas sobre los que ha dirigido diversos proyectos de investigación. Coordina desde 2006 el Grupo de Investigación UPSTAIRS.

Montrul, Silvina. Es catedrática en español, lingüística y adquisición de segundas lenguas en la Universidad de Illinois de Urbana-Champaign. Sus áreas de especialización son la adquisición de la morfología y sintaxis y el bilingüismo, desde una perspectiva psicolingüística y experimental.

Moreno Cabrera, Juan Carlos. Es catedrático de lingüística general en la Universidad Autónoma de Madrid. Sus áreas de investigación se centran en la tipología lingüística, la diversidad lingüística, la semántica y la sociolingüística. Es autor de una veintena de libros y ha sido miembro del comité científico del Informe Sobre las Lenguas del Mundo de la UNESCO.

Moreno Fernández, Francisco. Es catedrático de Lengua Española de la Universidad de Alcalá y director del Observatorio de la Lengua Española y las Culturas Hispánicas en la Universidad de Harvard. Es autor, entre otros textos, de *Principios de sociolingüística y sociología del lenguaje* (1998) y *Sociolingüística cognitiva* (2012).

Moreno Sandoval, Antonio. Es profesor del Departamento de Lingüística de la Universidad Autónoma de Madrid y director de su Laboratorio de Lingüística Informática, en el que comenzó su carrera investigadora dentro del proyecto EUROTRA en 1987. Ha sido investigador en IBM y en la Universidad de Nueva York.

Morera, Marcial. Es catedrático de filología española de la Universidad de La Laguna (Tenerife), coordinador de la Cátedra Cultural "Miguel de Unamuno" y académico de la Academia Canaria de la Lengua. Trabaja en dos líneas de investigación distintas: semántica gramatical y léxica del español, y dialectología hispánica.

Muñoz-Basols, Javier. Es profesor titular de español de la Facultad de Lenguas Medievales y Modernas de la Universidad de Oxford y coeditor fundacional de la revista *Journal of Spanish Language Teaching*. Es coautor de *Introducción a la lingüística hispánica actual* (2015) y de *Spanish idioms in practice* (2013). Sus áreas de especialización incluyen la enseñanza del español, el diseño de materiales didácticos, la lingüística contrastiva, la traducción y los estudios culturales.

Núñez-Méndez, Eva. Es catedrática de lengua española en la Universidad Estatal de Portland, Oregón. Cuenta con la publicación de tres libros: *Fundamentos de historia de la lengua española* (2012), *Fundamentos de fonética y fonología* (2005/2012) y *Versión en español del Troilus y Criseida de Chaucer* (2008), así como de numerosos artículos en revistas especializadas.

Olarrea, Antxon. Es catedrático de lingüística hispánica en los Departamentos de Español y de Lingüística de la Universidad de Arizona, donde imparte cursos sobre sintaxis formal y sobre evolución biológica del lenguaje desde 1998.

Ordóñez, Francisco. Es profesor de lingüística hispánica en SUNY, Stony Brook. Se especializa en el estudio de la sintaxis comparada de las lenguas románicas, y sus dialectos, con especial atención al comportamiento de los clíticos y los sujetos oracionales. Es autor de *The clausal structure of Spanish* (2000).

Orozco, Rafael. Es profesor de lingüística hispánica en la Louisiana State University. Sus áreas de trabajo son la sociolingüística, el español de Colombia, del Caribe y de Estados Unidos, el contacto lingüístico y el multilingualismo.

Ortiz López, Luis. Es catedrático de lingüística hispánica en el Departamento de Estudios hispánicos de la Universidad de Puerto Rico, Río Piedras. Su investigación se centra en los fenómenos lingüísticos del área caribeña desde una perspectiva etno-sociolingüística. Ha publicado numerosos trabajos sobre la modalidad bozal y afrocubana, el español haitianizado, el contacto de lenguas y el español de Puerto Rico, centrándose en fenómenos morfosintácticos y pragmáticos.

Otheguy, Ricardo. Es profesor de lingüística y de lingüística hispánica en el Graduate Center de la City University of New York (CUNY). Se especializa en el estudio de aspectos funcionales de la teoría lingüística, la sociolingüística y las lenguas en contacto. Es autor de numerosos artículos y libros sobre estos temas, entre ellos *Spanish in New York: Language contact, dialectal leveling and structural continuity* (2012).

Palacios, Azucena. Es profesora titular de lengua española en la Universidad Autónoma de Madrid. Trabaja sobre el español de América, las lenguas indígenas, el contacto lingüístico, y la migración y construcción identitarias en el ámbito andino.

Parodi, Claudia. Fue profesora e investigadora de dialectología e historia del español en el Centro de Lingüística Hispánica de la UNAM (1972–1982); desde 1991 enseña en el Departamento de Español y Portugués en UCLA.

Pastor, Alberto. Es profesor de lingüística hispánica en la Southern Methodist University. Dentro de las áreas de la sintaxis y la semántica del español, su investigación se ha centrado en el análisis de los adjetivos, las construcciones adjetivales y predicativas, y la expresión de la graduabilidad.

Pastor Cesteros, Susana. Es profesora de lingüística de la Universidad de Alicante, especialista en lingüística aplicada al aprendizaje del español como segunda lengua y presidenta de la Asociación para la Enseñanza del Español como Lengua Extranjera (ASELE). Dirige el grupo de investigación ACQUA.

Patiño-Santos, Adriana. Es profesora del Departamento de Lenguas Modernas en la Universidad de Southampton, en donde enseña sociolingüística y multilingüismo. Es experta en métodos de investigación cualitativa. Sus intereses de investigación incluyen la etnografía (socio)lingüística, análisis del discurso y de narrativas conversacionales.

Pavón Lucero, María Victoria. Es profesora titular de lengua española en la Universidad Carlos III de Madrid. Sus trabajos de investigación se han centrado, sobre todo, en las propiedades semánticas y sintácticas de las diferentes clases de partículas. Es autora de los libros *Sintaxis de las partículas* (2003) y *Estructuras sintácticas en la subordinación adverbial* (2012), y coautora de *Los verbos pseudo-copulativos del español* (2007).

Penny, Ralph. Fue catedrático de filología románica de la Universidad de Londres (Queen Mary, University of London), retirándose de la enseñanza activa en 2005. Es ahora *Research Professor* y catedrático emérito de filología románica de la Universidad de Londres.

Pérez-Jiménez, Isabel. Es profesora del área de lengua española del Departamento de Filología, Comunicación y Documentación de la Universidad de Alcalá. Es especialista en teoría sintáctica y sintaxis del español.

Pérez-Leroux, Ana Teresa. Es catedrática en la Universidad de Toronto. Investiga en las áreas de la adquisición del español y el bilingüismo, en sus aspectos estructurales y sintácticos: recursión, objetos nulos y explícitos, pronombres clíticos, etc.

Picallo, M. Carme. Es profesora titular en la Universitat Autònoma de Barcelona y miembro del Centre de Lingüística Teòrica. Sus líneas de investigación se centran en teoría de la sintaxis y variación morfosintáctica. Ha publicado artículos en *Linguistic Inquiry*, *Natural Language and Linguistic Theory*, *Journal of Linguistics*, *Syntax* y *Probus*. Es editora del volumen *Linguistic variation in the minimalist framework* (2014).

Piñeros, Carlos-Eduardo. Es *Senior Lecturer* de lingüística hispánica en la Universidad de Auckland. Sus áreas de especialización son la fonología del español, la morfología y la dialectología.

Placencia, María Elena. Es profesora de lingüística hispánica en Birkbeck, Universidad de Londres. Ha publicado extensamente sobre pragmática (del español), con trabajos en pragmática contrastiva e intercultural, pragmática variacional al igual que comunicación mediada por ordenador. Es coautora de *Spanish pragmatics* y coeditora de *Research on politeness in the Spanish-speaking world* y *Estudios de variación pragmática*.

Portolés, José. Es catedrático de lengua española en la Universidad Autónoma de Madrid. Sus líneas de investigación incluyen la pragmática del español, las partículas discursivas y la historia de la filología. Es autor de *Marcadores del discurso* (1998) y *Pragmática para hispanistas* (2004).

Potowski, Kim. Es profesora de lingüística hispánica en la Universidad de Illinois en Chicago. Es experta en el estudio de los hablantes de herencia, el español en Estados Unidos, la inmersión lingüística, y lenguaje e identidad. Es autora de *Language and identity in a dual immersion school* (2007), *Heritage language teaching* (2015), y *El español de los Estados Unidos* (2015).

Rini, Joel. Es catedrático de lingüística hispánica en la Universidad de Virginia. Sus líneas de investigación incluyen la historia del español y de las lenguas románicas, sobre todo en el ámbito morfológico y léxico. Es autor de *Exploring the role of morphology in the evolution of Spanish* (1999).

Rivas, Javier. Es profesor de lingüística hispánica en la Universidad de Colorado, Boulder. Su campo de investigación es la sintaxis funcional y en esta línea ha publicado dos libros y artículos sobre funciones sintácticas, complementación y orden de palabras.

Rivera Castillo, Yolanda. Es profesora en la Universidad de Puerto Rico. Es experta en fonología, en el estudio de las variedades caribeñas del español y en las lenguas criollas.

Rodríguez Ramalle, Teresa M. Es profesora titular de lengua española en la Facultad de Ciencias de la Información de la Universidad Complutense de Madrid. En la actualidad sus líneas de investigación giran en torno a la relación entre sintaxis y discurso.

Rojo, Guillermo. Es catedrático de lingüística española en la Universidad de Santiago de Compostela y miembro de número de la Real Academia Española. Su actividad investigadora se ha realizado en varias líneas: sintaxis del español, lingüística de corpus, sociolingüística y, en los últimos años, el diseño y construcción de recursos para la investigación lingüística.

Romero, Rey. Es profesor de lingüística hispánica en la University of Houston-Downtown. Su investigación se enfoca en las variedades del español en contacto con lenguas no romances, en especial los dialectos del judeoespañol en Estambul, las Islas Príncipe y Nueva York.

Ruiz Gurillo, Leonor. Es catedrática de lengua española en la Universidad de Alicante. Ha centrado su investigación en fraseología española, español coloquial, pragmática, ironía y humor. Miembro del grupo Val.Es.Co. y directora del grupo GRIALE, que se encarga del análisis pragmático de la ironía y el humor y de su aplicación didáctica a ELE.

Sáez, Luis. Es profesor titular de universidad en el Departamento de Lengua Española y Teoría de la Literatura y Literatura Comparada de la Universidad Complutense (Madrid). Centra su investigación principalmente en la sintaxis y morfología del español (comparativos, elipsis, posesivos y clíticos pronominales).

Sánchez López, Cristina. Es catedrática de lengua española en la Universidad Complutense de Madrid. Sus publicaciones tratan sobre sintaxis y semántica del español. Dirige un grupo de investigación sobre relaciones entre léxico y sintaxis, y un proyecto sobre modalidad oracional.

Sanz, Cristina. Es profesora de lingüística hispánica en la Universidad de Georgetown, donde trabaja en las áreas de adquisición de segundas lenguas y bilingüismo. Entre otros, ha editado el libro *Mind and context in adult second language acquisition* (2005).

Serrano, María José. Es catedrática de Lingüística General de la Universidad de La Laguna (Tenerife), autora de distintos trabajos publicados en forma de libro y en revistas científicas fundamentalmente sobre sociolingüística, variación sintáctica, cognición y estilo comunicativo.

Sessarego, Sandro. Es profesor de lingüística hispánica en la Universidad de Texas, Austin. Sus principales áreas de investigación son el contacto lingüístico, la sociolingüística y la sintaxis. Es el autor de *Introducción al idioma afroboliviano* (2011), *Chota Valley Spanish* (2013), *The Afro-Bolivian Spanish determiner phrase* (2014) y *Afro-Peruvian Spanish* (2015).

Silva Villar, Luis. Es lingüista y periodista de la lengua. Actualmente desempeña su actividad docente en la Colorado Mesa University como profesor de lengua y lingüística. Su columna "En la cresta de la lengua" aparece regularmente en la prensa escrita y digital de Estados Unidos: *La Opinión* (Los Ángeles), *El Diario* (Nueva York), *El Mensajero* (San Francisco), *Rumbo* (Houston) y *La Raza* (Chicago).

Solias Arís, Teresa. Es profesora titular de la Universidad de Valladolid. En su investigación se ha dedicado fundamentalmente a la gramática categorial, a la comparación entre teorías gramaticales y al estudio del aprendizaje lingüístico.

Timofeeva Timofeev, Larissa. Es profesora de lingüística en el Departamento de Filología Española de la Universidad de Alicante. Entre sus intereses investigadores destacan la fraseología, la pragmática, la enseñanza de lenguas extranjeras, la traducción o los estudios sobre la ironía y el humor, temas que ha tratado en diversas publicaciones nacionales e internacionales.

Torner, Sergi. Es profesor en la Facultad de Traducción de la Universitat Pompeu Fabra. Ha llevado a cabo investigación en lexicografía y en semántica léxica. Es autor de *De los adjetivos calificativos a los adverbios en -mente: semántica y gramática* (2007).

Torrens, Vicenç. Es profesor titular en la UNED, Madrid. Ha trabajado en la concordancia, el tiempo, el modo y los pronombres clíticos de niños con un desarrollo normal y patológico. Ha publicado libros en diferentes editoriales y artículos en revistas como *Memory and Cognition* y *Language Acquisition*.

Torres Cacoullos, Rena. Es profesora de español y lingüística en la Pennsylvania State University. Estudia la variación lingüística desde la perspectiva de la gramática basada en el uso.

Uber, Diane R. Es profesora titular de Español en The College of Wooster (Ohio). Publica sobre temas sociolingüísticos, fonológicos, morfosintácticos y pragmáticos. Su proyecto actual investiga las formas de tratamiento en el discurso del trabajo en Latinoamérica y España.

Valle, José del. Es catedrático en el Programa de Lenguas y Literaturas Hispánicas y Luso-Brasileñas y en el Programa de Lingüística del Graduate Center de la City University of New York (CUNY). Su trabajo gira en torno a las políticas de la lengua y la negociación de identidades en España, América Latina y Estados Unidos.

Villalba, Xavier. Es profesor titular del Departamento de Filología Catalana de la Universitat Autònoma de Barcelona. Sus especialidades son el orden de las palabras y las oraciones exclamativas, sobre los que ha publicado dos libros y artículos en revistas internacionales (*Journal of Pragmatics, International Review of Pragmatics, Catalan Journal of Linguistics, Lingua*).

Yus, Francisco. Imparte pragmática en la Universidad de Alicante (España). Se ha especializado en la pragmática cognitiva y la ha aplicado a áreas como el estudio del humor, la ironía, los malentendidos o los medios de masas. Dentro de esta última, ha propuesto un análisis pragmático-cognitivo de la comunicación por Internet denominado 'ciberpragmática'.

Zampaulo, André. Es profesor en el Departamento de Lenguas y Literaturas Modernas de la California State University, Fullerton. Su investigación se centra en la lingüística histórica de las lenguas románicas, la fonética, la fonología y la dialectología del español y del portugués.

Zulaica Hernández, Iker. Es profesor de lingüística hispánica en la Universidad de Indiana, Indianapolis. Sus intereses de investigación se centran en el análisis formal del discurso y la semántica y pragmática del español.

SE Y SUS VALORES

Cristina Sánchez López

1. El pronombre *se*: Definición y tipos

La forma *se* es el pronombre reflexivo de tercera persona, singular o plural, con caso acusativo o dativo; sin embargo, su uso no es siempre propiamente reflexivo, ya que puede tener distintos valores en un amplio número de construcciones. Esta forma es homófona de la variante alomórfica del pronombre no reflexivo de tercera persona en dativo *le/les*, que aparece cuando este precede a un pronombre acusativo, como en <u>Se</u> *las dio* (cf. <u>Le(s)</u> *dio las manzanas*) del que no se hablará en esta entrada.

Suele distinguirse entre dos tipos de construcciones reflexivas: reflexivas sintácticas y reflexivas léxicas o pseudorreflexivas (cf. Otero 1999). Son **reflexivas sintácticas** o **extrínsecas** aquellas en las que la reflexividad es el resultado de la correferencia no obligatoria de dos argumentos. Se ejemplifican en (1a):

(1) a. La niña_i se_i peina (a sí misma_i)/Los vanidosos_i se_i alaban (a sí mismos_i)
     b. La niña_i la_j peina (a su muñeca_j)/Los vanidosos_i no nos_j alaban (a nosotros_j)

Los sujetos de las oraciones de (1a) refieren a las mismas personas que los respectivos pronombres reflexivos *se* y *sí misma/sí mismos*, lo que se marca con los subíndices. En ambos casos, *se* realiza uno de los argumentos requeridos por el verbo —concretamente es el paciente o tema afectado— y cumple la función sintáctica de complemento directo. Como otros pronombres átonos con función de complemento directo, puede ser doblado por un pronombre tónico —*sí misma* y *sí mismos*—. La reflexividad de la construcción no es obligatoria, ya que los pronombres reflexivos podrían ser sustituidos por otros pronombres no reflexivos (1b); ello se debe a que los verbos que aparecen en tales oraciones reflexivas suelen expresar acciones que el sujeto agente puede realizar bien sobre sí mismo bien sobre otros, sin que ello altere básicamente su significado ni su combinatoria.

Son **reflexivas léxicas**, **intrínsecas** o **pseudorreflexivas** aquellas construcciones cuyo verbo, al menos en la acepción relevante, requiere ser construido como reflexivo. En tales casos, el pronombre reflexivo no corresponde a un argumento del verbo, no realiza ninguna función sintáctica, no se dobla mediante un pronombre tónico (2a) y no alterna con pronombres no reflexivos (2b):

1

(2) a. El agua se evaporó (*a sí misma)/Ese niño se constipa (*a sí mismo) mucho
  b. *El agua te evaporó/*Ese niño los constipa mucho

Los verbos como *evaporarse* y *constiparse* se denominan **reflexivos inherentes** o **pronominales**, porque no admiten otra construcción que la reflexiva. Requieren un único argumento, que funciona como sujeto, de manera que el pronombre reflexivo no tiene función semántica ni sintáctica propias y, como expresa la gramática tradicional, puede en cierto sentido ser considerado "parte del verbo". Ello se debe a que, en general, las construcciones reflexivas inherentes significan procesos que necesariamente tienen su origen y su final en el propio sujeto, que no es propiamente agente sino experimentante o paciente del proceso.

Algunos verbos pueden alternar usos pronominales con usos no pronominales. Es el caso de *olvidar, derretir, molestar, acordar*, que son transitivos no pronominales en *Olvidé la cita* y *El calor derritió el hielo*, pero intransitivos pronominales o reflexivos inherentes en *Me olvidé de la cita/Se me olvidó la cita* y *El hielo se derritió*. Estos verbos suelen aparecer en los diccionarios con la abreviatura *u.t.c.pr.* ('úsase también como pronominal'). Análogamente, no es raro que el uso cree variantes transitivas de sentido causativo a partir de verbos reflexivos inherentes, y así podría decirse *El frío constipó al niño*. En todos los casos, los usos pronominales poseen propiedades sintácticas y semánticas específicas distintas de los correspondientes usos no pronominales. En general, las diferencias entre los usos pronominal y no pronominal tienen que ver con la diátesis verbal, es decir, con la forma en que los argumentos del verbo se relacionan mediante estructuras gramaticales. En concreto, tales diferencias pueden consistir en el significado del verbo, en su aspecto léxico, en el número de argumentos que requiere, en la interpretación de tales argumentos, en las funciones sintácticas que estos reciben o en varias de estas propiedades a la vez.

La tradición gramatical española llama **medias**, y el *se* que aparece en ellas *se* **medio** (SE_M), todas las construcciones reflexivas inherentes o léxicas, atendiendo al hecho de que su significado sea similar al que algunas lenguas, como el griego clásico, expresan mediante el paradigma verbal de voz media (Fernández Ramírez 1987; Molina Redondo 1974; Lázaro Mora 1982; Maldonado 1999). El término 'medio' tiene, pues, un significado más amplio que el que recibe en la gramática teórica reciente, que lo utiliza para referirse a las construcciones pasivas reflejas con significado de propiedad, como se verá más adelante.

Las construcciones medias expresan procesos experimentados o sufridos por un sujeto que no puede controlar lo que le sucede; el sujeto es, en palabras de Fernández Ramírez (1987: 391), "el escenario de un cambio". Ello las distingue tanto de las construcciones pasivas, en las que el sujeto recibe la acción realizada por otro, como de las activas, las cuales denotan acciones que alguien ejecuta sobre otro o sobre sí mismo. En algunos casos, la misma oración puede tener una interpretación media y una activa: como nota RAE-ASALE (2009: 41.13e), la oración *Yo me mojé* es media cuando significa 'resulté mojado', pero activa si quiere decir 'Yo vertí agua sobre mí mismo'.

En las construcciones medias, *se* es formalmente una anáfora que tiene los mismos rasgos de persona y número que el sujeto de la oración. Como estas construcciones no están reducidas a la tercera persona y admiten sujetos de primera y segunda, *se* alterna con otros pronombres reflexivos (*yo me constipo, tú te olvidas, nosotros nos molestamos, vosotros os vais*). Por esa razón, el SE_M forma parte de los **usos paradigmáticos** (Otero 1965; Suñer 1973) o **anafóricos** (Mendikoetxea 2012) de *se*.

El pronombre *se* es utilizado también como marca de pasividad e impersonalidad: se llama *se* **pasivo** (SE_{PR}) el que se combina con un verbo transitivo y da lugar a una oración **pasiva refleja** (3a); se llama *se* **impersonal** (SE_I) al que, combinado con cualquier tipo de predicado, da lugar a una oración **impersonal refleja** cuyo sujeto tácito recibe una interpretación indefinida (3b) (→Pasividad e impersonalidad):

(3) a. Se descubrieron nuevas pruebas/Los libros se repartieron entre los asistentes
    b. Se duerme poco en verano/Se es feliz cuando se es premiado

Tanto las pasivas reflejas como las impersonales reflejas rechazan los sujetos de primera y segunda persona; se trata, en consecuencia, de construcciones fijadas en la tercera persona, y por ello *se* no puede alternar con otros pronombres reflexivos. SE_I y SE_{PR} se conocen como **usos no paradigmáticos** (Otero 1965; Suñer 1973) o **arbitrarios** (Mendikoetxea 2012) de *se*.

Históricamente, el uso impersonal de *se* deriva de su uso como pasivo, y este a su vez puede considerarse un desarrollo de los usos medios, ya que el significado medio se podía expresar en latín con las formas de voz pasiva (Monge 1945/2002; Bogard 2006; RAE-ASALE 2009: 41.13c,d). Aparte de su relación histórica, los tres usos de *se*, medio, pasivo e impersonal, comparten dos propiedades: una es que el reflexivo no representa un argumento del verbo (a diferencia de lo que sucede en las reflexivas sintácticas), y la otra es que su presencia está relacionada con la forma en que la estructura argumental del predicado se realiza sintácticamente, es decir, está relacionada con la diátesis.

2. Usos paradigmáticos de *se*: *se* medio

Como queda dicho, la tradición gramatical española considera medias aquellas construcciones que expresan procesos de cambio que tienen su origen y su final en el sujeto. No todas las construcciones que tienen significado medio se construyen en español como reflexivas, pero sí puede afirmarse que buena parte de las construcciones reflexivas léxicas o inherentes tienen en español este significado.

Los estudios más recientes han distinguido entre distintos subtipos de SE_M atendiendo a otras propiedades involucradas en el uso pronominal. En general, pueden distinguirse dos casos: que el verbo solo tenga uso pronominal, en cuyo caso se considera que *se* es inherente al verbo, o que el uso pronominal alterne con otros usos no pronominales, en cuyo caso, atendiendo a las propiedades aspectuales del uso pronominal, se le ha llamado incoativo (cf. Dobrovie-Sorin 2006). En español, las construcciones alternantes pueden dividirse, a su vez, en dos grupos, según cuáles son los cambios operados en cada uso: se llama *se* **anticausativo** (SE_{AC}) también el que aparece en construcciones alternantes de naturaleza causativa (*El calor derritió el hielo/El hielo se derritió*), y *se* **antipasivo** (SE_{AP}) el que aparece en construcciones alternantes de naturaleza agentiva (*María no olvida nada/María no se olvida de nada*). En ambos casos, el uso pronominal del verbo implica una modificación de su transitividad, pues verbos que son transitivos en los usos no reflexivos dejan de serlo en sus usos reflexivos.

2.1. *Los verbos pronominales alternantes*

2.1.1. *La alternancia causativa:* SE_{AC}

Muchos verbos que describen cambios de estado están sujetos a una doble diátesis: pueden construirse como verbos transitivos, en cuyo caso su sujeto se interpreta como la causa externa que desencadena el cambio y su complemento directo refiere al objeto afectado que lo sufre o experimenta (4a); pero pueden también construirse como pronominales, en cuyo caso dejan de requerir la expresión de la causa y toman como sujeto el argumento que expresa el objeto afectado (4b). La presencia de *se* ha sido considerada la marca formal de que se ha producido un cambio de diátesis, esto es, una reducción en el número de argumentos del verbo: en su uso pronominal, el verbo se comporta como inacusativo o ergativo (Zubizarreta 1987; Mendikoetxea 1992, 1999; Labelle 1992; Sánchez López 2002), por ello se ha denominado también a este *se* 'inacusativo' (Mendikoetxea 2012). Se considera que, en todos los casos, *se* absorbe el caso acusativo que el verbo deja de tener disponible para su argumento interno, convirtiéndolo en inacusativo:

(4) a. El calor derrite el hielo/El viento esparce los papeles/Sus palabras me enfadan
     b. El hielo se derrite/Los papeles se esparcen/Yo me enfado

La construcción anticausativa expresa el cambio de estado del sujeto, sin mencionar si este ha surgido en él de forma espontánea o ha sido causado por una fuerza externa. Si se desea expresar la causa desencadenante, se utiliza un complemento opcional introducido por las preposiciones *por* o *con* (*La ventana se cerró {con/por} el viento*); si se quiere subrayar que no hubo causa externa desencadenante, se expresa mediante *por* seguido de un reflexivo o con el adjetivo *solo*: *La ventana se cerró {por sí misma/por sí sola/sola}*. Presentan este tipo de alternancia causativa los verbos de cambio de estado —físico o emocional— como los de (5a), así como los verbos de cambio de ubicación o posición (5b):

(5) a. Acabar(se), aclimatar(se), acostumbrar(se), agobiar(se), agravar(se), agriar(se), agrietar(se), alargar(se), amargar(se), amoldar(se), armar(se), atascar(se), avinagrar(se), casar(se), confundir(se), cortar(se), curtir(se), desbordar(se), desinflar(se), dormir(se), enfriar(se), enriquecer(se), estrellar(se), fundir(se), llenar(se), privar(se), quemar(se), repatriar(se), romper(se), secar(se), vaciar(se)
     b. Acostar(se), acomodar(se), aislar(se), alzar(se), apear(se), arrastrar(se), colocar(se), deslizar(se), hundir(se), girar(se), levantar(se), mover(se), poner(se), posar(se), sentar(se), subir(se), ubicar(se)

Algunos verbos que expresan cambio de estado o posición presentan un tipo de alternancia causativa no marcada con el pronombre *se*: *adelgazar*, *aumentar*, *cambiar*, *disminuir*, *mejorar*, *ascender*, entre otros, se construyen sin SE$_{AC}$ en la variante anticausativa (*Las circunstancias lo cambiaron/él cambió*). Se ha atribuido la ausencia de SE$_{AC}$ al hecho de que estos verbos designen cambios de cumplimiento gradual, es decir, cambios que van culminando paso a paso; sin embargo, algunos verbos que expresan este tipo de procesos como *enfriar* o *calentar* sí toman *se* en la variante anticausativa (*el hielo enfrió la bebida/la bebida se enfrió*). En unos pocos casos, los significados causativo y anticausativo se expresan mediante verbos distintos, dando lugar a parejas de opuestos como *dejar/quedar*, *llevar/ir*, *traer/venir* cuyo primer elemento se construye como causativo y el segundo como anticausativo (*La mamá llevó al niño al médico/El niño fue al médico*). Finalmente, unos pocos verbos admiten las dos posibilidades: pueden marcar la anticausativa con *se* o con un verbo distinto; ello da lugar a ambigüedades como la del verbo *matarse*, que es sinónimo de *morir* si se interpreta con SE$_{AC}$, pero sinónimo de *suicidarse* si se interpreta como una reflexiva sintáctica.

Los verbos *quedar*, *ir*, *venir* y *morir* pueden tomar opcionalmente un reflexivo *(él murió/ se murió; la anciana quedó ciega/se quedó ciega)*; también lo hacen otros verbos alternantes de (5) como *subir*, *explotar*, *girar* y *caer*, de manera que la construcción anticausativa puede tener o no reflexivo (*la veleta giró/se giró*). Se ha discutido mucho sobre el valor de dicho reflexivo aparentemente opcional y enfático. Los verbos de movimiento que entran en esta alternancia son culminativos o télicos, pero parece que el uso reflexivo tiene aspecto léxico puntual, pues indica un cambio de posición, de ahí que en algunos casos se haga obligatorio (*se fue de casa*), mientras que el uso no reflexivo expresa el movimiento mismo en su trayectoria, lo que le confiere aspecto durativo (*fue de un sitio a otro*); de ahí que *girarse* signifique 'dar media vuelta', mientras que *girar* puede ser 'dar vueltas o dar la vuelta'. Con verbos de cambio de estado, como *quedar*, *morir* o *explotar*, que son intrínsecamente puntuales, no cabe esta distinción por lo que el uso de *se* podría deberse a un mero énfasis en el aspecto culminativo del verbo.

2.1.2. Construcciones antipasivas: SE_{AP}

Algunos verbos alternan un uso transitivo no reflexivo con otro pronominal intransitivo en el que el complemento directo pasa a realizarse como complemento de régimen preposicional. Se ilustra esta alternancia en los ejemplos de (6).

(6) a. Confesé aquello/aprovechas la ocasión/decidió actuar/burlábamos la vigilancia/olvidasteis la cita/dispusieron una tregua

   b. Me confesé de aquello/te aprovechas de la ocasión/se decidió a actuar/nos burlábamos de la vigilancia/os olvidasteis de la cita/se dispusieron a una tregua

La presencia del reflexivo se asocia con un cambio de diátesis, lo que también sucede con SE_{AC} y SE_{PR}. Lo distintivo de este caso es que el sujeto del verbo transitivo sigue siéndolo del pronominal, pero su complemento directo pasa a requerir una preposición, lo que Rigau (1994) atribuye al hecho de que el reflexivo recibe o absorbe el caso acusativo y obliga a recurrir a la preposición para legitimar el objeto nocional, que, en lugar de promocionarse a la función de sujeto como en las pasivas, se degrada a la de complemento de régimen. De ahí que se haya denominado a las reflexivas de (6b) **antipasivas** y al *se* que aparece en ellas *se* **antipasivo** (SE_{AP}) (cf. Deguchi 1978; Massullo 1992; Bogard 1999; Otero 1999). Se ha discutido si la diátesis antipasiva implica o no una reducción en la agentividad del sujeto (véase la discusión en Sánchez López 2002). Parece haber acuerdo, en cualquier caso, en que la construcción resultante es intransitiva o inergativa.

2.2. Construcciones medias no alternantes: los verbos pronominales puros

Se llaman verbos pronominales (conocidos también como verbos pronominales puros, inherentes o léxicos, verbos intrínsecamente reflexivos o verbos pseudorreflexivos) aquellos que carecen de usos no reflexivos. Estos son algunos de ellos (entre paréntesis, la preposición que rigen obligatoriamente):

(7) abalanzarse (sobre), abstenerse (de), aburguesarse, acatarrarse, acurrucarse, adentrarse (en), adormilarse, adormecerse, adueñarse (de), afiebrarse, agolparse, agusanarse, antojarse, arremolinarse, arrepentirse (de), arrogarse, atenerse (a), atreverse (a), bifurcarse, condolerse, contonearse, demudarse, desentenderse (de), desgañitarse, desquitarse, desternillarse, desvivirse, dignarse (a), empecinarse (en), enamoriscarse, endeudarse, enfrascarse, enfurruñarse, ensañarse, ensimismarse, esforzarse (en/por), fugarse,

grillarse, guasearse, herniarse, incautarse (de), indisciplinarse, inmiscuirse, jactarse (de), mofarse (de), obstinarse (en), pavonearse, pitorrearse (de), portarse, querellarse (con/contra), quejarse (de), rebelarse (contra), repantigarse, resentirse (de), sincerarse, suicidarse, transparentarse, ufanarse (de), vanagloriarse (de).

Esta lista no es exhaustiva, y cabría añadir verbos que admiten variantes transitivas con distinto significado, como *portarse/portar, despedirse/despedir*, entre otros. Unos pocos verbos son doblemente pronominales y se construyen con dos pronombres átonos: uno dativo que admite las tres personas y otro acusativo que concuerda con el sujeto y está fijado en la tercera persona, como en *Se$_{ac}$ me$_{dat}$ ocurrió una idea*.

Todos los verbos pronominales puros son no transitivos: no admiten complemento directo, aunque muchos de ellos requieren un complemento de régimen preposicional, lo que se ha atribuido al hecho de que el pronombre *se* retiene el caso acusativo. Denotan procesos de cambio que afectan al sujeto, sea este controlador activo del cambio (como parece ser el sujeto de *suicidarse*, por ejemplo) o mero experimentador (como en el caso de *adormilarse* o *desternillarse*). Desde el punto de vista aspectual, denotan logros e implican un estado resultante. La estructura morfológica de algunos de ellos manifiesta de forma explícita este significado, pues contienen preposiciones de trayectoria (*a, de(s), en*) en combinación con nombres o adjetivos que expresan la cualidad adquirida en el proceso de cambio (*aburguesarse* significa 'hacerse burgués', *herniarse* es 'llegar a tener una hernia', etc.). Algunos pronominales son verbos de movimiento, como *abalanzarse, contonearse, arremolinarse, bifurcarse, fugarse* y pueden implicar un cambio de ubicación o simplemente significar manera de moverse.

Tanto los verbos pronominales puros de (7) como las variantes pronominales de los de (4) denotan procesos de cambio operados en el sujeto. Se diferencian en la posibilidad de que el proceso esté desencadenado o no por una fuerza o causa externa: cuando existe esa causa externa, el verbo entra en alternancia causativa; cuando el proceso solo puede ser causado internamente, no hay alternancia posible y el verbo es siempre pronominal. Ello ha llevado a algunos autores a considerar que los verbos pronominales no son más que casos de SE$_{AC}$ y, en consecuencia, verbos inacusativos (Mendikoetxea 2000). Otros, en cambio, han subrayado sus similitudes con los verbos de las construcciones antipasivas, y, considerándolos casos de SE$_{AP}$, los analizan como inergativos (Massullo 1992; Bogard 1999; Teomiro 2010; véase también la discusión en Sánchez López 2002).

3. Usos no paradigmáticos de *se*

3.1. Se *pasivo reflejo*

Las construcciones de (8) se conocen como **pasivas reflejas** o **pasivas con 'se'**, y al pronombre que aparece en ellas *se* **pasivo reflejo** (SE$_{PR}$):

(8) a. Se hacen las tareas/Se preparan tortillas/El libro se escribió rápidamente
    b. Esas cosas se saben/Se ven películas/Se tiene coche/La noticia se leyó mal
    c. Se recorrieron largas distancias/Se tardaron varios días en llegar

Son pasivas porque, al igual que en las pasivas perifrásticas, el sujeto del verbo transitivo es un paciente que recibiría la función de complemento directo si el verbo no se construyese como pronominal (*alguien hace las tareas, él prepara tortillas, el autor escribió el libro rápidamente*, etc.). El pronombre reflexivo es el índice formal de que ha tenido lugar un cambio de diátesis: el verbo transitivo deja de requerir la expresión obligatoria del argumento agente y asigna a su objeto nocional la función sintáctica de sujeto. Se comporta, pues, como un verbo inacusativo que no puede asignar caso acusativo a su objeto nocional porque este ha sido acaparado o absorbido por el clítico *se*. Ello acerca SE_{PR} a SE_{AC}, pues ambos dan lugar a verbos inacusativos; se diferencian, en cambio, en que el primero solo es posible con sujetos de tercera persona, mientras que el segundo no tiene tal restricción.

A diferencia de la pasiva perifrástica, la pasiva refleja se construye con toda clase de verbos transitivos. Admiten pasivas con SE_{PR} tanto los verbos transitivos perfectivos (8a) como los imperfectivos (8b); e igualmente las admiten los verbos transitivos con complementos directos de medida (8c). Como puede apreciarse en los ejemplos anteriores, el sujeto paciente puede preceder o seguir al verbo, y en el segundo caso, puede aparecer con determinante o sin él. También se distingue de la perifrástica en que la pasiva refleja suele rechazar la expresión del complemento agente con *por*, aunque tal complemento es posible, e incluso frecuente, en ciertos registros como la prosa administrativa o jurídica (Ricós 1998): *El poder se ejerce por las autoridades u órganos del estado* (L. Vega, *Estado militar*, *CREA)*.

La pasiva refleja está sujeta a una restricción que no actúa, en cambio, en la pasiva perifrástica: no puede construirse con sujetos pacientes animados si estos aparecen en un grupo nominal que reciba interpretación específica. Los ejemplos de (9a) son gramaticales porque el sujeto paciente es, respectivamente, un SN indeterminado, un SN indefinido e inespecífico y un SN definido pero inespecífico; en cambio, los ejemplos de (9b) son inaceptables porque los respectivos sujetos son específicos. Esta restricción es paralela a la que determina el uso de la preposición *a* ante complemento directo. En tales casos, se utiliza el SE_I: la construcción es activa y transitiva, y se sobreentiende un sujeto tácito indefinido existencial ('alguien') o genérico ('todos'):

(9) a. Se contratarán {camareros/muchos camareros/todos los camareros que sean necesarios/aquellos camareros capaces de realizar el trabajo}

      b. *Se contratarán {estos camareros/ciertos camareros/todos los camareros que están aquí}

      c. Se contrató {a estos camareros/a ciertos camareros/a todos los camareros que están aquí}

De forma excepcional, las oraciones de (9a) pueden perder la concordancia entre el verbo y el sujeto paciente. El resultado son oraciones activas y transitivas, con SE_I análogas a las de (9c). Puede decirse que la ausencia de concordancia en las oraciones de (10) se debe al uso de SE_I donde la norma general utiliza SE_{PR}. Aunque extendidas con distinto arraigo en los dialectos del español (DeMello 1995), son desaconsejadas por la norma culta:

(10) a. [*]Se vende carros/[*]Se encuentra muchas dificultades

      d. [*]Se los vende/[*]Se las encuentra

Los verbos transitivos de pensamiento, lengua o sentido forman pasivas con *se*, en las que la oración es sujeto paciente, como demuestra el hecho de que no se puedan sustituir por un pronombre acusativo (11):

(11) Se dice que habrá una huelga (*SE_I lo dice/SE_{PR} dice eso)

Los predicados con SE$_{PR}$ pueden utilizarse para describir las propiedades del sujeto paciente, más que para referir una situación concreta que lo afecte. En tal caso, el predicado no tiene lectura de evento, sino que se interpreta como un predicado estativo que denota una propiedad del sujeto. Esta interpretación es característica de oraciones pasivas reflejas con el orden sujeto-verbo si el verbo tiene aspecto gramatical imperfectivo (presente o pretérito imperfecto):

(12)   Esta silla se pliega/Este vino se bebe frío/Los problemas no se solucionan sin esfuerzo/
       Un regalo se recibe con agrado

El sujeto en estas construcciones puede tener diversas lecturas. Puede tratarse de un grupo nominal con interpretación genérica (como *los problemas* y *un regalo* en los ejemplos anteriores) o bien puede tener lectura específica (*este vino, esta silla*). En el segundo caso, puede referir tanto al tipo o clase de objetos como a un ejemplar específico de esa clase. El predicado, por su parte, no refiere a un evento determinado sino que describe una propiedad del sujeto, en concreto, su pertenencia a la clase de cosas susceptible de participar en el tipo de evento descrito por el verbo.

Al igual que las pasivas perifrásticas, las pasivas reflejas suelen implicar un cambio de estado en el sujeto paciente; por eso, de *Se plegaron las sillas* puede deducirse que las sillas están plegadas. Sin embargo, cuando las pasivas reflejas tienen interpretación de propiedad, ese estado resultante no está implicado, pues la acción no se expresa como algo realizado. De *Esta silla se pliega* se deduce que puede o debe plegarse, pero no que necesariamente esté siendo plegada. La interpretación de propiedad de este tipo de pasivas reflejas hace que a menudo lleven aparejado un sentido modal, de posibilidad o necesidad, que ha sido atribuido a la presencia de un operador modal (García Negroni 1996/2002).

Si el predicado describe una propiedad inherente al tipo de objeto, requiere la presencia de algún complemento que lo precise o especifique. La oración *Este libro se lee con agrado* resultaría poco informativa si se omitiera el complemento de modo subrayado, pues todo libro puede ser leído, pero *Esta silla se pliega* es completamente informativa porque ser plegable no es una característica intrínseca de las sillas. Las construcciones correspondientes a las ejemplificadas en (12) en lenguas como francés e inglés se han denominado **medias** y al *se* que aparece en ellas, por ejemplo en francés, *'se' medio*. En el ámbito hispánico, García Negroni (1996/2002) y Mendikoetxea (1999, 2012), entre otros, utilizan también esta denominación, que adquiere un abarque más restringido que en la gramática tradicional: para estas autoras, SE$_M$ es un subtipo del SE$_{PR}$, mientras que para otros (Fernández Ramírez 1987; Molina Redondo 1974; Lázaro Mora 1982; Maldonado 1999; RAE-ASALE 2009), a los que nos sumamos, SE$_M$ es una denominación abarcadora que engloba los usos paradigmáticos de *se* en construcciones reflexivas léxicas o inherentes.

3.2. Se *impersonal*

La combinación del pronombre *se* con un verbo en tercera persona de singular sin sujeto explícito puede dar lugar a una construcción impersonal, en la que se interpreta la existencia de un sujeto tácito con referencia indefinida, ya sea existencial ('alguien') ya sea genérica ('todo el mundo'). Este *se* es llamado impersonal (SE$_I$). La construcción no es semánticamente reflexiva, está inmovilizada en la tercera persona de singular y el pronombre es un índice de impersonalidad.

Admiten SE$_I$ todos los predicados, sean intransitivos, inacusativos, copulativos o pasivos (14a). Los verbos transitivos únicamente admiten SE$_I$ si su complemento es de persona y recibe interpretación específica; este complemento se pronominaliza con *le/les* etimológico (Fernández Ordóñez 1999: 1336) como se ve en (14b). Aunque el uso de *lo(s)* y *la(s)* en su lugar (estudiado por Santiago 1975) está muy extendido y puede documentarse fácilmente, ejemplos como los de (13c) suele considerarse casos de laísmo y loísmo respectivamente.

(13) a. Se duerme mal en verano/Se protestó vivamente/Se llega tarde a veces/Se es feliz cuando se es honesto/Cuando se es golpeado por la policía, se sufre mucho
　　　b. Se contrata a los camareros eficientes/Se les contrata
　　　c. A las camareras, se *las* contrata a tiempo parcial pero a los camareros se *los* contrata a tiempo completo.

Es discutible, pues, si SE_I es compatible o no con verbos que asignan acusativo a su argumento interno. Recuérdese lo que se dijo más arriba sobre secuencias del tipo *Se vende carros*, que, para los muchos hablantes que las utilizan como única opción, son impersonales con *se* transitivas. En cualquier caso, el hecho de que SE_I pueda combinarse con verbos que no disponen de caso acusativo que asignar (inergativos y copulativos), así como con predicados pasivos, ha llevado a considerar que este *se*, a diferencia de SE_{PR}, SE_{AC} y SE_{AP} no tiene caso acusativo, sino que posee un caso nominativo por su asociación con el sujeto tácito indefinido. Este análisis, cuyos detalles pueden verse en Dobrovie-Sorin (2006: 133–142), es ya propuesto para el español en Oca (1914).

　Todas las oraciones con SE_I tienen argumento externo: en todas se interpreta un sujeto tácito de referencia indefinida que realiza la función semántica requerida por el predicado. Se entiende, en consecuencia, que alguien realiza la acción de dormir, protestar o contratar y que alguien llega o es feliz. La existencia de ese sujeto tácito permite la presencia de complementos predicativos, como *relajado* y *nervioso* en la oración *Se trabaja mejor relajado que nervioso*. El sujeto tácito puede, incluso, ser un sujeto paciente cuando SE_I se combina con predicados pasivos (cf. Suñer 1990).

　El sujeto tácito asociado a la presencia de SE_I tiene rasgos gramaticales de tercera persona de singular y referencia personal. Esta referencia es indefinida, pero puede recibir una interpretación existencial/específica o genérica. Tiene interpretación existencial o específica cuando refiere a alguien en concreto; la construcción con SE_I equivale a una oración impersonal con sujeto tácito de tercera persona plural indefinido o a una oración personal cuyo sujeto explícito sea el pronombre *alguien* (14a). Tiene interpretación genérica cuando refiere a una generalidad de personas; la construcción con SE_I equivale entonces a una impersonal con sujeto tácito de segunda persona de singular o a una oración personal cuyo sujeto explícito sea el pronombre *cualquiera* o el SN *todo el mundo* (14b). Como es lógico, el hablante resulta excluido en el primer caso pero incluido en el segundo:

(14) a. $\emptyset_{esp}$ se_I protestó vivamente/$\emptyset_{esp}$ protestaron vivamente/alguien protestó vivamente
　　　b. $\emptyset_{gen}$ se_I nace con poco pelo/Cuando $\emptyset_{gen}$ naces, $\emptyset_{gen}$ tienes poco pelo/{Cualquiera/todo el mundo} nace con poco pelo

En ambos casos, el género del sujeto tácito es por defecto masculino, el género no marcado en español (nótese en los predicativos de (13c) más arriba). No obstante, es posible utilizar el femenino si el sujeto tácito refiere a una generalidad que solo puede estar integrada por mujeres (*Se duerme mal cuando se está embarazada*).

　Finalmente, la interpretación del sujeto tácito está condicionada por la naturaleza del verbo y por el tiempo en que se conjugue. Los verbos transitivos e intransitivos son compatibles tanto con la interpretación existencial como con la genérica, y la presencia de otros elementos en la oración determina cuál es la más probable (15a). En cambio, los verbos inacusativos y pasivos rechazan la interpretación existencial y solo admiten la genérica (15b); por otro lado, el pretérito indefinido solo es compatible con la interpretación existencial, de ahí que los verbos inacusativos y pasivos lo rechacen (15c):

(15)   a. $\varnothing_{gen/esp}$ se$_I$ {duerme poco en verano/premia a un autor novel}
       b. $\varnothing_{gen/*esp}$ se$_I$ {nace con poco pelo/es perseguido/llega tarde}
       c. $\varnothing_{*gen/esp}$ se$_I$ {durmió poco/se premió a un autor novel}
       d. $\varnothing_{*gen/*esp}$ se$_I$ {nació con poco pelo/fue perseguido/llegó tarde}

4. Otros usos de *se*. *Se* aspectual

Algunos verbos transitivos tienen un uso pronominal que consiste en la presencia opcional u obligatoria de un reflexivo en caso dativo. Este dativo no es argumento del verbo y no tiene, en consecuencia, una función sintáctica determinada. Se asemeja, en consecuencia, al uso inherente o léxico de los reflexivos acusativos. En (16a) se ejemplifican verbos que tienen este dativo reflexivo obligatorio; los que aparecen en (16b), en cambio, son opcionales:

(16)   a. Ellos se apropiaron el dinero/El director se ganó la confianza de la empresa/Los chicos se perdieron el comienzo de la película/El conductor se saltó el semáforo
       b. Yo no (me) creo lo que dices/Está estudiando(se) la lección/(Se) lee el periódico cada día/(Nos) encontramos a Juan paseando

Se ha denominado a este pronombre dativo 'aspectual', y de forma general *se* **aspectual** (SE$_A$) porque su presencia depende del aspecto léxico o modo de acción del predicado. En general, se combina con predicados delimitados o acotados para enfatizar que el evento ha culminado, esto es, ha sido completado (De Miguel y Fernández Lagunilla 2000; Sanz y Laca 2002). Es incompatible, en cambio, con predicados que tienen aspecto léxico no delimitado, como los verbos estativos *amar* y *contener* (**Ese chico se ama a todo el mundo*, **La caja se contiene todos los zapatos*). Algunos verbos transitivos expresan actividades con complementos directos indefinidos pero realizaciones con complementos directos definidos, y solo en el segundo caso admiten SE$_A$: (**Se bebió vino/Se bebió el vino*). El SE$_A$ tiene cierto valor enfático porque expresa una mayor implicación del sujeto en el proceso. En ello se parece al dativo ético (→Dativos), aunque se distingue de él en que este no es reflexivo: *me* es dativo ético o de interés (no reflexivo) en *Este niño no me come bien* porque expresa la implicación del hablante en el evento; pero es aspectual o delimitador (y reflexivo) en *Yo me como el bocadillo* porque indica no solo el interés del hablante en la acción, sino que esta se cumple totalmente.

Bibliografía

Bogard, S. (1999) "Construcciones antipasivas en español", *Nueva revista de Filología Hispánica*, 43, 3–4, pp. 305–327.

Bogard, S. (2006) "El clítico *se*. Valores y evolución", en C. Company (dir.) *Sintaxis histórica de la lengua española. Primera parte: La frase verbal*, México: Universidad Nacional Autónoma de México/Fondo de Cultura Económica, vol. 2, pp. 755–870.

Deguchi, A. (1978) "Antipassive and reflexive passive in Spanish", *Lingüística Hispánica* (Osaka), 1, pp. 87–101.

DeMello, G. (1995) "Concordancia entre el verbo pronominal de tercera persona y su sustantivo: *se venden flores* vs. *se vende flores*", *Anuario de Letras*, 33, pp. 59–82.

Dobrovie-Sorin, C. (2006) "The SE-anaphor and its role in argument realization", en Everaert, M. y Riemsdijk, H. van (eds.) *The Blackwell companion to syntax*, Oxford: Blackwell, vol. 1, pp. 118–179.

Fernández Ordóñez, I. (1999) "Leísmo, laísmo y loísmo", en Bosque, I. y Demonte, V. (eds.) *Gramática descriptiva de la lengua española*, Madrid: Espasa, vol. 1, pp. 1317–1398.

Fernández Ramírez, S. (1987) *Gramática española 4. El verbo y la oración*, Madrid: Arco Libros.

García Negroni, M. M. (1996/2002) "La construcción media con *se*", *Filología*, 29, pp. 55–81. Reproducido en Sánchez López, ed. (ed.) *Las construcciones con 'se'*, Madrid: Visor, pp. 276–310.

Labelle, M. (1992) "Change of state and valency", *Journal of Linguistics*, 28, pp. 375–414.

Lázaro Mora, F. (1982) "Observaciones sobre *se* medio", *Serta Philologica F. Lázaro Carreter*, Madrid: Cátedra, pp. 301–307.

Maldonado, R. (1999) *A media voz. Problemas conceptuales del clítico 'se'*, México: Universidad de México.

Massullo, J.P. (1992) "Antipassive constructions in Spanish", en Hirschbuhler, P. y Koerner, K. (eds.) *Romance languages and modern linguistic theory*, Amsterdam/Filadelfia: John Benjamins, pp. 175–194.

Mendikoetxea, A. (1999) "Construcciones con *se*: medias, pasivas e impersonales", en Bosque, I. y Demonte, V. (eds.) *Gramática descriptiva de la lengua española*, Madrid: Espasa-Calpe, vol. 2, pp. 1631–1722.

Mendikoetxea, A. (2012) "Passives and *se* constructions", en Hualde, J. I., Olarrea, A. y O'Rourke, E. (eds.) *The handbook of Hispanic linguistics*, Hoboken, NJ: Wiley-Blackwell, pp. 477–502.

Miguel, E. de y Fernández Lagunilla, M. (2000) "El operador aspectual *se*", *Revista Española de Lingüística*, 30, pp. 13–43.

Molina Redondo, J. A. (1974) *Usos de 'se'. Cuestiones sintácticas y léxicas*, Madrid: SGEL.

Monge, F. (1955/2000) "Las frases pronominales de sentido impersonal en español", *Archivo de Filología Aragonesa*, 7, pp.1–102. Reproducido en Sánchez López, C. (ed.) *Las construcciones con 'se'*, Madrid: Visor, pp. 343–391.

Otero, C. P. (1965) "El otro *se*", *Letras*, Londres: Támesis, pp. 49–57.

Otero, C. P. (1999) "Pronombres reflexivos y recíprocos", en Bosque, I. y Demonte, V. (eds.) *Gramática descriptiva de la lengua española*, Madrid: Espasa, vol. 2, pp. 1427–1517.

[RAE-ASALE] Real Academia Española y Asociación de Academias de la Lengua Española (2009) *Nueva gramática de la lengua española*, Madrid: Espasa, vol. 2, cap. 41 ("Oraciones activas, pasivas, impersonales y medias", pp. 3037–3112).

Ricós, A. (1998) "La pasiva con *se* agentiva en los textos jurídicos administrativos: su incidencia pragmática", *Estudios lingüísticos de la Universidad de Alicante*, 12, pp. 195–209.

Rigau, G. (1994) "Les propietats dels verbes pronominales", *Els marges*, 50, pp. 29–41.

Sánchez López, C. (2002) "Las construcciones con *se*. Estado de la cuestión", en Sánchez López, C. (ed.) *Las construcciones con 'se'*, Madrid: Visor, pp. 13–163.

Santiago, R. (1975) "Impersonal *se le(s)*, *se lo(s)*, *se la(s)*", *Boletín de la Real Academia Española*, 55, pp. 83–107.

Sanz, M. y Laka, I. (2002) "Oraciones transitivas con *se*. El modo de acción en la sintaxis", en Sánchez López, C. (ed.) *Las construcciones con se*, Madrid: Visor, pp. 311–341.

Suñer, M. (1973) *Non paradigmatic 'se' in Spanish*, tesis doctoral, University of Indiana.

Suñer, M. (1983) "Pro$_{arb}$", *Linguistic Inquiry*, 14, pp. 188–191.

Suñer, M. (1990) "Impersonal *se* passives and the licensing of empty categories", *Probus*, 2, 2, pp. 209–231 [Traducción al español "Las pasivas con *se* impersonal y la legitimación de las categorías vacías", en Sánchez, C. (ed.) *Las construcciones con 'se'*, Madrid: Visor, 2003, pp. 209–234].

Teomiro, I. (2010) *Anaphors at the interfaces*, tesis doctoral, Universidad Autónoma de Madrid.

Zubizarreta, M. L. (1985) "The relation between morphology and morpho-syntax: the case of romance causative", *Linguistic Inquiry*, 16, pp. 247–289.

Lecturas complementarias

Ackema, P. y Schoorlemmer, M. (2006) "Middles", en Everaert, M. y Riemsdijk, H. van (eds.) *The Blackwell companion to syntax*, Oxford: Blackwell, vol. 3, pp. 131–204.

Cabañas Maya, R. (2006) "La animacidad como factor de variación entre la pasiva perifrástica y la pasiva refleja", *Anuario de Letras*, 44, pp. 125–146.

Delbecque, N. (2003) "La variable expresión del agente en las construcciones pasivas", *Nueva Revista de Filología Hispánica*, 51, 2, pp. 373–416.

Dobrovie-Sorin, C. (2006) "The *se* anaphor and its role in argument realization", en Everaert, M. y Riemsdijk, H. van (eds.) *The Blackwell companion to syntax*, Oxford: Blackwell, vol. 4, pp. 118–179.

García Fernández, L. (2011) "Algunas observaciones sobre *se* aspectual", en Cuartero Otal, J., García Fernández, L. y Sinner, C. (ed.) *Estudios sobre perífrasis y aspecto*, Múnich: Peniope, pp. 43–71.

Geniušiene, E. (1987) *The typology of reflexives*, Berlín/Nueva York: Mouton de Gruiter.

Gómez Torrego, L. (1992) *La impersonalidad en español: descripción y norma*, Madrid: Arco Libros.

Llorente Maldonado de Guevara, A. (1997) "Las construcciones de carácter impersonal en español", *Estudios ofrecidos a Emilio Alarcos Llorach*, vol. 1, pp. 107–126

Martín Zorraquino, M. A. (1979) *Las construcciones pronominales en español. Paradigma y desviaciones*, Madrid: Gredos.

Miguel Aparicio, E. de (1992) *El aspecto en la sintaxis del español: perfectividad e impersonalidad*, Madrid: Ediciones de la Universidad Autónoma de Madrid.

Oca, E. (1914) "El pronombre *se* en nominativo", *Boletín de la Real Academia Española*, 1, pp. 573–581.

Raposo, E. y Uriagereka, J. (1996) "Indefinite *se*", *Natural Language and Linguistic Theory*, 14, pp. 749–810.

Entradas relacionadas

aspecto léxico; complementos y objetos; pasividad e impersonalidad; pronombres personales; sintagma verbal; sintaxis; sujetos

SER Y *ESTAR*

Rafael Marín

1. Introducción

En uno de sus trabajos sobre *ser* y *estar*, Claudia Maienborn se hace eco de una divertida afirmación con la que un profesor de la Universidad de Wisconsin, Luis Crespo, abría un artículo publicado en la revista *Hispania* allá por 1946: "Estoy por creer que el verbo *estar* es el anarquista más grande que ha cruzado el Atlántico" (Crespo 1946: 45).

Uno de nuestros objetivos aquí va a ser intentar demostrar lo exagerado de tal afirmación. Para ello, vamos a comprobar que las distinciones que introduce *estar* respecto a *ser* responden en buena medida a unos criterios mucho más sistemáticos de los que a primera vista pudiera parecer.

Una fórmula muy socorrida para resumir las diferencias entre estos dos verbos consiste en contraponer la naturaleza estable y permanente de *ser* al carácter temporal y transitorio de *estar*. Como primera aproximación, quizás tenga alguna utilidad, pero no hace falta esforzarse mucho para encontrarle serios problemas.

Como alternativa o complemento a esta fórmula, algunas gramáticas y manuales de español para estudiantes extranjeros incluyen, las más de las veces, extensas listas de reglas, generalmente de marcado carácter nocional. En el caso de *ser*, por ejemplo, se suele afirmar que expresa cualidad (*Juan es inteligente*), identificación (*Son avionetas*), procedencia (*Soy de Barcelona*), posesión (*La mesa es de Juan*), profesión (*Juan es concejal*), el material de que está hecho un objeto (*La mesa es de madera*), el tiempo (*Hoy es viernes*), el lugar, fecha u hora de celebración de un evento (*El concierto es en el anfiteatro*), etc. En lo que a *estar* se refiere, es habitual señalar su uso locativo (*Juan está en Barcelona*) o relativo a una posición (*Está de pie/sentado*), en las formas progresivas (*Juan está trabajando*), para indicar el estado físico o anímico (*La sala está limpia; Juan está enfermo*) o el resultado de una acción (*La pared está recién pintada*).

Dejando de lado el esfuerzo que supone memorizar todas estas reglas, la principal objeción que cabe plantear es el gran número de excepciones que encontramos. Sin ir más lejos, al lado de *Es viernes* o *Es invierno* se utilizan otras expresiones temporales como *Estamos a viernes* o *Estamos en invierno*, y además de *Juan es concejal* podemos decir *Juan está de concejal*. Por otro lado, es cierto que *estar* indica situación o ubicación, pero no lo es menos que en ejemplos del tipo de *El concierto es en el anfiteatro* es *ser* el que se utiliza para expresar un significado claramente locativo.

En cualquier caso, existen vías alternativas para explicar los usos de *ser* y *estar*. Lo primero que debemos tener en cuenta es que no todas las categorías gramaticales presentan el mismo grado de complejidad. Entre los elementos que pueden acompañar a *ser* y *estar*, los sustantivos y los gerundios son los más fáciles de analizar. Si comparamos el español con una lengua que no dispone de un sistema de dos cópulas, como el inglés, observaremos enseguida ciertas asimetrías. Así, una oración inglesa del tipo de *I am a student* se debe traducir como *Soy un estudiante* (no como **Estoy un estudiante*), mientras que el correlato de *I am studying* es *Estoy estudiando* (no **Soy estudiando*). Para explicar estas diferencias basta con formular dos reglas bien sencillas: el verbo *to be* corresponde en español a *ser* cuando va seguido de un sintagma nominal, y a *estar* en combinación con gerundios.

Como se puede ver, estas dos reglas se basan en la categoría gramatical del elemento que acompaña al verbo auxiliar o copulativo en cuestión. El problema se plantea cuando no todos los elementos de una misma clase morfológica se decantan por la misma opción. Es el caso de adjetivos, participios, SSPP y adverbios.

Por lo que respecta a los adjetivos, obsérvese que la frase inglesa *I am Catalan* se puede traducir como *Soy catalán* (no como **Estoy catalán*), en cambio, el correlato de *I am happy* no es **Soy contento*, sino *Estoy contento*. Los sintagmas preposicionales (SSPP) y los adverbios muestran, respecto a la alternancia con *ser* y *estar*, un comportamiento hasta cierto punto similar al de los adjetivos. Si tomamos en consideración el caso de los SSPP, podremos observar que al lado de *de madera* o *del Barça*, compatibles únicamente con *ser* (*Jordi es/*está del Barça*), nos encontramos *en forma* o *de mal humor*, que solo se combinan con *estar* (*Almudena está/*es de mal humor*).

Las secuencias de auxiliar + participio presentan complicaciones adicionales; sin ir más lejos, no siempre resulta fácil distinguir entre construcciones copulativas y construcciones pasivas. A este respecto, adviértase que una oración inglesa como *The document was signed by the ambassador* tiene, como mínimo, dos posibles traducciones al español: *El documento fue firmado por el embajador* y *El documento estaba firmado por el embajador*. En cualquier caso, conviene poner de manifiesto que las construcciones de *estar* + participio son claramente más restrictivas que las de *ser* + participio, ya que, junto a ejemplos donde los dos auxiliares son posibles (*La puerta es/está abierta*), hallamos otros donde únicamente puede aparecer *ser*: *Jordi es/*está querido por todos*; *Almudena es/*está acariciada por Juan Carlos*.

Como acabamos de ver, el mismo participio (e. g. *abierta*) puede aparecer tanto con *ser* como con *estar*; no obstante, la posibilidad de que un mismo elemento aparezca con ambas cópulas es algo que se da de forma mucho más frecuente en los adjetivos: *feliz*, *tranquilo* o *viejo* se puede tanto *ser* como *estar*, depende de los matices de significado (no siempre evidentes) que se quieran expresar. Por todo ello, al estudiar los usos de *ser* y *estar* no parece conveniente empezar por estos adjetivos ambivalentes.

2. Contextos similares a *estar*

2.1. Adjetivos episódicos y de nivel individual

Como hemos anunciado ya, uno de nuestros objetivos es mostrar que el comportamiento de *estar* no es tan anárquico como lo pintan; esto es, que las restricciones que impone sobre sus posibles complementos no son exclusivas de este verbo, sino que se observan también en otros contextos gramaticales. Para ello, vamos a centrarnos en los adjetivos, particularmente en los que solo se combinan con *estar* (1); y vamos a compararlos con aquellos que únicamente se combinan con *ser* (2).

(1) a. absorto, ausente, borracho, contento, desnudo, descalzo, enfermo, furioso, harto, lleno, maltrecho, perplejo, solo, vacío.
   b. Mortadelo {está/*es} {borracho/contento/enfermo/perplejo}.

(2) a. artificial, biodegradable, budista, capaz, catalán, idóneo, inmoral, llevadero, mortal, perenne, popular, socialista, vegetariano.
   b. Filemón {es/*está} {budista/catalán/inmoral/vegetariano}.

Una de las propuestas más extendidas para explicar las diferencias que se observan entre (1) y (2) se basa en la distinción, original de Carlson (1977), entre predicados de nivel individual o *individual-level* (IL) y predicados episódicos o *stage-level* (SL): los predicados IL hacen referencia a entes o individuos en su conjunto, mientras que los SL hacen referencia a estadios de individuos. Aquí vamos a adoptar esta propuesta. No obstante, asumiendo que los adjetivos denotan estados (Rothstein 1999), vamos a considerar que los adjetivos de (1) denotan estados SL, mientras que los de (2) describen estados IL. Los predicados estativos pueden definirse, *grosso modo*, como aquellos que denotan situaciones no dinámicas (cf. *El aspecto léxico*, en este mismo volumen).

Entre los contextos que exhiben restricciones similares a las de *estar* destacan, en primer lugar, un nutrido grupo de verbos pseudo-copulativos (Morimoto y Pavón 2007), los del tipo de *andar*, *ir*, *venir*, *quedar(se)*, *llevar*, *seguir*, *continuar*, *mantenerse* o *permanecer*, que solo se combinan con adjetivos SL como los de (1).

(3) a. Marta {anda/va/se ha quedado} {descalza/desnuda}.
   b. Juan {sigue/continúa} {borracho/desnudo}.
   c. Pedro lleva tiempo enfermo.

(4) a. *Marta {anda/va/se ha quedado} {budista/catalana}.
   b. *Juan {sigue/continúa} {comunista/mortal}.
   c. *Pedro lleva tiempo vegetariano.

Como han puesto de manifiesto varios autores (Hernanz 1988; Bosque 1989, 1990; Leonetti 1994; Demonte y Masullo 1999, por citar solo algunos ejemplos), los complementos predicativos del sujeto deben denotar necesariamente estados SL. El siguiente contraste, adaptado de Leonetti (1994), no deja lugar a dudas, ya que, como vemos, los adjetivos IL de (2) no están habilitados para funcionar como predicativos adjuntos del sujeto:

(5) a. Ernesto llegó a su casa harto/furioso/borracho/enfermo.
   b. *Ernesto llegó a su casa inteligente/francés/alto/despreciable.

A medio camino entre las construcciones absolutas (e. g. *Una vez limpia la sala, cada cual se fue para su casa*) y los elementos parentéticos encontramos otras construcciones, como las de (6), que algunos autores denominan incidentales (Hernanz y Suñer 1999):

(6) a. Almodóvar, deseoso de ganar el premio, se llevó una gran desilusión.
   b. Juan, maltrecho/atónito por lo ocurrido, no podía concentrarse.
   c. El cerdo, hambriento/indefenso, se resignó a ser sacrificado.

Obsérvese que los adjetivos de (6) son todos SL; los IL no suelen ser admitidos en estas construcciones:

(7) a. ??Tu madre, odiosa, me hace la vida imposible.
     b. ??Constante, tu conducta es muy comentada.
     c. ??Pierre, francés, se adaptó bien a nuestras costumbres.

Estos contrastes son aún más claros si añadimos la modificación de *una vez* o *ya*, adverbios que refuerzan el valor absoluto de estas construcciones. Compárense, a este respecto, la aceptabilidad de los adjetivos SL de (8) con la agramaticalidad que inducen los adjetivos IL de (9):

(8) a. Una vez solos, decidimos pasar a la acción.
     b. Al conferenciante, una vez borracho, no se le entendía una sola palabra.
     c. Esteban, ya exhausto, era incapaz de seguir peleando.

(9) a. *Julia, una vez inteligente, resolvió el problema.
     b. *Una vez francés, Esteban demostró sus cualidades.
     c. *Joaquín, una vez cortés, se comportó como debía.

Dentro del conjunto de construcciones absolutas del español, las que vienen introducidas por la preposición *con* del tipo de *Con las botas puestas* constituyen un grupo con características propias. En particular, y a diferencia de las construcciones absolutas propiamente dichas, el elemento predicativo (ya sea un participio, un adjetivo o un SP) precede al SN al cual modifica, como se muestra en los siguientes ejemplos, tomados de Fernández Leborans (1995):

(10) a. Con las ventanas cerradas, no se respira bien.
      b. Con Juan enfermo, la vida no es como antes.
      c. Con mi hija a punto de casarse, no puedo pensar ahora en irme de vacaciones.

Al examinar las restricciones aspectuales que estas construcciones imponen sobre los posibles adjetivos que pueden aparecer en ellas, volvemos a observar una clara diferencia entre los adjetivos SL y los IL, ya que únicamente los primeros producen secuencias gramaticales:

(11) a. Con los participantes totalmente exhaustos, el concurso no podía continuar.
      b. Con el chófer borracho, mejor que no continuemos el viaje.
      c. Con el niño enfermo, no se puede trabajar.

(12) a. *Con Juan tímido, será difícil sortear esos obstáculos.
      b. *Con tu hermana cortés, la reunión será un éxito.
      c. *Con Felipe temerario, perderán las elecciones.

En cualquier caso, examinar dominios gramaticales como el de estas construcciones introducidas por *con* y compararlos con el uso de *ser* y *estar* puede ser muy ilustrativo, ya que, por ejemplo en este caso, como ya se señaló en la introducción, todo parece indicar que los adjetivos que se combinan con *estar* son los que caben en estas construcciones; los que no caben en ellas son los que seleccionan *ser*.

2.2. *Adjetivos ambivalentes*

Pero, como hemos señalado ya en §1, no todos los adjetivos se combinan únicamente con *estar* o únicamente con *ser*; algunos, como los de (13), a simple vista parecen compatibles tanto con *ser* como con *estar* (14), por lo que ciertos autores los consideran ambivalentes (Luján 1981) o subespecificados respecto a la distinción IL/SL (Fernández Leborans 1999):

(13)   alegre, alto, amplio, (a)normal, bajo, estrecho, feliz, feo, flaco, gordo, grande, hermoso, inquieto, joven, libre, nervioso, pequeño, orgulloso, tranquilo, viejo, vivo.

(14)   Tu hermano {es/está} {alegre/gordo/inquieto/nervioso}.

No obstante, como se demuestra en Marín (2010), si además de la compatibilidad con *ser* y/o *estar*, a estos adjetivos les aplicamos otras pruebas (como las utilizadas en §2.1), veremos que no todos los adjetivos de (13) se comportan de la misma manera, por lo que conviene separarlos en, al menos, los dos grupos siguientes:

(15)   Alegre, feliz, inquieto, nervioso, tranquilo.

(16)   Alto, bajo, estrecho, feo, flaco, gordo, grande, hermoso, joven, pequeño, viejo.

Obsérvese, en primer lugar, que los adjetivos de (15) pueden ser seleccionados por los verbos pseudo-copulativos restrictivos del tipo de *andar* o *seguir*; no así los de (16):

(17)   a.   Va feliz por la vida.
        b.   Anda un poco nervioso.
        c.   Lleva inquieto un buen rato.
        d.   ¿Ya te has quedado tranquilo?
        e.   Sigue/continúa intranquilo.

(18)   a.   *Robin va/anda viejo.
        b.   *Lleva años feo.
        c.   *Sigue bajo/grande.

El mismo comportamiento se observa respecto al resto de pruebas: predicativos adjuntos (19), construcciones absolutas (20), y cláusulas introducidas por *con* (21).

(19)   a.   Llegó a su casa nervioso/tranquilo/alegre.
        b.   *Llegó a su casa alto/estrecho/feo/gordo.

(20)   a.   Batman, una vez nervioso/tranquilo...
        b.   *Robin, una vez bajo/feo...

(21)   a.   Con el jefe inquieto/nervioso, no se puede trabajar bien.
        b.   *Con el jefe alto/guapo/gordo, no se puede trabajar bien.

Estos datos indican claramente que entre los adjetivos denominados ambivalentes, conviene distinguir los del tipo de *nervioso*, que son aceptados en los diferentes contextos SL examinados, y los del tipo de *viejo*, que no lo son. Así pues, solo los adjetivos del tipo de *nervioso* podrían llegar a considerarse propiamente ambivalentes. Los del tipo de *viejo* se comportan más bien como adjetivos IL, pese a su compatibilidad con *estar*, que debe ser explicada.

Para dar cuenta de estos casos en los que aparentemente podemos utilizar tanto *ser* como *estar*, resulta especialmente útil la distinción —más pragmática que semántica— entre 'norma general' y 'norma individual' (Falk 1979). La visión de norma general, expresada por medio de *ser*, indica una comparación entre una entidad y otras de su misma clase; en este caso, se refleja la intención del hablante de clasificar el ente referido de acuerdo con unos criterios generales, válidos en una determinada cultura o sociedad. En cambio, la visión de norma individual, referida mediante *estar*, describe una comparación entre el estado actual de una entidad y el estado que podría esperarse como normal o habitual en ella; desde esta otra perspectiva, se representa la intención del hablante de clasificar una entidad en relación con un criterio individual, exclusivamente aplicable a tal entidad.

De esta propuesta se sigue, por tanto, que las construcciones con *ser* asignan al sujeto propiedades cualitativas en función de una norma general de clasificación, mientras que las construcciones con *estar* atribuyen al sujeto características individuales, consideradas como desviaciones de lo que se considera normal para dicho sujeto. Es esta diferencia la que ponen de relieve ejemplos como el siguiente, tomado de Leonetti (1994):

(22)   La carretera es/está ancha.

Como afirma Leonetti (1994: 199): "Con *ser* se clasifica a la entidad mencionada dentro de la clase de las carreteras anchas, comparándola con otras carreteras cuyas cualidades pueden ser distintas; con *estar* se presenta a la entidad de acuerdo con la norma que se supone que le corresponde habitualmente, y la variación entre estados diferentes se circunscribe a esa misma entidad". Contrastes como los de (23) también introducen diferencias de este tipo:

(23)   a. María es/está muy guapa.
       b. Las naranjas son/están muy caras.

No obstante, pese a su utilidad para expresar estas y otras diferencias de significado, la distinción entre norma general y norma individual no está del todo exenta de problemas. De acuerdo con Porroche (1988), algunos adjetivos como los relativos a los colores o al estado civil son difícilmente explicables mediante tal distinción, porque no existe una norma acerca del color o el estado civil de las personas. En este sentido, la propuesta de Maienborn (2005), que también aboga por una solución pragmático-discursiva, parece más adecuada.

Tomando como base el mismo ejemplo de (22), Maienborn afirma que el uso de *estar* se legitima pragmáticamente si el contexto proporciona algún contraste del tema de la situación (*topic situation*). Tal contraste puede operar sobre tres dimensiones: la temporal, la espacial y la epistémica. La dimensión temporal permite la comparación con situaciones previas o posteriores en las que el predicado no se da; la dimensión espacial permite la comparación con localizaciones diferentes del predicado, y la dimensión epistémica hace referencia a la interpretación de descubrimiento. Como señala Brucart (2010), esta última dimensión epistémica da cuenta de usos evidenciales del tipo de *Estos calamares están buenísimos* o *La película estuvo divertida* (Roby 2009).

En cualquier caso, pese a ciertos problemas que pudieran plantear, tanto la distinción entre norma general y norma individual como la propuesta discursiva de Maienborn (2005) resultan particularmente útiles para describir —sobre todo desde un punto de vista didáctico— determinados usos de *ser* y *estar*, especialmente en aquellos casos en que se construyen con el mismo adjetivo, que es donde el hablante puede elegir entre una u otra cópula. No obstante, conviene recordar que, para los casos donde el hablante no tiene elección, no parece muy lógico recurrir a este tipo de explicaciones.

3. Con participios

En los estudios sobre *ser* y *estar*, los participios han recibido mucha menos atención que los adjetivos. Tal desequilibrio bien pudiera deberse a la tradicional separación entre construcciones copulativas y pasivas, y la concepción de que las construcciones de *ser* y *estar* con participio son pasivas y, como tales, regidas por principios diferentes a los de las oraciones copulativas. En lo que sigue vamos a comprobar lo erróneo de tal concepción ya que, como veremos, el mismo análisis que proponemos para explicar la distribución de *ser* y *estar* con participios puede aplicarse también al caso de los adjetivos y, de hecho, al resto de categorías gramaticales.

En construcción con participio, *estar* también presenta un comportamiento menos anárquico del que cabría pensar. De hecho, como vamos a demostrar en esta sección, es en cierta medida más sistemático que el de *ser*, ya que se rige por una única restricción (24a), mientras que *ser* parece mucho menos restrictivo:

(24) a. *Estar* solo selecciona estados SL.
    b. *Ser* se combina con estados IL y eventos (procesos, realizaciones y logros).

En la línea sugerida por algunos estudios recientes (Coussé 2011), asumimos que los participios de verbos télicos pueden denotar tanto eventos como estados. Esta doble posibilidad encuentra una explicación bastante natural si reparamos en el hecho de que los participios hacen referencia esencialmente a un límite temporal. En unos casos, como en las construcciones pasivas (25), la perspectiva temporal adoptada acaba en ese límite, en tanto que se denota un evento que culmina; en otros casos, como en las denominadas pasivas adjetivales (26), la perspectiva es posterior a ese límite, en tanto que se describe un estado resultante (de un evento), equiparable a un estado SL.

(25) a. La puerta ha sido cerrada/pintada.
    b. El tornillo ha sido apretado/torcido.

(26) a. La puerta está cerrada/pintada.
    b. El tornillo está apretado/torcido.

Como vemos, los participios seleccionan *ser* para denotar situaciones eventivas (25), mientras que para describir estados resultantes eligen *estar* (26). En lenguas como el inglés, que no disponen de dos cópulas, las diferencias que los ejemplos anteriores ponen de relieve son, claro, menos evidentes, ya que en todos los casos se utiliza el mismo verbo *to be*: *The door has been closed/painted*; *The door is closed/painted*.

Mediante esta misma generalización también explicamos por qué *estar* no selecciona ni procesos (27), ni estados IL (28): *estar* solo se combina con participios de verbos télicos, que son los únicos capaces de generar un estado resultante.

(27) a. *El coche está empujado.
      b. *El gato está acariciado.

(28) a. *Ese premio está codiciado.
      b. *Las acelgas están detestadas.

Obsérvese que tanto unos como otros son compatibles con *ser*, aunque por razones diferentes. Los participios de (27) son compatibles con *ser* porque derivan de verbos procesivos y, por tanto, eventivos; los participios de (28) lo son por derivar de estados IL. Esta diferencia se observa claramente en el tipo de construcción pasiva generada:

(29) a. El coche ha sido empujado por Filemón.
      b. El gato ha sido acariciado por Mortadelo.

(30) a. Ese premio es codiciado por todo el mundo/??Miguel.
      b. Las acelgas son detestadas por la mayoría de los niños/??Gabriel.

Al comparar (29) y (30), llaman especialmente la atención dos diferencias: las pasivas eventivas de (29) se combinan naturalmente con un tiempo verbal perfectivo y no imponen restricciones particulares sobre el complemento agente; las pasivas no eventivas de (30), en cambio, prefieren un tiempo verbal imperfectivo como el presente y presentan una clara preferencia por complementos agentes no específicos (De Miguel 1992).

Con todo, hay un tipo de verbos, los psicológicos de experimentante objeto (VPEO) del tipo de *enfadar(se)* o *preocupar(se)*, que a primera vista suponen un contraejemplo a lo que acabamos de exponer, ya que pese a no ser predicados télicos (Marín y McNally 2011) se combinan perfectamente con *estar*:

(31) a. Juan está preocupado/obsesionado.
      b. María está enfadada/asustada.

Cabe señalar, no obstante, que tal contraejemplo es tan solo aparente, ya que los participios derivados de estos verbos también denotan estados SL. Como se muestra en Marín y McNally (2011), los VPEO en forma personal (e. g. *Juan se preocupó*) denotan estados incoativos, esto es, estados que incluyen su límite inicial, mientras que en construcción con *estar* (*Juan está preocupado*) denotan estados SL, esto es, estados que presuponen —pero no incluyen explícitamente— un límite inicial. En consecuencia, los participios SL pueden tener dos orígenes distintos: a partir de verbos télicos y a partir de estados incoativos.

La clave fundamental para explicar esta doble posibilidad pasaría por revisar la noción de cambio de estado. Así, en la línea que apuntan varios autores —desde Dowty (1979) hasta Maienborn (2009)—, un cambio de estado podría definirse como el paso de un estado ¬s al estado s. El problema estriba en que tradicionalmente ese cambio de estado se ha vinculado a la telicidad. Una solución alternativa consistiría en concebir el momento de cambio de estado como un límite o *boundary happening* (Piñón 1997), que podría ser télico, mediante el límite final (*right boundary*) de un evento (26), o atélico, mediante el límite inicial (*left boundary*) de un estado (31).

De hecho, esta noción de cambio de estado podría servirnos también para avanzar en una definición de estado SL en los siguientes términos: los estados SL presuponen un cambio de estado previo, a diferencia de los estados IL, que no entrañan tal presuposición.

Una aproximación de este tipo nos parece más adecuada que la que proponen algunos trabajos recientes, como Camacho (2012) o Zagona (2012), que atribuyen a *estar* un significado incoativo. Creemos que hay pruebas que demuestran que no es así, como las que nos ofrecen precisamente los VPEO. De acuerdo con Marín y McNally (2011), la diferencia entre *Juan se preocupa* y *Juan está preocupado* estriba, como ya hemos señalado, en que en el primer caso se describe un estado incoativo, esto es, un estado (SL) y el límite inicial de tal estado, mientras que en el segundo caso solo se describe un estado SL (que presupone, pero no incluye, un límite previo). Los contrastes siguientes constituyen una clara prueba de ello:

(32)   a. Siempre que/cuando tiene un examen se preocupa.
       b. #Siempre que/cuando tiene un examen está preocupado.

(33)   a. Cuando Juan entró, los niños ??se asustaban.
       b. Cuando Juan entró, los niños estaban asustados.

En cualquier caso, a lo largo de esta sección hemos podido comprobar la validez de la generalización de (24) por lo que respecta a la distribución de *ser* y *estar* con participios. En el caso de los adjetivos, al no estar necesariamente vinculados a un verbo, su relación con un cambio de estado previo pudiera parecer menos natural que en el caso de los participios. No obstante, creemos que si, como hemos hecho, definimos los estados SL como aquellos que presuponen un cambio de estado previo no necesariamente télico, la idea tiene en esencia la misma validez: *Juan está enfermo* presupone que en algún momento Juan se ha puesto enfermo, esto es, se presupone un límite inicial al estado de estar enfermo. En cambio, *Juan es catalán* no presupone tal cambio de estado. Algo parecido podría decirse de las construcciones de *ser* y *estar* + SSPP: *Juan está de mal humor* presupone que en algún momento Juan se ha puesto de mal humor, a diferencia de *Juan es de fiar*.

Así pues, la generalización de (24) da cuenta de los dos tipos de adjetivos que vimos en § 2, ya que *estar* selecciona estados SL, mientras que *ser* selecciona estados IL. También explica el caso de los SSPP, que se distribuyen de forma similar a los adjetivos. Dicha generalización —en particular (24b)— predice que los predicados eventivos son seleccionados por *ser*. Ya hemos visto que en el caso de los participios, en efecto, esto es así; ahora vamos a ver que también es el caso de ciertos adjetivos y ciertas construcciones locativas.

4. Los eventos siempre eligen *ser*

Al ocuparnos de los participios ya vimos que los que expresan un significado eventivo eligen *ser*. Si tal generalización se aplica a cualquier clase gramatical, cabría esperar que toda categoría que denote un evento debería seleccionar *ser*. Y esto es lo que parece que sucede.

4.1. Adjetivos eventivos

Anteriormente, hemos asumido que todos los adjetivos denotan estados. Existe, no obstante, un nutrido grupo, el de los denominados adjetivos evaluativos de comportamiento (AEC) del tipo de *amable* o *cruel*, que presenta sistemáticamente, además de una lectura estativa, otra más bien eventiva (Arche 2006; Marín 2010; Fábregas *et al.* 2013):

(34) amable, arrogante, astuto, audaz, cauto, cobarde, cruel, cuidadoso, (des)cortés, egoísta, honrado, honesto, humilde, (im)prudente, (in)discreto, in(fiel), (in)justo, generoso, modesto, pedante, sincero, valiente.

En efecto, son varias las pruebas que parecen mostrar que los AEC disponen de tal lectura eventiva (Fábregas *et al.* 2013). Entre ellas destaca la compatibilidad con la forma progresiva, en la que no entran ni los adjetivos IL ni los SL.

(35) a. Estás siendo cruel/imprudente.
    b. *Estás siendo catalán/vegetariano.
    c. *Estás estando enfermo/perplejo.

En esta misma dirección apuntan las pruebas sobre agentividad. Los AEC aceptan la modificación de adverbios agentivos como *deliberadamente* o *a propósito* (*Ha sido cruel a propósito*), son compatibles con verbos del tipo de *convencer* u *obligar* (*La obligaron a ser discreta*), y pueden aparecer en imperativo (*Sé honesto contigo mismo*).

De lo dicho hasta ahora, podemos concluir que, como en su lectura IL —aunque por diferentes motivos—, los AEC también seleccionan *ser* en su lectura eventiva. Los datos son algo más complicados, ya que en los contextos adecuados los AEC pueden llegar a ser compatibles con *estar*: *Ayer estuviste muy valiente*; *Estás muy discreto últimamente*. No obstante, estos usos son bastante limitados y responden más bien a casos de coacción aspectual (Escandell y Leonetti 2002), por lo que los dejaremos de lado aquí.

4.2. La localización de eventos

Desde trabajos ya clásicos a otros más recientes (cf. Brucart 2010), se ha reparado en el hecho, a primera vista llamativo, de que la localización de los nombres de eventos (e. g. *conferencia*, *concierto*) no se rige por la norma general de utilizar *estar* con los locativos. Así, decimos que *Pedro está en su casa* o que *Las gafas están encima de la mesa*, pero también afirmamos que *La conferencia es en el anfiteatro* o preguntamos *¿Dónde es la fiesta?* En todos estos casos de localización de eventos utilizamos *ser*, y no *estar*, tal como predice la generalización de (24).

Resulta interesante constatar que estos nombres, como los AEC, son compatibles con el progresivo: *La conferencia está siendo interesante*, *La fiesta está siendo divertida*, a diferencia de lo que se observa en el caso de los nombres no eventivos: **Las gafas están siendo brillantes*.

Por último, no nos queda sino constatar que lo examinado a lo largo de estas páginas nos lleva a una conclusión clara: *estar* dista mucho de ser el anarquista más grande que ha cruzado el Atlántico.

Bibliografía

Arche, M. J. (2006) *Individuals in time. Tense, aspect and the individual/stage distinction*, Amsterdam/Filadelfia: John Benjamins.
Bosque, I. (1989) *Las categorías gramaticales*, Madrid: Síntesis.
Bosque, I. (1990) "Sobre el aspecto en los adjetivos y participios", en Bosque, I. (ed.) *Tiempo y aspecto en español*, Madrid: Cátedra, pp. 177–214.
Brucart, J. M. (2010) "La alternancia *ser/estar* y las construcciones atributivas de localización", en Avellana, A. (comp.) *Actas del V Encuentro de Gramática Generativa*, Neuquén: Editorial Universitaria del Comahue, pp. 115–152.

Camacho, J. (2012) "*Ser* and *estar*: The Individual/Stage-level distinction and aspectual predication", en Hualde, J. I., Olarrea, A. y O'Rourke, E. (eds.) *The handbook of Hispanic linguistics*, Malden: Wiley-Blackwell, pp. 453–477.

Carlson, G. N. (1977) *Reference to kinds in English*, tesis doctoral, University of Massachussetts, Amherst.

Coussé, E. (2011) "On ambiguous past participles in Dutch", *Linguistics*, 49, 3, pp. 611–634.

Crespo, L. (1946) "Los verbos SER y ESTAR explicados por un nativo", *Hispania*, 29, pp. 45–55.

Demonte, V. y Masullo, P. J. (1999) "La predicación. Los complementos predicativos", en Bosque, I. y Demonte, V. (eds.) *Gramática descriptiva de la lengua española*, Madrid: Espasa, pp. 2461–2524.

Dowty, D. (1979) *Word meaning and Montague grammar*, Dordrecht: Reidel.

Escandell, V. y Leonetti, M. (2002) "Coercion and the Stage/Individual Distinction", en Gutiérrez Rexach, J. (ed.) *From words to discourse: Trends in Spanish semantics and pragmatics*, Amsterdam: Elsevier, pp. 159–179.

Falk, J. (1979) *SER y ESTAR con atributos adjetivales*, Uppsala: Acta Universitatis Uppsaliensis.

Fábregas, A., Leferman, B. y Marín, R. (2013) "Evaluative Adjectives are Davidsonian states", *Proceedings of Sinn und Bedeutung 17*, París, pp. 237–253.

Fernández Leborans, M. J. (1995) "Las construcciones con el verbo *estar*: aspectos sintácticos y semánticos", *Verba*, 22, pp. 253–284.

Fernández Leborans, M. J. (1999) "La predicación: las oraciones copulativas", en Bosque, I. y Demonte, V. (eds.) *Gramática descriptiva de la lengua española*, Madrid: Espasa, pp. 2357–2460.

Hernanz, M. L. (1988) "En torno a la sintaxis y la semántica de los complementos predicativos en español", *Estudi General*, 8, pp. 7–29.

Hernanz, M. L., y Suñer, A. (1999) "La predicación: la predicación no copulativa. Las construcciones absolutas", en Bosque, I. y Demonte, V. (eds.) *Gramática descriptiva de la lengua española*, Madrid: Espasa, pp. 2525–2560.

Leonetti, M. (1994) "*Ser* y *estar*: estado de la cuestión", *Barataria*, 1, pp. 182–205.

Luján, M. (1981) "The Spanish copulas as aspectual indicators", *Lingua*, 54, pp. 165–210.

Maienborn, C. (2005) "A discourse-based account of Spanish *ser/estar*", *Linguistics*, 43, 1, pp. 155–180.

Maienborn, C. (2009) "Building event-based ad hoc properties: On the interpretation of adjectival passives", en Riester, A. y Solstad, T. (eds.), *Proceedings of Sinn und Bedeutung 13*, Stuttgart: University of Stuttgart, pp. 35–49.

Marín, R. (2004) *Entre ser y estar*, Madrid: Arco Libros.

Marín, R. (2010) "Spanish adjectives within bounds", en Cabredo, P. y Matushansky, O. (eds.) *Adjectives. Formal Analyses in Syntax and Semantics*, Amsterdam: John Benjamins, pp. 307–331.

Marín, R. y McNally, L. (2011) "Inchoativity, change of state, and telicity. Evidence from Spanish reflexive psychological predicates", *Natural Language and Linguistic Theory*, 48, 1, pp. 35–70.

Miguel, E. de (1992) *El aspecto en la sintaxis del español: perfectividad e impersonalidad*, Madrid: Universidad Autónoma de Madrid.

Morimoto, Y. y Pavón Lucero, M. V. (2007) *Los verbos pseudo-copulativos del español*, Madrid: Arco Libros.

Piñón, C. (1997) "Achievements in an Event Semantics", en Lawson, A. y Cho, E. (eds.) *Proceedings of Semantics and Linguistic Theory*, 7, Ithaca, NY: CLC Publications, pp. 273–296.

Porroche, M. (1988) *Ser, estar y verbos de cambio*, Madrid: Arco Libros.

Rothstein, S. (1999) "Fine-grained structure in the eventuality domain: The semantics of predicative adjective phrases and *be*", *Natural Language Semantics*, 7, pp. 347–420.

Zagona, K. (2012) "*Ser* and *estar*: Phrase structure and aspect", en Nishida, C. y Russi, C. (eds.) *Cahiers Chronos 25*, Amsterdam: Rodopi, pp. 1–20.

Lecturas complementarias

Clements, J. C. (2006) "*Ser-estar* in the Predicate Adjective Construction", en Clements, J. C. y Yoon, J. (eds.) *Functional approaches to Spanish syntax. Lexical semantics, discourse and transitivity*, Nueva York: Palgrave Macmillan, pp. 161–202.

Fábregas, A. (2012) "A guide to IL and SL in Spanish: Properties, problems and proposals", *Borealis*, 1, 2, pp. 1–72.

Gallego, A. y Uriagereka, J. (2009) "*Estar = Ser + P*", comunicación presentada al *XIX Colloquium on Generative Grammar,* Vitoria.

Gumiel, S. y Pérez Jiménez, I. (2012) "Aspectual composition in *ser/estar + adjective* structures: Adjectival scalarity and verbal aspect in copular constructions", *Borealis*, 1, 1, pp. 33–62.

Gumiel, S., Leonetti, M. y Pérez Jiménez, I. (eds.) (en prensa) Ser & estar *at the interfaces*, *Issues in Hispanic and Lusophone Linguistics*, Amsterdam: John Benjamins.

Holtheuer, C. (2011) "The distribution of *ser* and *estar* with adjectives: A critical survey", *Revista Signos*, 44, 75, pp. 33–47.

Mangialavori Rasia, M. E. (2013) "Conciliating states and locations. Towards a more comprehensive and in-depth account of the Spanish copula *estar*", *Studies in Hispanic and Lusophone Linguistics*, 6, 1, pp. 37–77.

Roby, D. (2009) *Aspect and the categorization of states: The case of ser and estar in Spanish*, Amsterdam: John Benjamins.

Romero, J. (2009) "El sujeto en las construcciones copulativas", *Verba*, 36, pp. 195–214.

Schmitt, C. (1992) "*Ser* and *estar*: a matter of aspect", en Broderick, K. (ed.), *Proceedings of NELS 22*, pp. 411–426.

Ursini, F.-A. (2011) "On the syntax and semantics of *ser* and *estar*", *Lingue & Linguaggio*, 9, 1, pp. 57–87.

Entradas relacionadas

adjetivos; aspecto gramatical; aspecto léxico; enseñanza del español como lengua extranjera; gerundio y participio; pasividad e impersonalidad; perífrasis verbales; semántica; verbos auxiliares

SÍLABA

Sonia Colina

1. Introducción

La *sílaba* suele definirse como una agrupación de sonidos en torno a una cima o cumbre de sonancia, de tal manera que el valor de esta crece hasta alcanzar su punto máximo en el núcleo y desciende a partir de él. Por ejemplo, la palabra *tren* consiste en una sola sílaba. En ella el sonido de mayor sonancia es la vocal y el de menor, [t]; la vibrante tiene mayor sonancia que la primera consonante, pero menos que la vocal. La nasal final que sigue a la vocal es a su vez menos sonante que esta. Una excepción a esta definición son las sílabas que constan de un solo segmento, puesto que no presentan ascenso y descenso de sonancia, sino simplemente una cima.

Entendemos la *sonancia*, a veces también denominada *sonoridad* (a pesar de ser un concepto que no tiene que ver con la vibración de las cuerdas vocales), como el nivel de prominencia acústica de un sonido, definido en términos generales y comparativos. En términos comparativos los sonidos se clasifican en una escala que indica el grado de sonancia de varias clases naturales en comparación con otras. Así, por ejemplo, en español, la escala más común es la representada en (1), con algunas diferencias relativas al número de subdivisiones necesarias (por ejemplo, algunos autores agrupan las fricativas y oclusivas en una sola clase, a pesar de que, como veremos, esto es problemático para los grupos consonánticos en el ataque).

(1) Vocales bajas   7
      Vocales medias   6
      Vocales altas   5
      Líquidas   4
      Nasales   3
      Fricativas   2
      Oclusivas   1

Retomando nuestro ejemplo anterior, *tren*, y asignando un número en la escala a cada sonido, se puede observar la curva de sonancia típica de una sílaba (2): ascendente en dirección al núcleo (1, 4, 6) y descendente a partir de este (6, 3).

(2)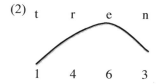

A pesar de que hasta la fecha no ha sido posible identificar los correlatos fonéticos que marcan el comienzo y final de una sílaba, los hablantes nativos de una lengua, especialmente en el caso del español, generalmente tienen intuiciones claras sobre la división silábica. Estas intuiciones son parte de su competencia fonológica y es por ello que la descripción silábica es importante para varias ramas de la lingüística.

La sílaba desempeña un papel importante en varias áreas de la fonología. Por un lado, para muchos análisis es esencial para la asignación del acento, en los que depende de la estructura silábica y de los tipos de sílabas de una palabra prosódica (para otros, el aparente efecto del acento se considera un residuo histórico de la acentuación del latín). Por otro, la descripción de la inmensa mayoría de los fenómenos fonológicos del español y de su condicionamiento debe hacer referencia también a la sílaba: por ejemplo, la asimilación de nasales (al punto de articulación de la consonante siguiente) /kaNbio/ [kambio], la aspiración de /s/ /las/ [lah] y la asimilación en voz /mismo/ [mizmo] afectan a segmentos en posición de coda y se deben entender como modificaciones subsegmentales causadas por su situación en una posición implosiva (que no favorece contrastes) en la estructura silábica. Si no dispusiésemos de la sílaba como unidad fonológica, sería imposible expresar tal generalización, que subyace a todos esos fenómenos y que explica la neutralización de contrastes. Además, las restricciones fonotácticas referentes a las posibilidades de combinación de sonidos (e. g., *st-*, *sp-*, *sk-* no son posibles secuencias tautosilábicas en español) también dependen de la existencia y caracterización de las sílabas. Finalmente, es importante mencionar que, además de su importancia para la fonología, la sílaba es esencial para un campo como la creación y teoría literaria, ya que la poesía en español se basa en el recuento de unidades silábicas.

2. Características principales de las sílabas en español

2.1. Constituyentes

Las sílabas constan de tres constituyentes: ataque, núcleo y coda, de los cuales el único obligatorio es el núcleo (N). El conjunto del núcleo y coda se conoce con el nombre de rima (N′). El núcleo en español es siempre una vocal. Los elementos consonánticos que preceden al núcleo constituyen el ataque, mientras que aquellos que lo siguen se denominan coda.

(3)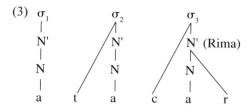

En el ejemplo de (3), la palabra *atacar* consta de tres sílabas, marcadas con el símbolo σ. Las tres tienen la vocal baja /a/ como núcleo. El ataque de la segunda sílaba es *t* y el de la tercera es *c* [k]. La única sílaba con una coda en esta palabra es la tercera, *r*, mientras que la primera no tiene ataque ni coda. Vemos, por tanto, que el ataque y la coda no son obligatorios en español, aunque su presencia incrementa la complejidad de la sílaba. La estructura silábica ideal, preferida por casi todas las lenguas según criterios acústicos y perceptuales, consta de un ataque y un núcleo, como en la segunda sílaba de *atacar*.

En teoría cualquier consonante puede ocupar el ataque en español, aunque algunas como, por ejemplo, la nasal palatal, son poco comunes en posición inicial de palabra, e. g., *ñandú*. Una excepción es la vibrante simple que nunca aparece en esta posición, dándose en su lugar la múltiple, e.g., *rata*. En cuanto a la coda, las consonantes preferidas son las sonantes (nasales y líquidas): *cambio* [kám.bio], *tren*, /l/ o /r/ *malta*, *papel*, *marca*, *amor*, y /s/ *resto*, *análisis*. A pesar de que se pueden encontrar obstruyentes (oclusivas, fricativas y africada) en la coda, *concepción*, *obsesión*, *étnico*, *administrar*, *técnica*, *dogmático*, estas son poco frecuentes, especialmente en posición final de palabra, *carnet*, *reloj*, *tic-tac*, *pub*, *chef* (Alonso 1945; Hualde 1989a).

Como mencionamos anteriormente, los tres constituyentes silábicos (ataque, núcleo y coda) pueden ser complejos, es decir, admiten la posibilidad de agrupar más de un segmento. En español, el límite de segmentos en el ataque es de dos consonantes, mientras que el núcleo consta como máximo de una vocal y de una deslizada (i. e., vocoide no nuclear) en posición prevocálica o postvocálica (diptongo creciente o decreciente respectivamente, *miedo* [mjé]*do*, *peine* [péj]*ne*). Cuando el núcleo va precedido y seguido de una deslizada tenemos un triptongo, *buey* [bwéj]. Utilizamos el término 'vocoide' para referirnos al grupo de segmentos no consonánticos en español (vocales y deslizadas). Estos pueden ser nucleares o silábicos (vocales) y no nucleares (deslizadas). En un ataque de dos consonantes la primera siempre es una obstruyente (i. e., /p/, /t/, /k/, /b/, /d/, /g/) o /f/ y la segunda una líquida. Las codas también pueden tener dos segmentos, aunque existen bastantes restricciones con respecto a las posibles combinaciones de estos. Los grupos permitidos en la coda incluyen: deslizada+consonante, [béjn].*te*, [awk.sí].*lio*; sonante+/s/, *pers.pec.tiva*, *ins.tau.rar*, *sols.ticio*; obstruyente+/s/, *abs.te.ner ads.cri.bir* (utilizamos puntos para indicar la división silábica). Aquellos grupos en los que el segundo elemento es /s/ a menudo presentan elisión de la primera consonante o de la menos sonante, sobre todo en el habla informal y rápida.

En (4) presentamos ejemplos de tipos de sílabas posibles en español según la presencia de una o más consonantes (C), vocales (V) y deslizadas (D) (Colina 2009). La sílaba relevante aparece en versalita.

(4) Tipología de las sílabas del español
   a. V   *a*.la, Marí.*a*
   b. CV   a.*la*, sa.*la*.da
   c. CVC   *pan*, *tan*.to
       CVD   *soy*, *boy*.cot
   d. VC   *un*, *un*.tar
       VD   h*ay*, *Eu*.ro.pa
   e. CCV   *flo*.tar, a.*fli*.gi.do
   f. CCVC   *tren*, a.*pren*.der
       CCVD   *plei*.te.ar, a.*plau*.dir
   g. VCC   *ins*.truir, re.*ins*.tau.rar
       VDC   *aus*.tral, a.plau.di.rí.*ais*
   h. CVCC   *pers*.pec.tiva, cir.*cuns*.tan.cias
       CVDC   *cáus*.ti.co, to.*máis*
   i. CCVCC   *trans*.por.te, re.*trans*.mi.tir
       CCVDC   *claus*.tro, en.con.*tráis*

2.2. División silábica o silabeo

En el § 2.1., pasamos revista a los tipos de sílabas del español según su estructura y sus constituyentes, considerando las sílabas como unidades aisladas. En este estudiamos el silabeo, es decir, la asignación de una sucesión de segmentos, bien dentro de una palabra, o de la cadena hablada, a la misma sílaba o a sílabas diferentes. El silabeo o silabificación también se puede entender como la división en sílabas de la cadena hablada.

Debido a que el tipo de sílaba más común en las lenguas humanas consiste en un ataque consonántico y un núcleo vocálico, una consonante intervocálica, como *l* en *ala*, constituye siempre en español el ataque de la segunda sílaba, *a.la*. Esta generalización se conoce con el nombre de regla CV o regla del ataque. Es importante advertir que este principio también se aplica entre palabras, aunque tradicionalmente los fonólogos se refieren a él con otro nombre, i.e., resilabeo. El resilabeo es el fenómeno por el cual en una secuencia de una palabra acabada en consonante y otra que empieza por vocal, la consonante final de palabra pasa a formar parte del ataque de la sílaba cuyo núcleo es la primera vocal de la segunda palabra. Por ejemplo, si bien *las* y *amigas* se silabean por separado como *las.* y *a.mi.gas*, en la cadena hablada, el resilabeo tiene como resultado *la.sa.mi.gas*.

(5) Resilabeo
     papel y pluma   pa.pe.ly.plu.ma
     con atención y con esmero   co.na.ten.ció.ny.co.nes.mero
     vamos a ver a los enfermos   va.mo.sa.ve.ra.lo.sen.fer.mos
     vimos tres osos en el andén   vi.mos.tre.so.so.se.ne.lan.dén

En el caso de una secuencia de dos consonantes en el interior de palabra, existen dos posibilidades: que las dos consonantes formen parte del ataque de la segunda sílaba, *ha.bla*, o que una pertenezca a la coda de la primera sílaba y la otra al ataque de la segunda sílaba, *can.sa.do*. El español muestra preferencia por la primera opción (i. e., un grupo consonántico), siempre que el resultado sea un grupo de obstruyente o /f/ y una líquida. El preferir silabear dos consonantes como grupo en el ataque a dos consonantes heterosilábicas (coda + ataque) se denomina maximización del ataque. Como es obvio, la maximización se aplica también a los grupos de tres y cuatro consonantes en los cuales siempre hay al menos una o dos consonantes en la coda precedente, dado el máximo permitido en español de dos consonantes en el ataque, *in.cluir*, *ins.truir*.

A diferencia de lo que sucede con una consonante intervocálica, en el contexto entre palabras no existe maximización de ataques si las consonantes que podrían formar un grupo consonántico provienen de dos palabras diferentes, e. g., *a.flo.jar*, *chef.lo.co*, **che.flo.co* vs. *chef.fla.co*.

Cuando la secuencia de segmentos consiste en dos vocoides, estos se pueden pronunciar en una o dos sílabas. Cuando se silabean en la misma sílaba tenemos un diptongo (triptongo, si son tres): *miedo*, *suave*, *peine*, *autor*. En caso contrario, el resultado es un hiato en el que la segunda sílaba carece de ataque, *ma.re.a*, *habí.a*. Un diptongo consiste en una deslizada o semivocal en posición prevocálica o postvocálica, mientras que el hiato tiene dos vocales plenas. En muchas variedades del español el vocoide menos sonante suele ser la semivocal o deslizada, independientemente de su posición con respecto a la vocal. En otras palabras, el grado de sonancia es el criterio más importante en la selección del núcleo del diptongo, *m*[je].*do*, *p*[ej].*ne*, *m*[we].*ve*, [ew].*nuco*. Se adopta este criterio siempre que el vocoide menos sonante no sea portador del acento, lo que provocaría el silabeo de los dos en sílabas independientes, *Ma.rí.a* vs. *Ma.rio*. Sin embargo, no todos los dialectos se basan en el mismo principio para asignar el núcleo silábico dentro de un diptongo. El español hablado en el suroeste de Estados Unidos, por ejemplo, selecciona siempre como núcleo el segundo vocoide, de modo que si el primero es alto se realiza como deslizada alta (6a), si es medio se eleva y desliza, dando lugar a [j] o [w] para [e] y [o] (6b–6c), respectivamente, y si es bajo se elide (6d).

(6) Deslizadas vs. vocales en diptongos (Martínez-Gil 2000)

Español peninsular	Español norteamericano
a. m[ja].mi.go	m[ja].mi.go
b. s[ew].sa	s[ju].sa
c. teng[oj].po	teng[wi].po
d. l[aj]gle.sia	l[i].gle.sia

Como se puede observar en (6), las reglas de formación de diptongos también se aplican en la cadena hablada, en el interior de palabra y cuando dos vocales entran en contacto entre palabras. Este proceso se ve afectado por mucha variación, ya que además de la sonancia de los vocoides relevantes intervienen factores como la naturaleza tónica o átona de los mismos y las pausas. Sin embargo, en principio, todas las configuraciones con hiato se pueden convertir en diptongos, mediante el deslizamiento o pérdida de la mora de uno de los dos vocoides. La mora es una unidad de peso silábico asociada en español con las vocales y el núcleo silábico.

En las dos últimas décadas, varios fonólogos y fonetistas han dirigido su atención a una serie de secuencias vocálicas que se pronuncian con hiato, a pesar de reunir todas las condiciones para la formación de un diptongo, *r*[i.e]*n.do*, *s*[je]*ndo*. En general, estos hiatos se relacionan morfológicamente con palabras en las que la vocal alta es tónica: *vi.a.ble* (con *ví-a*), *ri.a.da* (con *rí.o*), o aparecen junto a una frontera morfológica: *re-úne*. Existen, sin embargo, formas con hiato que no se pueden explicar de esta manera y que por ello se suelen considerar excepciones a la regla general: *dien.te* vs. *cli.ente*, *miel* vs. *ri.el*, *due.lo* vs. *du.e.to* (Hualde 1999, 2005).

Por su parte, los constituyentes silábicos, en especial la coda y el ataque, constituyen los desencadenantes de una serie de fenómenos fonológicos, aparentemente dispares, que afectan a ciertos segmentos por el mero hecho de encontrarse en dicha posición silábica. Entre ellos se encuentran: la velarización de nasales *pon* [poŋ]; las neutralizaciones en punto de articulación en nasales y laterales *alto* [al̪to], *enfermo* [eɱfeɾmo]; las asimilaciones y neutralizaciones en sonoridad y continuidad en obstruyentes *mismo* [mizmo], *pasta* [pasta], *obstáculo* [opstakulo]/ [obstakulo]/ [oβstakulo]; la aspiración de /s/ *estos* [ehtoh]; el deslizamiento de laterales y obstruyentes *volver* [bojβej], *apto* [awto]; y los reforzamientos de deslizadas en el ataque, *comiendo* [komjen̪do], *creyendo* [kɾejen̪do]. Si consideramos la estructura silábica, se puede entender con claridad la relación entre dichos fenómenos. En general, la coda es la posición silábica menos frecuente tipológicamente, que, o bien no existe, o bien admite menos rasgos y por lo tanto menos contrastes (neutralizaciones) que el ataque. El tipo de neutralización o rasgo que se ve afectado y, por consiguiente, el tipo de proceso que se da, tiene que ver con la naturaleza fonética del segmento en posición de coda o ataque; por ejemplo, en el caso de las nasales y laterales, es el punto de articulación que se elimina o incorpora a la sílaba por medio de otro segmento (la consonante siguiente o la vocal precedente, en dialectos con velarización de consonantes finales y nasalización de la vocal) (7a). Por el contrario, las obstruyentes en la coda retienen su punto de articulación (con la excepción de /s/, para la que se elide en su totalidad el nódulo supralaríngeo, es decir, el nódulo que domina los rasgos de punto de articulación en la representación jerárquica del segmento), pero experimentan neutralización y asimilación con respecto al rasgo de continuidad y sonoridad, pudiéndose realizar como oclusivas o fricativas, sordas o sonoras (7b).

(7) a. Nasales
    i[mp]osible
    e[ɱf]rentar
    a[n̪d]o
    e[nr]edo
    a[n̠tʃ]o
    co[ɲ]uge
    te[ŋg]o
  b. Obstruyentes
    /fuDbol/ [fuðβol] ~ [futβol] *[fupβol] *[fuββol]
    /oBsoleto/ [obsoleto] ~ [oβsoleto] ~ [opsoleto] ~ [oɸsoleto] *[oðsoleto] *[otsoleto]

En el caso del ataque, nos encontramos con la situación contraria, en la que una posición acústicamente prominente y preferida por las lenguas humanas refuerza los rasgos segmentales. Un fenómeno de este tipo es aquel por el cual un vocoide alto, no consonántico, [i̯] o [u̯], se convierte en consonante en el ataque, [j] o [w]. Por ejemplo, las deslizadas prevocálicas se realizan como consonantes cuando no van precedidas de otra consonante que ocupe ya esta posición silábica. Tal fenómeno de consonantización responde a la necesidad de ajustar la sonancia de una deslizada a la curva de sonancia y al ataque, posición silábica para la cual una deslizada es demasiado sonante en la mayoría de las variedades del español.

(8) a. perd-er   perd-[jé]ron
  b. com-er   com-[jé]ron
  c. cre-er   cre-[jé]ron
  d. o-ir   o-[jé]ron

Por último, se debe advertir que algunos de los procesos mencionados en los párrafos precedentes parecen no ajustarse a los contextos indicados. Por un lado, fenómenos tales como la aspiración de /s/ y la velarización de nasales se aplican en casos en los que el segmento afectado no está en la coda. Compárense, por ejemplo, (9a) y (9c), donde ambos fenómenos se observan solo en la coda, con (9b) y (9d), en los que [ŋ] y [h] aparecen en el ataque. De forma similar, la consonantización de deslizadas no tiene lugar en ciertos contextos en los que sí se cumplen las condiciones relevantes (10).

(9) a. bien   [bjeŋ]   bienes   [bje.nes]
  b. bienestar [bje.ŋes.tar] inhumano [i.ŋu.ma.no]
  c. mes   [meh]   meses   [me.seh]
  d. desecho [de.he.tʃo] dioses héroes [djo.se.he.ro.eh]

(10) ley alguna [le.jal.ɣu.na] *[le.jal.ɣu.na]

Estos ejemplos aparentemente irregulares (9–10) tienen todos algo en común: la presencia de fronteras morfológicas que interaccionan con el proceso de resilabeo y con la afinidad de las posiciones silábicas de coda o ataque por ciertos rasgos subsegmentales fuertes o débiles, es decir, con mayor o menor constricción articulatoria. En términos más concretos, la aspiración y velarización afectan a segmentos que aparecen en el ataque como consecuencia del resilabeo y no se consonantizan las deslizadas que están en el ataque como consecuencia del resilabeo en cuanto a la frase. Volveremos a este tema en el §4.2.

3. Perspectivas históricas

Aunque la sílaba es una de las nociones más antiguas en lingüística, esta no empezó a desempeñar un papel importante en la fonología generativa hasta los años setenta. La obra fundacional de la fonología generativa, *The sound pattern of English* (Chomsky y Halle 1968), no la incluía entre su inventario de unidades fonológicas. En la década de los setenta, sin embargo, Hooper (1978) introduce la sílaba en las representaciones y derivaciones fonológicas, indicando la división entre ellas por medio del símbolo $. Entre los argumentos a favor de esta unidad de análisis, se refiere esta autora a la asimilación de nasales en español, para la cual no es suficiente afirmar que una nasal se asimila al punto de articulación del segmento siguiente, sino que es necesario especificar que la nasal debe estar en posición de coda silábica. De otra manera, nos dice Hooper, no se puede explicar la falta de asimilación al punto velar en *muevo* [mweβo] comparado con *un huevo* [uŋweβo]. (Obsérvese aquí que [w] en *un huevo* es una obstruyente labiovelar para la que el Alfabeto Fonético Internacional [AFI] no tiene un símbolo diferente al de la deslizada labiovelar en *muevo*).

Es a partir de los trabajos de Kahn (1976), Clements y Keyser (1983) y de Harris (1983) cuando se reconoce en español la sílaba como una unidad jerárquica, con diferentes niveles de estructura. Esta concepción de la unidad silábica permite explicar varios fenómenos, entre ellos las diferencias entre las consonantes en el ataque y la rima con respecto a la acentuación como, por ejemplo, el que las primeras no cuenten en la asignación de acento, en oposición a las segundas. Además, en español, reconocer la estructura jerárquica de la sílaba le permite a Harris (1983) formular la generalización de las rimas complejas (*Branching Rime Condition*), según la cual el acento prosódico no puede ir en la antepenúltima sílaba en español, en aquellos casos en los que la penúltima tiene una rima compuesta de más de un constituyente (es decir, si esta es una estructura ramificada en un árbol jerárquico): *Venezuéla*, **Venézuela*, *teléfono*, **teléfosno*.

A partir de estos estudios se empieza a entender la sílaba como una unidad en la escala prosódica, con su propia estructura jerárquica, de naturaleza suprasegmental, compuesta de moras y dominada por unidades superiores, i.e., pies, palabras prosódicas y frases entonacionales. Este concepto de sílaba es representacional e independiente de la naturaleza del modelo fonológico que se adopte. Es decir, en las dos últimas décadas del siglo xx y las dos primeras del xxi, tanto el modelo derivacional de reglas como el más reciente de la teoría de la optimidad, en que las formas superficiales se seleccionan de modo paralelo, se sirven de la sílaba como unidad prosódica en sus representaciones. A pesar de ello, los procedimientos para reproducir y explicar el conocimiento silábico y del hablante nativo han evolucionado con estos modelos.

Las teorías fonológicas derivacionales ven la estructura silábica como el producto de la aplicación de reglas de silabeo en un orden fijo. Entienden que el orden de las reglas es el responsable de procesos como, por ejemplo, la maximización de los ataques, es decir, la preferencia por ataques complejos (V.CCV en lugar de VC.CV), ya que es una consecuencia de aplicar la regla del ataque complejo (que adjunta una segunda consonante al ataque) antes de la regla de la coda (que incorpora una consonante o deslizada a la derecha del núcleo) (Hualde 1989b). De modo similar, para estas teorías, el hecho de que una consonante intervocálica constituya el ataque de la segunda sílaba, en lugar de la coda de la primera, es una consecuencia de la aplicación de la regla del ataque previamente a la de la coda, de modo que VCV se silabea V.CV.

La teoría de la optimidad concibe la sílaba y estructura silábica como una consecuencia de la interacción de restricciones de fidelidad y de marcadez jerarquizadas de forma que se selecciona la estructura silábica que mejor satisface estas restricciones. En nuestro ejemplo de las consonantes intervocálicas, el silabeo V.CV es fruto de una restricción universal —ATAQUE— que da prioridad a las sílabas con ataque (CV) en detrimento de las que tienen una coda (NoCODA). Estas dos restricciones —ATAQUE y NoCODA— reflejan además la preferencia universal (basada en la curva de sonancia) por las sílabas del tipo CV y la aversión a las sílabas con codas. La misma tendencia se puede observar en los ataques complejos.

4. Contribuciones actuales

De entre las contribuciones recientes, es decir, publicadas en el plazo de una década previa a la redacción de estas líneas, seleccionamos en este apartado algunas de las que en nuestra opinión han representado avances importantes en el campo, bien porque han conseguido explicar preguntas claves, o bien porque son de relevancia para el estudio de otros aspectos de la fonología. Nos centramos principalmente en dos áreas de interés: los grupos consonánticos del ataque y la epéntesis en posición inicial de palabra, por tener consecuencias importantes para el análisis de fenómenos tales como el plural, la formación de diminutivos o la centralización o neutralización de ciertos puntos de articulación. Sobra decir que, por restricciones de espacio, no podemos presentar más que una breve selección de trabajos significativos. En conexión con las contribuciones más recientes, mencionamos en esta sección también posibles líneas de investigación y consecuencias de las mismas para futuros avances en fonología.

4.1. Grupos consonánticos en el ataque

Como se indicó anteriormente, los grupos consonánticos del ataque consisten en una obstruyente o /f/ y una líquida. La condición que explica por qué son precisamente esas consonantes las permitidas, y no otras, nos dice que la primera de ellas debe ser una de las consonantes de menor sonancia del español y la segunda de las de mayor sonancia, creando así una distancia máxima de sonancia en el ataque (*Onset Cluster Condition*, Martínez-Gil 2001).

Ahora bien, queda por elucidar una importante pregunta: ¿Por qué se agrupa /f/ con las oclusivas sordas y sonoras como una de las consonantes posibles en el ataque complejo, a diferencia de lo que sucede con el resto de las fricativas o africadas sordas, las cuales no pueden ser el primer miembro de un ataque complejo? Martínez-Gil (2001) ofrece una respuesta convincente: dice este autor que /f/ comparte con las oclusivas sonoras el hecho de no estar especificada en cuanto al rasgo [+/–continuante], ya que las oclusivas labiodentales son muy poco frecuentes en las lenguas humanas y por ello no es necesario especificar su continuidad. Una importante consecuencia de esto, según Martínez-Gil, es que es precisamente la presencia del rasgo [+continuante] la que contribuye a aumentar la sonancia de las consonantes. Este hecho nos permite agrupar las oclusivas sordas, las oclusivas sonoras y /f/ en la clase de consonantes menos sonoras del español (por no tener el rasgo [+continuante] en su representación subyacente), y, por lo tanto, en la clase de consonantes permisibles como primer miembro de un ataque complejo. Obsérvese que ninguna de estas consonantes contiene la especificación [+continuante]: las oclusivas sordas tienen la especificación [−continuante] y las obstruyentes sonoras y /f/ están subespecificadas.

Esta propuesta sobre la naturaleza de /f/ tiene consecuencias relativas a la naturaleza del modelo fonológico que requieren la atención de los investigadores, ya que es esencial determinar a qué formas se aplica la condición de no presencia de [+continuante]. Dado que, en el nivel fonético, las obstruyentes sonoras son de hecho aproximantes ([+continuante]), es esencial determinar si la mencionada condición se aplica antes del nivel fonético o si bien se infringe en estos casos.

4.2. Epéntesis en posición final de palabra

Hasta muy recientemente, la *-e* en posición final de palabra, *parte, nube*, se consideraba de naturaleza epentética, es decir, se veía como un segmento insertado, necesario para incorporar a la estructura silábica consonantes o grupos consonánticos que de otra manera no podrían silabearse por no ser aceptables en la coda (cf. Harris 1999; Colina 2009). La justificación de esta postura radicaba en que mientras que las vocales *-o* y *-a* pueden aparecer tras cualquier consonante, *-e* se da mayoritariamente después de consonantes o grupos consonánticos no permitidos en la coda, i. e., /t∫ x p t k b g f/ (11) y con mucha menos frecuencia tras /d l n r s T/ (12). En otras palabras, la regla de epéntesis expresaba una importante generalización con relación a las consonantes finales. Dado esto, los casos en los que *-e* aparece precedida de consonantes permisibles en la coda, se consideraban excepcionales.

(11)	solemne	himno	columna
	parte	parto	carta
	guante	canto	santa
	traste	trasto	pasta
	nube	cubo	cuba

(12)	sede	sed
	mole	mol
	pene	atún
	cruce	cruz
	pase	más

El creciente interés en procesos morfonológicos como el plural, los diminutivos, la despalatalización de nasales y laterales, cuya explicación depende de la interpretación de la *-e* final, ha suscitado recientemente la revisión de nuestros conocimientos sobre la misma por parte de varios investigadores, lo que ha llevado a algunos a la conclusión de que se trata de un marcador de clase subyacente. La evidencia más contundente radica en la diferencia con la epéntesis inicial, que no tiene excepciones (mientras que no todas las consonantes aceptables en la coda aparecen sin *-e* final), y en el hecho de que los préstamos de lenguas que tienen consonantes finales se reparan por medio de elisión, en lugar de epéntesis: *club* [klú] *[klúbe]; *carnet* [karné] *[karnéte]; *bistec* [bisté] *[bistéke]. La generalización relativa a la distribución de las consonantes finales se explica como un resto de un proceso de epéntesis histórico, activo durante épocas anteriores de la historia de la lengua, pero que ya no pertenece a la gramática sincrónica del español moderno.

5. Visión de futuro: nuevas líneas de investigación

Además de las consecuencias para el futuro de la investigación fonológica de los temas tratados en la sección anterior, retomamos ahora los fenómenos de la aspiración y la velarización de nasales (2.2) que se aplican en contextos en los que el segmento afectado no está en la coda (9). Compárense, por ejemplo, (9a) y (9c), [bjeŋ] [bje.nes], donde ambos fenómenos se observan solo en la coda, con (9b) y (9d), [bje.ŋes.tar] [de.he.tʃo], en los que [ŋ] y [h] aparecen en el ataque. Por el contrario, la consonantización de deslizadas no se da en ciertos contextos en los que sí se cumplen las condiciones relevantes [le.jal.ɣu.na] (10).

Advertimos en el § 2.2. que en estos ejemplos intervienen fronteras morfológicas que interaccionan con el proceso de resilabeo y con la afinidad de las posiciones silábicas de coda o ataque por ciertos rasgos subsegmentales débiles o fuertes. Estos procesos han sido una importante fuente de interés y controversia debido a la mencionada interacción de procesos morfológicos, fonológicos y silábicos, y, quizás en mayor medida, porque han servido como evidencia a favor de niveles fonológicos y su relación con los procesos morfológicos.

En un modelo serial se entendía la aspiración y velarización en el ataque resultante del silabeo como el resultado del ordenamiento de las reglas: es decir, formas como [de.he.tʃo] se obtenían por medio de la aplicación del silabeo de la base y el prefijo por separado [des] [e.tʃo], aspiración [deh] [e.tʃo], adjunción del prefijo [des. e.tʃo] y, por último, resilabeo [de. he.tʃo]. Para algunos análisis dentro de la teoría de la optimidad la aspiración en el ataque en [de.he.tʃo] es una consecuencia de la necesidad de reducir la alomorfía (por medio de restricciones que exigen identidad con el educto), de manera que el prefijo *des* tenga un solo alomorfo, [deh]. Una de las críticas que se han hecho a esta propuesta es el hecho de que el prefijo no existe como forma independiente y por ello el uso de las restricciones de identidad con el educto es problemático.

Se puede concluir, por tanto, que no existe acuerdo generalizado sobre cómo explicar el que estos procesos aparezcan en contextos donde no se cumplen las condiciones requeridas (o viceversa). Sin embargo, la importancia del estudio de estos datos en fonología no radica exclusivamente en la necesidad de entender el fenómeno; en estos datos se encuentran además algunas claves que podrían ayudarnos a entender el funcionamiento de la interacción entre la fonología, silabeo y la morfología, y proveer evidencia a favor o en contra de la existencia de niveles fonológicos (léxico y postléxico). Finalmente, una última razón por la que el tema de la aspiración y velarización en el nivel de frase constituye una avenida importante de investigación es que estos procesos son cruciales para determinar si un modelo teórico de fonología puede ser enteramente paralelo (teoría de la optimidad clásica) o, si por el contrario, es necesario introducir niveles, con el subsecuente serialismo (teoría de la optimidad con estratos).

Bibliografía

Alonso, A. (1945) "Una ley fonológica del español", *Hispanic Review*, 13, pp. 91–101.

Chomsky, N. y Halle, M. (1968) *The sound pattern of English*, Nueva York: Harper & Row.

Clements, G. N. y Keyser, S. J. (1983) *CV phonology: A generative theory of the syllable*, Cambridge, MA: The MIT Press.

Colina, S. (2009) *Spanish phonology: A syllabic perspective*, Washington, DC: Georgetown University Press.

Harris, J. (1983) *Syllable structure and stress in Spanish: A nonlinear analysis*, Cambridge, MA: The MIT Press.

Harris, J. W. (1999) "Nasal depalatalization no, morphological well-Formedness sí: The structure of Spanish word classes", *MIT Working Papers in Linguistics*, 33, pp. 47–82.

Hooper, J. B. (1976) *An introduction to natural generative phonology*, Nueva York: Academic Press.
Hualde, J. I. (1989a) "Procesos consonánticos y estructuras geométricas en español", *Lingüística*, 1, pp. 7–44.
Hualde, J. I. (1989b) "Silabeo y estructura morfémica en español", *Hispania*, 72, pp. 821–831.
Hualde, J. I. (1999) "La silabificación en español", en Núñez-Cedeño, R. y Morales-Front, A. (eds.) *Fonología de la lengua española contemporánea*, Washington, DC: Georgetown University Press, pp. 170–188.
Hualde, José I. (2005) *The sounds of Spanish*, Cambridge, Nueva York: Cambridge University Press.
Kahn, D. (1976) *Syllable-based generalizations in English phonology*, tesis doctoral, MIT.
Martínez-Gil, F. (2000) "La estructura prosódica y la especificación vocálica en español: el problema de la sinalefa en ciertas variedades de la lengua coloquial contemporánea", en Gil Fernández, J. (ed.) *Panorama de la fonología española actual*, Madrid: Arco Libros, pp. 511–560.
Martínez-Gil, F. (2001) "Sonority as a primitive phonological feature: Evidence from Spanish complex onset phonotactics", en Herschensohn, J., Mallén, E. y Zagona, K. (eds.) *Features and interfaces in Romance: Essays in honor of Heles Contreras*, Amsterdam/Filadelfia: John Benjamins, pp. 203–222.

Lecturas complementarias

Colina, S. (2009) *Spanish phonology: A syllabic perspective*, Washington, DC: Georgetown University Press.
Colina, Sonia (2012) "Spanish syllable structure", en Hualde, J. I., Olarrea, A. y O'Rourke, E., *The handbook of Spanish linguistics*, Oxford, UK: Blackwell, pp. 133–151.
Colina, S. (2014) "La teoría de la optimidad en la fonología del español", en Núnez-Cedeño, R., Colina, S. y Bradley, T. (eds.) *Fonología de la lengua española contemporánea*, Washington, DC: Georgetown University Press.
Harris, J. (1983) *Syllable structure and stress in Spanish: A nonlinear analysis*, Cambridge, MA: The MIT Press.
Hualde, J. I. (1991) "On Spanish syllabification", en Campos, H. y Martínez-Gil, F. (eds.) *Current studies in Spanish linguistics*, Washington, DC: Georgetown University Press, pp. 475–493.
Hualde, J. I. (2005) *The sounds of Spanish*, Cambridge, Nueva York: Cambridge University Press.
Hualde, J. I. (2013) *Los sonidos del español*, Cambridge, Nueva York: Cambridge University Press.
Hualde, J. I. (2014) "La sílaba", en Núñez-Cedeño, R., Colina, S. y Bradley, T. (eds.) *Fonología de la lengua española contemporánea*, Washington, DC: Georgetown University Press.

Entradas relacionadas

consonantes; fonema; fonética; fonología; vocales

SINTAGMA NOMINAL

Anna Bartra

1. Introducción

En este capítulo se ofrecerá una visión panorámica de las principales propiedades estructurales y sintácticas de los sintagmas nominales en español. Organizaremos los diversos aspectos que se van a tratar del modo siguiente. En el § 2 presentamos brevemente una discusión sobre la naturaleza de la diferenciación categorial entre los nombres y otras categorías. En el § 3 se describen los tipos de complementos preposicionales del nombre en relación con la tipología de núcleos nominales. En el § 4 se hace una breve referencia a la modificación adjetival. En el § 5 se retoma el debate de las categorías funcionales de la proyección extendida del SN a la vista de las propiedades anteriormente presentadas y en el § 6 se recapitula.

2. Sobre la naturaleza y las fronteras de la categoría *nombre*

Uno de los pilares aparentemente más sólidos de la lingüística desde Platón y Aristóteles, pasando por Dionisio el Tracio y llegando hasta el siglo XXI, es la idea de que en el almacén léxico de las lenguas las unidades se agrupan en clases de palabras según sus características semánticas, formales y distribucionales. Los nombres formarían una clase bien definida y diferenciada, *ónoma*, principalmente en oposición a los verbos, *rema*, cuya combinación da lugar —en su forma más prototípica— a la predicación. En las lenguas flexivas como el español, los nombres están asociados a categorías menores y morfemas, los cuales, a la vez que hacen patentes las relaciones sintagmáticas del nombre, manifiestan propiedades semánticas y referenciales del nombre tales como la definitud, la proximidad respecto de los participantes en el acto de habla, el número o la cantidad, entre otras.

Según Kornfilt y Whitman (2011: 1297–1298), existen dos tendencias a la hora de definir las categorías: las teorías esencialistas, que las definen por sus propiedades intrínsecas, y las teorías distribucionalistas o sintácticas, que se fundamentan en la distribución. Cualquier caracterización global de la categoría 'nombre' o 'sustantivo' se encuentra, sin embargo, con problemas. En el primer marco teórico, se ha afirmado que existe una correspondencia unívoca entre interpretación semántica y categoría léxica y que los nombres designan entidades (mientras que los verbos designarían eventos, los adjetivos propiedades y las preposiciones, relaciones entre entidades). Pero esta caracterización prototípica solamente es adecuada para los nombres concretos que designan objetos, y tropieza con dificultades al considerar los nombres que comparten raíz con verbos —deverbales— o los nombres abstractos. Ello demuestra que no existe una correlación entre las propiedades morfosintácticas y las semánticas, puesto que es difícil considerar que un nombre como *consecución*, por ejemplo, designa una entidad. En las teorías configuracionalistas de la estructura léxica (Hale y Keyser 1993/2002; Mateu 2002 y *seq*.) se propone que, mientras que los verbos tienen complemento y las preposiciones complemento y especificador, los nombres son elementos no relacionales que no proyectan complemento ni especificador y todos los complementos de los nombres son adjuntos. Nuevamente se debería tratar aparte a los nombres deverbales, elementos complejos cuya estructura de complementación depende de las propiedades léxico-sintácticas de la raíz verbal.

2.1. Nombres y verbos

Paralelamente a esta línea de análisis, que pone el énfasis sobre la máxima diferenciación de las categorías léxicas, el intento de ganar adecuación explicativa con una maquinaria formal (estructuras, reglas y principios) máximamente simple, ha llevado a buscar similitudes entre categorías en lugar de destacar las diferencias entre ellas. La teoría de la X-barra (Chomsky 1970) supuso un avance en este sentido al proponer la misma estructura interna y la misma posición de complementos (seleccionados) y especificadores para todos los sintagmas. Por lo que respecta a las nominalizaciones, se negaba que existiera una relación derivacional sintáctica entre verbos y nombres morfológicamente relacionados, listándolos a ambos en el lexicón. Sin embargo, como se ha notado profusamente en la bibliografía, particularmente a partir de Grimshaw (1990), el hecho de que se puedan establecer claramente dos tipos de nominalizaciones —*referenciales* si denotan una entidad resultante (*La traducción al ruso cuesta 20 €*), y *eventivas* o *argumentales* si denotan el proceso o la actividad en su desarrollo

Cuadro 1

	Propiedad	Ns referenciales	Ns eventivos o argumentales
1	Complementos temáticos	No → opcionales *La traducción al español*	Sí → obligatorios *La traducción de "La Divina Comedia" por parte de Villena*
2	Interpretación eventiva	No	Sí
3	Modificadores orientados al agente	No	Sí
4	Sujetos	Adjuntos (Posesivos)	Argumentales
5	'Agentes'	Introducidos con *de*	Introducidos con *por*
6	Control de argumento implícito	No	Sí
7	Modificación aspectual	No	Sí
8	Adverbios de cuantificación temporal (*frecuente*, *constante*, etc.)	Posibles solamente con nombre plurales	Posibles con nombres singulares
9	Interpretación pasiva	Ø	Sí
10	[+/– masa]	[–Masa]	[+Masa]

(*La traducción al ruso se hizo en tres años*)— requeriría listar ambos nombres en el lexicón y, consecuentemente, sobrecargarlo. Alexiadou (2001, 2010a/b), Borer (2005, 2014) y Picallo (1991), entre otros, cuestionan que un tratamiento lexicalista sea óptimo. Desde nuevas corrientes en gramática formal, como la Morfología Distribuida (Halle y Maranz 1993; Harley y Noyer, 1999; Embick y Noyer 2007, y referencias incluidas) o el tratamiento exo-esquelético de Borer, se ha argumentado que las diferencias sintácticas y semánticas existentes, por ejemplo, entre *enseñaron* y *enseñanza*, no se deben a las propiedades de la raíz √*enseñ*-, portadora exclusivamente de contenido conceptual o enciclopédico, sino de las categorías funcionales verbales (*v*, Asp, T…) o nominales (*n*, Gén, Núm, D…) que la seleccionan. Asimismo, las diferencias presentadas por primera vez en Grimshaw (1990) entre nominales referenciales y eventivos, que resumimos en el cuadro 1 (a partir de Picallo, 1999, 2012: Borer 2014: 71), no tienen que ver con las propiedades de la raíz, sino con las categorías funcionales presentes en la proyección nominal.

Los ejemplos de (1) muestran estas propiedades:

(1) a. La traducción al español es más barata que la rusa
   b. *La intencionada traducción al español es barata
   c. Puso a la venta su traducción de la Divina Comedia al español
   d. *La traducción al español por Villena no está a la venta
   e. La traducción al español de Villena no está a la venta
   f. La invasión de Iraq por los USA para contener las luchas fratricidas
   g. *La traducción de Villena en dos años
   h. La traducción de *La Divina Comedia* por parte de Villena en dos años
   i. El gobernador ordenó la inmediata invasión de las ciudades fronterizas
   j. *La inmediata traducción costaba 25€

Los SSNN eventivos o argumentales contendrían categorías funcionales verbales tales como (S)*v* y SAsp(ecto), responsables, respectivamente, de la legitimación del complemento directo y de la (a)telicidad. Los SSNN resultativos y los nombres comunes concretos, en cambio, solamente contienen proyecciones funcionales nominales, tales como SClas(ificador), SGén(ero), SNúm(ero) y D. Así (1f) muestra que S*v* acoge el argumento interno y legitima el Agente, el cual a su vez es el controlador del sujeto implícito de la oración subordinada final. Asimismo, el SP *en dos años* de (1h) está legitimado por un SAsp con un rasgo télico.

No solamente la complementación está determinada por las categorías funcionales presentes en el SN. También los modificadores no seleccionados, como por ejemplo adverbios, o distintos tipos de determinantes y cuantificadores establecen correlaciones con las categorías funcionales que aparecen en posiciones más incrustadas. Los nominales eventivos que contienen S*v* y SAsp no admiten cuantificadores cardinales:

(2) a. *Las tres invasiones de Iraq por parte de los USA para contener a las bandas locales
   b. *Las frecuentes traducciones de *La Divina Comedia* de Villena

Además, los adverbios de cuantificación temporal como *frecuente* o *constante* muestran una clara dependencia respecto de las propiedades aspectuales y numerales del nombre (Alexiadou 2010): en los nominales eventivos la proyección aspectual legitima los adverbios cuantificacionales, mientras que en los referenciales lo hace el rasgo plural:

(3) a. La frecuente destitución de ministros por parte del presidente preocupaba al Senado
   b. *La frecuente traducción de *La Divina Comedia*
   c. Las frecuentes traducciones de *La Divina Comedia* respondían al éxito de la obra

Suponer que las propiedades categoriales no residen en las raíces, sino en las categorías funcionales, permite dar cuenta de diferencias mínimas inter e intralingüísticas, así como establecer relaciones entre categorías sin necesidad de recurrir a procesos 'ad hoc'.

El mismo enfoque que a los nombres deverbales puede darse a los infinitivos 'nominalizados', analizados en Hernanz (1999: § 36.5), quien distingue para ellos tres grados de nominalización:

(4) [de Hernanz, 1999: 2343]
   a. El dulce lamentar de los pastores
   b. Los poderes de la clase dominante (son inconmensurables)
   c. Su continuo beber cerveza

El infinitivo de (4a) tiene propiedades nominales (el artículo definido, la modificación adjetival y el sujeto semántico introducido por una P) y su única característica verbal es la morfología, así como la interpretación eventiva imperfectiva, del verbo. Si reinterpretamos el clarividente análisis de Hernanz de acuerdo con los parámetros de la morfología distribuida, podemos suponer que en este caso *v* sería defectivo o ausente y la única proyección verbal presente sería Asp. Los infinitivos del tipo de (4b) no tendrían ninguna proyección verbal. El más relevante para la presente discusión es el de (4c). El infinitivo posee en este caso claras propiedades nominales, como la presencia del posesivo y del adjetivo, a la vez que el argumento interno aparece desprovisto de preposición, como un complemento directo (obsérvese *su continuo buscarla, obsequiarla y halagarla*). Parece obvio que la proyección de *v* está activa, así como probablemente una proyección Asp atélica (*el halagarla durante horas/*el obsequiarla en cinco minutos*), y T (*el haberla halagado durante años*) por encima de la cual se encuentra solamente D. Los tres grados de nominalización de los infinitivos se corresponden, pues, con tres estructuras distintas.

Un posible contraargumento empírico a estas teorías según las cuales la inserción sucesiva de categorías 'nominalizadoras' o 'verbalizadoras' determina la categoría del elemento léxico podría extraerse del contraste entre nombres discretos o contables y nombres no discretos o de masa, cuyas diferencias parecen emanar directamente de la naturaleza semántica de la raíz. Los cuantificadores cardinales son incompatibles con nombres de masa o no contables (*cuatro arenas*) y, a la inversa, los cuantificadores cuantitativos no pueden coaparecer con la lectura enumerable de otros nombres (*mucho árbol*). Pero la capacidad de los nombres de ser pluralizados también puede ser derivada de una categoría funcional, sea esta Núm(ero) o Pl(uralidad) (Stark 2008), máxime teniendo en cuenta que muchos nombres admiten ambas lecturas: *En esta empresa hay mucho directivo ocioso; En esta panadería venden panes de ocho harinas distintas*. Otras categorizaciones, como la distinción entre nombres concretos y abstractos, no son tan claras desde una óptica sintáctica y parecen reducirse en muchos casos a distinciones semánticas cuya única repercusión formal residiría en el hecho de que algunos nombres abstractos son contables, discretos o delimitados (*motivo*) mientras que otros no los son (*entusiasmo*), y un tercer grupo admitiría ambas interpretaciones (*inquietud*).

Las objeciones de índole teórica a la aproximación de la MD y el análisis exo-esquelético son las relativas a la endocentricidad y a la recursividad. En lo relativo a la primera cuestión, una estructura como (5) no sería exactamente una proyección extendida de *v* ni de *n*, sino que contendría sucesivamente propiedades de ambas categorías, tal como se ha visto, con lo cual habría que aceptar la existencia de categorías híbridas (Alexiadou 2010; Kornfilt y Whitman 2011). La segunda cuestión empírico-teórica tiene que ver con la (im)posibilidad de volver a unir categorías verbalizadoras a un nombre deverbal, es decir, a la (im)posibilidad de admitir la secuencia de (6).

(5) [D[Q [Núm [Clas [*n* [Asp [*v* [√]]]]]]]]
(6) *[(ST) [(SAsp) [Sv [D [Q [Núm [Clas [n [Asp [v [√]]]]]]]]]]]]

A continuación mencionaremos sumariamente algunos otros puntos de conflicto entre los nombres y otras categorías.

2.2. *Nombres y adjetivos*

Dado que nombres y adjetivos comparten propiedades semánticas (los nombres comunes sin determinar son predicados como los adjetivos) y formales (unos y otros tienen morfología de género y número y, en algunas lenguas, de caso), es lícito dilucidar si la distinción entre unos y otros tiene fundamento o no. Bosque (1989, 1999) ha dado argumentos sintácticos y semánticos a favor de la distinción. Algunos adjetivos que se aplican a seres humanos parecen haberse nominalizado (*Los viejos no caminan ligeros*); en su uso como nombres no tienen valor anafórico y refieren a clases de individuos, no pueden llevar el artículo 'neutro' *lo* (*lo caro*, *el caro*), pueden ir precedidos del artículo indefinido (*un viejo*, frente a *uno viejo*) y no pueden aparecer como predicados absolutos si no están a su vez modificados o aparecen en estructuras de coordinación (*Enfermo *(y abandonado), se sumió en una profunda depresión*; *Madre *(solícita de trillizos), Luisa dejó la dirección de la empresa; Director *(entregado), Juan se quedaba trabajando hasta tarde*. Todas estas diferencias, sin embargo, pueden también ser atribuidas a las categorías funcionales que se superponen a la raíz; así se podría suponer que *director* solamente cuenta con una categoría nominalizadora, mientras que en *director entregado* actúan categorías verbalizadoras, como SAsp(ecto).

Una clase de elementos cuya caracterización como nombres o adjetivos aparece como problemática son las denominaciones de colores:

(7) a. El cielo azul
   b. Dos corbatas azules
   c. Dos corbatas azul claro
   d. El azul del cielo
   e. El azul le sienta bien

Bosque (1989: 114–117) argumenta claramente que las denominaciones de los colores pueden ser adjetivos en construcciones como (7a/b) y nombres en otras construcciones. En (7c) *azul claro* es una aposición de *corbatas*, como muestra la falta de concordancia y la posibilidad de *dos corbatas azul muy oscuro*, construcción en la cual la cuantificación permite descartar que se trate de un compuesto. La construcción de (7e) puede analizarse como un SN con un núcleo vacío o suponiendo de nuevo que *azul* funciona aquí como un nombre.

Los nombres que denotan tipos de grupos humanos, como los gentilicios (*sueco, segoviano, asiático*) o los que caracterizan a personas por algún rasgo de edad, ideológico, etc.

(*viejo, comunista*), también parecen oscilar entre la categoría nominal y la adjetiva. Bosque (1989) defiende que se trata de nombres formados a partir de adjetivos. Dado que estos nombres siempre se aplican a seres humanos, se podría también simplificar la explicación suponiendo, en la línea de lo que hace Kayne (2006), que en el caso de los supuestos "adjetivos" existe un nombre no pronunciado del tipo de INDIVIDUO o SER HUMANO:

(8) a. El primer ministro sueco$_A$
     b. Los suecos$_N$ son rubios
     c. Defiende una ideología liberal$_A$
     d. Los liberales$_N$ han votado en contra

2.3. Nombres y otras categorías

Algunos nombres parecen entrar en conflicto con preposiciones y adverbios: *bajo la mesa, los bajos se inundaron.* Aparte de la evidente relación diacrónica —y morfológica, si consideramos *debajo de la mesa, vete abajo*— existen en la bibliografía distintos abordajes desde una óptica sincrónica y teórica. La interacción de una base léxica con elementos funcionales locativos y direccionales daría cuenta de esta variación, tanto desde el punto de vista sincrónico como del diacrónico (Svenonius 2010; Rigau y Pérez Saldanya 2005). Esta cuestión excede el ámbito de esta entrada.

En resumen, las diferencias categoriales entre nombres y otras categorías pueden ser claramente minimizadas en las propuestas que atribuyen las propiedades sintácticas de los elementos léxicos a las categorías funcionales que seleccionan raíces no categorizadas.

3. La tipología nominal y los complementos preposicionales del nombre

3.1. Los complementos de las nominalizaciones

La diferencia de interpretación del SP *del acusado* en *la agitación del acusado* y *la pistola del acusado,* así como entre los posesivos en *su agitación/su pistola,* debe correlacionarse con las propiedades formales y funcionales del SN, concretamente con la presencia de distintos tipos de categorías funcionales. Los complementos de todos estos sintagmas tienen en común que la categoría funcional S*n* determina los rasgos nominales y, concretamente, la posibilidad de D, razón por la cual el complemento necesita una preposición para ser legitimado. Sin embargo, la comparación entre (9a), (9b) y (9c) —ejemplos adaptados de Picallo (2012)— hace pensar que la similitud es superficial:

(9) a. El juez pudo observar la pistola
     b. *El juez pudo observar la agitación/el ensimismamiento/el desprecio
     c. El juez pudo observar la caída/la agresión

Los nominales resultativos comparten con los nombres no derivados la posibilidad de admitir un complemento opcional introducido por una preposición, pero, mientras que el complemento de un nombre derivado tendrá una interpretación equivalente a la del argumento correspondiente en la construcción verbal, en el caso de los nombres no derivados la interpretación es la de un posesivo. En el caso de los complementos opcionales la preposición es solamente un relator gramatical, necesario por la imposibilidad por parte de los nombres de asignar Caso estructural a sus complementos (Chomsky 1981) o por la necesidad de romper una jerarquía simétrica no linearizable (Den Dikken 2006). En la línea de Hale y Keyser (1993/2002), Mateu (2002 y *seq.*), Svenonius (2010), etc., sin embargo, se podría suponer que la P mantiene una relación semántica de coincidencia central. Esta afirmación requeriría, sin embargo, una investigación más pormenorizada; la relación de posesión es una relación parte todo, asimilable a la relación de atribución, como se observa en los ejemplos de (10) y demuestran principalmente los casos de posesión inalienable:

(10) a. el padre de Juan
       b. la mesa de madera
       c. los vecinos del barrio
       d. el color del cielo
       e. la nariz de Juan
       f. las llaves del apartamento de Juan

Los complementos de los nominales eventivos se consideran obligatorios, aunque pueden también omitirse en determinadas circunstancias discursivas de anáfora nula:

(11) a. La reparación del grifo por parte del fontanero duró media hora.
       b. Se me había estropeado el grifo y tuve que llamar al fontanero. La reparación duró media hora.
       c. El entrenamiento del tenista por parte de su tía ha durado veinte años.
       d. El tenista tenía un palmarés envidiable, pero reconocía que el entrenamiento era muy duro.

Los complementos de los nombres eventivos *heredan* el valor temático de los argumentos del verbo con el que comparten raíz. El argumento con el papel de Tema se introduce por medio de la preposición *de*, mientras que el Agente se comporta como el SP Agente de una oración pasiva, de lo que se infiere que estos nominales tienen un valor pasivo.

3.2. Los nombres comunes relacionales

Otros nombres que aparentan regir obligatoriamente un complemento son los nombres de parentesco, los nombres icónicos o descriptivos, los nombres que designan partes del cuerpo o de posesión inalienable. En los ejemplos de (12) la ausencia de un complemento del nombre es aceptable solamente en el caso de que se interprete una elisión por anáfora discursiva, en los contextos señalados:

(12) a. <u>El padre estaba muy enfermo</u>. [La familia estaba destrozada. _____ .]
       b. <u>El retrato era muy fiel</u>. [El salón estaba presidido por la imagen del abuelo. _____ .]
       c. <u>La nariz era larga</u>. [Los rasgos de Elizabeth eran elegantes. _____, los labios, finos.].

De una forma mucho más coactiva seleccionan complementos los nombres acotadores (*tableta, terrón, grano, bocanada, rebanada, lingote*), los nombres de medida (*tonelada, kilo, metro, libra*) y los cuantificativos de grupo (*ramo, racimo, ristra, recua*).

(13) a. Una tableta de chocolate
       b. Una tonelada de cocaína
       c. Un racimo de uvas

Este hecho podría recibir una explicación más adecuada suponiendo que estos tipos de nombres se insertan en ciertas posiciones funcionales —como SClas— y establecen relaciones muy restrictivas con los nombres, en ocasiones de uno a uno, como en el caso de *rebanada* (*de pan*) o *terrón* (*de azúcar*).

3.3. La doble interpretación de los nombres icónicos

Los nombres icónicos o representativos, como *foto, retrato, imagen,* han sido caracterizados como ambiguos, ya que admiten una lectura y una construcción como objeto material y otra como nominal resultativo:

(14) a. La foto de Marilyn colgaba en la pared del museo
       b. Su foto de Marilyn
       c. La foto de Marilyn de Warhol tardó dos horas en hacerse

(14a) tiene una interpretación de objeto concreto; (14c) tiene una interpretación de nominal resultativo y en (14b) *su* puede ser un posesivo o un agente. Los nominales eventivos pueden estar complementados por oraciones completivas introducidas por preposición:

(15) a. La decisión de Marisa de vender la casa
       b. La decisión de vender la casa
       c. La decisión de que vendiéramos la casa

3.4. Los nombres propios

Los nombres propios no tienen significado: son designadores rígidos que presuponen unicidad del referente (Fernández Leborans 1999). No admiten complementos restrictivos ni tampoco determinante alguno, ya que su presencia anularía la presuposición de unicidad, como se observa en (16):

(16) a. *Barcelona que está llena de turistas no me gusta nada
       b. La Barcelona que está llena de turistas no me gusta nada
       c. Barcelona, que está llena de turistas, no me gusta nada
       d. *Pablo que es amigo de Núria es muy inteligente
       e. El Pablo que es amigo de Núria es muy inteligente, el que es vecino mío, no
       f. Pablo, que es amigo de Núria, es muy inteligente

El que los nombres propios no admitan determinantes ni complementos se explica por la elevación del nombre a D para satisfacer los rasgos de definitud de esta categoría (Longobardi 1994). Asimismo, la ausencia de artículo hace que no se pueda seleccionar un complemento (Kayne 1994).

3.5. Construcciones nominales predicativas inversas

Los nombres que designan propiedades abstractas de tipo valorativo pueden mantener relaciones de predicación con un nombre construido como su complemento. En la NGLE se designan con el nombre de *aposiciones enfáticas*:

(17)   a. El asno de Sancho
      b. Un horror de película
      c. El imbécil de tu primo
      d. Un desastre de reunión

Construcciones como (17a, b) son ambiguas, ya que son posibles dos interpretaciones, la atributiva y predicativa: o bien <Sancho *es* un asno> o bien <Sancho *posee* un asno>.

En las construcciones del tipo de (18) con un SD definido y específico, el aparente núcleo ha de designar una propiedad con una valoración negativa; en caso de que sea positiva adopta inmediatamente un valor irónico y, por lo tanto, negativo:

(18)   a. El lince del portero no vio la pelota
      b. La simpática de tu prima se fue de la lengua con lo de la fiesta

La relación de predicación se muestra claramente a partir de la concordancia:

(19)   a. El puerco del ministro
      b. La puerca de la ministra

En el caso de los nominales indefinidos, en los que se establece una semántica de tipo, (a) no existe restricción respecto al carácter valorativo del nombre predicativo; (b) el nombre del cual se predica es un nominal escueto; y (c) no se requiere concordancia de género:

(20)   a. Un bombón de novia
      b. Una preciosidad de coche

3.6. *Las aposiciones*

Se denominan aposiciones los nombres que modifican a nombres o SSNN/SSDD que modifican a otros SSNN/SSDD. Las más características son las que tienen valor explicativo e implican una ruptura entonacional:

(21)   a. Kuala Lumpur, la capital de Malasia
      b. Kirk Douglas, Óscar honorífico de 1996

Entre los dos términos de la aposición se establece una aparente equivalencia; la relación es aproximadamente la misma que existe entre los dos términos de las oraciones atributivas identificativas (*Kuala Lumpur es la capital de Malasia; Kirk Douglas fue el Óscar honorífico de 1996*); no puede hablarse con propiedad de una equivalencia total aunque el referente sea el mismo (Suñer 1999). Existen estructuras de adjunción en diversos niveles. En (21) se enlazan dos SSDD, pero también el elemento en aposición puede ser un SN escueto, como en (22):

(22)   a. Kuala Lumpur, capital de Malasia
      b. Kirk Douglas, actor famoso de Hollywood
      c. Nueva York, ciudad de contrastes

La aposición de elementos en el nivel más bajo (N^N) suscita la discusión sobre los límites entre aposición —formada sintácticamente— y la composición nominal formada en el léxico o la morfología. Un ejemplo prototípico es el de los nombres de colores. Según Suñer (1999: 534): "el grado de cohesión léxica que alcanzan segmentos como *verde botella*, *gris perla* [...] no llega a la formación de un compuesto", ya que se pueden interponer elementos entre ambos formantes (*una cortina gris casi perla*). Uno de los miembros de la aposición puede interpretarse metafóricamente, como en (23) (Suñer, 1999: 537):

(23) a. Se da la vida padre
  b. ¿Ha visto nuestra oferta estrella?
  c. Y ahora llega el momento cumbre de este asunto
  d. Tengo una noticia bomba

También es difícil dilucidar la frontera entre aposición y la secuencia formada por un clasificador y un núcleo nominal. Así, en *el doctor Fernández* es posible analizar *doctor* como el nombre núcleo y *Fernández* como una aposición o *doctor* como un clasificador y *Fernández* como el núcleo. Esta última opción, sin embargo, presenta problemas de acuerdo con lo que se ha dicho sobre los nombres propios, ya que normalmente los clasificadores tienen propiedades partitivas o especificativas y seleccionan nombres comunes (Craig 1986; Grinewald 2000). En los ejemplos de (24) existía una preposición que actualmente se omite (*la calle de Balmes*; *el año de 1914*):

(24) a. La calle Balmes
  b. El año 1914

Esta tendencia a la supresión de la preposición se observa en construcciones coloquiales modernas del tipo *bocata calamares*, *pincho tortilla*.

También puede debatirse si algunos SSNN que han sufrido un proceso de lexicalización y en los cuales existe una relación unívoca entre el nombre núcleo y el complemento, hasta llegar a la pérdida de la composicionalidad, son SSNN lexicalizados, locuciones nominales o compuestos:

(25) a. Diente de leche
  b. Aguas menores
  c. Mirlo blanco
  d. Carne de cañón
  e. Cara y cruz

4. Modificación adjetival

Los SSNN aceptan diversos tipos de modificadores adjetivales. La posición de los SSAA dentro del SN está restringida por las características semánticas del adjetivo y es asimismo reveladora de la relación que el SA mantiene con el nombre.

Como regla general, solo los adjetivos que admiten ser graduados, es decir, los calificativos y algunos intensionales, pueden anteponerse al nombre, aunque admiten complementos solamente en posición postnominal:

(26) (ejemplos de Demonte 1999: § 3.5.1., pp. 182 y ss.)
  a. El extravagante bolso anaranjado
  b. La agraciada señora veneciana

    c. Una discusión ministerial tensa
    d. La supuesta vieja iglesia románica
    e. *El extravagante para todo el mundo bolso anaranjado
    f. El bolso anaranjado extravagante para todo el mundo

Los adjetivos relacionales son siempre pospuestos al nombre y no admiten constituyentes entre ellos y el nombre:

(27) a. *Una veneciana señora
      b. *Una ministerial discusión
      c. *La románica iglesia
      d. *Una discusión agria ministerial
      e. *Una iglesia reconstruida románica

Los adjetivos adverbiales e intensionales se anteponen al nombre:

(28) a. Las frecuentes visitas familiares
      b. Un presunto terrorista

Los adjetivos elativos pueden aparecer en posiciones prenominales y pospuestas al nombre:

(29) a. Un enorme disgusto
      b. Un disgusto enorme

La posición de los adjetivos valorativos "no implica ningún cambio en el significado de la frase nominal" (Demonte 1999: 188):

(30) a. No compraré la casa vieja de ventanas enrejadas. – No compraré la vieja casa de ventanas enrejadas.
      b. No compraré la casa maravillosa de ventanas enrejadas. – No compraré la maravillosa casa de ventanas enrejadas.

La colocación de los adjetivos interacciona con las propiedades referenciales de los SSNN —como la definitud— en los cuales se encuentran. En (31b) se presupone la existencia de la entidad designada por el sustantivo, mientras que este es inespecífico en (31a) (Demonte 1991: 196):

(31) a. Ana cree que *una periodista importante* le solicitará una entrevista
      b. Ana cree que *una importante periodista* le solicitará una entrevista

5. La periferia izquierda del SN y las categorías funcionales del Sintagma Nominal

Existen diversas propuestas sobre el repertorio de categorías funcionales del SN dependiendo del detalle con el que se analizan las propiedades y las posiciones de los diversos integrantes del SN. En general las categorías funcionales del SN se agrupan en dos grandes bloques, correspondientes *grosso modo* a las posiciones en las que se ubicaban, respectivamente, los complementos y los especificadores en la 'teoría X'. Las categorías 'bajas' son las responsables de la legitimación de los complementos y las categorías 'altas' son responsables de las propiedades relacionadas con la referencialidad y las propiedades discursivas. Si se asocia cada categoría funcional con una propiedad o rasgo, estas se multiplicarían. Además, a partir del trabajo pionero de Abney (1997), en numerosos trabajos se defiende un paralelismo entre el SN y la oración. Ello supone, no solamente establecer una correspondencia conceptual entre categorías funcionales nominales y verbales, sino también que el SN o SD cuenta con unas categorías identificables como 'Periferia izquierda', en cuyo ámbito se legitiman las propiedades discursivas de los constituyentes del SN.

Conceptualmente, la proyección de Número o SNúm sería el equivalente nominal de SAsp(ecto), puesto que estas categorías cuantifican y acotan la dimensión interna del evento o de la entidad respectivamente. La agramaticalidad de las secuencias de (32b/d) se debe al intento de cuantificar una entidad o un proceso no cuantificable, mientras que los contrastes de (33b/d) obedecen al intento de acotar y cuantificar entidades y eventos no delimitables:

(32) a. Mi madre puso demasiado cacao sobre el pastel
      b. *Mi madre puso demasiada jaula al canario
      c. Mi madre espolvoreó demasiado el pastel con cacao
      d. *Mi madre enjauló demasiado al canario

(33) a. El niño cogió varios muñecos
      b. *El niño cogió varias arenas
      c. El niño llora a menudo
      d. *El niño progresa a menudo

El ST ancora el evento de acuerdo con las coordenadas temporales discursivas y/o del acto de habla y el Determinante ancora el SN en las coordenadas referenciales, ya sean discursivas u otras.

En el intento de identificar una periferia izquierda del SN, un ámbito de categorías funcionales a las cuales se desplazan los elementos que discursivamente tienen propiedades específicas tales como la de ser temáticos, contrastivos o focalizados paralelamente a lo propuesto en Rizzi (1997) para el dominio oracional, algunos autores han optado por establecer equivalencias entre proyecciones nominales y verbales (SD ≈ SFin), mientras que otros proponen que las proyecciones de STóp(ico) o SFoc se añaden a las tradicionalmente establecidas para el SN (Aboh *et al.* 2010).

En Cinque (1994, 2010) se propone que, del mismo modo que los adverbios ocupan posiciones específicas superiores al S*v*, los SSAA ocupan posiciones superiores al S*n*. En las lenguas romances como el español, el orden N-SA se obtiene por elevación del nombre por encima del SA. Los adjetivos prenominales habrían sufrido un nuevo desplazamiento, asimilado por algunos autores al *scrambling* o 'desordenado' (Poletto 2014), hacia la izquierda del nominal, por ejemplo a STópico:

(34) a. La maravillosa fiesta
      b. Las aviesas intenciones de Laura

Aunque es difícil encontrar pruebas sólidas del valor discursivo de estos SSAA, algunas propiedades abonan la interpretación topicalizada: (a) el hecho de no tener valor restrictivo;

(b) su opcionalidad; (c) la interpretación subjetiva; (d) la imposibilidad de extracción e interrogación.

Así, pues, se suponen tres capas funcionales en el SN por encima de la raíz. En una primera capa se legitiman los argumentos del nombre —en el caso de haberlos— y se determinan las propiedades eventivas del nominal. En esta capa la presencia en distribución complementaria de S*n* y SNúm o de S*v* y SAsp distingue los nombres de entidades y las nominalizaciones resultantes de los nominales eventivos.

La capa intermedia corresponde según Picallo (2012) a las propiedades morfosintácticas de concordancia, en español Género y Número. Ello nos daría una estructura parcial como en (35), con un orden que refleja la estructura especular a la morfológica:

(35) [SNúm [SGén [S*n* [√]]]]

El ámbito superior del SD se corresponde con las propiedades discursivas del SD. Si, como se ha dicho, las posiciones de D y Núm se corresponden, respectivamente, a SFuerza y SFinitud, no es necesario proponer proyecciones de STópico y SFoco entre SD y SNúm. Poletto (2014) propone un Sd inferior al SD para albergar los artículos indefinidos, un SPos(esivo), así como posiciones de Tópico. Una estructura relativamente estándar (prescindiendo de los posesivos, cuantificadores y numerales) sería la de (36):

(36) [SD [STóp [SFoc [SNúm [SGén [S*n* [√]]]]]]]

Mientras que SNúm, SGén y SD albergarían morfemas en una imagen especular de la flexión nominal, STóp y SFoc permitirían el movimiento de sintagmas tematizados y focalizados a la periferia del SD.

6. Resumen

En esta entrada se han presentado algunos aspectos generales sobre la estructura y la proyección extendida del SN. Se ha debatido la necesidad de separar la información idiosincrática o enciclopédica —representada en la raíz— de las categorías funcionales responsables del comportamiento sintáctico. Se ha mencionado también la posibilidad, ampliamente debatida en la bibliografía reciente, de que exista movimiento de sintagmas dentro de los nominales. Se ha hecho también un sumario repaso de los modificadores del SN, principalmente complementos y adjetivos, de sus características en relación con el nombre y de su posición.

No se han tratado en este capítulo las cuestiones referentes a los posesivos, los cuantificadores y los SSNN con el núcleo vacío, que se tratan en otras entradas.

Referencias bibliográficas

Abney, S. P. (1987) *The English noun phrase in its sentential aspect*, tesis doctoral, MIT.

Aboh, E. O., Corver, N., Dyakonova, M., y Koppen, M. van (2010) "DP-internal information structure: Some introductory remarks", *Lingua*, 120, 4, abril, pp. 782–801.

Alexiadou, A. (2001) *Functional structure in nominals: Nominalization, and ergativity*, Amsterdam: John Benjamins.

Alexiadou (2010a) "Nominalizations: A probe into the architecture of grammar. Part I: The nominalization puzzle", *Language and Linguistics Compass*, 4, 7, julio, pp. 496–511.

Alexiadou, A. (2010b) "Nominalizations: A probe into the architecture of grammar. Part II: The aspectual properties of nominalizations and the lexicon vs. syntax debate", *Language and Linguistics Compass*, 4, 7, julio, pp. 512–523.

Borer, H. (2005) *Structuring sense: Volume 1: In name only*, Oxford: Oxford University Press.
Borer, H. (2014) "Derived nominals and the domain of content", *Lingua*, 141, marzo, pp. 71–96.
Borsley, R. D. y Kornfilt, J. (2000) "Mixed extended projections", en Borsley, R. D. (ed.) *The nature and function of syntactic categories*, Nueva York/San Diego: Academic Press, pp. 101–131.
Bosque, I. (1989) *Las categorías gramaticales*, Madrid: Síntesis.
Bosque, I. (1999) "El nombre común", en Bosque, I. y Demonte, V. (eds.) *Gramática descriptiva de la lengua española*, Madrid: Espasa, pp. 3–75.
Chomsky, N. (1970) "Remarks on Nominalization", en Jacobs, R. y Rosenbaum, P. (eds.) *Readings in English transformational grammar*, Waltham, MA: Ginn & Co., pp. 184–221.
Chomsky, N. (1981) *Lectures on government and binding*, Dordrecht: Foris.
Cinque, G. (1994) "On the evidence for partial N-movement in the Romance DP", en Cinque, G. y Kayne, R. S. (eds.) *Paths towards universal grammar: Studies in honor of Richard S. Kayne*, Washington, DC: Georgetown University Press, pp. 85–110.
Cinque, G. (2010) *The syntax of adjectives: A comparative*, Cambridge, MA: The MIT Press.
Craig, C. G. (1986) *Noun Classes and categorization*, Amsterdam: John Benjamins.
Demonte, V. (1999) "El adjetivo: clases y usos. La posición del adjetivo en el sintagma nominal", en Bosque, I. y Demonte, V. (eds.) *Gramática descriptiva de la lengua española*, Madrid: Espasa, vol. 1, pp. 129–215.
Den Dikken, M. (2006) *Relators and linkers: The syntax of predication, predicate inversion, and copulas*, Cambridge, MA: The MIT Press.
Embick, D. y Noyer, R. (2007) "Distributed morphology and the syntax/morphology interface", en Ramchand, G. y Reiss, C. (eds.) *The Oxford handbook of linguistic interfaces*, Oxford/Nueva York: Oxford University Press, pp. 289–324.
Fernández Leborans, M. J. (1999) "El nombre propio", en Bosque, I. y Demonte, V. (eds.), *Gramática descriptiva de la lengua española*, Madrid: Espasa, vol. 1, pp. 77–128.
Grimshaw, J. (1990) *Argument structure*, Cambridge, MA: The MIT Press.
Grinevald, C. (2000) "A morphosyntactic typology of classifiers", en Senft, G. (ed.) *Systems of nominal classification*, Cambridge: Cambridge University Press, pp. 50–92.
Hale, K. y Keyser, S. J. (1993) "On argument structure and the lexical expression of syntactic relations", en Hale, K. y Keyser, S. J. (eds.) *The view from Building 20*, Cambridge, MA,: The MIT Press, pp. 53–109.
Hale, K. y Keyser, S. J. (2002) *Prolegomenon to a theory of argument structure*, Cambridge, MA: The MIT Press.
Halle, M. y Marantz, A. (1993) "Distributed morphology and the pieces of inflection", en Hale, K. y Keyser S. J. (eds.) *The view from Building 20*, Cambridge, MA: The MIT Press, pp. 111–176.
Harley, H. y Noyer, R. (1999) "Distributed morphology", *Glot International*, 4, abril, pp. 3–9.
Hernanz, M. L. (1982) *El infinitivo en español*, Bellaterra: Universidad Autónoma de Barcelona.
Hernanz, M. L. (1999) "El infinitivo", en Bosque, I. y Demonte V. (eds.) *Gramática descriptiva de la lengua española*, Madrid: Espasa, pp. 2197–2356.
Kayne, R. S. (1994) *The antisymmetry of syntax*, Cambridge, MA: The MIT Press.
Kayne, R. S. (2006) "On parameters and on principles of pronunciation", en Broekhuis, H., Corver, N., Huybregts, R., Kleinhenz, U. y Koster, J. (eds.) *Organizing grammar,* Berlín: Mouton de Gruyter, pp. 289–299.
Kornfilt, J. y Whitman, J. (2011) "Introduction: Nominalizations in syntactic theory", *Lingua*, 121, 7, mayo, pp. 1160–1163.
Longobardi, G. (1994) "Reference and proper names: A theory of N-movement in syntax and logical form", *Linguistic Inquiry*, 25, 4, otoño, pp. 609–665.
Mateu, J. (2002) *Argument structure: Relational construal at the syntax-semantics interface*, tesis doctoral, Universitat Autònoma de Barcelona.
Picallo, M. C. (1991) "Nominals and nominalizations in Catalan", *Probus*, 3, 3, enero, pp. 279–316.
Picallo, M. C. (1999) "La estructura del sintagma nominal: las nominalizaciones y otros sustantivos con complementos argumentales", en Bosque, I. y Demonte, V. (eds.), *Gramática descriptiva de la lengua española*, Madrid: Espasa, pp. 363–394.
Picallo, M. C. (2008) "Gender and number in Romance", *Lingue e Linguaggio*, 7, 1, enero-junio, pp. 47–66.
Picallo, M. C. (2012) "Structure of the noun phrase", en Hualde, J. I., Olarrea, A. y O'Rourke, E. (eds.) *The handbook of Hispanic linguistics*, Londres/Nueva York: Blackwell, pp. 263–283.

Poletto, C. (2014) *Word order in old Italian*, Oxford: Oxford University Press.

Rigau, G. y Pérez Saldanya, M. (2008) "Formación de los sintagmas locativos con adverbio pospuesto", en Company Company, C. y Moreno de Alba, J. G. (eds.) *Actas del VII Congreso Internacional de Historia de la Lengua Española*, Madrid: Arco Libros, pp. 1055–1072.

Rizzi, L. (1997) "The fine structure of the Left Periphery", en Haegeman, L. (ed.) *Elements of grammar*, Amsterdam: Springer, pp. 281–337.

Stark, E. (2008) "The role of the plural system in romance", en Detges, U. y Waltereit R. (eds.) *The paradox of grammatical change: Perspectives from Romance*, Amsterdam: John Benjamins, pp. 57–84.

Suñer, A. (1999) "La aposición y otras relaciones de predicación en el sintagma nominal", en Bosque, I. y Demonte V. (eds.) *Gramática descriptiva de la lengua española*, Madrid: Espasa, pp. 523–564.

Svenonius, P. (2010) "Spatial p in English", en Cinque, G. y Rizzi, L. (eds.) *The cartography of syntactic structures, 6. Mapping Spatial PPs*, Oxford/Nueva York: Oxford University Press, pp. 127–160.

Lecturas complementarias

Bosque, I. y Demonte, V. (eds.) *Gramática descriptiva de la lengua española,* Madrid: Espasa, vol. 1.

[RAE-ASALE] Real Academia Española y Asociación de Academias de la Lengua Española (2009), *Nueva gramática de la lengua española*, Madrid: Espasa.

Entradas relacionadas

cuantificación; determinantes y artículos; gramática generativa; semántica; sintagma verbal; sintaxis

SINTAGMA VERBAL

Jaume Mateu

1. Introducción: una concepción clásica del sintagma verbal

La propuesta clásica de que una oración está sintácticamente formada por un Sintagma Nominal y un Sintagma Verbal (O → SN SV) tiene, de entrada, una evidente conexión con la propuesta de base aristotélica de que una proposición tiene también una estructura binaria, con un elemento, el sujeto, que hace referencia a una entidad y el otro, el predicado, que expresa un evento o propiedad del sujeto.

La estructura sintáctica básica del Sintagma Verbal está formada por el verbo, que actúa como núcleo sintáctico de este sintagma, y sus argumentos internos (básicamente, el complemento directo, el complemento indirecto y el complemento de régimen verbal) en caso de que se trate de un verbo predicativo: cf. (1a). En caso de que se trate de un verbo copulativo o pseudo-copulativo de valor aspectual, el SV básico lo forman el verbo junto con un predicado nominal: cf. (1b). A diferencia de los argumentos internos, se suele asumir que el argumento externo sujeto ocupa una posición destacada o privilegiada, i. e., fuera del SV.

(1) a. Juan regaló un libro$_{CD}$ a María$_{CI}$/Juan confió en María$_{CRV}$.
    b. María {es/está/parece/se vuelve} simpática$_{PN}$.

Un predicado léxico, cuyo representante por excelencia en la tradición gramatical es un verbo predicativo, es una función que necesita saturarse mediante uno o más argumentos, los cuales tendrán que ocupar las posiciones sintácticas adecuadas para recibir los *papeles temáticos* correspondientes. La lista habitual de papeles temáticos suele rondar la docena: e. g., *agente, causa, paciente, tema, experimentante, destinatario, beneficiario, origen, meta, locativo, instrumento* y *comitativo*. No es fácil proporcionar una lista finita ni tampoco una definición precisa de cada uno de ellos (cf. Gruber (1965/1976); Fillmore (1968); Bosque y Gutiérrez-Rexach (2009), entre muchos otros autores). Un argumento es un elemento que requiere uno de estos papeles temáticos y que ocupa una posición argumental en la sintaxis. Según el número de argumentos seleccionados, los predicados verbales pueden clasificarse en ∅-argumentales o avalentes (e. g., (2a)), monoargumentales o monovalentes (e. g., (2b)), biargumentales o bivalentes (e. g., (2c)) y triargumentales o trivalentes (e. g., (2d)).

51

(2) a. Llovió. Granizó.
     b. Juan$_{AGENTE}$ trabajó; Juan$_{PACIENTE}$ murió.
     c. El viento$_{CAUSA}$ rompió el cristal$_{TEMA}$; Juan$_{AGENTE}$ insistió en su propuesta$_{TEMA}$
     d. Juan$_{AGENTE}$ puso el libro$_{TEMA}$ sobre la mesa$_{LOCATIVO}$; Juan$_{AGENTE}$ envió la postal$_{TEMA}$ a María$_{META}$

Como veremos, algunos lingüistas asumen que hay restricciones estructurales que impiden la existencia de predicados tetravalentes (e. g., Baker (1997), Mateu (2002) o Harley (2011), i. a.). Sin embargo, otros autores sí asumen la existencia de tales predicados: por ejemplo, según Bosque y Gutiérrez-Rexach (2009: 268), el verbo *comprar* se puede considerar tetravalente en *Juan le compró a Pedro su actual coche por un precio muy razonable*. Para los primeros autores que niegan la existencia de predicados tetravalentes, *por un precio muy razonable* sería un adjunto, i. e., un elemento no seleccionado por el verbo. En este caso, no habría pues una diferencia sintáctica significativa si en el ejemplo mencionado de *comprar* se añadiera el SP *de buena gana* en lugar del SP *por un precio muy razonable*: al no ser seleccionados por el predicado verbal *comprar*, ambos serían adjuntos al SV, i. e., ambos formarían parte de la estructura ampliada del SV. Si bien la estructura sintáctica básica del Sintagma Verbal la forman el núcleo verbal (V) y sus argumentos internos, la estructura ampliada de tal sintagma puede contener los denominados "complementos circunstanciales". Tradicionalmente se suele proponer que estos complementos se añaden al SV básico y se crea un nuevo SV, i. e., un SV ampliado: e. g., cf. (3). No obstante, el hecho de que se puedan añadir libremente adjuntos a la estructura de (3) no significa que esto sea siempre posible, ya que su legitimación depende también de factores aspectuales y semánticos (e. g., cf. *Juan {aprende/#sabe} latín con entusiasmo*).

(3) [$_{SV}$ [$_{SV}$ [$_{SV}$ [$_{SV}$ [$_{SV}$ comprar un coche a Pedro] [$_{SP}$ por un precio razonable]] [$_{SP}$ de buena gana]] [$_{SP}$ en Madrid]] [$_{SP}$ a las cinco de la tarde]]…].

Tradicionalmente se ha asumido que la construcción del SV tiene en cuenta la información que los verbos codifican en sus entradas léxicas correspondientes. Por ejemplo, considérese el predicado biargumental *romper*. En su correspondiente entrada léxica estará codificada la red temática o estructura argumental: {*causa*, *tema*}, en la que el argumento subrayado indica que se trata de un argumento externo, i. e., que se proyectará fuera del SV (véase Kratzer (1996), i. a.). Si se quiere saturar el significado de este predicado verbal, habrá que especificar que el evento complejo expresado por el predicado implica una *causa* (i. e., el elemento que provoca el cambio de estado) y también un *tema* (i. e., el elemento que padece el cambio). Como hemos visto, los elementos que no son seleccionados semánticamente por el predicado verbal en su entrada léxica son considerados adjuntos (e. g., *María rompió el cristal en la cocina/ayer/con un martillo/deliberadamente/…*).

La estructura argumental debe dar cuenta no solo del número de argumentos que selecciona un predicado sino también de la jerarquía que se puede establecer entre ellos: e. g., argumento externo vs. argumento(s) interno(s); argumento interno directo vs. argumento interno indirecto. Así, por ejemplo, *romper* e *insistir* son predicados biargumentales (cf. (2c)): ambos seleccionan un argumento externo y un argumento interno ("externo" e "interno" en el sentido de que estos argumentos se proyectarán fuera y dentro del SV, respectivamente). El segundo argumento de *romper* es interno directo, mientras que el de *insistir* es interno indirecto: esto es, mientras que en el primer caso la relación entre el verbo y el argumento interno es directa, en el segundo caso interviene una preposición en tal relación.

Así, por ejemplo, en (4) se satisfacen los requisitos argumentales que requiere el predicado biargumental *romper* para legitimarse:

(4)

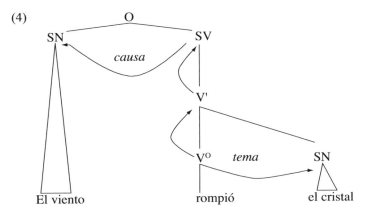

Tal y como queda reflejado en (4), la asignación de papel temático al argumento externo (esto es, al argumento *causa*) se hace de manera composicional: aunque el verbo es el núcleo léxico que selecciona este papel temático, se considera que es todo el SV *rompió el cristal* el encargado de asignar el papel temático de causa al argumento externo *el viento* (cf. #*El viento* [SV *rompió la promesa*]). En cambio, es el verbo *rompió* el que asigna de manera directa el papel temático de tema al argumento interno *el cristal*. A continuación considérese qué pasa en los ejemplos de (5):

(5)   a. *El viento rompió.
      b. *El viento rompió el cristal la mesa.
      c. El cristal se rompió (solo).
      d. Rompió el cristal.
      e. Se rompió.

De acuerdo con la teoría temática, la agramaticalidad de (5a) se debe a que se transgrede el llamado *criterio temático*, cuya versión informal se define en (6).

(6)   *El criterio temático:* un argumento tiene que recibir un solo papel temático y cada papel temático se tiene que asignar a un solo argumento.

(5a) transgrede el criterio temático de (6), ya que cabe suponer que el papel temático de tema no se ha asignado. (5b) también transgrede tal criterio, ya que hay un argumento (*la mesa*) sin papel temático: en este caso cabe suponer que el papel temático de tema ya ha sido asignado al SN más próximo al verbo, i. e., *el cristal*. En cambio, la frase de (5c) no transgrede el criterio temático, ya que se puede asumir que, en la lectura incoativa relevante, ha actuado una regla léxica de "absorción" del papel temático asignado al argumento externo: i. e., el papel temático de causa queda absorbido por el pronombre reflexivo *se*. Finalmente, en cuanto a los ejemplos (5d) y (5e), cabe notar que, aunque no estén realizados superficialmente la causa y el tema, respectivamente, estas oraciones constituyen expresiones bien formadas, ya que el castellano es una *lengua de sujeto nulo*, y lo es independientemente del papel temático que tenga el sujeto: e. g., causa en (5d) o tema en (5e). En cambio, el inglés no es una lengua de sujeto nulo (i. e., no es una lengua *pro-drop*; véase Chomsky 1981), por lo que las secuencias inglesas que se corresponden con (5d) y (5e) son agramaticales: cf. *Ø Broke the glass; *Ø Broke.*

Veamos a continuación cómo se puede dar cuenta de los ejemplos de (7):

(7) a. El viento rompió el cristal.
 b. El cristal se rompió.

La alternancia de la estructura argumental de (7) consiste en la posibilidad de asociar un mismo papel temático (*tema*) de una misma red temática con dos posiciones sintácticas diferentes: en (7a) el tema del verbo *romper* ocupa la posición de complemento directo, mientras que en (7b) ocupa la de sujeto. El fenómeno ejemplificado en (7) recibe el nombre de *alternancia causativa* (Levin y Rappaport Hovav (1995); Mendikoetxea (1999), i. a.).

Se ha dicho que la posibilidad de enlazar un mismo papel temático con más de una posición sintáctica plantea un problema importante a la llamada *Hipótesis de la uniformidad en la asignación de papeles temáticos*, propuesta por Baker (1988: 48):

(8) Unas relaciones temáticas idénticas entre los elementos se representan mediante unas relaciones estructurales idénticas entre tales elementos en el nivel inicial de representación sintáctica (i. e, la denominada *Estructura profunda*).

En otras palabras, lo que implica la hipótesis de (8) es que un mismo marco temático tendrá que colocar sus argumentos en las mismas posiciones sintácticas, lo que quiere decir que cada papel temático se proyectará siempre en una misma posición sintáctica: e. g., el agente o la causa se proyectará siempre como sujeto, el paciente o el tema se proyectará siempre como objeto directo, y la meta o el locativo se proyectará siempre como complemento indirecto o complemento oblicuo. Según Baker (1997), la lista de los papeles temáticos sintácticamente relevantes se reduce a tres macro-roles: *agente/causador*, *paciente/tema* y *meta/locativo*.

Así, por ejemplo, el hecho de asumir como válida la hipótesis de (8) obliga a uno a proponer un proceso sintáctico no trivial en la variante intransitiva de *romper* ejemplificada en (7b). En efecto, en virtud del principio de (8), el SN *el cristal* se tiene que generar en la misma posición sintáctica de argumento interno directo (i. e., el hermano estructural de V') tanto en el análisis de (7a) como en el de (7b) puesto que tiene el mismo papel temático en ambos ejemplos: i. e., el de tema. Asumir pues tal propuesta restrictiva en lo que concierne a la proyección de los argumentos en la sintaxis conlleva asumir que en (7b) hay un movimiento del SN *el cristal* desde la posición de objeto directo a la de sujeto: véase (9). Cabe notar que la posición del SN objeto contiene, como resultado del movimiento aplicado, una *h*(uella) coindizada con el SN sujeto. En efecto, es en la posición vacía de objeto donde el SN *el cristal* recibe el papel temático de tema.

(9)

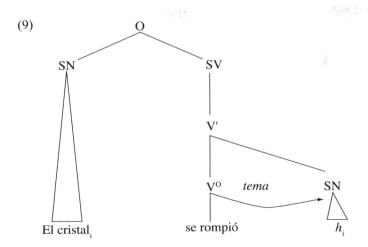

A partir de la constatación de que el argumento sujeto de la variante intransitiva de (7b) tiene un comportamiento de objeto, Burzio (1986) hizo la propuesta sintáctica explícita de generarlo en la posición de objeto directo en la representación sintáctica inicial y moverlo a la posición de sujeto en el paso a la representación sintáctica superficial (cf. Perlmutter (1978), para un análisis previo en términos de la Gramática Relacional). Como observa Burzio, tal propuesta se puede mantener si se asume que el verbo de la variante intransitiva de (7b) participa de la propiedad de la *inacusatividad* (cf. Levin y Rappaport Hovav (1995), entre otros, para una revisión detallada de esta propiedad). De acuerdo con esta hipótesis, los verbos intransitivos se pueden clasificar sintácticamente en dos grandes grupos: los denominados verbos *inergativos*, que tienen argumento externo, y los denominados verbos *inacusativos* (o ergativos, según Burzio), que carecen de él. El hecho de que el complemento directo de verbos transitivos y el sujeto de verbos inacusativos compartan ambos la propiedad de ser argumentos internos da cuenta del comportamiento sintáctico siguiente: por ejemplo, los verbos transitivos (e. g., *romper* o *asesinar*; cf. (10a) y (10b)) y los inacusativos (e. g., *romperse* o *llegar*; cf. (10c) y (10d)), pero no los inergativos (*bailar* o *sonreír*; cf. (10e) y (10f)), pueden aparecer en las construcciones de participio absoluto (véanse Mendikoetxea (1999) y Bosque y Gutiérrez-Rexach (2009), i. a., para otras pruebas o "diagnósticos" de la inacusatividad).

(10) a. Una vez roto el cristal (i. e. por alguien; cf. *una vez alguien rompió el cristal*), pudimos entrar.
      b. Una vez asesinado el dictador, ya no hubo más represión policial.
      c. Una vez roto el cristal (e. g., cf. *una vez se rompió el cristal a causa del fuerte viento*), pudimos entrar.
      d. Una vez llegado el mal tiempo, ya no pudimos disfrutar más de la piscina.
      e. *Una vez bailado Luis, salimos de la discoteca.
      f. *Una vez sonreído Luis, lo hizo María.

Sin embargo, no todos los lingüistas aceptan el postulado de (8) ni el análisis transformacional de (9). Así, por ejemplo, los hay que arguyen que no es necesario proponer tal movimiento en la sintaxis, ya que consideran que el enlace entre los papeles temáticos y las funciones sintácticas no viene regido por la hipótesis de (8) sino más bien por un sistema de *ranking* que proporciona la denominada *jerarquía temática*, que da cuenta de la prominencia de los papeles temáticos: por ejemplo, dada una estructura con causador y tema, el argumento causador será el sujeto; dada una estructura con solo tema, este argumento tema será directamente el sujeto, etc. Entre otras propuestas que se encuentran en la bibliografía, una versión típica de la jerarquía temática es la de (11) (véase Jackendoff (1990), entre otros). Véase también Levin y Rappaport Hovav (2005) para una revisión de los enfoques basados en (distintas versiones de) la jerarquía temática.

(11) agente/causador > beneficiario > destinatario/experimentante > instrumento > paciente/ tema > locativo

Algunos lingüistas que no simpatizan con la propuesta sintáctica de Burzio suelen explicar la división entre verbos inergativos e inacusativos a partir de criterios semánticos: e. g., mientras que los primeros suelen expresar una acción atélica (e. g., *bailar, jugar, llorar, sonreír, trabajar*, etc.), los segundos suelen expresar un cambio télico o un estado atélico (e. g., *entrar, llegar, nacer, romperse, hundirse, existir*, etc.). Estos autores conceden también mucha importancia a los factores semánticos implicados en los test de la inacusatividad: e. g., si analizamos el diagnóstico ejemplificado en (10), se da el caso de que en español los verbos inacusativos atélicos (e. g., *existir, permanecer*, etc.) no pueden entrar en la construcción de participio: cf. **Una vez existidos/permanecidos los dinosaurios,...* (véase De Miguel 1999, i. a.). Así pues, la mera propiedad sintáctica de la inacusatividad no parece ser el único factor relevante a la hora de dar cuenta de los datos. De hecho, para algunos autores, tal propiedad sintáctica no es ni siquiera relevante: e. g., véase Van Valin (1990) o Dowty (1991), entre otros. Por ejemplo, para Dowty (1991), la división básica entre verbos inergativos e inacusativos tiene que ver con una diferencia semántica: dicho en sus términos de proto-roles semánticos, los primeros seleccionan un proto-agente, mientras que los segundos seleccionan un proto-paciente.

Antes de concluir esta sección, es importante apuntar también que, a causa de la indefinición o vaguedad típica de las nociones de los papeles temáticos, algunos lingüistas han propuesto que la proyección sintáctica de los argumentos en la sintaxis puede hacerse sin tener que asumir como primitivas tales nociones. Así, por ejemplo, en sintonía con lo que propone Jackendoff (1990), algunos lingüistas asumen que los papeles temáticos no hay que considerarlos como entidades primitivas de la teoría lingüística sino que se pueden derivar de las posiciones argumentales de estructuras semánticas: así, por ejemplo, los papeles temáticos de causa(dor) y tema se pueden derivar de las posiciones estructurales que en la representación semántica de (12) ocupan las variables X e Y, respectivamente. Así, un predicado verbal como *romper* se descompone en la estructura eventiva compleja de (12) cuya paráfrasis es: "la acción de X causa que Y pase a estar roto", en la que las variables X e Y se asocian con el argumento externo y el argumento interno directo, respectivamente.

(12) [[X ACTUAR] CAUSAR [Y DEVENIR <ROTO>]]

Levin y Rappaport Hovav (1995, 2005) proponen que la estructura eventiva (e. g., la de (12)) es una representación léxico-*semántica*, mientras que la estructura argumental es una representación léxico-*sintáctica* que solo da cuenta de: (i) el número de argumentos que selecciona un predicado y (ii) la jerarquía que se puede establecer entre ellos. Así, por ejemplo, la estructura argumental de un predicado biargumental como *romper* es la siguiente: $\{x <y>\}$, en la que x es el argumento externo e y, el argumento interno directo. Al fin y al cabo, aunque la semántica de un verbo causativo de cambio de estado como *romper* sea claramente diferente de la de un verbo estativo como *temer*, se puede argüir que ambos verbos biargumentales tienen una misma sintaxis básica (e. g., cf. la estructura sintáctica de (4)) ya que ambos tienen la misma estructura argumental: i. e., {*x <y>*}.

No obstante, tal y como veremos en la siguiente sección, algunos destacados lingüistas generativistas que simpatizan con el programa minimista de Chomsky (1995) han puesto en duda la necesidad de distinguir tres representaciones diferentes tales como: (i) la estructura eventiva, (ii) la estructura argumental y (iii) la estructura del SV. Para estos autores el hecho de proponer una versión sintáctica más articulada del SV le puede eximir a uno de proponer estructuras léxico-semánticas (eventivas) como la de (12) y estructuras argumentales que constan solo de funciones y variables jerarquizadas. Evidentemente, tal propuesta unificadora implica que la estructura sintáctica del SV pasa a ser bastante más compleja que la que se representa, por ejemplo, en (4).

2. Hacia una nueva concepción del sintagma verbal

Algunos autores afines al programa minimista de Chomsky (1995) consideran que los primitivos y principios de combinación implicados en la construcción del SV son los mismos que dan cuenta de la formación de las estructuras argumentales (e. g., cf. Hale y Keyser (2002), Harley (2011), entre otros) o de las estructuras eventivas (e. g., cf. Ramchand (2008), entre otros). Véase Marantz (2013) para un excelente resumen de esta nueva concepción.

Así, por ejemplo, según Hale y Keyser (1993, 2002), la estructura argumental de un verbo causativo de cambio de estado como *romper* (cf. (12)) se puede identificar con el SV complejo de (13), en el que el V superior se interpreta como *HACER* y el V inferior, como *DEVENIR* (cf. las estructuras con doble capa verbal propuestas previamente por Larson (1988)). En cierto sentido, pues, la estructura verbal compleja de (13) representa también una codificación sintáctica de la estructura eventiva de (12). Por otro lado, el argumento externo, i. e., el argumento causador/agente, no aparece en (13), ya que se asume que no forma parte de la estructura argumental sintáctica, de la misma manera que en la sección anterior ya hemos visto que no formaba parte de la estructura sintáctica básica del SV.

(13)

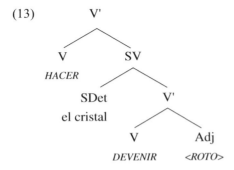

En la propuesta de Hale y Keyser (1993, 2002), la semántica de la estructura eventiva no determina la sintaxis del SV sino que, en todo caso, para estos autores sucede más bien lo contrario: i. e., la semántica asociada a la estructura eventiva, así como el significado estructural asociado a los papeles temáticos que son gramaticalmente relevantes, se leen a partir de las meras configuraciones sintácticas de la descomposición del SV. Según Hale y Keyser, dada una representación como la de (13), el significado causativo emerge de subordinar un V(erbo) a otro V(erbo). Esto es, en (13) el significado causativo se puede considerar "estructural" en la medida en que interviene la sintaxis, mientras que el significado de ROTO es meramente enciclopédico o conceptual.

Partiendo de la hipótesis fundamental de que los verbos *siempre* seleccionan un complemento, Hale y Keyser (2002) se concentran en el estudio de las siguientes clases verbales: los verbos que seleccionan un complemento nominal (e. g., verbos inergativos como *cantar*<[HACER *canto*]) y los que seleccionan una predicación interna, sea esta de naturaleza preposicional (e. g., cf. verbos locativos como *embotellar*<[PONER [*algo* EN *botella(s)*]]) o adjetival (e. g., cf. verbos causativos como *romper*<[HACER [*algo* DEVENIR ROTO]]; cf. (13)).

De acuerdo con Hale y Keyser, los verbos inergativos tienen una estructura transitiva subyacente, ya que su formación implica ensamblar (ingl. *merge*) un elemento no relacional (normalmente, una categoría nominal) con un núcleo verbal. Como prueba de la naturaleza transitiva subyacente de los verbos inergativos del inglés o del español, estos autores apuntan a menudo en sus trabajos que (muchos de) estos verbos son superficialmente transitivos en vasco: cf. (14). Así, por ejemplo, *zurrunga egin* y *roncar* tienen la misma estructura argumental sintáctica (i. e., [$_{SV}$ V N]), con la diferencia de que solo en español el complemento nominal aparece normalmente incorporado o fusionado en el verbo.

(14)   Vasco: *zurrunga egin* 'ronco hacer', i. e., roncar; *lan egin* 'trabajo hacer', i. e., trabajar; *negar egin* 'llanto hacer', i. e., llorar; *iolas egin* 'juego hacer', i. e., jugar; etc.

Puesto que en español los verbos inergativos suelen tener incorporado su argumento interno, la predicción que hacen Hale y Keyser es que su objeto pueda ser nulo. Así, por ejemplo, el objeto directo de las estructuras inergativas se puede interpretar a menudo o bien como un objeto hipónimo del elemento hiperónimo fusionado en el verbo (e. g., en (15a) *un cuadro* es un objeto hipónimo de algo pintado y en (15b) *una pizza* lo es de algo comido) o bien como un objeto cognado (e. g., *bailó (un baile)*; *cantó (una canción)*).

(15)   a. Juan pintó (un cuadro).
       b. Juan comió (una pizza).

En cambio, el 'sujeto' (i. e., especificador) interno de una predicación de cambio de lugar/estado (e. g., el *cristal* en (13)) no se puede omitir fácilmente, como se muestra en (16). Tal diferencia sintáctica entre los ejemplos de (15) y (16) se predice, ya que solo se pueden incorporar o fusionar en el verbo los complementos, no así los especificadores (Hale y Keyser 1993).

(16)   a. Los fuertes vientos rompieron ??(el cristal).
       b. Juan embotelló ??(el vino).

Finalmente, cabe notar que en las estructuras verbales que proponen Hale y Keyser (2002) no aparece el argumento externo, que ocupa una posición de especificador de la proyección funcional relevante (e. g., SFlexión/STiempo o, según Kratzer (1996), SVoz) o bien la posición de "adjunto distinguido" al SV (siguiendo a Koopman y Sportiche 1991). Hale y Keyser no discuten, de hecho, el estatus de los *adjuntos*, puesto que hay que suponer que estos constituyentes no forman parte de las estructuras argumentales básicas de los predicados. En este sentido, véase Gallego (2010a) para una interesante extensión de la teoría de Hale y Keyser. En cuanto a la sintaxis del denominado *complemento {preposicional/de régimen verbal}* (e. g., cf. los datos de (17)), véase Demonte (1991: cap. 2), Simoni (2005) y Gallego (2010b).

(17) a. Juan insistió (en hacerlo).
   b. Su trabajo consiste *(en corregir pruebas).

Por otra parte, una versión minimista del programa haleykeyseriano aplicado a la construcción del SV se puede encontrar en los excelentes trabajos de Harley (2011) y Marantz (2013), entre otros. De acuerdo con estos autores, el evento no se codifica en un verbo léxico (V) sino en la categoría funcional denominada *v* (ingl. *little v* 'verbo pequeño'; cf. Chomsky (1995)), que es la categoría encargada de verbalizar la estructura argumental. Siguiendo uno de los postulados fundamentales de la teoría de Hale y Keyser, según el cual los verbos siempre seleccionan un complemento, sea nominal, preposicional o adjetival, Harley (2011) propone que tanto los verbos transitivos locativos del tipo *embotellar, enlatar* o *ensillar* como los verbos transitivos causativos del tipo *romper, envejecer* o *engordar* se forman en la sintaxis propiamente dicha (y no en una sintaxis dentro del léxico como proponen Hale y Keyser) a partir de un *v* funcional causativo que selecciona directamente como complemento lo que, en teoría sintáctica generativa, se ha denominado una *Oración Reducida* (OR; ingl. *SC: Small Clause*): véase (18). Básicamente, una OR implica una relación entre un SDet sujeto y un predicado sin que intervenga el nudo funcional de flexión finita verbal (de tal carácter defectivo proviene el calificativo de "reducida"; cf. Stowell [1981] y Hoekstra [2004], entre otros): por ejemplo, en (18) el complemento directo *los pollos* sería el sujeto interno de la OR, cuyo predicado de estado resultante sería, en este caso, de naturaleza adjetival.

(18) Juan engordó los pollos.

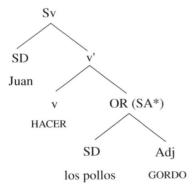

A diferencia de lo que proponen Hale y Keyser, Harley (2011) y Marantz (2013) arguyen que no parece haber evidencia teórica ni empírica suficiente para defender la descomposición léxico-sintáctica de Hale y Keyser según la cual la representación sintáctica de los verbos causativos contiene dos capas verbales (cf. (13)): Harley y Marantz proponen, en cambio, que la estructura causativa tiene un único elemento verbalizador. La intepretación de la función semántica CAUSAR (cf. (12)) se puede inferir al combinar un evento dinámico codificado en *v* (HACER, ingl. DO) con una eventualidad de estado resultante codificada en el núcleo del predicado de la OR. En cambio, en (19) emerge la interpretación de predicado de cambio (DEVENIR, ingl. *BECOME*) al no haber argumento externo en la posición de especificador de *v*. En este caso, pues, la configuración es inacusativa.

(19)   Los pollos engordaron.

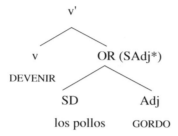

Harley (2011) y Marantz (2013) demuestran que no hay evidencia para separar CAUSAR (*CAUSE*) y DEVENIR (*BECOME*) en la (des)composición del SV complejo de los verbos causativos: por ejemplo, según estos autores, el famoso test que comentamos a continuación solo proporciona evidencia a favor de distinguir la unión eventiva CAUSAR/DEVENIR, por un lado, y el estado resultante, por otro. Así, por ejemplo, de acuerdo con Harley (2011), la estructura sintáctica de (18), que corresponde a verbos causativos de cambio de estado como *engordar* o *abrir*, explica la ambigüedad a la que da lugar la expresión adverbial *de nuevo* en un ejemplo como el de (20).

(20)   Juan abrió la puerta de nuevo.

(20) tiene una doble interpretación: (21a) ejemplifica la lectura repetitiva, mientras que (21b) expresa la lectura restitutiva. La lectura repetitiva equivale a una situación en la que previamente Juan realizó la acción de abrir la puerta: es decir, su acción de abrir la puerta fue repetida. En cambio, la lectura restitutiva es aquella en la que Juan no está necesariamente implicado en la apertura original o previa de la puerta: Juan simplemente restituyó la puerta a su estado de abierta.

(21)   a. Juan abrió la puerta antes y ahora ha vuelto a hacerlo.
         b. La puerta estaba abierta antes y ahora vuelve a estarlo.

De acuerdo con Harley (2011), la ambigüedad de un enunciado como el de (20) se debe a que *de nuevo* puede modificar o bien la eventualidad codificada en el verbo o bien la que está codificada en la OR: cf. las estructuras simplificadas de (22a) y (22b), respectivamente. En la lectura repetitiva de (22a), *de nuevo* modifica la parte estructural que incluye el subevento de la actividad, i. e., la acción de Juan de abrir la puerta tuvo lugar, como mínimo, dos veces. En cambio, en la lectura restitutiva de (22b), esta expresión adverbial modifica la parte estructural que solo incluye el estado resultante de abrir la puerta. En esta segunda lectura no queda implicado que, en ambas ocasiones, fuera Juan el causante de la apertura de la puerta.

(22)   a. [$_{Sv}$ Juan [$_v$ HACER [$_{OR}$ la puerta ABIERTA]] de nuevo]
         b. [$_{Sv}$ Juan [$_v$ HACER [[$_{OR}$ la puerta ABIERTA] de nuevo]]]

Finalmente, otro argumento que esgrime Harley (2011) a favor de la denominada *hipótesis del v pequeño*, que, aplicada a la estructura sintáctica de (18), consiste en separar la capa "funcional" que introduce el argumento externo de la capa "léxica" del estado resultante que contiene el argumento interno, proviene del estudio de las construcciones idiomáticas (*idioms*). Basándose en los trabajos previos de Marantz (1984) y Kratzer (1996), Harley pone de manifiesto una simetría relevante: mientras que hay muchas construcciones idiomáticas que afectan el verbo y el objeto directo (e. g., *matar el tiempo, meter la pata*, etc.), no parecen existir frases hechas que afecten el verbo y el sujeto y que excluyan el objeto directo. Tal y como propone Kratzer (1996), esta generalización se puede derivar de manera directa si el argumento externo, i. e., el agente/causador, es un argumento de una proyección funcional superior al SV. Esta semantista propone que sea la categoría funcional *Voz* [ingl. *Voice*] la que introduzca este argumento y que dé cuenta de su independencia semántica con respecto al resto de la predicación.

Para concluir esta sección, vale la pena tratar, aunque sea someramente, un tema que ha recibido una notable atención en los últimos años: la sintaxis de los denominados *aplicativos*, i. e., unos elementos sintácticos que añaden un objeto extra a la estructura del SV/Sv. Como veremos a continuación, objetos *dativos* tales como los ejemplificados en (23) representan ejemplos paradigmáticos de objetos "añadidos" al SV/Sv básico mediante la intervención de los núcleos aplicativos (cf. Cuervo (2003), Marantz (2013) o Pylkkännen (2008), entre otros). De hecho, tal y como recuerda Marantz (2013), cabe considerar también el argumento externo como un segundo tipo de argumento *añadido* en cuanto que, de acuerdo con Hale y Keyser (1993, 2002) y Kratzer (1996), no forma parte tampoco de la estructura argumental verbal.

(23)   a. A Juan le interesa la política.
        b. María le dio un susto a Juan.

Supongamos que los SSVV básicos asociados a la construcción intransitiva estativa de (23a) y a la construcción transitiva agentiva de (23b) se corresponden con las estructuras asociadas a *La política interesa* (o *La política es interesante*) y *María dio un susto*, respectivamente. A estas estructuras argumentales básicas se les ha añadido un objeto dativo mediante la intervención sintáctica de un núcleo *Apl*(icativo). No obstante, tal introducción del objeto dativo se ha realizado de manera distinta en los dos casos: tal y como demuestra Cuervo (2003), los dos objetos dativos de (23) tienen unas propiedades argumentales diferentes y ejemplifican de manera paradigmática la diferencia que se ha establecido en la bibliografía reciente entre dos tipos de núcleos aplicativos (i. e., los denominados aplicativos *altos* y los *bajos*). Tal y como se puede apreciar en las estructuras sintácticas de (24), mientras que el *Apl*(icativo) alto relaciona un individuo (e. g., *Juan*) con un evento (e. g., la eventualidad estativa de *interesar*), el *Apl*(icativo) bajo relaciona dos objetos en el interior del S*v*: *Juan* y *un susto*. De acuerdo con Cuervo, en ambos casos se puede suponer que el núcleo aplicativo está ocupado por el clítico dativo *le*. Para más discusión de los dos tipos de estructuras aplicativas, véase Cuervo (2003), i. a.

(24) a.

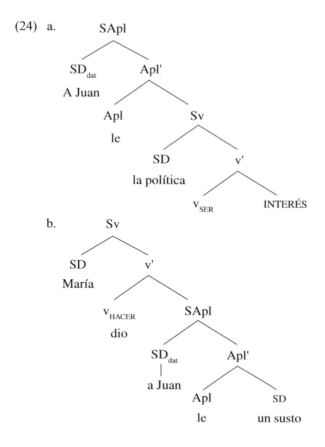

3. Conclusiones

La comprensión de cuál es la estructura sintáctica del SV ha avanzado mucho gracias a las recientes propuestas minimistas resumidas de manera excelente en Harley (2011) y Marantz (2013). En esta sección final nos limitaremos a repasar algunas propuestas que consideramos importantes o incluso revolucionarias con respecto a lo que se ha asumido tradicionalmente: por ejemplo, una propuesta importante es la de que el núcleo del Sintagma Verbal es siempre un verbo ligero, i. e., funcional, cuyo significado estructural equivale al de un operador eventivo de tipo dinámico o estático. El hecho superficial de que tal verbo "ligero" aparezca fusionado con raíces "llenas" que aportan el significado idiosincrásico o enciclopédico es fruto de la aplicación de una operación de fusión (*conflation*): no hay pues motivo para distinguir los primitivos y principios de formación de unas supuestas estructuras "léxicas" (e. g., cf. *enloquecer*, *empujar*, etc.) de los que están implicados en la formación de sus correspondientes estructuras analíticas (e. g., cf. *volver(se) loco*, *dar un empujón*, etc.). En palabras de Harley y Marantz, no hay motivo para distinguir la sintaxis "léxica" de la estructura argumental de la sintaxis "funcional" del Sv: i. e., la sintaxis de la estructura argumental verbal y la sintaxis del SV son la misma cosa. De esta manera se explica, por ejemplo, por qué la ambigüedad de una estructura sintética como *enloquecer a María de nuevo* sea la misma que la de una estructura analítica como *volver loca a María de nuevo* (Harley 2011).

De acuerdo con uno de los postulados fundamentales de Hale y Keyser (2002), el verbo selecciona *siempre* de manera directa un complemento, ya sea nominal (e. g., en las estructuras inergativas) ya sea adjetival o preposicional (e. g., en las estructuras transitivas causativas y en las inacusativas anticausativas). En cierta medida, una estructura transitiva causativa se puede concebir como la "suma" de una estructura inergativa (i. e., con argumento externo) y una estructura inacusativa (i. e., con una predicación interna de tipo preposicional o adjetival).

Los papeles temáticos que son sintácticamente relevantes (según Baker (1997), se pueden reducir a tres macro-roles: *agente/causador*, *paciente/tema* y *meta/locativo*) se derivan de determinadas posiciones estructurales de especificador y complemento en un SV/Sv articulado o "descompuesto", que a su vez codifica la estructura básica de los eventos (e. g., véase Ramchand (2008), i. a.).

La estructura argumental no está determinada por la entrada léxica del verbo sino por la construcción sintáctica en la que este aparece (Goldberg 1995). Así pues, de acuerdo con los modelos neo-construccionistas de la estructura argumental (Marantz 2013, i. a.), no hay que hablar propiamente de *verbos* inergativos, inacusativos y transitivos/causativos sino más bien de *estructuras* inergativas, inacusativas y transitivas/causativas: e. g., cf. *Juan trabaja*, *En esta fábrica solo trabajan mujeres* (cf. Torrego 1989, i. a.) y *Juan se trabaja bien a María*, respectivamente.

Finalmente, cabe distinguir la estructura *básica* del SV/Sv, que está formada por el verbo ligero/funcional y su complemento (ya sea nominal ya sea proposicional —cf. la propuesta generalizada de Oración Reducida en Hoekstra (2004) y Harley (2011), i. a.—) de la estructura *ampliada* del SV/Sv, que está formada por elementos "añadidos" tales como (i) los dativos, que están introducidos por los denominados núcleos *aplicativos*, (ii) el argumento externo, que está introducido por una categoría funcional superior (e. g., SVoz, según Kratzer (1996)) y (iii) otros elementos *adjuntos* no seleccionados directamente por el *v*erbo.

Reconocimientos

La elaboración de este trabajo se ha beneficiado de los proyectos de investigación FFI2011–23356 y FFI2014-56968-C4-1-P (Ministerio de Ciencia e Innovación de España) y 2014 SGR-1013 (Generalitat de Catalunya).

Bibliografía

Baker, M. (1988) *Incorporation: A theory of grammatical function changing*, Chicago: University of Chicago Press.

Baker, M. (1997) "Thematic roles and syntactic structure", en Haegeman, L. (ed.) *Elements of grammar*, Dordrecht: Kluwer, pp. 73–137.

Bosque, I. y Gutiérrez-Rexach, J. (2009) *Fundamentos de sintaxis formal*, Madrid: Akal.

Burzio, L. (1986) *Italian syntax: A government-binding approach*, Dordrecht: Reidel.

Chomsky, N. (1981) *Lectures on government and binding*, Dordrecht: Foris.

Chomsky, N. (1995) *The minimalist program*, Cambridge, MA: The MIT Press.

Cuervo, C. (2003) *Datives at large*, Cambridge, MA: The MIT dissertation.

Demonte, V. (1991) *Detrás de la palabra. Estudios de gramática del español*, Madrid: Alianza Editorial.

Dowty, D. (1991) "Thematic proto-roles and argument selection", *Language*, 67, 3, pp. 547–619.

Fillmore, C. (1968) "The Case for Case", en Bach, E. y Harms, R.T. (eds.) *Universals in Linguistic Theory*, Nueva York: Holt, Rinehart and Winston, pp. 1–88.

Gallego, Á. J. (2010a) "An l-syntax for adjuncts", en Duguine, M., Huidobro, S. y Madariaga, N. (eds.) *Argument structure and syntactic relations*, Amsterdam/Filadelfia: John Benjamins, pp. 183–202.

Gallego, Á. J. (2010b) "El complemento de régimen verbal", *LEA: Lingüística Española Actual*, 32, 2, pp. 223–258.

Goldberg, A. (1995) *Constructions. A construction grammar approach to argument structure*, Chicago/ Londres: The University of Chicago Press.

Gruber, J. (1965) *Studies in lexical relations*, Cambridge, MA: MIT dissertation. Accesible en http:// dspace.mit.edu/handle/1721.1/13010. Revisada en 1976 como parte de *Lexical structures in syntax and semantics*, Amsterdam: North Holland.

Hale, K. L. y Keyser, S. J. (1993) "On argument structure and the lexical expression of syntactic relations", en Hale, K. L. y Keyser, S. J. (eds.) *The view from Building 20: Essays in linguistics in honor of Sylvain Bromberger*, Cambridge, MA: The MIT Press, pp. 53–109.

Hale, K. L. y Keyser, S. J. (2002) *Prolegomenon to a theory of argument structure*, Cambridge, MA: The MIT Press.

Harley, H. (2011) "A minimalist approach to argument structure", en Boeckx, C. (ed.) *The handbook of linguistic minimalism*, Oxford/Nueva York: Oxford University Press, pp. 427–448.

Hoekstra, T. (2004) "Small clauses everywhere", en Sybesma, R. *et al.* (eds.) *Arguments and structure*, Berlín/Nueva York: Mouton de Gruyter, pp. 319–390.

Jackendoff, R. (1990) *Semantic structures*, Cambridge, MA: The MIT Press.

Koopman, H. y Sportiche, D. (1991) "The position of subjects", *Lingua*, 85, pp. 211–258.

Kratzer, A. (1996) "Severing the external argument from its verb", en Rooryck, J. y Zaring, L. (eds.) *Phrase structure and the lexicon*, Dordrecht: Kluwer, pp. 109–137.

Larson, R. (1988) "On the double object construction", *Linguistic Inquiry*, 19, pp. 335–391.

Levin, B. y Rappaport Hovav, M. (1995) *Unaccusativity. At the syntax-lexical semantics interface*, Cambridge, MA: The MIT Press.

Levin, B. y Rappaport Hovav, M. (2005) *Argument realization*, Cambridge: Cambridge University Press.

Marantz, A. (1984) *On the nature of grammatical relations*, Cambridge, MA: The MIT Press.

Marantz, A. (2013) "Verbal argument structure: Events and participants", *Lingua*, 130, pp. 152–168.

Mateu, J. (2002) *Argument structure. Relational construal at the syntax-semantics interface*, tesis doctoral, Universitat Autònoma de Barcelona. http://hdl.handle.net/10803/4828

Mendikoetxea, A. (1999) "Construcciones inacusativas y pasivas", en Bosque, I. y Demonte, V. (eds.) *Gramática descriptiva de la lengua española* (vol. 3), Madrid, RAE: Espasa, pp. 1575–1629.

Miguel, E. de (1999) "El aspecto léxico", en Bosque, I. y Demonte, V. (eds.) *Gramática descriptiva de la lengua española*, Madrid: Espasa, vol. 3, pp. 2977–3060.

Perlmutter, D. (1978) "Impersonal passives and the Unaccusative Hypothesis", *Proceedings of the 4th Annual Meeting of the Berkeley Linguistics Society*, Berkeley, pp. 157–189.

Pylkkännen, L. (2008) *Introducing arguments*, Cambridge, MA: The MIT Press.

Ramchand, G. C. (2008) *Verb meaning and the lexicon. A first phase syntax*, Cambridge: Cambridge University Press.

Simoni, M. E. (2005) "Una clase de verbos preposicionales en la interficie léxico-sintaxis", *Cuadernos de Lingüística del IUOG*, 12, pp. 77–88.

Stowell, T. (1981) *Origins of phrase structure*, Cambridge, MA: The MIT dissertation.

Torrego, E. (1989) "Unergative-unaccusative alternations in Spanish", *MIT Working Papers in Linguistics*, 10, pp. 253–272.

Van Valin, R. D. Jr. (1990) "Semantic parameters of split intransitivity", *Language*, 66, pp. 221–260.

Lecturas complementarias

Fernández Leborans, M. J. (2011) *Los sintagmas del español. II El sintagma verbal y otros*, Madrid: Arco Libros.

Mateu, J. (2012) "Structure of the verb phrase", en Hualde, J. I., Olarrea, A. y O'Rourke, E. (eds.) *The handbook of Hispanic linguistics*, Malden/Oxford: Wiley-Blackwell, pp. 333–354.

Rodríguez Ramalle, T. (2005) *Manual de sintaxis del español*, Madrid: Castalia, cap. III: "El sintagma verbal".

Zagona, K. (2006) *Sintaxis generativa del español*, Madrid: Visor Libros, cap. III: "El sintagma verbal".

Entradas relacionadas

aspecto léxico; complementos y objetos; predicación

SUBJUNTIVO

Paula Kempchinsky

1. Introducción: el modo y la modalidad

El subjuntivo constituye uno de los tres modos verbales del castellano, los otros dos siendo el indicativo y el imperativo:

(1) a. Sales ahora   (indicativo)
      b. Que salgas ahora   (subjuntivo)
      c. Sal ahora   (imperativo)

Los modos son una expresión lingüística de la modalidad, la cual tiene que ver con la especificación del contorno en el cual se evalúa el valor de verdad de una proposición (en la semántica de mundos posibles, la especificación del mundo o del conjunto de mundos en el cual la proposición es verdadera). De acuerdo con Palmer (1986) consideramos que el concepto de modo se limita a la expresión lingüística de la modalidad en la flexión verbal. Así, en la cláusula subordinada tanto de (2a) como de (2b) la proposición lleva un valor deóntico, pero solo podemos hablar de una cláusula en el modo subjuntivo en el caso de (2a); contrasta con los dos la cláusula subordinada aseverativa de (2c) que, como (2b), aparece en el indicativo:

(2) a. Sugiero que consulte con un farmacéutico.
      b. Sugiero que debe consultar con un farmacéutico.
      c. Dice que siempre consulta con un farmacéutico.

Ahora bien, habrá que expandir la noción de "flexión verbal" para incluir también las cláusulas en el subjuntivo en lenguas como el rumano, en las cuales el indicador de modo puede ser un clítico preverbal, un complementante distinto al de las cláusulas en el indicativo, o los dos a la vez, como en (3b):

(3) a. Ion crede că eu gătesc cina
         Juan cree que.IND yo cocino cena
      b. Ion vrea ca eu să gătesc cina
         Juan quiere que.SUBJ yo CL.SUBJ cocino cena

Tanto en la tradición filológica como en los varios marcos teóricos de la lingüística actual, el tema del subjuntivo ha generado un número considerable de análisis. Nuestro enfoque aquí se limitará a los estudios formales de la sintaxis y la semántica generativas, examinando algunas de las cuestiones de mayor interés dentro de ese marco.

2. La distribución del subjuntivo

Por la mayor parte, las cláusulas en el subjuntivo son cláusulas subordinadas (se ha notado que "subjuntivo" es el equivalente del griego *hipotaxis*, y así varios autores han propuesto que en el latín el modo subjuntivo señala más que nada la subordinación; véase Murphy 2008). Los ejemplos del subjuntivo en cláusulas principales constituyen un grupo algo heterogéneo, que ejemplificamos abajo:

(4) a. Bailen/No bailen   (subjuntivo con función de imperativo)
    b. Que bailemos   (exhortativo)
    c. Salgas elegido o no   (condicional concesivo no subordinado)

Siguiendo a Bosque (2012), consideramos que ejemplos como *Quizá venga*, aunque estructuralmente son cláusulas principales, se agrupan con las cláusulas subordinadas en que hay un inductor del subjuntivo, el adverbio *quizá*, que necesariamente precede a la cláusula (*Viene/*Venga, quizá*).

La clasificación tradicional de las cláusulas subordinadas en el subjuntivo, basada en una equivalencia funcional entre las categorías gramaticales y las funciones gramaticales, reconoce tres clases: las cláusulas sustantivas, las adjetivas y las adverbiales. *La nueva gramática de la lengua española* (RAE-ASALE 2009) ajusta este esquema clasificatorio a uno más acorde con los análisis sintácticos formales: las argumentales (o cláusulas de complemento), las de relativo y las circunstanciales, aunque reconoce que esta tercera clase tampoco se ajusta bien a la categoría circunstancial, ya que también tienen que caber aquí las cláusulas en el subjuntivo que sirven de prótasis en las cláusulas condicionales. Las argumentales incluyen cláusulas que según los acercamientos funcionalistas desempeñan tanto la función de complemento directo (5a) como la de sujeto (5b); incluye también casos como (5c), donde la cláusula subordinada parece ser complemento oblicuo:

(5) a. Deseamos/Mandamos que nos llamen.
    b. Nos agrada que hayan venido.
    c. Los obligamos a que nos pagaran.

Suponiendo un análisis de los predicados psicológicos (e.g. *agradar*) según el cual los dos argumentos de estos son argumentos internos, todos estos tres ejemplos caen dentro de la clase de cláusulas de complemento. Por lo tanto, una clasificación de las cláusulas en el subjuntivo basada en la distribución sintáctica reconoce tres clases: las cláusulas de complemento, las de relativo y las de adjunto.

Otro eje de clasificación se basa en el factor que condiciona la presencia del subjuntivo, y desde Stowell (1993) varios estudios dentro de la sintaxis generativa han adoptado la distinción entre el llamado "subjuntivo intensional", que corresponde por lo general a la selección léxica por un núcleo sintáctico, y el "subjuntivo de polaridad", que corresponde a cláusulas en el subjuntivo en el ámbito de un operador negativo o interrogativo. Tal partición se intersecta con la clasificación anterior; así el subjuntivo intensional incluye complementos a los predicados volitivos y directivos (6a) y cláusulas de adjunto finales, entre otras (6b):

(6) a. Necesitamos/Queremos que el auxiliar hable portugués.
    b. Nos llamaron para que supiéramos los resultados de la prueba.

De manera semejante, el subjuntivo de polaridad incluye complementos a verbos epistémicos en el ámbito de un operador negativo o interrogativo y cláusulas de adjunto causales:

(7) a. No creen que los estudiantes necesiten/necesitan ayuda financiera.
    b. No lo hago porque me lo pidas (sino porque lo quiero hacer).

Vistas desde la perspectiva de esta clasificación binaria, las cláusulas de relativo en el subjuntivo en (8) no parecen encajarse en ninguna de las dos categorías:

(8) a. Necesitamos/Queremos/Buscamos un auxiliar que hable portugués.
    b. Ana me prestará varios libros que me ayuden en la investigación.
    c. No conocía a nadie que hablara esperanto.

Por un lado, ejemplos como (8a), con antecedente no específico, típicamente aparecen en el ámbito de un predicado intensional, muchos de los cuales seleccionan el subjuntivo en el caso de tener complemento clausular (compárense (6a) y (8a)). A la vez, la cláusula de relativo final de (8b) no dista mucho de una cláusula de adjunto final, un caso claro del subjuntivo intensional. Por otro lado, la presencia del subjuntivo en ejemplos como (8c) responde más bien a la presencia del operador negativo, independientemente del carácter semántico del predicado principal. Sin embargo, si se considera que los predicados intensionales son simplemente un subcaso de operadores modales que posibilitan la aparición del subjuntivo en las cláusulas de relativo (y notamos que las cláusulas de relativo finales requieren la presencia o de un predicado intensional o de un operador modal como el futuro), podemos decir que en líneas generales el subjuntivo en las cláusulas de relativo representa un caso del subjuntivo de polaridad, y como tal no es un caso de selección léxica del subjuntivo.

En lo que sigue, por limitación de espacio se presentarán varios temas de investigación enfocados en las cláusulas argumentales en el subjuntivo y en la alternancia de estas con cláusulas argumentales tanto en el indicativo como en el infinitivo.

3. Temas de investigación

3.1. *La caracterización semántica de los predicados que seleccionan el subjuntivo*

Una lista típica de los predicados que admiten complementos clausulares en el subjuntivo, en términos de su clase léxico-semántica, es la siguiente:

(9) a. volitivos (*querer, desear*)
    b. directivos (*ordenar, recomendar*)
    c. predicados de posibilidad o de necesidad (*ser posible, ser necesario*)
    d. causativos/implicativos (*hacer, forzar*)
    e. factivo-emotivos (*lamentar, agradar*)
    f. predicados epistémicos en el ámbito de un operador de polaridad (*no creer, dudar*)

El caso (9f) es un caso claro del subjuntivo de polaridad, suponiendo que un verbo como *dudar* conlleva un operador negativo implícito. La cuestión entonces es cómo caracterizar la propiedad que comparten las otras clases para explicar el que todas actúen como inductor del modo subjuntivo.

Aunque tradicionalmente el subjuntivo se identifica como el modo *irrealis*, en contraste con el indicativo como modo *realis*, los análisis semánticos formales reconocieron desde un principio que esta distinción no es lo suficientemente precisa. En los casos de los causativos/ implicativos (9d) y los factivo-emotivos (9e), ejemplificados en (10a,b), la proposición subordinada es necesariamente verdadera en el contexto actual del discurso (en el mundo epistémico del hablante):

(10) a. Forzaron a los profesores a que asistieran a la reunión (#pero no se presentaron)
      b. A Luis le agrada que hayan venido de visita sus padres (#pero no vinieron)

En sentido inverso, esta caracterización tampoco explica la aparición del indicativo con predicados creadores de mundos (*soñar*, *imaginar*) o predicados comisivos (*prometer*).

Un análisis pionero de las propiedades semánticas de los predicados en (9) es el de Farkas (1992a), que supone una división básica entre predicados intensionales, que introducen un conjunto de mundos posibles en el cual se evalúa el valor de verdad de la proposición, y predicados extensionales, que introducen un mundo específico. Estos inducen el indicativo, mientras que aquellos inducen el subjuntivo (de ahí el término de "subjuntivo intensional"). En adición, en cada caso hay un individuo —generalmente denotado por el sujeto de la cláusula superordinada— que sirve de anclaje para el mundo o conjunto de mundos introducido. Así, por ejemplo, un verbo como *soñar* induce el indicativo porque introduce un mundo particular que representa, para el individuo denotado por el sujeto matriz, el mundo ficticio del sueño. Ya que este representa un alternativo específico a su mundo epistémico actual, el modo verbal del complemento sigue siendo el indicativo.

El concepto de anclaje individual subyace bajo varios análisis posteriores. Para Giannakidou (1998, 1999) el factor semántico crucial es el de la (no) veridicalidad: los predicados que seleccionan el subjuntivo son no verídicos, y los que seleccionan el indicativo, verídicos. Crucialmente, se clasifica un predicado como verídico si hay por lo menos un "agente epistémico" —o el hablante o el sujeto de la cláusula superordinada— para quien la proposición denotada por la cláusula en el subjuntivo es verdadera. Así, los predicados volitivos, ya que introducen un conjunto de mundos posibles que necesariamente no incluyen el mundo epistémico del sujeto superordinado, siempre inducen el subjuntivo. Ahora bien, el criterio de la veridicalidad parece dejar fuera los complementos en el subjuntivo a los verbos factivo-emotivos como en el ejemplo (10b); volveremos a este punto más adelante.

Quer (1998, 2001) propone que la función semántico-pragmática del subjuntivo es la de señalar un cambio en el modelo de evaluación del valor de verdad de la proposición, relativizado al anclaje individual. El anclaje individual por defecto para cualquier cláusula de complemento es el sujeto superordinado. En el caso de los predicados intensionales fuertes, el cambio es del tipo de modelo: del modelo epistémico de este sujeto al modelo bulético del mismo sujeto (es decir, el conjunto de mundos posibles en los cuales se realizan los deseos de este). Quer incluye aquí a los predicados causativos (el caso 9d) por considerar que en el momento del evento principal (e.g., el acto de *forzar* en (10a)) la proposición subordinada no está en el mundo epistémico actual del sujeto. En contraste, el subjuntivo con los predicados epistémicos bajo negación señala un cambio en el anclaje individual: del modelo epistémico del hablante (indicativo) al modelo epistémico del sujeto superordinado. Así, en

(11a) la proposición representada por la cláusula subordinada es aceptada como verdadera en el modelo epistémico del hablante, mientras que en (11b) el subjuntivo señala que la proposición no es verdadera en el modelo epistémico del sujeto matriz *Alberto*, dejando abierto su valor de verdad en el modelo del hablante (Quer 1998):

(11) a. Alberto no cree [que los arquitectos han finalizado los planos]
     b. Alberto no cree [que los arquitectos hayan finalizado los planos]

Ya que el subjuntivo indica la falta de creencia por parte del sujeto matriz, resulta ser la única opción cuando ese sujeto es primera persona (el hablante) o, en el caso de los imperativos, la segunda persona sobreentendida:

(12) a. No creo que sea/*es fácil resolver esos problemas.
     b. No creas que sea/*es fácil resolver esos problemas.

Para Borgonovo (2003), la distinción indicativo/subjuntivo en ejemplos como (11a,b) corresponde a la noción de ámbito amplio /v/ ámbito estrecho del operador negativo: en (11a) la proposición negada es la existencia de cierta creencia por parte del sujeto matriz *Alberto*, mientras que en (11b) la proposición negada, en el modelo epistémico de ese sujeto, es la finalización de los planos por parte de los arquitectos.

    Para todos estos análisis, la presencia del subjuntivo en los complementos a los predicados factivo-emotivos presenta un desafío empírico, ya que en el caso general el complemento en el subjuntivo representa una proposición que es verdadera en el mundo actual:

(13) a. Lamento que las cosas hayan sucedido así (#pero de hecho sucedieron de otro modo).
     b. A Ana le sorprende que los estudiantes nunca hagan preguntas en clase (#pero las hacen constantemente).

Un intento interesante de explicar el subjuntivo con estos predicados es Villalta (2008), que propone que tales predicados introducen un modelo bulético, asemejando así a los predicados volitivos. A diferencia de estos, el conjunto de mundos introducidos por aquellos incluyen necesariamente el mundo actual (por lo menos según el modelo epistémico del sujeto matriz), de ahí el componente factivo de estos predicados. Hay que notar también que el indicativo no queda completamente excluido en estos complementos, con varios factores (léxicos, dialectales, discursivos) que afectan la variabilidad de modo.

    Finalmente, habrá que incluir aquí la propuesta de Schlenker (2005), que parte de la suposición de que no es posible unificar los contextos semánticos del subjuntivo precisamente porque el subjuntivo es el modo por defecto cuando no es posible la aparición del indicativo. Este se limita a contextos asertivos, específicamente a actos asertivos, o por parte del hablante o por parte del sujeto matriz. Este análisis representa de cierto modo una formalización semántica de una idea ya presente en la descripción de Terrell y Hooper (1974) de los contextos semántico-sintácticos de estos dos modos: lo que unifica los contextos del subjuntivo es la no aserción.

3.2. La obviación

Uno de los efectos sintáctico-semánticos más conocidos y más estudiados del subjuntivo es el "efecto de referencia disjunta" (Kempchinsky 1986) que se da entre el sujeto pronominal de la cláusula en el subjuntivo y el sujeto superordinado. En tales casos, el complemento aparece en el infinitivo:

(14) a. Su madre$_j$ quiere que Ana$_i$ prefiera que [pro]$_{j/*i}$ pase más tiempo en Asturias.
      b. David$_i$ lamentó que [pro]$_{j/*i}$ tuviera que trabajar ese día.
      c. Pauli$_i$ no cree que [pro]$_{j/i}$ hable bien el inglés.

(15) a. Su madre quiere que Ana prefiera pasar más tiempo en Asturias.
      b. David lamentó tener que trabajar ese día.

Se ha observado que la obviación es una propiedad más bien del subjuntivo intensional, ya que no se da en casos claros del subjuntivo de polaridad (14c), y en efecto se observa la obviación en las cláusulas de relativo en el ámbito de un predicado intensional y en los casos de subjuntivo intensional en las cláusulas de adjunto (Costantini 2011):

(16) a. [pro]$_i$ necesito un buen cuchillo con que [pro]$_{*i}$ corte esta carne.
      b. Ana$_i$ pasó por la farmacia para que [pro]$_{*i}$ recogiera la medicina.

Sin embargo, como se evidencia por (14b), este efecto está presente también en los complementos a los predicados factivo-emotivos, tanto con respecto a un sujeto superordinado nominativo como en (14b) como con un sujeto dativo como en (17a) —en contraste con un objeto dativo como en (17b), con el predicado directivo *ordenar*:

(17) a. A Luis$_i$ le agrada que [pro]$_{*i}$ viva en un sitio tan tranquilo.
      b. El policía le ordenó a Luis$_i$ que [pro]$_i$ no estacionara su coche allí.

En líneas generales, los análisis del efecto obviativo del subjuntivo caen en tres categorías. Una primera categoría, partiendo de la observación de que este efecto no se observa en lenguas romances como el rumano y el salentino —lenguas que carecen de complementos infinitivos—, atribuye la obviación a una competencia entre la cláusula en el subjuntivo y la cláusula en el infinitivo (e. g. *Necesito un buen cuchillo con que cortar esta carne*; *Ana pasó por la farmacia para recoger la medicina*). La disponibilidad del infinitivo para representar la correferencia entre sujetos hace menos preferible (posiblemente, en términos más acordes con el programa minimista, menos económico) la cláusula en el subjuntivo (Farkas 1992b; Schlenker 2005; Costantini 2011). Este tipo de análisis, sin embargo, no explica por qué esa competencia no ocurre en casos de correferencia con un objeto matriz (*El policía le ordenó a Luis no estacionar su coche allí*).

Otro grupo de análisis atribuyen el efecto a la teoría del ligamiento, concretamente, al Principio B, que dicta que un pronombre no puede tener antecedente (en el sentido técnico de esta teoría) en su dominio local. La idea esencial de estos análisis es que el dominio local del sujeto de la cláusula en el subjuntivo, a diferencia de lo que pasa con los sujetos de otras cláusulas subordinadas, se extiende hasta la cláusula superordinada, o como consecuencia de la dependencia temporal entre las dos cláusulas (Picallo 1985) o como consecuencia de la selección sintáctica entre el verbo matriz y la cláusula en el subjuntivo (Kempchinsky 1986,

1990). El problema empírico con que se enfrenta esta clase de análisis son los varios factores que contribuyen a una mejora en la aceptabilidad de la correferencia (Ruwet 1991), tales como la presencia de un verbo modal, el uso de la voz pasiva, o un sujeto focalizado:

(18) a. Ana espera que pueda salir temprano.
      b. Luis desea que él mismo sea elegido a la junta directiva.

Finalmente, la tercera clase de análisis intenta explicar el efecto como consecuencia de un operador cuasi-imperativo en la periferia izquierda de las cláusulas en el subjuntivo que se supone caracteriza las propiedades semánticas de tales cláusulas —concretamente, el hecho de que introduzcan un modelo bulético en el cálculo del valor de verdad de la cláusula (Kempchinsky 2009). A diferencia de un operador imperativo verdadero, que requiere que el sujeto del imperativo denote o incluya en su denotación al oyente, este operador más bien requiere que la denotación del sujeto de la cláusula en el subjuntivo —cuando este tiene la función temática de agente— excluya al sujeto superordinado. Un problema empírico para este análisis (y también para la segunda clase de análisis) es la obviación con los factivo-emotivos.

3.3. *La interpretación temporal de las cláusulas en el subjuntivo*

Otra de las propiedades muy conocidas del subjuntivo, que como la obviación está más estrechamente vinculada al subjuntivo intensional, es la concordancia temporal:

(19) a. Ana desea que la boda sea/*fuera en julio.
      b. Nos llamaron para que supiéramos/*sepamos los resultados.

Es precisamente esta concordancia (la *consecutio temporum*) que llevó a las propuestas de que la cláusula en el subjuntivo no constituye un dominio local para el ligamiento del sujeto pronominal, por carecer de referencia temporal propia (Picallo 1985).

No obstante, varios investigadores han demostrado que la relación temporal entre, por ejemplo, un complemento clausular en el subjuntivo y la cláusula matriz es mucho más compleja que una relación puramente anafórica. Asimismo, en términos de la interpretación semántica, la orientación temporal de cualquier complemento clausular no es independiente de la de la cláusula principal. Consideremos el modelo sintáctico de Demirdache y Uribe-Etxebarria (2007) del cálculo temporal reichenbachiano, según el cual el nodo T(iempo) establece una relación ordenada entre el tiempo del evento denotado por el predicado de la cláusula y el tiempo de referencia, que en el caso de una cláusula matriz es, en el caso no marcado, el tiempo de habla (Stowell 1996). Según estas autoras, para los complementos clausulares este tiempo de referencia tiene que ser "refijado" para que sea no el momento de habla sino el tiempo del evento de la cláusula matriz (para ser más preciso, el tiempo de la aserción, que corresponde al aspecto gramatical). Así, por ejemplo, el momento en el pasado denotado por un verbo en el pretérito que a la vez aparece en una cláusula subordinada a otro verbo en el pretérito se interpreta necesariamente como previo al momento del evento de la cláusula principal, y no solo como previo al momento de habla (e. g. *Carlos dijo que anunciaron los resultados electorales*).

Ahora bien, el modo subjuntivo, en cuanto elemento modal, tiene el efecto de reorientar la interpretación temporal hacia un futuro con referencia al tiempo de referencia de la cláusula, que a la vez se ancla al tiempo del evento de la cláusula superordinada. Pero cuando el tiempo de la cláusula en el subjuntivo es el presente, este conserva la denotación básica del presente, que es la de indicar una coincidencia con el momento de habla, como vemos en las distintas interpretaciones posibles de los siguientes ejemplos:

(20) a. Ordenó a los responsables que renunciaran sus puestos (pero no lo han hecho todavía/y cumplieron con el mandato)
    b. Ordenó a los responsables que renuncien sus puestos (pero no lo han hecho todavía/*y cumplieron con el mandato)

La aparición del subjuntivo presente en (20b) lleva necesariamente la interpretación de que el conjunto de mundos posibles introducido por el predicado intensional son futuros con respecto al momento de habla, lo cual imposibilita la segunda continuación. En contraste, en (20a) el conjunto de futuros mundos posibles lo son solo con referencia al tiempo de aserción de la cláusula principal, que es a la vez anterior al momento de habla, dejando sin especificar la orientación futura con respecto al momento de habla.

Aquí también se observa una diferencia entre el subjuntivo intensional y el de polaridad, ya que este no funciona de operador futuro; tanto el verbo *dudar* como el verbo *cantar* en (21) pueden interpretarse en un presente que incluye el momento de habla:

(21)   Pedro duda que cante tan bien como su hermano.

En este aspecto los complementos de los factivo-emotivos se agrupan más con el subjuntivo de polaridad, y no con el intensional, haciendo claro que el vínculo entre la obviación y la interpretación temporal es algo tenue; es decir, el efecto obviativo del subjuntivo no tiene correlación con una interpretación temporal reorientada hacia el futuro:

(22) a. Pedro lamenta que su hermano cante mejor que él.
    b. Pedro$_i$ lamenta que [pro]$_{*i}$ cante tan mal.

De todos modos, el análisis de la interpretación temporal de las cláusulas en el subjuntivo es un tema complejo, donde juegan un papel también los distintos tipos de modalidad expresados por el subjuntivo. Para un examen detallado de la interactuación del tiempo del subjuntivo en un complemento clausular y el tipo de modalidad representado, véase Laca (2010). Este trabajo, que adapta a Demirdache y Uribe-Etxebarria (2007), demuestra que las diferencias entre el indicativo y el subjuntivo con respecto a la *consecutio temporum* son mínimas.

4. Consideraciones finales

Son muchos los acercamientos al estudio del subjuntivo que no se han mencionado aquí, como por ejemplo los estudios pragmáticos o los de la gramática cognitiva. Incluso dentro del ámbito limitado de este artículo, no se han mencionado las alternancias de modo con los verbos de comunicación ni el efecto del subjuntivo sobre el cálculo del ámbito de otros operadores lógicos. El subjuntivo suscita tanto interés precisamente porque es un tema que toca varios componentes de la gramática y sus interfaces: la sintaxis con la semántica, la semántica con el discurso, la sintaxis con la morfología. De hecho, es difícil decir hasta qué punto se puede hablar de un fenómeno unificado bajo la etiqueta "el subjuntivo". Por un lado, Quer (2006) mantiene que el subjuntivo intensional y el de polaridad son dos categorías distintas, que por accidentes históricos comparten el mismo paradigma morfológico. Por otro, Bosque

(2012) afirma que los múltiples contextos del subjuntivo no desmienten la idea clásica de que el subjuntivo es el marcador gramatical de la subordinación, señalando una modalidad distinta del contorno epistémico básico de una cláusula principal: la hipotaxis.

Bibliografía

Borgonovo, C. (2003) "Mood and focus", en Quer, J. y Verghud, E. (eds.) *Romance linguistics and linguistic theory*, Amsterdam: John Benjamins Publishing, pp. 17–30.

Bosque, I. (2012) "Mood: Indicative vs. subjunctive", en Hualde, J. I., Olarrea, A. y O'Rourke, E. (eds.) *The handbook of Hispanic linguistics*, Malden, MA: Wiley-Blackwell, pp. 373–394.

Costantini, F. (2011) "Subjunctive obviation in nonargument clauses", *University of Venice Working Papers in Linguistics*, 21, pp. 39–61.

Demirdache, H. y Uribe-Etxebarria, M. (2005) "The syntax of time arguments", *Lingua*, 117, 2, pp. 330–366.

Farkas, D. (1992a) "On the semantics of subjunctive complements", en Hirschbuehler, P. y Koerner, K. (eds.) *Romance languages and modern linguistic theory*, Amsterdam: John Benjamins, pp. 69–103.

Farkas, D. (1992b) "On obviation", en Sag, I. A. y Szabolsci, A. (eds.) *Lexical matters*, Stanford, CA: CSLI Publications, pp, 85–109.

Giannakidou, A. (1998) *Polarity sensitivity as (non) veridical dependency*, Amsterdam: John Benjamins.

Giannakidou, A. (1999) "Affective dependencies", *Linguistics and Philosophy*, 22, pp. 367–421.

Kempchinsky, P. (1986) *Romance subjunctive clauses and logical form*, tesis doctoral, UCLA.

Kempchinsky, P. (1990) "Más sobre el efecto de referencia disjunta del subjuntivo", en Bosque, I. (ed.), *Indicativo y subjuntivo*, Madrid: Taurus, pp. 234–258.

Kempchinsky, P. (2009) "What can the subjunctive disjoint reference effect tell us about the subjunctive?", *Lingua*, 119, pp. 1788–1810.

Laca, B. (2010) "The puzzle of subjunctive tenses", en Bok-Bennema, R. *et al.* (eds.) *Selected proceedings of Going Romance 2008*, Amsterdam: John Benjamins, pp. 171–194.

Murphy, M. D. (2008) *The role of typological drift in the development of the Romance subjunctive*, tesis doctoral, University of Texas-Austin.

Palmer, F. R. (1986) *Mood and modality*, Cambridge: Cambridge University Press.

Picallo, C. (1985) *Opaque domains*, tesis doctoral, CUNY.

Quer, J. (1998) *Mood at the interface*, tesis doctoral, Universiteit Utrecht.

Quer, J. (2001) "Interpreting mood", *Probus*, 13, pp. 81–111.

Quer, J. (2006) "Subjunctives", en Everaert, M. y Riemsdijk, H. van (eds.), *The Blackwell companion to syntax*, vol. IV, Oxford: Oxford University Press, pp. 660–684.

[RAE-ASALE] Real Academia Española y Asociación de Academias de la Lengua Española (2009), *Nueva gramática de la lengua española*, Madrid: Espasa.

Ruwet, N. (1991) *Syntax and human experience*, Chicago: University of Chicago Press.

Schlenker, P. (2005) "The lazy Frenchman's approach to the subjunctive: Speculations on reference to worlds and semantic defaults in the analysis of mood", en Geerts, T., Gynneken, I. van y Jakobs, H. (eds.), *Romance languages and linguistic theory 2003*, Amsterdam: John Benjamins, pp. 269–309.

Stowell, T. (1993) "Syntax of tense", inédito, Los Ángeles: University of California.

Stowell, T. (1996) "The phrase structure of tense", en Rooryck, J. y Zaring, L. (eds.) *Phrase structure and the lexicon*, Dordrecht: Kluwer, pp. 277–291.

Terrell, T. y Hooper, J. (1974) "A semantically based analysis of mood in Spanish", *Hispania*, 57, pp. 484–494.

Villalta, E. (2008) "Mood and gradability: An investigation of the subjunctive mood in Spanish", *Linguistics and Philosophy*, 31, pp. 467–522.

Lecturas complementarias

Bosque, I. (ed.) (1990), *Indicativo y subjuntivo*, Madrid: Taurus.

Gallego, A. y Uriagereka, J. (2011) "Dos tipos de argumentos y la distinción indicativo/subjuntivo", *Cuadernos de la ALFAL*, 3, pp. 188–189.

Haverkate, H. (2002) *The syntax, semantics and pragmatics of Spanish mood*, Amsterdam: John Benjamins.

Laca, B. (2010) "Mood in Spanish", en Rothstein, B. y Thieroff, R. (eds.) *Mood in the languages of Europe*, Amsterdam: John Benjamins, pp. 198–220.

Pérez Saldanya, M. (1999) "El modo en las subordinadas relativas y adverbiales", en Bosque, I. y Demonte, V. (eds.) *Gramática descriptiva de la lengua española*, Madrid: Espasa, pp. 3253–3322.

Portner, P. (1999) "The semantics of mood", en Cheng, L. y Sybesma, R. (eds.) *The second Glot international state-of-the-article book*, Berlín: Mouton de Gruyter, pp. 44–77.

Ridruejo, E. (1999) "Modo y modalidad: el modo en las subordinadas sustantivas", en Bosque, I. y Demonte, V. (eds.) *Gramática descriptiva de la lengua española*, Madrid: Espasa, pp. 3209–3251.

San Martín, I. (2009) "Beyond the infinitive vs. subjunctive rivalry: Surviving changes in Mood", en Eguren, L. y Fernández-Soriano, O. (eds.) *Coreference, modality and focus*, Amsterdam: John Benjamins, pp. 171–190.

Entradas relacionadas

infinitivo; polaridad; oraciones de relativo; semántica; subordinación adverbial; subordinación sustantiva

SUBORDINACIÓN ADVERBIAL

Isabel Pérez-Jiménez

1. El concepto de *subordinación adverbial*

El término (*oración*) *subordinada adverbial* se ha usado en la tradición gramatical hispánica para referirse al conjunto heterogéneo de construcciones que se subrayan en los ejemplos ofrecidos a continuación en (1)-(8), conjunto que incluye cláusulas no finitas (de participio (1c), (4c), gerundio (6b), (7c) e infinitivo (4d)). Las *subordinadas adverbiales* reciben denominaciones específicas según cuál sea la relación de significado que entablan con la estructura oracional en la que se insertan, que se denomina generalmente *oración principal*.

Subordinadas adverbiales de tiempo (1), *de lugar* (2) y *de modo* (3): precisan el tiempo/lugar/manera en que se desarrolla la situación descrita en la oración principal.

(1) a. Ana recogió a los niños <u>antes de que llegaras</u>.
    b. <u>Cuando vivía en La Puebla</u>, salía todos los días de excursión.
    c. <u>Muerto el rey</u>, comenzó la guerra.

(2) Me robaron el bolso <u>donde comí</u>.

(3) Organiza el informe <u>como quieras</u>.

Causales (4) y *finales* (5): expresan la causa y la finalidad/propósito (causa final) de la situación descrita en la oración principal.

(4) a. El suelo está mojado <u>porque ha llovido</u>.
    b. No terminamos el proyecto <u>a causa de que suspendieron los fondos</u>.
    c. <u>Dada la noticia repetidamente en todas las cadenas de televisión</u>, el político huyó del país.
    d. <u>Al venir el niño</u>, tuvimos que cambiar los planes.

(5) Escondió aquella carta <u>para que nadie la encontrara</u>.

Condicionales (6) y *concesivas* (7): expresan una condición (causa hipotética) y una dificultad/obstáculo (causa contraria o ineficaz) con relación a la situación descrita en la oración principal. La oración adverbial y la principal reciben respectivamente el nombre de *prótasis* (*condicional/concesiva*) y *apódosis*.

(6) a. Si pasaras por Madrid, podrías visitar El Prado.
     b. Teniendo salud, no me preocupa nada.
     c. Podrás salir a la nieve, siempre que sea posible caminar.
     d. Se suspenderán las clases si llueve.

(7) a. Aunque tenía hambre, no comió nada.
     b. Siempre espera a que la inviten, a pesar de tener dinero.
     c. Sabiendo que no debías hacer ejercicio, has salido a correr hoy.

Ilativas (8) (o *continuativas*): presentan una situación como una consecuencia de lo expresado en la oración principal. Como veremos en el § 3.2., se debate si estas estructuras son coordinadas o subordinadas.

(8) Se olvidó el bolso, así que tuvo que volver a casa.

También se han considerado tradicionalmente subordinadas adverbiales las *consecutivas* (9) y *comparativas* (10). Hoy, sin embargo, se analizan como estructuras de cuantificación compleja y no serán tratadas en esta entrada.

(9) Tiene *tantos* perros que nunca está solo.

(10) Come {*más/menos*} que duerme.

Pese a su arraigo en la tradición gramatical, el término *oración subordinada adverbial* es controvertido en la actualidad desde el punto de vista teórico, por los motivos que se exponen a continuación (Bosque y Gutiérrez-Rexach 2009; Brucart y Gallego 2009; RAE-ASALE 2009: 1.13p-u; Pavón 2012). Adoptaremos una perspectiva formal-generativista en esta entrada.

En primer lugar, desde una perspectiva categorial, la etiqueta *adverbial* no es válida para englobar el conjunto de estructuras presentado en (1)–(8). El hecho de que solo las subordinadas de tiempo, lugar y modo se conmuten por adverbios llevó a Narbona (1989) a diferenciar entre *subordinadas adverbiales propias* (con correlato adverbial) e *impropias* (sin dicho correlato). No obstante, las subordinadas encabezadas por *donde*, *cuando* y *como* de (1b), (2), (3) son, estructuralmente hablando, relativas sin antecedente expreso (relativas libres) cuyo elemento relativo es categorialmente un adverbio (Pavón 2012: cap. 4). Por lo tanto, el término *subordinada adverbial propia* no es válido siquiera para caracterizar apropiadamente desde el punto de vista categorial este grupo restringido de estructuras.

En segundo lugar, si los grupos sintácticos son endocéntricos (esto es, poseen un núcleo que determina sus propiedades sintácticas), las estructuras ilustradas en (1)–(8) deben analizarse como encabezadas por una preposición (5), adverbio (1a) (y en estos casos serían Sintagmas Preposicionales o Adverbiales), o conjunción (6a, d) (aunque, como veremos en el § 2.1., algunos autores niegan que existan 'conjunciones adverbiales'). La etiqueta de *oración subordinada adverbial*, por tanto, se ve desprovista de fundamento formal, al no estar asociada a ninguna estructura de subordinación que le sea propia.

Por último, el propio término *subordinación* parece problemático en algunos casos. Por una parte, algunos autores han defendido que no es adecuado para caracterizar las construcciones ilativas, donde se establece una relación de interdependencia sintáctica/semántica entre oración principal y subordinada. Por otra parte, si bien es cierto que en (1)–(8) podría defenderse que tenemos estructuras subordinadas no argumentales, esto es, estructuras no seleccionadas, adjuntas a distintos nudos de la oración principal (véase el § 3.1.), también lo es que las condicionales pueden funcionar como término de preposición (11a) y las causales y finales pueden ser argumentales (11b). En este caso, estas oraciones son constituyentes seleccionados sintáctica y semánticamente y no son, por tanto, adjuntos (RAE-ASALE 2009: 46.4; 47.2b, e y ss.).

(11) a. Por si vienes.
      b. El termostato {sirve/basta} para que la temperatura esté estable.

Por todos estos motivos, el término *oración subordinada adverbial* se ha abandonado actualmente como concepto teórico para designar un tipo de estructura sintáctica específica y se utiliza solo de forma descriptiva para referirse a las construcciones presentadas en (1)–(8). Con este sentido descriptivo usaremos también dicho término en esta entrada.

Las distintas clases de estructuras expuestas en este apartado y sus propiedades se estudian con detalle en Brucart y Gallego (1999), Fernández-Lagunilla (1999), Flamenco (1999), Galán (1999), García (2003), Hernanz (1999), Montolío (1999), Pavón (1999, 2003, 2012), Pérez-Jiménez (2008), Pérez-Saldanya (1999), RAE-ASALE (2009: 31, 46, 47) y Rodríguez Ramalle (2008), entre otros trabajos. Desde un punto de vista histórico, véase Delicado (2003). Sobre otras lenguas, Hengeveld (1998).

2. La estructura interna de las subordinadas adverbiales

Como se ha indicado, las subordinadas adverbiales no forman un grupo uniforme categorialmente hablando. En esta sección, expondremos la propuesta de que muchas subordinadas adverbiales han de analizarse como SSPP o SSAdv y presentaremos el debate sobre la existencia de conjunciones adverbiales. No analizaremos exhaustivamente el conjunto de piezas léxicas que encabezan subordinadas adverbiales sino solo ejemplos representativos de las clases sintácticas que queremos establecer.

2.1. *Subordinadas adverbiales que son Sintagmas Preposicionales (SP)*

Actualmente, las estructuras subrayadas en (12) se analizan como SSPP cuyo núcleo, bien sea una preposición (12a) o una locución preposicional (12b) (más ejemplos en (13), RAE-ASALE 2009: 46.10, 47.10, 47.14), tiene como término una subordinada sustantiva encabezada por la conjunción *que*.

(12) a. Estoy feliz **por**que ella vino; La llamaremos **para** que venga; **Desde** que llegó, estamos tranquilos.
      b. Estoy feliz **a causa de** que has venido; Lo hizo **a fin de** que pudieras venir; **A pesar de** que has llegado tarde, puedes pasar; Te compraré lo que deseas, **a condición de** que estudies.

(13) a. Causal: a causa de, con motivo de, en {virtud/razón} de, etc.
      b. Final: a fin de, con {intención/objeto} de, con {miras/vistas} a, en {orden/aras} a, etc.
      c. Concesivo: a pesar de, etc.
      d. Condicional: a condición de, en caso de, etc.

Así, la estructura que corresponde a las secuencias subrayadas en (12) es la ilustrada en (14A), donde el núcleo es categorialmente una preposición/locución prepositiva que selecciona una subordinada sustantiva, y no la que aparece en (14B), donde el núcleo es una conjunción cuyo complemento es un ST. Sobre los límites entre los términos conjunción y complementante, véase Pavón (2003).

(14) A [$_{SP}$ [$_P$ **por**] [$_{SC}$ *que ella vino*]]   B [$_{SC}$ [$_C$ **porque**] [$_{ST}$ ella vino]]
      A [$_{SP}$ [$_P$ **para**] [$_{SC}$ *que venga*]]   B [$_{SC}$ [$_C$ **para que**] [$_{ST}$ venga]]
      A [$_{SP}$ [$_P$ **a pesar de**] [$_{SC}$ *que has llegado*]]   B [$_{SC}$ [$_C$ **a pesar de que**] [$_{ST}$ has llegado]]

Varios argumentos apoyan la estructura de (14A). En primer lugar, el segmento que aparece en cursiva en (14A) (SC) puede ser también una oración de infinitivo o un SD, (15).

(15) a. Todo ocurrió **por** {llegar tarde/su mala actuación}.
      b. Lo hizo **para** {llegar tarde/tu tranquilidad}.
      c. **A pesar de** {el mal tiempo/estar lloviendo}, salimos de paseo.

No obstante, algunas preposiciones y locuciones preposicionales no parecen poder combinarse con una oración de infinitivo o un SD. Este es el caso de *desde: *Desde llegar, todo se arregló*. Este hecho ha llevado a analizar las oraciones seleccionadas por *desde* (cf. 12a) como relativas (Pavón 2003: VI.3.1; RAE-ASALE 2009: 22.9h-m).

En segundo lugar, apoya también la estructura de (14A) el que puedan coordinarse dos SSCC como término de la preposición (16a). Sin embargo, algunas piezas léxicas, como *porque*, no permiten SSCC coordinados como término (16b), ante lo cual se ha defendido que *porque* ha sufrido un proceso de reanálisis y es categorialmente una conjunción que selecciona un ST como complemento. No obstante, este comportamiento de *porque* podría derivar de su condición de amalgama de P+conjunción, que no implicaría necesariamente un cambio categorial. Nótese que las amalgamas de P+artículo, como *del* o *al*, no admiten como término una coordinación de SSDD: *Subió al árbol y el tejado*.

(16) a. … una trampa para [que no dejemos de empujar y que todo siga igual].
      b. *Porque tú lo quieres y que los demás están de acuerdo.

(RAE-ASALE 2009: 46.2g)

Es importante señalar, en último lugar, que frente a la caracterización de *en caso de, con objeto de*, etc., como locuciones prepositivas (P), cuya estructura sería [$_{SP}$ [$_P$ en caso de] [$_{SC}$ que vinieras]], secuencias como *en el supuesto caso de, con el único objeto de*, donde los nombres van acompañados de determinantes o adjetivos, se analizan como verdaderos SSPP: [$_{SP}$ [$_P$ en] [$_{SD}$ el supuesto caso [$_{SP}$ de [$_{SC}$ que vinieras]]]] (RAE-ASALE 2009: 46.10s, t). Brucart y Gallego (2009: 188), no obstante, defienden que también los ejemplos del tipo de *en caso de* han de analizarse como verdaderos SSPP completos, con la peculiaridad de que en ellos el término de la preposición es un sustantivo escueto: [$_{SP}$ [$_P$ en] [$_{SN}$ caso [$_{SP}$ de [$_{SC}$ que vinieras]]]].

2.2. Subordinadas adverbiales que son Sintagmas Adverbiales (SAdv)

Como antes se señaló, algunas de las denominadas subordinadas adverbiales se analizan actualmente como Sintagmas Adverbiales (17) (Pavón 2003, 2012; RAE-ASALE 2009: 31.14e). Así, en (18a) *antes* y *después* se analizan como adverbios que proyectan un SAdv en cuyo complemento aparece una oración finita, de infinitivo o un SD. Nótese en (18b) que el adverbio puede aparecer modificado y como complemento puede tener una coordinación de oraciones (Pavón 2012: 37).

(17) [$_{SAdv}$ Adv [$_{SP}$ [$_{SC/SD}$]]]

(18) a. Toma las pastillas {antes/después} de {que llegue Juan/llegar/la comida}.
      b. Toma las pastillas *justo* antes de [que comas y que empieces a hacer la digestión].

2.3. El debate sobre las conjunciones adverbiales

Autores como Pavón (1999: 9.4.4, 9.5; 2012: 3.2, 6.2) y RAE-ASALE (2009: 31.11), entre otros, defienden que las subordinadas adverbiales pueden ser introducidas por conjunciones, como por ejemplo *si* (condicional) (19), y locuciones conjuntivas con distintos significados (20) (sobre *si*, véanse Flamenco 1999: 59.4.1.1; Montolío 1999: 57.3, 57.6.2–3, 57.9.2.2; sobre *siempre que* y *siempre y cuando* en su uso condicional, véase Montolío 1999: 57.2.4.1, 57.9.3, 57.9.4.5.2).

(19) *Si* tuviera más tiempo libre, viviría más feliz (condicional).

(20) a. Te apoyaré en ese negocio, *siempre que* tengas suficientes garantías (condicional); Está lloviendo, *así que* deja la bicicleta en el garaje (ilativa); *Ya que* tienes tanta hambre, te prepararé algo de comer (causal), etc.
      b. *Siempre y cuando* tengas suficientes garantías, te apoyaré en ese negocio (condicional); Te apoyaré en ese negocio, *aun cuando* no tengas suficientes garantías (concesiva), etc.

Según Pavón (2012), *si* no es una preposición ni un adverbio puesto que su término ha de ser una oración finita no encabezada por *que* (i. e., un ST). Respecto a las formas en cursiva en (20a), apoyaría su análisis como locuciones conjuntivas el que *siempre*, *así* y *ya* no poseen el significado originario de los adverbios homófonos, y el que el segmento encabezado por *que* no puede sustituirse por una oración no finita o SD ni tampoco ser una estructura coordinada. En (20b) apoyaría el análisis de *aun cuando* como locución conjuntiva su carácter átono (Flamenco 1999: 59.3.5.1).

Frente a lo expuesto en el párrafo anterior, Brucart y Gallego (2009: § 3) defienden que no existen conjunciones ni locuciones conjuntivas adverbiales. Así, en primer lugar, en lo que respecta a la forma *si* condicional, Brucart y Gallego (2009: 181 y ss.) proponen que se trata del mismo adverbio relativo que introduce oraciones interrogativas indirectas. Esta propuesta se apoya en las propiedades comunes que comparten ambos tipos de oraciones, como poder aparecer como término de preposición (21a,b) (si bien ciertos autores defienden la elipsis de la apódosis en (21b), Montolío 1999: 57.3.4.2) o como sujeto oracional (21c) (Montolío 1999: 57.9; RAE-ASALE 2009: 47.2b y ss., de donde se toman los ejemplos).

(21) a. Me he comprado ese traje para si voy de boda.
      b. Esta manta es por si hace frío.
      c. Nos encantaría si vinieran ustedes el sábado.

También Hernanz (2012) y Batllori y Hernanz (2013) analizan *si* como adverbio relativo. Específicamente, Batllori y Hernanz (2013), siguiendo a Haegeman (2010b, 2012), defienden que las oraciones condicionales del enunciado (véase *infra*), por ejemplo (19), comparten con las oraciones introducidas por adverbios relativos (*cuando, donde, como*) el ser relativas libres (22a). Según estas autoras, se trataría de relativas de mundos posibles, derivadas por el movimiento al especificador de SC de un operador con valor de *irrealis* generado en una posición inferior (SModo). Igualmente analiza Bosque (2010) las interrogativas disyuntivas condicionales (22b).

(22) a. [$_{SC}$ Op$_i$ *si* [$_{SModo (Irrealis)}$ Θp_i ....]]
      b. Pienso salir, [$_{SC}$ Op [$_{C^\circ}$ quieras$_i$] tú t$_i$ o no]

Sobre la categoría de *como* y *cuando* en sus usos condicional, concesivo y causal, véase Brucart y Gallego (2009), Flamenco (1999), Galán (1999), Montolío (1999) y Pavón (1999, 2012).

En segundo lugar, para los casos de (20a), donde la subordinada adverbial está encabezada por *siempre que* —condicional—, *así que* —ilativo—, *ya que* —causal—, Brucart y Gallego (2009) proponen el análisis de (23), donde el adverbio aspectual/temporal (*ya, siempre*) o de manera (*así*) se desplaza desde el interior de la oración encabezada por *que* (conjunción completiva) a la posición del especificador del SC. Se trata de una estructura similar a la de las oraciones enfáticas del tipo de *Me sorprendió* [$_{SC}$ *las cosas$_i$ que dijo t$_i$*].

(23) [$_{SC}$ *siempre* que [$_{ST}$ tengas suficientes garantías ~~siempre~~]]]

El movimiento descrito en (23) está motivado por la presencia en el SC de un operador enfático, legitimado a su vez por la conjunción *que*, lo que explica la agramaticalidad de secuencias como **Te ayudaré en ese negocio, siempre tener suficientes garantías*. La interpretación adverbial resultaría de la combinación del significado del adverbio y del operador enfático.

Idéntico análisis defienden Brucart y Gallego (2009: 171) para las estructuras concesivas encabezadas por preposiciones (*Por {mucho/más} que estudio, no consigo aprobar*), donde el adverbio desplazado es de tipo cuantificativo (24). Del mismo modo, los casos de (20b) —*siempre y cuando, aun cuando*— se analizan como estructuras enfáticas (25), donde la presencia del adverbio relativo *cuando* bloquearía la aparición de la conjunción completiva *que*.

(24) [$_{SP}$ por [$_{SC}$ *más* que [$_{ST}$ estudio ~~más~~]]]

(25) [[$_{SC}$ *siempre y cuando* [$_{ST}$ ....~~siempre y cuando~~...]

Así, estos autores (p. 186) concluyen que la etiqueta de subordinación adverbial no tiene fundamento formal puesto que las diferentes estructuras que bajo ella se agrupan pueden reducirse a la subordinación relativa o completiva (completivas propiamente dichas precedidas de una preposición o adverbio, o completivas enfáticas).

2.4. *Subordinadas adverbiales que son cláusulas no finitas*

También se han analizado como subordinadas adverbiales las cláusulas formadas por participios (1c), (4c); gerundios (6b), (7c), o infinitivos (4d), y otras cuyo predicado es un sintagma adjetival, adverbial, nominal o preposicional (26) (denominadas *adjuntos libres*). La subordinación adverbial no finita se estudia en García (2003). Específicamente, las concesivas y condicionales se analizan en Flamenco (1999) y Montolío (1999), respectivamente. Las subordinadas adverbiales de infinitivo se analizan en Hernanz (1999), y las de gerundio en Fernández Lagunilla (1999). Pérez-Jiménez (2008) estudia las cláusulas de participio y las construcciones ejemplificadas en (26).

(26) a. Demasiado bonito (aquel regalo) como para no levantar sospechas, Ana devolvió el paquete.
   b. Lejos ya (sus hijos) de toda amenaza, María reconstruyó su vida.
   c. Víctima (la pobre) de su enorme generosidad, Ana ha cometido hoy un gran error.
   d. En pie de nuevo (sus muros) tras el incendio, la vieja fábrica iba a abrir sus puertas aquel lunes.

(Pérez-Jiménez 2008: V (6))

Como se defiende en Pérez-Jiménez (2008), las construcciones subrayadas en (26) y las cláusulas integradas por participios —(1c), (4d)— tienen en su estructura un SPredicación cuyo complemento es un SAdj/SAdv/SP/SN/SParticipio y poseen la misma arquitectura funcional de las oraciones finitas (27). En estas estructuras, el sujeto puede estar omitido, o realizado en posición postpredicativa. Se trata de estructuras con inversión del predicado (SPred), donde el orden Predicado-Sujeto deriva del movimiento del SPred a una posición alta en la estructura (ST), (28).

(27) $[_{SC} [_{SPolaridad} [_{ST} [_{SAsp} [_{SPred} [SD] [_{Pred'} Pred^{o} [\{SAdj/SAdv/SP/SN/SParticipio\}]]]]]]]$

(28) $[_{SC} C^{o} [_{SPolaridad} Neg^{o} [_{ST} [_{SPred} \ldots] T^{o} [_{SAsp} Asp^{o} [t_{SPred} \ldots]]]]]$

Prueba de que en estas cláusulas no finitas hay una estructura oracional completa (esto es, nudos superiores al ST), es la posible aparición de negación oracional (asociada al nudo SPolaridad) (29) y el hecho de que expresen una proposición, correlato semántico del nudo SC.

(29) No descubierto ningún secreto...

En Pérez-Jiménez (2008) se recoge abundante bibliografía sobre propuestas alternativas acerca de la estructura de las construcciones que aquí describimos. Específicamente, para las construcciones de infinitivo, gerundio y participio, se ha defendido que, al igual que sucede con el verbo en las oraciones finitas en español, la forma no personal asciende mediante movimiento de núcleo hasta el nudo Aspecto o Tiempo.

Mención aparte merecen las formas *dado que*, *visto que* y *puesto que*, descritas categorialmente como locuciones conjuntivas de forma general en la bibliografía. Pese a esta caracterización, hay que señalar que en *dado que* y *visto que*, frente a lo que sucede en *puesto que*, el participio mantiene su acento propio y sus propiedades de concordancia, y es posible la alternancia de la oración encabezada por *que* con un SD: {*Vista/Dada*} *aquella situación, lo mejor era marcharse* (Brucart y Gallego 2009: 3.1; RAE-ASALE 2009: 46.6ñ-o).

3. La relación entre la subordinada adverbial y la oración principal

3.1. Posiciones de las subordinadas adverbiales dentro de la oración principal

En esta sección se mostrará que las subordinadas adverbiales son constituyentes que pueden ocupar distintas posiciones jerárquicas dentro de la oración principal.

En primer lugar, las adverbiales de tiempo (1a), lugar (2), y modo (3), y también las causales (4a, b), finales (5) y condicionales (6d) pueden ocupar una posición adjunta interna a la oración principal, i. e. adjunta al SV/Sv. Estas subordinadas adverbiales reciben tradicionalmente el nombre de *internas al predicado* y precisan el significado de lo expresado en el nudo SV/Sv. Así, dada su posición sintáctica, las secuencias subrayadas en (30) son respuestas apropiadas a preguntas con *¿por qué...?* y *¿para qué...?*, *¿en qué caso...?*, que identifican el foco oracional (interno al SV), y están bajo el ámbito de la negación oracional (31).

(30) a. El niño se enfadó <u>porque no lo dejaron jugar</u>.
     b. Encendió la luz <u>para que viéramos mejor</u>.
     c. Se suspenderán las clases <u>si hay huelga</u>.

(31) a. No se enfadó porque no lo dejaron jugar, sino porque le prohibieron ver la televisión.
     b. No encendió la luz para que viéramos mejor, sino para probar la lámpara.
     c. Las clases no se suspenderán si hay huelga, sino si hay un tornado.

En segundo lugar, las subordinadas adverbiales pueden ocupar una posición de tópico oracional y describir una situación que se concibe como marco previo para interpretar la oración principal. Estas subordinadas se han denominado tradicionalmente en la bibliografía *adverbiales externas al predicado*. Ejemplos de esta clase serían las subordinadas adverbiales de tiempo ilustradas en (1b, c), que reciben una interpretación topical y están separadas de la oración por una inflexión entonativa. La posición de tópico se entiende como una posición adjunta al SC en el modelo sintáctico de Chomsky (1986). Dentro de propuestas alternativas que defienden la existencia de un nudo Tópico específico en la periferia izquierda oracional (*acercamiento cartográfico a la estructura oracional*, Rizzi 1997), las subordinadas adverbiales topicales ocuparían dicha posición (32).

(32) $[_{\text{SFuerza}}$ Fuerza$^\circ$ $[_{\text{STópico}}$ Tópico$^\circ$ $[_{\text{SFoco}}$ Foco$^\circ$ $[_{\text{SFinitud}}$ Finitud$^\circ$ $[_{\text{ST}}$ T$^\circ]]]]]$

También las causales (33a, b) (cf. 4c, d) y finales (33c) pueden aparecer como tópicos oracionales. La posición lineal de la subordinada derivaría de principios independientes relacionados con la estructura informativa de las oraciones. En este caso, las subordinadas no son respuesta adecuada a preguntas con *¿Por qué...?*, *¿Para qué...?* (34), y quedan fuera del alcance de la negación (33b). Algunos nexos introductores de subordinadas adverbiales se especializan en este uso (*pues, como*, etc.).

(33) a. Al perro, {porque/como/puesto que} ladró por la noche, lo dejó sin comer.
     b. No vieron huella alguna, pues era de noche.
     c. Para ocuparlo solo un par de semanas al año, no vale la pena comprar un apartamento.

(RAE-ASALE 2009: 46.3i, 46.6d, 46.7g)

(34)   ¿Por qué no vieron huella alguna? #No vieron huella alguna, pues era de noche.

(RAE-ASALE 2009: 46.6f)

Las oraciones ilativas, ejemplificadas en (8), las condicionales ilustradas en (6a, b, c) y las concesivas (7) también ocuparían la posición de tópico oracional, al igual que las cláusulas no finitas analizadas en el § 2.4 (véase Pérez-Jiménez 2008: cap. 2).

En tercer lugar, las denominadas *subordinadas adverbiales de la enunciación* se legitiman en una posición periférica dentro de la oración (adjuntas al SC en el modelo de Chomsky 1986; SFuerza en (32), nudo que porta información sobre la fuerza ilocutiva de la oración y sobre el tipo oracional). Véanse, sobre causales y finales de la enunciación, Galán (1999: 56.2, 56.3.1–2), García (2003: 1.2, 2.2) y RAE-ASALE (2009: 46.5); sobre condicionales y concesivas, consúltense Flamenco (1999: 59.3.3), Montolío (1999: 57.4) y RAE-ASALE (2009: 47.4, 47.12r-v).

Dentro de este grupo se encuentran las *ilocutivas* (35), que expresan una justificación del acto mismo de enunciación, y se oponen a las correspondientes *adverbiales del enunciado* (36), que expresan un estado de cosas que se entiende como causa, propósito (causa final), condición (causa hipotética), obstáculo (causa insuficiente) o consecuencia de la situación descrita por la oración principal (las subordinadas topicales son, también, adverbiales *del enunciado*).

(35)   a. Llueve, porque la gente lleva impermeable.
       b. Me ha llamado, para que te enteres.
       c. Si tienes hambre, el restaurante de la esquina está abierto.
       d. Aunque no necesites dinero, mi billetero está en el bolso.
       e. No me ha avisado nadie, así que ¿a qué hora es la reunión?

(36)   a. Llueve porque estamos en la época húmeda del año.
       b. Me ha llamado para que te enteres.
       c. Si tienes hambre, debes comer algo.
       d. Aunque no necesites dinero, debes llevarte algo por si surge un imprevisto.
       e. No me ha avisado nadie, así que no asistiré a la reunión.

Junto a las ilocutivas, dentro del grupo de las adverbiales de la enunciación, se encuentran las denominadas *epistémicas* (37) (RAE-ASALE 2009: 47.4). En (37a), la oración condicional epistémica establece una premisa de la que se sigue la conclusión expresada en la oración principal (expresa una relación efecto-causa).

(37)   a. Si su hija ya tiene 15 años, ella pasará seguramente de los 50.
       b. Aunque debe haber llovido, las calles no están mojadas.

Según señala Haegeman (2010a, b, 2012 y trabajos anteriores allí citados) con relación al inglés, existen diferencias de estructura interna entre las adverbiales del enunciado y la enunciación, que la autora denomina *adverbiales centrales* y *periféricas* (distinción que aparece ya en Lapesa 1978). Por ejemplo, como señalan Batllori y Hernanz (2013) para el español y el catalán, las condicionales del enunciado son incompatibles con partículas de polaridad, como *bien* (39). Estas autoras defienden que las partículas de polaridad se generan en el SPolaridad y se desplazan posteriormente al SFoco (39). La interacción de este movimiento con el movimiento al SC del operador de modo *irrealis* presente en las condicionales (recuérdese [22]) produciría la agramaticalidad de (38).

(38) a. Si canta la Cabellé, el teatro se llenará.
      b. *Si bien canta la Caballé, el teatro se llenará. (Cf. Bien (que) ha cantado la Caballé).

(39) $[_{SC} \ldots [_{SFoco} \text{ bien}_i \ldots [_{SPol} t_i [_{ST} \ldots]]]]$

Sin embargo, las condicionales de la enunciación sí parecen tolerar partículas de polaridad (40). Esta diferencia indicaría que la derivación de las condicionales de la enunciación es distinta a la de las condicionales del enunciado, y no implica un proceso de movimiento de operador (otras explicaciones se recogen en Haegeman 2010a, b, 2012).

(40) Si su hija bien tiene ya 15 años, ella pasará seguramente de los 50.

Nótese que en este apartado se han presentado dos clasificaciones de las subordinadas adverbiales que se entrecruzan. Una es la que opone las subordinadas del enunciado (entre las que están las internas al SV y las topicales) a las de la enunciación (que son todas externas al SV), y otra la que opone las internas al SV (solo subordinadas del enunciado) y las externas a este nudo (que pueden ser subordinadas del enunciado —topicales— y de la enunciación).

La conclusión de este apartado es, por lo tanto, que las subordinadas adverbiales pueden ocupar distintas posiciones jerárquicas en la oración principal, posiciones que determinan el tipo de modificación que expresan.

3.2. Coordinación vs. subordinación

Tal como se ha señalado, las oraciones (finitas y no finitas) adverbiales pueden considerarse subordinadas no argumentales en tanto que son constituyentes no seleccionados que se legitiman en distintos nudos de la estructura sintáctica de la oración principal.

En el caso de las adverbiales adjuntas al predicado (SV/Sv), algunos hechos apoyarían ese carácter de oraciones 'subordinadas'. Nótese, por ejemplo, que el modo subjuntivo de las oraciones adverbiales causales puede estar inducido por la negación de la oración principal (41) (RAE-ASALE 2009: 25.13r y ss.). Por otro lado, la presencia de un agente o un modal en la oración principal es necesaria para legitimar las subordinadas adverbiales finales (42).

(41) No dejó ese trabajo porque ganara poco dinero, sino porque se aburría.

(42) *María supo la noticia para ser famosa vs. María escribió la noticia para ser famosa.

Las alternancias de finitud y de modo que se dan en las subordinadas adverbiales así como las relaciones temporales y de correferencia que establecen con la oración principal se describen en Pérez-Saldanya (1999). Para las causales y finales, véase Galán (1999: 56.4; 56.7), García (2003: 1.3.2.2–3; 1.3.3, 2.3), RAE-ASALE (2009: 46.9); para las concesivas, Flamenco (1999: 59.3.4); y para las condicionales, Montolío (1999: 57.2). Para las cláusulas integradas por participios y predicados no verbales, consúltese Pérez-Jiménez (2008: IX).

Sin embargo, en el caso de las ilativas, el hecho de que tanto en la subordinada como en la oración principal pueda aparecer un *periodo* completo (43), y el que puedan encabezar turno discursivo (44), ha llevado a clasificarlas como oraciones insertas en una estructura de coordinación (RAE-ASALE 2009: 46.11; 46.12l). Nótese que idéntico comportamiento muestran otras adverbiales impropias externas al predicado, como las causales, condicionales y concesivas (45), cuyo estatuto como oraciones coordinadas o subordinadas también ha sido debatido en la bibliografía (López García 1999: 54.6; Villalba 2002).

(43) [Si vienes, no te abriré], {conque/así que} [si necesitas dinero, ya sabes a qué atenerte].

(44) A: No voy a devolverte el dinero.
B: ¿Así que quieres engañarme?

(45) a. [Como, [aunque he comido, tengo hambre]], voy a prepararme otro bocadillo.
b. [Si, [aunque hayas comido, tienes hambre]], prepárate otro bocadillo.
c. [Aunque, [si tienes hambre, deberías comer]], no es recomendable hacerlo antes de una prueba médica.

Según Rojo (1978), estas estructuras no son coordinadas ni subordinadas, sino *interordinadas* (*vid.* también Flamenco 1999: 59.1; López García 1999: 54.6.2). Las estructuras *interordinadas* o *bipolares* se diferencian de las subordinadas en que ninguna de las oraciones que las integran es constituyente de la otra. Por otra parte, se diferencian de las coordinadas en que entre ellas hay una relación de interdependencia semántica basada en la relación causa-efecto. El nexo bipolar (*así que, conque, si, como, aunque* en (43)–(45)) tiene naturaleza birrelacional y no selecciona solo la oración subordinada sino el conjunto subordinada + principal. Estructuralmente, los nexos bipolares funcionan como los coordinantes, (46), pero se diferencian de ellos en que imponen una relación lógica no simétrica entre las oraciones seleccionadas.

Así, estas construcciones tendrán bien una estructura simétrica, o bien una estructura asimétrica cuyo núcleo es la conjunción que selecciona como especificador el primer brazo de la coordinación y como complemento el segundo (46).

(46) [SCoord SC1 [Coord' *y* SC2]]

Asumiendo este análisis, la estructura de las oraciones coordinadas (incluyendo las ilativas) y la de las oraciones adverbiales impropias externas al predicado que nos ocupan (que, para facilitar el desarrollo de la argumentación, consideraremos en este punto como adjuntas al SC) sería diferente. Sin embargo, si se adopta la propuesta de Munn (1993) en relación con la coordinación (47a), según la cual la conjunción coordinante y el segundo miembro coordinado (SC2) forman un constituyente que se adjunta al primer miembro coordinado (SC1), las oraciones coordinadas (e ilativas) y las subordinadas adverbiales impropias externas al predicado (47b) tendrían la misma estructura.

(47) a. Coordinación oracional: [SC1 [SC1] [SCoord *y/pero* [SC2]]]
b. Subordinación adverbial impropia externa al predicado:
[SC1 [SC1] [SX2= SP/SAdv/SC [. . .]]]

Un análisis en este sentido han recibido los denominados *conectores condicionales negativos* —*a menos que, salvo que, excepto que*— en Moreno-Quibén y Pérez-Jiménez (2012) (véase también Montolío 1999: 57.6.3.5; Pavón 1999: 9.4.5).

3.3. Las interpretaciones retóricas/discursivas de las subordinadas adverbiales

En las oraciones adverbiales impropias externas al predicado encabezadas por preposiciones, adverbios (y conjunciones, si se acepta ese análisis), la relación retórica que la oración subordinada establece respecto a la principal queda fijada por dichos elementos. Cabe ahora preguntarse cómo surgen las interpretaciones discursivas de las cláusulas no finitas: causal (4d, e), (26), (48a, b), concesiva (7c), (48c), y restrictivo-condicional (6b), (48d).

(48) a. Cansado de la vida, Juan se suicidó.
      b. Juan se suicidó, cansado de la vida.
      c. Habitualmente insípidas, aquel día, sin embargo, las fresas, estaban exquisitas.
      d. Enfadado con su madre, Juan no puede estudiar concentrado.

Como señala Pérez-Jiménez (2009) la consecuencia semántica de la propuesta de que estas construcciones son cláusulas topicales, como antes expusimos, es que la proposición que expresan se interpreta como información no aseverada (*backgrounded information*) en relación con la proposición denotada por la oración principal. Así, entre la oración principal y la subordinada adverbial se establece una de las relaciones implicativas que conforman la macrocategoría de relaciones *causa-efecto* (según el modelo de relaciones retóricas/discursivas de Kehler 2002):

A) *Resultado* (48a): define una relación de implicación (causa) entre proposiciones ($P \rightarrow Q$) (asumiendo que P es la proposición asociada a la aserción de la subordinada adverbial y Q la proposición asociada a la aserción de la oración principal). Esta relación también puede ser hipotética, como en el caso de las condicionales (48d), si bien esta interpretación requiere la presencia de un verbo modal o en forma condicional en la oración principal.
B) *Explicación* (48b)*:* relación $Q \rightarrow P$, ligada al orden en que aparecen las oraciones.
C) *Violación de expectativa* (48c): relación $P \rightarrow \neg Q$, generalmente desencadenada por la presencia de conectores con significado concesivo en la segunda oración.

Así, la relación de significado entre la subordinada adverbial y la oración principal viene determinada por el nexo que introduce la subordinada, en caso de que lo haya, y, en el caso de las oraciones no finitas, es su carácter topical el que determina el tipo de relaciones de coherencia discursiva que pueden establecer con la oración principal.

Bibliografía

Batllori, M. y Hernanz, M. Ll. (2013) "Emphatic polarity particles in Spanish and Catalan", *Lingua*, 128, pp. 9–30.
Bosque, I. (2010) "On disjunctive dependencies", *Catalan Journal of Linguistics*, 9, pp. 7–21.
Bosque, I. y Demonte, V. (eds.) (1999) *Gramática descriptiva de la lengua española*, Madrid: Espasa.
Bosque, I. y Gutiérrez Rexach, J. (2009) *Fundamentos de sintaxis formal*, Madrid: Akal.
Brucart, J. M. y Gallego, Á. (2009) "L'estudi formal de la subordinació i l'estatus de les subordinades adverbials", *Llengua & Literatura*, 20, pp. 139–191.
Chomsky, N. (1986) *Knowledge of language: Its nature, origins and use*, Nueva York: Praeger.
Delicado Cantero, M. (2013) *Prepositional clauses in Spanish*, Boston/Berlín: De Gruyter-Mouton.
Fernández Lagunilla, M. (1999) "Las construcciones de gerundio", en Bosque, I. y Demonte, V. (eds.) *Gramática descriptiva de la lengua española*, Madrid: Espasa, pp. 3443–3503.

Flamenco, L. (1999) "Las construcciones concesivas y adversativas", en Bosque, I. y Demonte, V. (eds.) *Gramática descriptiva de la lengua española*, Madrid: Espasa, pp. 3805–3878.

Galán Rodríguez, C. (1999) "La subordinación causal y final", en Bosque, I. y Demonte, V. (eds.) *Gramática descriptiva de la lengua española*, Madrid: Espasa, pp. 3597–3642.

García, S. (2003) *Las expresiones causales y finales*, Madrid: Arco Libros.

Haegeman, L. (2010a) "The internal syntax of adverbial clauses", *Lingua,* vol. 120, pp. 628–648.

Haegeman, L. (2010b) "The movement derivation of conditional clauses", *Linguistic Inquiry*, 41, 4, pp. 595–621.

Haegeman, L. (2012) *Adverbial clauses, main clause phenomena, and composition of the left periphery*, Oxford: Oxford University Press.

Hengeveld, K. (1998) "Adverbial clauses in the languages of Europe", en Van der Auwera, J. (ed.) *Adverbial constructions in the languages of Europe*, Berlín: Mouton de Gruyter.

Hernanz, M. Ll. (1999) "El infinitivo", en Bosque, I. y Demonte, V. (eds.) *Gramática descriptiva de la lengua española*, Madrid: Espasa, pp. 2197–2356.

Hernanz, M. Ll. (2012) "Sobre la periferia izquierda y el movimiento: el complementante *si* en español", en Brucart, J. M. y Gallego, A. (eds.) *El movimiento de constituyentes*, Madrid: Visor, cap. 7, pp. 151–171.

Kehler, A. (2002) *Coherence, reference and the theory of grammar*, Stanford: CSLI Publications.

Lapesa, R. (1978) "Sobre dos tipos de subordinación causal", en *Estudios ofrecidos a Emilio Alarcos Llorach*, Oviedo: Universidad de Oviedo, Tomo III, pp. 173–205.

López García, A. (1999) "Relaciones paratácticas e hipotácticas", en Bosque, I. y Demonte, V. (eds.) *Gramática descriptiva de la lengua española*, Madrid: Espasa, pp. 3507–3548.

Montolío, E. (1999) "Las construcciones condicionales", en Bosque, I. y Demonte, V. (eds.) *Gramática descriptiva de la lengua española*, Madrid: Espasa, pp. 3643–3738.

Moreno-Quibén, N. y Pérez-Jiménez, I. (2012) "On the syntax of exception phrases", *Lingua*, 6, 122, pp. 529–748.

Munn, A. (1993) *Topics in the syntax and semantics of coordinate structures*, tesis doctoral, University of Maryland.

Narbona Jiménez, A. (1989) *Las subordinadas adverbiales impropias en español*, Málaga: Ágora.

Pavón Lucero, M. V. (1999) "Clases de partículas: preposición, conjunción y adverbio", en Bosque, I. y Demonte, V. (eds.) *Gramática descriptiva de la lengua española*, Madrid: Espasa, pp. 565–655.

Pavón Lucero, M. V. (2003) *Sintaxis de las partículas*, Madrid: Visor.

Pavón Lucero, M. V. (2012) *Estructuras sintácticas en la subordinación adverbial*, Madrid: Arco Libros.

Pérez Saldanya, M. (1999) "El modo en las subordinadas relativas y adverbiales", en Bosque, I. y Demonte, V. (eds.) *Gramática descriptiva de la lengua española*, Madrid: Espasa, pp. 3253–3322.

Pérez-Jiménez, M. I. (2008) *Las cláusulas absolutas*, Madrid: Visor Libros.

Pérez-Jiménez, M. I. (2009) "Construcciones absolutas y coherencia discursiva", *Español Actual*, 92, pp. 271–278.

[RAE-ASALE] Real Academia Española y Asociación de Academias de la Lengua Española (2009) *Nueva gramática de la lengua española*, Madrid: Espasa.

Rizzi, L. (1997) "The fine structure of the left periphery", en Haegeman, L. (ed.) *Elements of grammar*, Dordrecht: Kluwer, pp. 281–337.

Rodríguez Ramalle, T. M. (2008) *Las formas no personales del verbo*, Madrid: Arco Libros.

Rojo, G. (1978) *Cláusulas y oraciones*, Anejo 14 de *Verba*, Universidad de Santiago de Compostela.

Villalba, X. (2002) "La subordinació", en Solá, J. *et al.* (eds.) *Gramàtica del catalá contemporani 2*, pp. 2247–2319.

Entradas relacionadas

comparativos y superlativos; conjunciones; coordinación; estructura informativa; gerundio y participio; infinitivo; locuciones; oraciones de relativo

SUBORDINACIÓN SUSTANTIVA

Violeta Demonte

1. Introducción: características generales de las oraciones subordinadas argumentales o sustantivas. Perspectiva histórica y teórica de su estudio

1.1. Diferencias entre las subordinadas sustantivas y las oraciones independientes. Las consecuencias sintácticas de la "rección" verbal

Se denomina subordinadas a aquellas oraciones que, insertas en una estructura mayor, establecen una relación de enlace o dependencia con una parte de dicha estructura. Así, *Aseguró [que venía]* constituye un conjunto oracional del que forma parte tanto la subordinada, entre corchetes, como la tradicionalmente denominada *oración principal* o *matriz*. En esta entrada nos referiremos a las subordinadas sustantivas argumentales finitas. La denominación de sustantivas es habitual porque la mayor parte de estas subordinadas pueden ser sustituidas por nombres y realizan funciones nominales (*Preguntó qué hora era/Preguntó la hora*). No obstante, algunos verbos que seleccionan subordinadas sustantivas no admiten la alternancia con elementos nominales (*Juró que nunca volvería a pasar hambre/*Juró {la no vuelta a pasar hambre/la promesa de no pasar hambre}*). Su característica más destacada es que ocupan posiciones argumentales y "completan" el significado del verbo. Por eso se prefiere llamarlas oraciones completivas o subordinadas argumentales.

Las subordinadas argumentales tienen propiedades que las distinguen de las oraciones independientes. En primer lugar, los "parámetros de indexación" (la relación de la aserción con los constituyentes de un acto de habla) son distintos en las oraciones simples y en las subordinadas (Etxepare 2012: § 1). En (1) la aserción está ligada al hablante, al igual que el índice o referencia del pronombre *lo* (el hablante sabe la referencia de *lo*); en (2), en cambio, la referencia de *lo* depende del sujeto gramatical de *decir*:

(1) Él no *lo* vio en la fiesta.

(2) Pedro dice [que no *lo* vio en la fiesta].

Asimismo, en (1) la interpretación temporal de la oración está ligada al contexto, al momento de la enunciación, que es el eje de la deixis temporal. Los tiempos de una subordinada, en cambio, son relativos o dependientes. En estas oraciones hay "concordancia temporal" (*consecutio temporum*): en (3) el verbo subordinado se interpreta en relación con el tiempo de la oración principal. Solo cuando la oración subordinada se refiere a un acontecimiento válido aún en el momento de habla y el tiempo verbal pertenece a la esfera del presente son posibles las "interpretaciones de doble acceso" (Carrasco 1999: § 47.2.31) y la subordinada se interpreta en relación tanto con el tiempo del verbo matriz como con el del acto de habla: en (4) se informa de un estado de cosas que acontecía en el momento de la comunicación, pero también de una situación en curso.

(3) Dice [que se vaya].

(4) La directora comunicó el martes pasado [que el dibujante estaba trabajando ahora en un nuevo diseño].

(3) permite también ilustrar otro tipo de dependencia: cuando el verbo de la subordinada a *decir* aparece en subjuntivo, la oración en su conjunto tiene un matiz desiderativo o directivo, distinto al significado de aserción de (2). Este ejemplo muestra que la evaluación de una subordinada depende tanto del mundo real (de la condición de verdad que le atribuya el hablante) como de eventos que tienen lugar en un mundo posible compatible con los deseos y posibilidades del sujeto y del interlocutor. Como no parece que estemos frente a dos verbos *decir* ya que las oraciones (2) y (3) pueden coordinarse (*Pedro dice que lo vio en la fiesta y que se vaya*), suponemos que en el segmento matriz ha de haber un inductor sintáctico-semántico de la forma verbal de la subordinada, o que el subjuntivo mismo contribuye a la modalidad. Esto no sucede en las oraciones independientes, que no van en subjuntivo (**Juan viera a Luis en el jardín*) salvo en condiciones modales específicas (*Que te calles*). La capacidad para inducir modalidades o mundos posibles distingue las oraciones subordinadas de las simples.

Estas diferencias en cuanto a parámetros de indexación y modalidad guardan relación con propiedades sintácticas y léxicas específicas de las subordinadas sustantivas. Una característica fundamental es que son *seleccionadas* o *regidas* por predicados: son argumentos de un núcleo verbal (5a); adjetivo (5b); nominal (5c); o preposicional (5d):

(5) a. *Necesito* que salgas.
     b. Estoy *harta* de que mientan.
     c. La *prohibición* de que fumáramos…
     d. Se fueron *sin* que nadie lo notara.

Aquí nos referiremos exclusivamente a los selectores verbales y a las oraciones sujeto y objeto directo de esos predicados.

Otra característica importante es que los predicados selectores escogen categorías funcionales determinadas para marcar esa relación de dependencia. Las *preguntas* subordinadas se introducen con *si* y no con *que* (6), mientras que los hechos (7a), los acontecimientos (7b) o los estados de cosas (7c) se expresan en subordinadas con *que*:

(6) Inquirió {si/*que} era oportuno quedarse.

(7) a. Me preocupa {que/*si} se haya retrasado.
     b. El ruido inesperado provocó {que/*si} la gente huyera.
     c. Notó {que/*si} la crema estaba espesa.

Las propiedades léxicas de los predicados selectores tienen influencia en la modalidad de la subordinada: un verbo de volición exige subjuntivo y no permite indicativo (*Deseo que te {vayas/*vas}*), y selecciona infinitivo en ciertas circunstancias sintácticas (*Deseo irme*). En (7b), un verbo de influencia/causa también requiere subjuntivo. Por el contrario, verbos como *afirmar* o *sostener* piden completivas en indicativo (*Sostengo que te {has/*hayas} equivocado*). La interrelación entre la selección categorial (la forma de la subordinada) y la semántica (el "tipo" semántico de la subordinada), los tipos léxicos de verbos, las clases sintácticas de subordinantes y la alternancia indicativo-subjuntivo son algunos de los índices de la relación de dependencia entre un predicado matriz y una subordinada sustantiva.

1.2. Principales temas y líneas de análisis de la subordinación sustantiva

Existe una abundante bibliografía sobre la subordinación sustantiva en general, menos sobre las sustantivas en español. Un primer asunto de interés para la gramática formal fue la formación de estas oraciones. En Rosenbaum (1967) se postulaba que se obtenían mediante transformaciones generalizadas que insertaban un "complementante"; Lakoff (1968) propuso un análisis similar, pero teniendo ya en cuenta la relación entre clases léxicas de verbos y tipos sintácticos de subordinantes. Desde Bresnan (1970) se sostiene que los complementantes están presentes en la estructura oracional básica, poseen estructura interna y contienen rasgos sintácticos. El trabajo de Kiparsky y Kiparsky [KyK] (1970) exploró por primera vez la relación entre forma sintáctica y tipo semántico de la subordinada y la semántica de los predicados selectores estableciendo una distinción ya clásica entre predicados factivos y no factivos (véase también Demonte 1977). Los trabajos posteriores de Grimshaw (1979), Pesestky (1982) o Roussou (2009), entre otros, son importantes fases en un tema de extenso debate, el de la relación entre selección semántica y selección categorial, e intentan responder a preguntas tales como si la selección categorial (selección-c) se deriva de la selección semántica (selección-s) determinada por el verbo matriz u otros operadores, o si son los rasgos sintácticos de subcategorización del verbo los que determinan la interpretación semántica. Con elaboraciones diversas, la respuesta afirmativa a la primera pregunta (la selección-c es en buena parte reducible a la selección-s) es la que encuentra mejor justificación. El análisis de las clases lógicas y léxicas de los predicados que seleccionan subordinadas sustantivas es pues central. Sobre este tema, en una perspectiva teórica, semántico-sintáctica, son esenciales Karttunen (1971), Hooper y Thompson (1973), Melvold (1991), Moulton (2009) y Sheehan y Hinzen (2011). La distinción entre las clases de verbos del español que seleccionan indicativo y subjuntivo se estudia en Quer (1998) y en Bosque (2012). Análisis descriptivos de las clases léxicas de verbos que toman sujetos y objetos oracionales y de las clases de completivas del español se encuentran en Delbecque y Lamiroy [DyL] (1999) y en RAE-ASALE (2009: § 43). No es posible dar cuenta aquí de las numerosas cuestiones que surgen de estos hitos.

2. Sintaxis de las subordinadas sustantivas: posiciones argumentales, características de sus subordinantes

2.1. Clases sintácticas de completivas

Las oraciones completivas pueden ocupar posiciones de sujeto u objeto directo en la oración de la que forman parte. Si tenemos en cuenta la categoría del subordinante/complementante que las encabeza —que sea una conjunción o un sintagma-CU— distinguiremos tres tipos de oraciones: declarativas (8), interrogativas indirectas (9) y exclamativas indirectas (10). Los casos (8a) y (10a) son ejemplos de oraciones objeto, los casos (8b) y (10b) de oraciones sujeto. Las completivas interrogativas indirectas son generalmente oraciones objeto y, al igual que las interrogativas directas, pueden ser totales (introducidas por *si*), o parciales (introducidas por complementantes interrogativos). Por otra parte, las preguntas indirectas pueden ser verdaderas o propias (aquellas que encierran una incógnita), o impropias (las que no expresan pregunta sino que afirman una proposición) (Suñer 1991); en las dos oraciones de (9) se ilustran, sucesivamente, las variantes total/parcial, propia/impropia:

(8) a. Lamentó [que llegaras tarde].
     b. Resulta [que el tesorero viajaba a Suiza].

(9) Le pregunté [(que) si tenía o no ese libro]./Averigua [cómo se calcula su precio].

(10) a. No se dio cuenta de [cuán perspicaz era Luisa].
      b. Me encanta [cómo te quiere Juan].

Las subordinadas de (8) a (10) pueden adoptar la forma de oraciones infinitivas. Más estrictamente, en algunos casos léxica y sintácticamente bien definidos los verbos que toman subordinadas con *que* exigen o permiten que la subordinada sea una oración infinitiva cuando el sujeto de la subordinada es correferente con el sujeto u objeto de la oración matriz. El infinitivo es forzoso con verbos desiderativos (11), con verbos de afección como *sentir* o *lamentar* (12) (cf. también (8a), y opcional con los de influencia (13), o cognición (14), entre otros.

(11) Deseo retirarme vs. *Deseo que (yo) me retire.

(12) Pedro$_i$ sintió mucho llegar tarde vs. Pedro$_i$ sintió mucho que pro$_{*i/j}$ llegara tarde.

(13) Les ordenó salir/Les ordenó que pro$_{i/j}$ salieran.

(14) Yo pienso irme pronto vs. Yo pienso que pro$_{i/j}$ me iré pronto.

Otra clasificación de las subordinadas argumentales finitas es la que atiende al modo verbal. Tenemos subordinadas que llevan el verbo en indicativo y otras que emplean subjuntivo. Esta rección del modo la determina la clase léxica del predicado verbal. El par de (15) ilustra la distinción entre verbo matriz asertivo y verbo factivo (de afección), en la que se refleja casi por defecto la opción indicativo/subjuntivo en español (véase § 3). Esta rección se da también en las nominalizaciones derivadas de verbos de subordinación (16):

(15) Afirmo que {viene/*venga} vs. *Me sorprende que {venga/*viene}.

(16) … la decisión de que los coches {aparquen/*aparcan} aquí… vs. La información de que {llega/*llegue} Juan.

Además de estos subjuntivos obligatorios o seleccionados, hay subjuntivos inducidos, por ejemplo, por la negación (*No creo que venga*) o por adverbios modalizadores (*Probablemente venga*), entre otros factores que no nos conciernen en esta entrada.

2.2. Estructuras sintácticas básicas de la subordinación sustantiva

Resumiendo, la selección sintáctica o "rección" de la completiva se realiza sobre un complementante léxico: *que* o un elemento interrogativo/exclamativo (*cuánto*, *cómo*), o sobre la flexión de la subordinada, o sobre ambos. La flexión se manifiesta entonces en términos de finitud (finita/infinitiva) y en términos de selección de modo (indicativo/subjuntivo). Este paradigma ha dado lugar a dos líneas de explicación formal que no se excluyen entre sí: a) el subordinante, la estructura funcional asociada a él, tiene rasgos propios (por ejemplo el rasgo [+/–CU] u otros) que se contrastan con los rasgos de subcategorización del verbo (Bresnan 1970), o b) en la oración matriz hay un inductor sintáctico o léxico-semántico de la forma verbal de la subordinada que se refleja de alguna manera en su estructura sintáctica. Así, una posición extendida es que la *selección local* entre un verbo y su complemento, o *no-local* mediante un operador negativo o interrogativo, están relacionadas con la aparición en la parte superior de la subordinada de una estructura funcional sensible a la semántica de la matriz. Kempchinsky (2009), por ejemplo, postula que en las subordinadas subjuntivas hay un operador modal situado en el SC(omp), la categoría funcional que encabeza la subordinada. Este operador tiene que ser identificado por la morfología subjuntiva del verbo subordinado mediante su movimiento a C(omp) en la fase interpretativa, esto explicaría la *transparencia* del sujeto y otras características de las oraciones subjuntivas:

(17) $[_{SI} \ldots V [_{SC} INFL\text{-}que [_{SI} [pro] t_{Infl} [t_V \ldots]]]$ (Kempchinsky 2009: 1790)

Melvold (1991) propone un análisis similar para dar cuenta de la diferencia entre oraciones factivas y no factivas: en las factivas el núcleo del SC contiene un rasgo [+definido] que licencia un operador iota en el Especificador de SC; la presencia de este operador explica la condición presuposicional (descripciones definidas) de las oraciones factivas frente al carácter asertivo (proposicional) de las no factivas, así como otras propiedades diferenciadoras. KyK (1970) propusieron dos estructuras para estos dos tipos de oraciones: una en la que el SC depende de un SD(terminante) cuyo núcleo es una unidad léxica abstracta *fact* 'hecho' (18a), y otra en la que la completiva es simplemente SC (18b):

(18) a. … (odio) $[_{SD} D [_{SC} [_C que]$ dejes abierto el armario]
     b. … (le chilló) $[_{SC} [_C que]$ no tenía nada que ver con eso]

La estructura de (18a) implica un análisis según el cual algunas completivas son expresiones nominales (análisis frecuente en los primeros estudios de estas oraciones, cf. Nuessel 1973; Demonte 1977 para el español); se postula porque permite derivar las diferencias sintácticas y semánticas entre tipos de subordinadas sustantivas (restricciones de isla, elisión o no de *that* en inglés, imposibilidad de completivas con *marcado-excepcional-de-caso* con los predicados factivos, etc.). Otros trabajos (Roussou 2009) destacan, no obstante, en línea con Melvold (1991), que los complementantes (y no solo la estructura) son elementos nominales de diferentes tipos. Así, dependiendo de que sean indefinidos o definidos, los subordinantes pueden ligar proposiciones o individuos dando lugar a las varias estructuras e interpretaciones asociadas. Hay más análisis, pero es de consenso que son las propiedades léxicas de los complementantes, inextricablemente unidas a las del verbo o el operador en la matriz, las que determinan las características de las subordinadas.

3. Tipos semánticos de subordinadas sustantivas y tipos semánticos de predicados. La selección-s

Se entiende por selección-s(emántica) la relación entre el tipo semántico del predicado matriz (lo que este denota: pregunta, orden, deseo) y el tipo semántico de la subordinada finita (hecho, proposición, expresión definida, etc.). En cuanto al tipo semántico de la subordinada, Vendler (1967), por ejemplo, señaló que las entidades abstractas que subyacen a las nominalizaciones pueden ser *hechos/objetos*, *proposiciones* o *eventos*, que se relacionan sistemáticamente con los variados tipos sintácticos de nominales y oraciones sustantivas del inglés. Sheehan y Hinzen (2011) [SyH], por otra parte, han propuesto que las oraciones subordinadas pueden ser *proposiciones* o *hechos*: la primera condición se corresponde con la referencia nominal indefinida, la segunda con la referencia definida; las oraciones independientes denotan *verdades* y se corresponden con los designadores rígidos o nombres propios.

En lo que concierne a los tipos/clases semánticas de predicados, hemos adelantado que KyK (1970) distinguieron entre predicados factivos y no factivos: los complementos oracionales de los primeros expresan *presuposiciones*, es decir, descripciones definidas de eventos que constituyen *hechos* y son por ello referenciales. Un enunciado P presupone Q solo si siempre que P se afirma, niega o pregunta el hablante está obligado a creer que Q (en los tres siguientes casos: *Me di cuenta* [*de que tenía canas*], *No me di cuenta* [*de que...*] y *¿Te diste cuenta* [*de que...*]? es verdad que 'X tenía canas'). Por el contrario, el valor de verdad de la completiva en *Ella afirmó* [*que tenía canas*] cambia en contextos de negación o interrogación y su verdad no se presupone, simplemente puede ser afirmada por el sujeto gramatical, no por el hablante. Con otras palabras, los complementos de los predicados no factivos representan aserciones, discurso directo relatado. Melvold (1991), fijándose en su común comportamiento sintáctico en el inglés, subclasificó los verbos factivos en tres clases: de emoción o afección (*lamentar*, *deplorar*, *odiar*), de cognición (*darse cuenta*, *ignorar*, *olvidar*), y de acto comunicativo (*revelar*, *admitir*, *divulgar*). Karttunen (1971) demostró que los verbos de las clases segunda y tercera recién mencionadas no eran en realidad factivos sino *semifactivos*, pues, mientras que los verbos de afección conservan la presuposición de su complemento en todos los contextos, los de cognición y comunicación pueden perderla en ciertos contextos modales. No obstante, muchos trabajos mostraron que la distinción entre presuposición/no presuposición no era suficientemente esclarecedora; otras distinciones: aserción/no-aserción, referencial/no-referencial se revelaron como más afiladas.

Hooper y Thompson (1973), basándose sobre todo en pruebas sintácticas sobre la aplicabilidad de las *transformaciones radicales* (Emonds 1970), distinguen, por una parte, tres clases de verbos no-factivos: los de A, B y C de la Figura 1. Los complementos de los verbos de la clases A y B son aserciones porque introducen proposiciones que el sujeto gramatical considera como verdaderas y poseen un valor de verdad abierto tanto en oraciones afirmativas como negativas (*Declaró que había venido, pero no era así/Declaró que no había venido, pero no era así*). Los de la clase C tienen una caracterización negativa: no son ni aserciones ni presuposiciones. Por otra parte, distinguen dos clases de verbos factivos: clase D (los verdaderos factivos), cuyos complementos son presuposicionales, y clase E (semifactivos), cuyos complementos no son aserciones pues, si bien su verdad se implica en enunciados afirmativos (*Sé que vino*, **pero no vino*), pierden su factividad en interrogativas y condicionales (Karttunen 1971). SyH (2011) adoptan la clasificación de Hooper y Thompson (1973) ampliándola con la clase de Melvold de los semifactivos de comunicación, la

	Definidas	*Indefinidas*
Asertivos	**Clase F** Comunicación (*Semifactivos*): *revelar, admitir, divulgar, confesar,* *poner de relieve, constatar, demostrar,* *implicar, explicar*	**Clase A** Comunicación (*No factivos*): *decir, afirmar, negar, relatar, comunicar,* *declarar, denunciar, escribir*
	Clase E Cognición (*Semifactivos*): *descubrir, saber, olvidar, recordar,* *enterarse (de), reconocer, aprender,* *intuir, darse cuenta, ignorar, advertir,* *percibir, ver, notar, leer, entender*	**Clase B** Cognición (*No factivos*): *Pensar, creer, suponer, opinar,* *imaginar(se), decidir, probar, soñar,* *temer, (estar) claro*
No asertivos	**Clase D** De afección o emoción (*Factivos*): *lamentar, deplorar, detestar, odiar,* *gustar, importar(les), sorprenderse,* *escandalizarse, asustarse, alegrarse,* *extrañarse, divertirse, molestar(me),* *(ser) consciente de, (ser) ridículo,* *raro, triste*	**Clase C** De influencia, volición, modalidad y causa (*No factivos*): *pedir, prohibir, impedir, ordenar, desear,* *dudar, causar, potenciar, (ser) {posible/* *probable/necesario}, ocasionar, hacer*

Figura 1 Tipos semánticos de los verbos que seleccionan completivas (adaptación de Sheehan y Hinzen 2011, basada en Hooper y Thompson 1973)

F de la Figura 1, con propiedades similares a E. Estas seis clases se cruzan con la distinción de SyH entre completivas indefinidas y definidas. Las completivas indefinidas (proposiciones) no son evaluadas como verdaderas o falsas por el hablante, el valor de verdad no está decidido sino que está abierto, lo que las hace equivalentes a los indefinidos no específicos. Las completivas definidas (*hechos*: factivas y semifactivas) tienen un complementante que selecciona un referente destacado, lo mismo que los nominales definidos. Presentamos en la Figura 1 nuestra reelaboración para el español de la clasificación de SyH. Esta clasificación sirve de base para establecer algunas características sintácticas de las oraciones completivas de sujeto y de objeto.

4. Subordinadas sustantivas de objeto

4.1. Clases léxicas de verbos que seleccionan subordinadas de objeto

La clasificación de la Figura 1 permite formular algunas generalizaciones sobre las completivas de objeto. De ella se sigue, por ejemplo, que el subjuntivo es obligatorio en las completivas regidas por predicados no asertivos (D y C) (19), y que las oraciones definidas y las indefinidas tienen restricciones distintas para la extracción de adjuntos. Sobre este segundo aspecto, compárense los ejemplos de (20) con los de (21). En ninguno de los ejemplos de (20) el interrogativo puede significar 'a las 7'; en los ejemplos de (21) el elemento interrogativo sí puede referirse a ese constituyente adjunto en la oración subordinada.

(19) Deploro que *viene./Prohibió que *viene.

(20) a. Me {reveló/recordó} [que había llegado a las 7.]/#/*Cuándo me {reveló/recordó} que había llegado.

  b. Lamentó que hubiera llegado a las 7./ #/*Cuándo lamentó que hubiera llegado.

(21) a. {Dijo/creyó} que había llegado a las 7./¿Cuándo {dijo/creyó} que había llegado?

  b. Prohibió que se fuera a las 7./¿Cuándo prohibió que se fuera?

El contraste entre (20) y (21) muestra que las oraciones definidas (asertivas y no asertivas) parecen ser *islas débiles* para la extracción (no permiten la extracción de adjuntos), las indefinidas (asertivas y no asertivas) no lo son.

Las gramáticas descriptivas suelen organizar las clasificaciones de los predicados de subordinación en términos de clases léxicas naturales basadas, por ejemplo, en facultades o capacidades humanas, relaciones de causalidad e intencionalidad (RAE-ASALE 2009: § 43.4l), o en los procesos cognitivos subyacentes a los predicados: introspección, acto de habla, actitud proposicional, percepción (DyL 1999: § 32.3), entre otros. En (22) se presenta un ejemplo de cada uno de los tipos de la Figura 1 y se indica al final, entre paréntesis y sin pretensión de exhaustividad, las clases a las que pertenecerían según estas clasificaciones léxicas:

(22) a. Clase A: *Comunica que renuncia* (Información-comunicación/Acto de habla, Declarativo)

  b. Clase B: *Creo que es tonto* (Pensamiento-juicio/Actitud proposicional)

  c. Clase C: *Ordenó/deseó que lo interrogaran* (Causa e influencia, Voluntad e intención/Proceso desiderativo, Acto de habla)

  d. Clase D: *Me sorprende que llame* (Afección/Perspectiva subjetiva, *Verba sentiendi*)

  e. Clase E: {*Descubrió/notó*} *que la carta había desaparecido* (Adquisición-pérdida de información, Percepción/Actitud proposicional).

  f. Clase F: *Esto demuestra que es falso* (Presencia-manifestación, Información y comunicación, Consecuencia-inferencia/Evidencialidad).

4.2. *La omisión de* que *en las completivas finitas*

Ciertos verbos subordinantes permiten la omisión del complementante *que*:

(23) Le rogó [Ø fuese a París].

Los estudios descriptivos señalan que tal omisión era frecuente en el español antiguo y es más restringida en el actual. En primer lugar, su uso es hoy más habitual en registros formales. En segundo lugar, está limitada a ciertas clases léxicas de verbos que rigen subjuntivo: petición, mandato-voluntad y deseo (24); también se dan con factivos (25):

(24) {Pidió/ordenó} Ø fuese devuelto/Deseo Ø disfrutes de unas gratas vacaciones.

(25) Temo Ø se enfurezca.

En estos contextos léxicos pueden ocupar también posiciones de sujeto (26):

(26) Es posible Ø debas trasladarte./Es necesario Ø sepas que un investigador no se forma en dos días.

Las oraciones sujeto con *que* omitido deben aparecer siempre en posición posverbal (**[Debas trasladarte] es posible*, **[Sepas un investigador no se forma en dos días] es necesario*). Este hecho es consecuencia probablemente de una importante característica de las subordinadas que permiten la omisión, señalada en RAE-ASALE (2009: § 43.3f): esta solo es posible si el verbo subordinado aparece contiguo al verbo principal (compárese *Esperamos Ø tengan presente este hecho en su decisión* con *?Esperamos Ø en su decisión tengan presente este hecho* o **Esperamos Ø este hecho lo tengan presente*...). Ello sugiere que la ausencia de *que* podría deberse a que el verbo de la subordinada ha experimentado un proceso de movimiento que lo sitúa en la posición en la que debería estar el subordinante. Los predicados que dan lugar a este fenómeno son los de las clases C y D en la Figura 1, los no asertivos.

En RAE-ASALE (2009: § 43.3h) se menciona un grupo reducido de verbos que rigen indicativo y parecen aceptar la omisión de *que*: ... *y salir de aquel valle **que** se me antojó Ø había de ser mi tumba, Se excluiría una parte **que** estimamos Ø debería ser un quinto* (RAE-ASALE 2009: 3232). Como muestran los ejemplos, tal omisión en oraciones indicativas solo es posible cuando la subordinada se encuentra dentro de otra subordinada, es decir, cuando el *que* omitido está próximo a otro *que*.

5. Subordinadas sustantivas de sujeto

Las oraciones sustantivas de sujeto aparecen con varias clases léxicas de verbos. Son frecuentes, en primer lugar, con verbos presentativos de eventos o sucesos: *acaecer, ocurrir, suceder, acontecer*, o con los que introducen resultados y estados de cosas: *figurar, resultar, faltar, importar, bastar* (27a) (véase DyL 1999: § 32.2.1.1.). Lo son también con verbos de régimen preposicional que indican un evento-consecuencia o una inferencia como *seguirse, desprenderse* (27b). En estos contextos la subordinada va generalmente en indicativo porque los predicados regentes son semifactivos asertivos que en su versión afirmativa implican la verdad de su complemento, expresan *hechos*, mientras que su negación implica la del complemento:

(27)   a.   Resultó que estaba casado = Lo estaba/No resultó que estuviese casado = No lo estaba.
       b.   De esto {se sigue/se desprende} que estudió medicina = Estudió/De esto no se sigue que {estudió/estudiase} medicina = No había estudiado.

Son sujetos proposicionales de oraciones atributivas con *ser*. En ellas el predicado nominal puede ser un adjetivo modal o aspectual (28a), o uno evaluativo de actitudes (28b). El uso de indicativo o subjuntivo depende del adjetivo: de que signifique factividad o posibilidad (no aserción) como en los dos casos anteriores, o certeza (28c):

(28)   a.   Es {posible/frecuente/normal/necesario} que llegue a las siete.
       b.   Es {cruel/(desc)ortés/hiriente/práctico} que hayan adoptado esa solución.
       c.   Es verdad que abrí la puerta.

Se encuentran asimismo con verbos bioracionales que expresan causalidad: *probar, indicar, sugerir, mostrar* (29a); en todos estos casos la completiva sujeto suele ir en subjuntivo. Son frecuentes también con los factivos de afección (29b); la subordinada expresa la causa de la afección. Hay un grupo de verbos factivos de régimen preposicional que pueden llevar completivas de sujeto: *acabar con, carecer de, contar con, repercutir en, encajar en/con* (29c):

(29) a. Que tenga la luz encendida indica que ha llegado.
      b. Le fastidia que no le prestemos atención.
      c. Que las clases sean aburridas repercute en su rendimiento.

En cuanto a su posición, en español, a diferencia de otras lenguas, las oraciones sujeto pueden anteponerse o posponerse al verbo; no obstante, la posición posverbal es más habitual. La posposición es forzosa en las oraciones presentativas puesto que la subordinada constituye el rema, la información nueva (*Que finalmente no aprobaron la ley sucedió*). Las oraciones sujeto antepuestas son posibles particularmente en predicaciones factivas (*Que suban más los autobuses es escandaloso*). Es de consenso que las oraciones sujeto antepuestas son tópicos, es decir, información conocida o compartida (Piera 1979).

6. Las oraciones sustantivas sujeto y objeto introducidas por *el*

Un fenómeno especial del español es la posibilidad de algunas completivas tanto de sujeto (30b), como de objeto (30a), de ir introducidas por el determinante *el*, sin variación de género y número. La introducción de este determinante, denominado también *enfático*, es aparentemente opcional:

(30) a. Esta medida potencia [el que los conductores provoquen accidentes].
      b. No hay motivo que impida [el que la Universidad se quede como depositaria de esos fondos].
      c. No os extrañe [el que yo también esté preocupado].

Si bien estamos ante un fenómeno poco estudiado, las gramáticas coinciden en señalar que pueden ir introducidas por *el* (casi) todas las oraciones factivas y en que, en general, equivalen a 'el hecho de que' (*El (hecho de) que digas eso resulta incomprensible*). Picallo (2002), no obstante, aunque las considera cláusulas nominalizadas, muestra que no llevan un núcleo nominal nulo sino que son oraciones con un Determinante que tiene un SC como complemento (cf. 18a). Las sustantivas con *el* van generalmente en subjuntivo, si bien no todas las subordinadas en subjuntivo admiten *el*. Los ejemplos con indicativo son infrecuentes y podría tratarse de usos dialectales; (31) ilustra estas dos observaciones:

(31) Que le garanticen el (*hecho de) que van a tener audiencia y presencia permanente (ejemplo atestiguado en México).

Mayoritariamente, los verbos que permiten completivas introducidas por *el* son los no-asertivos de nuestras clases D y C: así (30a) (no factivo de causa), (30b) (no factivo, de influencia) o (30c) (factivo afectivo).

7. Variación sintáctica en la subordinación sustantiva: el dequeísmo y el queísmo

Se denomina "dequeísmo" al uso de *de* delante de la completiva cuando el verbo matriz no lo requiere. Los ejemplos de (32) ilustran algunas estructuras en las que encontramos dequeísmo: oración objeto (32a); sujeto (32b); predicado de oraciones copulativas (32c); oraciones apositivas (32d); entre otras posibilidades (los datos de esta sección están tomados de Demonte y Fernández Soriano [DyFS] (2005), quienes presentan ejemplos espontáneos recogidos de corpus contrastados, especialmente del CREA):

(32) a. Pienso [*de* que los conozco poco].
      b. [*De* que todas esas niñas se vayan a enfermar] es mucho más difícil.
      c. La idea es [*de* que entraran los alumnos…].
      d. Lo que estábamos hablando: [*de* que nuestra vocación no es el éxito].

(Gómez Torrego 1999: 2114)

Es este un fenómeno extendido, especialmente en el uso oral, en todas las zonas del español. Las gramáticas normativas suelen tacharlo de incorrecto. Los estudios de sociolingüística lo caracterizan como *ultracorrección*, debida a que los hablantes quieren evitar el *queísmo*. En un análisis en el marco de la lingüística formal, DyFS (2005) argumentan que este fenómeno se debe a la naturaleza de C(omp) y a los rasgos de esta categoría. Si se considera que SC puede incluir tanto marcas internas a la oración (concordancia y tiempo), como marcas extraoracionales (fuerza, credibilidad, evidencialidad, etc.) habría razones para sostener que el *de* dequeísta es una marca de *evidencialidad*, en el sentido de un operador de modalidad. Por eso no se encuentra dequeísmo en oraciones introducidas por modales-evidenciales como *ciertamente*, *evidentemente*, *desde luego* o *indudablemente* (esto lo afirma también Gómez Torrego 1999: 2114). Tampoco se encuentra dequeísmo en los corpus cuando el verbo subordinante es factivo. Con un conjunto de datos parcialmente distinto, e incluyendo juicios de informantes, Silva-Villar y Gutiérrez-Rexach (2012) proponen que estas estructuras son sintácticamente *predicaciones inversas* equivalentes a *Dijo eso de que…* La aparición de *de*, que tendría valor "evaluativo", se relaciona con la condición de foco de estas estructuras para los hablantes dequeístas.

Frente al dequeísmo, el *queísmo* es la ausencia de la preposición *de*, dejando solo a *que*, en contextos en los que se la requiere. Es un fenómeno que se encuentra también en registros formales. Se da en oraciones complemento de verbos de régimen (33a), de nombres que forman locuciones con verbos de apoyo (33b), o en oraciones complemento de nominalizaciones (33c):

(33) a. … te acuerdas que están unas piedras enormes…
      b. Tengo la seguridad que se dará cuenta.
      c. La afirmación que la llegada de la democracia…

La razón de la omisión de *de* —que parece estar restringida a ciertas locuciones y piezas léxicas— no es la misma en todos estos casos porque el *de* omitido no es siempre de la misma naturaleza categorial. En (33a) podríamos estar frente a la transitivización de un verbo pronominal; el verbo no regiría entonces una preposición. De manera similar, en las estructuras con verbos de apoyo (32b), si la locución se reanaliza como un verbo simple de aserción (*aseguro*) no se requerirá la preposición; y en (32c) la oración podría no ser un complemento genitivo de N sino una aposición (cf. DyFS 2005: § 6).

8. Los límites entre subordinación e insubordinación: oraciones independientes encabezadas por *que*

Una característica del español y otras lenguas románicas es que permiten la aparición del subordinante *que* en oraciones aparentemente independientes. La casuística es amplia y nos limitaremos a una breve clasificación. Si dejamos de lado el *que* de las oraciones imperativas-exhortativas-desiderativas independientes en subjuntivo (*¡Que se levanten todos!*), podemos hablar de un *que* inicial solo en apariencia independiente en contextos de mera elisión del verbo en interacciones pregunta-respuesta *(—¿Qué dijo? —Ø que no cenará)*. Más relevante es una serie de fenómenos de la interfaz sintaxis-pragmática-discurso en los que, según Demonte y Fernández-Soriano (2014), pueden identificarse y justificarse grama- ticalmente dos tipos de *que*-libre inicial: a) el *que* "ecoico" que añade valores discursivos (reacción, repetición, intervención) y establece una relación con el contexto anterior (Gras 2013), y b) el *que* inicial que puede caracterizarse como un *evidencial indirecto* con valor reportativo. En el primer caso se trata de estructuras "insubordinadas", es decir, oraciones matrices encabezadas por subordinantes no declarativos; en el segundo, el *que* sería equiva- lente a las partículas utilizadas en diversas lenguas para expresar la fuente de la que procede la información del hablante. La serie de (34) ilustra (a), (35) es un ejemplo de (b):

(34) a. H1: -Ha llegado una carta... H2: -*Que* estoy despedido. (Reproducción de discurso ajeno).

b. *Que* si me das más tomate. (Repetición de lo que ya dijo).

c. H1: ¿En Bancaja te van a dar un crédito...? H2: *Que* yo conozco al director. (Introducción de comentario, Gras 2013).

(35) Oye, *que* el Barça ha ganado la Champions. (Emitida en posición inicial absoluta de discurso).

En los casos de (34) hay razones para suponer que *que* puede analizarse sintácticamente como el núcleo de un SC/SF(uerza) —conforme al análisis cartográfico de la periferia izquierda oracional (Rizzi 1997)— lo mismo que el *que* subordinante de las sustantivas. En esa posición se pueden articular los valores conectivo-discursivos que se han indicado. El *que* de (35), en cambio, se encontraría en una posición por encima de SC, en un Sintagma-Acto de habla. Este análisis permite explicar su posición inicial absoluta, su restricción a las oraciones declarativas, o la imposibilidad de negar la fuente de información, entre otras propiedades de estas oraciones introducidas por un *que* evidencial.

Reconocimientos

La investigación que subyace a este trabajo ha sido parcialmente financiada por el Proyecto FFI2012–32886. Estoy muy agradecida a Elena Castroviejo, Olga Fernández-Soriano, Nor- berto Moreno Quiben e Isabel Pérez-Jiménez por sus generosos comentarios.

Bibliografía

Bosque, I. (2012) "Mood: Indicative vs. subjunctive", en Hualde, J. I., Olarrea, A. y O'Rourke, E. (eds.) *The handbook of Hispanic linguistics*, Oxford: Wiley-Blackwell, pp. 373–394.

Bosque, I. y Demonte, V. (dirs.) (1999) *Gramática descriptiva de la lengua española*, Madrid: Espasa.

Bresnan, J. (1970) "On complementizers. Toward a syntactic theory of complement types", *FOL*, 6, 3, pp. 297–321.

Carrasco, A. (1999) "El tiempo verbal y la sintaxis oracional: la *consecutio temporum*", en Bosque, I. y Demonte, V. (dirs.) *Gramática descriptiva de la lengua española*, pp. 3061–3128.

Delbecque, N. y Lamiroy, B. (1999) "La subordinación sustantiva: las subordinadas enunciativas en los complementos verbales", en Bosque, I. y Demonte, V. (dirs.) *Gramática descriptiva de la lengua española*, pp. 1965–2081.

Demonte, V. (1977) *La subordinación sustantiva*, Madrid: Cátedra.

Demonte, V. y Fernández-Soriano, O. (2005) "Features in COMP and syntactic variation. The case of '(de)queísmo' in Spanish", *Lingua*, 115, 8, pp. 1063–1082.

Demonte, V. y Fernández-Soriano, O. (2014) "Evidentiality and illocutionary force. Spanish matrix *que* at the syntax-pragmatics interface", en Dufter, A. y Octavio de Toledo, A. (eds.) *Left sentence peripheries in Spanish: Diachronic, variationist, and typological perspectives*, Amsterdam: John Benjamins, pp. 217–251.
Emonds, J. (1970) *Root and structure preserving transformations*, tesis doctoral, MIT.
Etxepare, R. (2012) "Coordination and subordination", en Hualde, J. I., Olarrea, A. y O'Rourke, E. (eds.) *The handbook of Hispanic linguistics*, Oxford: Wiley-Blackwell, pp. 503–532.
Gómez Torrego, L. (1999) "La variación en las subordinadas sustantivas: dequeísmo y queísmo", en Bosque, I. y Demonte, V. (dirs.) *Gramática descriptiva de la lengua española*, pp. 2105–2148.
Gras, P. (2013) "Entre la gramática y el discurso: valores conectivos de que inicial átono en español", en Jacob, D. y Ploog, K. (eds.) *Autour de que. El entorno de que*, Fráncfort: Peter Lang, pp. 89–112.
Grimshaw, J. (1979) "Complement selection and the lexicon", *Linguistic Inquiry*, 10, pp. 279–326.
Hooper, J. y Thompson, S. (1973) "On the applicability of root transformations", *Linguistic Inquiry*, 4, 4, pp. 465–497.
Hualde, J. I., Olarrea, A. y O'Rourke, E. (eds.) *The handbook of Hispanic linguistics*, Oxford: Wiley-Blackwell.
Karttunen, L. (1971) "Implicative verbs", *Language*, 47, 3, pp. 340–358.
Kempchinsky, P. (2009) "What can the subjunctive disjoint reference effect tell us about the subjunctive", *Lingua*, 119, pp. 1788–1810.
Kiparsky, P. y Kiparsky, C. (1970) "Fact", en Bierwisch, M. y Heidolph, K. (eds.) *Progress in linguistics*, La Haya: Mouton, pp. 143–173.
Lakoff, R. (1968) *Abstract syntax and Latin complementation*, Cambridge, MA: The MIT Press.
Melvold, J. (1991) "Factivity and definiteness", en Cheng, L. y Demirdache, H. (eds.) *More papers on wh-movement*, Cambridge, MA: The MIT Press, pp. 97–117.
Moulton, K. (2009) *Natural selection and the syntax of clausal complementation*, tesis doctoral, University of Massachusets-Amherst.
Nuessel, F. (1973) *Complement structures in Spanish*, tesis doctoral, University of Illinois.
Pesestky, D. (1982) *Paths and categories*, tesis doctoral, MIT.
Picallo, C. (2002) "Abstract agreement and clausal arguments", *Syntax*, 5, 2, pp. 116–147.
Piera, C. (1979) "Some subject sentences", *Linguistic Inquiry*, 10, 4, pp. 732–736.
Quer, J. (1998) *Mood at the interface*, La Haya: Holland Academic Graphics.
RAE-ASALE Real Academia Española y Asociación de Academias de la Lengua Española (2009) "Oraciones subordinadas sustantivas", *Nueva gramática de la lengua española, Sintaxis II*, cap. 43, Madrid: Espasa, pp. 3223–3290.
Rizzi, L. (1997) "The fine structure of the left periphery", en Haegeman, L. (ed.) *Elements of grammar: Handbook of generative syntax*, Dordrecht: Kluwer, pp. 281–337.
Rosenbaum, P. (1967) *The grammar of English predicate complement constructions*, Cambridge, MA: The MIT Press.
Roussou, A. (2009) "Selecting complementizers", *Lingua*, 120, 3, pp. 582–603.
Sheehan, M. y Hinzen, W. (2011) "Moving towards the edge", *Linguistic Analysis*, 37, 3–4, pp. 405–458.
Silva-Villar, L. y Gutiérrez-Rexach, J. (2012) "Predication, complementation and the grammar of dequeísmo structures", en González-Rivera, M. y Sessarego, S. (eds.) *Current formal aspects of Spanish syntax and semantics*, Newcastle: Cambridge Scholars Publishing, pp. 8–41.
Suñer, M. (1991) "Indirect questions and the structure of CP: Some consequences", en Campos, H. Martínez-Gil, F. (eds.) *Current studies in Spanish linguistics*, Washington, DC: Georgetown University Press, pp. 283–312.
Vendler, Z. (1967) *Linguistics in philosophy*, Ithaca, NY: Cornell University Press.

Entradas relacionadas

infinitivos; oraciones interrogativas; sintagma nominal; subjuntivo; subordinación adverbial; tiempo gramatical

SUJETOS

Francisco Ordóñez

1. Los sujetos y la concordancia

El sujeto de una oración corresponde a aquel sintagma que concuerda en persona y número con un verbo finito. El sujeto tiene varias características que no presentan todas las lenguas. Por ejemplo, puede aparecer preverbal o postverbalmente.

(1) **Los niños** salieron tarde

(2) No me interesan tus problemas

(3) Tú recibiste el permio

(4) Ayer llegaron los trenes tarde

El español presenta además la interesante peculiaridad de que los nombres de tercera persona plural sujetos pueden concordar con verbos en primera y segunda persona del plural. Son casos aparentes de discordancia:

(5) **Los estudiantes** cree**mos** que tenemos razón

(6) **Los estudiantes** cre**éis** que tenéis razón

Saab (2007) arguye que este fenómeno se produce en el español porque contiene pronombres de primera persona y segunda persona que son morfológicamente complejos, como *nos-otros* y *vos-otros*. Es decir, contiene los morfemas *nos* y *vos* junto al pronombre *otros*. Estos pronombres complejos pueden coocurrir con SN y son los que determinan la concordancia, como se observa a continuación:

(7) **Nosotros los estudiantes** creemos que tenemos razón

(8) **Vosotros los estudiantes** creéis que tenéis razón

Similares casos de discordancia también se encuentran en el sistema de doblado de clíticos, como se aprecia en (9) y (10):

(9) Nos vieron a los estudiantes

(10) Nos vieron a nosotros los estudiantes

La similitud entre los casos de doblado de clítico con discordancia y los casos de concordancia ha llevado a Ordóñez y Treviño (1999) a asumir que la relación entre clítico doblado y sintagma nominal doblado es la misma que se produce entre concordancia verbal y sujeto. Ambos podrían asumirse como casos de doblado de clítico.

2. Los sujetos en las oraciones finitas

El sujeto en español puede aparecer en varias posiciones en la oración finita o temporalizada. Las diferentes posiciones que adopta dependen crucialmente de factores de estructura argumental y de discurso. Con verbos transitivos e inergativos el sujeto adopta la posición preverbal en un contexto informativo neutro, sin focalizaciones o dislocaciones.

(11) Tu hermano recibió el premio Nobel

(12) María se escapó de la cárcel

(13) Tu primo corrió los 200 metros

(14) El director sonrió

(15) Tu prima lloró

Sin embargo, con verbos inacusativos, la posición natural es la posverbal:

(16) Llegó el tren

(17) Desaparecieron 40 estudiantes

(18) Sucedieron muchas desgracias

(19) Faltas tú

(20) Sobramos nosotros

En muchos casos los argumentos de verbos inacusativos se comportan de manera similar a los argumentos objetos de verbos transitivos. Así, tanto los argumentos objeto de verbos transitivos (21) como los argumentos sujeto de verbos inacusativos (22 y 23) aparecen en construcciones absolutas. En esto se diferencia de los sujetos de los verbos inergativos (24):

(21) Una vez encontradas las maletas, nos dirigimos a la puerta de embarque

(22) Una vez desaparecidos los estudiantes, la policía empezó a la busca

(23) Sucedidas estas desgracias, no nos quedó más remedio que salir

(24) *Llorada tu prima, nos fuimos de la fiesta

Otra prueba de que estos sujetos se comportan como objetos de verbos transitivos nos lo ofrece la posibilidad de sustituir el sujeto por la expresión *de todo/de nada* (Romero 2008).

(25) Llegó de todo (inacusativo)

(26) Comió de todo (transitivo)

(27) *Trabajó de todo (inergativo)

Además de los verbos inacusativos anteriores, los verbos psicológicos con experimentante dativo también facilitan la posición posverbal del sujeto. Así, encontramos ejemplos con *gustar, interesar, fascinar, aburrir.*

(28) No me gustan estas películas

(29) Me aburren tus amigos

(30) Le fascinamos nosotros

En los ejemplos anteriores, como en los inacusativos anteriores, la sustitución por *de todo* es posible:

(31) Me gusta de todo

(32) Me aburre de todo

(33) Me fascina de todo

Los verbos anteriores contrastan con aquellos verbos psicológicos que permiten que el experimentador sea al sujeto, como *adorar, aborrecer.* En esta clase diferente de verbos psicológicos el experimentador concuerda con el verbo y el tema es el objeto.

(34) Yo adoro el café

(35) Tus hermanos aborrecen esta obra de teatro

3. La posición preverbal de sujeto

Una cuestión que ha sido muy debatida en los estudios de los sujetos en español es si realmente los sujetos preverbales ocupan una posición exclusiva diferente de otros argumentos que pueden preceder al verbo cuando aparecen a la izquierda, como en el caso de dislocaciones a la izquierda en (36):

(36)   El libro, me lo compré ayer

El hecho de que las dislocaciones a la izquierda y los sujetos preverbales puedan intercambiar el orden en que aparecen en posición preverbal es otro indicador de que no existen posiciones sintácticas específicas dedicadas a sólo sujetos:

(37)   El libro, Pedro, se lo compró

(38)   Pedro, el libro, se lo compró

Tanto las dislocaciones a la izquierda como los sujetos preverbales no pueden intervenir entre palabras interrogativas y el verbo:

(39)   *¿Qué Pedro compró ayer?

(40)   *¿Qué a Pedro le regalaste?

Tampoco pueden aparecer entre cuantificadores negativos focalizados y verbo:

(41)   *Nada Pedro compró ayer

(42)   *Nada a Pedro le regalaste

Finalmente, tanto dislocaciones a la izquierda como sujetos preverbales pueden funcionar como restos de elipsis en español:

(43)   María sabe matemáticas, y Pedro también

(44)   A Juan le dieron un premio, y a Pedro también

Todos estos datos llevan a suponer a Ordóñez y Treviño (1999) que la posición de sujetos y la posición de las dislocaciones en español debe ser la misma. Sin embargo, este punto de vista no es compartido por todos los estudiosos. Sheehan (2007) y Camacho (2014) aducen argumentos para suponer que la posición preverbal no es necesariamente una posición obligatoriamente dislocada. En primer lugar, ambos tipos de construcciones no muestran los mismos patrones entonativos. En segundo lugar, los sujetos preverbales indefinidos no necesariamente deben tener una interpretación de ámbito amplio, como cabría esperar si estuvieran dislocados a la izquierda. Camacho muestra, como en (45), el sujeto puede referir a un estudiante no específico. En tal caso, tiene ámbito estrecho con respecto a la expresión cuantificada *cada libro*:

(45)   En la biblioteca departamental, algún estudiante sacó prestado cada libro

Tanto la postura de Ordóñez y Treviño (1999) como las de Sheehan (2007) y Camacho (2014) tienen que explicar por qué el español difiere de lenguas como el francés o el inglés, en las que los sujetos parecen una posición exclusiva preverbal. La obligatoriedad de esta posición se denomina Principio de Proyección Extendido. Concluimos que en lenguas como el español no parece aplicarse obligatoriamente este principio. Tal comportamiento se debe a que la rica inflexión verbal permite mayor libertad en la distribución de sujetos en general.

4. Posición de sujeto y discurso

Asimismo, los sujetos pueden cambiar de posición en la oración cuando cambia el contexto discursivo. Todos los sujetos pueden aparecer posverbalmente cuando aparecen focalizados independientemente de su estructura argumental:

(46) ¿Quién vio a María?
   a. La vio Juan
   b. Ayer la vio Juan

También aparecen posverbalmente cuando son el foco contrastivo, como en (47 y 48):

(47) Lo hizo **Juan**, no María

(48) La saludó **tu madre**, no tu sobrino

Bajo estas circunstancias, el sujeto puede adoptar varias posiciones posverbales con posibles diferencias en su interpretación. Así, puede aparecer delante o detrás de los complementos de verbo:

(49) Ayer se quejó tu hermana de la clase

(50) Ayer se quejó de la clase tu hermana

Los sujetos pueden aparecer posverbalmente detrás de perífrasis verbales con verbos modales y causativos:

(51) Ayer nos quisieron regalar **estos libros** tus hermanos

(52) Ayer nos quisieron regalar tus hermanos **estos libros**

(53) Ayer nos hicieron comprar **estos libros** tus hermanos

(54) Ayer nos hicieron comprar tus hermanos **estos libros**

Sin embargo, los sujetos nunca podrán aparecer posverbalmente más allá de su oración finita, como se observa en los siguientes contrastes:

(55) *Ayer nos pidieron que les regalásemos **tus hermanos** estos libros

(56) Ayer nos pidieron **tus hermanos** que les regalásemos estos libros

Por consiguiente, concluimos que la posición posverbal está limitada al ámbito de verbos finitos y sus perífrasis siempre y cuando exista una focalización.

Los estudios sobre la posición posverbal de sujeto se ha centrado en dos aspectos: a) Por qué esa posibilidad está legitimada solo cuando hay foco discursivo, y b) por qué esta posición de sujeto tiene las restricciones de distribución mencionadas anteriormente.

Con respecto a la primera pregunta, es lógico asumir que los sujetos posverbales se encuentran en una posición discursiva de foco por encima de la posición de SV (Zubizarreta

1998; Ordóñez 2000). Eso es así si asumimos la ya ampliamente establecida hipótesis de que todos los sujetos originan en el SV. El sujeto se desplazaría al Sintagma Foco por encima del SV y el verbo se habría desplazado al núcleo del Sintagma Tiempo:

(57) $[_{ST}$ compró $[_{SFoco}$ Juan $[_{SV}$ el libro]]]

De este modo, también se da razón de por qué el sujeto posverbal puede aparecer entre el verbo y el complemento directo. Sin embargo, todavía queda por explicar cómo el sujeto puede aparecer en posición final. Para ello, ha habido varias perspectivas. En una de ellas, Ordóñez (1998) y Gallego (2013) asumen que el objeto se puede desplazar opcionalmente por encima de la posición de sujeto dejando el sujeto al final:

(58) $[_{ST}$ compró [el libro $[_{SFoco}$ Juan $[_{SV}]]]$

Desde otra perspectiva diferente, Ordóñez (2007) defiende un análisis en que ese orden se produce por movimiento de todo el SV por encima de la posición de foco del sujeto, como representamos en (59):

(59) $[_{ST}$ compró $[[_{SV}$ el libro $]_j$ $[_{SFoco}$ Juan $t_j]]]$

Las restricciones sobre las posibles posiciones del sujeto posverbal se pueden explicar si asumimos que el movimiento del sujeto a la posición de foco no puede darse más allá de su cláusula finita o con verbos modales y causativos que permiten el proceso de reconstrucción, como en los ejemplos (51–54). En ese sentido, el movimiento del sujeto a la posición de foco es un movimiento de corta distancia.

5. Sujetos en oraciones de infinitivo

Los sujetos pueden aparecer con oraciones de infinitivo adjuntas. En tal caso, adoptan una posición posverbal:

(60) Después de *(el embajador) haberme engañando el embajador...

(61) Por *(tú) no hacerlo tú a tiempo...

Eso permite deducir que el verbo en infinitivo debe haberse movido más allá de la posición preverbal de sujeto, como representamos en (62):

(62) $[_{INF}$ hacerlo $[_{ST}$ tú a tiempo]]]

Si asumimos que la posición de los pronombres clíticos en español es fija, el hecho de que los infinitivos tengan enclisis y no proclisis puede tomarse como indicio de que el verbo infinitivo se ha movido a una posición por encima del clítico creando enclisis:

(63) $[_{INF}$ hacer lo $[_{ST}$ tú a tiempo]]] enclisis

(64) $[_{ST}$ Tú lo $[_{ST}$ haces a tiempo]]] proclisis

La posición posverbal de los sujetos en los infinitivos no es general en todos los dialectos. En varios dialectos caribeños (Cuba, República Dominicana y Puerto Rico), el sujeto puede aparecer preverbalmente cuando los infinitivos van precedidos por preposiciones como *por* o *para*:

(65) Para yo hacer eso necesito mucho dinero

(66) Por él ser el más extrovertido...

Tal posibilidad se da en estas variedades por las propiedades morfológicas particulares de los pronombres, como se verá en la próxima sección.

Finalmente, en el resto de ejemplos los sujetos de infinitivo aparecen fonéticamente nulos y los representamos con la categoría nula PRO. Ese es el caso de los ejemplos con control obligatorio de sujeto. Es decir, cuando el sujeto de la principal se refiere al sujeto del de infinitivo, como en (67):

(67) Juan$_i$ quería PRO$_i$ cenar temprano

Con verbos de control de objeto cuando el sujeto del infinitivo se refiere al objeto de la oración principal, como en (38):

(68) Juan$_i$ obligó a tu hermano a PRO$_i$ cenar temprano

En otros casos, como el de (69), en el que la oración de infinitivo está en posición de sujeto, el sujeto puede recibir la interpretación arbitraria:

(69) PRO$_{arb}$ cenar temprano es bueno para la salud

6. La posición de los sujetos en las interrogativas parciales

En las oraciones interrogativas parciales, los sujetos tienen que aparecer pospuestos al verbo:

(70) ¿Qué (*María) quiere (María)?

(71) ¿A quién (*María) vio (María)?

Sin embargo, con la palabra interrogativa *por qué*, el sujeto puede aparecer en posición preverbal igualmente:

(72) ¿Por qué (María) quiere (María) cenar temprano?

La restricción con respecto a la posición de sujetos puede deberse a varios factores. Uno de ellos es que el verbo deba moverse obligatoriamente en interrogativas a una posición adyacente a la posición de la palabra interrogativa (Torrego 1984). Otra posibilidad es asumir que los sujetos, por estar dislocados a la izquierda obligatoriamente, como señalamos anteriormente, restringen el movimiento de la palabra interrogativa (Ordóñez 2000). Desde ambas perspectivas la excepcionalidad de interrogativas de la palabra interrogativa *por qué* se explica si asumimos que esta no ha sido movida sino generada en la base en el sintagma complementante que acoge a todas las palabras interrogativas. Dado que se ha generado allí, ni atrae el movimiento obligatorio del verbo ni ningún elemento dislocado a la izquierda bloquea el movimiento de la palabra interrogativa.

En los dialectos del español caribeño mencionados arriba (Cuba, República Dominicana y Puerto Rico), las interrogativas parciales admiten que los sujetos sean preverbales con la segunda persona del singular *tú*:

(73) ¿Qué tú comes?

(74) ¿A quién tú viste?

El hecho de que sea preferentemente el pronombre de segunda persona el que esté permitido entre palabra interrogativa y verbo es paralelo a lo que pasa con los infinitivos con *por* o *para*. Ordóñez y Olarrea (2006) proponen que los pronombres como *tú* deben ser tratados como pronombres débiles o cuasi-clíticos. A favor de esa propuesta se aduce el que tal comportamiento solo ocurra con pronombre pero no con SN:

(75) ¿Qué tú comes?

(76) *¿Qué tu hermano pequeño come?

En segundo lugar, los pronombres no pueden ser coordinados, modificados ni focalizados en esta posición en estos dialectos caribeños. En este sentido, se comportan como clíticos que no pueden ser modificados, coordinados o enfatizados:

(77) *¿Qué solo tú comes?

(78) *¿Qué tú y él comen?

(79) *¿Qué tú comes?

Desde la perspectiva Ordóñez y Olarrea (2006), el hecho de que el pronombre débil sea permitido en estas interrogativas se debe a que por ser cuasi clítico no está en una posición de dislocación a la izquierda y, por lo tanto, no interfiere en el movimiento de la palabra interrogativa.

7. Sujetos nulos

Los sujetos en español pueden no aparecer fonéticamente expresados con verbos finitos. De ahí que el español sea considerado una lengua de sujeto nulo. Ese sujeto fonéticamente nulo es pro:

(80) **pro** salieron tarde

(81) **pro** recibiste el permio

Los sujetos nulos, por lo general, toman como antecedente algún referente tanto en el discurso como mencionado anteriormente.

(82)   Los estudiantes$_i$ piensan que pro$_{i/j}$ son inteligentes.

Contrariamente a los sujetos expresados fonéticamente, el sujeto nulo no puede recibir énfasis ni ser coordinado dada su naturaleza vacía. Sin embargo sí pueden funcionar como variables ligadas por cuantificadores y elementos Q, contrariamente a los pronombres expresos, como fue discutido por Montalbetti (1984):

(83)   Nadie$_1$ piensa que pro$_1$ es inteligente

(84)   *Nadie piensa que él$_i$ es inteligente

(85)   ¿Quién dijo que pro$_1$ es inteligente?

(86)   *¿Quién dijo que él$_1$ es inteligente?

El hecho de que el pronombre fonéticamente expreso no pueda tener como antecedente una expresión cuantificada da indicios de que los sujetos fonéticamente realizados y pro ocupan una diferente posición en la sintaxis. Otro dato adicional que muestra el distinto comportamiento de pro y pronombres fonéticamente realizados lo da el estudio de Larson y Luján (1989). Ellos muestran que los pronombres realizados fonéticamente en una oración adjunta evitan la correferencia con un SN que sigue, como se observa en los siguientes contrastes:

(87)   *Cuando él$_j$ trabaja, Juan$_j$ no bebe

(88)   Cuando pro$_j$ trabaja, Juan$_j$ no bebe

El pronombre fonéticamente realizado no admite ser catafórico con respecto al nombre propio *Juan*. Si cambiamos el orden, la oración es gramatical.

(89)   Juan$_j$ no bebe cuando él$_j$ trabaja

(90)   Juan$_j$ no bebe cuando pro$_j$ trabaja,

Por consiguiente, los pronombres nulos de sujeto no solo son una variante vacía fonéticamente hablando, sino que además muestran diferencias a nivel sintáctico y de interpretación con respecto a los pronombres fuertes.

En resumen, la rica flexión verbal es la que permite que los sujetos muestren gran variación en su distribución. Esa variación es en parte debida a la estructura argumental del verbo como a factores discursivos relacionados con foco o topicalización. También observamos la existencia de sujetos nulos y cómo difieren en interpretación y distribución con respecto a los pronombres fuertes. Finalmente, el español también está sujeto a variación dialectal con respecto a distribución de sujeto en el contexto de las interrogativas parciales, como se evidencia en los dialectos caribeños.

Bibliografía

Camacho, J. (2014) *Null subjects*, Cambridge University Press.
Montalbetti, M. (1984) *After binding*, MIT Dissertation.

Gallego, Á. (2013) "Object shift in Spanish", *Natural Language and Linguistic Theory*, 31, 1–43.

Gómez Torrego, L. (1984) "On inversion in Spanish and some of its effects", *Linguistic Inquiry*, 15, pp. 103–121.

Larson, R. y Luján, M. (1989) *Emphatic pronouns*, manuscrito, SUNY, Stony Brook, NY.

Ordóñez, F. (1998) "Post-verbal asymmetries in Spanish", *Natural Language and Linguistic Theory*, 16, pp. 313–346.

Ordóñez, F. (2007) "Observacions sobre la posició dels subjectes postverbals en català i castellà", *Caplletra. Revista Internacional de Filología*, pp. 251–272.

Ordóñez, F. y Treviño, E. (1999) *Left dislocated subjects and the pro-drop parameter: A case study of Spanish lingua*, 1999, 107, 1–2, febrero, pp. 39–68.

Ordóñez, F. y Olarrea, A. (2006) "Microvariation in Caribbean/non-Caribbean Spanish interrogatives", *Probus*, 18, pp. 59–96.

Rizzi, L. (1982) "Negation, wh-movement and the null subject parameter", *Issues in Italian syntax*, Dordrecht: Foris Publications.

Romero, J. (2008) *Los dativos en español*, Madrid: Arco Libros.

Saab, A. L. (2007) "Anti-agreement and null subjects in Spanish: A distributed morphology approach", *Handout from IV Encuentro de Gramática Generative*, Mendoza (Argentina), julio, pp. 26–28.

Sheehan, M. (2007) *The EPP and null subjects in Romance*, tesis doctoral, Newcastle University.

Suñer, M. (1986) "Lexical subjects of infinitives in Caribbean Spanish", en Jaeggli, O. y Silva-Corvalán, C. (eds.) *Studies in Romance linguistics*, Dordrecht: Foris Publications.

Zubizarreta, M. L. (1998) *Prosody, focus and word order*, Cambridge, MA: The MIT Press.

Entradas relacionadas

complementos y objetos; estructura informativa; gramática generativa; sintagma nominal; sintaxis

SUSTANTIVO

Ignacio Bosque

1. Introducción

El NOMBRE O SUSTANTIVO es la parte de la gramática con la que se designan seres materiales o inmateriales de muy diversa naturaleza: *árbol, arroz, idea, Descartes, paz, caballo, ápice, semejanza, vez.* Los sustantivos poseen género y número, forman sintagmas nominales que aportan argumentos para los predicados y pueden funcionar a su vez como entidades predicativas.

Como otras clases de palabras, los sustantivos pueden dividirse con un criterio NOCIONAL y con otro GRAMATICAL. No existe una tipología universalmente aceptada de sustantivos en función de la primera división, no considerada aquí, en particular porque algunos subgrupos (nombres de emoción, de percepción, de movimiento, etc.) han recibido más atención que otros en la bibliografía. Desde el segundo punto de vista, los sustantivos se dividen en propios (*Luisa*) y comunes (*mujer*). Estos últimos se dividen a su vez en contables (*mesa*) y no contables (*arroz*). Los contables pueden ser individuales (*soldado*) y colectivos (*ejército*).

Existen otras clasificaciones de sustantivos. Se mencionarán aquí esquemáticamente las que se establecen en función del TIPO ASPECTUAL que el sustantivo denote (eventos, estados, etc. § 4.1.). No será posible abordar, en cambio, los grupos de sustantivos que se pueden obtener en función de que el nombre posea o no argumentos. Los que los poseen (llamados a menudo *nombres relacionales*) pueden ser derivados o no de otras categorías. Estos sustantivos se agrupan en nueve clases en la NGLE (§ 12.10c).

A diferencia de lo que suele ser habitual en las gramáticas, se reservará aquí una sección (§ 5) para los procesos de RECLASIFICACIÓN (también denominada RECATEGORIZACIÓN y COERCIÓN), y se dedicarán las demás a exponer las propiedades distintivas de cada grupo de sustantivos.

2. El criterio referencial. Nombres comunes y nombres propios

2.1. *Nombre propio frente a nombre común. Aspectos semánticos de la distinción*

Los nombres propios designan unívocamente entidades individuales (*Amazonas*, *Napoleón*, *Babieca*, *Aconcagua*), mientras que los comunes denotan clases de individuos. Así, el sustantivo *planeta* es un nombre común. Podemos decir que "es planeta" toda entidad que posea cierto número de propiedades que le permitan formar parte de esa clase ('cuerpo celeste que gira alrededor de una estrella, que refleja su luz y que...'). El conjunto de estas propiedades, llamado tradicionalmente *intensión*, constituye el significado del nombre común *planeta*. Por el contrario, los nombres propios no poseen significado ni designan clases de entidades. No decimos que "es Saturno" toda entidad que cumpla cierto conjunto de propiedades, sino que con el término *Saturno* designamos unívocamente un planeta particular que distinguimos de todos los demás. Así pues, la palabra *Saturno* posee REFERENCIA, pero no posee INTENSIÓN, ya que carece propiamente de significado.

Como no poseen significado, los nombres propios no aparecen en los diccionarios, sino en las enciclopedias. No es tan evidente, en cambio, que deban ser excluidos del LÉXICO (entendido como el componente lingüístico que refleja nuestro conocimiento de las palabras), puesto que estos sustantivos manifiestan numerosas propiedades sintácticas: poseen género, forman aposiciones de varios tipos, muchos de ellos admiten artículos, con diverso nivel de integración (§ 2.2), entre otras. La información enciclopédica que asociamos con cada nombre propio debe distinguirse, por tanto, de la información estrictamente gramatical que los hablantes poseen sobre ellos.

Los nombres propios son expresiones inherentemente definidas. Aun así, se distinguen de las formadas con nombres comunes en que no ven modificada su referencia en función de otros elementos de la oración, por lo que en la tradición filosófica se consideran DESIGNADORES RÍGIDOS, es decir, términos de referencia fija o invariable.

Los nombres propios se dividen en ANTROPÓNIMOS (nombres de persona, como *Juan* o *Aristóteles*); ZOÓNIMOS (nombres de animales, como *Rintintín* o *Imperioso*), y TOPÓNIMOS (nombres de lugar, como *Nilo* o *Moscú*). Se acercan a los antropónimos los nombres propios de instituciones y organismos (*Unesco*) y también los de marcas y empresas (*Mercedes*, *Coca-Cola*). En español se asimilan a los nombres propios los de los meses del año, aunque se escriban con minúscula (*Me encanta noviembre* vs. **Me encanta viernes*), y se diferencian en este punto de los días de la semana (*Detesto lunes). Los nombres de los años muestran un comportamiento parecido (*2013 fue excelente para el turismo*).

No es posible resumir aquí, ni siquiera someramente, los hitos fundamentales de las dos tradiciones —filosófica y lingüística, respectivamente— en las que se enmarca el estudio de los nombres propios. Tan solo haré notar que en la tradición filosófica es esencial la relación designativa que se establece unívocamente entre el nombre propio y su referente (sea en la realidad o en algún modo posible). No es difícil comprobar que la univocidad de la referencia deja de darse en un gran número de casos: con la palabra *Bogotá* designamos una ciudad y también un río, de forma que este nombre propio no posee un solo referente. La pregunta natural es, por tanto, si hemos de prescindir o no en estos casos del rasgo definitorio más característico de los nombres propios. Por otra parte, los nombres propios son expresiones predicativas en ciertos contextos (*Llámame Paco; El director de la empresa es el Sr. Martínez*), y "por definición" en las estructuras predicativas atribuimos acciones, propiedades o estados de cosas a individuos. ¿Cómo es posible entonces realizar una predicación con elementos que no poseen significado y que no expresan ninguna propiedad? Una de las varias opciones que se han planteado es la posibilidad de que los nombres propios se interpreten semánticamente como expresiones inherentemente predicativas de tipo designativo o identificativo: *Aristóteles* vendría a ser, en consecuencia, "la persona llamada Aristóteles", paráfrasis en la que *Aristóteles* constituye un tipo de predicado secundario.

El estudio de la oposición propio-común en la tradición lingüística no ha permanecido ajeno a estas cuestiones, pero se ha prestado más atención en ella a las propiedades gramaticales que caracterizan estas dos clases. A continuación se resumen esquemáticamente las más importantes.

2.2. *Características gramaticales del nombre propio*

La siguiente relación de propiedades no es exhaustiva, pero contiene las fundamentales:

1) En términos generales, los nombres propios se construyen como nombres escuetos (= 'sin determinantes ni modificadores', ingl. *bare nouns*), como en *Descartes murió en 1650*.

2) Algunos nombres propios admiten el artículo determinado como forma expletiva (por tanto, espuria desde el punto de vista semántico), como *la María*, *el Paco* (generalmente en la lengua popular). Los topónimos pueden admitir artículos determinados de tres maneras: como modificadores potestativos (*Estuvo en China~Estuvo en la China*); como formas integradas léxicamente en el sustantivo (*El abigarrado El Cairo*, no **El abigarrado Cairo*) y como formas exentas, por ausencia de un nombre común en una estructura apositiva (*Los inaccesibles Pirineos*, donde se entiende *montes*; no **Los inaccesibles Los Pirineos*).

3) Como consecuencia de su carácter inherentemente definido, los nombres propios son sensibles al llamado *efecto de definitud*: **Había México*. A pesar de ello, aceptan los posesivos prenominales, que conllevan de por sí definitud (*Mi Antonio*, *Mi Argentina*), y también el uso como vocativos, como hacen los nombres comunes. Para estos hechos se han sugerido diversas explicaciones en la bibliografía.

4) Los modificadores restrictivos acotan la denotación de los nombres comunes recortando su extensión y aumentando su comprensión (*música* > *música medieval* > *música medieval alemana*). Los nombres propios rechazan los modificadores restrictivos (**Juan inteligente*, **Tokio que visité hace años*) puesto que no poseen propiamente comprensión o intensión. Los procesos de recategorización (*el Tokio que visité hace años*, § 5) se distinguen de los contextos en los que ciertos adjetivos relacionales que modifican al nombre propio establecen subdominios en alguna jerarquía (*Asia septentrional*).

5) Los nombres propios se integran en diversos SN complejos en relaciones de aposición. La estructura más simple es la formada por un SN definido construido con un nombre común que especifica el grupo semántico al que corresponde el nombre propio, como en *el planeta Saturno*. Es lógico que con los antropónimos predominen los SN formados con sustantivos que denotan cargos o profesiones (*el presidente Hollande*), a su vez modificados por epítetos y complementos restrictivos (*el famosísimo director de orquesta Von Karajan*). Nótese que el nombre propio no forma en realidad parte del SN así constituido, sino que se adjunta a él como expresión paralela dando lugar a un SN múltiple: *[El [famoso [pintor surrealista]]] [Dalí]*. Los sintagmas apositivos suelen ser, en cambio, posnominales cuando agregan sobrenombres, como en *Alfonso V el Magnánimo* o en *Jack el Destripador*.

6) Se consideran tradicionalmente nombres propios las expresiones denominativas formadas por varias palabras sujetas a cierta estructura interna: *Buenos Aires*, *Estados Unidos*, *Villanueva del Arzobispo*, *Los Países Bajos*. Aun así, la cuestión es polémica, ya que, por un lado, estas expresiones muestran propiedades características de los SN (que no son piezas léxicas), y, por otro, algunas de ellas poseen claramente significado: *Real Academia de Farmacia*, *Organización Nacional de Ciegos*.

7) Los nombres propios poseen género, que toman de los sustantivos a los que corresponden las entidades designadas (personas, animales, organizaciones, etc.). Aunque el género de los topónimos está a menudo asociado con su terminación (*Francia estaba ocupada* vs. *Portugal estaba ocupado*), se han observado numerosas alternancias, como en *Toledo {entero/entera}*.

8) Unos pocos antropónimos se aplican a hombres y mujeres (*Práxedes*, *Trinidad*) y concuerdan consiguientemente en uno y otro género, al igual que lo hacen los apellidos: *García está hoy {furioso~furiosa}*. Los nombres comunes suelen mantener su género cuando pasan a ser propios (*rosa > Rosa*), pero existen excepciones, tanto con antropónimos (*rosario*, masc. > *Rosario*, fem.) como con topónimos (*león*, masc. > *León*, fem.).

9) En principio, los nombres propios poseen número singular: *EE UU {decidió ~ *decidieron} que...*, pero si el artículo plural está incluido en su denominación, como en algunos casos del grupo 6, es el plural el número que se les asigna, como en *Los Países Bajos {*estuvo representado~ estuvieron representados}*.

3. Individuos, conjuntos y agregados. Las oposiciones contable-no contable e individual-colectivo

3.1. Nombres contables y no contables. Bases semánticas de la distinción

Los nombres comunes pueden ser CONTABLES (también llamados DISCONTINUOS y DISCRETOS), o bien NO CONTABLES (también denominados CONTINUOS O MEDIBLES). En inglés, estos últimos se denominan *mass nouns* ('nombres de masa') y en español han sido llamados a veces NOMBRES DE MATERIA. El criterio para establecer esta distinción es la estructura interna de las entidades designadas.

Como indica su denominación, los nombres contables denotan entidades que se pueden contar (*un árbol*, *tres ideas*, *veinte países*). Estos sustantivos aluden a personas o cosas aislables o enumerables, lo que no implica que posean perfiles o contornos bien delimitados (*galaxia*, *ensoñación*). Es frecuente asociar los nombres contables a los nombres concretos, pero esa asociación no es sistemática: son contables, pero no designan cosas materiales, sustantivos como *vez*, *condición*, *matiz* u *oportunidad*, entre otros muchos.

Los sustantivos no contables (*arena*, *café*, *aire*) denotan sustancias o materias, pero también otros conceptos que enseguida examinaremos. No admiten numerales cardinales ni cuantificadores en plural, tales como *muchos*, *pocos*, *bastantes*, *demasiados* y otros similares que son característicos de los nombres no contables (*muchos árboles*, *bastantes ideas*). En el § 5 se explica por qué no son excepción expresiones como *Tráigame dos cafés* o *La arena del desierto y la de la playa son dos arenas diferentes*. Los nombres no contables aceptan, en cambio, los cuantificadores en singular *mucho*, *poco*, *bastante*, *demasiado*, etc: *mucha arena*, *poco café*, *bastante aire*, *demasiado viento*.

Los sustantivos *tiempo*, *lluvia*, *esfuerzo* o *paz*, todos no contables, no designan materias ni sustancias. Aun así, cabría pensar que la lengua asimila gramaticalmente (además de cognitivamente) esas nociones a las materias o las sustancias, en el sentido de que las trata sintácticamente de la misma forma. Son también no contables los nombres de cualidad, tanto si se derivan de adjetivos (*amable > amabilidad*; *alto > altura*; *propenso > propensión*) como si no es así (*pereza, valor, prestancia*). Son igualmente no contables los sustantivos que denotan sensaciones (*dolor, picor*) y emociones (*amor, envidia*). Aun así, algunos nombres de estos grupos admiten interpretaciones como sustantivos contables.

Otras nociones semánticas que se sugieren a veces para completar las mencionadas dan lugar a generalizaciones menos abarcadoras. Por ejemplo, entre los sustantivos que designan agrupaciones de personas, animales o cosas, unos son no contables (*gente, calzado*), pero otros son contables (*vecindario, rebaño*). Nótese además que, en la lista de nociones semánticas introducida (sustancias, materias, propiedades...), no parecen tener cabida sustantivos como *ruido* ('cierta forma de presentarse el sonido'), *fiebre* ('cierto estado físico de las personas o los animales') o *suerte* ('cierto encadenamiento favorable y fortuito de los sucesos'), entre otros nombres no contables.

En cualquier caso, más importante que establecer las subclases semánticas de nombres no contables es resaltar lo que todas ellas tienen en común: los sustantivos no contables denotan entidades ACUMULATIVAS y DIVISIBLES, por oposición a las SEGMENTABLES, que corresponden a los nombres contables. En efecto, una parte de cierta cantidad de arena es también arena (nombre no contable), y al sumar "tiempo" a "tiempo", obtenemos igualmente "tiempo". Por el contrario, una parte de una silla (nombre contable) no es —obviamente— una silla. En tanto que objeto físico, podremos segmentar o trocear la silla en partes o en pedazos, pero ninguno de esos fragmentos poseerá la propiedad que caracteriza al conjunto. Con los nombres no contables también podemos hacer partes o divisiones, pero no obtenemos segmentos ni fragmentos, en el sentido explicado, ya que estas particiones pueden ser caracterizadas con el mismo nombre que designa el conjunto. Esta propiedad semántica se extiende a muchos sustantivos no contables abstractos, como en *la mitad de la paciencia que tengo yo contigo*.

3.2. Consecuencias gramaticales de la oposición contable-no contable

Las principales son las siguientes (véase el § 5 para los cambios de clase):

1) Como se ha explicado, los nombres contables admiten numerales cardinales (*doscientos*) y cuantificadores en plural (*muchos, bastantes, cuántos*, etc.), junto con sus posibles variantes de género (*cuatro flores, diez árboles, muchas iniciativas*). Los nombres no contables rechazan los numerales, y solo admiten los cuantificadores mencionados usados en singular (*poco dinero, bastante suerte*). Se obtienen así contrastes como *Ocuparon muchos territorios* (con nombre contable)~*Ocuparon mucho territorio* (con nombre no contable).

2) Los cuantificadores *algo, nada* o *un poco* pueden introducir complementos preposicionales formados con nombres no contables en la lengua estándar (*un poco de ayuda*). El cuantificador universal *cada*, en cambio, solo admite sustantivos contables en singular (*cada libro*~ *cada arena). El sustantivo cuantificativo *mitad* es insensible a la distinción (*la mitad de la ciudad*~*la mitad del dinero*), al igual que los cuantificadores *más* y *menos* (*más libros*~*más arena*). En cambio, el adjetivo *medio* solo es compatible con los nombres contables (*media ciudad*~ *medio dinero).

3) Los sustantivos no contables constituyen argumentos de verbos como *reunir, juntar* o *acumular*, cuyos complementos expresan nociones múltiples. Ello se suele atribuir a

que estos sustantivos se conciben como conjuntos de partículas o corpúsculos: *reunir dinero, juntar arena*. Aun así, los nombres no contables abstractos son más difíciles de interpretar como agrupaciones, y, en consecuencia, son también más irregulares en relación con esta propiedad: *??reunir paciencia* (cf., en cambio, *la paciencia necesaria*).

4) Los nombres no contables admiten en singular los adjetivos *escaso, abundante* o *exiguo*: *escaso dinero, comida abundante, exiguo bagaje*. Esta construcción suele ser rechazada por los contables (**abundante casa*), pero existen algunas excepciones, como los sustantivos *número* (*el escaso número de participantes*) o *grupo* (*un exiguo grupo de rebeldes*).

5) Los nombres no contables se pueden construir como nombres escuetos cuando son argumentos internos de muchos verbos (*Quiero arroz, Guardaba dinero*). En el caso de los verbos inacusativos, el argumento interno es el sujeto (*Entra aire; Viene gente*). En estos contextos se expresan siempre cantidades indefinidas (*Quiero arroz* significa 'Quiero cierta cantidad de la materia *arroz*'), lo que lleva a pensar que existe un artículo sin rasgos fonológicos que las expresa en esos contextos. De hecho, en algunas lenguas, como el francés o el italiano, ocupa su lugar un artículo partitivo.

6) Los nombres contables escuetos están muy restringidos. Muy a menudo se excluyen de los contextos mencionados (**Guardo juguete; *Llega barco*), pero a veces se admiten condicionados por factores pragmáticos. Algunos, por ejemplo, se integran en sintagmas verbales que expresan actividades prototípicas que caracterizan determinadas propiedades de nivel individual en función de marcos o escenarios, como en *Llevaba sombrero~*Compraba sombrero*; *Tuvo yate~*Vendió yate*; *Usó bastón~*Rompió bastón*, etc.

7) Los sustantivos no contables pueden ser retomados por pronombres nulos, equivalentes a los pronombres átonos de genitivo del francés, el italiano o el catalán, como en *Pedí vino rosado, pero no tenían Ø* o en *Si tú llevas comida, yo no tendré que llevar Ø*. Aun así, los pronombres definidos no se excluyen en estos contextos, como en *Pedí vino, pero no {había Ø~lo había}*.

Los sustantivos llamados tradicionalmente PLURALIA TANTUM (lit. 'solo plurales') constituyen PLURALES INHERENTES. Estos nombres (*ganas, ojeras, cimientos, celos*, etc.) coinciden con los contables en admitir los cuantificadores en plural mencionados antes (*muchas ganas, bastantes ojeras, pocos cimientos*), pero se diferencian de ellos en que rechazan los numerales cardinales (**cuatro ganas*) y el adjetivo *varios* (**varias ojeras*). Están, pues, cerca de los nombres no contables, ya que expresan entidades CUANTIFICABLES, pero no ENUMERABLES.

3.3. Nombres individuales y colectivos

La mayor parte de los nombres contables son INDIVIDUALES, en el sentido de que denotan entidades únicas. Unos pocos son, en cambio, COLECTIVOS, ya que denotan, en singular, conjuntos de entidades concebidos como tales gramaticalmente. La precisión que el adverbio *gramaticalmente* aporta es importante, ya que, aunque podríamos concebir una pared como un conjunto de ladrillos o un libro como un conjunto de hojas, estamos ante sustantivos individuales en ambos casos.

Los nombres colectivos coinciden con los no contables en que pueden constituir argumentos de verbos como los mencionados *juntar* o *reunir*: *juntar un ejército* (colectivo)~*juntar dinero* (no contable)~ **juntar una casa* (individual). Se observa, no obstante, cierta inestabilidad en estos contrastes, en función del significado del predicado: *La* *pareja* {*no estaba casada ~ se llevaba mal ~ *era parecida*}, en el sentido relevante de 'cada uno de sus miembros con relación al otro'. Aun así, este criterio muestra que los predicados verbales son sensibles a los componentes que integran la denotación múltiple de estos sustantivos.

La preposición *entre* pertenece al paradigma de los predicados que selecciona conjuntos de entidades: *entre la muchedumbre* (colectivo) ~ *entre la arena* (no contable) ~ *entre el libro (individual), si bien intervienen en su gramática otros factores semánticos más sutiles (Bosque 1999; NGLE, § 12.2 y ss.). En cuanto a los adjetivos (siempre en singular), *numeroso* es el que más claramente identifica los sustantivos colectivos (como en *una flota numerosa*), ya que otros, como *nutrido* o *cuantioso*, solo admiten un subconjunto de esos nombres.

Los SN en función de sujeto formados con nombres colectivos en singular concuerdan con el verbo en este número en español (y, en general, en las lenguas románicas, a diferencia de las germánicas). Aun así, en los corpus orales se han registrado ocasionalmente secuencias como *La policía, pasara lo que pasara, nunca llegaban a tiempo* y otras similares (sobre la concordancia sujeto-verbo con nombres colectivos, véanse especialmente Fält 1972 y Soler Arechalde 2012). Se extiende, en cambio, a todos los contextos y niveles de lengua la capacidad de estos sustantivos para proporcionar, en singular, los antecedentes de los pronombres personales en plural, incluidos los sujetos tácitos: *La pareja* [nombre colectivo en singular] *declaró que los* [pron. personal en plural] *habían tratado muy bien y que Ø* [sujeto tácito en plural] *no tenían ninguna queja.*

Como se ha explicado, los sustantivos no contables poseen puntos en común con los no contables, ya que los primeros denotan conjuntos y los segundos agregados o conglomerados. De hecho, algunos sustantivos pueden clasificarse en ambos grupos: *Tiene mucha familia* (no contable) ~ *Tiene una familia numerosa* (colectivo). Existen, sin embargo, diferencias notables entre ellos. En Bosque (1983) se observa que los adjetivos que expresan tamaño nunca se interpretan distributivamente en relación con los componentes semánticos de los nombres colectivos (un ejército grande no es un ejército de gigantes), pero sí en relación con los de muchos nombres contables: *fruta grande, arroz chico, pasta pequeña*, etc. Contrastan en el mismo sentido *gentío grande* (con nombre colectivo) y *gente grande* (con nombre no contable).

4. Otras clases gramaticales de sustantivos

4.1. El criterio aspectual. Nombres de evento y de estado

La distinción entre NOMBRES DE ACCIÓN y NOMBRES DE EFECTO caracteriza el análisis de los sustantivos deverbales en toda la tradición lexicográfica hispánica. Así, *compra* es un nombre de acción en *Voy a hacer la compra, Durante la compra* o *La compra de tres submarinos por el Gobierno*, pero es un nombre de efecto en *La compra de hoy pesa diez kilos* o *La compra está sobre la mesa*. Los diccionarios han sido criticados justamente por no deslindar con suficiente claridad un sentido de otro, y asignar la etiqueta "acción y efecto de + infinitivo" de manera poco restrictiva. En la actualidad, es habitual denominar NOMINALIZACIONES EVENTIVAS a los tradicionales *nombres de acción*, y NOMINALIZACIONES RESULTATIVAS a los tradicionales *nombres de efecto*.

Pero los sustantivos eventivos no son necesariamente palabras derivadas: *guerra, conferencia, fiesta, altercado, concierto, partido, tormenta, curso*, etc. A la vez, designan estados (no siempre deslindados con nitidez de las propiedades), sustantivos como *preocupación*, *aburrimiento* o *paz*. Una de las cuestiones persistentes en la bibliografía sobre estos nombres es la de determinar si las clasificaciones aspectuales de los verbos se pueden extender o no a los sustantivos. Así, Resnik (2010) propone que, al igual que los verbos, los sustantivos del español pueden designar actividades (*guerra*), realizaciones (*boicot*), logros (*accidente*) o estados (*silencio*). Los estados nominales del español se clasifican en grupos análogos a los establecido para los verbales en Fábregas y Marín (2012), Bohrn (2013) y otros trabajos.

Con algunas excepciones, los contextos gramaticales que justifican las clasificaciones aspectuales de los sustantivos son menos determinantes, y algo más escurridizos, que los que se aplican a los verbos. Hay acuerdo general en que identifica eventos el sujeto de *ser* en muchas oraciones copulativas de predicado preposicional locativo, como en *La reunión es en la cuarta planta* (Brucart 2005, 2010). También lo hacen los predicados verbales *tener lugar, producirse, ocurrir, presenciar* o *narrar*, como en *El accidente tuvo lugar ayer tarde, El incendio se produjo en el establo, El desastre ocurrió por casualidad, Pude presenciar el concierto* o *Una batalla narrada en directo*.

Los verbos *ocurrir* y *producirse* se suelen asociar típicamente con eventos instantáneos, y generalmente fortuitos, por lo que se espera que rechacen sustantivos como *clase, partido* o *conferencia*, a pesar de que estos son nombres eventivos. En principio, el verbo *presenciar* debería admitir únicamente nombres eventivos, pero no siempre es así: ... *su disgusto por haber presenciado el silencio cómplice de los sindicatos* (*Finanzas* 18/10/2012). El verbo *lamentar* también favorece los complementos eventivos (*lamentar una decisión* ~ **lamentar un edificio*), pero admite muchos de cualidad y de estado (*ausencia, soledad, aspecto*, etc.); el verbo transitivo *protestar* (como en *protestar una jugada*) es aún más restrictivo en este sentido. Finalmente, la preposición *durante*, característica de los nombres eventivos, es admitida además por los sustantivos que designan periodos (*invierno*), por ciertos nombres que denotan informaciones sujetas a algún curso (*película, obra, programa*), así como por algunos nombres de estado (*gripe, paz, vida*). Estos sustantivos no son nombres eventivos, pero comparten con ellos la propiedad de admitir verbos aspectuales como *empezar* o *continuar*, como en *La película acaba de empezar*.

En general, el problema de determinar los contextos sintácticos que identifiquen las clases de nombres con criterios aspectuales radica en que el paradigma de los sustantivos obtenidos puede corresponder a más de una noción semántica, hecho relativamente común en los procesos de selección. Así, los complementos del verbo *exteriorizar* denotan emociones o sensaciones (*alegría, descontento, sorpresa, nerviosismo*), pero el concepto de 'emoción' no abarca necesariamente los estados de conciencia, sean permanentes o transitorios (*convicción, opinión, creencia, parecer*), igualmente admitidos por dicho verbo. Como se ve, la categoría semántica aislada es correcta, pero no es suficientemente restrictiva.

Los proyectos dirigidos a caracterizar los nombres en función de las clases de eventos poseen sumo interés. Ello no impide que abarquen solo una parte de las relaciones léxicas que restringen la selección semántica de los argumentos por parte de los predicados, y —en consecuencia— que se vean condicionados por factores similares a los que se reconocen en los demás casos de selección.

4.2. Nombres transparentes y nombres de medida

En Fillmore y otros (2002), así como en Alonso Ramos y Wanner (2007), se llaman TRANS-PARENTES los sustantivos de tipo cualificativo o cuantificativo que son saltados u omitidos por los procesos de selección semántica, a favor del complemento nominal que introducen. Simone y Masini (2007) los llaman, en cambio, NOMBRES SOPORTE y se han propuesto otras denominaciones para ellos. Nótese que la relación semántica relevante en *Le sobrevino una especie de sofoco* se da entre el verbo *sobrevenir* y el sustantivo *sofoco*, no en cambio entre ese verbo y el sustantivo (transparente o soporte) *especie*. Son también transparentes los nombres cuantificativos (*litro* en *litro de vino*) y los epítetos característicos de las aposiciones, como *burro* en *El burro de Juan* (en la lectura 'Juan es un burro').

En Bosque (2001) y Koike (2003) se llama NOMBRES LIGEROS (por analogía con los VERBOS LIGEROS) a un subgrupo de los nombres transparentes. Los nombres ligeros poseen la sorprendente propiedad de traspasar al adjetivo que los modifica las características semánticas requeridas por el predicado que los selecciona. El sustantivo *situación* es un sustantivo ligero, en el sentido explicado, ya que diríamos *Se hallaban al borde de una situación peligrosa*, y también *Se hallaban al borde de un peligro*, pero no **Se hallaban al borde de una situación*. También es ligero el sustantivo *momento* en oraciones como *Estamos atravesando un momento crítico*. Esta oración podría alternar con *Estamos atravesando una crisis*, pero no lo haría con **Estamos atravesando un momento*. El interés gramatical de los nombres ligeros radica en que contradicen aparentemente la idea tradicional de que los adjetivos calificativos se agregan potestativamente a los sustantivos para restringir su denotación. También parecen cuestionar el principio, igualmente establecido, de que los rasgos semánticos que caracterizan los procesos de selección los imponen los predicados a sus argumentos, no a los modificadores de sus argumentos.

Los llamados NOMBRES DE MEDIDA O NOMBRES CUANTIFICATIVOS, que constituyen una clase particular de los llamados *transparentes* o *soporte*, representan una parte fundamental de la gramática de las estructuras cuantificativas. Los nombres de medida son contables y se caracterizan por introducir, en estructuras pseudopartitivas, sustantivos no contables en singular (como hace *brizna* en *brizna de hierba*) o contables en plural (como *ramo* en *ramo de flores*). En el primer caso se obtiene un objeto acotando una materia, y en el segundo se obtiene acotando un conjunto de entidades.

Como se ve, los nombres de medida necesitan un complemento sobre el que cuantificar, aun cuando este pueda omitirse: *Solo quiero una cucharada Ø*. Así pues, el SN *una cucharada* no designa aquí "cierto objeto inespecífico", sino determinada medida de cierta materia, probablemente líquida o granulada, que proporcionará el contexto.

La elección de los nombres de medida está condicionada por un gran número de factores léxicos, lo que los pone en contacto con los llamados CLASIFICADORES, aunque las lenguas románicas carezcan de ellos. También se realiza en función de diversas variables dialectales y está sujeta a procesos de gramaticalización gradual. En la NGLE se observa, por ejemplo (§ 12.6ñ), que *alud, avalancha, oleada* y otros sustantivos se eligen como nombres de medida para introducir conjuntos de cosas que sobrevienen repentinamente o se presentan "en forma impetuosa o tumultuosa". Los criterios son distintos para acotar los paradigmas que corresponden a otros nombres de medida: *ataque* (en *ataque de tos*), *ápice, hilo* (en *hilo de voz, de sangre, de esperanza*), *copo, resquicio, pátina* (como en *una pátina de modernidad*), entre otros muchos (Bosque 2007, Verveccken 2015).

Los nombres de medida se consideran DEFECTIVOS en el sentido de que no presentan la libertad para ser modificados o restringidos que se esperaría de cualquier nombre común. Así, el sustantivo *plato* en *Me comí un plato de macarrones* admite los adjetivos *grande* o *pequeño*, pero no *amarillo* o *antiguo*. La defectividad de estos nombres se deduce de sus propiedades cuantificativas, ya que, sin dejar de ser sustantivos, denotan exclusivamente cantidades, generalmente restringidas a cómputos específicos.

4.3. ¿Nombres concretos y abstractos?

Aunque es habitual, desde los primeros estudios gramaticales, oponer los nombres CONCRE-
TOS (*casa*) a los ABSTRACTOS (*virtud*), resulta difícil encontrar pruebas gramaticales que identifiquen estos nombres sin desembocar en alguno de los grupos anteriores. El sustantivo
cansancio, por ejemplo, puede considerarse abstracto, pero también es un nombre no contable que denota un estado. La oposición relevante en *estupidez congénita ~ múltiples estupi-
deces* se establece entre sustantivos no contables de propiedad y sustantivos contables con
lectura de "dicho o hecho". El razonamiento es análogo en otros casos semejantes.

En algunos trabajos (Flaux *et al.* 1996; Flaux y Van de Velde 2000; Beauseroy 2009,
entre otros) se han presentado varias pruebas gramaticales que identificarían exclusivamente
nombres abstractos. Beauseroy (2009) entiende, por ejemplo, que constituye una particularidad de los nombres abstractos el rechazo a la anáfora asociativa que caracteriza a los concretos. Aplicando la prueba al español, diríamos que el nombre concreto *maleta* la permite
en *Me pidió que le bajara la maleta. El peso me pareció sospechoso*, pero el nombre abstracto *idea* tiende a rechazarla en *?Nos contó su idea. La originalidad nos encantó*.

En general, la mayor parte de los argumentos (de valor y alcance desigual) que
identificarían nombres abstractos introducen contextos relevantes para un subgrupo
particular de ellos, no para toda la clase en su conjunto. Por ejemplo, la pauta "*de un-una*
N", construida con adjetivo valorativo, parece identificar nombres abstractos (*de un gran
valor, de una calidad excepcional, de una integridad absoluta*), pero en realidad se limita
a los que expresan propiedades o cualidades. En cualquier caso, es cierto que no debemos
esperar las mismas características gramaticales en todas las subclases de nombres no contables o de nombres eventivos, de modo que el hecho de que el sustantivo denote una
realidad material o inmaterial puede permitir establecer subdivisiones pertinentes en tales
grupos.

5. Cambios y cruces de categorías. Sus efectos en el significado

El frecuente cambio de grupo entre los sustantivos que corresponden a las clases mencionadas, especialmente en los apartados 2 y 3, suscita la cuestión de si los cambios de clase
(también llamados procesos de RECLASIFICACIÓN, COERCIÓN o simplemente TRASLACIÓN) se
deducen de principios generales, o bien han de ser estipulados para cada nombre o grupo de
nombres. Las posibilidades son dos, por tanto:

A) La traslación es independiente del léxico
B) La traslación es dependiente del léxico

Una de las ilustraciones más típicas de la traslación PROPIO>COMÚN se llama tradicionalmente ANTONOMASIA y corresponde al grupo A. Los diccionarios no contienen, correctamente, el sustantivo *Picasso*, nombre común en oraciones como *Juan pinta, pero no es
precisamente un Picasso* (donde *Picasso* viene a significar 'alguien como Picasso'). En
lugar de *un Picasso* podría haberse dicho *un Velázquez, un Rafael*, etc. El mismo proceso se
da también en los casos de METONIMIA (el autor por su obra), como en *Juan tiene en casa un
Picasso*, que el léxico tampoco puede reflejar.

También corresponde al grupo A la traslación PROPIO>COMÚN cuando identifica a varios
individuos con el mismo nombre, como en *Todos los Martínez que conozco*. Lo es asimismo
el proceso por el cual se obtienen facetas, aspectos o modalidades de un mismo individuo,

un mismo lugar, etc., como en *El Vargas Llosa de "El pez en el agua" no está lejos del de "La ciudad y los perros" o "Los cachorros"* (*La Vanguardia*, 8/10/2010), o en *Un Rajoy utópico y una Valenciano catastrofista disienten sobre África* (*Capital Madrid*, 8/4/2014). Por el contrario, los diccionarios dan cabida a los sustantivos *quijote*, en el sentido de 'hombre que antepone sus ideales a su conveniencia' (*DRAE*), y *donjuán*, con grafía ya integrada, puesto que ambos han desarrollado otros sentidos que el hablante debe aprender individualmente (grupo B).

El paso COMÚN > PROPIO es enteramente esperable (*la peña* > *La Peña*), además de impredecible. Aun así, se reconocen ciertas pautas regulares en los antropónimos, como las relativas a las flores (*rosa* > *Rosa*; *margarita* > *Margarita*), a ciertas advocaciones religiosas (*dolores* > *Dolores*; *rosario* > *Rosario*), etc. Pasan lentamente a los diccionarios muchos antiguos nombres propios de marcas comerciales, convertidos ahora en nombres comunes e integrados en el léxico general para designar objetos o productos: *aspirina, maicena, michelín, rímel, vespa, zódiac*, etc.

Tanto el paso NO CONTABLE > CONTABLE como el inverso poseen un gran interés lingüístico. Su relevancia ha sido a veces desestimada entre los filósofos (por ejemplo, Pelletier 1979, 2010) con el argumento de que es libre: siempre podremos buscar algún contexto adecuado para usar el sustantivo *lámpara* como nombre no contable (como en *Aquí hay demasiada lámpara*) o el nombre no contable *arena* como sustantivo contable (*dos arenas distintas*). Sin embargo, al igual que suceden con los nombres comunes y los propios, en la translación NO CONTABLE > CONTABLE se distinguen el tipo A y el B.

Destaca especialmente en el tipo A la interpretación de clase o modalidad, como en *dos arenas* ('dos modalidades de arena') o en *vinos diferentes* ('clases diferentes de vino'). Recuérdese que el sustantivo *clase* es contable. Los diccionarios hacen lo correcto al no recoger esta reinterpretación, ya que puede aplicarse a cualquier nombre no contable. En cambio, corresponden a B otros muchos casos de recategorización o reconversión. El hispanohablante que aprende inglés debe saber, por ejemplo, que los sustantivos no contables *room* ('espacio') y *glass* ('cristal') se distinguen de los contables *room* ('habitación') y *glass* ('vaso'), y también debe aprender que el nombre inglés *information* se distingue del sustantivo español *información* en que el primero es no contable (por tanto, ingl. *a piece of infomation* vs. esp. *una información*). El anglohablante que aprenda español deberá saber, a su vez, que los sustantivos *pan* o *algodón* son contables (*un pan, un algodón*) en la interpretación 'barra de pan' y 'pedazo de algodón', respectivamente. No sería de extrañar, en el mismo sentido, que en alguna lengua pudiera decirse *una nieve* en el sentido de 'un copo de nieve'.

En general, al hispanohablante le parece tan natural pasar de los usos contables (*tres territorios, dos conversaciones, una intuición, varias poblaciones, una vida*) a los no contables (*mucho territorio, poca conversación, bastante intuición, mucha población, demasiada vida*) o a la inversa, que tiende a pasar por alto las considerables diferencias de sentido que se dan en todos esos pares. También tiende a pensar que estos procesos son generales, sin tener en cuenta que están restringidos (no existe, por ejemplo, #*un turismo* con el sentido de 'un viaje turístico', ni #*una admiración* como 'un acto de admiración'). Estas diferencias léxicas, lejos de ser excepcionales, se extienden a gran número de sustantivos. De hecho, casi todos los diccionarios suelen recogerlas como acepciones distintas de los mismos nombres, si bien muy pocos añaden las marcas gramaticales relevantes "contable" o "no contable".

Es dudoso si corresponden a A o a B las interpretaciones SEMIPRODUCTIVAS. Así, el *DRAE* no refleja en la entrada *café* la acepción 'vaso o taza de café', y tampoco lo hace en *cerveza* o en *vino*. Aunque esta es una pauta relativamente productiva, no se obtiene libremente para todos los nombres no contables (*#una gasolina, #un oxígeno, #un arroz*), de forma que se precisan nombres de medida para realizar la conversión (*un plato de arroz, una botella de oxígeno*, etc.).

Pertenece claramente al grupo A la recategorización CONTABLE > NO CONTABLE, tanto en la interpretación cuantitativa (*demasiado coche en este garaje*) como en la cualitativa (*demasiado coche para mí*), si bien ambas están asociadas a efectos expresivos y a registros especiales. También corresponde a A la lectura en la que se obtienen materias o sustancias (carnes, jugos, etc.) a partir de nombres de plantas y animales, o de derivados suyos: *tomate* en *arroz con tomate; huevo* en *mancha de huevo; cordero* en *plato de cordero*, etc.

La oposición entre A y B es particularmente relevante en los modelos llamados *neoconstruccionistas*, ya que en ellos se intenta descargar el léxico de cuantas informaciones puedan obtenerse de pautas sintácticas (Borer 2005). Aunque las particularidades léxicas en la determinación de las clases de sustantivos son inevitables, sería deseable reducir los casos particulares al mínimo y obtener el mayor número posible de procesos de categorización léxica a partir de las clases conceptuales pertinentes (por ejemplo, "los nombres de cualidad son no contables", etc.). Este es uno de los muchos aspectos de la relación léxico-sintaxis que está todavía pendiente de ser abordado en la gramática del español. Además de las referencias citadas en el texto, se recogen a continuación otros estudios de conjunto sobre el sustantivo en español y en otras lenguas.

Bibliografía

Alonso Ramos, M. y Wanner, L. (2007) "Collocation chains: How to deal with them?", *Proceedings of the 5th International Conference on Meaning-Text Theory*, Wiener Slawistischer Almanach, Sonderband 69, pp. 11–20.

Bajo Pérez, E. (2009) *El nombre propio en español*, Madrid: Arco Libros.

Beauseroy, D. (2009) *Syntaxe et sémantique des noms abstraits statifs*, tesis doctoral, Université de Nancy 2. Accesible en línea.

Bergen, J. J. (1977) "The Semantics of Spanish count and measure entity nouns", *Language Sciences*, 44, pp. 1–9.

Bohrn, A. (2013) "Verbalización de nombres eventivos simples: el caso de los nombres de estado", *Estudios Interlingüísticos*, 1, pp. 29–46. Accesible en línea.

Borer, H. (2005) *Structuring sense*, vol. 1: *In name only*, Oxford: Oxford University Press.

Bosque, I. (1983) "Clases de nombres comunes", en *Serta philologica F. Lázaro Carreter*, Madrid: Cátedra, vol. 1, pp. 75–88.

Bosque, I. (1998) "Sobre los complementos de medida", en Delbecque, N. y De Paepe, C. (eds.) *Estudios en honor del profesor Josse de Kock*, Lovaina: Leuven University Press, pp. 57–73.

Bosque, I. (1999) "El nombre común", en Bosque, I. y Demonte, V. (eds.) *Gramática descriptiva de la lengua española*, Madrid: Espasa, vol. 1, pp. 3–75.

Bosque, I. (2001) "On the weight of light predicates", en Herschensohn, J. *et al.* (eds.) *Features and interfaces in Romance. Essays in honour of Heles Contreras*, Amsterdam: John Benjamins, pp. 23–38.

Bosque, I. (2007) "Procesos de abstracción en los paradigmas léxicos abiertos", en Litvan, M. y López Izquierdo, M. (eds.) *Répertoire(s)*, Pandora, Université Paris 8, pp. 189–198.

Bosque, I. y Demonte, V. (eds.) (1999) *Gramática descriptiva de la lengua española*, Madrid: Espasa, 3 vols.

Brucart, J. M. (2005) "Las construcciones atributivas de localización", en Santos Río, L. *et al.* (eds.) *Palabra, norma, discurso. En memoria de Fernando Lázaro Carreter*, Salamanca: Universidad de Salamanca, pp. 167–185.

Brucart, J. M. (2010) "La alternancia *ser/estar* y las construcciones atributivas de localización", *Actas del V Encuentro de Gramática Generativa*, Universidad Nacional del Comahue, pp. 115–152. Accesible en línea.

Chierchia, G. (1988) "Reference to kinds across languages", *Natural Language Semantics*, 6, pp. 339–405.

Corver, N. (2009) "Getting the (syntactic) measure of measure phrases", *The Linguistic Review*, 26, pp. 67–134.

Doetjes, J. (2012) "Count/mass distinctions across languages", en Maienborn, C. *et al.* (eds.) *Semantics: An international handbook of natural language meaning*, Berlín: De Gruyter, vol. 3, pp. 2559–2580.

Eguren, L. y Pastor, A. (2014) "Measure phrases with bare adjectives in Spanish", *Natural Language and Linguistic Theory*,32, pp. 459–497.

Fábregas, A. (2010) "Los nombres de evento: clasificación y propiedades en español", *Pragmalingüística*, 18, pp. 54–73.

Fábregas A. y Marín, R. (2012) "State nouns are Kimian states", en Franco, I. *et al.* (eds.) *Romance Languages and Linguistic Theory 2010. Selected papers from 'Going Romance 2010'*, Amsterdam: John Benjamins, pp. 41–64.

Fält, G. (1972) *Tres problemas de concordancia verbal en el español moderno*, Uppsala: Almqvist & Wiksell.

Fernández Leborans, M. J. (1999) "El nombre propio", en Bosque, I. y Demonte, V. (eds.) *Gramática descriptiva de la lengua española*, Madrid: Espasa, vol. 1, pp. 77–128.

Fillmore, C. J. *et al.* (2002) "Seeing arguments through transparent structures", *Proceedings of the Third International Conference on Language Resources and Evaluation* (LREC), Las Palmas, pp. 787–791.

Flaux, N. *et al.* (eds.) (1996) *Les noms abstraits. Histoire et théories*, Presses Universitaires du Septentrion.

Flaux, N. y Velde, D. van de (2000) *Les noms en français: Esquisse de classement*, París: Ophrys.

García Meseguer, Á. (2008) *Clases y categorías de nombres. Un nuevo enfoque*, Madrid: Arco Libros.

Joosten, F. (2003) "Accounts of the count-mass distinction: A critical survey", *Nordlyd*, 31, 1, pp. 216–229.

Koike, K. (2003) "Sustantivos ligeros", *Moenia*, 9, pp. 9–20.

[NGLE] Real Academia Española y Asociación de Academias de la Lengua Española, *Nueva gramática de la lengua española*, Madrid: Espasa, 2 vols.

Pelletier, F. J. (1979) *Mass terms: some philosophical problems*, Dordrecht: Reidel.

Pelletier, F. J. (2010) "Mass terms: A philosophical introduction", en Pelletier, F. J. (ed.) *Kinds, things, and stuff. Mass terms and generics*, Oxford: Oxford University Press, pp. 123–131.

Resnik, G. (2010) *Los nombres eventivos no deverbales en español*, tesis doctoral, Universidad Pompeu Fabra. Accesible en línea.

Sánchez López, C. (1999) "Los cuantificadores. Clases de cuantificadores y estructuras cuantificativas", en Bosque, I. y Demonte, V. (eds.) *Gramática descriptiva de la lengua española*, Madrid: Espasa, vol. 1, pp. 1025–1128.

Sánchez López, C. (2006) *El grado de adjetivos y adverbios*, Madrid: Arco Libros.

Simone, R. y Masini. F. (2007) "Support nouns and verbal features: a case study from Italian", *Verbum*, 29, pp. 143–172.

Soler Arechalde, M. A. (2012) *La concordancia de número en español*, México, DF: UNAM.

Verveckken, K. (2015) *Binomial quantifiers in Spanish*, Berlín/Boston, Walter de Gruyter.

Entradas relacionadas

aspecto léxico; género; número; semántica.

TIEMPO GRAMATICAL I: CONCEPTOS GENERALES. COMPLEMENTOS TEMPORALES

Luis García Fernández

1. Conceptos generales

1.1. Introducción

Todas las lenguas naturales tienen mecanismos para la expresión del tiempo. Cuatro de ellos son absolutamente fundamentales: el tiempo gramatical (en inglés *tense*), el aspecto gramatical, el aspecto léxico y los complementos temporales. El tiempo gramatical sitúa el evento denotado por el predicado en la línea temporal (asumiendo por tanto que el tiempo se puede representar mediante una línea recta que avanza de izquierda a derecha en un plano). Muchas lenguas expresan el tiempo gramatical con un morfema verbal; entre ellas estaba el latín y está el español y las otras lenguas romances. El tiempo es una categoría deíctica pues parte de su significado se calcula a partir del valor del momento de la enunciación. El aspecto gramatical, simplificando mucho, informa sobre si el evento ha llegado a su final (formas perfectivas) o no (formas imperfectivas). Las gramáticas occidentales no manejaron (o lo hicieron únicamente de modo intuitivo y confuso) durante siglos el concepto de aspecto a pesar de que denominaciones como 'perfecto' (completamente hecho) o 'imperfecto' (no completamente terminado) son términos que hoy se asocian al aspecto. El aspecto léxico, que hace años se solía llamar *Aktionsart* y hoy a veces accionalidad, proporciona información sobre el modo intrínseco en que se desarrollan los eventos en el tiempo y distingue, por ejemplo, un evento puntual como *estornudar* de uno durativo como *escribir una novela*; el valor accional de un predicado es una consecuencia de su estructura léxica en sentido amplio, es decir, puede depender del verbo y de los complementos, tanto de los que son seleccionados y que se llaman argumentales, como de los no seleccionados, que se llaman adjuntos. Por último, tenemos los complementos temporales, que expresan toda una serie de valores que se describirán en esta entrada. Con la precaución debida sobre las afirmaciones que se hacen sobre todas las lenguas del mundo, podemos decir que es seguro que hay lenguas que no tienen tiempo gramatical. Se ha dicho, por ejemplo en Smith (1991), que no hay lenguas sin aspecto, pero la verificación empírica de este hecho es, evidentemente, mucho más difícil, especialmente si se tiene en cuenta que para algunas lenguas que *prima facie* no expresan aspecto gramatical se ha propuesto que tienen aspecto 'Neutral'. Por lo que se sabe del modo de acción, uno de los grandes temas de la investigación actual, parece que en todas las lenguas estudiadas las diferencias entre los distintos modos de acción propuestos en la bibliografía (estados, actividades, realizaciones y logros) tienen algún tipo de consecuencia gramatical. Por último, no hay ninguna lengua conocida en la que no haya complementos temporales y, de hecho, es difícil concebirla. En esta entrada nos vamos a ocupar del tiempo gramatical y de los complementos temporales.

1.2. Las formas del verbo español

La gramática española reconoce cuatro grupos de formas verbales:

- Las llamadas formas no finitas, que incluyen el infinitivo (*amar*), el infinitivo compuesto (*haber amado*), el gerundio (*amando*), el gerundio compuesto (*habiendo amado*) y el participio (*amado*). Estas formas no son deícticas, es decir, su interpretación no depende directamente del momento del habla, sino que se interpretan temporalmente por su relación con otra forma deíctica. Por ello están excluidas de las oraciones aseverativas independientes: **Dido amar a Eneas* es una oración mal formada. Sin embargo, el gerundio y el participio se pueden usar como títulos de obras con sujeto: *Aníbal atravesando los Alpes*, *Dido abandonada*. El infinitivo también puede usarse como título de una obra, pero sin sujeto: *Morir pensando matar*.
- El modo imperativo, que tiene formas morfológicas propias en las segundas personas no de cortesía (tú y vosotros) y emplea en el resto las del presente de subjuntivo. Es una forma deíctica prospectiva en que el mandato es válido siempre después de que es enunciado.
- El modo subjuntivo, que posee las siguientes formas: presente (*ame*) y pretérito perfecto (*haya amado*); imperfecto (con las variantes en *-ra* y en *-se: amara o amase*) y pretéritos pluscuamperfectos (con las correspondientes variantes en el auxiliar: *hubiera* o *hubiese amado*). Existe una forma residual, el futuro de subjuntivo con su correspondiente forma compuesta (*amare* y *hubiere amado*). El subjuntivo es un modo típicamente subordinado, pero no es el modo de la subordinación, puesto que hay muchas oraciones subordinadas en indicativo. Es cierto, sin embargo, que el subjuntivo no es el modo propio de una oración aseverativa independiente, pero se encuentran ejemplos como *Quizá Juan venga hoy*. Existen otros usos independientes del subjuntivo como las oraciones optativas: *Ojalá venga mañana*. Con todo y con esto, el subjuntivo es un modo que tiende a ser temporalmente dependiente.
- El modo indicativo, que sí es el modo de las oraciones aseverativas independientes, comprende diez formas; puesto que, por motivos de espacio, solo nos ocuparemos de ellas, las exponemos en el Cuadro 1:

Cuadro 1

Formas simples	Formas compuestas
presente (*amo*)	pretérito perfecto compuesto (*he amado*)
pretérito imperfecto (*amaba*)	pretérito pluscuamperfecto (*había amado*)
pretérito perfecto simple (*amé*)	pretérito anterior (*hube amado*)
futuro simple (*amaré*)	futuro compuesto (*habré amado*)
condicional simple (*amaría*)	condicional compuesto (*habría amado*)

Este cuadro plantea ya varias cuestiones esenciales. Quizás la primera debe ser la denominación de estas formas. La gramática tradicional hablaba de tiempos verbales y la idea que subyacía bajo esta denominación era que la diferencia entre cada una de estas formas y todas las demás se podía establecer en términos de gramaticalización del concepto de tiempo gramatical, de manera que cada una de estas formas era en verdad un tiempo. Esta es, básicamente, la idea de Bello (1841 y 1847). Muchos estudiosos se han planteado que quizás haya en este sistema otra categoría, la aspectual, de modo que pudiera ser que dos formas no se opusieran en términos temporales, sino aspectuales. El ejemplo prototípico es la pareja pretérito perfecto simple/pretérito imperfecto; en muchos trabajos se considera que se oponen aspectualmente, pero que coinciden en la información temporal que codifican: se trataría de dos Pretéritos, uno de Perfectivo o Aoristo y otro de Imperfecto. Esta visión, muy extendida y bastante razonable, se basa en la asunción de que las formas verbales expresan simultáneamente tiempo y aspecto.

Queda, en cualquier caso, una cuestión de difícil acomodo y es el uso modalizado de las formas del modo indicativo. Este problema afecta fundamentalmente al pretérito imperfecto, al futuro, al condicional y al condicional compuesto. La cuestión se plantea en los siguientes términos: dado un ejemplo como *Juan tendrá cuarenta años*, donde el futuro recibe interpretación epistémica, es decir, se interpreta del mismo modo que *Puede que Juan tenga cuarenta años*, ¿qué estructura temporal y aspectual tiene la forma *tendrá*?

En vista de las consideraciones anteriores evitaremos hablar de los tiempos de la conjugación y lo haremos de las formas de la conjugación, término este menos comprometido. En estas páginas dejaremos casi por completo de lado los valores modales de las formas del indicativo, pero debemos señalar que el problema no es menor; al contrario, es de primer orden y ello es así por varias razones. La primera es que el condicional compuesto tiene fundamentalmente usos modales y raramente usos no modales, por lo que la integración cabal de esta forma en el sistema exigiría la introducción de un tercer parámetro, la modalidad. En segundo lugar, porque es habitual que los usos modales se consideren subordinados a los temporales, considerados canónicos o principales. La cuestión aquí es de qué modo se establece cuáles son los usos canónicos y cuáles los no canónicos. En el caso del futuro se podría argumentar, por ejemplo, que el significado epistémico del futuro aparece únicamente con los predicados estativos, pero no con los no estativos; por esta razón, *Juan cantará una canción* no se interpreta como que es posible que la cante, sino como que la cantará en un momento posterior al momento del habla. Quedaría además por establecer por qué ciertas formas tienen estos usos no canónicos, por ejemplo, el pretérito imperfecto, mientras que otras, por ejemplo, el pretérito perfecto simple, las tienen raramente o nunca.

1.3. Teorías sobre el tiempo gramatical

Entre las diversas teorías sobre el tiempo gramatical, la más popular entre los lingüistas se basa en la idea de que el tiempo gramatical es la gramaticalización de una relación entre momentos de tiempo. Esta teoría se ha expuesto en la gramática española dentro de dos tradiciones distintas. La primera es la que sigue a Andrés Bello y a sus obras *Análisis ideológico de los tiempos de la conjugación castellana* (1841) y el capítulo 28 de su *Gramática castellana* (1847); la segunda es la que sigue unas páginas de Hans Reichenbach en su libro *Elements of symbolic logic* (1947). Varios estudios señalan las diferencias y semejanzas entre ambos sistemas, que aquí se presentarán muy sucintamente.

Para Bello, el tiempo gramatical es la gramaticalización de la relación entre un número variable de momentos temporales, 2, 3 o 4, mientras que para Reichenbach es la gramaticalización de un número fijo de momentos temporales: 3. En estas palabras se resume en esencia la posición de los dos estudiosos. Las ideas originales de Bello se exponen habitualmente con las modificaciones introducidas por Rojo y Veiga (por ejemplo, Rojo 1974; Rojo y Veiga 1999) y las de Reichenbach con las de Comrie (1981 y 1985). En esta exposición se hace una síntesis de estas modificaciones y por lo tanto no se exponen las ideas originales de estos dos autores, sino el modo en que generalmente se presentan.

Para entender cabalmente lo que vamos a decir, es necesario hacer algunas precisiones sobre la naturaleza de estos momentos de tiempo. En primer lugar, hemos de señalar que ambos estudiosos coinciden con otros muchos en clasificar el tiempo gramatical como una categoría deíctica, es decir, dependiente en parte de su significado de las coordenadas espacio-temporales de la enunciación; por ello uno de los momentos que aparecen en la relación que expresa el tiempo gramatical es el momento del habla, que señalamos con la sigla H. Otro momento es aquel en que se sitúa el evento denotado por el predicado, entendiendo por evento cualquier tipo de predicado dentro de la tipología aristotélico-vendleriana, lo que hemos llamado en la introducción 'modo de acción'. Este momento lo señalaremos como E. Por último, hay un momento relevante para la localización del punto del evento, este momento, siguiendo a Reichenbach, lo llamaremos punto de referencia (R).

Hay algo artificioso en exponer las ideas de Bello con la formulación de Reichenbach, pero esta licencia nos permitirá comparar limpiamente los dos sistemas. Para entender la tabla es necesario explicar cómo se leen las fórmulas. En cada una de ellas aparecen las abreviaturas de los momentos o puntos temporales cuya relación constituye el significado temporal. Las relaciones entre estos momentos pueden ser dos: precedencia y simultaneidad. Esto no es más que la consecuencia de concebir el tiempo como una línea en un plano en la que los puntos solo pueden mantener estas dos relaciones. La precedencia se representará mediante un guion y la simultaneidad mediante una coma. Por lo tanto H,E indica que el momento del habla es simultáneo con el momento del evento. H–E indica que el momento del habla precede el momento del evento o que este es posterior a aquel, puesto que la relación de precedencia abarca las de anterioridad y posterioridad. En algunos casos, las relaciones se presentarán de dos en dos y entre paréntesis. Ello es debido a que en dos casos esto evita asignar una triple ambigüedad. Se trata del condicional y del futuro compuesto. Para exponerlo brevemente, un condicional puede indicar posterioridad con respecto de un momento pretérito y al mismo tiempo anterioridad con respecto al momento del habla (1a), simultaneidad con él (1b) o posterioridad con respecto a él (1c):

(1) a. Dijo que llegaría ayer.
     b. Dijo que llegaría ahora.
     c. Dijo que llegaría mañana.

Dividiendo la estructura temporal de esta forma se evita asignarle una triple ambigüedad que no tiene correlato morfológico en ninguna lengua del mundo conocida simplemente porque se evita establecer una relación directa entre el momento del habla y el momento del evento.

Hornstein (1990) ha sostenido que dentro de la relación de simultaneidad el orden de aparición de los elementos tiene un valor sintáctico y semántico. Es decir, que la relación que denota H,R es distinta a la que denota R,H. En este lugar no tenemos espacio para desarrollar esta interesante propuesta.

En las ideas bellistas, las formas del indicativo se dividen en tres grupos: aquellas en que el tiempo gramatical consiste en la relación de dos puntos (momento del habla y momento del evento), aquellas en que consiste en la relación de tres puntos (momento del habla, punto de referencia y momento del evento) y aquellas en que la relación consta de cuatro puntos (momento del habla, punto de referencia 1, punto de referencia 2 y momento del evento). El sistema queda como se expone la tercera columna del Cuadro 2, excluyendo el pretérito anterior, del que hablaremos más tarde. En la cuarta columna, hemos representado las fórmulas que asigna Reichenbach en su sistema en el que, como hemos señalado, el tiempo gramatical es siempre la relación entre tres momentos.

Es relativamente fácil comparar los dos sistemas observando la tercera columna, correspondiente a Bello, con la cuarta, correspondiente a Reichenbach. En primer lugar, cabe destacar que a algunas formas de la conjugación les corresponde la misma estructura en ambos sistemas: el pretérito perfecto compuesto, el pretérito pluscuamperfecto, el condicional simple y el futuro compuesto.

Son diferentes, de modo evidente, el presente, el pretérito perfecto simple y el futuro, que tienen una estructura temporal más simple en Bello al carecer de punto de referencia. Por esta razón se las ha llamado a veces tiempos absolutos entendiendo con ello que su interpretación no depende de la de otra forma verbal. Esta idea es atractiva, pero encuentra algunos escollos evidentes: Si *murió* en *Felipe II murió en 1598* es una forma absoluta, también lo es *adoraban* en *Los mayas adoraban al Sol*, a pesar de que la segunda, en el sistema de Bello, sea una forma relativa.

Los dos sistemas proporcionan una explicación para aquellos subsistemas del español en que la diferencia entre pretérito perfecto simple y compuesto se manifiesta en su diferente combinación con los complementos adverbiales de localización, es decir para aquellos sistemas que prefieren combinar el pretérito perfecto simple con complementos adverbiales de localización que excluyen el momento del habla y el pretérito perfecto compuesto con aquellos que lo incluyen:

(2) Lo vi ayer.

(3) Lo he visto hoy.

El planteamiento de Reichenbach explica mejor la distribución, puesto que el punto de referencia está presente en ambas estructuras, pero en lugares distintos. En la propuesta de Bello,

Cuadro 2

Nombre tradicional	Nombre en la terminología de Bello	Estructura temporal en la notación de Reichenbach de las formas propuestas por Bello	Estructura temporal en la notación de Reichenbach de las formas propuestas por él
Presente	Presente	H,E	H,R,E
Pretérito perfecto simple	Pretérito	E-H	E,R-H
Futuro simple	Futuro	H-E	H-R,E
Pretérito imperfecto	Copretérito	E,R-H	E,R-H
Pretérito perfecto compuesto	Antepresente	E-H,R	E-H,R
Pretérito pluscuamperfecto	Antepretérito	E-R-H	E-R-H
Condicional simple	Pospretérito	(R-H) (R-E)	(R-H) (R-E)
Futuro compuesto	Antefuturo	(H-R) (E-R)	(H-R) (E-R)
Condicional compuesto	Antepospretérito	(R1-H) (R1-R2) (E-R2)	No tiene cabida

el Pretérito no tiene punto de referencia, por lo que, si la razón de la distribución de esta forma verbal es la posición de este elemento, lo que se esperaría, en realidad, es que el pretérito perfecto simple, con la estructura temporal (E-H), se combinara libremente con cualquier complemento temporal que indicase pasado.

Al hilo de lo anterior, el modo en que se relacionan pretérito perfecto simple y pretérito imperfecto en los dos sistemas es radicalmente diferente. Para Bello, el pretérito perfecto simple es una forma absoluta (E-H), mientras que el pretérito imperfecto es una forma relativa (E,R-H). En este caso, el valor del punto de referencia se interpreta en los sistemas que siguen a Bello de un modo diferente a como se interpreta en el pretérito perfecto compuesto. Si hemos dicho que en este condiciona su combinación con complementos temporales, en aquel le convierte en un tiempo dependiente o anafórico, en un presente en el pasado o, en los términos de Bello, en un Copretérito, es decir, en una forma que expresa simultaneidad en el pasado.

Para Reichenbach, la distinción entre pretérito perfecto simple y pretérito imperfecto no se puede establecer en términos temporales porque ambos comparten exactamente la misma estructura (E,R-H). Reichenbach es perfectamente consciente de que necesita otra categoría para distinguir estas dos formas en lenguas como el francés. Este nuevo parámetro es el aspecto, expuesto de forma intuitiva, pero tosca en el texto del alemán.

La posición de Bello y de los bellistas es pues que el pretérito perfecto simple y el pretérito imperfecto se oponen en términos de tiempo. Otros gramáticos, apoyándose en el sistema de Reichenbach, pero también en el comportamiento del pretérito imperfecto con ciertos complementos adverbiales temporales, han defendido lo que se ha venido a llamar la hipótesis aspectual, que sostiene que estas dos formas comparten la misma estructura temporal, pero se diferencian aspectualmente en que el primero expresa lo que se denomina aspecto Perfectivo o Aoristo y el segundo aspecto Imperfecto o Imperfectivo.

Mucho se ha escrito sobre este problema y es imposible hacer ni siquiera un breve resumen de la polémica. En cualquier caso, es interesante señalar que de forma sistemática la discusión se ha establecido entre pretérito perfecto simple e imperfecto, cuando, en realidad, el pretérito imperfecto se opone al resto de los pretéritos (pretérito perfecto simple, perfecto compuesto y pluscuamperfecto). Obsérvese, en efecto, que el imperfecto se combina tanto con complementos adverbiales que incluyen el momento del habla como con aquellos que lo excluyen, en contraste con lo que pasa en (2) y en (3):

(4) Ayer Juan estaba enfermo.

(5) Hoy Juan estaba de mal humor.

Una cuestión interesante es que Reichenbach no puede dar cuenta del significado temporal del condicional compuesto si este tiene la estructura temporal que le asigna Bello. Ello es debido a que esta forma tiene una estructura temporal de cuatro momentos y en el sistema de Reichenbach eso es imposible. Uno podría creer que esto es un argumento empírico de peso para desechar la propuesta reichenbachiana, pero, en realidad, conviene tratar el asunto con precaución. En primer lugar, es muy raro usar esta forma con el significado temporal de Antepospretérito que le asigna Bello. Un ejemplo, con cierto olor de laboratorio, podría ser el siguiente:

(6) Juan prometió que, cuando llegaran sus padres, él habría terminado el trabajo media
     hora antes.

Este uso, como hemos dicho, es raro. Tanto es así que en la *Gramática* de la Real Academia Española (2009) no se proporciona ningún ejemplo de este uso. Es común, en cambio, el uso de esta forma en las apódosis condicionales. Por lo tanto, un primer problema es que se propone una estructura temporal muy compleja que tiene un uso extremadamente reducido.

Un segundo problema es que las formas compuestas en español expresan tanto lo que se denomina aspecto Aoristo como aspecto Perfecto, ejemplificados, respectivamente, en (7a) y (7b):

(7) a. La secretaria se había ido a las tres.
     b. A las tres, la secretaria ya se había ido.

Obsérvese que en (7a) el complemento adverbial *a las tres* indica el momento exacto en que la secretaria se va, mientras que en (7b) indica un momento relevante en el que se señala que la secretaria ya se ha ido. La relación entre estas variedades aspectuales está sujeta a discusión y algunos autores sostienen que para dar cuenta del significado del condicional compuesto no es necesario aceptar una estructura temporal tan compleja y que bastaría con sostener que esta forma expresa la variedad aspectual de aspecto Perfecto con una estructura temporal más simple, la del Pospretérito.

Hablemos brevemente del pretérito anterior. Esta forma tiene unas restricciones sintácticas notables. Para la mayoría de los hablantes solo puede aparecer en oraciones subordinadas temporales como las que siguen:

(8) Cuando hubo leído la carta, empezó a llorar.

Aunque en cierta tradición gramatical se daba esta forma por una variante propia de la lengua escrita del pretérito pluscuamperfecto con el significado añadido de anterioridad inmediata, actualmente se sostiene que es una variante del pretérito perfecto simple, lo que significa que no comparte las propiedades de las formas compuestas. Esto es fácil de comprobar y damos un ejemplo que muestra que el pretérito anterior se alinea con el pretérito perfecto simple y no con el pluscuamperfecto:

(9) a. Juan se marchó cuando María todavía no había muerto.
     b. *Juan se marchó cuando María todavía no murió.
     c. *Juan se marchó cuando María todavía no hubo muerto.

Una de las cuestiones fundamentales que deberían tratarse en los estudios futuros es determinar la manera en que el tiempo interacciona con el aspecto gramatical. Algunos autores (Bertinetto 1986 se puede considerar una referencia absoluta y además trata del italiano, una lengua muy semejante al español en el dominio tempo-aspectual) han intentado dar cuenta del aspecto gramatical dentro de la teoría reichenbachiana, es decir, han sostenido que una estructura como la que propone Reichenbach contiene tanto información temporal como aspectual. Otros autores, en cambio, piensan que las estructuras que hemos presentado son estrictamente temporales y que el aspecto gramatical necesita otro tipo de mecanismo que explique su comportamiento.

Un problema que interesa a la gramática generativa es si las estructuras temporales que hemos propuesto se reflejan de alguna manera en la configuración oracional y cómo se produce la correspondencia entre interpretación y sintaxis. Véanse, por ejemplo, Carrasco (1998) o Stowell (2007).

Otra cuestión, ya anunciada, es cómo organizar o incluso jerarquizar los diferentes usos de las formas verbales. Fundamentalmente se trata de decidir si las formas verbales tienen un significado básico o canónico que puede ser coaccionado de cierta manera obteniendo significados secundarios o si hay un significado lo suficiente abstracto capaz de dar cuenta de todos los usos de cada una de las formas.

2. Complementos adverbiales temporales no oracionales

Un predicado puede ser modificado por un complemento adverbial temporal que tenga forma no oracional o forma oracional. Estos últimos, como es natural, introducen un evento que sirve para situar o delimitar el evento denotado por el predicado principal. Los complementos no oracionales presentan una mayor variedad de contenido semántico que los complementos oracionales. Los presentaremos en este mismo orden.

2.1. *Realización sintagmática*

Debe señalarse en primer lugar que estos complementos presentan una notable variedad en su realización sintagmática y que el término adverbial no tiene aquí otro significado que señalar su carácter no argumental. Por eso mismo es necesario precisar que ciertos complementos de interpretación temporal tienen carácter argumental; podemos dar como ejemplo prototípico los que aparecen con el verbo *durar* en ejemplos como *La película duró dos horas*.

Los complementos no argumentales, es decir, los propiamente adverbiales, pueden realizarse como sintagmas adverbiales:

(10) a. Dimitió ayer.
　　　b. Se casa hoy.

También como sintagmas preposicionales:

(11) a. Murieron los dos en marzo.
　　　b. Volveré en verano.

Pero, sorprendentemente, también es posible encontrar sintagmas nominales, lo que en español sucede solo con complementos de significado temporal:

(12) a. Ha llamado esta mañana.
　　　b. Volverá el mes que viene.

2.2. *Clasificación semántica*

Desde el punto de vista semántico, los complementos adverbiales temporales no oracionales se pueden clasificar en cuatro grupos en función del modo en que se relacionan con el evento verbal denotado por el predicado que modifican. Este criterio divide los complementos adverbiales en los siguientes tipos:

−   complementos de localización
−   complementos de duración
−   complementos de fase
−   complementos de frecuencia

Después de esta clasificación se puede establecer otra en función del contenido deíctico del complemento y obtenemos una división tripartita:

– complementos deícticos
– complementos anafóricos
– complementos flexibles (a la vez deícticos y anafóricos)

Hay que tener en cuenta que hay un buen número de complementos temporales para los que esta última clasificación es inaplicable, puesto que no expresan relaciones entre momentos de tiempo como *todavía*, *pronto*, *muchas veces*, etc.

Examinemos brevemente estas dos clasificaciones. En la primera clasificación obtenemos cuatro tipos de complementos.

Los complementos adverbiales temporales de localización sitúan el evento verbal en la línea temporal precisando en mayor o menor medida la información que proporciona el tiempo gramatical. Es lo que ocurre en los siguientes ejemplos:

(13) a. Nos conocimos en marzo.
      b. Murió en 2010.

Cuando la gramática tradicional hablaba de complementos circunstanciales de tiempo se refería fundamentalmente a los de localización, puesto que responden a una de las seis preguntas supuestamente básicas para determinar las características de un evento: quién, qué, cómo, cuándo, dónde y por qué.

Una característica notable de los complementos de localización es que aparecen a menudo en estructuras apositivas en las que uno de los complementos especifica con mayor precisión el otro:

(14) a. En 1939, el 1 de septiembre, Alemania invadió Polonia.
      b. Ayer por la tarde a las tres me dieron la noticia.

Los complementos de duración, por su parte, miden el tiempo que duran los eventos verbales, tal y como se muestra en los siguientes ejemplos:

(15) a. Trabajó sin parar durante horas.
      b. Encontró la solución en pocos segundos.
      c. Estaré en mi despacho de cuatro a seis de la tarde.
      d. Ha estado estudiando desde las nueve de la mañana.
      e. No nos iremos de aquí hasta que nos reciba.

Estos complementos se dividen en dos subgrupos, los cuantitativos, que miden los eventos desde su principio y su final, pero sin establecer sus límites en la línea temporal, y los delimitativos que sí lo hacen. Obsérvese que, si digo *Caminó dos horas*, no se sabe cuándo empezó ni cuándo terminó de caminar, solo se sabe que lo hizo durante un periodo de dos horas; pero si digo *Caminó desde las cinco hasta las siete*, sí se sabe. Las preposiciones *desde* y *hasta*, como veremos, pueden también introducir oraciones subordinadas.

Dentro de los complementos de duración cuantitativos incluimos los que introducen las preposiciones *durante* y *en* seguidas de un sintagma nominal cuantificado, como ocurre en los ejemplos siguientes:

(16) a. Estuvieron casados durante mucho tiempo.
     b. Bailamos durante horas.

(17) a. Escribió la carta de despedida en unos minutos.
     b. Limpió la habitación en un santiamén.

La diferencia entre las preposiciones *durante* y *en* estriba en lo que se conoce como el concepto de telicidad en la teoría del modo de acción. Los predicados se pueden dividir en dos grandes grupos en función de sus características aspectuales intrínsecas: los que suponen una meta o *telos*, en griego, y los que no lo hacen. Los primeros se denominan télicos, con meta, y los segundos, atélicos, sin meta. *Caminar cien metros*, *comer un bocadillo* o *pintar la pared* son predicados télicos; *caminar*, *bailar* o *nadar* son predicados atélicos.

Una observación importante es que estas preposiciones no siempre introducen complementos adverbiales de duración. Lo hacen cuando van seguidas de sintagmas nominales cuantificados, pero no cuando van seguidas de sintagmas nominales determinados como en los siguientes ejemplos:

(18) a. Se casaron en febrero.
     b. La estatua se cayó durante la ceremonia.

En los casos anteriores, *en febrero* y *durante la ceremonia* son complementos de localización y no de duración. Obsérvese que responden a la pregunta *cuándo* y no a *en cuánto tiempo* o *durante cuánto tiempo*. La diferencia entre ambos tipos de complementos es muy grande; obsérvese que *La estatua se cayó durante dos horas* está mal formada porque el evento denotado por *caerse la estatua* no puede satisfacer los requisitos semánticos de *durante dos horas*, puesto que se trata de un evento puntual y *durante dos horas* exige eventos con duración.

Dentro de los complementos adverbiales de fase, se incluyen solamente los adverbios *ya* y *todavía* (con la variante *aún*) en ejemplos como los que siguen:

(19) a. Ya está aquí.
     b. Todavía le quiero.
     c. Ya no estamos juntos.
     d. Todavía no sabemos nada.

Debe señalarse que estos complementos forman un grupo absolutamente diferente a los otros tres que se han establecido. En primer lugar porque está compuesto solo por tres elementos y uno de ellos es una variante del otro. En segundo lugar porque estos tres elementos son necesariamente adverbios y no sintagmas preposicionales o nominales, como ocurre en los otros grupos. Además, no permiten ningún tipo de expansión sintagmática.

Ya, *todavía* y *aún* se denominan adverbios de fase porque establecen fases en el desarrollo de un evento. Tomemos (19c) como ejemplo. Lo que se afirma es que ahora no estamos juntos, pero que antes lo estábamos. Obsérvese la diferencia entre esta secuencia y la correspondiente sin *ya*: *No estamos juntos*; en la primera se hace referencia a un momento anterior en que estábamos juntos, pero, en la segunda, no.

Una última cosa que podemos hacer con un evento es cuantificarlo, es decir, establecer el número de veces o la frecuencia con que se da. Esto se puede hacer de dos maneras, cuantificando sobre ocasiones o sobre eventos, como se ilustra en los ejemplos siguientes:

(20) a. Una vez mi padre estornudó catorce veces.
   b. Tres veces mi padre estornudó catorce veces.

Obsérvese que en (20a) se dice que en una ocasión mi padre estornudó catorce veces, mientras que en (20b) se dice que lo hizo en tres ocasiones. *Una vez* y *tres veces* cuantifican sobre ocasiones; *catorce veces* cuantifica sobre eventos.

Los complementos adverbiales de localización, pero también algunos de duración, pueden ser sensibles a la información deíctica. Según este criterio, los complementos adverbiales para los que este criterio es relevante se dividen en tres grupos:

- Complementos deícticos: ayer, mañana, hoy, hace dos días, esta semana, el mes que viene, dentro de dos años.
- Complementos anafóricos: tres días antes, la víspera, al día siguiente, al rato.
- Complementos flexibles: a las cinco, por la mañana, el miércoles, en octubre.

Los primeros son aquellos que se relacionan necesariamente con el momento del habla, como sucede con *ayer* en *Lo encontré ayer*. En cambio *la víspera* es anafórico porque no se puede relacionar con el momento del habla, es decir, *la víspera* se refiere a un día anterior a otro pero nunca a ayer; de otro modo, no se puede poner en relación directa con el día que contiene el acto de la enunciación y que denominamos con el adverbio *hoy*.

Hay muchos complementos flexibles; por ejemplo, *el miércoles*, que puede designar el último miércoles o el próximo, y en ese caso es deíctico, o cualquier otro miércoles, y en ese caso es anafórico. Así en *María nos pagará el miércoles*, *el miércoles* se refiere al próximo miércoles y es deíctico, mientras que en *Juan nos aseguró el día 3, que era sábado, que María nos había pagado el miércoles* el complemento temporal *el miércoles* es anafórico. Los complementos anafóricos y flexibles pueden aparecer en oraciones de interpretación habitual como en *Los miércoles voy a nadar*.

Como hemos dicho, el tiempo gramatical y los complementos adverbiales tienen que concordar en cierta medida. Eso explica la mala formación de secuencias como **Murió mañana* y **Llegará ayer*. Sin embargo, es posible que haya una cierta discordancia entre el tiempo gramatical y el complemento adverbial; por ejemplo, podemos tener un presente combinado con un complemento que indica futuro como en:

(21) Te llamo mañana.

En estos casos el elemento deícticamente determinante es siempre el complemento adverbial. Es decir, en el ejemplo anterior se hace una afirmación sobre el futuro y no sobre el presente.

Retos de la investigación futura serían, por una parte, establecer la posición sintáctica en que se insertan los complementos temporales teniendo en cuenta que algunos de ellos tienen que concordar en sus rasgos semánticos con el tiempo gramatical, como hemos visto, mientras que otros son capaces de alterar la estructura temporal de la forma verbal a la que modifican y, por otra, determinar con precisión la relación entre cada tipo de complemento temporal y la forma verbal que modifica.

3. Las oraciones subordinadas de tiempo

En el apartado anterior hemos visto algunas características generales de los complementos adverbiales y hemos estudiado principalmente los no oracionales. Es posible además establecer una relación temporal entre dos eventos y para hacer esto no es necesario tener dos oraciones, ya que algunos nombres tienen interpretación eventiva, como se ilustra en los siguientes ejemplos:

(22) a. No volvieron a verse desde el entierro de su hermana.
     b. Tras la explosión, el edificio se derrumbó.

Es asimismo posible, naturalmente, que el segundo evento sea introducido por una oración subordinada:

(23) a. Llegamos cuando estaban discutiendo.
     b. Al entrar, me lanzó un beso.
     c. Apagamos las luces antes de marcharnos.
     d. Es feliz desde que comparte todo con él.

De este tipo de oraciones vamos a ocuparnos en este apartado; primero abordaremos algunas cuestiones generales y después hablaremos de la cuestión del modo en la oración subordinada.

3.1. Cuestiones generales

El tipo de relación temporal establecido entre las dos oraciones depende fundamentalmente del significado léxico de lo que podemos llamar genéricamente el conector temporal. En los ejemplos de (23), *cuando* y *al* son conectores de simultaneidad, *antes* es un conector de precedencia y *desde* es un conector de delimitación. Unos párrafos más abajo veremos esta clasificación.

    Además, es necesario señalar que algunas oraciones de participio y de gerundio, sin ningún tipo de conector temporal, pueden tener interpretación temporal, como sucede en los siguientes ejemplos:

(24) a. Paseando ayer por mi ciudad, oí una voz que me llamaba.
     b. Siendo Carlos IV rey de España, se perdió la batalla de Trafalgar.

(25) a. Muerto el perro, se acabó la rabia.
     b. Firmada la paz, los embajadores se retiraron a sus países.

Los conectores temporales se pueden clasificar semánticamente en tres grupos:

–   Conectores temporales de simultaneidad.
–   Conectores temporales de anterioridad y posterioridad, es decir, de precedencia.
–   Conectores temporales de delimitación.

Entre los primeros, podemos incluir los conectores *cuando*, *mientras* y *al* seguido de infinitivo. La simultaneidad puede suponer el desarrollo paralelo de dos eventos, como en (26a), o la inclusión de un evento en el otro, como en (26b):

(26) a. Marcelo dormía mientras nosotros trabajábamos.
       b. Rodolfo llegó mientras estábamos paseando.

Entre los conectores de anterioridad y posterioridad, tenemos *antes*, *después*, *en cuanto*, *luego que*, etc.

Por último, tenemos los conectores delimitativos: un evento simultáneo con otro o anterior o posterior a él puede servir a la vez para delimitar a este último. Es el caso de las oraciones introducidas por las preposiciones *desde* y *hasta*. Así, en (27a) los dos eventos, el estar deprimido y el vivir en Alemania, son simultáneos, pero el vivir en Alemania sirve para delimitar el estar deprimido; del mismo modo, en (27b) el cierre de la biblioteca sirve para delimitar el período de estudio y establecer su final:

(27) a. Está deprimido desde que vive en Alemania.
       b. Estuve estudiando hasta que cerraron la biblioteca.

Es interesante observar que, con respecto a los complementos no oracionales, tenemos aquí menos divisiones. De hecho solo tenemos oraciones que sitúan el evento denotado por el predicado principal o que lo delimitan, que, en cualquier caso, es una forma de situarlo estableciendo además un límite.

3.2. El modo en las subordinadas temporales

A esta clasificación semántica, se puede superponer otra basada en la forma verbal que seleccione el conector temporal. Tenemos varios casos:

— Conectores que rigen indicativo.
— Conectores que rigen subjuntivo.
— Conectores que rigen infinitivo.
— Conectores que combinan una de estas tres posibilidades.

Podemos decir que la mayoría de las oraciones subordinadas adverbiales temporales van en indicativo. Sucede así con la mayoría de las oraciones introducidas por *cuando* o *mientras*, las que introducen *desde* o *hasta* o algunas de las que introduce *después*:

(28) a. Lo llamó cuando descubrió el nuevo testamento.
       b. La noticia llegó mientras todos pensábamos ya en otra cosa.
       c. Desde que volvió no ha vuelto a verlo.
       d. No me marché hasta que me pagó lo que me debía.
       e. Después de que me enteré de la desgracia, corrí al hospital.

No hay ningún conector temporal que se construya exclusivamente con subjuntivo. *Antes* no se construye nunca con indicativo (**Cerró la tienda antes de que la policía llegaba*), pero admite oraciones en infinitivo: *Llamé antes de salir*.

Después se suele construir modernamente con subjuntivo (29a), probablemente por analogía con *antes*, pero se puede construir con indicativo (29b) o con infinitivo (29c):

(29) a. Me marché después de que me llamase.
       b. Después que dejaron la carretera, se dirigieron constantemente hacia el este.
       c. Después de llorar, se calmó.

Desde se construye siempre con indicativo (30a) y no admite ni oraciones de subjuntivo (30b) ni de infinitivo (30c):

(30)   a. Desde que se fue, no he sabido nada de él.
       b. *Desde que llegues, llámame.
       c. *Desde estrenar la película, tuvo mucho éxito.

Hasta se construye con indicativo (31a), con subjuntivo (31b) o con infinitivo (31c), pero en este último caso ha de tener significado consecutivo además de temporal:

(31)   a. Estuvo leyendo hasta que se durmió.
       b. No me iré de aquí hasta que me paguen.
       c. Juan gritó hasta perder la voz.

En general, se puede afirmar que las oraciones subordinadas temporales con referencia futura van en subjuntivo:

(32)   a. Cuando anochezca, daremos una vuelta.
       b. Estaremos en huelga hasta que nos paguen.

En el Cuadro 3 aparece la distribución de formas verbales con los principales conectores temporales:
    En el futuro, de modo paralelo a lo que hemos dicho sobre los complementos no oracionales, habría que establecer con precisión el lugar en que se insertan las oraciones temporales, especialmente para dar cuenta de las reglas de correlación de tiempos a que están sometidas, es decir, para dar cuenta de por qué las siguientes secuencias están mal formadas:

(33)   a. *Juan protestó {cuando/mientras/desde que/hasta que} Carlos está en el bar.
       b. *Juan protestó {antes de que/después de que} Carlos esté en el bar.

Esta pregunta que hemos planteado tiene que ver en buena medida con cuál es la naturaleza categorial del tiempo y cómo esta naturaleza regula la relación entre las oraciones temporales y sus principales; de ello se trata en la siguiente entrada.

Cuadro 3

	Indicativo	*Subjuntivo*	*Infinitivo*
Cuando	+	+	–
Mientras	+	+	–
Al	–	–	+
Antes	–	+	+
Después	+	+	+
En cuanto	+	+	–
Desde	+	–	–
Hasta	+	+	+

Bibliografía

Bello, A. (1841) *Análisis ideológico de los tiempos de la conjugación castellana*, reproducido en *Obras completas: estudios gramaticales*, Caracas: Ministerio de la Educación, 1951, pp. 1–67.

Bello, A. (1847) *Gramática de la lengua castellana destinada al uso de los americanos*, ed. de R. Trujillo, Santa Cruz de Tenerife: Instituto Universitario de Lingüística Andrés Bello, 1981.

Bertinetto, P. M. (1986) *Tempo, aspetto e azione nel verbo italiano*, Florencia: Accademia della Crusca.

Bosque, I. y Demonte V. (eds.) (1999) *Gramática descriptiva de la lengua española*, Madrid: Espasa.

Carrasco, Á. (1998) *La correlación de tiempos en español*, tesis doctoral, Universidad Complutense. Accesible en http://biblioteca.ucm.es/tesis/19972000/H/3/H3055001.pdf.

Comrie, B. (1981) "On Reichenbach's approach to tense", *Papers of the 17th Regional Meeting of the Chicago Linguistic Society*, pp. 24–30.

Comrie, B. (1985) *Tense*, Cambridge: Cambridge University Press.

Hornstein, N. (1990) *As time goes by. Tense and universal grammar*, Cambridge, MA: The MIT Press.

[RAE-ASALE] Real Academia Española y Asociación de Academias de la Lengua Española (2009) *Nueva gramática de la lengua española*, Madrid: Espasa.

Reichenbach, H. (1947) *Elements of symbolic logic*, Nueva York: The Free Press.

Rojo, G. (1974) "La temporalidad verbal en español", *Verba*, 1, pp. 68–149.

Rojo, G. y Veiga A. (1999) "El tiempo lingüístico. Los tiempos simples", en Bosque, I. y Demonte, V. (eds.) *Gramática descriptiva de la lengua española*, Madrid: Espasa, cap. 44.

Smith, C. S. (1991) *The parameter of aspect*, Dordrecht: Kluwer.

Stowell, T. A. (2007) "The syntactic expression of tense", *Lingua*, 117, pp. 437–463.

Lecturas complementarias

Binnick, R. I. (ed.) (2012) *The Oxford handbook of tense and aspect*, Oxford: Oxford University Press.

Dahl, Ö. (ed.) (2000) *Tense and aspect in the languages of Europe*, Berlín: Mouton de Gruyter.

Declerck, R. (1986) "From Reichenbach (1947) to Comrie (1985) and beyond", *Lingua*, 70, pp. 305–366.

Declerck, R. (1997) *When-clauses and temporal structure*, Londres: Routledge.

Demirdache, H. y Uribe-Etxebarria, M. (2004) "The syntax of time adverbs", en Guéron J. y Lecarme, J. (eds.) *The syntax of time*, Cambridge, MA: The MIT Press, pp. 143–179.

García Fernández, L. (2000) *La gramática de los complementos temporales*, Madrid: Visor.

Garrido, J. (1992) "Expectations in Spanish and German adverbs of change", *Folia Linguistica*, 26, 3–4, pp. 357–402.

Havu, J. (1997) *La constitución temporal del sintagma verbal en el español moderno*, Academia Scientarum Fennica.

Heinämäki, O. T. (1974) *Semantics of English temporal connectives*, tesis doctoral, University of Texas at Austin.

Klein, W. (2009) "Concepts of time", en Klein, W. y Li, P. (eds.) *The expression of time*, Berlín: Mouton de Gruyter, pp. 5–38.

Klein, W. (2009) "How time is encoded", en Klein, W. y Li, P. (eds.) *The expression of time*, Berlín: Mouton de Gruyter, pp. 39–81.

Vet, C. (1980) *Temps, aspects et adverbes de temps en français contemporain. Essai de sémantique formelle*, Ginebra: Droz.

Entradas relacionadas

adverbio; aspecto gramatical; aspecto léxico; flexión verbal; gerundio y participio; infinitivo; perífrasis verbales; sintagma verbal; subjuntivo; verbos auxiliares

TIEMPO GRAMATICAL II: LAS RELACIONES TEMPORALES INTERORACIONALES

Ángeles Carrasco Gutiérrez

1. Naturaleza deíctica del tiempo gramatical

El tiempo gramatical es una categoría deíctica. La información temporal nos permite orientar con respecto a un tiempo de evaluación el tiempo del evento verbal que el aspecto gramatical hace visible (tiempo del foco, T_{-F}): puede tratarse del tiempo completo del evento (formas con contenido aspectual Aoristo) o solo de una parte (formas Imperfectivas), y también del tiempo del estado de cosas que sigue al evento (formas con contenido aspectual Perfecto) (Klein 1994). El tiempo de evaluación por defecto es el del habla (T_{-H}). Las formas verbales *absolutas* vinculan de manera directa T_{-F} con T_{-H}. Las formas *relativas* mantienen una relación indirecta con T_{-H}. La Tabla 1 reúne los tiempos absolutos y relativos del indicativo para mayor simplicidad. Ni en esta tabla ni en la Tabla 2 se tendrán en cuenta valores modales o significados temporales secundarios:

Tabla 1 Formas verbales absolutas y relativas

Formas Verbales Absolutas	*Formas Verbales Relativas*
Presente	Pretérito pluscuamperfecto (Aoristo)
Pretérito perfecto compuesto	Condicional
Pretérito perfecto simple	Condicional compuesto
Pretérito imperfecto	Futuro compuesto (Aoristo)
Pretérito pluscuamperfecto (Perfecto)	
Futuro	
Futuro compuesto (Perfecto)	

Las formas compuestas admiten siempre una interpretación de Aoristo y otra de Perfecto. En la Tabla 1 se señalan estas interpretaciones únicamente si tienen consecuencias en la consideración de un tiempo compuesto como absoluto o relativo. Las diferencias aspectuales vienen acompañadas de distintas indicaciones temporales. Por ejemplo, el pretérito perfecto compuesto Aoristo de (1a) expresa anterioridad con respecto a T_{-H} del tiempo del evento consistente en llenar la bañera. El pretérito perfecto compuesto Perfecto de (1b), simultaneidad del tiempo del estado resultante: estar llena la bañera. Así se explica que solo (1a) pueda continuarse como se indica entre paréntesis:

(1) a. He llenado la bañera hace un rato. (No sé cómo estará el agua ahora.)
    b. Ya he llenado la bañera. (#No sé cómo estará el agua ahora.)

El pretérito imperfecto aparece en la Tabla 1 entre las formas absolutas. Podría aparecer también entre las relativas. Las diferencias que exhibe con respecto a otros tiempos con indicación de anterioridad se atribuyen en el primer caso a su contenido aspectual Imperfectivo. Es la denominada *hipótesis aspectual*, que hunde sus raíces en Reichenbach (1947). En el segundo caso, se atribuyen a un significado de presente en el pasado o co-pretérito, en la línea de Bello (1847). Es la denominada *hipótesis temporal*.

Los tiempos absolutos pueden aparecer en oraciones independientes que inicien discurso (2). La aparición de un tiempo relativo al comienzo del discurso es forzada (3). El contexto debe suplir el tiempo con respecto al cual estas formas orientan de manera inmediata sus relaciones temporales:

(2) a. Ayer *había* mucha gente.
    b. Me *duele* la cabeza.
    c. Mañana no *saldré* de casa.

(3) a. *Dimitiría* al día siguiente.
    b. Tres días antes *habrá puesto* a todos de su parte.

Los tiempos absolutos de subjuntivo rara vez inician discurso. Su aparición fuera de las oraciones subordinadas está muy restringida (4) (Bosque 2012: 377):

(4) a. No *salgas*, por favor.
    b. Ojalá lo *haya tenido* en cuenta.
    c. Quién *tuviera* veinte años.

Están excluidas de las oraciones independientes, inicien o no discurso, todas las formas verbales no deícticas. En este grupo se incluye una forma finita: el pretérito anterior (5), y las formas no finitas de infinitivo, gerundio y participio (6). El primero alterna en la lengua escrita con el pretérito perfecto simple, se construye con predicados télicos y aparece precedido siempre de expresiones adverbiales o conjuntivas del tipo de *apenas*, *cuando*, *en cuanto*, *tan pronto como* (RAE-ASALE 2009: § 23.16k). Para su consideración como tiempo no deíctico que gramaticaliza el valor aspectual de Aoristo completivo, véase García Fernández (2008). El participio y las formas compuestas de gerundio e infinitivo se utilizan para la expresión de anterioridad (6a,b); las formas simples de gerundio e infinitivo, para la de simultaneidad (6b,c) o posterioridad (6d). Estas indicaciones están siempre subordinadas a la de otra forma verbal deíctica:

(5) Apenas *hubo apagado* la luz, sonó el teléfono.

(6) a. {Una vez *resueltos*/*Habiendo sido resueltos*} todos los problemas, estaba/estoy/ estaré más tranquila.
    b. Al {*salir*/*haber salido*} no oyó nada de lo que se dijeron.

c. {Subió/Sube/Subirá} las escaleras *refunfuñando*.
d. Prometo *hablar* con él.

Al comparar (6a) con (7), se advierte que las formas verbales relativas deícticas incluyen como parte de su denotación la relación temporal entre el tiempo con respecto al cual se orientan de manera inmediata y T_{-H}. Este tiempo tiene que ser anterior a T_{-H} en el caso del pretérito pluscuamperfecto. De ahí, la agramaticalidad de (7) con un presente o un futuro en la primera oración:

(7) {Estaba/*Estoy/*Estaré} más tranquila. Se *habían resuelto* todos los problemas.

La asunción en el marco de la Gramática Generativa de que la información gramatical puede desplegarse en forma de núcleos funcionales diferenciados (*hipótesis de la flexión escindida*) hizo posible relacionar los subcomponentes de los significados tempo-aspectuales con estas nuevas posiciones sintácticas: Asp[ecto]°, T[iempo]°, Conc[ordancia]°, Comp[lementante]°. Un problema al que inevitablemente ha de enfrentarse cualquier propuesta de proyección sin-táctica del Tiempo es si hay expansión de nudos funcionales en ausencia de afijos gramaticales a los que asociar estos significados, algo que en español no es exclusivo de las formas verbales no finitas (Hornstein 1990; Giorgi y Pianesi 1997; Carrasco Gutiérrez 1998).

Las formas verbales absolutas orientan sus relaciones temporales con respecto a T_{-H}. Si el eje de la deixis temporal cambia, son estas formas las que manifiestan mayores restricciones de distribución e interpretación. Esto ocurre en un contexto muy preciso: las oraciones subordinadas sustantivas. El verbo subordinado (V_2) orienta obligatoriamente sus relaciones temporales con respecto al tiempo del evento de la oración principal (T_{-Ev1}). El fenómeno recibe el nombre de *concordancia de tiempos*. Nos ocupamos de él en el § 3. En otro tipo de contextos sintácticos hay combinaciones posibles y combinaciones no permitidas; las formas verbales pueden mantener ciertas relaciones temporales y no otras. Pero el origen de estas restricciones no está en un cambio en el eje de la deixis temporal. En el § 2 se examinan los factores en los que es necesario profundizar.

2. El tiempo de la enunciación como eje por defecto de la deixis temporal

Dos tiempos absolutos pueden ordenarse entre sí de formas distintas cuando el eje de la deixis es T_{-H}. La oración de (8) ilustra la relación de simultaneidad. La de (9), la de sucesión. El evento consistente en aumentar el prestigio de alguien puede entenderse como la causa del evento consistente en elegirle para el cargo (9a) o como la consecuencia (9b). En el primer caso, el T_{-F} de la segunda oración precede al T_{-F} de la primera. La forma absoluta *aumentó* puede ser reemplazada por la relativa *había aumentado* (10a). En el segundo caso, el T_{-F} de la segunda oración sigue al T_{-F} de la primera. La forma absoluta *aumentó* puede ser reemplazada por el condicional retrospectivo *aumentaría* (10b):

(8) *Hablé* con Pedro durante media hora. Él {*sonrió/estuvo* muy atento} todo el tiempo.

(9) La *eligieron* para el cargo (A). Su prestigio *aumentó* (B).
    a. 'Como B, A'
    b. 'A, de modo que B'

(10) a. La eligieron para el cargo. Su prestigio *había aumentado*.
     b. La eligieron para el cargo. Su prestigio *aumentaría* enseguida.

Las conexiones entre los eventos de (9a) y (9b) ejemplificarían lo que en algunos trabajos de semántica del discurso se denomina relaciones discursivas de *Explicación* y *Narración*, respectivamente. La bibliografía destinada a especificar tanto los tipos generales de vinculaciones que contraen los eventos en la construcción del discurso como la contribución específica en este proceso de la información tempo-aspectual de las formas verbales es muy abundante. Los dos modelos más extendidos son la *Teoría de Representación del Discurso* (*Discourse Representation Theory*, Kamp y Reyle 1993) y la *Teoría de Representación del Discurso Segmentado* (*Segmented Discourse Representation Theory*, Asher y Lascarides 2003). Por razones de espacio, estas relaciones discursivas quedan fuera del alcance de esta entrada.

Las relaciones de simultaneidad, anterioridad o posterioridad que se ilustran en (8) y (9) son posibles entre tiempos que se orientan de manera independiente con respecto a T_{-H}. En estas relaciones temporales están envueltos factores de muy diversa naturaleza que en ocasiones se entrecruzan: A) nuestro conocimiento del mundo (11); B) la información de Aspecto léxico (12); C) la información de Aspecto gramatical (13); D) la información de Tiempo (14); y E) los requisitos léxicos de los conectores (15)–(17).

En (11a), el T_{-F} de la segunda oración se interpreta como anterior al T_{-F} de la primera. En (11b), la relación temporal sería la inversa. Los eventos deben ordenarse así según nuestro conocimiento del mundo: las campañas preceden a las votaciones y el agradecimiento del ganador sigue a su elección. Estas mismas relaciones temporales se mantienen si sustituimos el futuro absoluto de la segunda oración de (11a) y el de la primera oración de (11b) por la forma relativa de futuro compuesto Aoristo. No consideramos las interpretaciones modales:

(11)　a. La *elegirán* para el cargo. Su campaña {*convencerá/habrá convencido*} a todos.
　　　 b. La {*elegirán/habrán elegido*} para el cargo. Ella *agradecerá* a todos su confianza.

La relación de simultaneidad total de (8) se ve favorecida por la naturaleza durativa de los eventos denotados por los predicados de actividad (*hablar*, *sonreír*) y estado (*estar muy atento*). En (12a) la relación no es de simultaneidad total sino de inclusión del T_{-F} de la segunda oración en el T_{-F} de la primera. La razón es el carácter puntual del evento denotado por el predicado de logro *darse cuenta*. En (12b), los dos predicados vinculados son logros. Salvo que la simultaneidad se fuerce como se indica entre paréntesis, la interpretación más natural es la de sucesión:

(12)　a. *He hablado* con Pedro media hora. Él *se ha dado cuenta* de mi propósito {enseguida/*todo el tiempo}.
　　　 b. María *se despertó* (y al mismo tiempo); el reloj *dio* las siete.

La diferencia entre predicados estativos y no estativos es crucial en la bibliografía sobre semántica del discurso. Para su explotación en los primeros trabajos sobre anáfora temporal, pueden consultarse: Kamp (1979), Kamp y Rohrer (1983), Partee (1984), Hinrichs (1986) y Webber (1988).

En (13) el tiempo del evento consistente en calentar el café en el microondas debe seguir al tiempo del evento consistente en volver la luz. No podría ser de otra manera, puesto que los microondas son aparatos eléctricos. Esto explica la inaceptabilidad de (13a) con la expresión temporal *media hora antes*. En cambio, (13b) es aceptable. El contraste hay que atribuirlo al contenido de aspecto Perfecto del pretérito pluscuamperfecto: el tiempo del evento verbal (volver la luz) no es relevante a efectos de la deixis temporal; lo relevante es el tiempo del estado de cosas (haber luz) que sigue a ese evento. Por tanto, la anterioridad a que fuerza la expresión temporal *media hora antes* se entablaría entre el tiempo del evento consistente en calentar el café en el microondas y un tiempo del que podemos afirmar que hay luz: el que hace explícito el SP *a las tres*:

(13)   a.   A las tres *volvió* la luz. Me *calenté* un café en el microondas (#media hora antes).
      b.   A las tres ya *había vuelto* la luz. Me *calenté* un café en el microondas (media hora antes).

Las relaciones temporales entre formas absolutas con indicaciones diferentes estarán determinadas por la orientación de cada una de ellas con respecto a T_{-H}. Son una excepción las interpretaciones *de dicto* de las oraciones de relativo. En (14) el tiempo del evento consistente en llevar el pelo verde puede ser simultáneo (subíndice $_1$) con el tiempo del evento consistente en conocer a una chica, puede ser también anterior a él (subíndice $_2$) y posterior (subíndice $_3$):

(14)   El jueves Juan conoció$_1$ a [$_{SN}$ una chica que
      a.   *llevaba*$_{1/2}$ el pelo verde].
      b.   {*llevaba*$_3$ ayer/*lleva*$_3$ hoy/*llevará*$_3$ mañana} el pelo verde].

La posterioridad se vincula con la interpretación *de re* del SN que contiene la oración subordinada (O_2), esto es, con cómo son las cosas: es el hablante quien atribuye a la chica a quien ha conocido Juan llevar el pelo verde antes de T_{-H} (ayer), en T_{-H} (hoy), o después de T_{-H} (mañana). En la tradición de la lógica formal (Ladusaw 1977), el SN se interpretaría en Forma Lógica fuera del alcance del operador temporal de la oración principal (O_1). El eje de la deixis para V_2 sería entonces T_{-H}. La simultaneidad, en cambio, se vincula con la interpretación *de dicto*, con lo que se dice de las cosas: es Juan quien conecta ambas situaciones. El SN estaría dentro del alcance del operador temporal de O_1. En consecuencia, el eje de la deixis para V_2 sería T_{-Ev1}. La tercera relación temporal, la de anterioridad, puede vincularse tanto con una interpretación *de re* como con una interpretación *de dicto*.

Finalmente, en (15) las relaciones entre los tiempos se derivan del vínculo entre los eventos exigido por la naturaleza del conector: el T_{-F} de una causal *pura* no puede ser posterior al T_{-F} de O_1 (15a); del mismo modo, el T_{-F} de una oración ilativa no puede ser anterior al T_{-F} de O_1 (15b). De estas restricciones generales se derivan las combinaciones posibles de tiempos en estas y otras estructuras similares. No podemos detallarlas por limitaciones de espacio:

(15)   a.   La planta *se marchitó* el jueves porque nadie la *regó* {el día anterior/*siguiente}.
      b.   *Rompió* el cristal el jueves, así que le *castigaron* {*el día anterior/el día siguiente}.

Las restricciones más estudiadas son las impuestas por los conectores temporales (García Fernández 2000). No obstante, es difícil encontrar propuestas que formalicen el modo en que el significado del conector determina las combinaciones de tiempos permitidas. Una excepción reciente es Kubota *et al.* (2009), para los conectores *antes* y *después*. La hipótesis de este trabajo es que el tiempo de evaluación para V_2 varía según las lenguas, y que esta información está codificada léxicamente. *Antes* y *después* exigirían en japonés que el tiempo de evaluación fuera T_{-Ev1}. Así se explica que para la relación de posterioridad que impone *antes*, por ejemplo, no sea posible un tiempo pasado (PAS) en la oración subordinada a otro pasado (16a') (cfr. 16b'). Esta combinación sí es posible en lenguas como el inglés, el ruso, y también el español (16a) (cfr. 16b). La exigencia léxica de *antes* y *después* en estas lenguas es que el tiempo de evaluación para V_2 sea T_{-H}:

(16) a. Juan se fue-PAS [antes de que María llegara-**PAS**].
      a'. Japonés: ... V-PAS... [O_2 ... V-**NoPAS/#PAS**].
      b. Juan se fue-PAS [después de que María llegara-**PAS**].
      b'. Japonés: ... V-PAS... [O_2 ... V-**PAS/#NoPAS**].

A excepción del trabajo citado, en la bibliografía se tienen en cuenta otras diferencias entre las lenguas para explicar contrastes como el anterior, y solo vagamente se apunta a la influencia del significado del conector. Ogihara (1996) defiende que el eje de la deixis para V_2 en cualquier contexto es T_{-Ev1}. Habría lenguas que seleccionarían formas verbales con interpretación siempre relativa a ese tiempo (*lenguas sin Regla de Concordancia de Tiempos*, RCT), y lenguas que pueden emplear formas verbales absolutas. Una RCT borraría en el nivel de Forma Lógica su información temporal para asegurar la interpretación necesaria (*lenguas con RCT*).

El pasado de la oración japonesa equivalente a (16b) situaría el T_{-F} de la oración introducida por *después* como anterior a T_{-Ev1}. Esta misma relación no es posible en la oración equivalente a (16a) por el significado de *antes*. Para expresar la posterioridad del T_{-F} subordinado que exige *antes*, debe emplearse una forma sin indicación de anterioridad. En lenguas como el inglés, o el español, en que es posible encontrar un pasado (16a), la RCT borraría en Forma Lógica el contenido temporal subordinado. El orden entre los eventos principal y subordinado estaría determinado por el significado del conector.

En Arregui y Kusumoto (1998) se menciona un problema para las dos propuestas anteriores: la presencia de un tiempo pasado en las subordinadas temporales japonesas de simultaneidad equivalentes a (17a). Si el tiempo de evaluación para V_2 fuera T_{-Ev1}, el pasado de O_2 debería situar el evento consistente en llegar María como anterior al evento consistente en estar Juan en su habitación:

(17) a. Juan estaba-PAS en su habitación [cuando María llegó-**PAS**].
      a'. Japonés: ... V-PAS... [O_2 ... V-**PAS**].

Señalan asimismo estos autores que es un obstáculo para el planteamiento homogeneizador de Ogihara (1996) que haya lenguas como el polaco, también el ruso, que no aplican RCT en los contextos de subordinación sustantiva y que se comporten como el inglés, o el español, en los contextos de subordinación temporal. Esto apunta a que la combinación de tiempos en la subordinación sustantiva y en la temporal debe regirse por principios diferentes (véase a este respecto Horstein 1990, para el inglés). Arregui y Kusumoto (1998) sostienen que el tiempo de evaluación para V_2 en una oración temporal es T_{-H}. T_{-H} se realiza sintácticamente en el núcleo de SComp. La diferencia entre las lenguas se resuelve postulando que únicamente los conectores temporales de lenguas como el inglés, el polaco, el ruso o el español seleccionarían la proyección SComp. Los conectores temporales del japonés seleccionarían ST. En consecuencia, V_2 debe orientarse con respecto a T_{-Ev1}. Nada se dice sobre si este mismo procedimiento serviría para dar cuenta de las diferencias entre las lenguas consideradas en los contextos de subordinación sustantiva.

En Iwaya (1998) se defiende nuevamente que el tiempo de evaluación para V_2 es T_{-Ev1}. Las combinaciones de tiempos estarían determinadas por la *Regla de Armonía Temporal*

(Geis 1970), que estipula que los modificadores temporales deben expresar el mismo tiempo que las expresiones modificadas. Iwaya afirma que las oraciones temporales del japonés carecen de información temporal, por lo que el orden entre los eventos principal y subordinado depende del significado del conector. Para ello necesita postular que las terminaciones *-ta* y *-ru*, consideradas habitualmente como marcas de pasado y no pasado, respectivamente, son marcadores de Aspecto. El conector *después* seleccionaría aspecto Aoristo; *antes*, Imperfectivo. En este trabajo tampoco se toman en consideración subordinadas de simultaneidad como (17a). Si sustituimos en (17a') PAS por AOR, la oración equivalente del japonés tendría una interpretación obligatoria de sucesión temporal que, al menos en español, no viene exigida por el significado del conector.

En las oraciones sustantivas, el cambio del eje de la deixis temporal para V$_2$ se ha hecho depender de la relación de rección (Hornstein 1990), de comando (Ogihara 1996) o de mando-c (Carrasco Gutiérrez 1998) por parte del verbo principal (V$_1$). Este vínculo sintáctico no existe en otro tipo de subordinadas (sin embargo, véase la interpretación *de dicto* de 14). Si derivamos de este hecho que el eje de la deixis para V$_2$ siga siendo en ella por defecto T$_{-H}$, el camino para entender qué combinaciones de tiempos son posibles y cuáles las interpretaciones disponibles no puede ser otro que formalizar las exigencias semánticas de cada conector.

3. El fenómeno de la concordancia de tiempos

La Tabla 2 recoge las formas verbales que expresan anterioridad, simultaneidad y posterioridad en las subordinadas sustantivas del español. En la última fila la diferencia entre tiempos de indicativo y subjuntivo se indica explícitamente. En el resto, debe entenderse que los tiempos pueden pertenecer al indicativo o al subjuntivo. En la columna de la izquierda aparecen los tiempos que se subordinan a formas verbales de la esfera del presente; en la de la derecha, los que se subordinan a formas de la esfera del pasado. Se denomina *esfera del*

Tabla 2 Combinaciones de tiempos en contextos de subordinación sustantiva

V$_1$_ Tiempo de la esfera del presente	V$_1$_ Tiempo de la esfera del pasado (o pretérito perfecto compuesto)
	Anterioridad
Pretérito perfecto compuesto Aoristo	Pretérito pluscuamperfecto Aoristo
Pretérito perfecto simple	
Pretérito imperfecto	
Pretérito pluscuamperfecto Perfecto	
	Simultaneidad
Presente	Pretérito imperfecto
Pretérito perfecto compuesto Perfecto	Pretérito perfecto simple
	Pretérito pluscuamperfecto Perfecto
	Posterioridad
Futuro	Condicional
Futuro compuesto Perfecto	Condicional compuesto Perfecto
Presente de subjuntivo	Pretérito imperfecto de subjuntivo
Pretérito perfecto compuesto Perfecto de subjuntivo	Pretérito pluscuamperfecto Perfecto de subjuntivo

presente a la parte de la línea con la que nos representamos mentalmente el fluir del tiempo que incluye T_{-H}. Se denomina *esfera del pasado* a la parte que precede a T_{-H} y no lo incluye. El pretérito perfecto compuesto se comporta como un tiempo de la esfera del pasado para los efectos de la concordancia de tiempos.

Algunas de las combinaciones anteriores son prueba indiscutible del cambio en el eje de la deixis temporal de V_2 (18 y 19). En la oración sustantiva de (18a) encontramos un condicional *no retrospectivo*: el condicional sitúa el T_{-F} subordinado como posterior a T_{Ev1}; la relación con respecto a T_{-H} queda indeterminada. Si el eje de la deixis temporal para V_2 fuera T_{-H}, en combinación con el adverbio *ayer* encontraríamos un pretérito perfecto simple (18b):

(18) a. El lunes me aseguraron que las notas *saldrían* {ayer/hoy/mañana}.
      b. *El lunes me aseguraron que las notas *salieron* ayer.

En las oraciones sustantivas de (19a) aparecen tiempos absolutos que en oraciones independientes expresarían anterioridad con respecto a T_{-H}. En las oraciones subordinadas de (19a) expresan anterioridad con respecto al futuro de O_1. Si el eje de la deixis temporal para V_2 fuera T_{-H}, la forma verbal esperable sería otro futuro (19b). A pesar de que no haya subordinación en sentido estricto (RAE-ASALE 2009: § 24.7b), (19c) muestra que el eje de la deixis temporal para las formas *estuvo*, *estaba* y *había estado* es también el tiempo del evento denotado por el predicado introductor del discurso directo:

(19) a. Juan asegurará el domingo que {*estuviste/estabas*/ya *habías estado*} con Pedro dos días antes.
      b. *Juan asegurará el domingo que *estarás* con Pedro dos días antes.
      c. Juan asegurará el domingo: "María {*estuvo/estaba*/ya *había estado*} con Pedro el viernes".

El intervalo relevante a efectos de la indicación temporal de una forma verbal es T_{-F}, el tiempo que el aspecto gramatical hace visible. El tiempo del foco y el del evento pueden coincidir total (aspecto Aoristo) o parcialmente (aspecto Imperfectivo), pero también puede no existir coincidencia (aspecto Perfecto): situaríamos en la línea temporal el tiempo del estado de cosas que sigue al evento. Pues bien, son precisamente estos casos de no coincidencia los que nos permiten determinar que el eje para la deixis de V_2 no es el T_{-F} de O_1 sino T_{-Ev1}. Lo comprobamos en (20):

(20) a. Ya les han pedido que *llevaran* los justificantes de pago.
      b. Ya hemos visto que *llenaba* la bañera con agua fría.

Las formas verbales de O_1 sitúan T_{-F} como simultáneo con T_{-H}. En (20a) se trata del tiempo del estado de cosas consistente en tener hecha una petición; en (20b), del tiempo del estado de cosas consistente en tener vista una situación. En (20a) aparece un predicado de influencia y en (20b), uno de percepción. Si el T_{-F} de O_1 fuera el eje de la deixis para V_2, la posterioridad que exige el primero se conseguiría con un presente de subjuntivo; la simultaneidad que exige el segundo, con un presente de indicativo (véase la Tabla 2). Los pretéritos imperfectos que aparecen en su lugar se orientan con respecto a T_{-Ev1}, esto es, con respecto al tiempo, anterior a T_{-H}, en que se produce el evento de pedir (cf. 22a y 29c).

El ejemplo de (21a) es paralelo a los de (19a, c). El presente de O_2 no expresa simultaneidad con respecto a T_{-H}, sino con respecto a T_{-Ev1}. En cambio, la combinación de (21b) no está recogida en la Tabla 2 por su carácter excepcional. Es otra prueba de que un tiempo absoluto recibe en la oración sustantiva una interpretación diferente de la que tendría en otro contexto sintáctico. El presente de O_2 expresa simultaneidad tanto con respecto a T_{-Ev1} como con respecto a T_{-H}. Es lo que se conoce como lectura de *doble acceso* (Enç 1987). Por tanto, es necesario entender que el evento consistente en estar embarazada María se extiende desde T_{-Ev1} hasta T_{-H}. La expresión temporal *hace dos años* mediría esa distancia. Si aparece explícita (21b) es inaceptable, pues se atribuiría a un embarazo una duración muy superior a la que le concede nuestro conocimiento extralingüístico. *Dentro de dos años* no provoca la inaceptabilidad de (21a) porque el presente subordinado se interpreta exclusivamente con respecto a T_{-Ev1}:

(21) a. Juan contará (dentro de dos años) que María *está* embarazada.
      b. Juan contó (#hace dos años) que María *está* embarazada.

El presente de subjuntivo de (22a) recibiría también interpretación de doble acceso (cfr. 20a). No así el de (22b). La agramaticalidad de esta oración (22b) es prueba de que la interpretación de doble acceso no siempre está disponible. Los predicados *intensionales débiles* del tipo del verbo de lengua *contar* o del verbo de influencia *pedir* toleran la interpretación de doble acceso de V_2. Los predicados *intensionales fuertes*, del tipo del verbo de pensamiento *creer*, no. Una interpretación de doble acceso supone que el contenido de O_2 continúa siendo válido en T_{-H}. Este tipo de juicio se debe al hablante, que es quien reproduce las palabras, atribuye pensamientos, etc., al sujeto de O_1. Los verbos intensionales fuertes bloquean las presuposiciones del hablante o del sujeto de otros verbos de los que puedan depender sintácticamente. El contenido de las oraciones que se les subordinan se refiere siempre al mundo de creencias, deseos, etc., del sujeto de O_1:

(22) a. Ya les han pedido que *lleven* el justificante de pago.
      b. *Juan creía que María *está* embarazada.

Para las condiciones en que se obtienen las interpretaciones de doble acceso, y particularmente para el tipo de predicados que las toleran, consúltese Declerck y Tanaka (1996) y las referencias allí citadas. Sintácticamente, la relación de V_2 con T_{-H} se ha explicado mediante el movimiento de O_2 en Forma Lógica. Este movimiento dejaría una copia en la posición de base que aseguraría simultáneamente la relación de V_2 con T_{-Ev1} (Stowell 1995).

Los contrastes entre los pretéritos imperfecto y perfecto simple de (23) son clave para determinar cómo enfocar sintácticamente el fenómeno de la concordancia de tiempos. Cualquier explicación ha de dar cuenta de que: A) en las oraciones sustantivas subordinadas a predicados intensionales débiles ambos pretéritos pueden expresar anterioridad, pero solo el imperfecto puede expresar simultaneidad (23a); B) en las oraciones sustantivas subordinadas a verbos de percepción física la simultaneidad es la única relación posible (23b); y C) en las oraciones sustantivas subordinadas a predicados intensionales fuertes el perfecto simple está excluido; la aparición del imperfecto depende de que su interpretación temporal sea la de un pluscuamperfecto (23c, d):

(23) a. Juan dijo que María {*estaba*/#*estuvo*} en Madrid. (Simultaneidad)
      b. Vieron que Juan {*discutió/discutía*} con María durante diez minutos.
      c. *Juan pensaba que María {*estaba/estuvo*} en Madrid hace dos semanas.
      d. Juan pensaba que María {*estaba/había estado*} en Madrid hacía dos semanas.

Una forma de explicar sintácticamente que los tiempos absolutos de (23) puedan expresar simultaneidad es postular una RCT que borre en el nivel de interpretación la indicación de anterioridad que realizan. El tiempo de O_1 tiene que pertenecer a la esfera del pasado o ser un pretérito perfecto compuesto. Como consecuencia, se produciría el solapamiento entre el T_{-F} de O_2 y T_{-Ev1}. Este solapamiento debe resolverse en términos de inclusión si el evento subordinante se concibe como puntual (Giorgi y Pianesi 1995). Es lo que ocurre con el evento denotado por el verbo de lengua en (23a). La inclusión no es posible con el pretérito perfecto simple debido al contenido aspectual de Aoristo: el evento se nos presenta como cerrado e inaccesible a efectos referenciales. Sí es posible con el pretérito imperfecto: el evento se nos presenta como abierto. Cuando el evento subordinante no se concibe como puntual, la inclusión no es la única relación posible. Es lo que sucede con el evento denotado por el verbo de percepción en (23b): con el pretérito perfecto simple en O_2, la relación es de simultaneidad total.

Finalmente, el contraste de (23c, d) apunta, por un lado, a que la interpretación de anterioridad de los pretéritos perfecto simple e imperfecto se debe a la posibilidad con predicados intensionales débiles de interpretar V_2 con respecto a T_{-H}. Fuera del alcance de V_1, la RCT no se aplica. En el nivel de interpretación, los dos pretéritos mantendrían su indicación temporal originaria. Los predicados intensionales fuertes bloquean el movimiento sintáctico asociado a la interpretación de doble acceso. Por otro lado, si el pretérito imperfecto de (23d) escapa a este bloqueo, la razón debe estar en que esta forma cubre en ciertas ocasiones el hueco de un tiempo inexistente en español cuyo significado sería el de un pretérito pluscuamperfecto Imperfectivo (Carrasco Gutiérrez 2001).

Cerramos este apartado con dos observaciones. La primera es que las combinaciones de tiempos pueden ser distintas de las de la Tabla 2 si la concordancia se establece atendiendo a los significados temporales secundarios de las formas verbales de la oración principal (24 y 25); o el tiempo de evaluación permanece implícito (26). La segunda es que algunas de estas combinaciones pueden verse obstaculizadas por las propiedades léxicas del predicado principal (27–29).

En (24) se subordinan a un presente histórico tiempos de la columna de la derecha; en (25) se subordinan a un condicional de modestia o cortesía, tiempos de la columna de la izquierda (véase la Tabla 2). Se están teniendo en cuenta significados temporales secundarios: el presente histórico sitúa el T_{-F} como anterior al T_{-H}; el condicional de modestia o cortesía, como simultáneo con T_{-H}:

(24) Y es entonces cuando le digo que muchas personas *habían sido* [ANT.] testigos de su infracción, que yo *tenía* [SIMUL.] todas las de ganar y que mi abogado *arreglaría* [POST.] todo.

(25) Apostaría a que {ayer te *mintió*/ahora *duerme* plácidamente/esta noche *saldrá* con María}.

El presente de los ejemplos de (26) mantiene su valor temporal primario. El tiempo de evaluación para V_2 debe ser recuperado contextualmente. Así se explica que tengamos un pretérito pluscuamperfecto o un condicional en las oraciones sustantivas subordinadas:

(26) a. Recuerdo que [DIJO QUE] le *había sorprendido* mucho verlos allí.
     b. Creo que [DIJO QUE] le *avisaría* él.

Es posible establecer de manera muy general tres grupos de predicados restrictivos (Carrasco Gutiérrez 1998; RAE-ASALE 2009: § 24.7i-x): predicados que rechazan la presencia de tiempos que indiquen anterioridad; predicados que no suelen combinarse con tiempos que indiquen posterioridad, y predicados que exigen la presencia de tiempos que expresen simultaneidad. Al primer grupo de predicados restrictivos pertenecerían los de influencia (*animar, ordenar, prohibir, prometer, suplicar*), voluntad o volición (*apetecer, necesitar, querer, pretender*), predicción (*adivinar, predecir, vaticinar*), resolución o determinación (*abstenerse, arriesgarse, decidir(se), negarse*) y ciertos predicados modales (*convenir, ser aconsejable/inevitable/urgente*) (27). En el segundo grupo se inscribirían predicados como *acusar, arrepentirse* o *confesar* (28). En el tercer y último grupo estarían de forma característica los predicados de percepción física (*ver, oír*) (29a). La presencia en O$_2$ de tiempos que expresen anterioridad o posterioridad obliga a entender que la percepción no es física sino intelectiva (29b, c):

(27) a. Te prometerá que lo {*hará/*hizo*} enseguida.
       b. Se negó/Se ofreció a {*recoger/*haber recogido*} los platos.
       c. Es aconsejable que te {*quedes/*hayas quedado/*quedaras*} conmigo.

(28) Se arrepintieron de {habérselo contado/*contárselo}.

(29) a. Vimos que María {cerró/cerraba} la puerta muy despacio.
       b. Vimos que María {*había cerrado/cerraría*} la puerta muy despacio.
       c. Ya hemos visto que *llena* la bañera con agua fría (cfr. 20b).

Cuestiones pendientes para futuras investigaciones son tanto un estudio exhaustivo de los predicados que encajan en cada grupo como la formalización de estas restricciones. Las explicaciones sintácticas del fenómeno de la concordancia de tiempos han tomado siempre como punto de partida predicados no restrictivos como los de lengua o pensamiento. Constituye una excepción la atención que han merecido los verbos de percepción (Guasti 1993; Felser 1999; Ciprià 2002; Carrasco Gutiérrez y González Rodríguez 2011).

Bibliografía

Arregui, A. y Kusumoto, K. (1998) "Tense in temporal adjunct clauses", en Strolovitch, D. y Lawson, A. (eds.) *Proceedings of Semantics and Linguistic Theory (SALT) 8*, Ithaca, NY: CLC Publications, pp. 1–18.

Asher, N. y Lascarides, A. (2003) *Logics of conversation*, Cambridge: Cambridge University Press.

Bello, A. (1847) *Gramática de la lengua castellana destinada al uso de los americanos*, Santa Cruz de Tenerife: Instituto Universitario de Lingüística Andrés Bello-Cabildo Insular de Tenerife, 1981.

Bosque, I. (2012) "Mood: Indicative vs. subjunctive", en Hualde, J. L., Olarrea, A. y O'Rourke, E. (eds.) *The handbook of Hispanic linguistics*, Oxford: Wiley-Blackwell, pp. 373–394.

Carrasco Gutiérrez, Á. (1998) *La correlación de tiempos en español*, tesis doctoral, Universidad Complutense de Madrid.

Carrasco Gutiérrez, Á. (2001) "Los dos significados de anterioridad del pretérito imperfecto", *Verba*, Anexo 28, pp. 59–73.

Carrasco Gutiérrez, Á. y González Rodríguez, R. (2011) "La percepción visual de estados", en Carrasco Gutiérrez, Á. (ed.) *Sobre estados y estatividad*, Múnich: Lincom Europa, pp. 158–188.

Ciprià, A. B. (2002) "Tensed complements of perception verbs: Issues in their temporal interpretation", en Gutiérrez-Rexach, J. (ed.) *From words to discourse. Trends in Spanish semantics and pragmatics*, Oxford: Elsevier, pp. 37–60.

Declerck, R. y Tanaka, K. (1996) "Constraints on tense choice in reported speech", *Studia Linguistica*, 50, 30, pp. 283–301.

Enç, M. (1987) "Anchoring conditions for tense", *Linguistics Inquiry*, 18, 4, pp. 633–657.

Felser, C. (1999) *Verbal complement clauses. A minimalist study of direct perception construction*, Amsterdam: John Benjamins.

García Fernández, L. (2000) *La gramática de los complementos temporales*, Madrid: Visor.

García Fernández, L. (2008) "Pretérito pluscuamperfecto y pretérito anterior", en Carrasco Gutiérrez, Á. (ed.) *Tiempos compuestos y formas verbales complejas*, Madrid/Fráncfort: Iberoamericana/Vervuert, pp. 359–400.

Geis, M. L. (1970) *Adverbial subordinate clauses in English*, tesis doctoral, MIT.

Giorgi, A. y Pianesi, F. (1995) "From semantics to morphosyntax: The case of the imperfect", en Bertinetto, P. M. *et al.* (eds.) *Temporal reference, aspect and actionality*, vol. 1: *Semantic and syntactic perpectives*, Turín: Rosenberg & Sellier, pp. 341–363.

Giorgi, A. y F. Pianesi (1997) *Tense and aspect: From semantics to morphosyntax*, Oxford: Oxford University Press.

Guasti, M.T. (1993) *Causative and perception verbs. A comparative study*, Turín: Rosenberg & Sellier.

Hinrichs, E. (1986) "Temporal anaphora in discourses of English", *Linguistics and Philosophy*, 9, pp. 63–82.

Hornstein, N. (1990) *As time goes by*, Cambridge, MA: The MIT Press.

Iwaya (1998) "The temporal interpretation of adjunct clauses", *Explorations in English Linguistics*, 13.

Kamp, H. (1979) "Events, instants, and temporal reference", en Bäuerle, R., Egli, U. y Stechow, A. von (eds.) *Semantics from different points of view*, Berlín: Springer Verlag, pp. 376–415.

Kamp, H. y Reyle, U. (1993) *From discourse to logic*, Dordrecht: Kluwer.

Kamp, H. y Rohrer, Ch. (1983) "Tense in texts", en Bäuerle, R., Schwarze, Ch. y Stechow, A. von (eds.) *Meaning, use and interpretation of language*, Berlín: Walter de Gruyter, pp. 250–269.

Klein, W. (1994) *Time in language*, Londres: Routledge.

Kubota, Y. *et al.* (2009) "Cross-linguistic variation in temporal adjunct clauses", en Nishida, C. y Russi, C. (eds.) *Building a bridge between linguistic communities of the Old and the New World. Current research on tense, aspect, mood and modality (Cahiers Chronos 25)*, Amsterdam: Rodopi, 2012, pp. 141–161.

Ladusaw, W. (1977) "Some problems with tense in PTQ", *Texas Linguistic Forum*, 6, pp. 89–102.

Ogihara, T. (1996) *Tense, attitude and scope*, Dordrecht: Kluwer.

Partee, B.H. (1984) "Nominal and temporal anaphora", *Linguistics and Philosophy*, 7, pp. 243–286.

[RAE-ASALE] Real Academia Española y Asociación de Academias de la Lengua Española (2009) *Nueva gramática de la lengua española*, Madrid: Espasa.

Reichenbach, H. (1947) *Elements of symbolic logic*, Nueva York: The Free Press.

Stowell, T. (1995) "The phrase structure of tense", en Rooryck, J. y Zaring, L. (eds.) *Phrase structure and the lexicon*, Dordrecht: Kluwer, pp. 277–291.

Webber, B. (1988) "Tense as discourse anaphor", *Computational Linguistics*, 14, pp. 61–73.

Lecturas complementarias

Abusch, D. (1997) "Sequence of tense and temporal De Re", *Linguistics and Philosophy*, 20, 1, pp. 1–50.

Carrasco Gutiérrez, Á. (2004) "Algunas explicaciones para la simultaneidad en las oraciones subordinadas sustantivas", en García Fernández, L. y Camus Bergareche, B. (eds.) *El imperfecto*, Madrid: Gredos, pp. 407–480.

Ciprià, A.B. (1996) *The interpretation of tense in Spanish complement clauses*, tesis doctoral, Ohio University.

Declerck, R. (1991) *Tense in English. Its structure and use in discourse*, Londres: Routledge.

Declerck, R. (1997) *When-clauses and temporal estructure*, Londres: Routledge.

Giorgi, A. y Pianesi, F. (2001) "Imperfect dreams. The temporal dependencies of fictional predicates", *Probus*, 13, 1, pp. 31–68.

Heinämäki, O.T. (1978) *Semantics of English temporal connectives*, Indiana: IULIC.

Lo Cascio, V. y Vet, C. (eds.) (1986) *Temporal structure in sentence and discourse*, Dordrecht: Foris.

Moeschler, J. (dir.) (1998) *Le temps des événements. Pragmatique de la référence temporelle*, París: Kimé.

Ogihara, T. y Sharvit, Y. (2012) "Embedded tenses", en Binnick, R.I. (ed.) *The Oxford handbook of tense and aspect*, Oxford: Oxford University Press, pp. 638–668.

Saussure, L. de (2003) *Temps et pertinence: Eléments de pragmatique cognitive du temps*, Bruselas: Duculot/de Boeck.

Smith, C. (2003) *Modes of discourse*, Cambridge: Cambridge University Press.

Zagona, K. (2003) "Tense and anaphora: Is there a tense-specific theory of coreference?", en Barss, A. (ed.) *Anaphora: A reference guide*, Oxford: Wiley-Blackwell, pp. 140–171.

Entradas relacionadas

gerundio y participio; infinitivo; oraciones de relativo; subjuntivo; subordinación adverbial; subordinación sustantiva

VERBOS AUXILIARES

Ana Bravo

1. Definición

En una combinación sintáctica de dos o más verbos, se denomina VERBO AUXILIAR a aquel verbo de los dos que carece de argumentos propios y que, por consiguiente, necesita aparecer siempre acompañado de un VERBO PLENO, denominado también AUXILIADO, PRINCIPAL o LÉXICO, responsable de aportar estos argumentos. El término ARGUMENTO, o VALENCIA, refiere, de manera informal, a cada uno de los participantes que intervienen necesariamente en la acción —en sentido amplio— descrita por el verbo.

Es habitual en la literatura mostrar esta propiedad con ejemplos como los de (1) y (2), en los que se observa cómo el sujeto oracional (*Juan*, *el libro*) se relaciona semánticamente con el segundo de los verbos (*fumar*, *constar*) y no con aquel con el que mantiene la relación de concordancia (*seguir*, *poder*) —véase también el § 2.2. más abajo—:

(1) a. {Juan/*El libro} sigue fumando.
   b. {Juan/*El libro} fuma.

(2) a. {*Juan/El libro} puede constar de diez capítulos.
   b. {*Juan/El libro} consta de diez capítulos.

La combinación de un verbo auxiliar (o más) y un verbo auxiliado se denomina PERÍFRASIS VERBAL y sus clases se estudian en la entrada correspondiente. Desde el punto de vista formal, en una perífrasis verbal solo puede aparecer conjugado el verbo auxiliar —aunque no es obligatorio que lo haga—; el verbo auxiliado, por su parte, aparece necesariamente en una de las tres formas no finitas de la conjugación: infinitivo (2a), gerundio (1a) o participio (*Juan ha fumado*).

Los términos AUXILIAR y AUXILIADO reflejan la relación de dependencia formal del segundo respecto del primero, en la medida en la que es el verbo auxiliar (*seguir*, *poder*) el responsable de aportar la morfología flexiva; los términos de verbo PLENO o PRINCIPAL, en cambio, inciden en el aspecto de dependencia semántica del primero respecto del segundo, dado que, recordamos, los verbos auxiliares carecen en principio de argumentos propios (véase el § 2.2).

Por otra parte, en un modelo formal configuracional tanto el verbo auxiliar como el verbo auxiliado encabezan cada uno su propio constituyente: el primero, un sintagma verbal auxiliar (SAux) y el segundo, un sintagma verbal (SV), entendiendo que este contiene posiciones para todos los argumentos del predicado (véase también el apartado 2.1. de la entrada PERÍFRASIS VERBAL). Repárese también en que habrá tantos SAux como verbos auxiliares aparezcan:

(3) [O Juanᵢ [SAux1 debe [SAux2 de seguir [SV J̶u̶a̶n̶ᵢ fumando]]]].

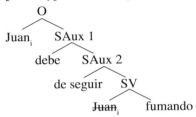

Carecer de estructura argumental propia, sin embargo, no es equivalente a carecer de significado. Los verbos auxiliares se caracterizan por aportar información de tipo funcional relativa al tiempo gramatical, como *ir (a)* en *Mañana va a llover*; el aspecto, como *estar* en *Juan está fumando*; la modalidad, como *poder* en (2a) y la voz (pasiva), mediante el verbo *ser* más un participio (*Fue comprado*). Véase la entrada correspondiente a PERÍFRASIS VERBALES.

La razón por la que se distingue entre la clase de los verbos auxiliares y la clase de los verbos plenos es porque aquellos presentan un conjunto de propiedades gramaticales distintas de las que caracterizan a un verbo pleno (§ 2). Si estas propiedades se poseen solo en parte se habla de verbos semiauxiliares, adscripción esta que no deja de ser polémica (§ 3). Esta variabilidad explica que no exista acuerdo acerca de qué verbos deben integrar la lista de verbos auxiliares del español. En principio, son verbos plenamente auxiliares, además de los ya mencionados, también los siguientes —si bien la lista no es exhaustiva—: <*deber (de)*+inf.>, <{*empezar/comenzar*} *a*+inf.>, <*haber*+part.>, <*soler*+inf.>, <{*tener/haber*} *que*+inf.>, <{*terminar/acabar*} *por*+ger.>. A largo del capítulo se ofrecerán ejemplos de los restantes. Las referencias imprescindibles son, en cualquier caso, la *Nueva gramática de la lengua española* (RAE-ASALE 2009: cap. 28) y el *Diccionario de perífrasis verbales*.

2. Propiedades gramaticales de los verbos auxiliares

2.1. Introducción

Las que tradicionalmente se aportan como "pruebas" (Olbertz 1998: 38–44, entre muchos otros) para determinar si un verbo es o no auxiliar son, en sentido estricto, propiedades gramaticales que se siguen de la naturaleza no plena del verbo. Las más importantes, y de las que derivan todas las restantes, son i) la falta de estructura argumental y ii) la selección de un complemento que categorialmente es un SV, por contraposición a una oración (o sintagma complementante SC). Cabe añadir que muchos verbos auxiliares son temporalmente defectivos, y esto se considera igualmente una consecuencia de su naturaleza auxiliar.

2.2. *Propiedades gramaticales derivadas de la falta de estructura argumental*

Existe un conjunto de propiedades que se siguen del hecho de que los verbos auxiliares carezcan de un argumento propio que realice la función de sujeto sintáctico —primer argumento en términos funcionales (Olbertz 1998: 33)—. Se resumen seguidamente.

El sujeto oracional como argumento del verbo auxiliado debe cumplir con las restricciones de selección semántica y categorial impuestas por el verbo auxiliado. Esquemáticamente esta relación se puede representar como en (4):

(4) a. Juan sigue fumando →

                Relación de concordancia (sintáctica)

    b. $[_{ORACIÓN}$ Juan$_i$ $[SV_{AUX}$ sigue $[SV$ ~~Juan~~$_i$ fumando$]]]$

                Relación temática (semántica)

Esta configuración explica que únicamente los verbos auxiliares puedan combinarse con verbos existenciales y meteorológicos. Estos últimos comparten la propiedad de carecer de sujeto semántico, luego solo pueden ser seleccionados por otros verbos que carezcan igualmente de argumento externo temático; cuando esto no sucede, el resultado es agramatical:

(5) a. {Empezó a/Dejó de/Suele/Tiene que/No tiene por qué/Llegó a} llover.
    b. {Sigue/Empezó/Terminó} habiendo mucha gente.

(6) a. *Deseó llover.
    b. *Deseó haber mucha gente.

(6a) y (6b) son agramaticales porque *desear* es un verbo léxico, para ser más precisos, DE CONTROL. Esto significa que su argumento externo y el argumento externo del verbo en infinitivo son correferenciales; dado que *llover* carece de un argumento externo referencial, el resultado es agramatical. Los verbos que aparecen en (5a) y (5b), al ser auxiliares, admiten como sujetos argumentos externos tanto temáticos como no temáticos. Desde el punto sintáctico, se considera que son VERBOS DE ASCENSO del sujeto, por oposición a los de control (véanse los ejemplos (3) y (4)).

También distingue a los verbos auxiliares, frente a todos los demás, su capacidad para combinarse con los infinitivos pasivos ((7a) y (7b)) y las pasivas reflejas (7c). Estas últimas se caracterizan por que el sujeto oracional es un argumento interno del verbo léxico. Si el verbo auxiliar no fuese tal poseería una red temática propia, como la posee *desear*, y esto le impediría semántica y estructuralmente tomar como sujeto oracional al argumento interno de su complemento (8):

(7) a. El puente {va a/debe/volvió a/terminó por/llegó a} ser destruido.
    b. Los heridos {estaban/iban/siguieron/acabaron} siendo atendidos.
    c. Esas cosas no {pueden/han de/dejan de/suelen} pensarse.

(8) a. *El puente deseó ser destruido.
    b. *Esas cosas no desean pensarse.

Por este mismo motivo, los verbos auxiliares carecen de forma pasiva:

(9) a. Juan desea ganar la carrera → Ganar la carrera es deseado por Juan.
    b. Juan debe pagar la multa → * Pagar la multa es debido por Juan.

En los casos de dobles pasivas (*El puente fue empezado a ser construido*) se considera que la morfología pasiva del verbo auxiliar no se interpreta (Bosque y Gallego 2011).

2.3. Excepciones: verbos de control, auxiliares con restricciones temáticas e impersonales

Los verbos *saber*, en particular, y, en principio también, los restantes modales con significado radical, junto con *andar* (en <*andar*+gerundio>) y *ponerse* (en <*ponerse a*+infinitivo>) presentan excepciones totales o parciales a la generalización anterior.

Por lo que a los modales radicales respecta, en la medida en que atribuyen al sujeto oracional una propiedad se ha interpretado que deben seleccionar un argumento externo y, por consiguiente, que son verbos de control. La propiedad atribuida es bien poseer una habilidad, bien tener el permiso para hacer algo, o la obligación. Este análisis predice que, en los entornos señalados en el § 2.2, darán lugar a oraciones agramaticales. Esta predicción, sin embargo, solo se cumple plenamente para *saber* —descártese la interpretación epistémica para el resto de los modales, así como la habitual para *saber*—:

(10) a. {Puede/Tiene que/Debe} llover.
    b. Esta partitura {puede/ha de/debe} ser tocada por Juan.
    c. Esas cosas {pueden/tienen que/deben} pensarse, pero no decirse.

(11) a. *Sabe llover.
    b. *Esta partitura sabe ser tocada por Juan.
    c. *Esas cosas saben pensarse, pero no decirse.

La distinción entre auxiliares que son de control —los modales radicales— y auxiliares que son de ascenso, a pesar de contar con una larga tradición en la gramática generativa, está siendo objeto de revisión (véanse Wurmbrand 1998 y Hacquard 2011) dado que, al menos por lo que a los datos de (10) respecta, no se cumple. No se cumple, entre otras razones, porque se espera que, por ejemplo en (10b), una partitura no pueda ser el destinatario de una obligación, que es la interpretación que se obtendría si los modales de (10) fueran verbos de control. Si esto es así, (10b) debería resultar igual de anómala que lo es (11b), pero no lo es, luego no es tan evidente que los modales radicales sean verbos de control como lo es *desear* (véanse los ejemplos (6) y (8)). (12) es la representación esquemática de *saber* como verbo de control:

            Relación de concordancia sintáctica y semántica

(12) [$_{\text{ORACIÓN}}$ Juan$_i$ [SV $_{\text{AUX}}$ sabe [SVØ$_i$ bailar]]]

            Relación de identidad correferencial

Por otra parte, en Depiante (2001) se sostiene que la posibilidad de elidir el complemento en el segundo término de las estructuras coordinadas, como en (13), constituye una prueba de que el verbo auxiliar posee un argumento externo:

(13) a. Juan {puede/sabe} cantar y María también {puede/sabe} Ø. [Ø=cantar]
      b. Juan debe salir a las ocho y María también debe Ø. [Ø=salir a las ocho] Tomado de
          Depiante (2001: ej. (61)).

Esta propiedad, que en los estudios descriptivos del español ha sido reseñada en diversas
ocasiones (Gómez Torrego 1999: 3359–3361), para Depiante (2001) es consecuencia de que
el verbo auxiliar posee su propio argumento externo, el cual resulta legitimado porque recibe
el papel temático del auxiliar. El análisis de Depiante (2001), no obstante, tiene una dificultad insalvable. Para esta autora los verbos de ascenso están excluidos de la coordinación, y
ofrece como prueba el siguiente ejemplo, agramatical, con el verbo auxiliar *soler* (Depiante
2001, ej. (30)): **Juan suele comprarlos y María también suele Ø* [Ø = comprarlos]. No obstante, al comienzo del trabajo se utiliza un ejemplo con *empezar*: *Juan empezó a estudiar
más, y María también empezó* (Depiante 2001, ej. (1b)), y *empezar* entra claramente dentro
de la clase de los verbos de ascenso. A este pueden añadirse los ejemplos que se proporcionan en la *NGLE* (RAE-ASALE 2009: § 28.1q), todos gramaticales:

(14) a. Ya no viene por aquí tan a menudo como solía.
      b. Comenzó a llover en diciembre y, en febrero, todavía seguía.

La cuestión es mucho más compleja de lo que aquí podemos someramente abordar, pues,
entre otros aspectos, hemos presentado solo una parte de la hipótesis de Depiante (2001); en
cuanto a los datos de la *NGLE*, hemos de señalar que no se aborda el problema de cómo se
interpretan entonces estos sujetos oracionales —en términos formales, cómo se legitiman
temáticamente—, aunque sí se explica que la posibilidad de elidir el complemento —en
aquellos que lo tienen— es una característica de los verbos auxiliares frente a los plenos,
precisamente porque aquellos carecen de una relación temática con su complemento (RAE-
ASALE 2009: § 28.1m, q-t).

Los verbos auxiliares impersonales plantean por su parte otro tipo de problemas. Así
*Hay que llover se explica porque el destinatario de la obligación impuesta por <*haber
que*+infinitivo> tiene que tener el rasgo [+humano], y no porque no sea un verbo auxiliar
(RAE-ASALE 2009: § 28.4ñ).

Por el momento solo se puede concluir que, si desde el punto de vista semántico no es
preciso mantener la distinción entre verbos de ascenso y de control, o al menos esta no tiene
un correlato formal claro, salvo para el caso de *saber*, tampoco sería necesario mantenerla
desde el punto de vista sintáctico. La otra alternativa sería la de prescindir del requisito de que
los verbos auxiliares carezcan de argumento externo para serlo y hacer depender la auxiliaridad de otras propiedades gramaticales. Esta opción se acepta explícitamente en la *NGLE*
(RAE-ASALE 2009: § 28.3h) para <*andar*+gerundio> y <*ponerse* a+infinitivo>, los cuales,
obviando las restricciones combinatorias que presentan, son considerados como auxiliares:

(15) a. *Anda nevando.
      b. Juan anda buscando *Rayuela* → **Rayuela* anda siendo buscada por Juan.

(16) a. {#Las nubes/Los transportistas} se pusieron a descargar agua.
      b. *El camión se puso a ser descargado por los transportistas.

Pero tampoco sobre este punto existe acuerdo, dado que por el mismo motivo Gómez Torrego
(1999: 3340) excluye *osar* del grupo de los auxiliares: **Osó nevar*. Repárese, por último, en

que estos verbos rechazan la elisión del complemento, algo que no se espera de acuerdo con la hipótesis de Depiante (2001): **Juan anda buscando Rayuela y Pedro también anda, *Luis se puso a correr pero yo no me puse.*

2.4. Propiedades gramaticales asociadas a la categoría sintáctica del complemento

Los verbos auxiliares seleccionan un complemento que categorialmente es un sintagma verbal, y no una oración (véase (3)). De aquí se siguen propiedades sintácticas compartidas por las perífrasis verbales de infinitivo y gerundio, y otras específicas solo de las de infinitivo.

Tanto las perífrasis de infinitivo como las de gerundio admiten la promoción de los clíticos (17) —con las de participio la posición proclítica es obligatoria, salvo en el registro escrito culto (RAE-ASALE 2009: § 27.8c)—:

(17) a. {Voy a/Empecé a/Tengo que/He de/Dejé de/Suelo} leérmelo.
      b. Me lo {voy a/empecé a/tengo que/he de/dejé de/suelo} leer.

(18) a. {Está/Sigue/Anda} buscándomelo.
      b. Me lo {está/sigue/anda} buscando.

Como esta propiedad se da con otros verbos que no son auxiliares no puede considerarse como concluyente cuando se trata de un infinitivo, pero sí cuando se trata de una perífrasis de gerundio (García Fernández 2006: 16): *Lo había prometido traer*; *Le intenté avisar*; *Lo fue a comprar al quiosco* pero **Nos entró saludando*. Por añadidura, otro puñado de auxiliares no permite la subida del clítico, por motivos varios. Así, la rechazan los auxiliares pronominales, como *ponerse* (**Se lo puso a leer*), y *haber que* (**Lo hay que comprar*). Otros, finalmente, presentan un comportamiento variable, pues mientras que *Lo está a punto de romper* se acepta menos que la variante sin ascenso (RAE-ASALE 2009: § 28.3e-f), **Lo cesó de saludar* se rechaza por completo (Topor 2005). Es de notar también que ni las preposiciones ni la partícula *que* impiden la proclisis del pronombre átono (17b), aunque la presencia de otro material léxico sí pueda interferir (Yllera 1999: 3399; García Fernández 2006: 32) —los ejemplos y los juicios de agramaticalidad son de estos autores—: *Anda como un loco buscándolo* pero **Lo anda como un loco buscando*. Dado que el orden con el pronombre antepuesto se considera como un indicio de que existe un proceso de reestructuración (§ 3), es de esperar que la aparición de material léxico bloquee la reestructuración y, por consiguiente, la proclisis.

La siguiente propiedad común a las perífrasis de infinitivo y gerundio consiste en la imposibilidad de omitir el complemento en las construcciones de énfasis con perífrasis de relativo (o estructuras ecuacionales); este debe, por el contrario, retomarse mediante la proforma *hacerlo* (19) —siempre y cuando no sea un verbo estativo—:

(19) a. **De fumar es de lo que dejó → Fumar es lo que dejó de hacer.
      b. En ir es en lo que insistió → **Ir es en lo que insistió.
      c. **Lo que suele es cantar en la ducha → Lo que suele hacer es cantar en la ducha.
      d. **Colocando los libros uno a uno es lo que fue → Colocar los libros uno a uno es lo que fue haciendo.

Las perífrasis con verbos modales radicales, según Gómez Torrego (1999: 3331), tienen un comportamiento poco claro; en nuestra opinión, (20a) empeora bastante si se invierte el orden de los constituyentes (20b):

(20) a. ?Lo que no puedo es dejar de quererte.
    b. ??/*Dejar de quererte es lo que no puedo.

En cualquier caso, en el § 2.2 se indicó que esta restricción está relacionada con el hecho de que no existe relación temática entre el auxiliar y su complemento y, en general, con el hecho de que dicho auxiliar carece de estructura argumental. La posibilidad o no de elidir el complemento en las fórmulas de relieve permite, por otra parte, diferenciar entre perífrasis de gerundio y construcciones con un verbo pleno, en contra de Yllera (1999: 3398). Así, (21b) remite a una construcción con un gerundio modal, a diferencia de (21c):

(21) a. Acabó cantando.
    b. Cantando es como acabó.
    c. Cantar es lo que acabó haciendo.

Por lo que al complemento de las perífrasis de infinitivo en particular se refiere, se caracteriza por no permitir ninguno de los procesos de sustitución característicos de los complementos oracionales: i) no puede ser reemplazado por un pronombre (22a); ii) no puede ser interrogado, es decir, no puede ser reemplazado por el pronombre interrogativo *qué*, por el mismo motivo, a saber, porque carece de entidad referencial —deben descartarse las interrogativas eco— (22b); iii) no alterna con las oraciones finitas introducidas por la conjunción *que* (22c):

(22) a. Juan volvió a fumar → {*Juan volvió a eso/*Juan lo volvió}
    b. Paró de llover → * ¿De qué paró?
    c. Un café aquí viene a {costar/*que cuesta} unos dos euros.

Esta propiedad es la que, entre otras, excluiría a *parecer* de los verbos auxiliares: *Parece {llover/que está lloviendo}*.

En cuanto al complemento de las perífrasis de gerundio, este se caracteriza específicamente i) por no permitir ni ser interrogado por *cómo*, y ii) por no admitir paráfrasis que contienen dos oraciones coordinadas (García Fernández 2006: 33 y 34):

(23) Juan siguió buscándolo.
    a. *¿Cómo siguió?
    b. *Juan siguió y lo buscó.

(24) Juan comió cantando.
    a. ¿Cómo comió?
    b. Juan comió y cantó.

2.5. La defectividad temporal

La existencia de restricciones en el paradigma de formas temporales que un verbo acepta se considera igualmente una manifestación de la auxiliaridad. Así, admiten solo las formas del presente y el pretérito imperfecto (de indicativo y subjuntivo) <*ir a*+infinitivo> como perífrasis de aspecto Prospectivo, <*acabar* de+infinitivo> como perífrasis de aspecto Perfecto (*Juan acaba de llegar*), <*soler*+infinitivo> o <*estar a punto de*+infinitivo>. Al menos por lo que a estos verbos respecta, esta restricción es de naturaleza semántica. Como indicio de auxiliaridad, permite también distinguir entre las variantes auxiliar y plena de un mismo verbo. Sucede esto con *querer* (RAE-ASALE: § 28.4a-e), *prometer* y *amenazar* (Cornillie 2009): *Ayer {prometía/*prometió} llover*, pero *Juan {prometía/prometió} hacerlo*.

3. Otras cuestiones

3.1. La categoría del complemento

Se han ofrecido argumentos de diferente naturaleza a favor de incorporar más información en el SV encabezado por el verbo auxiliado, además de la que tiene estrictamente que ver con la descripción del evento y sus participantes. Así, en la medida en la que la morfología flexiva de los verbos auxiliados posee información aspectual —y desde luego es así con el gerundio y el participio—, y sobre todo que es esta información aspectual la que el verbo auxiliar selecciona, se ha defendido la existencia de un sintagma de aspecto (SAsp) responsable de hacer visible este contenido aspectual (Zagona 2002: 197, 200), según se muestra en (25) para <*seguir*+gerundio>:

(25)   Juan debe seguir estudiando.

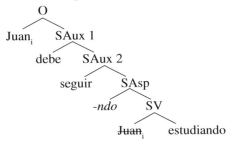

Aunque esta propuesta plantea todavía varias cuestiones, creemos que es la más acertada y que merece ser explorada. Por ejemplo, es necesario precisar cuál es la relación que existe entre el auxiliar y la información aspectual que selecciona. Así, mientras que para algunos autores puede ser un constituyente discontinuo no parece serlo para otros, como es el caso de Zagona (2002).

Por otro lado, existen verbos que admiten la concordancia con el sujeto en las oraciones de pasiva refleja, además de la variante sin concordancia. En este caso se considera que son semiauxiliares en la primera forma (RAE-ASALE 2009: § 28.3j-o) y, por consiguiente, la categoría del complemento también cambia (de SC a SV): *Se {lograron~logró} hacer todas las compras*. Se incluyen en este grupo *necesitar*, *tratar de*, *intentar* y *conseguir*.

3.2. La "indisolubilidad" de las perífrasis

Estrechamente relacionada con este aspecto se encuentra otra propiedad que ha sido señalada en varias ocasiones para las perífrasis. Desde marcos distintos, se ha afirmado bien que las perífrasis verbales forman una *indisoluble combination* ('combinación indisoluble',

Olbertz 1998: 32), bien que "no constituyen dos predicaciones distintas" (RAE-ASALE 2009: § 28.1a). Esta indisolubilidad, no obstante requerir ser matizada del modo como se hará seguidamente, en lo esencial es acertada. En efecto: a pesar de que hay dos (o más) verbos, por lo que a la información tanto temporal como aspectual o de negación oracional respecta, existe una única predicación. Una manera de dar cuenta de la relación de interdependencia que existe entre las diferentes proyecciones funcionales que afectan a un verbo o verbos auxiliares y su complemento es mediante la noción de "cadena". Esta noción fue, por lo que a nuestro conocimiento alcanza, utilizada por primera vez y de forma independiente por Guéron y Hoekstra (1988) —quienes hablan de cadenas temporales— y por Zagona (1988), y recoge adecuadamente la idea, por un lado, de que el auxiliar y el auxiliado comparten la información temporal y aspectual, y por otro, de que el auxiliado debe ser legitimado por el auxiliar; Roberts (1997), por su parte, supone para los casos de restructuración que la relación que existe entre los núcleos es similar a la que se da en una proyección extendida.

Es en el sentido de formar una cadena de proyecciones funcionales extendidas y más o menos relacionadas entre sí como debe entenderse esta indivisibilidad o predicación única. Por un lado, es evidente que las perífrasis verbales romances, no solo las del español, admiten i) la interpolación de elementos entre el auxiliar y el auxiliado ((26a) y (26b)), incluidos los clíticos (26c) —y esto sin contar las preposiciones propias de la perífrasis y la partícula *que*—, ii) la coordinación de dos o más complementos (26d) y iii) la negación del verbo auxiliado (26e) (RAE-ASALE: § 28.5):

(26) a. ¿Puede un hombre como él comportarse así?
      b. Juan fue él solo, con mucha parsimonia, traduciendo todos los poemas de Kavafis.
      c. Suelo ponérmelo a leer por la mañana.
      d. Esta noche voy a cantar y a bailar.
      e. Luis {llegó a/volvió a/empezó por/terminó por/podía/empezaba a} no sentir nada por María.

Así pues, la indisolubilidad no puede ser de tipo formal (contra Gómez Torrego 1999: 3347 y Olbertz 1998), sino únicamente semántica.

Por otro lado, al menos los verbos modales en la interpretación deóntica sí parece que introducen un evento independiente del denotado por el verbo principal. Esto puede comprobarse porque la modificación por la expresión adverbial de frecuencia *otra vez* da lugar a significados diferentes dependiendo de si afecta al verbo modal o al evento denotado por el verbo principal (Wurmbrand 1998: cap. 5):

(27) a. Juan otra vez puede examinarse.
      b. Juan puede examinarse otra vez.

En (27a) se presupone que existe una situación previa consistente en tener Juan el permiso para examinarse, sin que en ningún caso sea necesario que se haya examinado; en (27b) lo que ha existido con anterioridad es el evento de examinarse —aunque la lectura de (27a) también se obtiene—. De este diferente comportamiento se sigue que es necesario ajustar la noción de cadena a las distintas combinaciones que se dan.

4. Combinaciones no perifrásticas: verbos causativos y estructuras predicativas

Las propiedades gramaticales presentadas en el apartado 2 permiten diferenciar los verbos auxiliares de otras construcciones, formalmente idénticas en apariencia pero con una estructura gramatical distinta: los causativos <{*hacer/dejar/mandar*}+infinitivo>, <{*ver/ oír*}+{infinitivo/gerundio}>. A estas es preciso añadir las diversas construcciones que toman predicativos que formalmente son participios:

(28)   a. Juan hizo saltar a Pedro.
       b. Juan vio a Pedro {saltar/saltando}.
       c. Tengo leídos tres libros.

El análisis de cada una de estas estructuras es objeto de mucho debate y cae por completo fuera de los objetivos de esta entrada. Independientemente de la categoría que se le asigne al complemento (SV más o menos complejo, cláusula reducida seleccionada por el verbo, CD y complemento predicativo) interesa destacar que los verbos que aquí aparecen no pueden ser auxiliares porque no reúnen las propiedades señaladas para los verbos auxiliares. Así, *hacer* como causativo tiene su propio argumento externo, que es también el sujeto sintáctico y selecciona a su vez a su complemento, que se interpreta eventivamente y que, esto es lo importante, alterna con la variante oracional:

(29)   Juan hizo que Pedro saltara.

Así pues, si bien la categoría del complemento de *hacer* en (28) todavía se discute, de lo que no se duda es del carácter no auxiliar de *hacer* (RAE-ASALE 2009: § 28.4ñ). En cuanto a *ver* y *oír*, cabe decir otro tanto: *Juan vio que Pedro saltaba*. Por último, respecto de (28c), en uno de los análisis posibles *leídos* es categorialmente un participio pasivo que funciona complemento predicativo y *los libros* recibe su caso acusativo de *tener*, que conserva su estructura argumental y no es, por tanto, un verbo auxiliar.

5. Español europeo y español de américa

A título únicamente informativo ofrecemos una relación de los verbos auxiliares presentes en una o más variantes del español de América, pero menos frecuentes o completamente desconocidos en el español europeo (RAE-ASALE 2009: § 28):

(30)   <*saber*+infinitivo> 'hábito' (*Juan sabe levantarse a las 4 de la mañana todos los días*); <*estar por*+infinitivo> 'inminencia' (*Ayuntamiento arranca árbol que estaba por caerse*); <*querer*+infinitivo> 'inminencia', <*venir a*+infinitivo> 'escalaridad'; <*vivir*+gerundio> 'reiteración' (*Se lo vive pidiendo y siempre se lo niegan*); <*tener*+gerundio> 'duración'; <*dejar*+gerundio> 'resultado' (*Antes de salir dejé poniendo todas las seguridades por los abundantes atracos*).

Bibliografía

Bosque, I. (2000) "¿Qué sabe el que sabe hacer algo? *Saber* entre los predicados modales", en Korta, K. y García Murga, F. (eds.) *Palabras. Víctor Sánchez de Zavala in memoriam*, Bilbao: Universidad del País Vasco, Servicio de Publicaciones, pp. 303–323.

Bosque, I. y Gallego, Á. (2011) "Spanish double passives and related structures", *Lingüística. Revista de Estudos Linguísticos da Universidade do Porto*, 6, 1, pp. 9–50.

Cornillie, B. (2009) "Evidentiality and epistemic modality: On the close relationship of two different categories", *Functions of Language*, 16, 1, pp. 32–44.

Depiante, M. (2001) "On null complement anaphora on Spanish and Italian", *Probus*, 13, pp. 193–221.

García Fernández, L. (2006) "Perífrasis verbales en español", en García Fernández, L. (dir.), *Diccionario de perífrasis verbales*, Madrid: Gredos, pp. 9–58.

García Fernández, L. (dir.) (2006) *Diccionario de perífrasis verbales*, Madrid: Gredos.

Gómez Torrego, L. (1999) "Los verbos auxiliares. Las perífrasis verbales de infinitivo", en Bosque, I. y Demonte, V. (eds.) *Gramática descriptiva de la lengua española*, Madrid: Espasa, vol. 2, pp. 3323–3389.

Guéron, J. y Hoekstra, T. (1988) "T-Chains and the constituent structure of auxiliaries", en Cardinaletti, A., Cinque, G. y Giusti, G. (eds.) *Constituent structure. Papers from the 1987 GLOW Conference*, Venecia: Annali di Ca' Foscari, pp. 35–99.

Hacquard, V. (2011) "Modality", en Maienborn, C., Heusinger, K. von y Portner, P. (eds.) *Semantics: An international handbook of natural language meaning* [HSK 33.2], Berlín: Mouton de Gruyter, pp. 1484–1515.

Olbertz, H. (1998) *Verbal periphrases in a functional grammar of Spanish*, Berlín: Mouton de Gruyter.

[RAE-ASALE] Real Academia Española y Asociación de Academias de la Lengua Española (2009) *Nueva gramática de la lengua española*, Madrid: Espasa.

Roberts, I. (1997) "Restructuring, head movement and locality", *Linguistic Inquiry*, 28, 3, pp.423–460.

Topor, M. (2005) "Criterios identificadores de las perífrasis verbales del español", *Sintagma*, 17, pp. 51–69.

Yllera, A. (1999) "Las perífrasis verbales de gerundio y participio", en Bosque, I. y Demonte, V. (dirs.) *Gramática descriptiva de la lengua española*, Madrid: Espasa, vol. 2, 3391–3441.

Wurmbrand, S. (1998) *Infinitives*, tesis doctoral, MIT.

Zagona, K. (1988) *Verb phrase syntax*, Dordrecht: Kluwer.

Zagona, K. (2002) *Sintaxis generativa del español*, Madrid: Visor.

Lecturas complementarias

Cinque, G. (2006) *Restructuring and functional heads*, Oxford: Oxford University Press.

Rosen, S. (1990) *Argument structure and complex predicates*, New York: Garland.

Aijón Oliva, M. A. (2010) "La posición de *se* en las estructuras pluriverbales. Variación y significado", *Boletín de Filología*, 45, 2, 11–29. Accesible en http://www.scielo.cl/pdf/bfilol/v45n2/art01.pdf.

Ross, J. R. (1969) "Auxiliaries as main verbs", en Todd, W. (ed.) *Studies in philosophical linguistics series I*, Evaston, IL: Great Expectations Press.

Squartini, M. (1998) *Verbal periphrases in Romance: Aspect, actionality, and grammaticalization*, Berlín: Mouton de Gruyter.

Entradas relacionadas

clíticos; gerundio y participio; gramaticalización; infinitivo; perífrasis verbales; verbos modales

VERBOS MODALES

Ana Bravo

1. Definición

Se denomina VERBOS MODALES a aquellos verbos que expresan nociones propias del ámbito de la modalidad, entendida aquí como la categoría semántica mediante la que se hace referencia a la posibilidad o necesidad de que un determinado estado de cosas se dé (Kratzer 1991). El grupo característico de los verbos modales en español lo conforman *deber*, *deber de*, *haber de*, *haber que*, *poder*, *tener que* —se enumeran otros en los §§ 2.1 y 2.4—. En cuanto tales, admiten en general una paráfrasis con adjetivos modales como *posible*, *necesario*, *seguro* u *obligatorio*, o con sus adverbios correspondientes:

(1) Juan puede llegar mañana.
     '{Es posible que/Posiblemente} Juan llegue mañana'.

En términos más técnicos, en lógica se considera que los verbos modales son operadores de manera que actúan sobre el contenido de la proposición a la que modifican presentando el estado de cosas que esta describe, o bien como posible, o bien como necesario. En (2b) se representa esquemáticamente esta relación, sobre la que se basarán gran parte de los contenidos que se examinen:

(2) a. Juan tiene que llegar mañana.
     b. [Nec [Juan llegar mañana]]

Los verbos modales presentan un conjunto de características, algunas de las cuales vienen motivadas por su naturaleza verbal mientras que otras son inherentes a la modalidad misma como categoría semántica. Revisaremos unas y otras a lo largo de esta entrada. Algunos de estos rasgos, además, son compartidos con los verbos modales de otras lenguas, fundamentalmente los que tienen que ver con la categoría de la modalidad, mientras que otros son específicos del español u otras lenguas romances.

Asimismo, como se explica en la entrada correspondiente (PERÍFRASIS VERBALES § 2.2), en las perífrasis verbales de infinitivo es frecuente encontrar un elemento de enlace entre el verbo auxiliar y su complemento. Por lo que a los verbos modales respecta, sucede así en

163

haber de, *tener que* y *haber que*. Este elemento en principio carece tanto de función sintáctica como semántica, si bien esta afirmación necesitará ser revisada a la luz de lo que la alternancia entre *deber* y *deber de* revela.

2. Clases de verbos modales

2.1. Por su significado

Una de las propiedades que caracteriza a los verbos modales en las diferentes lenguas es que pueden expresar cada uno de ellos varios significados asociados a otros tantos tipos de modalidad. En concreto, se distinguen al menos las siguientes tres grandes clases de modalidad: la EPISTÉMICA, la DEÓNTICA y la DINÁMICA. Estas dos últimas pueden verse también agrupadas formando la clase mayor de la modalidad RADICAL (*root* en inglés). La modalidad epistémica tiene que ver con el conjunto de conocimientos del hablante. La modalidad deóntica se relaciona con lo que es posible o necesario de acuerdo con un conjunto de normas, es decir, con lo que está permitido o es obligatorio. La modalidad dinámica, por último, concierne a lo que es posible o necesario, bien según las circunstancias inherentes a la situación, bien según las facultades y habilidades de los sujetos. Estos significados se reflejan en las glosas de dos formas diferentes: por un lado, mediante expresiones como *de acuerdo con, en vista de* y, por otro, mediante una sintaxis diferente para las oraciones modales radicales, en las que el participante sujeto de la obligación aparece en dativo como Experimentante:

(3) Juan puede ser médico.
    a. De acuerdo con mis conocimientos, es posible que Juan sea médico. EPISTÉMICO
    b. De acuerdo con la legislación vigente, a Juan le permiten ser médico. DEÓNTICO
    c. En vista de sus facultades, a Juan le es posible ser médico. DINÁMICO

En general existe acuerdo en que la modalidad epistémica opera sobre la fuerza asertiva de la oración, calificando la situación que se describe como verdadera, bien necesariamente, bien solo posiblemente; la modalidad radical en cambio afecta a la situación en sí misma. La modalidad epistémica, por último, en la medida en que consiste en un juicio, se orientaría respecto del hablante mientras que la modalidad radical afecta al sujeto oracional, cuyo referente ostenta ya sea la obligación o el permiso, ya la facultad aseveradas por las oración. Esta diferencia da lugar, en los modelos formales, a una segunda cuestión, y es si tiene o no un correlato formal en la sintaxis así como cuál debe ser este, de haberlo: por ejemplo, los modales epistémicos se combinarían con entidades sintácticas mayores (sintagmas complementantes) que los modales radicales (sintagmas verbales). Véanse, entre muchos otros, Olbertz (1998: 400), y Zagona (2007), más recientemente. Esta diferencia se retomará en el § 3.

En español el reparto de significados entre los verbos modales es complejo. En cuanto a la distinción entre *deber* y *deber de*, tanto las descripciones tradicionales como las gramáticas académicas señalan que *deber* expresa modalidad deóntica y *deber de* modalidad epistémica, a pesar de lo cual esta distinción no es observada por los hablantes en la actualidad. Aunque faltan estudios detallados, parte de la confusión podría seguirse del hecho de que la preposición *de* en español parece estar parcialmente asociada a los valores de prospectividad y obligatoriedad. Así sucede con *haber de* o *decir de* (como en *Juan dijo de ir al cine*). La Tabla 1 indica el repart de significados en general; —para la inclusión de *saber, venir a* y *no tener por* qué entre las perífrasis modales véanse Bosque (1999), el DPV, sub voce, y Gómez Torrego (1999: 3387), respectivamente—:

Tabla 1 Significados de los verbos modales

	Epistémico	Deóntico	Dinámico
Deber	No/Sí	Sí	No
Deber de	Sí	No/Sí	No
Haber de	Sí	Sí	No
Haber que	No	Sí	No
No tener por qué	Sí	Sí	No
Poder	Sí	Sí	Sí
Saber	No	No	Sí
Tener que	Sí	Sí	Sí
Venir a	Sí	No	No

Finalmente, la cuestión de la multiplicidad de significados de los verbos modales representa, para algunos modelos como el generativo o ciertas teorías semánticas, un problema. En estos casos, la idea que prevalece es que no deben postularse entradas diferentes para cada uno de los significados por motivos varios. Uno de ellos es que complica innecesariamente el lexicón cuando los significados no están tan diferenciados; otro es que se trata de una propiedad compartida por los verbos modales en lenguas a veces bastante distantes, con lo cual no parece tratarse de una particularidad léxica restringida a una única lengua, sino de una propiedad del sistema. Así, se ha propuesto que se trata de una especie de operadores modales neutros en cuanto al significado y contextualmente dependientes. No obstante, el hecho de que sus sintaxis respectivas varíen dificulta enormemente el análisis reduccionista, entre otras razones. Sobre esto pueden verse el trabajo clásico de Kratzer (1991), Nauze (2008: caps. 4 y 5) y Hacquard (2011), entre muchos otros. Las propiedades gramaticales se resumen en el § 3.

2.2. *Modales deónticos y preferencia*

Desde enfoques diferentes se ha postulado recientemente (Nuyts 2006; Portner 2009: 135, 184–185; Fintel e Iatridou 2008) la oportunidad de introducir la noción de PREFERENCIA O PRIORIDAD (*priority modals, moral desirability*) para definir, bien a los modales deónticos en su totalidad, bien a una parte de ellos. En particular, esta clase estaría integrada en español por los verbos modales con morfología de condicional: *debería*, {*habría/tendría*} *que* y *podría*, del mismo modo que en inglés se listan entre los verbos modales *ought to*, *could*, *should*, *would* como verbos diferentes y no como variantes de las correspondientes formas *can*, *shall* y *will*.

Esta propuesta es interesante porque, efectivamente, estas formas, más allá de marcar la no factualidad de la situación que se modaliza (Laca 2008: 114–115), indican asimismo que el estado de cosas descrito en la proposición sin modalizar es especialmente deseable o preferible respecto de cualquier otro de los que puedan darse. Esta preferencia, por otra parte, se evalúa, principalmente, a partir de un conjunto de normas y principios de diferente naturaleza: legal, moral, ética, económica… Así pues la diferencia, marcada, entre (4a) y (4b) radica justamente en que en (4a) con *debe* el casarse Juan se representa como la única situación posible (Fintel e Iatridou 2008: 118–119; Laca 2008), mientras que en (4b) el condicional determina que se evalúe como la mejor de entre otras situaciones alternativas como permanecer soltero, viviendo en casa de sus padres, divorciado… de acuerdo con criterios que se determinan pragmáticamente según el conocimiento compartido por los interlocutores, a saber morales, éticos, legales, económicos…:

(4) a. Juan debe casarse.
     b. Juan debería casarse.

Se explica así, también, que (5a) resulte más natural, fuera de contexto, que (5b):

(5) a. Debería llover.   DEÓNTICO
     b. #Debe llover.   DEÓNTICO

2.3. En función de su fuerza modal. La cuestión de la armonía modal

Según la fuerza modal, los verbos modales se dividen en verbos que califican el estado de cosas como necesario y verbos modales que lo califican como posible:

(6) NECESIDAD: *deber (de)*, *haber de*, *haber que*, *tener que*
     POSIBILIDAD: *poder*

Este significado sí está codificado léxicamente, al menos en los verbos y resto de expresiones modales del español, y es independiente del tipo de modalidad que se exprese (§ 2.1). La distinción entre estos dos tipos de modales es relevante, entre otras razones, porque afectaría a la clase de adverbios y expresiones modales que pueden coocurrir con un verbo modal (RAE-ASALE 2009: § 28.1v). En particular, pueden darse las dos situaciones siguientes (Lyons 1977: 807–808):

Tabla 2 La armonía modal

	Misma fuerza modal	*Distinta fuerza modal*
A) Combinación armónica	Tiene *necesariamente* que haber sucedido algo	
B) Combinación no armónica		#Tiene *posiblemente* que haber sucedido algo

Para los casos de A) se ha defendido que el modal y el adverbio se interpretan de alguna forma como un único modal, con la información bien duplicada, bien repartida entre los dos componentes (Geurts y Huitink 2006; Anand y Brasoveanu 2010). Los supuestos de combinaciones inarmónicas son más complejos y han recibido diferentes explicaciones, cuyo estudio no es posible abordar aquí. En cualquier caso sí debe señalarse que esta cuestión no está estudiada en profundidad para el español.

2.4. Otros verbos modales en función de su sintaxis

A la lista de verbos modales que aparece en la Tabla 1 (§ 2.1) se pueden añadir otros verbos plenos, es decir, no auxiliares, cuyo significado es modal, pero que, además de la gramática propia de un verbo léxico, pueden presentar una sintaxis característica de los verbos auxiliares (RAE-ASALE 2009: § 28.3j-n): *alcanzar a*, *conseguir*, *lograr*, *necesitar*. Repárese, en efecto, en que los tres primeros admiten la alternancia con *poder* con significado radical, como en (7):

(7) Los incendios {?alcanzaron a ~ consiguieron ~ lograron ~ pudieron} ser apagados.

En cuanto a *necesitar*, está especializado para expresar la modalidad de tipo radical: *Este libro necesita ser encuadernado, Necesita llover*. En Bravo y García Fernández (2013) se argumenta además a favor de considerar *caber* como un verbo modal, radical y epistémico. Finalmente, existe un conjunto de verbos que se comportan como auxiliares y expresan inminencia: *querer* (RAE-ASALE: § 28.4a-e), *prometer* y *amenazar* (Cornillie 2009), *estar a punto de* (Bravo 2011). En la actualidad no existe acuerdo entre los investigadores acerca de la naturaleza modal, de tipo evidencial, o aspectual de la noción de inminencia.

3. Características gramaticales

3.1. Introducción

La condición de operadores de los verbos modales permite predecir que establecerán relaciones de ámbito con otros operadores oracionales además de entre ellos, en particular el tiempo y la negación. Estas relaciones, por otra parte, se explican en gran medida a partir de la clase de modalidad de que se trate. Por último, el hecho de que en español los verbos modales se conjuguen introduce una mayor complejidad en las posibilidades de interacción entre el tiempo y la modalidad. Para otras cuestiones gramaticales, véase la entrada dedicada a los verbos auxiliares.

3.2. Propiedades morfológicas y distribucionales

La posibilidad o no de conjugarse en las formas no personales determina la distribución de los verbos modales. Las diferentes combinatorias se resumen en la Tabla 3, adaptada de García Fernández (2012: 83):

Tabla 3

	Formas compuestas	Sigue a un auxiliar + inf	En oraciones de infinitivo	En oraciones de gerundio
Poder	Sí Ha podido venir.	Sí Va a poder comprarlo.	Sí Es maravilloso poder verte.	Sí Pudiendo quedarse, se va.
Tener que	Sí. He tenido que contarlo.	Sí Puede tener que pagar.	Sí Es una lata tener que ayudarle.	Sí. Teniendo que avisar, no avisó.
Deber y *deber de*	Sí Ha debido de llover.	No. *Puede deber pagar.	No. *Es tremendo deber ayudarle	Sí Debiéndose presentar, lo hizo.
Haber que	Sí Ha habido que ir.	Sí Va a haber que irse.	No *Es terrible haber que ir.	Sí Habiendo que trabajar, no se sale.
Haber de	No *He habido de ir.	No *Vas a haber de hacerlo.	No *Era horrible haber de vivir así.	Con restricciones Habiéndose de entregar, se hará.

Las razones por las cuales *poder* y *tener* no presentan restricción alguna, mientras que *haber* y *deber* las presentan en grado variable, no han sido estudiadas. En todo caso tiene que tratarse de una combinación de factores: léxicos, semánticos y morfológicos. Repárese, por ejemplo, en que la variación afecta tanto a verbos con diferentes significados pero misma forma, de modo que el gramatical *Ha habido que ir* coexiste con el agramatical **He habido de ir*, como a un mismo modal con idéntica morfología, lo que nos deja con el sorprendente contraste entre *Va a haber que ir* y **Es terrible haber que ir*.

3.3. Relación de ámbito con otros modales. El orden relativo de los modales

También para el español se cumple la generalización de que en una serie de verbos modales, normalmente dos, si uno de los dos recibe una interpretación epistémica, este debe ser, obligatoriamente siempre, el que ocupa la primera posición (RAE-ASALE 2009: § 28.6e-g). Así pues, la interpretación correcta para (8) es (8a) y no (8b):

(8) Luis tiene que tener que examinarse mañana.
    a. 'De acuerdo con mis conocimientos, necesariamente la situación de ser obligatorio para Luis examinarse mañana se da'. → [Necesidad-Epistémica [Necesidad-Deóntica]]
        Epistémico > Deóntico
    b. #'De acuerdo con lo que dictaminan los estatutos, es obligatorio para Luis que necesariamente de acuerdo con mis conocimientos la situación de examinarse Luis mañana se dé'. → [Necesidad-Deóntica [Necesidad-Epistémica]]
        *Deóntico > Epistémico

Dado que se trata de una restricción de tipo universal, existe acuerdo entre los investigadores de los diferentes marcos teóricos en que se sigue de los requisitos semánticos impuestos por la modalidad epistémica (Nauze 2006; Hacquard 2011: § 5.1, entre muchos otros). En particular, se considera que tiene que ver con el hecho de que la modalidad epistémica, por un lado, afecta a toda la proposición y, por otro, con que está orientada respecto al hablante (§ 2.1). Estos dos requisitos determinan conjuntamente que el verbo modal epistémico deba ocupar una posición estructuralmente superior, o periférica.

Esta posición estructuralmente superior de los modales epistémicos explicaría, por otra parte, la incompatibilidad de los modales en la interpretación epistémica con las oraciones interrogativas. Esta incompatibilidad, no obstante, al no ser absoluta no puede deberse tanto a razones de falta de espacio estructural para el operador modal como de diferencia entre la fuerza de los modales (si expresan posibilidad o necesidad) y su respectiva compatibilidad con la semántica de las oraciones interrogativas:

(9) A: Juan no ha llegado todavía.
    B: ¿{Puede ~ *Debe (de) ~ *Tiene que ~ *Ha de} haber perdido el autobús?

Obsérvese también que el denominado futuro de conjetura (*¿Habrá perdido el autobús?*) tampoco está excluido, lo que dificulta aún más cualquier explicación para las combinaciones agramaticales de (9) que se base únicamente en la incompatibilidad entre operadores modales e interrogativos.

3.3. En relación con el tiempo (I). Ordenaciones temporales posibles

La diferente semántica de los verbos modales epistémicos y deónticos determina las siguientes tres propiedades, que se muestran en la Tabla 4 y que son compartidas por los verbos modales en general:

Tabla 4

	Anclaje temporal	*Orientación temporal*	*Relaciones de ámbito*
Modales epistémicos	Con restricciones [+ simul]	Sin restricciones	MOD EP > Tiempo
Modales deónticos	Sin restricciones	Con restricciones [-anterior]	Tiempo > MOD DE

Por ANCLAJE TEMPORAL se entiende el momento en que tiene lugar la evaluación modal respecto al momento de la enunciación, de modo que el anclaje temporal es el tiempo que introduce el verbo modal; la ORIENTACIÓN TEMPORAL lo es de la proposición modalizada respecto del tiempo introducido por el verbo modal (Laca 2008: 118, quien prefiere el término PERSPECTIVA TEMPORAL). Esta distinción se aplica por igual a ambos tipos de modales (epistémicos y deónticos), si bien solo los modales epistémicos introducirían propiamente un tiempo diferente del tiempo introducido por la proposición (Iatridou 1990).

La restricción respecto del anclaje temporal de los verbos modales epistémicos remite al hecho de que la evaluación modal solo puede anclarse respecto del momento de la enunciación. Esto significa que los verbos epistémicos remiten siempre al presente, independientemente del tiempo que aparezca expresamente realizado. La interpretación de pasado solo está disponible si se trata de un punto del pasado que se comporta de hecho como un presente del pasado (Laca 2008). Este tiempo es introducido en español por el pretérito imperfecto. Correlativamente, la información temporal aportada por la morfología flexiva, y que aparece realizada en el verbo modal, se interpreta en la proposición modalizada, la cual puede orientarse libremente respecto del tiempo denotado por el verbo modal. Efectivamente, (10) se interpreta como (10a), con la correlación temporal PRESENTE... PASADO, y no como (10b), con el esquema temporal PASADO... PASADO, o PASADO... Ø:

(10) Anoche debió de llover.   EPISTÉMICO
    a. 'De acuerdo con mis conocimientos, es (altamente) probable ahora mismo que la situación de llover anoche se diera'.
    b. #'De acuerdo con mis conocimientos, anoche fue (altamente) probable que la situación de llover se diera'.

En (11) se ejemplifica la ausencia de restricciones respecto de la orientación temporal de la proposición, la cual puede ser anterior (11a), posterior (11b) o simultánea (11c), dependiendo del aspecto léxico del verbo auxiliado (Laca 2008, entre muchos otros):

(11) a. Juan puede [haberse perdido].   ANTERIORIDAD
    b. El tren debe de [llegar retrasado].   POSTERIORIDAD
    c. Tiene que [estar agotado].   SIMULTANEIDAD

La combinación de las dos propiedades se resume en la tercera de las columnas de la tabla: los modales epistémicos se sitúan siempre por encima de la información temporal de la oración, que es un operador también. Esta restricción es igualmente de origen semántico y, desde diferentes modelos, se ha explicado como una consecuencia lógica del hecho de que, en la medida en la que se trata de un juicio emitido por el hablante (§ 2.1.) a partir del conjunto de conocimientos que este posee en el momento del habla, no pueda desvincularse la evaluación ni del hablante ni del momento de la enunciación de manera que parece que el verbo modal introduce él mismo el momento de la evaluación (Iatridou 1990; Zagona 2007; Laca 2008). Esta restricción, evidentemente, está relacionada con el hecho de que no puedan ser seleccionados ni por otro modal (§ 3.1.) ni por otro verbo auxiliar en general.

Por lo que a los modales deónticos respecta, se comportan de forma análoga a como lo hace el resto de los verbos auxiliares pues tanto en unos como en otros lo que se localiza temporalmente coincide con el contenido que se asevera, en este caso, la existencia de una obligación o de una posibilidad. A cambio, la proposición que se modaliza no puede ser anterior a la existencia de esta obligación (Lyons 1977: 824; Laca 2008). Esta restricción es igualmente de origen semántico. En consecuencia, en (12a) la única interpretación disponible es la epistémica, a diferencia de lo que sucede en (12b), que es ambigua:

(12) a. Juan puede haber llamado.   EPISTÉMICO/*DEÓNTICO
      b. Juan puede llamar.   EPISTÉMICO/DEÓNTICO

3.4. En relación con el tiempo (II). Efectos interpretativos de los tiempos perfectivos

Los tiempos perfectivos —también los perfectos, pero para facilitar la exposición esta se limitará a los primeros— interaccionan de diferente manera con los distintos tipos de modalidad (RAE-ASALE 2009: 28.7g-k). Los verbos modales epistémicos presentan en español la peculiaridad de permitir de manera opcional marcar la perfectividad doblemente, en el modal y en el complemento. Como la información se interpreta solo una vez, las versiones son equivalentes semánticamente:

(13) Ayer tuvo que {llover~haber llovido}
      'Por la información que tengo en estos momentos, necesariamente la situación de llover ayer se dio}'.

El hecho de que la información temporal de retrospectividad la aporte la forma de infinitivo pasado permite asimismo que el pretérito imperfecto y el perfecto simple puedan alternar en el verbo modal. En ese caso el pretérito imperfecto puede interpretarse como un tiempo absoluto (14a) o como un tiempo relativo (14b):

(14) Juan {podía~pudo} haberse caído.
      a. 'De acuerdo con mis conocimientos actuales, es posible que la situación Juan {caerse~haberse caído} se diera en el pasado'.
      b. 'De acuerdo con mis conocimientos en un momento pasado, en aquel momento era posible que la situación Juan {caerse~haberse caído} se diera en un momento anterior'.

Por lo que respecta a los verbos modales deónticos, el rasgo más notable consiste en que dan lugar bien a lecturas factuales, o implicativas, bien a lecturas contrafactuales dependiendo de los rasgos temporales y aspectuales de ambos verbos.

Tabla 5

	Lectura factual	*Lectura contrafactual*
Perfectivo… Inf. simple	Juan pudo entrar (= Entró)	
{Perfectivo/imperfec./cond.}… Inf. compuesto		Juan {pudo~podía~podría} haber entrado

Independientemente de los problemas que para los análisis semánticos de la modalidad plantean estas lecturas (Laca 2008), interesa también resaltar el paralelismo que muestran con otros dos fenómenos. Así, Hommer (2011) ha comparado la lectura implicativa característica de los modales radicales perfectivos con la que se obtiene con otros verbos estativos con un tiempo también perfectivo, como en *El libro {costaba/#costó} mucho* —lo cual concuerda, por otro lado, con su comportamiento como estativos en otros entornos: *Juan dice *(poder) llegar mañana*—.

En segundo lugar, las lecturas contrafactuales encuentran un correlato con el imperativo retrospectivo, corroborando así el evidente paralelismo que existe entre estas dos nociones (Lyons 1977: 824; RAE-ASALE 2009: § 28.7f, 42.5d): *¡Haber entrado!~Debiste haber entrado*. Esta relación resulta más que evidente desde el momento en que los modales deónticos rechazan tanto el imperativo (*¡Ten tú que entrar!*) como el subjuntivo intensional (*Dijo que {*tuvieras que entrar/entraras/# tenías que entrar}*). En cualquier caso, cada uno de estos aspectos requiere de un estudio más amplio para el español.

3.4. Interacción con la negación

El comportamiento con la negación distingue tanto por la fuerza cuantificacional (§ 2.3.) como por el tipo de modalidad expresada (RAE-ASALE: 28.7a-e). La Tabla 6 muestra las combinaciones posibles.

Tabla 6

	NEG > Modal	*Modal > NEG*
Poder EP	Sí	No
Poder DE	Sí	No
Deber EP	No	Sí
Deber DE	Sí	Sí

Se ejemplifican cada uno de estos casos a continuación:

(15) Juan no puede estar lejos.   EPISTÉMICO/DEÓNTICO
    a. 'Por lo que yo sé, no es posible que la situación de Juan estar lejos se esté dando'.
    b. 'De acuerdo con la ley, a Juan no le está permitido estar lejos'.

(16) Juan no debe (de) quedarse.   EPISTÉMICO/DEÓNTICO
    a. 'En vista de lo que sé, necesariamente la situación de Juan quedarse no se da'.
    b. 'Según la norma, no es obligatorio para Juan quedarse'.
    c 'Según la normativa, es obligatorio para Juan no quedarse'.

Los verbos modales *deber*, *haber de* y *tener que* además permiten el ascenso de la negación, de modo que *Juan no debe (de) hablar francés* significa lo mismo que *Juan debe de no hablar francés* y *Luis no ha de molestar* lo mismo que *Luis ha de no molestar*.

Bibliografía

Anand, P. y Brasoveanu, A. (2010) "Modal concord as modal modification", en Prinzhorn, M., Schmitt, V. y Zobel, S. (eds.) *Proceedings of Sinn und Bedeutung 14*, Viena, pp. 19–36. Accesible en http://www.univie.ac.at/sub14/proc/anand-brasoveanu.pdf.

Bravo, A. (2011) "Las perífrasis de inminencia en español: del aspecto a la modalidad", en Cuartero, J., García Fernández, L. y Sinner, C. (eds.) *Estudios sobre perífrasis y aspecto*, Múnich: Peniope, pp. 72–98.

Bravo, A. y García Fernández, L. (2013) "El verbo *caber* como auxiliar modal", *Lingüística Española Actual*, 35, 2, pp. 211–240.

Bosque, I. (2000) "¿Qué sabe el que sabe hacer algo? *Saber* entre los predicados modales", en Korta, K. y García Murga, F. (eds.) *Palabras. Víctor Sánchez de Zavala in memoriam*, Bilbao: Universidad del País Vasco, Servicio de Publicaciones, pp. 303–323.

Cornillie, B. (2009) "Evidentiality and epistemic modality: On the close relationship of two different categories", *Functions of Language*, 16, 1, pp. 32–44.

Fintel, K. von e Iatridou, S. (2008) "How to say *ought* in Foreign: The composition of weak necessity modals", en Guéron, J. y Lecarme, J. (eds.) *Time and modality*, Nueva York: Springer, pp. 115–141.

García Fernández, L. (2012) *Las perífrasis verbales en español*, Madrid: Castalia.

Gómez Torrego, L. (1999) "Los verbos auxiliares. Las perífrasis verbales de infinitivo", en Bosque, I. y Demonte, V. (eds.) *Gramática descriptiva de la lengua española*, Madrid: Espasa, vol. 2, pp. 3323–3389.

Geurts, B. y Huitink, J. (2006) "Modal concord", en Dekker, P. y Zeijlstra, H. (eds.) *Proceedings of the ESSLLI workshop 'Concord Phenomena at the Syntax-Semantics Interface'*, pp. 15–20.

Hacquard, V. (2011) "Modality", en Maienborn, C., Heusinger, K. von y Portner, P. (eds.) *Semantics: An international handbook of natural language meaning* [HSK 33.2], Berlín: Mouton de Gruyter, pp. 1484–1515.

Hommer, V. (2011) "French modals and perfective: A case of aspectual coercion", en Byram Washburn, M. *et al.* (eds.) *Proceedings of the 28th West Coast Conference on Formal Linguistics*, Somerville, MA: Cascadilla Proceedings Project, pp. 106–114. Accesible en http://www.lingref.com/cpp/wccfl/28/paper2441.pdf.

Iatridou, S. (1990) "The past, the possible, and the evident", *Linguistic Inquiry*, 21, 1, pp. 123–129.

Laca, B. (2008) "Temporalidad y modalidad", en Casas Gómez, M. (dir.) y Rodríguez-Piñero Alcalá, I. (ed.) *X Jornadas de Lingüística*, Cádiz: Servicio de Publicaciones de la Universidad, pp. 109–135.

Lyons, J. (1977) *Semantics* (2 vols.), vol. II, Cambridge: Cambridge University Press.

Nauze, F.D. (2006) "Multiple modal constructions", en Ebert, C. y Endriss, C. (eds.) *Proceedings of Sinn und Bedeutung 10* (ZAS Papers in Linguistics, 44), Berlín: ZAS, pp. 251–264. Accesible en http://www.zas.gwz-berlin.de/fileadmin/material/ZASPiL_Volltexte/zp44/zaspil44-nauze.pdf.

Nauze, F. D. (2008) *Modality in typological perspective*, tesis doctoral, Amsterdam University. Accesible en http://dare.uva.nl/es/record/277914.

Nuyts, J. (2006) "Modality: Overview and linguistic issues", en Frawley, W., Eschenroeder, E., Mills, S. y Nguyen, T. (eds.) *The expression of modality*, Berlín: Mouton de Gruyter, pp. 1–26.

Olbertz, H. (1998) *Verbal periphrases in a functional grammar of Spanish*, Berlín: Walter de Gruyter.

Portner, P. (2009) *Modality*, Oxford: Oxford University Press.

[RAE-ASALE] Real Academia Española y Asociación de Academias de la Lengua Española) (2009) *Nueva gramática de la lengua española*, Madrid: Espasa.

Zagona, Karen (2007) "On the syntactic features of epistemic and root modals", en Eguren, L. y Fernández Soriano, O. (eds.) *Coreference, modality and focus: Studies on the syntax-semantics interface*, Amsterdam/Filadefia: John Benjamins, pp. 221–236.

Lecturas compelementarias

Borgonovo, C. y Cummins, S. (2007) "Tensed modals", en Eguren, L. y Fernández Soriano, O. (eds.) *Coreference, modality and focus: Studies on the syntax-semantics interface*, Amsterdam/Filadefia: John Benjamins, pp. 1–18.

Bosque, I. y Gómez Torrego, E. (1995) "On Spanish HABER and tense", *Langues et Grammaire*, 1, pp. 13–29.

Demirdache, H. y Uribe-Etxebarría, M. (2008) "On the temporal syntax of non-root modals", en Guéron, J. y Lecarme, J. (eds.) *Time and modality*, Nueva York: Springer, pp. 79–113.

Laca, B. (2012) "On modal tenses and tensed modals", en Nishida, C. y Russi, C. (eds.) *Building a bridge between linguistic communities of the Old and the New World. Current research in tense, aspect, mood and modality*, Amsterdam/Nueva York, NY: Rodopi, pp. 163–198.

Rivero, M.L. (2014) "Spanish inferential and mirative futures and conditionals: An evidential modal proposal", *Lingua*, 151, part B, pp. 197–215.

Entradas relacionadas

actos de habla; aspecto léxico; aspecto verbal; cuantificadores; gramática generativa: sintaxis; gramaticalización; negación; oraciones interrogativas: perífrasis verbales; subjuntivo; sujeto; tiempo gramatical: los tiempos simples; tiempo gramatical: los tiempos compuestos; verbos auxiliares

VOCALES I: CARACTERÍSTICAS Y TIPOLOGÍA

Fernando Martínez-Gil

1. Introducción

1.1. *Las vocales: propiedades articulatorias*

Tradicionalmente suele describirse la producción de las vocales en contraposición a la de las consonantes. Desde el punto de vista articulatorio, la diferencia fundamental entre las vocales y las consonantes es que en las primeras el conducto bucal está relativamente abierto y la corriente de aire que sale de los pulmones fluye hacia fuera sin que sea obstaculizada de una manera significativa por los órganos articuladores. Cuando se da una obstrucción (incluyendo el bloqueo completo) de la corriente de aire, el resultado normal es una consonante.

Las vocales poseen varias propiedades inherentes: a) se producen con una vibración natural y espontánea de las cuerdas vocales; b) son los sonidos que poseen mayor sonoridad y mejor perceptibilidad, y por esta razón constituyen elementos ideales para ocupar el núcleo silábico y también para ejercer como elementos portadores de propiedades suprasegmentales como el acento y la tonalidad (el tono y la entonación); c) acústicamente son los sonidos del habla cuya fuente es consistentemente armónica y además exhiben el mayor grado de claridad y estabilidad en cuanto a su estructura formántica. En el aspecto articulatorio las diferencias entre las vocales se deben a la configuración particular que adoptan en su articulación la lengua y los labios, produciéndose así lo que se denomina la *cualidad* vocálica (o *timbre* vocálico). Las vocales se definen, pues, siguiendo dos parámetros generales: 1) la *posición* de la lengua, y 2) la *configuración* (o *actitud*) de los labios. La posición de la lengua varía según dos dimensiones. En la dimensión *vertical*, la lengua puede moverse desde una posición relativamente *alta*, como en [i, u], a una posición relativamente *baja*, como en [a]. En vocales como [e, o], la lengua está en una posición relativamente *media* o neutra, que aproximadamente corresponde a la posición que adopta este órgano cuando respiramos con la boca semiabierta. En la dimensión *horizontal*, la lengua puede moverse desde una posición relativamente adelantada en [i, e], a una relativamente retraída en [u, o]. En [a], la lengua se encuentra en una posición relativamente neutra o *central*. Según el segundo parámetro, los labios pueden adoptar una configuración *redondeada*, como ocurre en las vocales [u, o], o pueden estar relativamente extendidos o *no redondeados*, como en [i, e, a]. Estas cinco vocales forman un sistema fonémico muy frecuente en las lenguas naturales e integran precisamente el inventario de fonemas vocálicos del español moderno. Según los criterios articulatorios mencionados, este sistema se caracteriza de la siguiente manera:

(1) Clasificación articulatoria de las vocales del español:
/i/ = vocal alta, adelantada, no redondeada
/u/ = vocal alta, retraída, redondeada
/e/ = vocal media, adelantada, no redondeada
/o/ = vocal media, retraída, redondeada
/a/ = vocal baja, central, no redondeada

Las propiedades articulatorias que definen los fonemas vocálicos del español se ilustran en el diagrama (2), en el que el familiar "triángulo" vocálico (más bien un "pentágono") refleja la ubicación aproximada del cuerpo de la lengua en sus dimensiones vertical y horizontal durante cada articulación vocálica. En este sistema contrastan tres grados de altura o abertura vocálica (alto, medio y bajo) y tres dimensiones en el parámetro de adelantamiento-retracción de la lengua (adelantado, central y retraído). Nótese además que, en la clase de vocales no bajas, los valores del redondeamiento son redundantes, ya que concuerdan los de la retracción de la lengua.

(2)

		adelantamiento-retracción/redondeamiento		
		adelantadas y no redondeadas	central no redondeada	retraídas redondeadas
altura vocálica	altas	i		u
	medias	e		o
	baja		a	

En lugar de *altas* y *bajas,* las descripciones tradicionales, a veces se usan los términos *cerradas* y *abiertas*, respectivamente, en referencia al grado de abertura de la cavidad bucal. La abertura de una vocal suele variar en relación directamente proporcional a la altura de la lengua: cuanto más alta es una vocal, más cerrada; y viceversa, cuanto más baja, más abierta.

En muchas lenguas existe, además, un contraste fonológico entre dos tipos de vocales altas y/o medias, tradicionalmente conocidas como vocales *tensas* y *laxas*, una distinción basada en la tensión/relajamiento relativos que exhiben de los órganos articulatorios, y en la medida en que se desvían de la posición neutra o de reposo de los músculos bucales (especialmente la lengua) en la producción de estas vocales. Sin embargo, como señala Gil Fernández (1988: 85), esta caracterización es problemática desde el punto de vista fonético, ya que no está claro cómo puede medirse instrumentalmente la tensión muscular, con la dificultad adicional de cómo definir la noción de "posición neutra" de manera uniforme, ya que aparentemente puede variar según cada lengua particular. En principio, la distinción entre vocales tensas y laxas puede captarse fonéticamente mediante las dimensiones articulatorias básicas que definen el timbre vocálico, especialmente la abertura/altura y el adelantamiento/retracción de la lengua. Como se puede apreciar en el diagrama en (3), por un lado, las vocales tensas [i, u, e, o] son relativamente más cerradas/altas que las correspondientes laxas [ɪ, ʊ, ɛ, ɔ], y por otro, las vocales laxas son ligeramente más centralizadas que las correspondientes tensas, que tienden a ocupar los puntos más extremos en la dimensión conocida como el *espacio vocálico*.

(3)

		adelantamiento-retracción/redondeamiento		
		adelantadas y no redondeadas	central y no redondeada	retraídas y redondeadas
altura vocálica	altas tensas	i		u
	altas laxas	ɪ		ʊ
	medias tensas	e		o
	medias laxas	ɛ		ɔ
	baja		a	

Como demuestran los análisis instrumentales, acústicos, palatográficos y radiográficos, las diferencias cualitativas entre los pares tensos y laxos, según se refleja en su localización en el espacio fonético, pueden estar sujetas a variabilidad interlingüística, resultando en ligeras desviaciones de la representación idealizada en (3) (cf. Martínez Celdrán, 1994: cap. 4.3; Ladefoged y Maddieson, 1996: cap. 7). Además, las vocales tensas tienden a ser más altas y adelantadas/retraídas (es decir, tienden a ocupar las márgenes del espacio fonético) que las correspondientes laxas, que a su vez son más proclives a la centralización.

El rasgo [tenso] se usó durante mucho tiempo para captar la distinción entre vocales tensas ([+tenso]) y laxas ([–tenso]). Una de las propiedades características de esta distinción es que la articulación de las vocales tensas va acompañada de un adelantamiento de la raíz de la lengua, mientras que las correspondientes laxas se producen con una retracción de la raíz de la lengua. Muchas lenguas de la familia Níger-Congo, en el centro-oeste de África, tales como el akán (Ghana, Costa de Marfil, Togo), el igbo (Nigeria, Camerún), el yoruba (Nigeria, Togo, Benín) o el mende (Sierra Leona, Liberia), tienen vocales que contrastan fonémicamente por la posición de la raíz de la lengua. En la producción de las vocales en estas lenguas, cuando la raíz lingual avanza, se produce una expansión sustancial de la cavidad faríngea; cuando retrocede, se da el efecto opuesto: la cavidad faríngea se reduce, un proceso que frecuentemente va acompañado de un descenso de la laringe, lo que dota a la vocal una ligera cualidad de voz suspirada o susurrada. Se ha demostrado experimentalmente que la propiedad fonética que caracteriza estos contrastes vocálicos no se basa en rasgos cualitativos como la altura y el adelantamiento o retracción lingual, sino de la expansión o reducción de la cavidad faríngea (Steward 1967; Lindau 1978, 1979), si bien acústicamente estos movimientos de la raíz de la lengua pueden producir un efecto similar a las diferencias de cualidad vocálica (Ladefoged y Maddieson 1996: 301). A partir de estas observaciones, Steward (1967) propuso el rasgo fonológico [raíz lingual avanzada] o [RLA] ([Advanced Tongue Root] o [ATR] en inglés). En las últimas décadas [RLA] ha ido desplazando progresivamente a [tenso] en el análisis de contrastes y procesos fonológicos de las lenguas indoeuropeas. Ladefoged y Maddieson (1996: 300–306) observan, no obstante, que, en lenguas germánicas como el inglés o el alemán, la correlación entre el adelantamiento/retracción de la raíz lingual y la tensión/relajamiento muscular en el conducto bucal, respectivamente, tiende a darse principalmente en las vocales adelantadas, y que el paralelo entre los dos parámetros es mucho menos consistente en las vocales retraídas.

Desde el punto de vista tipológico, el sistema de fonemas vocálicos como el del español es simétrico y considerablemente simple en comparación con otras lenguas: distingue tres grados de altura vocálica, combinados con el adelantamiento/retracción de la lengua. Se trata sin duda de uno de los inventarios vocálicos más frecuentes en las lenguas humanas (Crothers, 1978; Maddieson, 1984; Ladefoged y Maddieson, 1996; Ladefoged 2005); exhibe, asimismo, una propiedad también muy común: los valores de retracción y redondeamiento concuerdan en las vocales no bajas: las vocales adelantadas /i, e/ son no redondeadas, y las vocales retraídas /u, o/ son redondeadas; por lo tanto, uno de estos valores es redundante (en general, en el español, quizá de una manera arbitraria, suele asumirse que el redondeamiento es redundante). En (4) se muestran los sistemas vocálicos simétricos más comunes, de 3, 5, 7 y 9 miembros, correspondientes a 2, 3, 4 y 5 grados de altura vocálica, respectivamente, con la posibilidad de que contengan fonemas vocálicos adicionales no periféricos (cf. Maddieson 1984: caps. 8–9). Todos ellos exhiben una vocal baja central; los demás miembros son periféricos (adelantadas/no redondeadas y retraídas/redondeadas).

(4) Sistemas de fonemas vocálicos simétricos más frecuentes:

a. 3 vocales	b. 5 vocales	c. 7 vocales	d. 9 vocales
i u	i u	i u	i u
a	e o	e o	ɪ ʊ
	a	ɛ ɔ	e o
		a	ɛ ɔ
			a

De los sistemas en (4), (4a) es el más simple, con 3 miembros y dos alturas vocálicas contrastivas; ocurre en lenguas como el quechua, el totonaco (México), o el esquimal de Groenlandia. El sistema del español (4b) carece de una distinción fonémica entre vocales tensas y laxas presente en los sistemas con 7 vocales y cuatro niveles de altura (4c), como el que poseen el gallego-portugués, el yoruba (Nigeria), el birmano (Myanmar) o el javanés (Indonesia), o aquellos con 9 vocales y cinco grados de altura (4d), como el inglés o el latín vulgar temprano. El español carece de vocales medias o altas que difieran en retracción y redondeamiento, como las vocales adelantadas redondeadas /ü, ö/ del francés o del turco, y también de las vocales retraídas no redondeadas /ɯ, ɣ, ʌ/ del vietnamita. Según la teoría de la *dispersión vocálica* (Liljencrants y Lindblom 1972; Maddieson 1984; Lindblom 1986; Flemming 2002, entre otros), hay una razón elemental por la que los sistemas vocálicos que se organizan de manera simétrica, como los que se ilustran en (4), son favorecidos en las lenguas naturales: puesto que los miembros tienden a ocupar los márgenes del espacio fonético, tales sistemas utilizan ese espacio de la manera más efectiva para crear contrastes fonémicos con el mayor grado de mayor prominencia perceptual.

Además de las distinciones de cualidad o timbre vocálico, hay lenguas, como el guaraní, que exhiben distinciones fonémicas entre vocales orales y nasales (o nasalizadas). Y otras, como el latín clásico, el checo, el japonés, o el árabe, en las que se establecen contrastes basados en la duración o cantidad vocálica: la misma vocal puede pronunciarse corta o larga (una vocal larga dura aproximadamente el doble de una corta). El latín clásico, por ejemplo, poseía el mismo inventario fonémico de 5 vocales que el español actual, pero las vocales cortas contrastaban fonémicamente con las correspondientes largas, distinguiéndose pares como *pīlum* 'jardín' ~ *pĭlum* 'pelo' (donde *ī* = *i* larga, *ĭ* = *i* corta), *mālu* 'manzana' ~ *mălu* 'malo', *ōs* 'boca' ~ *ŏs* 'hueso', etc. En el español las diferencias de duración vocálica no son distintivas, aunque hay un número relativamente grande de palabras que contienen secuencias de vocales idénticas contiguas, pero que invariablemente se escanden en sílabas diferentes, tanto si son intramorfémicas (*alcohol, vehemente, azahar, rehén, loor, moho*, etc.) como heteromorfémicas (*pre-eminencia, co-operación, cre-es, le-en, golpe-e, dese-é, inco-o* (de *incoar*), *prove-er*, etc.) (RAE 1982: 57–58; 2011: 339–342; Monroy-Casas, 2004: 81–88). Estas secuencias suelen realizarse fonéticamente como vocales largas, sobre todo en estilos relativamente formales; en la lengua coloquial suelen simplificarse bajo ciertas condiciones, especialmente cuando ambas son átonas (*vehemente* [beménte], *cooperar* [koperár], etc.), o cuando el acento cae sobre el segundo miembro (*alcohol* [alkól], *azahar* [aθár], etc.; RAE 1982: 57). Sin embargo, hay un acuerdo general de que no se trata de contrastes de cantidad vocálica en el nivel fonémico. Incluso cuando, como consecuencia de la contracción silábica, se da un aparente contraste cuantitativo en el nivel fonético, como ocurre en pares mínimos del tipo *corte* ~ *cohorte, pasé* ~ *pasee, asé* ~ *asee, salté* ~ *saltee, saqué* ~ *saquee, frito* ~ *friito* (diminutivo de *frío*), *Tito* ~ *tiíto* (diminutivo de *tío*), etc., la diferencia crucial entre cada miembro es de silabicidad no de cantidad (Hualde, 1994), como queda de manifiesto cuando cada par se pronuncia despacio, separando deliberadamente las sílabas: *cor.te* ~ *co.hor.te, sal.té* ~ *sal.te.é*, etc. (donde los puntos reflejan las lindes silábicas).

1.2. Caracterización fonológica de las vocales

Durante mucho tiempo se asumió que el fonema era la unidad primitiva e indivisible del análisis fonológico. A partir de la década de los cincuenta, sin embargo, comenzó a cuestionarse esta premisa, especialmente por parte de los fonólogos de la Escuela Prosodista inglesa (Firth y sus colaboradores) y también por los lingüistas que después de la Segunda Guerra Mundial prosiguieron en los Estados Unidos los estudios inspirados por la famosa Escuela de Praga (especialmente por las investigaciones de Trubetzkoy), durante los años treinta, y que culminaron en los estudios seminales de Jackobson y Halle (1956), Jackobson, Fant y Halle (1963), y más tarde Chomsky y Halle (1968), obra esta que marcó un hito en el desarrollo de la fonología moderna. A partir de aquí, las propiedades fonéticas de los sonidos, los *rasgos distintivos*, serán consideradas los elementos universales de la sustancia fónica, las piezas más básicas y elementales de la representación fonológica que sirven para organizar la estructura y las pautas que configuran los sistemas fonológicos de las lenguas humanas. Desde esta perspectiva, los fonemas o segmentos del habla son simplemente haces o agrupamientos de esas propiedades fonéticas más básicas que llamamos los rasgos distintivos.

Los rasgos fonológicos distintivos propuestos en Jackobson y Halle (1956) y Jackobson, Fant y Halle (1963) son de carácter esencialmente acústico. Desde Chomsky y Halle (1968) se han ido imponiendo los rasgos de tipo articulatorio (con la curiosa excepción de [estridente], mantenido del sistema de rasgos acústicos para distinguir a las sibilantes de las demás consonantes). Las propiedades articulatorias que denotan los rasgos distintivos tienen correlatos acústicos directos que se definen según la estructura formántica o las diferentes frecuencias de resonancia de cada sonido, determinadas en gran medida por la configuración del conducto bucal. En (5) se dan los rasgos distintivos que caracterizan a los fonemas vocálicos del español, v.g., [alto], [bajo], [retraído] y [redondeado], siguiendo la clasificación articulatoria propuesta por Chomsky y Halle (1968: cap. 7), con las correspondientes equivalencias de los rasgos acústicos del marco de Jackobson, Fant y Halle (1963) (nótese que la correspondencia entre [retraído] y [grave] solo se cumple en las vocales no bajas: /a/ es [+retraído] pero [–grave]; para el análisis acústico de las vocales, con atención especial a las vocales del español pueden consultarse, entre otros, Quilis y Esgueva 1983; Martínez Celdrán 1994: cap. 4; 1995; Quilis 2000: Hualde 2005: cap. 4: Monroy-Casas 2004: Martínez Celdrán y Fernández Planas 2007).

(5) Rasgos distintivos de los fonemas vocálicos del español:

	i	u	e	o	a
[alto] ([difuso])	+	+	−	−	−
[bajo] ([denso])	−	−	−	−	+
[retraído] ([grave])*	−	+	−	+	+ (−)
[redondeado] ([bemolizado])	−	+	−	+	−

Las diferentes configuraciones de la lengua y los labios definidas por los rasgos en (5) producen distintas resonancias acústicas, reflejadas principalmente en la estructura armónica del primer y segundo formantes, y suministran la cualidad conocida como el *timbre* característico de cada vocal. En el nivel fonológico, los rasgos distintivos son binarios, como queda ilustrado en (5). Cada rasgo se especifica o bien con un coeficiente positivo, que señala la presencia en ese segmento de la propiedad del rasgo en cuestión, o bien con uno negativo, que denota su ausencia. Los rasgos [alto], [bajo] y [retraído], se refieren a las correspondientes posiciones adoptadas por el dorso de la lengua; [redondeado] capta la configuración de los labios. En el español y en muchas otras lenguas, [redondeado] es predictible, y por lo tanto redundante, para las vocales no bajas, ya que concuerda con valor de [retraído]. Además, aunque /a/ es una vocal central, en general se caracteriza fonológicamente como [+retraído] ya que suele comportarse como una vocal retraída.

Los rasgos [alto] y [bajo] definen como máximo 3 grados de altura vocálica. Algunos autores han utilizado el rasgo [tenso] para caracterizar la distinción fonémica que existe en muchas lenguas entre vocales tensas ([+tenso]) y laxas ([−tenso]), captando así una o dos subdivisiones adicionales de la altura vocálica (cf. (4c,d) arriba). A pesar de que no hay una correlación exacta entre los rasgos que definen la cualidad o timbre vocálicos y el avance/retracción de la raíz de la lengua, la práctica generalizada en estudios recientes es usar el rasgo [RLA] (= [raíz lingual avanzada]) para caracterizar esta distinción: las vocales tensas son [+RLA] y laxas [−RLA]. Además, los rasgos vocálicos que se refieren a los movimientos del dorso de la lengua, es decir, [alto], [bajo] y [retraído], se usan, por un lado, para caracterizar las articulaciones secundarias en las consonantes (palatalizadas, labializadas, velarizadas, etc.), y por otro para diferenciar los diferentes puntos de articulación dentro de la clase de consonantes no anteriores, como se muestra en (6):

(6)

	palatales	*velares*	*uvulares*	*faríngeas*	*laríngeas (o glotales):*
[alto]	+	+	−	−	−
[bajo]	−	−	−	+	−
[retraído]	−	+	+	−	−

Más recientemente, dentro de la fonología *multilinear* o *autosegmental* se postula que los rasgos fonológicos que componen los fonemas no se integran en matrices sin estructura interna alguna, tal y como se asume en Chomsky y Halle (1968), sino que se organizan en configuraciones con estructura jerárquica, generando representaciones geométricas de tipo arbóreo, similares a las usadas en sintaxis, y cuyos constituyentes intermedios, los *nodos de clase*, están formados por clases naturales o familias de rasgos definidas primordialmente a partir de parámetros articulatorios (para estudios introductorios a la fonología multilineal pueden consultarse, entre otros, Kenstowicz 1994; Gussenhoven y Jacobs 1998; Roca y Johnson 1999).

A diferencia del sistema de Chomsky y Halle (1968) las representaciones jerárquicas han introducido un cambio importante en el carácter de los rasgos, en cuanto se establece una distinción entre dos tipos de constituyentes: a) los *nodos* de clase, como el Punto de Articulación (*PA*), Labial, Dorsal, etc., correspondientes a los diferentes articuladores activos encargados de ejecutar los gestos vocálicos, se caracterizan como *monovalentes* o *privativos*, es decir, carecen de un coeficiente positivo o negativo: o bien están presentes o están ausentes en un determinado segmento, dependiendo de los rasgos que tenga especificados; y b) los elementos terminales en la jerarquía, como [sonoro], [nasal], [anterior], [alto], [RLA], etc., constituyen las propiedades articulatorias ejecutadas por los nodos de clase, y siguen caracterizándose como binarios y por lo tanto sí contienen un coeficiente '+' o '−'.

En las últimas décadas se han propuesto varias versiones de la jerarquía universal de rasgos fonológicos. Algunas difieren de otras en detalles menores; en otros casos, las divergencias pueden afectar aspectos de cierta sustancia. En lo que respecta a la caracterización de los rasgos vocálicos, en (6) se ilustran tres de los modelos más influyentes de la estructura jerárquica, correspondientes a las propuestas de Sagey (1986) en (6a), Odden (1991) en (6b) y Clements y Hume (1995) en (6c) (*PA* = punto de articulación):

(6) a. Rasgos del punto de articulación vocálico (basado en Sagey 1986):

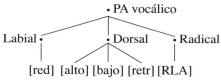

  b. *Rasgos del punto de articulación vocálico* en Odden (1991):

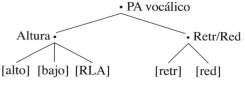

  c. *Rasgos del punto de articulación vocálico* en Clements y Hume (1995):

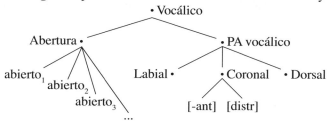

Como puede apreciarse en (6a), en el modelo de Sagey los rasgos vocálicos son dependientes de nodos de clase correspondientes a los articuladores Labial ([red], Dorsal ([alto], [bajo] y [retr]) y Radical ([RLA]), los articuladores activos involucrados en la producción de las vocales: los labios, el dorso de la lengua y la raíz lingual. En Odden (1991) el punto de articulación vocálica se limita a dos nodos de clase: Altura, de la que dependen los rasgos binarios que afectan la altura vocálica, [alto], [bajo] y [RLA], y el combinado Retracción/

Redondeamiento con el cual se pretende captar la conocida interdependencia que estos rasgos poseen en las lenguas naturales. Por último, Clements y Hume (1995) introducen la *constricción* articulatoria en la representación jerárquica de las vocales, encarnada en el nodo Vocálico (en modelos anteriores la constricción era una propiedad especificada exclusivamente en las consonantes), e introducen una distinción entre: a) el nodo Abertura domina el rasgo escalar [abierto], cuya función es expresar el *grado* de constricción (más o menos abierto; sustituye así, en los casos relevantes, al rasgo [RLA]); y b) el nodo PA, que denota el *lugar* de la constricción: Labial (constricción formada con el labio inferior), Coronal (constricción formada con la corona lingual) y Dorsal (constricción formada con el dorso lingual). En este modelo, las vocales redondeadas están especificadas con el nodo Labial, las adelantadas con el nodo Coronal y las retraídas con el nodo Dorsal, desechándose así los rasgos tradicionales [alto], [bajo], [retraído] y [redondeado].

Además de los rasgos del punto de articulación vocálico, todas las vocales comparten una serie de rasgos fonológicos; entre ellos, [–consonántico], [+resonante], [+aproximante], [+continuo] y [+sonoro], son característicos de las vocales. En Chomsky y Halle (1968) el rasgo [+silábico] sirve para distinguir a las vocales de las paravocales y las consonantes, que están especificadas como [–silábico]; en contraste, dentro de la fonología silábica del tipo autosegmental, la presencia o ausencia de silabicidad de una vocal o un segmento cualquiera se deriva exclusivamente de su posición en la estructura silábica (en las vocales, en particular, depende de si constituye o no el núcleo silábico). Otros rasgos, tales como [–lateral], [–nasal], etc., son universalmente no marcados para las vocales, en el sentido de que son los valores más normales, frecuentes y esperados; en otras palabras, las vocales orales constituyen el caso no marcado, con la implicación concomitante de que si en una lengua exhibe vocales nasales o nasalizadas necesariamente tendrá también vocales orales, pero lo inverso no es verdad: muchas lenguas tienen solamente vocales orales (para la noción de "marcadez" aplicada a los rasgos y los segmentos fonológicos, pueden consultarse Hyman 1975; Archangeli y Pulleyblank 1994; De Lacy 2006). Por último, ciertos rasgos, tales como [anterior], [coronal], [estridente], [distribuido], etc., se refieren solo a articulación de las consonantes, y por lo tanto son inaplicables para la caracterización de las vocales. No obstante, recientemente algunos autores han clasificado las vocales adelantadas como [+coronal]; véase, por ejemplo, la jerarquía de Clements y Hume 1995 en (6c) (arriba).

En cuanto a la duración vocálica, durante mucho tiempo se utilizó el rasgo *ad hoc* [largo] para caracterizar las distinciones vocálicas cuantitativas en las lenguas que poseen un contraste fonémico basado en la duración: las vocales cortas serían [–largo] y las largas [+largo]. Con el advenimiento de la fonología autosegmental, se demostró que la duración no es una propiedad segmental, sino suprasegmental o prosódica. De ahí, los contrastes de duración ahora se captan mediante unidades prosódicas abstractas que reflejan la duración inherente de los segmentos en un nivel de representación autónomo, el llamado "esqueleto prosódico". Como se muestra en las representaciones autosegmentales en (7), una vocal corta está asociada a una sola posición temporal (indicada con una 'X' en el nivel prosódico), como se puede observar en (7a), mientras que una vocal larga está asociada a dos posiciones temporales (7b):

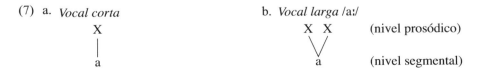

(7) a. *Vocal corta*

X

|

a

b. *Vocal larga* /aː/

X X   (nivel prosódico)

\ /

a   (nivel segmental)

Fernando Martínez-Gil

2. Algunos procesos fonológicos muy comunes en las vocales

Para concluir este capítulo, examinaremos brevemente algunos de los procesos fonológicos más comunes a los que se someten los sistemas vocálicos de las lenguas naturales.

1. *Reducción* vocálica. Ocurre cuando una vocal pierde su timbre original en posición átona. La reducción frecuentemente se efectúa mediante un acortamiento en la duración temporal acompañado de centralización y/o de elevación de la altura vocálica. Dos lenguas iberorrománicas, el portugués y el catalán, presentan ejemplos típicos de reducción de vocales átonas. En portugués, las vocales átonas medias adelantadas /e, ɛ/ se realizan como una *schwa* [ə] (cf. *m*[é]*do* 'miedo' vs. *m*[ə]*droso* 'medroso', *c*[ɛ́]*go* 'ciego' vs. *c*[ə]*geira* 'ceguera'); las retraídas (y redondeadas) correspondientes /o, ɔ/ se elevan a altas (cf. *f*[ó]*go* vs. *f*[u]*gueira* 'hoguera', *p*[ɔ̀]*rta* 'puerta' vs. *p*[u]*rteiro* 'portero'); /a/ se reduce a [ɐ] (una vocal baja centralizada y ligeramente más cerrada; cf. *m*[á]*r* 'mar' vs. *m*[ɐ]*rinho* 'marino'). En el catalán las vocales átonas no altas y no redondeadas /e, ɛ, a/ se reducen a [ə] (cf. *m*[é]*njo* 'como' vs. *m*[ə]*njar* 'comer', *g*[ɛ́]*l* 'hielo' vs. *g*[ə]*lat* 'helado', *s*[á]*c* 'saco' vs. *s*[ə]*cet* 'saquito'), mientras que las redondeadas /o, ɔ/ se elevan a [u]: (cf. *n*[ó]*ble* 'noble' vs. *n*[u]*biliari* 'nobiliario', *p*[ɔ̀]*so* 'pongo' vs. *p*[u]*sar* 'poner').

2. *Epéntesis* (o *inserción*) vocálica. Suele ser una estrategia para recomponer configuraciones fonológicas que infringen alguna restricción fonotáctica en la lengua. Cuando ocurre en posición inicial de palabra la inserción de una vocal se conoce como *prótesis*. En el español se inserta una vocal protética en los préstamos del inglés que comienzan por /s/+consonante: *stop* → *estop*, *ski* → *esquí*, *standard* → *estándar*, *stress* → *estrés*. Se llama *paragoge* cuando la epéntesis tiene lugar en posición final de palabra, como ocurre en algunos dialectos del gallego y del portugués moderno, en los que se inserta una -*e* paragógica en palabras que terminan en consonante: *amor* → *amore*, *papel* → *papele*. Por fin, si la inserción es interna a la palabra suele usarse el término genérico de epéntesis. En el español, las palabras que en el singular acaban en consonante insertan una [e] epentética ante la terminación -*s* del plural: *mar* ~ *mares*, *canción* ~ *canciones*, *ciudad* ~ *ciudades* (cf. la ausencia de epéntesis si la palabra acaba en vocal: *casa* ~ *casas*, *libro* ~ *libros*).

3. *Elisión* (o *pérdida*) vocálica. Según la posición en la palabra en la que tiene lugar, la elisión recibe diferentes nombres. Se llama *aféresis* cuando ocurre en posición inicial de palabra. Por ejemplo, APOTHECA (palabra latina de origen griego) perdió su vocal inicial en el paso al español (*bodega*). Se llama *síncope* (o *síncopa*) cuando la elisión vocálica se da en posición medial de palabra. Los siguientes ejemplos ilustran la síncope de una vocal átona, pretónica o postónica, en el paso del latín al español: VIRIDE > *verde*, FRIGIDU > *frío*, MANICA > *manga*, MALEDIXI > *maldije*, FABULARE > *hablar*, BONITATE > *bondad*. Por último, la elisión se denomina *apócope* cuando ocurre en posición final de una palabra. Los siguientes ejemplos ilustran la apócope de -*e* final en la transición del latín al español: MARE > *mar*, PANE > *pan*, SALE > *sal*, CRUCE > *cruz*.

4. *Diptongación* y *coalescencia* (o *monoptongación*) vocálicas. La diptongación es un proceso que cambia una vocal en un diptongo. En la transición del latín al español, las vocales medias laxas del latín vulgar /ɛ, ɔ/ se diptongaron a /je, we/, respectivamente, cuando iban acentuadas (cf. *m*[ɛ́]*le* > *m*[jé]*l*, *p*[ɔ̀]*rta* > *p*[wé]*rta*. La coalescencia o monoptongación se refiere al proceso inverso: un diptongo se reduce a una vocal. En la transición del latín vulgar al español, los diptongos latinos /aj, aw/ se monoptongaron a

182

/e, o/: *s*[aj]*ta* (lat. cl. *SAETA*) > *seda*, *c*[aj]*spite* (< lat. cl. *CAESPITE*) > *césped*, [aw]*ru* > *oro*, *t*[aw]*ru* > *toro*, etc.

5. *Asimilación* y *disimilación* vocálicas. La asimilación ocurre cuando una vocal se hace más similar o idéntica a otra vocal (precedente o siguiente); en la disimilación una de dos vocales similares o idénticas se hace más diferente de otra. Los dos procesos pueden estar condicionados de manera *local* (las dos vocales involucradas están adyacentes) o *a distancia* (las dos vocales están en sílabas diferentes). Un caso de asimilación local proviene del hispano-romance, donde la vocal baja en secuencia /-aj-/ se adelantó a /e/, por asimilación parcial de /a/ al rasgo adelantado de la yod (la paravocal [j]) siguiente (la yod proviene de la vocalización de una /k/ implosiva), dando como resultado el diptongo /-ej-/, como muestran los siguientes ejemplos del gallego-portugués: *LA*[k]*TE* > *la*[j]*te* > *leite* 'leche', *FA*[k]*TU* > *fa*[j]*to* > *feito* 'hecho', *A*[k]*SE* > *a*[j]*xo* > *eixo* 'eje'. Por otra parte, los cambios de /i/ > /e/ ocurridos en la transición histórica del latín al español son ejemplos de disimilación local: (lat. cl. *VIGINTI* >) **viinte* > *veinte* y (lat. cl. *TRIGINTA* >) **triinta* > *treinta*, como también lo es el cambio del español antiguo *dicía* al moderno *decía*. La asimilación a distancia ocurre cuando el sonido asimilado y el asimilante no se encuentran en contacto inmediato. Por ejemplo, en los siguientes cambios históricos del latín al español las vocales medias /e, o/ sílaba se elevaron /i, u/, respectivamente por asimilación al rasgo alto de la yod presente en la sílaba siguiente: *VINDEMIA* > *vendimia*, *SERVIERUNT* > *sirvieron*, *DORMIENDU* > *durmiendo*, (**TERRONEU* >) **terronio* > *terruño*. Este tipo de asimilación en la que se eleva la altura vocálica por asimilación a una vocal alta se conoce tradicionalmente con el nombre de *inflexión* o *metafonía* (*umlaut* en alemán). Por último, los siguientes ejemplos, provenientes de la evolución histórica del latín al español, ilustran la disimilación a distancia: *ROTUNDU* > *redondo* (disimilación de dos vocales redondeadas), *VICINU* > *vecino* (disimilación de dos vocales altas). La metafonía es una manifestación más restringida de un fenómeno muy frecuente en las lenguas naturales, conocido como la *armonía*. Aunque ciertas lenguas exhiben armonía consonántica, la armonía vocálica es indudablemente la más frecuente. En los procesos de armonía vocálica, todas las vocales de un cierto ámbito morfológico o prosódico, generalmente, el pie métrico o la palabra, deben concordar en uno o más rasgos, los rasgos *armónicos*. En los tipos de armonía más comunes están involucrados: a) la elevación de la altura vocálica (como ocurre en el caso de la metafonía que acabamos de ver); b) el adelantamiento ~ retracción lingual y/o el redondeamiento (en el turco, por ejemplo, las vocales de una palabra deben concordar en retracción y redondeamiento con la vocal radical); c) el parámetro oral ~ nasal (en guaraní las vocales de una palabra se realizan como nasalizadas cuando la palabra contiene una consonante nasal); y d) el parámetro tenso ~ laxo; así, en ciertas variedades del andaluz oriental, la vocal que precede a una /-s/ final de palabra se hace laxa: *mes* [mɛ́⁽ʰ⁾] y este rasgo se propaga a todas las vocales a la izquierda hasta alcanzar el margen izquierdo de la palabra: *repelentes* [ɾɛpɛlɛ́ṇtɛ⁽ʰ⁾], *monederos* [mɔnɛdɛ́ɾɔ⁽ʰ⁾] (este proceso se presenta en más detalle en el capítulo *Vocales II* del presente volumen).

6. *Desilabificación vocálica* (también conocida, entre otros términos, como *contracción silábica*, *formación de paravocales*, *enlace vocálico*, *sinéresis* (cuando ocurre dentro de palabra) y *sinalefa* (cuando ocurre entre palabras), etc. Ocurre cuando una vocal nuclear alta o media se convierte en una paravocal [j] o [w] al enlazarse a la sílaba adyacente (anterior o siguiente). En general, la motivación fonológica de los procesos de desilabificación vocálica es la de evitar las secuencias de vocales en hiato. Los siguientes ejemplos del español ilustran la desilabificación de vocales altas (las lindes silábicas se

indican con puntos para mayor claridad: *m*[i]. *ca.sa* vs. *m*[j] *a.mi.go, tu. li.bro* vs. *t*[w]
her.ma.na rí.o vs. *r*[j]*á.da, ba.úl* vs. *ba*[w].*le.ro*. La desilabificación de vocales medias
frecuentemente va acompañada de un proceso de elevación de la altura vocálica, ya que
en el caso no marcado las vocales no nucleares son altas. El proceso de elevación queda
ilustrado por los siguientes ejemplos de sinéresis en el español dialectal contemporáneo:
pe.or → *p*[j]*or, te.a.tro* → *t*[j]*a.tro, to.a.lla* → *t*[w]*a.lla, po.e.ma* → *p*[w]*e.ma*.
7. *Metátesis vocálica.* Se trata de un intercambio de posición de dos vocales dentro de una
palabra. En la evolución histórica de ciertos dialectos del gallego moderno, la paravocal
[j] se metatizó de posición prenuclear en la última sílaba a la coda de la sílaba penúltima:
na.die > *nai.de, no.via* > *noi.va, ro.bio* 'rubio' > *roi.bo, cho.via* 'lluvia' > *choi.va*.

Bibliografía

Archangeli, D. y Pulleyblank, D. (1994) *Grounded phonology*, Cambridge, MA: The MIT Press.
Chomsky, N. y Halle, M. (1968) *The sound pattern of English*, Nueva York: Harper & Row.
Clements, G. N. y Hume, E. (1995) "The internal organization of speech sounds", en Goldsmith, J.
   (ed.) *The handbook of phonological theory*, Cambridge, MA: Blackwell, pp. 245–306.
Crothers, J. (1978) "Typology and universals of vowel systems", en Greenberg, Joseph. (ed.) *Univer-*
   sals of human language, vol. 2: *Phonology*, Stanford, CA: Stanford University Press, pp. 94–152.
De Lacy, P. (2006) *Markedness: Reduction and preservation in phonology*, Nueva York: Cambridge
   University Press.
Flemming, E. S. (2002) *Auditory representations in phonology*, Nueva York: Routledge.
Gil Fernández, J. (1988) *Los sonidos del habla*, Madrid: Síntesis.
Gusenhoven, C. y Jacobs, H. (1998) *Understanding phonology*, Nueva York: Arnold.
Hualde, J. I. (1994) "La contracción silábica en español", en Demonte, V. (ed.) *Gramática del español*,
   México, DF: El Colegio de México, pp. 629–647.
Hualde, J. I. (2005) *The sounds of Spanish*, Nueva York: Cambridge University Press.
Hyman, L. M. (1975) *Phonology: Theory and analysis*, Chicago: Holt, Rinehart & Winston.
Jackobson, R., Fant, G. y Halle, M. (1963) *Preliminaries to speech analysis. The distinctive features*
   and their correlates, Cambridge, MA: The MIT Press.
Jakobson, R. y Halle, M. (1956) *Fundamentals of language*, La Haya: Mouton.
Kenstowicz, M. (1994) *Phonology in generative grammar*, Cambridge, MA: Blackwell.
Ladefoged, P. (2005) *Vowels and consonants*, 2.ª ed., Malden, MA: Blackwell.
Ladefoged, P. y Maddieson, I. (1996) *The sounds of the world's languages*, Cambridge, MA: Blac-
   kwell Publishers.
Liljencrants, J. y Lindblom, B. (1972) "Numerical simulation of vowel quality systems: The role of
   perceptual contrast", *Language*, 48, pp. 839–862.
Lindblom, B. (1986) "Phonetic universals in vowel systems", Ohala, J. J. y Jaegger, J. J. (eds.) *Expe-*
   rimental phonology, San Diego: Academic Press, pp. 13–44.
Lindau, M. (1978) "Vowel features", *Language*, 54, pp. 541–563.
Lindau, M. (1979) "The feature expanded", *Journal of Phonetics*, 12, pp. 163–176.
Maddieson, I. (1984) *Patterns of sounds*, Nueva York: Cambridge University Press.
Martínez Celdrán, E. (1994) *Fonética (con especial referencia a la lengua castellana)*, 4.ª ed., Barce-
   lona: Teide.
Martínez Celdrán, E. (1995) "En torno a las vocales del español: análisis y reconocimiento", *Estudios*
   de Fonética Experimental, 7, pp. 195–218.
Martínez Celdrán, E. y Fernández Planas, A. M. (2007) *Manual de fonética española: articulaciones*
   y sonidos del español, Barcelona: Ariel Lingüística.
Monroy-Casas, R. (2004) *Aspectos fonéticos de las vocales españolas*, 2.ª ed., Madrid: Libros en
   Red.
Odden, D. (1991) "Vowel geometry", *Phonology*, 8, pp. 261–289.
Quilis, A. (1999) *Tratado de fonología y fonética españolas*, 2.ª ed., Madrid: Gredos.
Quilis, A.o y Esgueva, M. (1983) "Realización de los fonemas vocálicos españoles en posición foné-
   tica normal", en Esgueva, M. y Cantarero, M. (eds.) *Estudios de fonética*, Madrid: Consejo Supe-
   rior de Investigaciones Científicas, pp. 159–251.

[RAE] Real Academia Española (1982) *Esbozo de una nueva gramática de la lengua española*, Madrid: Espasa.

[RAE-ASALE] Real Academia Española y Asociación de Academias de la Lengua Española (2011) *Nueva gramática de la lengua española: fonética y fonología*, Madrid: Espasa.

Sagey, E. (1986) *The representation of features and relations in non-linear phonology*, tesis doctoral, MIT [versión revisada publicada por Garland Press, Nueva York, 1990].

Steward, John M. (1967) "Tongue root position in Akan vowel harmony", *Phonetica*, 16, pp. 185–204.

Entradas relacionadas

consonantes; fonema; fonología

VOCALES II: FONEMAS VOCÁLICOS

Fernando Martínez-Gil

1. Las vocales del español: variación alofónica

Al contrario de lo que ocurre con las consonantes, el sistema fonémico de vocales en el español contemporáneo es extremadamente estable. En comparación con otras lenguas modernas, como el francés o el inglés, en el español se da relativamente muy poca variación alofónica en la pronunciación de las vocales, ya sea en las variedades normativas de cada región hispanohablante o en las diferentes modalidades dialectales. En este capítulo se describe la variación alofónica en la variedad normativa, siguiendo la descripción de Navarro Tomás (1977), así como en ciertas variedades dialectales, centrándonos en los procesos de nasalización, reducción de vocales átonas y armonía vocálica. Las limitaciones de espacio no permiten entrar aquí en las alternancias vocálicas que ocurren en la interfaz de la fonología y la morfología; el lector puede consultar, entre muchos otros, obras como Harris (1969, 1980), Pensado (1999) y Hualde (2005: cap. 12.)

1.1. Variaciones de la abertura vocálica en variedades normativas

Según la descripción de Navarro Tomás (1977: 45), sin duda el tratado de pronunciación del español más completo e influyente hasta la fecha, el timbre de cada vocal presenta tres variantes, condicionadas por otros tantos factores fonológicos principales: a) el tipo silábico en el que está localizada (en general, las vocales tienden a ser más cerradas en sílaba abierta, y más abiertas en sílaba cerrada por ciertas consonantes; b) los sonidos adyacentes (ciertos sonidos pueden ejercer un efecto de abertura o cierre de una vocal adyacente; y c) si la vocal es portadora o no de tonicidad: las vocales que carecen de acento se someten a relajación, manifestándose fonéticamente como ligeramente centralizadas, tanto cuando se encuentran en una sílaba intertónica como cuando son finales de palabra en posición final de grupo fónico. La distribución alofónica de los cinco fonemas vocálicos del español siguiendo la descripción de Navarro Tomás (1977: 44–64) es la siguiente:

1. El fonema /i/ tiene tres realizaciones alofónicas: a) *cerrado* [i], en sílaba abierta tónica (*s*[i]*lla*, *v*[i]*ña*) y en sílaba átona inicial (*p*[i]*sada*, *m*[i]*serable*, *d*[i]*ficultad*) o final de palabra en proparoxítonos (metrópol[i]s, anális[i]s); b) *abierto* [ɪ], en sílaba cerrada por

consonante (*v*[í]*rgen*, *ob*[í]*spo*, *gent*[í]*l*, *v*[ɪ]*rtud*, *d*[ɪ]*ctar*), en contacto con /r̄/ (*r*[í]*co*, *m*[í]*rra*), y ante /x/ (*h*[í]*jo*, *l*[ɪ]*gero*); y c) *relajado* [i̞], en sílaba intertónica (*av*[i̞]*sar*, *adm*[i̞]*rable*, *tím*[i̞]*do*, *gramát*[i̞]*ca*) y en sílaba átona final de grupo fónico (*Juan es muy curs*[i̞]). Por último, se realiza como la paravocal [j] cuando va adyacente a una vocal más abierta tautosilábica en diptongos o triptongos (*b*[j]*en*, *a*[j]*re*, *limp*[j]*áis*, *bue*[j]).

2. La distribución alofónica del fonema /u/ es esencialmente idéntica a la de /i/. Se realiza como: a) *cerrado* [u], cuando va en sílaba abierta tónica (*c*[ú]*ra*, *ning*[ú]*no*, *pez*[ú]*ña*) y en sílaba átona inicial (*m*[u]*danza*, *c*[u]*ñado*, *h*[u]*manidad*) o final de palabra en formas proparoxítonas (*espírit*[u], *ómnib*[u]*s*); b) *abierto* [ʊ], en sílaba cerrada por consonante (*disg*[ʊ́]*sto*, *t*[ʊ́]*rco*, *ins*[ʊ́]*lto*, *cond*[ʊ́]*cta*), en contacto con /r̄/ (*r*[ʊ́]*so*, *arr*[ʊ́]*ga*, *ab*[ʊ] *rrido*, *t*[ʊ]*rrón*,), y ante la velar /x/ (*ag*[ʊ́]*ja*, *emp*[ʊ]*jar*); y c) *relajado* [ʉ], en sílaba libre intertónica (*brúj*[ʉ]*la*, *capít*[ʉ]*lo*, *fab*[ʉ]*loso*, *ind*[ʉ]*dable*) y en sílaba átona final de grupo fónico (*noble espírit*[ʉ]). Cuando /u/ es el miembro inicial o final de un diptongo o triptongo se realiza como una paravocal [w] (*c*[w]*ento*, *ca*[w]*to*, *á*[w]*reo*, *b*[w] *ey*, *averig*[w]*áis*).

3. El fonema /e/ tiene tres variantes alofónicas orales. Se realiza como: a) relativamente *cerrada* [e], cuando va en una sílaba abierta tónica (*qu*[é]*so*, *p*[é]*lo*, *compr*[é]), en sílaba átona inicial de palabra (*p*[e]*sar*, *V*[e]*lázquez*]) o final de palabra en formas paroxítonas (*cónyug*[e], *árab*[e]), en sílaba trabada por alguna de las consonantes /m, n, s, d, θ/ (*ej*[é] *mplo*, *v*[é]*ngo*, *c*[é]*sp*[e]*d*, *p*[é]*z*), ante consonante palatal (*p*[é]*cho*, *s*[é]*llo*, *l*[é]*ña*), y cuando va ante el grupo /ks/ seguido de otra consonante (*[e]xplicar*, *[e]xtenso*); b) relativamente *abierta* [ɛ], cuando va en una sílaba trabada por cualquier consonante que no sea /m, n, s, d, θ/ (*v*[ɛ́]*rde*, *b*[ɛ́]*lga*, *pap*[ɛ́]*l*, *af*[ɛ́]*cto*, *conc*[ɛ́]*pto*), ante el grupo /ks/ seguido de vocal (*[ɛ]ximio*, *[ɛ]xhalar*), en contacto con (es decir, antes o después de) la vibrante múltiple [r̄] (*p*[ɛ́]*rro*, *r*[ɛ́]*gla*, *guerr*[ɛ́]*ro*), ante la fricativa velar /x/ (*ov*[ɛ́]*ja*, *col*[ɛ́]*gio*, *d*[ɛ]*jar*), y ante la paravocal /j/ (*p*[ɛ́]*ine*, *l*[ɛ́]*y*); y c) relativamente *relajada* [ə], en sílaba libre intertónica (la sílaba átona que precede o sigue a la sílaba acentuada: *húm*[ə]*do*, *lóbr*[ə]*go*, *juev*[ə]*s*, *catorc*[ə], *Carm*[ə]*n*) y en sílaba átona final de grupo fónico (*Ana llegó ayer por la tard*[ə]).

4. El fonema /o/ tiene una distribución alofónica en parte similar y en parte diferente a la de su contraparte adelantada /e/. Se realiza como: a) relativamente *cerrado* [o] en sílaba abierta tónica, excepto cuando va precedido de /a/ (*m*[ó]*da*, *p*[ó]*llo*, *llam*[ó], *recibi*[ó]), en sílaba átona inicial (*b*[o]*dega*, *m*[o]*delo*) o final en proparoxítonos (*símbol*[o], *teléfon*[o]), y cuando va seguida de /u/ en la palabra siguiente (*compr*[ó] *una casa*, *poc*[o] *usado*); b) relativamente *abierto* [ɔ] en sílaba trabada por una consonante (*s*[ɔ́] *rdo*, *g*[ɔ́]*lpe*, *r*[ɔ́]*stro*, *c*[ɔ́]*lcha*, *ad*[ɔ]*ptar*, *c*[ɔ]*stura*) o por la paravocal /j/ (*h*[ɔ́]*y*, *d*[ɔ́]*y*, *her*[ɔ́]*ico*), en contacto con /r̄/ (*r*[ɔ́]*sa*, *g*[ɔ́]*rra*, *r*[ɔ]*mería*, *b*[ɔ]*rrar*,), ante /x/ (*man*[ɔ́]*jo*, *esc*[ɔ]*ger*), y cuando va acentuado entre una /a/ precedente y una líquida siguiente (*ah*[ɔ́] *ra*, *aure*[ɔ́]*la*, *una h*[ɔ́]*ra*, *la* [ɔ́]*la*); y c) relativamente *relajado* [ɵ] en sílaba intertónica (*símb*[ɵ]*lo*, *ép*[ɵ]*ca*, *temp*[ɵ]*ral*, *ad*[ɵ]*rar*, *ign*[ɵ]*rancia*) o en la sílaba postónica final (*castig*[ɵ], *muchach*[ɵ]). Según Navarro Tomás (1977: 53, 57–58), en algunas zonas del sur de la Península, se da la tendencia a la pronunciación de las vocales medias /e, o/ como abiertas, tanto en sílaba abierta como cerrada, especialmente en registros enfáticos o deliberados, un fenómeno que también se ha registrado en variedades del español americano (Zamora Munné y Guitart 1982).

5. El fonema /a/ tiene cuatro alófonos: a) *central* [a], cuando lleva acento primario o secundario y va seguido de una consonante anterior o de la oclusiva velar [k] (*c*[á]*ma*, *resc*[á]*te*, *cort*[á]*r*, [á]*ctor*, *cont*[á]*cto*); b) *palatalizado* [a⁺] (realizado con relativo

adelantamiento), cuando lleva acento primario y va seguido de una consonante o una paravocal palatal (*m*[á⁺]*cho*, *reb*[á⁺]*ño*, *m*[á⁺]*yo*, *b*[á⁺]*ile*); c) *velarizado* [ɑ], cuando va ante la fricativa velar /x/ (*m*[ɑ]*ja*, [ɑ]*gitar*, *c*[ɑ]*jón*), en sílaba trabada por /l/ (*s*[ɑ]*lto*, *gener*[ɑ]*l*, *c*[ɑ]*lvario*, [ɑ]*ltura*), y seguido de una vocal o paravocal redondeada (*Bilb*[ɑ] *o*, [ɑ]*hora*, *c*[ɑ]*usa*, *l*[ɑ]*urel*); y d) *relajado* [ɐ] cuando va en una sílaba átona, ya sea intertónica o final de palabra (*cab*[ɐ]*llero*, *tímp*[ɐ]*no*, *sáb*[ɐ]*na*, *madur*[ɐ]*s*, *pec*[ɐ] *dor*[ɐ]).

Esta descripción alofónica de las vocales del español, originalmente formulada por Navarro Tomás en la segunda década del siglo XX, ha sido reproducida, a veces con ligeras variantes, según el autor particular, en una amplia gama de trabajos sobre fonología del español (cf. Alarcos Llorach 1974: 146–150, 1994: 30; RAE 1982: 28–30, 2011:, cap. 90–96; Zamora Munné y Guitart 1982: 81–83; Quilis y Fernández 1985: 48–55; Canellada y Madsen 1987: 19–3, 48; Hammond 2001: 91–104; Hualde 2005: 120–122; Fernández Planas 2005: 132–135, entre muchos otros). A pesar de esta enorme influencia y difusión de la descripción de Navarro Tomás en los estudios de fonética y fonología del español, sus resultados han suscitado una considerable polémica en las últimas décadas, y varios autores han cuestionado su validez, al menos en parte. Así, algunos fonólogos del español (por ejemplo, Harris 1969; Cressey 1978; Quilis 1999: 145; Veiga 2002: 73–74) no otorgan un valor fonológico (es decir, sistemático o categórico) a tales variaciones alofónicas. En agudo contraste, el tratado de D'Introno *et al.* (1995: 173–206) se acoge fielmente a la descripción de Navarro Tomás para expresar, mediante reglas fonológicas de corte generativo, la formalización más explícita y completa realizada hasta la fecha de la distribución alofónica propuesta por Navarro Tomás. Particularmente controvertida es la distinción que Navarro Tomás establece entre las variantes alofónicas abiertas y cerradas de las vocales medias, puesto que no concuerda plenamente con estudios experimentales posteriores, entre los que pueden citarse Cárdenas (1960), Skelton (1969), Quilis y Esgueva (1983), Almeida (1990), Martínez Celdrán (1994: 289–308; 1995; 1998: 41–43), Quilis (2000: 169–175), Ávila (2003), Monroy-Casas (2004: 69–80), Morrison (2004) y Martínez Celdrán y Fernández Planas (2007: 184–191).

1.2. La nasalización de vocales

Además de las variaciones en la cualidad vocálica, los fonemas vocálicos del español exhiben dos tipos de variantes alofónicas: orales y nasalizadas. En las vocales orales, el velo del paladar hace contacto con la pared faríngea, bloqueando la salida de aire por la fosa nasal. En las vocales nasalizadas, el velo del paladar desciende, dejando que la corriente de aire fluya simultáneamente por el pasaje rinolaríngeo y por la cavidad bucal (por eso a veces se llaman también vocales *oronasales*; Quilis y Fernández 1985: 83–84). Puesto que el paso de la corriente de aire por las fosas nasales produce resonancias adicionales, desde el punto de vista acústico las vocales nasalizadas son relativamente complejas. Se ha debatido mucho cuáles son los indicios acústicos que mejor reflejan la nasalidad. El indicador más fiable del timbre nasal en las vocales parece ser una combinación de tres factores principales: a) la aparición de un formante nasal de muy baja frecuencia; b) una disminución de la energía/ amplitud del primer formante, en combinación con un incremento de la banda de frecuencia del primer y segundo formantes; y c) una elevación en la frecuencia del tercer formante (cf. Gil Fernández 1988: 87–88; D'Introno *et al.* 1995: 96–97; Quilis, 2000: 164–169; Ladefoged 2005: 180–181; Martínez Celdrán y Fernández Planas 2007: 123–134).

Al contrario de lo que ocurre en algunas lenguas, en español la nasalidad no es utilizada para establecer contrastes fonémicos entre las vocales. Además, a pesar de que la nasalización de vocales en español puede ser relativamente intensa en ciertos contextos, no está tan desarrollada como en francés o en portugués, y carece de la resonancia típica de las vocales nasalizadas en estas lenguas (Quilis y Fernández 1985: 54). En la lengua coloquial las vocales pueden nasalizarse parcialmente cuando van en contacto con consonantes nasales (Navarro Tomás 1977: 39; Quilis y Fernández 1985: 53–54; D'Introno *et al.* 1995: 308–313; Quilis 2000: 164–169; Piñeros 2006, entre otros). Opcionalmente una nasal final de sílaba puede nasalizar en cierto grado a la vocal precedente (g[ẽ]*nte*, t[ã]*nto*, f[ĩ]*ngir*, g[ã]*nso*, etc.) (Navarro Tomás 1977: 39). Hay, además, dos contextos en los que se produce un grado de nasalización más completo: a) cuando una vocal está en posición inicial de palabra después de pausa y seguida de una nasal implosiva ([ã]*mbro*, [ẽ]*nfermo*, [ĩ]*nfeliz*, [ã]*nfora*); y b) cuando la vocal va flanqueada por dos consonantes nasales (m[ã]*no*, n[ũ]*nca*, m[õ]*nte*, m[ã] *nco*, m[ĩ]*na*, n[ĩ]*ño*, em[ĩ]*n*[ẽ]*ncia*); además, una nasal final de palabra puede elidirse de manera opcional ante la paravocal labiovelar /w/ inicial de la palabra siguiente, nasalizando a la vocal precedente: *un huerto* [ũ-wérto], *sin hueso* [sĩɔ-wéso], *con huevo* [kõ-wéβo] (Navarro Tomás 1977: 141–142).

2. Procesos alofónicos vocálicos en el español dialectal

2.1. Nasalización de vocales

Además de los contextos que acabamos de describir para las variedades normativas, en ciertas variedades del español andaluz y caribeño (Cuba, Panamá, Puerto Rico), una vocal seguida de una nasal implosiva se somete a nasalización relativamente completa, independientemente de la posición que ocupe la vocal en la palabra: *sentir* [sẽŋtír], *tonto* [tõŋto], *tapón* [tapõŋ], *pan* [pãŋ], etc. Además, en algunas de estas variedades de español una nasal puede elidirse opcionalmente, pero el rasgo de nasalidad permanece en la vocal precedente: *sentir* [sẽtír], *tonto* [tõto], *tapón* [tapõ], *pelón* [pelõ], *pan* [pã] (véase Alvar, 1955a; Navarro Tomás, 1956; Matluck, 1961; Cedergreen y Sankoff, 1975; Terrell, 1975; Guitart 1980; Poplack, 1979; D'Introno y Sosa, 1988; Vaquero, 1996: 58; Quilis, 1999: 150, n. 2, 239–240; Piñeros, 2006).

Por último, en ciertos dialectos del español caribeño se da un fenómeno en el que la nasalidad de una consonante nasal se propaga a los segmentos no consonánticos de esa palabra, vocales y paravocales: *empezar* [ẽmpẽsár], *salíamos* [sãlĩãmõ], *San Juan* [sãŋhw̃ãŋ] (Vaquero 1996: 58). Como puede observarse en estos ejemplos, la asimilación del rasgo nasal es bidireccional. Se trata de un proceso de armonía en nasalidad que ocurre con relativa frecuencia en las lenguas naturales (el guaraní, una lengua indígena de Paraguay, exhibe un proceso similar).

2.2. Reducción extrema de vocales átonas en el español americano

En ciertas regiones del español americano (especialmente en el centro y norte de México, y en el español andino de Ecuador, Bolivia y Perú), se da una fuerte tendencia de las vocales átonas a la reducción extrema, especialmente cuando se encuentran en sílaba trabada y están flanqueadas por consonantes sordas, lo que se traduce principalmente en una pérdida de sonoridad, propiciada probablemente por la abducción glotal de las consonantes sordas adyacentes, dando la impresión perceptual de que son elididas. Son las vocales conocidas tradicionalmente como "caducas" o "caedizas" del español mexicano (Canellada y Zamora Vicente 1960; Lope Blanch 1963–1964; RAE 2011: 107–109). Aunque en general el ensordecimiento y la elisión son los términos más usados para describir el fenómeno, en la bibliografía sobre el tema pueden encontrarse otros apelativos que corresponden a estadios intermedios, tales como el acortamiento y la centralización (Lipski 1990: 1–2). El ensordecimiento y la elisión de vocales en el español mexicano y andino han sido ampliamente documentados en una serie de estudios dialectales, como los de Ávila (1966–1967), Boyd-Bowman (1952), Canellada y Zamora Vicente (1960), Matluck (1951, 1952) y Lope Blanch (1963–1964) para el español mexicano, y Lipski (1990) para las variedades andinas. Más recientemente, Delforge (2008, 2009) ha realizado estudios acústicos detallados del fenómeno en el español peruano. En (1) se presentan algunos ejemplos ilustrativos del ensordecimiento de vocales entre dos consonantes sordas, tanto dentro de palabra (1a) como entre palabras (1b).

(1) a. existir   [eksị̣stír]   b. los escuchaba   [los ẹskụčáβa]
         viajes   [bjáxẹs]   casi todo   [kásị tóðo]
         participa   [partị̣sípa]   que salga   [kẹ sálga]
         alpacas   [alpákạs]   traje típico   [tráxẹ típiko]
         cuántos   [kwántọs]   este camino   [estẹ kamíno]

Existe un acuerdo general de que el ensordecimiento de vocales átonas es variable, y está favorecido en diverso grado por un número de variados factores, tanto lingüísticos (de tipo fonético) como extralingüístico (estilísticos, sociolingüísticos, etc.), aunque estos factores pueden adoptar diferentes matices en diferentes dialectos del español mexicano y el andino. Aunque tiende a afectar a las vocales átonas localizadas entre dos consonantes sordas, se da una marcada preferencia por el ensordecimiento cuando la segunda es /s/ implosiva (Lope Blanch 1963–1964; Lipski 1990), y en menor grado cuando van en contacto con /č/. Las vocales átonas son más proclives al ensordecimiento cuando van seguidas por una consonante sorda implosiva que cuando tal consonante ocupa el ataque de la sílaba siguiente. En cuanto a la reducción según el tipo vocálico, en las variedades mexicanas la desonorización de /e/ es mucho más frecuente que en las otras vocales (Lope Blanch 1963–1964: 17). En el español peruano las vocales medias átonas /e, o/ se someten a ensordecimiento en mayor medida que las altas /i, u/ o la baja /a/, y de las vocales medias, /e/ se hace sorda con mayor frecuencia que /o/ (Delforge 2008). Según Lipski (1990) en el español ecuatoriano las vocales adelantadas /e, i/ son más proclives al ensordecimiento que las correspondientes retraídas /o, u/. Además, la desonorización es más frecuente en posición final que en posición medial de palabra. En sus estudios acústicos del español peruano Delforge (2008, 2009) concluye que el ensordecimiento, con mucha mayor frecuencia que la elisión, es la manifestación fonética primordial de la reducción extrema de vocales átonas; sin embargo, no encuentra evidencia de que la reducción vocálica tenga un efecto centralizador o que afecte significativamente la cualidad vocálica en general. Aunque tradicionalmente se ha sugerido que la desonorización está condicionada por factores estilísticos, y en particular que es favorecida por los registros coloquiales más rápidos, los resultados de Delforge para el español peruano sugieren que la reducción vocálica no es afectada significativamente por el contexto estilístico.

2.3. *Armonía vocálica en el español andaluz*

En algunos dialectos, las distinciones de abertura presentes en la ejecución fonética de las vocales se han sistematizado, elevándose al plano fonológico, un ejemplo típico de lo que a menudo se conoce como un proceso de *fonologización* (Hyman 1976, 2008; Bermúdez-Otero y Hogg 2003), lo que parece reivindicar la validez general de la descripción de Navarro Tomás. Recuérdese que según este autor las vocales del español tienden a ser cerradas en sílaba abierta y abiertas en sílaba trabada por consonante. La evidencia a favor de esta distribución proviene de ciertas variedades del español en las que la /s/ es aspirada en posición implosiva /s/, con una fuerte tendencia a la elisión, como sucede en el andaluz oriental. Según una hipótesis reciente, la aspiración de /s/ a [h] en estos dialectos ha ejercido un efecto depresor en la altura vocálica de las variantes laxas, incrementando así su diferencia fonética con las correspondientes tensas (Lloret y Jiménez 2009). En otras palabras, en tales variedades las diferencias alofónicas de detalle fonético se han fonologizado, dando lugar a una distinción categórica entre vocales cerradas o tensas (es decir, vocales especificadas como [+tenso]) y abiertas o laxas (es decir, [-tenso]): las primeras ocurren en sílaba abierta y las segundas en sílaba cerrada por /s/ aspirada. La fonologización de los alófonos tensos y laxos es quizá mejor conocida tradicionalmente como "desdoblamiento" de fonemas vocálicos, término acuñado por Navarro Tomás (1939).

Hay razones para suponer que la eclosión de las variantes vocálicas abiertas o laxas no procede directamente de su adscripción a una sílaba cerrada por /s/, sino del proceso mismo de aspiración. Siguiendo la caracterización de la fricativa laríngea [h] en Vaux (1998) como especificada con el rasgo [+glotis distendida], Lloret y Jiménez (2009) sugieren que este rasgo es asimilado por la vocal precedente, y que cuando la [h] se debilita o se elide, la distensión glotal se adhiere parasíticamente a la vocal, ejerciendo un efecto depresor sobre su altura. La expansión del pasaje glotal asociado con el rasgo [+glotis distendida] produce una elevación de la frecuencia del primer formante de la vocal, una propiedad correlacionada con la retracción de la raíz lingual (es decir, con el rasgo [-raíz lingual retraída] o [-RLA]), de ahí que se manifiesta fonológicamente como una vocal laxa. Asumiendo que el andaluz posee el mismo inventario básico de fonemas vocálicos del español normativo, el rasgo [RLA] obviamente no sería contrastivo en el nivel subyacente. Sin embargo, dado que cualquier vocal final seguida de una /s/ final aspirada o elidida se hace laxa, se origina un contraste *fonético* entre las cinco vocales tensas [i, u, e, o, a] y sus contrapartes laxas [ɪ, ʊ, ɛ, ɔ, a̰]. En los dialectos más extremos /s/ se elide de manera relativamente sistemática, de manera que este contraste se ha hecho morfofonémico, ya que sirve para marcar distinciones morfológicas como singular frente a plural en formas no verbales (*verd*[e] 'verde' ~ *verd*[ɛ] 'verdes', *gat*[o] 'gato' ~ *gat*[ɔ] 'gatos', la 3.ª persona de singular frente a la 2.ª en las formas verbales (*tien*[e] 'tiene' ~ *tien*[ɛ] 'tienes', *llev*[a] 'lleva' ~ *llev*[a̰] 'llevas'), o simplemente para distinguir entre unidades léxicas: *ve* [bé] 've' ~ *vez* [bɛ́] 'vez', *di*[ó] 'dio' ~ *Di*[ɔ́] 'Dios'. Puesto que la /s/ final de palabra en una mayoría de casos marca el plural de formas no verbales y la 2.ª persona del singular en ciertos tiempos verbales, la elisión de la /s/ final puede crear pares mínimos en el nivel fonético que difieren únicamente en abertura vocálica, como queda ilustrado con las palabras monosilábicas en (2) (la mayoría de estos y otros ejemplos en esta sección provienen de Lloret y Jiménez 2009, cuyos datos provienen principalmente de la variedad hablada en la ciudad de Granada; los estudios del vocalismo andaluz son abundantes; entre los más prominentes se incluyen Navarro Tomás 1939; Rodríguez-Castellano y Palacio 1948; Alonso *et al.* 1950; Alvar 1955a, 1955b; Salvador 1957, 1977; Alarcos Llorach 1958, 1983; Mondéjar 1970, 1991; Martínez Melgar 1994):

(2) [i] ~ [ɪ]: mi [mi] ~ mis [mɪ]   [o] ~ [ɔ]: lo [ló] ~ los [lɔ̀]
    [u] ~ [ʊ]: tu [tu] ~ tus [tʊ]   [a] ~ [ą]: va [bá] ~ vas [bą́]
    [e] ~ [ɛ]: ve [bé] ~ ves [bɛ́]

Se ha debatido mucho la naturaleza fonológica de la abertura de vocales en el contexto de la aspiración/elisión de /s/ en andaluz. Según la concepción tradicional, en ciertos dialectos (los más "extremos") del andaluz los fonemas vocálicos se han "desdoblado", de manera que las variantes laxas han entrado a formar un contraste fonémico con sus contrapartes tensos. Sin embargo, los estudios experimentales de Martínez Melgar (1986, 1994) no parecen apoyar la hipótesis del "desdoblamiento" vocálico. Otros fonólogos defienden que se trata de un proceso fonológico en el que las variantes laxas se derivan de los fonemas vocálicos tensos en los contextos apropiados (Alarcos Llorach 1958, 1974: 149–150; Zubizarreta 1979; Lieber 1987; Lloret y Jiménez 2009). Finalmente, algunos autores han argüido que las alternancias entre vocales abiertas y cerradas han dejado de estar condicionadas por factores puramente fonológicos y se han morfologizado (es decir, se han convertido en alternancias morfofonémicas), de manera que las vocales abiertas habrían adquirido el estatuto de marca morfológica de plural en los nombres y de la 2.ª persona de singular en los verbos (Hooper 1976: 32–41; López Morales 1984; Mondéjar 1991: 268–279), pero este análisis ha sido vigorosamente cuestionado, entre otros, por Manaster-Ramer (1989).

A pesar de que /s/ final de sílaba (incluyendo final de palabra) es a menudo aspirada o elidida, todavía es necesario su postulación subyacente, puesto que se realiza fonéticamente cuando, como resultado del resilabeo léxico de consonante y vocal, una /s/ final de morfema es asignada al ataque silábico cuando va seguida de un sufijo que comienza por vocal, dando lugar a una alternancia morfofonológica entre [s] y cero, como se muestra en (3) (la notación de *h* sobrescrita en paréntesis '$^{(h)}$', suelen usarse para denotar la aspiración y elisión variable de /s/):

(3) mes [mɛ́$^{(h)}$] ~ mes-es [mɛ́.sɛ$^{(h)}$], mes-ito [me.sí.to]
     cordobés [kor.ðo.βɛ́$^{(h)}$] ~ cordobes-es [kor.ðo.βɛ́.sɛ$^{(h)}$], cordobes-a [kor.ðo.βé.sa]
     tos [tɔ̀$^{(h)}$] ~ tos-es [tósɛ$^{(h)}$], tos-er [to.sér]
     dios [djɔ̀$^{(h)}$] ~ dios-es [djɔ̀.sɛ$^{(h)}$], dios-a [djó.sa]

En ciertas variedades del andaluz oriental (especialmente las que se hablan en la provincia de Granada, Almería, Jaén y partes de Córdoba), la vocal abierta final creada en la aspiración/elisión de /s/ final de palabra desencadena un proceso de armonía vocálica, mediante el cual el rasgo laxo de una vocal final se propaga hacia la izquierda dentro de la palabra. Aparentemente, el intervalo armónico está sujeto a variabilidad: a) puede estar limitado al pie métrico dominante (la unidad prosódica que en el español incorpora la sílaba acentuada más la sílaba siguiente en palabras llanas, y las dos sílabas siguientes en las palabras esdrújulas; y b) puede también extenderse a todas las vocales dentro de la palabra prosódica (es decir, la palabra morfológica dotada de estructura métrica). La armonía de [–RLA] genera alternancias morfofonémicas entre la clase de vocales tensas, especificadas [+RLA], y laxas, especificadas [–RLA], ilustradas con pares de palabras disilábicas en (4), ya sean formas nominales (4a) o verbales (4b). Como se puede apreciar, las formas nominales de singular y las formas verbales de 3.ª persona de singular contienen exclusivamente vocales de la clase [+RLA]. En contraste, los plurales nominales y las formas verbales de 2.ª persona de singular, las cuales terminan en una /s/ que se aspira o se elide, exhiben vocales de la clase [–RLA]; cuando el sufijo -*s* se elide, la exponencia de plural o de 2.ª persona de singular en cada caso se manifiesta exclusivamente en la especificación [–RLA] de la vocal.

(4) a. nene [néne] ~ nenes [nénɛ⁽ʰ⁾]   b. bebe [béβe] ~ bebes [béβɛ⁽ʰ⁾]
      mono [móno] ~ monos [mɔ́nɔ⁽ʰ⁾]   tiene [tjéne] ~ tienes [tjénɛ⁽ʰ⁾]
      cena [θéna] ~ cenas [θéną⁽ʰ⁾]   come [kóme] ~ comes [kɔ́mɛ⁽ʰ⁾]
      boca [bóca] ~ bocas [bɔ́ką⁽ʰ⁾]   toma [tóma] ~ tomas [tɔ́mą⁽ʰ⁾]

La armonía vocálica de [–RLA] en el andaluz oriental está sujeta a variación, dependiendo en parte de la región geográfica particular. A continuación, y para simplificar nuestra exposición, nos limitaremos a presentar la pauta armónica que exhibe la variedad hablada en la ciudad de Granada, según se describe en los estudios de Alonso *et al.* (1950) y Lloret y Jiménez (2009). Los hechos básicos sobre la armonía del rasgo [–RLA] en este dialecto son los siguientes. Cualquier vocal nuclear que precede a una /s/ final de palabra sometida a aspiración o elisión se hace laxa, como se ilustra en (5) con palabras disilábicas. Como ya mencionamos, Lloret y Jiménez (2009) sugieren que desde el punto de vista fonológico este proceso de abertura o laxitud de la vocal final se desprende de la especificación [–RLA] transmitida por el [rasgo +glotis distendida] de la aspirada [h]. Como se aprecia en (5a), el rasgo armónico [–RLA] de la vocal laxa final de palabra se propaga hacia la izquierda a la vocal tónica, que es el elemento prominente del pie métrico, siempre que esta sea media o baja (5a). Aunque una vocal alta final se hace laxa en el contexto de la debucalización de una /s/ (a veces de otra consonante implosiva) siguiente, las vocales altas tónicas no son afectadas por el proceso armonizante, como puede observarse en (5b).

(5) a. tesis [tésɪ⁽ʰ⁾],   bocas [bɔ́ką⁽ʰ⁾]   b. crisis [krísɪ⁽ʰ⁾]
      Venus [bénʊ⁽ʰ⁾]   mesas [mésą⁽ʰ⁾]   míos [mío⁽ʰ⁾]
      comes [kɔ́mɛ⁽ʰ⁾]   martes [mártɛ⁽ʰ⁾]   tules [túlɛ⁽ʰ⁾]
      lejos [léhɔ⁽ʰ⁾]   casas [kásą⁽ʰ⁾]   muchos [múčo⁽ʰ⁾]

En palabras de tres o más sílabas, la armonía es un poco más compleja, debido en parte a que puede estar sujeta a variación, y en parte a la presencia de vocales intertónicas que son potencialmente susceptibles al proceso de armonización. Se pueden discernir al menos dos pautas de propagación del rasgo [–RLA], que difieren tanto en el dominio prosódico particular en el que se extiende el intervalo armónico como en su modo de aplicación (obligatorio vs. opcional). Por conveniencia expositiva nos referimos a estas dos pautas con las etiquetas A y B, ejemplificadas en la primera y segunda columnas de (6), respectivamente.

(6)   A   B   A   B
  a. relojes [relɔ́hɛ⁽ʰ⁾] ~ [rɛlɔ́hɛ⁽ʰ⁾]   b. cojines [kohínɛ⁽ʰ⁾] ~ [kɔhínɛ⁽ʰ⁾]
     momentos [momén̪tɔ⁽ʰ⁾] ~ [mɔmén̪tɔ⁽ʰ⁾]   molinos [molíno⁽ʰ⁾] ~ [mɔhíno⁽ʰ⁾]
     monederos [moneðérɔ⁽ʰ⁾] ~ [mɔnɛðérɔ⁽ʰ⁾] cotillones [kotiʒɔ́nɛ⁽ʰ⁾] ~ [kɔtiʒɔ́nɛ⁽ʰ⁾]
     codornices [kodornísɛ⁽ʰ⁾] ~ [kɔdornísɛ⁽ʰ⁾] besucones [besukɔ́nɛ⁽ʰ⁾] ~ [bɛsukɔ́nɛ⁽ʰ⁾]
  c. tréboles [tréβolɛ⁽ʰ⁾] ~ [trébɔlɛ⁽ʰ⁾]
     sótanos [sɔ́tanɔ⁽ʰ⁾] ~ [sɔ́tąnɔ⁽ʰ⁾]
     tómbolas [tɔ́mbolą⁽ʰ⁾] ~ [tɔ́mbɔlą⁽ʰ⁾]
     húngaros [úŋgarɔ⁽ʰ⁾] ~ [úŋgarɔ⁽ʰ⁾]

En la pauta A la armonía opera de manera obligatoria y además su aplicación está determinada por la estructura métrica: la propagación del rasgo armónico [–RLA] tiene como blanco exclusivo la vocal tónica (no alta), que es la cabeza del pie métrico principal, portador de la prominencia acentual primaria de la palabra, y ahí se detiene, mientras que las vocales átonas pretónicas no son afectadas por la armonización, como se refleja en las variantes de la columna A. La pauta B, ilustrada en la columna B en (6), está en variación con la pauta A, pero, al contrario que esta, su ámbito de aplicación es la palabra prosódica: el rasgo [-RLA] se extiende de la vocal final a todas las vocales no altas a su izquierda, independientemente de si portan o no prominencia acentual (Lloret y Jiménez 2009: 295, n. 1, mencionan que en ciertos dialectos del andaluz se da "la armonización sistemática de todas las vocales de la palabra", lo que constituiría un indicación concluyente de que la pauta B se ha generalizado en estos dialectos). Por último, Lloret y Jiménez apuntan que hay variedades del andaluz oriental en las que la armonía puede afectar también a la vocal postónica en ejemplos como (6c), es decir, está restringida a todas las vocales dentro de un pie dactílico, lo cual sugiere una tercera pauta. Como detalle de cierto interés, tres pautas análogas han sido documentadas en la armonía vocálica de tipo metafónico (de elevación vocálica) en variedades dialectales de Cantabria (Hualde 1989).

Según las fuentes consultadas por Lloret y Jiménez (2009) para el dialecto granadino en cuestión, cuando todas las vocales no altas de una palabra tienen la misma cualidad se da una aplicación sistemática de la pauta B, con lo que armonizan todas las vocales de la palabra prosódica, como se ilustra en (7). Este requisito de que los segmentos que se someten a un proceso armónico sean similares o idénticos parece ser una condición fonológica relativamente común en los fenómenos de armonía (Lloret y Jiménez 2009: 298, n. 1 y referencias citadas):

(7) retenéis   [rɛtɛnɛ́j⁽ʰ⁾]   monótonos   [mɔnɔ́tɔnɔ⁽ʰ⁾]
    repelentes [rɛpɛlɛ́ŋtɛ⁽ʰ⁾]   dolorosos   [dɔlɔrɔ́sɔ⁽ʰ⁾]
    excelentes [ɛɣsɛlɛ́ŋtɛ⁽ʰ⁾]   amparadas   [ạmpạrádạ⁽ʰ⁾]

Una cuestión que ha suscitado debate recientemente es si la motivación fonológica fundamental de los procesos de armonía vocálica es de carácter (co-)articulatorio o si por el contrario responde a factores de tipo perceptual. Según la primera hipótesis, los segmentos que se someten a armonización en el dominio pertinente lo hacen mediante un proceso de asimilación al rasgo armónico presente en elemento desencadenante, como una consecuencia típica del conocido principio del mínimo esfuerzo, manifestado en una tendencia a evitar la producción de gestos articulatorios distintos. Esta interpretación se adopta implícitamente en análisis autosegmentales de la armonía vocálica del andaluz, como Zubizarreta (1979) o Lieber (1987). En contraste, el tratamiento perceptual de la armonía vocálica mantiene que hay restricciones de marcadez de carácter perceptual que favorecen la asociación de un determinado rasgo o clase de rasgos de una posición no prominente a una posición prominente (la sílaba tónica, en el caso particular del andaluz), para de esta manera realzar la percepción de ese rasgo. La armonía surge cuando el rasgo armónico se propaga de una posición débil (una sílaba átona) a una posición fuerte (la sílaba tónica), perceptualmente más destacada, para incrementar el relieve o prominencia acústica del rasgo armónico en la(s) sílaba(s) átona(s) (Jiménez y Lloret 2009; cf. Walker 2011).

Bibliografía

Alarcos Llorach, E. (1958) "Fonología y fonética: a propósito de las vocales andaluzas", *Archivum*, 8, pp. 191–203.
Alarcos Llorach, E. (1974) *Fonología española*, 4.ª ed., Madrid: Gredos.
Alarcos Llorach, E. (1983) "Más sobre las vocales andaluzas", *Philologica Hispaniensia in Honorem Manuel Alvar*, Madrid: Gredos, vol. 1, pp. 49–55.

Almeida, M. (1990) "El timbre vocálico en el español actual", *Filología Románica*, 7, pp. 75–85.

Alonso, D., Zamora Vicente, A. y Canellada, M. J. (1950) "Vocales andaluzas", *Nueva Revista de Filología Hispánica*, 3, pp. 209–230.

Alvar, M. (1955b) "Las hablas meridionales de España y su importancia para la lingüística comparada", *Revista de Filología Española*, 34, pp. 284–313.

Alvar, M. (1955b) "Las encuestas del Atlas Lingüístico de Andalucía" *Revista de Dialectología y Tradiciones Populares*, 11, pp. 231–274.

Bermúdez-Otero, R. y Hogg, R. M. (2003) "The actuation problem in Optimality Theory: Phonologization, rule inversion, and rule loss", en Holt, D. E. (ed.) *Optimality Theory and language change*, Dordrecht: Kluwer, pp. 91–119.

Boyd-Bownman, P. (1952) "La pérdida de vocales átonas en la planicie mexicana", *Nueva Revista de Filología Hispánica*, 6, pp. 138–140.

Canellada, M. J. y Madsen, J. K. (1987) *Pronunciación del español. Lengua hablada y literaria*, Madrid: Castalia.

Canellada, M. y Zamora Vicente, A. (1960) "Vocales caducas en el español mexicano", *Nueva Revista de Filología Hispánica*, 14, pp. 222–241.

Cárdenas D. C. (1960) "Acoustic vowel loops of two Spanish idiolects" *Phonetica*, 5, pp. 9–34.

Cedergreen Henrietta J. y Sankoff, D. (1975) "Nasals: A sociolinguistic study of change in progress", en Ferguson, Ch. A., Hyman, L. M., Hyman, L. y Ohala, J. J. (eds.) *Nasalfest: Papers from a symposium on nasals and nasalization*, Stanford: Language Universals Project, Stanford University, pp. 67–80.

Cressey, William (1978) *Spanish phonology: A generative approach*, Washington, DC: Georgetown University Press.

Delforge, A.-M. (2008) "Unstressed vowel reduction in Andean Spanish", en Colantoni, L. y Steele, J. (eds.) *Selected proceedings of the 3rd Conference on Laboratory Approaches to Spanish Phonology*, Somerville, MA: Cascadilla Proceedings Project, pp. 107–124.

Delforge, A.-M. (2009) *The rise and fall of unstressed vowel reduction in the Spanish of Cusco, Peru: A sociophonetic study*, tesis doctoral, University of California, Davis.

D'Introno, F. y Sosa, J. M. (1988) "Elisió de nasal o vocalizaciõ de nasal eŋ caraqueño", en Hammond, R. y Resnik, M. (eds.) *Studies in Caribbean Spanish dialectology*, Washington, DC: Georgetown University Press, pp. 24–34.

D'Introno, F., Teso, E. del y Weston, R. (1995) *Fonética y fonología actual del español*, Madrid: Cátedra.

Fernández Planas, A. M. (2005) *Así se habla: nociones fundamentales de fonética general y española*, Barcelona: Horsori.

Gil Fernández, J. (1988) *Los sonidos del habla*, Madrid: Síntesis.

Guitart, J. M. (1980) "Aspectos del consonantismo habanero: reexamen descriptivo", en Scavnicky, G. E. (ed.) *Dialectología hispanoamericana: estudios actuales*, Washington, DC: Georgetown University Press, pp. 32–47.

Hammond, R. M. (2001) *The sounds of Spanish: Analysis and application*, Somerville, MA: Cascadilla Press.

Harris, J. W. (1969) *Spanish phonology*, Cambridge, MA: The MIT Press. [Traducido al español y aumentado en *Fonología generativa del español*, Barcelona: Planeta, 1975].

Harris, J. W. (1980) "Lo morfológico en una gramática generativa: alternancias vocálicas en las formas verbales del español", en Guitart, J. y Roy, J. (eds.) *La estructura fónica de la lengua castellana*, Barcelona: Anagrama, pp. 141–199.

Hooper, J. B. (1976) *An introduction to natural generative phonology*, Nueva York: Academic Press.

Hualde, J. I. (1989c) "Autosegmental and metrical spreading in the vowel-harmony systems of northwestern Spain", *Linguistics*, 27, pp. 773–805.

Hualde, J. I. (2005) *The sounds of Spanish*, Nueva York: Cambridge University Press.

Hyman, L. M. (1976) "Phonologization", Juilland, A. (ed.) *Linguistic studies presented to Joseph H. Greenberg*, Saratoga, CA: Anma Libri, pp. 407–418.

Hyman, L. M. (2008) "Enlarging the scope of phonologization", *UC Berkeley Phonology Lab annual report (2008)*, Berkeley, CA: pp. 382–408.

Ladefoged, P. (2005) *Vowels and consonants*, 2.ª ed., Malden, MA: Blackwell.

Lieber, R. (1987) *An integrated theory of autosegmental processes*, Nueva York: State University of New York Press.

Lipski, J. (1990) "Aspects of Ecuadoran vowel reduction" *Hispanic Linguistics*, 4, pp. 1–19.

Lloret, M.-R. y Jiménez, J. (2009) "Un análisis 'óptimo' de la armonía vocálica del andaluz", *Verba*, 36, pp. 293–325.

Lope Blanch, J. (1963–1964) "En torno a las vocales caedizas del español mexicano", *Nueva Revista de Filología Hispánica*, 17, 1/2, pp. 1–19.

Manaster-Ramer, A. (1989) "Sound change vs. rule change: The case of Eastern Andalusian", *Folia Linguistica*, 8, pp. 385–420.

Martínez Celdrán, E. (1994) *Fonética (con especial referencia a la lengua castellana)*, 4.ª ed., Barcelona: Teide.

Martínez Celdrán, E. (1995) "En torno a las vocales del español: análisis y reconocimiento", *Estudios de Fonética Experimental*, 7, pp. 195–218.

Martínez Celdrán, E. (1998) *Análisis espectrográfico de los sonidos del habla*, Barcelona: Ariel.

Martínez Celdrán, E. y Fernández Planas, A. M. (2007) *Manual de fonética española: articulaciones y sonidos del español*, Barcelona: Ariel Lingüística.

Martínez Melgar, A. (1994) "El vocalismo del andaluz oriental", *Estudios de Fonética Experimental*, 6, pp. 12–64 (Barcelona, Universitat de Barcelona).

Mattluck, J. (1951) *La pronunciación del español en el Valle de México*, México, DF: Universidad Nacional Autónoma de México.

Matluck, J. (1952) "La pronunciación del español en el Valle de México", *Nueva Revista de Filología Hispánica*, 2, pp. 109–120.

Matluck, J. (1961) "Fonemas finales en el consonantismo puertorriqueño" *Nueva Revista de Filología Hispánica*, 15, pp. 332–342.

Mondéjar, J. (1970) *El verbo andaluz: formas y estructuras*, Madrid: CSIC.

Mondéjar, J. (1991) *Dialectología andaluza: estudios*, Granada: Editorial Don Quijote.

Monroy-Casas, R. (2004) *Aspectos fonéticos de las vocales españolas*, 2.ª ed., Madrid: Libros en Red.

Morrison, G. S. (2004) "An acoustic and statistical analysis of Spanish mid-vowel allophones", *Estudios de Fonética Experimental*, 13, pp. 11–37.

Navarro Tomás, T. (1939) "El desdoblamiento de fonemas vocálicos", *Revista de Filología Hispánica*, 1, pp. 165–167.

Navarro Tomás, T. (1956) "Apuntes sobre el español dominicano", *Revista Iberoamericana*, 21, pp. 441–428.

Navarro Tomás, T. (1977) *Manual de pronunciación española*, 19.ª ed., Madrid: CSIC.

Pensado, C. (1999) "Morfología y fonología: fenómenos morfofonológicos", en Bosque, I. y Demonte, V. (eds.) *Gramática descriptiva de la lengua española*, Madrid: Espasa, vol. 3, pp. 4305–4366.

Piñeros, C. E. (2006) "The phonology of nasal consonants in five Spanish dialects", en Martínez-Gil, F. y Colina, S. (eds.) *Optimality-theoretic studies in Spanish phonology*, Filadelfia: John Benjamins, pp. 146–171.

Poplack, S. (1979) "Sobre la elisión y la ambigüedad en el español puertorriqueño: el caso de la /n#/ verbal", *Boletín de la Academia Puertorriqueña de la Lengua Española*, 7, pp. 129–144.

Quilis, A. (1999) *Tratado de fonología y fonética españolas*, 2.ª ed., Madrid: Gredos.

Quilis, A. (2000) *Fonética acústica de la lengua española*, 2.ª ed., Madrid: Gredos.

Quilis, Antonio y E., M. (1983) "Realización de los fonemas vocálicos españoles en posición fonética normal", en Esgueva, M. y Cantarero, M. (eds.) *Estudios de fonética*, Madrid: CSIC, pp. 159–251.

Quilis, A. y Fernández, J. (1985) *Curso de fonética y fonología españolas para estudiantes angloamericanos*, 11.ª ed., Madrid: CSIC.

[RAE] Real Academia Española (1982) *Esbozo de una nueva gramática de la lengua española*, Madrid: Espasa-Calpe.

[RAE-ASALE] Real Academia Española y Asociación de Academias de la Lengua Española (2011) *Nueva gramática de la lengua española: fonética y fonología*, Madrid: Espasa Libros.

Rodríguez-Castellano, L. y Palacio, A. (1948) "Contribución al estudio del dialecto andaluz. El habla de Cabra", *Revista de Dialectología y Tradiciones Populares*, 4, pp. 387–418.

Salvador, G. (1957) "El habla de Cúllar-Baza. Contribución al estudio de la frontera del andaluz", *Revista de Filología Española*, 41, pp. 161–252.

Salvador, G. (1977) "Unidades fonológicas en el andaluz oriental", *Revista Española de Lingüística*, 7, pp. 1–23.

Skelton, R. (1969) "The pattern of Spanish vowel sounds", *International Review of Applied Linguistics (IRAL)*, 7, pp. 231–237.

Terrell, T. (1975) "La nasal implosiva y final en el español de Cuba", *Anuario de Letras*, 13, pp. 257–271.

Vaquero, M. (1996) "Antillas", en Alvar, M. (ed.) *Manual de dialectología hispánica II: El español de América*, Barcelona: Ariel, pp. 51–67.

Vaux, B. (1998) "The laryngeal specification of fricatives", *Linguistic Inquiry*, 29, pp. 497–511.

Veiga, A. (2002) *El subsistema vocálico del español*, Santiago de Compostela: Universidad de Santiago de Compostela.

Zamora Munné, J. C. y Guitart, J. M. (1982) *Dialectología hispanoamericana: teoría, descripción, historia*, Salamanca: Almar.

Zubizarreta, M. L. (1979) "Vowel harmony in Andalusian Spanish", *MIT Working Papers in Linguistics*, 1, pp. 1–11.

Entradas relacionadas

consonantes; fonema; fonología

PARTE III

Aspectos evolutivos, sociales y aplicados

ACTOS DE HABLA

J. César Félix-Brasdefer

1. Introducción

La teoría de los actos de habla representa un tema interdisciplinario que fue inicialmente estudiado por filósofos del lenguaje, y posteriormente por lingüistas que se enfocan en el significado proposicional de las oraciones (semántica formal). En la actualidad, la teoría de los actos de habla constituye un componente imprescindible en la pragmática, una disciplina de la lingüística que estudia el uso del lenguaje en contexto, a partir de las posibles intenciones del hablante y las inferencias que el oyente saca de lo comunicado. Las primeras ideas de cómo conceptualizamos el lenguaje en la vida diaria fueron propuestas formalmente en 1955 por el filósofo británico John Austin, en una serie de conferencias dictadas en la universidad de Harvard (*The William James Lectures*) publicadas póstumamente en su obra *How to do things with words* (1962). Más tarde estas ideas fueron desarrolladas por el filósofo norteamericano John Searle, en su obra *Actos de habla* (1969) y estudios posteriores. Las ideas de Austin fueron motivadas por filósofos como Frege (1918a, 1918b, 1923), quien hizo referencia al concepto de "fuerza" que se asocia a las aseveraciones y a las preguntas, y Wittgenstein (1958), quien empleó el concepto de los "juegos del lenguaje" (*language games*) para referirse a unidades comunicativas multifuncionales. Conceptos generales de implicatura conversacional (Grice 1975) y cortesía lingüística (Brown y Levinson 1987) también han influido en nuestro entendimiento de los actos de habla. El término "acto de habla" —por ejemplo, pedir un préstamo, rechazar una invitación, o quejarse— generalmente se emplea para referirse a acciones comunicativas producidas por un hablante e inferidas (y negociadas) por un oyente en situaciones específicas.

Esta entrada se organiza de la siguiente manera: primero se explica la distinción entre los enunciados constatativos y los realizativos, seguido de las tres dimensiones del acto de habla, el locutivo, el ilocutivo y el perlocutivo. Luego se describen y ejemplifican los indicadores de fuerza ilocutiva, las condiciones de felicidad del acto de habla ilocutivo, la clasificación de los actos de habla, y los actos de habla directos e indirectos y su conexión con la cortesía/descortesía. Al final se presentan direcciones futuras en la investigación de los actos de habla.

2. Enunciados constativos y realizativos

La idea elemental de los actos de habla presentada por Austin (1962 [1955]) se centra en el hecho de que usamos el lenguaje en la comunicación no solo para describir o reportar las cosas del mundo, sino también para realizar acciones comunicativas y transformar el mundo. Austin distinguió entre los enunciados constativos y los realizativos (o *performativos* siguiendo la traducción inglesa). Los constativos se usan para producir aseveraciones o afirmaciones y se describen en términos de sus valores de verdad o falsedad, como en el ejemplo (1):

(1) Obama es el primer presidente estadounidense afroamericano.

En cambio, los enunciados realizativos se utilizan para realizar acciones con las palabras. Específicamente, para que un enunciado realizativo se lleve a cabo, debe emitirse bajo las circunstancias apropiadas (o reglas de felicidad) propuestas por Austin (1962: 14–15), como se muestra en (2):

(2) a. debe existir un procedimiento convencional que incluya la producción de las palabras apropiadas por las personas adecuadas a la situación;
    b. el procedimiento debe ejecutarse por todos los participantes de manera completa y correcta;
    c. el procedimiento se lleva a cabo por personas que tienen pensamientos y sentimientos, y que esos sentimientos sean sinceros.

Por lo tanto, un enunciado es "feliz" (*felicitous*) o afortunado si se produce y lleva a cabo bajo las circunstancias apropiadas; pero será infeliz o desafortunado si no ocurre bajo las circunstancias adecuadas. Por ejemplo, para que el enunciado en (3) sea afortunado, debe realizarse bajo las siguientes circunstancias:

(3) Los declaro marido y mujer.

Tiene que emitirse por una persona que tenga la autoridad (efecto convencional) de casar a dos personas, por ejemplo, un sacerdote, un pastor o un juez. Las personas que van a contraer matrimonio deben estar dispuestas a casarse y respetar las reglas convencionales del evento. Es decir, la respuesta a las palabras del sacerdote "acepta por esposo/esposa a X", debe ser una respuesta verbal: "sí, acepto", y no de manera no verbal, de acuerdo con las reglas convencionales en cada cultura. En general, siguiendo la propuesta de Austin, al emitir un enunciado realizativo, el hablante no describe ni reporta ningún evento; más bien, realiza una acción que puede transformar la vida del oyente. Los verbos realizativos generalmente se utilizan para nombrar la acción explícitamente, como *te bautizo*, *prometo*, *juro*, *sugiero que…*, *te pido que me disculpes*, *te invito a mi fiesta* o *la clase ha terminado* (dicho por un profesor al final de la clase). Tanto los enunciados constativos como los realizativos se consideran dos tipos de actos de habla, como se explica abajo.

3. Tres dimensiones del acto de habla

Las contribuciones centrales de la estructura de los actos de habla se atribuyen a Austin y a Searle. Austin propuso tres dimensiones para la realización de un acto de habla: el acto locutivo, el acto ilocutivo y el acto perlocutivo. El acto locutivo consiste en la producción de los sonidos, la estructura que forman las oraciones y la referencia del significado proposicional.

El acto ilocutivo se refiere a la fuerza (F) comunicativa (o fuerza ilocutiva) que expresa el contenido proposicional (P) del enunciado ($F_{(P)}$). Veamos los siguientes ejemplos en (4):

(4) a. Oye Pedro, ¿me puedes prestar tus apuntes?
    b. Profesor, discúlpeme por llegar tarde.
    c. Hijo, deberías terminar tu tarea para que puedas salir a jugar con tus amigos.

El ejemplo (4a), emitido por un estudiante a otro, se expresa como una petición; el enunciado (4b), de un estudiante a su profesor, como una disculpa; y el ejemplo (4c) se puede interpretar como una sugerencia del padre a su hijo. Por último, el acto perlocutivo hace referencia al efecto que la fuerza ilocutiva del enunciado emitida por el hablante crea en el interlocutor ("what we bring about or achieve by saying something" (Austin 1962: 109)). Es decir, el acto perlocutivo hace referencia a los efectos o consecuencias que la fuerza del acto ilocutivo crea en las emociones, sentimientos o actitud del oyente. En el ejemplo (4c), el efecto perlocutivo podría interpretarse por el hijo como una advertencia o amenaza por parte del padre de que si no termina su tarea no podrá salir a jugar con sus amigos.

Es importante notar la distinción entre el acto ilocutivo y el perlocutivo. Según Austin, para que el acto ilocutivo se ejecute, debe asociarse con tres tipos de efectos. En primer lugar, crea el efecto de que la realización del acto ilocutivo depende del entendimiento del significado y la fuerza ilocutiva; o sea, que el acto ilocutivo debe entenderse por el oyente mediante una respuesta al acto ilocutivo (*securing an uptake*). En segundo lugar, crea un efecto convencional en la ejecución del acto ilocutivo. Por ejemplo, una vez que el presidente estadounidense Barack Obama aceptó el juramento (e. g., "Yo Barack Hussein Obama juro solemnemente que ejecutaré la oficina de Presidente de los Estados Unidos fielmente..."), se crea el efecto convencional de aceptar ser el presidente de los Estados Unidos, y ya no se le puede dirigir como senador. Por último, el reconocimiento de un acto ilocutivo invita, por convención, a una respuesta. Por ejemplo, un cumplido requiere una respuesta, como en el ejemplo en (5):

(5) Norma: ¡Qué lindo suéter!
    María: Gracias, me lo regaló mi padre.

Debe notarse que el concepto de acto de habla comúnmente se interpreta a partir de la dimensión del acto ilocutivo (Yule 1996). El acto ilocutivo es un acto convencional (i. e., según las reglas y contenido de la estructura lingüística del enunciado) e intencional por parte del hablante. En cambio, el acto perlocutivo es no-convencional, que depende más de las inferencias que saca el oyente a partir de las circunstancias y la situación, en lugar de su contenido lingüístico. Es importante notar que Austin hace referencia a la situación social en que ocurren los actos de habla, en particular, en el acto perlocutivo, i. e., los efectos que el acto ilocutivo crea en el oyente. Por otro lado, Searle (1969: 45) se enfoca exclusivamente en la estructura del acto ilocutivo con respecto a sus convenciones y a la intención del hablante de producir un acto de habla que sea reconocido por el oyente, sin tomar en cuenta las reacciones del interlocutor. Hay que señalar que mientras el acto ilocutivo es un elemento esencial para la ejecución de un acto de habla, el perlocutivo no representa siempre un elemento obligatorio para su realización. Tal es el caso de una promesa que el hablante realiza como la acción futura de prometer algo, pero no crea necesariamente efectos perlocutivos en el interlocutor, aunque sí puede crear una expectativa en el oyente (por ejemplo, *Iré a tu fiesta de cumpleaños*).

4. Indicadores de fuerza ilocutiva

La fuerza ilocutiva de un enunciado se puede expresar mediante elementos verbales y no verbales. El hablante tiene la intención de producir un acto ilocutivo y espera que la fuerza del enunciado se reconozca por el oyente. En (6) se presentan ejemplos de indicadores de fuerza ilocutiva. Estos pueden incluir los verbos realizativos (6a) (e. g., *afirmar, disculparse, amenazar, jurar, hacer declaraciones, prometer, quejarse* o *dar la bienvenida*); el orden de palabras para resaltar el grado de informatividad que expresa el sujeto (6b) (e. g., información nueva o conocida); características prosódicas (6c) (e. g., acento de intensidad, duración, la entonación ascendente [↑] o descendente [↓])); o bien, señales no verbales para llevar a cabo una acción (6d) (e. g., la risa, una mirada intensa, o un guiño).

(6) a. Me disculpo por haber llegado tarde.
b. Juan llegó temprano vs. llegó temprano Juan.
c. No quiero ESE libro, sino ESTE↓ (acento de intensidad).
d. Por favor↑ (un cliente entra a una tienda mexicana, mira al vendedor y muestra un billete de 100 pesos con la mano, pidiendo implícitamente que se lo cambie).

Los enunciados realizativos (también llamados por Austin realizativos explícitos) generalmente se emiten con verbos que nombran explícitamente la acción que realizan (e. g., *prometer, agradecer, bautizar*). En cambio, los enunciados realizativos implícitos que carecen de un verbo realizativo explícito) (e. g., *Abre la puerta* vs. *Te ordeno que abras la puerta*). El realizativo implícito se interpreta a partir de la *hipótesis realizativa* desarrollada y debatida en los años setenta (Ross 1970). De acuerdo con esta hipótesis, para cada enunciado existe una estructura subyacente (o estructura profunda) que hace explícita la fuerza ilocutiva del enunciado y lo convierte en un realizativo explícito. Esta estructura tiene la siguiente forma en español: '(Yo) Vr que E' (Vr = verbo realizativo; E = enunciado). Según esta estructura, el verbo realizativo (Vr) se expresa en la primera persona del singular (*yo*), en presente del indicativo y seguido de un enunciado que describe la acción (e. g., *Te ordeno que abras la puerta*). Según esta hipótesis, un enunciado realizativo implícito (e. g., *Abre la puerta*) se puede expresar como un realizativo explícito (e. g., *(Yo) le [Vp] pido/ordeno/ ruego que abra la puerta*). Sin embargo, como es bien sabido, hay algunos problemas con esta hipótesis. Por ejemplo, en español y en otras lenguas no existe un verbo realizativo explícito para insultar a una persona (e. g., *#¡Yo te insulto!*; *#I insult you!*) (el símbolo # significa no aceptable). Además, es importante señalar que los enunciados realizativos no siempre se emiten en la primera persona del singular en el presente del indicativo (e. g., *[Yo] le pido que…*, *[yo] ordeno que…*, *[yo] prometo…*), sino que también se puede utilizar la forma del plural (e. g., *los miembros del comité ejecutivo lo despiden de la compañía*) o mediante expresiones impersonales (e. g., *No se puede asistir a tu fiesta*; *Han cancelado el vuelo a Panamá*). (Véase Huang [2014] y Levinson [1983] sobre la propuesta de que no existen verbos realizativos para hacer explícita la fuerza ilocutiva de todos los enunciados).

Frente al abandono de la hipótesis realizativa, lo importante es identificar el elemento indicador de la fuerza ilocutiva de un enunciado realizativo, que se satisface bajo las siguientes condiciones de felicidad mencionadas arriba (Austin 1962: 14–15): las circunstancias apropiadas, las personas adecuadas, un procedimiento convencional con un efecto convencional, las palabras justas y la sinceridad del hablante al emitir un enunciado. Estas condiciones de felicidad fueron las que inspiraron a Searle a desarrollar con más elegancia y precisión la teoría de los actos de habla.

5. Condiciones de felicidad del acto ilocutivo

Searle observó que "hablar una lengua es cuestión de producir actos de habla de acuerdo a sistemas de reglas constitutivas" (mi traducción, 1969: 38). La idea central de las condiciones del acto ilocutivo es que existen reglas convencionales que *regulan* el uso del lenguaje, de la misma manera que hay reglas convencionales que *constituyen* el comportamiento de ciertos juegos o eventos sociales (e. g., el ajedrez, el béisbol un matrimonio, un bautizo). Por ejemplo, según las reglas del ajedrez, el peón solo se puede mover uno o dos cuadros hacia delante la primera vez y uno la siguiente vez, la torre se mueve horizontal y verticalmente, y el marfil solo puede avanzar diagonalmente. En el caso del béisbol, un bateador que, durante su turno al bate, recibe cuatro lanzamientos fuera de la zona de *strike* (cuatro bolas) puede avanzar a la primera base; también, un bateador que tira y falla tres veces representa uno de los tres *outs* que se requieren para retirar un equipo a la ofensiva durante su oportunidad al bate. Estas son algunas de las *reglas constitutivas* que componen las reglas oficiales del ajedrez o del béisbol, y no se pueden modificar porque representan el uso convencional de estos juegos. De forma análoga, según Searle las acciones que realizamos en la comunicación se componen de reglas constitutivas, o, en palabras de Searle, hablar una lengua es "participar en un comportamiento que está regido por reglas" (1969: 16). No saludar al jugador oponente al inicio del partido se puede percibir como descortés, pero no forma parte de las reglas que especifican la estructura de un partido de ajedrez o de béisbol.

Las condiciones de Searle describen la estructura del acto ilocutivo que aplica a todos los actos de habla, no solo a los realizativos como inicialmente lo postuló Austin (véase § 2). Las condiciones de felicidad del acto ilocutivo incluyen cuatro categorías presentadas en (7):

(7) a. *el contenido proposicional* se refiere al significado literal del enunciado y a su función referencial;

    b. *las condiciones preparatorias* aluden a los requisitos necesarios previos a la ejecución del acto de habla;

    c. *la condición de sinceridad* se satisface si el acto de habla se realiza sinceramente por parte del hablante;

    d. *la condición esencial* es la que precisa la realización del acto de habla mediante las expresiones utilizadas que determinan la intención del hablante; es decir, con las palabras empleadas el enunciado cuenta como tal, por ejemplo, una petición, una disculpa.

Veamos el siguiente ejemplo. Las condiciones de felicidad para el acto de habla de la promesa incluyen la siguiente información. El acto proposicional hace referencia a un acto futuro por parte del hablante (pues no podemos hacer una promesa con referencia al pasado); las condiciones preparatorias especifican que el acto de prometer no se va a llevar a cabo por sí mismo, y que, además, la promesa beneficia al oyente; la condición de sinceridad indica que el hablante tiene la intención sincera de llevar a cabo el acto; por último, la condición esencial especifica que el acto de emitir una promesa crea la obligación por parte del hablante de realizarla. Es importante notar que las cuatro condiciones de felicidad no aplican a todos los actos de habla. Por ejemplo, el acto de habla del saludo satisface dos condiciones de felicidad: las preparatorias (que una persona se encuentre con otra para saludarla) y la esencial (que la expresión del saludo cuente como tal). El acto del saludo no satisface la condición del contenido proposicional (no existe una función referencial o significado proposicional), ni la condición de sinceridad, pues los saludos generalmente representan un acto ritual para iniciar la comunicación. (Véase Searle [1969: 66–67] para la aplicación de las condiciones de felicidades a otros actos de habla).

6. Clasificación de los actos de habla

Searle (1976, 2010) propuso una clasificación general de cinco categorías de actos de habla: aseverativos (o representativos), directivos, compromisorios, expresivos y declaraciones. Cada categoría se organiza a partir de tres dimensiones que determinan la variación de cada acto ilocutivo: el punto (o propósito) ilocutivo de la acción realizada, la dirección entre las palabras y el mundo (*direction of fit*) y el estado psicológico del hablante al emitir un enunciado. En cada una de las categorías a continuación se indica entre paréntesis si la dirección va de las palabras al mundo (↓), del mundo a las palabras (↑), si la dirección es doble (↕), o bien, si la relación entre las palabras y el mundo es irrelevante.

1. Aseverativos. Al usar actos aseverativos (e. g., negar, afirmar, admitir), el hablante describe cómo son las cosas en el mundo y se compromete con la veracidad o falsedad de la proposición expresada en el enunciado. El punto o propósito de este acto es que el hablante expresa una creencia (estado psicológico) de la proposición del enunciado (p. ej., *el mar es salado* o *Chomsky es lingüista*). La relación entre las palabras y el mundo es de lo dicho mediante palabras para reflejar el mundo (↓).
2. Directivos. El punto ilocutivo consiste en decirles a las personas qué hacer. Al usar un acto directivo (e. g., órdenes, invitaciones, sugerencias), el hablante expresa su deseo de que el oyente realice algo (estado psicológico). Veamos el ejemplo (8):

(8) Estudiante: Profesor Fernández, quería preguntarle si podría escribirme una carta de recomendación.

Esta petición (punto ilocutivo) se crea en el mundo y se refleja con las palabras a través de la pregunta interrogativa que cumple la función de una petición. Además, el estudiante tiene un deseo (estado psicológico) de que el oyente (el profesor) realice algo para él/ella (que le escriba una carta de recomendación). En los actos directivos el hablante crea una acción del mundo que se representa con las palabras (↑).

3. Compromisorios. El punto ilocutivo de un acto compromisorio consiste en que el hablante se compromete a realizar una acción futura. Por medio de estos actos se crea una intención (estado psicológico) por parte del hablante de realizar algo (e. g., prometer, advertir, jurar, rechazar). El hablante crea una acción del mundo (la intención de comprometerse o no) mediante sus palabras (↑).
4. Expresivos. El punto ilocutivo de los actos expresivos consiste en expresar un estado psicológico sobre un evento presupuesto (e. g., sentimiento, emoción, gustos y disgustos) mediante las palabras. Los actos expresivos (e. g., agradecer, felicitar, disculparse) se pueden realizar por parte del hablante o del oyente, como en los ejemplos en (9):

(9) a. ¡Discúlpame por llegar tarde!
      b. Felicidades por tu graduación.

Al expresar una emoción o sentimiento el hablante no crea una acción que se refleja en las palabras. Es decir, no se crea un propósito en el mundo para representarlo con las palabras. Por lo tanto, la relación entre las palabras y el mundo no es relevante en este tipo de actos de habla.

5. Declaraciones. El punto ilocutivo de las declaraciones consiste en declarar que algo es el caso al declararlo como tal. O sea, existe una correspondencia entre el contenido proposicional y la realidad, por eso la relación entre las palabras y el mundo puede ser doble (palabras ↔ mundo): de las palabras al mundo y del mundo a las palabras. Por ejemplo, al declarar guerra a otro país (e. g., el presidente de [país 'X'] ha declarado la guerra a [país 'Y']); despedir a alguien (e. g., *Está usted despedido*) o casar a dos personas (e. g., Sacerdote: 'Los declaro marido y mujer'). En esta categoría se incluyen los verbos realizativos (e. g., *prometer, amenazar, agradecer*) que nombran directamente la acción de lo enunciado. Hay que considerar que los enunciados declarativos se realizan convencionalmente bajo las circunstancias apropiadas, con las personas apropiadas, usando las palabras correctas y completas, además de tener la intención sincera por parte del hablante de llevar a cabo la acción. (Este tipo de acto de habla se considera realizativo explícito, según Austin [véase § 4]).

Es importante hacer notar que cada una de las categorías de los actos de habla debe entenderse en términos de un continuo que representa diferentes grados de la fuerza ilocutiva. Además, un enunciado puede expresarse con más de una fuerza ilocutiva, representando dos o más categorías de actos de habla en situaciones específicas, como en el ejemplo (10) que puede interpretarse como una promesa o una amenaza, bajo las circunstancias apropiadas:

(10) Padre a su hijo: Te prometo que si no terminas la tarea antes de las 7:00 p. m., no podrás ver tu programa favorito.

Los actos de habla se han investigado en distintas variedades del español, tanto en contextos monolingües como bilingües, empleando distintos instrumentos de recolección de datos, tales como las dramatizaciones (*role plays*), los cuestionarios de producción escrita (Discourse Completion Tests [DCT]) y oral (oral DCT), los cuestionarios de opción múltiple, métodos etnográficos, y los reportes verbales para analizar datos de percepción. Por ejemplo, Márquez Reiter y Placencia (2005: 55–77) hacen una revisión comprensiva sobre estudios empíricos realizados en español en distintos actos de habla; Félix-Brasdefer (2008: 44–50) presenta una revisión de estudios empíricos sobre el acto de habla de los rechazos en distintas variedades de español y otras lenguas; y Hasler-Barker (2013) ofrece una revisión detallada sobre estudios realizados en dos actos de habla, los cumplidos y las respuestas a los cumplidos en español. Y en su revisión sobre los actos de habla en español como primera y segunda lengua, Félix-Brasdefer y Koike (2014) concluyen que los actos de habla más estudiados en español han sido las peticiones, las disculpas, los rechazos, los cumplidos y, en menor escala, las quejas y otros actos expresivos. Es importante resaltar que el estudio pionero de Blum-Kulka, House y Kasper (1989) fue el que inspiró la investigación de los actos de habla, empleando el modelo de cortesía lingüística de Brown y Levinson (1987), como se menciona en la siguiente sección.

A partir de la propuesta de Searle que se enfoca en el acto ilocutivo desde la perspectiva del hablante (perspectiva intencional y mentalista), se han propuesto extensiones de la teoría de los actos de habla que toman en cuenta el contexto discursivo y las características de la situación en la que ocurre el enunciado, además de aspectos de cortesía y descortesía en interacción social (para extensiones sobre la teoría de los actos de habla, véase Haverkate [1994]; Kasper [2006]; Márquez Reiter y Placencia [2005]).

7. Los actos de habla y la cortesía

La manifestación de la cortesía y descortesía lingüística o no verbal (intencional o no) impacta en la manera en que se interpretan los actos de habla en interacción social. Es bien sabido que las expresiones lingüísticas no son inherentemente corteses ni descorteses, sino que la interpretación de un acto de habla cortés o descortés puede depender de varios factores, como la interpretación de lo comunicado por parte del oyente, la relación de distancia social y poder entre los interlocutores, además del contexto situacional del intercambio comunicativo de una secuencia de actos de habla (saludos; cumplido-respuesta al cumplido; invitación-rechazo). La teoría de la cortesía lingüística de Brown y Levinson (1987) representa el modelo *par excellence* para el análisis de actos corteses a través de su dicotomía de cortesía positiva (para expresar afiliación o envolvimiento con el interlocutor) y cortesía negativa (para crear distancia o independencia). Scollon y Scollon (2001) distinguen tres sistemas de cortesía descritos en (11):

(11) a. la cortesía jerárquica en situaciones asimétricas en que se enfatiza una relación de poder (+Poder) entre los participantes (e. g., jefe-empleado; profesor-estudiante);

      b. la cortesía deferente en situaciones simétricas (–Poder), pero con una relación distante (+Distancia) entre los participantes (e. g., dos gerentes o dos desconocidos);

      c. la cortesía solidaria en situaciones simétricas entre participantes que comparten una relación informal o cercana (–Poder, –Distancia) (e. g., dos amigos).

El grado de cortesía que se manifiesta en la realización de los actos de habla indirectos depende de la situación y de la relación que comparten los participantes. (Véase Félix-Brasdefer [2008, cap. 2, 2009] para una descripción de otros modelos de cortesía que se han aplicado al análisis de actos de habla en distintas variedades del español).

La realización de la cortesía en los actos de habla generalmente se entiende como un tipo de modificación interna o externa del acto de habla, y la selección de estos elementos varía culturalmente (Blum-Kulka *et al.* 1989; Félix-Brasdefer 2008). Algunos ejemplos de modificadores internos que pueden interpretarse como corteses en español incluyen: el diminutivo, el uso del condicional y el imperfecto para expresar distancia y cortesía, expresiones de cortesía como 'por favor', y elementos prosódicos que pueden funcionar como intensificadores corteses o descorteses para expresar solidaridad, sarcasmo, ironía o condescendencia (e. g., la entonación final ascendente [↑] o descendente [↓], la pausa, o el volumen de la voz) (e. g., Culpeper 2011; Félix-Brasdefer 2009; Hidalgo Navarro y Cabedo Nebot 2014). Entre los modificadores externos que expresan matices de cortesía o descortesía se cuentan las razones o explicaciones, los vocativos y saludos (e. g., *¡Hola, Juan!*; *¿Qué tal, Pedro?*; *Profesor Sánchez*; *Estimado Dr. Pérez*), las groserías, la ironía, críticas o comentarios negativos para dañar la imagen del interlocutor (Culpeper 2011).

A diferencia de los actos de habla directos que expresan la intención del hablante sin ambigüedad (e. g., *Abre la puerta*; *Te ordeno que salgas de la casa*) o mediante actos que se interpretan como aserciones (e. g., *Hace un calor insoportable en esta oficina*), la mayor parte de la comunicación consiste en actos de habla indirectos, matizados con expresiones corteses o descorteses. Searle observó que en los actos de habla indirectos "el hablante comunica al oyente más de lo que en realidad dice dependiendo de la información mutua, tanto lingüística como no lingüística, compartida entre los participantes junto con los poderes de raciocinio e inferencia por parte del oyente" (1975: 60–61, mi traducción). Las ideas de Searle sobre los actos de habla indirectos se vieron nutridas por Grice (1975 [1967]) que describe los principios inferenciales que rigen la conversación, en particular, la noción de implicatura conversacional. La implicatura conversacional hace referencia a un significado adicional comunicado por el hablante e inferido por el oyente.

Una distinción fundamental entre un acto de habla directo y otro indirecto tiene que ver con la relación entre la estructura del enunciado (el significado proposicional/literal) y su función comunicativa o pragmática (intención del hablante) (Yule 1996) (véase Levinson [1983] y Huang [2007], para detalles sobre la 'hipótesis de la fuerza literal'). Veamos los siguientes ejemplos en (12):

(12) a. No abras el termo del café.   [Imperativa]
      b. ¿Puedes abrir el termo del café?   [Interrogativa]
      c. 1 Esposa: No puedo abrir el termo del café. [Declarativa]
         2 Esposo: Dámelo, yo lo abro.

Cuando se establece una relación directa entre la estructura y la función comunicativa se obtiene un acto de habla directo, como en el ejemplo (12a). En cambio, cuando existe una relación indirecta entre la estructura y la función se expresa un acto de habla indirecto, como en (126). Según Blum-Kulka (1987), se distinguen dos tipos de peticiones indirectas: las convencionales y las no convencionales. En el caso de las peticiones convencionales, los enunciados interrogativos del tipo (12b) generalmente se expresan con el fin de obtener una acción por parte del oyente y no una respuesta afirmativa o negativa. Estas peticiones son convencionales en el sentido de que nadie las emite o las entiende como una pregunta de información, sino más bien de forma habitual como una acción, es decir, como un pedido. Por otro lado, las peticiones no convencionales dependen de la situación, la intención del hablante y el posible reconocimiento del enunciado como tal por parte del oyente. Este es el caso del ejemplo (12c). Este ejemplo es un enunciado declarativo (línea 1), pero funciona como un acto de habla indirecto que depende de la situación en la cual se emite el acto; es decir, se comunica con el fin de pedir indirectamente al oyente que abra el termo del café (una insinuación), como se ve en la respuesta del interlocutor que lo interpreta como una petición (ejemplo 12c, línea 2).

Los actos de habla indirectos representan un componente central en la comunicación diaria para negociar acciones comunicativas como las peticiones o los rechazos indirectos. En situaciones específicas la indirección representa una estrategia conversacional para expresar diferentes grados de cortesía, la jerárquica (+Poder), la deferente (+Distancia) y la solidaria (–Distancia). En situaciones jerárquicas y deferentes la cortesía se manifiesta generalmente mediante expresiones formales o deferenciales (*usted*) y el uso del imperfecto o el condicional para expresar cortesía y distancia entre los interlocutores, como en el ejemplo (8) (e. g., *Profesor Fernández, quería preguntarle si podría escribirme una carta de recomendación*). En cambio, en situaciones simétricas la cortesía solidaria se manifiesta mediante el uso de diminutivos (e. g., *¿Me haces un favorcito?*; *¿Me sirves más cafecito?*) o expresiones que muestran afectividad con el interlocutor en relaciones cercanas (e. g., *Hola, guapa,*

¿cómo te fue el fin de semana?). Es importante señalar que la interpretación cortés o descortés de los actos de habla indirectos depende de la situación, la relación entre los participantes y el tipo de acto de habla comunicado por el hablante e inferido y negociado por el oyente.

8. Direcciones futuras

El análisis de los actos de habla debe considerar el contexto situacional, el cognitivo y el discursivo en interacción social. La negociación del significado se lleva a cabo a partir de secuencias de actos de habla en situaciones comunicativas (e. g., una conversación durante el almuerzo) (Félix-Brasdefer 2014). Además de los métodos de recolección de actos de habla para propósitos experimentales (e. g., las dramatizaciones [*role plays*] o los cuestionarios escritos), se debe considerar el contexto discursivo natural. Por ejemplo, la negociación de actos de habla en interacciones cara-a-cara: la conversación coloquial, el discurso institucional (e. g., interacciones entre doctor-paciente, profesor-estudiante), o los encuentros de servicio (e. g., compra-venta de productos comerciales) (Félix-Brasdefer 2012, 2015). También es importante analizar secuencias de actos de habla en interacciones telefónicas y en contextos virtuales como el discurso en Internet (e. g., el correo electrónico, el chat, Facebook) (Herring, Stein y Virtanen 2013). Además de la realización lingüística de los actos de habla, también hay que considerar factores no verbales que contribuyen a la interpretación del acto de habla, tales como los gestos y la prosodia (e. g., el volumen de la voz, la entonación ascendente y descendente). También, el análisis secuencial de los actos de habla depende del enfoque discursivo seleccionado para identificar secuencias de actos de habla en contextos institucionales y no institucionales (e. g., análisis de conversación, análisis del discurso). (Véase Félix-Brasdefer [2014, 2015] para una revisión de enfoques discursivos empleados en el análisis secuencial de los actos de habla).

Es importante destacar el análisis de los actos de habla en el campo de la pragmática variacionista que está condicionada tanto por factores microsociales (e. g., poder, distancia social, la situación) como por macrosociales (e. g., variación regional, edad, género y educación). La investigación demuestra que existe variación intralingüe —debida, por ejemplo, a factores situacionales, regionales y de género— en la producción de actos de habla en distintas variedades de español en Latinoamérica y España (Félix-Brasdefer y Koike 2012; García y Placencia 2011; Márquez Reiter y Placencia 2005; Schneider y Barron 2008), además de variación pragmática intercultural (e. g., Félix-Brasdefer 2008). El estudio de los actos de habla desde una óptica pragmático-variacionista y discursiva representa un área de investigación futura que seguirá ampliando nuestro entendimiento de los actos de habla en distintos contextos situacionales, tanto en primera como en segunda lengua (Félix-Brasdefer 2006). Además, es importante realizar investigación de actos de habla en regiones del Caribe, Centroamérica y algunas regiones de Suramérica que han recibido poca atención, como Paraguay, Bolivia y Chile. Por último, hay que seguir investigando las implicaciones pedagógicas de los actos de habla en contextos en que la segunda lengua aprendida no se considera el idioma oficial (e. g., aprender español en la Universidad de Indiana, Estados Unidos [e. g., Hasler-Barker 2013]) o en contextos de inmersión donde la segunda lengua se considera el idioma oficial (e. g., aprender español en México, Ecuador, la República Dominicana o España).

Bibliografía

Austin, J. L. (1962) *How to do things with words*, Cambridge, MA: Harvard University Press.

Blum-Kulka, S. (1987) "Indirectness and politeness in requests: Same or different?", *Journal of Pragmatics*, 11, pp. 131–146.

Blum-Kulka, S., House, J. y Kasper, G. (eds.) (1989) *Cross-cultural pragmatics: Requests and Apologies*, Norwood, NJ: Ablex.

Brown, P. y Levinson, S. C. (1987) *Politeness: Some universals in language usage*, Cambridge: Cambridge University Press.

Culpeper, J. (2011) *Impoliteness: Using language to cause offence*, Cambridge: Cambridge University Press.

Félix-Brasdefer, J. C. (2006) "Teaching the negotiation of multi-turn speech acts. Using conversation-analytic tools to teach pragmatics in the classroom", en Bardovi-Harlig, K., Félix-Brasdefer, C. y Omar, A. (eds.) *Pragmatics and language learning*, vol. 11, Manoa, HI: Second Language Teaching and Curriculum Center University of Hawai'i, pp. 165–197.

Félix-Brasdefer, J. C. (2008) *Politeness in Mexico and the United States: A contrastive study of the realization and perception of refusals*, Amsterdam: John Benjamins.

Félix-Brasdefer, J. C. (2009) "El estado de la cuestión sobre el discurso de la (des)cortesía y la imagen social en México: perspectivas teóricas y metodológicas", en Rodríguez Alfano, L. (ed.) *La (des) cortesía y la imagen social en México: estudios semióticos-discursivos desde varios enfoques analíticos*, Monterrey, México: Facultad de Filosofía y Letras, Universidad Autónoma de Nuevo León, pp. 15–45.

Félix-Brasdefer, J. C. (2012) "Pragmatic variation by gender in market service encounters in Mexico", en Félix-Brasdefer, J. C. y Koike, D. A. (eds.) *Pragmatic variation in first and second language contexts: Methodological issues* (Series IMPACT), Amsterdam: John Benjamins, pp. 17–48.

Félix-Brasdefer, J. C. (2014) "Speech act sequences", en Schneider, K. y Barron, A. (eds.) *Pragmatics of discourse* (Handbook of Pragmatics, 3), Boston/Berlín: Mouton de Grutyer, pp. 323–352.

Félix-Brasdefer, J. C. (2015). *The language of service encounters: A pragmatic-discursive approach*. Cambridge: Cambridge University Press.

Félix-Brasdefer, J. y Koike, D. A. (eds.) (2012) *Pragmatic variation in first and second language contexts: Methodological issues*, Amsterdam/Filadelfia: John Benjamins.

Félix-Brasdefer, J. C. y Koike, D. A. (2014) "Perspectives on Spanish SLA from pragmatics and discourse", en Lacorte, M. (ed.) *Handbook of Hispanic applied linguistics*, Nueva York: Routledge.

Frege, G. (1918a) "Thoughts", traducido por Geach, P. T. y Stoothoff, R. H., en Geach, P. T. (ed.) *Logical investigations*, Oxford: Basil Blackwell, pp. 1–30.

Frege, G. (1918b) "Negation", traducido por Geach, P. T. y Stoothoff, R. H., en Geach, P. T. (ed.) *Logical investigations*, Oxford: Basil Blackwell, pp. 31–53.

Frege, G. (1923) "Compound thoughts", traducido por Geach, P. T. y Stoothoff, R. H., en Geach, P. T. (ed.) *Logical investigations*, Oxford: Basil Blackwell, pp. 55–77.

García, C. y Placencia, M. E. (eds.) (2011) *Estudios de variación pragmática en español*, Buenos Aires: Dunken.

Grice, P. H. (1975) "Language and conversation", en Cole, P. y Morgan, J. (eds.) *Syntax and semantics 3: Speech acts*, Nueva York: Academic Press, pp. 41–58.

Hasler-Barker, M. (2013) *Effects of pedagogical intervention on the production of the compliment-compliment response sequence by second language learners of Spanish*, disertación doctoral inédita, Indiana University.

Haverkate, H. (1994) *La cortesía verbal: estudio pragmalingüístico* (Biblioteca Románica Hispánica, 2; Estudios y ensayos, 386), Madrid: Gredos.

Herring, S., Stein, D. y Virtanen, T. (eds.) (2013) *Pragmatics of computer-mediated communication*, Berlín/Nueva York: Mouton de Gruyter.

Hidalgo Navarro, A. y Cabedo Nebot, A. (2014) "On the importance of the prosodic component in the expression of linguistic impoliteness", *Journal of Politeness Research*, 10, 1, 5–27.

Huang, Y. (2014) *Pragmatics*, 2nd ed. Oxford: Oxford University Press.

Levinson, S. (1983) *Pragmatics*, Cambridge: Cambridge University Press.

Márquez Reiter, R. y Placencia, M. E. (2005) *Spanish pragmatics*, Nueva York: Palgrave Macmillan.

Ross, J. R. (1970) "On declarative sentences" en Jacobs, R. A. y Rosembaum, P.S. (eds.) *Readings in English transformational grammar*, Waltham, MA: Ginn.

Schneider, K. P. y Barron, A. (eds.) (2008) *Variational pragmatics: A focus on regional varieties in pluricentric Languages*, Amsterdam/Filadelfia: John Benjamins.

Scollon, R. y Scollon, S. (2001) *Intercultural communication*, 2.ª ed., Malden, Massachusetts: Blackwell.

Searle, J. R. (1969) *Speech acts*, Londres: Cambridge University Press.

Searle, J. R. (1975) "Indirect speech acts", en Cole, P. y Morgan, J. (eds.) *Syntax and semantics 3: Speech Acts*, Nueva York: Academic Press, pp. 59–82.

Searle, J. R. (1976) "A classification of illocutionary acts", *Language in Society*, 5, pp. 1–23.

Searle, J. R. (2010) *Making the social world: The structure of human civilization*, Oxford: Oxford University Press.

Wittgenstein, L. (1958) *Philosophical investigations*, traducido por Anscombe, G. E. M., Oxford: Blackwell.

Yule, G. (1996) *Pragmatics*, Oxford: Oxford University Press.

Lecturas complementarias

Félix-Brasdefer, J. C. (2014) "Speech act sequences", en Schneider, K. y Barron, A. (eds.) *Pragmatics of discourse* (Handbook of Pragmatics, 3), Boston/Berlín: Mouton de Grutyer, pp. 323–352.

Haverkate, H. (1994) *La cortesía verbal: Estudio pragmalingüístico* (Biblioteca Románica Hispánica, 2; Estudios y ensayos, 386), Madrid: Gredos.

Kasper, G. (2006) "Speech acts in interaction", en Bardovi-Harlig, K., Félix-Brasdefer, C. y Omar, A. (eds.) *Pragmatics and language learning*, 281–314 (vol. 11), Manoa: National Foreign Language Resource Center: University of Hawai'i at Manoa.

Márquez Reiter, R. y Placencia, M. E. (2005) *Spanish pragmatics*, Nueva York: Palgrave Macmillan.

Searle, J. S., Kiefer, F. y Bierwish, M. (eds). (1980) *Speech act theory and pragmatics*, Dordrecht/ Boston: D. Reidel Publishing Company.

Entradas relacionadas

cortesía y descortesía; pragmática; presuposición e implicatura; semántica

ADQUISICIÓN DEL ESPAÑOL COMO LENGUA MATERNA

Ana Teresa Pérez-Leroux y Anny Castilla-Earls

1. Introducción

El objetivo de esta entrada es presentar una perspectiva abreviada de los resultados y avances recientes en la investigación sobre la adquisición del español como lengua materna. Está organizado en 3 áreas temáticas de interés para lingüistas, educadores y fonoaudiólogos, psicólogos y otros interesados en el desarrollo del lenguaje en niños. La primera sección se refiere al desarrollo general del lenguaje hasta los 5 años de edad. La segunda parte se enfoca en el proceso de adquisición de las principales estructuras gramaticales del español en niños preescolares. La última sección presenta un breve resumen de las principales discusiones teóricas en cuanto al aprendizaje léxico y gramatical temprano, y la relación entre ellos. Además de presentar un bosquejo general de la adquisición del español, este informe también trata de mostrar, dentro de las limitaciones de espacio y de la disponibilidad de datos, evidencia de algunas diferencias dialectales en el desarrollo.

Dos objetivos principales organizaron esta discusión. El primer objetivo era indicar la cronología general del aprendizaje de las principales estructuras del idioma, desde la fase del primer uso, pasando por las etapas de opcionalidad subsiguientes, hasta el momento de alcance de los patrones adultos. El segundo objetivo era identificar las principales características cualitativas de las etapas intermedias, incluyendo el orden de las etapas de aprendizaje. En muchas áreas, los estudios son pocos, limitados, y a veces arrojan resultados contradictorios. La síntesis que presentamos aquí debe interpretarse como tentativa, ya que, en este campo relativamente nuevo y en intenso crecimiento en las últimas dos décadas, queda por cumplir mucho trabajo de evaluación y confirmación.

Las varias disciplinas que se interesan por el aprendizaje infantil usan los datos descriptivos de distinta manera. Dentro del campo de la logopedia, se estudia la gradualidad de los procesos de adquisición para sentar normas cuantitativas que apoyen la comparación entre niños de desarrollo típico y atípico. Dentro de la lingüística, el inicio de la productividad se interpreta como el momento de adquisición de reglas subyacentes. Las etapas de opcionalidad subsiguientes se conciben, o como producto de representaciones divergentes que revelan en la gramática infantil rasgos diferentes a los del sistema adulto, o como reflejo de limitaciones en el uso o actuación lingüística.

2. Características generales del proceso de adquisición de la lengua materna

El aprendizaje gramatical infantil se caracteriza por ser un proceso:

a) rápido y eficiente;
b) de desarrollo en etapas graduales y consistentes;
c) que obedece a reglas internas de cada etapa; estas reglas pueden ser distintas a las reglas de aprendizaje del sistema adulto;
d) relativamente autónomo e independiente de la corrección explícita; y
e) donde se entrelazan, de modo estrecho y preciso, el desarrollo gramatical con el léxico y el cognitivo.

2.1. Desarrollo del lenguaje en etapas ordenadas

Para el primer cumpleaños, que es cuando los niños producen claramente sus primeras palabras, ya son capaces de comprender muchas más que las que usan. En promedio, un niño de 12 meses tiene un vocabulario de unas diez palabras en producción y unas ochenta en comprensión. La acumulación inicial del vocabulario aumenta a ritmo estable por varios meses. Por medio de este vocabulario básico inicial, los niños logran cumplir ciertas funciones comunicativas, tales como funciones sociales y expresivas (*adiós*, *gracias*, *no*), de regulación del comportamiento (*mira*, *más*) y de intercambio de información. Los sustantivos que se refieren a objetos del ámbito doméstico dominan el vocabulario temprano: juguetes, comida, vestimenta, partes del cuerpo y nombres de animales y personas (*bicicleta*, *agua*, *galleta*, *cuchara*, *osito*, *abuelo*). Aproximadamente la mitad de las palabras iniciales son sustantivos, un cuarto son predicados que denotan actividades, estados o cambios de estado (*corre*, *dormir*, *roto*), y en menor medida, se observan predicados de cualidades (*frío*, *bonito*) y términos de relaciones espaciales, temporales, modales (*ahí*, *ya*, *upa*), además de otras clases de palabras que no tienen primariamente función referencial sino social.

Al principio, los niños solo producen enunciados de una sola palabra (holofrases) o amalgamas. A esta se la considera una etapa pregramatical. Los primeros enunciados aparecen aislados, pero, con el tiempo, los niños comienzan a formar construcciones verticales, con características intermedias entre la palabra y la formación oracional y discursiva. Estas "cadenas de palabras" están intencional y semánticamente relacionadas, pero no se las considera como enunciados complejos por su prosodia independiente.

Hacia el año y medio, cuando ya el niño ha aprendido las primeras 50 y 100 palabras en uso productivo, suele darse un aumento brusco en la tasa de crecimiento del vocabulario. Se piensa que esta explosión léxica depende de un cambio radical en las destrezas cognitivas que permiten a los niños asociar formas y referentes. Este cambio en las capacidades léxicas suele coincidir con el inicio de la capacidad combinatoria, en la que los niños producen enunciados de dos o más palabras. Este logro monumental ocurre antes del segundo cumpleaños.

Se considera que el inicio de las primeras combinaciones de palabras marca la primera etapa de representación gramatical. A esta etapa se la llama primero etapa de las dos palabras y, subsiguientemente, etapa telegráfica, porque inicialmente, los enunciados carecen de morfología gramatical y de categorías funcionales tales como artículos, preposiciones y verbos auxiliares. Durante ese período, la capacidad conversacional del niño es más bien limitada, y los adultos suelen proveer la mayor parte del lenguaje necesario para que la conversación funcione. A pesar de estas aparentes limitaciones, los niños muestran flexibilidad y productividad en el uso del lenguaje. Los ejemplos a continuación muestran cómo usan una variedad de combinaciones para expresar categorías semánticas (en paréntesis se indica la edad de los niños en años y meses).

Agente-acción	*Gabi come, Gabi ABC* (canta el ABC) (Gabriela, 2;00)
Entidad-locativo	*tren allá/tren aquí* (Santiago, 2;01)
Poseído-poseedor	*carro Santi/carro mío* (Santiago, 2;00)
No existencia	*no bus* (cuando el bus se fue) (Santiago, 1;10)

La observación de que los primeros usos demuestran diversidad y productividad es un dato importante en las discusiones teóricas acerca de la naturaleza de las etapas iniciales.

Entre los 2 y los 3 años, a medida que los niños van incorporando a su habla los varios recursos morfológicos y sintácticos de la lengua, pasan a la segunda etapa gramatical. En esta, la adquisición del inventario morfológico va acompañada del uso opcional de los morfemas gramaticales, y por un proceso gradual de sustitución de oraciones prototípicas simples, a veces incompletas, por oraciones más completas que exhiben una mayor complejidad y diversidad de estructuras.

Otra agua a mamá (Santiago, 2;00)
No hay luce aquí (Gabriela, 2;02)
Acuéstate Gabriela (Santiago, 2;03)
No hagas eso Gabi (Santiago, 2;02)
¿Dónde está el Ipad (de) la abuela? (Gabriela, 2;03)
¿Qué es eso mamá? (Santiago, 2;03)
¿Vamos a la piscina mamá? (Santiago, 2;04)

Los recursos gramaticales pasan de ser usados opcionalmente y con productividad parcial a un uso estable, de cobertura amplia y comparable al de adultos. Esta característica de gradualidad genera incertidumbre en cuanto a los criterios de definición del momento de la adquisición. Un procedimiento estándar es identificar la edad general de aparición inicial de una estructura gramatical (llamado *primer uso*). Se entiende que la producción de estructuras gramaticales suele continuar siendo inconsistente por meses y hasta años después del primer uso. Los determinantes, por ejemplo, aparecen temprano en el español (*un bus, dos buses, más buses, otro bus, bus* (Santiago, 2;02)). Sin embargo, el uso de sustantivos sin determinación continúa siendo un error típico hasta más tarde (Soler 1984). De modo contrario, Brown (1973) define la adquisición de acuerdo con el criterio más estricto: el momento en que el niño alcanza el 90 % de producción correcta en los contextos obligatorios. Este criterio no capta el hecho de que en la etapa de opcionalidad los factores estructurales determinan la distribución de las realizaciones. Tampoco explica las discrepancias observadas entre la producción espontánea de ciertas formas gramaticales y la que se da en experimentos controlados. Los niños, como bien sugiere Snyder (2007), a veces parecen evitar ciertas construcciones en el lenguaje espontáneo. De esta forma, cometen menos errores en contextos espontáneos que en tareas diseñadas para provocar el uso de una estructura gramatical determinada.

Durante la etapa de productividad parcial, al tiempo en que se van incorporando y estabilizando los diferentes morfemas gramaticales, los niños desarrollan la capacidad de elaborar sus enunciados. Entre los 3 y los 4 años de edad se dan importantes desarrollos en la variedad, la longitud y la complejidad de las frases. Los cambios que ocurren desde la etapa holofrástica hasta la edad preescolar se han investigado cuantitativamente. La medida más usada en los estudios de adquisición es la longitud media de los enunciados (LME). En inglés, donde fue inicialmente propuesta por Roger Brown, se calcula tradicionalmente en morfemas. Dada la centralidad de la morfología flexiva en lenguas como el español, esta práctica requiere adaptación. Se considera más fiable y más fácil de calcular para el español la LME en palabras (LME-p) (Clemente 1989). Es importante también resaltar que los métodos usados para extraer la muestra de lenguaje afectan a las mediciones de la LME. Por ejemplo, las tareas narrativas arrojan LME-p más altas que las de juego libre. Una estrategia es incluir ambos tipos de muestras. Por ejemplo, Aguado (1988) indica que a los 2 años y medio la LME-p es de 2.33 cuando se combinan juego libre y tarea narrativa. A los 3 años, se ha reportado una LME-p de aproximadamente 3.5 en muestras basadas en entrevistas (Echeverría 1979; Pandolfi 1989), o de 4.5 en muestras obtenidas mediante recuentos de narrativas (Castilla 2008). A pesar de esta variabilidad, los varios estudios concuerdan en que la LME-p crece hasta los 5 años de edad en niños cuya lengua materna es el español, con un incremento gradual de aproximadamente una palabra por año de edad.

Otro cambio importante que ocurre entre los 3 y los 4 años es que los niños aprenden a producir oraciones subordinadas. Aunque estudios individuales como el de Hernández-Pina (1984) muestran que los niños pueden usar varios tipos de subordinadas muy temprano, lo cierto es que son poco frecuentes, y su frecuencia solo aumenta en el cuarto año de vida. En un análisis de narrativas producidas en una muestra amplia de niños con desarrollo típico, Castilla y Eriks-Brophy (2012) encontraron que en este período, a la vez que aumentaba el número de palabras usadas, subía también la frecuencia de uso de oraciones complejas. Ese estudio encontró que el 38 % de los niños de 3 años produjeron al menos una frase subordinada al recontar historias; esta cifra sube hasta el 85 % y el 97 % a los 4 y 5 años, respectivamente.

Hacia los 4 años, se considera que el lenguaje en los niños "está bien establecido; las desviaciones de la norma adulta tienden a darse más en el estilo que en la gramática" (Hernández-Pina 1984). Las diferencias cualitativas entre la expresión gramatical infantil y la adulta son pocas. Las diferencias cuantitativas en las frecuencias de uso de ciertas construcciones van disminuyendo durante la edad preescolar y primaria, a medida que aumenta la complejidad y variación de los enunciados infantiles. En la Tabla 1 se presentan ejemplos característicos de producción en las varias etapas.

2.2. Otras características del aprendizaje: sistematicidad, autonomía e interacciones con otros sistemas cognitivos

Los investigadores concuerdan con que la sistematicidad es una de las principales características de la adquisición, ya que, además de la rapidez en el aprendizaje, el sistema en desarrollo da muestras de regularidad interna. Aun cuando los niños se apartan de la expresión convencional adulta, demuestran que obedecen a patrones regulares, producto de reglas internalizadas. A los 2 años y medio, Rafael, el niño estudiado por Hernández-Pina (1984), rechaza la corrección de la madre a favor del participio irregular del verbo *escribir*, insistiendo en la forma regular sobregeneralizada:

Madre: ¿Cómo se dice "yo he escrito"?
Rafael: Yo ha scribido.
Madre: No, hombre, se dice "yo he escrito".

Rafael: No. Yo ha'cribido.
Madre: Bueno, pues nada.
Rafael: Yo ha lavado papá.
Madre: ¿Te ha lavado papá? ¡Este papá!
Rafael: Ha lavado papá eta ta[r]de.
Madre: ¿Sí?
Rafael: No, papá ya ha 'cribido. Papa ha escrito. Yo ha 'cribido. Yo no he escrito, he ascribido.
Madre: ¡No hombre! No se dice 'ascribido'.
Rafael: Sí se dice 'ascribido'. (Rafael, 2;06)

Este diálogo es muy interesante, por varios motivos. Para empezar, muestra que Rafael ya ha identificado la regla productiva y no acepta la corrección explícita. Al final de la conversación, el niño admite ambas formas, *escribido* y *escrito*, pero parece asignarles sentidos distintos. Tal inclinación a contrastar formas se ha atribuido a la restricción de la exclusividad mutua (*mutual exclusivity constraint*). Este es un principio operacional propuesto para describir la adquisición léxica, pero autores como Pinker (1984) han propuesto variantes semejantes para dar cuenta de la adquisición de los morfemas gramaticales.

El lenguaje infantil también se considera sistemático en relación con las secuencias del aprendizaje. Aunque hay mucha variedad en la edad a la que alcanzan ciertos logros, esta es menor en cuanto a la forma en que lo hacen y el orden de las etapas. Después de Brown

Tabla 1 Ejemplos característicos de las etapas tempranas del desarrollo gramatical

I. Etapa holofrástica: 12–18 meses. Holofrases y construcciones verticales
Ma[n]sana.
Pum.
Beso.   (Michel, 1;06, narrando *Blancanieves*)

II. Etapa telegráfica
Inicio de expresiones combinatorias:

Catta [canta] Lola	(Rafael, 1;09)
Sattata abe	(Rafael, 1;07)
Pelota f[u]imos ayer	(Rafael, 2;00)
Guante coge nene	(Rafael, 2;00)

Apoyo materno en la conversación:
Madre: ¿Y esto?
Rafael: el nene.
Madre: No. Unos nenes.
Rafael: A[u]tobuses. Leló [reloj]. Let[r]as. Atobus. A[u]tobuses gatte [grande].

III. Etapa de productividad parcial/crecimiento en la complejidad
Crecimiento en los turnos conversacionales, narrativas:
Rafael: Y dijo a papá: ¿Me puedes ayudar a hacer una casa? Y dijo su papá: No; estoy 'cupado. Y dijo su mamá: ¿Quieres ayudarme hacer una casa? Toy 'cupado. Fue a su papá. (Rafael, 2;08)

Uso de diversas modalidades y oraciones complejas:
¿Te quitas la ropa como yo? (Rafael, 2,11)
Cuando no está, María no me pega, cuando sí está, María sí me pega (Rafael, 2;10)
[Hablando de la aspiradora] No la funciones, que si no, se lo come todo (Rafael, 2;11)

Tabla 2 Orden de adquisición de los morfemas gramaticales de acuerdo con producciones observadas (adaptado de Aparici, Díaz y Cortés 1996)

1. Concordancia verbal de número y persona
2. Concordancia nominal de género y número
3. Artículo
4. Formas del infinitivo, presente y pretérito
5. Preposición *a*
6. Clíticos reflexivos o léxicos
7. Otros clíticos de objeto
8. Otros determinantes

(1973), quien identificó el orden de aprendizaje de los morfemas del inglés, se confirmó que el orden de aprendizaje de morfemas es estable, pero específico para cada lengua. Esto se debe a las diferencias en los inventarios morfológicos de los distintos idiomas. La aparición temprana o tardía de un morfema en una lengua dada depende de factores como la perceptibilidad y predictibilidad del morfema, la transparencia de su función, etc. En español la secuencia ordenada observada es la siguiente:

En la adquisición del lenguaje, los diferentes módulos o componentes de la lengua se apoyan entre sí en el proceso de aprendizaje. La gramática tiene relaciones estrechas con el desarrollo léxico, particularmente en las etapas más tempranas. Esto ocurre porque se necesita cierta diversidad de palabras para aprender los términos relacionales necesarios para la formación de frases más complejas.

Finalmente, decimos también que el desarrollo infantil del lenguaje exhibe cierta autonomía, en el sentido de que es producto de representaciones internas, gramaticalmente específicas, algunas de las cuales parecen ir más allá de la experiencia. Esta propuesta de autonomía se refiere a dimensiones puramente formales del lenguaje. Queda claro que el desarrollo lingüístico interactúa de forma estrecha con procesos de maduración de otros sistemas cognitivos. La forma de los enunciados infantiles y el orden de las etapas pueden depender de aspectos específicos de la gramática, pero el crecimiento en la LME y la adquisición de la subordinación reflejan cambios en las capacidades de memoria y de control cognitivo. Igualmente, el desarrollo conceptual y el aprendizaje léxico se apoyan mutuamente en el desarrollo. Los conceptos crean la base sobre la cual se monta el vocabulario; de forma paralela, el crecimiento en el vocabulario apoya el aprendizaje de nuevos conceptos (Gelman *et al.* 1998; Thom y Sandhofer 2009). Lo mismo se ha dicho del desarrollo entre las dimensiones léxicas, pragmáticas y gramaticales del lenguaje y la llamada "teoría de la mente", una serie de destrezas metacognitivas que nos permiten atribuir estados mentales a otras personas, y sobre esta base predecir su conducta (Pascual Melgrosa 2004).

El lenguaje infantil sirve también de ventana al desarrollo de otros sistemas representacionales. Por ejemplo, las ausencias sistemáticas de ciertas estructuras a veces reflejan falta de maduración en el sistema conceptual, que puede hacer inaccesible la articulación de los significados asociados con ciertos contextos gramaticales (Johnson 1985). Este es el caso del subjuntivo, cuya morfología se adquiere muy temprano (Aguado 1995; Hernández-Pina 1984), pero inicialmente solo se usa en contextos de deseo o mandato.

Hagamos yoga mamá (Santiago, 2;02)
Aquí no escribas (Rafael, entre 2;00–2;06)
Abuela no guarde (Santiago, 2;02)

El subjuntivo aparece más tarde en contextos como el de las relativas, donde el contraste opcional de modo identifica la especificidad y existencia del referente: *Busca alguien que le lea/lee un libro*. Los niños no producen estos usos epistémicos del subjuntivo hasta que desarrollan el don de entender las creencias falsas, una de las etapas principales en el desarrollo de la teoría de la mente (Pérez-Leroux 1998). Para las subordinadas completivas, que se hacen productivas hacia los 4 años, de Villiers (2005) ha propuesto la direccionalidad opuesta, sugiriendo que el aprendizaje de las subordinadas facilita el razonamiento metacognitivo, porque proporciona a los niños el formato necesario para representar las creencias falsas.

3. Desarrollo de los diversos recursos gramaticales

3.1. Determinantes y morfología nominal

Las primeras estructuras nominales son muy simples. De inicio, la mayoría de los sustantivos aparecen sin determinación o precedidos de un elemento prenominal. Estas formas fonológicamente reducidas (vocales medias o bajas, o consonantes nasales) aparecen antes de la producción de los determinantes y son gradualmente sustituidas por ellos (Lleó 2001, 2003). Lleó (2001) apunta que la variedad y la opcionalidad de estos segmentos prenominales no apoyan la noción de que sean producto de expresiones formulaicas.

E pé (María, 1;07)
A masana (María, 1;09)
N'bicho (Miguel, 2;00)
A mano (Gabriela, 2;00)

Un hecho de interés en cuanto a la relación entre prosodia y desarrollo gramatical es que en habla infantil en español los determinantes y protodeterminantes aparecen más temprano que en las lenguas germánicas (Lleó y Demuth 1999). Lleó y Demuth (1999) sugieren que esto se debe en parte a la estructura prosódica. Esta es la llamada hipótesis del apoyo prosódico (*Prosodic Bootstrapping Hypothesis*), que afirma que las condiciones fonológicas de la lengua materna determinan la omisión de ciertos morfemas gramaticales en la adquisición temprana. Según esta hipótesis, la preponderancia de palabras esdrújulas y sobreesdrújulas en español proporciona los medios necesarios que permiten una adquisición más temprana de la categoría determinante.

El dominio de la morfología de género y de número se da con una concurrente reducción en la opcionalidad del determinante. Para el segundo cumpleaños se puede observar que las omisiones han disminuido considerablemente (Serra *et al.* 2000: 342). Gradualmente se establece la concordancia y las realizaciones se van refinando hasta que se pueden identificar claramente las categorías de definido o indefinido (Lleó 2001). La adquisición de la concordancia tiene también consecuencias para la organización interna de la frase nominal. Según Snyder, Senghas, e Inman (2005), los niños manejan la concordancia de género antes de producir sintagmas nominales con elisión del núcleo nominal.

El pelito __ve(r)de (Koki, 2;05)
Un__ azul (Koki, 2;06)

En resumen, en lo que respecta a la adquisición de la frase nominal, podemos decir que los niños aprenden primero el orden (det + N), luego la morfología y concordancia de género y número y, por último, los distintos tipos de determinantes. Sin embargo, aunque el inventario morfosintáctico se adquiere temprano, el manejo en su distribución en los diversos contextos semánticos no alcanza el comportamiento adulto hasta más tarde. En tareas experimentales se observa que los niños tienen dificultades con la oposición entre definido/indefinido (Solé 1984; Castilla 2008) y con los contrastes de número (Miller y Schmitt 2010), hasta la edad escolar.

3.2. *Morfología verbal*

Se ha propuesto que los niños pasan por una etapa en que la realización de la categoría tiempo es obligatoria. Esta etapa de "infinitivos opcionales", como se ha denominado, se supone que sea un proceso general en la adquisición infantil. Las lenguas de flexión rica y sujetos nulos, como el español, presentan un reto para esta generalización. Por una parte, la concordancia verbal aparece temprano en español, con tasas de errores muy bajas (Torrens 1995). Por otra, en las primeras producciones dominan las formas menos marcadas: la tercera persona singular del presente indicativo y el imperativo, que carecen de marcas de tiempo, número y persona, así como el infinitivo. Las varias formas personales aparecen en la secuencia siguiente, de acuerdo con la frecuencia en las producciones espontáneas:

3Sg > 1 > 2 > formas del plural

Es posible que esta preferencia inicial por las formas de morfología mínima junto con la prevalencia de sujetos nulos (que llega hasta un 80 %) sea producto de procesos de subespecificación. Por eso resulta difícil adjudicar el estatus de la hipótesis de los infinitivos opcionales en español. Guasti (1994), Hyams y Hoekstra (1998) y otros lo clasifican como lengua sin etapa de infinitivo opcional. En cambio, Liceras, Valenzuela y Díaz (2006) arguyen, al basarse en ejemplos como los dados a continuación, que el sobreuso de formas no conjugadas es sistemático, y presenta características distintivas.

Carrito montar (Rafael, 1;06–2;00) (Hernández-Pina 1984)
Este, yo quiere (Graciela, 3;03)
Es tú (Eduardo 2;02) (Grinstead *et al.* 2013)

Estas autoras proponen que la visibilidad en la morfología de persona y de infinitivos determina la brevedad de la etapa de los infinitivos opcionales en lenguas como el español. Señalan que los errores de concordancia más frecuentes son el sobreuso del verbo en tercera del singular (Bel y Rosado 2009), y el de que no se limiten a proposiciones irreales. Más recientemente, el uso de metodologías experimentales ha revelado nuevos datos que favorecen la existencia de una etapa de infinitivos opcionales (Grinstead *et al.* 2013).

Las categorías de tiempo y modo también se adquieren temprano en español. Entre los 2 y los 3 años, los niños producen con mayor frecuencia los diferentes tiempos verbales. Primero aparece el presente progresivo y el pretérito indefinido o el perfecto del indicativo, dependiendo de la región. Los niños españoles producen primero el pretérito perfecto (Aguado 1995), mientras que los niños mexicanos adquieren primero el indefinido (Jackson Maldonado y Maldonado 2001). A los 3 años el niño ya posee un inventario bastante complejo, incluyendo los futuros perifrásticos y simples, el imperfecto y el presente del subjuntivo.

En las primeras etapas gramaticales, la morfología temporal tiene menos productividad que las formas adultas (Aguado-Orea 2004). Específicamente, los diversos tiempos tienden a asociarse selectivamente con clases específicas de verbos (Andersen y Shirai 1986). El presente aparece primariamente con verbos de estado, y los tiempos perfectivos con verbos de cambio de estados. Los verbos de actividad o proceso, aunque aparecen con todos los tiempos, favorecen las formas no perfectivas como el presente, futuro e infinitivo. Más adelante, los niños extienden el uso de los tiempos a todos los verbos excepto los de cambio de estado que se asocian exclusivamente con tiempos perfectivos (Jackson Maldonado y Maldonado 2001). Aunque todos reconocen que hay limitaciones en la productividad inicial de los tiempos, hay desacuerdo en cuanto a qué quiere decir esto para las capacidades semánticas en los niños pequeños.

3.3. Desarrollo general de la estructura oracional: el sujeto

El español comparte con otras lenguas románicas tres características de la estructura oracional: es una lengua *pro drop* o de sujeto implícito, de orden variable de los constituyentes principales y de pronombres clíticos. Estos son pronombres sintácticamente deficientes que siempre aparecen adheridos sintáctica y prosódicamente al verbo al que complementan. Estas propiedades oracionales resultan evidentes desde las primeras etapas del aprendizaje. Como señalamos antes, dominan los sujetos nulos hasta los 2 años (Grinstead 2004). Los pronombres de sujeto y de objeto son pocos y no aparecen hasta que la LME alcanza un valor de 2.0 (Austin *et al.* 1997; Hernández Pina 1984). Cuando se realizan, los sujetos reflejan la posición variable de la gramática adulta:

Yo m(u)erdo a Chamam
Oh no mene [viene] Óscar (Juan 2;04) (Linaza 1981)

La posición posverbal representa un tercio de los primeros enunciados con sujeto realizado (Bel 1998).

3.4. Objetos

Los objetos directos también muestran que los niños conocen el orden variable de las palabras en español. Aunque domina el orden canónico VO, también se producen enunciados OV (Hernández-Pina 1984; López Ornat 1994). La *a* que marca los objetos directos animados también se produce temprano.

Más agua echa
Tú lees letras (Rafael, 2;03) (Hernández-Pina 1984)
Piso al conejo (Reglero y Ticio 2003)

Un error inicial es la omisión de objetos, que puede persistir hasta los 2 años y medio en lenguaje espontáneo, como muestra el ejemplo siguiente, citado en Fujino y Sano (2002).

Tú no pones (Juan, 2;05)

Este error se reduce con el aumento en la productividad de los clíticos (Reglero y Ticio 2003). En tareas de producción controlada de objetos, los niños madrileños tienen bajas tasas de omisión a los 2 años (Gavarró, Torrens y Wexler 2010). En cambio, las omisiones de objetos en contexto persisten hasta los 3 años en niños colombianos y en hispanohablantes en Norteamérica (Bedore y Leonard 2005; Castilla y Pérez-Leroux 2010). Pérez-Leroux, Castilla-Earls y Brunner (2012) mostraron que la omisión de clíticos de objeto directo tiene una relación especial con el desarrollo del vocabulario. Estos autores proponen que el desarrollo del vocabulario tiene un efecto específico en los objetos porque estos están regulados simultáneamente por una propiedad léxica (la transitividad), que interfiere en la dimensión discursiva (las condiciones de identificación del referente de los objetos implícitos).

En cuanto al orden lineal, los niños usan tanto proclíticos como enclíticos en posición correcta relativa a las formas verbales:

Cógelo papel (objeto directo)
Dame (objeto indirecto)
Que te caes (reflexivos léxicos) (Rafael, 1;10) (Hernández-Pina 1984)

También aprenden temprano a usar las secuencias de clítico, que inicialmente aparecen con la forma de primera o segunda persona singular del dativo, seguido de la tercera de acusativo.

Dámelo (Emilio, 2;02)

Hacia los 2 años y medio aumenta la variedad de combinaciones y de verbos que aparecen con secuencias.

En resumen, los errores de clíticos son pocos y más de omisión que de comisión. Ocurren algunos errores de concordancia de género y número, y poquísimos errores en el orden de secuencia de clíticos (Cuervo y Pérez-Leroux 2013) y de sobregeneración de la duplicación (Domínguez 2003):

Me se cae (Emilio, 2;06)
Sácamelo la toalla (María, 2;02)

3.5. Negación

La negación se adquiere temprano, en funciones de rechazo, de no existencia y de negación de un enunciado previo. Tal vez por la naturaleza opcional del sujeto y la temprana adquisición de la flexión verbal, los niños tienen dificultad con la sintaxis de la negación. En las primeras etapas se observan tres patrones de orden de palabras (Serra, Serrat, Solé, Bel y Aparici 2000):

a. Negación inicial: No+X, en donde X es cualquier elemento gramatical excepto un verbo.
No leche
No Santi
No gracias (Gabriela, 2;00)
b. Negación preverbal: No+V, en donde V es un verbo.
No dormir
No va mamá
No sale (Gabriela, 2;00)

c. Negación final: X+no, X es cualquier constituyente incluyendo verbos.
Chichi no
Santi no (Gabriela, 2;00)
Quita no
Nene sienta no (María, 1;09)

La única anomalía en el habla infantil es que dominan los fragmentos de negación final a pesar de que estos son muy poco comunes en el habla de los padres (Roeper y Pérez-Leroux 2011).

3.6. Oraciones interrogativas

La interrogación se marca inicialmente por un cambio de entonación. Enseguida, los niños aprenden a usar las frases interrogativas, acompañadas automáticamente del orden adulto. El primer pronombre interrogativo que aparece en el lenguaje infantil es el pronombre *qué* (Aguado 1988).

¿Qué color? (Santiago, 2;02)
¿Qué color es?

Otros pronombres interrogativos de aparición temprana son *dónde* y *quién*.

¿Dónde está el lapicito? (Koki, 1;11)

Otros, como *por qué*, *cuándo* y *cómo* aparecen más tardíamente. En el estudio de caso de Rafael, Hernández Pina observó la siguiente secuencia en el orden de adquisición de las preguntas:

qué > dónde & por qué > cómo > cuándo > quién

Es notable que los niños hispanohablantes no cometan errores de inversión interrogativa, al contrario de lo que sucede en el inglés (Pérez-Leroux y Dalious 1998).

¿Qué está haciendo el agua? (Koki, 2;05)

3.7. Oraciones subordinadas

Las primeras oraciones subordinadas emergen hacia los 2 años y medio, pero son poco frecuentes. De acuerdo con Aguado (1988), dos tercios de los niños de esa edad usan al menos una oración subordinada en muestras de lenguaje espontáneo. Hacia los 4 años, se da un gran aumento en la productividad y la variedad de las oraciones subordinadas.

Hernández-Pina (1984) propone la siguiente secuencia en la adquisición de la subordinación:

i. Oraciones sustantivas de objeto y oraciones relativas.
ii. Oraciones disyuntivas.
iii. Oraciones adverbiales.
iv. Oraciones condicionales, temporales, modales y comparativas.

Los niños de 5 años ya usan toda la gama de oraciones complejas, incluyendo subordinadas sustantivas en posición de objeto, adverbiales y de relativo. Dentro de las subordinadas adverbiales, prevalecen las oraciones causales y temporales (Castilla y Eriks-Brophy 2012).

Un reto gramatical importante es el de aprender la selección de modo y tiempo en las subordinadas. En las completivas, estos rasgos se adquieren temprano con los verbos de volición, pero no con otros (Blake 1980; Pérez-Leroux 1998). Los niños parecen depender de estrategias de subespecificación. Un estudio sobre la obtención de subordinadas temporales mostró una preferencia infantil por producir respuestas de infinitivo, al contrario de los adultos, que daban respuestas conjugadas (Sánchez Naranjo y Pérez-Leroux 2010).

> Experimentador: ¿Cuándo llegará la niña a su casa?
> Respuesta adulta: antes de que llueva.
> Respuesta frecuente en niños: antes de llover.

Esta opción gramatical le permite al niño evitar la posibilidad de cometer errores en la selección de tiempo y modo. Esta es evidencia de que el niño es gramaticalmente conservador.

La integración gradual entre la estructura de la cláusula principal y de la subordinada se observa con particular claridad en las relativas. Al principio las cláusulas de relativo aparecen exclusivamente formadas con el complementante *que* y la extracción de sujeto.

> No es un gatazo, es un gatito que tiene dos pelos (Rafael, 2;10)

De inicio, los niños producen solo relativas truncadas en tareas experimentales. Más adelante logran integrar estas dentro de una oración principal (Pérez-Leroux 1993).

> Hay un hombre que le está echando maní a las gallinas. A las que están en el corral. (Graciela, 4;11)
> La mujer que estaba cogiendo la[s] flore[s], la niña la estaba halando (Lisa, 6;02)

Los siguientes ejemplos ilustran cómo los niños alternan las estrategias de extracción del objeto con el uso de pronombres resuntivos o residuales (Pérez-Leroux 1995).

> La [casa] que están limpiando (Ana María, 6;03)
> El [caballo] que lo [es]tán montando (Ana María 6;03)

3.8. *Experimentos de comprensión*

Las tareas de comprensión presentan otras dimensiones del proceso de aprendizaje. Los niños demuestran comprensión temprana de ciertas estructuras, mientras que para otras se identifican diferencias sistemáticas con respecto a los comportamientos adultos. Las interrogativas complejas presentan un caso interesante. Cuando se les presentan a los niños oraciones complejas que se inician con un pronombre interrogativo, los niños las procesan de forma que obedecen a los principios del movimiento (De Villiers, Roeper y Vainikka 1990). Por ejemplo, contrastan los contextos subordinados de acuerdo con si van encabezados por un segundo pronombre interrogativo o no, lo que crea una barrera a la formación de interrogativa (una 'isla interrogativa'):

Contexto de isla interrogativa (no-ambiguo):
¿Cuándo dijo el hombre **cómo** se había lastimado el pie?
Interpretación principal 'cuando lo *dijo*'

Contexto sin barreras (ambiguo):
¿Cuándo dijo el hombre **que** se había lastimado el pie?
Interpretación principal: 'cuándo *lo dijo*'; o
Interpretación subordinada, o a larga distancia 'cuándo *se lastimó*'

Los resultados confirman que los niños hispanohablantes observan las restricciones apropiadas (Pérez-Leroux 1993), al igual que en otras lenguas. Cuando la subordinada está iniciada por el complementante *que*, los niños proporcionan las dos interpretaciones posibles, dando por igual respuestas enfocadas en la oración principal ("cuando dijo") o en la subordinada ("cuando se lastimó"). Sin embargo, en los casos de los contextos de islas interrogativas, los niños daban muestra del comportamiento adulto, evitando la interpretación subordinada.

Estos estudios también mostraron un patrón inesperado: en los contextos de islas interrogativas los niños a veces respondían al segundo pronombre interrogativo. En el ejemplo dado anteriormente, contestaban dando una explicación de cómo se lastimó el hombre el pie, en lugar de responder a la pregunta inicial (*cuándo*). Este patrón asemeja una construcción existente en lenguas como alemán y romaní. En las interrogativas de movimiento parcial, el interrogativo permanece dentro de la subordinada, hay una marca de foco en la principal, y la estructura se interpreta a larga distancia, con interpretación subordinada.

Otros estudios experimentales han investigado si los niños obedecen a los principios gramaticales que rigen la referencia pronominal. En lenguas como el inglés, se ha mostrado que los niños sobreextienden las interpretaciones reflexivas a pronombres no reflexivos. En contraste, los niños que aprenden español no cometen estos errores y distinguen los dos tipos de categorías.

Mama Bear washes her (Jakubowicz 1984) → errores de interpretación reflexiva
La mamá osa la baña (Baauw 2000)→ sin errores

La generalización parece ser que los niños aprenden antes las restricciones de la referencia con los clíticos pronominales que con otros tipos de pronombres.

Otros estudios comparan la comprensión de la morfología flexiva con las destrezas productivas. Para investigar la comprensión del plural, Miller y Schmitt (2010) presentaron a niños en edad preescolar oraciones sencillas (como por ejemplo, *Pásame las bolitas al lado de la cerca*) para ver si los niños actuaban sobre referentes plurales o singulares. Los datos sugieren que la comprensión de los plurales depende de la variabilidad fonológica en el *input*. Miller y Schmitt compararon diferentes grupos socioeconómicos de hablantes en México, donde la pronunciación de la /s/ en final de sílaba es estable, y en Chile, donde se observan procesos de debilitación fonética de la /s/ final. En Chile y otras regiones de América Latina, el uso de variantes reducidas de la /s/ final es variable y está socialmente estratificado. Los resultados revelan que la edad de adquisición está influida no por factores, sino por la variabilidad sociofonética. Independientemente del estrato social, los niños de edad preescolar tienen un grado de acierto más alto con los plurales en variantes de realización más estable de la /d/.

La marca de número reflejada en la concordancia verbal crea aún mayores dificultades de comprensión en los niños que la morfología nominal. A pesar de que los niños producen temprano la concordancia verbal, dan muestras de grandes dificultades en simples tareas de comprensión. Cuando se les presentaban oraciones como *Nadan en el charco* o *nada en el charco*, donde la información de número solo está codificada en la concordancia, muchos niños de cinco años no logran escoger la imagen correcta (un pato/varios patos) (Pérez-Leroux 2005; Legendre *et al.* 2014; Miller y Schmitt 2014).

Tomados en su conjunto, estos estudios y los de producción componen un cuadro coherente. Los niños son conservadores en la producción, pero la comprensión revela divergencias. El que no cometan errores no implica dominio completo: a lo largo del desarrollo los niños continúan refinando los varios aspectos semánticos de las marcas gramaticales.

4. Algunas perspectivas teóricas

4.1. Propuestas teóricas en cuanto al aprendizaje léxico

Dada la rapidez y sistematicidad con que los niños adquieren la lengua materna, no es de sorprender que las discusiones teóricas se concentren en la tarea de identificar los posibles mecanismos que facilitan el aprendizaje del lenguaje en los niños. El objetivo de toda teoría de la adquisición es establecer qué mecanismos subyacen en el aprendizaje lingüístico. En cuanto al vocabulario, se sabe que el aprendizaje depende de dos procesos simultáneos pero distintos: la identificación de la forma y la identificación del significado. El primero se refiere a la tarea de segmentación, en la cual el niño, apoyándose en las claves probabilísticas y prosódicas disponibles, logra delimitar las palabras dentro de la señal acústica. El segundo proceso consiste en la identificación del referente o extensión semántica de cada término. Se ha propuesto que los niños resuelven este problema con el apoyo de principios cognitivos y pragmáticos. Algunos incorporan tendencias generales como la restricción taxonómica, y la restricción del objeto completo. Otros se concentran en la naturaleza misma del símbolo léxico, como el principio de la convencionalidad (que se refiere a la estabilidad y arbitrariedad de las relaciones significado/significante), y el del contraste (que trata de la asociación de distintos referentes a distintas formas). El principio de la exclusividad mutua extiende la noción de contraste a casos donde hay dos términos que denotan el mismo referente, pero se refieren a propiedades o aspectos distintos del referente (Clark 1993; Markman 1991).

Vale la pena señalar que estos principios funcionan primariamente para explicar la adquisición de los sustantivos, pero dan bien cuenta de los verbos y otros términos relacionales, que son más abstractos y más difíciles de aprender. Gleitman (1990) propuso el *Syntactic Bootstrapping Hypothesis*, que sostiene que los hablantes usan la información dada por los entornos sintácticos de los verbos para aprender sus significados. Esto significa que los patrones de selección categorial son clave de apoyo para el aprendizaje de la semántica de los verbos. Gleitman y sus colegas (2005) sugieren que en la etapa inicial del desarrollo del vocabulario los niños simplemente asocian palabras y situaciones. A continuación, por medio de su creciente conocimiento del léxico nominal inicial y los elementos funcionales, los niños hacen uso entonces de un mecanismo más complejo a través del cual acotan predicados y situaciones.

4.2. Propuestas teóricas en cuanto a la gramática inicial

Al contrario de lo que sucede en el estudio de la adquisición léxica, donde hay un cierto consenso en cuanto a la naturaleza del objeto de aprendizaje, hay una división teórica abrupta en el campo de la adquisición gramatical. Esta división se enfoca en la naturaleza de las primeras etapas gramaticales, debatiendo si hay continuidad o discontinuidad entre la gramática inicial y la de las etapas subsiguientes.

Las teorías continuistas proponen que los niños emplean categorías, rasgos y procesos esencialmente del mismo tipo que los de los adultos. Las diferencias observables pueden indicar, por una parte, diferencias en los rasgos gramaticales expresados, de modo similar a lo que sucede cuando un idioma difiere de otro o, alternativamente, que los niños no pueden poner todos sus conocimientos en uso, ya que tienen limitaciones en los recursos de procesamiento y producción. Los enfoques generativos adoptan más generalmente una postura continuista. Se postula que la tarea de aprendizaje consiste primariamente en identificar a qué categorías innatas corresponden las formas aprendidas. Se supone que los niños tienen conocimiento innato de los principios universales de la organización gramatical, y también del rango de posibilidades de variación paramétrica. La información representada dentro de las categorías léxicas y funcionales determina cómo funciona el idioma materno. Tanto la diversidad de las lenguas humanas, como las desviaciones dentro del proceso de aprendizaje ocurren dentro de un espacio estructural circunscrito dentro de los límites de la gramática universal.

Las teorías no continuistas, por su parte, proponen que las primeras producciones infantiles no resultan de reglas sintácticas como las de los adultos, sino del almacenamiento léxico de secuencias. Ya desde 1963 Braine había propuesto que las primeras producciones gramaticales de los niños consistían en estructuras pivotales sin correspondencia con categorías adultas, sino con clases distribucionales donde posiciones fijas (el eje) van ligadas a categorías abiertas. En los siguientes ejemplos el eje son *allí* y *otro*:

carro allí	libro allí	muñeca allí	
otro carro	otro bus	otro color	(mellizos Gabriela y Santiago, 2;00)

El modelo de Braine ha sido cuestionado porque no explica la transición entre las etapas, y porque deja de lado el problema de la representación del significado. Brown (1973) y Bowerman (1973) ya habían mostrado que las combinaciones infantiles son semánticamente interpretables y que la mayoría de las combinaciones en un corpus infantil pueden ser descritas mediante un número pequeño de relaciones semánticas.

Formulaciones subsecuentes trataron de asimilar las nociones distribucionales y las semánticas. Maratsos (1982) propuso que el lenguaje inicial consiste primariamente en fórmulas de alcance limitado, que son patrones que contienen un elemento léxico constante y otro variable, y que expresan relaciones semánticas tradicionales como 'agente y acción'. En la hipótesis de las islas verbales de Tomasello (1992), se propone que los niños organizan sus primeras combinaciones alrededor de predicados verbales, que funcionan como una isla de organización frente a un sistema lingüístico sin estructurar. Estas propuestas emergentistas postulan que el sistema lingüístico inicial es fundamentalmente léxico y carente de abstracción (Pine y Lieven 1997; Tomasello 2000; López Ornat 1994). En este tipo de propuesta, la gramática es una propiedad que emerge en la edad preescolar, a partir de un proceso de gramaticalización de los elementos léxicos. En esencia, se propone que hay una reestructuración cualitativa en el sistema.

Estos debates en torno a la continuidad constituyen la problemática central de las investigaciones actuales sobre el desarrollo gramatical. Al someter a examen la productividad de las primeras estructuras aprendidas, el debate ha servido para generar importante evidencia acerca de la generatividad, la abstracción y la naturaleza esencial de las relaciones léxicas en las etapas más tempranas del lenguaje (Ninio 2011; Pine *et al.* 2013; Roeper y Pérez Leroux 2011; Valian 2009; Yang 2014, y otros).

Bibliografía

Aguado, G. (1988) "Valoración de la competencia morfosintáctica en el niño de dos años y medio", *Infancia y Aprendizaje*, 43, pp. 73–95.

Aguado, G. (1995) *El desarrollo del lenguaje de 0 a 3 años*, Madrid: Cepe.

Aguado-Orea, J. (2004) *The acquisition of morpho-syntax in Spanish: Implications for current theories of development*, tesis doctoral, University of Nottingham.

Andersen, R. W. y Shirai, Y. (1996) "Primacy of aspect in first and second language acquisition: The pidgin/creole connection", en Ritchie, W. C. y Bhatia, T. K. (eds.) *Handbook of second language acquisition*, San Diego, CA: Academic Press, pp. 527–570.

Aparici, M., Díaz, G. y Cortés, M. (1996) "El orden de adquisición de los morfemas en catalán y castellano", en Pérez Pereira, M. (ed.), *Estudios de la adquisición del castellano, catalán, eusquera y gallego*, Santiago de Compostela: Universidad de Santiago de Compostela.

Austin, J., Blume, M., Parkinson, D., Lust, B. y Núñez del Prado, Z. (1997) "The status of pro-drop in the initial state: Results from new analyses of Spanish", en Pérez-Leroux, A. y Glass, W. (eds.) *Contemporary perspectives on the acquisition of Spanish*, Somerville, MA: Cascadilla Press, pp. 37–54.

Baauw, S. (2000) *Grammatical features and the acquisition of reference*, Netherlands, LOT: tesis doctoral, Universiteit Utrecht.

Bedore, L. y Leonard, L. (2001) "Grammatical morphology deficits in Spanish-speaking children with specific language impairment", *Journal of Speech, Language, and Hearing Research*, 44, pp. 905–924.

Bel, A. y Rosado, E. (2009) "Asymmetries on number and agreement features in child Catalan and Spanish", en Grinstead, J. (ed.) *Perspectives on typical and atypical Hispanic child language development*, Amsterdam: John Benjamins.

Bel, A. (2001) *Teoría lingüística i adquisició de llenguatge*, 1.ª ed., Barcelona: Institut d'Estudis Catalans.

Blake, R. (1980) *The acquisition of mood selection among Spanish-speaking children: Ages 4 to 10*, tesis doctoral, University of Texas at Austin.

Bowerman, M. F. (1973) *Early syntactic development: A crosslinguistic study with special reference to Finnish*, Londres: Cambridge University Press.

Braine, M. D. S. (1963) "The ontogeny of English phrase structure: The first phase", *Language*, 39, pp. 1–13.

Brown, R. (1973) *A first language: The early stages*, Londres: George Allen & Unwin.

Castilla, A. P. y Pérez-Leroux, A. T. (2010) "Omissions and substitutions in Spanish object clitics: Developmental optionality as a property of the representational system", *Language Acquisition*, 17, pp. 2–25.

Castilla, A. P. (2008) *Morphosyntactic acquisition in monolingual 3-, 4-, and 5-year-old Spanish-speaking children*, tesis doctoral. University of Toronto.

Castilla-Earls, A. P. y Eriks-Brophy, A. (2012) "Developmental language measures in Spanish-speaking children", *Revista de Logopedia, Foniatria y Audiologia*, pp. e7–e19.

Clark, E. V. (1993) *The lexicon in acquisition*, Cambridge: Cambridge University Press.

Clemente, R. (1989) "Medida del desarrollo morfosintáctico. Los problemas de la medición y utilización de la M.L.E.", *Anuario de Psicología*, 42, pp. 105–113.

Cuervo, M. C. y Pérez Leroux, A. T. (2013) *The sum is more than its parts: Acquisition of clitic clusters in Spanish*, ponencia presentada en Hispanic Linguistics Symposium, University of Ottawa, octubre, pp. 17–20.

De Villiers, J. G. (2005) "Can language acquisition give children a point of view?", en Astington, J. W. y Baird, J. A. (eds.) *Why language matters for theory of mind*, Oxford: Oxford University Press, pp. 286–219.

De Villiers, J. G. , Roeper, T. y Vainikka, A. (1990) "The acquisition of long distance rules", en Frazier, L. y De Villiers, J. G., *Language processing and acquisition*, Dordrecht: Kluwer, pp. 257–297.

Domínguez, L. (2003) "Interpreting reference in the early acquisition of Spanish clitics", en Montrul, S. y Ordóñez, F., *Linguistic theory and language development in Hispanic languages*, 212–228, Somerville: Cascadilla Press.

Echeverría, M. (1979) "Longitud del enunciado infantil: Factores ambientales e individuales", en *Estudios Generales I Actas del Seminario de Investigación y Enseñanza de la Lingüística*, Santiago (Chile): Universidad Técnica del Estado.

Fujino, H. y Sano, T. (2002) "Aspects of the null object phenomenon in child Spanish", en Pérez-Leroux, A. T. y Liceras, J. M. (eds.) *The acquisition of Spanish morphosyntax*, Dordrecht: Kluwer, pp. 67–88.

Gavarró, A., Torrens, V. y Wexler, K. (2010) "Object clitic omission: two language types", *Language Acquisition*, 17, 4, pp. 192–219.

Gelman, S. A., Croft, W., Fu, P., Clausner, T. y Gottfired, G. (1998) "Why is a pomegranate an *apple*? The role of shape, taxonomic relatedness, and prior lexical knowledge in children's overextensions of *apple* and *dog*", *Journal of Child Language*, 25, pp. 267–291.

Gleitman, L. R. (1990) "The structural sources of verb meanings", *Language Acquisition*, 1, pp. 3–55.

Grinstead, J. (2004) "Subjects and interface delay in child Spanish and Catalan", *Language*, 80, 1, pp. 40–72.

Grinstead, J., Curley, D., Pratt, T., Obregón, P. y Flores, B. (2013) "The semantics of the tense deficit in child Spanish SLI", en Becker, M., Grinstead, J., y Rothman, J., *Generative linguistics and acquisition. Studies in honor of Nina M. Hyams*, Amsterdam: John Benjamins, pp. 107–128.

Hernández-Pina, F. (1984) *Teorías psicolingüísticas y su aplicación a la adquisición del español*, Madrid: Siglo XXI.

Hoekstra, T. y Nina, H. (1998) "Aspects of root infinitives", *Lingua*, 106 [número especial: *Language acquisition: Knowledge representation and processing*, Antonella Sorace (ed.)], pp. 81–112.

Jackson-Maldonado, D. y Maldonado, R. (2001) "Determinaciones semánticas de la flexión verbal en la adquisición temprana del español", en Rojas-Nieto, C. y De León Pasqual, L. (eds.) *La adquisición de la lengua maternal: Español, lenguas mayas, euskera*, México DF: UNAM-Ciesas, pp. 165–200.

Jakubowicz, C. (1984) "On markedness and binding principles", *NELS*, 14, pp. 154–182.

Johnston, J. (1985) "Cognitive prerequisites: The evidence from children learning English", en Slobin, D. I. (ed.) *The crosslinguistic study of language acquisition*, Hillsdale, NJ: Erlbaum, pp. 961–1004.

Legendre, G., Culbertson, J., Zaroukian, E., Hsin. L., Barrière, I. y Nazzi, T. (2014) "Is children's comprehension of subject-verb agreement universally late? Comparative evidence from French, English, and Spanish", *Lingua*, 144, pp. 21–39.

Liceras, J. M., Bel, A. y Perales, S. (2006) "Living with optionality: Root infinitives, bare forms and inflected forms in child null subject languages", en Sagarra, N. y Toribio, J. A. (eds.), *Proceedings of the 2006 Hispanic Linguistic Symposium*, Somerville, MA: Cascadilla Press, pp. 203–216.

Linaza, J., Sebastián, M. E. y del Barrio, C. (1981) "Lenguaje, comunicación y comprensión. La adquisición del lenguaje", monográfico de *Infancia y Aprendizaje*, pp. 195–198.

Lleó, C. (2001) "Determining the acquisition of determiners: On the innateness of functional categories", en Herschensohn, J., Mallén, E. y Zagona, K. (eds.) *Features and interfaces in Romance: Essays in honor of Heles Contreras*, Amsterdam: John Benjamins, pp. 189–202.

Lleó, C. (2003) "Hacia la gramática minimista, maximizando lo prosódico", *Cognitiva*, 15, 2, pp. 169–175.

Lleó, C. y Demuth, K. (1999) "Prosodic constraints on the emergence of grammatical morphemes: Crosslinguistic evidence from Germanic and Romance languages", en Greenhill, A., Littlefield, H. y Tano, C. (eds.) *Proceedings of the 23rd Annual Boston University Conference on Language Development*, Somerville, MA: Cascadilla Press, pp. 407–418.

López Ornat, S. (1994) "La adquisición del lenguaje: Talón de Aquiles y poción mágica de la teoría cognitiva", *Cognitiva*, 6, 2, pp. 213–239.

Maratsos, M. P. (1982) "The child's construction of grammatical categories", en Wanner, E. y Gleitman, L. (eds.) *Language acquisition: The state of the art*, Cambridge: Cambridge University Press, pp. 240–266.

Markman, E. (1991) "The whole-object, taxonomic, and mutual exclusivity assumptions as initial constraints in word meanings", en Gelman, S. A. y Byrnes, J. P. (eds.) *Perspectives on language and thought: Interrelations in development*, Cambridge: Cambridge University Press, pp. 72–106.

Miller, K. y Schmitt, C. (2014) "Spanish-speaking children's use of verbal agreement in comprehension", *Lingua*, 144, pp. 40–57.

Miller, K. y Schmitt, C. (2010) "Effects of variable input in the acquisition of plural in two dialects of Spanish", *Lingua*, 120, pp. 1178–1193.

Ninio, A. (2011) *Syntactic development, its input and output*, Oxford: Oxford University Press.

Pandolfi, A. M. (1989) "Medición del lenguaje infantil", *Avances en Psicología Clínica Latinoamericana*, 7, pp. 55–67.

Pascual Melgosa, M. B. (2004) *Teoría de la Mente y lenguaje de referencia mental: estudio ontogenético*, tesis doctoral, Universidad de Pamplona.

Pérez-Leroux, A. T. (1993) *Empty categories and the acquisition of Wh-movement*, Amherst: GLSA.

Pérez-Leroux, A. T. (1995) "Resumptives in the acquisition of relative clauses", *Language Acquisition*, 4, pp. 105–138.

Pérez-Leroux, A. T. (1998) "The acquisition of mood selection in Spanish relative clauses", *Journal of Child Language*, 25, pp. 585–604.

Pérez-Leroux, A. T. y Dalious, J. (1998) "The acquisition of Spanish interrogative inversion", *Hispanic Linguistics*, 10, pp. 84–114.

Pérez-Leroux, A. T., Castilla-Earls, A. P. y Brunner, J. (2012) "General and specific effects of lexicon in grammar: Determiner and object pronoun omissions in child Spanish", *Journal of Speech Language and Hearing Research*, 55, pp. 313–27.

Pérez-Leroux, A. T. (2005) "Number problems in children", en Guski, C. (ed.) *Proceedings of the 2005 Canadian Linguistics Association Annual Conference*, pp. 1–12. Accesible en http://ling.uwo.ca/publications/CLA-ACL/CLA-ACL2005.htm.

Pérez-Leroux, A. T. (2008) "Subjuntivo y conciencia de la subjetividad en la adquisición infantil del lenguaje y la teoría de la mente", *Revista de Logopedia, Foniatría y Audiología*, 28, pp. 90–98.

Pine, J. M. y Lieven, E. V. M. (1997) "Slot and frame patterns and the development of the determiner category", *Applied Psycholinguistics*, 18, pp. 123–138.

Pinker, S. (1984) *Language learnability and language development*, Cambridge: Harvard University Press.

Reglero, L. y Ticio, M. E. (2003) "The acquisition of clitics in child Spanish", en Montrul, S. y Ordóñez, F. (eds.) *Linguistic theory and language development in Hispanic languages*, Somerville: Cascadilla Press, pp. 297–316.

Roeper, T. y Pérez-Leroux, A. T. (2011) "Simplicity and complexity in child language and its explanation", *Infancia y Aprendizaje*, 34, 3, pp. 363–380.

Sánchez-Naranjo, J. y Pérez-Leroux, A. T. (2010) "In the wrong mood at the right time: Children's acquisition of Spanish subjunctive in temporal clauses", *Canadian Journal of Linguistics*, 55, 2, 227–255.

Serra, M., Serrat, E., Solé, R., Bel, A. y Aparici, M. (2000) *La adquisición del lenguaje*, Barcelona: Ariel Psicología.

Snyder, W., Senghas, A. y Inman, K. (2001) "Agreement morphology and the acquisition of noun-drop in Spanish", *Language Acquisition*, 9, pp. 157–173.

Snyder, W. (2007) *Child language: The parametric approach*, Oxford, UK: Oxford University Press.

Soler, M. R. (1984) "Adquisición y utilización del artículo", en Siguan, M. (ed.) *Estudios sobre psicología del lenguaje infantil*, Madrid: Ediciones Pirámide, pp. 139–165.

Thom, E. y Sandhofer, C. (2009) "More is more: The relationship between vocabulary size and word extension", *Journal of Experimental Child Psychology*, 104, pp. 466–473.

Tomasello, M. (1992) *First verbs*, Cambridge: Cambridge University Press.

Torrens, V. (1995) *L'Adquisició de la sintaxi en català i castellà: La categoria funcional de flexió*, Barcelona: Universidad de Barcelona, Departamento de Psicología Básica.

Valian, V. (2009) "Abstract linguistic representations and innateness: The development of determiners", en Lewis, W. D., Karimi, S., Harley, H. y Farrar, S. (eds.) *Time and again: Theoretical perspectives on formal linguistics in honor of D. Terence Langendoen*, Amsterdam: John Benjamins, pp. 189–206.

Yang, C. (2013) "Ontogeny and philogeny of language", *Proceedings of the National Academy of Science*, 110, pp. 6324–6327.

Entradas relacionadas

adquisición del español como segunda lengua; psicolingüística

ADQUISICIÓN DEL ESPAÑOL COMO SEGUNDA LENGUA: FONOLOGÍA

Kimberly Geeslin y Avizia Yim Long

1. Introducción

La adquisición de la fonología y de la fonética del español como segunda lengua (L2) se ha estudiado desde varias perspectivas. Los estudios empíricos existentes muestran esta diversidad, explorando temas tan variados como la aplicación de modelos de adquisición, el estudio acústico de fonos particulares y el efecto del estudio en el extranjero en la adquisición de variantes dialectales. Estos estudios contribuyen a nuestra conceptualización del proceso de adquisición del sistema de sonidos de una L2. Dividimos el presente resumen crítico en dos partes. Primero, tratamos la percepción del español como L2 y, luego, la producción del español como L2. Para cada grupo de estudios, empezamos la discusión con un resumen breve de los modelos teóricos más conocidos, seguida de una reseña de los estudios empíricos en cada uno.

2. La percepción del español como L2

2.1. Acercamientos teóricos

Uno de los tres acercamientos teóricos a la percepción de sonidos de una L2 más conocidos es el modelo del aprendizaje del habla, desarrollado por Flege (1995). Bajo este modelo, los aprendices de segundas lenguas tienen la capacidad de percibir las propiedades de los sonidos individuales en la L2 y de formular nuevas categorías. No obstante, un aprendiz tendrá mayor éxito con los sonidos percibidos como "nuevos" porque podrá crear una nueva categoría que no está acústicamente cerca de ninguna categoría nativa. A pesar de la dificultad de definir los conceptos "similar" y "diferente", este modelo teórico ha recibido mucha atención positiva (p. ej., Flege y MacKay 2004). Otro acercamiento conocido es el modelo de asimilación perceptual, desarrollado por Best (1995; Best y Tyler 2007, para L2). Según este modelo, el éxito en la percepción de un contraste fonológico en la L2 depende de la asimilación de los sonidos de la L2 a las categorías de la primera lengua (L1). Por ejemplo, si dos sonidos de la L2 se asimilan a dos categorías distintas de la L1, la discriminación entre estos sonidos de la L2 será fácil. Al contrario, si los dos sonidos de la L2 comparten ciertas características notables con el mismo sonido de la L1, el modelo predice mayor dificultad.

En comparación con el modelo de aprendizaje del habla, se ve que en este segundo modelo no hay una conceptualización de percepción de sonidos individuales, sino que se trata de discriminación de pares fonológicos. El tercer modelo es el de percepción lingüística de segundas lenguas, desarrollado por Escudero (véase Vasiliev y Escudero 2013). Según Escudero, al inicio del proceso de adquisición de una L2 el aprendiz crea una copia del sistema de la L1 y esta copia es la que se usa para mediar la percepción de los sonidos de la L2. Este modelo ofrece varias opciones para el tratamiento de nuevos sonidos, incluso la creación de una nueva categoría y la división de una categoría existente en la L1 para acomodar un sonido de la L2. De esta manera, no hay sonidos imposibles de categorizar y hay más estrategias para llegar a la percepción nativa de la L2. Lo que tienen en común estos modelos es que tratan la relación entre el sistema de la L1 existente y el sistema nuevo de la L2. Además, los sonidos de la L1 forman la base inicial para la categorización de la L2. Se diferencian en la manera en que se conceptualizan los procesos de categorización y el papel de la comparación entre lenguas.

2.2. Estudios empíricos

Al nivel segmental, la investigación de la percepción de vocales es distinta de la de las consonantes. Para las vocales, un objetivo común de los estudios existentes es examinar la relación entre dos espacios vocálicos que son perceptualmente distintos y, particularmente, cómo estos influyen en la identificación y en la asimilación de vocales entre dos lenguas. Por ejemplo, Fox, Flege y Munro (1995) encontraron que los oyentes angloparlantes usan tres dimensiones perceptuales para distinguir vocales: (1) altura, (2) desplazamiento y (3) centralidad. De estas dimensiones perceptuales, para los oyentes angloparlantes las diferencias según la altura y el desplazamiento de la vocal son más importantes en la distinción de pares de vocales que las diferencias según la centralidad. Por el contrario, los hispanohablantes bilingües usan mayormente la altura vocálica. Esta observación de que los angloparlantes emplean un mayor número de correlatos acústicos para distinguir vocales llamó la atención de investigadores como Bradlow (1996), quien examinó la relación entre la producción acústica y la percepción de los contrastes /i/-/e/ y /o/-/u/ en inglés y español. Para el contraste /i/-/e/, Bradlow encontró que los angloparlantes clasificaban los estímulos españoles según los parámetros acústicos de su L1, ya que las características acústicas eran similares entre lenguas. Por otro lado, los parámetros acústicos de las vocales del contraste /u/-/o/ no se parecían entre estas dos lenguas, y Bradlow observó que al escuchar los estímulos españoles del contraste /u/-/o/, los oyentes angloparlantes alteraron su espacio vocálico perceptual según los rasgos acústicos de los estímulos (i. e., español) para poder identificarlos. Escudero y Boersma (2002) también examinaron la categorización de las vocales /i/ y /e/ del español por aprendices holandeses. El holandés tiene tres vocales anteriores cortas (/i/, /ɪ/ y /ɛ/) que, según los investigadores, presentan dificultades en la percepción del contraste /i/-/e/ en español porque pueden asimilarse a dos segmentos, y no solo a uno, como plantearían los modelos de Best (1995) y Flege (1995). Los investigadores concluyeron que la categorización de /i/ y /e/ en las tres categorías de la L1 era la causa de los errores pero que los aprendices avanzados podían superar estas dificultades. En un estudio relacionado, Morrison (2003) investigó la percepción de las cinco vocales españolas por angloparlantes canadienses y encontró una frecuencia de identificación incorrecta baja: identificaban /o/ como /a/ en el 13 % de los casos e /i/ como /e/ en el 10 %. Otros errores de identificación ocurrieron en un número inferior al 10 % de los casos. Para la identificación según las categorías inglesas (i. e., la asimilación), Morrison observó que, con la excepción de /a/, todas las vocales españolas se asimilaban a las mismas vocales fonémicas del inglés. La /a/ española, por otro lado, se asimilaba a varias categorías inglesas, sobretodo /æ/ (71 %). Para resumir, hay evidencia contundente de la influencia del espacio vocálico perceptual de la L1 en la categorización de sonidos de la L2. Sin embargo, hay también fuerte evidencia de la capacidad de los aprendices de lograr categorizar las vocales de manera nativa.

En cuanto a la percepción de las consonantes, un grupo de segmentos frecuentemente estudiados son las oclusivas, particularmente la frontera perceptual entre las oclusivas sordas /p t k/ y las sonoras /b d g/ por aprendices angloparlantes. La consecuencia para el aprendiz angloparlante de no cambiar la frontera perceptual de la duración entre la explosión de la oclusiva y el comienzo de la sonorización de la vocal que sigue (i. e., el tiempo de inicio de la sonoridad, o VOT) hará que el aprendiz perciba /p t k/ en español como /b d g/. Zampini (1998) investigó la percepción de esta distinción por aprendices angloparlantes matriculados en un curso de fonética española y encontró que la frontera para palabras españolas era más corta que la de palabras inglesas. Además, Zampini demostró que esa frontera cambiaba a lo largo del semestre en que los aprendices recibieron instrucción formal sobre esta distinción. Aparte de esta distinción, hay ejemplos de estudios sobre otros segmentos pero se necesitan más estudios en esta área.

Al nivel suprasegmental, un tema que ha generado interés es la percepción del acento léxico por aprendices que no usan este correlato acústico para distinguir significado en su L1. Dupoux, Sebastián-Gallés, Navarrete y Peperkamp (2008) examinaron la percepción del acento por aprendices francoparlantes de varios niveles de estudio del español. Todos los aprendices, a pesar del nivel, mostraron dificultades en la percepción del acento en una tarea de secuencia de recuperación y otra de decisión léxica rápida. Sin embargo, se sabe que los aprendices francoparlantes por lo menos pueden percibir mejor el acento que los hablantes monolingües de francés (p. ej., Schwab y Llisterri 2011). Por lo tanto, la experiencia parece desempeñar un papel en la percepción del acento. Otro aspecto suprasegmental investigado es la entonación, es decir, los cambios en la frecuencia fundamental (F0) sobre unidades más grandes de habla (p. ej., frases). El trabajo de Nibert (p. ej., 2005, 2006) ha demostrado que los aprendices angloparlantes pueden usar la entonación para interpretar el significado de frases sintácticamente o semánticamente ambiguas en español (p. ej., *lilas y lirios amarillos*). Se observó un desarrollo gradual en la restricción de interpretación (determinada por marcar la frase intermedia con el acento de frase H-) entre grupos mínimos, donde los principiantes (p. ej., 2006) restringían más que los intermedios, quienes restringían más que los avanzados (p. ej., 2005). Además, los aprendices avanzados de Nibert (2005) mostraron interpretaciones casi nativas.

Otra área creciente es el estudio de la percepción de estructuras variables. Díaz-Campos y Morgan (2002) examinaron la distinción perceptual entre la deslizada [j], la fricativa palatal [ʝ] y la africada palatal [ɟ] en posición intervocálica por parte de hablantes nativos (de regiones dialectales de debilitamiento o no) y de aprendices angloparlantes del español. Estos segmentos representan variantes geográficas del grafema *y* o *ll*. Los resultados muestran que los hablantes nativos pueden discriminar entre las tres variantes independientemente de su región dialectal de origen, pero que los aprendices no pueden distinguir consistentemente entre [j] y [ʝ]. Otro segmento variable que se ha estudiado es la /s/ aspirada. Schmidt (2011) examinó el desarrollo de los aprendices angloparlantes en la identificación de este segmento empleando un diseño transversal. Su análisis de una tarea de identificación reveló que en niveles más altos los aprendices podían identificar la variante [h] como alófono de /s/ (en posición interna de palabra y final de sílaba). Además, había un efecto de experiencia previa con dialectos que debilitan; los que habían estudiado en el extranjero donde se observa debilitamiento de la /s/ se desempeñaron mejor en la tarea. Un estudio reciente de Trimble (2013) nos ofrece un ejemplo de investigación de estructuras variables al nivel suprasegmental. Su análisis de datos de aprendices angloparlantes de cuatro niveles distintos reveló que las preguntas de tipo sí/no producidas por un hablante nativo de español venezolano andino eran más difíciles de identificar que las producidas por un hablante de Toledo (España) y otro hablante de EE. UU. Por contraste, los aprendices que habían estudiado un semestre en Mérida (Venezuela) podían identificar las preguntas producidas por el hablante venezolano con mayor precisión que los que no tenían experiencia previa con este dialecto. Como Schmidt (2011), Trimble demuestra que la experiencia previa con ciertos dialectos es necesaria para el desarrollo de aspectos variables de una L2.

El último tema que tratamos es la relación entre percepción y producción. El modelo de aprendizaje de habla (Flege 1995) plantea que la precisión de producción de segmentos de una L2 depende de la precisión en la percepción, pero no existe evidencia sólida para esta hipótesis (véase Flege 2003). Por ejemplo, el estudio de Zampini (1998) no mostró una correlación positiva entre las fronteras perceptuales de /p/ y /b/ y las producciones normativas, ya que algunos participantes mostraban fronteras perceptuales amplias y producciones con valores de VOT cortos y viceversa. Esta es un área que continúa sin recibir atención y que se puede volver a considerar después de la discusión crítica de los estudios de producción.

3. La producción del español como L2

3.1. Acercamientos teóricos

Hay múltiples modelos teóricos que intentan explicar los errores de los aprendices y a veces describir el desarrollo del sistema fonológico de una L2. Empezando con los acercamientos clásicos, vemos que teorías como la fonología generativista comparten una larga historia de aplicación a la adquisición de segundas lenguas. Más recientemente, bajo el marco teórico de la fonología léxica (Mohanan 1986), hemos visto una distinción entre los procesos que influyen en la morfología y los que afectan a los fonemas individuales. Una ventaja de esta teoría es que se puede incorporar una discusión del efecto posléxico (i. e., no existen excepciones léxicas) de la L1 en la L2. Frente a la frecuencia de estos procesos posléxicos (p. ej., la aspiración de /p t k/) se nota que la influencia de los procesos morfológicos es menos común y, por lo tanto, la distinción entre tipos de procesos facilita el tratamiento de estas diferencias.

Otras teorías que tratan la producción en segundas lenguas también reconocen que el papel de la L1 no es constante. El acercamiento conocido con el nombre de geometría de rasgos se desarrolló en el contexto de las lenguas nativas. No obstante, es bajo este marco teórico que Archibald (1998) describió el proceso de adquisición del sistema de sonidos de segundas lenguas. Este acercamiento da cuenta de las diferencias en los inventarios fonológicos entre lenguas y que el desafío para el aprendiz es percibir y producir nuevos sonidos. Sin embargo, incluye un papel para los universales lingüísticos, ya que considera que estos universales pueden determinar el proceso de aprendizaje después de que los aprendices notan las diferencias entre lenguas. De manera semejante, la hipótesis de la diferencia basada en la marcadez desarrollada por Eckman (1987) explica que la influencia de la L1 toma en cuenta la marcadez tipológica y por consiguiente las características diferentes entre lenguas solo resultan difíciles en los casos en que la característica de la L2 es más marcada y diferente. El modelo ontogénico (Major 1987) también distingue los factores relacionados con el desarrollo lingüístico de los factores relacionados con la L1. En la discusión anterior se ven muchos ejemplos de la integración de estos dos factores en el modelo de adquisición, pero lo que distingue el modelo de Major es que especifica que el grado de influencia de ambos cambia con el tiempo. O sea, cuando aumenta la proficiencia, baja la influencia de la L1. Sin embargo, con el mismo paso del tiempo, se ve primero un aumento de la influencia de los factores universales y luego una disminución que se evidencia en una curva en forma de U. La última teoría que hace falta mencionar es la aplicación de la teoría de la optimidad a la adquisición de segundas lenguas. Como es bien sabido, bajo este marco teórico el proceso de adquisición supone la modificación de la jerarquía de restricciones de la primera lengua de acuerdo con la correspondiente en la segunda lengua. Tomando como punto de partida la jerarquía de restricciones de la L1, se han podido explicar muchas de las producciones no nativas de los aprendices. Por ejemplo, Hancin-Bhatt y Bhatt (1997) describen el efecto de no tener ataques complejos en la L1 en la adquisición de la sílaba de una L2 como el inglés, que tiene ataques complejos. Además, las diferencias en la jerarquía de restricciones entre el español y el japonés les permitieron a los autores explicar las distintas estrategias de sustitución de los aprendices con estas L1. Son pocas las aplicaciones de esta teoría al español como L2, pero parece ser un acercamiento prometedor.

3.2. Estudios empíricos

De los estudios empíricos sobre la producción del español como L2, han surgido dos temas principales: el efecto de la instrucción en el desarrollo de la pronunciación y la caracterización del desarrollo de segmentos y/o de procesos fonológicos. Empezamos la discusión con el primer tema y continuamos con el segundo. En cada tema, brindamos un resumen de estudios relevantes.

Por lo general, la instrucción tiene un impacto beneficioso en la pronunciación del español de los aprendices, a pesar de la variación que se ve según el segmento particular. En la Tabla 1 se observa que se ha investigado el impacto de varios tipos de instrucción (explícita, implícita, multimodal, por web, etc.) con resultados favorables. En estos estudios también se ha reportado mucha variación individual en la mejora de los segmentos considerados (p. ej., Lord 2005). Además, se ha observado mayor mejora de algunos segmentos que de otros, por ejemplo, en general se ha observado mayor efecto para las oclusivas que para las aproximantes, y en algunos estudios no hay mejora en la producción de las aproximantes (p. ej., Elliott 1995; Kissling 2013). Veremos pronto que la adquisición de los alófonos de /b d g/ por aprendices angloparlantes representa un desafío notable, probablemente no sólo por tener que modificar aspectos articulatorios para producirlos, sino también por tener que saber las reglas fonológicas de estos alófonos, algunos de los cuales no existen en la L1 (p. ej., [β ɣ]). Sobre todo parece que la instrucción ayuda y que hay factores individuales que pueden contribuir a mejorar la pronunciación (p. ej., Elliott 1995).

Hay muchos estudios sobre el proceso de adquisición del sistema fonológico del español por aprendices angloparlantes, específicamente estudios que han caracterizado el proceso del desarrollo del sistema. Proveemos un resumen de varios estudios con ese propósito en la Tabla 2.

Se pueden notar algunas tendencias generales. Primero, existen más estudios sobre los fonemas oclusivos y sus variantes que sobre otros segmentos, como las vocales. La mayoría de estos estudios emplean el análisis acústico para examinar con detalle la aproximación a la norma nativa. Sobre todo, estos estudios tienden a demostrar desarrollo en la dirección nativa. Anteriormente comentamos que los segmentos [β ð ɣ] presentan más dificultades,

Tabla 1 Estudios sobre el efecto de la instrucción

Investigador	Segmentos/procesos fonológicos investigados	Hallazgos claves
Elliott (1995)	[a e i o u w b β d ð g ɣ p t k ɲ ɾ r s z]	Mejora en la pronunciación de [ɾ r p t k d β o u ɲ] por aprendices del grupo experimental. Mejora en la pronunciación al imitar palabras y oraciones y leer palabras aisladas. Sólo la instrucción predice mejora en la pronunciación (no actitudes ni independencia de campo)
González-Bueno (1997)	/p t k/, /b d g/	Mejora en todas las oclusivas sólo por aprendices del grupo experimental. Mejora significativa sólo para /p/ y /g/
Lord (2005)	[p t k β ð ɣ r], diptongos	Mejora en todos los segmentos, con notable variación individual
Kissling (2013)	/p t k/, [β ð ɣ], /ɾ/, /r/	Mejora por aprendices de ambos grupos experimentales. No sugiere un beneficio de instrucción según el nivel de instrucción. Mejora de /p t k/ en sílabas tónicas y de ambas vibrantes. No hubo mejora de las aproximantes

incluso con instrucción. Las dificultades en mejorar la pronunciación de estos segmentos se notan en estudios que han investigado su desarrollo, ya que parecen ser adquiridos relativamente tarde (p. ej., Face y Menke 2009; Shively 2008).

Además de las oclusivas, las vibrantes han recibido atención en estudios previos (Face 2006; Hurtado y Estrada 2010; Reeder 1998) donde los aprendices también demuestran desarrollo hacia la norma nativa. En el estudio de Face (2006) es de particular interés la notable variación en la producción de estos segmentos y la reducción de la misma según se adquiere más experiencia. Además, con estos segmentos sabemos que no basta con producirlos articulatoriamente, sino que también hay que conocer su distribución alofónica. Aunque se entiende bien la adquisición de este parámetro del sistema fonológico, es probable que cuando las lenguas comparten la distribución alofónica, por ejemplo con /p t k/ en comparación con [ð ɾ], el desarrollo se ve facilitado.

Hay áreas que han recibido poca atención, como la adquisición de la distribución alofónica. Por ejemplo, Vokic (2008) demuestra que los aprendices angloparlantes parecen depender de la información distribucional de la L1 para producir segmentos del español (/s/, /h/ y /r/ en su estudio). Como consecuencia, es difícil producir algunos segmentos en ciertos contextos fonéticos donde no ocurren en la L1 (p. ej., [h] en posición final de palabra, como *reloj*). Otro tema de interés es la adquisición de variantes dialectales. Geeslin y Gudmestad (2011) encontraron que el uso de la theta [θ] y el debilitamiento de /s/ eran poco frecuentes en el habla de aprendices universitarios. El uso de estas variante era más frecuente en aprendices de niveles más altos, aunque no se encontró ninguna relación entre haber estudiado en el extranjero y el uso de estas variantes.

Tabla 2 Estudios sobre el desarrollo fonológico

Investigador(es)	Segmentos/procesos fonológicos investigados	Hallazgos claves
Zampini (1994)	[b d g], [β ð ɣ]	Ninguna diferencia según el nivel de instrucción [b d g] producidos de manera más homogénea [ð] no sobrepasó el 11 % de precisión Más precisión en la tarea informal
González-Bueno (1995)	[b d g]	Tasa media de fricativización (51,5 %) Más precisión para [ɣ] (67,7 %) que para [β] (59,8 %) y [ð] (26,7 %) Realizaciones de /d/ como [ɾ] (32,2 %)
Reeder (1998)	/p t k/, /r/	*Tarea de discriminación* Precisión generalmente alta, pero más precisión a mayor nivel de instrucción *Producción* Cuánto más alto el nivel, más hacia la norma nativa la producción de /p t k/ Cuánto más alto el nivel, /r/ producida con mayor número de oclusiones
Face (2006)	/ɾ/, /r/	Precisión más alta de /ɾ/ que de /r/ por todos los aprendices Más variantes nativas producidas por los avanzados para /ɾ/ y /r/ Más errores de transferencia para /ɾ/ por aprendices del cuarto semestre y más errores de procesos evolutivos para /r/ por los avanzados
Shively (2008)	[β ð ɣ]	Mayor precisión en la producción de [ð], luego [ɣ] y [β] Precisión más alta en la tarea de lectura del texto Factores significativos en la producción del alófono fricativo: edad de exposición, duración de residencia en el extranjero, duración de la instrucción en español y cantidad de contacto fuera del salón de clase en el extranjero
Face y Menke (2009)	[β ð ɣ]	A mayor nivel, mayor frecuencia de espirantización (hasta 80 % en los estudiantes de doctorado) Más variantes espirantizadas en posición intervocálica en todos los niveles Muchas producciones oclusivas por los estudiantes en el cuarto semestre
Hurtado y Estrada (2010)	/ɾ/, /r/	Mayor frecuencia de oclusiones múltiples para /r/ Factores significativos en la producción de [r]: – posición intervocálica – posición de ataque silábico – palabras aisladas – aprendices que habían asistido a clases avanzadas durante estudio en el extranjero
Menke y Face (2010)	/i e a o u/	El espacio acústico vocálico se acercó a lo demostrado por los nativos Se observa reducción de /a/ en sílabas átonas por todos los aprendices, pero no por los nativos

4. El contexto de aprendizaje

El papel del contexto de aprendizaje es un área de sumo interés en las investigaciones de adquisición de segundas lenguas y, a pesar de la evidencia de los varios beneficios para las competencias lingüísticas, parece que, por lo general, estudiar en el extranjero provee un ambiente propicio para el desarrollo fonológico. En cuanto a la percepción, ya hemos visto estudios que demuestran el beneficio de la experiencia previa con variedades particulares del español (p. ej., Schmidt 2011; Trimble 2013).

La gran mayoría de los estudios previos que investigan el papel del contexto de aprendizaje en el desarrollo de la fonología española se han enfocado en la producción. Díaz-Campos (2004) comparó la producción de aprendices angloparlantes que estudiaron en España durante diez semanas con un grupo control en los EE. UU. Se encontró que los dos grupos mejoraron en su producción de las oclusivas sordas y las laterales finales. En cuanto a la nasal palatal /ɲ/ ningún grupo mejoró, pero ya habían demostrado producción casi nativa antes del comienzo del estudio. Finalmente, para los alófonos fricativos de las oclusivas sonoras en posición intervocálica (i. e., [β ð ɣ]), se observó un mejoramiento mínimo. En otro estudio sobre [β ð ɣ], Lord (2010) demuestra mejoras en aprendices angloparlantes después de ocho semanas en México. Además, los aprendices que habían recibido instrucción previa mostraron mayores avances. De modo similar, los participantes de Alvord y Christiansen (2012) que vivieron en varios países hispanohablantes durante dos años demostraron mejoría en la espirantización. Al nivel suprasegmental, Henriksen, Geeslin y Willis (2010) demostraron cambios en la formación de las frases declarativas y en dos tipos de preguntas: las absolutas y las interrogativas parciales. Los autores analizaron la producción de cuatro aprendices antes y después de un periodo de inmersión intensivo de siete semanas y mostraron que los aprendices modificaron el tono de frontera final y los contornos entonacionales. Uno de los resultados más interesantes de este estudio es que los aprendices modificaron sus rasgos suprasegmentales en la dirección de la norma informal de la comunidad donde estudiaban.

Otros factores particulares examinados en cuanto a su relación con el desarrollo durante el estudio en el extranjero incluyen el estilo de habla y la sensibilidad a normas regionales. Por ejemplo, Díaz-Campos (2006) observó que los aprendices que habían estudiado en el extranjero demostraban más precisión en el estilo conversacional para las oclusivas sordas y para las laterales. Los patrones para los alófonos fricativos eran menos claros y concluyó que podría haber interacción entre el desarrollo de estos segmentos en particular y el estilo de habla, como propone Major (1987) en su modelo ontogénico. En cuanto a las normas regionales, el uso de la [θ] en la zona centro-norteño de España ha recibido atención reciente. Los estudios de Knouse (2012) y Ringer-Hilfinger (2012) concuerdan en demostrar que el uso de la [θ] aún después de pasar seis semanas o un semestre, respectivamente, en el extranjero es mínimo. En ambos estudios, el uso total no alcanzó el 5 %. Sin embargo, se sabe que los aprendices que tienen experiencia en un contexto donde se usa más esta variante dialectal mantienen más conciencia del uso de [θ] (Ringer-Hilfinger 2012) y no parece haber una relación directa entre actitudes hacia esta variante y su uso (Knouse 2012; Ringer-Hilfinger 2012). Los resultados de estos estudios proveen apoyo para los hallazgos de Geeslin y Gudmestad (2011), por lo que estudios futuros tendrán que tomar más en cuenta la percepción y la evaluación social del uso de variantes dialectales por aprendices para interpretar mejor su uso real en la L2.

5. Resumen y estudios futuros

En este capítulo ofrecimos un resumen de los acercamientos teóricos y estudios empíricos relacionados con la adquisición de la fonología del español como L2. Además de definir el campo hasta la actualidad, los estudios existentes sirven para señalar la necesidad de más investigaciones. Por ejemplo, se necesitan más estudios con aprendices de otras primeras lenguas además del inglés. Además, sería recomendable examinar el desarrollo de procesos fonológicos menos variables (p. ej., la espirantización) y más variables (p. ej., la aspiración de /s/), y comparar este tipo de adquisición con la adquisición de aspectos segmentales. Otra área que merece más estudio es la adquisición de aspectos fonotácticos de la L2 (p. ej., Kilpatrick 2009). Por último, es necesario explorar la adquisición de varios aspectos fonéticos de un segmento en un solo estudio (p. ej., Colantoni y Steele 2008; Zampini, Clarke y Green 2000). La investigación de estas preguntas en particular puede contribuir a descubrimientos importantes sobre el desarrollo del sistema fonológico de una L2.

Bibliografía

Alvord, S. M. y Christiansen, D. E. (2012) "Factors influencing the acquisition of Spanish voiced stop spirantization during an extended stay abroad", *Studies in Hispanic & Lusophone Linguistics*, 5, 2, pp. 239–276.

Archibald, J. (1998) "Second language phonology, phonetics, and typology", *Studies in Second Language Acquisition*, 20, 2, pp. 189–211.

Best, C. (1995) "A direct-realist view of cross-language speech perception", en Strange, W. (ed.) *Speech perception and linguistic experience: Issues in cross-language speech research*, Timonium, MD: York Press, pp. 171–206.

Best, C. T. y Tyler, M. D. (2007) "Nonnative and second-language speech perception: Commonalities and complementarities", en Bohn, O.-S. y Munro, M. J. (eds.) *Language experience in second language speech learning: In honor of James Emil Flege*, Amsterdam/Filadelfia: John Benjamins, pp. 13–34.

Bradlow, A. R. (1996) "A Perceptual Comparison of the /i/-/e/ and /u/-/o/ contrasts in English and in Spanish: Universal and language-specific aspects", *Phonetica*, 53, 1–2, pp. 55–85.

Colantoni, L. y Steele, J. (2008) "Integrating articulatory constraints into models of second language phonological acquisition", *Applied Psycholinguistics*, 29, 3, pp. 489–534.

Díaz-Campos, M. (2004) "Context of learning in the acquisition of Spanish second language phonology", *Studies in Second Language Acquisition*, 26, pp. 249–274.

Díaz-Campos, M. (2006) "The effect of style in second language phonology: An analysis of segmental acquisition in study abroad and regular-classroom students", en Klee, C. y Face, T. (ed.) *Selected proceedings of the 7th Conference on the Acquisition of Spanish and Portuguese as First and Second Languages*, Somerville, MA: Cascadilla, pp. 27–39.

Díaz-Campos, M. y Morgan, T. A. (2002) "On the production and perception of Spanish palatal obstruents: An acoustic phonetic study with implications for phonology, dialectology, and pedagogy", en Lee, J. F. *et al.* (ed.) *Structure, meaning, and acquisition in Spanish*, Somerville, MA: Cascadilla Press, pp. 244–268.

Dupoux, E., Sebastian-Galles, N., Navarrete, E. y Peperkamp, S. (2008) "Persistent stress 'deafness': The case of French learners of Spanish", *Cognition*, 106, 2, pp. 682–706.

Eckman, F. (1987) "Markedness and the contrastive analysis hypothesis", en Ioup, G. y Weinberger, S. (ed.) *Interlanguage phonology*, Rowley, MA: Newbury House, pp. 125–44.

Elliott, A. R. (1995) "Foreign language phonology: Field independence, attitude and formal instruction in the acquisition of L2 phonology", *The Modern Language Journal*, 79, 4, pp. 530–42.

Escudero, P. y Boersma, P. (2002) "The subset problem in L2 perceptual development: Multiple-category assimilation by Dutch learners of Spanish", en Skarabela, B., Fish, S. y Do, A. H.-J. (eds.) *Proceedings of the 26th annual Boston University Conference on Language Development*, Somerville, MA: Cascadilla Press, pp. 208–219.

Face, T. L. (2006) "Intervocalic rhotic production by adult learners of Spanish as a second language", en Klee, C. A. y Face, T. L. (eds.) *Selected proceedings of the 7th Conference on the Acquisition of Spanish and Portuguese as First and Second Languages*, Somerville, MA: Cascadilla Proceedings Project, pp. 47–58.

Face, T L. y Menke, M. R. (2009) "Acquisition of the Spanish voiced spirants by second language learners", en Collentine, J. *et al.* (ed.) *Selected proceedings of the 11th Hispanic Linguistics Symposium*, Somerville, MA: Cascadilla Proceedings Project, pp. 39–52.

Flege, J. E. (1995) "Second language speech learning: Theory, findings, and problems", en Strange, W. (ed.) *Speech perception and linguistic experience: Issues in cross-language research*, Timonium, MD: York Press, pp. 233–277.

Flege, J. E. (2003). "Assessing constraints on second-language segmental production and perception", en Schiller, N. O. *et al.* (ed.), *Phonetics and phonology in language comprehension and production: Differences and similarities*, Berlín: Mouton de Gruyter, pp. 319–355.

Flege, J. E. y MacKay, I. (2004) "Perceiving vowels in a second language", *Studies in Second Language Acquisition*, 26, 1, pp. 1–34.

Fox, R. A., Flege, J. E. y Munro, M. J. (1995) "The perception of English and Spanish vowels by native English and Spanish listeners: A multidimensional scaling analysis", *The Journal of the Acoustical Society of America*, 97, pp. 2540–2551.

Geeslin, K. y Gudmestad, A. (2011) "The acquisition of variation in second-language Spanish: An agenda for integrating studies of the L2 sound system", *Journal of Applied Linguistics*, 5, 2, pp. 137–157.

González-Bueno, M. (1995) "Adquisición de los alófonos fricativos de las oclusivas sonoras españolas por aprendices de español como segunda lengua", *Estudios de lingüística aplicada*, 13, pp. 64–79.

González-Bueno, M. (1997) "The effects of formal instruction on the acquisition of Spanish stop consonants", en Glass, W. y Pérez-Leroux, A. T. (eds.) *Contemporary perspectives on the acquisition of Spanish*, vol. 2: *Production, processing, and comprehension*, Somerville, MA: Cascadilla Press, pp. 57–75.

Hancin-Bhatt, B., y Bhatt, R. M. (1997) "Optimal L2 syllables", *Studies in Second Language Acquisition*, 19, 3, pp. 331–378.

Henriksen, N. C., Geeslin, K. L. y Willis, E. W. (2010) "The development of L2 Spanish intonation during a study abroad immersion program in León, Spain: Global contours and final boundary movements', *Studies in Hispanic & Lusophone Linguistics*, 3, 1, pp. 113–162.

Hurtado, L. y Estrada, C. (2010) "Factors influencing the second language acquisition of Spanish vibrants", *The Modern Language Journal*, 94, 1, pp. 74–86.

Kilpatrick, C. D. (2009) *The acquisition of ungrammaticality: Learning a subset in L2 phonotactics*, tesis doctoral, University of California, Davis.

Kissling, E. M. (2013) "Teaching pronunciation: Is explicit phonetics instruction beneficial for FL learners?", *The Modern Language Journal*, 97, 3, pp. 720–744.

Knouse, S. M. (2012) "The acquisition of dialectal phonemes in a study abroad context: The case of the Castilian theta", *Foreign Language Annals*, 45, 4, pp. 512–542.

Lord, G. (2005) "(How) can we teach foreign language pronunciation? The effects of a phonetics class on second language pronunciation", *Hispania*, 88, 3, pp. 557–567.

Lord, G. (2010) "The combined effects of instruction and immersion on second language pronunciation", *Foreign Language Annals*, 43, 4, pp. 488–503.

Major, R. C. (1987) "A model for interlanguage phonology", en Ioup, G. y Weinberger, S. H. (eds.) *Interlanguage phonology: The acquisition of a second language sound system*, Cambridge, MA: Newbury House, pp. 101–124.

Menke, M. R. y Face, T. (2010) "Second language Spanish vowel production: An acoustic analysis", *Studies in Hispanic & Lusophone Linguistics*, 3, 1, pp. 181–214.

Mohanan, K. P. (1986) *The theory of lexical phonology*, Dordrecht: Reidel.

Morrison, G. (2003) "Perception and production of Spanish vowels by English speakers", en Solé, M. J., Recansens, D. y Romero, J. (eds.) *Proceedings of the 15th International Congress of Phonetic Sciences: Barcelona 2003*, Adelaide, South Australia: Causal Productions, pp. 1533–1536.

Nibert, H. J. (2005) "The acquisition of the phrase accent by intermediate and advanced adult learners of Spanish as a second language", en Eddington, D. (ed.) *Selected proceedings of the 6th Conference on the Acquisition of Spanish and Portuguese as first and second languages*, Somerville, MA: Cascadilla Proceedings Project, pp. 108–122.

Nibert, H. J. (2006) "The acquisition of the phrase accent by beginning adult learners of Spanish as a second language", en Díaz-Campos, M. (ed.) *Selected proceedings of the 2nd Conference on Laboratory Approaches to Spanish Phonetics and Phonology*, Somerville, MA: Cascadilla Proceedings Project, pp. 131–148.

Reeder, J. T. (1998) "English speakers' acquisition of voiceless stops and trills in L2 Spanish", *Texas Papers in Foreign Language Education*, 3, 3, pp. 101–118.

Ringer-Hilfinger, K. (2012) "Learner acquisition of dialect variation in a study abroad context: The case of the Spanish [θ]", *Foreign Language Annals*, 45, 3, pp. 430–446.

Schmidt, L. B. (2011) *Acquisition of dialectal variation in a second language: L2 perception of aspiration of Spanish /s/*, tesis doctoral, Indiana University.

Schwab, S. y Llisteri, J. (2011) "Are French speakers able to learn to perceive lexical stress contrasts?", en *ICPhS 2011 Proceedings of the 17th International Congress of Phonetic Sciences*, Hong Kong, pp. 1774–1777.

Shively, R. L. (2008) "L2 acquisition of [β], [ð], and [ɣ] in Spanish: Impact of experience, linguistic environment, and learner variables", *Southwest Journal of Linguistics*, 27, 2, pp. 79–114.

Trimble, J. C. (2013) "Perceiving intonational cues in a foreign language: Perception of sentence type in two dialects of Spanish", en Howe, C. *et al.* (eds.) *Selected proceedings of the 15th Hispanic Linguistics Symposium*, Somerville, MA: Cascadilla Proceedings Project, pp. 78–92.

Vasiliev, P. y Escudero, P. (2013) "Speech perception in second language Spanish", en Geeslin, K. (ed.) *The handbook of Spanish second language acquisition*, Malden, MA: Wiley Blackwell, pp. 130–145.

Vokic, G. (2008) "The role of structural position in L2 phonological acquisition: Evidence from English learners of Spanish as L2", *Foreign Language Annals*, 41, 2, pp. 347–363.

Zampini, M. L. (1994) "The role of native language transfer and task formality in the acquisition of Spanish spirantization", *Hispania*, 77, 3, pp. 470–481.

Zampini, M. L. (1998) "The relationship between the production and perception of L2 Spanish stops", *Texas Papers in Foreign Language Education*, 3, 3, pp. 85–100.

Zampini, M. L., Clarke, C. M. y Green, K. P. (2000) "Language experience and the perception of stop consonant voicing in Spanish: The case of late English-Spanish bilinguals", en Nicol, J. L. (ed.) *One mind, two languages: Bilingual language processing*, Malden, MA: Blackwell, pp. 194–209.

Lecturas complementarias

Best, C., McRoberts, G. y Goodell, R. (2001) "Discrimination of non-native consonant contrasts varying in perceptual assimilation to the listener's native phonological system", *Journal of the Acoustical Society of America*, 109, pp. 775–794.

Díaz-Campos, M. (2013) "Segmental phonology in second language Spanish", en Geeslin, K. (ed.) *The handbook of Spanish second language acquisition*, Malden, MA: Wiley Blackwell, pp. 146–165.

Flege, J. E. (2002) "Interactions between the native and second-language phonetic systems", en Burmeister, P., Piske, T. y Rohde, A. (eds.) *An integrated view of language development: Paper in honor of Henning Wode*, Trier: Wissenschaftlicher, pp. 217–244.

Henriksen, N. (2013) "Suprasegmental phenomena in second language Spanish", en Geeslin, K. (ed.) *The handbook of Spanish second language acquisition*, Malden, MA: Wiley Blackwell, pp. 166–182.

Zampini, M. L. (2013) "Voice onset time in second language Spanish", en Geeslin, K. (ed.) *The handbook of Spanish second language acquisition*, Malden, MA: Wiley Blackwell, pp. 113–129.

Entradas relacionadas

acento; bilingüismo; consonantes; dialectología y geografía lingüística; enseñanza del español como lengua extranjera

ADQUISICIÓN DEL ESPAÑOL COMO SEGUNDA LENGUA: INVESTIGACIÓN

Cristina Sanz

1. Introducción

Según definiciones clásicas, el campo de la Adquisición de Segundas Lenguas (SLA) intenta ampliar nuestro conocimiento acerca de la *interlengua* (Selinker 1972), es decir, la gramática en constante evolución que se halla representada en la mente del aprendiz de un idioma. En principio, este objetivo no dista mucho del que encontramos en el estudio de la adquisición de primeras lenguas. Sin embargo, los investigadores de la *interlengua* deben dar cuenta de la gran variación interindividual que se observa en el desarrollo de las gramáticas no nativas, así como en sus estadios finales. Para comprender la variación en las *interlenguas* se atiende tanto al papel del contexto de adquisición —inmersión, el aula o estudios en el extranjero— como a las diferencias individuales: motivación, aptitud, o ansiedad. Recientemente, los investigadores están adoptando enfoques más sofisticados que pretenden modelar la variación, considerando las interacciones entre estos factores externos e internos al aprendiz, sin limitarse a los efectos de una sola variable.

Con el tiempo, el campo de SLA ha pasado a incluir no solo la descripción y explicación de los diversos estados de las *interlenguas*, sino también los mecanismos mentales que permiten su desarrollo, así como las dimensiones de su uso en el habla. Así pues, gran parte de la investigación de español como segunda lengua (L2) sigue los avances de la psicología cognitiva y comparte planteamientos y hasta cierto punto métodos con esta ciencia. Los trabajos empíricos, de diseño experimental y cuantitativos, realizados fundamentalmente en España y Estados Unidos y publicados mayoritariamente en inglés, constituyen el grueso de esta rama de investigación.

2. Perspectivas históricas

Lafford (2000) distingue cuatro periodos dentro de la historia del estudio del español como L2 en el siglo XX. El primero (1900–1944) se caracterizó por la identificación de áreas lingüísticas problemáticas para los aprendices, comparando la lengua de estos con las formas prescritas por los gramáticos. Durante la etapa de empiricismo que siguió a la Segunda Guerra Mundial (1945–1965) el campo adoptó un enfoque "científico" y reflejó la influencia del conductismo, forjando así la primera conexión entre lo que se conocía como lingüística aplicada y la psicología. En estos años, siguiendo el método de análisis contrastivo, se comparaban la fonología y morfosintaxis del inglés y del español con el fin de evitar la transferencia negativa en los aprendices, es decir, que emplearan en su lengua no nativa estructuras y reglas de su lengua materna. Las propuestas de Chomsky acerca del lenguaje y su adquisición marcaron según Lafford el comienzo del racionalismo (en oposición al conductismo anterior) que dominó el tercer periodo (1965–1979). Las ideas defendidas por Chomsky sobre la adquisición lingüística, vista como un proceso guiado por estructuras mentales innatas y aislado de cualquier otro aprendizaje, entrañaron grandes cambios para los investigadores de SLA. Efectivamente, las ideas chomskianas implicaban que ni factores externos como lecciones de gramática o correcciones del profesor ni aspectos internos como la aptitud afectaban sustancialmente el desarrollo de una L2 y estos fueron los principios que informaron las hipótesis clásicas de Krashen (1977). En la última etapa del siglo XX (1980–1999) aumentaron entre algunos estudiosos las consideraciones acerca del contexto social en la adquisición, en gran parte debido a la influencia de la teoría sociocultural (Vygotsky 1962). A pesar de esto, hoy en día, ciertos investigadores continúan centrados en aplicar los avances en teoría sintáctica impulsados por Chomsky a la adquisición de español L2. La mayoría de los autores, en cambio, adopta un enfoque más en línea con la ciencia cognitiva, atendiendo a mecanismos psicológicos y cerebrales que participan en la adquisición.

3. Temas centrales de investigación

Si bien es cierto que, tal y como indica Lafford, el centro de interés en cuanto a áreas lingüísticas comenzó siendo la fonología para después ampliarse a la morfosintaxis y la pragmática, algunas cuestiones gramaticales como *ser/estar*, pretérito/imperfecto, subjuntivo y la concordancia de género han recibido atención en casi todo momento. Remitimos al lector interesado a Antón (2011) para un panorama más detallado acerca de la investigación en diferentes áreas lingüísticas con amplio número de referencias. En lo relativo al género gramatical, algunos trabajos recientes apuntan a que el masculino es la forma "por defecto" en la adquisición, ya que los aprendices cometen menos errores con sustantivos masculinos que llevan marca visible de género y además generalizan el masculino a sustantivos femeninos. Leeman (2003) investigó la concordancia de género entre nombre y adjetivo por parte de los aprendices de español y descubrió que, en la interacción oral con los aprendices, reformular de forma correcta las frases que los aprendices decían con concordancia errónea (es decir, facilitar "evidencia positiva") promovía el aprendizaje más que señalar abiertamente los errores cometidos ("evidencia negativa"). En cuanto al contraste entre pretérito e imperfecto, la investigación muestra que su uso en los aprendices no depende solo de la competencia de estos, sino también de factores como el tipo de narración (Salaberry 2005). Respecto al uso del subjuntivo, Fernández (2008) comparó los efectos de un tipo de instrucción explícita (que incluía explicaciones de reglas) con otro tipo de instrucción implícita, en términos de interpretación correcta por parte de los aprendices y también del tiempo que los dos grupos invertían en interpretar las formas de subjuntivo. Si bien Fernández no halló diferencias en cuanto a uso correcto, comprobó que el grupo que había recibido instrucción explícita comenzó a interpretar las formas de subjuntivo antes y a mayor velocidad que los otros aprendices. En lo que a *ser* y *estar* se refiere, Geeslin (2005) examinó los factores lingüísticos y sociales que predicen la selección de un verbo frente al otro con ciertos adjetivos, y mostró el grado de solapamiento entre los rasgos predictores en hablantes nativos y no nativos. Finalmente, hoy en día, cada vez más estudios incluyen más de una forma gramatical en su diseño, con el fin de generalizar los resultados obtenidos o de comprender mejor las interacciones entre forma gramatical y otros factores en la adquisición. Así, Morgan-Short, Steinhauer, Sanz y Ullman (2012) concluyen que las diferencias entre género y estructura argumental, tanto en prominencia en la percepción como en valor comunicativo, son responsables de la mayor dificultad en la adquisición del primero respecto a la segunda.

Impulsada por las necesidades en la enseñanza de lenguas e influenciada por teorías del aprendizaje en psicología, la investigación de corte cognitivo en SLA ha otorgado especial importancia a los distintos tipos de conocimiento lingüístico del aprendiz, a las características de la instrucción que los desarrolla y al papel que la atención desempeña en este proceso. Dentro del conocimiento lingüístico podemos distinguir el conocimiento explícito, que es consciente y puede expresarse en palabras, del implícito, que es automático y no verbalizable. Todos los hablantes nativos de una lengua poseen un conocimiento implícito de sus reglas y lo emplean al comunicarse, de forma inconsciente. Si esos hablantes asisten a la escuela, quizás aprenderán qué es un verbo, qué es un sujeto o un complemento, todo lo cual forma parte del conocimiento explícito. Un asunto central en la SLA es la posibilidad de que la instrucción explícita, basada en la explicación de reglas gramaticales, conduzca al desarrollo de conocimiento implícito de la L2, similar al de los hablantes nativos y de acceso automático. Igualmente importante resulta la cuestión de si el conocimiento explícito puede transformarse en implícito mediante la práctica repetida. Por otro lado, es posible que los dos tipos de conocimiento deban considerarse como extremos de una sola dimensión, en lugar de categorías separadas y quizás un aprendiz pueda tener acceso a ambos simultáneamente. Respecto a la atención, los investigadores se preguntan si ésta regula lo que los aprendices extraen del *input* (todo discurso oral o escrito en la L2 al que están expuestos los aprendices). La hipótesis de la *apercepción* (*noticing*, Schmidt 1990) plantea que para que un aspecto del *input* pase a formar parte de la competencia de un aprendiz, éste debe captarlo, siquiera de una manera muy superficial, en el *input*. Cabe examinar si la atención interviene en la creación de conexiones entre forma y significado en la L2 y/o en el uso de conocimiento explícito durante la producción e interpretación lingüísticas. Todos estos asuntos continúan debatiéndose actualmente (Sanz 2015).

4. Cuestiones actuales

4.1. El papel fundamental del input y los debates sobre la instrucción

Entre los especialistas existe acuerdo absoluto en el hecho de que el *input* es imprescindible para la adquisición lingüística. Los debates se organizan en torno a cuánto es suficiente y qué tipo de *input* es importante para la adquisición (para español, véase Leow 2009, sobre *input* manipulado; Long, Inagaki y Ortega 1998, sobre retroalimentación implícita).

Inspiradas por trabajos sobre el *habla del cuidador* (la lengua que utilizan los adultos cuando se dirigen a los niños) en la adquisición del idioma nativo, las primeras investigaciones sobre el *input* en L2 se centraron en los mecanismos que lo hacen comprensible (v. g., simplificación) y las características que parecen facilitar la adquisición (v. g., prominencia, frecuencia, véase una síntesis excelente en Chaudron 1988). Así pues, los primeros estudios describieron la lengua a la que están expuestos los aprendices de L2 (particularmente inglés): el *habla del profesor* (que los profesores emplean con sus estudiantes) y el *habla de los extranjeros* (que hablantes nativos emplean con no nativos). A partir de estos trabajos, Long propuso la *hipótesis de la interacción* (1981) según la cual la competencia en la L2 de los aprendices crece a partir de la interacción con otros hablantes y con la negociación de significado. Es decir, en la comunicación se producen fenómenos como la simplificación del *input* a un nivel apropiado, la "experimentación" por parte del aprendiz, dificultades que le indican al aprendiz que se está desviando de la norma nativa y modelos de uso y reformulaciones por parte del interlocutor más competente. Se puede decir que la hipótesis de la interacción sentó las bases de la investigación durante las dos décadas siguientes.

Así pues, cabe la posibilidad de que un aprendiz adulto alcance la corrección gramatical y fluidez de un hablante nativo únicamente mediante la interacción en clase o en un contexto en el que se habla la L2, sin necesidad de recibir explicaciones gramaticales ni análisis de sus errores. Esto no quiere decir que la instrucción carezca de efectos: bien puede ayudarle a progresar más rápido y/o a llegar más lejos. Parece claro que estas cuestiones son relevantes tanto para los investigadores de L2 como para los profesionales de la enseñanza de lenguas. Los profesores esperan que los especialistas en adquisición les indiquen pautas sobre los enfoques pedagógicos más efectivos. Se necesita información sobre qué gramática explicar, qué errores corregir, cuándo, cómo y qué tipo de práctica se ha de proporcionar a los aprendices.

Durante aproximadamente treinta años, los investigadores de SLA han realizado estudios empíricos sobre intervenciones pedagógicas para intentar encontrar respuesta a estas preguntas. Según estos estudios, las intervenciones pueden ser preventivas o reactivas. El tradicional programa de enseñanza de estructuras (es decir, basado en una secuencia fija de formas gramaticales) es un ejemplo de intervención preventiva: presenta las reglas gramaticales antes de proporcionar a los aprendices práctica con las formas. Las intervenciones pedagógicas reactivas se suelen emplear en los enfoques de aprendizaje basado en tareas. En estos contextos, los estudiantes realizan actividades durante las cuales ciertas formas lingüísticas aparecen como problemáticas. Los instructores reaccionan a estas dificultades con explicaciones muy breves si consideran que los problemas encontrados entorpecen demasiado la comunicación. En general, una intervención pedagógica resulta de combinar con la práctica uno o más de los siguientes elementos: presentación de reglas gramaticales, *input* manipulado de alguna manera por el instructor y retroalimentación. Las intervenciones pedagógicas resultan cuando uno o más de los siguientes elementos se combinan con la práctica: presentación de reglas, *input* manipulado, y retroalimentación. Cada una de estas tres variables, y en consecuencia el tipo de instrucción, puede adoptar una naturaleza más explícita o más implícita: será más explícita cuanto más intente llamar la atención del aprendiz sobre el sistema de la lengua, cuanto más metalingüística sea.

En general, los estudios sobre instrucción explícita e implícita (Norris y Ortega 2000) concluyen que la primera resulta más efectiva que la segunda. Sin embargo, estas conclusiones no pueden tenerse por definitivas debido a las siguientes limitaciones: (1) las pruebas realizadas en los estudios miden mejor los resultados de la instrucción explícita; (2) las intervenciones pedagógicas estudiadas son breves, mientras que los efectos de la instrucción implícita tardan en revelarse; (3) los efectos a largo plazo de las intervenciones explícitas desaparecen después de unos pocos días; (4) los aprendices en grupos de instrucción implícita retienen mejor lo aprendido de la condición implícita; (5) a veces, ciertos elementos de los estudios, como el requisito de que los aprendices verbalicen sus pensamientos mientras realizan una tarea, inclinan la balanza aún más a favor del grupo explícito (Sanz, Lin, Lado, Bowden y Stafford 2009). De hecho, algunos estudios indican que la presentación de la gramática antes o durante la práctica no es necesaria para la adquisición de determinadas formas gramaticales (Sanz y Morgan-Short 2004). Además, desde Pica (1983), se han detectado consecuencias negativas de explicar reglas gramaticales: al menos a corto plazo, los aprendices pueden generalizar la regla a contextos en los que no se aplica. Por lo tanto, las intervenciones pedagógicas ¿ayudan, dificultan o no afectan al desarrollo de la lengua? Los investigadores han avanzado en muchas direcciones, lo que dificulta establecer conclusiones globales. A esto se une el hecho de que los estudiosos se han concentrado en el producto de los distintos tipos de instrucción y no tanto en los diferentes procesos que la instrucción puede generar. Por esta razón, algunos especialistas están recurriendo a la neurociencia cognitiva y a técnicas de escáner cerebral para recabar información sobre procesos (Morgan-Short, Steinhauer, Sanz y Ullman 2012). Esta línea de investigación apunta a que, aunque la instrucción explícita acelera el desarrollo en los estadios primeros de adquisición, los aprendices que reciben cierta cantidad de práctica implícita retienen más y son comparables, neurocognitivamente hablando, a hablantes nativos.

4.2. La práctica

Tradicionalmente, el campo de SLA ha prestado más atención a la presentación explícita de reglas, al *input* manipulado y la retroalimentación que a la naturaleza de la práctica en la que estos fenómenos se inscriben. Sin embargo, tal y como apuntamos en la sección anterior, la tarea o "actividad" en términos más pedagógicos es una variable clave. La práctica puede basarse en el *input* o en la producción, dependiendo de la intención al usar la lengua: extraer significado o manipular formas lingüísticas. Además, la práctica puede ser o no ser esencial en relación con una estructura lingüística. Loschky y Bley-Vroman (1993: 132) definen la cualidad de esencial como "la exigencia más extrema que una tarea puede pedirle a una estructura... la tarea no puede ser llevada a cabo con éxito a menos que se utilice esa estructura". Algunos estudios han mostrado que si los aprendices reciben práctica esencial con ciertas estructuras lingüísticas, la presentación de gramática antes o durante la realización de la práctica no produce ninguna diferencia (Sanz y Morgan-Short 2004). La investigación actual examina cómo la práctica interactúa con otros componentes pedagógicos tal y como la explicación de reglas o la retroalimentación. De la misma forma se persigue entender los efectos de las distintas características que puede adoptar: basada en el *input* o en la producción, explícita o implícita, esencial o no. En general, la práctica como concepto merece una atención que hasta el momento no ha recibido. Entre los trabajos empíricos recientes sobre los efectos de la práctica en el español como L2 figuran Morgan-Short y Bowden (2006) y Toth (2006).

4.3. Estudiar en el extranjero

Inspirada por la importancia de la cantidad y calidad del *input*, se ha realizado una cuantiosa investigación sobre los efectos en el desarrollo de la interlengua en el contexto de inmersión (estudiar en el extranjero, EE). Diversas teorías clásicas de SLA como las de Krashen (1985), la *hipótesis de la interacción* de Long (1981) y la *hipótesis de la producción* de Swain (1995) parecen indicar que estudiar en el extranjero proporciona el contexto óptimo para la adquisición. Al mismo tiempo, muchos especialistas coinciden en destacar el papel de la atención y la apercepción en el desarrollo lingüístico. En principio, estudiar en el extranjero ofrece un entorno que favorece la adquisición implícita de la lengua a través de los procesos señalados por Long y Swain así como facilita oportunidades para el aprendizaje mediado por la atención. Además de esto, ciertos trabajos neurocognitivos (v. g., Morgan-Short, Steinhauer, Sanz y Ullman 2012) muestran que únicamente condiciones equivalentes a la inmersión producen en el cerebro del aprendiz una marca electrofisiológica similar a la detectada en hablantes nativos. La mayoría de los estudios en esta área han comparado los efectos del contexto de EE con los de la clase tradicional de L2 en el desarrollo gramatical y léxico

(e. g., DeKeyser 1991), el desarrollo de las estrategias de comunicación (Lafford 1995), y la fluidez (Freed 1995). Algunos estudios, menos numerosos, comparan la inmersión en el extranjero con la inmersión en el propio país (DeKeyser 1991; Freed, Segalowitz y Dewey 2004). Contra toda expectativa y a pesar de todas las consideraciones mencionadas anteriormente, la investigación sobre EE revela a menudo efectos mínimos o nulos de la experiencia de inmersión (Lafford y Collentine 2006). Resulta hasta cierto punto difícil separar las limitaciones de los estudios (duración, número de participantes, test empleados, distintos tipos de instrucción en la institución de origen y de acogida) de los factores que realmente afectan el desarrollo lingüístico de los estudiantes en EE, pero quizás podemos citar el nivel de competencia inicial, las condiciones de alojamiento, la duración de la estancia y variables individuales como los más significativos. Se refiere al lector a Sanz (2013) para más investigación sobre EE desde una perspectiva cognitiva.

4.4. *Las diferencias individuales en los efectos de la instrucción*

En contraste con lo que sucede en la adquisición de una primera lengua, conseguir una competencia similar a la de un nativo en una segunda lengua parece la excepción en lugar de la norma. Aunque se han propuesto diversas explicaciones al respecto, existe un consenso general en cuanto al mayor efecto de las diferencias individuales (DI) en la adquisición de una L2. A pesar de esto, el campo de SLA, influido por los presupuestos chomskianos, ha dedicado la mayor parte de sus esfuerzos a identificar elementos universales en la adquisición, en detrimento de variables individuales. Además, desde un punto de vista metodológico, la investigación sobre DI es difícil de llevar a cabo. Como en otras áreas, los conceptos teóricos no son lo suficientemente precisos para aplicarlos de una manera clara, y los diseños de los estudios se basan a menudo en correlaciones. Esto implica que se puede establecer una relación entre las DI y ciertas medidas de adquisición, pero no es posible demostrar una relación de causa-efecto. La pregunta continúa abierta: ¿qué es universal y qué es individual? Además de esto, la mayor parte de la investigación se ha centrado en los efectos de las DI en los resultados, pero ¿cómo afectan las diferencias individuales a los procesos de adquisición?

La naturaleza de DI concretas y el grado en el que afectan a los aspectos específicos de la adquisición —por ejemplo, la fonología o el vocabulario de la L2— se debaten hoy en día (Bowden, Sanz y Stafford 2005). La lista de DIs es larga, continúa creciendo e incluye edad, aptitud, motivación, género, ansiedad, capacidad de arriesgarse, empatía, inhibición, tolerancia a la ambigüedad, estilo cognitivo (reflexividad, impulsividad, estilo de aprendizaje auditivo o visual, analítico o gestaltiano) y experiencia previa, entre otras.

Respecto al papel de la edad, se da por sentado que conseguir una competencia similar a la de un nativo en una L2 requiere aprender en la infancia. Los primeros escritos sobre este tema se basan en anécdotas y especulaciones. En términos científicos, estos supuestos apuntarían a un *periodo crítico* que necesariamente incluye un comienzo y un fin. Fuera de este periodo, es decir, más allá de la pubertad, es imposible alcanzar la competencia de un nativo. Una versión menos extrema de esta idea —*hipótesis del periodo sensible* y no crítico— propone que existe una etapa durante la cual un organismo se encuentra particularmente capacitado para el aprendizaje, pero, fuera de esta, no es imposible un aprendizaje completo. Una tercera postura (Birdsong 1999) mantiene que los efectos de la edad no se manifiestan en un periodo concreto sino más bien en una disminución lineal a lo largo de la vida. Esto nos lleva a considerar los efectos de la edad durante el aprendizaje en la etapa final de la vida (Lenet, Lado, Sanz, Howard y Howard 2011). Por otro lado, el trabajo de Bowden y sus colegas (Bowden, Steinhauer, Sanz y Ullman 2013) intenta responder a esta pregunta sobre los efectos de la edad desde una perspectiva neurocognitiva. Los resultados de su trabajo revelan que aprendices que iniciaron su contacto con una L2 después de la infancia muestran un procesamiento cerebral de la sintaxis —pero no de la semántica— similar al de un hablante nativo.

El papel del género en el aprendizaje de L2 ha atraído escasa atención, pero ciertas investigaciones recientes indican que varones y mujeres difieren en su procesamiento de la lengua nativa y de la L2. Como en el caso de los efectos de la edad, estas diferencias en el procesamiento parecen estar relacionadas con la memoria verbal y cómo esta se ve afectada por los niveles de estrógeno.

Una diferencia individual considerablemente estudiada por parte de investigadores centrados en el procesamiento es la aptitud, un rasgo fundamentalmente estable y la diferencia más predictiva del aprendizaje de L2. A pesar de esto, en una investigación reciente, VanPatten (2013) ha hallado que la sensibilidad gramatical (un subcomponente del Test de Aptitud de Lenguas Modernas) no muestra correlación con el comportamiento lingüístico de los aprendices. En líneas generales, sin embargo, los enfoques cognitivos dentro de SLA conceden especial importancia a la memoria operativa, en tanto al mecanismo que retiene y procesa el *input* que alimentará las representaciones mentales del aprendiz. De hecho, la memoria operativa parece predecir el éxito en la L2 con más seguridad que el Test de Aptitud de Lenguas Modernas. Por otro lado, Sagarra y Abbuhl (2013) en un estudio sobre tipos de retroalimentación no hallaron influencia de la memoria operativa en los resultados. Así pues, es necesario continuar los esfuerzos en este terreno antes de alcanzar conclusiones definitivas.

4.5. *Métodos de investigación*

Mientras la influencia de la psicología cognitiva en la SLA es visible en los conceptos que se están investigando, esta última disciplina ha quedado rezagada en cuanto a la metodología. Por ejemplo, el interés en los procesos de aprendizaje no ha ido acompañado de unos métodos apropiados. Hasta el año 2000, con raras excepciones (DeKeyser 1997; Robinson 1997), la mayoría de los estudios se limitaban a considerar los resultados de la producción y comprensión lingüística como indicadores del aprendizaje. Estos aportan información sobre el resultado estático, o producto de un tipo determinado de *input*, pero no son capaces de informarnos sobre el procesamiento dinámico que subyace a este producto. Las investigaciones actuales emplean estos datos en combinación con medidas de procesamiento en línea para entender mejor asuntos como el papel de la atención durante la exposición al *input*. Cada vez más estudios emplean medidas de *latencia* o *tiempos de reacción*, es decir, miden la cantidad de tiempo que tarda un aprendiz en procesar o en reaccionar ante cierto estímulo bajo diferentes condiciones de instrucción, por ejemplo.

Con mayor frecuencia, los investigadores están empleando tecnología más sofisticada, como los PRE (potenciales relacionados a eventos, que miden actividad eléctrica del cerebro con electrodos colocados en el cuero cabelludo) o como la monitorización de los movimientos del ratón o del movimiento ocular para estudiar estas cuestiones (véase el volumen de junio de 2013 de *Second Language Studies* editado por Godfroid, Winke y Gass dedicado a la grabación del movimiento ocular). Otra técnica orientada a estudiar los procesos y más fácil de utilizar son las *verbalizaciones*, en las que el aprendiz expresa oralmente los pensamientos que experimenta durante o después de la realización de una tarea. Sin embargo, tienden a ser difíciles de interpretar y han mostrado, dependiendo de la tarea, que alteran los procesos que se supone deben descubrir (v. g., Sanz, Lin, Lado, Bowden y Stafford 2009).

Emplear fuentes de datos múltiples y complementarias les permite a los investigadores captar de manera más fiable el complejo desarrollo de una L2. En estudios experimentales que investigan los efectos de la *retroalimentación* o de la modificación del *input*, los datos de producción o comprensión raramente explican la amplia gama de aspectos dentro del desarrollo de una L2. En combinación con estos datos, la información aportada por técnicas como los PRE y las medidas de tiempos de reacción ha sido especialmente útil a la hora de elucidar los efectos de distintos tipos de instrucción en el desarrollo de la L2.

5. Futuras vías de investigación

Así pues, ¿a dónde se dirige el campo? Lo que sigue es una selección limitada, como no podía ser de otra manera dados los límites de espacio, de elementos dentro de la disciplina que prometen mostrar un mayor desarrollo en el futuro próximo.

5.1. Nuevos enfoques teóricos

En las últimas dos décadas, el campo ha comprendido que la adquisición de L2, como todos los logros humanos, es un fenómeno complejo que no puede explicarse mediante enfoques reduccionistas que se limiten a un tipo de factores (internos o externos al aprendiz). El trabajo de Segalowitz y Freed (2004), sobre el control de la atención en el aprendizaje de L2 en el extranjero, o la tesis doctoral de Cox (2013), sobre las interacciones entre envejecimiento cognitivo, bilingüismo y pedagogía (explícita e implícita) son ejemplos de intentos de ver la adquisición desde una perspectiva que incluya no solo un mayor número y una mayor diversidad de factores, sino también una explicación de cómo esos factores interactúan en el desarrollo de segundas lenguas.

Recientemente, las teorías psicológicas de Vigotsky han tenido una profunda influencia en varias áreas de la pedagogía y el desarrollo humano, y han llegado al campo de SLA en lo que se conoce como teoría sociocultural (TSC). El español como L2 ha sido un terreno particularmente fértil para la investigación de la TSC. Gran parte de estos estudios se concentraron en el aprendizaje dentro de la zona de desarrollo próximo (ZDP), que se define como la distancia entre el nivel actual y el nivel potencial de desarrollo, sobre el *discurso privado* (el discurso que una persona se dirige a sí misma) y sobre el alcance de los artefactos en la instrucción, como los modelos de arcilla o los gráficos. Estos artefactos sustituyen a las reglas gramaticales explícitas y dan al aprendiz la oportunidad de transformar la regla pertinente en una realización en imágenes. El juego con la lengua y los gestos en el aprendizaje de español L2 son otros temas populares en la investigación de la TSC (Lantolf 2006). La TSC se presenta a los profesores de la lengua como una alternativa atractiva a la instrucción convencional, ya que ha hecho de la praxis un principio central y de la investigación del aula su enfoque predilecto, con estudios que aspiran a facilitar el desarrollo de formas problemáticas para los aprendices de L2.

5.2. Nuevas metodologías

Algunos de los métodos presentados brevemente en la sección anterior, como los potenciales relacionados con eventos (PRE) y la latencia, son de hecho bastante nuevos y ofrecen información sobre la dimensión temporal del procesamiento. Otras técnicas nuevas como las imágenes por resonancia magnética funcional (IRM) revelan las partes del cerebro implicadas en el procesamiento lingüístico. A diferencia de los PRE y las resonancias, las medidas de tiempo de reacción pueden aportar datos interesantes a un coste relativamente reducido. A medida que la tecnología se abarata y se hace más accesible para los investigadores, es predecible que los PRE, las resonancias y otras técnicas como la monitorización de movimientos de ratón o de movimientos de los ojos, experimentarán una mayor popularidad en el futuro. Por último, es necesario destacar el incipiente empleo de nuevos métodos estadísticos que recuperan la importancia del individuo y su curva de aprendizaje en lugar de primar la media grupal.

5.3. Nuevas poblaciones

De la misma manera que los modelos y métodos se hacen más inclusivos y complejos, el campo también se expande dando cabida a más poblaciones. El estudio de la adquisición multilingüe está creciendo, especialmente en Europa, donde la Unión Europea espera que los ciudadanos sean capaces de comunicarse en al menos dos lenguas de la Unión y donde las sociedades poseen los recursos necesarios para programas de educación bilingüe. La investigación llevada a cabo tanto en laboratorios como en aulas, en el País Vasco por parte de Cenoz y colegas, y en Cataluña por parte de Sanz, ha mostrado una relación positiva entre el nivel de competencia en la lengua minoritaria (catalán/euskera) y en la lengua mayoritaria (castellano), así como entre estos niveles y la adquisición de lenguas posteriores. Otra vía de investigación que puede tener implicaciones para cada vez más personas es la investigación sobre aprendices en niveles más avanzados (Ortega y Byrnes 2008). Se necesitan estudios que examinen diferentes niveles de competencia; idealmente con diseños longitudinales. Por ejemplo, Serafini (2013) clarifica el papel de las DI en el desarrollo del conocimiento explícito e implícito. Finalmente, otros estudios que están ampliando el campo más allá de los estudiantes de nivel elemental son aquellos que contrastan los efectos de distintas variables pedagógicas en estudiantes de español como lengua de herencia y estudiantes de español como L2, dados unos niveles de competencia similares.

Reconocimientos

Quiero agradecer la contribución de Alexandra (Sandra) Martín y de Natalia Curto García-Nieto al contenido y sobre todo la expresión de esta entrada. Por supuesto, cualquier error es solo mío.

Bibliografía

Antón, M. (2011) "A review of recent research (2000–2008) on applied linguistics and language teaching with specific reference to L2 Spanish", *Language Teaching* 44, 1: pp. 78–112.

Birdsong, D. (1999) "Whys and why nots of the critical period hypothesis for second language acquisition", en D. Birdsong (ed.) *Second language acquisition and the critical period hypothesis*, Mahwah, NJ: Lawrence Erlbaum, pp. 1–22.

Bowden, H., Sanz, C. y Stafford, C. (2005) "Individual differences: Age, sex, working memory, and prior knowledge", en Sanz, C. (ed.) *Mind and context in adult second language acquisition*, Washington, DC: Georgetown University Press, pp. 105–140.

Bowden, H., Steinhauer, K., Sanz, C. y Ullman, M. (2013) "Can you attain native-like brain processing of syntax when you learn a foreign language through college?", *Neuropsychologia*.

Chaudron, C. (1988) *Second language classrooms: Research on teaching and learning*, Cambridge: Cambridge University Press.

Cox, J. G. (2013) "Older adult learners and SLA: Age in a new light", en Sanz, C. y Lado, B. (eds.) *Individual differences, L2 development, and language program administration*.

DeKeyser, R. M. (1991) "Foreign language development during a semester abroad", en Freed, B. F. (ed.) *Foreign language acquisition research and the classroom education*, Lexington, MA: D. C. Heath and Co., pp. 104–119.

DeKeyser, R. M. (1997) "Beyond explicit rule learning", *Studies in Second Language Acquisition*, 19, 2, pp. 195–221.

Fernández, C. (2008) "Reexamining the role of explicit information in processing instruction", *Studies in Second Language Acquisition*, 30 3, pp. 277–305.

Freed, B. F. (1995) "What makes us think students who study abroad become more fluent?", en Freed, B. F. (ed.) *Second language acquisition in a study-abroad context*, Amsterdam: John Benjamins, pp. 123–148.

Freed, B. F., Segalowitz, N. y Dewey, D. P. (2004) "Context of learning and second-language fluency in French: Comparing regular classroom study abroad, and intensive domestic immersion programs", *Studies in Second Language Acquisition* 26, 2, pp. 275–301.

Geeslin, K. (2005) *Crossing disciplinary boundaries to improve the analysis of second language data: A study of copula choice with adjectives in Spanish*, Múnich: Lincom Europa.

Godfroid, A., Winke, P. y Gass, S. (2013) "Eye movement recordings in second language research", núero especial de *Studies in Second Language Acquisition*, 35, 2.

Krashen, S. D. (1985) *The Input Hypothesis: Issues and implications*, Londres: Longman.

Lafford, B. A. (1995) "Getting into, through and out of a survival situation", en Freed, B. F. (ed.) *Second Language Acquisition in a Study-Abroad Context*, Amsterdam: John Benjamins, pp. 97–122.

Lafford, B. A. (2000) "Spanish applied linguistics in the twentieth century: A retrospective and bibliography (1900–99)", *Hispania*, 83, 4, 711–732.

Lafford, B. y Collentine, J. (2006) "The effects of study abroad and classroom contexts on the acquisition of Spanish as a second language", en Salaberry, R. M. y Lafford, B. (eds.) *The art of teaching Spanish*, Washington, DC: Georgetown University Press.

Lantolf, J. P. (2006) "Sociocultural theory and second language learning: State of the art", *Studies in Second Language Acquisition*, 28, pp. 67–109.

Leow, R. (2009) "Input enhancement and L2 grammatical development: What the research reveals", en Watzinger-Tharp, J. y Katz, S. (eds.) *Conceptions of L2 grammar: Theoretical approaches and their application in the L2 classroom*, Boston, MA: Heinle Publishers.

Leeman, J. (2003) "Recasts and second language development: Beyond negative evidence", *Studies in Second Language Acquisition*, 25, 1, pp. 37–63.

Lenet, A., Lado, B., Sanz, C., Howard, J. y Howard, D. (2011) "Aging, pedagogical conditions, and differential success in SLA: An empirical study", en Sanz, C. y Leow, R. P. (eds.) *Implicit and explicit conditions, processing and knowledge in SLA and bilingualism*, Washington, DC: Georgetown University Press, pp. 73–84.

Long, M. (1981) "Input interaction and second language", en Winitz, H. (ed.) *Native language and foreign language acquisition*, Nueva York: Annals of the New York Academy of Sciences, pp. 259–278.

Long, M., Inagaki, S. y Ortega, L. (1998) "The role of implicit negative feedback in SLA: Models and recasts in Japanese and Spanish", *Modern Language Journal*, 82, 3, pp. 357–371.

Loschky, L. y Bley-Vroman, R. (1993) "Grammar and task-based methodology", en Crookes, G. y Gass, S. (eds.) *Tasks and language learning: Integrating theory and practice*, Clevedon: Multilingual Matters, pp. 123–167.

Morgan-Short, K. y Bowden, H. W. (2006) "Processing instruction and meaningful output-based instruction: Effects on second language development", *Studies in Second Language Acquisition*, 28, 1, pp. 31–65.

Morgan-Short, K., Steinhauer, K., Sanz, C. y Ullman, M. T. (2012) "Explicit and implicit second language training differentially affect the achievement of native-like brain activation patterns", *Journal of Cognitive Neuroscience*, 24, 4, pp. 933–947.

Norris, J. y Ortega, L. (2000) "Effectiveness of L2 instruction: A research synthesis and quantitative meta-analysis", *Language Learning*, 50, 3, pp. 417–528.

Ortega, L. y Byrnes, H. (2008) *The longitudinal study of advanced L2 capacities*, Nueva York: Routledge.

Pica, T. (1983) "Adult acquisition of English as a second language under different conditions of exposure", *Language Learning*, 33, 4, pp. 465–497.

Robinson, P. (1997) "Individual differences and the fundamental similarity of implicit and explicit adult second language learning", *Language Learning*, 47, 1, pp. 45–99.

Sagarra, N. y Abbuhl, R. (2013) "Computer-delivered feedback and L2 development: The role of explicitness and working memory", en Sanz, C. y Lado, B. (eds.) *Individual differences, L2 development & language program administration: From theory to practice. AAUSC annual volume*, Boston, MA: Cengage Learning.

Salaberry, R. (2005) "El desarrollo de la morfología de tiempo pasado en español como L2: Un estudio piloto", en Lubbers Quesada, M. y Maldonado, R. (eds) *Dimensiones del aspecto en Español*, México: Instituto de Investigaciones Filológicas, Universidad Autónoma de México-Universidad Autónoma de Querétaro, pp. 125–148.

Sanz, C. (2013) "Contributions of study abroad research to our understanding of SLA processes and outcomes: The SALA Project, an appraisal", en Pérez-Vidal, C. (ed.) *Language acquisition in study abroad and formal instruction contexts*, Amsterdam: John Benjamins.

Sanz, C. y Lado, B. (eds.) (2013) *Individual differences, L2 development and language program administration: From theory to application*, Boston, MA: Cengage Learning.

Sanz, C. y Morgan-Short, K. (2004) "Positive evidence vs. explicit rule presentation and explicit negative feedback: A computer-assisted study", *Language Learning*, 54, 1, pp. 35–78.

Sanz, C., Lin, H-J., Lado, B., Bowden, H. y Stafford, C. (2009) "Concurrent verbalizations, pedagogical conditions, and reactivity: Two CALL studies", *Language Learning*, 59, 1, pp. 33–71.

Schmidt, R. (1990) "The role of consciousness in second language learning", *Applied Linguistics*, 11, pp. 129–158.

Segalowitz, N. y Freed, B. F. (2004) "Context, contact, and cognition in oral fluency acquisition: Learning Spanish in at home and study abroad contexts", *Studies in Second Language Acquisition*, 26, pp. 173–199.

Selinker, L. (1972) "Interlanguage", *International Review of Applied Linguistics in Language Teaching*, 10, 3, pp. 209–231.

Serafini, E. J. (2013) *Cognitive and psychosocial factors in the long-term development of implicit and explicit second language knowledge in adult learners of Spanish at increasing proficiency*, tesis doctoral, Georgetown University.

Swain, M. (1995) "Three functions of output in second language learning", en Widdowson, H. G., Cook, G. y Seidlhofer, B. (eds.) *Principle and practice in applied linguistics: Studies in honour of HG Widdowson*, Oxford, Oxford University Press, pp. 125–144.

Toth, P. D. (2006) "Processing instruction and a role for output in second language acquisition", *Language Learning*, 56 (2), pp. 319–385.

VanPatten, B. (2013), en Sanz y Lado (eds.) *Individual differences, L2 development and language program administration: From theory to application*, Boston, MA: Cengage Learning.

Vygotsky, L. S. (1962) *Thought and language*, Traducido por Haufmann, E. y Vakar, G., Cambridge, MA: The MIT Press.

Entradas relacionadas

bilingüismo; enseñanza del español como lengua extranjera

ADQUISICIÓN DEL ESPAÑOL COMO SEGUNDA LENGUA: SINTAXIS

Juana M. Liceras

1. La sintaxis del español no nativo

En este capítulo, y en relación con el español, abordamos los tres conceptos de que consta el propio título: adquisición, lengua segunda y sintaxis. Al relacionar los tres conceptos ya se acota el tema, pero es obvio que tenemos que acotarlo muchísimo más tanto en lo que se refiere a la problemática de la aprendibilidad como a las construcciones que nos sirvan de ejemplo para ilustrar dicha problemática.

Precisamos primero el marco teórico en el que se sustenta este capítulo, tanto en lo que se refiere a la visión de la adquisición del lenguaje como al modelo formal de análisis sintáctico, que es el de la gramática generativa de corte chomskiano (Cook y Newson 2007; Liceras 2010, 2014) para luego, dentro de este modelo, plantear la problemática de la aprendibilidad de la lengua segunda en relación con la lengua materna.

1.1. Adquisición y aprendizaje

El término adquisición se ha usado y se usa como sinónimo de aprendizaje por algunos autores y no por otros, dependiendo del acercamiento teórico —sobre todo del planteamiento psicolingüístico— con el que aborden el análisis y descripción del proceso por el que el niño adquiere la lengua materna, nativa o primera y el adulto (o el niño o adolescente) otras lenguas que no sean la materna. Krashen (1977, 1985) establece la diferencia entre los dos términos ligando el término adquisición a lo que, en su planteamiento, se produce de forma implícita en el caso del niño que adquiere la lengua materna (AL1) y el término aprendizaje a lo que se produce de forma explícita y normalmente por parte del adulto que adquiere una segunda lengua (AL2). Esa separación radical entre la adquisición de la lengua materna por el niño y la lengua segunda por el adulto ha sido objeto de controversia desde su nacimiento. En Liceras (1992) ya se comparaba ese planteamiento con el de McLaughlin (1978) y Bialystok (1978). A McLaughlin le parece imposible probar la realidad de la dicotomía adquisición/aprendizaje como representativa de la internalización consciente e inconsciente, respectivamente, del lenguaje. Propone como alternativa un modelo que se basa en la teoría general del comportamiento humano y que diferencia procesos controlados de procesos automáticos así como dos formas de almacenamiento de datos: los que se almacenan en la memoria a largo plazo (con nodos pasivos e inactivos) y los que se almacenan en la memoria a corto plazo (con nodos activados). Según esta propuesta, aprender es transferir información al almacenamiento a largo plazo, por lo que los procesos controlados fundamentan el aprendizaje. Los procesos automáticos son nodos que se convierten en activos en respuesta a configuraciones específicas de los datos y regulan conexiones asociativas en el almacenamiento a largo plazo. En la AL2 se producen primero procesos controlados que se convierten en automáticos a medida que se practican y se integran en la memoria a largo plazo.

La polémica sobre las diferencias entre la AL1 y la AL2 tiene una larga historia no solo en torno a la dicotomía adquisición/aprendizaje, sino también ligada a la importancia que se otorgue al papel de la L1 en el caso de la adquisición de la L2. Huelga apuntar que no vamos a recrear aquí esa historia salvo para presentar, de forma muy escueta, la llamada Hipótesis de la Diferencia Fundamental (Bley-Vroman 1990, entre otros) y nuestra forma de verla y abordarla en este siglo (Liceras 2010, 2014) y en el contexto del llamado Programa Minimista (Chomsky 1995, 2001; entre otros).

1.2. Interlengua, segunda lengua o sistema no nativo

Los términos interlengua, segunda lengua y sistema no nativo se han utilizado indistintamente para referirse al proceso y al producto de la adquisición de la lengua a la que el aprendiz no está expuesto desde el nacimiento. Este proceso, la AL2, se ha comparado con el de AL1 para defender la similitud o la diferencia entre ambos, así como sus respectivas gramáticas y entendemos aquí gramática en el sentido chomskiano (i. e., Chomsky 1981) como el sistema lingüístico que tiene una representación en la mente.

El "nacimiento" de los estudios de AL2 y, en concreto, del análisis de los sistemas no nativos tal como se aborda desde la teoría lingüística de corte chomskiano, se produce a partir de esa formulación de la Hipótesis de la Interlengua (HIL) al comienzo de la década de los setenta (Selinker 1972), si bien no va a ser hasta la década de los ochenta cuando este modelo lingüístico de corte biológico y psicológico que se conoce como gramática generativa sirva de marco a los estudios de interlengua, de forma que los sistemas no nativos pasen a formar parte de la ciencia cognitiva (Liceras 1998, 2010).

Para Selinker (1972), la interlengua es una lengua natural, si bien es realmente Adjémian (1976) quien va a hacer esta precisión y a defender que la teoría lingüística proporciona herramientas que permiten analizar las interlenguas como se analiza el lenguaje nativo. La propuesta de Selinker (1972) deja clara la necesidad de diferenciar el sistema nativo del no nativo. Según este autor, el sistema nativo, al que denomina *Estructura Lingüística Latente*, tiene un calendario genético, se realiza como lengua "natural" —podemos interpretarlo como lo que en la terminología de Chomsky (1986) se denomina lengua-I— y es autónomo con respecto a otros sistemas cognitivos. El sistema no nativo, que denomina *Estructura Psicológica Latente*, no tiene un calendario genético, no hay garantía de que se realice como una lengua "natural" entendida como lengua-I, y puede superponerse con otros sistemas cognitivos. Esto significa que contamos con dos dispositivos de adquisición del lenguaje (DAL) y que esta propuesta está en perfecta armonía con la Hipótesis del Periodo Crítico formulada por Lenneberg (1967), ya que se argumenta que, una vez pasada la pubertad, adquirir una L2 como los niños adquirieren la L1 se considera patológico y propio solo de un 5 % de los adultos aprendices de L2. Selinker no solo plantea una diferencia radical en lo que se refiere al proceso y al resultado de la adquisición de los dos sistemas sino que defiende, además, que las unidades de la *Estructura Psicológica Latente* (el DAL de la L2) no coinciden con las del modelo de la gramática generativa porque no existe un "hablante-oyente" ideal de la interlengua. En otras palabras, y pese al intento de que se le proporcione a la interlengua el estatuto de lengua natural, Selinker no acepta que los constructos de una teoría lingüística de corte universal, como es la gramática generativa, puedan dar cuenta de las características de las interlenguas.

Las primeras reacciones al rechazo del modelo de la gramática generativa como instrumento de análisis de la interlengua se encuentran en Adjémian (1982) y en Liceras (1983). Estos autores, y muchos otros a partir de la década de los ochenta, defienden que un modelo lingüístico de corte universal como el de la gramática generativa puede dar cuenta del sistema no nativo, de igual forma que puede dar cuenta del sistema de cualquier lengua natural.

La propuesta de Bley-Vroman (1990) que se conoce como la Hipótesis de la Diferencia Fundamental (HDF) puede considerarse el sucesor inmediato de la HIL. Para este autor, las diferencias entre la AL1 y la AL2 se deben tanto al punto de partida del proceso de adquisición como a la interacción con el *input*. Con un paralelismo claro con la *Estructura Lingüística Latente* y la *Estructura Psicológica Latente*, lo que la HDF plantea es que en la AL1 en "estado inicial" es la *Gramática Universal* (UG) y el "acceso al *input*" se produce a partir de un *Procesador de Dominio Específico* (Fodor 1983). En el caso de la AL2, el "estado inicial" es el *Conocimiento de la L1* y el "acceso al *input*" se lleva a cabo a partir de *Sistemas Generales de Resolución de Problemas*. El hecho de que los sistemas no nativos presenten características similares a los nativos se debe, según Bley-Vroman, a que la GU (la dotación genética que constituye el punto de partida para el niño y a la que ya no tiene acceso directo el adulto) se puede reconstruir; es decir, se puede hacer una especie de copia de ese programa inicial para acomodar la L2.

Hay autores (Meisel 2011) que toman postura a favor de la HDF, mientras que otros como Epstein, Flynn y Martojardjono (1996) se oponen radicalmente y plantean como alternativa la llamada Hipótesis del Acceso Total (HAT) que defiende que la AL1 y la AL2 son totalmente equiparables. Schwartz y Sprouse (1996) o White (1989, 1996), entre muchos otros, también defienden el llamado acceso total a la GU, pero otorgando un papel central a la L1. De hecho, entre las precisiones que se han hecho a la HAT, queremos destacar las siguientes: (i) la imposibilidad de diferenciar los principios de la GU de los que se plasman en la L1 (Hale 1996); (ii) la imposibilidad de que los adultos "creen" una lengua (Bickerton 1996) como lo prueba la diferencia entre pidgins y criollos; y (iii) la imposibilidad de que un órgano, incluido el del lenguaje, crezca dos veces (Liceras 1996).

En un número especial de *Studies in Second Language Acquisition* dedicado a la HDF, veinte años después de que se formulara, Slabakova (2009) y otros autores siguen discutiendo la Hipótesis del Periodo Crítico (Lenneberg 1967), el papel de los procesos de adquisición de dominio específico y general en la AL2 (el problema del aprendizaje explícito frente al implícito) y la importancia del papel que desempeña la L1 en la AL2. Lo que se desprende de las contribuciones de los distintos autores es que la AL1 y la AL2 son fundamentalmente diferentes en determinados aspectos y fundamentalmente iguales en otros, y la tarea de precisar esta conclusión sigue en pie. Bley-Vroman (2009), en concreto, plantea que la HDF tiene que repensarse dados los cambios que se han producido en la teoría de la aprendibilidad, la lingüística, la psicología, las matemáticas o la filosofía.

La visión chomskiana de la adquisición del lenguaje y, de forma específica, el concepto de lengua-I frente a lengua-E (Chomsky 1986) se aborda en Liceras (2010) para retomar el problema de la HDF, teniendo en cuenta los cambios que se han producido en la teoría lingüística y en la de la aprendibilidad. En Liceras (1996) se planteaba que para que las interlenguas fueran lenguas-I sus hablantes tendrían que fijar las distintas propiedades de un parámetro en relación unas con otras, como se defiende que ocurre en el caso del lenguaje nativo y no de forma local (individual), como se ha comprobado que es el caso. Este es el requisito que lleva a Chomsky (1986) a plantear que el francés de los rusos de la época zarista no es una lengua-I porque no tiene todas las propiedades de los parámetros fijadas como en el francés nativo, sino que persisten opciones del ruso nativo. Sin embargo, Liceras (2010) se replantea la problemática y defiende que las interlenguas han de ser consideradas lenguas-I porque, como lenguas naturales que son, tienen que ser el resultado de la activación y la distribución de rasgos propios de las lenguas naturales, ya sean consistentes con los de la L1, la L2 o una mezcla de estos o de los de otras lenguas naturales posibles. Acogiéndose a las propuestas del Programa Minimista (Chomsky 1995, 2001), Liceras (2010) defiende que las operaciones del sistema computacional (fusión, concordancia, movimiento) y las unidades mínimas (los rasgos formales), que se activan en las interlenguas y en las gramáticas nativas, son las mismas. Sin embargo, los mecanismos como la fijación de parámetros o la activación de rasgos que están ligados a los principios de procesamiento pueden actuar de forma diferente en la implementación de un sistema nativo y de un sistema no nativo.

1.3. Las unidades centrales del análisis sintáctico

En la discusión de los distintos temas tienen un papel central las categorías funcionales y los rasgos formales. Una primera aproximación a los rasgos formales se encuentra en Chomsky (1970), donde se definen las categorías Nombre (N), Verbo (V), Preposición (P) y Adjetivo (A) como combinaciones de dos rasgos $[+/-N]$ y $[+/-V]$, de forma que $N=[+N, -V]$; $V=[-N, +V]$, $P=[-N, -V]$, $A=[+N, +V]$. En trabajos posteriores (Chomsky 1986), el papel fundamental de los rasgos consiste en proyectar las categorías funcionales, es decir, el Sintagma Determinante (SDet), el Sintagma Flexión/Tiempo (SF/ST) o el Sintagma Complementante (SComp). En el Programa Minimista (Chomsky 1993, 1995), las categorías funcionales se definen como un conjunto de rasgos formales, los cuales tienen también un papel central en las operaciones *Merge* ('Fusión'), *Agree* ('Concordancia') y *Move* ('Movimiento'). Estas operaciones se consideran parte de la dotación innata (GU), pero los rasgos no se activan ni se organizan de la misma forma en todas las lenguas. Por lo tanto, lo que puede ser problemático para la adquisición de la segunda lengua es la activación de los rasgos que no se hayan activado en la L1 o que se agrupen de forma diferente en las categorías funcionales de la L2. Pueden también tener problemas con la forma en que los rasgos de la L2 interactúan con las operaciones de fusión (formación de estructura sintagmática a partir de la combinación de unidades del lexicón), concordancia (establecimiento de relaciones de dependencia) y movimiento (determinación de cuándo y cómo se desplaza un elemento —el objetivo (*goal*)—). Por lo tanto, para adquirir la sintaxis del español L2 el aprendiz tiene que: (i) combinar los elementos del lexicón del español usando la operación de creación de estructuras, es decir, la operación "fusión"; (ii) determinar de qué forma la operación "concordancia" establece las relaciones de dependencia sintáctica por medio de rasgos; y (iii) determinar cómo la operación "movimiento" desplaza un elemento (el "objetivo") para que el elemento que tiene los rasgos correspondientes (la "sonda") los coteje.

Los conceptos de rasgo, categoría funcional y parámetro están íntimamente ligados porque los rasgos son las unidades que se combinan para formar las categorías funcionales y también son los elementos en que se localizan los parámetros (Liceras 1997, 2009). La presencia o ausencia de un rasgo en una categoría funcional define las opciones paramétricas de una lengua dada. En los trabajos de los primeros investigadores que adaptaron el modelo chomskiano denominado Teoría Estándar Extendida (Chomsky 1977) y el de Rección y Ligamiento (Chomsky 1981) al análisis de las interlenguas, ya estaban presentes los rasgos

(e. g., Liceras 1983; White 1985). También estaba presente la investigación sobre cómo se proyectan las categorías funcionales en la AL2 (i. e., Schwartz y Sprouse 1996; Zobl y Liceras 1994, entre otros). Sin embargo, va a ser con el Programa Minimista (Chomsky 1995, 2001) con el que los rasgos formales de la sintaxis ocupen un lugar central en la teoría de la aprendibilidad.

Los rasgos ofrecen al investigador herramientas muy refinadas no solo para comparar las lenguas y analizar las interlenguas, sino también para identificar problemas de aprendibilidad (Lardiere 2008; Liceras, Zobl y Goodluck 2008), por lo cual, hoy en día, la adquisición del lenguaje en general y de la lengua segunda en particular giran en torno a la activación de los rasgos formales. Por esta razón, los trabajos de adquisición de la sintaxis del español que presentamos se centran sobre todo en los rasgos formales.

2. Los rasgos formales y la adquisición del español como lengua segunda

Dadas las limitaciones de espacio, en lugar de tratar de hacer un inventario de las muchas construcciones sintácticas que se han investigado, vamos a presentar dos trabajos recientes y novedosos que parten de la adquisición de rasgos formales para relacionar la adquisición de la sintaxis del español con la gramática de las lenguas criollas, en un caso, y con el cambio diacrónico, en el otro.

2.1. *El determinante de la interlengua del español y el de los criollos "comparables"*

Un acercamiento novedoso al estudio de la adquisición de los determinantes de la IL del español es el de Landa-Buil (2010). Esta autora investiga en qué medida el sistema de clasificadores del swahili como L1 desempeña un papel en la adquisición del determinante español y, al mismo tiempo, se pregunta si el sistema de determinantes de esa IL del español se asemeja al palenquero, un criollo cuyo sustrato es una lengua bantú, como lo es el swahili. Para abordar estas preguntas la autora analiza el sintagma determinante (SD) en posición de sujeto (SU), objeto directo (OD) y atributo en la IL española de cuatro hablantes de swahili. El paralelo que se establece es que, por un lado, el lexificador del palenquero es el español, la lengua meta de los estudiantes y, por otro, el substrato del palenquero es de origen bantú como lo es el swahili, la L1 de los participantes del estudio. El corpus consta de 14 entrevistas realizadas a lo largo de 25 meses en la State University of Zanzibar, Tanzania.

Si bien la IL de hablantes de francés e inglés se ha comparado con criollos que tienen estas lenguas como lexificadores, no hay trabajos de este tipo en el caso del español. Landa Buil (2010) se centra en los rasgos [género], [número] y en la posición del determinante y concluye que en la IL de los hablantes de swahili hay un alto porcentaje de sobregeneralización del género masculino y una ausencia de marcación de plural. Se constata que no hay trasferencia ni de la L1 ni de la L2 (el inglés) en lo que se refiere al llamado rasgo *[EPP]* del que depende la posición del adjetivo y del determinante con respecto al sustantivo. Y no hay transferencia porque en esta IL el orden es N-Adj. y Det-N como en español y no Ajd-N y N-Det como en inglés y en swahili, respectivamente. Por lo que se refiere a la posible transferencia de alguno de los nueve géneros del swahili, a la autora le resulta imposible probar que se produzca esa transferencia debido a la limitación que presentan los datos espontáneos. Por lo tanto, está claro que la influencia del sistema de clasificación del sustantivo del swahili se debe examinar utilizando datos obtenidos a partir de pruebas experimentales. Finalmente, y por lo que se refiere a la pregunta de si el palenquero y esta IL presentan rasgos comunes en el SD, la autora concluye que solo comparten los casos de pluralidad antepuesta al nombre. Esto es esperable para todos los casos de AL2 y criollización porque las situaciones en las que los procesos internos que llevan a la formación de ambos sistemas distan mucho entre sí. De hecho, para autores como Bickerton (1996), los criollos no son el resultado de la adquisición de una L2 sino de la adquisición de L1 y esto ya explicaría las diferencias.

2.2. La adquisición de los pronombres átonos del español: proximidad tipológica ... pero menos

La adquisición de los pronombres átonos del español por hablantes de francés resulta un caso de interés especial porque, por un lado, y al contrario de lo que sucede en inglés, las dos lenguas comparten el que sus pronombres átonos estén dentro de la categoría de lo que se ha venido denominando 'clíticos' sintácticos (estos pronombres no se comportan como los SD en lo que se refiere a la posición que ocupan con respecto al verbo). Sin embargo, difieren en la posición secuencia acusativo-dativo cuando se agrupan y en la posición de los clíticos con respecto a los infinitivos.

Si bien estos fenómenos se han abordado sistemáticamente en los trabajos de adquisición y en los libros de texto, ha sido solo recientemente cuando se ha investigado el desarrollo de la adquisición de las propiedades de los clíticos del español moderno por hablantes de lenguas como el francés, el inglés o el checo y en relación con la diacronía (Liceras 1985; Zobl y Liceras 2006; Perales y Liceras 2010).

El primer trabajo que relaciona la adquisición de los clíticos del español con el desarrollo diacrónico de los mismos se encuentra en Liceras (1985). En ese trabajo se parte de la propuesta de la teoría lingüística (Rivero 1986) según la cual los clíticos pueden estar localizados en el léxico (como elementos afijos) o funcionar como palabras de la sintaxis (como los DP) para investigar dónde se sitúan los clíticos de la interlengua española de hablantes ingleses y franceses. Los clíticos del español antiguo, al funcionar como DP, tenían las propiedades que figuran en la Tabla 1 y que se ilustran en los ejemplos (4), (5) y (6).

• Interpolación frente a no interpolación

(4) a. otro dia   *queles* este buen mandado dixo Moysen (Fontana 1997: 229)
  'El día después que Moses les había dado instrucciones'
  b. *que *les* ayer dio instrucciones

• Orden V-CL y CL-V frente a orden CL-V obligatorio con verbos flexionados

(5) a. Rogaron*le*que *les diesses* la llave (Fontana 1997: 228)
  'Le pidieron que les diera la llave'
  b. *Pidieron*le* que les diera la llave/*Le pidieron que diera*les* la llave

Tabla 1 Propiedades de los clíticos del español antiguo y del español moderno

Español antiguo (SX – palabras en la sintaxis)	*Español moderno (X° – afijos verbales)*
– Interpolación	– No interpolación
– Precede o se pospone al verbo flexionado	– Tiene que preceder al verbo flexionado
– No permite el doblado de clíticos	– Permite el doblado de clíticos

• Clíticos y SN en distribución complementaria frente a doblado

(6) a. *Ael* llamaban otrossi amosis (Fontana 1994: 89)
   'A él le llamaban Amosis'
 b. *A él le* llamaban Amosis/*A él llamaban Amosis

En la producción oral y escrita de 30 hablantes de L1 francés de nivel intermedio-avanzado de español, Perales y Liceras (2010) no encontraron casos de interpolación ni de doblado, aunque sí algunos casos de clíticos en posición posverbal con verbos flexionados. No parece que esta propiedad sea suficiente para concluir que los clíticos de esta IL son como los del español antiguo como tal, aunque sí se puede plantear que las dos opciones compiten con respecto a la estructura en concreto que, aunque no es propia ni de la L1 (el español) ni de la L2 (el francés) de estos hablantes, sí que está presente en otras lenguas naturales como el checo o el serbo-croata y por eso no es de extrañar que surja en una IL.

2.3. El proceso de adquisición del español como L2 y el cambio diacrónico

En una propuesta reciente en la que los clíticos se definen en función de rasgos, el español y el francés no son exactamente iguales, como puede observarse en la Tabla 2, donde se clasifican los pronombres objeto en función de la combinación [+/–] de dos rasgos relacionados con su naturaleza fonológica [+/–fonol.] y con su naturaleza de proyección máxima [+/–SX], es decir, que sean afijos o DP.

En esa clasificación los clíticos del francés son clíticos categoriales, pero no son marcas de concordancia. Por lo tanto, esto puede explicar que en francés y en italiano no haya duplicación de clítico. Es posible que esa diferencia entre los clíticos del español y los del francés no sea la única razón para que todos los aprendices de español tengan problemas con el doblado de clíticos (Bruhn de Garavito 1999; Liceras 1985; Perales y Liceras 2010; Zobl y Liceras 2006; entre otros), pero nos permite ahondar en la base de las diferencias entre lenguas que, aunque son muy similares, están lejos de ser idénticas.

Por otra parte, los estudios de Perales y Liceras (2010) y de Perales, Slowik y Liceras (2009) nos permiten comparar las IL españolas de hablantes de inglés y de checo en relación con las propiedades del español antiguo. Como se ve en la Tabla 2, el inglés tiene pronombres plenos, mientras que el checo, al igual que el español antiguo, tiene clíticos de segunda posición. Partiendo de la Hipótesis de la Competición (Fontana 1993; Krock 1994, 2001), en esos trabajos se investiga si el proceso de cambio diacrónico que lleva del español antiguo al español moderno se ve reflejado en el proceso de transferencia inicial de las propiedades de

Tabla 2 Los rasgos de los objetos pronominales: de pronombres plenos a marcas de concordancia

Pronombres plenos > Clíticos simples > Clíticos P2[1] > Clíticos categoriales > Marcas de concordancia

[–fonol.]	[+fonol.]		[+fonol.]	
[+SX]	[+SX]		[–SX]	
English English	**Checo**	*Italiano*	**Español**	
	Español antiguo	*Portugués*	*Macedonio*	
		Francés	*Búlgaro*	

1 2P = clíticos de segunda posición

las L1 (el checo y el inglés, respectivamente). La primera propiedad que se perdió fue la interpolación, la segunda, la libre alternancia entre el orden V-CL y CL-V con los verbos flexionados y la tercera, la distribución complementaria entre los pronombres átonos y los fuertes, es decir, la ausencia de duplicación.

Los juicios de gramaticalidad que emitieron los aprendices con inglés L1 con respecto a las tres propiedades que nos ocupan mostraron que tanto el grupo Principiante como el grupo Intermedio eran sensibles a la realización de las tres propiedades en el español moderno, pero diferían de forma significativa del grupo de control (los hispanohablantes) en relación con la interpolación y la posición del clítico. Es decir, que aunque los del grupo Intermedio mostraron más rechazo a las dos propiedades del español antiguo que los del grupo Principiante, estaban lejos de las intuiciones de los hispanohablantes. El cambio claro se produce en el caso del grupo Avanzado que, pese a que todavía exhibe competición entre las dos gramáticas, no se diferencia significativamente del grupo de Control con respecto a ninguna de las propiedades. En otras palabras, la IL del grupo avanzado está muy cerca de la del español moderno. Para los hablantes de checo la primera propiedad que se fija es el orden CL-V y la segunda, la interpolación. Es decir, en este grupo el cambio tampoco es paralelo al del cambio diacrónico. Por lo que se refiere a la duplicación del clítico, los aprendices de inglés y de checo siguen teniendo problemas aun en los niveles avanzados y siempre parece haber un rastro de la distribución complementaria de los pronombres átonos y los tónicos que es propia del español antiguo y eso sucede tanto en el caso de la interlengua española de los hablantes del checo (donde se puede explicar por transferencia de la L1), como en el caso del inglés que no tiene clíticos sintácticos.

Lo que este análisis de los datos de las distintas IL del español muestra es que la comparación del cambio diacrónico y el proceso de adquisición de segundas lenguas nos permite analizar las gramáticas de las IL porque aborda el tema de la opcionalidad de estas como un fenómeno natural que emerge en una situación de contacto y no como el resultado de una deficiencia gramatical (Zobl y Liceras 2005, 2006).

3. El futuro de la investigación sobre la adquisición de la sintaxis del español

3.1. La dotación biológica y el medio ... o el equilibrio 'teoricones'-'datosos'

Uno de los temas más discutidos en las dos últimas décadas del siglo XX en el campo de la adquisición del lenguaje ha sido el del equilibrio que se ha de establecer entre el papel del medio y el de la dotación biológica, lo que se conoce como Gramática Universal (GU). En otras palabras, la dicotomía *nature/nurture* ha dividido a los investigadores en dos grupos que, de forma jocosa pero conscientes de la necesidad de que se acercaran las posiciones, hemos denominado (Liceras 1998) "datosos" y "teoricones". Los primeros ponen el énfasis en el medio y consideran que el cambio que lleva a la adquisición de una lengua (sea la L1 o la L2) consiste en interiorizar elementos que están disponibles en el medio, lo que Piatelli-Palmarini (1989) denomina adquisición por "instrucción". Los segundos consideran que el cambio que lleva a la adquisición es un proceso de desencadenamiento de conocimiento innato y que el medio solo proporciona "desencadenantes" (en la terminología de Piatelli-Palmarini (1989) la adquisición vista así es un proceso de "selección"). Es obvio que hay posturas intermedias y es de esperar (y de desear) que la importancia que los datos han adquirido para los "teoricones" en lo que va de siglo no suponga una pérdida de interés por los constructos y análisis que emanan de la teoría lingüística, ya que, dichos análisis constituyen herramientas fundamentales para elaborar propuestas sobre la adquisición.

3.2. Las interfaces y la ciencia cognitiva

Es obvio que, como adelantó Marantz en su "presentación" del Programa Minimista (Marantz 1995), las interfaces, es decir el estudio de la fonología y de la pragmática, iban a adquirir protagonismo, y lo que esto ha supuesto para el análisis sintáctico y para la adquisición de la sintaxis no es que haya perdido protagonismo, sino que se presta atención especial a las construcciones en que se puede establecer la relación entre sintaxis y prosodia, sintaxis y pragmática y se destaca esa relación también en el caso de temas que han recibido mucha atención ya, pero que ahora se sitúan en una interface. En el campo de la adquisición del español, podemos destacar la atención que se les ha prestado al sobreuso de los sujetos pronominales explícitos por parte de los aprendices en general y por los aprendices de lenguas que no permiten sujetos nulos en particular. Esta atención está relacionada con la llamada Hipótesis de la Interface (Sorace 2011), según la cual las estructuras en que se produce una interacción entre la sintaxis y otro dominio cognitivo (i. e., la pragmática) son problemáticas para la AL1, la AL2 y son candidatos a sufrir fosilización.

3.3. Los nuevos recursos metodológicos

Si hay algo que va a suponer un cambio radical en la investigación sobre la adquisición del lenguaje en general y de las interlenguas en particular es el que, tanto por lo que se refiere a los estudios que se llevan a cabo a partir de bancos de datos recogidos de forma espontánea (los estudios de corpus) como a los que se llevan a cabo en el 'laboratorio' (los estudios experimentales), las herramientas de que disponemos abren muchísimas puertas al investigador. En el primer caso, porque la tecnología permite manipular, codificar, comparar, cuantificar y analizar una cantidad de datos que antes era impensable poder manejar. En el segundo caso, porque también la tecnología nos abre las puertas a los estudios de "seguimiento de ojos" y al uso de electrogramas del cerebro, lo que se conoce como *Potenciales Evocados* (PE) e incluso a los estudios con imágenes de Resonancia Magnética (RM) para investigar aspectos del funcionamiento del lenguaje en el cerebro.

Bibliografía

Adjémian, Ch. (1976) "On the nature of interlanguage systems", *Language Learning*, 26, pp. 297–320.

Adjémian, Ch. (1982) "La spécificité de l'interlangue et l'idéalisation des langues secondes", en Guéron, J. y Sowley, S. (eds.) *Grammaire transformationelle: théorie et methodologies*, Vincennes: Université de Paris VIII, pp. 421–439.

Bialystok, H. (1978) "A theoretical model of second language learning", *Language Learning*, 28, 1, pp. 69–83.

Bley-Vroman, R. (1990) "The logical problem of foreign language learning", *Linguistic Analysis*, 20, pp. 3–49.

Bley-Vroman, R. (2009) "The evolving context of the Fundamental Difference Hypohthesis", *Studies in Second Language Acquisition*, 31, 2, pp. 175–198.

Chomsky, N. (1970) "Remarks on nominalization", en Jacobs, R. y Rosenbaum, P. (eds.) *Readings in English transformational grammar*, Waltham, MA: Ginn-Blaisdell, pp. 184–221.

Chomsky, N. (1981) *Lectures on government and binding*, Dordrecht: Foris.

Chomsky, N. (1986) *Knowledge of language: Its nature, origin, and use*, Nueva York: Praeger.

Chosmky, N. (1995) *The Minimalist Program*, Cambridge, MA: MIT Press.

Chomsky, N. (2001) "Derivation by phase", en Kenstowicz, J. (ed.) *Ken Hale: A life in language*, Cambridge, MA: MIT Press, pp. 1–52.

Cook, V. y Newson, M. (2007) *Chomsky's Universal Grammar: An introduction*, Oxford: Blackwell Publishers.

Epstein, S., Flynn, S. y Martohardjono, G. (1996) "Second language acquisition: Theoretical and experimental issues in contemporary research", *Behavioral and Brain Sciences*, 19, 4, pp. 677–758.

Fodor, J. A. (1983) *Modularity of mind: An essay on faculty psychology*, Cambridge, MA: The MIT Press.

Fontana, J. (1993) *Phase structure and the syntax of clitics in the history of Spanish*, tesis doctoral, Universidad de Pensilvania.

Fontana, J. (1994) "A variationist account of the development of the spanish clitic system", en Beals, K. (ed.) *Papers from the 13th regional Meeting of the Chicago Linguistic Society*, vol. 2: *The parasession on variation in linguistic theory*, Chicago: Chicago Linguistic Society, pp. 87–100.

Fontana, J. (1997) "On the integration of second position phenomena", en Van Kemenade, A. y Vincent, N. (eds.) *Parameters of morphosyntactic change*, Cambridge: Cambridge University Press, pp. 207–249.

Hale, K. (1996) "Can UG and L1 be distinguished in L2 acquisition? Commentary to Epstein, Flynn & Martohardjono, second language acquisition: Theoretical and experimental issues in contemporary research", *Behavioral and Brain Sciences*, 19, 4, pp. 728–730.

Krashen, S. (1977) "The monitor model for second language performance", en Burt, Dulay y Finocchiaro (eds.) *Viewpoints on English as a second language*, Nueva York: Regents, pp. 152–161. [Traducido al español en Muñoz-Liceras, J. (ed.) *La adquisición de las lenguas extranjeras*, Madrid: Visor, cap. 8, pp. 143–152].

Krashen, S. (1985) *The Input Hypothesis: Issues and implications*, Nueva York: Longman.

Kroch, A. (1994) "Morphosyntactic variation", en Beals, K. (ed.) *Papers from the 30th Regional Meeting, Chicago Linguistic Society*, Chicago: Chicago Linguistic Society, pp. 180–201.

Kroch, A. (2001) "Syntactic change", en Baltin, M. y Collins, C. (eds.) *The handbook of contemporary syntactic theory*, Oxford: Blackwell Publishers, pp. 699–730.

Landa Buil, M. (2010) *El sintagma determinante en la interlingua española de hablantes de swahili*, tesis doctoral, Instituto Universitario de Investigación José Ortega y Gasset, Madrid: Universidad Complutense de Madrid.

Lardiere, D. (2009) "Some thoughts on the contrastive analysis of features in second language acquisition", *Second Language Research*, 25, 2, pp. 173–227.

Lenneberg, E. (1967) *The biological foundations of language*, Nueva York: Wiley.

Liceras, J. M. (1985) "The value of clitics in non-native Spanish", *Second Language Research*, 1, pp. 4–36.

Liceras, J. M. (1983) "Markedness, contrastive analysis and the acquisition of Spanish as a second language", tesis doctoral, University of Toronto.

Liceras, J. M. (1988) "L2 learnability: Delimiting the domain of core grammar as distinct from the marked periphery", en Flynn, S. y O'Neil, W. (eds.) *Linguistic theory in second language acquisition*, Dordrecht: Kluwer, pp. 199–224.

Liceras, J. M. (1992) *La adquisición de lenguas extranjeras: Hacia un modelo de análisis de la interlengua*, Madrid: Visor.

Liceras, J. M. (1996) *La adquisición de lenguas segundas y la Gramática Universal*, Madrid: Síntesis.

Liceras, J. M. (1997) "The now and then of L2 growing pains", en Díaz Rodríguez, L. y Pérez Vidal, C. (eds.) *Views on the acquisition and use of a second language. EUROSLA '97 Proceedings*, Barcelona: Universitat Pompeu Fabra, pp. 65–85.

Liceras, J. M. (1998) "On the specific nature of non-native grammars: The whys, whens, wheres and ... hows. Issues in second language acquisition and learning", *LynX: A Monographic Series in Linguistics and World Perception*, 6, pp. 58–96.

Liceras, J. M. (2009) "On parameters, functional categories and features... and why the trees shouldn't prevent us from seeing the forest", *Second Language Research*, 25, 2, pp. 279–289.

Liceras, J. M. (2010) "Second language acquisition and syntactic theory in the 21st century", *Annual Review of Applied Linguistics*, 30, pp. 266–287.

Liceras, J. M., Zobl, H. y Goodluck, H. (2008) "Introduction", en Liceras, J. M., Zobl, H. y Goodluck, H. (eds.) *The role of formal features in second language acquisition*, Nueva York: Lawrence Erlbaum Associates. Taylor & Francis Group, pp.1–19.

Liceras, J. M. (2014) "Generative perspectives", en Lacorte, M. (ed.) *The Routledge handbook of Hispanic applied linguistics*, Oxford/Nueva York: Routledge. Taylor & Francis Group.

Liceras, J. M., Zobl, H. y Goodluck, H. (2008) "Introduction" en Liceras, J. M., Zobl, H. y Goodluck,

H. (eds.) *The role of formal features in second language acquisition*, Nueva York: Lawrence Erlbaum, pp. 1–19.

Marantz, A. (1995) "The minimalist program", en Webelbuth, G. (ed.) *Government and binding and the minimalist program*, Oxford: Blackwell, pp. 352–382.

McLaughlin, B. (1978) "The monitor model: Some methodological considerations", *Language Learning*, 28, 1, pp. 309–332. [Traducido al español en Muñoz-Liceras, J. (ed.) *La adquisición de las lenguas extranjeras*, Madrid: Visor, cap. 9, pp. 153–176].

Meisel, J. (1991) "Principles of universal grammar and strategies of language learning: Some similarities and differences between first and second language acquisition", en Eubank, L. (ed.) *Point/counterpoint: Universal grammar in the second language*, Amsterdam: John Benjamins, pp. 231–276.

Perales, S. y Liceras, J. M. (2010) "Looking for universals in the acquisition of L2 Spanish object clitics", en Guijarro-Fuertes, P. y Domínguez, L. (eds.) *New directions in language acquisition: Romance languages in the generative perspective*, Newcastle upon Tyne: Cambridge Scholars Publishing, pp. 323–355.

Perales, S., Slowik, M. y Liceras, J. M. (2009) "Cambio diacrónico y adquisición de lenguas segundas: ¿condenados a entenderse?", presentado en el *XXXVIII Simposio Internacional de la Sociedad Española de Lingüística*, Madrid, 2–5/02/2009.

Piatelli-Palmarini, M. (1989) "Evolution, selection, and cognition: From 'learning' to parameter setting in biology and the study of language", *Cognition*, 31, pp. 1–44.

Rivero, M. L. (1986) "Parameters in the typology of clitics in Romance and Old Spanish", *Language*, 62, 4, pp. 774–807.

Selinker, L. (1972), "Interlanguage", *IRAL*, 10, 2, pp. 209–231.

Schwartz, B. y Sprouse, R. (1996) "L2 cognitive states and the full transfer/full access model", *Second Language Research*, 12, 1, pp. 40–72.

Slabakova, R. (2009) "L2 fundamentals", *Studies in Second Language Acquisition*, 31, 2, pp. 1–19.

Sorace, A. (2011) "Pinning down the concept of 'interface' in bilingualism", *Linguistic Approaches to Bilingualism*, 1, pp. 1–33.

White, L. (1985) "The pro-drop parameter in adult second language acquisition", *Language Learning*, 35, pp. 47–62.

White, L. (1990) "Another look at the logical problem of foreign language learning: A reply to Bley-Vroman", *Linguistic Analysis*, 20, pp. 50–63.

Zobl, H. y Liceras, J. M. (1994) "Functional categories and acquisition orders", *Language Learning*, 44, pp. 159–180.

Zobl, H. y Liceras, J. M. (2005) "Accounting for optionality in nonnative grammars: Parametric change in diachrony and L2 development as instances of internalized diglossia", en Dekydtspotter, L. *et al.* (eds.) *Proceedings of the 7th Generative Approaches to Second Language Acquisition Conference (GASLA 2004)*, Somerville, MA: Cascadilla Proceedings Project, pp. 283–291.

Zobl, H. y Liceras, J. M. (2006) "Competing grammars and parametric shifts in second language acquisition and the history of English and Spanish", en Bamman, D., Magnitskaia, T. y Zaller, C. (eds.), *Proceedings of the 30th Boston University Conference on Language Development (BUCLD)*, Somerville, MA: Cascadilla Press, pp. 713–724.

Entradas relacionadas

adquisición del español como lengua materna; bilingüismo; dialectos del español; trastornos del lenguaje

ALTERNANCIA DE CÓDIGOS

Paola E. Dussias y Rosa E. Guzzardo Tamargo

1. ¿Qué es la alternancia de códigos?

La alternancia de códigos es uno de los rasgos lingüísticos que más se destaca en ciertos grupos de hablantes bilingües, como lo son los hablantes bilingües que residen en los Estados Unidos. Este fenómeno, que ha sido ampliamente estudiado y comentado por lingüistas, psicólogos, antropólogos y escritores, obedece a una serie de condiciones sintácticas que hasta el día de hoy son objeto de gran debate. Dichas condiciones han sido formuladas sobre la base de la estructura superficial de las lenguas en contacto (p. ej., el principio de equivalencia postulado en Poplack 1980) o sobre la configuración jerárquica de las mismas (p. ej., Belazi, Rubin y Toribio 1994; MacSwan 2000, 2009). Por su lado, otros enfoques articulan las restricciones gramaticales que se observan durante la alternancia de códigos a través de propuestas que confieren un papel primordial a la así llamada 'lengua base' y un papel secundario a la 'lengua incorporada' (p. ej., Joshi 1985; Myers-Scotton 1993b; Myers-Scotton y Jake 2001; Jake, Myers-Scotton y Gross 2002). Según estas perspectivas, la lengua base proporciona la estructura morfosintáctica de la oración, en la cual se introducen elementos de la lengua incorporada. El que las condiciones sintácticas que rigen la alternancia de códigos sigan debatiéndose a pesar de más de 30 años de estudio científico recalca su alta complejidad.

Por lo general, la alternancia de códigos suele ser natural, espontánea y fluida, y se observa cuando el hablante bilingüe se encuentra en contextos informales. Debido a esto, suele ocurrir en la modalidad oral; no obstante, recientemente se han documentado casos frecuentes de alternancia de códigos en la modalidad escrita y, sobre todo, en los medios de comunicación donde se acostumbra el habla informal, como lo son los blogs, los mensajes de texto y el correo electrónico (Montes-Alcalá 2005a, b, c; Montes-Alcalá 2007). Sin embargo, dicha alternancia también se halla en algunas obras literarias, tales como las de Pedro Pietri, Tato Laviera y Junot Díaz. Para quienes están acostumbrados a alternar códigos de manera cotidiana, el acto se vuelve tan natural que a veces pasa desapercibido hasta para el mismo hablante (Sridhar y Sridhar 1980). Esto no significa que la alternancia de códigos refleje deficiencia lingüística o interferencia indiscriminada de un idioma sobre el otro; puesto que el bilingüe es quien alterna códigos, también es capaz de comunicarse usando cada uno de los idiomas independientemente del otro y de forma competente. El alternar códigos no es una decisión sobre la cual se reflexiona y no siempre se emplea para cumplir funciones retóricas (p. ej., Poplack y Sankoff 1988; Zentella 1997; Torres Cacoullos y Travis 2014); más bien es una forma de comunicación bilingüe espontánea que refleja una perfecta integración de dos sistemas lingüísticos (Pfaff 1975; Tim 1975; Poplack 1980; Lipski 1985).

A pesar de que la alternancia de códigos ha formado parte del repertorio lingüístico de muchas comunidades bilingües a lo largo de generaciones, se puede decir que las investigaciones más profundadas sobre este fenómeno son recientes (ver, p. ej., Poplack 1980; Lipski 1985; Backus 1996; Torres Cacoullos y Travis 2014). En las primeras publicaciones sobre la alternancia de códigos, se destacaba el punto de vista (erróneo) de que aquellos que alternaban idiomas padecían de una confusión mental e incapacidad de mantener los sistemas lingüísticos separados. Dichas creencias reflejaban prejuicios lingüísticos hacia ciertas comunidades minoritarias, sobre todo en los Estados Unidos, de quienes se decía que alternaban códigos porque eran alingües (ni monolingües, ni bilingües), vagos de mente y de poca educación formal. Como ejemplo cabe mencionar el estudio de Lance (1969), quien comenta la siguiente aseveración injustificada, pero común: "Los mexicano-americanos de Texas no hablan ni inglés ni español, sino una mezcla de las dos lenguas sin orden ni gramática, a la que se refieren despectivamente como 'Tex-Mex'; un supuesto 'resultado frecuente' es 'que las personas, en lugar de llegar a ser bilingües, se convierten en casi alingües'" (traducción de las autoras). No obstante, gracias a estudios más sistemáticos, no se tardó en descubrir que la alternancia de códigos no representa una interferencia indiscriminada de dos idiomas; mejor dicho es un fenómeno natural, espontáneo y fluido que resulta de la integración controlada y ordenada de los sistemas lingüísticos (Lance 1969; Lipski 1978, 1982, 1985; Zentella 1997). Como resultado, la alternancia de códigos se ha convertido en un tema de mucho interés entre los estudiosos del bilingüismo y se ha explorado desde varias perspectivas.

2. Estudios sociolingüísticos sobre la alternancia de códigos

El estudio de la alternancia de códigos desde un punto de vista sociolingüístico se ha enfocado primordialmente en las funciones sociales, estilísticas y pragmáticas de la misma (p. ej., Blom y Gumperz 1972; Valdés-Fallis 1976; McClure y McClure 1988; Myers-Scotton 1993a; Zentella 1997). Torres (1987) considera que la alternancia de códigos es un componente de la dimensión discursiva bilingüe y Zentella (1997), cuyo estudio examina la alternancia de códigos en *el bloque* —el área con el mayor número de puertorriqueños en Nueva York—, agrupa estas dimensiones en tres categorías: lo que Goffman (1979) denomina *footing*; *aclaración/énfasis*; y *marcador de apoyo discursivo*. En el contexto aquí descrito, se entiende por *footing* el empleo de la alternancia de códigos con la intención de 'realinear' la postura del emisor frente a la del interlocutor o de 'ejercer control' sobre el interlocutor con el propósito de incrementar la eficacia de la interacción comunicativa. En el trabajo de Zentella (1997) abundan ejemplos de cada una de estas funciones. A continuación se dan algunos casos ilustrativos:

(1) "*Vamo/h/ a preguntarle.* It's raining!" (Zentella 1997)
  ('Let's go ask her')

(2) "*Ella tiene*–shut up! Lemme tell you!" (Zentella 1997)
  ('She has __')

(3) "*¿Porque estamos en huelga de gasolina*, right?" (Zentella 1997)
   ('Because we are on a gas strike __')

La función de *aclaración/énfasis* figura entre las más frecuentes en la alternancia de códigos; el bilingüe traduce palabras o frases de un idioma a otro para recalcar o enfatizar su punto de vista, como lo muestra el ejemplo en (4):

(4) "*¿Yo soy segundo?* I am second?" (Lipski 1985)

Por último, la alternancia de códigos puede servir como un marcador de apoyo discursivo en casos en los que es necesario rellenar lagunas léxicas (5), reparar lapsus sintácticos (6) o cuando la presencia de palabras homófonas provoca el cambio de un idioma a otro (7) (lo que Clyne 1967 llama "*triggers*"):

(5) "You shouldn't take that out because you're gonna stay *mellá*" (Zentella 1997)
   ('__ toothless')

(6) "*Tú* don't go? *¿Tú no te vas?*" (Zentella 1997)
   ('You __') ('You aren't leaving?')

(7) "My name *es Paca*" (Zentella 1997)
   ('__ is __')

3. Estudios sobre la estructura de la alternancia de códigos

La creencia de que la alternancia de códigos es una amalgama de dos lenguas, carente de estructura y coherencia alguna, fue rebatida a mediados de los años setenta gracias al trabajo de investigadores como Timm (1975), Pfaff (1979), Poplack (1980) y Lipski (1985) , entre otros. Estos estudios demostraron que el bilingüe que alterna códigos comparte con otros bilingües de su misma comunidad un conjunto de reglas que demarcan las posiciones sintácticas en las que se permite dicha alternancia y que ayudan a distinguir la alternancia de códigos de las transferencias indeseadas que experimentan quienes están aprendiendo un segundo idioma.

Una clasificación fundamental es la división entre las alternancias que ocurren a nivel interoracional y aquellas que se dan a nivel intraoracional. Los cambios interoracionales se producen cuando la alternancia se da entre oraciones. Se puede apreciar un ejemplo de este cambio en (8):

(8) "*Pa, ¿me va(-s) (a) comprar un jugo?* It cos' 25 cents" (Zentella 1997)
   ('Pa, are you gonna buy me juice? __')

En la alternancia intraoracional, por otro lado, el cambio ocurre dentro de una misma oración, como se muestra en (9):

(9) "*Pues le dije que* I was gonna go"
   ('Well (I) told him that __') (Torres Caocullos y Travis 2014)

Los cambios intraoracionales son de especial interés puesto que muestran de forma palpable la interacción entre los dos idiomas y, como consecuencia, la flexibilidad y el control mental simultáneo que tiene el hablante bilingüe de sus lenguas. Gracias al análisis de grabaciones de producción oral espontánea, se ha observado que las alternancias intraoracionales suelen ocurrir en ciertos puntos de la oración, mientras que suelen evitarse en otros. Entre las más comunes se distinguen las siguientes:

(10) Sustantivo en posición de sujeto u objeto directo
     a. "My *pollina* is longer than hers" (Zentella 1997)
        ('__ bangs __')
     b. "*Vide... todas las* girls" (Torres Cacoullos y Travis 2014)
        ('(I) saw all the __')

(11) Sujeto gramatical
     "*El perro* chewed him up" (Pfaff 1979)
     ('The dog __')

(12) Objeto directo
     "*Tú estás metiendo* your big mouth" (Zentella 1997)
     ('You're butting in')

(13) Cláusula subordinada
     "He saw *que e/h/ta/ bola e/h/mía*" (Zentella 1997)
     ('__ that this ball is mine')

(14) Sintagma verbal
     "Her sister *me e/h/petó una hebilla*" (Zentella 1997)
     ('__ stuck a buckle in me')

(15) Sintagma preposicional
     "I'm going with her *a la esquina*" (Zentella 1997)
     ('__ to the corner')

(16) Cláusula relativa
     "*Alguien se murió en ese cuarto* that she sleeps in" (Zentella 1997)
     ('Someone died in that room __')

(17) Frases adverbiales
     "The Houston fire fighters will have their dance *el trece de diciembre*" (Lipski 1985)
     ('__ on December 13th')

(18) Determinante
     "The little martians...*los* little aliens..." (Zentella 1997)
     ('__ the __')

(19) Preposición
     "He's from Corpus Christi, *con una canción titulada...*" (Lipski 1985)
     ('__ with a song entitled...')

Sin embargo, la alternancia de códigos suele evitarse entre verbos y sujetos u objetos pronominales (p. ej., *They vinieron a mi casa/*Mi amigo quiere it*) y entre verbos y elementos de negación (p. ej., *El niño no* finished his homework).

Como resultado de estas observaciones, se plantean algunas restricciones gramaticales que suponen limitar las posiciones sintácticas en las que pudiera observarse la alternancia de códigos. Una de las propuestas iniciales se relaciona con la estructura superficial de las oraciones de cada una de las lenguas (p. ej., Pfaff 1979; Poplack 1980; Lipski 1985). Dicha restricción, denominada el Principio de Equivalencia en Poplack (1980), establece que la alternancia de códigos ocurre en puntos de la oración donde no se violan las reglas sintácticas de ninguna de las lenguas involucradas; es decir, la alternancia no ocurre en contextos donde el orden de las palabras en cada una de las lenguas en contacto es distinto. Esto significa que puede ocurrir un cambio en la oración "*Mi hermana* went to the store on the corner", porque la estructura sintáctica en cada una de las lenguas es la misma ("Mi hermana fue a la tienda de la esquina" y "My sister went to the store on the corner"). No obstante, si el hablante quisiera especificar que se trata de su hermana mayor, no ocurriría un cambio de código (*mi hermana older/*my *mayor* sister) porque el orden del sustantivo y el adjetivo es distinto en inglés (my older sister) y en español (mi hermana mayor).

Posteriormente, surgen otras propuestas enfocadas en la estructura subyacente de las frases (p. ej., Di Sciullo, Muysken y Singh 1986; Belazi, Rubin y Toribio 1994; MacSwan 2000). Estas propuestas intentan integrar la alternancia de códigos a las teorías lingüísticas existentes sobre el monolingüismo; además representan un intento por emplear los instrumentos de la teoría formalista en la descripción del fenómeno. Una de las restricciones planteadas estipula que la alternancia de códigos no puede ocurrir entre dos elementos cuando uno de ellos gobierna al otro (Di Sciullo *et al.* 1986). Según la teoría lingüística de ese momento, los verbos, sustantivos y preposiciones se consideraban gobernantes; por lo tanto, esta restricción estipulaba que no se podía alternar entre estos elementos y sus complementos. Conforme avanza la teoría lingüística, también aparecen nuevas restricciones que intentan regir la alternancia de códigos. Una de estas establece que la alternancia de códigos se puede producir entre núcleos léxicos (p. ej., verbos, preposiciones) y sus complementos, pero no entre núcleos funcionales y sus complementos (p. ej., entre un artículo y una frase nominal, entre un elemento negativo y una frase verbal; Belazi *et al.* 1994). Una de las restricciones de este tipo más reciente propone que no se puede alternar códigos dentro de una palabra, dentro de verbos compuestos ni entre verbos y clíticos (p. ej., complementos enclíticos y elementos de negación; MacSwan 2000).

Finalmente, otros investigadores han preferido estudiar la alternancia de códigos desde una perspectiva psicolingüística (Joshi 1985; Azuma 1993; Myers-Scotton 1993b, 2006; Broersma y De Bot 2006). En este caso, se han propuesto explicar la alternancia de códigos en términos de los procesos cognitivos que subyacen a la producción del habla con la idea de que el estudio de este fenómeno pueda ayudarnos a entender cómo se organizan e interaccionan las distintas lenguas en la mente humana. En términos generales, estos estudios sugieren que durante la alternancia de códigos siempre existe una lengua base y una lengua incorporada (p. ej., Myers-Scotton y Jake 2001). La lengua base provee la mayor parte de la estructura sintáctica de la oración, mientras que la lengua incorporada proporciona palabras y frases dentro de la estructura de la lengua base.

4. Estudios psicolingüísticos sobre la alternancia de códigos

La alternancia de códigos ha sido estudiada desde varias perspectivas teóricas (p. ej., Lipski 1985; Belazi, Rubin y Toribio 1994; MacSwan 2000; Muysken 2000; Myers-Scotton y Jake 2001) y sociolingüísticas (Fishman 1972; Kachru 1978; Gumperz 1982; Milroy 1982; Myers-Scotton 1993a) tomando en cuenta datos de producción en contextos naturales. Estos estudios han suministrado información valiosa sobre las restricciones estructurales y sociales que rigen la alternancia de códigos. Sin embargo, no es hasta muy recientemente cuando se ha logrado examinar los aspectos psicolingüísticos y neurolingüísticos de este fenómeno. Se han utilizado diversas metodologías experimentales para estudiar cómo se procesa la alternancia de códigos, tanto en bilingües como en plurilingües. Algunas de estas técnicas examinan la comprensión lectora, mientras que otras examinan la comprensión auditiva. Una metodología que se adopta para estudiar ambos tipos de comprensión es el registro de los movimientos oculares, que consiste en grabar la cantidad y la duración de las fijaciones oculares de los participantes mientras leen oraciones o mientras escuchan oraciones y ven imágenes en la pantalla de una computadora. Otras técnicas que se utilizan con este fin son las técnicas neurológicas, tales como los potenciales evocados (ERP), que consisten en la grabación de impulsos eléctricos cerebrales y la resonancia magnética funcional (fMRI). En estos estudios, se graba directamente la actividad cerebral de los participantes mientras leen o escuchan oraciones que incluyen alternancias entre lenguas. Los datos que se extraen con estas técnicas proveen información sobre la forma en que los bilingües reaccionan al estar expuestos a las alternancias, es decir, las dificultades que tienen al comprender y procesar mentalmente diversos tipos de alternancia de códigos.

Dichos estudios psicolingüísticos y neurolingüísticos han examinado tanto la expresión oral como la comprensión lectora de la alternancia de códigos. Las razones para estudiar la expresión oral se consideran obvias, pero puede parecer absurdo estudiar la manera en que los bilingües procesan las alternancias escritas porque estas ocurren, en su gran mayoría, en la expresión oral. No obstante, existe evidencia de que durante la lectura se activa el mismo sistema lingüístico que se emplea durante la comprensión auditiva del lenguaje (p. ej., Perfetti 1994). Por ejemplo, en sus estudios sobre el procesamiento del lenguaje, Fodor (1998) propone que el procesamiento sintáctico que se realiza durante la lectura ocurre a través de una codificación fonológica subvocal, tal y como se da durante la comprensión auditiva. Steinhauer y Friederici (2001) confirman este planteamiento al encontrar que el procesamiento de oraciones genera el mismo tipo de potenciales evocados en la comprensión auditiva y en la comprensión lectora. Cabe recalcar que en el campo de la psicolingüística, la comprensión lectora se estudia porque la información que subyace tras la velocidad lectora se emplea para identificar y describir los procesos cognitivos asociados con la comprensión del lenguaje y, así, desarrollar teorías sobre estos procesos. De esta forma, los hallazgos que surgen de los estudios acerca de la comprensión de la alternancia de códigos revelan información valiosa sobre los procesos generales de la comprensión lectora. Asimismo, es importante destacar que la alternancia de códigos no ocurre únicamente durante la expresión oral. Es decir, todos los cambios que produce un hablante deben ser procesados y comprendidos por un interlocutor. Igualmente, para ciertos pares de idiomas, como el inglés y el español, la alternancia de códigos es cada vez más frecuente en la modalidad escrita (p. ej., mensajes de correo electrónico, mensajes de texto) y, por consiguiente, forma parte de la experiencia lectora de algunos bilingües.

Algunos resultados provenientes del campo psicolingüístico muestran que la producción y la comprensión de la alternancia de códigos generan un costo adicional para los bilingües, en comparación con la producción y la comprensión de la expresión unilingüe (Meuter y Allport 1999; Costa y Santesteban 2004; Gollan y Ferreira 2009). En un estudio seminal sobre la producción de la alternancia de códigos, Meuter y Allport (1999) le pidieron a un grupo de participantes bilingües que nombraran una serie de números y que, al hacerlo, alternaran entre su primera lengua (L1) y su segunda lengua (L2). Los números se presentaron, uno a uno, sobre un fondo cuyo color indicaba si la respuesta debía producirse en la L1 o en la L2. Las alternancias de código podían ocurrir en ambas direcciones (p. ej., de la L1 a la L2 y de la L2 a la L1) y era imposible predecir cuándo y en qué dirección se debía alternar códigos. Los resultados revelaron que el tiempo que tardaron los participantes en nombrar los números cuando había una alternancia de códigos (cuando la lengua que debían usar era distinta a la que habían usado anteriormente) era mayor que el tiempo que tardaron en nombrar los números cuando no había una alternancia de códigos (cuando la lengua que debían usar era la misma que habían usado anteriormente). Curiosamente, el costo de la alternancia de códigos, calculado al restar el tiempo de reacción cuando no había alternancia de códigos del tiempo de reacción con alternancia de códigos, es asimétrico: es decir, los costos son mayores cuando los participantes pasan del idioma menos dominante (L2) al idioma más dominante (L1) que cuando pasan de la L1 a la L2. Los costos atribuidos a la alternancia de códigos durante la producción bilingüe se han manifestado incluso cuando se les permite a los participantes alternar idiomas de forma voluntaria (Gollan y Ferreira 2009). Además, bajo ciertas condiciones, se han encontrado costos similares en ambas direcciones del cambio. Los costos suelen ser simétricos cuando los participantes tienen un dominio balanceado de la L1 y la L2 (p. ej., Costa y Santesteban 2004) o cuando se les provee tiempo suplementario para la preparación de la respuesta oral (Verhoef, Roelofs y Chwilla 2010). En resumidas cuentas, los estudios que han examinado la alternancia de ítems aislados y descontextualizados (palabras, números, imágenes) muestran de forma contundente que la alternancia de códigos está ligada a un costo.

Dado que la alternancia de códigos suele ocurrir en contextos lingüísticos más complejos que los descritos anteriormente, algunos estudios han examinado la alternancia de códigos en el nivel de sintagma, con resultados similares a los anteriores. Por ejemplo, el empleo de potenciales evocados con el fin de explorar la respuesta neurofisiológica producida por la alternancia de códigos revela costos atribuidos a la detección de palabras cuando estas aparecen en un idioma distinto al de las anteriores (p. ej., Moreno, Federmeier y Kutas 2002; Proverbio, Leoni y Zani 2004; Van der Meij, Cuetos, Carreiras y Barber 2011). No obstante, al igual que las tareas de nombramiento de palabras aisladas y descontextualizadas, estos estudios examinan la alternancia de códigos en el nivel léxico. En dichos estudios, los participantes leen frases en un idioma que contienen una sola palabra en el otro (p. ej., en las tareas de comprensión) o se les dice específicamente cuándo deben cambiar de idioma (p. ej., en las tareas de producción). Las repercusiones de estos estudios para el avance de nuestro conocimiento son limitadas, pues los materiales que se emplean tienen poco que ver con la alternancia de códigos real que ocurre en la comunicación bilingüe, o se emplean participantes que no entablan conversaciones cotidianas que reflejen el uso natural de la alternancia de códigos. Por consiguiente, para poder entender los factores psicolingüísticos que subyacen tras el procesamiento de la alternancia de códigos, es necesario investigar meticulosamente este fenómeno en estructuras lingüísticas que generan los hablantes bilingües cuando interaccionan de forma natural.

Esto es, precisamente, lo que se ha hecho en algunos estudios recientes (Guzzardo Tamargo 2012; Valdés Kroff 2012). Uno de los resultados más interesantes provenientes de este tipo de investigación es la estrecha relación que existe entre el sistema de producción y el de comprensión en hablantes bilingües, de forma que las alternancias que se producen más frecuentemente en intercambios bilingües se procesan con más facilidad. Por el contrario, aquellas que se producen menos frecuentemente causan más dificultad (Dussias y Guzzardo Tamargo 2013). Otro hallazgo muy valioso que ha surgido de estos estudios es que, para los bilingües, la comprensión de una oración que incluye una alternancia de códigos intraoracional no es más costosa que la comprensión de una oración sin alternancia de códigos (Guzzardo

Tamargo 2012). En otras palabras, para los bilingües que cambian de código cotidianamente, este fenómeno se vuelve tan natural que comprenden la expresión plurilingüe de la misma forma que comprenden la expresión unilingüe. Es como si ni siquiera notaran que se alternan dos idiomas, tal y como a veces les sucede a los bilingües durante la producción (Sridhar y Sridhar 1980).

Bibliografía

Azuma, S. (1993) "The frame-content hypothesis in speech production: Evidence from intrasentential code switching", *Linguistics*, 31, pp. 1071–1093.

Backus, A. (1996) *Two in one. Bilingual speech of Turkish immigrants in the Netherlands*, tesis doctoral, publicada en Tilburg: Tilburg University Press, pp. 1–414.

Belazi, H. M., Rubin, E. J. y Toribio, A. J. (1994) "Code switching and X-bar theory: The functional head constraint", *Linguistic Inquiry*, 25, pp. 221–237.

Blom, J.-P. y Gumperz, J. (1972) "Social meaning in linguistic structures: Code switching in Northern Norway", en Gumperz, J. y Hymes, D. (eds.) *Directions in sociolinguistics: The ethnography of communication*, Nueva York, NY: Holt, Rinehart, & Winston, pp. 407–434.

Broersma, M. y De Bot, K. (2006) "Triggered codeswitching: A corpus-based evaluation of the original triggering hypothesis and a new alternative", *Bilingualism: Language and Cognition*, 9, pp. 1–13.

Clyne, M. (1967) *Transference and triggering: Observations on the language assimilation of postwar German-speaking migrants in Australia*, La Haya: Martinus Nijhoff.

Costa, A. y Santesteban, M. (2004) "Lexical access in bilingual speech production: Evidence from language switching in highly proficient bilinguals and L2 learners", *Journal of Memory and Language*, 50, pp. 491–511.

Di Sciullo, A., Muysken, P. y Singh, R. (1986) "Government and code-mixing", *Journal of Linguistics*, 22, pp. 1–24.

Dussias, P. E. y Guzzardo Tamargo, R. E. (2013) "Distributional patterns in production impact comprehension difficulty: Evidence from Spanish-English codeswitching", Ponecia dictada en el 2013 Annual Meeting of the Psychonomic Society, Toronto.

Fishman, J. A. (1972) *Language in sociocultural change*, Stanford, CA: Stanford University Press.

Fodor, J. D. (1998) "Learning to parse?", *Journal of Psycholinguistic Research*, 27, pp. 285–319.

Goffman, E. (1979) "Footing", *Semiotica*, 25, pp. 1–29.

Gollan, T. H. y Ferreira, V. S. (2009) "'Should I stay or should I switch?', A cost-benefit analysis of voluntary language switching in young and aging bilinguals", *Journal of Experimental Psychology: Learning, Memory, and Cognition*, 35, pp. 640–665.

Gumperz, J. (1982) "Conversational code-switching", en Gumperz, J. (ed.) *Discourse strategies*, Cambridge: Cambridge University Press, pp. 59–99.

Guzzardo Tamargo, R. E. (2012) *Linking comprehension costs to production patterns during the processing of mixed language*, tesis doctoral inédita, The Pennsylvania State University, University Park, PA.

Jake, J. L., Myers-Scotton, C. M. y Gross, S. (2002) "Making a minimalist approach to codeswitching work: Adding the matrix language", *Bilingualism: Language and Cognition*, 5, pp. 69–91.

Joshi, A. K. (1985) "Processing of sentences with intrasentential code switching", en Dowty, D. R., Karttunen, L. y Zwicky, A. M. (eds.) *Natural language parsing: Psychological, computational and theoretical perspectives*, Cambridge: Cambridge University Press, pp. 190–205.

Kachru, B. B. (1978) "Code-mixing as a communicative strategy in India", *Georgetown University Round Table on Languages and Linguistics*. Accesible en http://search.proquest.com/docview/854 30900?accountid=13158.

Lance, D. M. (1969) *A brief study of Spanish-English bilingualism: Final report. Research project ORR-Liberal Arts-15504*, College Station, TX: Texas A&M University Press.

Lipski, J. M. (1978) "Code-switching and the problem of bilingual competence", en Paradis, M. (ed.) *Aspects of bilingualism*, Columbia, SC: Hornbeam Press, pp. 250–264.

Lipski, J. M. (1982) "Spanish-English language switching in speech and literature: Theories and models", *The Bilingual Review*, 9, pp. 191–212.

Lipski, J. M. (1985) *Linguistic aspects of Spanish-English language switching*, Tempe, AZ: Center for Latin American Studies, Arizona State University.

271

MacSwan, J. (2000) "The architecture of the bilingual language faculty: Evidence from intrasentential code switching", *Bilingualism: Language and Cognition*, 3, pp. 37–54.

MacSwan, J. (2009) "Generative approaches to codeswitching", en Bullock, B. y Toribio, A. J. (eds.) *Cambridge handbook of linguistic codeswitching*, Cambridge: Cambridge University Press, pp. 309–335.

McClure, E. y McClure, M. (1988) "Macro- and micro-sociolinguistic dimensions of code-switching in Vingard (Romania)", en Heller. M, (ed.) *Codeswitching: Anthropological and sociolinguistic perspectives*, Berlín: Walter de Gruyter, pp. 25–51.

Meuter, R. F. I. y Allport, A. (1999) "Bilingual language switching in naming: Asymmetrical costs of language selection", *Journal of Memory and Language*, 40, pp. 25–40.

Milroy, L. (1982) "Language and group identity", *Journal of Multilingual and Multicultural Development*, 3, pp. 207–216.

Montes-Alcalá, C. (2005a) "¡Mándame un e-mail! Cambio de códigos español-inglés online", en Ortiz López . L. A. y Lacorte, M. (eds.) *Contactos y contextos lingüísticos: el español en los Estados Unidos y en contacto con otras lenguas*, Madrid: Lingüística Iberoamericana, pp. 173–185.

Montes-Alcalá, C. (2005b) "When Spanish meets English: An overview of bilingualism in the United States", en Ahrens, R. y Stierstorfer, K. (eds.) *Symbolism: An international annual of critical aesthetics*, vol. 4, Nueva York, NY: AMS Press, pp. 271–292.

Montes-Alcalá, C. (2005c) "'Dear amigo': Exploring code-switching in personal letters", en Sayahi, L. y Westmoreland, M. (eds.) *Selected proceedings of the Second Workshop on Spanish Sociolinguistics*, Somerville, MA: Cascadilla Proceedings Project, pp. 102–108.

Montes-Alcalá, C. (2007) "Blogging in two languages: Code-switching in bilingual blogs", en Holmquist, J., Lorenzino, A. y Sayahi, L. (eds.) *Selected proceedings of the Third Workshop on Spanish Sociolinguistics*, Somerville, MA: Cascadilla Proceedings Project, pp. 162–170.

Moreno, E. M., Federmeier, K. D y Kutas, M. (2002) "Switching languages, switching palabras (words): An electrophysiological study of code switching", *Brain and Language*, 80, pp. 188–207.

Muysken, P. (2000) *Bilingual speech: A typology of code-mixing*, Cambridge: Cambridge University Press.

Myers-Scotton, C. M. (1993a) *Social motivations for codeswitching: Evidence from Africa*, Oxford: Claredon Press.

Myers-Scotton, C. M. (1993b) *Duelling languages: Grammatical structure in code-switching*, Oxford: Claredon Press.

Myers-Scotton, C. M. (2006) "Natural codeswitching knocks on the laboratory door", *Bilingualism: Language and Cognition*, 9, pp. 203–212.

Myers-Scotton, C. M. y Jake, J. L. (2001) "Explaining aspects of code-switching and their implications", en Nicol, J. L. (ed.) *One mind, two languages: Bilingual language processing*, Oxford: Blackwell, pp. 84–116.

Perfetti, C. A. (1994) "Psycholinguistics and reading ability", en Gernsbacher, M. A. (ed.) *Handbook of psycholinguistics*, San Diego, CA: Academic Press, pp. 849–894.

Pfaff, C. W. (1979) "Constraints on language mixing: Intrasentential code-switching and borrowing in Spanish/English", *Language*, 55, pp. 291–318.

Poplack, S. (1980) "Sometimes I'll start a sentence in Spanish y termino en español: Toward a typology of code-switching", *Linguistics*, 18, pp. 581–618.

Poplack, S. y Sankoff, D. (1988) "Code-switching", en Ammon, U., Dittmar, N. y Mattheier, K. J. (eds.) *Sociolinguistics: An international handbook of the science of language and society*, vol. 2, Berlín: Walter de Gruyter, pp. 1174–1180.

Proverbio, A. M., Leoni, G. y Zani, A. (2004) "Language switching mechanisms in simultaneous interpreters: An ERP study", *Neuropsychologia*, 42, pp. 1636–1656.

Soares, C. y Grosjean, F. (1984) "Bilinguals in a monolingual and a bilingual speech mode: The effect of lexical access", *Memory & Cognition*, 12, pp. 380–386.

Sridhar, S. N. y Sridhar, K. K. (1980) "The syntax and psycholinguistics of bilingual code mixing", *Canadian Journal of Psychology/Revue Canadienne de Psychologie*, 34, pp. 407–416.

Steinhauer, K. y Friederici, A. D. (2001) "Prosodic boundaries, comma rules, and brain responses: The closure positive shift in ERPs as a universal marker for prosodic phrasing in listeners and readers", *Journal of Psycholinguistic Research*, 30, pp. 267–295.

Timm, L. A. (1975) "Spanish-English code-switching: El porqué y how-not-to", *Romance Philology*, 28, pp. 473–482.

Torres, L. (1987) *Puerto Rican discourse: A sociolinguistic study of a New York suburb*, Nueva Jersey: Lawrence Erlbaum.

Torres-Cacoullos, R. y Travis, C. E. (2014) "Gauging convergence on the ground: Code-switching in the community", *International Journal of Bilingualism*.

Valdés-Fallis, G. (1976) "Social interaction and code-switching patterns: A case study of Spanish-English alternation", en Keller, G., Teschner, R. V. y Viera, S. (eds.) *Bilingualism in the bicentennial and beyond*, Nueva York, NY: Bilingual Press, pp. 86–96.

Valdés Kroff, J. (2012) *Using eye-tracking to study auditory comprehension in codeswitching: Evidence for the link between comprehension and production, tesis doctoral inédita*, The Pennsylvania State University, University Park, PA.

Van der Meij, M., Cuetos, F., Carreiras, M. y Barber, H. A. (2011) "Electrophysiological correlates of language switching in second language learners", *Psychophysiology*, 48, pp. 44–54.

Verhoef, K. M. W., Roelofs, A. y Chwilla, D. J. (2010) "Electrophysiological evidence for endogenous control of attention in switching between languages in overt picture naming", *Journal of Cognitive Neuroscience*, 22, pp. 1832–1843.

Zentella, A. C. (1997) *Growing up bilingual: Puerto Rican children in New York*, Malden, MA: Blackwell.

Lecturas complementarias

Bullock, B. E. y Toribio, A. J. (eds.) (2009) *The Cambridge handbook of linguistic code-switching*, Cambridge: Cambridge University Press.

Entradas relacionadas

bilingüismo; gramaticalización

BILINGÜISMO

Silvina Montrul

1. ¿Qué es el bilingüismo?

El bilingüismo es un fenómeno individual y un fenómeno social. A nivel individual, el bilingüismo es el conocimiento de dos o más idiomas, aunque no necesariamente al mismo nivel (Montrul 2008, 2013). La competencia bilingüe de un hablante está estrechamente vinculada al contexto sociopolítico donde se hablan las lenguas que conoce y a la funcionalidad de las lenguas en ese contexto. De hecho, en muchas sociedades y territorios donde coexisten dos o más lenguas, algunos hablantes usan una, otro grupo usa la otra, y muchos pueden usar las dos. Es decir que "sociedad bilingüe" no debe entenderse como que cada uno de los individuos que la componen es bilingüe o usa las dos lenguas en su vida diaria.

Sin embargo, las ideas y definiciones de una persona bilingüe varían considerablemente y en general no hay consenso. Si preguntáramos qué es un hablante bilingüe las respuestas más comunes son: 1) que un bilingüe es aquel que nació en un ambiente familiar bilingüe y habla dos lenguas desde la infancia; y 2) que un bilingüe es una persona que tiene conocimiento idéntico de dos idiomas y los habla a nivel nativo. Es decir, que la edad de adquisición y el nivel de competencia en las dos lenguas son los dos factores que se consideran fundamentales para definir a un bilingüe. Aunque es posible encontrar individuos que cumplen estas características en varios países de Europa y otras partes del mundo, o en personas educadas de clase media y alta que viven en un contexto bilingüe e internacional, hay casos donde haber aprendido dos lenguas desde la infancia en una sociedad bilingüe no conlleva el bilingüismo equilibrado, sino que una de las lenguas no se desarrolla al mismo nivel que la otra en la infancia. Este bilingüismo asimétrico es el caso en particular de las lenguas minoritarias habladas por inmigrantes, indígenas, y hablantes de lenguas históricas minoritarias (el euskera, el catalán y la lengua gallega en España).

2. El conocimiento bilingüe

El bilingüismo no es un fenómeno homogéneo sino multidimensional, tanto a nivel lingüístico y estructural como a nivel del uso y procesamiento del lenguaje, y la mayoría de los bilingües tienen un conocimiento asimétrico de los dos idiomas en una o varias de sus dimensiones (Mackey 1968). Esto se debe quizás al Principio de la Complementariedad formulado por Grosjean (1997, 2008), según el cual, debido a que los bilingües usan los dos idiomas en contextos diferentes y con funciones diferentes, el conocimiento y fluidez que desarrollan en cada lengua es, de hecho, diferente y casi nunca equilibrado. Si una persona usa una lengua, es decir, la habla, la lee o la escribe, se considera que la persona sabe o tiene conocimiento de la lengua. No obstante, "tener conocimiento de una lengua" tiene un sentido muy amplio, ya que hay varios grados de conocimiento. Uno puede tener conocimiento parcial, limitado, intermedio, avanzado o nativo de una lengua. Asimismo, uno puede tener conocimiento o entendimiento de la lengua escrita y no hablarla, o, por el contrario, puede hablar y comprender auditivamente una lengua sin leerla o escribirla. Es decir, si bien es cierto que usar una lengua supone tener un cierto conocimiento productivo de ella, es posible tener conocimiento receptivo de una lengua, en cuanto a comprensión, sin necesariamente usarla al hablar o al escribir.

Es por eso que muchas veces decimos que un hablante nativo adulto, que aprendió su lengua materna y primera desde la infancia, tiene un conocimiento nativo de su lengua. Este grado de conocimiento lingüístico se cristaliza en la infancia media o tardía y es muy probable que la educación en la lengua contribuya de manera significativa a dicha fijación. Si una persona aprende una lengua segunda en la escuela secundaria, es posible que esa persona tenga conocimiento intermedio de la lengua segunda y pueda comprenderla y hablarla hasta cierto nivel, pero probablemente no al nivel de un hablante nativo.

Otra distinción importante relacionada al conocimiento y uso de una lengua es aquella entre *competencia lingüística* y *competencia comunicativa*. La competencia lingüística (Chomsky 1965) se refiere al grado de conocimiento de la estructura de la lengua: la fonología (inventario y combinación de sonidos), la morfología (estructura de las palabras), la sintaxis (orden de las palabras en la oración), la semántica (significado de las palabras y las oraciones), y la pragmática (significado de oraciones en el discurso y en diferentes contextos). Chomsky fue también quien estableció la diferencia entre *conocimiento* de una lengua y *actuación*. La actuación se refiere a la conducta lingüística observable, es decir, al uso de la lengua durante el habla, la escritura y la comprensión.

La *competencia comunicativa* (Hymes 1966) es la habilidad de usar la lengua en contextos discursivos diferentes, más allá de si lo que dice el hablante es gramaticalmente correcto o no. Por lo general, un hablante monolingüe que completó su educación posee un nivel alto (nativo) de competencia lingüística y de competencia comunicativa. Un hablante no nativo puede tener un nivel alto de competencia comunicativa y un nivel más bajo de competencia lingüística gramatical, o puede tener un nivel muy alto de competencia lingüística gramatical y uno más bajo de competencia comunicativa, dependiendo de a qué edad, en qué contexto y para qué fines aprendió la segunda lengua.

Grosjean (2008) ofrece una perspectiva funcionalista, que considera bilingüe a una persona que *usa* dos lenguas o dialectos en la vida cotidiana. Teniendo en cuenta el concepto de competencia comunicativa ya definido, Grosjean considera que bilingües son aquellas personas que se comunican en las dos lenguas tanto en distintos contextos socioculturales (una lengua en un contexto y otra en otro) como en uno solo (dos lenguas en un mismo contexto), más allá del grado de habilidad o competencia gramatical en las dos lenguas. Para Grosjean tener conocimiento a nivel nativo de dos lenguas no es una condición necesaria para ser bilingüe. La definición de Grosjean, sin embargo, parece dejar de lado casos en que una persona sabe dos lenguas pero solo usa una, o casos en que una persona usó dos lenguas en la vida cotidiana en algún momento en su vida, pero ahora solo usa una. Tampoco tiene en cuenta si una persona tiene conocimiento receptivo de una lengua (solo la entiende) y activo de la otra (la entiende y la habla o la escribe). Finalmente, Montrul (2008) considera bilingüe a una persona que tiene conocimiento estable y uso comunicativo de dos o más lenguas, sin importar el nivel de conocimiento o si las lenguas se usan en la vida cotidiana. La palabra "estable" significa que si hablamos de un adulto, la persona no está en el proceso de aprendizaje de una lengua, sino que ya tiene cierto conocimiento relativamente fijo, aunque este no sea a nivel nativo.

El estudio y entendimiento de lo que significa ser bilingüe generalmente supone un contraste entre el que habla solo una lengua —el monolingüe— y el que habla más de una —el bilingüe (o multilingüe)—. Por esta razón los estudios lingüísticos generalmente comparan grupos de bilingües y monolingües tanto para establecer patrones de comportamiento y de conocimiento lingüístico generales como para entender la diferencia entre estas dos situaciones lingüísticas.

Además de ser un fenómeno psicolingüístico que se desarrolla en la mente de cada individuo, el bilingüismo es también un fenómeno político y social que depende de la coexistencia y el uso de dos lenguas en la misma comunidad. Mientras que en algunos contextos políticos el bilingüismo tiene connotaciones muy positivas, y es un símbolo de estatus nacional e internacional, en otros contextos ser bilingüe tiene connotaciones muy negativas, siendo emblema de estigmatización social. Los diferentes grados de bilingüismo social fluctúan desde una situación en que las dos lenguas son habladas por grupos distintos hasta el caso opuesto en el que todos hablan las dos lenguas. En general, y aunque no sea estudiado de esta manera, el bilingüismo individual y el bilingüismo social están íntimamente relacionados ya que uno depende del otro.

3. Factores que caracterizan el bilingüismo individual

A nivel individual, los bilingües varían mucho debido a una serie de factores que determinan su nivel de competencia lingüística y comunicativa en las dos lenguas.

3.1. La edad de adquisición

Hay bilingües que nacen en una familia bilingüe o en un entorno bilingüe y están expuestos a las dos lenguas desde el momento del nacimiento. Otros bilingües aprenden primero una lengua y luego aprenden la otra durante la infancia o en la edad adulta. Cuando una persona adquiere dos lenguas durante la infancia (entre el nacimiento y los 12 años aproximadamente), hablamos de *bilingüismo temprano*. Cuando una de las lenguas se aprende después de los 12 años, cerca de la pubertad, hablamos de *bilingüismo tardío*. En el campo de adquisición de una segunda lengua el bilingüismo tardío también se conoce como la *adquisición de una segunda lengua o una lengua extranjera* (en la edad adulta).

Dentro del bilingüismo temprano, podemos distinguir entre *bilingüismo simultáneo* y *bilingüismo secuencial* (también *adquisición de una segunda lengua en la infancia*). El *bilingüismo simultáneo* también se conoce como adquisición bilingüe de una primera lengua y es el caso típico en familias en las cuales un padre habla una lengua nativa y el otro padre habla otra. Como el niño nace en un entorno donde se hablan dos lenguas (lengua A y lengua B), no es posible hablar de lengua primera y lengua segunda: las dos lenguas son lenguas primeras y lenguas nativas. Es decir, el niño escucha y adquiere las dos lenguas simultáneamente desde la infancia temprana (entre el nacimiento y los 3 años).

Hay niños que aprenden una lengua en casa y luego a partir de los 4 años, cuando las bases de la primera lengua ya están establecidas, van al preescolar o a la escuela y aprenden otra lengua. Aquí hablamos de lengua primera y lengua segunda en la infancia. Este es el caso de niños que inmigran a un país a los 4 años y a partir de esta edad van a una guardería donde se habla otro idioma. Asimismo, es el caso de niños nacidos en el país donde se habla la lengua mayoritaria, quienes durante los primeros años de vida están bajo el cuidado de familiares y expuestos a la lengua minoritaria solamente. Finalmente, también es el caso de niños cuya lengua nativa es la lengua mayoritaria y que empiezan a aprender una segunda lengua o lengua extranjera en la escuela o en algún programa extracurricular después de la escuela.

3.2. *El contexto de adquisición*

Los niños bilingües simultáneos aprenden las dos lenguas en el hogar a través de interacciones comunicativas, es decir, que el contexto social principal de este tipo de bilingüismo es la familia. Sin embargo, las familias bilingües varían muchísimo en su composición y en sus costumbres. Hay familias monoparentales (un solo padre), y ese padre puede ser bilingüe y hablar dos lenguas con el niño desde su nacimiento. Puede haber familias en las que los dos padres son bilingües, pero hablan lenguas maternas diferentes y cada uno se comunica con el niño en su lengua materna. Por ejemplo, si la madre es hablante nativa de español y el padre es hablante nativo de inglés, el niño solo habla español con la madre e inglés con el padre. Hay familias en las cuales los dos padres hablan y usan dos lenguas con el niño desde la infancia, sin separarlas en "lengua de mamá" y "lengua de papá". También existen familias en las cuales los padres hablan una lengua y los abuelos hablan otra, o familias en las cuales los padres hablan una lengua y los hermanos hablan otra. Si las lenguas se aprenden en la infancia temprana, el aprendizaje ocurre a través de la lengua hablada y en situaciones comunicativas significativas. En este contexto los padres generalmente no corrigen a los niños cuando cometen errores.

Los niños bilingües secuenciales en la edad preescolar (4–5 años) por lo general aprenden una lengua en casa y otra en el entorno escolar. Antes de los 6 años, el aprendizaje de la segunda lengua es también predominantemente oral, ya que es muy común que los niños a esta edad no sepan leer ni escribir. A partir de los 6 años, si el niño recibe escolarización y alfabetización en la segunda lengua, entonces el aprendizaje es más formal. El aprendizaje de la lengua ocurre tanto por el medio auditivo (y oral) como visual (lectura). En este tipo de contexto, los maestros suelen corregir a los niños cuando cometen errores gramaticales, especialmente en la escritura. También es posible que a esta edad (6 a 12 años), los niños bilingües reciban escolarización o instrucción formal en solo una o en las dos lenguas, dependiendo del contexto sociolingüístico y político, como veremos más adelante.

Finalmente, en el bilingüismo tardío (13 años en adelante) el aprendizaje de la segunda lengua puede ocurrir en un contexto formal (escuela, academia de lenguas, etc.), en un contexto natural o en ambos contextos. Por ejemplo, muchos adolescentes y adultos eligen iniciar el aprendizaje de una segunda lengua en la escuela secundaria o en la universidad. Otros adolescentes y adultos inmigran a otro país y aprenden la segunda lengua en un contexto natural trabajando y viviendo en el país. Otros comienzan el aprendizaje en un contexto formal y luego pasan tiempo o van a vivir a un lugar donde se habla la lengua. Muchos estudiantes hoy en día aprenden una lengua combinando un ambiente formal con un ambiente natural. La diferencia fundamental entre la adquisición bilingüe en la infancia y en la edad adulta es que el niño pequeño solo aprende las dos lenguas en un contexto natural, mientras que el adulto lo hace generalmente en un contexto formal y a veces natural.

3.3. El grado de uso de las lenguas

La edad y el contexto de adquisición de las dos lenguas de un bilingüe también pueden determinar cómo y cuándo la persona bilingüe usa las dos lenguas en la vida cotidiana. Por ejemplo, los niños bilingües simultáneos pueden hablar desde temprano las dos lenguas. Pero si pasan más tiempo con el progenitor que habla la lengua A que con el progenitor que habla la lengua B, van a usar más la lengua A que la lengua B. Hay bilingües que hablan una lengua en casa con la familia y usan otra lengua en el trabajo o en la escuela. Otros bilingües pueden hablar una lengua y usan la otra solo para leer o escribir. Aunque hay bilingües que usan las dos lenguas en todos los contextos posibles, es probable que aún usen una lengua más que la otra. También hay casos de bilingües que usaron una lengua predominantemente durante la infancia y durante la adolescencia, y luego en la edad adulta usan más la otra lengua. Es decir, el uso de la lengua varía muchísimo según la edad, el contexto de adquisición y la situación personal y social del individuo. No siempre es posible usar las dos lenguas en la vida diaria.

3.4. El nivel de conocimiento de las dos lenguas

Naturalmente, la modalidad del *input* (auditivo o visual), el contexto y la edad de adquisición de las dos lenguas, además del grado de uso de las lenguas a lo largo de la vida, determinan el grado de conocimiento de las lenguas. La imagen ideal de un bilingüe, como la definición de Bloomfield (1993) sugiere, es que un verdadero bilingüe tiene un conocimiento muy alto, idéntico y *equilibrado* en las dos lenguas. Aun si este tipo de bilingüe existiera, la realidad es que la mayoría de los bilingües, incluso aquellos que tienen conocimiento muy alto de las dos lenguas, son *desequilibrados*. Es decir, tienen conocimiento *desigual* de las dos lenguas porque la competencia lingüística no se distribuye equitativamente en los diferentes niveles de la lengua. Siempre hay asimetrías. Por ejemplo, un bilingüe puede tener pronunciación de un nativo con un vocabulario limitado en una lengua, y en la otra, un acento extranjero con un vocabulario más especializado. Si un bilingüe usa más una de las lenguas en contextos informales y la otra en contextos académicos y formales, el conocimiento de vocabulario y estructuras gramaticales en una lengua será diferente a los de la otra. Una persona puede tener competencia nativa en una lengua cuando la usa a nivel familiar, pero no si la usa de forma escrita o en situaciones más formales (por ejemplo, laborales, académicas). En la otra lengua puede exhibir el patrón opuesto: excelente dominio en el contexto profesional y un dominio menos avanzado a nivel informal o familiar. En síntesis, los bilingües pueden tener representaciones mentales de las dos lenguas radicalmente diferentes, según cómo y cuándo las aprendieron. El contexto y modo de adquisición contribuye a formar la representación mental de un bilingüe.

4. Bilingüismo y sociedad

Muchos sucesos histórico-políticos y circunstancias de la vida producen situaciones de bilingüismo como, por ejemplo, los desplazamientos masivos de poblaciones (invasiones, conquistas, colonizaciones), la formación de estados nacionales, la inmigración (voluntaria o necesaria), las sociedades cosmopolitas y las familias bilingües de nivel cultural medio y alto. Hoy en día la globalización lleva a mucha gente a aprender otras lenguas o a vivir en otros países. Según las circunstancias particulares, para algunos individuos el bilingüismo es una elección personal, mientras que para otros es una necesidad y hasta una cuestión de supervivencia en un nuevo contexto político y cultural.

En situaciones de expansión territorial, los pueblos que a lo largo de su historia se han expandido más allá de sus fronteras de origen han llevado su lengua con ellos, imponiéndola a los habitantes de los nuevos territorios: por ejemplo, la expansión de los romanos en la Península Ibérica, la expansión de Castilla y el castellano en gran parte de lo que hoy es España y la expansión territorial de España en América, conocido como la colonización. En muchas de estas situaciones los habitantes originales aprenden la lengua de los invasores y se hacen bilingües, pero también es posible que algunos grupos se mantengan más aislados e impenetrables a la influencia lingüística y cultural: hoy en día es posible encontrar quechuas monolingües en Perú y Ecuador y mayas monolingües en Guatemala.

Otra situación que conlleva al bilingüismo es la inmigración voluntaria o involuntaria a otro país o territorio. Generalmente se trata de personas que se trasladan por razones socioeconómicas o políticas, llevando su lengua de un país a otro. En estos casos, la lengua y cultura de los inmigrantes es siempre débil y minoritaria con respecto a la lengua mayoritaria y fuerte del país receptor. Tanto los hispanos en los Estados Unidos como los indígenas que migran de las zonas rurales a las zonas urbanas en Hispanoamérica pasan por un período de transición durante el cual predomina el bilingüismo individual. Sin embargo, a partir de la tercera generación de inmigrantes, la lengua suele perderse en la familia, ya que los descendientes tienden a integrarse y a asimilarse completamente a la sociedad receptora. Cuando los inmigrantes se aferran a su lengua y cultura y tienen dificultad para aprender la lengua mayoritaria y para integrarse a la nueva sociedad, se ven confinados a los sectores marginales de la sociedad.

Finalmente, el cosmopolitismo y la globalización conducen a que la gente de clase media y alta aprenda más idiomas, especialmente lenguas de amplio uso y difusión internacional como el inglés, el español, el alemán, el francés. Es muy común hoy en día que los profesionales se trasladen de un país a otro y que puedan comunicarse en otras lenguas en su profesión y en otros contextos internacionales. Estas situaciones dan lugar también al bilingüismo individual.

La lengua es un importante signo de identidad y de patrimonio colectivo. Los grupos lingüísticos están relacionados entre sí por complejas relaciones sociales, económicas y políticas, que en última instancia se traducen en relaciones de poder y de prestigio. Aunque es difícil clasificar a grupos en categorías rígidas y estrictas, cuando nos referimos a los hispanos en los Estados Unidos o a los catalanes en España como grupos, nos referimos a ellos como grupos de hispanos o de catalanes porque comparten actitudes, valores, costumbres, cosmovisiones e ideologías propios de su lengua y cultura. Cada lengua y cultura definen una comunidad específica, por tanto, los individuos bilingües son parte de dos comunidades ya que interactúan en dos contextos sociales y en dos lenguas. Al participar en la vida de dos o más culturas los bilingües adaptan, al menos en parte, sus actitudes, conductas, valores y forma de vida a estas culturas.

Dentro de una comunidad bilingüe existe lo que Silva-Corvalán (2001) denomina continuo bilingüe. El continuo bilingüe incluye desde hablantes que tienen conocimiento completo de una variedad estándar de una lengua hasta los que solo manejan una variedad muy reducida, casi emblemática, de la misma lengua y viceversa en la otra lengua, dependiendo del mayor o menor grado de uso de las dos lenguas en la vida diaria. Dentro de una comunidad bilingüe se observa también que la competencia bilingüe de los miembros es fluida y cíclica. Una persona bilingüe puede pasar por etapas en las cuales usa una lengua más que la otra. Por lo tanto, su equilibrio bilingüe y competencia lingüística en cada lengua pueden fluctuar a lo largo de su vida. Según Silva-Corvalán (2001) los bilingües en una sociedad pueden desplazarse de un extremo al otro del continuo en cualquier etapa de su vida. En una comunidad bilingüe donde coexisten dos lenguas y culturas se establece también una relación política específica entre las dos lenguas. Generalmente, una de las lenguas en una sociedad bilingüe es la lengua mayoritaria, muchas veces de carácter oficial, y la otra es una lengua minoritaria. A nivel político, los grupos culturales mayoritarios con más poder tienden a imponer su lengua a los grupos culturales con menos poder. Una misma lengua —como el español— puede tener un estatus diferente dependiendo del territorio donde se habla y del contexto sociopolítico. El español es la lengua mayoritaria en España y en Hispanoamérica, pero es una lengua minoritaria en los Estados Unidos. El euskera, el catalán y el gallego son lenguas minoritarias en España, al menos fuera de los territorios donde se hablan, como también lo son el quechua, el náhuatl y el mapudungun en Hispanoamérica.

La lengua mayoritaria es la lengua fuerte, tiene una tradición literaria, cultural y escrita y es la lengua de las funciones superiores de la vida social, la política y la educación. La lengua minoritaria, en cambio, es la lengua débil, reservada para las relaciones personales y cotidianas, como en la vida familiar. Generalmente la lengua minoritaria es exclusivamente oral y en muchos casos carece de una variedad escrita y normalizada (p. ej., muchas lenguas indígenas en Hispanoamérica). En algunas regiones de España y en Hispanoamérica, el uso de la lengua mayoritaria se correlaciona positivamente con el nivel cultural y de educación formal de la población y con el grado de urbanismo. La lengua mayoritaria es generalmente más usada en la ciudad, como el caso del español en Hispanoamérica, mientras que la lengua minoritaria es generalmente más usada en las zonas rurales (por ejemplo, la lengua gallega en España y las lenguas indígenas en Hispanoamérica).

Como las lenguas minoritarias no tienen los mismos derechos políticos que las lenguas mayoritarias o lenguas oficiales de un país, esta situación da lugar a un bilingüismo asimétrico. Entre los que tienen la lengua mayoritaria como lengua nativa la proporción de bilingües es menor que entre los que tienen una lengua minoritaria como lengua nativa. Por ejemplo, en los Estados Unidos un niño de origen hispano debe aprender inglés para tener éxito en la escuela y en la sociedad estadounidense, mientras que un niño estadounidense de familia de habla inglesa no tiene que aprender español para alcanzar los mismos objetivos. De la misma manera, debido a la colonización española en Hispanoamérica, los indígenas de estas tierras deben aprender español a través de la educación escolar básica si quieren lograr movilidad social y derechos cívicos, pero los hispanoamericanos de origen español (criollos) o europeo no tienen que aprender las lenguas aborígenes autóctonas de la zona para lograr mejora social. Las aprenden solo si así lo desean por cuestiones personales.

Cuando dos o más lenguas entran en contacto a nivel social, esto tiene repercusiones lingüísticas a nivel individual: es decir, se producen cambios estructurales que afectan a todos los niveles de ambas lenguas, aunque es posible que se vea afectada una lengua más que otra. Los niveles que se ven afectados son el fonológico, el léxico, el sintáctico, el morfológico, el semántico y el pragmático. Generalmente, los cambios observados en situaciones de lenguas en contacto se evalúan con respecto a la norma estándar monolingüe (Silva-Corvalán 2001) y tienen consecuencias históricas en la evolución de una lengua a través de los siglos. Muy a menudo, son las circunstancias políticas y sociales, y el grado de bilingüismo de los individuos que hablan las lenguas lo que determina la cantidad y dirección de la influencia de una lengua sobre la otra. Por ejemplo, el inglés, a partir de la invasión normanda de 1066, ha adoptado palabras del francés y del latín. Asimismo, el español tiene muchas palabras que provienen del griego y del árabe que fueron introducidas durante la época romana y durante la ocupación musulmana. La mayoría de los términos científicos y filosóficos en castellano: *filosofía*, *hepatitis*, *Mesopotamia* y los términos finalizados en *-logía*, como *biología*, provienen del griego. El avance cultural de los musulmanes durante la Edad Media hizo que se adoptaran términos jurídicos que no tenían correspondencia en las estructuras sociales de los cristianos como las palabras *alcalde* y *alguacil*, formas comerciales como *almacén* y *almoneda*, y la transmisión de técnicas y oficios como *alfarero* y *albañil*.

Además de palabras prestadas de otra lengua tal cual, sin traducirse, se cree que muchos de los cambios introducidos en una lengua a través de su historia en situaciones de contacto provienen, precisamente, del habla bilingüe. El término *interferencia* se usa tanto en el campo de la sociolingüística para describir las contaminaciones recíprocas entre las lenguas en contacto en hablantes bilingües (Weinreich 1953) como en el campo de la adquisición de una lengua segunda o la adquisición bilingüe para describir errores. El contacto de lenguas produce de esta manera cambios a nivel morfológico y sintáctico. Por ejemplo, en el español en contacto con el euskera, en el español en contacto con el quechua y en el español en contacto con el guaraní, es común omitir pronombres de objeto (Palacios Alcaine 1999; Klee y Lynch 2009), como se muestra en los ejemplos (2) a continuación. En (1a) y en (1b), el pronombre *lo* aparece antes del verbo, mientras que las oraciones (2a) y (2b) no tienen el pronombre (hay un hueco ___). Este fenómeno se llama objetos nulos.

español monolingüe
(1) a. Ya **lo** he leído.
    b. Ese coche fue dejado aquí para aquí para que **lo** laves.

español en contacto con euskera/quechua/guaraní
(2) a. Ya ___ he leído.
    b. Ese coche fue dejado aquí para aquí para que ___ laves.

La interferencia es producto inconsciente de la conducta bilingüe y algo que no se puede evitar ni inhibir totalmente a nivel cognitivo. A nivel individual la interferencia puede ser esporádica y hasta idiosincrática ya que, dependiendo del nivel del conocimiento de una lengua o la otra, diferentes hablantes pueden cometer errores similares o errores distintos. A través de los años, los efectos de la interferencia en una comunidad bilingüe pueden ser cumulativos y conllevar a normas nuevas, diferentes de las observadas en los monolingües que usan la lengua en otra comunidad caracterizada por la falta de contacto.

Los hablantes "puristas" de variedades monolingües de una lengua generalmente miran con desdén y preocupación estos cambios en el habla de los bilingües. Piensan que este tipo de introducciones "contaminan" la lengua y deben evitarse. Sin embargo, estos temores no tienen fundamentos sólidos porque los préstamos en sí no matan una lengua. Otra característica de la conducta bilingüe que promueve actitudes negativas y despreciativas por parte de monolingües y puristas es la llamada alternancia de códigos. La alternancia de códigos es la mezcla de dos lenguas en una misma frase o discurso. Es importante no confundir el término *interferencia* con el término *alternancia de códigos*. En la interferencia, ejemplo (3), se impone la estructura de una lengua a la otra y todas las palabras de una frase están en la misma lengua.

(3) Tener un buen tiempo.
    'To have a good time'.

En la alternancia de códigos, por el contrario, se usa la estructura de una lengua, pero las palabras son de las dos lenguas, como se ve en (4) y (5):

(4) a. *Ayer vino Mario* and we went to the movies.   español-inglés
    b. Give me *el libro.*

(5) Egiten du *mogollón de pasta.*   euskera-castellano
    (Gana un montón de dinero).

La alternancia de códigos, o hablar mezclado, es un comportamiento bilingüe muy típico y normal, que ocurre incluso en bilingües que hablan lenguas estructuralmente muy distintas (chino-inglés, español-euskera, etc.), y ocurre en cierta medida como forma de comunicación entre bilingües en distintas comunidades. Por ejemplo, hablar alternando el español y el inglés en un mismo discurso es muy común entre los puertorriqueños de Nueva York y entre los hispanohablantes de los Estados Unidos en general.

5. Actitudes

Hemos visto que no es fácil definir ni caracterizar a un bilingüe porque hay muchos factores que determinan distintos aspectos de su conocimiento y conducta lingüística. El conocimiento bilingüe es muy complejo y por eso debe ser estudiado desde muchas perspectivas y disciplinas lingüísticas, psicolingüísticas, sociolingüísticas, pedagógicas y políticas, entre otras. Tener conocimiento de dos o más lenguas y poder usarlas de forma eficiente y apropiada trae ventajas personales, cognitivas, afectivas y sociales al individuo y a su entorno sociocultural. Las ventajas no son siempre obvias, pues dependen del tipo de bilingüe y del contexto sociopolítico y educativo en el que se desarrollan (Montrul 2013).

Lamentablemente el bilingüismo no siempre está bien visto. A pesar de que en el mundo hay más gente bilingüe o multilingüe que monolingüe, la opinión pública general es que ser monolingüe es lo normal y ser bilingüe es anormal. Tanto en ámbitos educacionales como en ámbitos científicos persiste la creencia de que el bilingüismo no es digno de admiración, puesto que puede conllevar desventajas cognitivas y educativas, sobre todo en los niños de edad escolar.

Es probable que estas connotaciones negativas sean generadas en parte por la conducta bilingüe. Como hemos visto, los bilingües frecuentemente usan las dos lenguas en un mismo contexto y hasta dentro de una misma oración cuando hablan entre ellos (alternancia de códigos). Además, debido al contacto de las lenguas a nivel social y psicolingüístico, muchos bilingües manifiestan interferencias fonológicas, de vocabulario o morfosintácticas de una lengua a la otra sin darse cuenta. Para los que no son bilingües, la mezcla de dos lenguas al hablar se ve como algo incorrecto, que surge de la falta de conocimiento que tienen los bilingües de una lengua, de la otra, o incluso de las dos.

Otra de las razones por la cual la visión general del bilingüismo en ciertos círculos científicos y educacionales es bastante negativa puede deberse a que la mayoría de las investigaciones en el campo del bilingüismo consiste en comparar monolingües y bilingües (Li y Moyer, eds. 2008). El objetivo principal de este tipo de comparación es ver hasta qué punto diferentes experiencias con distintos aspectos de las lenguas contribuyen al aprendizaje, conocimiento, procesamiento y uso de las lenguas. Muchos de estos estudios con bilingües utilizan pruebas y metodologías diseñadas y normalizadas con personas monolingües. Cuando hacemos este tipo de comparaciones, y dependiendo del tipo de bilingüe que evaluamos (desequilibrado, receptivo, etc.), los bilingües generalmente obtienen un rendimiento más bajo en las pruebas que los monolingües.

Según Grosjean (2008), estudiar una sola lengua del bilingüe y compararla con el monolingüe nos da una visión fraccionada e incompleta del bilingüismo, la cual nos lleva a ver al bilingüe como un ser lingüísticamente deficiente. Grosjean propone el estudio del bilingüe desde una perspectiva más holística, que tiene en cuenta la totalidad del conocimiento, no solo las partes. Grosjean insiste en que la competencia gramatical y comunicativa del bilingüe no puede estudiarse solo en una lengua sino que debe ser evaluada a través del repertorio comunicativo total del bilingüe en las dos lenguas como las usa en su vida diaria.

A nivel social, el estatus sociopolítico de la lengua también influye en gran medida en las actitudes y en la autoestima cultural y lingüística de sus hablantes. Cuando una comunidad se encuentra en una situación de inferioridad social y política, sus hablantes suelen presentar un bajo grado de autoestima lingüística. Es decir, suelen creer que su lengua no es tan útil como la lengua mayoritaria y que mantener su lengua podría impedir el progreso social y económico de ellos y de sus hijos. Naturalmente, esta situación trae consecuencias negativas para el aprendizaje y el mantenimiento de la lengua minoritaria y conlleva la pérdida de la lengua en algunas comunidades, dependiendo de la presión política y del número de hablantes (Barriga Villanueva 2008).

En cambio, los hablantes de lenguas mayoritarias que aprenden otra lengua son bilingües sin sentimientos negativos hacia su lengua materna. Por ejemplo, los estadounidenses angloparlantes que aprenden español como lengua extranjera o como segunda lengua no sienten que el inglés es un obstáculo para el aprendizaje del español. Además consideran el aprendizaje del español importante para su carrera profesional. Lo mismo ocurre con los hispanohablantes en España y en Hispanoamérica que aprenden inglés. Asimismo, las familias bilingües de nivel socioeconómico medio y alto que eligen aprender otra lengua consideran importante el cultivo de ambas lenguas. Este tipo de bilingüismo aditivo no conduce a una autoestima lingüística baja hacia la lengua materna ni tiene consecuencias perniciosas para el aprendizaje y mantenimiento de la lengua materna porque es una lengua mayoritaria, con alto valor social e instrumental.

En conclusión, el bilingüismo es un fenómeno muy complejo y debe estudiarse a nivel individual y social. El bilingüismo abarca muchos aspectos de la conducta y el conocimiento humano y su estudio tiene repercusiones educativas, sociales, políticas, económicas y para la salud.

Bibliografía

Barriga Villanueva, R. (2008) "Miradas a la interculturalidad", *Revista Mexicana de Investigación Educativa*, 13, 39, pp. 1229–1254.

Bloomfield, L. (1993) *Language*, Nueva York: Holt.

Chomsky, N. (1965) *Aspects of the theory of syntax*, Cambridge, MA: The MIT Press.

Grosjean, F. (1997) "The bilingual individual", *Interpreting*, 2, pp. 163–187.

Grosjean, F. (2008) *Studying bilinguals*, Oxford: Oxford University Press.

Hymes, D. H. (1966) "Two types of linguistic relativity", en Bright, W. (ed.) *Sociolinguistics*, La Haya: Mouton, pp. 114–158.

Klee, C. y Lynch, A. (2009) *El español en contacto con otras lenguas*, Washington, DC: Georgetwon University Press.

Li, W. y Moyer, M. (eds.) (2008) *The Blackwell guide to research methods in bilingualism and multilingualism*, Singapore: Blackwell.

Mackey, W. (1968) "The description of bilingualism", en Fishman, J. (ed.) *Readings in the sociology of language*, La Haya: Mouton, pp. 554–84.

Montrul, S. (2008) *Incomplete acquisition in bilingualism. Re-examining the age factor*, Amsterdam: John Benjamins.

Montrul, S. (2013) *El bilingüismo en el mundo hispanohablante*, Malden, MA: Wiley-Blackwell.

Palacios Alcaine, A. (1999) *Introducción a la lengua y cultura guaraníes* (De acá para allá: Lenguas y culturas amerindias, 6), Valencia: Universidad de Valencia, Departamento de Teoria de Llenguatges.

Silva-Corvalán, C. (2001) *Sociolingüística y pragmática del español*, Washington, DC: Georgetown University Press.

Weinreich, U. (1953), *Languages in contact*, The Hague: Mouton.

Lecturas complementarias

Grosjean, F. (2010) *Bilingual: Life and reality*, Cambridge, MA: Harvard University Press.

Hualde, J. I., Escobar, A. M., Olarrea, A. y Travis, C. (2010) *Introducción a la lingüística hispánica*, 2.ª ed., Cambridge: Cambridge University Press.

Lipski, J. (2008) *Varieties of Spanish in the United States*, Washington, DC: Georgetown University Press.

Pearson, B. (2010) *Consigue que tu hijo sea bilingüe*, Madrid: Bilingual Readers.

Ritchie, W. y Bhatia, T. (eds.) (2013), *The handbook of bilingualism*, Malden, MA: Wiley-Blackwell.

Siguan, M. y Mackey, W. (1986) *Educación y bilingüismo*, Madrid: Santillana.

Siguan, M. (2001) *Bilingüismo y lengua en contacto*, Madrid: Alianza Ensayo.

Entradas relacionadas

adquisición del español como lengua materna; adquisición del español como segunda lengua; alternancia de códigos; psicolingüística

CORPUS TEXTUALES DEL ESPAÑOL

Guillermo Rojo

1. Introducción

Un *corpus* es un conjunto de (fragmentos de) textos naturales, almacenados en formato electrónico, representativos en su conjunto de una variedad lingüística, en alguno de sus componentes o en su totalidad, y reunidos con el propósito de facilitar su estudio científico (cf. Rojo 2014). Esta definición muestra explícitamente que los textos deben ser naturales (no artificiales ni creados expresamente para su incorporación al corpus), han de estar en formato electrónico porque esa es la única forma de que podamos recuperar la información que precisamos, tienen que ser representativos de la variedad de la que proceden y, por último, deben permitir su estudio científico (no exclusivamente lingüístico), lo cual suele implicar la adición de información gramatical, léxica y pragmática a la simple secuencia de formas gráficas que constituyen el texto en el sentido más habitual de la palabra.

Lo anterior significa que, aunque ese rasgo no figure explícitamente en las definiciones habituales, un corpus presupone la existencia de un determinado diseño en su configuración. Esto es, un corpus se construye con la intención de que reúna unos determinados requisitos en cuanto a la procedencia de los textos, la época a la que pertenecen, el tipo al que corresponden, etc. La razón de ello es muy clara: lo que interesa obtener de un corpus es el perfil general de una expresión o estructura en un momento determinado de la historia de la lengua correspondiente, pero también —y en muchos casos, sobre todo— las diferentes características con que la entidad o fenómeno estudiados se presentan en los distintos tipos y subtipos de textos incluidos en el corpus. Un corpus, pues, se opone a lo que en términos tradicionales en lingüística de corpus (LC) se considera un *archivo*, es decir, un conjunto heterogéneo de textos integrados en un recurso único como consecuencia de factores que no se vinculan al deseo de lograr una determinada composición general. Un archivo es una reunión de textos independientes entre sí que son habitualmente analizados de forma individual. Como ha señalado Tognini Bonelli (2010: 18–20), un texto se lee de forma continua, línea a línea, mientras que un corpus no se lee de corrido, sino que se estudia, mediante el análisis de las concordancias, el conjunto de casos del fenómeno en cuestión contenidos en él. Con sus propias palabras, un texto "is an instance of *parole* while the patterns shown up by corpus evidence yield insights into *langue*".

Como es bien sabido, la historia de la LC es todavía corta, pero se ha desarrollado a gran velocidad. En efecto, dejando a un lado los antecedentes (cf. Rojo 2015), su evolución está fuertemente determinada por la que han experimentado las computadoras y, en general, los recursos electrónicos de todo tipo vinculados a la forma de lograr versiones electrónicas de los textos, almacenarlos de modo que se pueda extraer la información pertinente, añadir información, abrirlos a la consulta general, etc. Todo ello hace que en cincuenta años se haya pasado del *Brown Corpus*, constituido por un millón de formas, con posibilidad de ofrecer solo resultados totales y consultable únicamente en la computadora en la que residía, a cualquiera de los corpus que manejamos en la actualidad, formados por cientos o incluso miles de millones de formas, previamente etiquetadas y lematizadas de forma automática, que admiten la recuperación selectiva de la información y pueden ser consultados, a través de Internet, desde cualquier parte del mundo. En una línea paralela y congruente con la anterior, la tipología de los corpus se ha diversificado enormemente, en respuesta a las posibilidades que esta forma de acceder al análisis de los fenómenos lingüísticos brinda a cultivadores de diferentes subdisciplinas lingüísticas, con intereses muy variados y orientaciones diversas.

Por todo ello, resulta imposible trazar un panorama relativamente detallado de los corpus existentes en español en un trabajo con las limitaciones de espacio esperables en una enciclopedia. Dado, además, que los lectores interesados pueden encontrar información detallada sobre recursos lingüísticos en la página mantenida por Joaquim Llisterri (LLISTERRI1)) y una amplia y actualizada relación de corpus de español en el magnífico informe elaborado por Briz y Albelda (2009), intentaré aquí proporcionar más bien una perspectiva general de las líneas maestras por las que ha discurrido hasta el presente la LC en español, citando en cada bloque únicamente los corpus más significativos.

2. Los orígenes

La LC en español comenzó de forma relativamente tardía, pero ha experimentado un desarrollo muy rápido e intenso que, hasta cierto punto, se explica precisamente por el hecho de haber iniciado su desarrollo en un marco tecnológico más evolucionado, lo cual permite entender también algunos factores característicos de la LC en español frente a lo habitual en otras tradiciones. Por una parte, el predominio de los corpus de referencia (CREA, CORDE, CE y CORPES, cf. *infra*), todos ellos de tamaño medio o grande, que permiten obtener la visión general de un determinado fenómeno no solo en un momento determinado, sino también a lo largo del tiempo o del espacio, lo cual resulta especialmente importante en el caso del español, lengua habitual de la mayor parte de la población de un gran número de países (cf. Moreno y Otero 2007) y un grado de homogeneidad compatible con la existencia de una norma policéntrica. Por otra, esos corpus, concebidos y desarrollados ya en las condiciones de acceso que brinda la existencia de Internet, están abiertos a la consulta externa desde su aparición, aunque, por las limitaciones que impone la existencia de derechos sobre los textos, la obtención de resultados está habitualmente limitada a los fragmentos que contienen el fenómeno que se desea analizar. En todo este desarrollo ha tenido una importancia crucial la decisión de acometer la construcción del CREA y, muy poco después, la del CORDE, adoptada por la Real Academia Española en 1995. De acuerdo con el papel atribuido tradicionalmente a las academias de la lengua en el mundo hispánico, su deseo de convertirse también en centros de recursos lingüísticos ha proporcionado instrumentos que, sin duda, han dado un giro considerable a las investigaciones sobre el español de todas las épocas, lugares y tipos.

Lo mismo que sucede en otras tradiciones, en los orígenes de la LC en español se entrecruzan líneas próximas a lo que luego será la LC, pero que no emplean recursos electrónicos, con las que emplean medios informáticos para automatizar tareas que, en principio, están menos vinculadas a la LC en sentido estricto. La primera de estas líneas es, sin duda, la representada por el *Proyecto de estudio coordinado de la norma lingüística culta del español hablado en las principales ciudades de Iberoamérica y de la Península Ibérica*, propuesto inicialmente por Lope Blanch en el simposio de Bloomington (1964) (cf. Lope Blanch 1967, 1986; cf. también Spitzová 1991 y Rabanales 1992). Si lo comparamos con el que puede ser considerado su paralelo en la lingüística inglesa, el *Survey of English usage* (SEU), dirigido por Randolph Quirk, vemos que ninguno de los dos fue concebido inicialmente como un corpus en el sentido actual del término, pero responden a objetivos muy próximos. El SEU, más reducido, caminaba en la línea de integrar los materiales (un millón de formas) en un conjunto único. El *Proyecto de la norma culta*, mucho más amplio en su diseño, se centraba en la publicación independiente de textos recogidos en diferentes ciudades. Esto es, carecía del rasgo de integración, fundamental en la construcción de un corpus, pero primaba, en cambio, el análisis de la variación lingüística. Como es de esperar por los rasgos señalados, el resultado de ambos proyectos fue reconvertido posteriormente en un corpus en el sentido habitual (aunque solo una pequeña parte en el caso del *Proyecto de la norma culta*, cf. *infra*).

Por una vía diferente se sitúan los trabajos que, en términos generales, suponen el aprovechamiento de las ventajas que proporcionan las recién nacidas computadoras para automatizar y facilitar algunas tareas como la preparación de listas de frecuencias, índices o concordancias mediante la informatización de un conjunto más o menos amplio de textos. El *Hispanic Seminar of Medieval Studies* fue pionero, ya en la década de los setenta, en la conversión a formato electrónico de textos medievales españoles para la redacción del *Dictionary of Old Spanish language*, dirigido por Lloyd A. Karsten y John J. Nitti. Es fácil imaginar la enorme cantidad de dificultades que sus responsables tuvieron que vencer para recoger la complejidad y diversidad de las grafías medievales o el tratamiento del desarrollo de abreviaturas con los sistemas informáticos de la época. Con el paso de los años, todos los textos transcritos y procesados han pasado a formar parte de los corpus integrados en la *Biblioteca digital de textos del español antiguo* (y una parte de ellos también del CORDE). Un poco más tarde surgen dos proyectos desarrollados en la Universidad de Göteborg por David Mighetto y Per Rosengren. Primero 9, luego 11, novelas españolas de los años 1951 a 1971 (proyecto ONE71, con algo más de un millón de formas; cf. Mighetto 1985) y luego unos 3.000 artículos publicados en el periódico *El País* y la revista *Triunfo* en 1977 (proyecto PE77, con casi dos millones de formas; cf. Mighetto y Rosengren 1982, 1983, 1985) a partir de los cuales editaron listas de frecuencias, concordancias y diccionarios inversos. Algún tiempo después, ambos conjuntos textuales pasaban a constituir sendos corpus integrados en el proyecto SOL (que, en la versión consultable en 2014, contiene también, bajo el nombre de COR92, el CORLEC preparado por Francisco Marcos Marín en 1992, cf. *infra*). Por fin, por esta misma época Hiroto Ueda informatizaba los textos de 30 obras teatrales españolas (cf. Ueda, 1987 y 1989–1997).

3. Los primeros corpus de español

Entre 1980 y 1995 aparecen los primeros corpus de español concebidos y desarrollados ya con criterios comparables a los que en ese momento se estaban llevando a cabo para otras lenguas. Cabe distinguir, para esta época, cinco bloques fundamentales. En primer lugar, corpus de tamaño reducido (incluso para los estándares del momento), resultado de proyectos individuales o de grupos de investigación y que sirven fundamentalmente como fuentes de datos para análisis de diferente naturaleza. Destaca en este grupo el corpus de Lovaina, formado por 39 textos escritos españoles y americanos (entre 1922 y 1988) construido bajo la dirección de Josse de Kock en esa universidad. En realidad, son dos conjuntos textuales formados por 19 y 20 textos, respectivamente, de unas 100.000 formas cada uno de ellos. El contenido de ambos corpus fue publicado entre 1990 y 1992, complementados con los índices alfabéticos, inversos y listas de frecuencias de cada uno de ellos (cf. De Kock *et al.* 1990–1992; De Kock 2001a). A pesar de su tamaño reducido, han sido la base de una importante cantidad de publicaciones, con centro en la serie *Gramática española. Enseñanza e investigación* publicada por la Universidad de Salamanca. De 1990 data también el corpus ENTREVIS90, construido por Kjær Jensen en la Universidad de Århus, constituido por un total de 725.000 formas procedentes de entrevistas publicadas en las revistas *Tiempo* y *Cambio 16* de 1990 (cf. Jensen 1991 y 2001). Poco tiempo después, Jensen construyó ENTREVIS95, con unas 569.000 palabras tomadas de entrevistas aparecidas en estas dos revistas a lo largo de 1995. A estos corpus podemos añadir el ya mencionado *Spanish on line* (SOL), disponible para su consulta a través de Internet desde 1998.

El segundo bloque está constituido por los corpus que se desarrollan en esta misma época para servir a propósitos lexicográficos, siguiendo la estela marcada por el COBUILD. El *Corpus Vox-Biblograf* (CVB), dirigido por Manuel Alvar Ezquerra, derivado del corpus de español diseñado en el interior del proyecto europeo NERC (cf. *infra*), constaba en 2001 de unos diez millones de formas procedentes de textos escritos y estaba prevista, pero todavía no finalizada, la inclusión de textos orales (cf. Alvar y Corpas 2001: 230–231). En una línea similar, el corpus CUMBRE, dirigido por Aquilino Sánchez, sirvió para la redacción del diccionario CUMBRE, editado por la editorial SGEL, presentado como el primer diccionario español basado en un corpus (GDUEsA: 7–8). Consta de unos veinte millones de formas, procedentes de textos escritos y orales de España y América. A partir de dos millones de formas de este corpus, etiquetadas y desambiguadas, se publicó un diccionario de frecuencias (Almela *et al.* 2001). También cabe destacar el *Corpus del español mexicano contemporáneo* (CEMC), formado por 996 muestras de unas 2.000 formas procedentes de textos escritos y orales producidos entre 1921 y 1974 (cf. CEMC). A partir de los datos de este corpus se publicaron varios diccionarios de español mexicano, dirigidos todos ellos por Luis Fernando Lara.

El tercer grupo está formado por corpus de tamaño pequeño que se construyen en el marco de proyectos europeos. El proyecto *Corpus Resources and Terminology Extraction* (CRATER) dio lugar a un corpus multilingüe (inglés, francés y español) constituido por textos alineados destinados a facilitar la extracción y traducción de términos técnicos. El proyecto *Network of European Reference Corpus* (NERC) tenía como finalidad fundamental la de establecer los rasgos básicos para la construcción de corpus de características semejantes en diversas lenguas europeas. El proyecto PAROLE pretendía la creación de corpus de construcción similar de diversas lenguas europeas con un tamaño aproximado de veinte millones.

El cuarto bloque está formado por varios corpus de carácter general y tamaño relativamente pequeño. En primer lugar, los dirigidos por Francisco Marcos Marín en diversas acciones patrocinadas por la Sociedad Estatal del Quinto Centenario. Son el *Corpus lingüístico de referencia de la lengua española en Argentina*, el *Corpus lingüístico de referencia de la lengua española en Chile*, cada uno de ellos con alrededor de dos millones de formas y el CORLEC (cf. *infra*). El corpus LEXESP, resultado de la colaboración de diversos equipos de lingüistas y psicólogos, tiene alrededor de un millón y medio de formas de textos escritos sobre las que se elaboró el *Diccionario de frecuencias de las unidades lingüísticas del castellano* (Alameda y Cuetos 1995). Hay que mencionar aquí también el *Corpus of*

Contemporary Spanish reunido por Barry Ife y constituido por algo más de cinco millones de formas, distribuido en CD-ROM.

Por fin, en la dimensión diacrónica, Francisco Marcos Marín, Charles Faulhaber, Ángel Gómez Moreno y Antonio Cortijo Ocaña son los responsables del proyecto *ADMYTE*, que reúne las transcripciones de una notable cantidad de textos medievales españoles. Publicado inicialmente en CD (Admyte 0 en 1991 y Admyte 1 en 1992), los textos de este corpus (unos doce millones de formas en total) son consultables ahora en red.

4. La situación actual

Como ya se ha señalado, la Real Academia Española tomó en 1995 la decisión de emprender la construcción de un corpus del español contemporáneo, el *Corpus de referencia del español actual* (CREA), y, pocos meses después, de su complemento histórico, el *Corpus diacrónico del español* (CORDE). En las versiones que se pueden considerar cerradas a finales de 2013, el CREA contiene unos 160 millones de formas procedentes de textos, tanto escritos como orales, de todos los países hispánicos, publicados entre 1975 y 2004. El CORDE, por su parte, está formado por algo más de 250 millones de formas que proceden de textos que van desde los orígenes de la lengua hasta 1974. Ninguno de los dos corpus está anotado en sus versiones públicas, pero la aplicación de consulta presenta una gran versatilidad, que permite hacer recuperaciones selectivas mediante la combinación de diferentes valores de cualquiera de los muchos parámetros que han entrado en la configuración de los corpus. La necesidad de mejorar y ampliar sus bancos de datos ha llevado a la RAE a construir el *Corpus del diccionario histórico* (CDH), pensado fundamentalmente para ser el fondo documental del *Nuevo diccionario histórico del español* y también el *Corpus del español del siglo XXI* (CORPES), que en su primera fase comprenderá 300 millones de formas procedentes de textos escritos y orales producidos entre 2001 y 2012. La versión provisional consultable en mayo de 2015 (la 0.8) consta de unos doscientos siete millones de formas, todas ellas de textos escritos anotados y lematizados.

En la categoría de los corpus de referencia entra también el *Corpus del español* (CE), construido por Mark Davies, formado por unos cien millones de formas desde los orígenes de la lengua hasta finales del siglo XX. El CE está parcialmente anotado y lematizado, lo cual le confiere su mayor valor. La aplicación de recuperación de información es muy rápida y vistosa, pero solo admite la selección por siglos y, en los del XX, también por tipos de texto.

Carácter general tiene también el *Corpus del español actual* (CEA), construido por Carlos Subirats y Marc Ortega, integrado por unos 450 millones de formas procedentes de textos parlamentarios, documentos oficiales de la ONU y de la parte española de la *Wikipedia*, anotados automáticamente. El *Corpus dinámico del castellano de Chile* (Codicach), desarrollado por Scott Sadowsky, consta de 800 millones de formas ortográficas, casi todas procedentes de textos de prensa (pero solo hay acceso abierto a las listas de frecuencias léxicas derivadas). Mucho más reducido en tamaño, aunque con una gran cantidad de información gramatical y léxica asociada, es el corpus *Ancora-Es*, del grupo CLIC de la Universidad de Barcelona, dirigido por M.ª Antònia Martí.

Como consecuencia de la prioridad atribuida en el *Proyecto de la norma culta* al análisis de la lengua oral y su temprano cruce con la sociolingüística de orientación laboviana, surgió muy pronto una notable cantidad de proyectos de recogida de materiales orales en un gran número de ciudades a uno y otro lado del Atlántico (cf. Bentivoglio 1991, 1998: 40; Briz y Albelda 2009, § 2), pero solo una parte ha sido publicada en formato impreso y una parte todavía menor ha sido digitalizada. Afortunadamente, la Asociación de Lingüística y Filología de América Latina (ALFAL) acometió el proyecto de digitalizar y dotar de una codificación unificada una parte de los materiales recogidos (12 ciudades con 14 encuestas de cada una de ellas, cf. Samper 1995) en el denominado *Macrocorpus de la norma lingüística culta de las principales ciudades del mundo hispánico* (Samper *et al.* 1998), distribuido en CD e incorporado íntegramente al componente oral del CREA. Algunos de esos materiales, a los que se añadieron más entrevistas grabadas en algunas ciudades americanas, fueron utilizados en el proyecto *Estudio gramatical del español hablado en América* (EGREHA), dirigido por César Hernández Alonso (2009). La unión de estas dos tradiciones y su adaptación a las características actuales de la investigación en este terreno se da en el *Proyecto para el estudio sociolingüístico del español de España y de América* (PRESEEA), coordinado por Francisco Moreno Fernández. Forman parte de este proyecto 39 equipos, que han recogido y transcrito entrevistas semidirigidas en otras tantas ciudades del mundo hispánico. Los textos tienen una codificación común y se puede consultar ya una versión provisional que permite la recuperación selectiva de algunos de los subcorpus. Una parte considerable de esos materiales pasará a formar parte del CORPES.

A los anteriores, de orientación netamente sociolingüística, hemos de añadir los corpus de lengua oral construidos con otras finalidades de estudio, compatibles en muchos casos en el enfoque sociolingüístico. Con carácter de corpus de referencia podemos citar el *Corpus oral de referencia de la lengua española contemporánea* (CORLEC), que contiene la transcripción de 1.100.000 formas grabadas en 1990–1992 y que ha sido integrado también en el CREA. C-ORAL-ROM, distribuido en CD, es el resultado de un proyecto europeo en el que se han transcrito unas 300.000 formas de cada una de las cuatro lenguas participantes, el español entre ellas. El *Corpus oral para el estudio del lenguaje juvenil y del español hablado en Alicante* (ALCORE y COVJA), dirigido por Dolores Azorín y el *Vernáculo Urbano Malagueño* (VUM), dirigido por Villena Ponsoda, están también en este bloque. Corpus consistentes en conversaciones son el *Corpus de conversaciones coloquiales* reunido por el grupo Val.Es.Co, que en su versión 2.0 (julio de 2013) muestra 46 conversaciones con un total de 120.000 palabras. El grupo, dirigido por Antonio Briz, ha desarrollado un sistema de codificación que ha sido adoptado por otros muchos proyectos. Hay que citar también el *Corpus conversacional de Alcalá*, construido por Ana Cestero, integrado en el CREA, y el *Corpus conversacional de Barcelona y su área metropolitana*, proyecto dirigido por Rosa Vila. Sobre lengua oral, pero con propósito de utilización para fines didácticos (ELE), el *Spanish Oral Language Archive Project*, construido en la Universidad Carnegie Mellon, y el *Corpus oral didáctico anotado lingüísticamente* (C-Or-DiAL), construido por Carlota Nicolás Martínez (2012), vinculado a C-ORAL-ROM; se distribuye en un CD que contiene las grabaciones y las transcripciones, anotadas, con un total de casi 120.000 formas.

El proyecto *Difusión internacional del español por los medios* (DIES-M), coordinado por Raúl Ávila, que integra los antiguos DIES-RTV y DIES-RTP, reúne y transcribe textos procedentes de los más diversos medios de comunicación (prensa escrita, radio y televisión). Con materiales de habla juvenil figuran el COVJA, ya mencionado, el *Corpus de habla de los universitarios salmantinos* (CHUS), dirigido por Julio Borrego y Carmen Fernández Juncal, y el *Corpus oral de lenguaje adolescente* (COLA), construido por Annete Myre Jörgensen, de la Universidad de Bergen, con transcripciones y sonido alineado procedentes de muestras tomadas en Madrid, Santiago de Chile, Buenos Aires y Ciudad de Guatemala del habla de jóvenes con edades comprendidas entre los 13 y los 19 años. Por fin, orientado al español rural y al estudio de fenómenos gramaticales, el *Corpus oral y sonoro del español rural* (COSER), dirigido por Inés Fernández-Ordóñez en la Universidad Autónoma de Madrid.

El Grial, dirigido por Giovanni Parodi en la Pontificia Universidad Católica de Valparaíso, se centra en el análisis de las diferencias entre textos correspondientes a distintos registros del español. Sobre el español técnico de diferentes países, orientados casi siempre a la obtención de terminología especializada, hay que mencionar en primer lugar el *Corpus técnico del Institut universitari de lingüística aplicada* de la Universidad Pompeu Fabra, con textos escritos (en español, catalán, inglés, francés y alemán) correspondientes a los ámbitos del derecho, la economía, la genómica, la medicina y el medio ambiente, a los que se añade un corpus de prensa como elemento de contraste. El corpus *Iberia*, realizado en el Consejo superior de investigaciones científicas y dirigido por Ignacio Ahumada, contiene cerca de 90 millones de formas procedentes de textos técnicos variados publicados entre 1985 y 2011. Hay que mencionar en este apartado las dos secciones españolas del proyecto *Platform for Automatic, Normalized Annotation and Cost-Effective Acquisition of Language Resources for Human Language Technologies* (PANACEA), dedicadas a medio ambiente y legislación laboral. El corpus PAAU92, diseñado y construido por Paz Battaner y Sergi Torner, recoge las pruebas escritas de 700 exámenes de diversas materias en las pruebas de acceso de 1992 en seis universidades españolas (Barcelona, Complutense de Madrid, Murcia, Oviedo, Salamanca y Sevilla). Ha sido incorporado al CREA.

Se están desarrollando también algunos corpus formados con textos producidos por estudiantes de español como lengua extranjera. El *Spanish learner language oral corpora* es un corpus oral de español L2 compilado por investigadores de las universidades británicas de Southampton, Newcastle y Greenwich. El *Corpus escrito de español L2* (CEDEL2), dirigido por Cristóbal Lozano en la Universidad de Granada, forma parte de un proyecto centrado en el análisis del orden de palabras en español e inglés. El Instituto Cervantes ha publicado en octubre de 2014 el *Corpus de aprendices de español* (CAES), formado por muestras de más de 1400 estudiantes de ELE con árabe, chino mandarín, francés, inglés, portugués y ruso como L1.

Entre los corpus de orientación diacrónica, además de la *Biblioteca Digital de Textos del Español Antiguo* y el CORDE, ya citados, hay que mencionar el *Corpus histórico del español de México* (CHEM), el *Corpus de documentos españoles anteriores a 1700* (CODEA), dirigido por Pedro Sánchez-Prieto, con unos 1500 documentos transcritos hasta el momento según las directrices seguidas en el proyecto *Corpus hispánico y americano en la red: Textos antiguos* (CHARTA). Carácter más restringido por el tipo de textos incluidos (solo traducciones de la Biblia al castellano), pero mucho más amplio en cuanto a posibilidades de recuperación de datos y análisis tiene el proyecto *Biblia medieval*, dirigido por Andrés Enrique-Arias, con unos cinco millones de formas. Para finales de 2015 está prevista la publicación del *Corpus diacrónico y diatópico del español de América* (CORDIAM), patrocinado por la Academia mexicana de la lengua y dirigido por Concepción Company y Virginia Bertolotti. Contendrá la transcripción de unos 3.000 documentos, no literarios, procedentes de todos los países americanos, con un total de unos cuatro millones de formas.

Para el análisis del lenguaje infantil cabe citar, en primer lugar, la parte española del conocido proyecto *Child Language Data Exchange System* (CHILDES). A ello podemos sumar el *Corpus de habla infantil espontánea del español* (CHIEDE), con algo menos de 60.000 formas procedentes de 30 grabaciones, que se distribuye a través de ELRA.

Hay gran cantidad de textos en español en corpus multilingües, entre los que cabe destacar el *Catalan-Spanish Parallel Corpus* (ELRA-W0053), con unos cien millones de formas procedentes de la edición en ambas lenguas de *El Periódico de Cataluña*; el *MultiUN: Multilingual UN Parallel Text 2000–2009*, con 350 millones de formas procedentes de textos oficiales de la ONU; el *European Parliament proceedings parallel corpus 1996–2011* y el

Wikicorpus, v. 1.0, con elementos procedentes de las versiones en español, catalán e inglés de la Wikipedia, anotados con FreeLing.

Al lado de los corpus constituidos por la transcripción de textos orales (entrevistas, conversaciones, tertulias, discursos, etc.) hay que situar los integrados por grabaciones, destinados a proporcionar los datos necesarios para las aplicaciones de análisis y síntesis de voz. Además de la gran cantidad de grabaciones de los más diversos tipos que figuran entre los materiales ofrecidos por ELRA, hay que mencionar *Albayzin, EUROM, SpeechDat, ACCOR, MULTEXT* o *MATE* (cf. la amplia información sobre estos corpus en la parte correspondiente de la página mantenida por Joaquim Llisterri (LLISTERRI2)).

La corriente conocida como *Web as Corpus* ha creado, como es lógico, conjuntos con textos escritos en español. El carácter automático y escasamente selectivo con que se han venido construyendo estos recursos hace que, en principio, deban ser considerados más bien como archivos (cf. *supra*). Sin embargo, la selección y el filtrado de textos se han ido haciendo de forma cada vez más refinada. Hay que mencionar en este grupo la parte española de los *Internet corpora* construidos en la Universidad de Leeds, con unos 143 millones de formas y, sobre todo, el corpus *EsTenTen*, que forma parte de un proyecto mucho más general, dirigido por Adam Kilgarrif (2013) y que tenía, en diciembre de 2013, algo más de 8.300 millones de formas, etiquetadas, procedentes de todos los países hispánicos.

Los corpus son recursos básicos que, además de la explotación directa, constituyen el punto de partida de numerosas aplicaciones mediante las adaptaciones y refinamientos necesarios. Los *tree-banks*, por ejemplo, son conjuntos de secuencias analizadas sintácticamente en los que es posible recuperar las que reúnen unas determinadas condiciones estructurales. Hay que mencionar en este bloque el *RST Spanish treebank*, desarrollado en la Universidad Autónoma de México, con anotación de relaciones discursivas; el *Spanish tree-bank* de la Universidad Autónoma de Madrid, con 1.500 oraciones anotadas sintácticamente o el *LSP Spanish treebank* desarrollado en el IULA de la Universidad Pompeu Fabra, con unas 42.000 oraciones analizadas, procedentes del corpus técnico (*vid. supra*). El corpus *Araknion-es* construido por el grupo CLIC (cf. *supra*), contiene algo más de tres millones de oraciones con los análisis sintácticos correspondientes en forma de árboles de dependencias. Con un enfoque bastante diferente, la *Base de datos sintácticos del español actual* (BDS), construida en la Universidad de Santiago de Compostela, almacena el resultado del análisis sintáctico manual de las aproximadamente 160.000 cláusulas contenidas en un corpus de casi un millón y medio de formas del español actual. A partir de la BDS se han desarrollado recursos como el *Corpus sintácticamente anotado* (CSA), dentro del proyecto de *Desarrollo de recursos para el análisis sintáctico automático del español* (DRASAE), dirigido por M.ª Paula Santalla del Río en la Universidad de Santiago de Compostela, o la base de datos sobre *Verbos, alternancias de diátesis y esquemas sintáctico-semántico del español* (ADESSE), dirigida por José María García-Miguel en la Universidad de Vigo.

Relación de corpus y otros recursos electrónicos mencionados en el texto

ACCOR: *Articulatory-Acoustic Correlations in Coarticulatory Processes – A Cross-Linguistic Investigation* (http://www.cstr.ed.ac.uk/research/projects/artic/accor.html).

ACUAH: *Análisis de la conversación. Universidad de Alcalá de Henares.*

ADESSE: *Base de datos de verbos, alternancias de diátesis y esquemas sintáctico-semánticos del español* (http://adesse.uvigo.es/).

ADMYTE (http://www.admyte.com/admyteonline/home.htm).

Albayzín. Base de datos para el reconocimiento del habla en español (http://catalog.elra.info/product_info.php?products_id=746&osCsid=7a272af9a54b96add9f69ac305a7ed28).

Corpus textuales del español

ALCORE: *Alicante Corpus Oral del Español*; integrado en el *Corpus oral para el estudio del lenguaje juvenil y del español hablado en Alicante.*

AnCora-ES (http://clic.ub.edu/corpus/ancora).

Araknion-es (http://clic.ub.edu/corpus/araknion-es).

BDS: *Base de datos sintácticos del español actual* (http://www.bds.usc.es).

Biblia medieval (http://www.bibliamedieval.es/index.php).

Biblioteca Digital de Textos del Español Antiguo (http://www.hispanicseminary.org/textconc-es.htm).

Brown Corpus: *The Standard Corpus of Present-Day Edited American English* (www.helsinki.fi/varieng/CoRD/corpora/BROWN/).

C-Or-DiAL: *Corpus oral didáctico anotado lingüísticamente* (http://lablita.dit.unifi.it/corpora/cordial).

C-ORAL-ROM: *Integrated reference corpora for spoken romance languages* (http://lablita.dit.unifi.it/coralrom/index.html; http://www.lllf.uam.es/ESP/Coralrom.html).

CAES: *Corpus de aprendices de español L2* (www.cervantes.es/lengua_y_ensenanza/informacion.htm).

Catalan-Spanish parallel corpus (http://catalog.elra.info/product_info.php?products_id=1122).

CDH: *Corpus del nuevo diccionario histórico* (http://www.rae.es/recursos/banco-de-datos/cdh).

CE: *Corpus del español* (www.corpusdelespanol.org/).

CEA: *Corpus del español actual* (http://sfn.uab.es:8080/SFN/tools/cea/spanish).

CEDEL2: *Corpus escrito de español L2* (http://www.uam.es/proyectosinv/woslac/cedel2.htm).

CEMC: *Corpus del español mexicano contemporáneo* (http://www.corpus.unam.mx:8080/cemc/).

CHARTA: *Corpus hispánico y americano en la red: Textos antiguos* (http://www.charta.es).

CHEM: *Corpus histórico del español en México* (http://www.iling.unam.mx/chem/).

CHIEDE: *Corpus de habla infantil espontánea del español* (http://catalog.elra.info/product_info.php?products_id=1090).

CHILDES: *Child language data exchange system* (http://childes.psy.cmu.edu/).

CHUS: *Corpus de habla de los universitarios salmantinos* (cf. Briz y Albelda 2009).

CODEA: *Corpus de documentos españoles anteriores a 1700* (http://demos.bitext.com/codea/).

CODICACH: *Corpus dinámico del castellano de Chile* (http://sadowsky.cl/codicach-es.html).

COLA: *Corpus oral del lenguaje adolescente* (www.colam.org/om_prosj-espannol.html).

CORDE: *Corpus diacrónico del español* (http://rae.es/recursos/banco-de-datos/corde).

CORLEC: *Corpus oral de referencia de la lengua española contemporánea* (http://www.lllf.uam.es/ESP/Corlec.html).

CORPES: *Corpus del español del siglo XXI* (http://rae.es/recursos/banco-de-datos/corpes-xxi).

Corpus conversacional de Barcelona y su área metropolitana (cf. Vila Pujol 2001).

Corpus de Lovaina: cf. De Kock *et al.* (1990–1992).

Corpus lingüístico de referencia de la lengua española en Argentina (http://www.lllf.uam.es/ESP/Argentina.html).

Corpus lingüístico de referencia de la lengua española en Chile (http://www.lllf.uam.es/ESP/Chile.html).

Corpus of contemporary Spanish (http://www.kcl.ac.uk/artshums/depts/ddh/research/projects/completed/ccs.aspx).

Corpus orales para la fonética y las tecnologías del habla en español. Página mantenida por Joaquim Llisterri (http://liceu.uab.es/~joaquim/language_resources/spoken_res/Corp_oral_esp.html).

Corpus técnico del Institut Universitari de Lingüística Aplicada de la Universitat Pompeu Fabra (IULA) (http://www.iula.upf.edu/recurs01ca.htm).

COSER: *Corpus oral y sonoro del español rural* (http://www.lllf.uam.es:8888/coser/).

COVJA: *Corpus oral de la variedad juvenil universitaria del español de Alicante*; integrado en el Corpus oral para el estudio del lenguaje juvenil y del español hablado en Alicante.

CRATER: *Corpus resources and terminology extraction* (http://ucrel.lancs.ac.uk/projects.html#crater).

CREA: *Corpus de referencia del español actual* (http://rae.es/recursos/banco-de-datos/crea).

CSA: *Corpus sintácticamente anotado* (*vid.* DRASAE).

CVB: *Corpus Vox-Biblograf* (cf. Alvar y Corpas 2001).

DIES-M: *Difusión internacional del español por los medios* (www.colmex.mx/academicos/cell/ravila/index_archivos/page0003.htm).

DIES-RTP: *vid.* DIES-M.

DIES-RTV: *vid.* DIES-M.
DRASAE: *Desarrollo de recursos para el análisis sintáctico automático del español* (http://gramatica.usc.es/proxectos/drasae/).
EGREHA: *Estudio gramatical del español hablado en América* (cf. Hernández Alonso 2009).
ELRA: *European Language Resources Association* (http://www.elra.info/).
ENTREVIS90 (cf. Jensen 1991 y 2001).
ENTREVIS95 (cf. Jensen 2001).
Es-Ten-Ten (http://www.sketchengine.co.uk/documentation/wiki/Corpora/esTenTen).
EUROM1: *Multilingual Speech Corpus* (http://catalog.elra.info/product_info.php?products_id=528&osCsid=e682925cbc0378057a1cb911c485ad67).
European Parliament proceedings parallel corpus 1996–2011 (http://www.statmt.org/europarl/).
FreeLing: *An open source suite of language analyzers* (http://nlp.lsi.upc.edu/freeling/).
GRIAL (www.elv.cl/prontus_linguistica/site/edic/base/port/grial.html).
IBERIA: *Corpus de español científico* (www.investigacion.cchs.csic.es/elci/node/8).
IULA Spanish treebank (http://www.iula.upf.edu/recurs01_tbk_uk.htm).
Leeds collection of Internet Corpora (corpus.leeds.ac.uk/internet.html).
LEXESP (http://www.psico.uniovi.es/Dpto_Psicologia/metodos/soft/corpus/).
Macrocorpus de la norma lingüística culta de las principales ciudades del mundo hispánico (cf. Samper *et al.* 1998).
Lingüística y lengua españolas. Recursos en internet. Página mantenida por Joaquim Llisterri (http://liceu.uab.es/~joaquim/applied_linguistics/new_technologies/LengEsp_Materiales_WWW.html#recursos_linguisticos).
LLISTERRI1: http://liceu.uab.es/~joaquim/applied_linguistics/new_technologies/LengEsp_Materiales_WWW.html#recursos_linguisticos.
LLISTERRI2: http://licu.uab.es/~joaquim/language_resources/spoken_res/Corp_oral_esp.html.
MATE: *Multilevel annotation, tools engineering* (http://xml.coverpages.org/mate.html).
MULTEXT: *Multilingual text tools and corpora* (http://aune.lpl.univ-aix.fr/projects/multext/index.html).
MultiUN: *Multilingual UN Parallel Text 2000–2009* (http://www.euromatrixplus.net/multi-un/).
NERC: *Network of European Reference Corpora.*
OLA: *Spanish Oral Language Archive Project* (http://ml.hss.cmu.edu/mlrc/ola/spanish/index.html).
PAU 1992: *Pruebas de acceso a la universidad* (http://www.iula.upf.edu/rec/corpus92/).
PANACEA Environment Spanish monolingual corpus (http://catalog.elra.info/product_info.php?products_id=1192&language=en).
PANACEA Labour Spanish monolingual corpus (http://catalog.elra.info/product_info.php?products_id=1193).
PRESEEA: *Proyecto para el estudio sociolingüístico del español de España y de América* (preseea.linguas.net/).
RST Spanish treebank (http://www.corpus.unam.mx/rst/index_es.html).
SEU: *Survey of English Usage* (http://www.ucl.ac.uk/english-usage/index.htm).
SOL: *Spanish on line* (http://spraakbanken.gu.se/konk/rom2/).
Spanish learner language oral corpora (http://www.splloc.soton.ac.uk/index.html).
SPEECHDAT: *Spoken language resources* (http://catalog.elra.info/product_info.php?products_id=721&osCsid=9289223575b55f27c187a5a97951476a; http://catalog.elra.info/product_info.php?products_id=722&osCsid=6b68023ac61990e6b690d6f0f41fa9c9).
UAM Spanish Treebank (http://www.lllf.uam.es/ESP/Treebank.html).
Val.Es.Co: *Corpus de conversaciones coloquiales* (http://www.valesco.es/).
VUM: *Vernáculo oral malagueño.*
Wikicorpus, v. 1.0: Catalan, Spanish and English portions of the Wikipedia (http://www.lsi.upc.edu/~nlp/wikicorpus/).

Bibliografía

Alameda, J. R. y Cuetos, F. (1995) *Diccionario de frecuencias de las unidades lingüísticas del castellano*, Oviedo: Universidad de Oviedo.
Almela, R., Cantos, P., Sánchez, A., Sarmiento, R. y Almela, M. (2005) *Frecuencias del español: diccionarios y estudios léxicos y morfológicos*, Madrid: Universitas.

Alvar Ezquerra, M. y Corpas Pastor, G. (2001) "Usos y valores de *para nada* en un corpus de español peninsular actual", en De Kock (ed.) *Lingüística con corpus. Catorce aplicaciones sobre el español*, Salamanca: Universidad de Salamanca (= *Gramática española. Enseñanza e investigación*, I.7), pp. 229–243.

Bentivoglio, P. (1991) "El estudio de la lengua hablada en Venezuela", en *Abralin. Boletim da Associacão Brasileira de Lingüística*, 12, pp. 61–74.

Bentivoglio, P. (1998) "La variación sociofonológica", *Español Actual*, 69, pp. 29–42.

Briz, A. y Albelda, M. (2009) "Estado actual de los corpus de lengua española hablada y escrita: I+D", en *El español en el mundo. Anuario del Instituto Cervantes 2009*, Madrid: Instituto Cervantes, pp. 165–226.

De Kock, J. (2001a) "Un corpus informatizado para la enseñanza de la lengua española. Punto de partida y término", en *Hispanica Polonorum*, 3, pp. 60–86.

De Kock, J. (ed.) (2001b) *Lingüística con corpus. Catorce aplicaciones sobre el español*, Salamanca: Universidad de Salamanca (= *Gramática española. Enseñanza e investigación*, I.7).

De Kock, J. *et al.* (1990–1992) *Gramática española. Enseñanza e investigación*, Salamanca: Universidad de Salamanca. [Tomo III.I: De Kock, Verdonk, R., Gómez Molina, C.: *19 textos*, 1991 (reimp. 1996); tomo III.2: De Kock, J. Gómez Molina, C. y Delbecque, N.: *20 textos*, 1992; tomo IV.1: De Kock, J.: *Índice alfabético, alfabético inverso y de frecuencia de 19 textos*, 1991; tomo IV.2: De Kock, J.: *Índice alfabético, alfabético inverso y de frecuencia de 20 textos*, 1992; tomo V.I. De Kock, J.: *Concordancia alfabética de 19 textos*, 1990 (solo consultable en forma de listado); tomo V.II. De Kock, J.: *Concordancia alfabética de 20 textos*, 1990 (consultable solo en forma de listado)].

Hernández Alonso, C. (ed.) (2009) *Estudios lingüísticos del español hablado en América*, Madrid: Visor Libros, 4 vols.

Jensen, K. (1991) "ENTREVIS – a Spanish machine-readable text corpus", *Hermes, Journal of Linguistics*, 7, pp. 81–85.

Jensen, K. (2001) "El verbo *caer*: estudio semántico-sintáctico", en De Kock (2001b), pp. 245–254.

Kilgarrif, A. y Renau, I. (2013) "*EsTenTen*, a Vast Web Corpus of Peninsular and American Spanish", en *Procedia – Social and Behavioral Sciences,* 95, 12–19 [en línea]. Accesible en www.sciencedirect.com.

Lope Blanch, J. M. (1967) "Proyecto de estudio del habla culta de las principales ciudades de Hispanoamérica", en *El simposio de Bloomington. Agosto de 1964. Actas, informes y comunicaciones*, Bogotá: Instituto Caro y Cuervo, pp. 255–264.

Lope Blanch, J. M. (1986) *El estudio del español hablado culto. Historia de un proyecto*, México: UNAM.

Mighetto, D. (1985) *ONE71. Banco de datos de once novelas españolas 1951–1971*, Universidad de Göteborg.

Mighetto, D. y Rosengren, P. (1982) *Banco de datos de Prensa española 1977. Concordancia lingüística y texto fuente*, Universidad de Göteborg.

Mighetto, D. y Rosengren, P. (1983) *PE77. Palabras gráficas españolas: lista y frecuencias en Prensa Española 77*, Universidad de Göteborg, 4 vols.

Mighetto, D. y Rosengren, P. (1985) *Diccionario reverso DR Reverse dictionary*, Universidad de Göteborg.

Moreno Fernández, F. (2001) "El corpus *ACUAH*: Análisis de los clíticos pleonásticos", en De Kock (2001b) *Lingüística con corpus. Catorce aplicaciones sobre el español*, Salamanca: Universidad de Salamanca (= *Gramática española. Enseñanza e investigación*, I.7), pp. 353–369.

Moreno Fernández, F. y Otero Roth, J. (2007) *Atlas de la lengua española en el mundo*, 2.ª ed., Madrid/Barcelona: Fundación Telefónica/Ariel.

Nicolás Martínez, C. (2012) *Corpus C-Or-DiAL (Corpus oral didáctico anotado lingüísticamente)*, Madrid: Liceus.

Rabanales, A. (1992) "Fundamentos teóricos y pragmáticos del *Proyecto de estudio coordinado de la norma lingüística culta del español hablado en las principales ciudades del mundo hispánico*", *BFUCh*, 33, pp. 251–272.

Rojo, G. (2014) "Hispanic corpus linguistics", en Lacorte, Manel (ed.) *The Routledge handbook of Hispanic applied linguistics*, Nueva York: Routledge, pp. 371–387.

Rojo, G. (2015) "Sobre los antecedentes de la lingüística de corpus", en Álvarez Menéndez, A. *et alii*: *Studium grammaticae. Homenaje al Profesor José Antonio Martínez.* Universidad de Oviedo, 675–689.

Samper Padilla, J. A. (1995) "Macrocorpus de la norma lingüística culta de las principales ciudades de España y América", *Lingüística*, 7, pp. 263–293.

Samper Padilla, J. A., Hernández Cabrera, C. E. y Troya Déniz, M. (eds.) (1998) *Macrocorpus de la norma lingüística culta de las principales ciudades del mundo hispánico*, Las Palmas: Universidad de Las Palmas de Gran Canaria.

Sánchez, A. (dir.) (2001) GDUEsA. *Gran diccionario de uso del español actual*, Madrid: SGEL.

Spitzová, E. (1991): "Estudio coordinado de la norma lingüística culta de las principales ciudades de Iberoamérica y de la Península Ibérica: proyecto y realización", en *Studia minora facultatis philosophicae Universitatis Brunensis*, L, 12, pp. 61–66.

Tognini Bonelli, E. (2010) "Theoretical overview of the evolution of corpus linguistics", en O'Keefe, A. y McCarthy, M. (eds.) *The Routledge handbook of corpus linguistics*, pp. 14–27, Oxon: Routledge.

Ueda, H. (1987) *Análisis lingüístico de obras teatrales españoles. Textos e índice de palabras*, Tokio: Universidad Nacional de Estudios Extranjeros de Tokio.

Ueda, H. (1989–1997) *Análisis lingüístico de obras teatrales españolas. Concordancias*, Tokio: Universidad de Tokio, V–1–12.

Vila Pujol, M.ª Rosa (2001) *Corpus del español conversacional de Barcelona y su área metropolitana*, Barcelona, Universidad de Barcelona.

Lecturas complementarias

Lavid, Julia (2005) *Lenguaje y nuevas tecnologías. Nuevas perspectivas, métodos y herramientas para el lingüista del siglo XXI*, Madrid: Cátedra.

Parodi, Giovanni (ed.) (2007) *Working with Spanish Corpora*, London/New York: Continuum.

Sinclair, John (1991) *Corpus, Concordance, Collocation*, Oxford, Oxford University Press.

Entradas relacionadas

lingüística aplicada; lingüística de corpus

CORTESÍA Y DESCORTESÍA

Rosina Márquez Reiter

1. Introducción: hacia una definición de la (des)cortesía

El interés por la cortesía lingüística surge a partir del ensayo de Brown y Levinson, "Universals in language usage: politeness phenomena" (1978) y su posterior revisión y ampliación como libro, *Politeness. Some universals in language usage* (1987). Desde entonces se han llevado a cabo innumerables estudios teóricos y/o empíricos sobre la materia basados en diversas lenguas y culturas. Esto ha llevado a que la cortesía lingüística, ya en la década de los noventa, fuera considerada como una de las subdisciplinas de la pragmática con más vitalidad (Thomas 1995). Dicha aseveración sigue estando aún al corriente, máxime si se toma en cuenta el caudal de estudios sobre la descortesía que el trabajo de Culpeper "Towards an anatomy of impoliteness" (1996) ha suscitado (véase, por ejemplo, Orletti y Mariottini 2010 con respecto a estudios realizados sobre el español y variedades de dicho idioma).

Pese al volumen de estudios realizados sobre el tema, no existe aún una definición unánime sobre este fénomeno, si bien una de las conceptualizaciones más utilizadas hace referencia a un conjunto de comportamientos interpersonales que obedecen de forma explítica y/o implícita a normas sociales o a convenciones establecidas por diferentes culturas y/o comunidades de práctica (Wenger 1998), con respecto a las (re)acciones que son consideradas adecuadas en contextos comunicativos específicos (Eelen 2001; Escandell Vidal 1996; Fraser 1990). Cuando dichas acciones son efectuadas de acuerdo con las expectativas culturales y situacionales, las mismas son interpretadas como corteses; de lo contrario, como descorteses (cf. Watts 2003, distinción entre comportamiento político y cortés).

La cortesía es un fénomeno de índole (inter)subjetiva, ya que consiste en la evaluación que uno o más miembros de una determinada comunidad hace respecto al comportamiento de otro(s), sobre la base de normas sociales compartidas de forma implícita y/o explícita por la comunidad de la cual los interlocutores forman parte, o bien de acuerdo con la relación interpersonal entre los mismos (véase Arundale 2013). Compárese un enunciado como *Cállate ya y deja hablar a tu hijo* entre familiares hablantes de español peninsular o rioplatense (Márquez Reiter 2002) y entre un médico que se dirige a la madre del paciente o bien en un entorno familiar británico. Ahora bien, no existe todavía una teoría acerca de la cortesía que pueda ser sistematizada de tal forma que estas evaluaciones se puedan demostrar empíricamente (cf. la ulitización de la técnica de incidentes críticos empleada por

Spencer-Oatey 2002 y herramientas del Análisis de la Conversación etnometodológico por Arundale 2006, 2010; Haugh 2007, 2013; Márquez Reiter 2009, 2010, entre otros). En cierta medida, esto ha contribuido al creciente interés por los estudios interaccionales parcialmente inspirados en el análisis de la conversación que utilizan el principio de "second proof evidence", para dar cuenta de aquellas acciones que son interpretadas como (des)corteses por los participantes, sobre sus reacciones interaccionales y cómo estas a su vez afectan o no la trayectoria interaccional (Márquez Reiter 2013b). La orientación a estudios de este tipo surge, en parte, como resultado de las severas críticas que fueran elevadas respecto a trabajos realizados sobre datos elicitados, incluyendo aquellos que emplean instrumentos interactivos como simulaciones donde los participantes pueden negociar sus roles interaccionales (Fant 1989; García 1989, 2004; Márquez Reiter 2000).

La concientización de la necesidad de trabajar con datos naturales no ha ido acompañada de acercamientos teóricos que logren dar cuenta de la (des)cortesía como un fenómeno social que se manifiesta en el día a día de las personas (Goffman 1967), a través del contacto interpersonal. Dicha reorientación ha resultado en un reencuentro con Goffman (Bargiela-Chiappini, 2003; O'Driscoll, 2007, 2010; Márquez Reiter, 2013a, 2013b) y, por lo tanto, de un regreso a sus comienzos (recuérdese que Brown y Levinson basaron su teoría en el concepto de *face* –véase Spencer-Oatey y Ruhi 2007 para una diferenciación entre imagen e identidad y su relación con la (des)cortesía–) donde se cuestionan, sobre todo, las aplicaciones teóricas y empíricas (principalmente en cuanto a tipo de datos empleados-naturales vs. elicitados) y se examinan nuevos contextos comunicativos, destacándose los mediatizados como resultado del avenimiento de la banda ancha (por ejemplo, teléfonos inteligentes con acceso instántaneo a una gama de canales comunicación, veáse Locher *et al.* 2015).

2. (Des)cortesía en español

El estudio de la cortesía en español nace quizás a razón del trabajo de Haverkate, *La cortesía verbal. Estudio pragmalingüístico* (1994), unos de los primeros estudios de actos de habla pormenorizado, anclado en la teoría de Brown y Levinson (1987) y escrito en español. En esta obra, Haverkate ofrece uno de los primeros análisis pragmalingüísticos de los ruegos, entre otros actos de habla, y añade una laminación interpretativa al análisis que denomina "acto interpretativo" y que, a diferencia de su investigación pragmalingüística, no ha tenido mayor impacto. Si bien el trabajo de Haverkate no tiene como objetivo hacer un aporte teórico explícito, contribuye al conocimiento de las manifestaciones de la cortesía lingüística en español peninsular, ya que delinea muchas de sus convenciones pragmalingüísticas y, como tal, ha sido de utilidad como punto analítico comparativo (véase, por ejemplo, Dumitrescu 1993). Los estudios realizados por Haverkate sobre el español peninsular coinciden en demostrar una orientación clara hacia la cortesía positiva en la cultura española, orientación que no es necesariamente compartida en otras culturas de habla hispana (véanse, por ejemplo, Márquez Reiter y Placencia 2005; Placencia y García 2007, donde se ofrecen panorámicas de los estudios empíricos realizados en distintas variedades de español hasta esta fecha).

La mayoría de los estudios sobre la cortesía se enmarcan dentro de los denominados conversacionales— si bien muy pocos de los mismos utilizan conversaciones (espontáneas) para su estudio—, en tanto que se basan en el Principio de Cooperación de Grice (1975) y en (revisiones) de los modelos propuestos por Lakoff (1973) y Leech (1983) y en la teoría de *face* o imagen postulada por Brown y Levinson (1987), siendo este último el que más impacto ha tenido en los estudios de la cortesía en español, así como también en la mayoría de lenguas y culturas que han sido investigadas.

La noción de *face*, inspirada en Goffman (1967, 1974), es clave en el modelo de Brown y Levinson. Goffman define *face* como el valor social positivo que una persona reivindica efectivamente a través de la línea de acción que los otros suponen que ella ha adoptado en el curso de un contacto particular. En otros términos, se trata de una imagen de sí mismo, esbozada de acuerdo con ciertos atributos sociales aprobados que el individuo cuida y protege en el ámbito interaccional, y a la que está emocionalmente ligado. Se trata de un préstamo que la sociedad le concede, ya que si el individuo no se muestra digno de ella le será retirada por los demás, que le conferirán, en cambio, atributos distintos de aquellos por los que pretende ser reconocido. Basándose en esta noción y en el Principio de Cooperación (Grice 1975) como principio de racionalidad en la comunicación, por el que los interlocutores tienden a lograr máxima eficacia comunicativa, Brown y Levinson plantean que hay motivos por los que un interlocutor, concretamente un hablante, no contribuye a la eficacia comunicativa, dado que la misma podría poner en peligro la relación interpersonal con su oyente. Los autores sostienen que todos los individuos tienen una imagen pública que desean preservar y que la mejor forma de hacerlo es respetando la de los demás. Dado que la imagen es vulnerable y que hay actos de habla que son amenazantes para la misma, hay que mitigarlos o suavizarlos con el fin de no poner en peligro la imagen y las relaciones con otros. La imagen pública tiene dos caras: la imagen positiva y la imagen negativa. La primera se refiere al deseo de ejercer la libertad individual de acción, mientras que la segunda consiste en ser apreciado y socialmente aceptado por otros. Conforme a la conceptualización de Goffman, Brown y Levinson, entienden que estas necesidades son constantemente atendidas en la interacción y que es beneficioso para ambos interlocutores salvaguardar su imagen y no amenazar la del otro, sobre todo cuando gran parte del comportamiento interaccional es visto como potencialmente amenanzante (Kasper 1990). Con este fin los participantes seleccionan una de las siguientes estrategias:

1. Realizar el acto de habla de forma abierta y sin acción reparadora, p. ej. *Apaga la calefacción*
2. Realizar el acto de habla de forma abierta con acción reparadora y cortesía positiva, p. ej. *Sé buena y apaga la calefacción*
3. Realizar el acto de habla de forma abierta con acción reparadora y cortesía negativa, p. ej. *¿Te importaría apagar la calefacción?*
4. Realizar el acto de habla de forma encubierta, p. ej. *¡Qué calor que hace aquí!*
5. Evitar la realización del acto de habla

Dichas estrategias están postuladas de acuerdo con su nivel de cortesía, ya que el riesgo de pérdida de imagen aumenta de menor a mayor. Este riesgo es calculado por el hablante de acuerdo con el poder relativo entre el hablante y el oyente, la distancia social entre los mismos y el costo relativo de la actividad en cuestión. Cuanto mayor sea el poder del oyente sobre el hablante, así como la distancia social entre los mismos y el costo de la actividad sea socialmente considerado alto, Brown y Levinson predicen que el hablante seleccionará la estrategia número 5. De la misma manera, cuando no haya grandes diferencias de poder entre los hablantes, y estos gocen de una relación donde exista la familiaridad y el costo de la actividad sea culturalmente bajo, el hablante seleccionará la estrategia número 1.

La teoría de Brown y Levinson ha recibido innumerables críticas como aplicaciones, tan así que una mera pincelada pudiera ocupar una lista bibliográfica más extensa que el propio capítulo. Cabe entonces mencionar las más influyentes y remitir al lector a Márquez Reiter y Placencia (2005) y a Placencia y García (2007) para una panorámica de estudios específicos sobre la cortesía en español, así como también a la gama de publicaciones que ofrece el programa de Estudios sobre el Discurso de la Cortesía en Español (www.edice.org).

Las críticas más severas realizadas con respecto a la teoría de Brown y Levinson (1987) se centran en su visión etnocentrista de la cortesía como resultado del énfasis que estos autores ponen en las necesidades individuales vis a vis las grupales (véase, por ejemplo, Gu 1990; Mao 1994; Matsumoto 1988), así como también en la preeminencia de la imagen negativa junto con las estrategias correspondientes a dicha imagen sobre aquellas que son positivas (véase, por ejemplo, Kerbrat-Orechioni 1997).

En lo que respecta al español, y específicamente a la variedad peninsular, Hernández Flores (2004) sostiene que las actividades de imagen deben también incluir la valorización y no solo la mitigación y la reparación, dado que la cortesía comprende la protección tanto de la imagen del oyente como del hablante. Dicha valorización tiene como fin resaltar las interacciones sociales positivas en aquellos casos en los que no existe ni amenaza ni riesgo alguno para la imagen de los interlocutores, como es el caso de las interacciones en el entorno familiar estudiado por la autora. Desde una perspectiva similar, Briz Gómez (2004) sostiene que debe diferenciarse entre la "cortesía codificada" y la "cortesía interpretativa". La primera abarca los mecanismos lingüísticos convencionalizados para su expresión en cualquier contexto, es decir, las formas pragmalingüísticas delineadas por Haverkate (1984). La segunda se refiere a la evaluación de los enunciados como (des)corteses en el contexto específico donde se realiza el evento de habla. En este caso, diferentes parámetros comunicativos como, por ejemplo, la relación interpersonal entre los interlocutores y el objetivo de la interacción actuarán como filtros para evaluar el enunciado como cortés o descortés. De esta manera un enunciado como, por ejemplo, *¿Te importaría salirte de delante de la televisión?*, por parte de un marido a su esposa durante un importante partido de fútbol, si bien es cortésmente codificado, no será necesariamente interpretado como cortés o descortés dada la relación entre los mismos y el contexto comunicativo donde fue realizado. En este caso, tal como señala Hernández Flores (1999), existen premisas culturales como la *confianza* (véase también Márquez Reiter *et al.* 2005) que ayudan a que dicho enunciado no sea interpretado como (des)cortés.

Bravo (1999, 2001, 2004, 2010) va un paso más allá respecto a las críticas realizadas al modelo de Brown y Levinson (1987). La autora propone una perspectiva sociocultural en la cual los comportamientos (des)corteses están ligados a la imagen social básica del individuo. Esta imagen social básica, sostiene la autora, está basada en valores sociales compartidos por miembros de una comunidad y sostiene que nuestra tarea como analistas es encontrar estas premisas culturales, como lo es el caso de la *confianza* que señala Hernández Flores (1999). Bravo mantiene que las actividades de imagen son parte de las relaciones interpersonales y que, por lo tanto, se debería hablar de necesidades de afiliación y autonomía y no de cortesía positiva y negativa. La autora sostiene que la *generosidad* y la *originalidad* son componentes básicos de esta imagen social y que actos como las ofertas y las invitaciones, entre otros, forman parte de la imagen de afiliación. Las necesidades de afiliación y autonomía también están presentes en el trabajo de Fant (1989), si bien el mismo basa dicha distinción en la conceptualización de la cortesía propuesta por Spencer-Oatey (2000): *rapport management*, así como también en una orientación dialógica a la interacción (Linell 1998).

El modelo de *rapport management* propuesto por Spencer-Oatey (2000) tiene como objetivo elucidar la(s) forma(s) a través de la(s) cual(es) el lenguaje es usado para construir, mantener y/o amenazar las relaciones sociales. Por este motivo, la autora sostiene que las investigaciones acerca del *rapport management* no solo deben tener en cuenta la intencionalidad del acto de habla sino también: el ámbito discursivo (por ejemplo, selección de tópico), el participativo (por ejemplo, la toma de turno), el estilístico (por ejemplo, fórmulas de tratamiento) y el no-verbal (por ejemplo, el contacto visual). Tomando como base la noción de *face* de Goffman (1974), Spencer- Oatey (2000) plantea una diferenciación entre las necesidades de *face* y los "derechos de socialización" de los que goza el individuo para la gestión de sus relaciones interpersonales. La autora divide entonces la noción de *face* en calidad de imagen (*quality face*) e imagen social identitaria (*social quality face*). Estas son entendidas como el deseo de ser visto positivamente en cuanto a nuestras cualidades personales como lo es, por ejemplo, la autoestima (cf. la noción de cortesía positiva de Brown y Levinson 1987) y el deseo que, como individuos, tenemos de ser reconocidos y respetados en nuestros roles o identidades sociales (por ejemplo, como líder de un grupo, amigo íntimo, etc.), es decir, que nuestro valor público sea reconocido. Los "derechos de socialización" constan de dos aspectos interrelacionados: "derechos de equidad" y "derechos de asociación". Los primeros tienen dos componentes: "autonomía-imposición" y "costo-beneficio", refiriéndose estos a nuestro deseo de ser tratados de una manera justa, sin imposiciones y de recibir aquellos beneficios a los que tenemos derechos. De esta forma entonces, el modelo de Spencer-Oatey incorpora el concepto de imagen negativa propuesta por Brown y Levinson (1987) y la visión económica de Leech (1983) (i. e., costo-beneficio) dentro de los derechos de equidad.

Algunos aspectos del modelo de Spencer-Oatey (2000), en especial su diferenciación en cuanto a los ámbitos que hay que tener en cuenta para su estudio (véanse Placencia 2004 y García 2004) y la noción de la gestión interpersonal con respecto a la cortesía lingüística (Fant 2007), han tenido cierta resonancia en los estudios sobre la cortesía en español.

3. Últimos desarrollos

Los últimos circa de cinco años han sido testigos de un creciente número de estudios sobre la cortesía, aunque no necesariamente en lo que al español específicamente concierne. Estos trabajos se enmarcan dentro de lo que es conocido como "la segunda ola" de estudios sobre la materia, también denominados como de "giro discursivo". Dichos estudios parten, en su gran mayoría, de la distinción efectuada por Eelen (2001) entre estudios de cortesía de primer y de segundo orden. A través de esta diferenciación, el autor oportunamente abogaba por la diferenciación que debe ser establecida entre concepciones teóricas acerca de la cortesía y aquellas novatas o vernaculares que corresponden a las ideologías que, como individuos y muchas veces como partícipes de estudios de investigación sobre el tema, tenemos y que, con frecuencia, son utilizadas para realizar aproximaciones teóricas que, como tal, son epistemológica y ontológicamente insostenibles. Esto se debe a que los enunciados efectuados por participantes en estudios de investigación, respecto a lo que los mismos consideran que es un comportamiento (des)cortés en un contexto determinado, son usados como base para teorizar sobre la cortesía sin sumarse dicho análisis a un acercamiento teórico sobre el fenómeno. Esto, sumado a la necesidad de examinar contextos comunicativos que vayan más allá del acto de habla y de las simulaciones, para dar cuenta del fenómeno social y su negociación interpersonal, ha contribuido al desarrollo de los estudios acerca de la (des)cortesía correspondientes al giro discursivo, caracterizados, entre otras cosas, por la investigación de contextos comunicativos naturales (véanse, por ejemplo, Culpeper, 2011; Tracy 2011, Locher y Bousfield 2008; Mills 2003).

Este giro discursivo ha llevado a un cuestionamiento, por lo general de forma implícita (cf. Haugh 2014), de las herramientas analíticas necesarias para el estudio de la (des)cortesía en situaciones comunicativas naturales que permitan ahondar en la manera en que los participantes negocian sus imágenes, identidades sociales y la forma en la cual sus comportamientos se orientan a acciones corteses o descorteses. No es de sorprender entonces que los estudiosos del tema hayan recurrido a elementos del análisis de la conversación (Sacks *et al.* 1974), así como a conceptos claves dentro de la metapragmática (Lucy 1993), para dar cuenta de las interpretaciones que hacen los participantes en situaciones comunicativas sin tener entonces que acudir necesariamente ni a su propia ideología sobre el tema ni a la de los mismos participantes.

De la misma manera que las evaluaciones de los interlocutores ocupan hoy día un papel indiscutible en los trabajos acerca de la cortesía, y más aún en aquellos que se ocupan específicamente sobre la descortesía, recientes debates de índole teórico (Arundale 2013) y empírico (Haugh 2013; Kádár y Haugh 2013; Kádár y Márquez Reiter 2015) ponen sobre la mesa el rol que ocupa la moralidad en dichas evaluaciones. Esto se debe a que aquello que es considerado como descortés está basado en nociones de lo que se entiende como moral o inmoral. Haugh (2013) argumenta que, así como la descortesía debe ser entendida como una práctica social (cf. Conejos Biltvich 2013, quien sostiene que la (des)cortesía surge en la práctica social), la moralidad a la que los participantes interaccionales aluden, en tanto que orientan su comportamiento interaccional a lo que debe o no ser sancionado, depende de las prácticas sociales mismas. Por otro lado, Kádár y Márquez Reiter *et al.* (2015) señalan que en ciertos contextos comunicativos, como es el caso de las intervenciones sociales en espacios públicos, la moralidad a la que apela el interviniente no surge de la práctica social en sí, sino de una evaluación reflexiva como consecuencia de lo que se entiende como una violación de los derechos personales de los individuos. Los autores observan que en este tipo de situaciones el interviniente así como aquellos participantes que optan por no intervenir apelan a principios de moralidad sobre aquellos de cortesía, como lo es el derecho a la privacidad (cf. Brown y Levinson 1987).

Bibliografía

Arundale, R. (2006) "Face as relational and interactional: A communication framework for research on face, facework, and politeness", *Journal of Politeness Research*, 2, pp. 193–216.

Arundale, R. (2010) "Constituting face in conversation: Face, facework, and interactional achievement", *Journal of Pragmatics*, 42, pp. 2078–2105.

Arundale, R. (2013) "Face as a research focus in interpersonal pragmatics: Relational and emic perspectives", *Journal of Pragmatics*, 58, pp. 108–120.

Bargiela-Chiappini, F. (2003) "Face and politeness: New (insights) for (old) concept", *Journal of Pragmatics*, 35, pp. 1453–1469.

Bousfield, D. y Locher, M. (eds.) (2008) *Impoliteness in language: Studies on its interplay with power in theory and practice*, Berlín: Mouton de Gruyter.

Bravo, D. (1999) "Imagen 'positiva' vs. imagen 'negativa'? Pragmática sociocultural y componentes de *face*", *Oralia*, 2, pp.122–184.

Bravo, D. (2001) "Sobre la cortesía lingüística, estratégica y conversacional en español", *Oralia*, 4, pp. 299–314.

Bravo, D. (2004) "Tensión entre universidalidad y relatividad en las teorías de la cortesía", en Bravo, D. y Briz Gómez, A. (eds.) *Pragmática sociocultural: estudios sobre el discurso de cortesía en español*, Barcelona: Ariel, pp. 15–37.

Bravo, D. (2010) "Pragmática sociocultural: la configuración de la imagen social como premisa sociocultural para la interpretación de las actividades verbales y no verbales de imagen", en Orletti, F. y Mariottini, L. (eds.) *(Des)cortesía en español. Espacios teóricos y metodológicos para su estudio*, Roma/Estocolomo: Università degli Studi Roma Tre y el Programa Edice, pp. 19–47.

Briz Gómez, A. (2004) "Cortesía verbal codificada y cortesía verbal interpretada en la conversación", en Bravo, D. y Briz Gómez, A. (eds.) *Pragmática sociocultural: estudios sobre el discurso de cortesía en español*, Barcelona: Ariel, pp. 67–93.

Brown, P. y Levinson, S. (1987) "Universals in language usage: Politeness phenomena", en Goody, E. (ed.) *Questions and politeness: Strategies in social interaction*, Cambridge: Cambridge University Press, pp. 56–310.

Brown, P. y Levinson, S. (1987) *Politeness: Some universals in language use*, Cambridge: Cambridge University Press.

Culpeper, J. (1996) "Towards an anatomy of impoliteness", *Journal of Pragmatics*, 25, pp. 349–367.

Culpeper, J. (2011) *Impoliteness. Using language to cause offence*, Cambridge: Cambridge University Press.

Eelen, G. (2001) *A critique of politeness theories*, Manchester: St. Jerome.

Escandell Vidal, V. (1996) "Towards a cognitive approach to politeness", en Jaszczolt, K. y Turner, K. (eds.) *Contrastive semantics and pragmatics II. Discourse strategies*, Oxford: Pergamon, pp. 629–50.

Fant, L. (1989) "Cultural mismatch in conversation: Spanish and Scandinavian communicative behaviour in negotiation meetings", *Hermes*, 2, pp. 247–265.

Fant, L. (2007) "Rapport and identity management: A model and its application to Spanish dialogue", en Placencia, M. E. y García, C. (eds.) *Research on politeness in the Spanish-speaking world*, Nueva Jersey: Lawrence Erlbaum, pp. 335–365.

Fraser, B. (1990) "Perspectives on politeness", *Journal of Pragmatics*, 14, pp. 219–36.

Garcés-Conejos Blitvich, P. (2013) "Introduction: Face, identity and politeness. Looking backward, moving forward: From Goffman to practice theory", *Journal of Politeness Research*, 9, pp. 1–33.

García, C. (1989) "Apologizing in English: Politeness strategies used by native and nonnative speakers", *Multilingua*, 8, pp. 3–20.

García, C. (2004) "Reprendiendo y respondiendo a una reprimenda: similitudes y diferencias entre peruanos y venezolanos", *Spanish in Context*, 1, pp. 113–147.

Goffman, E. (1967) *Interaction ritual: Essays in face-to-face behaviour*, Nueva York: Doubleday Anchor.

Goffman, E. (1974) *Frame analysis: An essay on the organization of experience*, Harvard: Harvard University Press.

Grice, P. (1975) "Logic in conversation", en Cole, P. y Morgan, J. (eds), *Syntax and semantics: Speech acts 3*, Nueva York: Academic Press, pp. 41–59.

Gu, Y. (1990) "Politeness in modern Chinese", *Journal of Pragmatics*, 14, pp. 237–257.

Haugh, M. (2007) "Emic conceptualisations of (im)politeness and face in Japanese: Implications for the discursive negotiation of second language learner identities", *Journal of Pragmatics*, 39, pp. 657–680.

Haugh, M. (2013) "Im/politeness, social practice and the participation order", *Journal of Pragmatics*, 58, pp. 52–72.

Haverkate, H. (1994) *La cortesía verbal: estudio pragmalingüístico*, Madrid: Gredos.

Hernández-Flores, N. (1999) "Politeness ideology in Spanish colloquial conversations: The case of advice", *Pragmatics*, 9, pp. 37–49.

Hernández-Flores, N. (2004) "Politeness as face enhancement. An analysis of Spanish conversations between friends and family", en Márquez Reiter y Placencia, M. E. (eds.) *Current trends in the pragmatics of Spanish*, Amsterdam: John Benjamins, pp. 265–284.

Kádár, D. y Haugh, M. (2013) *Understanding politeness*, Cambridge: Cambridge University Press.

Kádár, D. y Márquez Reiter, R. (2015) "Im/politeness and morality: Insights from intervention", *Journal of Politeness Research*, 11:2, pp. 239–260.

Kerbrat-Orecchioni, C. (1997) "A multilevel approach in the study of talk-in-interaction", *Pragmatics*, 7, pp. 1–20.

Lakoff, R. (1973) "The logic of politeness; or minding your p's and q's", *Papers from the 9th Regional Meeting of the Chicago Linguistic Society*, Chicago: Chicago Linguistic Society, pp. 292–305.

Leech, G. (1983) *Principles of pragmatics*, London: Longman.

Linell, P. (1998) *Approaching dialogue. Talk, interaction, and contexts in dialogical perspectives*, Amsterdam: John Benjamins.

Locher, M., Bolander, B. y Höhn, N. (2015) "Relational work in Facebook and discussion boards/fora", *Pragmatics*, 25:1, pp. 1–122.

Lucy, J. (ed.) (1993) *Reflexive language: Reported speech and metapragmatics*, Cambridge, Cambridge University Press.

Mao, L. (1994) "Beyond politeness theory: 'Face' revisited and renewed", *Journal of Pragmatics*, 21, pp. 451–486.

Márquez Reiter, R. (2000) *Linguistic politeness in Britain and Uruguay*, Amsterdam: John Benjamins.

Márquez Reiter, R. (2002) "A contrastive study of conventional indirectness in Spanish: Evidence from Peninsular and Uruguayan Spanish", *Pragmatics*, 12, pp. 135–51.

Márquez Reiter, R. (2009) "How to get rid of a telemarking agent? Facework strategies in an intercultural service call", en Bargiela-Chiappini, F. y Haugh, M. (eds.) *Face, communication and social interaction*, Londres: Equinox.

Márquez Reiter, R. (2010) *"A ella no le gusta que le digan María y a mí que me traten de tú*. A window into Latin American diversity", en Márquez Reiter, R. y Martín Rojo, L. (eds.) "Service encounters in multilingual and multicultural contexts: Sociolinguistic and pragmatic aspects of institutional discourse", *Sociolinguistic Studies*, 4, pp. 413–442.

Márquez Reiter, R. (2013a) "The dynamics of complaining in a Latin American for-profit commercial setting", *Journal of Pragmatics*, 57, pp. 231–247.

Márquez Reiter, R. (2013b) "Fabricated ignorance: The search for good value for money", *Pragmatics*, 23, pp. 661–684.

Márquez Reiter, R. y Placencia, M. E. (2005) *Spanish pragmatics*, Basingstoke: Palgrave/Macmillan.

Márquez Reiter, R. y Placencia M. E. (2004) *Current trends in the pragmatics of Spanish*, Amsterdam: John Benjamins.

Márquez Reiter, R., Rainey, I. y Fulcher, G. (2005) "A comparative study of certainty and conventional indirectness: Evidence from British English and Peninsular Spanish", *Applied Linguistics*, 26, pp. 1–31.

Matsumoto, Y. (1988) "Reexamination of the universality of face: Politeness phenomena in Japanese", *Journal of Pragmatics*, 12, pp. 403–426.

Mills, S. (2003) *Gender and politeness*, Cambridge: Cambridge University Press.

O'Driscoll, J. (2007) "Brown and Levinson's face: How it can—and can't—help us to understand interaction across cultures", *Intercultural Pragmatics*, 4, pp. 463–492.

O'Driscoll, J (2010) "Some issues with the concept of face: When, what, how and how much?", en Bargiela-Chiappini, F. y Kádár, D. (eds.) *Politeness across cultures*, Londres: Palgrave Macmillan, pp. 17–41.

Orletti, F. y Mariottini, L. (eds.) (2010) *(Des)cortesía en español. Espacios teóricos y metodológicos para su estudio*, Roma/Estocolomo: Università degli Studi Roma Tre y el Programa Edice.

Sacks, H., Schegloff, E. A., y Jefferson, G. (1974) "A simplest systematics for the organization of turn-taking for conversation", *Language*, 50, pp. 696–735.

Spencer-Oatey, J. (ed.) (2000) *Culturally speaking*, Londres: Continuum.

Spencer-Oatey, H. (2002) "Managing rapport in talk: Using rapport sensitive incidents to explore the motivational concerns underlying the management of relations", *Journal of Pragmatics*, 34, pp. 529–545.

Spencer-Oatey, H. y Ruhi, S. (2007) "Identity, face and (im)politeness", *Journal of Pragmatics*, 9, pp. 635–638.

Thomas, J. (1995) *Meaning in interaction: An introduction to pragmatics*, Londres: Longman.

Tracy, K. (2011) "'Reasonable hostility': Its usefulness and limitation as a norm for public hearings", Informal Logic, 31, pp. 171–190.

Watts, R. (2003) *Politeness*, Cambridge: Cambridge University Press.

Wenger, E. (1998) *Communities of practice*, Cambridge: Cambridge University Press.

Lecturas complementarias

Davies, Bethan L., Haugh, M. y Merrison, A. (eds.) (2011) *Situated politeness*, Londres: Continuum.

Holmes, J. (1995) *Women, men and politeness*, Londres: Longman

Holmes, J. y Stubbe, M. (2003) *Power and politeness in the workplace*, Londres: Pearson.

Journal of Politeness Research (2015). Volume II: Special Issue: Tenth Anniversary Issue.

Linguistic Politeness Research Group (eds.) (2011) *Discursive approaches to politeness*, Berlín: Mouton DeGruyter.

Entradas relacionadas

actos de habla; implicatura y presuposición; pragmática

DIALECTOS DEL ESPAÑOL DE AMÉRICA: CARIBE ANTILLANO (FONÉTICA)

Yolanda Rivera Castillo

1. El Caribe como región dialectal

El Caribe, como región de habla hispánica, constituye una unidad dialectal para algunos, mientras que otros describen similitudes sin necesariamente postular que la región es lingüísticamente uniforme. Las hipótesis que la describen como unidad oscilan desde posturas que atribuyen los rasgos comunes a lenguas de sustrato (Henríquez-Ureña 1921; Lenz 1940), a la influencia de dialectos particulares del español peninsular (Rosenblat 1962; Isbasescu 1968; Boyd-Bowman 1973; Lapesa 1986), a procesos de criollización (De Granda 1976; Lipski 1988; Lorenzino, Álvarez, Obediente y Granda 1998) o a posiciones universalistas y teleológicas (Chela Flores 1986). Sin embargo, hay gran variedad fonética (Resnick 1975) y, como señala Guitart (2001), la complejidad de variantes diatópicas y diastráticas atestiguadas dificulta una descripción uniforme para la región.

Los debates más significativos en el área de la fonética se han dedicado a fenómenos segmentales y de estructura silábica: las consonantes a final de sílaba (coda silábica), y las variantes de consonantes palatales y sibilantes españolas en posición inicial de sílaba (ataque silábico). Otros temas se han discutido de manera más limitada; la entonación y el acento son temas de trabajos más recientes. Es importante tener en cuenta que estos estudios muestran gran diversidad metodológica y que existen tanto estudios de tipo experimental como estudios impresionistas sustentados en observaciones del investigador. Ambos han tenido un rol importante en la descripción de la región, ya que, como señala Ladd (1996: 33), estos producen descripciones de alcance similar. Los estudios y debates sobre fonética del español del Caribe han contribuido, no solo al mejor entendimiento de la variación en la región y la relación entre variantes diatópicas, sino también a la teoría fonológica general.

Por razones prácticas, incluiremos descripciones de rasgos fonéticos en las regiones insulares y las regiones costeras del norte de Colombia y Venezuela, ya que hay un mayor número de estudios comparativos entre estas zonas. Algunos fenómenos también comunes en el español peninsular no se describen, tal como la pérdida de la /d/ intervocálica (Alba 1999).

En el § 2 se describen los fenómenos relativos al ataque silábico; mientras que en el § 3 se presentan fenómenos de la coda silábica. El § 4 se dedica a fenómenos menos estudiados y de prosodia. Se presentan las conclusiones en el § 5.

2. El ataque silábico: palatales, fricativas retraídas y sibilantes alveolares

En este conjunto de variantes dialectales, existe una preferencia por la estructura CV (C-consonante; V-vocal), en otras palabras, de sílaba abierta (Núñez Cedeño 1986: 79). Hay mayor variedad alofónica y pérdida de consonantes en posición de coda; sin embargo, se atestiguan algunos fenómenos en posición inicial, que están muy difundidos, como el seseo, el yeísmo y la presencia de la fricativa glotal en lugar de la velar.

2.1. *Seseo y yeísmo: igualación de los fonemas /s/ y /θ/ y /j̑/ y /ʎ/*

El español del Caribe, como el de gran parte de Hispanoamérica, se describe como "seseante" y "yeísta". Estas características consisten en la igualación de los fonemas /s/ y /θ/, o seseo; y la igualación de los fonemas /ʎ/ y /j/ (con sus variantes [dʒ], [j̑j̑] después de nasal o lateral), o yeísmo. En otras palabras, no se distinguen "casa" (['kasa]) de "caza" (['kaθa]), ni "halla" (['aʎa]) de "haya" (['aja]). Por otra parte, sabemos que algunas descripciones de "igualación de sonidos" (como en el caso de /s/ y /θ/) no representan una fusión, sino una evolución histórica divergente y paralela a la de los dialectos peninsulares (Lapesa 1986: 564).

Además de estos fenómenos, hay dos articulaciones de /s/ en Latinoamérica: /s/ predorso-alveolar y /s̠/ ápico-alveolar, aunque la primera está más difundida. Canfield (1981) ubica los dialectos del Caribe insular y parte del continental entre las áreas de articulación predorso-alveolar.

2.2. *Fricativa glotal en lugar de velar*

Otro rasgo distintivo de casi todo el Caribe es la presencia del fonema fricativo glotal sordo /h/, o inclusive sonoro (Navarro Tomás 1966: 66), en los contextos fonológicos en que otros dialectos producen el fricativo velar sordo /x/ (Guitart 1976; Canfield 1981), como en "joven" (['hoβen] vs. (['xoβen]). Vaquero (1996) señala que en Puerto Rico, Cuba, Colombia y Venezuela se da el fonema glotal. Este fenómeno data de la época de la conquista y está muy extendido, como señala Moreno de Alba (1994: 105).

3. La coda silábica

Tres fenómenos alofónicos se han discutido primordialmente para la coda silábica: elisión (ø) o aspiración ([h]) del fonema /s/ en posición implosiva [(1a), (2a) y (3a)]; pérdida de la /d/ final de palabra (ø) (4a); y variantes laterales ([l]), asimiladas o vocalizadas del fonema /ɾ/ en posición implosiva [(5a)-(6a)]:

(1) a. 'lápiz'   lápih o lápiø   b. lápiceh (['lapiseh]), no *lápiheh

(2) a. 'mes'   meh   b. meseh, no *meheh

(3) a. 'semanas'   semanah   b. semanase, no *semanahe (dominicano)

(4) a. 'pared'   pareh o paréø   b. paredeh, no *pareheh o *parée

(5) a. 'deber'   debel o debei   b. deberes, no *debeles o *debeies

(6) a. 'amor'   amol   b. amores, no *amoles

Estas formas alternan con los fonos considerados "estándar" en procesos léxicos, como es el caso de la pluralización [(1b), (2b), (3b), (4b), (5b) y (6b)].

Estos alófonos muestran una distribución diatópica distinta. Otros elementos influyen en la selección de alófonos: diferencias diastráticas, diafásicas y los criterios etnolingüísticos de identidad. Por ejemplo, Mack (2010 y 2011) describe el uso del alófono [s] en posición implosiva como índice de identidad sexual en el español de Puerto Rico. Holmquist (2008) describe la variación en términos del género y estudia otras variables diastráticas, como edad y retículo social en la distribución de varios alófonos: [s]/[h], [o]/[u], [r]/[x] (o [R]) y [ɾ]/[l].

Finalmente, estas características parecen ser desarrollos autónomos y paralelos. Torreblanca (1991: 360) indica lo siguiente:

> [...] la aspiración o caída de /s/ implosiva y final en cualquier entorno fonosintáctico y en todos los hablantes, la aspiración o caída de /r, l/ implosivas en el habla popular, la velarización o caída de la /n/ final, son el resultado de un proceso lingüístico esencialmente posterior al siglo XVI, el cual se dio o se ha dado espontánea y paralelamente.

3.1. /s/ en posición de coda silábica

La distribución contextual de la /s/ incluye, a grandes rasgos:

(7) Conservación ante pausa y vocal (aspiración en otros contextos): los ojos ([lo.so.jos])

(8) Aspiración o asimilación ante consonante:
a. ante líquidas:	'muslo'	mu**ll**o o mu**h**lo
b. ante nasales:	'asma'	a**mm**a o a**h**ma
c. ante obstruyentes sonoras:	'desde'	de**dd**e o de**h**de
d. ante fricativas sordas:	'esfera'	e**ff**era o e**h**fera
e. ante oclusivas sordas:	'hasta'	ha**dt**a o ha**h**ta

(9) Aspiración o pérdida en todos los contextos anteriores

Como vemos, varios subsistemas coexisten en el Caribe (Terrell 1986). Vaquero (1991: 126) señala la distribución diatópica de los alófonos de /s/, y atribuye a la Habana y San Juan la "aspiración mayoritaria"; a Santo Domingo, el predominio de elisiones; a Caracas, un predominio de "las asimiladas"; y al Caribe colombiano la aspiración o pérdida de /s/ implosiva y pérdida total antes de pausa, así como el cambio de /s/ por /ɾ/ en algunos casos: "murlo" por "muslo".

Para Cuba, Vaquero (1991: 124) describe un dialecto conservador con aspiración y sin cambios morfológicos, como en el español de la República Dominicana. Otros estudios sugieren que sí ha ocurrido una pérdida total del sonido (Terrell 1986), mientras que estudios estadísticos más recientes encuentran una correlación entre frecuencia léxica y el cero fonético (Brown 2011), o entre redundancia de marca morfológica y pérdida (Terrell 1979). Isbasescu (1968: 47) señala casos donde se sustituye con [ɣ] delante del fonema /d/.

Hay tres variantes reconocidas de la /s/ implosiva en el español de Puerto Rico: [s], [h] y ø (López Morales 1983). Estudios recientes han descrito otros alófonos, como una glotal oclusiva sorda (Valentín-Márquez 2006), atribuida a la influencia del inglés. Sin embargo, en inglés, este alófono de /t/ ocurre en otros contextos.

Una de las áreas de estudio vinculadas a la pérdida de la /s/ final de sílaba son los cambios en la vocal precedente, ya que el cero fonético parece fomentar la presencia de vocales abiertas. Esto resultaría en un sistema de siete vocales con vocales medias relajadas o más abiertas, según Navarro Tomás (1939). Sin embargo, estudios más recientes indican que tal resultado no se sustenta en los datos y que, en todo caso, un ligero alargamiento podría ocurrir, evidenciado también en el andaluz (Marrero 1990). Más aún, ni en el español de Cuba ni en el de Puerto Rico ocurre la apertura ni el alargamiento (Isbasescu 1968; Alemán 1976). Por otra parte, Rodríguez Cadena (2003) recoge datos de hablantes colombianos y puertorriqueños y mide la apertura (la altura del primer formante, o F1 (Quilis 1988)) y el efecto en la tonía intrínseca o frecuencia fundamental (F0) en la vocal. Sus conclusiones son que no hay efecto significativo de la aspiración en la apertura; aunque hay un efecto no categórico en la tonía de las vocales (Rodríguez Cadena 2003: 78).

Otros estudios analizan la percepción de estas vocales, tal como el de Figueroa (2000), quien descubre que ni la duración ni la calidad de la vocal afectan a los juicios de los hablantes. Hammond (1976a) encontró diferencias en la percepción de la duración vocálica. Como la duración no se correlaciona con ningún rasgo fonológico en español, la evaluación no fue categórica.

3.2. */r/ en posición de coda silábica*

Los estudios diatópicos de los alófonos de la vibrante indican grandes diferencias entre dialectos. Vaquero (1996) documenta en Cuba la asimilación (geminación o alargamiento compensatorio) (10); en Puerto Rico y algunas regiones de Colombia, la sustitución de /l/ por /r/ implosiva (11); y la sustitución por la vocal /i/ en el norte de la República Dominicana (12). Estos alófonos dominan en contextos preconsonánticos:

(10) 'porque'   pokke

(11) 'porque'   polke

(12) 'porque'   poike

Es posible encontrar estos alófonos en contextos prevocálicos si la vibrante ocurre en límite de palabra. Otros alófonos pueden ser retroflejos o glotales: "Cartagena" [kaʔtagena].

El alófono vocalizado de la República Dominicana se da en el norte ([kaine]); mientras que en el suroeste se mantiene "carne" ([karne]), cerca de la capital es [kalne] y hay geminación en el sureste ([kanne]). Alba (1988) identifica la variante vocalizada como propia del español cibaeño, e indica que hay seis alófonos de la vibrante; que la vocalización ya no es tan común entre los jóvenes; y que solo el 50 % de hablantes de clase trabajadora vocaliza. Rojas (1988) y Núñez Cedeño y Acosta (2011) también estudian la distribución de la variante /i/ del español cibaeño de acuerdo con contextos fonológicos, y proponen que este alófono no ocurre delante de vocal (Golibart 1976). Para ellos, esta variante ocurre a final de sílaba y no se aplica a clíticos en casos de resilabificación (2011: 241):

(13) el aviso [e.la.βi.so]

(14) él avisa [ei# a.βi.sa]

Núñez Cedeño y Acosta (2011: 249) encuentran que los dominios léxicos tienen precedencia sobre los prosódicos. Esto daría apoyo a la teoría de Selkirk (1984) sobre la relación entre sintaxis y fonología y constituye una contribución importante a la teoría de la interfaz fonología-sintaxis. Finalmente, las vocales están más altas que las vibrantes en la escala de resonancia, y la sustitución de la vibrante o lateral por una vocal ocurre en otras lenguas, como en inglés (norte de Inglaterra y afroamericano) (Green 2002: 120): "milk" ([mIk]) o "bear" ([bæə]).

Guitart (1981) estudia la variante asimilada de [ɾ]/[l] implosivas entre cubanos emigrados a Estados Unidos; así como la variante oclusiva glotal: /'sil.ba/, /'siɾ.ba/ → [sib.ba]; ['buelta] → ['buetʔta]. Rechaza estudios previos que postulan una relación entre la economía en la pronunciación (ley del menor esfuerzo) y el cambio lingüístico, pues la glotalización es más "compleja" que la forma original /s/. Guitart (1994: 230) destaca la pérdida total en los infinitivos y describe las alternativas, desde la conservación de la forma original hasta la asimilación del dialecto habanero como oclusiva sonora, delante de consonante (excepto /s/, m/, /ɲ/ y /f/): "alto"/"harto" ad**to**. Otros estudios de cubanos en Miami indican que existe mayor frecuencia de asimilación entre mujeres que entre hombres y por el factor edad (Alfaraz, 2008). En Puerto Rico, Álvarez Nazario (1974: 175) identifica la variante asimilada en el español de Loíza, población de ascendencia dominantemente afrocaribeña.

Finalmente, algunos estudios de fonética experimental indican que la alternancia entre [l] y [ɾ] en el español de Puerto Rico implica una "neutralización" (Simonet, Rohena Madrazo y Paz 2008); es decir, que la duración del sonido, altura de los formantes y su duración indican que el fonema [ɾ] es una deslizada, no una [l].

3.3. /ŋ/ velar o pérdida (ø) antes de pausa o vocal

En Cuba, Puerto Rico, Cuba y Venezuela se atestigua la /ŋ/, o "n" velar antes de pausa o vocal (Isbasescu 1968: 50; Hammond 1976b; D'Introno y Sosa 1988), y el ø en República Dominicana (Vaquero 1991: 128–29). Este fenómeno parece corresponder a una restricción de la estructura silábica a la secuencia universal CV. Sin embargo, el estudio de percepción de Uber (1984) indica que el proceso de cambio de /s/ a [h] o Ø es cualitativamente diferente al proceso de pérdida o velarización de la nasal implosiva. Los hablantes perciben categóricamente las formas debilitadas de /n/, pero no las de /s/.

Los fenómenos descritos son comunes en estos dialectos. Otros fenómenos de menor difusión se describen en la siguiente sección.

4. Otros fenómenos

En estas secciones, resumimos estudios de fenómenos menos comunes o de análisis más reciente. Estos no recogen todas las posibilidades presentadas en los estudios, sino las más importantes.

4.1. Fricatización de africada sorda intervocálica

Canfield (1981) señala como tendencia general la presencia de alófonos fricativos en posición intervocálica. En Puerto Rico, hay variantes fricativas de africadas en posición intervocálica (Saciuk 1980: 23; Vaquero 1996):

(15) 'mu**ch**acho' mu**sh**asho ([muʃaʃo], en lugar de [mutʃatʃo])

(16) 'haya' [aja] (no ([adʒa])

Los alófonos africados de estos fonemas ocurren tras nasal y en posición inicial absoluta. Colantoni and Kochetov (2011) llevan a cabo un estudio articulatorio de esta variación contextual en el español de Cuba. Podemos decir que los alófonos [–continuo] ([tʃ], [dʒ]) ocurren en posición inicial absoluta tras un sonido [–continuo]; mientras que los [+continuo] ([ʃ], [j]) ocurren entre vocales. Una situación similar aplica a los fonemas /b/, /d/ y /g/ en todos los dialectos. Clayton (1981) discute la variación relacionada con la fricatización u oclusividad de las consonantes /b/, /d/ y /g/ después de una nasal o lateral homorgánica desde el punto de vista de la teoría generativa.

4.2. Sonorización de /p/, /t/, /k/

En Cuba, se atestigua la sonorización o pérdida de /p/, /t/ y /k/ intervocálicas en la provincia de Pinar del Río (Guitart 1979: 33):

(17)   'la **c**andela' la **g**andela/la **ø** andela

El contexto fonológico intervocálico de estos ejemplos indica que la sonoridad es producto de la asimilación a la sonoridad de las vocales.

4.3. Variantes de líquidas en ataque silábico

Vaquero (1996) describe alófonos de la /r/ múltiple (tensa) en diferentes dialectos del Caribe. En Puerto Rico, se atestiguan variantes retraídas de /r/ (Alers Valentín 1999), tanto sordas /x/ como sonoras /R/:

(18)   'rosa' ([rosa]) [xosa]

Como en República Dominicana, y a diferencia de Puerto Rico, en Cuba la /r/ inicial múltiple es regularmente /r̝/ (sorda). Willis y Bradley (2008: 92) describen la /r/ del español dominicano como una consonante con cuatro alófonos: una vibrante no-tensa [ɾ], una deslizada [ɹ], una vibrante no-tensa con pocos rasgos acústicos sobresalientes [(ʳ)], o el ø fonético. Otra variante descrita es la pre-chicheada, representada como [ɦɾ] (Willis 2006: 38–41). En ocasiones, la aspirada sonora [ɦ] es la única forma atestiguada, indicando la eliminación total de la vibrante: [r] > [ɦɾ] > [ɦɾ] > [ɦ].

Vaquero (1996) señala el debilitamiento de oclusivas intervocálicas, aun alófonos vibrantes de /d/ entre los habitantes negros de Villa la Mella (Venezuela): en el habla rápida: /d/ ~ /ɾ/:

(19)   'los dos'   los **r**os

La hipótesis de ruptura y el sustrato africano se ha postulado como explicación para el intercambio de fonemas laterales por otras líquidas u oclusivas coronales. Mas este intercambio de fonos se atestigua en otras lenguas. Lipski (2001: 219) describe el intercambio de /l/, /d/, /t/ en poblaciones negras en el pasado de Cuba como: "La descriollización […] es posible que el hablar vernacular actual […] sea el resultado de la aproximación gradual del antiguo criollo al castellano normativo". De Granda (1976) propone la formación de una "koiné", que luego resultó en una nivelación o fonologización de variantes. Lipski (1996), por otra parte, argumenta que estos rasgos no han persistido, pues no había una interlengua estable que permitiera la transferencia de estos.

4.4. Desdoblamiento vocálico o cambio en la calidad vocálica

Aunque este fenómeno está también presente en algunos dialectos (Cantabria) y lenguas peninsulares (asturiano), se ha señalado como uno característico del Caribe hispánico:

(20) 'leche'   lechi

(21) 'medicina'   medecina

Los casos señalados se encuentran en posición inacentuada y tras consonante palatal y varían según la generación a la que pertenecen los hablantes (Rajan 2007). Holmquist (1998, 2005) lleva a cabo estudios en el área rural de Lares, Puerto Rico, y señala varias correlaciones con el español peninsular en Cantabria y la presencia de [u]/[i] como alófonos de [o]/[e] en posición final de palabra. Este podría ser un fenómeno marginal, ya que varios estudios niegan la presencia del mismo tanto en Cuba (Isbasescu 1968) como en Puerto Rico.

4.5. Diptongación del hiato

La diptongación de hiatos es muy común en el mundo hispánico. Se atestigua entre hablantes de todos los estratos sociales (Matluck 1994: 283–286):

(22) 'batear'   batiar

Este fenómeno ya estaba presente en el latín vulgar (Pharies, 2006: 83): vinea ['wi:nea] > ['winia] > ['biɲa].

4.6. Entonación en el Caribe

Mientras otras regiones dialectales muestran un ascenso final (un tono final, de juntura alto: A%) de las interrogativas absolutas, en el Caribe se evidencia una curva ascendente (dos tonos altos seguidos: AA*) y luego un descenso acelerado (tono bajo de juntura: B%):

(23) Interrogativas fuera del Caribe: AA* A%

 ¿Hablaste con   Juan?

(24) Interrogativas en el Caribe: AA* B%

 ¿Hablaste con   Juan?

Esto no aplica en el español de la República Dominicana, ya que Willis (2004) demuestra que las interrogativas absolutas llevan entonación de suspensión, contrario a lo esperado para el Caribe. Sin embargo, lo que une a todas las variedades del español, sean o no del Caribe, es el inicio de la pregunta con un tono alto (A*), no el tono final de juntura. Por ejemplo, en Caracas, aunque se atestigua variedad, se considera afectada la entonación ascendente. En Cuba, el tonema es descendente al final, pero suspensivo a través de la oración.

Navarro Tomás (1944) ha identificado esta característica, pero la presenta como variable y ligada a la intención del hablante. Señala que, en las pronominales interrogativas que descienden, se busca información; las ascendentes muestran inseguridad o cortesía y las circunflejas muestran sorpresa o énfasis.

Tanto Quilis (1980) como Sosa (1999) han estudiado diversas variantes del español. Sosa encuentra que entre los dialectos del Caribe hay diferencias significativas, particularmente con respecto a los acentos tonales y los patrones finales de las declarativas: B*+A B% (Puerto Rico) y B* B% (Cuba). Otro rasgo señalado por Sosa (1999: 238), en el español de la República Dominicana, es que las exclamativas como declaración categórica o como contradicción o afirmación previa muestran un descenso hasta la línea de la base tonal y una subida rápida hasta el tono de juntura A%. Sosa (1999: 235) también describe, en el español de Maracaibo (Venezuela), un descenso en la declarativa que alarga la vocal acentuada final. Es una característica del habla de los hombres jóvenes y constituye un ascenso-descenso brusco. Kvavik (1988) describe diferencias de registro en la producción de oraciones imperativas en el español cubano. Si se comparan con las declarativas, la curva musical se produce dentro de un registro mayor en las imperativas, un patrón similar al de otras regiones (Willis 2002).

Finalmente, entre los estudios más recientes, debemos señalar el de Armstrong (2010: 156), quien ha estudiado el español de Puerto Rico y el de la República Dominicana y señala que estas variedades muestran acentos tonales similares en declarativas de foco estrecho (B+A*) y amplio. Además, los acentos prenucleares son iguales (B*+A).

5. Conclusiones

Los intentos de sistematizar la variación fonética en el Caribe y postular una unidad fonológica se han encontrado con numerosas dificultades. Esto ha resultado en un cuestionamiento de los marcos teóricos vigentes para explicar esta diversidad (Guitart 2001). Muchos de los fenómenos descritos podrían tener su origen en el español del siglo XVI (Boyd-Bowman 1976). Guitart (1994) explica que no es la variación lavobsiana la que explica estos fenómenos, sino el dominio de múltiples variantes en cada hablante. Argumenta que hay una variante radical y otra más conservadora del español caribeño (Guitart 1994: 234).

Hemos presentado los fenómenos fonéticos principales de esta región. Otros fenómenos que deben estudiarse en detalle son: la nasalización de las vocales, cambios vocálicos y consonánticos en casos de sinalefa y cambios acentuales en grupos que funcionan como compuestos. Estos y otros temas deben servir para estudios experimentales y descriptivos que profundicen en algunas áreas de trabajo que no han sido tratadas adecuadamente.

Bibliografía

Alba, O. (1999) "Elisión de la /d/ intervocálica postónica en el español dominicano", en Morales, A., López Morales, H., Cardona, J. y Forastieri, E. (eds.) *Estudios de lingüística hispánica: homenaje a María Vaquero*, Río Piedras: Editorial de la Universidad de Puerto Rico, pp. 3–21.

Alba, O. (1988) "Estudio sociolingüístico de la variación de las líquidas finales de palabra en el español cibaeño", en Hammond, R. M. y Resnick, M. C. (eds.) *Studies in Caribbean Spanish dialectology. Romance languages and linguistics series*, Washington, DC: Georgetown University Press, pp. 1–12.

Alemán, I. (1976) *Datos sobre el desdoblamiento fonológico en Puerto Rico: análisis espectográfico*, tesis de maestría, Río Piedras: University of Puerto Rico.

Alers Valentín, H. (1999) "La r velar en Puerto Rico: a 50 años del atlas lingüístico de Tomás Navarro Tomás", *Horizontes*, 41, pp. 189–210.

Alfaraz, G. G. (2008) "The lateral variant of (r) in Cuban Spanish", en Westmoreland, M. y Thomas, J. A. (eds.) *Selected proceedings of the Fourth Workshop on Spanish Sociolinguistics*, Somerville, MA: Cascadilla Proceedings Project, pp. 36–42.

Alfaraz, G. G. (2007) "Effects of age and gender on liquid assimilation in Cuban Spanish", en Lorenzino, A., Holmquist, J. y Sayhi, L. (eds.) *Selected proceedings of the Third Workshop on Spanish Sociolinguistics*, Somerville, MA: Cascadilla Proceedings Project, pp. 23–29.

Álvarez Nazario, M. (1974) *El elemento afronegroide en el español de Puerto Rico*, San Juan, Puerto Rico: Instituto de Cultura Puertorriqueña.

Armstrong, M. (2010) "Puerto Rican Spanish Intonation", en Prieto, P. y Roseano, P. (eds.) *Transcription of intonation of the Spanish language*, Múnich: Lincom Europa, pp. 155–189.

Boyd-Bowman, P. (1973) "Patterns of Spanish immigration to the New World (1493–1580)", *Council on International Studies*, Buffalo: Stanford University of New York.

Brown, E. K. (2011) "Paradigmatic peer pressure: Word-medial, syllable-initial /s/ lenition in Dominican Spanish", en Alvord, S. M. (ed.) *Selected proceedings of the 5th Conference on Laboratory Approaches to Romance Phonology*, Somerville, MA: Cascadilla Proceedings Project, pp. 46–58.

Canfield, L. (1981) *Spanish pronunciation in the Americas*, Chicago/Londres: University of Chicago Press.

Chela Flores, G. (1986) "Las teorías fonológicas y los dialectos del Caribe hispánico", en Núñez Cedeño, R. A., Páez Urdaneta, I. y Guitart, J. M. (eds.) *Estudios sobre la fonología del español del Caribe* (Colección Zona Tórrida: Estudios Lingüísticos), Caracas: La Casa de Bello, pp. 21–30.

Clayton, M. L. (1981) "Some variable rules in Caribbean Spanish and their implications for the model of phonetic variation in natural generative phonology", en Sankoff, D. y Cedergren, H. (eds.) *Variation omnibus*, Edmonton, Alberta: Linguistic Research, pp. 49–57.

Clegg, J. H. (1976) *Análisis espectográfico de los fonemas /e a o/ en un idiolecto de la Habana*, tesis doctoral, University of Texas-Austin.

Colontani, L. y Kochetov, A. (2011) "An articulatory study of sibilant fricatives in two Spanish varieties", en Alvord, S. M. (ed.) *Selected proceedings of the 5th Conference on Laboratory Approaches to Romance Phonology*, Sommerville, MA: Cascadilla Proceedings Project, pp. 84–97.

De Granda, G. (1976) "Algunos rasgos morfosintácticos de posible origen criollo en el habla de áreas hispanoamericanas de población negra", *AdeL*, 14, pp. 5–22.

D'Introno, F. y Sosa, J. M. (1988) "Elisió de nasal o nasalizació de vocal eŋ caraqueño", en Hammond, R. M. y Resnick, M. C. (eds.) *Studies in Caribbean Spanish dialectology* (Romance Languages and Linguistics Series), Washington, DC: Georgetown University Press, pp. 24–34.

Figueroa, Neysa. (2000) "An acoustic and perceptual study of vowels preceding deleted post-nuclear /s/ in Puerto Rican Spanish", en Campos, H., Herburger, E., Morales-Front, A. y Walsh, T. J. (eds.) *Hispanic linguistics at the turn of the millennium*, Sommerville, MA: Cascadilla Press, pp. 66–79.

Golibart, P. (1976) *Cibaeño vocalization*, tesis de maestría, Kansas: University of Kansas.

Green, A. (2002) *African American English*, Cambridge: Cambridge University Press.

Guitart, J. (1976) *Markedness and a Cuban dialect of Spanish*, Washington, DC: Georgetown University Press.

Guitart, J. (1979) "Aspectos del consonantismo habanero: reexamen descriptivo", *Boletín de la Academia Puertorriqueña de la Lengua Española*, 6, pp. 94–114.

Guitart, J. (1981) "On Caribbean Spanish phonology and the motivation for language change", *Current Research in Romance Languages*, pp. 63–70.

Guitart, J. (1994) "Las líquidas en el Caribe hispánico y la variación como alternancia de códigos", *Thesaurus*, 49, 2, pp. 229–244.

Hammond, R. M. (1976a) "An experimental verification of the phonemic status of open and closed vowels in Caribbean Spanish", en López Morales, H. (ed.) *Corrientes actuales en la dialectología del Caribe hispánico: Actas de un simposio*, Río Piedras: Editorial de la Universidad de Puerto Rico, pp. 217–237.

Hammond, R. M. (1976b) "The velar nasal in rapid Cuban Spanish", en Lantlf, J. P., Wattman, F. y Guitart, J. (eds.) *Colloquium on Spanish and Luso-Brazilian Linguistics*, Washington, DC: Georgeton University Press, pp. 19–36.

Henríquez Ureña, P. (1921) "Observaciones sobre el español de América", *Revista de Filología Española*, 8, pp. 95–104.

Holmquist, J. (1998) "High lands-high vowels: A sample of men's speech in rural Puerto Rico", en Paradis, C. (ed.) *Paper in sociolinguistics: NWAVE-26 à L'Université Laval*, Quebec: Université Laval, pp. 73–79.

Holmquist, J. (2005) "Social Stratification in women's speech in rural Puerto Rico: A study of five phonological features", en Sayahi, L. y Westmoreland, M., *Selected proceedings of the Second Workshop on Spanish Sociolinguistics*, Somerville, MA: Cascadilla Proceedings Project, pp. 109–119.

Holmquist, J. (2008) "Gender in context: Features and factors in men's and women's speech in rural Puerto Rico", en Westmoreland, M. y Thomas, J. A. (eds.) *Selected proceedings of the 4th Workshop on Spanish Sociolinguistics*, Somerville, MA: Cascadilla Proceedings Project, pp. 17–35.

Isbasescu, C. (1968) *El español en Cuba: observaciones fonéticas y fonológicas*, Bucarest: Sociedad Rumana de Lingüística Románica.

Kvavik, K. H. (1988) "Is there a Spanish imperative intonation?", en Hammond, R. M. y Resnick, M. C. (eds.) *Studies in Caribbean Spanish dialectology* (Romance Languages and Linguistics Series), Washington, DC: Georgetown University Press, pp. 35–49.

Ladd, R. (1996) *Intonational phonology*, Cambridge: Cambridge University Press.

Lapesa, R. (1986) *Historia de la lengua española*, Madrid: Gredos.

Lenz, R. (1940) *Para el conocimiento del español de América. Biblioteca de Dialectología Hispanoamericana*, 6, Buenos Aires: Instituto de Filología.

Lipski, J. M. (1988) "Contactos hispano-africanos en el África ecuatorial y su importancia para al fonética del Caribe hispánico", en Hammond, R. y Resnick, M. (eds.) *Studies in Caribbean Spanish dialectology* (Romance Languages and Linguistics Series), Washington, DC: Georgetown University Press, pp. 50–65.

Lipski, J. (1996) "Contactos de criollos en el Caribe hispánico: contribuciones al español *boz al*", *América Negra*, 11, pp. 31–60.

Lipski, J. (2001) "From *bozal* to *boricua*: Implications of Afro Puerto Rican language in literature", *Hispania*, 82, pp. 850–859.

López Morales, H. (1983) *Estratificación social del español de San Juan de Puerto Rico*, México: Universidad Autónoma de México.

Lorenzino, G., Álvarez, A., Obediente, E. y De Granda, G. (1998) "El español caribeño: Antecedentes sociohistóricos y lingüísticos", en Perl, M. y Schwegler, A. (eds.) *América Negra: panorámica actual de los estudios lingüísticos sobre variedades hispanas, portuguesas y criollas*, Fráncfort del Meno: Vervuert Verlag.

Mack, S. (2010) "Perception and identity: Stereotypes of speech and sexual orientation in Puerto Rican Spanish", en Borgonovo, C. (ed.) *Selected proceedings of the 12th Hispanic Linguistics Symposium*, Somerville, MA: Cascadilla Press, pp. 136–147.

Mack, S. (2011) "A sociophonetic analysis of /s/ variation in Puerto Rican Spanish", en Ortiz López, L. (ed.) *Selected proceedings of the 13th Hispanic Linguistics Symposium*, Somerville, MA: Cascadilla Press, pp. 81–93.

Marrero, V. (1990) "Estudio acústico de la aspiración en español", *Revista de Filología Española*, 70, pp. 345–397.

Matluck, J. H. (1994) "Hiato, sinéresis y sinalefa: A sociolinguistic updating", en Hashemipour, P., Maldonado, R. y Van Naersen, M. (eds.) *Studies in language learning and Spanish linguistics*, Nueva York/San Louis/San Francisco/Auckland/Bogotá: McGraw-Hill, Inc, pp. 280–289.

Navarro Tomás, T. (1939) "Desdoblamiento de fonemas vocálicos", *Revista de Filología Española*, 1, pp. 165–167.

Navarro Tomás, T. (1944) *Manual de entonación española*, Nueva York: Hispanic Institute in the United States.

Navarro Tomás, T. (1966) *El español de Puerto Rico*, Río Piedras: Editorial de la Universidad de Puerto Rico.

Núñez Cedeño, R. A. (1986) "Teoría de la organización silábica e implicaciones para el análisis del español caribeño", en Núñez Cedeño, R. A., Páez Urdaneta, I. y Guitart, J. M. (eds.) *Estudios sobre la fonología del español del Caribe* (Colección Zona Tórrida: Estudios Lingüísticos), Caracas: La Casa de Bello, pp. 75–94.

Núñez Cedeño, R. A. y Acosta, J. (2011) "En torno al contexto real de la vocalización cibaeña", en Ortiz López, L. (ed.) *Selected proceedings of the 13th Hispanic Linguistics Symposium*. Somerville, MA: Cascadilla Press, pp. 239–250.

Oliver Rajan, J. (2007) "Mobility and its effects on vowel raising in the coffee zone of Puerto Rico", en Holmquist, J. (ed.) *Selected proceedings of the 3rd Workshop on Spanish Sociolinguistics*, Somerville, MA: Cascadilla Proceedings Project, pp. 44–52.

Quilis, A. (1988) *Fonética acústica de la lengua española*, Madrid: Gredos.

Resnick, M. (1975) *Phonological variants and dialect identification in Latin American Spanish*, La Haya: Mouton.

Rodríguez Cadena, Y. (2003) "El efecto de la aspiración sobre la tonía intrínseca de las vocales en el español del Caribe", en Herrera, Z. E. y Martín Butragueño, P. (eds.) *La tonía: dimensiones fonéticas y fonológicas* (Estudios de Lingüística, 4), México DF: Colegio de México, pp. 75–94.

Rojas, N. (1988) "Fonología de las líquidas en el español cibaeño", en Hammond, R. y Resnick, M. (eds.), *Studies in Caribbean Spanish dialectology*, Washington, DC: Georgetown University Press, pp. 103–111.

Rosenblat, A. (1962) *El castellano de España y el castellano de América: Unidad y diferenciación*, Caracas: Cuadernos del Instituto de Filología Andrés Bello.

Saciuk, B. (1980) "Estudio comparativo de las realizaciones fonéticas de /y/ en dos dialectos del Caribe Hispánico", en Scavnicky, G. E. (ed.) *Dialectología hispanoamericana*, Washington, DC: Georgetown University Press, pp. 16–31.

Selkirk, E. (1984) *Phonology and syntax: The relation between sound and structure*, Cambridge, MA: The MIT Press.

Simonet, M., Rohena-Madrazo, M. y Paz, M. (2008) "Preliminary evidence for incomplete neutralization of coda liquids in Puerto Rican Spanish", en Colantoni, L. y Steele, J. (eds.), *Selected proceedings of the 3rd Conference on Laboratory Approaches to Spanish Phonology*, Somerville, MA: Cascadilla Proceedings Project, pp. 72–86.

Sosa, J. M. (1999) *La entonación del español*, Madrid: Ediciones Cátedra.

Terrell, T. D. (1979) "Final /s/ in Cuban Spanish", *Hispania*, 62, pp. 599–612.

Terrell, T. D. (1986) "La desaparición de la /s/ posnuclear a nivel léxico en el habla dominicana", *Estudios sobre la fonología del español del Caribe*, Caracas: Ediciones la Casa Bello, pp. 117–134.

Torreblanca, M. (1991) "Sobre la pronunciación del español del Caribe en el siglo XVI", en Hernández, C., De Granda, G., Hoyos, C., Fernández, V., Dietrick, D. y Carballera, Y. (eds.) *El español de América*, Castilla y León: Junta de Castilla y León, Consejería de Cultura y Turismo, pp. 355–360.

Uber, D. R. (1984) "Phonological implications of the perception of -s and -n in Puerto Rican Spanish", en Baldi, P. (ed.) *Papers from the XIIth Linguistics Symposium on Romance Languages*, Amsterdam/Filadelfia: John Benjamins, pp. 287–299.

Valentín-Márquez, W. (2006) "La oclusión glotal y la construcción lingüística de identidades sociales en Puerto Rico", en Segarra, N. y Almeida Toribio, J. (eds.) *Selected proceeding of the 9th Hispanics Linguistics Symposium*, Sommerville, MA: Cascadilla Proceedings Project, pp. 326–341.

Vaquero, M. (1991) "El español de Puerto Rico en su contexto antillano", en Hernández, C., De Granda, G., Hoyos, C., Fernández, V., Dietrick, D. y Carballera, Y. (eds.) *El español de América*, Castilla y León: Junta de Castilla y León, Consejería de Cultura y Turismo, pp. 117–139.

Vaquero, M. (1996) "Antillas", en Alvar, M. (ed.) *Manual de dialectología hispánica: el español de América*, pp. 51–67.

Willis, E. W. y Bradley, T. G. (2008) "Contrast maintenance of taps and trills in Dominican Spanish: Data and analysis", en Colantoni, L. y Steele, J. (eds.) *Selected proceedings of the 3rd Conference on Laboratory Approaches to Spanish Phonology*, Somerville, MA: Cascadilla Proceedings Project, pp. 87–100.

Willis, E. W. (2007) "An acoustic study of the 'pre-aspirated trill' in narrative Cibaeño Dominican Spanish", *Journal of the International Phonetic Association*, 37, 1, pp. 33–49.

Willis, E. W. (2004) "Dominican Spanish absolute interrogatives", en Face, T. L. (ed.) *Laboratory approaches to Spanish phonology*, La Haya: Mouton de Gruyter, pp. 61–91.

Willis, E. W. (2002) "Is there a Spanish imperative intonation revisited", *Linguistics*, 40, 2, pp. 347–374.

Entradas relacionadas

dialectología y geografía lingüística; dialectos del español de América; fonética; fonología

DIALECTOS DEL ESPAÑOL DE AMÉRICA: CARIBE ANTILLANO (MORFOSINTAXIS Y PRAGMÁTICA)

Luis Ortiz López

1. Introducción

El Caribe antillano es el primer territorio que conquistan y sientan bases Colón y los colonizadores en el continente americano. En este escenario, los españoles y sus dialectos reciben albergue desde tan temprano como en 1492, cuando las tripulaciones españolas, por primera vez, logran asentarse el 12 de octubre, específicamente, en La Española, hoy territorio que comparten República Dominicana y Haití. Este acontecimiento histórico-político abre el panorama de América y la lengua hispánica en el continente. El primer encuentro entre el elemento peninsular y el exotismo americano, particularmente antillano, propicia la entrada definitiva de la lengua española en América, produciéndose, durante las primeras décadas, después de la conquista, un contacto de lenguas, entre las lenguas indígenas habladas en la región y el español "transplantado", pero en evolución, desde diversos escenarios peninsulares, incluyendo las Islas Canarias. A los pocos años, ante la ausencia del indio y su lengua, y la necesidad de mano de obra, se inicia la compra y entrada de esclavos, desde las costas africanas al Caribe, hecho que provoca un nuevo encuentro etnosociolingüístico afrohispánico en el Caribe (Ortiz López 1998; Lipski 2005). Esta realidad histórico-lingüística, junto con los acontecimientos sociopolíticos más recientes, entre los que se destacan las luchas por las independencias, las invasiones militares, las intervenciones armadas norteamericanas y los movimientos migratorios continuos en la zona, han contribuido a la génesis y al desarrollo de lo que se conoce en la dialectología hispánica moderna como el *español del Caribe Antillano* (ECA). Desde el punto de vista sincrónico, el ECA posee unas características lingüísticas —fonológicas, morfosintácticas y léxico-semánticas— que le dan identidad propia y conforman una variedad de habla diatópica (regional), diastrática (estratificacional) y diafásica (estilística) bastante particular dentro del macrosistema del español americano (Lipski 1996). Esta modalidad geolingüística —cuyos hablantes reconocen intuitivamente— está compuesta por rasgos lingüísticos, que permiten delimitar ciertas isoglosas, dentro y fuera de los dialectales caribeños. Este trabajo se enfoca exclusivamente en ciertos rasgos que caracterizan la sintaxis del ECA, en interfaz con la semántica y la pragmática. A pesar de que existe un debate acerca de los límites geográficos del Caribe hispánico, este texto se centra en el Caribe hispánico insular o antillano (Cuba, República Dominicana y Puerto Rico), aunque, en ocasiones, se alude a zonas del Caribe continental, cuando los fenómenos trascienden la zona antillana.

2. Sintaxis en interfaz con la semántica y la pragmática

La sintaxis del ECA ha sido una de las facetas lingüísticas más tardíamente abordadas. Hay muchos fenómenos desconocidos, y otros, aunque documentados, requieren mayor evidencia empírica. Este nivel se enfrenta con los mismos problemas que caracterizan la sintaxis del español americano: escasez de descripciones, de comparaciones y de explicaciones sistemáticas. En esta sección se documentan algunas estructuras que han recibido atención especial de parte de los dialectólogos tradicionales del español antillano (Henríquez Ureña 1940; Navarro Tomás 1948; Jiménez Sabater 1975; Álvarez Nazario 1992; González 2001, entre otros), y por investigadores contemporáneos (Núñez Cedeño 1983; Morales 1986, 1999; López Morales 1992; Alba 1995, 2000; Vaquero 1996; Lipski 1996, 2005; Ortiz López 1998, 1999, 2010; Pérez Guerra 2001, y otros). Estos estudiosos han identificado una serie de rasgos sintácticos que distinguen esta zona de otras variantes dialectales americanas, peninsulares e iberorromances. Los rasgos se agrupan dentro de: (i) las propiedades del sujeto o parámetro de sujeto nulo: (a) los *sujetos pronominales redundantes*; (b) *el orden de palabras SV, independientemente del tipo de cláusula*; (c) *los verbos en infinitivo con sujeto patente*; (d) *el expletivo ello*; (ii) el tiempo, modo y aspecto (TMA): (a) *el futuro analítico y el presente progresivo con valor de futuro*; (b) *el indicativo en lugar del subjuntivo*, (c) *el infinitivo en lugar del indicativo y el subjuntivo*; (iii) algunas particularidades adverbiales: (a) *la doble negación dominicana*; (b) *los adverbios negativos (más nadie, más ninguno, más nunca, más nada)*; (iv) *la cúpula verbal:* (a) *ser focalizado*, (b) *la extensión de estar*, entre otros. Estos fenómenos sintácticos han llamado y continúan captando la atención, tanto de los hablantes de otras variedades hispánicas como de los lingüistas interesados en los temas dialectales, sociolingüísticos y formales del español. Además, manifiestan diversos grados de variación y microvariación dialectal, que han motivado su estudio desde la perspectiva de interfaz con la semántica y la pragmática. El debate se ha centrado, por un lado, en las posibles fuentes que los han motivado, es decir, la posibilidad de que sean producto del contacto de lenguas que por siglos ha caracterizado la región del Caribe, en especial, las hablas españolas (andaluzas, canarias), las africanas, las lenguas europeas y criollas habladas en la región, el inglés, entre otras y, por otro, en las interpretaciones formalistas y variacionistas. En cuanto a estas tendencias de cambio de lengua, hasta la fecha, las explicaciones internas del sistema conviven con las interpretaciones externas, por ejemplo, *demográficas, históricas y sociales*, y con las pragmáticas/comunicativas.

I. *Propiedades del sujeto o el parámetro de sujeto nulo*

El pronombre personal de sujeto (PPS) ha sido objeto de interés de la lingüística hispánica desde la década de los ochenta, aunque muchas de sus propiedades habían sido documentadas por dialectólogos del ECA.

(a) Pronombres de sujeto. El ECA se caracteriza por una mayor frecuencia de PPS, especialmente, los pronombres específicos y singulares (*yo/tú*), y los no específicos (*uno y tú*) (1a-c). Este fenómeno ha recibido mucha notoriedad desde los trabajos clásicos (Henríquez Ureña 1940; Navarro Tomás 1948) hasta trabajos recientes de corte formal y variacionistas (Morales 1982, 1999; Toribio 1994; Ortiz López 2011; Otheguy y Zentella 2012; Camacho 2013).

(1) a. *Yo* pienso que si *uno* [–espec] no toma acción para *uno* [–espec] mejorar, no habrá nadie que lo haga.

b. *Tú* [+espec] no debes actuar de esa forma, porque *tú* [+espec] mismo te haces daño, y eso *uno* [–espec] debe evitarlo a toda costa.

c. Ante la crisis actual, *tú* [–espec] no debes lanzarte al vacío, porque siempre *uno* [–espec] tiene alguna salida a la crisis.

Los primeros trabajos se centraron en la presencia/ausencia del pronombre de sujeto y la posición en la cláusula (anteposición o posposición al verbo) desde la perspectiva variacionista en un escenario de contacto de lenguas, con el inglés en el caso de Puerto Rico (Morales 1997, 1999) y, más recientemente, los caribeños en Nueva York (Otheguy y Zentella 2012), y los dominicanos en la frontera dominico-haitiana (Ortiz López 2011). Estos estudios no descartan del todo que el contacto con una lengua con sujeto explícito, como el inglés o el criollo haitiano, contribuyan a una mayor frecuencia de pronombres de sujeto en los caribeños. No obstante, reconocen que razones internas, como la morfología del verbo (p. ej., la ambigüedad morfológica y el número), el tipo de pronombre, la clase semántica del verbo, la especificidad o no especificidad del pronombre, el sujeto actante o la topicalización del sujeto, etc., explican mejor la presencia y la anteposición de PPS en el ECA. Hoy se acepta que los PPS explícitos en el Caribe, incluyendo el caso de *tú* (obligatorio, según algunos, ante la pérdida de la /s/ como marcador de segunda persona singular), representan una complejidad de causas morfosintácticas, como el desgaste en la flexión verbal, y semánticas-pragmáticos, como la especificidad, la expresividad y la topicalización, que obligan a estructurar las oraciones, según un orden fijo SVO. En otras palabras, elementos semánticos-pragmáticos, unidos al desgaste morfológico, han contribuido a un cambio en la relación entre sujeto y verbo en el ECA.

(b) Orden SV. La presencia del sujeto, pronominal y no pronominal/léxico está vinculada con el orden sujeto-verbo (SV/VS) (2–4), tanto en oraciones enunciativas, interrogantes, relativas, infinitivas o en pseudohendidas (Henríquez Ureña 1940; Navarro Tomás 1948; Núñez Cedeño 1983; Suñer 1983; Morales 1986; 1999; Pérez Leroux 1999; Ortiz López 2010a).

(2) a. *José* llegó antes de tiempo.
b. Llegó *José* antes de tiempo.

(3) ¿Quién grita en la calle?
a. *Juan* grita como un loco.
b. Grita *Juan* como un loco.
c. Grita como un loco *Juan*.

(4) ¿Qué pasó anoche en la fiesta?
a. *María* bailó toda la noche.
b. Bailó *María* toda la noche.
c. Bailó toda la noche *María*.

Según las gramáticas descriptivas (Bosque y Gutiérrez 2009), el español posee un orden de palabras variado con respecto al verbo (SV/VS) (2–4), contrario a muchas otras lenguas (inglés, francés, criollas, etc.). Este orden variable no es totalmente libre, ya que está condicionado por la semántica en los verbos intransitivos sin argumento externo (inacusativos con VS, e inergativos con SV) y el tipo de discurso (foco/no foco) (3–4). El ECA, en cambio, evidencia, además de una mayor presencia pronominal como en (1), una clara tendencia hacia un orden fijo SV (2.ª, 3.ª, 4.ª) (Morales, 1999; Ortiz López 2010a, Dauphanais & Ortiz López, en prensa). El orden SV(O) se ha fijado, casi categóricamente, tanto en la oralidad como en la escritura, con formas pronominales, y muy frecuentemente con formas no pronominales/léxicas (2–4), e independientemente de la clase semántica del verbo y la función pragmática del discurso.

(c) Infinitivos con sujeto patente. El ECA produce, y acepta como gramaticales, oraciones en infinitivos con sujeto, pronominal o no pronominal/léxico antepuesto (5), contrario a las descripciones del español general (Bosque y Gutiérrez 2009) que exigen que estas estructuras aparezcan sin sujeto antepuesto, denominado como PRO. El pronombre de sujeto como variable directamente relacionada con el entorno optativo de la subordinación finita en indicativo o en subjuntivo frente a la no finita en infinitivo, como en los ejemplos de (5), ha recibido menos atención que los pronombres en las cláusulas principales. Henríquez Ureña (1940) y Navarro Tomás (1948) lo documentaron temprano en el siglo xx en República Dominicana (5a) y en Puerto Rico (5b), respectivamente. Las gramáticas descriptivas del español han considerado estas estructuras como agramaticales.

(5) a. Deje ver la cicatriz para *yo saber* cómo es eso (Henríquez Ureña 1940).
     b. Tiene que estar bien cocido para *yo comérmelo* (Navarro Tomás 1948).
     c. Lo haré para *yo* conseguir dinero.
     d. Haremos el trabajo para *nosotros* no protestar.
     e. (…) fue liberado sin restricciones tras el Estado determinar que no era procesable (…) (*El Nuevo Día*, portada, 14 de marzo de 2014).

La frecuencia de este tipo de estructuras en infinitivo con sujeto patente se debe a posibles razones discursivas que resaltan el tópico, y a factores extralingüísticos, relacionadas con el contacto de lenguas, el inglés y las lenguas africanas en el Caribe (Morales 1986, 1999). El modo infinitivo y el sujeto (pronominal o léxico) se posesionan como elementos sintácticos estrechamente relacionados con la secuencia de los elementos intencionales de la oración y, a la vez, con los rasgos morfológicos y flexionales. Frente a una cláusula subordina en infinitivo, el ECA antepone el sujeto para reponer los morfemas ausentes en el verbo (p. ej. caso, persona, número). También las preposiciones, la especificidad de los sujetos, las aspectualidad ejercen cierta influencia en la selección y aceptación de esta estructura en infinitivo (Aponte y Ortiz López, en prensa). De esta manera, el ECA muestra microvariación en la opcionalidad modal infinitivo/indicativo, asociada con factores morfosintácticos, semánticos y pragmáticos. El modo flexionado en el ECA es una estrategia de interfaz sintaxis-pragmática para representar aspecto en entornos en donde el español no tiene disponible otro tipo de marca morfológica. La presencia pronominal (y nominal) y la anteposición del sujeto también se documentan en las cláusulas interrogativas (6–7) y relativas (8), orales y escritas, con explicaciones pragmáticas similares.

(6) a. ¿Dónde *Astrid* vive?
     b. ¿Dónde *ella* vive?
     c. ¿Dónde vive *Astrid*?
     d. ¿Dónde vive {Ø/ella}?

(7) a. Yo le dije: "¿y qué es lo que *él* dice?". Ella me dice: "bueno es que usted le faltó el respeto", "yo le dije: "¿*usted* tiene por ahí la comunicación que me la deje ver de lo que *él* dice?".

(8) a. Luis compró algunos libros que *él* tiene que leer este mes.
 b. La casa que *la vecina* compró es moderna.

(d) Expletivo *ello* dominicano. Otra propiedad del PPS es el pronombre expletivo. El español es una lengua con sujeto expletivo nulo, contrario a lenguas como el inglés (*it/ there*), el francés (*il*), entre otras, que exigen un sujeto obligatorio. En cambio, el español dominicano exhibe un comportamiento similar a estas lenguas (9), como documentó Henríquez Ureña (1940), y al parecer distinto al de las demás zonas caribeñas.

(9) a. *Ello* hace tiempo que no llueve en esta zona.
 b. *Ello* se venden huevos en el mercado.
 c. *Ello* hay tiempo que no pasa la guagua (el autobús).

Se trata de un fenómeno complejo que ha recibido varias interpretaciones formales y discursivas (Toribio 1994; Camacho 2013; Gupton y Lowman 2013). Aún no se tienen explicaciones finales sobre este fenómeno. Hoy se cuestiona si se trata de un verdadero pronombre expletivo o un marcador discursivo, ya que: (i) no ocurre obligatoriamente, como en las lenguas que tienen un pronombre expletivo; (ii) no muestra necesariamente concordancia con el verbo; (iii) puede aparecer junto a otro pronombre; (iv) se presenta en posición periférica, y (v) manifiesta un comportamiento variable, aunque no se ha documentado sociolingüísticamente. Existe cierto consenso en que el pronombre *ello* dominicano funciona de manera dual: unas veces como un pronombre expletivo y otras como un marcador discursivo. Desde el punto de vista histórico, al parecer hay huellas de este fenómeno en zonas orientales de Puerto Rico, pero ya con cierta variante, pues desaparece el verbo, como en (10).

(10) Tú fuiste quien se tomó la cerveza. (afirmación)
 ¡*Ello* no! (negación)
 ¡*Ello* sí! (insistencia)

Para concluir esta sección, el ECA evidencia una pérdida clara de las características de las lenguas de sujeto nulo (*pro drop*) y, a su vez, una conversión hacia una variedad, a veces con sujeto obligatorio (*non pro drop*), otras con sujeto mixto. En otras palabras, en estos dialectos coexisten formas sintácticas que pertenecen a ambos parámetros. Estas propiedades demuestran la variación en el español caribeño (y también del portugués de Brasil). Trabajos recientes vuelven a asociar la presencia pronominal y el orden SV, independientemente del tipo de cláusula, al debilitamiento de la morfología verbal [-flex] en el ECA, contrario a otros dialectos del español. Los caribeños procesan los sujetos pronominales o léxicos como tópicos que fuerzan la flexión (verbos finitos) o no flexión verbal (las cláusulas en infinitivo), y no viceversa. Este proceso de reducción morfológica verbal se extiende a cláusulas en infinitivo, con sujeto, pronominal o no pronominal, en variación con cláusulas en subjuntivo o indicativo, como se prueba en la próxima sección.

II. Tiempo, modo, aspecto (TMA)

El verbo y sus valores temporales, modales y aspectuales han recibido bastante atención en español (Bosque y Demonte 1999; Bosque y Gutiérrez 2009). Aquí solo se destacarán algunos fenómenos verbales del ECA que han recibido algún tipo de acercamiento desde estas nuevas perspectivas de interfaces, entre ellos, el presente y el futuro, y las formas modales de indicativo, subjuntivo e infinitivo, y sus implicaciones aspectuales.

(a) El presente: el presente habitual, el presente progresivo y el presente progresivo con valor de futuro. El tiempo presente en español, ya sea en su forma simple, como en su forma perifrástica de tipo *estar + -ndo*, llamado presente progresivo (11), ha sido objeto de muchas investigaciones. En casi todos los trabajos le asignan al progresivo un significado: (i) locativo o durativo, para expresar una actividad en un lugar y en un momento específico en el acto del habla (11a); (ii) progresivo o continuo, con predicados que expresan actividades perceptibles (11b); y (iii) habitual con matices pragmáticos (11c) en situaciones excepcionales, con predicados que expresan actividades o estados que perduran por un tiempo o que se repiten.

(11)   a.   En la calle que queda detrás de mi casa *construyen* un edificio.
       b.   Javier no va a contestar el celular porque *está corriendo*.
       c.   Luis *está trabajando* en EE. UU.

No obstante, el progresivo en español responde a ciertas restricciones, entre ellas: (i) una acción en progreso, acompañada por una frase adverbial con algún sentido de futuro próximo (12a); (ii) una acción temporal, con principio y fin determinado o próximo a determinar (la acción permanente se describe mediante el presente simple) (12b); y (iii) una participación activa del sujeto en la acción en la que los verbos con aspecto léxico-semántico de actividad permiten usos en contextos habituales, en oposición gradual al resto de las categorías aspectuales, mientras que los verbos de movimiento nunca aparecen en la forma progresiva con valor habitual (12c).

(12)   a.   Fátima *está terminando* el examen en 10 minutos.
       b.   Ellos *crían* cuatro hijos.
       c.   Desde pequeña, la nueva reina *está luchando* por la paz mundial.

El progresivo evidencia procesos de reestructuración gramatical. De ahí que se haya propuesto que la forma *estar + -ndo* ha expandido sus usos sintácticos, semánticos y pragmáticos (Klein 1980; Morales 1986; Torres-Cacoullos 2000; Ortiz López 2009), y como resultado, ciertas formas simples y analíticas en progreso se imponen sobre otras. La extensión del morfema *-ndo*, así como el uso más frecuente de las formas analíticas con valores de +habitual/ +continuativo se documentaron en los ochenta en el español de Puerto Rico, y se asociaron con la *interferencia o transferencia sintáctica* directa o indirecta del inglés (Klein 1980; Morales 1986, 2000). Hoy el fenómeno se ha extendido en todo el ECA y, más que a la interferencia del inglés, se vincula con motivaciones internas de carácter semántico-pragmático del propio sistema. El progresivo se ha extendido a entornos de futuro (13a, 14a, 15b), como variantes pragmáticas del futuro (13b, 14b, 15b).

(13)   a.   En veinte minutos *estoy terminando* el examen.
       b.   En veinte minutos *va a terminar* el examen.

(14)   a.   El tren *está saliendo* pronto de la estación.
       b.   El tren *va a salir* pronto de la estación.

(15)   a.   Si la mujer queda encinta de nuevo, ese matrimonio *está teniendo* cuatro hijos.
       b.   Si la mujer queda encinta de nuevo, ese matrimonio *va a tener* cuatro hijos.

El presente progresivo sigue ganando flexibilidad en relación con las restricciones señaladas por las gramáticas, pues esta forma de *estar* + *-ndo*, además del tiempo presente, también expresa valor de futuro en lugar de las formas del futuro, simple o perifrástico. Esta forma en progresivo es sensible a una funcionalidad pragmática de tipo temporal/asertivo. Es decir, los contextos temporales de [+seguridad] y de inmediatez futura (13a, 14a, 15a) favorecen el uso del presente progresivo en lugar del futuro perifrástico (Aponte y Ortiz López 2009). Este fenómeno es más frecuente en hablantes jóvenes, y parece responder a un cambio lingüístico en proceso en esta zona dialectal.

(b) El futuro. En español, la futuridad puede expresarse mediante cuatro paradigmas verbales: el futuro morfológico (16a), el futuro analítico (16b), el presente de indicativo (16c) y el presente continuo (16d). Esta variación no es totalmente libre, y responde a razones pragmáticas.

(16)   a. Mañana *trabajaré*.
       b. Mañana voy a trabajar.
       c. Mañana *trabajo*.
       d. Mañana a estas horas *estoy trabajando*.

La lengua hablada actual prefiere la futuridad mediante la variante analítica (16b) y el presente simple (16c), mientras que la lengua escrita favorece el futuro morfológico (16a) (Sedano 1990; Orozco 2005, 2007; Claes y Ortiz López 2011, entre otros). En los contextos en los que las variantes denotan una posterioridad real, los datos demuestran una distribución complementaria regida por el grado de certidumbre, y asociada al cumplimiento del evento enunciado. En otras palabras, la acción del verbo en el mismo momento de la enunciación implica una idea de inminencia o de firme determinación. El presente continuo (16d) representaría el desarrollo de la acción en el mismo momento de enunciación para indicar un grado de certidumbre aún mayor que la del presente del indicativo. En resumen, el futuro morfológico ha ido adquiriendo cada vez más valores modales, mientras que la posterioridad se expresa mediante la variante analítica, el presente del indicativo y el presente progresivo con valores de aproximidad temporal, certidumbre y seguridad.

El ECA tiene una clara preferencia por las formas analíticas del futuro (16b), seguidas por el presente del indicativo (16c) y con cierta tendencia hacia el presente progresivo con valor de futuro (14d) (Claes y Ortiz López 2011; Aponte y Ortiz López 2009). Los usos de las formas del futuro (y del presente progresivo con valor de presente o de futuro inmediato) responden a valores pragmáticos relacionados con la certidumbre o cercanía de los hechos en relación con la intención del hablante. La (in)certidumbre de la distancia temporal demuestra que cuanto más lejano está el evento enunciado, más variables intervienen en su cumplimiento.

(c) El modo: indicativo vs. subjuntivo, e infinitivo vs. indicativo/subjuntivo. El modo verbal es la marca morfológica que expresa el grado de realidad o irrealidad, o los rasgos [+/–realis] de la acción. El paradigma del modo en español incluye el indicativo, el subjuntivo y el imperativo, para el verbo flexionado, y el infinitivo para el verbo no flexionado (Bosque y Demonte 1999; Bosque y Gutiérrez 2009). La elección de uno u otro modo depende de factores morfológicos, sintácticos, semánticos y pragmáticos. Por lo tanto, la variación modal entre indicativo/subjuntivo e infinitivo/indicativo/subjuntivo está condicionada por restricciones sintáctico/semántico/pragmáticas. En el ECA se han documentado unas tendencias innovadoras del indicativo (17a) sobre el subjuntivo (17b), y una extensión del infinitivo con sujeto patente (18a, 19a, 20a) sobre el indicativo (18b) y el subjuntivo (19b, 20b) (Lipski 1996; Morales 1986, 1999; Aponte 2008; Aponte 2014; Aponte y Ortiz

López, en prensa). Estas innovaciones también responden a necesidades semánticas y pragmáticas.

(17) a. Me incomoda que él no me *llama* inmediatamente.
  b. Me incomoda que él no me *llame* inmediatamente.

(18) a. Eso te pasa por *tú ir* demasiado rápido.
  b. Eso te pasa porque *vas* demasiado rápido.

(19) a. Es importante *nosotros como pueblo entender* todo lo que conlleva.
  b. Es importante que *nosotros como pueblo entendamos* todo lo que conlleva.

(20) a. Para *ella estar* tranquila tiene que quitarse eso de la mente.
  b. Para que *ella esté* tranquila tiene que quitarse eso de la mente.

Estas variantes, para algunos "agramaticales", conviven con aquellas formas descritas tradicionalmente como las propias de la lengua. ¿Se trata de "dos maneras de decir la misma cosa" o "dos oraciones que contienen la misma proposición", de variación sociolingüística, de diferentes frecuencias de uso de una sobre otra, de comportamientos subparamétricos o subdialectos en entornos lingüísticos sintáctico-semánticos, semántico-pragmáticos y sociolingüísticos, dentro del ECA? Los hablantes antillanos/caribeños usan y aceptan el indicativo sobre el subjuntivo; sin embargo, la preferencia del infinitivo sobre el indicativo y el subjuntivo ocurre en el ECA con más frecuencia que otros dialectos del español. Estas estructuras en infinitivo aparecen con sujetos patentes, en primera persona singular (*yo*), no específicos (*tú/uno*) y actantes, y con ciertas preposiciones, lo que apoya una interpretación sintáctico-pragmática como parte de la gramática de estos hablantes, contrario al rechazo que expresan otros hablantes del español.

III. Particularidades adverbiales: la doble negación dominicana y los adverbios negativos (más nadie, más ninguno, más nunca, más nada)

(a) La doble negación dominicana. La negación consiste en expresar la falsedad, irrealidad o no realización de un hecho, concepto o proposición. Para negar en español se antepone un adverbio de negación, principalmente *no*, antes del verbo. El resultado es una oración que declara la inadecuación entre sujeto y predicado, o de la proposición entera con la realidad. En el caso del español dominicano, la negación se puede realizar siguiendo varios patrones sintácticos: negación preverbal (uso canónico) (21a); negación doble enfática o uso no canónico (21b,c) y negación preverbal + palabras de negación absoluta (nunca, nada, jamás, tampoco) (21d) (Schwegler 1996; Ortiz López 2007; Marchena 2011).

(21) a. Yo *no* canto.
  b. Yo *no* canto *no*.
  c. Yo *no* conozco ese lugar *no*.
  d. Yo *no canto nunca/nada/jamás/tampoco.*

Por lo tanto, la doble negación dominicana consiste en una construcción en la cual aparece la negación seguida por el verbo y otra negación sin pausa entre el *no* final y el resto de la frase, como en (22):

(22) Y*o no* sabía eso *no* (neg + v + neg).

La doble negación dominicana se caracteriza por su completa integración fonotáctica dentro del enunciado (Schwegler 1996), y puede aparecer en diversos tipos de cláusulas. Hasta la fecha no se ha documentado la negación postoracional, como ocurre en el portugués de Brasil y en el criollo de Palenque de San Basilio. La doble negación se ha encontrado muy escasamente en el español afrocubano (23) y con cierta frecuencia en el chocó de Colombia.

(23) *No* sé *no, y no* hablaba extraño *no, no* (Ortiz López 1998).

La doble negación dominicana se usa fundamentalmente con valores pragmáticos, tanto para rechazar proposiciones conocidas activadas como presupuesta [+adversativa], como para reiterar un predicado previamente negado por el propio sujeto en un contexto *aclarativo/ admirativo*. En estos hablantes coexisten dos modelos de negación dentro de un sistema que las entrecruza (Marchena 2011). La doble negación dominicana (y cubana) ha sido asociada con la influencia africana, y una supuesta criollización del español caribeño (Megenney 1990; Schwegler 1996).

   (b) *Más + nada, nunca, nadie* y *ninguno*. En español, las formas negativas *nada, nunca, ninguno, nadie*, junto al adverbio *más*, fundamentalmente pospuesto, adquieren valor de grado, como *nada más, nunca más, nadie más* y *ninguno más*. En las Antillas, y también en ciertas áreas de España (Andalucía y Canarias) e Hispanoamérica, es muy frecuente anteponer la expresión de grado a la forma negativa, como en (24), contrario al comportamiento del resto del español peninsular (Henríquez Ureña 1940; Kany 1966; Navarro Tomás 1948; Álvarez Nazario 1992; Lipski 1996, 2005; Gutiérrez-Rexach 2011; Gutiérrez-Rexach y González-Rivera 2011).

(24) a. No quiero saber *más nada* del tema.
      b. No me llames *más nunca* a mi celular.
      c. A *más nadie* voy a invitar a la fiesta.
      d. *Más ninguno* puede entrar a la reunión.

Para hablantes de estas zonas, especialmente caribeños, no existe alternancia de significado entre la posposición o anteposición de la expresión de grado *más* a palabras negativas (*nada, nunca, nadie, ninguno*), pues anteponer o posponer *más* representa diferencias de significado claras, como han documentado Gutiérrez-Rexach y González-Rivera (2011). La negación verdadera se expresa en las Antillas mediante la anteposición de *más* a la palabra negativa. Así, la expresión negativa, con posposición de *más*, poco escuchada, ha perdido legitimación, y ha dado paso a la estructura precedida por el modificador de grado *más*. No obstante, la anteposición del término de grado no es posible con otros cuantificadores débiles no negativos del tipo: **más algo, *más poco, *más tanto, más varios*. En cambio, la posposición, *nada/nunca/nadie/ninguno + más* posee una interpretación focal, imposible con la anteposición. Este ascenso del cuantificador *más* también ocurre en otras construcciones en el ECA (25a-b). Estas propuestas necesitan de apoyo empírico, tanto para describir los usos como para descifrar sus valores semánticos y pragmáticos.

(25) a. Luis es el *más rápido* que corre del grupo.
      b. Luis es el que *más rápido* corre del grupo
      c. Luis es el que *corre más rápido* del grupo.

IV. Cópula verbal: ser focalizado y la extensión de estar

(a) *Ser* focalizado. El *ser* como focalizador se ha usado para designar aquella estructura que ofrece relevancia a un constituyente, denominado foco (26), tanto en oraciones simples (26b) como pseudohendidas (26c,d). Este tipo de estructuras se ha documentado en dialectos del español americano, con énfasis en el español venezolano y colombiano (Kany 1966; Sedano 1990; Sánchez Vallejo 2012, 2013; Escalante 2015) y en el Caribe, especialmente en el español dominicano y barranquillero-colombiano (Toribio 1992; Camacho 2006). Sobre este tema, hasta la fecha, contamos con explicaciones formales. Se hacen urgentes trabajos descriptivos variacionistas sobre estas formas que nos permitan proponer explicaciones funcionales y pragmáticas que profundicen en la propuesta de focalización.

(26)   a. Se baila cumbia.
     b. Se baila *es* cumbia.
     c. Lo que se baila *es* cumbia.
     d. Lo que Luis hizo *fue* trabajar/Lo que hizo Luis *fue* trabajar.

(b) Extensión del verbo copulativo *estar*. La dicotomía entre los verbos copulativos *ser* y *estar* ha ocupado muchas páginas en la historia de la lengua española y en la sincronía reciente del español americano. La extensión de *estar* en contextos de *ser* parece adquirir más frecuencia en variedades del español, como México, Venezuela y también las Antillas, como se ha documentado recientemente en Puerto Rico (Ortiz López 2009; Brown y Cortés 2000), en ejemplos como (27).

(27)   a. Si se van unos pocos (de Puerto Rico), la comida va a *estar* más abundante
     b. Esa nariz *está* bien ancha y fea.
     c. Los aguaceros hoy no *estarán* tan numerosos en la Isla.

Este fenómeno responde principalmente a razones semánticas. El paradigma verbal copulativo *ser/estar*, por sus transparencias semánticas, desde sus orígenes hasta el presente, propicia que los hablantes extiendan la variante *estar*, enfáticamente con adjetivos que implican un cambio constante, por ejemplo, *edad*, *tamaño*, *apariencia física*, *evaluación*, entre otros. Esta transparencia semántica podría ampliarse aún más cuando en el discurso sintáctico se incorporan elementos sintácticos, por ejemplo, adverbios temporales, como *ahora*, *cuando*, *más que antes*, los cuales pueden ejercer una función semántica de temporalidad a la hora de que el hablante escoja la cópula verbal. Ese tipo de adjetivo permite con mayor frecuencia la extensión de *estar* en español, independientemente de si la variedad del español está o no en contacto con el inglés.

V. Pluralización de haber o haber presencial

En español, el verbo *haber presentacional* es impersonal; se conjuga en tercera persona del singular, y el objeto nominal que lo acompaña es un acusativo/objeto directo, como en (28) (RAE-ASALE 2009: § 41.6).

(28)   a. En esta zona *había* problemas económicos serios.
     b. *Hubo* cinco caribeños en la selección final.
     c. *Hay* cinco colegas presentes en la reunión de hoy.

Frente a esa supuesta impersonalidad y ausencia de concordancia del verbo *haber*, muchas variedades del español peninsular (Blas Arroyo 1995–1996), canario (Catalán 1989: 155, 199; Pérez Martín 2007) y americano (DeMello 1991, Kany 1951: 255–260; Sedano 1990) demostraban cierta variación en el uso entre las formas impersonales, sin concordancia, como en (28) y las formas personalizadas del verbo *haber*, con concordancia de número con el objeto o SN, como en (29).

(29) a. En esta zona *habían* problemas económicos serios.
   b. *Hubieron* cinco caribeños en la selección final.
   c. *Habemos* cinco colegas presentes en la reunión de hoy.

Este fenómeno ha sido objeto de investigaciones recientes, muchas de las cuales se han enfocado en el Caribe Antillano (Brown y Rivas 2012; Rivas y Brown 2012, 2013; Claes 2014a, 2014b), en Venezuela y en otras zonas americanas (Bentivoglio y Sedano 2011; D'Aquino Ruiz 2004, 2008; Quintanilla Aguilar 2009). Estos estudios apoyan que los objetos con referencias humanas, los nombres con función de sujeto o con referencia a entidades inherentemente delimitadas temporalmente favorecen las variantes pluralizadas. Empero, las formas impersonales traspasan esos límites, lo que apoya que sea la agentividad el factor clave para su frecuencia (Claes 2014a, 2014b).

En resumen, la sintaxis del ECA, a pesar de las observaciones tempranas de los dialectólogos clásicos (Henríquez Ureña 1940; Navarro Tomás 1948; Álvarez Nazario 1992) y las descripciones de los dialectólogos y sociolingüistas contemporáneos (López Morales 1992; Alba 1995, 2000; Lipski 1996; Vaquero 1996; Ortiz López 1999), contrarias a la fonología y a la fonética, había recibido poca atención. En las últimas décadas, sin embargo, ha habido un interés claro por atender la sintaxis del ECA, tanto desde diversas perspectivas formales, variacionistas, tipológicas, como desde el contacto de lenguas, con énfasis en las conexiones que existen entre las estructuras, sus significados y sus funciones pragmáticas/comunicativas. Aquí se han descrito, muy sucintamente, los rasgos sintácticos que mejor caracterizan, a nuestro juicio, el ECA, que, como se ha venido documentando, trasciende las Antillas y se expande a grandes zonas del Caribe continental. Son muchas las características sintácticas que han quedado al margen de este trabajo, ya sea por falta de espacio o por ausencia de estudios. También han faltado explicaciones diacrónicas a estos fenómenos sintácticos, muchos de los cuales se han asociado directa o indirectamente a la influencia africana (Megenney 1990; Schwegler 1996; Ortiz López 1998, 1999; Lipski 2005), como son el orden de palabras SV(O), la presencia pronominal, la doble negación, las formas verbales sintácticas analíticas frente a las morfológicas o sintéticas, entre otras. Sobre la sintaxis del EAC hace falta una descripción empírica más amplia y profunda que permita dar explicaciones formales, funcionales y tipológicas, para luego emprender la tarea comparativa con otras grandes zonas del español americano y peninsular. *El Proyecto Sociolingüístico del Español de España y América* (PRESEEA) aspira a ser ese puente para emprender esa tarea sobre el español, como un sistema caracterizado por la microvariación lingüística.

Bibliografía

Álvarez Nazario, M. (1992) *Historia de la lengua española en Puerto Rico*. Su pasado y su presente en el marco de la realidad social, San Juan, PR: Comisión Puertorriqueña para la Celebración del Quinto Centenario del Descubrimiento de Puerto Rico.

Aponte Alequín, H. (2008). "Infinitivos frente a subjuntivos: ¿procesos lingüísticos internos/universales o variación dialectal?", *Actas del XV Congreso de la Asociación de Lingüística y Filología de América Latina*, Montevideo, pp. 120–135.

Aponte Alequín, H. (2014) *Desafíos del español caribeño: el debate sobre el modo y la microvariación modal*, tesis doctoral, Universidad de Puerto Rico.

Aponte Alequín, H. y Ortiz López, L. (2009) "Una perspectiva pragmática del presente progresivo con valor de futuro en el español del Caribe", en Borgonovo, C., Español, M. y Prévost, P. (eds.) *Selected proceedings of the 12th Hispanic Linguistics Symposium*, Somerville, MA: Cascadilla Proceedings Project, pp. 109–121.

Aponte Alequín, H. y Ortiz López, L. (en prensa) Pronombre de sujeto y variación infinitivo/indicativo en cláusulas subordinadas: el español caribeño frente al español mexicano, *Spanish in Context*.

Bentivoglio, P. y Sedano, M. (2011) "Morphosyntactic variation in Spanish-speaking Latin America", en Díaz Campos, M. (ed.) *The handbook of Hispanic sociolinguistics*, Oxford: Blackwell, pp. 123–147.

Blas Arroyo, J. (1995–1996) "A propósito de un caso de convergencia gramatical por causación múltiple en el área de influencia lingüística catalana. Análisis sociolingüístico". *Cuadernos de Investigación Filológica*, 21–22, pp. 175–200.

Bosque, I. y Demonte, V. (eds.) (1999) *Gramática descriptiva de la lengua española*, vol. 2, Madrid: Espasa-Calpe.

Bosque, I. y Gutiérrez Rexach, J. (2009) *Fundamentos de sintaxis formal*, Madrid: Akal.

Brown, E. y Cortés, M. (2010) "Syntactic and pragmatic usage of the [*estar* + adjective] construction in Puerto Rican Spanish: ¡Está brutal!", en Geeslin, K. y Díaz-Campos, M. (eds.) *Selected proceedings of the 14th Hispanic Linguistics Symposium*, Somerville, MA: Cascadilla Proceedings Project, pp. 61–74.

Brown, E. y Rivas, J. (2012): "Grammatical relation probability: How usage patterns shape Analogy", en *Language Variation and Change*, 24, pp. 317–341.

Camacho, J. (2006) "In situ focus in Caribbean Spanish: Towards a unified account of focus", en Segarra, N. y Toribio, J. (eds.) *Selected proceedings of the 9th Hispanic Linguistics Symposium*, Somerville, MA: Cascadilla Proceedings Project, pp. 13–23.

Camacho, J. (2013) *Null subjects*, Cambridge: Cambridge University Press.

Claes, J. y Ortiz López, L. (2011) "Restricciones pragmáticas y sociales en la expresión de futuridad en el español de Puerto Rico", *Spanish in Context*, 8, 1, pp. 50–72.

Claes, J. (2014a) "A cognitive construction grammar approach to the pluralization of presentational *haber* in Puerto Rican Spanish", *Language Variation and Change*, 26, 2, pp. 219–246.

Claes, J. (2014b) *The pluralization of presentational haber in Caribbean Spanish. A study in cognitive construction grammar and comparative sociolinguistics*, tesis doctoral inédita, Universiteit Antwerpen.

D'Aquino Ruiz, G. (2004) "*Haber* impersonal en el habla de Caracas. Análisis sociolingüístico", *Boletín de Lingüística*, 21, pp. 3–26.

Dauphinais, A. y Ortiz-López, L. (en prensa) "Microvariation in the Null Subject Parameter: Word order in Cuban Spanish". *In Selected proceedings of the 13th Hispanic Linguistics Symposium*. John Benjamins.

DeMello, G. (1991) "Pluralización del verbo haber impersonal en el español hablado culto de once ciudades", *Thesaurus*, 46, pp. 445–471

Escalante, M.F. (2015) *Microvariación paramétrica: El ser como focalizador frente a las seudohendidas en Barranquilla, Colombia*, tesis de maestría inédita, Universidad de Puerto Rico Recinto de Río Piedras.

González, C. (2001) *El habla campesina dominicana, aspecto morfosintáctico*, Santo Domingo: UASD.

Gupton, T. y Lowman, S. (2013) "An F projection in Cibaeño Dominican Spanish", en Cabrelli Amaro, J., Lord, G., de Prada Pérez, A. y Elana Aaron, J. (eds.) *Selected Proceedings of the 16th Hispanic Linguistics Symposium*, Somerville, MA: Cascadilla Proceedings Project, pp. 338–348.

Gutiérrez-Rexach, J. (2011) "Negación, modificación de grado y anteposición", en Escandell, M. *et al.* (eds.) *60 problemas de gramática dedicados a Ignacio Bosque*, Madrid: Akal.

Gutiérrez-Rexach, J. y González-Rivera, M. (2011) "Negation, modification, and the syntax of PR Spanish", en Faraclas, N. *et al.* (eds.) *Anansi's defiant webs: Contact, continuity, convergence and complexity in the languages, literatures and cultures of the Greater Caribbean*, Willemstad: University of Curaçao y Fundashon pa Planifikashon di Idioma.

Henríquez Ureña, P. (1940) *El español en Santo Domingo*, Buenos Aires: Universidad de Buenos Aires, Instituto de Filología.

Jiménez Sabater, M. (1975) *Más datos sobre el español de la República Dominicana*, Santo Domingo: Ediciones Intec.

Kany, C. (1966) *Sintaxis hispanoamericana*, Madrid: Gredos.

Klein, F. (1980) "A quantitative study of syntactic and pragmatic indicators of change in the Spanish of bilinguals in the U.S.", en Labov, W. (ed.) *Locating language in time and space*, Nueva York: Academic Press, pp. 69–82.

Lipski, J. (1996) *El español de América*, Madrid: Cátedra.

Lipski, J. (2005) *A history of Afro-Hispanic languages*, Cambridge: Cambridge University Press.

López Morales, H. (1992) *El español del Caribe*, Madrid: Mapfre.

Marchena, A. (2011) *La interfaz lingüística, dialectal y social en la doble negación del español dominicano*, Santo Domingo: Academia Dominicana de la Lengua Española.

Megenney, W. (1990) *África en Santo Domingo: su herencia lingüística*, Santo Domingo: Editorial Tiempo, S. A.

Morales, A. (1982) "La posición de sujeto en el español de Puerto Rico a la luz de la clase semántica verbal; la oposición tema-rema y el tópico oracional", *Lingüística Española Actual*, 4, pp. 23–37.

Morales, A. (1986) *Gramáticas en contacto: análisis sintácticos sobre el español de Puerto Rico*, Madrid: Plaza Mayor.

Morales, A. (1997) "La hipótesis funcional y la aparición de sujeto no nominal: el español de Puerto Rico", *Hispania*, 80, 1, pp. 153–165.

Morales, A. (1999) "Anteposición de sujeto en el español del Caribe", en Ortiz López, L. (ed.) *El Caribe hispánico: perspectivas lingüísticas actuales*, Fráncfort del Meno/Madrid: Iberoamericana/Vervuert, pp. 77–98.

Navarro Tomás, T. (1948) *El español de Puerto Rico. Contribución a la geografía lingüística hispanoamericana*, Río Piedras: Universidad de Puerto Rico.

Núñez Cedeño, R. (1983) "La pérdida de transposición de sujeto en interrogativas pronominales del español del Caribe", *Thesaurus*, 38, pp. 1–24.

Ortiz López, L. (2011) "Spanish in contact with the Haitian Creole", en Díaz Capos, M. (ed.) *Handbook of hispanic sociolinguistics*, Nueva York: Blackwell Publishing, pp. 418–445.

Ortiz López, L. (2010) *El español y el criollo haitiano*, Fráncfort del Meno/Madrid: Iberoamericana/Vervuert.

Ortiz López, L. (2010a) "El español del Caribe: orden de palabras a la luz de la interfaz léxico-sintaxis y sintáxis-pragmática", *Revista Internacional de Lingüística Iberoamericana*, 14, pp. 75–94.

Ortiz López, L. (2007) "La negación en la frontera domínico-haitiana: Variantes y usos sociolingüísticos", en Potowski, K., Cameron, R. (eds.) *Spanish in contact: Policy, social and linguistic inquiries*, Amsterdam/Filadelfia: John Benjamins Publishing Company, pp. 209–231.

Ortiz López, L. (ed.) (1999) *El Caribe hispánico: perspectivas lingüísticas actuales. Homenaje a Manuel Álvarez Nazario*, Fráncfort del Meno/Madrid, Iberoamericana/Vervuert.

Ortiz López, L. (1998) *Huellas etno-sociolingüísticas bozales y afrocubanas*, Fráncfort del Meno/Madrid: Iberoamericana/Vervuert.

Otheguy, R. y Zentella, A. (2012) *Spanish in New York: Language contact, dialectal leveling, and structural continuity*, Nueva York: Oxford University Press.

Pérez Lerorux, A. (1999) "Innovación sintáctica en el español del Caribe y los principios de la gramática universal", en Ortiz López, L. (ed.) *El Caribe hispánico: perspectivas lingüísticas actuales. Homenaje a Manuel Álvarez Nazario*, Fráncfort del Meno/Madrid: Iberoamericana/Vervuert, pp. 99–119.

Pérez Guerra, I. (ed). (2000) *Estado actual de los estudios lingüísticos y filológicos en la República Dominicana*, Centro de Altos Estudios Humanísticos y del Idioma Español. Santo Domingo: Patronato Ciudad Colonial.

Quintanilla Aguilar, J. (2009) *La (des)pluralización del verbo 'haber' existencial en el español salvadoreño: ¿un cambio en progreso?*, tesis doctoral inédita, University of Florida.

Rivas, J. y Brown, E. (2013) "Concordancia variable con haber en español puertorriqueño", *Boletín de Lingüística*, 24, pp. 102–118.

Sánchez Vallejo, C. (2012) "On the syntax of the focalization ser ('to be') structure in the Spanish of Bucaramanga", en File-Muriel, R. y Orozco, R. (eds.) *Colombian varieties of Spanish*, Madrid/Fráncfort del Meno: Iberoamericana/Vervuert.

Sánchez Vallejo, C. (2013) *Focalizing ser ('to be') in Colombian Spanish. An empirical study of a dialectally-marked syntactica phenomenon in Spanish*, Sarrebruck: Lambert Academic Publishing.

Schwegler, A. (1996) "La doble negación dominicana y la génesis del español caribeño", *Hispanic Linguistics*, 8, 2, otoño, pp. 247–315.

Sedano, M. (1990) *Hendidas y otras construcciones con ser en el habla de Caracas*, Venezuela: Cuadernos del Instituto de Filología Andrés Bello.

Suñer, M. (1983) *Subjects of infinitives in standard and Caribbean Spanish*, Ithaca: Cornell University.

Torres-Cacoullos, R. (2000) *Grammaticization, synchronic variation, and language contact: A study of Spanish progressive -ndo constructions*, Amsterdan/Filadelfia: John Benjamins.

Toribio, J. (1994) "Dialectal variation in the licensing of null referential and expletive subjects", en Parodi, C. *et al.* (eds.) *Aspects of Romance linguistics: Selected papers from the Linguistics Symposium on Romance Languages XXIV*, Washington, DC: Georgetown University Press, pp. 409–432.

Toribio, J. (2002) "Focus on clefts in Dominican Spanish", en Lee, J., Geeslin, K. y Clements, J. C. (eds.) *Structure, meaning, and acquisition in Spanish*, Somerville, MA: Cascadilla Proceedings Project, pp. 130–146.

Vaquero de Ramírez, M. (1996) *El español de América II. Morfosintaxis y léxico*, Madrid: Arco Libros.

Entradas relacionadas

dialectología y geografía lingüística; dialectos del español de América; pragmática; sintaxis

DIALECTOS DEL ESPAÑOL DE AMÉRICA: CHILE, RÍO DE LA PLATA Y PARAGUAY

Azucena Palacios

1. Chile

En la bibliografía especializada hay cierta unanimidad en considerar que la variedad chilena tiene características propias que hacen de ella un área dialectal, si bien es la combinación de rasgos lingüísticos la que dota esta área de cierta especificidad. Chile es un país multilingüe y multicultural, a pesar de que la población indígena no llega al 5%. Existen comunidades indígenas aimaras en la frontera con Perú y Bolivia, y comunidades mapuches que conservan el mapundungun en las regiones del sur; junto a ellas radican otras comunidades minoritarias de etnia quechua, kolla, rapanui, alacalufe, yámana o atacameña. No obstante, las investigaciones sobre la influencia de estas lenguas en el español de las comunidades indígenas está relativamente poco desarrollada (Espinosa Santos 2008; Olate Vinet, Becerra Parra y Alonqueo Boudon 2011).

A pesar de que se alude a una relativa poca diferenciación geolingüística, se suelen diferenciar cuatro variedades lingüísticas (Wagner 2006): a) zona norte (regiones I a IV y la XIV); b) zona central (regiones V a VII y metropolitana); c) zona sur (regiones VIII y IX) y d) zona sur-austral (regiones X a XII y la XV). El estudio de Rojas (2012) sobre las actitudes lingüísticas de hablantes de Santiago de Chile, que consideran que no hay grandes diferencias en el español hablado en el país, parece apoyar la afirmación de esa cierta homogeneidad. En la misma línea, Rabanales (2000) considera que las diferencias son fundamentalmente de entonación, pero que apenas hay variación morfosintáctica.

En esta breve descripción consideraré los rasgos lingüísticos que pueden caracterizar el español de la variedad chilena atendiendo, en la medida de lo posible, a su adscripción sociolingüística. En cuanto a los rasgos fonéticos, la variedad chilena muestra numerosos procesos de debilitamiento articulatorio asociados a distintos estratos sociales. Quizá el más común sea la aspiración y pérdida de /s/ final. Existen al menos tres variantes de la /s/ final: [s] (fricativa predorso alveolar sorda), [h] (fricativa glotal) y [Ø] (elisión), asociadas a sociolectos con distinto nivel sociocultural, pero también a registros o estilos. Pérez (2007) afirma que la variante aspirada [h] constituye una tendencia general que recorre todos los estratos, a diferencia de la elisión o la realización sibilante, que funcionan como indicadores de estilo de habla espontánea y no espontánea, respectivamente. En el nordeste chileno, área fronteriza con Bolivia, se conserva la variante sibilante, aunque se documenta también pérdida y aspiración (Wagner 1996). La variedad chilena, como otras variedades hispanoamericanas, es seseante.

La realización fricativa de /c/ está ampliamente extendida; la pérdida de /r/ en posición final de palabra se asocia a los sociolectos con menor instrucción (Lipski 1996), mientras que la pérdida de /d/ intervocálica en final de palabra parece generalizada en el registro no formal (Pérez 2007b).

La asibilación de las vibrantes, ensordecidas e incluso rehiladas, y la pronunciación asibilada rehilada del grupo /tr/, asociadas fundamentalmente con el registro no formal, están muy generalizadas salvo en algunas zonas rurales; al igual que la palatalización de la velar fricativa sorda /x/ ante vocales anteriores, extendida en toda la geografía chilena y en todos los sociolectos según los datos del *Atlas lingüístico de Hispanoamérica-Chile*, ya sea como variante mayoritaria, ya como variante minoritaria que alterna con la velar (enclaves preandinos) (Wagner 1996).

Entre los fenómenos morfosintácticos, el voseo puede ser uno de los más significativos (Helincks 2010; Rivadeneira y Clua 2011). Su frecuencia ha ido aumentando en detrimento de formas tuteantes y ustedeantes, y su uso ya no estaría desprestigiado; es la forma de tratamiento más extendida en situaciones informales y familiares, como una estrategia de solidaridad o confianza, fundamentalmente entre las generaciones más jóvenes. Se documentan dos tipos de voseo en la variedad chilena: el voseo pronominal y verbal con formas diptongadas (*vos cantái, tenís, comís*), asociado a las zonas rurales y a sociolectos urbanos con menor nivel de instrucción, y el voseo mixto verbal, generalizado en el habla de gran parte de la población, con formas pronominales tuteantes y formas verbales voseantes diptongadas (*tú cantái, tenís, comís*). A diferencia de otras regiones americanas voseantes, en la variedad chilena se utilizan las formas tuteantes en imperativo. Existe también un voseo mixto pronominal (*vos cantas*) aunque mucho menos extendido. En el presente del verbo *ser*, la forma voseante de segunda persona de singular *soi* coexiste con una nueva forma voseante, *erih*, surgida a partir de *eres*, desplazando incluso a la primera.

En cuanto a la variación en el sistema pronominal átono de tercera persona, Contreras (2005) documenta leísmo de persona en verbos de fenómenos psíquicos, si bien con frecuencias de uso bastante bajas. El sistema etimológico —*le(s)* para objeto indirecto; *lo(s)/la(s)* para objeto directo— es mayoritario, incluso en construcciones impersonales (*se lo veía bien*). La forma pronominal de objeto indirecto *le* sin distinción de número (*le* dieron un libro *a los muchachos*) y la pluralización de la forma *lo* con referente singular en cláusulas ditransitivas cuyos objetos indirectos tienen referencia plural (*se los dieron el libro a los muchachos*), así como la duplicación de objeto directo nominal pospuesto al verbo con formas pronominales (*los veo a los muchachos*) son fenómenos compartidos con otras áreas hispanoamericanas (Oyanedel y Samaniego 1998–1999; Aleza Izquierdo y Enguita Utrilla 2010). Silva-Corvalán (1980–1981) considera que la duplicación de objeto directo está relacionado con la topicalidad del objeto; así, la especificidad del objeto, determinado, definido y mayoritariamente humano, favorecería la duplicación.

La construcción comitativa (*con mi amiga fuimos al cine*) es muy frecuente en el registro oral. Según Aleza Izquierdo y Enguita Utrilla (2010), esta construcción existía ya en el español medieval y se documenta en otras variedades (rioplatense, el español hablado en zonas de convivencia de catalán y castellano).

En relación con las formas verbales, parece que en el pretérito predominan las formas simples (*canté*) sobre las compuestas (*he cantado*). La forma simple ocupa valores que habitualmente se vinculan con el pretérito perfecto compuesto (universal, experiencial y relevancia en el presente), mientras que la forma compuesta expresa fundamentalmente referencia temporal inespecífica, sin anclaje en el eje temporal (Henderson 2010). En el subjuntivo, el presente (*cante*) ocupa contextos reservados al imperfecto (*cantara*) y hay tendencia a utilizar formas de indicativo en contextos de subjuntivo, sin que esto se vincule específicamente con ningún sociolecto. En la prótasis de las condicionales, sobre todo en las irreales, se emplea de manera bastante generalizada la forma condicional *–ría* y no la del subjuntivo (*si iría a verte, hablaríamos mejor*), incluso en hablantes de nivel medio-alto (Egido y Morala 2009).

La pluralización de *haber* impersonal (*habían muchas preguntas*) se documenta con bastante frecuencia entre hablantes con nivel de instrucción alto, incluso en construcciones perifrásticas (*van a haber lluvias torrenciales*) (Poblete Vallejos *et al.* 2000). Estos mismos autores documentan en su corpus de español culto menos casos de dequeísmo (*indicó de que estaba allá*) que de queísmo (*no cabe duda que Pedro tenía razón*).

Los elementos intensificadores *re-* y *súper* se asocian con distintos sociolectos (masculino; femenino y generaciones más jóvenes, respectivamente); *bien* no se adscribe a ningún sociolecto en particular (Poblete Vallejos *et al.* 2000).

Algunos modalizadores de valor focalizador son el aditivo *igual* (*aunque igual, claro, subir el pasaje como a quinientos pesos, no lo encuentro muy grato, ¿cachái?, pero igual*), el restrictivo *puro* (*o sea, que no tenía vidrio, era puro marco*) o *ya* con valor asertivo (*¿Vamos al cine? —Ya*) (Poblete Vallejos et al. 2000).

Para finalizar, mencionamos algunas cuestiones sobre el léxico (Rabanales 2000; Sánchez Cabezas 2010; Sáez Godoy 2012). En esta variedad se aprecian numerosos indigenismos de origen mapuche (*charquicán* 'guiso', *pilco/pirco* 'mote de frijoles cocidos con maíz', *cahuín/ cagüín* 'borrachera, enredo, situación conflictiva' y sus derivados *cahuinear* 'armar cahuines', *cahuinero* 'aficionado a cahuinear', *cahuineo* 'la acción de cahuinear', *chalcha/charcha* 'carnosidad o gordura fofa o suelta', *curiche* 'persona de piel oscura', *pino* 'picadillo de empanada', *pichintun* 'cantidad pequeña', *piñén* 'suciedad', *ahuincarse* 'convertirse en chileno, dejar de ser mapuche', *huila/güila* 'andrajo, ropa rota', *pañitucar* 'tomar el sol', *coihue, patagua*, 'tipos de árbol', *pehuén* 'araucaria', *chercán* 'un tipo de pajarito', *colocolo* 'gato montés', etc.). Del quechua y del aimara perviven también topónimos y voces comunes en el Cono Sur (*choclo* 'maíz', *poroto* 'alubia', *papa* 'patata', *guagua* 'bebé', *quirquincho* 'armadillo', *palta* 'aguacate', etc.).

En la variedad chilena coloquial se puede oír con frecuencia vocablos, expresiones y locuciones verbales como *cachar* 'percatarse de algo', *pololo* 'pretendiente, trabajo eventual', *pepa* 'ojo', *mauloso* 'embustero, tramposo', *potijunto* 'mojigato', *rajar* 'marcharse apresuradamente', *pato malo* 'delincuente', *ir al tiro* 'inmediatamente', *arrastrar el poncho* 'andar deprimido', *quedar con el ombligo parado* 'darse una comilona', *hablar cabeza de pescado* 'decir tonterías', *parar la cola* 'morirse', *mandarse al pecho* 'comer o consumir algo con rapidez', *al callo* 'al detalle', etc.

2. Español rioplatense

Se denomina español rioplatense la zona lingüística que comprende Buenos Aires, el sur de las provincias de Santa Fe y de Entre Ríos y la Patagonia, y la mayor parte del territorio uruguayo (Di Tullio y Kailuweit 2011). La variedad de español del noroeste argentino se adscribe al español andino, la del nordeste, a la variedad paraguaya (Vidal de Battini 1964; Donni de Mirande 1996). En cuanto al llamado español fronterizo del norte uruguayo, se trata de una zona de contacto lingüístico intenso con el portugués (Elizaincín 2008; Ribeiro do Amaral 2009).

La conformación sociolingüística de esta variedad se debe a factores sociohistóricos como la colonización de la zona por contingentes españoles, que, aunque fundaron por primera vez Buenos Aires en 1536, posteriormente se instalaron en Asunción (Paraguay), desde donde fundaron Santa Fe, Buenos Aires de nuevo y las principales ciudades de esta área; a las distintas oleadas migratorias, fundamentalmente de origen europeo con predominio de inmigrantes italianos, que tuvieron lugar desde mediados del XIX; y a las estrechas relaciones entre Buenos Aires y Montevideo, que contribuyeron a que ambas áreas compartieran características lingüísticas y culturales (Donni de Mirande 1996).

En cuanto a la caracterización lingüística de la zona (Donni de Mirande 1996 y 2000; Fontanella de Weinberg 2000; Colantoni y Rodríguez Louro 2013), fonéticamente se describe como una variedad seseante y yeísta (con neutralización de /ĵ/ y /ʎ/). La realización del yeísmo muestra una articulación prepalatal rehilada donde alternan las variantes sonora [ʒ] y sorda [ʃ]. Fernández Trinidad (2010) afirma que esa variación parece asociarse con el estilo más o menos formal ([ʒ] y [ʃ], respectivamente); Chang (2008) y Rohena-Madrazo (2013) consideran que en Buenos Aires predomina la variante sorda, siendo la generación más joven de clase media quien la usa mayoritariamente.

La aspiración de la /s/ en posición final está ampliamente generalizada en todos los sociolectos, si bien coexiste esta con la elisión en sociolectos con menor nivel de instrucción.

En general, la /r/ múltiple y el grupo /tr/ tienen realización vibrante, aunque aparecen realizaciones fricativas asibiladas en Buenos Aires debido a la población migrante procedente de otras zonas de Argentina o de paraguayos y bolivianos. Colantoni y Rafat (2013) documentan, no obstante, una progresiva pérdida de asibilación en la vibrante múltiple que achacan a un proceso de nivelación dialectal.

En cuanto a los rasgos prosódicos, parece que la influencia del italiano se muestra en algunas estrategias del fraseo prosódico, en la realización de los acentos tonales o en las marcas tonales de frontera (Vidal de Battini 1964; Kaisse 2001; Pešková *et al.* 2011).

De los fenómenos morfosintácticos (Fontanella de Weinberg 2000; Colantoni y Rodríguez Louro 2013), el voseo constituye uno de los rasgos caracterizadores de esta variedad. Se trata de un voseo pronominal y verbal (*vos cantás, vos comés, vos venís*), generalizado en todos los sociolectos y registros, destinado a expresar menor distancia e informalidad; se emplea incluso como tratamiento entre desconocidos, vinculado con el eje de la solidaridad, en detrimento de la forma *usted*, que se reserva para expresar mayor distancia y formalidad. La variedad rioplatense en Uruguay muestra una mayor complejidad en las formas de tratamiento (Elizaincín y Díaz 1981; Bertolotti 2011), ya que, junto a las formas de voseo pronominal y verbal similares a las argentinas (*vos tenés, vos comés, vos venís*), se documentan formas híbridas de tuteo pronominal y voseo verbal (*tú tenés*), que suponen una forma intermedia más cercana pero deferente, y formas pronominales y verbales tuteantes, fundamentalmente en el este (Departamento de Rocha).

En lo que atañe al sistema pronominal átono, está generalizado el sistema etimológico, si bien Martínez (2013) documenta cierta variación hacia formas de acusativo en situaciones de dos participantes (*ayudarlo/ayudarle, preocuparlo/preocuparle, molestarlo/molestarle*). La numerosa inmigración procedente de Bolivia o Paraguay conserva los sistemas pronominales de su región de procedencia, que no coinciden con el sistema etimológico (Martínez 2012).

El doblado de clíticos es quizás el rasgo más sobresaliente en esta variedad (Barrenechea y Orecchia 1977; Rinke 2011, Belloro 2012); esto es, la coaparición de un pronombre átono y un objeto directo nominal o pronominal correferentes (*lo vi a Juan*) con menos restricciones que en otras variedades de español, incluso en construcciones con *se* impersonal (*¿y dónde* *se lo pone al cadáver, al cuerpo?*). El uso de la forma pronominal *le* para objetos indirectos plurales (*le di a ellos*) está muy generalizado (Fontanella de Weinberg 2000), si bien no es privativo de esta variedad.

En cuanto a los tiempos de pasado, Rodríguez Louro y Jara Yupanqui (2011) consideran que el pretérito perfecto simple expresa básicamente perfectividad y el pretérito perfecto compuesto, con una baja frecuencia de aparición, se usa en la actualidad para expresar referencia temporal indefinida o genérica. Rodríguez Louro (2010, 2013) constata que el uso del tiempo compuesto para codificar referencia temporal genérica o indefinida con relevancia en el presente —eventos pasados que continúan en el presente— ha experimentado un cambio en los últimos dos siglos, de tal manera que en ese contexto se documentan en la actualidad mayoritariamente formas de pretérito simple (*nací en Buenos Aires así que viví siempre en Buenos Aires* 'sigue viviendo en Buenos Aires'); los contextos continuativos en los que aparece la forma compuesta no tienen una relación clara o explícita con el presente, por lo que esta debe manifestarse por otros medios como una perífrasis continuativa (*este mes ha sido y sigue siendo agitado*). En contextos temporales hodiernales y de pasado reciente el pretérito simple es el que se utiliza casi en exclusiva.

Fontanella de Weinberg (2000) documenta numerosos casos de queísmo —elisión de preposición *de* en oraciones subordinadas complemento de un nombre o de un adjetivo, así como en verbos que rigen sintagmas encabezados con *de*—, incluso en el registro escrito culto (*no hay duda que desean influir sobre las propuestas de la fórmula radical. Preferiría que el banco se olvidara que estoy aquí*). Constata, igualmente, casos de dequeísmo —inserción de la preposición *de* ante *que* en subordinadas sustantivas en función de objeto directo— (*procure de que sus pretensiones no alcancen matices irrazonables*), que vincula fundamentalmente con la variedad oral y en sociolectos con menor nivel de instrucción.

En la variedad rioplatense, como en otras variedades hispanoamericanas, se emplea *medio* como marcador de modalidad con valor aproximativo (*medio se enojó*). Igualmente *medio* permite cuantificar adjetivos (*es medio ridículo*) y construcciones adverbiales (*me miró medio mal* 'amenazadoramente') y preposicionales (*fue medio al pedo* 'sin motivos') con matiz de modalización (Kornfeld 2010).

Entre los prefijos apreciativos que modifican adjetivos con valor intensificativo, *re-* (*requete-*, reloco y *recontra*) y *super-* (*superlindo*) parecen ser los más frecuentes (Kornfeld 2010). En cuanto a *re-* es interesante observar que puede cuantificar no solo adjetivos sino también adverbios (*remal, retarde*) y verbos (*lo reamo*) en la variedad oral coloquial. Costa y Ferreyra (1998) lo consideran un cuantificador modalizador que permite al hablante redimensionar la realidad de manera distinta.

En cuanto al léxico, Moreno de Alba (1992) considera que el léxico de esta variedad forma una región dialectal con Chile y Paraguay, dado que comparten un número importante de términos. En el caso del español rioplatense (Fontanella de Weinberg 2000; Donni de Mirande 2000; Toso 2005), el léxico más característico de esta variedad se nutre de términos de origen hispánico, en desuso en la variedad de España o que han experimentado un cambio semántico (*pollera* 'falda', *retar* 'reprender', *vidriera* 'escaparate', *vereda* 'acera', *estancia* 'finca rural', *boliche* 'establecimiento comercial de poca importancia', *limosnero* 'mendigo', *pileta* 'piscina', *pararse* 'levantarse', etc.); léxico de origen indígena, común con otras variedades hispanoamericanas (*maní* 'cacahuete', *choclo* 'maíz', *locro* 'guiso', *poroto* 'alubia', *quirquincho* 'armadillo', *mate* 'tipo de yerba para infusión', *palta* 'aguacate', *papa* 'patata', *zapallo* 'calabaza', *ananá* 'piña', etc.); léxico de origen italiano (*antipasto* 'entremeses', *ricota* 'requesón', *nono/a* 'abuelo/a', *pibe* 'muchacho/a', *chau* 'saludo de despedida', *laburo* 'trabajo', *morfar* 'comer', *mufa* 'mal humor', etc.).

En relación con la influencia italiana (Meo Zilio 1989; Kailuweit 2007; Conde 2011; Engels y Kailuweit 2011), es preciso hacer mención, para finalizar, del cocoliche —variedad de español hablada por los migrantes italianos llegados a la región— y del lunfardo —habla de las clases obreras marginales de Buenos Aires—, ya que una parte importante de los italianismos de esta variedad rioplatense pudo originarse en el cocoliche y pasar después al lunfardo. En la actualidad, muchos términos originados en el lunfardo han pasado a la variedad oral coloquial.

3. Paraguay

Paraguay es un país multilingüe donde coexisten el español y varias lenguas amerindias. Su excepcionalidad radica en que las dos lenguas oficiales nacionales son el español y el guaraní —una lengua amerindia—, y en que la mayoría de la población urbana no indígena es fundamentalmente bilingüe coordinada en ambas lenguas, al contrario de lo que ocurre en las zonas rurales, de mayoría monolingüe guaraní o bilingüe subordinada con lengua materna guaraní. El guaraní también es hablado por grupos indígenas guaraníes o guaranizados, aunque son variedades distintas del guaraní *jopara* (mezclado) o guaraní paraguayo que habla la población mayoritaria no indígena. El entendimiento entre hablantes de la variedad *jopara* y de las variedades indígenas es bastante difícil, de tal manera que los grupos indígenas suelen adoptar la variedad de guaraní *jopara* como lengua de comunicación con la sociedad mayoritaria. Para entender la peculiar situación sociolingüística actual de Paraguay (Melià 1997; Palacios 2008; Zajícová 2009; Gynan 2011), Granda (1988) alude a la conjunción de factores sociales, demográficos o económicos, entre otros. Así, considera que el aislamiento geográfico de Paraguay, la escasez de recursos naturales y la situación económica deprimida de la zona, que impidió la colonización masiva de los españoles, conllevó una escasez de recursos educativos y de formación para la sociedad paraguaya.

La lealtad hacia las dos lenguas, español y guaraní, se ha vinculado a una construcción híbrida de la identidad nacional, con actitudes positivas hacia el guaraní, fundamentalmente individuales más que institucionales, pero también con actitudes de rechazo hacia esta lengua, incluso entre los mismos individuos que consideran que forma parte de su identidad social, sobre todo cuando intervienen factores relacionados con el ascenso social. Ambas lenguas están inmersas en una dinámica de especialización funcional, cuyos usos y funciones comunicativas se relacionan con las áreas técnico-académicas, financieras, instituciones oficiales y medios de comunicación, en el caso del castellano; el guaraní se vincula con la religión popular, la política de base, el comercio, el hogar, lo rural, lo tradicional y la cultura guaraní. En términos de poder y solidaridad, el castellano se adscribe a la categoría *poder* —contextos oficiales, y fuertemente culturizados o convencionalizados—, mientras que el guaraní se corresponde con la categoría *solidaridad* —contextos informales, afectivos, o socialmente cohesivos— (Palacios 2008; Zajícová 2009; Gynan 2011).

Esta situación sociolingüística de contacto intenso tiene efectos lingüísticos evidentes en ambas lenguas. En estas páginas solo aludiremos a la influencia del guaraní en la variedad de español, que muestra variaciones lingüísticas cuya causa parece ser la influencia directa o indirecta del guaraní. Mencionamos, a continuación, los más sobresalientes.

Algunos fenómenos fonéticos (Lipski 1996; Pruñonosa 2000; Alvar 2001) que caracterizan la variedad paraguaya y que comparte con sus vecinos del Cono Sur son la elisión y/o aspiración de la /s/ final, muy generalizadas, la realización asibilada de la vibrante simple y múltiple, así como del grupo /tr/, la suavización de la /x/, similar a una aspiración. Los segmentos /b/ y /d/ tienden con frecuencia a desparecer en posición intervocálica en los sociolectos con menor nivel de instrucción. Difiere esta variedad en el tratamiento de las palatales, pues, si bien se documenta yeísmo con una realización africada no rehilante [dʒ], este convive con la conservación de la palatal lateral /ʎ/.

Los fenómenos fonéticos asociados a la influencia del guaraní son la sustitución de los fonemas vocálicos españoles /i, u/ por la vocal central posterior no redondeada /ɨ/ guaraní; la realización del fonema /b/ en posición inicial como [ᵐb] o como labiodental [v], dado que en guaraní no existe /b/, o la realización de las secuencias consonánticas intervocálicas del español [mp], [nk], [nt] como [ᵐb], [ᵑg], [ⁿd], fonemas oclusivos nasalizados del guaraní.

En el nivel morfosintáctico (Granda 1988; Palacios 2008), la variedad paraguaya se caracteriza por un voseo pronominal y verbal (*vos cantás*) incluso en el imperativo, generalizado en todos los sociolectos, similar al del español rioplatense. Sin embargo, los rasgos más destacados se deben a la influencia del guaraní, documentados entre los sociolectos con menor nivel de instrucción, pero también en el registro oral coloquial de los sociolectos con instrucción alta. Las consecuencias lingüísticas del contacto de lenguas son tan complejas que documentan alternancias de código (*muy panchamente entró a la vivienda, maltrató con palabras tie'y al ógajára con amenazas de muerte porque es una tipa muy violenta, ndaje, upévare el rollo okyhyje en la familia*), así como inserción de elementos aislados en el discurso oral coloquial español. Entre ellos, cabe destacar morfemas temporales verbales (*kuri*), aspectuales (*hína*), interrogativos (*-pa* o *piko*: *¿Dónde van piko?*), posesivos como *che* (*che madre* 'mi madre'), posposiciones (*-gua*, *-gui*, *rupi,*), incluso subsistemas completos cuya función consiste en matizar la actitud del hablante, del mensaje o de la realidad que los rodea, como los marcadores modalizadores *ko, niko, katu*, que indican verosimilitud narrativa o énfasis; *voi*, reforzador del valor aseverativo de la proposición; o *ndaje*, que indica que la información procede de una fuente indirecta, entre otros; atenuadores de órdenes y mandatos *-na, -mi* (*vení-na* 'ven, por favor'), etc. El valor de estos marcadores se documenta también en equivalentes léxicos como el atenuador *un poco* similar a *-mi* (*vení un poco* 'ven por favor'), *sí*, que es usado con el mismo valor modalizador de verosimilitud narrativa que tiene *katu (vení sí, que te estoy esperando* 'ven, que ciertamente, te aseguro, que te estoy esperando') o *luego*, con valor de refuerzo de la aserción similar a *voi* (*le dije voi luego para no ir allá* 'le dije que en efecto que no iría allá') (Palacios 2008).

El cambio del régimen preposicional de ciertos verbos también se ha achacado a la influencia del régimen preposicional de los verbos equivalentes en guaraní (*cayó por mi pie* 'me pilló el pie'; *apoyó la bici por la pared* 'apoyó la bici en la pared'; *mira por mí* 'me mira atentamente'). El cambio semántico que experimentan algunos elementos se atribuye también a la influencia del guaraní, como ocurre con el cuantificador *todo*, que adquiere el significado del marcador aspectual *-pa* 'completamente' (*las casas no aguantan y luego ya al abandonar, se pudren todo* 'las casas no aguantan y ciertamente, en efecto, se pudren completamente').

La variación de las preposiciones *a* y *en* con verbos de movimiento (*llegó en Asunción, vino en Caacupé*) que se documenta entre hablantes bilingües con nivel bajo de instrucción (Martínez *et al.* 2006) se ha explicado a partir de la influencia de la preposición locativa *-pe* del guaraní, ya que en esta lengua se prioriza la meta y no la dirección. Esta variación preposicional estaba presente en el español clásico, por lo que es posible que los hablantes bilingües paraguayos seleccionaran *en*, que señala la meta, y no *a* con verbos de movimiento, en congruencia con su lengua materna para aproximar ambos significados. Estamos, pues, ante un cambio lingüístico multicausal, cuya explicación obedece a la conjunción de factores internos (la variación presente en español) y factores externos (la influencia del guaraní) (Palacios 2008).

La reorganización del sistema pronominal átono en la variedad oral coloquial, aunque en coexistencia con el sistema pronominal etimológico, propio de la variedad escrita y de sociolectos con nivel alto de instrucción, se ha explicado también como un proceso de convergencia lingüística entre el español y el guaraní. La influencia del guaraní —que carece de marcas morfológicas de género o caso— y de un sistema pronominal átono similar al del español —solo tiene pronombres de objeto tónicos para referentes humanos— ha inducido el cambio en un sistema inestable de la gramática del español con variación lingüística. El resultado es la reorganización de todo el sistema en consonancia con las características estructurales de la lengua indígena (Palacios 2008, 2013); esto es, la tendencia generalizada hacia una única forma pronominal *le* para objeto directo e indirecto sin distinción de género (*le vi a la niña, le vi al niño, le di un regalo a María, le di un regalo a Juan*). Cuando el objeto directo tiene un referente inanimado, la forma pronominal tiende a hacerse nula fonéticamente (*no vas a encontrar tus botas en la chacra. Sí Ø voy a encontrar. Siempre Ø encontré cuando Ø busqué*).

En definitiva, el intenso contacto lingüístico potencia variaciones y cambios lingüísticos en el español paraguayo que han dado como resultado reorganizaciones del material lingüístico o reinterpretaciones del valor formal, semántico o pragmático.

En cuanto al léxico, esta variedad comparte una gran parte con otras variedades del Cono Sur, especialmente la rioplatense (*pararse* 'levantarse', *pollera* 'falda', *vereda* 'acera', etc.), pero los guaranismos son, por el intenso contacto del español y del guaraní en la zona, su característica sobresaliente y permean todos los campos léxicos trascendiendo incluso el vocabulario básico (Alvar 2001; Palacios 2008). Algunos términos del ámbito de la flora y de la fauna son (*yacaré* 'cocodrilo', *cururú* 'sapo', *yaguareté* 'jaguar', *yaguá* 'perro', *mandioca, avatí* 'maíz', *surubí* 'un tipo de pescado', *teyú* 'iguana'), de la alimentación (*so'o* 'carne', *guaripola* 'aguardiente', *chipá* 'especie de pan', *tereré* 'infusión fría'), nombres de relación (*kuña* 'mujer', *karai* 'señor', *kuñakarai* 'señora', *kuñataí* 'señorita', *mitá* 'niño/a', *mita'i* 'niñito/a'), cualidades y aspectos negativos (*vaí* 'feo, malo', *kangué* 'amargo, desagradable', *kaigué* 'desganado', *tavy* 'tonto'), entre otros.

Bibliografía

Aleza Izquierdo, M. y Enguita Utrilla, J. M. (coords.) (2010) *La lengua española en América: normas y usos actuales*, Valencia: Universidad de Valencia [en línea]. Accesible en http://www.uv.es/aleza/esp.am.pdf [10/11/2013].

Alvar, M. (2001) *El español en Paraguay. Estudios, encuestas, textos*, Madrid: Universidad de Alcalá/La Goleta Ediciones/AECI.

Barrenechea, A. M. y Orecchia, T. (1977) "La duplicación de objetos directos e indirectos en el español hablado en Buenos Aires", en Lope Blanch, J. M. (ed.) *Estudios sobre el español hablado en las principales ciudades de América*, México: UNAM, pp. 351–381.

Belloro, V. (2012) "Pronombres clíticos, dislocaciones y doblados en tres dialectos del español", *NRFH*, 60, 2, pp. 391–424.

Bertolotti, V. (2011) "La peculiaridad del sistema alocutivo singular en Uruguay", en Di Tullio, Á. y Kailuweit, R. (eds.) *El español rioplatense: lengua, literatura, expresiones culturales*, Madrid/Fráncfort: Iberoamericana/Vervuert, pp. 23–47.

Chang, C. B. (2008) "Variation in palatal production in Buenos Aires Spanish", en Westmoreland, M. y Thomas, J. A. (eds.) *Selected proceedings of the 4th Workshop on Spanish Sociolinguistics*, Somerville, MA: Cascadilla Proceedings Project, pp. 54–63.

Colantoni, L. y Rodríguez Louro, C. (eds.) (2013) *Perspectivas teóricas y experimentales sobre el español de la Argentina*, Madrid/Fráncfort: Iberoamericana/Vervuert.

Colantoni, L. y Rafat, Y. (2013) "Las consonantes róticas en el español argentino", en Colantoni, L. y Rodríguez Louro, C. (eds.) *Perspectivas teóricas y experimentales sobre el español de la Argentina*, Madrid/Fráncfort: Iberoamericana/Vervuert, pp. 83–98.

Conde, Ó. (2011) *Un estudio sobre el habla popular de los argentinos*, Madrid: Taurus.

Contreras, L. (2005) "Usos pronominales no canónicos en el español de Chile", *Onomázein*, 11, 1, pp. 111–129.

Costa, A. y Ferreyra, P. (1998) "Re-superlativo: prefijo cuantificador de las categorías verbo, nombre, adjetivo, adverbio y portador de lasubjetividad en el lenguaje adolescente", *Espacio 127*, 1 [en línea]. Accesible en http://www.instituto127.com.ar/Espacio127/01/n1nota04.htm [2/12/2013].

Di Tullio, Á. y Kailuweit, R. (2011) "Introducción", en Di Tullio, Á. y Kailuweit, R. (eds.) *El español rioplatense: lengua, literatura, expresiones culturales*, Madrid/Fráncfort: Iberoamericana/Vervuert, pp. 11–22.

Donni de Mirande, N. (1996) "Argentina-Uruguay", en Alvar, M. (dir.) *Manual de dialectología hispánica. El español de América*, Barcelona: Ariel, pp. 209–221.

Donni de Mirande, N. (2000) "El español en el litoral", en Fontanella de Weinberg, M. B. (coord.) *El español de la Argentina y sus variedades regionales*, Buenos Aires: Edicial, pp. 63–100.

Egido, M. C. y Morala, J. R. (2009) "El verbo: morfología", en Hernández, C. (ed.) *Estudios lingüísticos del español hablado en América (Proyecto EGREHA)*, vol. 2, Madrid: Visor, pp. 13–177.

Elizaincín, A. (2008) "Uruguay", en Palacios, A. (coord.) *El español en América. Contactos lingüísticos en Hispanoamérica*, Barcelona: Ariel, pp. 301–319.

Elizaincín, A. y Thun, H. (coords.) (2000) *Atlas lingüístico diatópico y diastrático del Uruguay (ADDU)*, Kiel: Westensee Verlag.

Elizaincín, A. y Díaz, O. (1981) "Sobre tuteo/voseo en el español montevideano", en Elizaincín, A. (comp.) *Estudios sobre español del Uruguay I*, Montevideo: Universidad de la República, pp. 81–86.

Engels, K. y Kailuweit, R. (2011) "Los italo-lunfardismos en el sainete criollo. Consideraciones léxicos-semánticas", en Di Tullio, Á. y Kailuweit, R. (eds.) *El español rioplatense: lengua, literatura, expresiones culturales*, Madrid/Fráncfort: Iberoamericana/Vervuert, pp. 227–248.

Espinosa Santos, V. (2008) "Chile", en Palacios, A. (coord.) *El español en América. Contactos lingüísticos en Hispanoamérica*, Barcelona: Ariel Letras, pp. 237–254.

Fernández Trinidad, M. (2010) "Variaciones fonéticas del yeísmo: un estudio acústico en mujeres rioplatenses", *Estudios de Fonética Experimental*, 19, pp. 263–292.

Fontanella de Weinberg, M. B. (coord.) (2000) "El español bonaerense", en Fontanella de Weinberg, M. B. (coord.) *El español de la Argentina y sus variedades regionales*, Buenos Aires: Edicial, pp. 37–62.

Granda, G. (1988) *Sociedad, historia y lengua en el Paraguay*, Bogotá: Instituto Caro y Cuervo.

Gynan, S. N. (2011) "Spanish in contact with Guaraní", en Díaz-Campos, M. (ed.) *The handbook of Hispanic sociolinguistics*, Oxford: Wiley-Blackwell, pp. 353–373.

Helincks, K. (2010) *La variación social y estilística del voseo chileno. Un estudio sociolingüístico cuantitativo y cualitativo basado en géneros televisivos*, tesina de maestría, Universiteit Gent.

Henderson, C. (2010) *El pretérito perfecto compuesto del español de Chile, Paraguay y Uruguay*, Estocolmo: University.

Kailuweit, R. (2007) "El contacto lingüístico italiano-español: ascenso y decadencia del 'cocoliche' rioplatense", en Trotter, D. (ed.) *Actes du XXIVe Congrès International de Linguistique et de Philologie Romanes. Aberystwyth 2004*, Tubinga: Niemeyer, vol. 1, pp. 506–514.

Kaisse, E. M. (2001) "The long fall: An intonational melody of Argentinean Spanish", en Herschensohn, J. et al. (eds.) *Features and interfaces in Romance*, Amsterdam: John Benjamins, pp. 148–160.

Kornfeld, L. M. (2010) *La cuantificación de adjetivos en el español de Argentina. Un estudio muy gramatical*, Buenos Aires: El 8vo Loco.

Lipski, J. (1996) *El español de América*, Madrid: Cátedra.

Martínez, A. (2012) "El español de los Andes en la Argentina. Concordancias canónicas y concordancias alternativas de número", *Revista Neue Romania*, 4, pp. 141–164.

Martínez, A. (2013) "Variación pronominal en la Argentina: los pronombres clíticos lo, la y le", en Colantoni, L. y Rodríguez Louro, C. (eds.) *Perspectivas teóricas y experimentales sobre el español de la Argentina*, Madrid/Fráncfort: Iberoamericana/Vervuert, pp. 397–416.

Martínez, A., Speranza, A. y Fernández, G. (2006) "Lenguas en contacto y perspectivas cognitivas: interculturalidad en Buenos Aires", *UniverSOS*, 3, pp. 9–33.

Melià, B. (1997) *Pueblos indígenas en el Paraguay: demografía histórica y análisis de los resultados del censo nacional de población y viviendas, 1992*, Asunción: Presidencia de la República.

Meo Zilio, G. (1989) *Estudios hispanoamericanos. Temas lingüísticos*, Roma: Bulzoni.

Moreno de Alba, J. G. (1992) *Diferencias léxicas entre España y América*, Madrid: Editorial MAPFRE.

Olate Vinet, A., Becerra Parra, R. y Alonqueo Boudon, P. (2011) "Cambio lingüístico y contacto de lenguas. Nuevas miradas e interpretaciones en torno al castellano de América y de Chile", *Lenguas modernas*, 38, segundo semestre, pp. 37–64.

Oyanedel, M. y Samaniego, J. L. (1998–1999) "Notas para un nuevo perfil lingüístico del español de Santiago de Chile", *Boletín de Filología de la Universidad de Chile*, 37, pp. 899–913.

Palacios, A. (coord.) (2008) *El español en América. Contactos lingüísticos en Hispanoamérica*, Barcelona: Ariel.

Palacios, A. (2013) "Contact-induced change and internal evolution: Spanish in contact with Amerindian Languages", en Léglise, I. y Chamoreau, C. (eds.) *The interplay of variation and change in contact settings*, Filadelfia: John Benjamins Publishing Company, pp. 165–198.

Pérez, H. E. (2007) "Estudio de la variación estilística del fonema /s/ en posición implosiva en el habla de los noticieros de la televisión chilena", *Revista de Lingüística Teórica y Aplicada*, 45, 1, primer Semestre, pp. 101–115.

Pérez, H. E. (2007b) "Estudio de la variación estilística de la serie /b-d-g/ en posición intervocálica en el habla de los noticieros de la televisión chilena", *EFE*, XVI, pp. 227–259.

Pešková, A., Christoph, G. y Feldhausen, I. (2011) "Fraseo prosódico en el español porteño. Evidencia de datos leídos y semiespontáneos", en Di Tullio, Á. y Kailuweit, R. (eds.) *El español rioplatense: lengua, literatura, expresiones culturales,* Madrid/Fráncfort: Iberoamericana/Vervuert, pp. 77–102.

Poblete Vallejos, M., Pons Galea, H. y Samaniego Aldazábal, J. L. (2000) "Fenómenos gramaticales y recursos modalizadores del enunciado en el español culto de Santiago de Chile", *Onomazein*, 5, pp. 143–151.

Pruñonosa Tomás, M. (2000) "Algunos rasgos fónicos de interferencia del guaraní en el español del Paraguay", en Calvo Pérez, J. (coord.) Teoría y práctica del contacto: el español en América en el candelero, Madrid/Fráncfort: Iberoamericana/Vervuert, pp. 113–122.

Rabanales, A. (2000) "El español de chile: presente y futuro", Onomázein, 5, pp. 135–141.

Ribeiro do Amaral, T. (2009) *El portuñol en la frontera brasileño-uruguaya: prácticas lingüísticas y construcción de la identidad*, Pelotas: Universidade Federal de Pelotas.

Rinke, E. (2011) "El doblado de clíticos en el español estándar y el argentino: variación lingüística y análisis sintáctico", en Di Tullio, Á. y Kailuweit, R. (eds.) *El español rioplatense: lengua, literatura, expresiones culturales*, Madrid/Fráncfort: Iberoamericana/Vervuert, pp. 103–122.

Rivadeneira, M. y Clua, E. B. (2011) "El voseo chileno: una visión desde el análisis de la variación dialectal y funcional en medios de comunicación", *Hispania*, 94, 4, pp. 680–703.

Rodríguez Louro, C. (2010) "Past time reference and the present perfect in Argentinian Spanish", en Treis, Y. y De Busser, R. (eds.) *Selected papers from the 2009 Conference of the Australian Linguistic Society* [en línea]. Accesible en http://www.als.asn.au [8/11/2013].

Rodríguez Louro, C. (2013) "La referencia indefinida y la expresión de pasado en el español rioplatense argentino", en Colantoni, L. y Rodríguez Louro, C. (eds.) *Perspectivas teóricas y experimentales sobre el español de la Argentina*, Madrid/Fráncfort: Iberoamericana/Vervuert, pp. 283–298.

Rodríguez Louro, C. y Jara Yupanqui, M. (2011) "Otra mirada a los procesos de gramaticalización del presente perfecto en español: Perú y Argentina", *Studies in Hispanic and Lusophone Linguistics*, 4, 1, pp. 55–80.

Rohena-Madrazo, M. (2013) "Variación y cambio de sonoridad de la fricativa postalveolar del español de Buenos Aires", en Colantoni, L. y Rodríguez Louro, C. (eds.) *Perspectivas teóricas y experimentales sobre el español de la Argentina*, Madrid/Fráncfort: Iberoamericana/Vervuert, pp. 37–58.

Rojas, D. (2012) "Percepción y valoración de variedades geográficas del español de Chile entre hispanohablantes santiaguinos", *Boletín de Filología*, 47, 1, pp. 137–163.

Sáez Godoy, L. (2012) "El léxico del dialecto chileno: Diccionario de uso del español de Chile DUECh", *Estudios Filológicos*, 49, pp. 137–155.

Sánchez, G. (2010) "Los mapuchismos en el DRAE", Boletín de Filología, vol. 45, 2, pp. 149–256.

Silva-Corvalán, C. (1980–1981) "La función pragmática de la duplicación de pronombres clíticos", *Boletín de Filología de la Universidad de Chile. Homenaje a Ambrosio Rabanales*, 31, pp. 561–570.

Toso, F. (2005) *Xeneizes: la presenza linguistica ligure in America Meridionale*, Recco: Le Mani.

Vidal de Battini, B. (1964) *El español de la Argentina*, Buenos Aires: Consejo Nacional de Educación.

Wagner, C. (1996) "Chile", en Alvar, M. (dir.) *Manual de dialectología hispánica. El español de América*, Barcelona: Ariel, pp. 222–229.

Wagner, C. (2006) "Sincronía y diacronía en el habla dialectal chilena", *Estudios Filológicos*, 41, pp. 277–284.

Zajícová, L. (2009) *El bilingüismo paraguayo: usos y actitudes hacia el guaraní y el castellano*, Madrid/Fráncfort: Iberoamericana/Vervuert.

Entradas relacionadas

dialectología y geografía lingüística

DIALECTOS DEL ESPAÑOL DE AMÉRICA: COLOMBIA Y VENEZUELA

Rafael Orozco y Manuel Díaz-Campos

1. Introducción

Colombia y Venezuela se encuentran en el extremo septentrional de Suramérica. Además de colindar geográficamente, comparten un pasado histórico y cultural que se manifiesta particularmente en la tradición lingüística de las zonas fronterizas. A pesar de que el castellano es el idioma dominante, ambos países son multilingües y multiculturales y en ellos sobreviven numerosos pueblos indígenas con sus lenguas autóctonas. El *Atlas sociolingüístico de los pueblos indígenas en América Latina* calcula la existencia de 83 pueblos indígenas en Colombia y 37 en Venezuela (véase Díaz-Campos 2014: 181). Estos países tienen múltiples similitudes lingüísticas entre las variedades de las regiones costeras, las cuales comparten principalmente características fonológicas. En contraste, se observan diferencias en otras áreas particularmente entre las variedades habladas en las regiones andinas. Nos ocuparemos inicialmente de los principales rasgos lingüísticos generales encontrados en Colombia y luego de los correspondientes a Venezuela.

2. Colombia

Con una población de 48.311.600 habitantes, la República de Colombia constituye el país con el mayor número de hablantes de castellano en Suramérica y el tercero en el mundo. La situación lingüística de Colombia ha sido caracterizada como una de multilingüismo, dividida en cuatro segmentos: el español —la lengua nacional—, aproximadamente setenta lenguas indígenas, rom, lengua hablada por gitanos esparcidos por el territorio colombiano y dos lenguas criollas: palenquero, hablada en San Basilio de Palenque, y el criollo sanandresano, hablado en el archipiélago de San Andrés y Providencia (Patiño Rosselli 1991; Rodríguez Cadena 2008; http://www.lenguasdecolombia.gov.co). También se usa en la comunidad sorda la lengua de señas colombiana reconocida oficialmente en 1996 (http://fenascol.org.co). Tal como se aprecia a lo largo y ancho de Latinoamérica, el castellano colombiano refleja influencias indígenas y africanas (Zamora y Guitart 1982). El influjo africano, mucho más intenso en las regiones costeras, es particularmente notable en San Basilio de Palenque (Schwegler y Morton 2003; Lipski 2012) y en la costa pacífica, específicamente en el departamento de Chocó (Montes 1974; Correa 2012).

Colombia es una de las naciones latinoamericanas más estudiadas en lo que respecta a su dialectología (Lipski 1994: 204). El español colombiano ha sido subdividido en dos macro-dialectos: costeño y cachaco o andino. Esta clasificación concurre con las principales distinciones hechas popularmente en Colombia donde para los costeños todos los que provienen del interior son indiscriminadamente considerados cachacos, y para los del interior todos los que provienen de la costa son generalmente considerados costeños sin distinción alguna. Además, la clasificación macrodialectal colombiana se basa primordialmente en patrones geográficos (Flórez 1961; Montes 1982), demográficos y culturales que han sido corroborados en el *Atlas lingüístico-etnográfico de Colombia* (ALEC) y encajan dentro de las clasificaciones dialectales del castellano latinoamericano (Henríquez Ureña 1921; Zamora y Guitart 1982: 178–180; Lipski 1994: 6; Quesada 2000: 154). En el macrodialecto costeño —subdividido en Caribe y Pacífico (Montes 1982)— se observan las principales características fonológicas del castellano de las tierras bajas latinoamericanas y peninsulares (cf. Henríquez Ureña 1921; Zamora y Guitart 1982; Lipski 1994: 6, entre otros). El macrodialecto andino, correspondiente al interior del país, es hablado por la gran mayoría (77 %) de los colombianos y está dividido en seis variedades principales: cundiboyacense —correspondiente a la meseta central andina—, antioqueño —situado entre el sur de la costa atlántica y el este de la pacífica—, nariñense-caucano —suroeste de Colombia colindando con Ecuador—, santandereano —sureste de la costa atlántica y zona limítrofe con Venezuela—, tolimense —suroeste de la zona cundiboyacense— y las variedades llaneras. La variedad cundiboyacense incluye a Bogotá y tiene aproximadamente 11,7 millones de hablantes correspondientes a un cuarto de la población nacional, quienes se congregan en el 4 % del territorio. Esta variedad, particularmente el habla bogotana, ha sido tradicionalmente objeto de numerosos estudios lingüísticos iniciados con la obra de Rufino José Cuervo, titulada *Apuntaciones críticas del lenguaje bogotano*, publicada en 1872. En contraste, las variedades llaneras tienen aproximadamente 2,7 millones de hablantes (6 % de la población nacional) muchos de los cuales son indígenas multilingües (Rodríguez Cadena 2008; Mahecha 2011). Estos se encuentran esparcidos por 657.735 km^2 (58 % del territorio), compuestos por tierras principalmente selváticas y escasamente pobladas que abarcan diez departamentos e incluyen la Amazonia y la Orinoquia, dos de las cinco regiones naturales colombianas. Las variedades llaneras constituyen las menos estudiadas del español colombiano, lo cual se refleja en el *ALEC*, que incluye poca información sobre su vasta extensión territorial.

Las variedades colombianas también participan en los procesos de variación y cambio latente que operan en el español contemporáneo. Por lo tanto, los fenómenos discutidos a continuación no son exclusivos de Colombia, sino que constituyen instancias representativas de los diversos continuos evolutivos encontrados a lo largo y ancho del mundo hispánico. Luego de describir las características fonético-fonológicas, se discuten las morfosintácticas. Seguidamente nos ocupamos del léxico y de los aspectos sociolingüísticos más sobresalientes.

Las diferencias más notables entre los dos macrodialectos colombianos se basan en sus rasgos fonéticos y fonológicos que, en su mayor parte, surgen de la realización superficial variable de [d, s, n, l, ɾ] en posición de coda silábica. Específicamente, la pronunciación variable de /s/ postvocálica, la cual conlleva diversas implicaciones sociolingüísticas, se considera la mayor distinción entre ellos (Flórez 1961; Montes 1982; Lipski 1994; Quesada 2010). En las variedades andinas la consistente articulación de /s/ como una sibilante constituye un marcador de prestigio. Por otra parte, en la fonología del macrodialecto costeño se aprecien el debilitamiento, la aspiración y elisión total de la /s/ en posición de coda silábica, fenómeno característico del castellano andaluz y el de las tierras bajas americanas (Granda 1977; Montes 1982: 35–36; Becerra 1985; Lafford 1986; Cury 2000). En efecto, los hablantes costeños consistentemente producen la secuencia *seis pesos* con aspiración de la /s/ final como [seih.'pe.soh] y con su elisión total como [sei.'pe.so]. En contraste con lo que ocurre en la región andina, la elisión de la /s/ goza de prestigio encubierto en las regiones costeras. Otro fenómeno correspondiente a la articulación de /s/ consiste en su reducción en posición prenuclear (inicial de sílaba) e intervocálica (Cuervo 1939; Flórez 1973; Montes 1996; Brown y Brown 2012), con la consiguiente pronunciación de *señora* como [xe.'ɲo.ra] y *nosotros* como [no.'xo.tros]. Aunque esta reducción de la /s/ al principio de sílaba ocurre a lo largo y ancho del territorio colombiano, en la zona andina es más frecuente que en otras regiones del país. Este fenómeno, a pesar de constituir un caso excepcional (Lipski 1994: 209), ha pasado relativamente desapercibido en los estudios sociolingüísticos (Brown y Brown 2012: 90).

Otra instancia de pronunciación variable ocurre con las líquidas (r, ɾ, l). Mientras que /r/ se produce uniformemente como una vibrante múltiple al inicio de sílaba, la vibrante simple /ɾ/ se relaja o elimina de manera consistente al final de palabra, especialmente en las regiones costeras, tal y como ocurre a través del Caribe y en Chile (Lipski 1994). La elisión de /-ɾ/ es especialmente frecuente en el habla vernácula e informal (Rodríguez Cadena 2011) y tiene paralelos en otras lenguas romances, notablemente con el portugués y el francés. En español /-ɾ/ > [ø] ocurre ante todo en los infinitivos; por ejemplo, *salir* se produce frecuentemente como [sa.'li]. Igual que en Cuba, en la parte sur de la costa Caribe, incluyendo a la ciudad portuaria de Cartagena, los fonemas líquidos preconsonánticos sufren varios procesos de transformación fonético-fonológica. Estos incluyen su velarización y glotalización cuya realización superficial resulta en la geminación de la consonante siguiente, siendo este último fenómeno el más frecuente. A consecuencia de esto, por ejemplo, el sintagma *Alberto el turco* puede pronunciarse con velarización como [ag.'beg.to.eg.'tug.ko], con glotalización como [aʔ.'beʔ.to.eʔ.'tuʔ.ko], e incluso [ab.'bet.to.et.'tuk.ko] cuando hay geminación. La debilitación de codas líquidas preconsonánticas se halla circunscrita principalmente al sur de la región caribeña. Por consiguiente, no es propia del habla de Barranquilla o del resto de la parte septentrional del Caribe colombiano, constituyendo tal vez la mayor diferencia entre el habla del norte y la del sur de esa región (Orozco 2009).

En Colombia también se encuentran los fenómenos articulatorios mencionados a continuación. El yeísmo se ha generalizado en todas las variedades del español colombiano (Espejo Olaya 2013) y se han establecido varios alófonos de este, siendo más frecuente en la región Caribe su articulación debilitada (Rodríguez Cadena 2013). Al igual que en otras variedades latinoamericanas, a través de Colombia la /d/ intervocálica es frecuentemente elidida, especialmente en el caso de los participios pasados verbales terminados en *-ado e -ido*. Además, tal y como ocurre con la /-s/ y la /-ɾ/, la /-d/ también sufre elisión en posición de coda silábica, especialmente al final de palabra; por ejemplo, *pared* frecuentemente se realiza como [pa.'re]. La velarización de /w/ puede resultar en la pronunciación de la palabra *marihuana* como [ma.ri.'ɣua.na] y *abuela* produciéndose como [a.'ɣue.la]. Por su parte, la pronunciación de los fonos vocálicos no presenta marcadas diferencias regionales. La variable diptongación de hiatos observable en *maíz* [ma.'is] > ['mais] y *petróleo* [pe.'tro.le.o] > [pe.'tro.ljo] constituye un fenómeno documentado en toda Colombia (Garrido 2007, 2014). Las características articulatorias más sobresalientes del español colombiano se resumen en la Tabla 1.

Morfosintácticamente, el castellano colombiano se caracteriza por su relativa uniformidad (Orozco 2004: 39). Por ejemplo, la expresión de futuridad se ajusta a lo que ocurre a lo

Tabla 1 Características fonético-fonológicas sobresalientes del español colombiano

Rasgo	Ejemplo(s)	Variedad(es)
Aspiración y elisión de /s/ en posición de coda silábica	[sei**h**.'pe.so**h**] [se̞i̞.'pe.so]	Regiones costeras
Aspiración de /s/ en posición prenuclear e intervocálica	[se.'ɲo.ɾa] > [xe.'ɲo.ɾa] [no.'so.tros] > [no.'xo.tros]	Todas
Elisión de /ɾ/ al final de palabra	[sa.'liɾ] > [sa.'li]	Regiones costeras
Velarización, glotalización y geminación de líquidas (/ɾ/ y /l/)	*Alberto el turco* > [a**g**.'beg.to.e**g**.'tug.ko] [a**ʔ**.'be**ʔ**.to.e**ʔ**.'tu**ʔ**.ko] [a**b**.'be**t**.to,e**t**.'tu**k**.ko]	Sur de la costa del Caribe
Yeísmo	['ka.jo] para *cayo* y *callo*	Todas
Elisión de /d/ intervocálica	[a.ma.'ra. ðo] > [a.ma.'ra.o]	Todas
Elisión de coda /d/	[pa.'reð] > [pa.'ɾe]	Todas
Velarización de /w/	[ma.ri.'u̯a.na] > [ma.ri.'ɣu̯a.na]	Todas
Diptongación de hiatos	[pe.'tɾo.le.o] > [pe.'tɾo.ljo]	Todas

largo y ancho del mundo hispánico expresándose por medio de una variable lingüística tripartita en la cual predomina el futuro perifrástico (*voy a cantar*). Se usa el presente de indicativo (*canto mañana*) como una frecuente alternativa, mientras que el futuro morfológico (*cantaré*) registra un uso bastante reducido como marcador de futuridad. A consecuencia de esto, la variante morfológica ha pasado a usarse preferentemente con valor modal y aspectual (Montes 1962; Orozco 2005, 2007). En la expresión del posesivo nominal también se emplea una variable lingüística tripartita en la cual alternan los adjetivos posesivos (*voy con **mis** amigos*), los artículos definidos (*voy con **los** amigos*) y las perífrasis posesivas (*voy con **los** amigos **míos***). La forma perifrástica constituye una innovación que ocurre con más frecuencia en la variedad costeña (Orozco 2010).

El uso de los pronombres de segunda persona singular con sus intrínsecas repercusiones pragmáticas relacionadas con las formas de tratamiento —incluyendo el excepcional uso de cuatro de ellas— constituye la variable morfosintáctica más sobresaliente en Colombia (Lipski 1994: 213). El *ustedeo* ha imperado tradicionalmente en la región andina, donde recientemente ha empezado a incursionar el *tuteo*; en la costa pacífica prevalece el *voseo* con un uso reducido del *tuteo*. Al igual que en el resto del Caribe hispánico, en la región caribeña domina el *tuteo*, el cual ha empezado a expandirse a contextos en los que tradicionalmente se ha usado el *ustedeo* (Orozco 2009). Similarmente a lo que ocurre en Costa Rica y El Salvador, en el departamento de Antioquia, cuya variedad se conoce popularmente como *paisa*, existe un sistema tripartito. Además de usar *tú*, *vos* y *usted*, hay hablantes que exhiben un uso mixto, empleando más de uno de estos pronombres al interactuar con un mismo interlocutor. A pesar del dominio del *ustedeo*, el *voseo* es común en contextos de solidaridad e intimidad, especialmente entre los jóvenes (Millán 2014). Otra forma de tratamiento que ocurre primordialmente en la variedad cundiboyacense es *su merced*, la cual —al alternar frecuentemente con *usted*— tiene connotaciones formales. El uso variable de los pronombres personales de sujeto en Colombia concuerda con lo que ocurre a través del mundo hispanohablante con una mayor frecuencia de sujetos expresos en la variedad costeña que en la

Tabla 2 Características morfosintácticas sobresalientes del español colombiano

Rasgo	Ejemplo(s)	Variedad(es)
Predominio del futuro perifrástico	**Voy a cantar** esta semana	Todas
Alternancia de adjetivos posesivos con perífrasis posesivas	**mis** amigos ~ **los** amigos **míos**	Todas
Ustedeo	(**Usted**) está contento	Andina
Tuteo	(**Tú**) estás contento	Predomina en la variedad costeña y se usa en menor escala en la variedad andina
Voseo	(**Vos**) estás contento	Costeña pacífica, Antioquia
Su merced como pronombre de segunda persona singular	**Su merced** está contento	Cundiboyacense
Ser enfático o focalizador	(Nosotros) estamos **es** sorprendidos	Todas
Reduplicación redundante de los pronombres átonos de objeto indirecto	*Juan dijo que él me lo iba a traérmelo*	Habla vernácula costeña
Terminaciones en *-nos* para la primera persona plural	*(Nosotros) íbanos pa la casa*	Habla vernácula costeña
Pluralización del verbo *haber*	**Hubieron** *muchos favorecidos*	Todas

andina (Hurtado 2005; Orozco 2009). Otro fenómeno morfosintáctico que ocurre en Colombia es la pluralización del verbo haber (Kany 1951: 213–215). Sin embargo, este aún no ha sido objeto de investigaciones sociolingüísticas.

La expresión del pasado, al igual que en el resto del castellano americano, se marca mediante cinco tiempos verbales en el modo indicativo: pretérito (*hablé*), pretérito perfecto (*he hablado*), pretérito imperfecto (*hablaba*), pretérito pluscuamperfecto (*había hablado*) y pretérito anterior (*hube hablado*) (Seco 1996: 267–269). Entre estos se usa preferencialmente el pretérito y el imperfecto y en mucha menor escala el pretérito perfecto. Es notable en el habla vernácula costeña el uso de la forma de la tercera persona singular ha en el pretérito perfecto para la primera persona singular resultando en casos como *Yo lo ha visto antes*. El *ser* enfático o focalizador (*estamos es sorprendidos*) constituye una construcción característica del español colombiano que ocurre en todas sus variedades (Montes 1996; Curnow y Travis 2004; Méndez Vallejo 2012). La reduplicación redundante de los pronombres átonos de objeto indirecto es usual entre los hablantes costeños de clase obrera. Este fenómeno es similar a una construcción que ocurre en el castellano chileno y resulta en casos como *El amigo mío dijo que él me lo iba a traérmelo* (Silva-Corvalán 1981). Otro fenómeno morfológico observado en el habla vernácula costeña es la variación entre *-mos* y *-nos* en las terminaciones verbales de primera persona plural; por ejemplo, la pronunciación de *íbamos* como *íbanos*. Este fenómeno también ha sido documentado en otras partes del Caribe, en Costa Rica y en el habla de la clase obrera venezolana (Bentivoglio y Sedano 1992; Quesada

2010: 120; Arthur y Díaz-Campos 2012). En la Tabla 2 se resumen las principales características morfosintácticas del español colombiano.

El léxico colombiano, como ocurre en las otras variedades del castellano americano, contiene innumerables palabras de origen indígena, las cuales se encuentran en todos los niveles léxicos. Estas incluyen topónimos (*Boyacá, Cundinamarca, Guaviare, Tolima, Vichada*), palabras correspondientes a la fauna (*curí* 'conejillo de Indias', *mico* 'mono, antropoide', *morrocoy* 'variedad de tortuga terrestre', *pisco* 'pavo común', *sinsonte* 'pájaro canoro'), la flora (*achiote* 'planta usada como condimento,' *arracacha* 'variedad de yuca', *curuba* 'fruta comestible', *pitahaya* 'planta cactácea', *zapote* 'árbol frutal y su fruta'), alimentos y bebidas (*carantanta* 'tipo de sopa de maíz', *changua* 'sopa o caldo', *chicha* 'bebida fermentada de maíz, refresco', *guarapo* 'bebida de caña de azúcar', *mute* o *mote* 'tipo de sopa de diversos productos farináceos') y muchas otras clasificaciones léxicas. La presencia de indigenismos ha contribuido a las abundantes diferencias lexicales regionales, ampliamente documentadas en el ALEC *(1981–1983)* y en muchos otros trabajos. Véanse, por ejemplo, León (1955), quien se ocupa del habla del departamento de Cundinamarca; Sánchez (1958), del departamento de Santander; Vélez (1998), del departamento de Antioquia y regiones adyacentes; y Cury (2000), del habla costeña.

Estas diferencias léxicas, al combinarse con las fonológicas o articulatorias descritas anteriormente, parecen ser la fuente principal de las diferencias dialectales del castellano colombiano. Mientras que las influencias indígenas y africanas son más fuertes en el léxico costeño, como lo afirma Lipski, "el léxico de la región andina colombiana se deriva en gran parte de palabras provenientes del castellano peninsular" (1994: 216). El léxico colombiano, también incluye innumerables extranjerismos, los cuales son mayoritariamente anglicismos provenientes del inglés estadounidense. Como sucede internacionalmente, la incorporación de voces extranjeras es más frecuente en el vocabulario deportivo, científico y tecnológico.

Colombia y Venezuela, como el resto del mundo hispánico, están sujetos a la percepción popular que le otorga mayor prestigio al habla urbana a expensas del habla de las áreas rurales. Este hecho tiene que ver con la ubicación de los centros de poder social y político en las grandes ciudades. Este es el caso tanto de Bogotá como de Caracas. Internacionalmente el castellano de la región andina colombiana es popularmente evaluado positivamente por considerarse muy semejante al hablado en el centro y norte de la Península Ibérica (Arango Cano 1994: 40). Dentro del territorio colombiano, el habla de Bogotá goza de prestigio, esta percepción se relaciona con el hecho de que Bogotá es el centro de poder político y económico del país y es la ciudad donde reside la mayoría de la élite colombiana. Los estudios sociolingüísticos variacionistas del español colombiano empiezan a desarrollarse en el siglo XXI (Hurtado 2001, 2005; Orozco 2004, 2007, 2009, 2010; Travis 2005a, 2005b; File-Muriel 2007; Rodríguez Cadena 2011, 2013) y algunos de ellos (Hurtado 2001, 2005; Orozco 2004, 2007) se ocupan de hablantes colombianos residentes en los Estados Unidos. Se espera que con el transcurrir de este siglo siga aumentando nuestro conocimiento de los fenómenos sociolingüísticos que imperan en Colombia.

3. Venezuela

Venezuela, país ubicado al norte de Suramérica, limita al oeste con Colombia, al este con Guyana, al sur con Brasil y al norte con el mar Caribe. La población de Venezuela comprende aproximadamente 29.100.000 habitantes. Al igual que Colombia, como se mencionara en la introducción, Venezuela se puede considerar un país multicultural y lingüísticamente diverso. Para 1998, se documentaba que había 320.000 pobladores indígenas localizados en los estados Amazonas, Anzoátegui, Apure, Bolívar, Delta Amacuro, Monagas y Zulia (Mattei Muller 1998). Los estados Amazonas y Bolívar están al sur del país. Anzoátegui, Monagas y Delta Amacuro se encuentran al este del territorio nacional. Apure está al suroeste y Zulia al noroeste en la frontera con Colombia. Entre las lenguas indígenas habladas en Venezuela, Álvarez (1992: 19) señala que las variedades con grupos más numerosos de hablantes son las siguientes: wayú (52.000), warao (19.500), pemón (11.000) y yanomami (9.700). Álvarez describe que la situación de estas lenguas con respecto al español es de diglosia, pues existe una distribución estable de uso del español en contextos educativos, legales y formales; mientras que las lenguas indígenas se emplean en contextos familiares y comunitarios. Lamentablemente, no hay trabajos recientes que provean datos sobre esta materia.

En términos de una división que refleje las diferencias dialectales dentro de Venezuela, Obediente (1992, 1998) y Sedano (1998: 6) proponen dos áreas: la de las tierras bajas consistente con el español caribeño que abarca la mayor parte del país y la de las tierras altas que describiría la zona andina venezolana. En la primera parte de este sección se hace una descripción breve de los rasgos fonético-fonológicos más prominentes del español venezolano. En la segunda parte se presenta una descripción de los fenómenos morfosintácticos más sobresalientes y, finalmente, se presenta una breve caracterización del léxico.

Los fenómenos que se describen en la Tabla 3 no son necesariamente únicos al español de Venezuela. Una buena cantidad de ellos son ampliamente usados en otras áreas de América Latina y España (e. g., yeísmo, seseo, la elisión de la /d/ intervocálica, etc.). Como se ha mencionado, la mayor parte del país se caracteriza por pertenecer a la zona caribeña y, en este sentido, los rasgos mencionados han sido documentados en las Antillas, regiones costeras de Colombia y Panamá (e. g., aspiración y elisión de la /s/ final de sílaba, neutralización de /ɾ/ y /l/, velarización de nasales en posición final de sílaba, lenición de /tʃ/). El hecho de que Caracas, la capital del país, sea el centro de poder político, económico y social influye en la percepción de que el dialecto caraqueño constituye la variedad a la que se atribuye mayor prestigio. Caracas se caracteriza por poseer muchos de los rasgos lingüísticos típicos del Caribe hispánico. En cuanto a fenómenos particulares y de ocurrencia más limitada en términos geográficos, cabe destacar la producción de una [s̺] con cualidades de ápico-alveolar documentada en la zona andina. Autores como Lipski (1994) y Obediente (1998) describen esta sibilante como similar a la variante que se escucha en el centro-norte de España. De igual forma, la ocurrencia de la producción de una [s̪] dental semejante a [θ] se documenta en la zona oriental del país. Este fenómeno no ha sido investigado y no existen datos, pero basado en impresiones a través del contacto con hablantes de estas áreas se pueden sugerir semejanzas con las producciones que se observan en las variedades ceceantes. Otros fenómenos específicos de las zonas rurales son la producción bilabial de /f/ y la aspiración de /s/ en posición inicial de sílaba. Sobre estos patrones de variación no existen datos sistemáticos, pero se mencionan en artículos de dialectología sobre el español de Venezuela (e. g., Obediente 1998). La Tabla 4 presenta algunos de los rasgos morfosintácticos más comúnmente documentados con relación al español de Venezuela.

La lista de 16 fenómenos morfosintácticos que se incluyen en la Tabla 4 no es exhaustiva, pero es representativa de los aspectos particulares que se pueden atribuir a la variedad de español que se habla en Venezuela. Si se observa con atención la tabla se podría hacer una subclasificación que comprende usos dialectales de los pronombres (e. g., uso del pronombre sujeto en construcciones del tipo *a mí me gusta*, la sustitución de *lo* por *los*, el uso del dativo ético y el empleo del voseo); el uso variable de las formas verbales de acuerdo con diferentes matices de modo, tiempo y aspecto (e. g., la preferencia en el uso del futuro perifrástico, la alternancia entre el condicional e imperfecto de subjuntivo en la apódosis de las oraciones

Tabla 3 Rasgos fonético-fonológicos del español de Venezuela (según Obediente 1998)

Rasgo	Ejemplo	Región
Alzamiento y diptongación de vocales medias	[gol.'pjan̯.do] en lugar de [gol.pe.'an̯.do *golpeando*	En todo el país
Seseo	[dis.tin.'sjon] *distinción*	En todo el país
Yeísmo	['a.ʝa] para *haya* y *halla*	En todo el país
Elisión de la /d/ intervocálica y de la /d/ final de palabra	[pes.'ka.o] en lugar de [pes.'ka.ðo] *pescado*; [siu.'ða] en lugar de [siu.'ðað] *ciudad*	Tierras bajas
Posteriorización de /p b t d/ en posición final de sílaba	['ak.to] en lugar de ['aβ.to]	En todo el país
Lenición de /tʃ/	[mu.'ʃa. ʃo] en lugar de [mu.'tʃa.tʃo]	Zonas urbanas
Producción bilabial de /f/	['ɸu.ma] en lugar de ['fu.ma] *fuma*	Zona central, los Andes y los Llanos
Producción de [s̺] ápico-alveolar	['s̺a.na] *sana*	Zonas rurales de los Andes
Producción de [s̪] dental semejante a [θ]	[s̪i] *sí*	Oriente del país, Falcón, Llanos y Puerto Cabello
Aspiración de /s/ en posición inicial de sílaba	[he.'ɲoɾ] en lugar de [se.'ɲoɾ] *señor*	Zonas rurales del país
Aspiración y elisión de la /s/ final de sílaba	[ka.'ra.kah] o [ka. 'ra.ka] en lugar de [ka. 'ra.kas] *Caracas*	Tierras bajas y zona andina
Velarización de nasales en posición final de sílaba	[paŋ] en lugar de [pan] *pan*	Tierras bajas
Asibilación de la /r̃/ múltiple	['ka.řo] en lugar de ['ka.ro] *carro*	Zona andina
Elisión de /ɾ/ final de sílaba	[ko.'me] en lugar de [ko.'meɾ]	Tierras bajas
Neutralización de /ɾ/ y /l/	['tol.ta] en lugar de ['toɾ.ta]	Tierras bajas

condicionales, la preferencia por el uso de las formas en *-ra* en lugar del pretérito imperfecto y pluscuamperfecto de subjuntivo, el empleo de *ir* o *venir* + gerundio [verbo de movimiento] con referencia al (punto de referencia deíctico con el momento del habla), el uso de *ir* + gerundio [*ir* en imperfecto de indicativo] para indicar un evento que estuvo a punto de realizarse, el uso de la perífrasis *estar* + gerundio con significación futura y la alternancia entre *ser* y *estar* en expresiones de edad). Finalmente se han mencionado otros fenómenos variados entre los que se incluyen la pluralización del verbo *haber*, el uso de *-nos* en lugar de *-mos*, el *(de)queísmo* y la alternancia de *más nunca, más nadie, más nada* y *nunca más, nadie más* y *nada más* (documentado en Andalucía y la zona caribeña). Algunos de estos fenómenos no son únicamente documentados en el español de Venezuela, pero el conjunto de rasgos y su mayor o menor ocurrencia, así como los valores sociales que se le asignan sirven para caracterizar el habla venezolana.

El vocabulario es quizá el aspecto más diferenciador de las variedades regionales. De manera muy breve presentaremos algunos venezolanismos que se han documentado en la

Tabla 4 Rasgos morfosintácticos del español de Venezuela (Sedano 1998)

Rasgo	Ejemplo	Región
Uso del pronombre sujeto en construcciones del tipo *a mí me gusta*	*Yo me gusta cantar* en lugar de *A mí me gusta cantar*	Documentado en Valencia Región occidental
Sustitución de *lo* por *los*	*Se los dije a ustedes* en lugar de *Se lo dije a ustedes*	Se atribuye como rasgo general
Uso del dativo ético	*No te me vayas, No te me emborraches*	Se atribuye como rasgo general
Empleo del voseo	*Vos compráis* o *Vos comprás*	Estado Zulia y zona andina
Preferencia en el uso del futuro perifrástico	*Voy a caminar* en lugar de *Caminaré*	Se atribuye como rasgo general
Alternancia entre el condicional e imperfecto de subjuntivo en la apódosis de las oraciones condicionales	*Yo me compraría/comprara una casa si tuviera dinero*	Se atribuye como rasgo general
Preferencia por el uso de las formas en *-ra* en lugar del pretérito imperfecto y pluscuamperfecto de subjuntivo	*Hablara, hubiera hablado,* a diferencia de *hablase, hubiese hablado*	Se atribuye como rasgo general
El empleo de *ir* o *venir* + gerundio (verbo de movimiento) con referencia al origen	*Él venía saliendo del lugar,* en contraste con *Él estaba saliendo del lugar*	Se atribuye como rasgo general
El uso de *ir* + gerundio (ir en imperfecto de indicativo) para indicar un evento que estuvo a punto de realizarse	*El tipo me iba matando* 'el tipo casi me mata'	Se atribuye como rasgo general
El uso de la perífrasis *estar* + gerundio con significación futura	*Me estoy yendo mañana* 'me iré mañana'	Se atribuye como rasgo general
Alternancia entre *ser* y *estar* en expresiones de edad	*Cuando yo estaba pequeño* en contraste con *Cuando yo era pequeño*	Se atribuye como rasgo general
Pluralización del verbo *haber*	*Habían casas* vs. *Había casas*	Se atribuye como rasgo general
El uso de *-nos* en lugar de *-mos*	*Estábanos* vs. *estábamos*	Zonas rurales y niveles socioeconómicos bajos
(De)queísmo	Pienso *de que* vs. Pienso *que* Me di cuenta *que* vs. Me di cuenta *de que*	Documentado en Caracas
Alternancia de más nunca, más nadie, más nada y nunca más, nadie más y nada más	*No he hecho más nada de importancia* vs. *No he hecho nada más de importancia*	Documentado en Caracas y Valencia

literatura. Pérez (1998) señala algunos términos que se consideran típicos del habla venezolana: *a juro* 'a la fuerza', *arepa* 'pan de maíz', *bonche* 'fiesta', *budare* 'plancha circular de hierro', *burda* 'muy', *cachito* 'pastelito de jamón', *cambur* 'banana', *caraota* 'leguminosa', *casabe* 'torta de yuca', *catire* 'rubio', *chamo* 'muchacho, joven', *chévere* 'excelente', *chivera* 'venta de repuestos usados', *chucuto* 'insuficiente', *cobija* 'manta', *cónchale* 'expresión de sorpresa', *coroto* 'objeto', *despelote* 'lío, desorden', *encaletarse* 'esconder algo', *entrépito* 'entrometido', *fundamentoso* 'persona educada y de buenos modales', *gafo* 'tonto', *galfaro* 'muchacho joven y robusto', *gandola* 'vehículo de transporte pesado', *guaral* 'cuerda', *guarapo* 'bebida preparada con mucha agua y azúcar', *guaya* 'cable elaborado de acero', *hallaca* 'pastel de maíz relleno de guiso', *íngrimo* 'solo', *jojoto* 'mazorca de maíz tierno', *jujú* 'conducta secreta o sospechosa', *leco* 'grito', *lechoza* 'papaya', *manguarear* 'perder el tiempo', *morocho* 'mellizo', *musiú* 'extranjero', *ninguneaar* 'ignorar', *ñapa* 'propina', *onoto* 'semillas de la bixa orellana', *pabellón* 'plato típico venezolano', *querrequerre* 'persona de mal carácter', *retrechería* 'malcriadez', *sampablera* 'desorden, lío', *taguara* 'establecimiento rústico', *zaperoco* 'confusión, desorden'. La lista presentada no pretende ser completa, pero sí nos da una idea de la variedad de terminología que se emplea en el habla venezolana. La mayoría de las palabras citadas son de uso general en todo el país y reflejan el vocabulario que se emplearía en situaciones cotidianas.

Bibliografía

Álvarez, A., Bentivoglio, P., Obediente, E., Sedano, M. y Tejera, M. J. (1992) *El idioma español de la Venezuela actual*, Caracas: Cuadernos Lagoven.

Arango Cano, J. (1994) *El idioma español en Colombia desde la conquista hasta hoy*, Armenia, Colombia: Editorial Quin Gráficas.

Atlas lingüístico-etnográfico de Colombia (ALEC) (1981–1983), Bogotá: Instituto Caro y Cuervo, 5 vols.

Becerra, S. (1985) *Fonología de las consonantes implosivas en el español urbano de Cartagena de Indias (Colombia)*, Bogotá: Instituto Caro y Cuervo.

Bentivoglio, P. y Sedano, M. (1992) "El español hablado en Venezuela", en César Hernández Alonso (ed.) *Historia y presente del español de América*, Valladolid: Junta de Castilla y León, pp. 775–801.

Brown, E. K. y Brown, E. L. (2012) "Syllable-final and syllable-initial /s/ reduction in Cali, Colombia: One variable or two?", en File-Muriel, R. J. y Orozco, R. (eds.) *Colombian varieties of Spanish*, Madrid/Fráncfort: Iberoamericana/Vervuet, pp. 89–106.

Correa, J. A. (2012) "El español hablado en el Pacífico de Colombia: dos rasgos fonéticos de presunto sustrato africano", en File-Muriel, R. J. y Orozco, R. (eds.) *Colombian varieties of Spanish*, Madrid/Fráncfort: Iberoamericana/Vervuet, pp. 43–66.

Cuervo, R. J. (1939) *Apuntaciones críticas sobre el lenguaje bogotano con frecuente referencia al de los países de Hispano-América*, Bogotá: Instituto Caro y Cuervo.

Curnow, T. y Travis, C. (2004) "The emphatic *es* construction of Colombian Spanish", en Moskovsky, C. (ed.) *Proceedings of the 2003 Conference of the Australian Linguistic Society*, pp. 1–11. Accesible en http://www.als.asn.au.

Cury, J. E. (2000) *El costeñol: un dialecto con toda la barba*, 3.ª ed., Sincelejo, Sucre, Colombia: Ediciones CECAR.

Díaz-Campos, M. (2014) *Introducción a la sociolingüística hispánica*, Malden, MA: Wiley-Blackwell.

Erin, A. y Díaz-Campos, M. (2012) "Por ahí agarrábanos los autobuses", *A Sociolinguistic analysis of the alternation between -mos/-nos in Spanish*, en Geeslin, K. y Díaz-Campos, M. (eds.) *Selected proceedings of the 14th Hispanic Linguistics Symposium*, Somerville, MA: Cascadilla Proceedings Project, pp. 26–37.

Espejo Olayo, M. B. y Bernarda, M. (2013) "Estado del yeísmo en Colombia", en Gómez, R. y Molina Martos, I. (eds.) *Variación yeísta en el mundo hispánico*, Madrid/Fráncfort: Iberoamericana/Vervuert, pp. 227–236.

Flórez, L. (1961) "El atlas lingüístico-etnográfico de Colombia (ALEC). Nota informativa", *Thesaurus: Boletín del Instituto Caro y Cuervo*, 16, pp. 77–125.

Flórez, L. (1973) *Las "Apuntaciones críticas" de Cuervo y el español bogotano cien años después: pronunciación y fonética*, Bogotá: Publicaciones del Instituto Caro y Cuervo.

Garrido, M. (2007) "Diphthongization of Mid/Low vowel sequences in Colombian Spanish", en Holmquist, J., Lorenzino, A. y Sayahi, L. (eds.) *Selected proceedings of the Third Workshop on Spanish Sociolinguistics*, Somerville, MA: Cascadilla Press, pp. 30–37.

Garrido, M. (2014) "Articulation of non-high vowel sequences in Latin American Spanish", en Orozco, R. (ed.) *New Directions in Hispanic Studies*, Newcastle: Cambridge Scholars Publishing, pp. 138–161.

Granda, G. de (1977) *Estudios sobre un área dialectal hispanoamericana de población negra. Las tierras bajas occidentales de Colombia*, Bogotá: Instituto Caro y Cuervo.

Granda, G. de (1988) "Los esclavos del Chocó: su procedencia africana (S. XVIII) y su posible incidencia lingüística en el español del área", *Thesaurus*, 43, pp. 65–80.

Henríquez Ureña, P. (1921) "Observaciones sobre el español en América", *Revista de Filología Española*, 8, pp. 357–390.

Hurtado, L. M. (2001) *La variable expresión del sujeto en el español de los colombianos y colombo-americanos residentes en el condado de Miami-Dade*, tesis doctoral, University of Florida.

Hurtado, L. M. (2005b) "Condicionamientos sintáctico-semánticos de la expresión del sujeto en el español colombiano", *Hispania*, 88, pp. 335–348.

Kany, C. (1951) *American-Spanish syntax*, Chicago: The University of Chicago Press.

Lafford, B. (1986) "Valor diagnóstico-social del uso de ciertas variantes de /s/ en el español de Cartagena, Colombia", en Núñez Cedeño, R., Páez, I. y Guitart, J. (eds.) *Estudios sobre la fonología del español del Caribe*, Caracas: La Casa de Bello, pp. 53–75.

Lipski, J. (1994) *Latin American Spanish*, Nueva York: Longman.

Lipski, J. (2012) "The 'new' Palenquero: Revitalization and re-creolization", en File-Muriel, R. J. y Orozco, R. (eds.) *Colombian Varieties of Spanish*, Madrid/Fráncfort: Iberoamericana/Vervuet, pp. 43–66.

León Rey, J. A. (1955) *El lenguaje popular del oriente de Cundinamarca*, Bogotá: Academia Colombiana de la Lengua.

Mahecha, D. (2011) "Escuela y multilingüismo en Amazonia: Un desafío contemporáneo", en Echeverri, J. Á. y Pérez Niño, C. (eds.) *Amazonia colombiana: imaginarios y realidades*, Bogotá: Universidad Nacional de Colombia, pp. 293–309.

Mattei Muller, M. C. (1998) "Lenguas indígenas de Venezuela: supervivencia y porvenir", *Español actual*, 69, pp. 93–102.

Méndez Vallejo, D. C. (2012) "On the syntax of the Focalizing Ser ('to be') structure in the Spanish of Bucaramanga", en File-Muriel, R. y Orozco, R. (eds.) *Colombian varieties of Spanish*, Madrid/Fráncfort: Iberoamericana/Vervuet, pp. 107–126.

Millán, M. (2014) "'*Vos sos* paisa': A study of address forms in Medellín, Colombia", en Orozco, R. (ed.) *New directions in Hispanic studies*, Newcastle: Cambridge Scholars Publishing, pp. 92–111.

Montes Giraldo, J. J. (1962) "Sobre la categoría de futuro en el español de Colombia", *Thesaurus*, 17, pp. 527–555.

Montes Giraldo, J. J. (1967) "Sobre el voseo en Colombia", *Thesaurus*, 22, pp. 21–44.

Montes Giraldo, J. J. (1974) "El habla del Chocó: notas breves", *Thesaurus*, 29, pp. 409–428.

Montes Giraldo, J. J. (1982) "El español de Colombia: propuesta de clasificación dialectal", *Thesaurus*, 37, pp. 23–92.

Montes Giraldo, J. J. (1996) "Colombia", en Alvar, M. (ed.) *Manual de dialectología hispánica: El español de América*, Barcelona: Editorial Ariel, pp. 134–145.

Obediente, E. (1998) "Fonetismo segmental", *Español Actual*, 69, pp. 11–18.

Orozco, R. (2004) *A sociolinguistic study of Colombian Spanish in Colombia and New York City*, tesis doctoral, New York University. Ann Arbor, MI: ProQuest.

Orozco, R. (2005) "Distribution of future time forms in Northern Colombian Spanish", en Eddington, D. (ed.) *Selected proceedings of the 7th Hispanic Linguistics Symposium*, Somerville, MA: Cascadilla Proceedings Project, pp. 56–65.

Orozco, R. (2007) "Social constraints on the expression of futurity in Spanish-speaking urban communities", en Holmquist, J., Lorenzino, A. y Sayahi, L. (eds.) *Selected proceedings of the Third Workshop on Spanish Sociolinguistics*, Somerville, MA: Cascadilla, pp. 103–112.

Orozco, R. (2009) "El castellano del Caribe colombiano a comienzos del siglo XXI", *Revista Internacional de Lingüística Iberoamericana (RILI)*, 7, 2, pp. 95–113.

Orozco, R. (2010) "Variation in the expression of possession in *Costeño* Spanish", en *Spanish in Context*, 7, 2, pp. 194–220.

Patiño Roselli, C. (1991) "Español, lenguas indígenas y lenguas criollas en Colombia", *Presencia y destino: el español de América hacia el siglo XXI, tomo I*. Santa Fe de Bogotá: Instituto Caro y Cuervo.

Pérez, F. (1998) "Léxico", *Español Actual*, 69, pp. 83–92.

Quesada Pacheco, M. Á. (2010) *El español de América, tercera edición*. Cartago, Costa Rica: Editorial Tecnológica de Costa Rica.

Rey, A. (1994) "Social correlates of the use of Spanish *you* subject pronouns in Colombia", *Hispanic Journal*, 15, 2, pp. 291–305.

Rodríguez Cadena, Y. (2008) "Colombia", en Palacios, A. (coord.) *El español en América: contactos lingüísticos en Hispanoamérica*, Barcelona: Ariel, pp. 135–160.

Rodríguez Cadena, Y. (2011) "La incidencia de los factores sociales en el español de Barranquilla", en *Explorando el Caribe: una visión de las ciencias humanas y sociales*, Barranquilla, Colombia: Universidad del Atlántico, pp. 329–358.

Rodríguez Cadena, Y. (2013) "El yeísmo en el Caribe colombiano: variación y cambio en Barranquilla", en Gómez, R. y Molina Martos, I. (eds.) *Variación yeísta en el mundo hispánico*, Madrid/Fráncfort: Iberoamericana/Vervuert, pp. 141–168.

Sánchez Camacho, J. (1958) *Diccionario de voces y modismos del habla santandereana*, Bucaramanga, Colombia: Imprenta del Departamento.

Schwegler, A. y Morton, T. (2003) "Vernacular Spanish in a microcosm: *Kateyano* in El Palenque de San Basilio (Colombia)", *Revista Internacional de Lingüística Iberoamericana (RILI)*, 1, pp. 97–159.

Seco, M. (1996) *Gramática esencial de la lengua española*, Madrid: Editorial Espasa.

Sedano, M. (1998) "Sintaxis", *Español Actual*, 69, pp. 67–82.

Silva-Corvalán, C. (1981) "Extending the sociolinguistic variable to syntax: The case of pleonastic clitics in Spanish", en Sankoff, D. y Cedergren, H. (eds.) *Variation omnibus*, Edmonton: Linguistic Research, pp. 335–342.

Silva-Corvalán, C. (1988) "Oral narrative along the Spanish-English bilingual continuum", en Staczek, J. (ed.) *On Spanish, Portuguese and Catalan linguistics*, Washington, DC: Georgetown University Press, pp. 172–184.

Silva-Corvalán, C. (1994) *Language contact and change: Spanish in Los Angeles*, Nueva York: Oxford University Press.

Travis, C. E. (2005a) *Discourse markers in Colombian Spanish: A study in polysemy* (Cognitive Linguistics Research), Berlín/Nueva York: Mouton de Gruyter.

Travis, C. E. (2005b) "The yo-yo effect: Priming in subject expression in Colombian Spanish", en Gess, R. y Rubin, E. J. (eds.) *Theoretical and experimental approaches to Romance linguistics: Selected papers from the 34th Linguistic Symposium on Romance Languages, 2004*, Amsterdam/Filadelfia: John Benjamins, pp. 329–349.

Vélez Uribe, J. (1998) *Lenguaje paisa*, Armenia, Colombia: Universidad del Quindío.

Zamora Munné, J. C. y Guitart, J. (1982) *Dialectología hispanoamericana: teoría, descripción, historia*, Salamanca: Ediciones Almar.

Entradas relacionadas

dialectología y geografía lingüística; variación fonética

DIALECTOS DEL ESPAÑOL DE AMÉRICA: ESPAÑOL ANDINO

Anna María Escobar

1. Definición

El término *español andino* hace referencia a variedades de español que se hablan, especialmente, en las regiones donde el español ha estado en contacto con lenguas andinas desde la época colonial (por ej. quechua y aimara). En el siglo XXI, esta región incluye áreas desde el suroeste de Colombia hasta el noreste de Chile y el norte de Argentina, si bien el mayor número de hablantes se encuentra en Perú, Bolivia y Ecuador. Debido a las ecologías sociolingüísticas e historias particulares a cada nación, el español andino tiene ciertos rasgos propios en cada región, además de diferencias sociolectales internas. Sin embargo, como es de esperar, los rasgos lingüísticos de las variedades acrolectales son más semejantes que aquellos de las variedades más vernaculares. En estas regiones también encontramos variedades del español andino habladas como segunda lengua por nativohablantes de las lenguas andinas, especialmente en las zonas rurales. Aquí nos centramos en el habla de los nativohablantes.

A partir de sus características estructurales, el español andino se define como un *dialecto de contacto*. Es decir, es un dialecto del español que surgió en una región de contacto de lenguas *prolongado* y donde muchos habitantes emplean las dos lenguas. Otros dialectos de contacto que existen en el español son el español paraguayo (Zajícova 2009), el español yucateco (Michnowicz 2014), el español estadounidense (Escobar y Potowski 2015); así como el español vasco (Urrutia 1995) y el español catalán (Blas-Arroyo 2011), entre otros. Como cualquier otro dialecto, el español andino presenta variación interna tanto regional y social (especialmente según nivel educativo), como también variación etaria y adquisicional. Sin embargo, los estudios sobre el español andino se centran primordialmente en los rasgos regionales (por país o en contraste con otras regiones del mundo hispánico) y menos en diferencias adquisicionales (e. g. Crespo 2014) y, aun menos, en estudios sobre la variación social y estilística.

El estudio del español andino se ha enfocado sobre todo en el reconocimiento de rasgos que lo distinguen de otros dialectos del español y, especialmente, en distinguir aquellos rasgos que son producto del prolongado contacto de lenguas y del bilingüismo extendido del siglo XX y XXI. La preocupación por desentrañar el *origen* de los rasgos lingüísticos propios del español andino supone una discusión sobre si se trata de rasgos derivados únicamente de procesos internos al español o derivados de una combinación por el contacto con la lengua andina. Esta discusión más teórica ha llevado a que un mismo rasgo lingüístico pueda ser descrito como producto de ambos procesos. Este debate deriva tanto de lineamientos propios de la lingüística histórica tradicional, como de la falta de una metodología establecida que ayude a resolver el dilema. Sin embargo, en el siglo XXI se emplean ya metodologías más sistemáticas que ayudarán en el futuro (cf. Levey, Groulx y Roy 2013).

Se suma a este quehacer científico la complejidad de la ecología sociolingüística que representan los hablantes del español andino. No solo incluye a nativohablantes y hablantes de segunda lengua, sino también a otros tipos de hablantes bilingües que han crecido con las dos lenguas y son nativohablantes de las dos, si bien emplean cada lengua con diferente frecuencia y para funciones diferentes. No existe en la lingüística andina todavía una metodología establecida que ayude a diferenciar a los hablantes bilingües que aprenden las dos lenguas desde su niñez. Si bien hay comienzos en esta dirección (cf. Crespo 2014), un mejor entendimiento de los usos de las dos lenguas en el hogar, en la comunidad y, sobre todo, en las redes sociales de los bilingües contribuirá a dar información más detallada sobre el proceso de formación de los rasgos lingüísticos que definen el español andino.

Este panorama complejo permite que solo describamos aquí rasgos dialectales lingüísticos publicados que se presentan como rasgos típicos de la (macro)región andina, si bien haremos nota de rasgos particulares de cada país.

2. Diversidad lingüística

Los primeros estudios que reportan rasgos propios del español de los Andes son los de Benvenutto Murrieta (1936) y Toscano Mateus (1953) para las regiones del Perú y Ecuador, respectivamente. Estudios más sistemáticos empiezan en los sesenta y, especialmente, en los setenta con estudios, ahora clásicos, en Bolivia (Albó 1974), Ecuador (Guevara 1972; Moya 1981) y Perú (A. Escobar 1976, 1978; Cerrón 1976). Los estudios en otras regiones son posteriores y pocos. Para el norte de Argentina surgen estudios más detallados posteriormente (Fernández Lavaque y Valle Rodas 1998; Granda 2001; Alderetes y Albarracín 2004), así como también otros para Ecuador (Haboud 1998; Gómez Rosario 2003), Perú (Escobar 2000, 2011; Cerrón 2003; Sánchez 2003) y Bolivia (Mendoza 1991; Pfänder 2009).

De los tres países con más hablantes de español andino, solo en el caso peruano, la capital del país no se encuentra en los Andes. Esta diferencia se debe a que la capital del Virreinato de Nueva Castilla (Lima) se fundó en la costa, cerca de lo que sería el puerto del Callao. De esta manera, mientras la capital del Perú fue además sede de la administración colonial española, las capitales de Ecuador (Quito) y Bolivia (La Paz) están en la región andina e históricamente representaban regiones más periféricas del centro colonial. Como consecuencia, las variedades acrolectales del español andino de las capitales boliviana y ecuatoriana son las normas del país. Mientras que, en el caso peruano, el acrolecto del español andino no es la norma del país, sino el acrolecto limeño que pertenece al dialecto ribereño (A. Escobar 1978).

La diferencia en la localización de la capital peruana llevó a que en el curso del siglo XX muchos hablantes del español andino peruano sufrieran discriminación cuando empleaban su variedad de español fuera de la región andina. Durante este mismo siglo, también tuvo lugar un gran movimiento poblacional interno, que llegó a su punto porcentual más alto a principios de la segunda mitad del siglo XX. Esta migración, especialmente de la región andina a la costa (en particular, a la capital) y a la región amazónica (si bien en menor medida), llevó a que las variedades del español andino peruano se difundieran a regiones fuera de la zona andina. También llevó a que la población en los Andes peruanos bajara del 65 % en 1940 al 32 % en el censo de 2007. Como consecuencia de estos cambios en la ecología sociolingüística del Perú, algunos rasgos del español andino se comenzaron a extender a la norma peruana (limeña y no andina) en la segunda mitad del siglo xx (Escobar 2014).

En el Cuadro 1 se describe cómo actualmente el porcentaje de la población que reside en los Andes es mayor en Bolivia y Ecuador que en el Perú. Las diferencias están conectadas a la urbanización de los países (especialmente en las capitales), nutrida por el movimiento poblacional interno. En el caso peruano, el grado de urbanización es del 78 %, mientras en Ecuador y Bolivia es de aproximadamente 68 y 67 %, respectivamente. De igual manera, el tamaño de las poblaciones de lenguas originarias también diferencia a estos países. Lamentablemente, los últimos censos no proveen información exacta.

Otro hecho derivado de la migración interna fue la consecuente mayor *visibilidad* de la cosmovisión y cultura andina en los discursos regionales y nacionales (Quijano 2014), acompañada del español andino en estas plataformas públicas, culturales, sociales y políticas de amplio alcance. No es coincidencia que para comienzos del siglo xxi todos los países andinos reconozcan oficialmente las lenguas amerindias. Por tanto, si bien hay semejanzas entre estos países, las diferencias en sus historias y ecologías sociales llevan a hipotetizar que el tipo de rasgos lingüísticos producto del contacto de lenguas también mostrará diferencias. Las diferencias parecen darse especialmente en la presencia de los tipos de préstamos del quechua que se encuentran en el español de cada país y en la preferencia por emplear cierto tipo de expresiones del español. Sin embargo, solo una comparación sistemática podrá describir mejor las diferencias.

3. Rasgos lingüísticos

Los rasgos de cualquier *dialecto* hacen referencia a los rasgos de una variedad regional de una lengua. En el caso del español andino (EA), dijimos que nos referimos al español que se habla en los Andes, especialmente, peruano, boliviano y ecuatoriano. A diferencia de otros dialectos, el EA convive con lenguas andinas desde que llegaron los españoles en el siglo xvi. Por lo tanto, también se encuentran en el EA préstamos léxicos de las lenguas andinas, especialmente del quechua. Algunos préstamos entraron durante la época colonial, como los préstamos culturales que hacen referencia a animales (*llama*, *vicuña*, *alpaca*), comidas (*choclo*, *palta*, *quinua*) y otros (*minga*, *cancha*, *chacra*). Otros préstamos son más recientes (e. g. *viejoñawi* 'ojo de persona mayor', Guevara 1972), si bien merecen más estudio. En variedades del español andino de Ecuador y Bolivia, también se encuentran frecuentemente préstamos gramaticales. Algunos bastante extendidos son el plural *–kuna* (*ovejakuna*), el diminutivo *-cha* (*niñacha*) y el vocativo *-y* (*Maritay*). En Ecuador también se emplea extendidamente el focalizador *-ka/-ga* (*ahíka barrio chiquito*) y el marcador de cortesía

Cuadro 1 Población nacional que vive en la región andina

		Ecuador	Perú	Bolivia
Población Región andina	%	41	32	70
	N (miles)	6,081	8,764	5,830
Población nacional	N (miles)	14,483	27,412	8,274
Densidad pobl. nacional	%	48	22	9
Último censo nacional		2010	2007	2001

-*ri* (*esperarime*). A continuación, describimos los rasgos que son propios de este dialecto de contacto, incluyendo oportunamente las diferencias entre países.

Los rasgos fonéticos (Cuadro 2) incluyen rasgos lingüísticos que se emplean en descripciones dialectales que distinguen el EA (cf. Lipski 1994, 2004; Granda 2001; Olbertz y Muysken 2005; Klee y Lynch 2009). En comparación con dialectos de las *tierras bajas* latinoamericanas (término acuñado por Henríquez Ureña para el Caribe o costas atlánticas y pacíficas), el EA pertenece al grupo de las *tierras altas* de Latinoamérica (como México central y Paraguay, ente otros). Como rasgo principal, conserva la [s] en posición implosiva (final de sílaba) dentro y a final de palabra. Igualmente, la velar /x/ no se debilita. La diferenciación fonémica entre la palatal fricativa y lateral se mantiene, rasgo que es propio en Latinoamérica solo del EA y el español paraguayo. Las vibrantes presentan cierto grado de asibilación, si bien en los datos peruanos se encuentra una variante 'neutra' que se registra entre la asibilación y la variante alveolar no asibilada de la norma peruana. Las vocales átonas tienden a reducirse más en las variedades más vernaculares, si bien solo en el habla como segunda lengua la /e/ y /o/ tónicas pueden convertirse en [i] o [u], respectivamente (*señor* > *sñur*). Las oclusivas sonoras /b, d, g/ en posición intervocálica también se mantienen como oclusivas, semejante al español de Centroamérica y partes de Colombia (Lipski 1994). Además de estos rasgos extendidos, la entonación del EA es distintiva, si bien solo se ha estudiado para el caso peruano (O'Rourke 2005).

Los rasgos morfosintácticos del EA (Cuadro 3) se estudian más. El *leísmo animado* está extendido, especialmente en Ecuador. El pronombre de objeto directo de tercera persona

Cuadro 2 Rasgos fonéticos más extendidos del español andino

Rasgos fonéticos	Ejemplos
/s/ en final de sílaba y palabra [s]	*mosca, llamas*
/x/ no se debilita entre vocales	*mujer, caja, la gente*
Distinción /j/ y /ʎ/ se mantiene	*cayó* <> *calló, vaya* <> *valla*
Cierta asibilación en /r/, /rr/ y /tr/	*carro, perro, cuatro, nosotros*
Reducción de vocales átonas	*señor, pues*
/b, d, g/ > [b, d, g] / V_V	*caballo, modelo, soga*

Cuadro 3 Rasgos morfosintácticos del español andino

Rasgos morfosintácticos	Ejemplos
leísmo animado (especialmente Ecuador (en adelante, Ec)	*Gritó que les había visto*
pronombre de objeto directo de tercera singular + la expresión nominal del objeto	*lo visité a mi papá*
uso de *lo* extendido	*Lo cruza una calle y allí está la feria*
omisión del pronombre de tercera singular objeto directo	*Sí, me enteré. Alguien me [_] dijo*
doble uso del posesivo tercera singular (excepto Ec)	*su pueblo de Ayacucho*
uso extendido del diminutivo –*ito*	*tacita de café, acasito, ahorita, unito*

también tiende a aparecer expresado con su nominal de objeto. En un estudio reciente, Sánchez y Zdrojewski (2013) comparan esta estructura del EA con el del dialecto porteño y encuentran que los factores lingüísticos que condicionan el uso doble en cada variedad son diferentes. No explican sin embargo si la diferencia está conectada al contacto lingüístico en el caso andino.

En Perú y Bolivia también existen contextos en los que se emplea un *lo* como variante neutralizada para género y número. En un estudio reciente, Martínez (2014) propone que en el EA del noroeste argentino hay una tendencia a emplear el *lo* con verbos con tres argumentos cuando el referente del acusativo está inmerso en el verbo (*gritándolo* [gritos] *al hermanito*) o está incluido en el referente del dativo (*lo saca las botas al ogro*). Palacios (2013), por otro lado, propone que los usos extendidos del *lo* están conectados a un cambio en los sistemas pronominales de objeto de tercera persona en español que llevan a un sistema que neutraliza diferencias de caso, género y número en *le*. En su análisis descriptivo sugiere que el cambio va de una generalización de *lo* para la función acusativa (ejemplo de Haboud y de la Vega 2008), para luego emplearse solo con inanimados acusativos y, finalmente, ser sustituido por *le* para toda función acusativa y dativa. No hay duda de que tenemos necesidad de un estudio empírico y comparativo que considere en el análisis, además de los factores lingüísticos, también el tipo de hablante (por adquisición y sociolecto) para poder establecer más claramente las diferencias y semejanzas entre las diferentes variedades del EA (y otros dialectos de contacto), así como el proceso mismo del cambio lingüístico.

Otro rasgo que podría estar relacionado con los casos pronominales antes mencionados es la omisión del pronombre de objeto de tercera persona que se atribuye a la influencia del quechua, porque esta lengua no expresa esta función fonológicamente para la tercera persona. Martínez (2006) propone que, para el EA del noroeste argentino, la omisión del clítico ocurre cuando hace referencia a eventos o seres creados en el imaginario social en el relato de leyendas y mitos de la comunidad. Más estudios sobre los pronombres de objeto en el EA son necesarios.

La construcción con el posesivo de tercera persona *su* acompañado de la frase genitiva es también frecuente en el español andino, excepto en el Ecuador. Este uso doble del posesivo se emplea también en el noroeste argentino (Lorenzino 2003) y puede tener función desambiguadora, posesiva o atributiva en el caso peruano (Escobar 2014).

El uso del diminutivo *-ito* también es bastante frecuente en sustantivos, adjetivos e, incluso, en adverbios (*acasito, ahorita*) y pronombres (*ellita, unito*). Su uso con gerundios (*corriendito*), especialmente cuando hace referencia a niños, parece estar más extendido en el español andino como segunda lengua.

Además de los pronombres, la gran mayoría de los rasgos morfosintácticos del español andino conciernen al verbo (Cuadro 4). Por ejemplo el presente perfecto tiene funciones evidenciales, si bien se emplea para expresar experiencia de primera mano en Perú y Bolivia (Escobar 1997; Jara Yupanqui 2013), pero como reportativo en Ecuador (Bustamante 1991). Las formas del futuro del indicativo se emplean para expresar inferencia en el Perú, pero

Cuadro 4 Usos verbales en el español andino

presente perfecto	para experiencia personal (Pe, Bol)
	para reportativo (Ec)
pluscuamperfecto	para reportativo (Pe, Bol)
futuro simple y perfecto	para inferencia (Pe)
estar + gerundio para presente y futuro	*el sábado estoy saliendo de vacaciones*
cambio de régimen verbal	*soñarme contigo*

como imperativo cortés en el Ecuador (*traerásme agua*). *Estar* + gerundio puede tener significado de tiempo futuro (Escobar 2009) y ciertos verbos pueden cambiar el régimen verbal (*soñarme contigo*). En el EA también se encuentra la preferencia a emplear perífrasis verbales, como *hacer* + V para causativo (*hago hervir la chicha*). Sin embargo, en Ecuador encontramos construcciones para el aspecto habitual (*sabía visitarme los sábados*), el benefactivo (*dame haciendo el pan mientras yo lavo*) o el aspecto perfectivo con *venir* + V (cf. Haboud 1998). La presencia de estas construcciones en el EA merece estudio comparativo también, pues puede decirnos algo sobre la formación de este dialecto de contacto.

Los rasgos sintácticos (Cuadro 5) tampoco han sido estudiados de manera sistemática y comparativa. Sin embargo, un rasgo que se encuentra en trabajos sobre la lengua escrita (Sessarego 2010) y la lengua oral (cf. Crespo 2014) es el uso del presente del subjuntivo en subordinadas nominales pasadas que se atribuye a una estrategia de mitigación en el habla de bolivianos en Buenos Aires (Speranza 2010). Otros rasgos sintácticos del español andino son el condicional en la prótasis de condicionales y el llamado *dequeísmo andino*, que ocurre principalmente con nominales y se ha extendido a otras variedades no andinas en la región peruana (Escobar 2014).

La concordancia de género con adjetivos no inmediatos al sustantivo es un rasgo particular del EA. Martínez (2010) propone que responde a una concordancia regida por el referente que es tópico del discurso. También son frecuentes el favorecimiento de la posición preverbal de cláusulas adverbiales o nominales de objeto (cf. Muntendam 2009; Martínez 2010).

Entre los rasgos pragmáticos (Cuadro 6) propios del EA están la gramaticalización de la expresión temporal *de repente* con significado epistémico de posibilidad, el uso de *tampoco*

Cuadro 5 Rasgos sintácticos del español andino

Rasgos sintácticos	*Ejemplos*
presente del subjuntivo en subordinadas nominales pasadas	*quisieron que venda la casa*
condicional en la prótasis de condicionales (Pe)	*si tendría tierra, me iría al campo*
dequeísmo después de nominales (Pe)	*la razón era de que tenía novia*
concordancia de género según *tópico del discurso*	*queda prohibido la reproducción de notas y fotografías*
Posición preverbal de expresiones adverbiales	*por la mañana nos visita*
Posición preverbal de objeto	*unas cuantas palabras entiendo*

Cuadro 6 Rasgos pragmáticos del español andino

Rasgos pragmáticos	*Ejemplos*
de repente con función de posibilidad	*de repente no está en casa*
tampoco no como negación matizada	*tampoco no digo de que me quiero quedar*
pues para clarificación o confirmación (Pe)	*comida hay pues*
diminutivo para modestia y cortesía deferencial	*tengo mi chacrita*
uso de título con primer nombre para cortesía	*Don Manuel, Señor Pedro, Doctor Julio*

no para mitigar la negación (Risco 2014) y la expresión *pues* con función discursiva de clarificación o confirmación (Zavala 2001). El uso del diminutivo *-ito* es frecuente, tanto para funciones semánticas (de tamaño y cariño), como pragmáticas para expresar modestia o cortesía entre personas que no se conocen (deferencial). También se emplean expresiones de título con el primer nombre para expresar cortesía.

Las diferencias que se encuentran entre los rasgos lingüísticos de las diferentes variedades del EA, así como las preferencias por ciertos tipos de expresiones y los préstamos gramaticales que se han incorporado a algunas de sus variedades son producto todas de las ecologías sociales y lingüísticas de cada región y merecen estudio detallado en el futuro. Aquí, esta presentación tiene el propósito de distinguir la variedad de contacto más empleada en Latinoamérica y la segunda en el continente americano, después del español en contacto con el inglés de los Estados Unidos (Escobar y Potowski 2015).

4. El español andino en la diáspora

A finales del siglo XX y comienzos del siglo XXI los movimientos poblacionales también han llevado al español andino a otros países. La alta concentración de individuos de la región andina en ciertas partes del mundo es relevante para su futuro y la posible difusión de sus rasgos lingüísticos. El destino de inmigrantes andinos es primero a los Estados Unidos y luego a España (Martínez Pizarro 2011). En los Estados Unidos, son los inmigrantes ecuatorianos y peruanos los mayoritarios. Mientras dos tercios de la población de origen ecuatoriano se asientan especialmente en el noreste, específicamente la ciudad de Nueva York, la mayoría de la población de origen peruano se asienta también en Nueva Jersey. El resto lo hace principalmente en Florida y en California (Los Ángeles y San Francisco) (López *et al.* 2013).

La inmigración a España es un fenómeno más reciente de los últimos 15 años. Aquí también los ecuatorianos representan el grupo más numeroso, seguidos de los bolivianos y los peruanos. Los individuos de estos tres países representan un tercio de todos los inmigrantes latinoamericanos en España y la población latinoamericana representa el 40 % de toda la población inmigrante (Martínez Pizarro 2011; INE 2009). Los orígenes latinoamericanos más comunes además de los andinos son Colombia y Argentina. Las poblaciones andinas se han asentado especialmente en las regiones catalanas (Valencia, Islas Baleares y Barcelona), Madrid, las Islas Canarias y Murcia (INE 2009: 19).

Los estudios sociolingüísticos de estas poblaciones andinas y diaspóricas son todavía pocos (véanse Calvo 2007 para Valencia; Palacios 2007 para Madrid). En los Estados Unidos los estudios de contacto dialectal todavía se centran en los grupos hispanohablantes mayoritarios (mexicano, puertorriqueño y cubano), así como en los grupos inmigrantes más numerosos porcentualmente de las últimas dos décadas (salvadoreños, particularmente). El estudio de dialectos del español en contacto en los Estados Unidos y en España todavía está en su infancia. En Buenos Aires, sin embargo, otra región de inmigración de bolivianos y peruanos hablantes del EA, hay un intento por conciliar el estudio teórico del contacto de dialectos con la práctica y su impacto en el salón de clase (Martínez 2013). No obstante, el futuro mostrará si los rasgos del español andino se propagan o no en los nuevos espacios geográficos y sociales mencionados, además de cómo los textos escolares representarán esta diversidad dialectal en estas nuevas regiones y en su población escolar.

5. Dirección futura

El reconocimiento lingüístico y social del español andino, especialmente desde los sesenta, se va nutriendo lentamente de estudios más sistemáticos que no solo investigan el rol del contacto de lenguas en los rasgos lingüísticos propios de este dialecto de contacto, pero también de las diferencias macrorregionales en sus variedades acrolectales. Estudios detallados y comparativos por país permitirán en el futuro trazar con mayor detalle el grado de influencia que tiene el contacto lingüístico en la fonología, la morfosintaxis, la sintaxis y pragmática del español andino. Igualmente, permitirá entender mejor qué factores sociolingüísticos llevan a las diferencias lingüísticas en cada región, especialmente en lo que hace referencia a los tipos de préstamos y a construcciones hispanas que se favorecen en cada región.

El español andino es un dialecto de contacto con una historia prolongada de contacto lingüístico y un bilingüismo extendido desde el siglo XX. Los movimientos poblacionales, internos y a otros países, en los siglos XX y XXI han dado origen a concentraciones de hablantes del español andino fuera de la región andina propiamente dicha, incluso en otros países, los Estados Unidos y España especialmente. Como consecuencia, en el caso peruano, encontramos ya evidencia de la difusión de rasgos del español andino a la norma peruana, dialecto no-andino, a finales del siglo XX (Escobar 2014).

El siglo XXI será un siglo en el que las investigaciones sociolingüísticas e históricas sobre el español andino permitirán describir los procesos de variación y cambios lingüísticos que definen el español andino. Igualmente, enriquecerán nuestro conocimiento de la evolución del español de Hispanoamérica y nuestro entendimiento de la influencia lingüística en contextos de una historia colonial compartida, acompañada de un prolongado contacto con otras lenguas (amerindias en Latinoamérica y con el inglés en los Estados Unidos). En su conjunto, lograremos una mejor apreciación de la diversidad lingüística del español hispanoamericano y, en especial, de la emergencia y difusión del español andino.

Bibliografía

Albó, X. (1974) *Los mil rostros del quechua*, Lima: Instituto de Estudios Peruanos.

Alderetes, J. y Albarracín, L. I. (2004) "El quechua en Argentina: el caso de Santiago del Estero", *International Journal of the Sociology of Language*, 167, pp. 83–93.

Benvenutto Murrieta, P. (1936) *El lenguaje peruano*, Lima: Sanmartí.

Blas-Arroyo, J. (2011) "Spanish in Contact with Catalan", en Díaz-Campos, M. (ed.) *The handbook of Hispanic sociolinguistics*, Malden, MA: Blackwell, pp. 374–394.

Bustamante, I. (1991) "El presente perfecto o pretérito perfecto compuesto en el español quiteño", *Lexis*, 15, pp. 195–231.

Calvo, J. (2007) *Tendiendo puentes*, Valencia: Universidad de Valencia.

[CELADE-CEPAL] Centro Latinoamericano y Caribeño de Demografía (2006) *Migración internacional de latinoamericanos y caribeños en Iberoamérica*, Santiago: CELADE [en línea]. Accesible en http://www.eclac.org/celade/noticias/paginas/1/26021/Migracion_conceptual_CELADE.pdf [19/12/2014].

Cerrón Palomino, R. (1976) "Calcos sintácticos en castellano andino", *San Marcos*, 14, pp. 93–101.

Cerrón Palomino, R. (2003) *Castellano andino. Aspectos sociolingüísticos, pedagógicos y gramaticales*, Lima: Pontificia Universidad Católica del Perú/GTZ.

Crespo, C. (2014) *Nominal subordinate sentences in Peruvian Spanish as a contact-induced phenomenon*, tesis doctoral, University of Illinois at Urbana-Champaign.

Escobar, A. (1976) "Bilingualism and dialectology in Peru", *International Journal of the Sociology of Language*, 9, pp. 85–96.

Escobar, A. (1978) *Variaciones sociolingüísticas del castellano en el Perú*, Lima: Instituto de Estudios Peruanos.

Escobar, A. M. (1997) "Contrastive and innovative uses of the *present perfect* and the *preterite* in Spanish in contact with Quechua", *Hispania*, 80, pp. 859–870.

Escobar, A. M. (2000) *Contacto social y lingüístico: el español en contacto con el quechua en el Perú*, Lima: Pontificia Universidad Católica del Perú.

Escobar, A. M. (2014) "Los etnolectos y la difusión contrajerárquica: nuevas normas en el español peruano", en Zimmermann, K. (ed.) *Nuevos hispanismos III: aspectos lingüísticos,* Madrid: Iberoamericana/Vervuert, pp. 258–284.

Escobar, A. M. y Potowski, K. (2015) *El español de los Estados Unidos*, Cambridge: Cambridge University Press.

Fernández Lávaque, A. M. y del Valle Rodas, J. (eds.), (1998) *Español y quechua en el noroeste argentino*, Salta: Universidad Nacional de Salta.

Granda, G. de (2001) *Estudios de lingüística andina*, Lima: Pontificia Universidad Católica del Perú.

Guevara, D. (1972) *El castellano y el quichua en el Ecuador*, Quito: Casa de la Cultura Ecuatoriana.

Haboud, M. (1998) *Quichua y castellano en los Andes ecuatorianos*, Quito: Abya-Ala.

Haboud, M. y de la Vega, E. (2008) "Ecuador", en Palacios, A. (ed.) *El español en América. Contactos lingüísticos en Hispanoamérica*, Barcelona: Ariel, pp. 161–188.

Instituto Nacional de Estadística de Bolivia (2001) *Censo de Población y Vivienda 2001* [en línea]. Accesible en http://www.ine.gob.bo/ [19/12/2014].

Instituto Nacional de Estadística de España (2009) *Encuesta nacional de inmigrantes 2007* [en línea]. Accesible en http://www.ine.es/jaxi/menu.do?type=pcaxisypath=%2Ft20%2Fp319yfile=inebasey L=0 [19/12/2014].

Instituto Nacional de Estadísticas y Censos del Ecuador (2010) *Censo de Población y Vivienda 2010* [en línea]. Accesible en http://www.inec.gov.ec/ [19/12/2014].

Instituto Nacional de Estadística e Informática de Perú (2008) *Perfil Sociodemográfico del Perú, Censos Nacionales 2007*, 2.ª ed., Lima: INEI.

Jara Yupanqui, M. (2013) *El perfecto en el español de Lima: variación y cambio en situación de contacto lingüístico*, Lima: Pontificia Universidad Católica del Perú.

Klee, C. y Lynch, A. (2009) *El español en contacto con otras lenguas*, Washington, DC: Georgetown University Press.

López, M. H., González-Barrera, A. y Cuddington, D. (2013) *Diverse Origins: The Nation's 14 Largest Hispanic-Origin Groups* [en línea]. Accesible en http://www.pewhispanic.org/2013/06/19/diverse-origins-the-nations-14-largest-hispanic-origin-groups/ [20/12/2014].

Lorenzino, G. A. (2003) "Bilingüismo y migración urbana: el quechua santiagueño", en Sayahi, L. (ed.) *Selected proceedings of the First Workshop on Spanish Sociolinguistics*, Somerville, MA: Cascadilla, pp. 53–60.

Lipski, J. (1994) *Latin American Spanish*, Nueva York: Longman.

Martínez, A. (2006) "El español de la Argentina en contacto con lenguas indígenas", *Tópicos del Seminario* [en línea]. Accesible en http://www.redalyc.org/articulo.oa?id=59401504 [19/12/2014].

Martínez, A. (2010) "Lenguas y variedades en contacto. Problemas teóricos y metodológicos", *Revista Internacional de Lingüística Iberoamericana*, 8, 1, 15, pp. 9–31.

Martínez, A. (coord.) (2013) *Huellas teóricas en la práctica pedagógica: el dinamismo lingüístico en el aula intercultural*, La Plata: Universidad Nacional de La Plata.

Martínez, A. (2014) "De España a América. Recategorización y desplazamientos en el sistema de clíticos", en *IX Congreso Argentino de Hispanistas, 27 a 30 de abril de 2010* [en línea]. Accesible en http://ixcah.fahce.unlp.edu.ar/actas [19/12/2014].

Martínez Pizarro, J. (ed.) (2011) *Migración internacional en América Latina y el Caribe: nuevas tendencias, nuevos enfoques*, Santiago: Naciones Unidas/CEPAL.

Mendoza, J. (1991) *El castellano hablado en La Paz. Sintaxis divergente*, La Paz: Universidad Nacional de San Andrés.

Michnowicz, J. (2014) "Maya-Spanish contact in Yucatan, Mexico: Context and sociolinguistic implications", en Sessarego, S. y González Rivera, M. (eds.) *New perspectives on Hispanic contact linguistics in the Americas*, Madrid: Iberoamericana/Vervuert.

Moya, R. (1981) *Simbolismo y ritual en el Ecuador andino/El quichua en el español de Quito*, Otavalo: Instituto Otavaleño de Antropología.

Muntendam, A. (2009) *Linguistic transfer in Andean Spanish: syntax or pragmatics?*, tesis doctoral, University of Illinois at Urbana-Champaign.

O'Rourke, E. (2005) *Intonation and language contact: A case study of two varieties of Peruvian Spanish*, tesis doctoral, University of Illinois at Urbana-Champaign.

Palacios, A. (2007) "Cambios lingüísticos de ida y vuelta: los tiempos de pasado en la variedad emergente de los migrantes ecuatorianos en España", *Revista Internacional de Lingüística Iberoamericana*, 10, pp. 109–126.

Palacios, A. (2013) "Contact-induced change and internal evolution: Spanish in contact with Amerindian languages", en Léglise, I. y Chamoreau, C. (eds.) *The interplay of variation and change in contact settings*, Amsterdam: John Benjamins, pp. 165–198.

Pfänder, S. (2009) *Gramática mestiza: con referencia al castellano de Cochabamba*, La Paz: Instituto Boliviano de Lexicografía y Otros Estudios Lingüísticos.

Levey, S., Groulx, K. y Roy, J. (2013) "A variationist perspective on discourse-pragmatic change in a contact setting", *Language Variation and Change*, 25, pp. 225–251.

Quijano, A. (2014) *Cuestiones y horizontes: de la dependencia histórico-estructural a la colonialidad/ descolonialidad del poder*, Buenos Aires: Consejo Latinoamericano de Ciencias Sociales.

Risco, R. (2014) "Creatividad e innovación en el español americano: variación intrahablante tampoco vs. tampoco no en la comunidad peruana de Buenos Aires", en *IX Congreso Argentino de Hispanistas* [en línea]. Accesible en http://ixcah.fahce.unlp.edu.ar/actas [19/12/2014].

Sánchez, L. (2003) *Quechua-Spanish bilingualism: Interference and convergence in functional categories*, Amsterdam: John Benjamins.

Sánchez, L. y Zdrojewski, P. (2013) "Restricciones semánticas y pragmáticas al doblado de clíticos en el español de Buenos Aires y de Lima", *Lingüística*, 29, 2, pp. 271–320.

Sessarego, S. (2010) "Temporal concord and Latin American Spanish dialects", *Revista Iberoamericana de Lingüística*, 5, pp. 137–169.

Speranza, A. (2010) "Estrategias discursivas en la transmisión de la información: el español en contacto con lenguas americanas", *Revista Internacional de Lingüística Iberoamericana*, 8, 1, 15, pp. 89–105.

Toscano Mateus, H. (1953) *El español de Ecuador. Revista de Filología Española, Anejo 61*, Madrid: Consejo Superior de Investigaciones Superiores.

Urrutia, H. (1995) "Morfosyntactic Features in the Spanish of the Basque Country", en Silva-Corvalán, C. (ed.) *Spanish in four continents*, Washington, DC: Georgetown University Press, pp. 243–259.

Zajícová, L. (2009) *El bilingüismo paraguayo. Usos y actitudes hacia el guaraní y el castellano*, Madrid: Iberoamericana/Vervuert.

Zavala, V. (2001) "Borrowing evidential functions from Quechua: The role of *pues* as a discourse marker in Andean Spanish", *Journal of Pragmatics*, 33, pp. 999–1023.

Lecturas complementarias

Escobar, A. M. (2011) "Spanish in contact with Quechua", en Díaz-Campos, M. (ed.) *The handbook of Spanish sociolinguistics*, Oxford: Blackwell. pp. 323–352.

Escobar, A. M. (2012) "Spanish in contact with Amerindian languages", en Hualde, J. I., Olarrea, A. y O'Rourke, E. (eds.) *The handbook of Hispanic linguistics*, Oxford: Blackwell. pp. 65–88.

King, K. y Hornberger, N. (eds.) (2004) *International Journal of the Sociology of Language*, 167, dedicado a la región andina.

Klee, C. y Lynch, A. (2009) *El español en contacto con otras lenguas*, Washington, DC: Georgetown University Press.

Olbertz, H. y Muysken, P. (eds.) (2005) *Encuentros y conflictos: bilingüismo y contacto de lenguas en el mundo andino*, Fráncfort/Madrid: Iberoamericana/Vervuert.

Entradas relacionadas

dialectología y geografía lingüística

DIALECTOS DEL ESPAÑOL DE AMÉRICA: LOS ESTADOS UNIDOS

John M. Lipski

1. Introducción y fuentes de información general

En los Estados Unidos vive una de las poblaciones hispanohablantes más grandes y de mayor impacto económico y sociolingüístico del mundo, aunque la lengua española carece de estatus oficial. Aunque hay personas de habla española en casi todas las áreas urbanas del país y en muchas zonas rurales, las comunidades de habla española están concentradas en núcleos poblacionales repartidos a lo largo del país y separados por comunidades que no hablan español.

Un panorama lingüístico de las comunidades hispanohablantes en los Estados Unidos se encuentra en Lipski (2008). Entre los trabajos monográficos y antologías generales figuran Cárdenas (1970), Barnach Calbó (1980), Amastae y Elías-Olivares (1982), Ornstein-Galicia *et al.* (1988), Bergen (1990), Ramírez (1992), Roca y Lipski (1993), Mendieta (1999), Alvar (2000), López Morales (2009), Rivera-Mills y Villa (2010), Beaudrie y Fairclough (2012) y Fuller (2013).

2. El español en los Estados Unidos: cifras demográficas

El censo oficial de 2010 reconoció una población hispana de 50,5 millones, de una población total de 308,7 millones o sea un 16,4 % de la población nacional (www.census.gov). Esta cifra representa un índice de crecimiento de la población hispana de 43 % entre 2000 y 2010; durante el mismo intervalo la población nacional creció en un 9,7 %, lo cual indica que la tasa de crecimiento de la población hispana es 4,4 veces más grande que el promedio nacional. En el mismo censo se estimaba que **37 millones** de hablantes hablaban español en los Estados Unidos en 2010. A comienzos de 2014 la población estimada de los Estados Unidos era 317,4 millones, con lo que la población hispana era aproximadamente 56,7 millones y la cantidad de hispanohablantes unos **41,6 millones**. Las cifras verdaderas serán más altas, sobre todo en lo que respecta a los inmigrantes que no reúnen los documentos migratorios necesarios para establecer la residencia legal. Algunas personas que responden al censo prefieren no revelar el uso de otras lenguas, por una variedad de motivos, lo cual resulta en cifras subestimadas. También hay que reconocer que la población hispana inmigrada desde el exterior crece más rápidamente que la población hispana nacida dentro de los Estados

Unidos; esto significa que el número de hispanohablantes crece aún más rápidamente que el crecimiento de la población hispana en general. Una cifra confiable de la cantidad de hablantes nativos del español en los Estados Unidos sería de más de **46 millones**. Desde una perspectiva global Estados Unidos puede estar efectivamente empatado en segundo lugar mundial con Argentina, España y Colombia en cuanto al número de hablantes nativos del español, siendo superado solo por México. Sin embargo, los datos de los censos nacionales y las encuestas lingüísticas realizadas en distintos centros de investigación revelan que el desplazamiento lingüístico del español frente al inglés y la pérdida de la lengua española después de una generación también son fenómenos que se incrementan con una rapidez asombrosa. Aun en las ciudades más grandes donde existen amplios sectores hispanoparlantes y la lengua española se destaca en los medios de comunicación y en la vida cotidiana, el empleo del español ocurre principalmente entre los inmigrantes nacidos fuera de los Estados Unidos, en grado menor entre los hijos de inmigrantes (siempre que ambos padres sean hispanohablantes), y disminuye drásticamente en las generaciones siguientes, o con los hijos de matrimonios mixtos. En efecto, la lengua española en los Estados Unidos se renueva constantemente por medio de la inmigración (Bills *et al.* 1995, 2000; Lipski 2004).

3. Orígenes nacionales de los hispanohablantes en los Estados Unidos

La mayoría de las comunidades hispanoparlantes estadounidenses provienen de países vecinos con fuertes lazos históricos con los Estados Unidos. Los hablantes de origen mexicano representan casi dos tercios (63 %) de los hispanohablantes estadounidenses; siguen en orden las personas de origen puertorriqueño (9 %), cubano (3,5 %), salvadoreño (3,3 %), dominicano (2,8 %), guatemalteco (2,1 %) y colombiano (1,8 %). Las principales corrientes migratorias han sido canalizadas por eventos sociopolíticos específicos que servían tanto como fuerza de expulsión de los países de origen como de atracción hacia los Estados Unidos.

México. Aunque los mexicanos entraron en el territorio estadounidense desde el momento en que las dos naciones (Estados Unidos y el Virreinato de Nueva España) compartieron una frontera (con la transferencia del territorio de Luisiana de Francia a los Estados Unidos en 1803), la primera gran ola de inmigración —unos 1,5 millones de mexicanos— surgió como resultado de la Revolución Mexicana de 1910–1920. Los programas de reclutamiento de braceros agrícolas que empezaron en 1942 atrajeron por lo menos a 8 millones de mexicanos, muchos de los cuales permanecieron en los Estados Unidos, y el flujo de trabajadores migratorios ha continuado desde entonces.

Puerto Rico. Aunque Puerto Rico llegó a ser territorio de los Estados Unidos a raíz de la guerra con España en 1898, los puertorriqueños radicados en la isla no tenían nacionalidad estadounidense hasta 1917. Antes de aquella fecha solo entraban a los Estados Unidos como extranjeros. La inmigración masiva de Puerto Rico a los Estados Unidos continentales empezó en 1948 al iniciarse el programa de industrialización conocido como Operación Fomento (en inglés *Operation Bootstrap*), que resultó en el desplazamiento de unos dos millones de obreros a los estados nororientales.

Cuba. La inmigración cubana a los Estados Unidos empezó aún antes de la Guerra Hispano-Americana (1898) y para finales del siglo XIX ya había más de 100.000 cubanos en los Estados Unidos, sobre todo en Tampa, Florida y la ciudad de Nueva York (García y Otheguy 1988: 166). Otra ola de inmigración cubana ocurrió durante el régimen dictatorial de Fulgencio Batista (1951–1958), pero la llegada masiva de cubanos al territorio estadounidense adquirió proporciones aún más importantes a partir de la Revolución Cubana de 1959 y experimentó otro auge durante el puente marítimo de Mariel en 1980.

República Dominicana. La inmigración dominicana actual no responde a eventos discretos, sino que refleja la erosión económica de aquella nación durante las últimas décadas (Baez Evertsz y D'Oleo Ramírez 1985; Bailey 2002; Bullock y Toribio 2006; Toribio 2006).

Centroamérica. Las sangrientas guerras centroamericanas de la década de 1980 ocasionaron la llegada de casi un millón de salvadoreños y 250.000 guatemaltecos, así como un fuerte contingente de más de 200.000 nicaragüenses que huían del régimen sandinista y posteriormente de los grupos contrarrevolucionarios patrocinados por el gobierno estadounidense. La población hondureña en los Estados Unidos tuvo su inicio al establecer la industria bananera hacia comienzos del siglo XX, cuando se estableció una ruta marítima entre los puertos caribeños de Honduras y el puerto estadounidense de Nueva Orleans. En las últimas dos décadas han llegado millares de hondureños al sector nororiental del país. Hoy en día la inmigración desde El Salvador, Guatemala y Honduras se debe principalmente a la búsqueda de mejores condiciones socioeconómicas.

Sudamérica. El mayor núcleo poblacional sudamericano en los Estados Unidos es de origen colombiano. Los colombianos provienen de todas las regiones de aquel país, pero predominan los inmigrantes de los departamentos centrales. Su llegada a los Estados Unidos responde a diversos motivos, entre ellos las repetidas olas de violencia que sufre aquella nación, así como la búsqueda de oportunidades económicas más amplias. Los más de 650.000 ecuatorianos que viven en los Estados Unidos provienen mayormente de la zona andina y han llegado por motivos principalmente económicos. En los últimos años se ha producido una creciente inmigración venezolana, provocada por la polarización política que caracteriza aquella nación desde hace más de una década.

4. Ubicación regional de los hispanohablantes en los Estados Unidos

De acuerdo con los patrones migratorios ya establecidos, cada grupo de inmigrantes hispanohablantes tiende a radicarse en regiones específicas: los dominicanos y puertorriqueños, en las ciudades industriales del noreste; los cubanos en el sur de la Florida y el área metropolitana de Nueva York, los nicaragüenses en la Florida y California, los salvadoreños en Texas, California y Washington, DC y los guatemaltecos en la Florida, California y el noroeste. La inmigración mexicana se ha expandido más allá del suroeste para alcanzar los estados centrales, sudorientales y más recientemente nororientales. La población colombiana está repartida entre la Florida, Nueva Jersey y Nueva York, sobre todo en la comarca de Queens de la ciudad de Nueva York. Los ecuatorianos suelen residir en el noreste del país, sobre todo en Nueva York. Aunque la primera ola de inmigración hondureña se concentraba en el puerto de Nueva Orleans, Luisiana, en la actualidad la población hondureña está repartida entre la Florida, Texas y Nueva York. Los venezolanos viven en la Florida, Nueva York y las grandes ciudades texanas de Houston y Dallas. Según el censo de 2010, el 75 % de los hispanos viven en ocho estados:

California (27,8 %)
Texas (18,7 %)
Florida (8,4 %)
Nueva York (6,8 %)
Illinois (4 %)
Arizona (3,8 %)
Nueva Jersey (3,1 %)
Colorado (2,1 %)

5. Grupos hispanohablantes absorbidos por expansión territorial

Durante la masiva expansión del territorio estadounidense que ocurrió en el siglo XIX varias comunidades de habla española fueron absorbidas por la nación que crecía.

Luisiana. Con la incorporación del territorio de Luisiana en 1803 quedaron bajo soberanía estadounidense los descendientes de colonos canarios que habían llegado hacia finales del siglo XVIII (MacCurdy 1950; Lipski 1990a; Coles 1999), así como unos descendientes de soldados de Nueva España (México) que fueron abandonados por el gobierno colonial español en las primeras décadas del XVIII (Lipski 1990b; Pratt 2004).

Texas y Nuevo México. Como resultado de la independencia de Texas en 1836 y la guerra entre México y los Estados Unidos en 1848, unos 80.000 hablantes del español se convirtieron en ciudadanos estadounidenses. Las conquistas territoriales del siglo XIX incorporaron a los Estados Unidos la variedad hispanoamericana más antigua, el dialecto tradicional de Nuevo México (Bills y Vigil 2008) que se remonta a los asentamientos españoles de 1598.

6. El español en contacto con el inglés en los Estados Unidos

El español en los Estados Unidos —producto tanto de una inmigración constante como de la reproducción natural en suelo estadounidense— mantiene sus bases fundamentales a la vez que se compenetra con la lengua inglesa y la cultura anglo-norteamericana. Es preciso distinguir tres grupos demográficos de habla española, de características lingüísticas muy diferentes, sobre todo en lo que concierne el empleo de la lengua inglesa. (1) Los hispanos recién llegados a los Estados Unidos. Son efectivamente monolingües y manifiestan los rasgos dialectales de los países de origen. Según su permanencia en los Estados Unidos y sus conocimientos de la lengua inglesa, pueden emplear algún que otro anglicismo léxico —sobre todo en lo que se refiere a la vida cotidiana—, pero al hablar español no se les detecta la presencia de la lengua inglesa. (2) Los hispanos bilingües nacidos en los Estados Unidos que hablan el inglés como lengua nativa o casi nativa y que hablan el español con gran soltura, al ser la lengua principal del hogar. (3) Los hablantes de herencia familiar son personas de ascendencia hispana, en cuyas familias se ha producido un desplazamiento idiomático del español al inglés en el transcurso de una o dos generaciones, y donde existe una competencia lingüística desequilibrada hacia los conocimientos receptivos o pasivos (Lipski 1985b, 1986a, 1993, 1996; Martínez 1993; Montrul 2008; Beaudrie y Fairclough 2012). Dejando de lado el español parcialmente adquirido de los hablantes bilingües de herencia, no hay evidencia de la convergencia del español hablado como lengua nativa y del inglés en los Estados Unidos, ni de otras manifestaciones de reestructuración gramatical de la lengua española (p. ej., Pousada y Poplack 1982; Silva-Corvalán 1994; Otheguy y Zentella 2011). Sin embargo, como consecuencia de los malentendidos sobre la verdadera situación lingüística de los Estados Unidos, es frecuente que se aplique la palabra *(e)spanglish* al habla de los bilingües hispanos en los Estados Unidos, un término que sugiere una "tercera lengua" que no existe en realidad. Fairclough (2003), Lipski (2004, 2007) y Otheguy y Stern (2010) resumen el debate sobre el "(e)spanglish". Ya que la palabra *(e)spanglish* carece de una definición científica a la vez que despierta emociones fuertes, es preferible referirse individualmente a los reconocidos fenómenos de contacto lingüístico que se producen en los Estados Unidos.

7. Los cambios de código y la alternancia de lenguas

El cambio de código se refiere a la alternancia de dos lenguas en el transcurso de la misma conversación, no solo con distintos interlocutores sino también con un solo interlocutor. El fenómeno, que se produce de alguna manera en cada comunidad bilingüe, llega a su punto más extremo cuando se cambia de idioma dentro del mismo enunciado, tipificado por el título de un artículo clave (Poplack 1980): *Sometimes I'll start a sentence in Spanish y termino en español*. El cambio de lengua en medio de las oraciones parece ser un proceso caótico, pero una amplia serie de investigaciones ha demostrado que el proceso está regido por restricciones detalladas, tanto sintácticas como pragmáticas (p. ej., Poplack 1980, Lipski 1985 y los trabajos en Bullock y Toribio 2009). A pesar de la intensa compenetración de las dos lenguas columnares de los Estados Unidos, el español mantiene su integridad sintáctica, morfológica y fonética, a la vez que participa en la gama de aproximaciones mutuas que caracteriza toda zona bilingüe. En la mayoría de los casos las restricciones sobre la alternancia de lenguas dentro del mismo enunciado reflejan la necesidad de respetar las reglas gramaticales de cada lengua, siguiendo el orden lineal de las oraciones tanto en inglés como en español (véase la entrada sobre alternacia de códigos).

8. El empleo de préstamos del inglés

Los préstamos léxicos son palabras de una lengua introducidas en otra lengua, por ejemplo el empleo de palabras inglesas como *post office* 'oficina de correo' o *day care* 'servicio de guardería infantil' en el español estadounidense. El empleo de préstamos integrados del inglés ocurre en muchas variedades del español, aun en países alejados de los Estados Unidos. La palabra *lonche* 'comida ligera del mediodía' se extiende por lo menos hasta la mitad septentrional de Sudamérica. El *lonche* (del inglés *lunch* 'almuerzo'), al ser una comida rápida consumida en un restaurante modesto o en el lugar de trabajo, difiere del *almuerzo* o la *comida*. Dentro de los Estados Unidos la cantidad de préstamos del inglés integrados al español aumenta, a veces para matizar un concepto ambiguo, y en otros casos por el simple hecho de estar en contacto dos lenguas (Mendieta 1999). Así, por ejemplo, *troca* 'camión de carga' (inglés *truck*) se utiliza no solo en las comunidades méxico-americanas, sino también en amplios sectores de México, ya que en el español mexicano la palabra *camión* sin calificativo se refiere a los autobuses de transporte público. El préstamo léxico no altera la integridad fundamental de una lengua; a través de su historia el español se ha nutrido de centenares de palabras prestadas, del árabe, italiano, francés, euskera (vasco) y muchas lenguas autóctonas de América.

9. Los calcos de modismos ingleses

Los calcos son traducciones literales de modismos cuyo sentido no se puede deducir directamente de su estructura; por ejemplo, la expresión inglesa "to call back" (devolver una llamada telefónica) se traduce como *llamar para atrás* entre hablantes bilingües (Lipski 1987; Otheguy 1993). Otros ejemplos son *correr para oficina* (ser candidato para una carga política, en inglés "to run for office") y *aplicar para un trabajo* (solicitar, del inglés "to apply for a job"). El denominador común de los calcos sintácticos es que no violan ninguna regla gramatical del español, sino que se injertan fácilmente en el repertorio de modismos y giros sintácticos regionales. Hay que reconocer que en diversos momentos de su historia calcos de otros idiomas han sido introducidos en la lengua española, por ejemplo *si Dios quiere* e *hidalgo* (hijo de algo) del árabe y *no hay de qué* del francés, además de los muchos calcos regionales donde el español contemporáneo se habla en entornos bilingües.

10. El aprendizaje y uso cotidiano del español por personas de origen no hispano

El español es la segunda lengua de facto de los Estados Unidos y varios millones de estadounidenses de origen no hispano lo estudian y lo hablan con frecuencia. En los colegios y las universidades el español es la lengua "extranjera" más estudiada (Lipski 2002). En las últimas décadas muchos personajes destacados en los Estados Unidos han tomado la palabra en español sin que este sea su lengua nativa y, como consecuencia, el empleo del español por personas de habla inglesa forma una faceta integral del perfil lingüístico estadounidense. Los materiales didácticos empleados en la enseñanza del español en los Estados Unidos no favorecen las variedades nacionales (aunque cada profesor puede aportar su perspectiva personal), pero tampoco se pretende negar la existencia de variantes estadounidenses que difieren de los patrones lingüísticos que tipifican el habla de otras naciones (Lipski 1997, 2009; Vilar García 2000).

11. Rasgos dialectales del español en los Estados Unidos

En general las personas de habla española que residen en los Estados Unidos reflejan las características lingüísticas de la(s) tierra(s) de origen familiar, con la adición eventual de palabras y expresiones que provienen del contacto con el inglés. Naturalmente la presencia de más de una variedad del español en el entorno resulta en combinaciones que se alejan de los prototipos dialectales, pero es posible resumir algunos de los rasgos más prominentes de las principales comunidades de habla.

México. El español mexicano se caracteriza sobre todo por su pronunciación y su vocabulario. A diferencia de las variedades del Caribe y Centroamérica, casi todos los dialectos mexicanos retienen las consonantes finales sin alterar. En el centro la *-r* final tiende a realizarse como sibilante (acercándose a *-s*) y en el norte *-y-* y *-ll-* entre vocales tiene realización débil o desaparece en contacto con las vocales *i* y *e*: *gallina*, *sello*, *silla*, etc. El léxico mexicano presenta muchas palabras de origen náhuatl, tales como *cacahuate* (maní), *tecolote* (búho), *zopilote* (buitre), *guajolote* (pavo), *zacate* (hierba, grama), *popote* (carrizo para tomar líquidos). Otros mexicanismos que no se conocen fuera del país o se emplean con otro significado son *camión* (autobús), *chamaco* (muchacho), *ya mero* (casi). Entre los méxico-americanos (algunos prefieren la palabra *chicano*, pero otros no la aceptan) existe un vocabulario propio además de los mexicanismos generales y los préstamos del inglés; unas referencias útiles son Galván y Teschner (1977), Hidalgo (1987), Lope Blanch (1990), Matus-Mendoza (2002), Peñalosa (1980), Sánchez (1983), Silva-Corvalán (1994), Valdés (1988, 2000) y los trabajos en Bixler-Márquez, Green y Ornstein (1989), Galindo y Gonzales (1999), Green y Ornstein-Galicia (1986), Hernández-Chávez, Cohen y Beltramo (1975). El español tradicional de Nuevo México y Colorado se describe en Cobos (1983) y Bills y Vigil (2008).

Cuba, Puerto Rico, República Dominicana. Para el español cubano en los Estados Unidos son útiles los trabajos de García y Otheguy (1988) y Varela (1992). El estudio del español puertorriqueño en los Estados Unidos cuenta con una amplia bibliografía que remonta a mediados del siglo xx. Son útiles Casiano Montañez (1975), Gutiérrez González (1993), Milán (1982), Torres (1997), Urciuoli (1996) y Zentella (1988, 1997, 2000), entre otros. El español dominicano en los Estados Unidos se analiza en Bailey (2002), García y Otheguy (1997) y Toribio (2000a, 2000b, 2003, 2006).

Los tres países antillanos pertenecen a la zona lingüística del Caribe, que también incluye a Panamá, Venezuela y la costa norte de Colombia. Esta zona se caracteriza por la pronunciación de *-s* final de sílaba/palabra como aspiración débil *-j* o su eliminación total. La *-n* final de palabra suele ser velar (es decir, como la *n* de *tengo* o el último sonido de la palabra inglesa *sing*). En muchas áreas de Puerto Rico así como en un amplio sector de la República Dominicana y algunas partes de Cuba la *-r* final de sílaba o palabra tiende a realizarse como *-l*: *por favor > pol favol*. En el norte de la República Dominicana (región del Cibao) es frecuente que la *-r* y la *-l* ante consonante o al final de la palabra se realicen como *-i*: *por favor > poi favoi*. En la región central y occidental de Cuba las consonantes *-r* y *-l* pueden convertirse en réplicas de una consonante siguiente: *puerta > puetta*, *algo > aggo*.

En cuestiones de gramática el habla de los tres países antillanos utiliza preguntas sin invertir el sujeto y el verbo: *¿Cómo tú te llamas? ¿Qué nosotros hacemos ahora?* También es frecuente oír combinaciones de sujeto + verbo en el infinitivo en las cláusulas subordinadas: *Antes de yo llegar a los Estados Unidos vivía en un pequeño pueblo*; *Él me envió los documentos para yo solicitar un trabajo*.

El vocabulario varía mucho entre las naciones hispano-caribeñas y aun dentro de ellas. Algunas palabras reconocidas en toda la zona son *chévere* 'muy bueno, excelente', *guagua* 'autobús', *candela* 'fuego', *jeba* 'novia'. El léxico del español cubano en los Estados Unidos tiene mucha diversidad y refleja las distintas etapas de inmigración así como las diferencias regionales y sociales dentro de Cuba. Algunas palabras reconocidas entre cubanos son *jimaguas* 'mellizos', *cartucho* 'bolsa' p. ej. del supermercado, *chucho* 'interruptor de la luz', *estar en la fuácata* 'quedarse sin dinero', *máquina* 'automóvil', *fajarse* 'pelear', *ñángara* 'comunista'. Entre los cubanos más jóvenes se escuchan palabras como *asere* 'amigo', *qué bolá* '¿qué pasa, cómo estás?', *ecobio* 'amigo, hermano', *yénica* 'amigo, socio', *yuma* 'Estados Unidos, estadounidense', *guaniquiqui* 'dinero', *titingó* 'bronca, alboroto'.

Entre las palabras del español puertorriqueño figuran *chavos* 'dinero', *coquí* 'rana pequeña, símbolo de Puerto Rico', *china* 'naranja', *mahones* 'blue jeans', *pantallas* 'aretes', *tapón* 'embotellamiento de tráfico', *vellón* 'moneda de diez centavos', *zafacón* 'receptáculo para la basura' y el lamento universal *ay bendito*. El español dominicano tiene regionalismos como *un chin* 'una cantidad pequeña', *rebú* 'pelea', *prángana* 'miseria económica', *tíguere* 'muchacho joven audaz', *chichigua* 'cometa', *cuartos* 'dinero', *yola* 'embarcación pequeña que utilizan algunos dominicanos para alcanzar el territorio estadounidense'.

Centroamérica. Para el estudio de las variedades centroamericanas del español en los Estados Unidos se pueden consultar Peñalosa (1984), Baumel-Schreffler (1989, 1994, 1995), Lipski (1989, 2000), Varela (1998–1999) y Hernández (2002, 2007). Las variedades centroamericanas del español son muy diversas, pero comparten algunos elementos de pronunciación, vocabulario y gramática. En toda Centroamérica la *-n* final de palabra tiene realización velar como la *-n* en *tengo*, la *y* y *ll* son débiles con contacto con las vocales *i* y *e* (*silla > sía*), y el sonido de *j* es una aspiración débil. Los dialectos de El Salvador, Honduras y Nicaragua comparten la aspiración de *-s* final de sílaba y palabra, de manera que *vamos pues* se dice *vamoj puej*. En El Salvador y Honduras es frecuente también la pronunciación de la *s-* inicial de palabra como *-h* cuando sigue a una vocal: *la semana* se puede pronunciar como *la jemana*. El español guatemalteco mantiene la *-s* final de sílaba y palabra; algunos guatemaltecos realizan la *-rr-* como fricativa parecida a la *-s-* de la palabra *measure* en inglés o la *j* de *janeiro* en portugués. Asimismo, la realización del grupo *tr-* se acerca a la de *ch-*, de manera que *otro* y *ocho* apenas se distinguen.

En Centroamérica es usual el empleo del pronombre *vos* en vez de *tú* para expresar confianza, solidaridad o enojo. Las formas verbales correspondientes siguen los siguientes modelos:

	presente indicativo	**presente subjuntivo**	**imperativo**
-ar (hablar)	Hablás	Hablés	Hablá
-er (comer)	Comés	Comás	Comé
-ir (cumplir)	Cumplís	Cumplás	Cumplí
Ser	Sos	Seás	Sé
Tener	Tenés	Tengás	Tené
Pedir	Pedís	Pidás	Pedí

Los centroamericanos nacidos en los Estados Unidos o que han residido por mucho tiempo en los Estados Unidos suelen evitar el empleo de *vos* con personas de otras naciones o bien emplear *vos* con las formas verbales que corresponden a *tú* (p. ej., Rivera-Mills 2000; Hernández 2002, 2007). Algunos jóvenes agregan *vos* al final de las oraciones como marcador de identidad centroamericana (Rivera-Mills 2011): "¿Puedes ver la televisión *vos*?"; "George tiene mi dinero, *vos*".

El léxico centroamericano es muy variado entre las distintas naciones y aun dentro de los países y combina palabras españolas patrimoniales y vocablos que provienen de las lenguas autóctonas. Algunas palabras de amplia circulación son *pisto* 'dinero', *chucho* 'perro', *chompipe* 'pavo', *mara* 'pandilla de delincuentes', *guaro* 'aguardiente'. Para ilustrar la variación regional, las palabras que se refieren a una persona de pelo rubio y complexión clara son: *canche* (Guatemala), *chele* (Honduras, El Salvador, Nicaragua), *macho* (Costa Rica). Un niño pequeño puede ser un *patojo* (Guatemala), *cipote* (Honduras, El Salvador), *bicho* (El Salvador), *chigüín* (Nicaragua) o *huila* (Costa Rica).

Colombia, Ecuador y Venezuela. En las ciudades donde viven grupos de colombianos y venezolanos, la presencia de estas variedades dialectales se introduce entre los dialectos más numerosos. Los ecuatorianos y colombianos del interior tienden a pronunciar todas las consonantes finales, a diferencia de los venezolanos, cuya manera de hablar se ubica plenamente dentro de la zona lingüística caribeña. En Colombia y Venezuela se prefiere el diminutivo en *-ico* anexo a las palabras cuya última consonante es *t* (p. ej., *momentico*, *ratico*, *puntico*). La misma variante es frecuente en el habla de los cubanos y dominicanos.

El léxico colombiano es muy variado de acuerdo con las regiones de origen; algunas palabras de uso frecuente son *mono* 'rubio, de complexión clara', *parcero/parce* 'amigo, socio', *mamar gallo* 'tomar el pelo, bromear', *cruce* 'un favor', *bacano* 'excelente, bien hecho' y *regalar* en el sentido de 'dar, entregar' (p. ej. *¿me regalas tu número de pasaporte?*). Entre venezolanos se escuchan palabras como *vale* 'amigo', *catire* 'rubio, de complexión clara', *cambur* 'banana o plátano dulce', *chamo* 'niño, joven', *dar la cola* 'llevar a una persona sin cobrar', *gafo* 'tonto, inútil', *chimbo* 'falso, falsificado', *coroto* y *perol* 'objeto sin nombre definido', *zamuro* 'buitre'. Muchos ecuatorianos emplean palabras como *guagua* 'niño, bebé', *chumar* 'emborracharse', *achachay* 'qué frío', *chuchaqui* 'secuela de la borrachera', *ñeque* 'muy fuerte', *éle* 'interjección de sorpresa o disgusto' y *dar* + gerundio con sentido imperativo (*dame cerrando la puerta* 'cierra la puerta').

12. Contacto entre variedades del español en los Estados Unidos

Dentro de los Estados Unidos las comunidades hispanoparlantes suelen retener los rasgos lingüísticos de los respectivos países de origen, aunque en los grandes centros poliétnicos tales como Chicago, Detroit, Washington, D. C., Boston, Nueva York y Los Ángeles se produce una nivelación dialectal parcial así como unas innovaciones lingüísticas que no se pueden atribuir a un solo grupo (p. ej., Zentella 1990; Ghosh Johnson 2005; Otheguy *et al.* 2007;; Otheguy y Zentella 2011; Lipski 2013). La nivelación dialectal se refiere al proceso mediante el cual los rasgos específicos a dialectos individuales son suprimidos cuando se ponen en contacto diversos dialectos de una lengua, así como la adopción de rasgos de un dialecto por hablantes de otras variedades. El lenguaje de la publicidad también refleja la diversidad dialectal de muchas áreas urbanas, por medio de la selección de palabras neutrales de difusión amplia, en vez de elementos identificados con una sola zona dialectal.

Bibliografía

Alvar, M. (2000) *El español en el sur de Estados Unidos*, Alcalá de Henares (Madrid): Universidad de Alcalá.

Amastae, J. y Elías-Olivares, L. (eds.) (1982) *Spanish in the United States: Sociolinguistic aspects*, Cambridge: Cambridge University Press.

Báez Evertsz, F. y D'Oleo Ramírez, F. (1985) *La emigración de dominicanos a Estados Unidos: determinantes socio-económicos y consecuencias*, Santo Domingo: Fundación Friedrich Ebert.

Bailey, B. (2002) *Language, race, and negotiation of identity: A study of Dominican Americans*, Nueva York: LFB Scholarly Publishing.

Barnach-Calbó, E. (1980) *La lengua española en Estados Unidos*, Madrid: Oficina de Educación Iberoamericana.

Baumel-Schreffler, S. (1989) *Una perspectiva del voseo: Una comparación de dos naciones voseantes, Guatemala y El Salvador*, tesis de maestría, University of Houston.

Baumel-Schreffler, S. (1994) "Second-person singular pronoun options in the speech of Salvadorans in Houston, Texas", *Southwest Journal of Linguistics*, 13, pp. 101–119 [pub. 1998].

Baumel-Schreffler, S. (1995) "The *voseo*: second person singular pronouns in Guatemalan speech", *Language Quarterly*, 33, pp. 33–44.

Beaudrie, S. y Fairclough, M. (eds.) (2012) *Spanish as a heritage language in the United States*, Washington, DC: Georgetown University Press.

Bergen, J. (ed.) (1990) *Spanish in the United States: Sociolinguistic issues*, Washington, DC: Georgetown University Press.

Bills, G., Hernández Chávez, E. y Hudson, A. (1995) "The geography of language shift: Distance from the Mexican border and Spanish language claiming in the southwestern United States", *International Journal of the Sociology of Language*, 114, pp. 9–27.

Bills, G., Hernández Chávez, E. y Hudson, A. (2000) "Spanish home language use and English proficiency as differential measures of language maintenance and shift", *Southwest Journal of Linguistic*, 19, pp. 11–27.

Bills, G. y Vigil, N. (2008) *The Spanish language of New Mexico and southern Colorado: A linguistic atlas*, Albuquerque: University of New Mexico Press.

Bixler-Márquez, D., Green, G. y Ornstein, J. (eds.) (1989) *Mexican-American Spanish in its societal and cultural contexts*, Brownsville: University of Texas Pan American at Brownsville.

Bullock, B. y Toribio, A. J. (eds.) (2009) *The Cambridge handbook of linguistic code-switching*, Cambridge: Cambridge University Press.

Cárdenas, D. (1970) *Dominant Spanish dialects spoken in the United States*, Washington, DC: ERIC Clearinghouse for Linguistics/Center for Applied Linguistics.

Casiano Montañez, L. (1975) *La pronunciación de los puertorriqueños en Nueva York*, Bogotá: Ediciones Tercer Mundo.

Cobos, R. (1983) *A dictionary of New Mexico and southern Colorado Spanish*, Santa Fe: Museum of New Mexico Press.

Coles, F. (1999) *Isleño Spanish*, Múnich: LINCOM Europa.

Colombi, M. C. y Alarcón, F. X. (eds.) (1997) *La enseñanza del español a hispanohablantes: praxis y teoría*, Boston y Nueva York: Houghton Mifflin.

Fairclough, M. (2003) "El (denominado) *Spanglish* en los Estados Unidos", *Revista Internacional de Lingüística Iberoamericana*, 1, pp. 185–204.

Fishman, J. y Keller, G. (eds.) (1982) *Bilingual education for Hispanic students in the United States*, Nueva York: Columbia University, Teacher's College.

Fuller, J. (2013) *Spanish speakers in the USA*, Bristol: Multilingual Matters.

Galindo, L. y Gonzales, M. D. (eds.) (1999) *Speaking Chicana: Voice, power and identity*, Tucson: University of Arizona Press.

Galván, R. y Teschner, R. (1977) *El diccionario del español chicano*, 2.ª ed., Silver Spring, MD: Institute of Modern Languages.

García, O. y Otheguy, R. (1988) "The language situation of Cuban Americans", en McKay, S. y Wong, S. C. (eds.) *New immigrants in the United States*, Cambridge: Cambridge University Press, pp. 166–192.

García, O. y Otheguy, R. (1997) "No solo de estándar vive el aula: lo que nos enseñó la educación bilingüe sobre el español de Nueva York", en Colombi, M. C. y Alarcón, F. X. (eds.) (1997) *La enseñanza del español a hispanohablantes: praxis y teoría*, Boston/Nueva York: Houghton Mifflin, pp. 156–174.

Ghosh Johnson, E. (2005) *Mexiqueño? Issues of identity and ideology in a case study of dialect contact*, tesis doctoral, University of Pittsburgh.

Green, G. y Ornstein-Galicia, J. (eds.) (1986) *Mexican-American language: Usage, attitudes, maintenance, instruction, and policy* (Rio Grande Series in Language and Linguistics, 1), Brownsville: Pan American University at Brownsville,.

Gutiérrez González, H. (1993) *El español en El Barrio de Nueva York: estudio léxico*, Nueva York: Academia Norteamericana de la Lengua Española.

Hernández, J. E. (2002) "Accommodation in a dialect contact situation", *Filología y Lingüística*, 28, pp. 93–100.

Hernández, J. E. (2007) "*Ella me dijo, seguí adelante, sigue estudiando*: Social and semantic differentiation in casual form of address variation", *Bulletin of Hispanic Studies*, 84, pp. 703–724.

Hernández-Chávez, E., Cohen, A. y Beltramo, A. (eds.) (1975) *El lenguaje de los chicanos*, Arlington, VA: Center for Applied Linguistics.

Hidalgo, M. (1987) "Español mexicano y español chicano: problemas y propuestas fundamentales", *Language Problems and Language Planning*, 11, pp. 166–193.

Lipski, J. (1985) *Linguistic aspects of Spanish-English language switching*, Tempe: Arizona State University, Center for Latin American Studies.

Lipski, J. (1986) "El español vestigial de los Estados Unidos: Características e implicaciones teóricas", *Estudios Filológicos*, 21, pp. 7–22.

Lipski, J. (1987) "The construction *pa(ra) atrás* among Spanish-English bilinguals: Parallel structures and universal patterns", *Ibero Americana*, 28/29, pp. 87–96.

Lipski, J. (1989) "Salvadorans in the United States: Patterns of sociolinguistic integration", *National Journal of Sociology*, 3, pp. 97–119.

Lipski, J. (1990a) *The language of the isleños: Vestigial Spanish in Louisiana*, Baton Rouge: Louisiana State University Press.

Lipski, J. (1990b) "Sabine River Spanish: A neglected chapter in Mexican-American dialectology", en Bergen, J. (ed.) *Spanish in the United States: Sociolinguistic issues*, Washington, DC: Georgetown University Press, pp. 1–13.

Lipski, J. (1993) "Creoloid phenomena in the Spanish of transitional bilinguals", en Roca, A. y Lipski, J. (eds.) (1993) *Spanish in the United States: Linguistic contact and diversity*, Berlín: Mouton de Gruyter, pp. 155–182.

Lipski, J.. (1996) "Los dialectos vestigiales del español en los Estados Unidos: estado de la cuestión", *Signo y Seña*, 6, pp. 459–489.

Lipski, J. (1997) "En busca de las normas fonéticas del español", en Colombi, M. C. y Alarcón, F. X. (eds.) (1997) *La enseñanza del español a hispanohablantes: praxis y teoría*, Boston/Nueva York: Houghton Mifflin, pp. 121–132.

Lipski, J. (2000) "The linguistic situation of Central Americans", en McKay, S. y Wong, S. C. (eds.) *Language diversity: Problem or resource?*, Cambridge: Cambridge University Press, 2.ª ed., pp. 189–215.

Lipski, J. (2002) "Rethinking the place of Spanish", *PMLA (Publications of the Modern Language Association)*, 117, pp. 1247–1251.

Lipski, J. (2004) "La lengua española en los Estados Unidos: avanza a la vez que retrocede" *Revista Española de Lingüística*, 33, pp. 231–260.

Lipski, J. (2007) "Spanish, English, or Spanglish?: Truth and consequences of U. S. Latino bilingualism", en Echávez-Solano, N. y Dworkin, K. C. y Méndez, N. (eds.) *Spanish and empire*, Nashville: Vanderbilt University Press, pp. 197–218.

Lipski, J. (2009) "Which Spanish(es) to teach?", *ADFL Bulletin*, 41, 2, pp. 48–59.

Lipski, J. (2013) "Hacia una dialectología del español estadounidense", en Dumitrescu, D. (ed.) *El español en Estados Unidos: ¿et pluribus unum? un enfoque multidisciplinario*, Nueva York: Academia Norteamericana de la Lengua Española, pp. 107–127.

Lope Blanch, J. (1990) *El español hablado en el suroeste de los Estados Unidos*, México: Universidad Nacional Autónoma de México.

López Morales, H. (ed.) (2009) *Enciclopedia del español en los Estados Unidos*, Madrid: Instituto Cervantes/Santillana.

MacCurdy, R. (1950) *The Spanish Dialect of St. Bernard Parish, Louisiana*, Albuquerque: University of New Mexico Press.

Martínez, E. (1993) *Morpho-syntactic erosion between two generational groups of Spanish speakers in the United States*, Nueva York: Peter Lang.

Matus-Mendoza, M. de la L. (2002) *Linguistic variation in Mexican Spanish as spoken in two communities—Moroleón, Mexico and Kennett Square, Pennsylvania*, Lewiston, NY: Edwin Mellen Press.

McKay, S. y Wong, S. C. (eds.) (1988) *New immigrants in the United States*, Cambridge: Cambridge University Press.

McKay, S. y Wong, S. C. (2000) *Language diversity: Problem or resource?*, 2.ª ed, Cambridge: Cambridge University Press.

Mendieta, E. (1999) *El préstamo en el español de los Estados Unidos*, Nueva York: Peter Lang.

Milán, W. (1982) "Spanish in the inner city: Puerto Rican speakers in New York", en Fishman, J. y Keller, G. (eds.) (1982) *Bilingual education for Hispanic students in the United States*, Nueva York: Columbia University, Teacher's College, pp. 191-206.

Montrul, S. (2008) *Incomplete acquisition in bilingualism: Re-examining the age factor*, Amsterdam: John Benjamins.

Ornstein-Galicia, J., Green, G. y Bixler-Márquez, D. (eds.) (1988) *Research issues and problems in United States Spanish: Latin American and southwestern varieties*, Brownsville: Pan American University at Brownsville.

Otheguy, R. (1993) "A reconsideration of the notion of loan translation in the analysis of US Spanish", en Roca, A. y Lipski, J. (eds.) *Spanish in the United States: Linguistic contact and diversity*, Berlín: Mouton de Gruyter, pp. 21-45.

Otheguy, R. y Stern, N. (2011) "On so-called Spanglish", *International Journal of Bilingualism*, 15, pp. 85–100.

Otheguy, R. y Zentella, A. C. (2011) *Spanish in New York: Language contact, dialectal leveling, and structural continuity*, Oxford y Nueva York: Oxford University Press.

Otheguy, R., Zentella, A. C. y Livert, D. (2007) "Language and dialect contact in Spanish in New York: Toward the formation of a speech community", *Language*, 83, pp. 770–802.

Peñalosa, F. (1980) *Chicano sociolinguistics*, Rowley: Newbury House.

Peñalosa, F. (1984) *Central Americans in Los Angeles: Background, language, education*, Los Alamitos, CA: National Center for Bilingual Research.

Poplack, S. (1980) "Sometimes I'll start a sentence in Spanish y termino en español", *Linguistics*, 18, pp. 581–618.

Pousada, A. y Poplack, S. (1982) "No case for convergence: The Puerto Rican Spanish verb system in a language-contact situation", en Fishman, J. y Keller, G. (eds.) *Bilingual education for Hispanic students in the United States*, Nueva York: Columbia University, Teacher's College, pp. 207-240.

Pratt, C. (2004) *El español del noroeste de Luisiana: pervivencia de un dialecto amenazado*, Madrid: Editorial Verbum.

Ramírez, A. (1992) *El español de los Estados Unidos: el lenguaje de los hispanos*, Madrid: MAPFRE.

Rivera-Mills, S. (2000) *New perspectives on current sociolinguistic knowledge with regard to language use, proficiency, and attitudes among Hispanics in the U. S.: The case of a rural Northern California community*, Lewiston, NY: E. Mellen Press.

Rivera-Mills, S. (2011) "Use of *voseo* and Latino identity: An intergenerational study of Hondurans and Salvadorans in the western region of the U. S.", en Ortiz-López, L. A. (ed.) *Selected proceedings of the 13th Hispanic Linguistics Symposium*, pp. 94–106, Somerville, MA: Cascadilla Proceedings Project. Accesible en www.lingref.com document #2478.

Rivera-Mills, S. y Villa, D. (eds.) (2010) *Spanish of the U. S. Southwest: A language in transition*, Fráncfort/Madrid: Iberoamericana/Vervuert.

Roca, A. y Lipski, J. (eds.) (1993) *Spanish in the United States: Linguistic contact and diversity*, Berlín: Mouton de Gruyter.

Sánchez, R. (1983) *Chicano discourse*, Rowley, MA: Newbury House.

Silva-Corvalán, C. (1994) *Language contact and change: Spanish in Los Angeles*, Oxford: Clarendon Press.

Toribio, A. J. (2000a) "Language variation and the linguistic enactment of identity among Dominicans", *Linguistics*, 38, pp. 1133–1159.

Toribio, A. J. (2000b) "*Nosotros somos dominicanos*: Language and social differentiation among Dominicans", en Roca, A. (ed.) *Spanish in the United States: Linguistic issues and challenges*, Somerville, MA: Cascadilla Press, pp. 252–270.

Toribio, A. J. (2003) "The social significance of language loyalty among Black and White Dominicans in New York", *The Bilingual Review/La Revista Bilingüe*, 27, pp. 3–11.

Toribio, A. J. (2006) "Linguistic displays of identity among Dominicans in national and diasporic settlements", en Davies, C. y Brutt-Griffler, J. (eds.) *English and ethnicity*, Nueva York: Palgrave, pp. 131–158.

Torres, L. (1997) *Puerto Rican discourse: A sociolinguistic study of a New York suburb*, Mahwah, NJ: Lawrence Erlbaum.

Urciuoli, B. (1996) *Exposing prejudice: Puerto Rican experiences of language, race, and class*, Boulder, CO: Westview Pres.

Valdés, G. (1988) "The language situation of Mexican Americans", en McKay, S. y Wong, S. C. (eds.) (1988) *New immigrants in the United States*, Cambridge: Cambridge University Press, pp. 111–139.

Valdés, G. (2000) "Bilingualism and language use among Mexican-Americans", en McKay, S. y Wong, S. C. (eds.) *Language diversity: Problem or resource?*, 2.ª ed., Cambridge: Cambridge University Press, pp. 99–136.

Varela, B. (1992.) *El español cubano-americano*, Nueva York: Senda Nueva de Ediciones.

Varela, B. (1998–1999) "Discurso de incorporación: el español centroamericano de Luisiana", *Boletín de la Academia Norteamericana de la Lengua Española*, 9–10, pp. 1–40.

Vilar García, M. (2000) *El español como segunda lengua en los Estados Unidos: de su enseñanza como idioma extranjero en Norteamérica al bilingüismo*, Murcia: Universidad de Murcia.

Zentella, A. C. (1988) "The language situation of Puerto Ricans", en McKay, S. y Wong, S. C. (eds.) *New immigrants in the United States*, Cambridge: Cambridge University Press, pp. 140–165.

Zentella, A. C. (1990) "Lexical leveling in four New York City Spanish dialects: Linguistic and social factors", *Hispania*, 73, pp. 1094–1105.

Zentella, A. C. (1997) *Growing up bilingual: Puerto Rican children in New York*, Malden, MA: Blackwell.

Zentella, A. C. (2000) "Puerto Ricans in the United States: Confronting the linguistic repercussions of colonialism", en McKay, S. y Wong, S. C. (eds.) *Language diversity: Problem or resource?*, 2.ª ed., Cambridge: Cambridge University Press, pp. 137–164.

Entradas relacionadas

alternancia de códigos; bilingüismo; dialectos del español de América; espanglish

DIALECTOS DEL ESPAÑOL DE AMÉRICA: MÉXICO Y CENTROAMÉRICA

Claudia Parodi

1. Introducción

Los elementos lingüísticos que perfilan con mayor nitidez los dialectos de una lengua son, sin lugar a dudas, las variaciones en la pronunciación. Por ello, en el presente capítulo, aunque tocamos aspectos de morfosintaxis y léxico, nos referiremos a los rasgos fónicos del español mexicano y centroamericano. Desde esta perspectiva, resulta posible dividir el español americano en dos grandes tipos lingüísticos, el español de *tierras altas* y el español de *tierras bajas*. Ambas variantes presentan características muy distintas, pero tienen en común ser seseantes y casi totalmente yeístas. El primer tipo se habla en la zona central del continente americano, mientras que el segundo se usa en las costas. Ángel Rosenblat (1967: 110) define las tierras altas como "la vasta porción de las mesetas que se extienden desde Méjico a través de la cordillera de América central y de los Andes de América del Sur hasta el norte argentino", y las tierras bajas como "las vastas regiones de las costas americanas y los llanos que las prolongan". Estos términos obedecen a una generalización que abarca un buen número de zonas geográficas hispanoamericanas y es de gran utilidad para entender el contacto dialectal y las características más relevantes del español americano. Dicha tipología podría reinterpretarse de varias maneras, por ejemplo, como español conservador o de fuerte consonantismo, el de tierras altas, y español innovador o de consonantismo débil, el de tierras bajas.

Las diferencias de una y otra variedad se originaron a fines del siglo XV, pues, con el arribo de los españoles al llamado Nuevo Mundo, surgió una escisión importante que bifurcó el español en europeo y americano. Esta dicotomía fue ocasionada no solo por la obvia separación geográfica de España y América, sino por el "contacto intragrupal" o convivencia en territorio nuevo de conquistadores procedentes de distintas regiones que nunca habrían coincidido en la Península. Ello motivó una nivelación dialectal temprana o koiné. Asimismo, las inmigraciones tardías subsecuentes a la conquista en especial los individuos procedentes de Canarias y del sur de España a las costas americanas, los del Caribe, modificaron el español americano (Lapesa 1982). Finalmente, el contacto "extra-grupal" de los conquistadores y colonizadores europeos con los pueblos indoamericanos y con sus objetos culturales y naturales (flora y fauna), que eran muy distintos de los del viejo mundo, causaron que el español cambiara en América (Parodi 1995). La siguiente tipología, resultado del contacto intragrupal, caracteriza el español de tierras altas y bajas:

Tabla 1 Español de tierras altas y tierras bajas

Español de tierras bajas	Español de tierras altas	
1. Aspiración de /s/		
s→ h/0 / __C, __#	no se aspira	
['pah.ta], ['ka.sah]	['pas.ta], ['ka.sas]	\<pasta>, \<casas>
2. Aspiración de /x/		
x→ h	no se aspira	
['ka.ha]	['ka.xa]	\<caja>
3. Velarización de /n/		
n → ŋ / __#	no se velariza	
[paŋ]	[pan]	\<pan>
4. Pérdida de /d/		
d→ 0 / V__V	no hay pérdida	
[kan.'sa.a], [kan.'sa]	[kan.'sa.ða]	\<cansada>
5. Neutralización de /r/ y/ l/		
r → l / __C, #	no se neutraliza	
['kal.ne], [ko.'mel]	['kar.ne], [ko.'mer]	\<comer>
6. Vocales átonas		
V-átonas mantenidas	V-átonas pueden debilitarse, o perderse	
['an.tes]	['ant's]	\<antes>

Estas peculiaridades no necesariamente han de encontrarse todas presentes en una variante del español para que la misma se clasifique como perteneciente a una u otra tipología; basta con que en un dialecto estén presentes algunas características de manera predominante. Los rasgos más representativos son la presencia o ausencia de aspiración y pérdida de /s/, aspiración de /x/ y la velarización de /n/. Incluso, tomando en cuenta solo la aspiración, Raúl Ávila (2009) clasifica las variantes del español estándar en alfa, que no aspira: ['pas.tas] y beta, que sí aspira ['pah.tah] frente a la peninsular septentrional o castellana, gama, que no aspira y distingue las sibilantes interdental /θ/ y la apicoalveolar /š/, como en [θjé.loš] \<cielos>.

Cabe añadir a la tipología de tierras altas y bajas la entonación y los rasgos morfológicos y léxicos que conforman los dialectos de estas áreas. Entre estos, destaca el **voseo**, que es el uso del pronombre *vos* como forma de confianza de segunda persona frente al tuteo en ejemplos como *vení (vos)* en lugar de *ven (tú)*. El voseo es un rasgo característico y dominante del español americano. Pero suele ignorarse, dado que en muchos lugares no goza de prestigio. Por ello, no se enseña en las escuelas y se censura con frecuencia. Geográficamente, el voseo se encuentra muy extendido en Centro y Suramérica. Se ha generalizado en Argentina, Uruguay y Paraguay, pero mantiene el estigma en ciertos sectores de Chile y en Centroamérica (véase, entre otros, Páez 1981; Moreno de Alba 2001; Lipski 1994; Quesada Pacheco 2000; Hummel *et al.* 2010). En el norte de América (México) y en Las Antillas el voseo está prácticamente extinto, aunque se empleó en los siglos XVI-XVIII, como puede verse en las crónicas y documentos de esa época. En la actualidad solo se utiliza en Tabasco y Chiapas, dada su cercanía geográfica y su historia compartida con Centroamérica.

2. El español de tierras altas: México

En México el español de tierras altas conforma el estándar, ya que se usa en los medios oficiales y en la instrucción escolar. Por ello, se superpone a las otras variantes dialectales del país. La pronunciación del español mexicano estándar se caracteriza por mantener los fonemas consonánticos que en otras variantes dialectales (tierras bajas) suelen debilitarse o perderse (Lope Blanch 2004; Moreno de Alba 1994; RAE-ASALE 2011):

a. Sus hablantes conservan el fonema /s/ en posición final de palabra o sílaba en voces como [es.'kwe.las] <escuelas>.
b. Pronuncian el fonema /x/ como un alófono velar fricativo sordo, en casos como [es.'pe.xo] <espejo>.
c. Mantienen la /n/ alveolar en posición final de palabra, como en la palabra [pon] <pon>.
d. Pronuncian el fonema /d/ intervocálico como un alófono fricativo o aproximante en casos como [pa.'ta.ða] <patada> (aunque en ocasiones pierdan la /d/ en posición final de palabra como en [us.'te] <usted>) en habla coloquial o rápida.
e. No neutralizan los fonemas líquidos en posición de coda en ejemplos como [pa.'pel] <papel> o [kor.'tar] <cortar>.
f. Mantienen los grupos consonánticos formados con fonemas oclusivos sordos como [dok.'tor] <doctor> o ['kap.su.la] <cápsula>, que en el habla popular se simplifican a [do.'tor] <doctor> o ['ka.su.la] <cápsula>.
g. Las vocales átonas suelen debilitarse y a veces perderse en el español mexicano estándar coloquial y en el español mexicano popular, especialmente cuando se encuentran en contacto con /s/ en ejemplos como /án.'t's/ <antes> o [pol'.'si.a] <policía> (Lope Blanch 1990, 2004). En la ciudad de México el debilitamiento vocálico es el rasgo fonético más notable (Perissinotto 1975: 26; Canfield 1981).
h. Cuando dos vocales se encuentran contiguas en hiato, este suele eliminarse por medio de la diptongación en casos como [pjor] <peor>, [al.'mwa.ða] <almohada> o ['tja.tro] <teatro>. En la lengua estándar, la diptongación del hiato no está tan generalizada, como en el habla popular, pero se admite y es frecuente (Lope Blanch 2004; Perissinotto 1976: 34; RAE-ASALE 2011).

2.1. Variantes dialectales de México

La división dialectal del español de México cuenta con un buen número de propuestas que arrojan distintos resultados, dependiendo de la perspectiva que se haya considerado: la influencia de las lenguas indígenas, la pronunciación, la entonación, el léxico o la percepción dialectal de los hablantes (Henríquez Ureña 1921; Lipski 1994; Lope Blanch 1990, 2000; Moreno Fernández 2009; Martín Butragueño 2014; Serrano 2014). En este trabajo nos centramos sobre todo en la pronunciación, aunque no con exclusividad, ya que caracteriza con mayor exactitud la variación geográfica. Excluimos la cuestión de los tratamientos para México, puesto que el uso de los pronombres personales *tú* y *usted* obedece a las normas generales del español y las zonas voseantes (Tabasco y Chiapas) son pocas.

En México cabe distinguir las áreas dialectales del norte, centro, zonas costeras y península de Yucatán. Cada una de estas zonas presenta un conjunto de características propias, aunque no siempre exclusivas. Cada área tiene una entonación particular (para el altiplano, principalmente la capital, véase Martín Butragueño 2006, 2011).

A. Norte de México. El español del norte de México abarca los estados de Baja California, Sonora, Chihuahua, Coahuila, Nuevo León, Tamaulipas, Sinaloa, Durango y parte de Zacatecas. Quizá la característica más relevante de las hablas del norte de México sea la pronunciación debilitada de las consonantes palatales /č/ y /y/. La primera se articula como una prepalatal fricativa sorda [š] en ejemplos como [mu.'ša.šo] <muchacho> o ['le.še] <leche> en la parte oeste del norte (Moreno de Alba 1994). La debilitación y pérdida del fonema /y/, correlato palatal sonoro de /č/, motiva que se pronuncie como una semiconsonante [j] o como un [0] fonético en casos como [a.ma.'ri.o] <amarillo> o [tor.'ti.a] <tortilla>. Se encuentra menos generalizada que el alófono [š], pero abarca un área geográfica más amplia en la franja norte de la república (Moreno de Alba 1994). En esta zona, además, es frecuente la compensación epentética de una /y/ antihiática, en ejemplos como [ma.'rí.ya] <María> o [san.'di.ya] <sandía>. Con frecuencia se añade una nasal también epentética después de /s/ al final de una palabra, como en [pwes'n] <pues> y se cierran las vocales medias, especialmente /o/ en posición final de palabra como en ['blaŋ.ku] <blanco>.

B. Centro de México. Esta zona coincide con el estándar de tierras altas e incluye la capital. Abarca los estados de Nayarit, parte de Zacatecas, Aguascalientes, San Luis Potosí, Jalisco, Colima, Guanajuato, Hidalgo, Michoacán, Morelos, Querétaro, Tlaxcala, Puebla y México. A la caracterización de tierras altas, cabe agregar como rasgos frecuentes de esta área la articulación asibilada o sorda de la /r/ en posición final de palabra como en [sa.'liř] <salir> (Moreno de Alba 1994). La asibilación es un cambio en expansión que se ha difundido en ciudades como San Luis Potosí. Es más frecuente entre las mujeres de clase media de la ciudad de México, aunque las jóvenes asibilan menos que las de más edad (RAE-ASALE 2011: 260). El fonema /y/, además, ofrece un buen número de alófonos palatales y prepalatales oclusivos y fricativos sonoros (rehilados) en variación libre en posición inicial de palabra, como en [dža.'mar], [ŷa.'mar], [ya.'mar] <llamar>. El cierre de vocales medias /e/ y /o/ en posición final de palabra como en ['le.či] <leche> y [ka.'βa.yu] <caballo> es característico de Michoacán, Jalisco, Guanajuato e Hidalgo. Dicho fenómeno, empero, no es exclusivo del centro, pues la vocal velar media /o/ puede cerrarse en el norte de México y en la costa de Veracruz (Moreno de Alba 1994). Asimismo, el cierre de vocales medias es frecuente en distintas variantes dialectales no estandarizadas del español.

C. Zonas costeras. Esta es un área discontinua, geográficamente localizada en las costas del Pacífico y el Atlántico de México. Abarca la parte costera de los estados de Campeche, Tabasco, sur de Veracruz, Oaxaca, Chiapas, Guerrero, Nayarit, Sinaloa y porciones de Baja California (aunque también hay ejemplos esporádicos de aspiración en el interior de Nuevo León y Sonora (Moreno de Alba 1994)). Se caracteriza por debilitar la /s/ aspirándola o perdiéndola en posición de coda, como en ['pah.tah] <pastas> y por ofrecer rasgos afines al español de tierras bajas. En estas mismas localidades ocasionalmente en el habla popular se puede perder la /d/ intervocálica como en [kan.'sa.o] <cansado>, aspirarse la /x/ como en ['ka.ha] <caja>, neutralizar las líquidas en posición de coda como en ['mal.ta] <Marta>, perderse la /r/ en posición final de los infinitivos, como en [ko.'me] <comer> y velarizarse la /n/ final como en [koŋ] <con> (Lipski 1994; Martín Butragueño 2014).

D. La península de Yucatán. Abarca los estados de Campeche, Quintana Roo y Yucatán, los cuales se caracterizan por mantener todavía cierto grado de bilingüismo entre el maya-yucateco y el español en parte de la población rural y urbana (Lope Blanch 1987; Lipski 1994). El contacto de ambas lenguas, junto con la estrecha relación que tuvo la Península con el área Caribe y la influencia del español estándar mexicano le han dado una fisonomía especial al español de esta zona. El fonema /n/ en posición final de palabra se articula como un alófono velar o como uno bilabial en distribución libre en palabras como [paŋ] – [pam] <pan>. Ambos procesos según Lipski (1994) no se relacionan con el contacto maya-español, sino que son propios de la evolución interna del español y del contacto con el español de tierras bajas. El fonema palatal nasal /ñ/ se despalataliza en [nj] como en ['ni. njo] <niño> (Lope Blanch 1987). El fonema /y/ se debilita en [j], lo mismo que la /x/, la cual se suele aspirar, en ejemplos como ['ka.ha] <caja>. La /s/ en posición de coda suele mantenerse, aunque en ocasiones puede aspirarse e incluso perderse, sobre todo en Belice y Campeche, cuyos puertos estuvieron en contacto constante con el Caribe. Lipski (1994) atribuye la debilitación de /s/ al contacto con el español caribeño. Frente al español de tierras altas, en Yucatán las vocales átonas se alargan y no se reducen. La influencia del maya se nota principalmente en la pronunciación de las consonantes oclusivas. Las oclusivas sonoras no se debilitan en posición intervocálica y las sordas en posición inicial se aspiran, como en [kʰa.'ba.jo] <caballo> (Lipski 1994). La oclusión glotal, característica del maya, suele ocurrir en el español yucateco en posición final de palabra. Ello impide la resilabificación de la /s/ final ante vocal inicial de palabra como en [las. ʔe.'na.nas], frente al español general [la.se.'na.nas] <las enanas>. En posición intervocálica la oclusiva sorda se glotaliza esporádicamente en la península. En ocasiones el fonema vibrante /r/ en Belice presenta alófonos retroflejos, similares a los del inglés, que es la lengua oficial (Lipski 1994).

2.2. *Rasgos morfosintácticos del español mexicano*

No obstante que en las lenguas la morfosintaxis suele ser más estable que la pronunciación, cabe anotar algunos rasgos morfosintácticos caracterizadores —aunque no privativos— del español mexicano (Lope Blanch 1990, 2004):

a. Pluralización del clítico de objeto directo *lo* cuando se encuentra en contacto con el clítico invariable de objeto indirecto *se*, con referente plural en casos como *el paquete se los envié a ustedes*, en lugar de *el paquete se lo envié a ustedes*. Además de México, esta construcción se emplea en los registros cultos del Caribe continental y en Centroamérica (RAE-ASALE 2009: 2663).

b. Personalización del verbo impersonal *haber* en ejemplos con concordancia como en **hubieron** *fiestas* por **hubo** *fiestas* o **habemos** *muchos* por **hay** *muchos*. Los usos concordados se han extendido a la lengua escrita, sobre todo a la lengua periodística de México, Centroamérica y otras áreas americanas (RAE-ASALE 2009: 3063).

c. Uso de la preposición *hasta* para indicar el inicio de una acción: *el doctor llega **hasta** las 6 p. m.*, que en el español general es *el doctor llega a partir de las 6 p. m.* La primera construcción es característica de México y Centroamérica, pero también se registra en Colombia, Ecuador y Bolivia (RAE-ASALE 2009: 3704).

d. Concordancia del adverbio invariable *medio* en casos como *ellas están **medias** locas*, que alterna con *ellas están **medio** locas*. La variante concordada es "de uso común en casi todos los registros de México, Centroamérica y Río de la Plata, entre otras áreas" (RAE-ASALE 2009: 1395).

e. Incorporación espuria de la preposición *de* ante la conjunción *que* (dequeísmo) como en *resulta **de** que llegó tarde* por *resulta que llegó tarde*, se encuentra principalmente en el habla de la clase media y media baja. Esta construcción, aunque se ha extendido más en la lengua oral que en la escrita en América, suele estigmatizarse en los medios académicos (RAE-ASALE 2009: 3248).

f. Uso del clítico *le* como partícula exhortativa, después de algunos verbos de movimiento y de *ora* (aféresis del adverbio *ahora*) en ejemplos como *córrele*, *apúrale*, *órale*, caracteriza el español mexicano y centroamericano (RAE-ASALE 2009: 2666).

g. Uso preferencial de clíticos en lugar de pronombres tónicos antecedidos de preposición, como en *me le acerqué* en lugar de *me acerque a él* son generales en el español mexicano y en la lengua escrita (RAE-ASALE 2009: 2692).

3. El español de tierras bajas: Centroamérica

Excluidos Guatemala y parte de Costa Rica, los otros países de habla española que conforman Centroamérica: El Salvador, Honduras, Nicaragua y Panamá, comparten un buen número de rasgos que permiten agruparlos, si no en área dialectal definida, sí en una región bastante homogénea donde se habla el español de tierras bajas. Esta variante de español se utiliza en los medios oficiales y en la instrucción escolar. La pronunciación estándar del español centroamericano se caracteriza por debilitar los fonemas consonánticos que en otras variantes dialectales, como el español mexicano, suelen mantenerse (tierras altas). Asimismo, presenta distintos patrones de entonación. Enseguida presentamos los rasgos más característicos del español centroamericano estándar; para mayores detalles consúltese Canfield (1981), Lipski (1994) y Quesada Pacheco (2000).

a. Se debilita el fonema /s/ en posición de coda, donde se aspira en voces como [eh.'kwe. lah] <escuelas>.

b. El fonema /y/ se debilita en [j] hasta llegar a perderse como en [ka.'pi.ja] ~ [ka.'pi.a] <capilla>. Las ultracorrecciones por las que se añade una [y] o una [j] epentética después de una vocal tónica palatal son muy frecuentes como en ['di.ya] ~ ['di.ja] <día> o [ba.'te.ya] ~ [ba.'te.ja] <batea>.

c. El fonema /x/ se pronuncia como un alófono aspirado sordo [h], que puede perderse en ejemplos como [es.'pe.ho] ~ [es.'pe.o] <espejo>.

d. Se velariza la /n/ alveolar en posición final de palabra, como en [poŋ] <pon>.

e. Se pronuncia el fonema /d/ intervocálico como un alófono aproximante que puede perderse en casos como [kan.'sa.ð̞o] ~ [kan.'sa.o] <cansado> (frecuentemente se pierde la /d/ en posición final de palabra como en [us.'te] <usted>).

f. Los fonemas oclusivos /b d g/ alternan entre la fricción y la oclusión después de una consonante o una semiconsonante, como en ['deh.de] – ['deh.ðe] <desde>, ['bar.bah] – ['bar.βah] <barbas>, ['al.go] – ['al.ɣo] <algo> o ['dew.da] – ['dew.ða] <deuda>.

g. La /f/ labiodental sorda se bilabializa en [ɸ] como en [ɸwe] <fue>, [ka.'ɸe] <café>.

h. El fonema bilabial /m/ se velariza en [ŋ] antes de una nasal: ['iŋ.no] <himno>, [ko.'luŋ. na] <columna>.

i. Los grupos consonánticos formados por fonemas oclusivos sordos pueden alterarse u omitirse en la variante estándar como en [a.sek.'tar] – [a.se.'tar] <aceptar> o [in.'sep.to] ~ [in.'se.to] <insecto>.

j. Al igual que en el español mexicano, cuando dos vocales se encuentran contiguas en hiato, este suele eliminarse por medio de la diptongación en casos como [pjor] <peor>, ['kwe.te] <cohete> o ['tja.tro] <teatro> (Quesada Pacheco 2000).

El español de Guatemala y Costa Rica comparte con el resto de Centroamérica los puntos b, c, d, e, g, h, i y j, pero se asemeja al mexicano en que no se aspira el fonema /s/ en posición de coda (punto a) y en que se debilitan los fonemas oclusivos sonoros después de una consonante o una semiconsonante (punto f). La asibilación de los fonemas vibrantes /rr/ en toda posición y de /r/ en posición final de palabra y después de una oclusiva dental en casos como ['ka.řo] <carro>, [ko.'meř] <comer> y [třes] <tres> resulta característica del estándar de Guatemala y Costa Rica. En Costa Rica, sin embargo, la pronunciación asibilada de la /r/ después de un consonante oclusiva dental /t, d/, como en [třes] <tres> se estigmatiza entre los jóvenes. La /r/ en posición interior de palabra puede pronunciarse retrofleja (Canfield 1981; Quesada Pacheco 2000). Cabe añadir que en las zonas costeras de Guatemala y Costa Rica la pronunciación del español es igual al resto de Centroamérica, pues se aspira la /s/ en posición de coda y no se debilitan los fonemas oclusivos sonoros después de una consonante o una semiconsonante.

3.1. Variantes dialectales del español centroamericano

La división dialectal del español centroamericano se encuentra en su etapa inicial; incluso no resulta claro si Centroamérica conforma una zona lingüística o si hay varias áreas dialectales y cuáles son estas (Quesada Pacheco 2000). En la actualidad existen algunos trabajos, sobre todo tesis, gracias a las investigaciones de geografía lingüística que coordina el propio Miguel Ángel Quesada Pacheco (1992). Dichos trabajos proporcionan información nueva, especialmente del español rural y popular centroamericano. Enseguida mencionamos los rasgos más caracterizadores de esta variante del español hablado en Centroamérica, a fin de dar una visión global del español de dicha área geográfica, ya que en el apartado anterior proporcionamos los rasgos generales de la variante estándar centroamericana. Algunos de los primeros coinciden con otras zonas de América, como veremos más adelante. Cabe añadir que, aunque el español rural y popular suele estigmatizarse en los medios escolares, este presenta rasgos lingüísticos sumamente interesantes y variados, pues por un lado refleja la creatividad verbal del pueblo y por otro mantiene con vida formas históricas que de otro modo habrían desaparecido. En efecto, la mayor parte de estos rasgos reflejan procesos lingüísticos del español de los siglos XVI y XVII, presentes en la lengua de los escritores clásicos (Garcilaso de la Vega, Sor Juana Inés de la Cruz o Miguel de Cervantes y otros).

a. Las vocales átonas son vacilantes en el español centroamericano rural: [dis.per.'tar] ~ [des.per.'tar], [es.'ku.ro] ~ [os.'ku.ro] y las vocales medias suelen cerrarse en el español popular de Costa Rica, como en ['par.ki] <parque> y ['es.tu] <esto>.

b. En Panamá, Costa Rica y El Salvador se nasaliza fuertemente la vocal que precede a una consonante nasal en posición final de palabra como en [bas.'tõŋ] <bastón>.

c. En El Salvador, Honduras y Nicaragua, además de aspirarse la /s/ en posición de coda, esta se aspira en posición prenuclear, como en ['han.ta] <santa> y [he.'ño.ra] <señora>; a veces esta puede realizarse como un alófono dental fricativo plano [θ,] como en [a'θ,i] <así>.

d. En varias zonas centroamericanas se aspira la /s/ por disimilación en posición interior de palabra en voces como [no.'ho.tros] <nosotros> o [ne.he.'sa.rjo] <necesario>.

e. La /č/ se realiza africada palatal en toda Centroamérica, excepto en Panamá y ocasionalmente en Costa Rica donde se fricatiza, como en ['ši.no] <chino>.

f. Se vocaliza la primera consonante de los grupos consonánticos oclusivos sordos como [per.'fej.to] <perfecto> o ['kaw.su.la] <cápsula> en el habla popular y rural.

g. La labiodental /f/ se aspira como en [he.'li.pe] <Felipe> o ['hwer.te] <fuerte> también en el habla popular y rural.

h. Las siguientes voces son características del español salvadoreño, pero son comprensibles para casi todos los hablantes centroamericanos: *chuco* 'sucio', *guaro* 'licor', *piscucha* 'papalote o cometa', *marañero* 'tramposo', *cipote* 'niño, muchacho', *chele* 'rubio', *pacha* 'botella o mamila', *tunco* 'cerdo' (más ejemplos, en Parodi 2011).

3.2. Morfosintaxis del español centroamericano: el voseo, el ustedeo y otros rasgos

Como ya se indicó, el rasgo morfosintáctico más sobresaliente del español centroamericano es el *voseo*, aunque se inicia en el sureste de México (Tabasco y Chiapas) y se extiende geográficamente hasta Panamá, en la zona fronteriza con Costa Rica (RAE-ASALE 2009: 214–216).

a. En Centroamérica predomina el voseo monoptongado (*vos caminás*) aunque en ciertas áreas de Costa Rica y Panamá alterna con el voseo diptongado (*vos caminai(h)* <vos camináis>). El voseo se emplea con el paradigma de *tú* para el acusativo y el posesivo (***te** invité a vos*, *el libro es **tuyo*** y no *os invité a vos, **el libro es **de vos***) (Quesada Pacheco 2000). En Guatemala, El Salvador y Costa Rica se utiliza un sistema de pronombres tridimensional formado por *tú*, *vos* y *usted*, donde *tú* es marcador de solidaridad y *vos* de confianza. En Costa Rica y Panamá el *voseo*, que se estigmatiza entre la población escolarizada, alterna con el *ustedeo*, que es el uso del pronombre *usted* en variación con *tú* y a veces con *vos* como forma de confianza entre hermanos, amigos y compañeros, como decir *présteme su lápiz*, a un hermano. Este uso coexiste con el empleo de *usted* como pronombre de respeto. En Costa Rica el ustedeo obedece a factores pragmáticos, por lo que se puede pasar de *usted* a *vos* en una misma conversación. Este también se utiliza en Venezuela y Colombia y en los estratos sociales altos de Chile y Argentina. Para más información sobre el *ustedeo* en Centroamérica, véase Lipski (1994), Quesada Pacheco (2000) y Moser (2010).

b. En Guatemala y El Salvador se mantiene desde la época colonial el uso del posesivo antecedido por un artículo indefinido como en *rompió una su taza* (RAE-ASALE 2009: 1347).

c. En Nicaragua, Costa Rica y Panamá se emplea el verbo *ser* como topicalizador en casos como *lo vi fue en la fiesta* <donde lo vi fue en la fiesta>, también usado en Venezuela y Colombia (RAE-ASALE 2009: 3033).

d. En Panamá, como en el Caribe, no se invierte el sujeto en oraciones interrogativas como en *¿qué tú quieres?* (RAE-ASALE 2009: 3169).

e. Al igual que en México, en toda Centroamérica el clítico acusativo concuerda con el dativo cuando este es plural como en *el paquete, se los envié* (RAE-ASALE 2009: 2663).

f. En toda Centroamérica se usa un leísmo de cortesía como en *¿ya le atienden?* (RAE-ASALE 2009: 1213).

g. Asimismo, después de *se* impersonal suele emplearse *le*, como en *se le nota contenta* en Centroamérica, México y las Antillas (RAE-ASALE 2009: 1221).

h. La preposición *hasta* marca el inicio de una acción, como en México, *el doctor llega hasta las seis* (véase 2.2c).

i. Al igual que en México, se sustituye la preposición *en* por *a* con verbos de movimiento como en *el helado se mete al congelador* por *el helado se mete en el congelador* (RAE-ASALE 2009: 2733).

4. Orígenes del español mexicano y centroamericano

Como indicamos en el § 1, desde fines del siglo XV, el español se dividió en europeo y americano. Tal dicotomía fue ocasionada por varios factores, entre otros, la separación geográfica, el intercambio intragrupal de colonizadores procedentes de lugares muy distintos de España y, especialmente, por la adaptación a un territorio nuevo, pues el contacto extragrupal de los conquistadores y colonizadores españoles con los pueblos indígenas y sus objetos naturales y culturales transformaron la lengua y la cultura españolas. Esta situación de contacto motivó en América que se modificara la lengua y la cultura de los españoles e los indígenas y se construyera una nueva identidad cultural y lingüística. Los españoles se indianizaron y los indígenas se hispanizaron a partir del siglo XVI, pues unos y otros adoptaron un buen número de elementos lingüísticos y culturales del Otro a raíz del contacto. El intercambio de bienes —muchas veces forzado por los conquistadores— y el mestizaje lingüístico, biológico y cultural conformaron la base del español mexicano y centroamericano (para mayores detalles, véase Parodi 1995; Parodi y Luján 2014).

En México y Centroamérica se mantienen los préstamos léxicos procedentes de las lenguas del Caribe, sobre todo del taíno, como *canoa*, *cacique* o *hamaca*, y otros, que ya se encuentran en la primera carta de Cristóbal Colón (Parodi 2009) y que luego se generalizarían en el español general junto con los objetos que designan. Los nahuatlismos actuales como *tamal*, *atole*, *chile* y otros se registran desde el siglo XVI en México (Boyd Bowman 1971) y *milpa* 'sementera', *nahuatlato* 'traductor' y *copal* 'incienso' se documentan en México y Centroamérica a partir del siglo XVII (Mejías 1980). Ello se debe a que los españoles incorporaron a su cultura objetos del nuevo mundo y aprendieron y utilizaron el náhuatl como lengua general en México y Centroamérica, como indica Juan Suárez de Peralta, sobrino de Hernán Cortés, en la primera mitad del siglo XVI (Parodi y Lujan 2014).

En el español mexicano actual existen fonemas ausentes en el español general moderno como el prepalatal fricativo sordo /š/, el predorsodental africado /ts/ y lateral africado sordo /tl/ en palabras de origen náhuatl, muchas de ellas topónimos, en voces como ['šo.la] <Xola>, [tsin.'tsun.tsan] <Tzintzuntzan> y [tla.pa.le.'ri.a] <tlapalería> (Lope Blanch 1983).

Se utilizan asimismo desde el siglo XVI hasta nuestros días signos biculturales, que son extensiones semánticas empleadas para nombrar objetos del nuevo mundo como *piña* <ananás>, *tortilla* <pan de maíz o de yuca> o *lagarto* <caimán> (Parodi 2006). Además, los españoles trasladaron el latín y su variante moderna, el neolatín, como lengua de cultura universal. En América este se indianizó, pues los europeos incorporaron préstamos del náhuatl al neolatín como *atolem* <atole> y *chiam* <chia>, entre otros (Parodi 2009b).

En México y Centroamérica se asimilan los negros trasladados de África, principalmente en las zonas costeras; en Centroamérica hay, además, asentamientos de negros hablantes de inglés criollo y español que trabajaron en los cultivos de café y caña de azúcar durante la colonia (Herzfeld 1983; Lipski 1994).

5. Expansión del español mexicano y centramericano: Los Ángeles

En California el español mexicano se remonta al siglo XVIII, época de la instauración de las misiones y presidios, cuyos fundadores provenían de la Nueva España, hoy México. Posteriormente en los siglos XIX a XXI, se trasladaron a este estado a causa de los cambios políticos y la depresión económica gran número de mexicanos en especial de origen rural procedentes del norte y centro de México, cuyas hablas y dialectos se nivelaron conformando una koiné, que hoy es la base del español vernáculo de Los Ángeles (Parodi 2011, 2014). Este español nivelado de origen rural o rururbano ha estado sujeto a cambios por el contacto con el inglés desde el siglo XIX después del tratado de Guadalupe Hidalgo (1848).

En la segunda mitad del siglo XX, además de los mexicanos, por las guerras internas y las dificultades económicas, se trasladaron a los Estados Unidos, principalmente a California, grandes contingentes de centroamericanos —especialmente guatemaltecos y salvadoreños— la mayoría de origen campesino. Así, para el año 2000, casi 5 millones (76 %) de los 6,5 millones de latinos registrados en el censo del área metropolitana de Los Ángeles eran de origen mexicano y cerca de 455.000 (7 %) eran centroamericanos, mayormente salvadoreños y guatemaltecos, casi todos de clase trabajadora. Por ello, el habla popular de México, que se usa sobre todo por parte de la clase trabajadora en las ciudades y en el campo de California, es la más difundida en Los Ángeles. Pero en lo que atañe a las diferencias entre el habla mexicana y la salvadoreña, estas suelen desvanecerse a favor de la primera, pues los hijos de los centroamericanos, más que el habla materna de tierras bajas (véase § 3) adquieren principalmente el vernáculo de Los Ángeles, que es la koiné del español popular de tierras altas de base mexicana que acabamos de mencionar. Esta koiné es en su pronunciación muy parecida, pero no idéntica, al español de tierras altas descrito en los apartados anteriores (números 1 y 2 y en Parodi 2004, 2011, 2014). Pero, además, conserva un buen número de rasgos comunes con el español rural y popular latinoamericano que proceden de los inicios de la difusión del castellano en América. Lamentablemente, como vimos, los hablantes del español estándar de hoy en día que viven en las ciudades suelen estigmatizar a las personas de origen rural que utilizan en su habla los rasgos típicos del español clásico de los siglos XVI y XVII. Por tratarse de estereotipos en el sentido de Labov (1972), basta con que alguien emplee una de estas formas para que sea criticado o se le haga burla. Entre otros, cabe mencionar los siguientes casos que se usan, aunque no de manera exclusiva, en la koiné o español vernáculo de Los Ángeles, donde pueden alternar con las formas del estándar (Parodi y Guerrero 2014):

a. Articulación distinta del estándar de las vocales átonas en ejemplos como [dis.per.'tar] <despertar>, [me.'nis.tro] <ministro>, [se.pol.'tu.ra] <sepultura>, [en.trje.'gar] <entregar> y [fe.ču.'ri.a] <fechoría>.

b. Aspiración de la labiodental sorda /f/, que se realiza como un alófono aspirado [h] o uno velar [x] en casos como [ha.'ri.na] – [xa.'ri.na] <harina>, ['hwe.rte] – ['xwe.rte] <fuerte> o [he.'li.pe] ~ [xe.'li.pe] <Felipe>.

c. Vocalización o eliminación de la primera consonante de los grupos consonánticos formados por fonemas oclusivos sordos como [doj.'tor] – [do.'tor] <doctor> o ['kaw.su.la] – ['ka.su.la] <cápsula>.

d. Duplicación de los clíticos de objeto directo como en *la tenía a la niña en los brazos*.

e. Uso redundante de posesivos con partes inalienables del cuerpo como en *me duele mi cabeza*.

f. Elementos léxicos aislados como *agora* <ahora>, *mesmo* <mismo>, *a(n)sina* <así>, *emprestar* <prestar>, *melecina* <medicina>, *haiga* <haya>, *vide* <vi>, *trujo* <trajo>, *traiba* <traía>, *muncho* <mucho>, *cercas* <cerca> y casos de metátesis como *niervo* <nervio>, *pader* <pared> o *suidad* <ciudad>.

g. Incorporación sistemática de *-s* analógica en la segunda persona del pretérito de indicativo en ejemplos como *hablastes* <hablaste> o *hicistes* <hiciste>, trueques de /n/ por /m/ en la primera persona del plural de los imperfectos en -ar: *hablábanos* <hablábamos>, *andábanos* <andábamos> o cambios analógicos de acento y/o de diptongación en la primera persona plural del subjuntivo como *véngamos* <vengamos>, *puédamos* <podamos>.

h. Uso de vocabulario del mundo animal aplicado a las personas, *hocico, pico* <boca>, *pata*s <pies>, *pescuezo* <cuello> (para detalles, véase Sánchez 1983; Parodi y Guerrero 2014; Parodi 2014).

Para terminar, quisiera hacer hincapié en la importancia de revalorar estas formas populares tan generalizadas en el habla coloquial y familiar de varios millones de hablantes de español en los Estados Unidos y en los pueblos latinoamericanos, sin dejar de reconocer la importancia de las distintas variantes del español estándar o "español culto", las cuales se emplean en contextos formales en el mundo de habla española. Ambos registros son formas legítimas que ocupan un lugar distinto e importante en el mundo de la lingüística del español.

Bibliografía

Ávila, R. (2009) "Los medios y el español: entre el inglés y las lenguas indoamericanas", en Colombo Airoldi, F. y Soler Arrechalde, M. A. (coords.) *Normatividad y uso lingüístico*, México: UNAM, pp. 31–46.

Boyd-Bowman, P. (1971) *Léxico hispanoamericano del siglo xvi*, Londres: Támesis.

Canfield, D. L. (1981) *Spanish pronunciation in the Americas*, Chicago/Londres: The University of Chicago Press.

Herzfeld, A. (1982) "The Creoles of Costa Rica and Panama", en Holm J. (ed.) *Central American English*, Heidelberg: Julius Groos, pp. 131–156.

Hummel, M., Kluge, B. y Vazquez Laslop, M. (2010) *Formas y fórmulas de tratamiento en el mundo hispánico*, México: El Colegio de México.

Labov, W. (1972) *Sociolinguistic patterns*, Filadelfia: University of Pennsylvania Press.

Lapesa, R. (1982) *Historia de la lengua española*, Madrid: Gredos.

Lipski, J. (1994) *Latin American Spanish*, Londres/Nueva York: Longman.

Lope Blanch, J. M. (1987) *Estudios sobre el español de Yucatán*, México: UNAM.

Lope Blanch, J. M. (1990) *Investigaciones sobre dialectología mexicana*, México: UNAM.

Lope Blanch, J. M. (2000) "México", en Alvar, M. (ed.) *Manual de dialectología hispánica. El español de América*, Barcelona: Ariel, pp. 81–89.

Lope Blanch, J. M. (2004) *Cuestiones de filología mexicana*, México: UNAM.

Martín Butragueño, P. (2006) "El estudio de la entonación del español de México", en Sedano, M., Bolívar, A. y Shiro, M. (eds.) *Haciendo lingüística. Homenaje a Paola Bentivoglio*, Caracas: Universidad Central, pp. 105–126.

Martín Butragueño, P. (2011) "Estratificación sociolingüística de la entonación circunfleja mexicana", en Martín Butragueño, P. (ed.) *Realismo en el análisis de corpus orales*, México: El Colegio de México, vol. 3, pp. 93–121.

Martín Butragueño, P. (2014) "La división dialectal del español mexicano", en Barriga Villanueva, R. y Martín Butragueño, P. (ed.) *Historia de la sociolingüística en México*, México: El Colegio de México, vol. 3, pp. 1353–1407.

Mejías, H. A. (1980) *Préstamos de lenguas indígenas en el español americano del siglo xvii*, México: UNAM.

Moreno de Alba, J. (1994) *La pronunciación del español en México*, México: El Colegio de México.

Moreno de Alba, J. (2001) *El español en América*, México: Fondo de Cultura Económica.

Moreno Fernández, F. (2009) *La lengua española en su geografía*, Madrid: Arco Libros.

Moser, K. (2010) "San José (Costa Rica): Desde los significados pragmáticos del ustedeo en el registro coloquial actual hacia sus primeras manifestaciones en el valle central (siglo xviii)", en Hummel M. et al. (eds.) *Formas y fórmulas de tratamiento en el mundo hispánico*, México: El Colegio de México, pp. 672–713.

Páez Urdaneta, I. (1981) *Historia y geografía hispanoamericana del voseo*, Caracas: Casa de Bello.

Parodi, C. (1995) *Orígenes del español americano*, México: UNAM.

Parodi, C. (2004) "Contacto de dialectos en Los Ángeles: Español chicano y español salvadoreño", en Morúa Leyva, M. C. y Ortiz Ciscomani, R. M. (eds.) *Séptimo Encuentro Internacional de Lingüística en el Noroeste*, Hermosillo: Universidad de Sonora, vol. 2, pp. 277–293.

Parodi, C. (2009a) "El español y las lenguas indígenas: primeros contactos", en Islas, M. (ed.) *Entre las lenguas indígenas, la sociolingüística y el español*, Muenchen: Lincom-Europa, pp. 478–511.

Parodi, C. (2009b) "Multiglosia: las lenguas de México en la Colonia", *Lingüística*, 21, pp. 11–30.

Parodi, C. (2011) "El otro México: español chicano, koineización y diglosia en Los Ángeles, California", en Martín Butragueño P. (ed) *Realismo en el análisis de corpus orales*, México: El Colegio de México, pp. 217–243.

Parodi, C. (2014) "El español y las lenguas indígenas de los mexicanos en los Estados Unidos", en Barriga Villanueva, R. y Martín Butragueño, P. (eds.) *Historia de la sociolingüística en México*, México: El Colegio de México, vol. 3, pp. 1525–1567.

Parodi, C. y Guerrero, A. (2014) *One language, two speech communities: Spanish in Los Angeles*, manuscrito, UCLA.

Parodi, C. y Lujan, M. (2014) "El español de América a la luz de sus contactos con el mundo indígena y el europeo", *Lexis*, 38, pp. 377–399.

Perissinotto, G. (1976) *Fonología del español hablado en la ciudad de México*, México: El Colegio de México.

Quesada Pacheco, M. A. (1992) "Pequeño atlas lingüístico de Costa Rica", *Revista de Filología y Lingüística de la Universidad de Costa Rica*, 18, pp. 90–105.

Quesada Pacheco, M. A. (2000) "El español de América Central", en Alvar, M. (ed.) *Manual de dialectología. El español de América*, Barcelona: Ariel, pp. 101–115.

[RAE-ASALE] Real Academia Española y Asociación de Academias de la Lengua Española (2009) *Nueva gramática de la lengua española. Morfología y sintaxis*, Madrid: Espasa.

[RAE-ASALE] Real Academia Española Española y Asociación de Academias de la Lengua Española (2011) *Nueva gramática de la lengua española. Fonética y fonología*, Madrid: Espasa.

Rosenblat, A. (1967) "Contactos interlingüísticos en el mundo hispánico: el español y las lenguas indígenas de América", *Actas del II Congreso Internacional de Hispanistas*, Nimega, pp. 109–154.

Sánchez, R. (1983) *Chicano discourse*, Houston: Arte Público Press.

Serrano, J. (1914) "¿Cuántos dialectos del español existen en México? Un ensayo de dialectología perceptual", manuscrito, UNAM.

Lecturas complementarias

Barriga Villanueva, R. y Martín Butragueño, P. (eds.) (2010–2014) *Historia sociolingüística de México*, México: El Colegio de México (3 vols.).

Dakin, K., Montes de Oca, M. y Parodi, C. (eds.) (2009) *Visones del encuentro de dos mundos en América*, México: UNAM.

Lope Blanch, J. M. (1990–2000) *Atlas lingüístico de México*, México: El Colegio de México-UNAM-FCE.

Montes Giraldo, J. J. (1995) *Dialectología general e hispanoamericana*, Bogotá: Instituto Caro y Cuervo.

Entradas relacionadas

dialectología y variación lingüística; espanglish; fonética; historia del español en América; sociolingüística

DIALECTOS DEL ESPAÑOL PENINSULAR

Inés Fernández-Ordóñez

1. Áreas dialectales

La delimitación de los dialectos de una lengua es siempre problemática. El término *dialecto* presupone la existencia de cierta conciencia lingüística por parte de sus hablantes sobre la autonomía diferencial de su variedad respecto de la lengua estándar. Sin embargo, a pesar de que la organización institucional de España en comunidades autónomas ha estimulado en los últimos 30 años el desarrollo de cierta conciencia lingüística regional, no está claro que esa conciencia exista para la mayor parte de variedades del español europeo, con la salvedad del andaluz y, quizá, el extremeño, el murciano y el canario. Por otro lado, aun existiendo, esa conciencia no tiene claro correlato lingüístico, ya que rara vez coinciden los rasgos dialectales entre sí o con las fronteras administrativas.

El español hablado en la Península Ibérica (incluidos los archipiélagos canario y balear) está articulado en una doble división dialectal: por un lado, en áreas dialectales que se disponen de norte a sur y que parecen relacionarse con el proceso de ocupación del territorio durante la Edad Media, tal como la disposición vertical norte-sur de las lenguas romances peninsulares. Por otro lado, el español peninsular se fragmenta también en áreas dialectales que se extienden de este a oeste. Estos límites no respetan la división anterior y pueden separar el área septentrional de la Península de la zona meridional a diversas alturas, por ejemplo, a la altura del río Duero, del Sistema Central o de Sierra Morena. Estas áreas suelen ser de formación más tardía y/o pueden relacionarse con la nivelación lingüística que se produjo en el centro y sur peninsular tras su colonización. En el español de las Islas Canarias, estrechamente relacionado con el andaluz occidental, las áreas son discontinuas: las zonas del interior isleño y las islas laterales coinciden frente a las ciudades de los puertos y las islas centrales. Finalmente, merecen mención aparte las variedades del español hablado en contacto con el gallego, el asturiano, el euskera y el catalán, todas ellas con rasgos propios.

Con frecuencia los varios rasgos lingüísticos que caracterizan a estas áreas no coinciden en sus límites geográficos ni en su distribución social, de forma que se plantea inevitablemente el problema de decidir qué rasgos deben prevalecer en la caracterización. El criterio empleado ha sido el siguiente: en primer lugar, se han seleccionado los rasgos mejor conocidos, con independencia de que se trate de usos restringidos a la oralidad de hablantes de menor nivel sociocultural, habitualmente sin reflejo escrito, como rasgos que penetran en el habla de todos los sociolectos, con reflejo potencial en la escritura; en segundo lugar, se ha procurado que los rasgos seleccionados caractericen ejemplarmente las áreas dialectales propuestas; en tercer lugar, se han apuntado brevemente otros aspectos con distribución geográfica semejante, aunque se sobreentiende que nunca idéntica; en cuarto lugar, en la exposición se ha prescindido de la variación prosódica y léxica.

En este capítulo se utilizan los términos *español* y *castellano* como intercambiables. Si bien desde el punto de vista histórico *castellano* es la denominación más antigua, actualmente alterna con *español* en casi todo el dominio hispanohablante. Hemos empleado *español* como descriptor de las áreas dialectales presentadas, dado que sus límites sobrepasan las fronteras de la antigua Castilla, y reservado *castellano* para las áreas bilingües, puesto que en ellas sus hablantes suelen preferir ese término.

1.1. El español occidental

El español occidental del norte y centro peninsular (con Cantabria y el centro oriente de Asturias) expresa flexivamente, a través de los pronombres y adjetivos concordantes, la categorización de los nombres como entidades contables (o discontinuas) o no contables (o continuas). El fenómeno se conocía parcialmente bajo la denominación de *neutro de materia* porque su descripción tradicional partió de la observación de las concordancias neutras exigidas por nombres femeninos como *lana*, *manteca* o *agua*. La distinción nunca se expresa en los elementos que preceden al nombre, como determinantes, cuantificadores o adjetivos modificadores prenominales, pero sí en los pronombres y adjetivos que le siguen, bien como adjetivos modificadores del nombre, bien en el predicado como atributos o complementos predicativos. El ejemplo (1) ilustra la concordancia y la Tabla 1, los pronombres y morfemas empleados en su manifestación.

(1) a. Este buen libro estaba rotu/roto cuando lu/le compré. El otro se conserva bien. (Masc + contable)
  b. Este buen vino blanco estaba estropeado cuando lo compré. Lo tinto se conserva bien. (Masc – contable)
  c. La vieja silla se ve nueva. Aquí la tienes. (Fem + contable)
  d. La buena leche fresco se toma templado. Pruébalo. (Fem – contable)

Según muestra la estadística de la concordancia referida a nombres femeninos, la distinción es regular en los pronombres personales, demostrativos y cuantificadores (Asturias, 86,4 %, Cantabria, 81,5 % y Castilla, 76,5 %), mientras que vacila en los adjetivos según la posición sintáctica y el área geográfica (Asturias, 48,3 %, Cantabria, 39,8 %, Castilla, 30,75 % de promedio). La diferencia se debe a que son los adjetivos y participios situados en el predicado y, en especial, aquellos que denotan un predicado temporalmente acotado (como los atributos de *estar* o los complementos predicativos) los que más favorecen la concordancia neutra. En cambio, esta se ve desfavorecida en los adjetivos modificadores y los atributos de *ser*, que denotan predicados individuales. En estos contextos sintácticos la concordancia neutra solo se observa, en una frecuencia minoritaria, en Asturias y Cantabria, mientras que es desconocida en Castilla (Fernández-Ordóñez 2006–2007).

Los fenómenos conocidos como leísmo, laísmo y loísmo propios de los clíticos de tercera persona se relacionan estrechamente con el área en que está vigente esta distinción. Salvo en Asturias (donde la distinción +/– contable se expresa por los pronombres *lu/lo*), en el resto del área del neutro de materia los nombres contables masculinos en función de objeto directo

Tabla 1 Pronombres y morfemas empleados en la distinción +/– contable

	Contables o discontinuos		Continuos
	Masculino	*Femenino*	*Masculino/Femenino*
Demostrativos	este, ese, aquel	esta, esa, aquella	esto, eso, aquello
Artículos (*modificando a un núcleo nulo*)	el	la	lo
Pronombres personales tónicos	él	ella	ello
Pronombres personales átonos	lu (Asturias) le (Cantabria y Castilla)	la	lo
Adjetivos	-u (Asturias central) -u (Asturias oriental) -o (Cantabria y Castilla)	-a	-o (Asturias central) -u (Asturias oriental) -o (Cantabria y Castilla)

se ven referidos en el singular por *le*, con leísmo, y los no contables por *lo* (cf. (1a,b) y Tabla 2). En Castilla el leísmo se acompaña además de laísmo y loísmo: *la(s)* refieren a los objetos femeninos contables, con independencia de su posición sintáctica, y *lo* a los objetos no contables, masculinos o femeninos, también con pérdida variable del caso (cf. (2a,b)). En el plural masculino no hay acuerdo en los pronombres empleados: el área septentrional castellana prefiere *les* (N), la meridional *los* (S) y la franja oriental alterna los dos pronombres (cf. (2c,d)) (Tabla 3) (Fernández-Ordóñez 1999). En las tablas se indican en cursiva los pronombres que divergen de los empleados generalmente en español.

(2) a. A María solía verla en el centro porque la gustaba el cine.
    b. El embutido lo cuelgas y tiene que darlo el aire.
    c. Los esquís les compré el año pasado y les hemos puesto cera en la suela.
    d. Los pantalones los compré hace tiempo y los he tenido que sacar el bajo.

La penetración sociolingüística de estos rasgos es variable. Mientras que el leísmo de persona forma parte de la lengua estándar peninsular —y como tal se extiende a zonas donde nunca existió en la variedad autóctona—, el leísmo de cosa y el laísmo alcanzan solo los niveles socioculturales medios. El loísmo y los usos propios del neutro de materia, en cambio, se encuentran fundamentalmente en los sociolectos bajos (Klein-Andreu 2000).

Tabla 2 Paradigma pronominal del español hablado en el centro oriente de Asturias y en Cantabria

Acusativo	*Discontinuos*				*Continuos*		*Neutro*
	SINGULAR		*PLURAL*		*MASC.*	*FEM.*	
	MASC.	*FEM.*	*MASC.*	*FEM.*			
	lu (Ast.) *le* (Cant.)	la	los	las	lo	*lo*	lo
Dativo	le		les		le		le

Tabla 3 Paradigma pronominal del español occidental con pérdida de caso

Acusativo	Discontinuos				Continuos		Neutro
	SINGULAR		PLURAL		MASC.	FEM.	
	MASC.	FEM.	MASC.	FEM.			
	le	la	*les* (N) *los* (S)	las	lo	*lo*	lo
Dativo	le	*la*	les (N) *los* (S)	*las*	lo	lo	lo

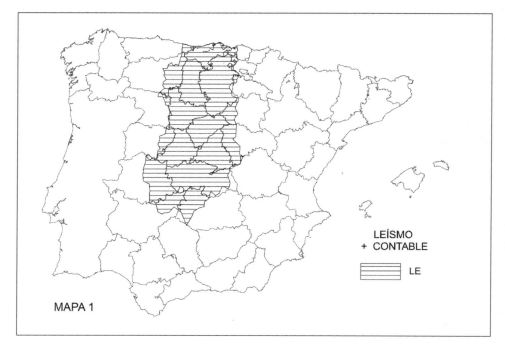

LEÍSMO + CONTABLE

LE

MAPA 1

Mapa 1 Leísmo asociado al rasgo + contable

Otros rasgos del área occidental de Castilla, a la que se unen las provincias leonesas y Extremadura, son: 1) Las formas analógicas de sexta persona de los perfectos fuertes (*dijon, vinon, puson, estuvon*, etc.) restringido a los niveles socioculturales más bajos (Pato 2010). 2) La conservación del artículo seguido de posesivo, normalmente tónico, como en *el mí huerto* (Fernández-Ordóñez 2011). 3) El empleo causativo de los verbos intransitivos *quedar* y *caer*, como en *Quedé el trabajo listo* o *No caigas el vaso* (Mozos 1984). 4) La preferencia por el diminutivo *-ino* y el aumentativo *-ón* (Fernández-Ordóñez 2011).

1.2. El español oriental

El español oriental se caracteriza por expresar número en el clítico *se* en aquellas formas verbales que actualmente admiten pronombres enclíticos: los infinitivos (y esporádicamente los gerundios) reflexivos o pronominales, así como el subjuntivo con valor imperativo (Pato y Heap 2012) (cf. 3 y Mapa 2):

(3) a. El día de casarsen invitaban a todos los familiares del novio y de la novia.
     b. Los padres tenían que irsen a la ciudad para que no estuvieran las chicas por los pisos metiéndosen con hombres.
     c. [Los jamones] Les hace falta casi un año para curarsen bien.
     d. Siénte(n)sen ustedes.

Otros aspectos que caracterizan la sintaxis y morfología dialectal del área son: 1) la concordancia del verbo con los objetos [+hum, +def] en las oraciones impersonales con *se* pese a la marcación preposicional: *Se castigaron a los ladrones* (De Benito 2010); 2) los gerundios formados sobre el tema de perfecto (*hiciendo, tuviendo, supiendo*) (Pato y O'Neill 2013); 3) la formación analógica de la primera del plural de los perfectos de la primera conjugación (*Ayer compremos pan*); 4) y la preferencia por los diminutivos -*ico* y -*ete* y por el aumentativo -*azo* (Fernández-Ordóñez 2011). En la pronunciación destacan: 1) la tendencia a igualar la vocal tónica de los diptongos [ˈej, ˈaj > ˈæj] (*paine, azaite, beile, eire*), y a asimilar [ˈej > ˈij > ˈi], que se refleja en la morfología verbal de la segunda persona del plural (*querís, sabís, comprarís*); 2) la inclinación a deshacer los hiatos, bien convirtiéndolos en diptongos [ˈawra] *ahora*, [paˈsiaɾ] *pasear*, bien reforzándolos con consonante epentética cuando hay una secuencia de tres vocales, como en algunos imperfectos de la segunda y tercera conjugación (*caíba, traíba* 'caía', 'traía'). También es característico de esta zona oriental el empleo de *mucho* como cuantificador de adjetivos y adverbios (*mucho guapa, mucho bien*)

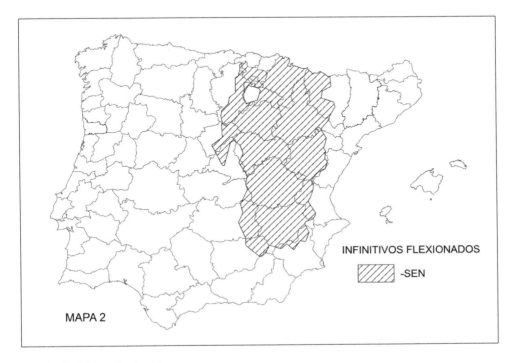

INFINITIVOS FLEXIONADOS

▨ -SEN

MAPA 2

Mapa 2   Infinitivos flexionados

(Pato y Viejo 2015). Salvo la sufijación apreciativa, todos los rasgos mencionados pertenecen a los sociolectos bajos y carecen de valoración social (Llorente 1965).

Dentro de esta área oriental, Aragón ofrece algunas características propias: 1) En la secuencia de clíticos dativo + acusativo, el pronombre "dativo" *se*, sincrético en número, puede acompañarse de un clítico de dativo aparentemente "doblado" que expresa esa categoría. El uso, que alcanza a los hablantes de nivel sociocultural medio-alto, se da a menudo cuando el clítico de acusativo tiene antecedente neutro o escueto y puede omitirse: *Se les dije [a ellos/ ellas eso], Se le dije [a él/ella eso]* 'Se lo dije' o 'Les dije/Le dije Ø'. 2) El empleo de *yo* y *tú* como pronombres regidos por preposición, por analogía con el comportamiento de las demás personas gramaticales: *pa tú, con yo*. 3) La tendencia a convertir en paroxítona la acentuación proparoxítona: *higado, sabana, pajaro, cantaro* (Buesa 1999).

1.3. El español septentrional

En el norte de la Península Ibérica existe un área caracterizada por el desplazamiento del imperfecto de subjuntivo a favor del condicional simple (Pato 2003). Aunque este aspecto se menciona tradicionalmente del castellano en contacto con el euskera (cf. § 2.2), afecta a una amplia zona norteña situada a caballo de las áreas occidental y oriental del español, al norte del río Duero (Mapa 3). El foco es Burgos, La Rioja, Álava y Vizcaya (con porcentajes de uso del indicativo superiores al 70 %), mientras que Guipúzcoa, Navarra, Cantabria y Palencia presentan medias inferiores (en torno al 50 %).

El empleo del indicativo se da en todo tipo de oraciones subordinadas (completivas, relativas con antecedente o libres, condicionales, finales, concesivas o causales) y desiderativas con *ojalá* (4a-i). Aunque posible, es mucho menos frecuente en los tiempos compuestos (21 %) (4j).

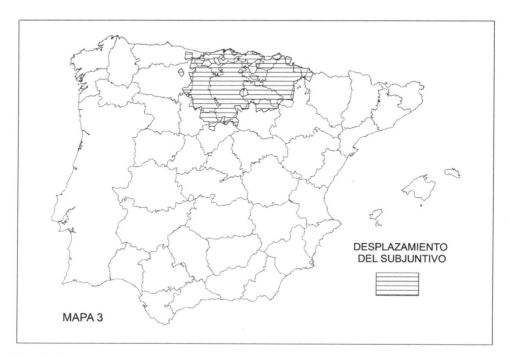

MAPA 3

DESPLAZAMIENTO
DEL SUBJUNTIVO

Mapa 3   Desplazamiento del indicativo

(4) a. Yo quería que él seguiría estudiando.
  b. Me daba pena que os iríais sin conocer al cura.
  c. Íbamos a comprar todas las cosas que nos harían falta.
  d. Había que ir a lavar la lana al río, aquí o donde sería.
  e. Yo, si sería joven, no cambiaba la vida de antes con la de ahora.
  f. Las costillas se metían en ollas para que se conservarían.
  g. Aunque tendrías mil pesetas, no las podrías gastar.
  h. Mi suegra, no es porque sería mi suegra, pero era oro puro.
  i. Ojalá llovería.
  j. Es una pena que no habrías venido cuando lo hemos hecho.

La frecuencia del desplazamiento modal por tipos oracionales se ajusta a la siguiente escala (completivas 72,1 % > relativas 61,7 % > condicionales/finales 57,5 %), que parece indicar que el indicativo se extendió antes en aquellos contextos donde la alternancia modal ya se utilizaba para contrastes de asertividad y especificidad. Desde el punto de vista sociolingüístico el indicativo es propio de los grupos de nivel sociocultural medio y bajo, y suele evitarse en los altos, en especial, en el País Vasco, donde se ha convertido en un estereotipo.

Otros aspectos característicos del área septentrional, con distribución más amplia hacia occidente y el sur (alcanzando el Sistema Central), son: 1) la tendencia a neutralizar las consonantes dentales y velares en coda a favor de [θ], tanto en final de palabra (cf. 1.4. Área I) como en grupos cultos seguidas de oclusiva sorda: [aθkiˈɾiɾ] *adquirir*, [eˈfeθto] *efecto*, [aθtiˈtuθ] *actitud*; 2) el empleo de los imperativos en *-ai/-á, -ei/-é, -í* (*cantái/cantá, volvéi/volvé, decí*, 'cantad, volved, decid') en el habla rural (Fernández-Ordóñez 2012).

1.4. El español meridional

La mitad meridional de la Península Ibérica (junto con las Islas Canarias) constituye un área dialectal clara desde el punto de vista fonológico. La zona se caracteriza por ser el foco o epicentro de tres cambios que, combinados, apuntan a la pérdida de rasgos fonológicos en ciertos segmentos: 1) el yeísmo o pérdida de la distinción fonológica entre la lateral aproximante palatal /ʎ/ y la oclusiva palatal /ʝ/, a favor de esta última, 2) la elisión de la /d/ intervocálica, y 3) la asimilación, neutralización y pérdida de las consonantes coronales orales en coda silábica /d, s, θ, ɾ, l/. Los tres cambios estaban implantados en el habla rural de la mitad meridional de la Península un siglo atrás, pero no todos ellos han continuado expandiéndose en el siglo XX. Mientras que el yeísmo ha seguido ganando terreno y se ha hecho mayoritario en la mitad septentrional, tanto la pérdida de la /d/ intervocálica como la neutralización de las consonantes coronales en coda se mantiene geográficamente estable. Las Islas Canarias participan de estos tres cambios, pero conservan estadios variados, desde los iniciales en las zonas rurales o en las islas más alejadas, hasta los más evolucionados en los núcleos urbanos y, en especial, en la isla de Gran Canaria (Catalán [1960, 1964] 1989, Almeida y Díaz Alayón 1989).

El yeísmo implica la pérdida del fonema resonante lateral palatal /ʎ/ a favor del fonema obstruyente palatal /ʝ/, realizado generalmente como aproximante [j]. El cambio implica a veces un aumento de fricción, por lo que, establecida la indistinción en [j], puede dar lugar a una fricativa postalveolar /ʒ/ (fenómeno a veces descrito como "rehilamiento"). Por ejemplo: [ˈkaʎe] > [ˈkaje] > [ˈkaʒe] *calle*. Un siglo atrás el yeísmo se limitaba a la mitad meridional peninsular en el habla rural, con claro foco en Andalucía (Navarro Tomás 1964), pero a lo largo del siglo XX ha progresado en el sur y se ha extendido en el habla del norte, incluso en el castellano de los territorios bilingües, de forma que son ya residuales las áreas conservadoras de la distinción fonológica. En Canarias también contrastaba el habla rural y de las islas más alejadas (con mantenimiento de /ʎ/) con la de los núcleos urbanos y los puertos comerciales del archipiélago, plenamente yeístas, pero el yeísmo ha experimentado parecida extensión en los últimos 50 años. Desde el punto de vista sociolingüístico, el cambio está favorecido por los sociolectos altos (Molina Martos 1998; Moreno Fernández 2004; Gómez y Molina 2013).

La pérdida de la /d/ intervocálica supone dar un paso más en el proceso fonológico que convierte en aproximantes las oclusivas sonoras /b, d, g/ > [β, ð, ɣ > β̞, ð̞, ɣ̞] en posición intervocálica. La cartografía de la pérdida en la Península mostraba ya hace un siglo la total implantación de la elisión en nombres y participios finalizados en *-ádo* (v. g. [eˈlao] *helado*). Para el resto de contextos (como en [embaraˈθa] *embarazada*, [baˈrio] *barrido*, [dezˈnuo] *desnudo*, [ˈto] *todo*, o [kaθaˈoɾ] *cazador*), sin embargo, la elisión de la /d/ es un fenómeno fundamentalmente meridional, con límite aproximado en el Sistema Central, cuyo foco se sitúa en Andalucía occidental (pero a veces acompañado al norte por el área asturiano-cántabra y la altoaragonesa) (Estrada 2012). La pérdida parece estar favorecida por la frecuencia del segmento que contiene la *-d-*, de ahí que la consonante se pierda de acuerdo con la siguiente escala: *ádo > áda, édo, ódo, ído, ída > údo*, con acentuación paroxítona, y *adó > edó > udó*, con oxítona. La escala se basa en la disposición geográfica de la elisión y en ella se refleja indirectamente el carácter menos marcado y frecuente del masculino frente al femenino, de los verbos de la primera conjugación frente a los de la segunda y tercera, de la acentuación paroxítona frente a la oxítona, y de las vocales más frecuentes y más abiertas /a, e, o/ frente a /i, u/ (Mapa 4). Junto a la frecuencia, influyen el acento y la naturaleza del segmento colindante, pues la pérdida no se da cuando la vocal tónica no limita con la *-d-*,

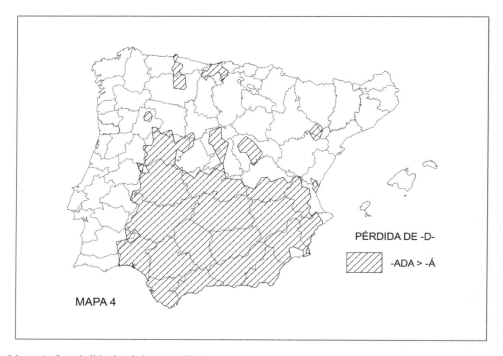

PÉRDIDA DE -D-

-ADA > -Á

MAPA 4

Mapa 4   La pérdida de -d- intervocálica

como en palabras de acentuación proparoxítona (*sábado, hígado*), ni en vecindad de una glide (*deuda, medio, cuidar*) o de otras aproximantes (*arde, aldea, padre*). El habla rural de las Islas Canarias orientales conoce un estado semejante al de Andalucía, mientras que en las islas occidentales y, en especial, El Hierro, la pérdida está menos avanzada. Desde el punto de vista sociolingüístico, la elisión de la -*d*- es un marcador, pues decrece exponencialmente según aumenta el nivel de educación y la formalidad del estilo (Molina Martos 1998; Samper 2011).

La asimilación, neutralización y pérdida de las consonantes en coda silábica afecta a toda la mitad meridional del área de lengua castellana en la Península y a las Islas Canarias. La disposición geográfica de los datos revela las etapas diacrónicas por las que ha progresado este cambio, según se muestra en la Tabla 4 (inspirada en Catalán [1971] 1989; Estrada 2012), ejemplificada en (5).

La neutralización comienza por las consonantes dentales /d/ y / θ/ a favor de /θ/ en posición prepausal (*parez*), única distribución patrimonial en coda en que contrastan actualmente[1]. La pronunciación está documentada en el español central y occidental al norte del Sistema Central y en puntos fronterizos con el área meridional (Área I). En los puntos cercanos a la isoglosa del área meridional aparece la neutralización de /-s/ y /-θ/ + cons. a favor de [-s] (*asco, bisco*) (Área II). El siguiente estadio está representado por La Mancha oriental,

Tabla 4 Cambios de las consonantes en coda en la Península

Área	-*r pausa*	-*l pausa*	-*r + cons.*	-*l + cons.*	-*s pausa*	-*θ pausa*	-*s + Cons.*	-*θ + cons.*	-*d pausa*
I	-ɹ	-l	-ɹ	-l	-s	-θ	-s	-θ	-θ/Ø
II	-ɹ	-l	-ɹ	-l	-s	-θ	-s	-s	-θ/Ø
III	-ɹ	-l	-ɹ	-l	-s	-θ	-h	-h	-Ø
IVa	-ɹ	-l	-ɹ	-l	-s	-s	-h	-h	-Ø
IVb	-l	-l	-ɹ	-ɹ	-s	-s	-h	-h	-Ø
V	-l	-l	-ɹ	-ɹ	-Ø (-h)	-Ø (-h)	-h	-h	-Ø
VI	-Ø (-h)	-Ø (-h)	-ɹ	-ɹ	-Ø	-Ø	-h	-h	-Ø

(5)

Área	-*r pausa* comer	-*l pausa* baúl	-*r + cons.* largo	-*l + cons.* algo	-*s pausa* adiós	-*θ pausa* cruz	-*s + cons.* asco	-*θ + cons.* bizco	-*d pausa* pared
I	ko'meɹ	ba'ul	'laɹɣo	'alɣo	a'ðjos	'kɾuθ	'asko	'biθko	pa'ɾeθ / pa'ɾe
II	ko'meɹ	ba'ul	'laɹɣo	'alɣo	a'ðjos	'kɾuθ	'asko	'bisko	pa'ɾeθ / pa'ɾe
III	ko'meɹ	ba'ul	'laɹɣo	'alɣo	a'ðjos	'kɾuθ	'ahko	'bihko	pa'ɾe
IVa	ko'meɹ	ba'ul	'laɹɣo	'alɣo	a'ðjos	'kɾus	'ahko	'bihko	pa'ɾe
IVb	ko'mel	ba'ul	'laɹɣo	'aɹɣo	a'ðjos	'kɾus	'ahko	'bihko	pa'ɾe
V	ko'mel	ba'ul	'laɹɣo	'aɹɣo	a'ðjo(h)	'kɾu(h)	'ahko	'bihko	pa'ɾe
VI	ko'me(h)	ba'u(h)	'laɹgo	'aɹgo	a'dio	'kɾu	'ahko	'bihko	pa'ɾe

donde esa [-s] se pronuncia como fricativa glotal [h] (*bihco*) (Área III), pese a mantener aún distintas las consonantes prepausales /s, θ/. Establecida la neutralización en posición preconsonántica, se extiende a la posición prepausal a favor de [-s], solución que aparece en un área compacta en el valle del Guadiana y los montes de Toledo y en puntos dispersos a lo largo de la isoglosa separadora (*crus*, *adiós*) (Área IV). En este estadio las consonantes coronales /ɾ, l/ pueden mantenerse distintas (IVa) o haber iniciado ya su neutralización, generalmente a favor de [–ɹ] + cons. y de [–l] ante pausa (*largo*, *argo*, *comel*, *baúl*) (IVb). La plena neutralización de las cinco consonantes coronales en coda es lo característico del resto de La Mancha occidental, Murcia, Extremadura y Andalucía. En esta área las soluciones neutralizadas se mantienen esencialmente uniformes cuando van seguidas de consonante, [-h] (<[-s, -θ]) y [-ɹ] (<[-ɾ, -l]), pero cambian en posición prepausal. Murcia, Andalucía oriental, La Mancha occidental y el norte de Cáceres favorecen la neutralización en [-l] y /s, θ/ prepausales alternan la pérdida [-Ø] con la fricativa glotal [-h] en toda la zona salvo en Murcia (*adió[h]*, *cru[h]*) (Área V). Andalucía occidental y Badajoz son el territorio de máximo avance y foco del proceso, ya que todas las consonantes prepausales desaparecen (*comé*, *baú*, *adió*, *cru*) (Área VI). De nuevo, solo puntos aislados y fronterizos de La Mancha occidental y de Andalucía oriental atestiguan la etapa glotal intermedia entre [-l] y [-Ø] ante pausa.

En las Islas Canarias se documentan también los varios estadios del cambio, desde aquellos en que la neutralización se limita a [-s / -θ] + cons. —como en El Hierro (IV)—, pasando por los intermedios, con neutralización prepausal —como en Tenerife (V)—, hasta los más avanzados, en que ya se pierden esas consonantes en posición final —como en Gran Canaria (VI)— (Cf. Tabla 5; Catalán [1960 y 1964] 1989; Oftedal 1985; Samper 2011).

El cambio se caracteriza por los siguientes aspectos: 1) La neutralización comenzó en la serie dental y se extendió posteriormente a las fricativas, vibrantes y aproximantes alveolares, de acuerdo con esta cadena: [d] > [θ] (I) > [s] (II, III, IVa] > [ɾ, l] (IVb, V, VI). 2) La posición preconsonántica es el *locus* inicial del cambio, primero en el margen entre palabras y después en posición interior. Las posiciones prepausal y prevocálica son, por ese orden, las últimas en verse afectadas. 3) Una vez que la neutralización alcanza esas posiciones, la prepausal favorece más la pérdida de las consonantes ([-θ, -s, -h, -l > Ø]) que la preconsonántica ([-s, -h, -ɾ]) (análisis de los datos geográficos que se corrobora en los estudios sociolingüísticos de ciudades o comarcas del área; Samper 2011). 4) No todas las consonantes propician en igual medida la glotalización, asimilación o elisión de la [-s] (y [-θ]) previas, sino que, en su estadio inicial, esa posibilidad parece estar regulada por la siguiente escala: /r/ > /m, n, l, f, x, θ, b, d, g/ > /p, t͡ʃ, k/ > /t/, de forma que según nos desplazamos a la derecha aumentan las posibilidades de retención plena y hacia la izquierda las de glotalización, asimilación y pérdida (Méndez Osuna 1987; Martín Butragueño 1995; Molina Martos 1998). 5) En los contextos prevocálicos la aspiración y pérdida es menos frecuente cuando sigue vocal tónica que ante vocal átona. 6) Estos condicionamientos contextuales revelan la naturaleza esencialmente asimilatoria del proceso: la reducción de las fricativas /θ, s/ a una fricativa glotal

Tabla 5 Cambios de las consonantes en coda en las Islas Canarias

Área	-r pausa	-l pausa	-r + cons.	-l + cons.	-s pausa	-θ pausa	-s + cons.	-θ + cons.	-d pausa
IV	-ɹ	-l	-ɹ	-l	-s	-s	-h	-h	-Ø
V	-ɹ/-l	-ɹ/-l	-ɹ	-ɹ	-h	-h	-h	-h	-Ø
VI	Ø (-ɹ/-l)	Ø (-ɹ/-l)	-ɹ	-ɹ	-Ø	-Ø	-h	-h	-Ø

[h] implica una pérdida de todos sus rasgos salvo los de [–sonoro, +glotis distendida] (cf. Martínez-Gil 2012). Ese segmento defectivo puede asimilar los rasgos de la consonante siguiente, o bien duplicándola ([ˈmihmo>ˈmihmmo>ˈmimmo] *mismo*), o bien ensordeciendo las aproximantes sonoras ([ˈdehðe>ˈdeθe] *desde*, [dihˈɣuhto>ɗiˈxuhto, diˈhuhto] *disgusto*, [rehˈβala>reˈɸala] *resbala*), o incluso tornando en aspiradas las oclusivas sordas (*pasta* [ˈpaht̪a>ˈpaht̪ʰa>ˈpat̪ʰa], *caspa* [ˈkahpa>ˈkahpʰa>ˈkapʰa], *casco* [ˈkahko>ˈkahkʰo>ˈkakʰo]) (para este último aspecto, cf. O'Neill 2010). En Gran Canaria, la aspiración puede hacer oclusivas las aproximantes sonoras antes de desaparecer (*los bancos* [lohˈβanko>loˈbanko], *las doce* [lahˈɗose>laˈdose], *las yeguas* [lahˈɟeɣua>laˈɟeɣua]) (Oftedal 1985). En Andalucía oriental y Murcia la consonante prepausal glotalizada o perdida puede acarrear la modificación del timbre de la vocal anterior, [e]>[ɛ], [o]>[ɔ], [a]>[æ], apertura que a veces se extiende por armonía vocálica. Por ejemplo, [koˈmɛ] *comer*, [ˈsantɔ] *santos*, [ˈmesæ], *mesas*, [ˈkɔ] *col*, [ˈlehɔ>ˈlɛhɔ] *lejos*. Este último proceso no se da con la -d final, lo que apunta a la antigüedad mayor de su pérdida o a la necesaria presencia de una glotal como factor condicionante.

Desde el punto de vista sociolingüístico, las varias facetas de este cambio no reciben idéntico tratamiento. La neutralización y pérdida de /-d, -s, -θ/ se aceptan habitualmente en el habla coloquial de todos los sociolectos, mientras que la de /-ɾ, -l/ carece de prestigio y se manifiesta fundamentalmente en los niveles socioculturales de menor educación (Samper 2011).

1.5. El andaluz occidental y el canario

El español hablado en Andalucía occidental y Canarias comparte dos características que también se extendieron a toda América, por lo que se suelen agrupar todas esas variedades bajo el nombre de español atlántico (Catalán [1958] 1989): 1) el seseo-ceceo o pérdida de la distinción fonológica entre las consonantes fricativas sordas /s/ y /θ/, propias del español europeo; y 2) el empleo de *ustedes* como forma única de tratamiento, formal y de confianza, en la segunda persona del plural en detrimento de *vosotros*.

La falta de distinción fonológica entre las dos consonantes /s/ y /θ/ se conoce hoy como seseo si el resultado es una fricativa dental [s̪] ([ˈkas̪a] *casa*, [kas̪eˈɾia] *cacería*), o ceceo si es dentointerdental [θ̪] ([ˈkaθ̪a], [kaθ̪eˈɾia]). El cambio se originó cuando convergieron las africadas dentales /t͡s, d͡z/ y las fricativas alveolares /s, z/ del español medieval en una pareja de fricativas dentales /s̪, z̪/, ya a finales de la Edad Media, que se redujeron a una única consonante /s̪/ tras la pérdida del rasgo de sonoridad en el siglo XVI. Esa variedad seseante, con /s̪/, es hoy la más extendida geográficamente (en América, Canarias y Andalucía) y la más prestigiosa desde el punto de vista sociolingüístico. El ceceo parece una evolución posterior acaecida en el sur de Andalucía (con evolución paralela en puntos de América Central), y carece de valoración social. En el habla rural y popular la distribución geográfica del seseo/ceceo indica que el foco del cambio es la Andalucía occidental, única zona en que [distinción>seseo>ceceo] se disponen de forma continua y concéntrica como etapas sucesivas del cambio. Desde ahí, y a partir del siglo XVI, la confusión se trasladó a algunas zonas del oriente andaluz con la repoblación del territorio, según indica el tránsito brusco entre ceceo y distinción, sin área intermedia de seseo, y la existencia de enclaves confundidores aislados (Navarro Tomás *et al.* 1933 y Mapa 5).

El empleo de *ustedes* como forma única de tratamiento en Andalucía occidental se acompaña por la inmovilización del verbo en la segunda persona del plural, con independencia de la formalidad del trato (6a). La distribución geográfica revela que la concordancia de la

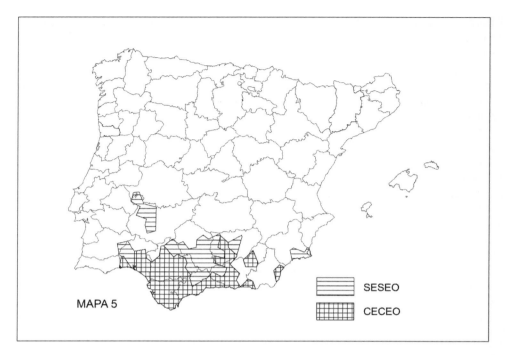

MAPA 5

SESEO

CECEO

Mapa 5   Seseo y ceceo

tercera del plural progresó a costa de la de segunda del plural en las siguientes etapas, dispuestas como ondas sucesivas en torno al área focal formada por Cádiz y el sur de Sevilla: *ustedes* (sujeto o término de preposición)>*se* clítico reflexivo>verbo (muy restringida) (6b,c) (Lara 2012). En Canarias, en cambio, la flexión verbal y los clíticos concordantes se expresan siempre en tercera persona del plural (6d,e) (Tabla 6). Solo en La Palma, La Gomera, El Hierro y puntos de Tenerife el habla rural aún conserva *vosotros* en alternancia con *ustedes*.

(6) a. Ustedes ¿coméis en casa? [+/–formal]
   b. Se vais a caer. 'Os vais a caer'
   c. Decir lo que quieran. 'Decid lo que queráis'
   d. Ustedes ¿comen en casa? [+/–formal]
   e. Se van a caer.

Tabla 6 Extensión geográfica y sintáctica de la concordancia de tercera persona del plural referida a *Ustedes*

Áreas	*Pronombre tónico*	*Clítico reflexivo*	*Verbo*
I: occidente de Huelva, centro de Córdoba, este de Málaga	Ustedes	2.ª pl.	2.ª pl.
II: oriente de Huelva, casi toda Sevilla, sur de Córdoba, mitad occidental de Málaga	Ustedes	3.ª pl.	2.ª pl.
III: Cádiz y sur de Sevilla	Ustedes	3.ª pl.	2.ª pl./3.ª pl.
IV: Canarias	Ustedes	3.ª pl.	3.ª pl.

El empleo de *ustedes* se acompaña a menudo en las mismas zonas del uso de *nosotros* sin flexión de género, para designar grupos formados tanto por hombres y mujeres como exclusivamente femeninos: *nosotros vamos con ustedes* 'nosotras'.

Los núcleos urbanos y semiurbanos de Andalucía vienen experimentando desde antiguo un proceso de convergencia a favor del seseo, más prestigioso en la variedad regional, y/o de la distinción propia de la lengua estándar peninsular. Los hablantes instruidos, los jóvenes y las mujeres estimulan la tendencia. En Andalucía oriental se tiende a reponer mayoritariamente la distinción entre /s/ y /θ/, mientras que en Andalucía occidental el desplazamiento del ceceo local favorece tanto el seseo como la distinción, con predominio del primero (Villena 2000; Samper 2011). Idéntico patrón de convergencia se registra en el retroceso de *ustedes* como forma de tratamiento de confianza y del clítico concordante *se* a favor de *vosotros* y *os* en Andalucía occidental, en los mismos grupos sociolingüísticos.

Entre otros muchos rasgos que agrupan a Andalucía occidental y Canarias (acompañadas a veces de áreas meridionales vecinas en la Península) deben mencionarse: 1) La pronunciación general del fonema fricativo postvelar sordo /x/ como una fricativa glotal [h]: [ˈhente] *gente*, [ˈdiho] *dijo* (Espinosa y Rodríguez Castellano 1936; Navarro Tomás 1963). 2) Las formas concordadas del impersonal existencial *haber* (*¿Cuántas personas habemos?* 'Hay, somos, estamos', *Habían niños en la calle* 'Había', *Han habido familias necesitadas* 'Ha habido'). 3) El empleo impersonal de *haber* para expresar magnitudes de tiempo (*Hay muchos años* 'Hace', *De esto habrá un mes escaso* 'Hará'). Mientras que en la Península estos empleos de *haber* carecen de prestigio, las formas concordadas son frecuentes en los niveles socioculturales medios de Canarias.

2. El español en zonas bilingües

2.1. *El castellano en contacto con el catalán*

El español hablado en contacto con el catalán en Cataluña, Islas Baleares y País Valenciano presenta un conjunto de rasgos propios que son resultado de la interferencia con el catalán en bilingües, pero que pueden transferirse a los hablantes monolingües de castellano (Blas Arroyo 2004; Sinner 2004).

En la pronunciación son habituales la articulación velar de la *-l* en coda silábica ([ˈmał] *mal*) y el ensordecimiento de la *-d* final ([eˈðat] *edad*). En la gramática puede destacarse la transferencia de la modalidad negativa propia del catalán de Cataluña, que se manifiesta en que comparaciones de desigualdad, interrogativas directas e indirectas y prótasis condicionales actúan como inductores negativos y requieren la expresión de la polaridad negativa en los adverbios e indefinidos *no, tampoco, nunca, nada, ninguno* o *nadie* (7a-e). Por el mismo motivo, la prelación de estos elementos negativos no cancela la presencia del adverbio *no* (7f,g):

(7) a. Este libro sirve más que no perjudica.

      b. No sé si viene nadie.

      c. ¿Hay ninguna carta para mí?

      d. Si nunca te acercas a Alcarrás, me llamas.

      e. Cuando recibas nada de Barcelona, enséñamelo.

      f. Tampoco no lo sé.

      g. Nadie no lo diría.

Entre muchos rasgos morfológicos y sintácticos característicos de la lengua coloquial en casi todos los sociolectos, pueden citarse: 1) el empleo de *que* como partícula interrogativa en las interrogativas totales (*¿Que tiene zanahorias? ¿Que me entiendes?*); 2) los artículos definidos con antropónimos (*la Anna, el Jordi*); 3) el uso del futuro de indicativo con oraciones relativas de antecedente inespecífico (*Quien acabará primero saldrá antes, Me lo darás cuando vendrás*); 4) la tendencia a prescindir de la oposición ternaria en los demostrativos sustituyéndola por una binaria en que se evitan *ese* y *ahí* a favor de *este* y *aquí* (*¿Dónde has comprado esta corbata?* 'esa', *¿Está aquí Luis?* 'ahí'); y 5) la concordancia con los objetos en las oraciones impersonales con *haber* (*Habían muchas flores*). Menos aceptadas están las construcciones pseudopartitivas con o sin cuantificador expreso, que aparecen normalmente en posición de tópico o cuando hay elipsis del nombre cuantificado (*De dificultad no hay* [N] 'Dificultad no hay', *¡No tengo yo* [N], *de coche!, De aprobadas, tengo pocas* [asignaturas], *Está formada por dos partes, una* [N] *de inferior y otra* [N] *de superior*).

2.2. El castellano en contacto con el euskera

El castellano hablado en contacto con el euskera en el País Vasco y norte de Navarra reúne un conjunto de características distintivas que se manifiestan tanto en los bilingües como en los monolingües en español, si bien con diversa intensidad (Zárate 1976; Fernández Ulloa 1996; Camus Bergareche y Gómez Seibane 2012).

El uso de los pronombres personales átonos de tercera persona se caracteriza por el leísmo con objetos directos masculinos y femeninos personales y animados (8a) y por la posibilidad de emplear pronombres nulos referidos a objetos definidos inanimados (8b-g). El pronombre tácito es sobre todo frecuente en entornos negativos (8b,c,g) o en aquellos que la deixis verbal no está especificada, como en las oraciones de infinitivo (8e-g). También se asocia a los entornos ditransitivos (8e,f) y a los antecedentes neutros u oracionales (8g,h) (Fernández-Ordóñez 1999; Gómez Seibane 2012).

(8) a. Dale saludos a Jon$_i$/Miren$_i$, que le$_i$ veo poco.
    b. Compró una bicicleta$_i$, pero casi no $\emptyset_i$ usa.
    c. El nacimiento$_i$ $\emptyset_i$ nunca hemos puesto.
    d. Mira, deja $\emptyset_i$ ahí en la calle, ya $\emptyset_i$ entrarás luego [la bicicleta].
    e Cuando me tocaba [hacer] guardia$_i$, me $\emptyset_i$ solía hacer uno de Briviesca.
    f. Cuando tenga las fotos$_i$, les $\emptyset_i$ voy a enviar a los tíos.
    g. Tengo que [comprar un taladro]$_i$, pero no hay prisa, si no puedo hacer $\emptyset_i$ hoy, no importa.
    h. [Todo lo que tenías aquí]$_i$ ya $\emptyset_i$ tenías vendido.

Otros rasgos reproducen las partículas vascas de modalidad (Camus 2012). La perífrasis <*soler*+inf.> adquiere por influencia del euskera un valor calcado de la partícula evidencial del euskera *ohi*, que no solo expresa aspecto habitual (9a), sino también que el hablante tiene un conocimiento inferido de los hechos descritos, si bien compartido de forma general por la comunidad. Por ello, *soler* puede aparecer, frente al uso general del español, con lecturas perfectivas (9b) y actitudinales, que implican atributos permanentes (9c), e incluso con verbos de estado (9d,e).

(9) a. Juan suele viajar en moto. 'Viaja habitualmente'
    b. Muchos me han solido comentar su opinión. 'Me han comentado, según parece'

c. ¿Sabes quién suele cocinar muy bien? 'Cocina, al parecer'
d. Este solía ser un barrio donde vivía gente muy poderosa. 'Era, según se sabe'
e. El cine le suele gustar. 'Le gusta, al parecer'

Los siguientes aspectos también están generalizados: 1) El empleo de *ya* como partícula de afirmación enfática (pero no contrastiva), que confirma alguna idea previa del emisor, siempre en posición preverbal (*La tentación ya tengo* 'Verdaderamente la tengo'), con frecuente omisión del pronombre si precede a un objeto tematizado (cf. también (8d,h)), por calco de la partícula afirmativa del euskera *ba-*. 2) El uso de *pues* como partícula pospuesta en las interrogativas parciales (*¿Cuándo vendrán tus padres, pues?*, *¿Qué pasa, pues?*), por reinterpretación del euskera *ba(da)* 'entonces' (Camus 2012). 3) La repetición como procedimiento intensificador o cuantificador (*Se puso rojo, rojo, rojo* 'muy rojo', *Se le quedó mirando, mirando* 'mirando fijamente' 'mucho', *Está cerca, cerca* 'muy cerca'). 4) La anteposición al verbo flexionado de la información remática, sobre todo perceptible en respuestas (*¿Dónde está? Al hospital le han llevado, ¿El partido? Empate a uno van, ¿El tiempo? Frío hace*) (Zárate 1976).

Mientras que las anteriores características están sumamente extendidas en los bilingües y monolingües, la pronunciación apenas se ve influida por el euskera, salvo en los hablantes con poco dominio del castellano o en estrecho contacto con el vascuence, donde puede aparecer seseo, con ese alveolar o dental, según las áreas (['asen] *hacen*) (Isasi *et al.* 2012), así como la vibrante múltiple [r] en coda silábica o tras obstruyente en lugar de la simple [ɾ] (['βarko, 'freno] (Merino 2012).

2.3. *El castellano en contacto con el gallego y el asturiano*

Entre los rasgos característicos del castellano hablado en Galicia (Rojo 2004), destaca la ausencia de tiempos compuestos por calco de los empleos verbales del gallego (10). De ello resulta que la forma en *-ra* no solo es imperfecto de subjuntivo, sino que también posee valores indicativos de antepretérito o pretérito (10c,d).

(10) a. Llegaron hoy. 'Han llegado'
      b. Cuando tú llegues, yo ya salí. 'Habré salido'
      c. Nos dijo que llegara la semana pasada. 'Había llegado'
      d. Fuera a ese colegio y me encantara. 'Fui y me gustó'
      e. Si lo supiera, te lo diría. 'Si lo hubiera sabido, te lo habría dicho'

Otros rasgos morfosintácticos diferenciales del castellano de Galicia son: 1) Los valores aspectuales de algunas perífrasis: *hube/hubiera de* + infinitivo funciona como perífrasis fasal de inminencia (*En aquel accidente hubieran de morir todos* 'Estuvieron a punto de morir'), *dar* + participio como perífrasis fasal terminativa (*No doy cerrado la puerta* 'No consigo cerrar'), y *tener/llevar* + participio como perífrasis iterativa (*La tengo visto miles de veces* 'He visto repetidamente', *¡Cuántas veces tengo ido este verano a Castro de Rei!*, *¡Todos los robos que nos lleva hecho este asesino de la clase media española!*). 2) El uso adjetival de *medio* (*fruta media madura, zapatos medios rotos*) y el empleo concordado en género y número del pronombre que refiere a los atributos de copulativas identificativas (*No se sabe si es la postura de la entidad nacional o no la es, Buena parte de esos nuevos afiliados los son en el régimen de autónomos*). 3) La expresión de la polaridad positiva enfática, en respuesta a las interrogativas totales, a través de la repetición del verbo, como en gallego y portugués (*¿Fueron suficientes? Fueron*). 4) Los dativos éticos que calcan los propios del gallego (*La vida te es muy dura*).

El castellano de Asturias comparte con el de Galicia la utilización de las perífrasis *hube* + infinitivo y *tengo* + participio, el empleo limitado de los tiempos compuestos, sobre todo del antepresente, la preferencia por diminutivos derivados de -INU (*caldiño*, Galicia, *caldín*, Asturias), y la omisión de los pronombres reflexivos, regular en presencia de un objeto directo, tanto si se trata de reflexivos posesivos (*Rompió la pierna* 'Se rompió', *Todavía chupa el dedo* 'Se chupa', *Va a cortar el pelo* 'Se va') como aspectuales (*Comí un plato de alubias* 'Me comí'). La omisión del reflexivo es, en cambio, variable si manifiesta valores medios que denotan cambios de estado (*La ropa seca al sol* 'Se seca', *Esta leña quema bien* 'Se quema') o en los verbos de movimiento (*¿Marchas?* '¿Te marchas?'). En la pronunciación, la tendencia a eliminar o asimilar las consonantes velares y labiales en coda en los grupos cultos ([koˈruto, koˈrutto] *corrupto*, [ˈpato, ˈpatto] *pacto*) se suele mencionar como característica del castellano de Galicia, pero también existe en Asturias, aunque con menor penetración social (Blas Arroyo 2005). Exclusiva del castellano de Galicia es la tendencia a distinguir dos grados de apertura en las vocales medias tónicas, siguiendo el modelo del gallego, sobre todo en los hablantes bilingües. Por ejemplo, [ˈbeŋgo] *vengo* 'vengar', frente a [ˈbɛŋgo] *vengo* 'venir'.

En Asturias la interferencia lingüística produce variedades mixtas. En ellas proceden de la morfología asturiana los demostrativos *esti*, *esi* (*esti coche* 'este'), los pronombres átonos de acusativo *lu*, *la*, *lo* usados de acuerdo con la pauta asturiana (*A él llamelu*, *La lana comprelo*), los de dativo *y* y *yos* (*Quitó-y/yos el libru* 'le/les'), *vos* 'os', la cópula *ye* 'es', etc. A la sintaxis asturiana se deben el uso tónico del posesivo precedido de artículo (*el mí coche*, *la tú hermana*) (cf. *supra* § 1.1) y la enclisis de los pronombres átonos (*Hízome gracia*) (D'Andrés 2002; Viejo 2011).

Nota

1 Desde el punto de vista histórico, la evolución de [-d > -t͡s ~ -d͡z] preconsonántica es solución que se dio en castellano, navarro y aragonés medievales, antes de evolucionar modernamente a [-θ]. Por ejemplo: *iudicare > judgar > juzgar*, *juçgar*. Por tanto, la neutralización preconsonántica debe de ser anterior a la prepausal. Aunque hoy la -*d* preconsonántica interior solo existe en algunas pocas palabras cultas con el prefijo *ad-* (como *advertir*, *admitir* o *adquirir*), la neutralización en [-θ] es habitual en el Área I, al menos cuando la consonante siguiente es sorda (cf. *supra* § 1.3).

Bibliografía

Almeida, M. y Díaz Alayón, C. (1989) *El español de Canarias*, Santa Cruz de Tenerife: Litografía Romero.

Blas Arroyo, J. L. (2004) "El español actual en las comunidades de ámbito lingüístico catalán", en Cano, R. (ed.) *Historia de la lengua española*, Barcelona: Ariel, pp. 1065–1086.

Buesa Oliver, T. (1999) "Particularidades del español hablado en Aragón", en Enguita, J. M. (ed.) *Jornadas de Filología Aragonesa: en el L aniversario del AFA*, vol. 1, pp. 113–138.

Camus Bergareche, B. y Gómez Seibane, S. (eds.) (2012) *El castellano del País Vasco*, Bilbao: Universidad del País Vasco.

Catalán, D. ([1958] 1989) "Génesis del español atlántico (ondas varias a través del océano)", en Catalán (1989), *El español. Orígenes de su diversidad*, Madrid: Paraninfo, pp. 119–126.

Catalán, D. ([1960] 1989) "El español canario. Entre Europa y América", en Catalán (1989), *El español. Orígenes de su diversidad*, Madrid: Paraninfo, pp. 127–144.

Catalán, D. ([1964] 1989) "El español en Canarias", en *El español. Orígenes de su diversidad*, Madrid: Paraninfo, pp. 145–201.

Catalán, D. ([1971] 1989) "En torno a la estructura silábica del español de ayer y del español de mañana", en Catalán (1989), *El español. Orígenes de su diversidad*, Madrid: Paraninfo, pp. 77–104.

Catalán, D. (1989) *El español. Orígenes de su diversidad*, Madrid: Paraninfo.

D'Andrés, R. (2002) "L'asturianu mínimu urbanu. Delles hipótesis", *Lletres Asturianes*, 81, pp. 21–38.

De Benito, C. (2010) "Las oraciones pasivas e impersonales con *se*: estudio sobre el ALPI", *Dialectologia*, 5, pp. 1–25.

De Benito, C. (2012) "The pronominal coding of the patient in reflexive indefinite agent constructions in Peninsular Spanish", *Journal of Portuguese Linguistics*, 11, 1, pp. 45–60.

Espinosa, A. M. (hijo) y Rodríguez Castellano, L. (1936) "La aspiración de la 'h' en el sur y oeste de España", *Revista de Filología Española*, 23, pp. 225–254 y 337–378.

Estrada Arráez, A. (2012) "The loss of intervocalic and final /d/ in the Iberian Peninsula", *Dialectologia*, número especial, pp. 7–22.

Fernández Ulloa, T. (1996) "Particularidades del castellano del País Vasco", *RLA: Revista de Lingüística Teórica y Aplicada*, 34, pp. 95–120.

Fernández-Ordóñez, I. (1999) "Leísmo, laísmo y loísmo", en Bosque, I. y Demonte, V. (eds.) *Gramática descriptiva de la lengua española*, Madrid: Espasa, vol. 1, pp. 1317–1397.

Fernández-Ordóñez, I. (2006–2007) "Del Cantábrico a Toledo. El 'neutro de materia' hispánico en un contexto románico y tipológico", *Revista de Historia de la Lengua Española*, 1, pp. 67–118; 2, pp. 29–81.

Fernández-Ordóñez, I. (2011) *La lengua de Castilla y la formación del español*, Madrid: Real Academia Española.

Fernández-Ordóñez, I. (2012) "El norte peninsular y su papel en la historia de la lengua española", en Gómez Seibane, S. y Sinner, C. (eds.) *Estudios sobre tiempo y espacio en el español norteño*, San Millán de la Cogolla (La Rioja): CILENGUA, pp. 23–68.

Gómez Seibane, S. (2012) "La omisión y duplicación de objetos en el castellano del País Vasco", en Camus, S. y Gómez Seibane, S. (eds.) *El castellano del País Vasco*, Bilbao: Universidad del País Vasco, pp. 193–214.

Gómez, R. y Molina Martos, I. (2013) *Variación yeísta en el mundo hispánico*, Madrid/Fráncfort: Iberoamericana/Vervuert.

Heap, D. y Pato, E. (2012) "Plurales anómalos en los dialectos y en la historia del español", en Montero Cartelle, E. (ed.) *Actas del VIII Congreso Internacional de Historia de la Lengua Española*, Madrid: Arco Libros, vol. 2, pp. 1765–1776.

Isasi Martínez, C., Iribar Ibabe, A. y Túrrez Aguirrezabal, I. (2012) "Seseo vasco. Nuevos aportes", en Camus, S. y Gómez Seibane, S. (eds.) *El castellano del País Vasco*, Bilbao: Universidad del País Vasco, pp. 173–190.

Klein-Andreu, F. (2000) *Variación actual y evolución histórica: los clíticos le/s, la/s, lo/s*, Múnich: Lincolm Europa.

Lara Bermejo, V. (2012) "*Ustedes* instead of *vosotros* and *vocês* instead of *vós*: An analysis through the *Linguistic Atlas of the Iberian Peninsula*", *Dialectologia*, número especial III, pp. 57–93.

Llorente Maldonado de Guevara, A. (1965) "Algunas características lingüísticas de La Rioja en el marco de las hablas del valle del Ebro y de las comarcas vecinas de Castilla y Vasconia", *Revista de Filología Española*, 48, pp. 321–350.

Martín Butragueño, P. (1995) "La variable (s) en el sur de Madrid. Contribución al estudio de la frontera de las hablas meridionales del español", *Anuario de Letras*, 33, pp. 5–57.

Martínez-Gil, F. (2012) "Main phonological processes", en Hualde, J. I., Olarrea, A. y O'Rourke, E. (eds.) *The handbook of hispanic linguistics*, Malden, MA/Oxford,: Wiley-Blackwell, pp. 111–131.

Méndez Dosuna, J. (1987) "La aspiración de *s* como proceso condicionado por el contacto de sílabas", *Revista de la Sociedad Española de Lingüística*, 17, 1, pp. 15–35.

Merino Villar, J. A. (2012) "La vibrante en el español del País Vasco: un estudio en el español hablado en Bizcaia", en Camus, S. y Gómez Seibane, S. (eds.), *El castellano del País Vasco*, Bilbao: Universidad del País Vasco, pp. 155–172.

Molina Martos, I. (1998) *La fonética de Toledo. Contexto geográfico y social*, Alcalá de Henares (Madrid): Universidad de Alcalá.

Moreno Fernández, F. (2004) "Cambios vivos en el plano fónico del español: Variación dialectal y sociolingüística", en Cano, R. (ed.) *Historia de la lengua española*, Barcelona: Ariel, pp. 973–1009.

Mozos, S. de los (1984) *La norma castellana del español*, Valladolid: Ámbito.

Navarro Tomás, T. (1963) "Geografía peninsular de la palabra *aguja*", *Romance Philology*, 17, 2, pp. 285–300.

Navarro Tomás, T. (1964) "Nuevos datos sobre el yeísmo en España", *Thesaurus: Boletín del Instituto Caro y Cuervo*, 19, pp. 1–19.

Navarro Tomás, T., Espinosa, A. M. (hijo) y Rodríguez Castellano, L. (1933) "La frontera del andaluz", *Revista de Filología Española*, 19, pp. 225–257.

Oftedal, M. (1985) *Lenition in Celtic and Insular Spanish. The secondary voicings of stops in Gran Canaria*, Oslo: Universitetsforlaget.

O'Neill, P. (2010) "Variación y cambio en las consonantes oclusivas del español de Andalucía", *Estudios de Fonética Experimental*, 19, pp. 11–41.

Pato, E. (2003) *La sustitución del imperfecto de subjuntivo por el condicional simple y el imperfecto de indicativo en el castellano septentrional peninsular. (Estudio de variación dialectal)*, tesis doctoral, Universidad Autónoma de Madrid.

Pato, E. (2010) "Linguistic levelling in Spanish: The analogical strong preterites", *Canadian Journal of Linguistics*, 55, 2, pp. 209–225.

Pato, E. y O'Neill, P. (2013) "Los gerundios 'analógicos' en la historia del español (e Iberorromance)", *Nueva Revista de Filología Hispánica*, 61, 1, pp. 1–27.

Pato, E. y Viejo Fernández, X. (2015) "*Mu(n)cho guapa* y *mu(n)cho bien*: *mu(n)cho* como cuantificador 'pleno' de adjetivos y adverbios en castellano y en asturiano", *Bulletin of Spanish Studies*, 92, 2, pp. 1–18.

Rojo, G. (2004) "El español de Galicia", en Cano, R. (ed.) *Historia de la lengua española*, Barcelona: Ariel, pp. 1087–1101.

Samper Padilla, J. A. (2011) "Sociophonological variation and change in Spain", en Díaz-Campos, M. (ed.) *The handbook of Hispanic sociolinguistics*, Malden, MA/Oxford: Wiley-Blackwell, pp. 98–120.

Sinner, C. (2004) *El castellano de Cataluña. Estudio empírico de aspectos léxicos, morfosintácticos, pragmáticos y metalingüísticos*, Tubinga: Max Niemeyer.

Viejo Fernández, X. (2011) "El contacto de castellano y asturiano en Asturias", en Ferrero, C. y Lasso-von Lang, N. (eds.), *Variedades lingüísticas y lenguas en contacto en el mundo de habla hispana*, 2.ª ed., Bloomington, IN: Author House, pp. 119–126.

Villena Ponsoda, J. A. (2000) "Identidad y variación lingüística: Prestigio nacional y lealtad vernacular en el español hablado en Andalucía", en Bossong, G., Báez de Aguilar, F. (eds.), *Identidades lingüísticas en la España autonómica*, Madrid/Fráncfort: Iberoamericana/Vervuert, pp. 107–150.

Zárate, M. (1976) *Influencias del vascuence en la lengua castellana a través del estudio del elemento vasco en el habla coloquial de Chorierri (Gran Bilbao)*, Bilbao: Gran Enciclopedia Vasca.

Lecturas complementarias

Alvar, M. (dir.) (1996) *Manual de dialectología hispánica. El español de España*, Barcelona: Ariel.

Blas Arroyo, J. L. (2005) *Sociolingüística del español*, Madrid: Cátedra.

García Mouton, P. (1994) *Lenguas y dialectos de España*, Madrid: Arco Libros.

Jiménez Fernández, R. (1999) *El andaluz*, Madrid: Arco Libros.

Klee, C. A. y A. Lynch (2009) *El español en contacto con otras lenguas*, Washington DC: Georgetown University Press, cap. 2, pp. 27–77.

Montero Curiel, P. (2006) *El extremeño*, Madrid: Arco Libros.

Moreno Fernández, F. (2009) *La lengua española en su geografía*, Madrid: Arco Libros.

Narbona, A., Cano, R. y Morillo, R. (1998) *El español hablado en Andalucía*, Barcelona: Ariel.

Penny, R. (2000) *Variación y cambio en español*, Madrid: Gredos.

Entradas relacionadas

bilingüismo; cortesía y descortesía; dialectología y geografía lingüística; dialectos del español de América; variación fonética; variación sintáctica

DIÁLOGO

Dale Koike y Lori Czerwionka

1. Introducción al diálogo

El diálogo es la forma más básica de comunicación entre seres humanos. Es un intercambio entre al menos dos personas que ocurre por medio de una o más lenguas, en una o más culturas, y a través de las muchas modalidades del habla (p. ej., cara a cara, habla virtual, escrita). El diálogo existe en el ámbito interpersonal y el social. Puede ocurrir dentro de un período corto de tiempo en un escenario particular (p. ej., entrevista, interacción personal) o durante un período más largo; por ejemplo, el diálogo sobre el terrorismo que se comenta en varios medios de comunicación y conversaciones personales, en comunidades y tiempos diferentes por el mundo entero. El diálogo refleja las historias de interacciones de los interlocutores con otros. También refleja los trasfondos y características individuales de los interlocutores, las circunstancias locales, los temas abarcados en el diálogo, y una multitud de otras variables que funcionan juntas para dar forma a la interacción. De esa manera, el diálogo es un área de mucho interés para la investigación lingüística.

Este capítulo sirve como introducción al diálogo. A continuación en el § 2 presentamos una perspectiva histórica sobre el estudio del diálogo, la importancia del diálogo para estudios lingüísticos y la historia de unas teorías dialógicas dentro de la pragmática, una rama de la lingüística. En el § 3 resumimos algunas perspectivas metodológicas para estudiar el diálogo y en el § 4 presentamos ejemplos de estudios pragmáticos actuales con una perspectiva dialógica. Para terminar, el § 5 discute comentarios finales sobre algunas limitaciones del área y posibilidades para el futuro.

2. Perspectivas dialógicas de estudios de la lengua

Los estudios del diálogo se han abordado desde varias perspectivas académicas, como las de la antropología, la filosofía, la retórica, la sociología, la psicología, la computación y la lingüística. El enfoque en el diálogo tiene sus orígenes como herramienta didáctica en la literatura e himnos antiguos de la India (p. ej., *Mahabharata*) y en el mundo occidental en la cultura griega clásica. Por ejemplo, Platón utilizó el diálogo en una forma de argumentación conversacional en sus obras (p. ej., *Demodocus*), con fines didácticos, lo cual llevó a la creación de un nuevo género retórico y literario. En tiempos más recientes, escritores como

Mikhail Bakhtin (1992) y Paulo Freire (2005) usaban el diálogo como el marco de sus obras filosóficas y didácticas. Bakhtin hablaba del poder del diálogo de expandir la comprensión de múltiples perspectivas hacia situaciones y problemas, y Freire abogaba por el diálogo como un medio para motivar el trabajo colaborativo entre dos personas o más para evitar que uno ejerciera su voluntad sobre el otro.

Como género literario, el diálogo representa una forma de interacción entre personajes, mientras que en el campo de la filosofía, el diálogo es una base para la lógica en la comunicación entre seres humanos. Para otros como Freire, es una forma didáctica y una acción que incita a la participación dentro de la sociedad. Concerniente a la lingüística, el diálogo ofrece una fuente de datos para varios tipos de estudios lingüísticos y también representa la base de algunas cuestiones y teorías lingüísticas.

2.1. La importancia del diálogo para la lingüística

En el campo de la lingüística, el diálogo: (1) ofrece un contexto natural para las investigaciones de la lengua (versus uno artificial, como se ve en ejemplos lingüísticos inventados); (2) promueve una visión más amplia de un enunciado, dado que estos aparecen en un entorno discursivo; (3) ofrece un entorno en el que se llegan a entender desde una perspectiva más amplia los significados comunicados, debido al discurso extendido que incluye aportaciones o turnos conversacionales por parte de todos los interlocutores; y (4) refleja una historia de interacción entre participantes. Con este trasfondo del diálogo, se estudia el lenguaje natural y espontáneo por medio de varios campos lingüísticos, sobre todo la pragmática y la sociolingüística. Cabe mencionar que las teorías dialógicas se oponen a las teorías monológicas, las cuales describen al hablante ideal y creen en una distinción entre la competencia (*competence*) y la actuación (*performance*), siguiendo las ideas de Chomsky (1965).

Además de entender el diálogo como un objeto de estudio, dentro de la lingüística hay dos intereses principales con respecto al diálogo: los significados dentro del diálogo y la relación entre el diálogo y los factores extralingüísticos. Primero, se enfrenta la cuestión de cómo se forman los significados de las palabras, los enunciados, las ideas o la interacción por medio del diálogo. Se estudian los significados y cómo evolucionan en el proceso de formar el diálogo. Por ejemplo, la palabra *pero* típicamente funciona como un conector adversativo (p. ej., *Quiero una manzana pero no quiero una pera*), pero en un enunciado como *Pero, ¿qué te pasa?* al principio de un turno, el significado de *pero* incluye un elemento nuevo, el que es el énfasis (Pons Bordería 1998). Otro ejemplo sería el uso de una pausa larga entre dos turnos conversacionales, lo cual podría indicar que un interlocutor no haya entendido el último enunciado o que no esté de acuerdo con el otro participante, cambiando el significado de la interacción. Estos dos ejemplos muestran el proceso dialógico que puede llevar a los lectores a entender un significado específico. Los ejemplos muestran el nivel conversacional, pero es posible considerar a la vez cuestiones a nivel estructural (p. ej., ¿Cuáles son los turnos conversacionales? ¿Qué indican los turnos con respecto a los interlocutores?). La segunda cuestión principal es: ¿cómo influye el diálogo a los hablantes, las sociedades u otros elementos extralingüísticos y viceversa? Con respeto a los hablantes, el diálogo proporciona mucha información sobre los propios interlocutores por medio de lo que dicen y revelan en su discurso. Este hecho se ha estudiado en términos de las relaciones interpersonales y también la identidad, dos temas pragmáticos y sociolingüísticos importantes.

En resumen, para el campo de la lingüística, el diálogo ofrece datos naturales para los estudios. También del diálogo surgen cuestiones lingüísticas, que se pueden analizar desde una perspectiva conversacional o social, en cuanto a los significados (de palabras, enunciados, interacciones, etc.) que se modifican por un proceso dialógico y los factores extralingüísticos que se revelan o cambian por el diálogo. Este capítulo abarca más la perspectiva conversacional del diálogo que se encuentra en estudios pragmáticos.

2.2. *Perspectivas dialógicas y sus orígenes pragmáticos*

Con respecto al diálogo, es fácil hacer un vínculo entre el diálogo y el campo de la pragmática desde que representa el lenguaje en uso entre dos interlocutores o más, y en una situación específica. A una comprensión más profunda se llega a través de una referencia a la historia de la pragmática.

La pragmática como campo de estudio surgió alrededor de 1930 y se expandió en los años sesenta y setenta, representando un cambio de un análisis puramente sincrónico, común en los estudios lingüísticos, a uno centrado en el significado del enunciado dentro de un contexto que incluye una perspectiva más flexible y diacrónica. Los primeros intentos para llegar a una explicación lingüística del diálogo eran intentos pragmáticos estructurales; es decir, perspectivas restringidas a la organización secuencial de los enunciados que ocurrían (o que se creían que ocurrían) en el habla natural. La investigación sobre los actos de habla (Austin 1962; Searle 1969), que son enunciados que provocan alguna acción en un contexto local, muestra el acercamiento estructuralista pragmático al diálogo. Por ejemplo, para pedir que alguien cierre la ventana porque hace frío, un hablante puede decir "Hace frío" sin pedir el favor de forma explícita. Ese acto de habla provoca que la otra persona cierre la ventana o que intente resolver el problema de alguna forma. Así, desde esta perspectiva estructuralista pragmática, se podría describir esta secuencia como un diálogo, el que consta de un acto junto con la acción o el enunciado que lo sigue.

El problema de esta perspectiva es que considera la secuencia de los enunciados (o acciones), pero no va más allá de la secuencia de los enunciados. No incluye una explicación suficiente de cómo los interlocutores se entienden dentro del diálogo o hasta qué punto comparten las ideas presentes en el diálogo. Debido a la falta de esta y otras explicaciones, surgieron teorías que describían otras facetas del lenguaje en uso. La teoría de la relevancia (Sperber y Wilson 1995) presenta un modelo de procesamiento de la información que un interlocutor recibe en términos de relevancia y expone la habilidad humana de inferir como habilidad integral. Se considera que la inferencia es el primer paso hacia un diálogo. Basados en el Principio de Cooperación de Grice (1975), los principios de la cortesía (Brown y Levinson 1987) representan una perspectiva relacionada con las necesidades sociales de los interlocutores (es decir, sentirse aceptado y sentir que los demás respetan el derecho de un interlocutor de actuar libremente) por medio de implicaciones en los enunciados y acciones. Con estos complementos al entendimiento del lenguaje en uso, que integran el estudio de algunos elementos del diálogo como la secuencia lingüística, las acciones afectadas por el habla, los interlocutores y las necesidades sociales, el campo de estudio se iba acercando más a teorías pragmáticas del diálogo.

2.3. *La perspectiva actual del diálogo: un fenómeno co-construido*

El diálogo no es un sistema simple, ni un sistema fácil de comprender. Por eso las teorías del diálogo se han hecho más complejas a lo largo de los años, para incluir distintos aspectos, siempre enfocándose en la emergencia o surgimiento del diálogo como resultado de la interacción humana. Debido a ello, en los últimos años, las teorías actuales del diálogo han cambiado su orientación hacia aspectos cognitivos y sociales que interactúan entre ellos, centrándose en la co-construcción del diálogo por los interlocutores situados dentro de un contexto.

La *co-construcción del diálogo* (Jacoby y Ochs 1995; Arundale 1999) es tal vez el aspecto más importante que se debe tener en cuenta para comprender los mecanismos que operan en la construcción del diálogo. Co-construir el diálogo significa que cada contribución en un diálogo la construyen los interlocutores de una forma colaborativa. Por ejemplo, si el hablante A dice algo y el hablante B responde de una manera determinada, esa respuesta influye en lo que dice A en su próximo turno (p. ej., A: ¿Dónde está el jamón que compré ayer? B: Me hubieras dicho que querías usarlo para los bocadillos de hoy. A: No dije que era para los bocadillos; era para otra cosa). Mientras A solo buscaba el jamón, B interpretó su intención de una forma diferente. La respuesta de B refleja esa interpretación e influye en la próxima respuesta de A (A: No dije que era para los bocadillos; era para otra cosa.). De esa manera, los dos o múltiples interlocutores de un diálogo co-construyen cada enunciado y el diálogo en sí. Quiere decir que los significados y las interpretaciones se crean dentro de la interacción, considerando la secuencia de los enunciados, lo que cada interlocutor aporta a la interacción y varios otros elementos del contexto situacional e histórico de las personas y las ideas. La co-construcción significa que los interlocutores se delimitan y se influencian uno a otro e incluso las ideas que surgen del diálogo contextualizado.

Aunque las teorías actuales comparten este énfasis en la co-construcción, cada una tiene su propio enfoque. Linell (1998) mantiene una perspectiva un poco más compartimentada, que considera por ejemplo la estructura del diálogo, los significados y los interlocutores, pero siempre reconociendo lo dinámico que es la relación entre ellos. Arundale (2005) representa una perspectiva más compleja de la co-construcción en sí, enfatizando la idea de la co-construcción de representaciones mentales. Es decir, se asevera por ejemplo que la cortesía se expresa como un logro interactivo en el que los dos participantes tienen que co-construir su autoimagen (*face*) y también la cortesía que usan entre ellos. Lo que se co-construye apoya la relación social que también co-construyen los participantes.

La teoría dialógica de Weigand (2009, 2010) surgió de una perspectiva pragmática y aporta tres tipos de principios fundamentales que describen la interacción humana: los *principios constituidos*, los *principios regulativos* y los *principios ejecutivos*. Hay tres principios constituidos que juntos constituyen el diálogo; estos mantienen un elemento de la perspectiva pragmática estructuralista. Los tres tratan la *coherencia* (la organización mental que produce el diálogo y que depende de las habilidades humanas de pensar, percibir, hablar, predecir y sentir emociones durante una interacción), la *acción* (una acción y el medio para cumplirla, como en el ejemplo de querer comunicar algo y el uso de la lengua como el medio), y el *diálogo* (la acción más una reacción). Los principios regulativos incluyen principios de emociones y de la retórica que menciona la cortesía, y representan cómo los interlocutores regulan sus emociones y pensamientos lógicos, además de sus intereses personales y los de los demás. Los últimos principios en la teoría son los ejecutivos que representan las técnicas que utilizan los interlocutores para mejorar la eficacia de la acción o el diálogo; técnicas como la repetición y el uso del volumen de la voz, o técnicas para ocultar algún significado.

Esta breve introducción a algunas teorías del diálogo muestra que sobre la base del campo de la pragmática se han inspirado teorías del diálogo, y que la tendencia actual es tener en cuenta numerosos elementos y variables, además de una preocupación por la interacción entre los elementos (p. ej., los interlocutores, los significados, la organización, el contexto social, las habilidades cognitivas y las normas humanas). Las distintas teorías mencionan la dinamicidad y la complejidad del diálogo, aspectos que ponen en relación el estudio del diálogo con otros campos científicos dentro y fuera de la lingüística y que dependen de la idea de sistemas complejos (p. ej., la adquisición de segundas lenguas; Larsen-Freeman y Cameron 2008).

A nivel teórico y con respecto a investigaciones específicas, hay evidencias de este cambio de paradigma para los estudios del diálogo. Como prueba de ello, en un libro editado sobre el diálogo en español, Rodríguez-Alfano (2010) se refiere a la teoría del caos y a la teoría de la complejidad para mostrar la importancia de explorar "las múltiples variantes y dimensiones innumerables de la realidad" del diálogo (p. 22). Además, Koike (2010) nos recuerda que los resultados de las investigaciones del diálogo "no representan un producto final estable, sino un proceso de cambio variable" (p. 259), demostrando lo dinámico que es el diálogo. Estas perspectivas derivan en un entendimiento más amplio del diálogo, pero a la vez presentan sus propios problemas con respecto a las metodologías posibles para analizar un sistema muy complejo como es el del diálogo.

3. Los métodos para el estudio del diálogo

Considerando todos los asuntos relacionados con el diálogo e incluidos en las teorías actuales, la tendencia común para los investigadores del diálogo es enfocarse en algunas preguntas específicas sobre el diálogo y escoger métodos apropiados para examinarlas.

Por ejemplo, para estudiar la organización del diálogo o el proceso de la co-construcción, métodos que se originan en el análisis de la conversación (AC) han sido muy útiles. El AC se deriva de la tradición etnometodológica. Tal como lo han definido los fundadores de la metodología (Sacks, Schegloff y Jefferson 1974), el AC intenta describir el orden social del ser humano por medio de lo que se expresa a través de sus conversaciones cotidianas con otros. Las transcripciones detalladas que se utilizan en el AC intentan representar sobre todo la organización secuencial del habla. Se elaboran basándose en un sistema de notación, mediante el cual se intenta mostrar todo lo que ocurre en cada enunciado en la interacción, incluyendo por ejemplo las pausas y los resoplidos y alargamientos de un sonido, para poder entender la construcción de turnos entre hablantes. Por ello, se ha utilizado frecuentemente este sistema de notación organizado y detallado para estudiar el proceso del diálogo (véanse, p. ej., Ten Have 1999; Tusón 2008).

Para ofrecer otro ejemplo, si un investigador quisiera saber más de la co-construcción ("co-constitución", según Arundale) de la autoimagen, según la teoría de Arundale, uno podría depender del AC para identificar evidencia de ello, y también añadir un análisis de la edad o del poder social respectivo de los interlocutores como posibles factores que afecten a la autoimagen de uno (Brown y Levinson 1987).

Con el énfasis teórico en el diálogo como algo dinámico y complejo, tenemos que alentar la inclusión de otros métodos cualitativos, cuantitativos, o una combinación de ellos. Los datos para un análisis del diálogo típicamente provienen del lenguaje natural y espontáneo, pero con las preguntas de investigación variadas sobre el diálogo, también es el momento de considerar el uso de otros tipos de datos, desde los espontáneos hasta los experimentales. La siguiente sección muestra ejemplos de investigaciones que han combinado varias metodologías y tipos de datos diversos, y que han investigado a interlocutores o contextos nuevos para llevar el estudio del diálogo a una perspectiva más amplia. Así, el estudio del diálogo sigue adelante, enfocándose en las interacciones entre elementos importantes del diálogo para representarlo y entenderlo mejor.

4. Cuestiones actuales para el estudio del diálogo en español

Desde que la investigación del diálogo se enfoca en la co-construcción, los estudios que mejor representan adónde va el campo en español son los que combinan esta perspectiva con nuevos elementos que influyen en el diálogo. Por ejemplo, en una investigación del diálogo entre un hablante nativo y estudiantes de español, Koike (2010) indaga en el papel de la expectativa del hablante nativo (con respecto al nivel de español del estudiante) en la co-construcción del diálogo. Se usa una metodología que mezcla la interacción con una parte experimental en la que el hablante nativo comienza la entrevista con información planteada por la investigadora sobre el nivel de español del estudiante. El análisis sugiere que la expectativa modifica la co-construcción del diálogo. Se profundiza en este concepto en otros trabajos (p. ej., Koike 2012).

Siguiendo esta meta de entender el diálogo de forma más compleja, y considerando las múltiples variables que lo pueden afectar, otra investigación examina el impacto de dos estados cognitivos diferentes en el diálogo: un estado más seguro sobre la información aportada en la conversación y otro menos seguro sobre la información comunicada. Para analizar las influencias dialógicas de los dos estados cognitivos, el análisis se enfoca en el uso de marcadores discursivos (p. ej., *no crees*, *oye*, *pues*), aplicando métodos cuantitativos (estadísticas inferenciales) (Czerwionka 2012a) y los patrones secuenciales de la organización del discurso en términos de coherencia, siguiendo el AC (Czerwionka 2012b). Estas investigaciones se centran en un elemento cognitivo y su influencia en el diálogo dentro de contextos diferentes y ejemplifican el uso de diversas metodologías.

Los últimos ejemplos son de investigaciones que estudian el diálogo considerando contextos y hablantes bilingües, los cuales todavía no se han estudiado lo suficiente. Torres y Potowski (2008) examinaron marcadores discursivos en inglés y en español en el diálogo de hispanohablantes de Chicago, comparando su uso con tres grupos distintos de hablantes bilingües (mexicanos, puertorriqueños y hablantes con un padre mexicano y el otro puertorriqueño). Otro ejemplo es el de Showstack (2012), que muestra la co-construcción de la identidad de hablantes de herencia por medio del diálogo dentro del salón de clase. Como indican estos trabajos, los marcadores de discurso dentro del diálogo y la co-construcción del diálogo revelan mucha información sobre los hablantes. En el caso de los marcadores de discurso, revelan información de los orígenes latinos de los hablantes; en el segundo estudio dentro del salón de clase, vemos cómo el diálogo sirve de medio para la co-construcción de la identidad de los hablantes.

Además de estudiar variables nuevas, una colección se dirige al estudio del diálogo en español de forma interdisciplinaria (Koike y Alfano 2010). Incluye investigaciones sobre el diálogo relacionadas con temas como la ironía, la narrativa, los marcadores discursivos, la política, el conflicto, la demencia y la interpretación/traducción. Este conjunto de temas y acercamientos teóricos ilustra las múltiples oportunidades de hacer investigaciones dialógicas interdisciplinarias, las que establecen una relación entre una perspectiva dialógica y otras perspectivas lingüísticas, sociales o políticas.

5. Comentarios finales

Las cuestiones actuales sobre el estudio del diálogo nos obligan a considerar aspectos que influyen en el diálogo que todavía no hemos estudiado lo suficiente. Cuando en los análisis se incluyen contextos nuevos, estados y procesos cognitivos y emotivos, varios modos de comunicación, más niveles lingüísticos o perspectivas interdisciplinarias, como lo han hecho algunos de los estudios mencionados en este capítulo, entendemos el diálogo de forma más compleja.

Aunque el estudio lingüístico del diálogo en español se ha desarrollado a lo largo de los años, hay muchas preguntas de investigación que todavía deben plantearse. Por eso, el diálogo representa una oportunidad para investigadores de la lingüística que quisieran saber más sobre las acciones comunicativas entre seres humanos.

Bibliografía

Arundale, R. (1999) "An alternative model and ideology of communication for an alternative to politeness theory", *Pragmatics*, 9, pp. 119–154.

Arundale, R. (2005) "Pragmatics, conversational implicature, and conversation", en Fitch, K. y Sanders R. (eds.) *Handbook of language and social interaction*, Mahwah, NJ: Erlbaum, pp. 41–63.

Austin, J. L. (1962) *How to do things with words: The William James lectures delivered at Harvard University in 1955*, ed. Urmson, J. O. y Sbisà, M., Oxford: Clarendon Press.

Bakhtin, M. (1992) *The dialogic imagination: Four essays*, Austin: University of Texas Press.

Brown, P. y Levinson, S. C. (1987) *Politeness usage: Some universals in language*, Cambridge: Cambridge University Press.

Chomsky, N. (1965) *Aspects of the theory of syntax*, Cambridge, MA: The MIT Press.

Czerwionka, L. (2012a) "Mitigation: The combined effects of imposition and certitude", *Journal of Pragmatics*, 44, pp. 1163–1182.

Czerwionka, L. (2012b) "Evidential information represented in dialogue", en Cooren, F. y Létourneau, A. (eds.) *(Re)presentations and Dialogue*, Filadelfia: John Benjamins, pp. 303–324.

Freire, P. (2005) *Pedagogía del oprimido*, 2.ᵃ ed., de J. Mellado, México: Siglo XXI.

Grice, P. H. (1975) "Logic and conversation", en Cole, P. y Morgan, J. (eds.) *Syntax and semantics 3*, Nueva York: Academic Press, pp. 41–58.

Jacoby, S. y Ochs, E. (1995) "Co-Construction: An introduction", *Research on language and social interaction*, 28, 3, pp. 171–183.

Koike, D. (2010) "Behind L2 pragmatics: The role of emerging expectations", en Koike, D. y Rodríguez-Alfano, L. (eds.) *Dialogue in Spanish* (Dialogue Studies, 7), Filadelfia: John Benjamins, pp. 257–282.

Koike, D. (2012) "Variation in NS-learner interactions: Frames and expectations in pragmatic co-construction", en Félix-Brasdefer, C. y Koike, D. (eds.) *Pragmatic variation in first and second language contexts: Methodological issues*, Amsterdam: John Benjamins, pp. 175–208.

Koike, D. y Rodríguez-Alfano, L. (eds.) (2010) *Dialogue in Spanish* (Dialogue Studies, 7), Filadelfia: John Benjamins.

Larsen-Freemen, D. y Cameron, L. (2008) *Complex systems and applied linguistics*, Oxford: Oxford University Press.

Linell, P. (1998) *Approaching dialogue: Talk, interaction and contexts in dialogical perspectives*, Filadelfia: John Benjamins.

Pons Bordería, S. (1998), *Conexión y conectores. Estudio de su relación en el registro informal de la lengua*, Valencia: Universitat de València.

Rodríguez-Alfano, L. (2010) "A continuum of approaches to dialogue", en Koike, D. A. y Rodríguez-Alfano, L. (eds.) *Dialogue in Spanish* (Dialogue Studies, 7), Filadelfia: John Benjamins, pp. 1–30.

Sacks, H., Schegloff, E. y Jefferson, G. (1974) "A simplest systematics for the organization of turn-taking in conversation", *Language*, 50, pp. 696–735.

Searle, J. (1969) *Speech acts: An essay in the philosophy of language*, Cambridge: Cambridge University.

Showstack, R. (2012) "Co-construction of identity in the Spanish heritage language classroom", en Lorda, C. y Zabalbeascoa, P. (eds.) *Spaces of polyphony*, Filadelfia: John Benjamins, pp. 101–116.

Sperber, D. y Wilson, D. (1995) *Relevance: Communication and cognition*, 2.ᵃ ed., Oxford: Blackwell.

Torres, L. y Potowski, K. (2008) "A comparative study of bilingual discourse markers in Chicago Mexican, Puerto Rican, and MexiRican Spanish", *International Journal of Bilingualism*, 12, 4, pp. 263–279.

Weigand, E. (2009) *Language as dialogue*, ed. Feller, S., Filadelfia: John Benjamins.

Weigand, E. (2010) *Dialogue: The mixed game* (Dialogue Studies, 10), Filadelfia: John Benjamins.

Lecturas complementarias

Briz Gómez, A. (1998) *El español coloquial en la conversación*, Barcelona: Ariel.
Calsamiglia Blancafort, H. y Tuson, A. (2007) *Las cosas del decir: manual de análisis del discurso*, 2.ª ed., Barcelona: Ariel.
Clark, H. H. (1996) *Using language*, Nueva York: Press Syndicate of the University of Cambridge.
Gee, J. P. (2011) *How to do discourse analysis: A toolkit*, 3.ª ed., Nueva York: Taylor and Francis.
Goffman, E. (1981) *Forms of talk*, Filadelfia: University of Pennsylvania Press.
Ochs, E., Schegloff, E. A. y Thompson, S. A. (1996) *Interaction and grammar*, Cambridge: Cambridge University Press.
Omer, S. V. (2002) "El análisis del discurso según Van Dijik y los estudios de la comunicación", *Razón y Palabra*, 26, abril-mayo.
Renkema, J. (2004) *Introduction to discourse studies*, Filadelfia: John Benjamins. [Traducción española, Barcelona: Gedisa].
Schiffrin, D. (1994) *Approaches to discourse*, Oxford: Blackwell.
Schiffrin, D., Tannen, D. y Hamilton, H. E. (eds.) (2001) *The handbook of discourse analysis*, Oxford: Blackwell.
Ten Have, P. (1999) *Doing conversation analysis: A practical guide*, Londres: Sage.
Titscher, S., Meyer, M., Wodak, R. y Vetter, E. (2000) *Methods of text and discourse analysis*, Londres: Sage.
Tusón, A. (2008) *Análisis de la conversación*, 3.ª ed., Barcelona: Ariel.
Van Dijk, T. A. (ed.) (1997) *Discourse studies: A muldisciplinary introduction*, 2 vols., Londres: Sage. [Traducción española, Barcelona: Gedisa].
Wooffitt, R. (2005) *Conversation analysis and discourse analisis*, Londres: Sage.

Entradas relacionadas

pragmática; sociolingüística

DICCIONARIOS

Juan Manuel García Platero

1. Introducción

1.1. Definición

Dado el heterogéneo número de lectores al que van destinados los diccionarios y las diversas finalidades que se persiguen, resulta complejo abordar su definición (Alvar Ezquerra 1980). Podemos decir que un diccionario es, como señala el *DRAE*, un repertorio en forma de libro o soporte electrónico en el que se explican de forma ordenada unidades léxicas, de una o más lenguas, así como de una ciencia o materia específica. Se trata de una obra esencialmente normativa, aunque puedan percibirse grados en cuanto a la aceptación léxica. Por el prestigio que comporta, en ocasiones, se acude al formato del diccionario para ordenar ideas o noticias diversas, pero sin la exhaustividad y el tratamiento léxico que requiere. En estos casos nos encontramos ante los llamados "falsos diccionarios".

Los diccionarios reflejan las palabras que designan a las cosas, no las cosas designadas por las palabras. En este último caso hablaríamos de enciclopedias, que siguen una ordenación temática. A veces se mezclan estas dos perspectivas, por lo que se trataría de diccionarios enciclopédicos.

1.2. Qué debe y qué no debe recoger un diccionario

El diccionario no puede contener todas las voces de una lengua, como se señalaba en algunas definiciones, ya superadas. En primer lugar por la propia naturaleza normativa de este tipo de obras; en segundo lugar porque la mayoría de las palabras derivadas y compuestas son fácilmente deducibles, de ahí que no vengan recogidas y se incluyan los prefijos y sufijos de mayor vitalidad. Sin embargo, en algunos casos este proceder ocasiona algunos problemas (García Platero 2007), ya que muchas creaciones son posibles, pero no todas están generalizadas. En todo caso, desde una perspectiva morfológica, se ha defendido la exclusión de derivados y la recurrencia a un listado de formas afijales, para, de esta manera, subsanar lagunas léxicas derivadas de las consultas azarosas del lexicógrafo (Pena 1994–1995).

La imposibilidad de registrar todas las unidades de una lengua se comprueba, igualmente, al abordar el tratamiento de los vocablos con restricción geográfica o los tecnicismos. En el primer caso, resulta obvio que un diccionario solamente ha de recoger los usos más generalizados y que sirven de vehículo de comunicación para un número importante de hablantes. De este modo, los particularismos locales deben estar presentes únicamente en otras obras lexicográficas, los vocabularios, un tipo de repertorio de restricción diatópica. Lo mismo sucede con los tecnicismos, ya que únicamente se van a recoger los más extendidos, debido, sobre todo, a la función divulgadora de los medios de comunicación. Igualmente, los diccionarios generales (frente a algunos especializados) poseen una perspectiva sincrónica, es decir, incluyen palabras vigentes, aunque en algunos casos aparecen algunos vocablos habituales en textos clásicos.

Conviene señalar, por otro lado, que un diccionario no recoge nombres propios; de lo contrario estaríamos ante un repertorio enciclopédico. Sin embargo, a veces se registran algunos casos, bien por tradición, bien por utilidad, ya que muchos de ellos, sobre todo los relacionados con la historia, la religión y la mitología, forman parte de expresiones fijas, por lo que resulta de interés para comprender su contenido (*tener más paciencia que Job, cruzar el Rubicón*).

2. Partes del diccionario

Tradicionalmente se habla de cuatro partes del diccionario: macroestructura, microestructura, hiperestructura e iconoestructura.

2.1. La macroestructura

Está formada por el conjunto de entradas (o lemas) que conforman el diccionario. En este caso, el usuario procede a una lectura vertical y parcial de los vocablos catalogados para localizar la unidad requerida. En ocasiones, le basta con la consulta de los lemas para constatar que la voz está sancionada (dado que, no pocas veces, se parte de la falsa creencia de que un diccionario posee la capacidad de otorgar vía de existencia a una unidad léxica) o para resolver alguna duda sobre su ortografía.

Los lemas que conforman un diccionario, dispuestos generalmente por orden alfabético, están sometidos a unas convenciones lexicográficas (el sustantivo en singular, el adjetivo en grado positivo, el verbo en infinitivo, etc.) que impiden, salvo excepciones tenidas en cuenta en algunos repertorios didácticos, el reflejo de irregularidades, como ocurre con el grado superlativo de ciertos adjetivos o determinadas formas verbales. Del mismo modo, el tratamiento de la homonimia está necesariamente limitado por este proceder. Piénsese, por ejemplo, en la equivalencia gráfica y fonética del adverbio o conjunción *como* y la primera persona del presente de indicativo de *comer*, pues en el segundo caso se lematiza bajo la forma de infinitivo (Clavería Nadal 2000).

2.2. La microestructura

Incluye toda la información que sigue al lema, por lo que obedece a una lectura horizontal, total o parcial (según la necesidad o pericia del usuario). Se ha hablado, en ese sentido, de una doble enunciación microestructural (Seco 1977): la referente a la unidad léxica en cuanto a signo (la etimología, la categoría gramatical, las marcas de uso, etc.), el primer enunciado, y la que alude únicamente a su contenido, es decir, la definición, el segundo enunciado. Con frecuencia, se olvida que el diccionario contiene algo más que definiciones; de hecho el usuario puede acudir a él para obtener informaciones valiosas independientemente del contenido semántico del vocablo que consulta. La unión del lema y el conjunto de datos referido que le sigue constituyen el artículo lexicográfico.

2.2.1. El primer enunciado

Las informaciones referentes al primer enunciado son múltiples y algunas de ellas constantes, como la categoría gramatical. No suele ser habitual (salvo en algunos catálogos específicos, por ejemplo, los destinados a la enseñanza y aprendizaje de una segunda lengua) la incorporación de transcripciones fonéticas. Sí es frecuente que se incluya la etimología del vocablo (sobre todo en los repertorios generales). Del mismo modo, la información gramatical va a estar siempre presente, como se ha dicho, al menos la categorización de la unidad léxica, aunque pueden incorporarse datos referentes a las irregularidades nominales y, sobre todo, verbales. Igualmente, mediante abreviaturas se alude con frecuencia a las distintas lenguas funcionales a las que pertenece la unidad léxica catalogada. Así, se marcan las variedades diatópicas (localismos), diastráticas (el nivel social, incluido el carácter tecnolectal del vocablo), diafásicas (los registros) y diacrónicas (en referencia a su extensión temporal). De este modo, la ausencia de marca conlleva información, pues se considera que la palabra tiene vigencia, no posee una ubicación geográfica restringida y pertenece al español culto, en situación de formalidad. Algunos repertorios incluyen información pragmática (cuando se hace referencia al empleo eufemístico o peyorativo de una voz o cuando no es adecuado su empleo en una situación determinada), así como marcas de transición semántica (por ejemplo, si estamos ante un uso figurado).

Además, es habitual que se encuentre en este primer enunciado información referente a las relaciones sintagmáticas y paradigmáticas en las que entra la unidad catalogada. En el primer caso, se hace mención a las unidades fraseológicas (básicamente locuciones y fórmulas rutinarias), mientras que en el segundo se alude a los sinónimos, antónimos y voces afines.

Resulta fundamental la presencia de ejemplos que contextualicen el uso de las voces que se lematizan. Generalmente son inventados, dado que resulta complejo encontrar textos que, sin necesidad de manipulación, contengan los datos que el lexicógrafo espera reflejar. El ejemplo ha de servir para hacer más comprensible la definición, pero también es útil para hacer visible el comportamiento gramatical del vocablo, así como sus combinaciones más frecuentes (pues las colocaciones léxicas no vienen marcadas en un lugar concreto de la microestructura). Del mismo modo, aporta información cultural de especial interés para ciertos usuarios.

2.2.2. El segundo enunciado

El segundo enunciado microestructural se centra en la definición. Conviene no confundir el significado de un vocablo (entendido, desde un enfoque estructural, como el valor de contenido de una unidad en relación con las demás) con el sentido (es decir, la variante contextual del significado). Solo aquellos sentidos más generalizados, o consensuados, se recogen en los diccionarios: son las distintas acepciones. La verbalización de un sentido consolidado es la definición (Medina Guerra 2003).

Se entiende que definición y definido han de ser conmutables, de ahí que se diferencien las definiciones propias —en las que se especifica el sentido consolidado del vocablo— de las impropias —explicaciones que señalan cómo y para qué se utiliza una unidad léxica, como ocurre con las preposiciones, conjunciones, etc.— (Bosque 1982).

La más habitual de las definiciones propias es la hiperonímica, la que comienza con un archilexema, que refleja el género próximo, al que se añade una diferenciación específica para establecer los necesarios deslindes con las otras unidades léxicas. Así, si se define la palabra *perro*, se acude a un vocablo inicial caracterizador, el hiperónimo *mamífero*, y se procede a añadir lo esencial para diferenciar este animal de otros. Un exceso de información específica puede conllevar una hiperespecialización, es decir, se tiende al enciclopedismo. En ese sentido, no se informa de la visión que desde la lengua se tiene de la cosa, sino de la cosa misma. Por el contrario, cuando la especificación es menor a la debida se cae en la hipoespecialización, lo que conlleva definiciones ambiguas por insuficientes.

También son frecuentes las definiciones sinonímicas, en las que se incluyen uno o más vocablos equivalentes al definido. En menor medida se encuentran las antonímicas, en las que se niega el opuesto del definido. En ambos casos, es posible que se den círculos viciosos que dificulten la descodificación del vocablo, pues las palabras que forman parte de la definición presentan como equivalentes otras unidades simples (Castillo Peña 1992, 1993).

2.3. *La hiperestructura y la iconoestructura*

En la hiperestructura se incluyen el prólogo del diccionario, los apéndices y los cuadros gramaticales dispersos por la obra (a veces se aparece también información extralingüística, sobre todo en los repertorios escolares). Es obvio que, convenientemente actualizados, resultan de gran interés para incidir en el valor codificador de los repertorios. Por su parte, la iconoestructura está formada por las ilustraciones. Conviene recordar que, más allá del valor puramente ornamental, son muy útiles como complemento lingüístico y cultural a las informaciones contenidas en los diccionarios. Así, se pueden aprovechar las ilustraciones para exponer casos de homonimia o presentar diversos vocablos incluidos en un mismo campo semántico.

3. Tipos de diccionarios. Principales diccionarios del español

Hay muchos criterios de clasificación de los diccionarios, pero tradicionalmente se suele establecer una tipología atendiendo al número de lenguas que contienen. En ese sentido, se pueden distinguir dos grandes grupos: los monolingües y los plurilingües. Hay que destacar que incluso un repertorio monolingüe puede incorporar información de distintas lenguas (piénsese, por ejemplo, en las etimologías o en las clasificaciones científicas de animales y plantas). Del mismo modo, puede aludirse a la ordenación de los materiales léxicos (a partir del significante para llegar al significado, la visión semasiológica, o viceversa, la onomasiológica). Otra perspectiva clasificatoria es la que tiene en cuenta el carácter más o menos restrictivo de las entradas que se catalogan. De este modo, se habla de un criterio extensivo, frente a otro restrictivo, por más que haya que tener en cuenta que, por definición, tal como se vio más arriba, todo diccionario debe atender a un proceso selectivo de las unidades que incluye (Porto Dapena 2002). Así, se puede aludir a la gradación en cuanto a los criterios restrictivos. Igualmente, hay que considerar la perspectiva que tiene en cuenta las relaciones que establece el lema con otras unidades léxicas (sintagmáticas y paradigmáticas) o la preminencia o no del criterio normativo. También es posible acudir a una clasificación que atienda al tipo de usuarios al que va destinado el diccionario o al soporte en el que se presenta este tipo de obras.

3.1. Diccionarios semasiológicos y onomasiológicos

Desde la perspectiva que atiende a la ordenación de las entradas, se distinguen los diccionarios semasiológicos de los onomasiológicos. Aquí habría que hacer referencia a los repertorios generales habituales, frente a los ideológicos. En el caso de los ideológicos, los principales diccionarios se editaron en el siglo XX. Muy conocido es el *Diccionario ideológico de la lengua española. Desde la idea a la palabra; desde la palabra a la idea*, de Julio Casares (1942, 1959). En 1995 se publica, bajo la dirección de Manuel Alvar Ezquerra, el *Diccionario ideológico de la lengua española*, que continúa el método trazado por Casares, pero transformando la clasificación general de los conceptos. También cabe destacar el *Diccionario temático del español* (1998) y el *Diccionario ideológico. Atlas léxico de la lengua española* (2009), ambos de Rafael del Moral.

3.2. El criterio extensivo: tesoros, diccionarios generales y diccionarios manuales

Se puede ver, como se ha señalado, una gradación entre los diccionarios en relación con la visión selectiva de las unidades léxicas.

3.2.1. Los tesoros

Si nos situamos en una perspectiva clasificatoria que tenga en cuenta la extensión de los diccionarios, debemos comenzar por los tesoros. Se suele utilizar este término para designar una obra lexicográfica de grandes dimensiones con citas y perspectiva diacrónica. También se habla de "diccionario de diccionarios". En este último sentido, posee un interés indiscutible el *Nuevo tesoro lexicográfico de la lengua española* (2001) de la Real Academia Española, que recoge un número importante de diccionarios no académicos, publicados en los últimos cinco siglos, así como todos los académicos, con la finalidad de retomar, con la ayuda de las nuevas tecnologías, la labor iniciada por Samuel Gili Gaya, pues dejó inconcluso su *Tesoro lexicográfico*, publicado en 1947. Se recoge, de esta manera, el léxico español entre los siglos XV y XX. Del mismo modo, el *Nuevo tesoro lexicográfico del español (s. XVI-1726)* (2007), de L. Nieto Jiménez y M. Alvar Ezquerra, aúna, en 11 volúmenes, la información contenida en 145 repertorios del español, con datos de cien mil palabras.

3.2.2. Los diccionarios generales

Durante mucho tiempo el *DRAE* ha sido el diccionario general por excelencia, al dominar buena parte de la actividad lexicográfica. Así, desde la publicación del *Diccionario de autoridades* (1726–1739) hasta la reciente vigésima tercera edición del *DRAE* (2014), con evidentes mejoras, los repertorios académicos han tenido una influencia innegable. Sin embargo, son varias las obras no académicas de interés, sobre todo en la época más reciente. En efecto, frente al afán totalizador de los diccionarios lexicográficos, en el siglo XX comienzan a aparecer repertorios de carácter sincrónico en los que se tiene en cuenta no solo la función descodificadora, sino también la codificadora, lo que se comprueba con la importancia dada a la información gramatical o a las voces sinonímicas o afines. En ese sentido, resulta reseñable la publicación en 1945 del *Diccionario general ilustrado de la lengua española*, dirigido por S. Gili Gaya, obra esencialmente sincrónica y descriptiva, en la que se presta especial atención a los americanismos. En 1987 se publica una edición, al cuidado de Alvar Ezquerra, muy actualizada, con un considerable aumento de la macroestructura, así como una mejora de las definiciones. Después de esta edición han surgido otras, con cambios de nombre. Conviene resaltar que en 2001 se editó el diccionario *Lema. Diccionario de la lengua española*, bajo la dirección de Paz Battaner, en parte deudora de los repertorios anteriores. Finalmente, en 2003 vio la luz una versión actualizada con el título *Diccionario de uso del español de América y España*.

Otra obra esencial es el *Diccionario de uso del español*, de María Moliner, que publicó la editorial Gredos entre 1966 y 1967. Aunque la autora parte del diccionario académico, elimina palabras e incorpora voces neológicas y tecnicismos. Entre sus características cabe destacar la ordenación de los lemas por agrupaciones lexemáticas, esto es, atendiendo a la raíz léxica de la palabra. Del mismo modo, se descarta la definición sinonímica, con el fin de evitar los círculos viciosos. Pero el gran valor de la obra viene dado por la importancia otorgada a la codificación léxica, de ahí la abundante información gramatical y onomasiológica. Gran parte de los datos gramaticales se incluyen como apéndice en la segunda edición, que la editorial decidió publicar en 1998, ya no en vida de la autora. La tercera y última edición, hasta el momento, de esta obra vio la luz en 2007.

Otro repertorio de interés es el *Diccionario del español actual* de M. Seco, O. Andrés y G. Ramos, publicado en 1999. Se trata de un diccionario que, desde una concepción esencialmente sincrónica del léxico (no en vano se excluye la información etimológica), incorpora citas de las diferentes acepciones, extraídas de libros impresos, revistas y periódicos, aparecidos entre 1955 y 1993. A finales de 2011 se publicó una segunda edición muy revisada.

3.2.3. Los diccionarios manuales

También se habla, atendiendo al criterio extensivo, de los diccionarios manuales, con una perspectiva sincrónica de la realidad léxica, por lo que se eliminan vocablos no vigentes. Es destacable la aparición, en 2006, del *Diccionario esencial de la lengua española*, de la Real Academia Española, que recupera el espíritu iniciado en 1927 con la publicación del *Diccionario manual e ilustrado de le lengua española*, pues se trata de un compendio del *DRAE*, en el que se incluye el léxico actual, con novedades no sancionadas hasta el momento.

3.3. El criterio selectivo. Los diccionarios particulares

Por lo que se refiere a los repertorios particulares, se puede hablar de los que se centran en las diferencias diatópicas (los dialectales), diastrático-diafásicas (jergales, terminológicos, etc.) o diacrónicas (históricos, etimológicos, de neologismos).

3.3.1. Restricciones diatópicas

Son varios los vocabularios dialectales que se han publicado en los últimos años, muchos de ellos recogidos en tesoros lexicográficos, como el *Tesoro lexicográfico del español de Canarias* (Corrales Zumbado, Corbella Díaz y Álvarez Martínez 1992) y el *Tesoro léxico canario-americano* (Corrales Zumbado y Corbella Díaz, 2010), así como el *Tesoro léxico de las hablas andaluzas* (2000) y el *Diccionario de madrileñismos* (2011), ambos de Alvar Ezquerra.

Por su importancia, conviene reseñar la publicación de los diccionarios de americanismos, si bien resulta imposible reflejar de forma explícita la considerable riqueza del léxico.

De hecho, el *Diccionario de americanismos* de la Asociación de Academias de la Lengua Española (2010), que recoge un número considerable de palabras usadas de manera exclusiva en el español de América (por lo que se excluyen las voces compartidas con el español de España), no abarca, obviamente, todos los particularismos.

3.3.2. Restricciones diastrático-diafásicas

No son pocos los repertorios que catalogan específicamente vocablos marcados diastrática y diafásicamente. Conviene observar que resulta difícil establecer una diferencia exacta entre el registro y el nivel léxico, pues a veces se entrelazan, como también ocurre con la variación diatópica. Son numerosos los repertorios argóticos en español, algunos de los cuales han llenado el hueco que ha dejado el diccionario general académico por criterios habitualmente extralingüísticos, por más que en los últimos años la perspectiva haya cambiado. Entre los repertorios argóticos destacan el clásico *Diccionario de argot español*, de Luis Besses (publicado presumiblemente en 1905), el *Diccionario de argot español* de Víctor León (1980), el *Diccionario de argot*, de Julia Sanmartín Sáez (1998) y el *Diccionario ejemplificado de argot*, de Ciriaco Ruiz (2001). En estas obras se mezclan los vocablos nacidos con un sentido críptico, con el fin de ser reconocidos únicamente por individuos pertenecientes a ámbitos sociales muy específicos, generalmente marginales, con otras unidades tradicionalmente consideradas malsonantes, empleadas, por lo tanto, en situaciones de informalidad léxica.

3.3.3. Restricciones diacrónicas

Hay obras centradas en el ámbito diacrónico (como los diccionarios históricos o los etimológicos), frente a los estrictamente sincrónicos. Uno de los grandes proyectos académicos es el *Diccionario histórico de la lengua española*, en el que se pretende recoger las unidades léxicas del español desde sus orígenes hasta la actualidad, con citas que reflejen su evolución. Desde el plan de trabajo inicial redactado en 1914, la obra ha sufrido no pocas vicisitudes, por lo que la puesta en marcha del *Nuevo diccionario histórico del español*, en versión electrónica, permite que se agilicen los trabajos y que, finalmente, los usuarios dispongan en un plazo prudencial de una herramienta imprescindible para el conocimiento diacrónico del idioma.

Aunque los diccionarios etimológicos no son precisamente nuevos, pues son muchos los que se pueden citar desde los inicios de la lexicografía española monolingüe, no podemos hablar de un criterio estrictamente científico hasta la aparición, en 1954, del primer volumen del *Diccionario crítico-etimológico de la lengua castellana* de J. Corominas (el cuarto y último vio la luz en 1957). Posteriormente, se publicaron los seis tomos del *Diccionario crítico etimológico castellano e hispánico* de J. Corominas y J. A Pascual (1980–1991), en el que se presta atención al ámbito peninsular.

Hay que reseñar también la publicación en los últimos años de repertorios específicos de neologismos. Cabe citar el *Diccionario de neologismos de la lengua española*, de la editorial Larousse, editado en 1998, y, sobre todo, el *Diccionario de voces de uso actual*, de Manuel Alvar Ezquerra (1994), que contiene un número importante de vocablos contextualizados no incluidos en el repertorio académico. Esta obra conoció una segunda edición, muy aumentada, el *Nuevo diccionario de voces de uso actual* (2004). Recientemente ha visto la luz *María Moliner. Neologismos del español actual* (2013), una breve compilación de voces de reciente documentación en el discurso periodístico.

3.4. Relaciones entre las unidades léxicas

3.4.1. Relaciones sintagmáticas

Atendiendo a las relaciones sintagmáticas que se establecen entre los vocablos, se puede hablar de diccionarios de combinaciones léxicas, de locuciones y de refranes. En el caso de las combinaciones léxicas, cabe citar el *Diccionario euléxico para expresarse con estilo y rigor*, de Javier Boneu (2000). Especialmente interesante, por su exhaustividad, es la publicación de *Redes. Diccionario combinatorio del español contemporáneo* (2004) y el *Diccionario combinatorio práctico del español contemporáneo* (2006), ambos dirigidos por Ignacio Bosque, a partir de un corpus de prensa española y americana.

Son también numerosos los repertorios que recogen específicamente locuciones. Es reseñable el *Diccionario fraseológico documentado del español actual* (2004), de Manuel Seco, Olimpia Andrés y Gabino Ramos. Este repertorio, heredero de la primera edición del *Diccionario del español actual* (1999), incluye unas dieciséis mil locuciones, con ejemplos extraídos de la lengua escrita. Del mismo modo, son muy variados los repertorios específicos de refranes en español. En el siglo XX vio la luz, de forma póstuma, el *Diccionario de refranes, adagios, proverbios, modismos y locuciones proverbiales* (1922) de José María Sbarbi, quien en la centuria anterior había publicado varias compilaciones paremiológicas. Son clásicos también los repertorios de Rodríguez Marín, *Más de 21.000 refranes castellanos* (1926), y Martínez Kleiser, *Refranero general ideológico español* (1953). La propia Real Academia incluyó un número considerable de refranes en sus diccionarios generales, hasta que decidió, por su particularidad y extensión, que debían contenerse en un catálogo autónomo, por lo que procedió a eliminarlos y convocar un concurso para llevar a cabo el proyecto. La obra ganadora, publicada en 1975, fue el *Diccionario de refranes* de Juana G. Campos y Ana Barella.

3.4.2. Relaciones paradigmáticas

En cuanto a las relaciones paradigmáticas entre los signos, cabría aludir a los diccionarios de sinónimos (la información antonímica se incluye, cuando aparece, en estas obras). Se suelen distinguir los contrastivos de los acumulativos (Haensch y Omecaña 2004). En el primer caso, se cae en la contradicción de establecer los matices significativos que diferencian las unidades léxicas, lo que no justifica el nombre del repertorio, mientras que en el segundo únicamente se registran listados de palabras sin explicaciones; si acaso aparecen ciertas marcas restrictivas de uso, por lo que no resuelven las dudas de codificación que se le pueden plantear al usuario. Entre los repertorios contrastivos, cabe citar el *Diccionario de sinónimos* de Samuel Gili Gaya, que apareció en 1958. En 2000 vio la luz una nueva edición, actualizada y ampliada, bajo la dirección de José Manuel Blecua. Los acumulativos son más numerosos y ofrecen menos interés, aunque destacan el *Gran diccionario de sinónimos, voces afines e incorrecciones* de Fernando Corripio (1974), el *Diccionario de sinónimos y antónimos* de la editorial Espasa Calpe (1994), y el *Diccionario actual de la lengua española. Sinónimos y antónimos* de SM (1999).

3.5. Perspectiva normativa. Los diccionarios de dudas

Se ha dicho antes que los diccionarios son esencialmente prescriptivos, pero algunos se especializan en intentar resolver las dudas más frecuentes que se plantean desde el punto de vista ortográfico, gramatical o léxico. En 2005 la RAE publicó el *Diccionario panhispánico de dudas*, que pretende solucionar no pocos problemas lingüísticos planteados por los hablantes, desde la perspectiva de la norma culta actual. Resulta también imprescindible el *Diccionario de dudas y dificultades de la lengua española* de Manuel Seco, cuya primera edición apareció en 1961, pero que ha conocido continuas actualizaciones. Así, en 2011 vio la luz el *Nuevo diccionario de dudas y dificultades de la lengua española*, que constituye una revisión integral de la obra anterior.

3.6. La adecuación al tipo de usuario. Los diccionarios didácticos

Se puede pensar también en una clasificación que tiene en cuenta el tipo de usuario al que va destinada la obra. Desde esta perspectiva, se distinguen los diccionarios generales de los escolares. Si en una primera etapa los diccionarios escolares no se caracterizaban por su valor didáctico (Hernández Hernández 1989), al relegar la función codificadora (ya que la mayor parte de las veces no se trataba de obras de nueva planta), en los últimos años se tiene en cuenta la adaptación a las necesidades reales de los potenciales usuarios de este tipo de repertorios.

La RAE editó en 1996 un *Diccionario escolar*, en la que se reducen las 83.000 entradas de la edición académica de 1992, vigente en ese momento, a 33.000, debido a que se suprimen vocablos anticuados (también, por supuesto, acepciones), así como algunos localismos, aunque se tienen en cuenta las palabras aceptadas desde la aparición de la señalada edición del *DRAE*. Los desaciertos en el tratamiento de las definiciones, pues no se consideran los requerimientos del tipo usuario al que va destinada la obra, se palían, en parte, en la segunda edición del año 1997. Mayor interés posee el *Diccionario del estudiante*, también de la Real Academia, publicado en 2005 (en 2011 apareció una segunda edición). Se trata de un repertorio de nueva planta, elaborado a partir de la base documental de la Academia. Además, la visión panhispánica se percibe con la publicación en 2007 del *Diccionario práctico del estudiante* (se ha editado una segunda edición en 2012), una versión del *Diccionario del estudiante* orientada a los alumnos hispanoamericanos, por lo que se excluyen los vocablos no usados en el continente americano y se adaptan los ejemplos al uso específico de la comunidad lingüística.

Al margen de la obra académica, se pueden señalar muchos diccionarios con intencionalidad didáctica: *Diccionario escolar de la lengua española VOX* (1992), *Diccionario escolar de la lengua española Santillana* (1993), *Diccionario Anaya de la lengua. Primaria y Secundaria* (1997) o *Diccionario Estudio Salamanca* (2007). Conviene resaltar, por su especial valor pedagógico, los repertorios de la editorial SM: *Imaginario. Diccionario en imágenes para niños* (1992), *Intermedio. Diccionario didáctico del español* (1993), *Elemental* (1994) y *Avanzado* (1997), así como el *Diccionario de uso del español actual* (1997), aunque este último, por sus características, se encuentra a medio camino entre los repertorios escolares y los generales. La mayoría de estas obras ha conocido ediciones posteriores, convenientemente actualizadas. Recientemente ha visto la luz, en esta misma editorial, el *Diccionario básico de la lengua española. Primaria* (2014), con la revisión de la Real Academia Española, que aporta, además, el Corpus del Español del Siglo XXI (CORPES XXI) para elaborar los listados de palabras más frecuentes. Del mismo modo, se han introducido las últimas modificaciones gramaticales y ortográficas.

Son reseñables, por otra parte, los diccionarios destinados a la enseñanza y aprendizaje del español como segunda lengua. Se pueden citar el *Diccionario para la enseñanza de la lengua española* (1995) de VOX-Biblograf, el *Diccionario Salamanca de la lengua española* (1996) de Santillana, el *Diccionario de español para extranjeros* (2002) de SM, y el *Diccionario de la lengua española para estudiantes de español* (2002) de Espasa.

3.7. *Los diccionarios en soporte electrónico*

Una última clasificación de los diccionarios tiene en cuenta el soporte, por lo que se distinguen los repertorios en papel de los electrónicos. Pese a las evidentes ventajas de estos últimos, no son pocos los obstáculos a los que tienen que hacer frente, como la dificultad de venta o la fiabilidad de contenidos, además de su estabilidad o durabilidad (Aguilar Escobar 2009). Es de suponer que las deficiencias se irán subsanando, en perjuicio de la obra impresa. Es en este sentido, es reseñable el esfuerzo realizado por la RAE al poner a disposición libre de los usuarios, en red, su producción lexicográfica. En todo caso, el tiempo tendrá la última palabra.

Bibliografía

Aguilar Escobar, G. (2009) *Los diccionarios electrónicos del español*, Madrid: Arco Libros.

Alvar Ezquerra, M. (1980) "Qué es un diccionario? Al hilo de unas definiciones académicas", *Lingüística Española Actual*, 2, 1, pp. 103–118.

Bosque, I. (1982) "Sobre la teoría de la definición lexicográfica", *Verba*, 9, pp. 105–123.

Castillo Peña (1992) "La definición sinonímica y los círculos viciosos", *Boletín de la Real Academia Española*, 72, pp. 463–566.

Castillo Peña (1993) "La definición sinonímica y los círculos viciosos", *Boletín de la Real Academia Española*, 73, pp. 133–213.

Clavería Nadal (2000) "El problema de la homonimia en la lexicografía española", en Ruhstaller, S. y Prado Aragonés, J. (eds.) *Tendencias en la investigación lexicográfica del español*, Huelva: Universidad de Huelva, pp. 365–375.

García Platero, J. M. (2007) "El tratamiento de los afijos en los diccionarios", en Campos Souto, M., Conde Noguerol, E., Pérez Pascual, J. I. y Porto Dapena, J. Á. (eds.) *Reflexiones sobre el diccionario*, A Coruña: Universidade da Coruña, pp. 207–215.

Haensch, G. y Omeñaca, C. (2004) *Los diccionarios del español en el siglo XXI*, Salamanca: Ediciones Universidad de Salamanca.

Hernández Hernández, H. (1989) *Los diccionarios de orientación escolar*, Tubinga: Max Niemeyer.

Medina Guerra, A. M. (2003) "La microestructura del diccionario: la definición", en Medina Guerra, A. M. (coord.) *Lexicografía española*, Barcelona: Ariel, pp. 127–150.

Pena, J. (1994–1995) "Formación de palabras, gramática y diccionario", *Revista de Lexicografía*, 1, pp. 163–181.

Porto Dapena, J. -Á. (2002) *Manual de técnica lexicográfica*, Madrid: Arco Libros.

Seco, M. (1977) "Problemas formales de la definición lexicográfica", en *Estudios ofrecidos a Emilio Alarcos Llorach*, Oviedo: Universidad de Oviedo, vol. II, pp. 217–239.

Lecturas complementarias

Anglada Arboix (2003) *Lexicografía española*, Barcelona: Universitat de Barcelona.

Bajo Pérez, E. (2000) *Los diccionarios. Introducción a la lexicografía del español*, Trea: Gijón.

Martínez de Sousa, J. (1995) *Diccionario de lexicografía práctica*, Barcelona: VOX.

Entradas relacionadas

lexicografía; lexicología; gramática académica

DIVERSIDAD LINGÜÍSTICA

Richard Cameron y Kim Potowski

1. Introducción

En su introducción a la lingüística (2010: 19–20), Hualde, Olarrea, Escobar y Travis notan que "el lenguaje es algo que la biología crea en los niños, de la misma manera que la biología hace que los murciélagos se cuelguen boca abajo". Al igual que Pinker (1994), esta perspectiva contempla el idioma como un instinto o un órgano lingüístico, dentro del cual está lo que se ha denominado la *gramática universal*. Varios hechos empíricamente comprobados apoyan la conclusión de que los seres humanos compartimos una gramática universal. Por ejemplo, todos los seres humanos desarrollan por lo menos un idioma. Como otros instintos, sabemos que el idioma aparece en etapas durante el desarrollo de los niños. Además, los niños no "deciden" aprender un idioma, de igual manera que los adultos deciden cómo vestirse por la mañana o qué comer al mediodía. Aprender un idioma es un instinto, y un individuo no escoge ni intencional ni libremente. Entonces surge la meta de describir y explicar el contenido de la gramática universal. O sea, bajo esta perspectiva, se busca identificar los aspectos lingüísticos de la mente que son iguales o universales en cada ser humano. Por supuesto, esta perspectiva también conlleva la distinción entre la competencia y la actuación con un enfoque en la competencia (Chomsky 1986; Newmeyer 2003).

A la misma vez, si volvemos a los murciélagos, también sabemos que hay una diversidad de murciélagos según su hábitat (Vaughan, Ryan y Czaplewski 2011: 256). Igualmente, en cuanto al idioma, sabemos que no todo el mundo habla igual, ya sea porque habla idiomas distintos, o porque habla dialectos diferentes, o porque la situación y el propósito del hablante son diferentes, o por la edad, el sexo, la clase social, la etnia o la época en la que vive. Consideremos una serie de anuncios publicitarios que televisó Citibank en 2003 para promover la conciencia sobre el "robo de identidad" financiero (es decir, cuando alguien usa los datos personales de otra persona para ilegalmente conseguir y usar tarjetas de crédito). Cada anuncio presenta una víctima ficticia del robo de identidad mientras desarrolla alguna actividad normal de su vida: una dentista asiáticoamericana de unos 40 años de edad atiende a un paciente; un hombre calvo afroamericano de unos 30 levanta pesas en el gimnasio; unas señoras angloamericanas setentonas toman café sentadas en un sofá. Sin embargo, estos individuos hablan con las voces de los ladrones, recontando los lujos que adquirieron con el dinero de las víctimas. Las compras hechas por los ladrones representan una chistosa incongruencia con respecto a lo que normalmente asociaríamos con las víctimas: la dentista compró una crema autobronceadora y un trasplante de cabello para volverse "atrae muchachas" en un retiro para solteros; el hombre calvo se hizo extensiones de cabello e inyecciones en los labios para lanzar su carrera de cantante en Hollywood; y las señoras mayores se jactaron de lo ruidosas que eran sus nuevas motocicletas. Más incongruentes y chistosas aún son las voces con las que hablan: una voz ronca y masculina sale de la diminuta dentista; el musculoso hombre afroamericano tiene un acento *Valley Girl*; y las refinadas señoras hablan con palabras y acento *hillbilly* (la gente de áreas rurales y montañosas de ciertas partes de los Estados Unidos). De esta manera, revelan los anuncios de Citibank el papel crítico que juega la diversidad lingüística: dependemos de ella para construir el género, la edad, la etnicidad, el estatus socioeconómico y otros factores. De ahí surge la meta de describir y explicar esa diversidad lingüística en términos sincrónicos y diacrónicos.

Juntando estas dos perspectivas: si somos iguales por compartir una gramática universal, ¿cómo y por qué somos diferentes?, y ¿cómo representamos estas diferencias? Las agendas de la universalidad y la diversidad lingüística se distinguen entre sí por algunos puntos. Para estudiar la universalidad, tomamos al individuo como objeto de estudio; es porque si la biología crea el lenguaje de igual manera que crea el sistema digestivo, el idioma reside en el individuo biológico. En cambio, cuando investigamos la diversidad lingüística, tomamos como objeto los grupos sociales y la vida social; en este caso, el idioma o los idiomas que aprendemos y usamos son los que hablan los diversos grupos sociales en nuestra vida diaria, y el idioma reside en la comunidad. Para poder investigar esta diversidad, hay que ubicar al individuo en su entorno social, su hábitat de relaciones e identidades sociales. Si investigamos ese conjunto de relaciones e identidades sociales, inevitablemente investigamos el comportamiento de los grupos.

Dentro de las comunidades hay varias fuentes de diversidad lingüística. Vamos a enfocarnos en dos: 1) la variación sociolingüística y el concepto de heterogeneidad ordenada (*orderly heterogeneity*) de Weinreich, Labov y Herzog (1968: 100); y 2) los contextos de bilingüismo y lenguas o dialectos en contacto que resultan de la migración.

2. La heterogeneidad ordenada

Aun en una comunidad monolingüe, como vimos con los anuncios de Citibank, los individuos con diferentes características sociales hablan de maneras distintas. Crucialmente, esta variación no es al azar. La variación sociolingüística se investiga sobre la base de lo que se llama la *variable sociolingüística*. Una variable sociolingüística ocurre cuando los hablantes de un idioma (o, mejor dicho, el mismo dialecto de un idioma) tienen dos o más maneras de decir lo mismo. Por ejemplo, podemos decir las frases (a) o (b):

(a) Nosotros hablamos el chino.

(b) Hablamos el chino.

En ambos casos, a pesar de la presencia o ausencia del pronombre "nosotros", logramos comunicar el mismo significado. Lo mismo ocurre con la fonología: si alguien dice "Quiero más pan", "Quiero máh pan" o "Quiero má_ pan", se entiende perfectamente a pesar de las tres maneras de pronunciar la palabra *más*. Entonces una variable sociolingüística se concibe como un conjunto de opciones en el cual las opciones son similares en términos de significado. Estos conjuntos de opciones ocurren en la fonética y la fonología (Medina-Rivera 2011), la morfología y la sintaxis (Torres Cacoullos y Schwenter 2008; Sessarego y Gutiérrez-Rexach 2011; Otheguy y Zentella 2012), y la pragmática y el discurso (Cameron y Schwenter 2013).

Las variables sociolingüísticas se clasifican en dos tipos: inestables y estables. Una variable inestable se asocia con el cambio lingüístico, mientras que una variable estable, no. Sin embargo, los dos tipos de variables se pueden correlacionar estadísticamente con elementos de la diversidad social como la clase social, el sexo y la edad. Cuando estas correlaciones entre una variable sociolingüística y los factores sociales aparecen en un estudio cuidadoso de una comunidad, encontramos lo que Weinreich y sus colegas (1968: 100) denominaron la *heterogeneidad ordenada*: evidencia de que la diversidad lingüística no ocurre al azar. De hecho, podemos identificar dos tipos de relaciones: una que se da con la clase social y con el sexo, y otra con el estilo.

Un ejemplo muy estudiado de una variable sociolingüística estable es la pronunciación de la (s) al final de las palabras en el español puertorriqueño. Como en otros dialectos caribeños, los puertorriqueños producen tres variantes de la (s) en esta posición: una [s] alveolar, una [h] glotal, y una variante elidida que indicamos con [0]. Cameron (2000) hizo un estudio de 62 hablantes de la ciudad de San Juan basado en entrevistas sociolingüísticas. En el análisis se compararon dos clases sociales (alta y baja), mujeres con hombres (o niñas con niños) y 5 grupos según edad (el hablante más joven tenía 5 años y el más viejo 85). En total, se analizaron 9.359 instancias o apariciones de la (s) en posición final de palabra. En el Cuadro 1 se indica la distinción entre las clases sociales, después entre las mujeres y los hombres, y al final entre los grupos de edades diferentes.

Los datos revelan algunos patrones que también se han encontrado en otros estudios. Como las variantes [s] y [h] se asocian con los estilos de prestigio (como lo han indicado muchos estudios), no es de extrañar que estas variantes se encuentren más en la clase alta (44 %) y menos en la clase baja (20 %). En cambio, la variante elidida, que es la variante menos prestigiosa, aparece más en la clase baja (80 %) y menos en la clase alta (56 %). Por supuesto, las personas de las dos clases sociales producen las tres variantes. Sin embargo, las

Cuadro 1 Clase, sexo y edad en San Juan, Puerto Rico: la (s) en posición final de palabra (Cameron 2000)

	[s] %	[h] %	[0] %	Total
Clase				
Alta	9	35	56	5.424
Baja	3	17	80	3.935
Sexo				
Mujer	8	33	59	4.884
Hombre	5	22	74	4.475
Edad				
Preadolescente	2	20	77	1.275
Adolescente	5	21	74	1.290
20–39 años	10	39	52*	3.111
40–50 años	5	22	73	1.863
60–85 años	6	24	70	1.820

* Noten la baja en el uso de [0] entre el grupo de 20–39 años. Regresaremos a este punto más adelante.

frecuencias con las cuales producen las tres variantes son diferentes. Estas diferencias reflejan la diversidad social asociada con la distinción entre la clase alta y la clase baja.

Un patrón parecido ocurre entre los hombres y las mujeres. Las variantes estándares [s] y [h] se encuentran más en el habla de las mujeres (41 %) y menos en el habla de los hombres (27 %). En cambio, la variante elidida (la menos prestigiosa) aparece más en el habla de los hombres (74 %) y menos en el habla de las mujeres (59 %). O sea, existe un paralelo entre los efectos asociados con la clase social y con el sexo: las clases altas favorecen las variantes estándares en comparación con las clases bajas, y las mujeres también favorecen las variantes estándares en comparación con los hombres. Este paralelo entre la clase social y el sexo se ve en muchos estudios y en otros idiomas también (Labov 1990; Cameron 2005; y los autores publicados y citados en Díaz-Campos 2014: 30–60).

Además de la clase social y el sexo, también se ha encontrado un patrón que distingue la gente de diferentes edades. Volvamos a considerar en el Cuadro 1 la columna con las frecuencias de la variante elidida [0]. Los dos grupos más jóvenes no son muy diferentes a los dos grupos mayores. Sin embargo, como señalamos anteriormente, el grupo de entre 20 a 39 años baja significativamente en su frecuencia de esta variante al 52 %. Cedergren (1973: 63–64) encontró un patrón parecido en el español panameño.

¿Por qué surgen estos patrones según edad, la clase social y el sexo? En cuanto al patrón de edad, una respuesta común asume que las variantes de la variable (s) tienen un valor simbólico para los miembros de la comunidad, con la [s] o la [h] del lado estándar y la variante [0] del lado no estándar. De esta manera, las variantes estándares se asocian con un tipo de prestigio o nivel de preparación. Si los hablantes son conscientes de este valor simbólico, escogen entre las tres variantes para proyectar una imagen competente y preparada. Esto es muy importante en ciertos momentos de la vida, sobre todo cuando uno entra al mercado laboral. Por este motivo, las personas entre los 20–39 años suelen aumentar el uso de las variantes estándares y disminuyen el uso de las variantes no estándares como un acto estilístico intencional —como se vio en el Cuadro 1. Por tanto, las diferencias lingüísticas correlacionadas con la edad realmente no se deben al número de años que tenga la persona, sino a otras cosas que ocurren en diferentes momentos de la vida. Por supuesto, surgen otras preguntas. Por ejemplo, si este grupo de personas entre los 20–39 años aumenta su frecuencia de las variantes estándares en esta época de su vida, ¿por qué la disminuye más tarde?

Si lo que hemos dicho aquí es cierto, esto indica también que los elementos del idioma que se asocian con la diversidad lingüística pueden asumir un valor estilístico. De hecho, Bell (1984: 151) ha identificado una relación de implicación entre el estilo y la diversidad social: si una variable sociolingüística se presta para el uso estilístico, la misma variable demostrará una correlación con clase social y quizás con el género. O sea, la presencia de estilo variacionista se deriva de un estado anterior de diversidad social en el uso del idioma. Por lo tanto, la diversidad social en el uso del idioma sirve como fuente del estilo en el habla de los individuos que componen una comunidad.

En cuanto a los paralelos entre clase social y el sexo —nótense las semejanzas entre los patrones de (s) según clase social y según sexo—, todavía no se ha logrado una explicación satisfactoria. Esto se debe en parte al hecho de que ciertos estudios ponen en duda la generalización de que las mujeres siempre favorecen las variantes estándares. Por ejemplo, en el estudio de Cameron (2000), si dividimos aún más a los dos grupos de "clase social" según el tipo de ocupación y los combinamos con el sexo, se nota algo que en el análisis anterior no pudo verse (véase sobre todo el uso de [0] en el Cuadro 2).

El patrón que vimos antes aparece de nuevo en tres de los grupos ocupacionales. Entre los profesionales, los que trabajan en trabajos técnicos o de venta y los del grupo de labor

Cuadro 2 La realización de (s) según nivel de ocupación y sexo en San Juan (Cameron 1992: 302)

Grupo	Variante	Hombre	Mujer
Profesional	s/h	38 %	54 %
	0	62 %	46 %
	Total	628	1.500
Técnico y ventas	s/h	43 %	53 %
	0	57 %	47 %
	Total	1.172	439
Labor especializada	s/h	11 %	26 %
	0	89 %	74 %
	Total	1.021	407
Labor no especializada	s/h	25 %	24 %
	0	75 %	76 %
	Total	413	803

especializada, los hombres favorecen la variante elidida en comparación con las mujeres, y las mujeres favorecen las variantes estándares. No obstante, en el grupo más bajo, desaparece esta diferencia entre los hombres y las mujeres. Trudgill (1974) encontró resultados parecidos en su estudio de la variable -*ing* (por ejemplo en *running* vs. *runnin'*) en el inglés de Norwich, Inglaterra. Si nos interesa proponer una respuesta uniforme a la pregunta de por qué las mujeres favorecen las variantes estándares y los hombres las variantes no estándares, tenemos que incluir el hecho de que, a veces, esta generalización no se cumple, sobre todo en las clases socioeconómicas más bajas. Otra cosa que enriquece el debate teórico sobre la diversidad asociada con el sexo, la clase social y la edad tiene que ver con el cambio lingüístico. Para más información sobre este tema, véase Cameron (2011, 2005, 2000). Por supuesto, el cambio lingüístico resulta en aún más diversidad lingüística en términos diacrónicos.

En resumen, la diversidad de experiencias sociales según clase social, sexo y edad contribuye a la diversidad lingüística dentro de cada comunidad de manera claramente correlacionada. Una nota adicional es que ciertas variables sociolingüísticas muestran correlaciones tanto estilísticas como sociales; otras variables muestran correlaciones sociales sin patrones estilísticos; pero no conocemos ninguna variable que muestre solo patrones estilísticos sin patrones sociales. Es decir, una variación social previa parece necesaria para que se pueda emplear la variable de manera estilística.

3. La variación debida al contacto de lenguas y de dialectos

Debido al movimiento de los seres humanos, el panorama lingüístico se vuelve aún más heterogéneo que en las comunidades monolingües. El contacto del español con otras lenguas resulta en varios fenómenos lingüísticos como los descritos por Klee y Lynch (2009), Montrul (2013) y en el presente volumen. Los individuos y las comunidades bilingües pueden variar según una gama aún más amplia de características que el sexo, la clase social y la edad. Por ejemplo, en los Estados Unidos, los hispanohablantes cuentan con diferentes niveles de proficiencia en español y en inglés, así como variaciones en las oportunidades de hablarlas en diferentes contextos; y una mayor o menor influencia del inglés. La proficiencia suele ir de la mano de la generación de inmigración: la primera generación suele llegar de sus países hispanohablantes monolingües en español; sus hijos, la segunda generación, se crían en Estados Unidos bilingües, con el español y el inglés fuertes (el inglés casi siempre llega a dominar sobre el español, tanto en proficiencia como en cantidad de uso); y la tercera generación, los nietos de los que inmigraron, muchas veces solo poseen capacidades de español comprensivas y no productivas.

En el ámbito educacional, los resultados de todos estos fenómenos dan lugar a debates importantes sobre qué dialecto del español enseñar a los "hablantes de herencia", es decir, a los latinos bilingües (Del Valle 2014 y el presente volumen). ¿Quién decide si una forma lingüística es apropiada para cierto evento comunicativo o no? Por ejemplo, si un alumno dice "felonía" en vez de "delito mayor" (del inglés *felony*), ¿cuál debe ser la reacción de los profesores de español? De hecho, algunos estudiantes universitarios se pueden ofender ante las "correcciones" de sus profesores sobre su manera de hablar el español (Potowski 2002). ¿Cómo sabemos si *felonía* es un auténtico uso de una comunidad bilingüe determinado, si incluso tiene una difusión notable a través del país, o si simplemente lo inventó el alumno? Se recomienda que los profesores del español para hablantes nativos (EHN) averigüen preguntándoles a los alumnos y a sus colegas, pero también que se informe a los alumnos de que les van a presentar otra manera de decirlo, que probablemente sea comprendida por un mayor número de personas en el mundo hispanohablante. Sin embargo, como bien nota Villa (1996), para muchos trabajos en los Estados Unidos hace falta dominar una norma local popular, y no una norma culta internacional, pues el objetivo es comunicarse con los hispanos del país. Por lo tanto, recomienda Carreira (2004) que se decida qué español enseñar según el objetivo de los alumnos: si buscan poderse comunicar con familiares o en trabajos locales, que se enfoquen en practicar la norma local, pero si quieren comunicarse más allá de su ambiente inmediato, que estudien una norma culta. Según ella:

> [...] hay un fuerte argumento que los cursos EHN deben ser lingüísticamente híbridos, incorporando varias variedades que tienen valor para los latinos estadounidenses, incluyendo el español académico y las variedades locales bilingües y monolingües. Para una clase determinada, la importancia relativa de estas variedades junto con otros temas lingüísticos debe determinarse, así como consideraciones internas y externas a la clase.

Además del contacto con el inglés, el español en Estados Unidos también cuenta con diferentes dialectos referenciales, como el mexicano, el puertorriqueño, el dominicano, etc. (Escobar y Potowski 2015). Cada dialecto presenta rasgos bastante diferentes, y cada grupo suele manifestar ideologías muy fuertes sobre los dialectos de los otros (Zentella 1990; Potowski 2014). Aunque el estudio del contacto de dialectos del español en Estados Unidos está en su infancia, se ha visto que sí se ejercen influencia unos sobre otros en los sistemas siguientes:

Morfosintaxis:
- Los pronombres de sujeto (expreso vs. nulo) entre hablantes cubanos, colombianos, dominicanos, ecuatorianos, mexicanos y puertorriqueños en Nueva York (Otheguy y Zentella 2012).
- El uso del pronombre *vos* por salvadoreños en contacto con mexicanos en Houston (Schreffler 1994; Hernández 2002).

Léxico:

- El léxico entre puertorriqueños, dominicanos, colombianos y cubanos en Nueva York (Zentella 1990) y entre mexicanos y puertorriqueños de Chicago (Potowski y Torres en progreso).

Fonología:

- La realización de la /s/ en posición final de sílaba (Aaron y Hernández 2007) y de la velarización de la /n/ en posición final de palabra (Hernández 2009) entre salvadoreños en Houston.
- La velarización de la /rr/ entre puertorriqueños en Chicago (Potowski y Torres en progreso).

También hay individuos que experimentan el contacto de dialectos en sus propias casas y familias, lo que Potowski (2011) denominó el *contacto de dialectos intrafamiliar*. Encontró que muchos "mexirriqueños" —individuos con un padre mexicano y una madre puertorriqueña, o viceversa— manifiestan rasgos de los dos dialectos. En una interesante variación del tema de la influencia del sexo sobre la lengua, también encontró (2008) que el dialecto de la madre puede tener mayor influencia en los rasgos lingüísticos del español de sus hijos mexirriqueños, lo cual hace eco a la propuesta de Labov (1990) sobre que las mujeres encabezan los cambios lingüísticos debido a las asimetrías en el cuidado de niños: si una mamá pasa más tiempo hablando con el niño que el papá, es posible que el niño desarrolle más rasgos del dialecto de ella que del dialecto de su padre.

Estos estudios indican que el contacto lingüístico —con el inglés y entre diferentes dialectos del español— contribuye a la diversidad sociolingüística, interrumpiendo la heterogeneidad ordenada común de las comunidades monolingües vista en la sección anterior. A pesar de estas complicaciones, sería lógico predecir que ciertos rasgos lingüísticos siguen correlacionándose con la edad, el sexo y el estatus socioeconómico de los hablantes. Sin embargo, no se han hecho muchos estudios sobre esta variación hasta la fecha. Resumiremos a continuación cuatro de estos estudios. Orozco (2007) encontró que las mujeres adelantaban el incremento en el uso de formas perifrásticas para expresar el futuro y la posesión entre colombianos en Nueva York. En Michigan, Alfaraz (2010) encontró que las mujeres mexicanas (pero no las cubanas) usaban más el verbo copulativo *estar* en contextos donde se esperaba *ser*. Otheguy y Zentella (2012) encontraron que las mujeres caribeñas usaban más una /s/ alveolar que los hombres, y que las mujeres continentales (*mainlanders*, es decir, las colombianas, ecuatorianas y mexicanas) usaban más pronombres que los hombres, concluyendo que estas dos son áreas de cambio en progreso. Más tarde, Lapidus Shin (2013) encontró evidencia de mayor uso de pronombres entre las mujeres cubanas y puertorriqueñas también, pero solo entre las que inmigraron desde Latinoamérica; este "efecto mujer" no se dio entre las nacidas en Estados Unidos. Propone la autora que lo que diferencia a las inmigrantes mujeres de los inmigrantes hombres es el habla de los latinos nacidos en Estados Unidos:

> Sugiero que, comparadas con los hombres, las mujeres tienen un contacto más extensivo con los latinos nacidos en Estados Unidos, incluyendo con sus propios hijos. A la luz de la evidencia de que las mujeres pueden ir delante de los hombres en los cambios [lingüísticos] en los ámbitos bilingües, propongo que las explicaciones actuales para el efecto mujer, que se enfocan en la proyección de la identidad social (e.g., Labov 2001; Eckert y McConnell-Ginet 2003) deben expandirse para incorporar y subrayar la importancia del papel de las mujeres inmigrantes en las comunidades bilingües (2013: 136).

4. Conclusión

La diversidad lingüística se da de manera bastante organizada en las comunidades de habla tanto monolingües como bilingües. Varios factores principales como el género, la edad (o más bien la etapa de la vida), la clase social y el estilo parecen condicionar el uso de las variables lingüísticas. Un área fructífera para futuras investigaciones estaría en las comunidades bilingües de los Estados Unidos, donde el contacto de lenguas contribuye con una mayor heterogeneidad a los posibles resultados.

Bibliografía

Aaron, J. y Hernandez, J. E. (2007). "Quantitative evidence for contact-induced accommodation: Shifts in /s/ reduction patterns in Salvadoran Spanish in Houston", en Potowski, K. y Cameron, R. (eds.) *Spanish in contact: Policy, social, and linguistic inquiries*, Amsterdam: Benjamins, pp. 329–344.

Alfaraz, G. (2010) "The influence of social factors on Spanish dialect contact in the US: A look at Mexican and Cuban Spanish in a Midwestern city", *Southwest Journal of Linguistics*, 29, pp. 27–54.

Bell, A. (1984) "Language style as audience design", *Language in Society*, 13, pp. 145–204.

Cameron, R. (2011) "Aging, age, and sociolinguistics", en Díaz-Campos, M. (ed.) *The handbook of Hispanic sociolinguistics*, Malden MA: Wiley-Blackwell, pp. 207–229.

Cameron, R. (2005) "Aging and gendering", *Language in Society*, vol. 34, pp. 23–61.

Cameron, R. (2000) "Language change or changing selves: Direct quotation strategies in the Spanish of San Juan, Puerto Rico", *Diachronica*, 17, pp. 249–292.

Cameron, R. (1992) *Pronominal and null subject variation in Spanish: Constraints, dialects, and functional compensation*, University of Pennsylvania [*dissertation*].

Cameron, R. y Schwenter, S. (2013) "Pragmatics and variationist sociolinguistics", en Bayley, R., Cameron, R. y Lucas, C. (eds.) *The Oxford handbook of sociolinguistics*, Oxford: Oxford University Press, pp. 464–483.

Carreira, M. (2004) "Seeking explanatory adequacy: A dual approach to understanding the term 'Heritage Language Learner'", *Heritage Language Journal*, 2, pp. 1–25.

Cedergren, H. (1973) *The interplay of social and linguistic factors in Panama*, Cornell: Cornell University [*dissertation*].

Chomsky, N. (1986) *Knowledge of language: its nature, origins, and use*, Nueva York: Praeger.

Del Valle, J. (2014) "The politics of normativity and globalization: Which Spanish in the classroom?", *The Modern Language Journal*, 98, pp. 358–372.

Díaz-Campos, M. (2014) *Introducción a la sociolingüística hispánica*, Malden, MA: Wiley Blackwell.

Eckert, P. y McConnell-Ginet, S. (2003) *Language and gender*, Cambridge: Cambridge University Press.

Escobar, A. M. y Potowski, K. (2015) *El español de los Estados Unidos*, Cambridge: Cambridge University Press.

Hernández, J. E. (2009) "Measuring rates of word-final nasal velarization: The effect of dialect contact on in-group and out-group exchanges", *Journal of Sociolinguistics*, 13, pp. 583–612.

Hernández, J. E. (2002) "Accommodation in a dialect contact situation", *Filología y Lingüística*, 28, 2, pp. 93–110.

Hualde, J. I., Olarrea, A., Escobar, A. M., y Travis, C. (2010) *Introducción a la lingüística hispánica*, 2.ª ed., Cambridge: Cambridge University Press.

Klee, C. y Lynch, A. (2009) *El español en contacto con otras lenguas*, Washington, DC: Georgetown University Press.

Labov, W. (2001) *Principles of linguistic change*, vol. 2: *Social factors*, Oxford: Blackwell.

Labov, W. (1990), "The intersection of sex and social class in the course of linguistic change", *Language Variation and Change*, 2, pp. 205–254.

Lapidus Shin, N. (2013) "Women as leaders of short-term language change: A qualification from the bilingual perspective", en Carvalho, A. y Beaudrie, S. (eds.) *Proceedings from the 6th Workshop on Spanish Sociolinguistics*, Somerville, MA: Cascadilla Proceedings Project, pp. 135–147.

Medina-Rivera, A. (2011) "Variationist approaches: External factors conditioning variation in Spanish phonology", en Díaz-Campos, M. (ed.) *The handbook of Hispanic sociolinguistics*, Malden MA:Wiley-Blackwell, pp. 36–53.

Montrul, S. (2013) *El bilingüismo en el mundo hispanohablante*, Malden, MA: John Wiley & Sons.

Newmeyer, F. (2003) "Grammar is grammar and usage is usage", *Language*, 79, pp. 682–707.

Orozco, R. (2007) "Social constraints on the expression of futurity in Spanish-speaking urban communities", en Holmquist, J., Lorenzino, A. y Sayahi, L. (eds.) *Selected proceedings of the Third Workshop on Spanish Sociolinguistics*, Somerville, MA: Cascadilla Proceedings Project, pp. 103–112.

Otheguy, R. y Zentella, A. C. (2012) *Spanish in New York: Language contact, dialectal leveling, and structural continuity*, Nueva York: Oxford University Press.

Potowski, K. (2015) "Ethnolinguistic identities and ideologies among Mexicans, Puerto Ricans, and 'MexiRicans' in Chicago", en Márquez-Reiter, R. y Rojo, L. M (eds.) *A sociolinguistics of diaspora: Latino practices, identities and ideologies*, Oxford: Routledge, pp. 13–30.

Potowski, K. (2011) "Intrafamilial dialect contact", en Díaz-Campos, M. (ed.) *The handbook of Hispanic sociolinguistics*, Malden, MA: Wiley Blackwell, pp. 579–597.

Potowsk, K. (2008) "'I was raised talking like my mom': The influence of mothers in the development of MexiRicans' phonological and lexical features", en Rothman, J. y Niño-Murcia, M. (eds.) *Linguistic identity and bilingualism in different Hispanic contexts*, Nueva York: John Benjamins, pp. 201–220.

Potowski, K. (2002) "Experiences of Spanish heritage speakers in university foreign language courses and implications for teacher training", *ADFL Bulletin*, 33, pp. 35–42.

Potowski, K. y Torres, L. (en preparación) *Spanish in Chicago*, Oxford: Oxford University Press.

Pinker, S. (1994) *The language instinct*, Nueva York: Harper Collins.

Sessarego, S. y Gutiérrez-Rexach, J. (2011) "A minimalist approach to gender agreement in the Afro-bolivian DP: Variation and the specification of uninterpretable features", *Folia Linguistica*, 45, pp. 465–488.

Torres Cacoullos, R. y S. Schwenter, S. (2008) "Constructions and pragmatics: Variable middle marking in Spanish subir(se) 'go up' and bajar(se) 'go down'", *Journal of Pragmatics*, 40, pp. 1455–1477.

Trudgill, P. (1974) *The social differentiation of English in Norwich*, Cambridge: Cambridge University Press.

Vaughan, T., Ryan, J. y Czaplewski, N. (2011) *Mammalogy*, 5.ª ed., Sudbury, MA: Jones and Bartlett Publishers.

Villa, D. (1996) "Choosing a 'standard' variety of Spanish for the instruction of native Spanish speakers in the U.S.", *Foreign Language Annals*, 29, pp. 191–200.

Weinreich, U., Labov, W. y Herzog, M. (1968) "Empirical foundations for a theory of language change", en Lehman, W. P. y Malkiel, Y. (eds.) *Directions for historical linguistics: A symposium*, Austin: University of Texas Press, pp. 95–188.

Zentella, A. C. (1997) *Growing up bilingual*, Malden, MA: Wiley Blackwell.

Entradas relacionadas

sociolingüística

ENSEÑANZA DEL ESPAÑOL COMO LENGUA EXTRANJERA: PEDAGOGÍA Y TECNOLOGÍA

Cristina Sanz

1. ELE: español lengua extranjera

1.1. Introducción

En 2013 casi 20 millones de personas estudiaban español en el mundo. Solo en Estados Unidos hay ya cerca de 8 millones de estudiantes de español y en Europa superan los 5 millones, repartidos por 38 países (Instituto Cervantes 2013). El valor económico del idioma es innegable: se estima que el 15 % del PIB del estado español se vincula a la lengua, ya sea como producto de mercado (enseñanza del idioma), como soporte para las industrias de creación y comunicación o como idioma de los negocios. Todas las previsiones señalan un aumento de hablantes de español (nativos y no nativos), por lo que el futuro de su enseñanza es sin duda prometedor. Al mismo tiempo abundan los retos: existe una escasez de profesores con sólidos conocimientos lingüísticos y pedagógicos, así como de métodos actualizados y adaptados a la diversidad de los alumnos y a las grandes diferencias entre contextos de aprendizaje.

1.2. Perspectiva histórica

En comparación con otras lenguas europeas, la historia de la enseñanza del español es excepcional por dos motivos. Por una parte, con la llegada de Colón a las Américas en 1492 el español se convirtió en la primera lengua colonizadora: desde el latín, ninguna otra lengua europea se había enseñado a grandes grupos de población. Por otra parte, y a pesar de los ejemplos de la Alliance Française, del Goethe Institut o del British Institute, el descubrimiento por parte de los gobiernos españoles del valor económico, político y cultural de la lengua es un fenómeno que data de las dos últimas décadas, lo que en parte puede explicar el retraso en la pedagogía del español lengua extranjera (ELE).

En Occidente, la expansión de la educación secundaria tras la Segunda Guerra Mundial trajo consigo un aumento de estudiantes de lenguas extranjeras en clases donde imperaba el método tradicional, basado en la enseñanza del latín y enfocado a las habilidades lecto-escritoras, la gramática, la traducción y el canon literario. Sin embargo, el trabajo de lingüistas estructuralistas como Bloomfield había inspirado un nuevo método de enseñanza en los

Estados Unidos, adoptado por el ejército estadounidense durante la Segunda Guerra Mundial y que concedía primacía absoluta a la lengua oral. Dentro de este método, conocido como *audio-oral*, un lingüista profesional se encargaba de analizar la lengua meta, identificar sus estructuras, secuenciarlas y elaborar materiales con base científica que permitieran el aprendizaje de los alumnos. Con la unión de estas ideas a los planteamientos de la psicología conductista de la época, que veía el aprendizaje en general y la adquisición de lenguas en particular como "formación de hábitos", se excluyó del aula la lengua materna del alumno y se puso el énfasis en ejercicios orales de repetición y manipulación de estructuras. En este enfoque pedagógico, centrado en los materiales, el papel del profesor se veía considerablemente reducido. La tecnología en cambio sí cobró vital importancia: el magnetófono y los laboratorios de lenguas para la práctica audio-oral, así como el proyector de diapositivas y el retroproyector para trabajar con imágenes en lugar de con traducciones (Sánchez Pérez 1992).

El nuevo método se popularizó enormemente en Estados Unidos durante las décadas de los cincuenta y sesenta, hasta que la falta de resultados a la altura de las expectativas, unida a nuevas corrientes en lingüística teórica disminuyeron el entusiasmo inicial. La lingüística generativa, desarrollada por Chomsky en la década de los sesenta, veía la adquisición de lenguas maternas como un proceso guiado fundamentalmente por capacidades innatas del ser humano, y, aunque esta postura no se extendía necesariamente a la adquisición de segundas lenguas, estas ideas sembraron la confusión entre el profesorado de idiomas.

El método audio-oral no se exportó a Europa sin modificaciones: Gran Bretaña poseía su propia tradición de lingüística estructural y en este país nació el *método situacional*, basado igualmente en secuenciar las estructuras de la lengua, pero prestando atención a contextos de uso específicos. Más tarde, auspiciado por el Consejo de Europa, el trabajo de Van Eck (1975) y Wilkins (1976) dio lugar al método *nocio-funcional*, cuya mayor contribución fue un cambio en el modelo de lengua que sustenta la pedagogía. En el enfoque nocio-funcional, la lengua se concibe no como una lista de estructuras gramaticales cuya dificultad debe ser juzgada por lingüistas, sino como una selección de estructuras agrupadas en torno a nociones abstractas (p. ej., tiempo cronológico) y situaciones y funciones lingüísticas concretas (p. ej., saludar, invitar) que constituyen las unidades de instrucción. Este enfoque acabó desembocando en el *método comunicativo* de la década de los ochenta, fruto no del trabajo de un autor específico, sino de las aportaciones de numerosos investigadores y profesores.

Mientras tanto, en España, la pedagogía de lenguas extranjeras no experimentó prácticamente ningún cambio. La enseñanza secundaria no se hallaba tan extendida como en otros países y la dictadura aislacionista del general Franco no propiciaba la comunicación con el exterior, con lo que el método tradicional de gramática y traducción continuó arraigado durante décadas. Con la transición a la democracia, lo que permitió la entrada de España en la OTAN y la Unión Europea a principios de los ochenta, se consolidó la apertura a otros países y el inglés, cuya pedagogía para entonces había experimentado avances considerables, se impuso en las escuelas. Esta fue la época también en la que España comenzó a convertirse en un importante destino para estudiar en el extranjero, una tendencia que poco después llegaría a Latinoamérica. Finalmente, en 1991, el Instituto Cervantes abrió sus puertas y estableció una red internacional de escuelas de español, colocándose al frente de los avances en la pedagogía y formación de profesores de ELE.

1.3. Perspectivas teóricas

Es importante comprender que la relación entre el campo de adquisición de segundas lenguas (ASL) y la pedagogía no es directa ni transparente. Muchos de los resultados obtenidos en

ASL no son aplicables o pertinentes en el aula y otros requieren considerable tiempo y esfuerzo para ser traducidos a enfoques pedagógicos. Al mismo tiempo, los métodos de enseñanza, por razones pedagógicas y motivos prácticos, rara vez son una encarnación pura de teorías de adquisición. Dicho esto, sí es cierto que determinadas hipótesis y teorías de ASL o bien han inspirado o bien apoyan métodos de instrucción que se encuentran hoy relativamente establecidos. Para leer más sobre la investigación sobre ASL centrada en el español, remitimos al lector a los capítulos dedicados a la adquisición del español como segunda lengua en este volumen.

El llamado método comunicativo, descendiente del situacional, ha sido el más popular durante los últimos treinta años. En este método, el protagonista no son los materiales ni el profesor, sino el aprendiz, ahora un participante plenamente activo. Como su nombre indica, el método enfatiza el éxito en la comunicación, en la transmisión de contenido. La forma lingüística no es importante en sí sino como herramienta en el intercambio de información. Las actividades en el aula no versan *sobre* la lengua (conjugar verbos, añadir pronombres), sino que se desarrollan *en* la lengua, con un propósito real, no lingüístico: completar un mapa, llegar a un acuerdo o escribir una solicitud de empleo.

Las características esenciales de este método no son ajenas a teorías formuladas en ASL. Algunos investigadores han sostenido que los aprendices siguen una serie de etapas en su desarrollo gramatical independientemente de las estructuras que se enseñen en clase (Pienemann 1989) en cuyo caso el énfasis pedagógico en la gramática resulta inútil. Por otra parte, la *hipótesis de la interacción* (Long 1996) defiende que los intercambios lingüísticos en los que participa el aprendiz son vitales para el desarrollo de su segunda lengua (L2). En la interacción, los participantes adaptan su producción lingüística a la medida de sus interlocutores específicos y, por ello, la interacción constituye la principal fuente de *input* comprensible para el aprendiz, elemento imprescindible para la adquisición. Igualmente la hipótesis propone que los procesos de negociación de significado que tienen lugar cuando la comunicación se ve comprometida contribuyen al desarrollo lingüístico del aprendiz.

A pesar de la popularidad del método comunicativo, el profesorado no tardó en cuestionar la concentración exclusiva en el contenido y reclamar una mayor atención a la forma gramatical. Esto llevó al reconocimiento de técnicas englobadas bajo el concepto *enfoque en la forma* (Long 1991): en el contexto de una clase comunicativa, centrada en el contenido, es posible dirigir la atención del estudiante brevemente a la forma lingüística, siempre que sea en respuesta a la pregunta o los problemas comunicativos de un alumno y que no desplace al contenido como centro de la clase. Entre las técnicas de enfoque en la forma se pueden mencionar la reformulación de enunciados problemáticos de un estudiante o el *input* resaltado (con formas destacadas tipográficamente o por la entonación). Esta necesidad de atraer la atención del estudiante hacia formas lingüísticas ha sido reconocida en la *hipótesis de la apercepción* (Schmidt 1990), según la cual para la adquisición de un determinado rasgo lingüístico es imprescindible que el aprendiz lo perciba con un cierto grado de consciencia. Las técnicas de enfoque en la forma son pues susceptibles de ser incorporadas a cualquier tipo de instrucción que obedezca a las consignas básicas del método comunicativo, como es el caso de los principales tipos actuales de enseñanza, detallados a continuación.

La Instrucción Basada en el Contenido. El Aprendizaje Integrado de Contenido y Lengua Extranjera también conocido como la Enseñanza de Lengua Basada en el Contenido (CBLT, Byrnes 2005) es un término genérico para describir una variedad de diseños curriculares en los que ciertas asignaturas, desde historia hasta matemáticas, se enseñan en una segunda lengua, pero donde el enfoque en la lengua es consistente al tener en cuenta que el aprendiz no es un hablante con pleno dominio de la lengua. Este enfoque se implementa en los cursos avanzados de español de Georgetown para los estudiantes de la *School of Foreign Service*, en los que se imparten contenidos de economía, sociedad y cultura. En los Estados Unidos, CLIL puede ser una solución para las escuelas primarias y secundarias con altos porcentajes de hispanohablantes, y para los itinerarios de lengua para hablantes de herencia en universidades.

Instrucción Basada en el Procesamiento. Consta de tres componentes básicos: información sobre la forma lingüística meta (vg. los clíticos en español), información sobre cómo procesar esa forma según principios psicolingüísticos, y finalmente *input* estructurado, es decir, *input* manipulado para que los estudiantes deban necesariamente procesar la forma para comprender un cierto contenido (VanPatten 2005). No todas las estructuras son susceptibles de Instrucción Basada en el Procesamiento y no todas merecen el empleo de enfoque en la forma. La investigación debate aún cómo, cuándo, con quién y a qué formas debe dirigirse la atención de los alumnos.

Instrucción Basada en Tareas. La Enseñanza por Tareas (Long y Crookes 1993) es el nombre oficial del enfoque didáctico en los cursos ofrecidos por el Instituto Cervantes. La base de este tipo de instrucción es un análisis de las necesidades de los alumnos: en primer lugar se determinan las tareas concretas que los estudiantes necesitan ser capaces de realizar en la lengua meta. Por ejemplo, un médico debe ser capaz de entrevistar a un paciente y obtener los datos pertinentes sobre su estado, transmitir el diagnóstico y el tratamiento y comunicar información a la familia. Una vez establecida la lista de tareas, estas se secuencian por orden de dificultad general, no lingüística. Esta secuenciación forma el programa del curso: las actividades que se realizan en clase son las tareas que los estudiantes aspiran a dominar. La evaluación se basa igualmente en el éxito obtenido por un estudiante en la consecución de las tareas del programa. Si bien los principios de este tipo de instrucción son relativamente fáciles de comprender, es necesario advertir que la secuenciación de tareas y la evaluación entrañan muchas preguntas que carecen hasta hoy de respuestas teóricamente fundamentadas.

1.4. Una visión de futuro

En los últimos treinta años la enseñanza del español ha crecido en calidad y en número de estudiantes y profesores, sin que esto disminuya los retos que se plantean. Los avances en pedagogía de ELE están llegando a las aulas gracias en parte al progreso en formación de profesores; sin embargo, en países como Brasil donde el Ministerio de Educación ha incluido el español en miles de escuelas, el creciente número de estudiantes se encuentra con una escasez de profesores bien preparados.

Otro desafío importante es la variedad de contextos sociales, políticos y educativos en los que se imparten clases de español. En Estados Unidos es común encontrar en una misma aula estudiantes anglohablantes junto con estudiantes hispanohablantes y un profesor que emplea métodos y materiales de enseñaza desarrollados para estudiantes de ELE. En el caso de estos hispanohablantes ya no hablamos de ELE o L2 sino de L1 y de lengua de herencia, así como de las variedades vernáculas del español en Estados Unidos, cuyo dominio por parte de los estudiantes no recibe a veces la debida atención del profesor. Las necesidades de estos estudiantes son diferentes, como lo son también las de los niños quechuahablantes que aprenden español en la sierra de Perú, por mencionar otro ejemplo de la variedad contextual en la enseñanza de ELE.

De la misma manera, necesitamos más investigación sobre las condiciones que fomentan el desarrollo de la lengua en los contextos de estancia/estudio en el extranjero. Es preciso atender a su interacción con diferencias individuales tales como la motivación, actitudes, la memoria operativa y aptitud lingüística. Este trabajo debe incluir datos cuantitativos y cualitativos que reflejen la fluidez y la precisión gramatical y léxica en las cuatro destrezas lingüísticas. La relación entre el desarrollo de segundas lenguas y la propia identidad en este contexto también merece sin duda mayor atención.

Finalmente, la evaluación también requiere mayores esfuerzos por parte de profesores e investigadores. El Instituto Cervantes ha intervenido en la creación y la promoción del DELE (Diploma de Español como Lengua Extranjera), de acuerdo con el Marco Común de Referencia Europeo, que aspira a establecer niveles de competencia lingüística reconocidos en toda la Unión para cuestiones educativas y laborales. Sin embargo, el DELE no expresa sus resultados con una puntuación numérica, sino en términos de niveles de competencia alcanzados, lo que dificulta su empleo en programas que precisan de calificaciones más detalladas.

2. Enseñanza de español L2 y tecnología

2.1. Introducción

La importancia económica de las aplicaciones tecnológicas para la enseñanza de lenguas, conocidas genéricamente como CALL (en español, 'Aprendizaje de Lenguas Asistido por Computador', Levy 1997) resulta innegable, particularmente en países como los Estados Unidos, con millones de usuarios y con empresas de CALL que cotizan con éxito en la bolsa. Sin embargo, la pregunta de si la tecnología es efectiva en la enseñanza de lenguas carece de una respuesta simple. Un metaanálisis reciente de 37 estudios que han comparado la enseñanza con tecnología con la enseñanza tradicional (Grgurovic, Chapelle y Shelley 2013) revela una pequeña ventaja a favor de CALL. A pesar de esto, la influencia de numerosas variables tales como el nivel de los estudiantes, su lengua materna, las diferencias individuales y el contexto de aprendizaje queda todavía por determinar. Más allá de comparaciones generales, quizás no tan reveladoras, los investigadores son conscientes de la necesidad de prestar atención a los detalles de cómo se emplean las aplicaciones de CALL. Parece claro que no todos los usos de CALL son igualmente beneficiosos, y en la evaluación de los mismos es preciso considerar hasta qué punto poseen una base pedagógica avalada por la investigación en ASL y de qué forma se integran en marcos curriculares específicos (véase Chapelle 2001 para criterios de evaluación de recursos CALL).

2.2. Perspectiva histórica

Como indicamos en el § 1.2, la tecnología no es una recién llegada a la enseñanza de lenguas y los profesores se han servido de avances como el gramófono, la radio o la televisión a medida que esos se hacían accesibles. En la década de los sesenta hicieron su aparición las computadoras centrales, restringidas a ciertas universidades y empleadas para ejercicios individuales de repetición y práctica de gramática. Durante los años ochenta, con la presencia del ordenador personal, estos usos se expandieron para incluir otros en los que la computadora actúa más como herramienta que como tutor: procesadores de texto, correctores ortográficos y gramaticales así como programas de concordancias, que permiten localizar expresiones lingüísticas en textos reales y observar las características de sus contextos de uso. Igualmente surgieron las simulaciones, en las que los alumnos se enfrentaban a situaciones ficticias planteadas por la computadora. Sin embargo, en esos años las computadoras no ofrecían ni sonido ni gráficos de calidad, por lo que el empleo de multimedia como vídeos o CD-ROM resultaba más atrayente.

El advenimiento de Internet en los años noventa amplió enormemente las posibilidades. Por un lado, introdujo una gran variedad de materiales auténticos, susceptibles de servir para muy diversos fines pedagógicos. Por otro, posibilitó la comunicación mediada por computadora (CMC): correo electrónico, foros de conversación y salas de chat tanto entre miembros de la clase como con hablantes nativos ajenos al curso. Finalmente, los nuevos empleos de lo que se conoce como la Red 2.0 han venido marcados por una mayor interactividad entre los usuarios: bitácoras (*blogs*), *podcasts* y *wikis*, así como la explosión de las redes sociales.

2.3. Usos actuales de la tecnología en la enseñanza de lenguas

Hoy día existe una variada gama de prácticas pedagógicas apoyadas por la tecnología y su número no hace sino aumentar. Dentro de estas, podemos distinguir sin exhaustividad tres grandes grupos en función del objetivo cumplido por la tecnología.

Facilitar el acceso a materiales lingüísticos y culturales. La interacción con materiales auténticos e interesantes pero a la vez comprensibles es esencial para el aprendizaje. La tecnología no solo ha multiplicado los documentos textuales y audiovisuales disponibles, también ha contribuido a facilitar su comprensión. En el caso de materiales audiovisuales, la tecnología permite una escucha o un visionado interactivos, en los que es posible segmentar el material, reducir la velocidad del habla, añadir subtítulos, contestar preguntas de seguimiento y consultar información suplementaria, tanto lingüística como de contenido. Igualmente, la lectura en la L2 se ve beneficiada por la adición de glosas hipertextuales, ya sea en forma lingüística, de imágenes o de archivos de sonido que representan la pronunciación (Yanguas 2009).

Proporcionar oportunidades de comunicación. La comunicación auténtica en la lengua meta es sin duda alguna fundamental para la adquisición. Por este motivo, durante los últimos quince años, la comunicación mediada por computadora (CMC) ha ocupado el centro de CALL, tanto en términos de prácticas pedagógicas como de investigación. La CMC incluye formas escritas y orales, sincrónicas y asincrónicas. Puede establecerse entre miembros de un mismo curso o conectar alumnos de español con estudiantes hispanohablantes, entre otras posibilidades. Aunque sus efectos pueden medirse en competencias aisladas, normalmente se espera que la CMC influya simultáneamente en diversos aspectos, desde la ampliación del léxico hasta el desarrollo de la competencia intercultural. Incluso las destrezas orales parecen beneficiarse de la CMC escrita. Frente a los usos arquetípicos de la CMC con interlocutores individuales (correo, chat, videoconferencia) debemos mencionar también la comunicación con una audiencia más general, como es el caso de las bitácoras, los foros, la creación de páginas web y la participación en redes sociales. Finalmente, el potencial pedagógico de mundos virtuales y de juegos multijugador en red ha despertado hace tiempo el interés de investigadores y profesionales (Gónzalez Lloret 2003).

Desde una perspectiva teórica, los beneficios potenciales de CMC y de otras tecnologías que facilitan la comunicación pueden explicarse mediante la ya mencionada *hipótesis de la interacción*. De hecho, el metaanálisis realizado por Ziegler (2015) muestra que la interacción mediada por computadora y la que se realiza cara a cara son comparables en cuanto a efectos positivos en el desarrollo lingüístico.

Actuar como tutor electrónico. Los tutores electrónicos o e-tutores datan de los primeros tiempos de CALL y, en su forma más básica, ofrecen *input* y una evaluación de la reacción del estudiante. El e-tutor tradicional se limita a comparar la respuesta del estudiante con la(s) repuesta(s) previamente almacenada(s) en el programa. Los tutores inteligentes o e-tutores emplean aplicaciones de lingüística computacional y de inteligencia artificial para analizar y "entender" la producción del estudiante y así facilitar explicaciones sobre los errores cometidos o posibles mejoras, de forma individualizada. El último paso en tutoría electrónica viene dado por tutores que modelan el comportamiento del estudiante. Estos programas evalúan la competencia del alumno y sobre esta evaluación ofrecen diferentes *inputs* y actividades diversas.

Junto con algunos tipos de CMC, los e-tutores poseen la capacidad de dirigir la atención del estudiante hacia la forma lingüística mediante recursos tales como la retroalimentación centrada en la forma o estructuras resaltadas de manera tipográfica o acústica. Por tanto, la hipótesis de la apercepción a la que nos referíamos anteriormente puede constituir la base teórica de sus efectos positivos.

2.4. Contribuciones recientes a la investigación

Como indiqué anteriormente, a la hora de establecer qué aplicaciones de CALL son beneficiosas para la adquisición, es preciso atender mínimamente, por un lado, a diferencias individuales entre los alumnos, y por otro, a las características de las actividades que la tecnología apoya: la clase de *input* que ofrecen, la variedad de respuestas que permiten así como el tipo de práctica y de retroalimentación que posibilitan, entre otros rasgos. Los estudios que presentamos a continuación ilustran la sofisticación necesaria en el examen de estas variables.

Sagarra y Abbuhl (2013) se centran en la retroalimentación que la computadora ofrece a estudiantes mientras estos completan frases en español con adjetivos del género y número apropiados. Las autoras comparan cuatro tipos de retroalimentación: ausencia de retroalimentación, reformulación con la respuesta correcta, reformulación con los morfemas de género/número destacados. Además, las autoras contrastan dos modalidades de retroalimentación: oral y escrita, al tiempo que consideran el papel de la memoria operativa (una variable individual). Los resultados señalan a la reformulación como la estrategia más beneficiosa en las dos modalidades, particularmente para estudiantes de mayor memoria operativa, e indican que destacar los morfemas de concordancia solo conduce a mejoras en la modalidad oral.

En su tesis doctoral, Cerezo (2010) estudió los efectos de un e-tutor con avatares que simula la comunicación con personas reales. Además de investigar dos tipos de retroalimentación (indicación de que se ha cometido un error frente a explicación del error), este autor examinó otras tres variables: la dificultad de la forma lingüística (frases de relativo en comparación con presente de subjuntivo), la efectividad de obligar al estudiante a proporcionar respuestas correctas, y el tipo de participación que se le pide al estudiante: plena participación o mera exposición a la interacción de otro estudiante con la computadora. Los resultados muestran la complejidad de la relación entre todos los factores, ya que, por ejemplo, si bien la plena participación parece más efectiva, esto es solo cierto en el aprendizaje de la forma lingüística más fácil y con el tipo de retroalimentación más simple (mensaje de error).

Además de la interacción individual con la pantalla de una computadora, existen otras actividades pedagógicas que emplean diferentes tecnologías. Es el caso de los *clickers*, unos pequeños aparatos que se distribuyen entre los estudiantes y que les permiten elegir entre varias opciones presionando un botón. Así, la respuesta de cada alumno se produce al mismo tiempo y puede ser recibida inmediatamente por el profesor y compartida con la clase. Johnson Serafini (2013) investiga las posibilidades de esta tecnología en las clases de español, examinando diversos factores tales como el refuerzo visual en la retroalimentación y prestando atención al crucial aspecto de la actitud de los estudiantes: cómo los alumnos reciben y valoran las distintas actividades basadas en los *clickers*.

Así pues, el conjunto de estos trabajos ofrece una pequeña muestra del tipo de cuestiones relevantes en la investigación sobre el aprendizaje sustentado en la tecnología.

2.5. *Conclusión y futuro*

Hoy en día, y con vistas al futuro, la pregunta no es si la tecnología resulta beneficiosa en el aprendizaje de lenguas sino qué usos concretos, para qué estudiantes y en qué contextos específicos ciertas aplicaciones son más provechosas que otras. En este sentido, es crucial que en la formación de profesores de ELE se reconozca el papel que la tecnología ya está desempeñando en el aprendizaje y se proporcionen criterios que permitan una óptima evaluación e implementación de recursos tecnológicos.

Actualmente un número cada vez mayor de instituciones educativas está redefiniendo sus clases de L2 otorgando mayor peso al aprendizaje asistido por computadora, a veces reemplazando incluso a la instrucción en el aula. Una vez implementados, estos currículos de enseñanza no-presencial o semipresencial constituyen un buen negocio tanto para las universidades, que consiguen reducir sustancialmente su plantilla de profesores, como para las editoriales, que controlan el acceso individual a los materiales en línea. Mientras, se oyen pocas voces estudiantiles contrarias a estos programas, dada la comodidad de tomar clases desde el propio cuarto a las horas más convenientes. En estos casos, como he indicado a lo largo de este capítulo, la eficacia del programa dependerá de su implementación específica así como de la calidad del marco pedagógico en que se encuadre (véase Rubio y Thoms 2012 con información y evaluaciones de los programas semipresenciales más establecidos en Estados Unidos).

Otra tendencia creciente es el aprendizaje de lenguas asistido por dispositivo móvil o MALL. Si bien este concepto incluye tecnologías no tan recientes (diccionarios de bolsillo electrónicos, reproductores de MP3), el auge de teléfonos móviles conectados a la Red y de computadoras realmente portátiles como las tabletas supone un posible acceso continuo a materiales lingüísticos y a recursos pedagógicos. Este fenómeno contribuye a desdibujar aún más las fronteras del aula, en formas cuyas consecuencias no estamos todavía en posición de prever. Por de pronto, la creciente popularidad de programas similares a tarjetas de vocabulario o *quizzes* virtuales puede hallarse relacionada con la comodidad de usar estos programas en el teléfono celular particularmente cuando solo se dispone de unos minutos antes del comienzo de otra actividad.

La tecnología digital se halla cada vez más presente en todos los aspectos de nuestra vida. Por este motivo, me gustaría llamar la atención sobre el hecho de que, independientemente de cómo las aplicaciones se incorporen a los cursos de español, el aumento en las herramientas y los recursos que cualquier alumno puede emplear más allá de los materiales de clase crea la necesidad de orientar a los estudiantes acerca de los usos potencialmente más beneficiosos. Es más, dado que los aprendices emplean las tecnologías no solo para el autoaprendizaje sino para la comunicación, parece claro que su competencia comunicativa en la L2 ha de incluir no solo conocimientos sobre las tecnologías apropiadas sino el dominio de las variedades lingüísticas asociadas con su uso (Chapelle 2009).

Como vemos, no son pocos los desafíos que la enseñanza de ELE presenta, incluyendo los retos planteados por la evolución tecnológica dentro y fuera de las aulas. Sin embargo, debemos celebrar los avances experimentados en los últimos años tanto en la investigación como en la pedagogía de ELE. Y no cabe esperar sino que ese progreso se mantenga e incluso se acelere en el futuro.

Reconocimientos

Quiero agradecer la contribución de Alexandra (Sandra) Martín y muy especialmente la de Natalia Curto García-Nieto. Por supuesto, cualquier error es solo mío.

Bibliografía

Byrnes, H. (2005) "Content-based foreign language instruction", en Sanz, C. (ed.) *Mind and context in adult second language acquisition: Methods, theory, and practice*, Washington, DC: Georgetown University Press.

Cerezo, L. (2010) "Talking to avatars: The computer as a tutor and the incidence of learner's agency, feedback, and grammatical form in SLA", tesis doctoral, Georgetown University.

Chapelle, C. (2001) *Computer applications in second language acquisition: Foundations for teaching, testing and research*, Cambridge: Cambridge University Press.

Chapelle, C. (2009) "The relationship between second language acquisition theory and computer-assisted language learning", *The Modern Language Journal*, 93, pp. 741–743.

González-Lloret, M. (2003) "Task-based call to promote interaction: En Busca de Esmeraldas", *Language Learning & Technology*, vol. 7, pp. 86–104.

Grgurovic, M., Chapelle, C. y Shelley, M. (2013) "A meta-analysis of effectiveness studies on computer technology-supported language learning", *ReCALL Journal*, 25, 2, pp. 165–198.

Instituto Cervantes (2013) *Informe 2013. El español: una lengua viva.*

Johnson-Serafini, E. (2013) "Learner perceptions about clickers as a source of feedback in the classroom", en McDonough, K. y Mackey, A. (eds.) *Second language interaction in diverse educational settings*, Amsterdam: John Benjamins, pp. 209–224.

Levy, M. (1997) CALL: *Context and conceptualisation*, Oxford: Oxford University Press.

Long, M. y Crookes, G. (1993) "Units of analysis in syllabus design: The case for the task", en Crookes, G. y Gass, S. M. (eds.) *Tasks in a pedagogical context*, Cleveland, RU: Multilingual Matters, pp. 9–44.

Long, M. (1991) "Focus on form: A design feature in language teaching methodology", en De Bot, Kees, Ginsberg, R., Kramsch, C. *Foreign language research in cross-cultural perspective*, Amsterdam: John Benjamins, pp. 39–52.

Long, M. (1996) "The role of the linguistic environment in second language acquisition", en Ritchie, W., Bhatia, T. *Handbook of second language acquisition*, San Diego: Academic Press, pp. 413–468.

Pienemann, M. (1989) "Is language teachable? Psycholinguistic experiments and hypotheses", *Applied Linguistics*, 10, 1, pp. 72–79.

Rubio, F. y Thoms, J. (2012) *Hybrid language teaching and learning: Exploring theoretical, pedagogical and curricular issues*, Boston: Cengage/Heinle.

Sagarra, N. y Abbuhl, R. (2013) "Optimizing the noticing of recasts via computer-delivered feedback: Evidence that oral input enhancement and working memory help second language learning", *Modern Language Journal*, 97, 1, pp. 196–216.

Sánchez Pérez, A. (1992) *Historia de la enseñanza del español como lengua extranjera*, Alcobendas: SGEL.

Schmidt, R. (1990) "The role of consciousness in second language learning", *Applied Linguistics*, 11, pp. 129–158.

Van Eck, J. (1975) *The threshold level*, Council of Europe.

VanPatten, B. (2005) "Processing instruction", en Sanz, C. (ed.) *Mind and context in adult second language acquisition: Methods, theory, and practice*, Washington, DC: Georgetown University Press.

Wilkins, D. (1976) *Notional Syllabuses*, Oxford: OUP.
Yanguas, I. (2009) "Multimedia glosses and their effect on L2 text comprehension and vocabulary learning", *Language Learning & Technology*, 13, 2, pp. 48–67.
Ziegler, N. (2015) "Synchronous computer-mediated communication and interaction: A meta-analysis", *Studies in Second Language Acquisition*, 0, 1–34, doi:10.1017/S027226311500025X.

Entradas relacionadas

enseñanza del español como lengua extranjera

ENSEÑANZA DEL LENGUAJE IDIOMÁTICO

Javier Muñoz-Basols

1. Introducción

El lenguaje idiomático se manifiesta en la lengua en numerosas situaciones comunicativas y, pese a su cotidianidad, resulta difícil delimitar con exactitud su campo de actuación. Su uso, que a menudo presenta significados figurados o de carácter metafórico, puede variar tanto en el registro como en relación con una tipología textual concreta. De ahí que lo podamos encontrar en una fórmula rutinaria propia de la cortesía verbal, "¡Buen provecho!"; un titular periodístico, "La banca cierra el grifo del crédito a las familias" (*El País*, 2/03/2011); por alusión, como parte de un eslogan publicitario, "Hoteles Meliá de mar. El mar en tus manos"; o incluso en los lenguajes especializados, como sucede, por ejemplo, en el ámbito académico o en los textos científico-técnicos, "Las conclusiones del estudio arrojan luz sobre el tratamiento de la diabetes".

No obstante, todas estas expresiones, independientemente del contexto en el que se utilicen, poseen en común su "idiomaticidad", es decir, el conjunto de rasgos lingüísticos (composición morfosintáctica específica), semánticos (denotativos y connotativos), pragmáticos y culturales propios de una lengua, compartidos por emisor y receptor, que permiten que la comunicación se lleve a cabo con éxito. La confluencia de estos factores, y las estructuras morfosintácticas con las que se suele expresar este tipo de lenguaje, hace que muchas de estas expresiones no se puedan interpretar de manera literal. Basta con comparar la referencialidad extralingüística que se percibe de manera inmediata en una situación comunicativa concreta, *Quiere un vaso de agua*, con el uso de este mismo objeto como parte de una expresión idiomática, *Se ahoga en un vaso de agua*, es decir, "Se preocupa en exceso por las cosas".

Teniendo en cuenta estos aspectos, a continuación, haremos en primer lugar un breve repaso de los principales tipos de lenguaje idiomático, con el propósito de mostrar cómo operan algunas de estas expresiones en español. Después, analizaremos las principales variables que influyen en su uso. Acto seguido, expondremos brevemente algunas de las implicaciones que se desprenden del componente idiomático en relación con el diseño curricular. Y, por último, presentaremos diferentes pautas que se deben tener en cuenta en su enseñanza. Toda esta información nos permitirá clarificar algunos de los retos a los que se enfrentan el aprendiente y el docente en la adquisición/enseñanza de este importante componente del idioma.

2. El lenguaje idiomático

Uno de los principales problemas asociados a la investigación sobre el lenguaje idiomático tiene que ver con la cantidad de taxonomías que se han establecido para sistematizar su uso. Diferentes estudios, Zuluaga (1980), Corpas (1996), Penadés Martínez (1999), Ruiz Gurillo (1997; 1998), Domínguez González, Morera Pérez y Ortega Ojeda (1988), Mendívil Giró (1999), García-Page Sánchez (2008), Beltrán y Yáñez Tortosa (2009), Timofeeva (2012), entre otros, han contribuido a etiquetar este tipo de lenguaje como: *expresiones fijas, expresiones hechas, modismos, metáforas culturales, expresiones idiomáticas, predicados complejos, unidades fraseológicas* o, simplemente, bajo la nomenclatura genérica de *fraseología*.

En todos estos estudios se reconoce, no obstante, la dificultad de hallar términos representativos que nos permitan sistematizar de manera fehaciente su diversidad compositiva. En el presente estudio, por motivos prácticos y para no entrar en el debate terminológico, utilizaremos la nomenclatura "lenguaje idiomático" como el término genérico más representativo para este fenómeno en el que el significado de unidades léxicas simples o pluriverbales deja, por lo general, de ser literal para convertirse en figurado o metafórico.

Dado que el lenguaje idiomático es una parte intrínseca del idioma, todo aprendiente de español como lengua extranjera tiene que enfrentarse tarde o temprano a este aspecto de la lengua. Por lo tanto, durante la adquisición de la L2 el aprendiente se verá expuesto inevitablemente a este tipo de lenguaje en diferentes contextos y situaciones comunicativas, por lo que tendrá que ir aprendiendo a reconocer e interpretar de manera paulatina la variedad de enunciados idiomáticos, además de ir gestionando su propio aprendizaje para incorporarlos a su repertorio léxico activo.

Para poder abordar mejor el tema que nos ocupa, hemos clasificado las principales secuencias idiomáticas en cuatro categorías representativas: a) fórmulas rutinarias, b) locuciones, c) expresiones idiomáticas y d) refranes y proverbios.

Fórmula rutinaria:

(1) ¿A qué hora has amanecido hoy?
     Significado → ¿A qué hora te has levantado hoy?

Locución:

(2) Al final, lo pudieron hacer, pero a trancas y barrancas.
     Significado → Al final, lo pudieron hacer, pero con gran dificultad.

Expresión idiomática:

(3) Tampoco vamos a tirar la casa por la ventana.
     Significado → Tampoco vamos a derrochar el dinero.

Refrán o proverbio:

(4) ¡Zapatero, a tus zapatos!
     Significado → ¡Ocúpate de tus asuntos!

Como vemos, todas estas unidades léxicas simples o pluriverbales constituyen expresiones fijas o frases hechas que se caracterizan por su idiomaticidad. Otra característica de estas expresiones es que no suelen admitir la intercambiabilidad de elementos que no se hallen lexicalizados, o institucionalizados (García-Page 2008: 29), tal y como se demuestra en el siguiente ejemplo:

(5) Ponerse (rojo) como un tomate/un pimiento
    Expresión original → Idiomaticidad
    Significado → Ruborizarse

(6) ??Ponerse (rojo) como una fresa, una cereza, una manzana...
    Expresión modificada → Ausencia de idiomaticidad

En (5) observamos la idiomaticidad propia de la expresión, cuya comparación semántica se establece al relacionar la acción del "ruborizarse" de la cara, o "ponerse rojo", con el color que poseen algunas hortalizas. Sin embargo, en (6) vemos que, pese a tratarse de elementos que por sus características cromáticas contribuirían a transmitir un significado similar —frutas que poseen igualmente un color rojizo— al modificar el elemento comparativo propio de la expresión esta deja de poseer validez idiomática en relación con el contexto, dado que en (5) se halla lexicalizada, o constituida en la lengua, con las variantes mencionadas.

Este ejemplo nos sirve para mostrar que los elementos que conforman una secuencia idiomática no se pueden, por lo general, sustituir o intercambiar por otros, pese a que estos puedan contribuir a su significado desde el punto de vista comparativo, relacional o incluso metafórico. Conviene enfatizar que para un aprendiente de L2, este aspecto, es decir, la comparación o sentido figurado que acabamos de ver en "Ponerse rojo como un tomate/ pimiento" no resulta tan aparente, dado que en la configuración de dicha comparación operan una serie de parámetros culturales específicos de la lengua meta que no se tienen por qué corresponder ni percibir *a priori* como lógicos en la lengua materna del aprendiente.

Pese a la invariabilidad de este tipo de expresiones, sí que existen algunos casos en los que se producen pequeñas variaciones o acortamientos. Esto sucede con frecuencia, por ejemplo, en el caso de los refranes y proverbios, denominados también *paremias* desde un punto de vista genérico, puesto que al ser por lo general más extensos requieren un mayor esfuerzo durante su enunciación. De ahí que, por economía lingüística, sea habitual que en el discurso oral los hablantes opten por no hacer uso de la expresión completa, ya que se asume que el interlocutor está familiarizado tanto con la expresión como con su significado:

(7) A: ¿Qué harías en mi lugar? ¿Cambiarías de trabajo?
    B: Bueno, ya sabes eso de "más vale malo conocido..." (que bueno por conocer).

(8) A: Sus padres son médicos y a él no le interesa la medicina lo más mínimo.
    B: En casa del herrero... (cuchillo/cuchara de palo).

En (7) y (8) se produce un acortamiento de los refranes por las razones que acabamos de explicar y en el refrán (8) dos sustantivos diferentes contribuyen asimismo al significado global de la secuencia completa. Como hemos visto, este tipo de variaciones se pueden deber a que ambas expresiones se hayan lexicalizado como tales en la lengua, pero además, como explicaremos más adelante, pueden responder igualmente a un uso dialectal. Sin embargo, pese a que algunas expresiones admitan pequeñas modificaciones es imprescindible recalcar que funcionan como una unidad desde el punto de vista léxico y funcional. Para reforzar esta idea, podemos adoptar una perspectiva contrastiva a partir de algunos ejemplos:

(9) Siempre van juntos, son uña y carne.
      Expresión completa → Idiomaticidad
      Expresión equivalente en inglés → *They're always together, they are as thick as thieves.*

(10) ??Siempre van juntos, son uña.
      Expresión incompleta → Ausencia de idiomaticidad

(11) Tiene mucho dinero, es un pez gordo.
      Expresión completa → Idiomaticidad
      Expresión equivalente en inglés → *He has a lot of money, he is a fat cat.*

(12) ??Tiene mucho dinero, es un pez.
      Expresión incompleta → Ausencia de idiomaticidad

(13) Es mejor que ella no vea lo que te he regalado: "ojos que no ven…" (corazón que no siente)
      Expresión equivalente en inglés → *Out of sight… (out of mind).*

Al comparar (9), (11) y (13) nos damos cuenta de que pese a que en un refrán se puede dar un acortamiento de la expresión, no sucede lo mismo en cuanto a (10) y (12), expresiones que al resultar incompletas desde el punto de vista semántico pierden su idiomaticidad. También, al comparar el español y el inglés, comprobamos que pese a que las expresiones son equivalentes desde el punto de vista semántico, las unidades léxicas que se han lexicalizado en ambas lenguas como parte de la estructura de la expresión difieren considerablemente. Esto nos muestra, por lo tanto, que la composición morfosintáctica de estas expresiones constituye además una prueba de su idiomaticidad, la cual viene expresada de conformidad con una serie de parámetros lingüísticos y culturales existentes entre los hablantes de una misma lengua.

3. Principales variables en la enseñanza del lenguaje idiomático

En el apartado anterior, hemos esbozado ya algunas de las características formales principales del lenguaje idiomático en español. No obstante, nos gustaría incidir aquí en otros aspectos relacionados con su uso que se deben tener en cuenta en su enseñanza. Para ello, nos centraremos en tres aspectos que denominamos "variables", puesto que inciden directamente en el uso del lenguaje idiomático, a saber: frecuencia de uso, noción de registro y variación diatópica.

3.1. Frecuencia de uso

Hemos hecho ya referencia a que el lenguaje idiomático se compone principalmente de expresiones hechas o fijas que no suelen admitir modificaciones. También hemos apuntado que el significado que adquiere la expresión en sí se entiende en el discurso como una totalidad. Además de estas dos características formales, muchas expresiones pueden variar en cuanto a su uso. Las razones que influyen en la preferencia de los hablantes por una u otra expresión son variadas. Por economía lingüística, un hablante puede optar por una expresión más breve en lugar de otra más larga en relación con el momento de la enunciación. Puede existir también un componente generacional en algunas expresiones que los hablantes más jóvenes ya no utilizan, o surgir otras nuevas de las que los hablantes mayores no hacen uso. He aquí algunos ejemplos en los que se pueden apreciar estas dos características:

(14)   Ciertamente (Rodríguez-Vida 2011: 102)
    → Por supuesto
    → Desde luego   (expresión breve)
    → Sin lugar a duda(s)   (expresión larga)
    → Fuera de (toda) discusión
    → Como dos y dos son cuatro   (expresión más frecuente)
    → Como tres y dos son cinco   (expresión menos frecuente)
    → Como (que) me llamo…
    → Como (que) hay Dios   (expresión arcaica)

La frecuencia de uso puede estar relacionada igualmente con la búsqueda de la concreción semántica por parte de los hablantes en relación con los rasgos estilísticos propios del momento de la enunciación, y servir además como mecanismo que contribuya a la persuasión de un interlocutor o receptor (p. ej., durante la lectura de un discurso político, en la publicidad, etc.). Por último, tal y como indican Muñoz-Basols, Pérez Sinusía y David, "idiomatic language appears to be inextricably related to personal preference" (2014: xii), es decir, los hablantes seleccionan de su repertorio léxico aquellas expresiones con carácter idiomático que consideran más relevantes para la comunicación, pero, aun así, existe una preferencia personal en cuanto al uso de unas expresiones u otras.

El hecho de que los hablantes estén familiarizados con diferentes secuencias idiomáticas no significa necesariamente que las utilicen. En (15) vemos un grupo de expresiones sinónimas con una composición morfosintáctica similar de las que un hablante puede llevar a cabo una selección para su repertorio léxico activo:

(15)   Irse al garete (Rodríguez-Vida 2011: 120)
    → Irse a la porra
    → Irse a pique
    → Irse al agua
    → Irse al carajo
    → Irse al cuerno
    → Irse al traste

Es conveniente, por lo tanto, incidir en la necesidad de verificar si las expresiones constituyen ejemplos representativos para garantizar un correcto aprendizaje y uso.

3.2. *Noción de registro*

Otra variable importante en relación con el lenguaje idiomático es la noción de registro, dado que una gran parte de estas expresiones proceden de la oralidad y de la sabiduría popular. Las secuencias que más claramente muestran este aspecto son los refranes y los proverbios, ya que transmiten una enseñanza o moraleja en relación con una situación o temática concreta: la amistad, el amor, el trabajo, la salud, la climatología, etc. Encontramos, por lo tanto, un gran número de expresiones relacionadas con el registro informal o coloquial, y que presuponen en su uso cierta familiaridad entre los hablantes. Veamos la diferencia de registro en los siguientes ejemplos:

(16) Caer en saco roto
      → Registro formal
      Significado → No servir de nada

(17) Irse al garete
      → Registro informal
      Significado → Acabar mal

Por otro lado, otras expresiones se ubican en un registro formal y cuidado. Algunas de ellas pueden estar relacionadas con aspectos históricos, *poner una pica en Flandes*, provenir del ámbito filosófico o literario, *estar bajo la espada de Damocles*, o incluso bíblico, *rasgarse las vestiduras*. Las expresiones que pertenecen a un registro más culto se encuentran con frecuencia en los textos literarios y en la prosa periodística, pero en esta última tipología textual, a menudo para captar la atención del lector, se hace uso igualmente de expresiones más propias de un registro informal. Veamos las expresiones de (16) y (17) contextualizadas ahora en dos titulares periodísticos auténticos:

(18) "Un mensaje valiente que no debe caer en saco roto" (*El Mundo*, 19/06/2014)
      → Registro formal

(19) "Cuando cruzar la calle es ilegal un país se va al garete" (*El País*, 15/05/2012)
      → Registro informal

Tanto durante la adquisición como en la enseñanza de la lengua, resulta imprescindible tener en cuenta la noción de registro para poder hacer un uso correcto del lenguaje idiomático. Como se explicará más adelante, para verificar el uso de estas expresiones se puede recurrir a diccionarios combinatorios, corpus lingüísticos o bases de datos.

3.3. *Variación diatópica*

Una tercera y última variable en relación con el uso del lenguaje idiomático tiene que ver con la variación diatópica o geográfica, dado que existen secuencias idiomáticas que varían en función de un área o un grupo de hablantes determinado. Por esta razón, conviene verificar si la expresión en cuestión resulta o no representativa de un área concreta del dominio panhispánico. En este sentido, el proyecto *Varilex* (*Variación léxica del español en el mundo*) ha sido pionero, puesto que estudia la variación léxica, pero también incluye en su estudio unidades léxicas simples y pluriverbales que se consideran idiomáticas. Dicho proyecto incluye los resultados de encuestas realizadas a hablantes de la mayor parte del dominio panhispánico, incluida la población hispanohablante en los Estados Unidos. Por ejemplo, en dicho proyecto se indican 31 maneras distintas de decir "equivocarse", siendo las más comunes las secuencias de carácter idiomático: *no dar pie con bola*, *meter la pata*, *levantarse con el pie izquierdo*, *no pegar una*, *no levantar cabeza*, etc. (Muñoz-Basols, Pérez Sinusía y David 2014: xii).

Veamos aquí la expresión de (15), repetida como (20), y a la que añadimos dos alternativas más que muestran este tipo de variación:

(20) Irse al garete (Rodríguez-Vida 2011: 120)
  → Irse al bombo   (Argentina)
  → Irse al tacho   (Argentina, Bolivia, Perú y Uruguay)

He aquí otros ejemplos de secuencias que contrastan igualmente por su variación diatópica:

(21) Sacarle a alguien las castañas del fuego   (España)
  → Sacarle a alguien las papas del fuego   (América Central y Cono Sur)
                                                (Muñoz-Basols, Pérez Sinusía y
                                                David 2014: 2)

(22) Ojos que no ven, corazón que no siente   (España)
  → Ojos que no ven, corazón que no quiebra   (Ecuador, Costa Rica y Texas)
                                                (Sevilla Muñoz y Zurdo Ruiz-
                                                Ayúcar 2009)

Como vemos, esta variable hace que el aprendiente de L2 tenga que ser consciente igualmente de diferentes aspectos extralingüísticos a la hora de determinar la idoneidad de utilizar el componente idiomático en un contexto determinado. Para ello, remitimos una vez más a los diccionarios combinatorios, corpus de lengua y bases de datos como las fuentes más fiables para verificar la variación diatópica del lenguaje idiomático.

4. Lenguage idiomático y diseño curricular

El *Marco Común Europeo de Referencia* (*MCER*) (2002) y el *Plan Curricular del Instituto Cervantes* (*PCIC*) (2006) constituyen algunas de las principales hojas de ruta en el diseño curricular que, en la última década, han trazado buena parte de las prácticas docentes, así como de la elaboración de libros de texto para la enseñanza del español. No obstante, pese a que como hemos visto en las secciones anteriores el lenguaje idiomático forma parte de la realidad cotidiana de la lengua, uno de los principales problemas a los que se enfrenta el docente es el lugar que ocupa su enseñanza en el diseño curricular.

En el *MCER* (2002), se apunta que un hablante de nivel C2 (maestría), el nivel más alto, próximo a la competencia de un hablante nativo, posee en la interacción oral "un buen dominio de expresiones idiomáticas y coloquiales, y es consciente de los niveles connotativos del significado" (2002: 75). Al abordar la competencia léxica del aprendiente se destaca además que el nivel C2 "es capaz de apreciar los niveles connotativos del significado", mientras que en el C1 (dominio operativo eficaz) incluye un "buen dominio de expresiones idiomáticas y coloquiales" (2002: 109). En el caso de la comprensión auditiva, un hablante de nivel C1 es capaz de reconocer "una amplia gama de expresiones idiomáticas y coloquiales, y aprecia cambios de registro" (2002: 69), y tanto en los niveles C1 como C2 se asume que los aprendientes son capaces de entender este tipo de lenguaje en la comprensión audiovisual: "comprende películas que emplean una cantidad considerable de argot o lenguaje coloquial y de expresiones idiomáticas" (2002: 73).

En el *PCIC* (2006) se sigue la misma escala de niveles que en el *MCER* y, por lo tanto, se continúa con una dinámica similar al incluir el lenguaje idiomático como parte de la relación de objetivos en los niveles C1–C2. Sin embargo, el aspecto más interesante de este documento curricular en relación con la idiomaticidad lo constituye el apartado introductorio sobre las nociones generales:

> El enfoque nocional se basa en un tipo de análisis de la lengua que identifica una serie de categorías de carácter semántico-gramatical [...] que no se ajustan al concepto tradicional de palabra, sino que dan cuenta de la dimensión combinatoria del léxico y se basan en un concepto más amplio de unidades léxicas. Así, tomando como referencia criterios relacionados tanto con fines didácticos como fraseológicos y lexicográficos, se incluyen en los inventarios del componente nocional toda una serie de unidades léxicas pluriverbales, como colocaciones y expresiones idiomáticas (sobre todo locuciones). Este enfoque [demuestra] que la lengua también se procesa —y generalmente se adquiere— en bloques o grupos de palabras y no solo palabra a palabra (*Plan curricular del Instituto Cervantes* 2006).

La innovación del *PCIC* en este sentido se halla en el intento de reconocer dentro del enfoque nocional la necesidad de ampliar el sentido "unidad léxica", de manera que a dicho concepto se le apliquen criterios "didácticos y fraseológicos", es decir, relacionados con la idiomaticidad propia de la lengua y con la idea de que el lenguaje se procesa y se adquiere "en bloques". Este aspecto está directamente relacionado con el lenguaje idiomático, puesto que, como hemos visto, está constituido en muchos casos por unidades pluriverbales cuya estructura morfosintáctica opera en su conjunto.

Por lo tanto, en estos documentos, exceptuando el caso de las fórmulas rutinarias, el lenguaje idiomático ha quedado relegado a los niveles superiores al presentarlo como un indicador que contribuye a determinar el grado de competencia de un hablante, más que considerarlo un elemento imprescindible del idioma. De ahí que tradicionalmente no haya sido habitual exponer a los aprendientes de L2 de niveles iniciales e intermedios a este importante componente de la lengua. Sin embargo, tal y como señalan Lantolf y Bobrova: "Teachers need to be made aware of why metaphor and figurative language in general is so important for language proficiency. We believe that without this awareness it will be difficult to provoke sufficient enthusiasm for rethinking the language teaching curriculum in general and the Spanish language curriculum in particular" (2014: 60).

Además de la complejidad asociada a la adquisición/enseñanza del lenguaje idiomático que hemos ido esbozando a partir de diferentes ejemplos, su presencia en estos diseños curriculares ha podido ser igualmente uno de los factores condicionantes que ha contribuido a que su enseñanza no se haya integrado de manera sistemática en todos los niveles de aprendizaje. No obstante, como veremos a continuación, se puede seguir una serie de pautas a la hora de introducir a los aprendientes a reconocer la presencia del componente idiomático en la lengua y de integrarlo en el diseño curricular de cualquier nivel.

5. Pautas para la enseñanza del lenguaje idomático

A continuación, ofreceremos algunas pautas para acercar al estudiante de cualquier nivel al componente idiomático de la lengua. A grandes rasgos podemos decir, por lo tanto, que en el terreno de la adquisición/enseñanza de lenguas el principal problema al que se enfrenta un hablante de L2 radica en aprender a identificar cómo operan este tipo de expresiones.

Mientras que para un hablante de L1 el lenguaje idiomático se encuentra "fijado y, en cierto modo, automatizado" (Mendívil Giró 1999: 21), un hablante de L2 deberá en primer lugar aprender a reconocerlo, comprender su significado y uso, y almacenar esta información en la memoria a corto plazo para que forme parte de su interacción semántico-pragmática en la lengua meta. He aquí una síntesis, a partir de las ideas que hemos ido desarrollando hasta el momento, de las principales dificultades relacionadas con la adquisición del lenguaje idiomático:

Dificultades a las que se enfrenta el aprendiente de L2 en relación con el lenguaje idiomático

---

a) Desconocimiento de los **parámetros lingüísticos** y, por lo tanto, de la configuración morfosintáctica de la expresión en cuestión.

b) Incapacidad de interpretar el **valor figurado** o **metafórico** de la expresión y, por extensión, de sus valores semánticos y pragmáticos reales.

c) Desconocimiento de los **parámetros culturales** sobre los que operan muchas de estas expresiones.

d) Dificultad a la hora calibrar las tres variables principales que puede poseer una expresión concreta: **frecuencia de uso**, **noción de registro** y **variación diatópica** o **geográfica**.

e) Como consecuencia de las anteriores, un mayor **esfuerzo cognoscitivo** para almacenar este tipo de expresiones en la memoria a corto y largo plazo.

Por lo tanto, el hablante de L2 tendrá que ir aprendiendo a distinguir y a establecer la conexión entre el significado denotativo, o significado referencial o literal, y el significado connotativo o sentido asociativo, que se desprende del contexto y, por lo tanto, interpretativo e intencional. Veamos un ejemplo:

(23)   A: No sé cómo lo voy a hacer.
         B: ¡No te preocupes! ¡Es pan comido!

En la situación comunicativa de (23), un hablante de L2 que oiga esta expresión por primera vez procesará la expresión prestando atención al significado denotativo o literal de sus componentes léxicos y gramaticales, "ser, pan, comer", e intentará deducir el connotativo a partir del contexto, "¡Es muy fácil!". Deberá tener en cuenta igualmente otros aspectos extralingüísticos relacionados con la expresión como su frecuencia de uso, registro y variación diatópica.

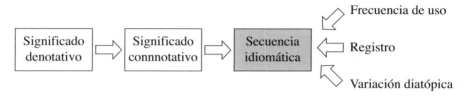

Para que el aprendiente se pueda familiarizar con este proceso hemos diseñado las siguientes pautas, a partir de los aspectos anteriormente expuestos, y que se pueden tener en cuenta a la hora de integrar el componente idiomático tanto en el diseño curricular como en la práctica docente:

1. Abordar la importancia del lenguaje idiomático desde los niveles iniciales. Incidir en la cotidianidad de su uso como parte del idioma y en su valor léxico y nocional, mostrando ejemplos a partir de situaciones comunicativas concretas que, por ejemplo, pueden derivar de exponentes de funciones comunicativas básicas (fórmulas rutinarias y locuciones), hasta otras secuencias más complejas (expresiones idiomáticas, refranes y proverbios, etc.).

2. Motivar al alumno mediante el reconocimiento de que hacer uso del lenguaje idiomático significa acceder a un mayor dominio de la lengua y a cómo se comunican los hablantes nativos, pero, además, de que se trata de una manera de acceder a la cultura de una lengua desde una perspectiva émica o "desde dentro" (Koike y Lacorte 2014: 28).

3. Utilizar un enfoque contrastivo que contribuya a afianzar el aprendizaje del componente sociolingüístico del lenguaje idiomático, así como de su estructura morfosintáctica, por ejemplo, mediante la comparación de distintas metáforas entre lenguas que expresan un mismo significado, *ser pan comido = to be a piece of cake*.

4. Dar a conocer la etimología de algunas expresiones para demostrar que el uso del lenguaje idiomático puede estar relacionado desde el punto de vista histórico o semántico con experiencias, creencias, actitudes y valores culturales. Utilizar esta información para que el aprendiente pueda conectar el origen etimológico de la expresión con su significado, de manera que esta información incida positivamente durante la adquisición favoreciendo así su almacenamiento en la memoria a corto plazo.

5. Mostrar la lógica de muchas de estas expresiones prestando atención a su configuración. Por un lado con expresiones recuperables, es decir, aquellas que el aprendiente puede ser capaz de conectar semánticamente en el discurso cuando las oye por primera vez, *temblar como un flan*. Y, por otro, con las expresiones no recuperables, aquellas de las que, pese al contexto, el aprendiente puede no ser capaz de extraer su contenido léxico de manera completa, sino que se tiene que apoyar en otros aspectos culturales para comprender y recordar su significado, *ir de punta en blanco*.

6. Presentar muestras de lenguaje idiomático de manera sistematizada para favorecer el aprendizaje relacional, ya sea desde un punto de vista temático o nocional. Por ejemplo, a partir de la presencia de elementos que pertenecen a una misma categoría temática, como: comida, *tener mala leche*; animales, *dar gato por liebre*; árboles, *vivir en el quinto pino*, plantas, *dormirse en los laureles*, elementos de la naturaleza, *jugar con fuego*; partes del cuerpo, *sentar la cabeza*; partes de la casa, *subirse por las paredes*; objetos, *dejarse algo en el tintero*; ropa, *quitarse el sombrero*; colores, *pasarlas moradas*; nacionalidades, *tener puntualidad británica*; lenguas y culturas, *hablar en chino*; personajes históricos y literarios, *destapar la caja de Pandora*; lugares, *irse por los cerros de Úbeda*; tradiciones culturales, *colgarle a uno un sambenito*, etc. (véase Muñoz-Basols, Pérez Sinusía y David 2014). También desde el punto de vista nocional, es decir, en relación con funciones propias de la lengua: descripción física, *estar como un fideo*, y del carácter de una persona, *tener mala leche*; mostrar estados de ánimo, sentimientos y actitudes: alegría, *estar alegre como unas castañuelas*; preocupación, *ahogarse en un vaso de agua*; enfado, *subirse por las paredes*; sorpresa, *quedarse blanco*; admiración, *quitarse el sombrero*, etc.

7. Fomentar el desarrollo de estrategias que conduzcan a un correcto almacenamiento de la estructura lingüística completa y a la potenciación del aprendizaje, sobre todo, de aquellas expresiones con una mayor opacidad semántica en su significado. Por ejemplo, la diferencia en cómo se percibe la lógica entre las expresiones: *dar en el clavo*, "acertar", y *dar la lata*, "molestar" (véase Muñoz-Basols, Pérez Sinusía y David 2014: 87).

8. Maximizar el aprendizaje del lenguaje idiomático a partir del componente visual. Establecer asociaciones lógicas mediante el reconocimiento del carácter metafórico del lenguaje con imágenes o situaciones comunicativas concretas que conduzcan a la automatización de las expresiones adquiridas.
9. Utilizar textos auténticos de diferentes tipologías textuales para mostrar el uso del lenguaje idiomático en contexto: textos periodísticos, publicitarios, literarios, científico-técnicos, etc. Aprovechar estos materiales para contrastar los diferentes registros, así como la variación diatópica y favorecer, mediante el aprendizaje de estas expresiones en contexto, la mediación intercultural (véase Barani 2013).
10. Familiarizar al alumno con algunas de las herramientas que permiten verificar el uso de este tipo de lenguaje, tanto en el discurso oral como en textos escritos: libros especializados, diccionarios combinatorios, corpus lingüísticos y bases de datos, proyectos sobre variación léxica, etc., con el objetivo de que sea capaz de gestionar su propio aprendizaje. Por ejemplo, para textos escritos se puede consultar el *Corpus del español*, así como las bases de datos de la Real Academia: *Corpus diacrónico del español* (*CORDE*), *Corpus de referencia del español actual* (*CREA*) y *Corpus del español del siglo XXI* (*CORPES XXI*). Para textos orales, se puede recurrir al *Corpus de conversaciones coloquiales* (*VAL.ES.CO.*), *Corpus oral de lenguaje adolescente* (*COLA*) y, desde el punto de vista contrastivo, al *C-ORAL-ROM* (2005), corpus de habla espontánea en italiano, francés, español y portugués. En el caso de los refranes y proverbios, así como otras paremias, se puede consultar el *Refranero multilingüe* del Centro Virtual Cervantes.

6. Conclusión

La adquisición/enseñanza del lenguaje idiomático posee un papel primordial tanto en el diseño curricular como en las prácticas docentes en el aula. Es importante que el profesor busque los mecanismos necesarios para exponer a los estudiantes a esta parcela del idioma que, como hemos visto, forma parte de la cotidianidad entre los hablantes de una lengua. Si el docente consigue transmitir de manera eficaz dichos conocimientos, explicando las características propias de este tipo de lenguaje, todo ello le posibilitará al alumno aprender a reconocer, comprender y utilizar el componente idiomático presente en la lengua y contribuirá, en su conjunto, a afianzar el dominio de su competencia lingüística y comunicativa.

Bibliografía

[ASALE] Asociación de Academias de la Lengua Española, *Diccionario de americanismos*. Accesible en http://www.asale.org/recursos/diccionarios/damer.
Barani, N. (2013) *Aspectos de la utilización de las paremias en el diario* El País*: hacia el desarrollo de materiales didácticos para la enseñanza del español a hablantes de persa*, Salamanca: Ediciones Universidad de Salamanca.
Beltrán, M. J. y Yáñez Tortosa, E. (2009) *Modismos en su salsa*, Madrid: Arco Libros.
Briz Gómez, A. y grupo VaL.Es.Co. (2002) *Corpus de conversaciones coloquiales*, Madrid: Arco Libros.
Consejo de Europa (2002) *Marco común europeo de referencia para las lenguas: aprendizaje, enseñanza, evaluación*, Madrid: MECD. Accesible en http://cvc.cervantes.es/ensenanza/biblioteca_ele/marco/.
Corpas Pastor, G. (1996) *Manual de fraseología española*, Madrid: Gredos.
Corpus Oral de Lenguaje Adolescente (COLA). Accesible en http://www.colam.org/om_prosj-espannol.html.
Cresti, E. y Moneglia, M. (2005) *C-ORAL-ROM. Integrated reference corpora for spoken Romance languages*, Amsterdam: John Benjamins.
Davies, M. *Corpus del español*. Accesible en http://www.corpusdelespanol.org/.

Domínguez González, P., Morera Pérez, M. y Ortega Ojeda, G. (1988) *El español idiomático. Frases y modismos del español*, Barcelona: Ariel.

García-Page Sánchez, M. (2008) *Introducción a la fraseología española*, Madrid: Anthropos.

Instituto Cervantes (2006) *Plan Curricular del Instituto Cervantes*, Madrid: Biblioteca Nueva. Accesible en http://cvc.cervantes.es/Ensenanza/Biblioteca_Ele/plan_curricular/default.htm.

Koike, D. y Lacorte, M. (2014) "Toward intercultural competence: From questions to perspectives and practices of the target culture", *Journal of Spanish Language Teaching*, 1, 1, pp. 15–30.

"La banca cierra el grifo del crédito a las familias", *El País*, 02/03/2011. Accesible en http://economia.elpais.com/economia/2011/03/02/actualidad/1299054778_850215.html.

Lantolf, J. P. y Bobrova, L. (2014) "Metaphor instruction in the L2 Spanish classroom: Theoretical argument and pedagogical program", *Journal of Spanish Language Teaching*, 1, 1, pp. 46–61.

Mendívil Giró, J. L. (1999) *Las palabras disgregadas: sintaxis de las expresiones idiomáticas y los predicados complejos*, Zaragoza: Prensas Universitarias de Zaragoza.

Muñoz-Basols, J., Pérez Sinusía, Y. y David, M. (2014) *Spanish idioms in practice: Understanding language and culture*, Londres/Nueva York: Routledge.

Penadés Martínez, I. (1999) *La enseñanza de las unidades fraseológicas*, Madrid: Arco Libros.

Pérez-Lanzac, C. "Cuando cruzar la calle es ilegal un país se va al garete", *El País*, 15/05/2012. Accesible en http://ccaa.elpais.com/ccaa/2012/05/14/madrid/1337023691_951154.html.

[RAE] Real Academia Española, *Banco de datos (CORDE). Corpus diacrónico del español*. Accesible en http:// corpus.rae.es/cordenet.html.

[RAE] Real Academia Española, *Banco de datos (CORPES XXI). Corpus del español del siglo XXI*. Accesible en http://web.frl.es/CORPES/view/inicioExterno.view.

[RAE] Real Academia Española, *Banco de datos (CREA). Corpus de referencia del español actual*. Accesible en http://corpus.rae.es/creanet.html.

Rodríguez-Vida, S. (2011) *Diccionario temático de frases hechas*, Barcelona: Ediciones Octaedro.

Ruiz Gurillo, L. (1997) *Aspectos de fraseología teórica española*, Valencia: Universitat de València.

Ruiz Gurillo, L. (1998) *La fraseología del español coloquial*, Madrid: Ariel.

Sevilla Muñoz, J. y Zurdo Ruiz-Ayúcar, M. I. T. (dirs.) (2009) *Refranero multilingüe*, Madrid. Instituto Cervantes (Centro Virtual Cervantes). Accesible en http://cvc.cervantes.es/lengua/refranero/.

Timofeeva, L. (2012) *El significado fraseológico. En torno a un modelo explicativo y aplicado*, Madrid: Liceus.

"Un mensaje valiente que no debe caer en saco roto", *El Mundo*, 19/06/2014. Accesible en http://www.elmundo.es/opinion/2014/06/19/53a3346722601d54558b4586.html.

Varilex (Variación Léxica del Español en el Mundo). Dirigido por prof. Hiroto Ueda, Universidad de Tokio. Accesible en http://lecture.ecc.u-tokyo.ac.jp/~cueda/varilex/.

Zuluaga, A. (1980) *Introducción al estudio de las expresiones fijas*, Berna: Peter Lang.

Lecturas complementarias

Corpas Pastor, G. (1996) *Manual de fraseología española*, Madrid: Gredos.

Corpas Pastor, G. (2003) *Diez años de investigación en fraseología: análisis sintáctico-semánticos, contrastivos y traductológicos*, Madrid: Iberoamericana/Vervuert.

Liu, D. (2008) *Idioms: Description, comprehension, acquisition and pedagogy*, Nueva York/Londres: Routledge.

García-Page Sánchez, M. (2008) *Introducción a la fraseología española*, Madrid: Anthropos.

Mendívil Giró, J. L. (1999) *Las palabras disgregadas: sintaxis de las expresiones idiomáticas y los predicados complejos*, Zaragoza: Prensas Universitarias de Zaragoza.

Muñoz-Basols, J., Pérez Sinusía, Y. y David, M. (2014) *Spanish idioms in practice: Understanding language and culture*, Londres/Nueva York: Routledge.

Rodríguez-Vida, S. (2011) *Diccionario temático de frases hechas*, Barcelona: Ediciones Octaedro.

Timofeeva, L. (2012) *El significado fraseológico. En torno a un modelo explicativo y aplicado*, Madrid: Liceus.

Entradas relacionadas

actos de habla; adquisición del español como segunda lengua; aspecto léxico; dialectología y geografía lingüística; español coloquial; lexicología; lexicografía; locuciones; metáfora

ESPANGLISH

Ricardo Otheguy

1. Introducción

Reconocemos en la palabra *espanglish* dos acepciones fácilmente diferenciables. La primera, la de aplicación más frecuente, focaliza la lengua; la segunda, y quizás más importante, focaliza el habla y sus usuarios. Tratamos de estas dos acepciones del vocablo en las primeras dos secciones de esta entrada, pasando a explicar, en secciones subsiguientes, las caracterísicas de los fenómenos a los que el vocablo se refiere, así como la historia del mismo. Procedemos después a aportar datos sobre los usuarios del término (y sobre los que lo rechazan), y a detallar las razones que han llevado a muchos estudiosos del tema a señalar sus fallas teóricas. Terminamos desvelando las posturas ideológicas que subyacen a la adopción del vocablo, y con los argumentos, teóricos y empíricos, que han llevado a muchos a proponer la suspensión de su uso.

2. El término *espanglish* y la lengua

La primera acepción del vocablo *espanglish* enlaza con una perspectiva de lengua, y conecta, a su vez, con tres referentes distintos: (a) Se utiliza el término bajo esta primera acepción para referirse a rasgos léxicos, sintácticos y fraseológicos de etimología inglesa hallados en el español en los Estados Unidos. (b) Además, se utiliza *espanglish* para describir la práctica, muy extendida en casi todas las comunidades bilingües del mundo, de alternar entre dos lenguas dentro de la misma emisión, en este caso entre el español y el inglés. (c) Y por último, encontramos también esta primera acepción de la voz *espanglish* haciendo referencia global al español de los Estados Unidos, o de algunas de sus comunidades, o nombrando usos concretos en momentos puntuales. Veamos ejemplos de cada uno.

(a) Como ejemplo de ítems léxicos de origen inglés que suscitan el apelativo de *espanglish* en los Estados Unidos, pensemos en los hoy muy generalizados *apoinmen* (< *appointment* 'cita, turno'), *jáiscul* (< *high school* 'escuela secundaria'), *lonch* (< *lunch* 'almuerzo') o *taxes* (< *taxes* 'impuestos'). Y pensemos en el fenómeno, también léxico, de introducir nuevos significados en la semántica de vocablos hispanos tradicionales, como es el caso del verbo *realizar*, que asume en los Estados Unidos el sentido que en otros lugares tiene *darse cuenta*. Como ejemplo de anglicismo sintáctico, señalemos los gerundios nominalizados como *lavando platos no es manera de ganarse la vida* (cf. *lavar platos...*). En cuanto a importaciones fraseológicas —que, por razones que veremos más adelante, tendrían de hecho que analizarse como préstamos culturales más que lingüísticos—, pensemos en el uso adverbial muy generalizado de *para atrás*, como por ejemplo *esta tarde te llamo para atrás* (cf. *esta tarde te llamo de vuelta, te devuelvo la llamada*). (b) Para ejemplo del vocablo *espanglish* utilizado con referencia a prácticas lingüísticas de alternancia entre lenguas ('cambios de código'), sirvan emisiones tales como *Creo que vienen to fix the car mañana por la tarde*, o *Dame ese vaso that's on top of the table para ver si lo lavo*. (c) Para ejemplo de la palabra *espanglish* utilizada para referirse, de forma general, al español en los Estados Unidos, o a usos puntuales que incorporan rasgos de origen inglés, pensemos en frases como *Dicen que van a subir los taxes next year, mejor dicho, van a subir los impuestos el año que viene, para no hablar en espanglish*.

3. El término *espanglish* y el habla

En su segunda acepción, el vocablo *espanglish* no hace referencia a un conjunto de rasgos anglógenos integrados a la lengua, ni al cambio de código, ni a la lengua o a sus usos particulares, sino a la forma de habla, al estilo discursivo en sí donde aparecen estos rasgos. Es *espanglish* en esta segunda acepción el nombre de un uso comunitario e intragrupal, practicado en la conversación informal entre hispanohablantes estadounidenses de todo tipo (y practicado igualmente, en sus respectivas lenguas, en todas las comunidades bilingües del mundo que han sido objeto de investigación sociolingüística). Aplicada a estas prácticas de habla, la voz *espanglish*, en esta segunda acepción, no excluye la referencia a los rasgos de etimología inglesa que pueblan las emisiones de base española de los que hemos dado ejemplos, ni excluye tampoco la costumbre de alternar entre dos lenguas dentro de la misma emisión, como en el caso que ya ejemplificamos. Pero mientras que bajo la primera acepción *espanglish* tiene que ver con fenómenos pensados desde el punto de vista del sistema lingüístico (¿cuál es la lengua de origen de los rasgos?, ¿cuál de ellas se está usando?), bajo su segunda acepción el término reviste un sentido sutilmente distinto, centrado en el hablante y sus usos, y en lo que estos para él representan. Para los pensadores que han meditado hondamente sobre el tema, entre los cuales sea quizás Ana Celia Zentella la más conocida (cf. Zentella 1997), el vocablo *espanglish* hace referencia a prácticas lingüísticas donde prima la simbolización de una concepción particular de la vida y de la visión del mundo del hablante. Para estos estudiosos de las comunidades latinas de los Estados Unidos, el nombre de *espanglish* dado a estas prácticas lingüísticas constituye una expresión de la dualidad identitaria del bilingüe. Por medio del apelativo, el hablante comunica la realidad vital de que se utilizan dos lenguas porque se es dos cosas: en la feliz frase de Zentella, 'we speak both because we are both'.

4. Características de los fenómenos nombrados por el vocablo *espanglish*

Pasando del término *espanglish* a los fenómenos en sí que bajo la primera acepción se nombran, encontramos en la adopción de los rasgos provenientes del inglés, así como en la alternancia entre las dos lenguas, un alto grado de sistematicidad. Nos encontramos —es importante recalcarlo— ante patrones lingüísticos cuya regularidad ha sido detalladamente constatada por antropólogos, filólogos y lingüistas. Por este motivo, resulta inexacta la creencia, fomentada quizás por la propia forma compuesta del mismo vocablo *espanglish*, de que los fenómenos que el término describe constituyen una mezcla desarreglada y sin orden. Aunque la Real Academia Española, en un lapso a la vez sorprendente y lamentable, los haya tildado en sus diccionarios de deformaciones del español y del inglés, en realidad los préstamos y alternancias a los que suele remitir el término *espanglish* se rigen por patrones muy estrictos (como constatan, en una publicación de la misma Academia, Silva-Corvalán y Potowski, 2009).

También es inexacta la creencia, algo generalizada, de que los rasgos léxicos y estructurales que motivan la rúbrica *espanglish* se ubican con mayor densidad en la lengua de los estratos más populares de la comunidad hispanohablante estadounidense. Los datos indican todo lo contrario. En su estudio cuantitativo del préstamo léxico en el español en Nueva York, apoyado en un corpus oral de más de 140 horas de entrevistas con hablantes de distintos orígenes nacionales y sociales, Rachel Varra (2013) encuentra que la mayor incidencia de palabras de origen inglés en el discurso en español se registra entre los hablantes de más alto nivel económico y de más años de escolarización. Por su parte, en un análisis de la influencia del inglés en el uso del pronombre personal sujeto, Shin y Otheguy (2013) constatan que las comunidades latinas de ingresos más elevados son las más influidas por el inglés, mientras que en las de menos medios se registran índices mucho menores de ocurrencia de elementos anglógenos.

Añadamos, para despejar el terreno, un tercer malentendido, relacionado con la idea de que los fenómenos que han dado pie al término *espanglish* son de altísima frecuencia. La evidencia nos lleva a la conclusión opuesta. Los investigadores que han cuantificado los elementos procedentes del inglés en el español en los Estados Unidos han encontrado incidencias muy limitadas. Aun en los estudios que han registrado las tasas más elevadas de préstamos léxicos ingleses en el español de los latinos de aquel país, estos no sobrepasan la décima parte del vocabulario disponible de los hablantes. En un estudio de disponibilidad léxica realizado entre adolescentes bilingües de Chicago, Moreno-Fernández (2007) constata que solamente el 7 por ciento del vocabulario español de estos jóvenes lo conforman préstamos del inglés. Y en el estudio de Varra antes citado, la investigadora descubre una tasa de anglicismos léxicos en razón de 4 préstamos por cada 1.000 palabras entre los hablantes de primera generación (los nacidos en Latinoamérica) y de 9 por cada 1.000 palabras entre hablantes de segunda (los nacidos en los Estados Unidos); esto quiere decir que en el habla de Nueva York, el discurso español contiene menos de 1 por ciento de ítems ingleses entre hablantes bilingües nacidos en los Estados Unidos, y menos todavía, un 0,4 por ciento, entre monolingües y bilingües nacidos en Latinoamérica.

5. Usuarios de los vocablos *espanglish* y *español*

Con diferentes grados de comprensión de lo que la voz implica y de lo que con ella se quiere señalar, aparece *espanglish,* usado bajo una de sus dos acepciones, o bajo las dos, no sólo en el discurso de profesores universitarios de varias disciplinas, sino también en el de periodistas, publicistas, cineastas y personas dedicadas a diversas formas de expresión intelectual y artística que se interesan en el tema. Aparece mucho menos el término, sin embargo, en las publicaciones científicas que indagan sobre los rasgos provenientes del inglés, apoyadas casi todas en la teoría sociolingüística. En los informes sobre estas investigaciones, el término *espanglish* en su primera acepción suele competir muy desfavorablemente con el término *español* (o su equivalente inglés *Spanish*). Independientemente del término que usen para describir los fenómenos estudiados, son estas investigaciones en las que nos apoyamos para la generalización antes mencionada sobre la sistematicidad que se nota, tanto en la adaptación al español de los elementos ingleses, como en el vaivén entre las dos lenguas. Para una primera orientación sobre la bibliografía que estudia estos fenómenos y registra la regularidad de estos patrones, conviene consultar, además de las fuentes ya citadas, importantes recopilaciones de artículos, como por ejemplo Dumitrescu y Piña-Rosales (2013), Elías-Olivares, Leone, Cisneros y Gutiérrez (1985), López-Morales (2009) y Roca (2000), así como valiosos resúmenes globales (Lipski 2008) y monografías dedicadas a grandes conjuntos urbanos (Silva-Corvalán 1994; Otheguy y Zentella 2012).

El uso relativamente poco frecuente del vocablo *espanglish* en estas obras de corte académico y científico queda explicado por el hecho de que no sólo son las prácticas que describe el vocablo informales e intragrupales, como ya hemos señalado, sino que al vocablo en sí se le adhieren estas características, lo cual hace que quede reñido, para muchos autores, con el estilo formal e intergrupal de la redacción científica. Lo mismo puede decirse, hablando en términos generales, de la prensa impresa y los medios radiotelevisivos dirigidos a las comunidades latinas de los Estados Unidos, donde la relativa formalidad del discurso, y quizás también los motivos de índole comercial, parecen restringir el uso de *espanglish* y favorecer el uso de *español*.

En cuanto a la utilización del vocablo *espanglish* para referirse a su propia forma de hablar por parte de la gran población latina de los Estados Unidos, en sus momentos de conversación informal, no hay mucho que se pueda afirmar a ciencia cierta, ya que son pocos los estudios sobre extensión, dispersión e incidencia del vocablo. Sí podemos señalar, sin embargo, que suele usarse con dos signos opuestos, positivo para algunos hablantes, negativo para muchos otros. Entre muchos hispanohablantes estadounidenses, sobre todo entre jóvenes, y sobre todo entre los de segunda generación, el uso de la voz *espanglish* puede llegar a convertirse, como señalábamos arriba, en un importante estandarte identitario, de valor sumamente positivo. (De esta forma, el término se hace equiparable, en lo lingüístico, a lo que es el vocablo *latino* en lo étnico, término este último que, en preferencia a *hispano*, se valora entre muchos hablantes por deslindar los contornos de una etnia especial dentro de los Estados Unidos, etnia afín a lo latinoamericano, y desvinculada de lo peninsular, con claras sugerencias de diferencias socioculturales, pensadas, y en muchos casos articuladas, en términos raciales). Aunque expresado muchas veces con aire jocoso y con algo de baja autoestima, el aserto *lo que yo hablo es espanglish* se oye con cierta frecuencia entre muchos individuos en ciertos sectores de la comunidad latina de los Estados Unidos, quienes hacen suyo el vocablo con orgullo y propiedad. Por otra parte, tampoco cabe duda de que para muchos otros latinos, probablemente para la mayoría, el vocablo *espanglish* registra tasas de uso relativamente bajas. Así, mientras que *latino* es de uso muy general en la población, *espanglish* sigue siendo de circulación relativamente limitada. Y también es cierto que entre muchos latinos, conocedores del valor frecuentemente negativo que el vocablo tiene en la sociedad en general, *espanglish* despierta sospechas, y se rechaza como equivalente a 'no hablar bien el español'. Esta dualidad valorativa del vocablo dentro de la gran comunidad hispanohablante —valoración positiva para algunos, negativa para otros— existe probablemente también en la sociedad norteamericana considerada en términos más amplios, aunque no sería totalmente desacertado especular que, fuera de las comunidades latinas, se nota entre los norteamericanos anglohablantes una clara tendencia a marcar el término *Spanglish* con un valor más despectivo que aprobatorio.

6. Historia del vocablo *espanglish*

Pasando a la historia del vocablo que nos ocupa, es de interés la creencia, bastante generalizada, de que *espanglish* tiene orígenes populares y es de etimología inglesa (de *Spanglish*).

La realidad histórica parece ser muy distinta. El vocablo es de origen intelectual y periodístico, acuñado, en español, por el escritor puertorriqueño Salvador Tió en los años cincuenta del siglo pasado. Por lo tanto, *espanglish* no se deriva de *Spanglish*, sino al revés. Y no surge la palabra de forma natural, producto de un proceso de difusión nacido de la lengua del pueblo, sino que se crea, de forma artificial, como parte del normal placer que entre escritores e intelectuales despierta el juego de palabras.

El hecho de que *espanglish* haya sido acuñado por un escritor dedicado a la literatura y el periodismo nos recuerda que, con algunas excepciones —entre las cuales está el trabajo de Zentella antes citado— no es el vocablo *espanglish* producto de propuestas de profesionales capacitados en la observación de la lengua. Más bien surge el vocablo de la afición poética y literaria, atraída siempre por fenómenos lingüísticos que se notan como diferentes, y que se registran con sincera fascinación y mínimo rigor científico. Este patrón continúa hasta el día de hoy, cuando no es difícil encontrar obras en cuyos títulos se usan los términos *gramática* o *diccionario*, pero en las cuales se acusa la ausencia de los criterios estructurales y lexicográficos que deberían siempre guiar estos trabajos; para ejemplo y primera orientación a este género, donde el vocablo *espanglish* recibe acogida calurosa y promoción militante, obras como Stavans (2003) resultan sumamente útiles.

7. Objeciones al término *espanglish*

Desde sus principios, el vocablo *espanglish* encontró claras objeciones entre lingüistas, filólogos y pedagogos conocedores del bilingüismo y empapados de las necesidades educativas de los bilingües, siendo el artículo del lingüista puertorriqueño William Milán (1982) una de las manifestaciones más tempranas, y más claramente argumentadas, de esta oposición. Milán pormenorizaba en su artículo los rasgos de origen inglés hallados en el español hablado por los puertorriqueños en Nueva York, y recalcaba que no eran privativos de estos, sino que se encontraban en muchas lenguas insertas en situaciones de contacto, así como en la historia de muchísimas lenguas, entre ellas el español. Milán concluía instando a sus colegas, por muchas y buenas razones, a descartar el término:

> I would like to propose that both the researchers studying contemporary Puerto Rican speech in New York City and the practitioners striving for an equal educational opportunity for the city's Puerto Rican population make a truly concerted effort to avoid using the term 'Spanglish.' As a scientific term attempting to designate a particular phenomenon, it is hopeless since it fails to capture the broader context wherein the phenomenon occurs. As a label it is grossly misleading, since it does not even come close to describing either the structure or the nature of its pretended designatum. The inadequacy of the term has been denounced by many outstanding linguists who feel strongly that a more scientifically sound way of referring to this phenomenon must be found (1982: 203).

Predicaba Milán en el desierto. Más de treinta años después, cuando la población hispanohablante de Nueva York es mucho mayor y más variada (como lo es en todo Estados Unidos), y cuando sus necesidades educativas son iguales o mayores que lo eran las de los puertorriqueños neoyorquinos de la época de Milán, y cuando el vocablo del poeta Tió sigue siendo tan incongruente como lo era entonces, continúa, sin embargo, medrando en la prensa y en el cine, y en partes de la universidad, en donde Milán temía que confundiera criterios y fomentara confusiones, como efectivamente ha sucedido.

La idea central de Milán consistía en señalar que el español en los Estados Unidos, lejos de llamar la atención por lo inusual de sus rasgos, ofrece al observador una situación estructural y pragmática normal y corriente, que si bien es digna de estudio y análisis, poco merece la reificación que comporta la utilización de un término nuevo para nombrarla. Esta idea de Milán, desarrollada en un artículo en inglés, encuentra eco en uno más reciente y extenso, escrito en español (Otheguy 2009, con traducción al inglés en Otheguy y Stern 2011). Proponen estas obras que para llegar a una recta comprensión de las características léxicas, estructurales y fraseológicas del español en los Estados Unidos, se impone la necesidad de estudiarlas a la luz de rasgos equivalentes (equivalentes, no iguales) encontrados en Latinoamérica y España. En cuanto al léxico, es notable que el vocabulario localista del español popular de cada zona hispanohablante es conocidísimo en su área de uso, pero muchas veces desconocido, y con frecuencia difícil de entender, cuando nos alejamos de esas áreas. Es normal y corriente que un hablante de español que utilice palabras como *micro, senda, trusa, zumo* fuera de su país se vea interpelado por otros hispanhoablantes para que aclare su significado, y es frecuente que tenga que recurrir a términos neutralizadores como *autobús, acera, traje de baño, jugo* para hacerse entender (para orientación sobre el concepto de *término neutralizador*, véase López-Morales 2007). La equivalencia que proponemos es sencilla: localismos como *micro, senda, trusa* representan, para sus zonas, lo mismo que, para la suya, representan *jáiscul, taxes, lonch*. El hispanohablante de los Estados Unidos que dice *lonch* o *taxes* en vez de los neutralizadores *almuerzo* o *impuestos* hace lo mismo que el latinoamericano o peninsular que dice *senda* o *zumo* en vez de los neutralizadores *acera* o *jugo*.

El término *espanglish* encarna un juicio discrepante con relación a esta propuesta. El vocablo insiste, sin fundamento, en la necesidad de analizar los localismos de forma distinta según se registren, por una parte, en el habla de Latinoamérica o España, y por otra, en la de los Estados Unidos. Esta insistencia en no reconocer el paralelo entre los localismos de todos los ámbitos hispanohablantes responde probablemente a factores ideológicos que convendría explicitar. Se trata, a todas luces, de conceder a las comunidades latinoamericanas o peninsulares derechos sobre el uso de la lengua que se le niegan al colectivo estadounidense. Es como si se afirmara: en España y Latinoamérica se puede ejercer el localismo, utilizar las palabras propias que son desconocidas fuera de la zona, acuñar los propios usos, y no por eso esperar que nadie, fuera de jocosidades momentáneas y puntuales, proponga que se esté hablando un idioma llamado cubano o chileno o mexicano o aragonés o burgalés, o cualquier otro. Pero por el contrario —continúa esta postura ideológica—, en los Estados Unidos los localismos e invenciones son extraños e inusitados, de acuñación innecesaria y objetable. Visto de esta forma, el vocablo *espanglish*, sobre todo cuando se utiliza en España o Latinoamérica, pero aun cuando se usa en los Estados Unidos, sirve para convertir a las comunidades hispanounidenses en entes lingüísticos exóticos, sirve, claramente, para aplicarles lo que, en otro contexto, Edward W. Said denunció como orientalismo, con el consabido elemento de menosprecio que esto conlleva.

8. Actitudes asumidas con relación a los localismos del mundo hispanohablante

De poco vale, así las cosas, señalar que las diferentes actitudes hacia los localismos latinoamericanos y peninsulares, por una parte, y los norteamericanos, por otra, son atribuibles a que los primeros son intrahispánicos, mientras que los que encontramos en el español en los Estados Unidos son de naturaleza claramente exógena con respecto a la lengua española. No hay tal. El localismo, sobre todo en Latinoamérica, tiene precisamente esta característica, que en numerosos casos es de origen extrahispánico. Valgan dos o tres ejemplos. El localismo *gurí*, tan generalizado en Uruguay, que frecuentemente requiere traducción por el neutralizador *niño*, es de origen guaraní. El localismo *palta*, tan común en conversaciones sobre la comida andina, es de origen quechua. Las etimologías africanas son comunes en el Caribe hispánico (*chévere*, *quimbamba*, etc.). Y en el país de mayor población hispanohablante del mundo, los localismos de origen nahua que utilizan a diario los mexicanos configuran una nutridísima lista (*zacate*, *cuate*, *cacahuate*, y un largo etc.). Es así que el mecanismo que extiende carta de ciudadanía hispánica al localismo andino o mexicano, pero no así al localismo de los Estados Unidos, se construye a través de lentes que registran como legítimas las contribuciones léxicas del guaraní, el quechua y el nahua, en contraposición a la percepción hostil que se transluce cuando se trata del inglés estadounidense. Son por lo tanto los factores histórico-geográficos, políticos y temporales (lenguas de poblaciones dominadas en un caso, de población dominante en el otro; de relación antigua en un caso, de contacto reciente en el otro) los que resultan determinantes en cuanto a las actitudes que se adoptan con referencia a los rasgos distintivos de la lengua de los latinos de los Estados Unidos. De esta forma, el paralelismo trazado en Otheguy (2009), según el cual *gurí* es a *niño* como *taxes* es a *impuestos*, resulta aleccionador para una ubicación más acertada, y menos tendenciosa, de los rasgos y las prácticas del español en los Estados Unidos, y para apoyar la idea original de Milán de que ya es hora que, en la casa de la lingüística, el vocablo *espanglish* reciba aviso de desahucio.

9. Deficiencias teóricas del término *espanglish*

Para terminar, señalemos que disminuyen al vocablo *espanglish* claras dolencias de índole teórica. La voz implica, por su propia forma, que se trata del nombre de una lengua, de lo que el investigador llama un sistema lingüístico y que el lego entiende intuitivamente de la misma manera. Cuando de préstamos léxicos se trata, esta manera de pensar tiene al menos cierta lógica, pues los elementos traídos del inglés (*lonch, taxes, jáiscul*, etc.) pasan a integrarse en el español en los Estados Unidos al nivel de la *langue* saussureana, y lo mismo pasa con los préstamos sintácticos. Pero en el caso de la mayor parte del resto de los fenómenos que suelen merecer el apelativo de *espanglish*, el contenido sistémico que se insinúa carece de sentido. No hay tal lengua. Casi todo lo que llama la atención en el lenguaje estadounidense pertenece al *uso* de la lengua, a la fraseología que utilizan a diario en los Estados Unidos los bilingües, y en imitación de ellos, también los monolingües, fraseología que refleja patrones culturales expresados de forma paralela a cuando se habla en inglés. Estos patrones culturales norteamericanos, sin embargo, quedan casi siempre vertidos en cauces lingüísticos netamente hispánicos. Se trata, casi siempre, de la expresión por medio de estructuras españolas de conceptualizaciones estadounidenses, no de la expresión por medio de estructuras inglesas (Otheguy 2011, 2013).

Cuando la tecnología desarrolló un aparato que tomaba recados telefónicos, se generalizó en los Estados Unidos el término *answering machine* y en España y Latinoamérica el término *contestador*. Entre los latinos de los Estados Unidos, quedó marginado *contestador* y se optó por *máquina de contestar*, que resulta para muchos, incorrectamente, un ejemplo de *espanglish*, pues se piensa que *máquina de contestar* 'viene del inglés' (de *answering machine*). Para entender cabalmente la lengua de los hispanohablantes de los Estados Unidos, basta percatarse de que no tiene sentido el aserto de que *máquina de contestar* proviene del inglés, pues la frase proviene, no del idioma inglés, sino de las conceptualizaciones de la cultura norteamericana. O sea, *máquina de contestar* llega al español no de *answering machine*, ni de la lengua inglesa, sino de la manera en que a la realidad se le ha dado forma lingüística por parte de los integrantes de la cultura norteamericana (a la cual pertenecen también los propios latinos bilingües). En todos estos casos de calcos, la copia radica en lo cultural y conceptual, y no cae dentro de lo lingüístico. No hay, en *máquina de contestar*, elemento anglógeno, ni en el léxico ni en la sintaxis: las tres palabras son españolas, y la construcción es española. Y es transparente, además, el paralelo con vocablos como *máquina de escribir*, en su tiempo arraigado en el uso de los hispanohablantes de todas partes. Estos fenómenos que parecen constituir transferencias lingüísticas pero que son de hecho importaciones culturales, constituyen la gran mayoría de lo que sirve de base falsa al término *espanglish*. Nos encontramos, en todo esto, ante la norteamericanización de los latinos, no ante la anglicación del español (para más detalles, véanse Otheguy 1993, 1995, 2009).

Estas consideraciones nos llevan a reconocer la importancia de la postura de Zentella (1997) y de todos los que quieren que usemos el vocablo *espanglish* para referirnos a las prácticas de los hispanohablantes estadounidenses. Discrepamos en cuanto al rótulo y pensamos, como Milán, que tendría que eliminarse. Pero es de capital importancia entender que reconocemos (y hemos intentado estudiar asiduamente) la existencia y capital importancia de los referentes del término que rechazamos, a los que preferimos llamar, simple y llanamente, español en los Estados Unidos. Es decir, que nuestro rechazo del vocablo *espanglish* no tiene nada que ver con la realidad de los elementos de lengua y de habla que hemos venido detallando, y la simbolización de visiones del mundo que estos conllevan. Estamos, en algunos casos, ante hechos de lengua. Y en miles de casos, ante hechos de praxis, instancias de realización, en español *no* hibridizado, de maneras de conceptualizar reinantes en los Estados Unidos y desconocidas en los demás países hispanohablantes. La hibridación es, casi siempre, cultural y conceptual. Cuando a estos fenómenos, tan frecuentes, se unen las instancias mucho menos frecuentes, como hemos visto, de hibridación léxica o sintáctica, se logra una visión abarcadora del español en los Estados Unidos, que muy poco material nos proporciona para justificar el uso de una rúbrica especial como *espanglish*.

Bibliografía

Dumitrescu, D. y Piña-Rosales, G. (2013) *El español en los Estados Unidos: E pluribus unum? Enfoques multidisciplinarios*, Nueva York: Academia Norteamericana de la Lengua (ANLE).

Elías-Olivares, L., Leone, E., Cisneros, R. y Gutiérrez, J. (1985) *Spanish language use and public life in the USA.* Berlín: Mouton Publishers.

Lipski, J. (2008). *Varieties of Spanish in the United States.* Washington, DC: Georgetown University Press.

López-Morales, H. (2007) *La globalización del léxico hispánico*, Madrid: Editorial Espasa Calpe.

López-Morales, H. (coord.) (2009) *Enciclopedia del español en los Estados Unidos*, Madrid: Instituto Cervantes y Editorial Santillana.

Milán, W. (1982) "Spanish in the inner city: Puerto Rican speech in New York", en Fishman, J. y Keller, G. (eds.) *Bilingual education for Hispanics in the United States*, Nueva York: Teachers College Press.

Moreno-Fernández, F. (2007) "Anglicismos en el léxico disponible de los adolescentes hispanos de Chicago", en Potowski, K. y Cameron, R. (eds.) *Spanish in contact: Policy, social and linguistic inquiries*, Amsterdam, John Benjamins Publishing Co., pp. 41–60.

Otheguy, R. (1993) "A reconsideration of the notion of loan translation in the analysis of U.S. Spanish" en Roca, A. y Lipski, J. M. (eds.) *Spanish in the United States: Linguistic contact and diversity*, Berlín: Mouton de Gruyter, pp. 21–41.

Otheguy, R. (1995) "When contact speakers talk, linguistic theory listens", Contini-Morava, E. y Sussman Goldberg, B. (eds) *Meaning as explanation: Advances in linguistic sign theory*, Berlín: Mouton de Gruyter, pp. 213–242.

Otheguy, R. (2009) "El llamado espanglish", en López-Morales, H. (coord.) *Enciclopedia del español en los Estados Unidos*, Madrid: Instituto Cervantes y Editorial Santillana, pp. 222–247.

Otheguy, R. (2011) "Functional adaptation and conceptual convergence in the analysis of language contact in the Spanish of bilingual communities in New York", en Díaz-Campos, M. A. (ed.) *Handbook of Spanish sociolinguistics*, Oxford: Blackwell Publishers, pp. 504–529.

Otheguy, R. y Zentella, A. C. (2012) *Spanish in New York: Language contact, dialectal leveling and structural continuity*, Oxford: Oxford University Press.

Otheguy, R. (2013) "Convergencia conceptual y la sobrestimación de la presencia de elementos estructurales ingleses en el español estadounidense" en Dumitrescu, D. y Piña-Rosales, G. (eds.) *El español en los Estados Unidos: E pluribus unum? Enfoques multidisciplinarios*, Nueva York: Academia Norteamericana de la Lengua Española (ANLE), pp. 129–150.

Otheguy, R. y Stern, N. (2011) "On so-called Spanglish", *International Journal of Bilingualism* 15, pp. 85–100.

Roca, A. (ed.) (2000) *Research on Spanish in the United States: Linguistic issues and challenges*, Somerville, MA: Cascadilla Press.

Shin, N. L. y Otheguy, R. (2013) "Social class and gender impacting change in bilingual settings: Spanish subject pronoun use in New York", *Language in Society*, 42, pp. 429–452.

Silva-Corvalán, C. (1994) *Language contact and change: Spanish in Los Angeles*, Oxford: Oxford University Press.

Silva-Corvalán, C. y Potowski, K. (2009) "La alternancia de códigos", en López-Morales, H. (coord.) *Enciclopedia del español en los Estados Unidos*, Madrid: Instituto Cervantes y Editorial Santillana, pp. 272–276.

Stavans, I. (2003) *The making of a new American language*, Nueva York: Rayo Harper Collins Publishers.

Varra, R. (2013) *The social correlates of lexical borrowing in Spanish in New York City*, tesis doctoral, Graduate Center, City University of New York.

Whinnom, K. (1971) "Linguistic hybridization and the special case of pidgins and creoles" en Hymes, D. (ed.) *Pidginization and creolization of language*, Cambridge: Cambridge University Press, pp. 91–116

Zentella, A. C. (1997) *Growing up bilingual: Puerto Rican children in New York*, Malden, MA: Blackwell Publishers.

Entradas relacionadas

dialectos del español de América: los Estados Unidos

ESPAÑOL COLOQUIAL

Antonio Briz

1. Definición

Un registro o uso lingüístico del español empleado en situaciones de inmediatez comunicativa, a la vez que favorecido por estas. En concreto, situaciones caracterizadas por los rasgos siguientes:

a) *mayor relación de igualdad social o funcional*: entre los interlocutores que participan en la interacción existe o se construye solidaridad y acercamiento;

b) *mayor relación vivencial de proximidad*: entre los interlocutores existen saberes, conocimientos y contextos compartidos;

c) *mayor cotidianidad temática* del evento comunicativo: predominan en este temas de la vida cotidiana, no especializados;

d) *marco* o *espacio interaccional más cotidiano*: relación de cotidianidad de los participantes con el marco espacial en el que se sitúa la interacción.

A esos rasgos situacionales se asocian estos otros:

e) un fin *más interpersonal*: un fin comunicativo socializador, que aumenta las relaciones sociales, de confianza, y que supone a su vez una mayor implicación emotiva y un carácter más subjetivo;

f) un *grado mayor de planificación sobre la marcha*: las ideas se añaden conforme vienen a la mente del que habla;

g) un *tono más informal*.

Y, a su vez, todo ello favorece:

h) una mayor presencia de rasgos dialectales y sociolectales de edad y de sexo;

i) una mayor nivelación de los rasgos sociolectales de nivel sociocultural.

Los cuatro primeros rasgos (a-d) definen la situación que favorece el uso coloquial; se trata de los denominados *rasgos coloquializadores* (Briz y grupo Val.Es.Co. 2002), puesto que, además de favorecer la coloquialidad del discurso, cualquiera de estos tiene la capacidad de neutralizar la ausencia de los otros y, por tanto, de coloquializar una situación comunicativa, en principio, menos coloquial o no coloquial.

En efecto, aun cuando el fin pueda ser transaccional y el grado de cotidianidad temática sea menor, se puede hablar coloquialmente durante una transacción comercial, por la relación de mayor proximidad que pueda existir entre vendedor y cliente. Se puede hablar coloquialmente entre un profesor y un estudiante durante una cena de fin de curso, aunque de partida haya entre estos desigualdad social y funcional; a pesar del fin transaccional y de la distancia interpersonal, se puede hablar coloquialmente en un congreso o durante una reunión de negocios, en un momento de receso; asimismo, se puede hablar coloquialmente el lenguaje de especialidad. La diferencia en tales casos es solo de grado, esto es, de menor presencia de rasgos coloquiales (dichas interacciones son coloquiales, pero en menor grado).

Los tres rasgos siguientes (e-g) están teóricamente vinculados con la variedad lingüística resultante y están en correlación con los anteriores.

Los dos últimos (h-i), relacionados con la procedencia geográfica y las características socioculturales de los usuarios, añaden perfiles lingüísticos a dicho registro. Es decir, al hablar coloquialmente, por un lado, afloran y se manifiestan en mayor medida los rasgos (dialectales) de origen y procedencia del hablante, sus rasgos (sociolectales) de edad y de sexo. Y, por otro lado, se reflejan los rasgos propios del nivel sociocultural (el español coloquial de una persona con nivel de instrucción alto se diferencia en ciertos rasgos del de otra persona de nivel bajo), si bien ocurre a menudo que en el discurso de hablantes cultos se encuentran rasgos lingüísticos más propios de otros usuarios de nivel de lengua más bajo; sea el caso de ciertos fenómenos extremos de fonética sintáctica, anacolutos, pérdidas de sonidos: *t'ol mundo*, *pa ti*, *pa ná*, etc.

A partir de este conjunto de rasgos es posible identificar el carácter prototípicamente coloquial de ciertos discursos, así como la coloquialización que sufren otros. (Una información detallada sobre la definición de lo coloquial, en López Serena 2007b).

1.1. *Lo coloquial prototípico y lo coloquial periférico. Lo* coloquial oral *y lo* coloquial-escrito

Como se ha señalado, los rasgos citados son graduales en el sentido de que pueden darse en mayor o menor medida. Así, a *mayor* o *menor* presencia de estos, respectivamente, *mayor* o *menor* grado de coloquialidad. Del mayor grado resulta el *prototipo* de lo coloquial; del menor, la *periferia* de dicha escala. Sin duda, la conversación cotidiana (por ejemplo, una interacción entre amigos hablando en un bar sobre las actividades del fin de semana) es el prototipo de lo oral coloquial; una carta familiar o algunos tipos de comunicación electrónica (chat, Twitter, Facebook) serían ejemplos de lo coloquial periférico en tanto escritos (aunque con claros reflejos de lo oral, esto es, son *escritos como si se hablaran*).

1.2. *Lo escrito como si se hablara*

En efecto, a veces se escribe como si se hablara (en cuanto a la construcción y progresión del discurso), es decir, se puede *hablar* coloquialmente por escrito en situaciones de +inmediatez (Oesterreicher 1996). Es el caso del fragmento extraído de una carta familiar (escrita a mano) y de las muestras de comunicación electrónica siguientes:

(1) [Carta familiar de una joven a otra]
    ¡Hola Cari! ¿Qué tal?

Lo primero que quiero hacer es pedirte perdón por tardar tanto en escribirte, pero por aquí vamos de culo.

Bueno pasemos a lo que interesa. Me alegro de que te vaya todo tan bien ydeque te lo estés pasando tan bien, pero, ¿ya hay choto a la vista? Bueno pues escríbeme y me lo cuentas.

Este fin de semana ha estado bastante bien, primero el viernes nos fuimos de cena de filología, fuimos al Barrio de Pepi a cenar y bueno entre copa y copa acabamos todos muy mal, unas llorando, otros liados (yo como siempre no), otras durmiendo en el coche, etc. La verdad es que estuvo muy bien, nos lo pasamos de PUTA MADRE.

((…))

Hasta pronto, un beso y un abrazo

Nos vemos pronto ¿eh?

(2) [Intervenciones en Twitter de un usuario joven]
   a. ferdinan!! felicidadess… luego te llamo y m cuentas y kedams para sta noxe!! Bss.
   b. hola vero!! jajaja… la verdad q hoy ha estado mas trankilo el dia… q tal la vuelta a la uni, t has divertido en clase? XD bss…

Algunos textos periodísticos (por, ejemplo, ciertos artículos de opinión) y literarios emplean también lo coloquial (la *recreación literaria* de lo coloquial, López Serena 2007a), aunque dicha recreación está al servicio de la producción artística o forma parte del estilo del autor de esos textos. Del mismo modo, lo coloquial se manifiesta hoy muy frecuentemente en los medios digitales periodísticos (Mancera Rueda 2011).

De lo anterior se desprende que el registro coloquial se usa tanto en lo oral (fónico) como en lo escrito (gráfico), si bien donde más auténticamente se manifiesta es en lo oral, como medio, y en la conversación, como género discursivo. Y la razón es que la conversación es un género +*oral*; +*dialogal*, en tanto sucesión de intercambios; +*actual*, puesto que se desarrolla aquí, ahora y ante ti; +*dinámico*, por la continua permuta de papeles entre los interlocutores, de hablante a oyente y de oyente a hablante; +*cooperativo*, ya que se realiza juntamente con otro y su intervención, y con *alternancia de turno menos predeterminada*, dado que los turnos se negocian sobre la marcha. Este último es precisamente el rasgo más distintivo de la conversación, frente a otros géneros como la entrevista o el debate.

2. Caracterización lingüística del español coloquial

A la situación de mayor inmediatez o coloquialidad descrita se asocian, asimismo, una serie de rasgos lingüísticos (verbales y no verbales), así como un conjunto de estrategias que colaboran para lograr el fin interpersonal y social predominante en la interacción coloquial. En efecto, las formas lingüísticas —que, pragmáticamente, se convierten en tácticas—, así como las funciones —que son las estrategias para intentar lograr las metas previstas, el éxito de la interacción—, van asociadas a este uso coloquial del lenguaje. En general, puede afirmarse que cuando se habla coloquialmente se relaja lo que se dice, cómo se dice y, asimismo, las relaciones sociales con los otros (Albelda 2004; Briz 1998, 2012a, 2013).

2.1. Relajación lingüística. La sintaxis coloquial

Sin duda, puesto que el texto coloquial se planifica sobre la marcha, ese control menor de lo producido favorece una cierta relajación lingüística y, por tanto, una serie de hechos lingüísticos como los que siguen.

– La pérdida de sonidos, fenómenos de fonética sintáctica (*t'ól mundo*), vacilaciones.

– Una sintaxis concatenada, donde los enunciados se añaden conforme vienen a la mente del que habla; de ahí también las frecuentes repeticiones, reinicios y vueltas atrás, un continuo ir y venir por el discurso resuelto sintácticamente con el empleo de partículas o marcadores discursivos (Narbona 1989: 163, 166–167, 180, 192–194; Briz 1998: 68–77). Estos, por un lado, regulan el avance lento y permiten ordenar, continuar, cambiar, rectificar, recuperar, precisar, explicar lo dicho o la actitud: *bueno, por cierto, una cosa, entonces, en fin, quiero decir, más claro, en otras palabras, digamos, digo, esto es, o sea, por así decir(lo)...* Y, por otra parte, ayudan a controlar el contacto con el interlocutor: *¿eh?, oye, mira...* (Briz 1998: 165–230; véase también el *Diccionario de partículas discursivas del español*, coordinado por Briz, Pons y Portolés 2008, en línea: www.dpde.es).

(3) [M, una señora mayor de 55 años, con estudios primarios, habla del ático, propiedad de un vecino de su finca, de las muchas posibilidades que ofrece para vivir y de lo fácil que puede ser la venta o alquiler de este]

> M: (...) ahí para hacer un estudio no está nada mal/ un estudio/ hacer por ejemplo→/ quitar tabiques y hacer una habitación solamente con cocina y cuarto de baño y de- lo demás todo un salón para/ un/ pintor o un estudio↑ o un- ¡ay!- quiero decir yo que para eso es fenomenal porque hay mucha luz/ y eso- para eso es muy bonito/ y aparte que buscan eso mucho// lo sé yo porque el ático de mi hija↑// se lo quitaban de las manos/ eso lo buscan más que los pisos/ y a(de) más/ la gente joven que- que se va/ ¿eh?/ ¿eh?/ que se- que ahora/ lo que pasa↑/ sin comentarios (RISAS)/// (3") sin comentarios/ tú ya lo entiendes/ fija pues también buscan eso mucho ¿entiendes?
> [Briz y grupo Val.Es.Co 2002: S.65.A., p. 129, 1: 261–273].

– Un orden más pragmático de palabras que da lugar a topicalizaciones, dislocaciones, adelantos informativos, reparaciones informativas, etc., que no responden al orden neutro, regular o no marcado Sujeto-Verbo-Objeto (Padilla 2005):

(4) a. Por lo menos la correa↑/ mil pesetas por lo menos la correa↑ valdrá
b. Soy de Madrid/ de un pueblo
c. Y yo↑ viniendo p'acá yo digo
d. En Jávea las vacaciones voy a pescar por las tardes/ bueno algunos días/ los que puedo y me deja mi mujer

2.2. La dependencia del discurso coloquial del contexto. Elipsis, deixis y realce del yo y el tú

El fuerte sometimiento y dependencia de la interacción coloquial al contexto (por su carácter actual y por la relación vivencial de proximidad entre los interlocutores, los conocimientos y saberes compartidos por estos) explica:

– La elipsis y deixis extremas (el contexto suple lo que "se señala" y lo que estratégicamente a veces no se dice). Los señalamientos espaciales y personales son continuos, tanto referidos al espacio de la elocución y a los conversadores como al conjunto de lugares y entornos que surgen por la presencia o referencia a otros locutores o enunciadores (Vigara 1997: 261 y ss.; Briz 1998: 82–86; Briz y grupo Val.Es.Co. 2000: 243–262).

(5) A: ¿dónde está la calle de la Paz?

B: pues mira/ ve/ bueno/ ves aquel edificio→ puees tira hacia delante hacia adelante↑/ aquel cartel de allí ¿lo ves? y entonces la primera no/ espera un momento/ sí sí la primera no/ la otra tampoco/ o sea la siguiente ¿eh? a mano izquierda.

— Puede notarse el empleo de varias partículas discursivas, de enlace-iniciador de respuesta (*pues*), de control del contacto (*mira*), de reformulación (*bueno*, que hace posible el enlace de los dos verbos: *ve*, de "ir"/*ves*, de "ver"), con valor continuativo (*pues*, *entonces*); asimismo, pueden observarse las continuas referencias deícticas, la construcción enumerativa, recurso este característico también del español coloquial; y, finalmente, un reformulador conclusivo (*o sea*), con una llamada final de atención y reafirmación (*¿eh?*).

— Se trata de una intervención en la que se reúnen todas las características examinadas hasta aquí: concatenación de enunciados, parcelación, redundancia (repetición y reelaboración), sintagmas empotrados o paréntesis de carácter explicativo o de precisión informativa, adelantos informativos (*aquel cartel de allí ¿lo ves?*), trabazón mediante partículas discursivas y un alto grado de dependencia del contexto.

— El realce continuo de los papeles del yo (el *egocentrismo* del español coloquial al que aludía, entre otros, Vigara 1992) y del tú (la *deixis social*). Este se refleja en el uso de morfemas personales, en la redundancia pronominal, en una fuerte presencia de pronombres dativos éticos o simpatéticos, según ha podido notarse en algunos de los ejemplos anteriores.

2.3. *Léxico coloquial. Las metáforas cotidianas. El argot*

Asimismo, la planificación sobre la marcha y el tono informal (con la relajación lingüística consiguiente) determinan:

— El empleo de un léxico menos preciso (con *proformas* o comodines léxicos que sirven para expresarlo todo o casi todo): *tener, haber, hacer, bicho, cosa, esto, eso, esas cosas, d'esos, así*.

(6) Pásame *la cosa esa* / que *estoy haciendo* el pastel para la fiesta de Toni / que *es* mañana.

— Un léxico marcado por la cotidianidad temática. Compárense los dobletes siguientes con las marcas [+coloquial] o [–coloquial], respectivamente:

(7) Sitio/lugar; mejor/preferible; así/de este modo; casi/apenas; dejar/permitir; primero/en primer lugar; a lo mejor/quizás; o sea/esto es

— Abierto, puesto que da cobijo a voces procedentes de léxicos especiales, jergales o argóticos, especialmente productivos en la interacción juvenil (Sanmartín 1998):

(8) *Enrollarse, pillar cacho* 'entablar relaciones amorosas', *cutre* 'sucio, de mala calidad'; *alucinado* 'sorprendido'; *de alucine* 'divertido'; *muermo* 'aburrido'; *mogollón* 'mucho'; *bocata* 'bocadillo'; *abrirse* 'marcharse'; *currar* 'trabajar', 'pegar'; *trincar* y *pillar* 'coger'; *basca* 'grupo de personas'; *talego* 'cárcel'; *chupa* 'chaqueta, cazadora'; *camello* 'traficante de drogas'; *mangui* 'ladrón'

– Con frecuentes expresiones metafóricas, las metáforas de la vida cotidiana (Sanmartín 2000):

(9) Está más chupado que la pipa de un indio; no ve tres en un burro; es un gallina; está sordo como una tapia; le costó un ojo de la cara

Además, el hecho de que en lo coloquial afloren más los rasgos de usuario favorece un léxico marcado sociolectal y dialectalmente (por ejemplo, por la edad, el sexo, el nivel sociocultural o la procedencia geográfica del usuario que lo emplea).

2.4. Algunos rasgos fónicos coloquiales

El hablante, mediante los recursos prosódicos en general, organiza los contenidos informativos, cohesiona su mensaje y realza, por razones subjetivas o de índole pragmático-comunicativa, algunos de los elementos.

Concretamente, los tonemas o inflexiones finales manifiestan las relaciones y los límites entre los enunciados o partes de estos, con frecuencia parcelados y no siempre relacionados lógicamente:

(10) a. A setiembre↓ se le acababa (*el contrato de trabajo*)↓ la primera semana
      b. ¿QUE de ponerle la saeta↑ qué me va a costar

– Característica del español coloquial es la entonación regularmente expresiva, prominente, de constante manifestación de actitud, de posición ante lo afirmado; de ahí, las pronunciaciones enfáticas, como también los alargamientos vocálicos, las estructuras exclamativas, que añaden información a lo comunicado.

Construcciones coloquiales frecuentes son los enunciados suspendidos, estrategias "alusivo-elusivas" (Narbona 1989: 165 y 185; Herrero 1997; Briz 1998: 86–87; Hidalgo y Pérez Giménez 2004) que atenúan o intensifican lo dicho:

(11) a. Si yo estudiar estudio, luego que apruebe o no…
      b. Es un profesor…

2.5. Una constante de la interacción coloquial. La intensificación

Es constante la intensificación de los actos de habla como estrategia de refuerzo de estos, así como del interés de lo que se dice o cuenta (Vigara 1980; Herrero 1991; Briz 1998: 112–142; Albelda 2007; Hidalgo 2011). La intensificación se vincula, así pues, a la fuerza argumentativa. El yo utiliza el intensificador para reforzar la verdad de lo expresado y, en ocasiones, para hacer valer su intención de habla. Es un modo de valorar, pero también de persuadir, de recriminar. Luego, su empleo forma parte de la retórica conversacional.

Mucho es *mogollón*, lo bonito es *una monería*, lo bueno es *una maravilla*, la broma o chanza es *cachondeo* y lo divertido es *de alucine*. Mediante estas intensificaciones el hablante refuerza su argumentación, lo que dice o la actitud que mantiene en la negociación, y así también el acuerdo o el desacuerdo. Las tácticas de esta estrategia intensificadora, frecuentemente combinadas en un mismo acto de habla, son de carácter fónico (con el aumento de la velocidad de habla, la mayor intensidad o con el silabeo demorado: *¡CÁLLATE, QUE ME*

TIENES HARTO! Es un *PE-SA-DO*), morfológico (con sufijos, prefijos, cuantificadores: *Requete*tonto, *So bestia, me estás haciendo daño*), sintáctico (*Lo* + Adjetivo o Adverbio + *que* + Verbo: *Lo bueno que* es; *El/La* + *de* + Sustantivo (normalmente en plural) + Oración de relativo: *la de veces que* se lo he dicho; Verbo *ser* o *estar* + Oración semiconsecutiva: *Está que se sube por las paredes, que muerde, que trina*), léxico-semántico (Verbo *ser* + *un* + Expresión metafórica: *Es un burro, un pulpo*; por repetición: Esto es *divertido divertido*), fraseológico (mediante locuciones: *Me ha pegado un susto de muerte*).

2.6. Otros rasgos al servicio del fin interpersonal de la conversación coloquial

Algunos hechos lingüísticos coloquiales están al servicio del fin interpersonal que rige la interacción o de la negociación que se lleva a cabo, o sirven para marcar el carácter actual de esta:

–   Es el caso del *relato dramatizado* (Briz 1998: 81–82; Baixauli 2000: 81–107). Con frecuencia, el hablante se convierte en narrador de una historia pasada, muchas veces contada en presente, y en la voz de los distintos personajes, a los que incluso a veces llega a imitar. Estas historias sirven no solo para animar y provocar el interés de la negociación que se lleva a cabo, sino que en muchos casos actúan también de verdaderos soportes argumentativos del que habla y de lo enunciado por este. Ya sea con un fin más social o más argumentativo, se entiende que el recurso intensificador y el uso del presente, a los que se aludía antes, aparezcan a menudo en tales relatos:

(12)   S: sí/ a(d)emás empecé de tontería/// porque vino un día/ Ana↑// (RISAS) y me dijo quee– que tenía bronquitis aguda// y yo la veía pos que se fumabaa// en el rato que yo me fumaba un cigarro↑ ella se fumaba tres yy– y así de tontería dije *pueh miraa/ yo qué sé/// déjaloo/* pero *eh que yo no puedo/ tal*↑*/ sii–* si lo dejara alguien conmigo pues digo *pues nada lo dejamos los dos////* y en el primer intento no pude/// yy se lo dije digo *mira/ lo siento pero yo no he podido//* (RISAS) yy/ pero me enfadé/ conmigo mismo ¿no? dig– *¡hostiaa! has dejado otras cosas ¿no vas a dejar esto?* y al mes↑// al mes no↓ menos// a los días ¿no? o sea cada cigarro que me fumaba↑/ mee– me sentía mal y me maldecía a mí mismo ¿no?/ hasta que al final↑/ una maña– en un momento me fumé tres↑/ por la mañana↑/ y dije *bueno ya está* [Briz y grupo Val.Es.Co 2002: AP.80.A.1, p. 158, l. 623–646].

El carácter actual del discurso coloquial explica que acciones pasadas y futuras se expresen con formas verbales de presente (en el relato dramatizado es una constante). Incluso, en ocasiones, parece que, más que tiempo, algunas formas verbales expresan valores modales y aspectuales. Tales valores están vinculados a ciertas estrategias, actitudes, presuposiciones, etc. Por tanto, la elección de un tiempo o de un modo entre varias opciones supone siempre un efecto de sentido, un efecto pragmático: "hay un tiempo para cada fin".

–   El futuro deja en parte de ser una marca temporal para expresar esencialmente un valor de suposición en el presente:

(13)   Estarás pensando que soy tonto.
       O de probabilidad de que sea así en este momento:

(14)   Ahora estarán bailando.

–   El imperfecto de indicativo, dada su débil posición temporal, es apto para la subjetivización y, de ahí su amplia nómina de valores:

(15)   Si tuviera tiempo, te ayudaba; quería pedirte un favor.

Con el uso del imperfecto en el primer caso el hecho se siente más real, realizable, probable; en el segundo, es una táctica cortés, de alejamiento temporal estratégico.

2.7. *La relajación en las relaciones sociales. Enunciados directos. La descortesía fingida*

La situación de coloquialidad o de inmediatez explica que en la interacción cotidiana exista, como se indicaba antes, una relajación en la relación social entre los interlocutores, por ejemplo, en las actividades que tienen que ver con el cuidado de las imágenes y la expresión de la cortesía:

–   Se usan formas de tratamiento cercano o familiar (tuteo, apelativos cariñosos).
–   Los enunciados son más directos (intensificados) (*TÚU PÁSAME el pan*) y, en consecuencia, hay menor presencia de actividad atenuadora (*¿Puedes pasarme el pan?*). En general, puesto que las imágenes de los interlocutores se sienten poco o nada amenazadas, las actividades de cortesía aparecen en menor grado (Albelda 2004; Bernal 2005; Briz 2005).
–   Por el contrario, hay a menudo una descortesía fingida (*anticortesía*); de hecho, en ocasiones, los interlocutores parece que se insultan, se gritan, emplean palabras y expresiones tabúes que, antes que descorteses o amenazantes para la imagen propia y ajena, son marcas del grupo social (por ejemplo, del grupo joven o del grupo familiar), refuerzan los lazos afectivos y crean identidad grupal (Zimmermann 1996 y 2005).
–   Los fenómenos de habla simultánea son frecuentes, favorecidos por la alternancia no predeterminada de los turnos. Aunque a veces responden a una lucha por obtener el turno y, en consecuencia, tienen carácter interruptivo, lo más usual es que no se interpreten como interrupciones, sino más bien como intervenciones colaborativas o fáticas agradadoras, que ayudan, confirman, respaldan y, en fin, muestran interés por lo que otra persona en posesión del turno está diciendo. En efecto, en la interacción coloquial, estos solapamientos son a menudo manifestaciones de cortesía valorizadora (Briz 1998: 58–63).

El análisis de lo coloquial no se agota con lo dicho hasta aquí. Pero sí nos permite trazar un dibujo de lo que significa hablar o escribir coloquialmente. Como se señalaba, al hablar coloquialmente nos relajamos lingüística, pragmática y socialmente. Controlamos menos lo que decimos, lo que hacemos, "lo que movemos" y laxamos nuestra actividad social (es decir, improvisamos más las estrategias lingüísticas y sociales, y aflojamos nuestra actividad estratégica en general).

CUADRO RESUMEN (elaborado a partir de Briz 2012a)

← ——————— *EJE DE LA COLOQUIALIDAD* ——————— →
CONSTELACIÓN COMUNICATIVA COLOQUIAL
+ INMEDIATEZ COMUNCIATIVA

COLOQUIAL PROTOTÍPICO	COLOQUIAL PERIFÉRICO
RASGOS COLOQUIALIZADORES	
+ rel. de igualdad	−
+ rel. vivencial	−
+ marco interac. cotidiano	−
+ cotidianidad temática	−
QUE FAVORECEN: RASGOS PROPIOS DEL REGISTRO COLOQUIAL	
+ planificación sobre la marcha	−
+ fin interpersonal	−
+ tono informal	−
+ *Relajación lingüística, pragmática y social*	−
Control menor de lo producido (pérdida de sonidos, vacilaciones, reinicios y vueltas atrás...), elipsis y deixis extremas, léxico poco preciso (proformas...), voces jergales, metáforas cotidianas, sintaxis concatenada, orden pragmático de las palabras (topicalizaciones, dislocaciones...), intensificación, relatos dramatizados, tratamiento cercano o familiar (tuteo, apelativos cariñosos), enunciados más directos o menos atenuados), anticortesía, habla simultánea (colaborativa)	

+ diferencias dialectales	−
+ diferencias sociolectales de sexo y edad	−
− diferencias sociolectales de nivel sociocultural	−

RASGOS PROPIOS DEL GÉNERO	
+ oral	−
+ actual	−
+ dialogal	−
+ dinámico	−
+ alternancia de turno no predeterminada	−
Conversación entre amigos en un bar hablando de un tema cotidiano	*Carta familiar*

+: mayor grado
−: menor grado

3. Historia y perspectivas de estudio del español coloquial

Lo que sigue es un breve estado de la cuestión, que intenta describir los pasos que se han seguido en el estudio del español coloquial.

3.1. *Los primeros pasos*

Los inicios de la andadura por lo coloquial se asocian a las obras de Beinhauer (1930), Steell (1976), Lorenzo (1977) y Criado de Val (1980), especialmente, a la obra del primero, *Spanische Umgangssprache*, que fue traducida al español en la Editorial Gredos en 1962 y tuvo una gran incidencia en todo el mundo hispánico. La aproximación estilística dominante, así como los fines más didácticos en relación con la enseñanza del español para extranjeros de los dos primeros estudios fueron sustituidos en las obras de Lorenzo y de Criado de Val por aproximaciones comunicativas que comenzaban a proponer un principio de explicación de las características del "coloquio", partiendo, como en el caso del último autor, de grabaciones de lo oral espontáneo y de una propuesta de transcripción (Criado de Val 1973–1974). Así, el carácter impresionista de los primeros estudios y los fines docentes dejaron paso a este estudio más sistemático del español coloquial. No obstante lo anterior, lo coloquial no iba todavía convenientemente separado de lo vulgar, lo popular, lo conversacional y lo oral. En otras palabras, aparecían como equivalentes términos que hoy, por fortuna, ya aparecen diferenciados.

Es cierto que lo coloquial, como variedad de uso empleada en situaciones de inmediatez, se manifiesta más auténticamente en la conversación, es prototípicamente oral, es el modo más común y natural de relacionarse lingüísticamente con los demás y contiene a veces incorrecciones gramaticales (vulgarismos). Ahora bien, lo coloquial es un uso lingüístico empleado en situaciones como las descritas que se manifiesta tanto en lo oral como en lo escrito, en distintos géneros discursivos y no es propiedad de ninguna clase social. Y los vulgarismos que aparecen a veces en el discurso coloquial se explican por la relajación lingüística a la que antes nos referíamos o al nivel de instrucción bajo de algunos hablantes.

En cuanto al análisis de lo coloquial, este se realiza inicialmente a partir de textos escritos, especialmente sobre obras literarias que intentan imitar o recrear lo coloquial. Lasaletta (1974) estudia el lenguaje coloquial galdosiano; Seco (1983) analiza *Entre visillos* de Martín Gaite; Hernando Cuadrado (1988), *El Jarama* de Sánchez Ferlosio.

3.2. *El impulso definitivo. Los corpus orales y las bases teóricas discursivas y pragmáticas*

El análisis de lo coloquial logra un nuevo impulso con los trabajos de Vigara (1980) y (1992), Cortés (1986), Payrató (1988; este en relación con el catalán) y, especialmente, con los de Narbona (1986) y (1988), pues es en estos dos últimos trabajos donde no solo se plantean muchos de los problemas teóricos, metodológicos y de análisis, a los que con posterioridad se han ido enfrentando el resto de estudiosos, sino que se apunta un nuevo modo de entender y de acometer el estudio de lo coloquial desde una perspectiva pragmático-discursiva.

Y el avance definitivo del estudio sistemático y empírico del español coloquial llega con la elaboración de corpus orales, así como con el desarrollo de varias disciplinas y perspectivas lingüísticas: la sociolingüística, el análisis del discurso, el análisis de la conversación y la pragmática.

En los 90 se publican ya los primeros corpus orales, específicamente de conversaciones coloquiales de Briz y el grupo Val.Es.Co (1995 y 2002), formado por 19 conversaciones grabadas de forma secreta en Valencia y área metropolitana, y de Vila y grupo GRIESBA (2001) en Barcelona; el corpus COVJA (*Corpus de la variable juvenil de Alicante*), de Azorín (coord.) (1997), y el corpus ALCORE, de Azorín y Jiménez Ruiz (2002), ambos recogidos en Alicante; el VUM (*Vernáculo urbano malagueño*) de Málaga, coordinado por J. Villena, que contiene unas pocas muestras de textos orales conversacionales; el corpus COLA (*Corpus oral del lenguaje adolescente*), dirigido desde la Universidad de Bergen por Annette Myre Jörgensen, con una gran cantidad de muestras de conversaciones espontáneas entre jóvenes en España e Hispanoamérica, y el corpus ACUAH (*Análisis de la conversación-Universidad de Alcalá de Henare*s), elaborado por A. M. Cestero (1991).

Ya en el siglo XXI aparece el corpus en línea Val.Es.Co. 2.0, de Cabedo y Pons (en línea: http://www.valesco.es) y el corpus oral conversacional COGILA, de Barros y otros (2012).

Las bases sociolingüísticas, discursivas y pragmáticas de la investigación sobre lo coloquial que rigen en los estudios actuales comenzaban a sentarse en los simposios celebrados en Almería (1994) y en Valencia (1995) y en las *Actas* que se publicaron más tarde (Cortés, ed. 1995; Briz, Martínez Alcalde y Gómez Molina, eds. 1997).

Se inicia el reto, que continúa hasta hoy, del estudio de la conversación cotidiana. Se habla ya de los valores pragmáticos y, por tanto, de estrategias y de recursos tácticos para explicar los hechos lingüísticos coloquiales (Briz 1996 y 1998; Tusón 1998; Ruiz Gurillo 2006), de intensificadores y atenuantes (Briz 1998; Ferrer y Sánchez Lanza 1998), de marcadores del discurso o partículas discursivas coloquiales (Cortés 1991; Briz 1998; Fuentes 1995; Christl 1996; Pons 1998). Se acometen los estudios prosódicos del habla coloquial (Hidalgo 1997, 1998 y 2002), sobre el orden de palabras (Padilla 2005), de algunas estructuras sintácticas coloquiales (Boretti de Macchia 1997; Ferrer y Sánchez Lanza 1996; Herrero 1997), sobre el léxico argótico y jergal (Sanmartín 1998). Se analizan hechos relacionados con la conducta interaccional coloquial: cómo transcurre en la conversación coloquial la alternancia de turnos, el habla simultánea (Gallardo 1993 y 1998; Briz 2000), las interrupciones (Bañón 1997), la cortesía verbal (Fuentes 1997; Boretti de Machia 2001; Bravo 2001). Se trabaja el campo de la fraseología coloquial (Ruiz Gurillo 1998 y 2000). Y, en los últimos tiempos, se continúan los estudios sobre marcadores discursivos (Pons 2008), se analizan el humor y la ironía en la interacción coloquial (Ruiz Gurillo y Padilla 2009; Hidalgo 2011; Ruiz Gurillo 2012), las fórmulas rutinarias (Alvarado Ortega 2010). Los estudios sobre atenuación y (des)cortesía en la conversación coloquial sufren un gran desarrollo (Albelda 2004; Briz 2005 y 2007; Bernal 2005; Douglas de Sirgo 2007, Albelda y Barros 2013), algunos de los cuales inciden sobre la expresión fónica de la cortesía ("fonocortesía"), hasta ahora poco estudiada (Hidalgo, Cabedo y Folch 2011; Hidalgo 2013), o se aplican a algunos géneros televisivos (Fuentes 2013), donde el uso coloquial se utiliza como estrategia (Briz 2013).

Actualmente, es frecuente, asimismo, el análisis de lo coloquial en la comunicación electrónica; en general en las redes sociales (Mancera Rueda y Pano 2013); en el chat (Sanmartín 2007), en algunas muestras de Twitter (Briz 2012b).

Bibliografía

Albelda, M. (2004) "Cortesía en diferentes situaciones comunicativas, la conversación coloquial y la entrevista sociológica semiformal", en Bravo, D. y Briz, A. (eds.) *Pragmática sociocultural: análisis del discurso de cortesía en español*, Barcelona: Ariel, pp. 109–134.

Albelda, M. y Barros, M. J. (2013) *La cortesía en la comunicación*, Madrid, Arco Libros.

Albelda. M (2007) *La intensificación como categoría pragmática*, Fráncfort del Meno: Peter Lang.

Alvarado Ortega, M. B. (2010) *Las fórmulas rutinarias del español: teoría y aplicaciones*, Fráncfort del Meno: Peter Lang.

Azorín, D. (coord.) (2002) *Alicante corpus oral del español* [electrónica], Alicante (ALCORE), Universidad de Alicante. Edición electrónica en CD-ROM.

Azorín, D. y Jiménez Ruiz, J. L. (1997) *Corpus oral de la variedad juvenil universitaria del español hablado en Alicante (COVJA)*, Alicante: Instituto de Cultura Juan Gil Albert.

Baixauli, I. (2000) "Las secuencias de historia", en Briz, A. y Grupo Val.Es.Co. (eds.) (2000) *¿Cómo se comenta un texto coloquial?*, Barcelona: Ariel-Practicum, pp. 81–107.

Bañón, A. (1997) *La interrupción conversacional. Propuestas para su análisis pragmalingüístico*, anejo XII de *Analecta Malacitana*, Universidad de Málaga.

Barros. P., Barros, M. J., López, M. P. y Morales, J. (2012) *Corpus oral conversacional: corpus y guía didáctica, COGILA*, Granada: Editorial Universidad de Granada.

Beinhauer, W. (1991 [1930]) *El español coloquial*, Madrid, Gredos.

Bernal, M. (2005) "Hacia una categorización sociopragmática de la cortesía, descortesía y la anticortesía El caso de conversaciones españolas de registro coloquial", en Bravo, D. (ed.) *Estudios de la (des)cortesía en español. Categorías conceptuales y aplicaciones a corpora orales y escritos*, Buenos Aires: EDICE, Dunken, pp. 365–398.

Boretti de Macchia, S. (1997) *Estructuras interrogativas: actos de habla coloquiales*, Buenos Aires: A-Z Editora.

Boretti de Macchia, S. (2001) "Aspectos de la cortesía lingüística en el español coloquial de Argentina", *Oralia*, 4, pp. 75–102.

Bravo, D. (2001) "Sobre la cortesía lingüística, estratégica y conversacional", *Oralia*, 4, pp. 299–314.

Bravo, D. (ed.) (2005) *Estudios de la (des)cortesía en español. Categorías conceptuales y aplicaciones a corpora orales y escritos*, Buenos Aires: EDICE, Dunken.

Briz, A. (1996) *El español coloquial: situación y uso*, Madrid: Arco Libros.

Briz, A. (1998) *El español coloquial en la conversación. Esbozo de pragmagramática*, Barcelona: Ariel.

Briz, A. (2000) "Turno y alternancia de turno en la conversación", *Revista Argentina de Lingüística*, 16, pp. 9–32

Briz, A. (2005) "Eficacia, imagen social e imagen de cortesía. Naturaleza de la estrategia atenuadora en la conversación cotidiana española", en Bravo, D. (ed.) *Estudios de la (des)cortesía en español. Categorías conceptuales y aplicaciones a corpora orales y escritos*, Buenos Aires: EDICE, Dunken, pp. 53–91.

Briz, A. (2007) "Para un análisis semántico, pragmático y sociopragmático de la cortesía atenuadora en España y América", *LEA*, 29, 1, pp. 5–44.

Briz, A. (2012a) "La constelación comunicativa coloquial. Hacia un modo más dinámico de entender lo coloquial", *Español Actual*, 98, pp. 217–232.

Briz, A. (2012b) "Hablar electrónicamente por escrito", en Campos Souto, M. *et al.* (coords.) *"Assí como es de suso dicho". Estudios de morfología y léxico en homenaje a Jesús Pena*, La Rioja: Cilengua.

Briz, A. (2013) "Variación pragmática y coloquialización estratégica. El caso de algunos géneros televisivos (la tertulia)", en Fuentes, C., *(Des)cortesía para el espectáculo: estudios de pragmática variacionista*, Madrid, Arco Libros, pp. 89–125.

Briz, A. (coord.) (1995) *La conversación coloquial (materiales para su estudio)*, anejo XVI de *Cuadernos de Filología*, Universidad de Valencia.

Briz, A. y grupo Val.Es.Co. (eds.) (2000) *¿Cómo se comenta un texto coloquial?*, Barcelona: Ariel-Practicum.

Briz, A. y grupo Val.Es.Co. (eds.) (2002) *Corpus de conversaciones coloquiales*, anejo de *Oralia*, Madrid: Arco Libros.

Briz, A., Gómez Molina, J. R. Martínez Alcalde, M. J. y grupo Val.Es.Co. (eds.) (1997) *Pragmática y gramática del español hablado. El español coloquial*, Zaragoza: Pórtico.

Briz, A., Pons, S. y Portolés, J. (coords.) (2008) *Diccionario de partículas discursivas del español (DPDE)* [en línea]. Accesible en www.dpde.es.

Cabedo, A. y Pons, S. (eds.) *Corpus Val.Es.Co 2.0* [en línea]. Accesible en http://www.valesco.es.

Christl, J. (1996) "Muletillas en el español coloquial", en Kotschi, T., Oesterreicher, W. y Zimmermann, K. (eds.) *El español hablado y la cultura oral en España e Hispanoamérica*, Fráncfort del Meno: Vervuert Verlag, pp. 117–143.

Cortés, L. (1986) *Sintaxis del coloquio. Aproximación sociolingüística*, Salamanca: Universidad de Salamanca.

Cortés, L. (1991) *Sobre conectores, expletivos y muletillas en el español hablado*, Málaga: Ágora.

Cortés, L. (2002) "Español coloquial: concepto y status quaestionis", *Español Actual*, 78–79, pp. 27–41.

Cortés, L. (ed.) (1995) *El español coloquial. Actas del I Simposio sobre análisis del discurso oral*, Almería: Universidad de Almería.

Criado de Val, M. (1973–1974) "Transcripciones coloquiales", *Yelmo*, 15–20.

Criado de Val, M. (1980) *Estructura general del coloquio*, Madrid: SGEL.

Douglas de Sirgo, S. (2007) *Estrategias discursivas de la atenuación en Tucumán*, Tucumán: Universidad Nacional de Tucumán.

Ferrer, M. C. y Sánchez Lanza, C. (1996) *La coherencia en el discurso coloquial*, Rosario: UNR.

Ferrer, M. C. y Sánchez Lanza, C. (1998) "Diálogo coloquial, la atenuación", *Oralia*, 1, pp. 213–220.

Fuentes, C. (1995) "Modalidad y conexión en el español coloquial", *EA*, 63, pp. 5–24.

Fuentes, C. (1997) "Sintaxis coloquial andaluza: la cortesía en el habla urbana de Sevilla", *El habla andaluza*, Sevilla: Servicio de Publicaciones de la Universidad de Sevilla, pp. 461–471.

Fuentes, C. (2013) *(Des)cortesía para el espectáculo: estudios de pragmática variacionista*, Madrid: Arco Libros.

Gallardo, B. (1993) "La transición entre turnos conversacionales: silencios, solapamientos e interrupciones", *Contextos*, XI, 21–22, pp. 189–220.

Gallardo, B. (1998) *Comentario de textos conversacionales II. Los textos*, Madrid: Arco Libros.

Haverkate, H. (1994) *La cortesía verbal. Estudio pragmalingüístico*, Madrid: Gredos.

Hernando Cuadrado, L. A. (1988) *El español coloquial en "El Jarama"*, Madrid: Playor.

Herrero, (1997) "La importancia del concepto de *enunciado* en la investigación del español coloquial a propósito de enunciados suspendidos", en Briz, A., Gómez Molina, J. R., Martínez Alcalde, M. J. y grupo Val.Es.CO. (eds.) *Pragmática y gramática del español hablado. El español coloquial*, Zaragoza: Pórtico, pp. 109–126.

Herrero, G. (1991) "Procedimientos de intensificación-ponderación en el español coloquial", *Español Actual*, 56, pp. 39–52.

Hidalgo, A. (1997) *La entonación coloquial. Función demarcativa y unidades de habla*, anejo XXI de *Cuadernos de Filología*, Universidad de Valencia.

Hidalgo, A. (1998) "Expresividad y función pragmática de la entonación en la conversación coloquial. Algunos usos frecuentes", *Oralia*, 1, pp. 69–92.

Hidalgo, A. (2002) *Comentario fónico de textos coloquiales*, Madrid: Arco Libros.

Hidalgo, A. (2011) "Humor, prosodia e intensificación pragmática en la conversación coloquial española", *Verba*, 38, pp. 271–292.

Hidalgo, A. (2013) "La Fono(des)cortesía: marcas prosódicas (des) corteses en español hablado. Su estudio a través de corpus orales", *Revista de Lingüística Teórica y Aplicada*, 51–2, pp. 127–149.

Hidalgo, A. y Pérez Giménez, M. (2004) "De la sintaxis a la pragmasintaxis: problemas del análisis sintáctico en el discurso oral espontáneo", *Cauce*, 27, pp. 221–246.

Hidalgo, A., Cabedo, A. y Folch, M. P. (2011) "FONOCORTESÍA: mecanismos fónicos para la expresión de cortesía y descortesía verbales en español coloquial", *Actas del XXXIX Simposio de la Sociedad Española de Lingüística*, Santiago de Compostela, 1–4 de febrero de 2010.

Jörgensen, A. M. *Corpus Oral del Lenguaje Adolescente (COLA)* [en línea]. Accesible en http://www.colam.org.

Kotschi, T., Oesterreicher, W. y Zimmermann, K. (eds.) (1996) *El español hablado y la cultura oral en España e Hispanoamérica*, Fráncfort del Meno: Vervuert Verlag.

Lasaletta, M. C. (1974) *Aportaciones al estudio del lenguaje coloquial galdosiano*, Madrid: Ínsula.

López Serena, A. (2007a) *Oralidad y escrituralidad en la recreación literaria del español coloquial*, Madrid: Gredos.

López Serena, A. (2007b) "El concepto de 'español coloquial': vacilación terminológica e indefinición del objeto de estudio", *Oralia*, 10, pp. 167–191.

Lorenzo, E. (1977) "Consideraciones sobre la lengua coloquial (constantes y variables)", en Lapesa, R. (1977) *Comunicación y lenguaje*, Madrid: Karpos, pp. 161–180.

Mancera Rueda, A. (2011) *¿Cómo se habla en los cibermedios? El español coloquial en el periodismo digital*, Berna: Peter Lang.

Mancera Rueda, A. y Pano, A. (2013) *El español coloquial en las redes sociales*, Madrid: Arco Libros.

Narbona, A. (1986) "Problemas de sintaxis coloquial andaluza", *Revista Española de Lingüística*, 16, 2, pp. 229–276. [Reed. en Narbona, A. (1989) *Sintaxis española: nuevos y viejos enfoques*, Barcelona: Ariel, pp. 171–203].

Narbona, A. (1988) "Sintaxis coloquial: problemas y métodos", *Lingüística Española Actual*, 10, 1, pp. 81–106. [Reed. en Narbona, A. (1989) *Sintaxis española: nuevos y viejos enfoques*, Barcelona: Ariel, pp. 144–169].

Narbona, A. (1989) *Sintaxis española: nuevos y viejos enfoques*, Barcelona: Ariel.

Narbona, A. (2012) "Los estudios sobre el español coloquial y la lingüística", *Revista Española de Lingüística*, 42, 2, pp. 5–31.

Oesterreicher, W. (1996) "Lo hablado en lo escrito. Reflexiones metodológicas y aproximación a una tipología", en Kotschi, T., Oesterreicher, W. y Zimmermann, K. (eds.) *El español hablado y la cultura oral en España e Hispanoamérica*, Fráncfort del Meno: Vervuert Verlag, pp. 317–340.

Padilla, X. (2005) *Pragmática del orden de las palabras*, Alicante: Universidad de Alicante.

Payrató, Ll. (1988 [1996]) *Català Col·loquial. Aspectes de l'ús corrent de la llengua catalana*, Valencia, Universitat de València.

Pons, S. (1998) *Conexión y conectores. Estudio de su relación en el registro informal de la lengua*, anejo XXVII de *Cuadernos de Filología*, Universidad de Valencia.

Pons, S. (2008) "La combinación de marcadores del discurso en la conversación coloquial: interacciones entre posición y función", *Linguistic Studies*, 2, Portugal: CLUNL, pp. 141–160.

Ruiz Gurillo, L. (1998) *La fraseología del español coloquial*, Barcelona: Ariel Practicum.

Ruiz Gurillo, L. (2000) "La fraseología", en Briz, A. y Grupo Val.Es.Co. (eds.), *¿Cómo se comenta un texto coloquial?*, Barcelona: Ariel-Practicum, pp. 169–189.

Ruiz Gurillo, L. (2012) *La lingüística del humor*, Madrid: Arco Libros.

Ruiz Gurillo, L. y Padilla, X. (eds.) (2009) *Dime cómo ironizas y te diré quién eres*, Fráncfort del Meno: Peter Lang.

Ruiz, L. (2006) *Hechos pragmáticos del español*, Alicante: Publicaciones de la Universidad de Alicante.

Sanmartín, J. (1998 [2006]) *Diccionario de argot. Nueva versión*, Madrid: Espasa Calpe.

Sanmartín, J. (2000) "La creación léxica (I). Neologismos semánticos: las metáforas de cada día", en Briz, A. y Grupo Val.Es.Co. (eds.) *¿Cómo se comenta un texto coloquial?*, Barcelona: Ariel-Practicum, pp. 125–142.

Sanmartín, J. (2007) *El chat. La conversación tecnológica*, Madrid: Arco Libros.

Seco, M. (1973) "La lengua coloquial: 'Entre visillos', de Carmen Martín Gaite", *El comentario de textos I*, Madrid: Castalia, pp. 361–379.

Steel, B. (1976) *A Manual of Colloquial Spanish*, Madrid: SGEL.

Tusón, A. (1998) *El análisis de la conversación*, Barcelona: Ariel Practicum.

Vigara, A. M. (1980) *Aspectos del español hablado. Aportaciones al estudio del español coloquial*, Madrid: SGEL.

Vigara, A. M. (1992) *Morfosintaxis del español coloquial. Esbozo estilístico*, Madrid: Gredos.

Vigara, Ana M. (1997) "Sobre deíxis coloquial", en Briz, A., Gómez Molina, J. R., Martínez Alcalde, M. J. y grupo Val.Es.Co. (eds.) *Pragmática y gramática del español hablado. El español coloquial*, Zaragoza: Pórtico, pp. 257–267.

Vila, R. y Grupo GRIESBA (2001) *Corpus del español conversacional de Barcelona y su área metropolitana*, Barcelona: Edicions Universitat de Barcelona.

Zimmermann, K. (1996) "Lenguaje juvenil, comunicación entre jóvenes y oralidad", en Kotschi, T., Oesterreicher, W. y Zimmermann, K. (eds.) *El español hablado y la cultura oral en España e Hispanoamérica*, Fráncfort del Meno: Vervuert Verlag, pp. 475–514.

Zimmermann, K. (2005) "Construcción de la identidad y anticortesía verbal", en Bravo, D. (ed.) *Estudios de la (des)cortesía en español. Categorías conceptuales y aplicaciones a corpora orales y escritos*, Buenos Aires: EDICE, Dunken, pp. 245–271.

Entradas relacionadas

actos de habla; corpus textuales del español; cortesía; diálogo; entonación; ironía; locuciones; marcadores del discurso

ESPAÑOL EN LOS MEDIOS DE COMUNICACIÓN AUDIOVISUAL

Concepción B. Godev

1. Introducción

En las últimas dos décadas, se ha desarrollado lo que podríamos llamar una intensificación de la conciencia de los diferentes papeles de la lengua española. Se han hecho observaciones sobre su papel como vehículo de conocimiento científico, como herramienta de educación, como bien económico, como artefacto cultural y como instrumento político. En cualquiera de estas facetas podemos observar que, si bien la lengua escrita, en papel o en forma digital, ha dejado y continúa dejando innumerables muestras de actividad que han llegado y llegan a decenas de millones de lectores, son la radio y la televisión en español las que en el siglo XXI captan la atención de todo tipo de audiencias, ya sea por medio de los tradicionales aparatos de radio y televisión o a través de la radio y televisión accesibles por medio de Internet. La inmediatez de lo oral, en el caso de la radio, y de lo oral en combinación con lo visual, en el caso de la televisión, convierten a estos medios de comunicación de masas en eficaces vehículos de las industrias culturales. El sonido y la imagen, que cada vez más son elementos primordiales dentro de estas industrias, proporcionan a la lengua un púlpito en el que puede ser usada, escuchada, observada, enseñada e imitada. Esta facilidad de difusión y acceso a la lengua española es única dentro de su historia.

En el mundo hispanohablante, la radio y la televisión consiguen captar la atención del público que tradicionalmente no se ha sentido atraído por la lectura o no ha tenido fácil acceso a la lengua impresa. Al respecto, Alatriste (1999: 213–214) señala la falta de hábito de lectura como uno de los factores que han contribuido a que el gran público hispanohablante haya acudido en masa a la radio y la televisión para estar informado y para pasar el tiempo libre.

El fácil acceso al medio radiofónico y televisivo dota a estos de una capacidad extraordinaria para proyectar las diferentes funciones que la lengua española tiene a nivel nacional, en cada uno de los 21 países hispanohablantes, y a nivel internacional. Esta proyección de la lengua española la hace más lengua de todos y a la vez más lengua de nadie, facilitando así la descentralización de quién o qué institución o país decide en materia de planificación lingüística, desde políticas de difusión nacionales y transnacionales hasta prescripción lingüística.

2. La radio y la televisión como medios de alfabetización y aprendizaje del español

La radio y la televisión se asocian frecuentemente con programas de entretenimiento. Sin embargo, ambos medios han sido utilizados también con otros fines. La existencia y vitalidad de una lengua, así como su rol para facilitar la comunicación entre los hablantes, dependen en gran medida de protocolos que hacen posible aprenderla, difundirla y comprender su realidad. Es por eso que en esta sección echamos una mirada a cómo han contribuido la radio y la televisión para que se comprenda mejor la realidad del estatus del español como lengua en contacto con lenguas indígenas de Latinoamérica y para dar oportunidades de conocer mejor la lengua y a la vez difundirla.

Las radios comunitarias, también llamadas participativas e indígenas, y las escuelas radiofónicas latinoamericanas tienen una historia que data de mediados del siglo XX. Las radios comunitarias tienen como objetivo cultivar el aprecio de las culturas amerindias. En estas radios el castellano se utiliza con una función didáctica en reportajes informativos sobre la vida y cultura de las poblaciones indígenas para fomentar el conocimiento sobre la diversidad cultural y multilingüe de las regiones hispanohablantes y sensibilizar a las comunidades sobre la realidad multicultural y multilingüe en la que viven. En estas radios comunitarias el español y las lenguas autóctonas de Latinoamérica como el aimara, el quechua y el náhuatl, entre otras, comparten los espacios de la programación. Estas radios reflejan la realidad lingüística del español como lengua que está en estrecho contacto con otras lenguas en toda Latinoamérica. Es común en estas radios comunitarias que haya espacios de micrófono abierto para que la gente de la comunidad exprese sus preocupaciones, sus preguntas o simplemente comunique un mensaje a un familiar o vecino.

Las escuelas radiofónicas, que logran llegar a audiencias que viven en los más remotos lugares de Latinoamérica, a menudo se utilizan para alfabetizar en castellano y en la lengua local, además de enseñar otras materias. En Colombia, Radio Sutatenza, fundada en 1947, fue pionera en el mundo hispanohablante en la categoría de radio educativa y sirvió como modelo para otras radios educativas. La vitalidad de las escuelas radiofónicas se puede constatar hoy, ya que desde 1972 existe la Asociación Latinoamericana de Educación Radiofónica, la cual ha hecho posible expandir el acceso a los programas gracias a la instalación de nueva tecnología por toda Latinoamérica.

En cuanto a la enseñanza por televisión del español como segunda lengua dentro de territorios hispanohablantes, México piloteó en 1996 el programa *De acá de este lado*, que está estructurado en formato telenovela, un género en el que la industria audiovisual mexicana es líder. Más allá de las áreas hispanohablantes, ya en los años treinta del siglo XX, está documentada la enseñanza del español como lengua extranjera en Ohio (Estados Unidos) a través de la radiodifusora WOSU (Cabarga 1937). Entre las iniciativas más notables para enseñar y aprender español en los Estados Unidos está SCOLA, un servicio de televisión por satélite que lleva funcionando desde los años ochenta. Al otro lado del Atlántico, en el Reino Unido, la BBC lanzó ¡*Dígame*! y *España viva* en 1978 y 1987, respectivamente, dos programas de español para principiantes que se emitieron por radio y televisión.

Actualmente, los televidentes estadounidenses más jóvenes pueden aprender español gracias a programas como *Plaza Sésamo*, *Dora the Explorer* y *Go, Diego, Go!* Otra forma en la que la televisión se utiliza para enseñar español en Estados Unidos es por medio de los canales locales de la televisión por cable. Muchas universidades estadounidenses emiten clases de español por medio de estos canales.

3. Lengua española, radio e ideología dentro y fuera de las fronteras nacionales

Desde los años treinta del siglo XX, los dirigentes políticos y sus oponentes se han servido de emisiones radiofónicas en español para difundir ideología más o menos sutilmente. Durante la Guerra Civil española (1936–1939), la radio se reveló como un eficaz vehículo de propaganda política para las facciones beligerantes. Emisiones de radio de onda corta como La Voz de Alemania (Deutsche Welle), que empezó a transmitir en lengua española desde los años cincuenta, han contribuido significamente a informar sobre acontecimientos relacionados con las dictaduras de Latinoamérica. Por otra parte, la lengua española y la radio se han asociado a menudo para divulgar credos religiosos. Ejemplos de este uso de la radio y la lengua se encuentran en toda Latinoamérica ya que muchas de las escuelas radiofónicas fueron fundadas por instituciones religiosas tanto católicas como protestantes (Albó 1998: 132).

Las emisiones de La Voz de América, una radiodifusora ubicada en Washington, DC, y con filiales en ciudades de toda Latinoamérica, comenzaron en 1940 y continúan hasta hoy. El contenido de estas emisiones presenta programas que subrayan los aspectos positivos del estilo de vida estadounidense. Con un objetivo similar, a finales de los años veinte del siglo XX, aparece Radio Moscú, llamada La Voz de Rusia desde la disolución de la Unión Soviética en 1991, cuyos programas se pueden escuchar en español a partir de 1932. En un principio, sus emisiones tenían como objetivo dar a conocer al mundo los ideales comunistas desde la perspectiva soviética. Hoy día sus programas dan a conocer diferentes aspectos de la vida de la República de Rusia desde la perspectiva gubernamental.

Desde 1985, Radio Martí y, más recientemente, también Televisión Martí, emite en español desde Estados Unidos con el fin de llegar a la población de la isla de Cuba. Su objetivo es ofrecer una perspectiva de los acontecimientos de la isla que los cubanos puedan contrastar con la versión gubernamental. Por su parte, el gobierno de Cuba ofrece a la comunidad internacional su propia perspectiva por medio de la radio oficial. Inaugurada en 1961, Radio Habana Cuba es la emisora que emite noticias destinadas al público internacional. El propósito de esta emisora es informar sobre los acontecimientos que ocurren en Cuba y fuera de Cuba presentando la perspectiva del gobierno cubano no solo en español sino también en otros idiomas.

Radio Exterior de España, cuyas emisiones comenzaron en 1942 y continúan hasta hoy, también ha cumplido para España el papel que las radiodifusoras mencionadas más arriba han tenido de mostrar la perspectiva gubernamental de los acontecimientos. No obstante ese papel inicial, la orientación temática de esta radiodifusora ha ido cambiando desde que comenzara la transición a la democracia en 1975, de tal manera que su programación se ha ido orientando hacia temas que reflejan las nuevas preocupaciones internacionales en materia política, social y económica. Un ejemplo de esta nueva programación es el espacio titulado *El español, un idioma sin fronteras*, el cual se lleva emitiendo desde hace más de diez años. El propósito de este espacio es potenciar la difusión de la lengua española por medio de entrevistas a profesores, gente de la calle y escritores de diferentes áreas del mundo hispanohablante y comentarios o presentaciones sobre libros u otras manifestaciones culturales del mundo hispánico. El programa *Hispanorama*, que presenta temas sociales y políticos relacionados con Latinoamérica, subraya la política panhispánica que se muestra en *El español, un idioma sin fronteras*. Hoy día, la televisión es el medio que cada vez más utilizan las autoridades políticas para persuadir a los ciudadanos no solo en los periodos de campañas electorales, sino también como forma habitual de estar en contacto con la ciudadanía. En este sentido, cabe destacar el uso del español en televisión que se ha hecho en las campañas electorales presidenciales de los Estados Unidos desde que John F. Kennedy hiciera el primer anuncio político televisivo en español en 1960 (Wallace 2012: 1364). Esta presencia mediática del español en el ámbito político estadounidense se continúa intensificando a medida que crece el electorado hispanohablante.

La creciente importancia del español en EE. UU. ha sido puesta de manifiesto por diferentes observadores como Alonso (2006: 15), quien se refiere al español en Estados Unidos como *the foreign national language* ('la lengua extranjera nacional', mi traducción). Este protagonismo de la lengua española en los Estados Unidos se ve reflejada en los índices de audiencia de las cadenas hispanohablantes de televisión estadounidenses como Telemundo y Univisión (Consoli 2013; González 2013).

4. La radio y la televisión y su efecto en la evolución de la lengua española

Como se ha mencionado antes, la conciencia del valor de la lengua española ha inspirado reflexiones y debates acerca de la lengua. Uno de los temas que se han suscitado es el del estatus de la lengua española en cuanto a su unidad. Estas reflexiones se generan desde los ámbitos que generalmente protagonizan el discurso público y en los que usualmente la lengua se concibe de formas diferentes dependiendo de los intereses de los que generan el discurso. Así pues, algunos ven en la lengua un elemento con potencial catalizador o disuasivo de unidad, otros la ven como un poderoso estimulador económico, y otros ven en ella un monumento vivo de la cultura hispanohablante que se debe proteger y conservar.

4.1. Aspectos fonéticos

Las emisiones radiofónicas y televisivas reflejan las variedades del español hablado en los 21 países de habla hispana, donde viven unos 400 millones de hispanohablantes, de los cuales nueve de cada diez residen en el continente americano. La posibilidad de oír diferentes acentos en la radio y la televisión proporciona a los hispanohablantes la oportunidad de constatar la gran variedad de acentos que existe entre los hispanohablantes y de descartar prejuicios positivos o negativos sobre diferentes variedades. La observación de cambios de actitud hacia diferentes variedades del español puede ser de gran valor científico para los historiadores de la lengua. Por ejemplo, solo un 5 % de los hispanohablantes pronuncia las combinaciones *za, ce, ci, zo, zu* de forma diferenciada de *sa, se, si, so, su* (García Delgado, Alonso y Jiménez 2013: 294). Este es el fenómeno lingüístico que ocurre en aproximadamente la mitad norte de España y que se conoce como *distinción* o diferenciación. Los locutores y presentadores de radio y televisión cuyo dialecto presenta la distinción o diferenciación han dominado en la radio y televisión españolas desde sus comienzos en los años veinte y los cincuenta del siglo XX, respectivamente. Pero en la televisión y radio españolas del siglo XXI hay cada vez más locutores y presentadores cuyos acentos divergen del modelo distinción que durante la mayor parte del siglo XX se consideró como único modelo imitable. A este cambio sociolingüístico se unen nuevos modelos de programación en los que la participación verbal del público de los platós o de la radio es a menudo cuantitativamente mayor que la de los mismos locutores o presentadores. Entre este público, la variedad dialectal de la distinción está en clara minoría. Este es un dato importante para los estudiosos de la fonética histórica ya que suscita la pregunta de cuál será el futuro del fenómeno fonético de la distinción en la era de la comunicación radiofónica y audiovisual sin fronteras. El intercambio cultural entre ambos lados del Atlántico se ha intensificado notablemente como se puede observar en el número de telenovelas latinoamericanas que se puede ver en las diferentes cadenas televisivas que existen en España. Este factor, aunado a otros de carácter demográfico y al contacto que el español tiene con otras lenguas en las áreas bilingües del territorio español, tiene el potencial de erosionar la distinción en favor del llamado *seseo*, que es el modelo que impera en la mayor parte de la geografía hispanohablante.

A medida que se desdibujen las fronteras nacionales de la radio y la televisión, cada vez menos dependientes de la ubicación del aparato receptor y de los contenidos nacionales, los hispanohablantes experimentarán el contacto con la lengua española de una forma mucho menos monolítica de lo que lo han hecho tradicionalmente.

4.2. El léxico del español en la radio y la televisión

Una de las preocupaciones de aquellos que han tomado conciencia sobre el valor de la lengua española desde el punto de vista económico y cultural ha sido calibrar tanto el nivel de riesgo de empobrecimiento de la lengua como el riesgo de que el español siga el camino del latín, desintegrándose en una multitud de variantes mutuamente incomprensibles para sus respectivos hablantes. El aspecto del idioma que más preocupa es el léxico, ya que por una parte es este un aspecto muy susceptible de erosión y cambio, y por otra parte es también el aspecto de la lengua del que depende fundamentalmente la comprensión entre los interlocutores. Los aspectos morfosintácticos, sin embargo, aunque no son inmunes al cambio, presentan una mayor resistencia. En el caso de la lengua española, el fundamento del temor a la desintegración de la unidad lingüística radica en la vasta extensión geográfica donde el español funciona como lengua de cultura.

La tendencia unificadora del idioma se ve apoyada por políticas lingüísticas como la política del doblaje de películas que adoptó Argentina (Presidencia de la Nación 2013), en la que se contempla que el doblaje se hará "en idioma castellano neutro, respetándose el uso corriente de dicho idioma en nuestro país" y a la vez en una forma "comprensible para todo el público de la América hispanohablante". Otras voces unificadoras se escuchan desde las propias corporaciones de radio y televisión. El manual de estilo de Radiotelevisión Española (RTVE) aconseja a sus profesionales en los siguientes términos: "Los ciudadanos consideran que lo oído en los medios audiovisuales de prestigio es lo correcto. Esa responsabilidad debe estimular a los profesionales de RTVE a emplear la lengua/las lenguas de la forma más apropiada". Este consejo va aparejado a otros que advierten a los profesionales de los medios de comunicación sobre errores léxicos comunes. Este tipo de manuales han aparecido también en Argentina, Chile, Colombia, México y Uruguay. Desde las gradas académicas se oyen también voces que refuerzan la tendencia unificadora del idioma. Guerrero Salazar y Núñez Cabeza (2002) consideran que el uso de algunos extranjerismos como *chatear* son innecesarios. Por otra parte, las academias de la lengua española, como instituciones visibles que dinamizan el diálogo sobre el uso de la lengua, ya han iniciado consultas con representantes de los medios de comunicación para determinar el estatus de extranjerismos y topónimos. Las consultas que se hicieron durante el proceso de edición del *Diccionario panhispánico de dudas* que se publicó en 2005 reforzaron el uso consensuado del léxico en los medios de comunicación y por tanto hicieron su aporte para reforzar la unidad del idioma. La Fundación del Español Urgente (Fundéu) trabaja desde 2003 en colaboración con la Agencia EFE y la Real Academia Española (RAE) para unificar criterios sobre cómo usar la lengua española en los medios de comunicación.

La programación de la radio y la televisión hispanohablantes presenta en la actualidad una amplia gama de formatos en los que la lengua se muestra no solo en su faceta más diseñada, es decir, planificada de acuerdo con las guías de estilo que se acaban de mencionar, sino también en su faceta más espontánea. Es en esta faceta improvisada donde podemos observar divergencias léxicas propias de las hablas más coloquiales de las diferentes variedades hispanohablantes. La ubicuidad de la radio y la televisión y por tanto el contacto de los hablantes con diversas maneras de utilizar la lengua plantea la pregunta de si estos medios de comunicación pueden ser un factor que catalice cambios léxicos que puedan poner en peligro la unidad léxica del idioma que en el presente permite la mutua comprensión.

En estos momentos cualquier hispanohablante puede constatar que, al sintonizar una emisora de radio, de las muchas que están disponibles en Internet, o un canal de televisión, la comprensión es prácticamente total, incluso cuando se trata de monólogos humorísticos. Este es un hecho que confirma que, a pesar de las idiosincrasias léxicas de las diferentes variedades del español, la mutua comprensibilidad entre los hablantes de diferentes áreas geográficas es una realidad.

5. Direcciones futuras de gestión y observación de la lengua

Una lengua cuya presencia abarca una extensión geográfica tan amplia como la de la lengua española no puede sustraerse al contacto con otros idiomas. En Latinoamérica, el español comparte el espacio con más de 750 lenguas amerindias (Ethnologue 2009), y con diferentes variedades del catalán, gallego, valenciano y vasco dentro del territorio del Estado español. Tanto para los que tienen interés en diferentes aspectos de la planificación lingüística como para los sociolingüistas, será de interés observar en qué medida la radio y la televisión reflejan o pueden reflejar en su lengua y sus contenidos las necesidades y los derechos lingüísticos de los hablantes que viven en áreas multilingües.

La radio y la televisión educativas están llamadas a atraer el interés de un creciente número de estudiantes adultos que buscan oportunidades flexibles para continuar su formación tanto en contenidos enseñados en español como en contenidos sobre la lengua española, ya que aumentar el índice de formación de por vida y de alfabetización en las áreas hispanohablantes continúan siendo todavía objetivos por alcanzar.

En cuanto a la enseñanza del español como segunda lengua, según las estimaciones del Instituto Cervantes (2012), la demanda de clases de español en sus centros ha aumentado anualmente y continuará aumentando. La radio y la televisión educativas pueden desempeñar un importante papel para satisfacer esta demanda de clases de español destinadas a un estudiantado que querrá tener opciones no presenciales para conseguir sus objetivos de aprendizaje.

En lo que se refiere a variedades del español, la televisión y la radio digitales tienen el potencial de fomentar y cimentar la comprensión auditiva del llamado español general, tal vez incluso el uso hablado del mismo, y por tanto podrían reforzar la mutua comprensibilidad de los hispanohablantes. El léxico de las telenovelas nos ofrece ejemplos de cómo esta influencia cohesionadora puede hacerse realidad. Los resultados de Ávila (2009) sugieren que en el léxico de las telenovelas suele estar ausente el elemento local. De igual manera, los programas informativos y educativos hacen uso del español general, aportando así más ocasiones de contacto con esa variedad de la lengua que es mutuamente comprensible para los hispanohablantes sea cual sea la variedad dialectal de la que hacen uso en su comunicación diaria más informal. Pero la programación en radio y televisión se diversifica cada vez más a medida que las versiones digitales se hacen más accesibles en Internet. Esta diversificación va aparejada de programas con audiencia participativa en vivo en los que lo que se dice no está planificado en un guión o libreto y donde el español en sus variedades locales es el que los oyentes o televidentes van a escuchar. Habrá que estudiar en el futuro las características de esas variedades locales con las que los oyentes pueden potencialmente entrar en contacto y analizar sus posibles efectos.

En cuanto a las variedades del español de México, se debe señalar que actualmente uno de cada cuatro hispanohablantes habla alguna variante del español mexicano. El español mexicano tiene el potencial de liderar cambios en la variedad general del español si su proyección internacional en la radio y la televisión llegara en el futuro a reflejar la proporción de hablantes de variedades mexicanas dentro de la población mundial de hispanohablantes.

La adaptación lingüística de contenidos que se producen originalmente en lenguas diferentes del español y cuyo destino es todo el ámbito hispanohablante requerirá la colaboración de equipos internacionales de expertos en lengua y comunicación para lograr que esos productos atraigan a audiencias de diferentes entornos culturales. Estas adaptaciones darán a la lengua española nuevos espacios en los que reafirmar su presencia.

Las funciones y el valor de la lengua española dentro de los vehículos de comunicación de masas deberá estudiarse en el futuro dentro del marco de las comunicaciones mediatizadas por Internet y por los aparatos móviles (teléfonos móviles y tabletas). Si bien en la actualidad la penetración de Internet en la población hispanohablante está lejos de la media estadounidense o europea, el crecimiento anual de esa penetración es indicador de que Internet se convertirá en el medio por el cual los hispanohablantes llegarán a los contenidos radiofónicos y televisivos.

Bibliografía

Alatriste, S. (1999) "El mercado editorial en lengua española", en García, N. y Moneta, C. (eds.) *Las industrias culturales en la integración latinoamericana*, Buenos Aires: Editorial Universitaria de Buenos Aires, pp. 207–228.

Albó, X. (1998) "Expresión indígena, diglosia y medios de comunicación", en López, L. E. y Jung, I. (eds.) *Sobre las huellas de la voz*, Madrid: Ediciones Morata, pp. 126–156.

Alonso, C. J. (2006) "Spanish: The foreign national language", *ADFL Bulletin*, 37, 2–3, invierno-primavera, pp. 15–20.

Ávila, R. (2009) *De la imprenta a la internet: la lengua española y los medios de comunicación masiva*, 2.ª ed., México, DF: El Colegio de México.

Cabarga, D. A. (1937) "Teaching Spanish by radio", *Modern Language Learning*, 22, 3, pp. 189–200.

Consoli, J. (2013) "Telemundo, Univisión grew viewership, 18–49 ratings in fourth quarter", *Broadcasting and Cable*, 2 de enero, s.p. [en línea]. Accesible en http://www.broadcastingcable.com/news/news-articles/telemundo-univision-grew-viewership-18–49-ratings-fourth-quarter/113974 [10/11/2013].

Ethnologue (2009) *Ethnologue: Languages of the world 2009*, 16.ª ed. [en línea]. Accesible en http://archive.ethnologue.com/16/ethno_docs/distribution.asp?by=country [10 /11/2013].

García Delgado, J. L., Alonso, J. A. y Jiménez, J. C. (eds.) (2013) *El español, lengua de comunicación científica*, Barcelona: Ariel.

González, J. (2013) "El canal en español que hizo historia en la televisión de EE. UU.", *BBC Mundo*, 1 de agosto, s.p. [en línea]. Accesible en http://www.bbc.co.uk/mundo/noticias/2013/08/130727_eeuu_television_audiencia_julio_univision_jg.shtml [01/11/2013].

Guerrero Salazar, S. y Núñez Cabeza, E. A. (2002) *Medio de comunicación y español actual*, Málaga: Ediciones Aljibe.

Instituto Cervantes (2012) *El español en el mundo. Anuario del Instituto Cervantes 2012* [en línea]. Accesible en http://cvc.cervantes.es/lengua/anuario/anuario_12/default.htm [08/09/2013].

Presidencia de la Nación (2013) "Doblajes y publicidades en idioma oficial", *Presidencia de la Nación: Noticias*, 17 de julio, s.p. [en línea]. Accesible en http://www.argentina.gob.ar/noticias/2038-doblajes-y-publicidades-en-idioma-oficial.php [05/09/2013].

RTVE (s. f.) *Manual de estilo de RTVE: Directrices para los profesionales* [en línea]. Accesible en http://manualdeestilo.rtve.es/el-lenguaje/ [05/08/2013].

Wallace, S. J. (2012) "It's complicated: Latinos, President Obama, and the 2012 election", *Social Science Quarterly*, 93, 5, pp. 1360–1383.

Lecturas complementarias

Ávila, R. (ed.) (2011) *Variación del español en los medios*, México, DF: El Colegio de México.

Cortés Bargalló, L., García-Tort, C. y Mapes, C. (eds.) (1998) *La lengua española y los medios de comunicación*, vols. I y II, México, DF: Siglo XXI Editores.

Kerevel, Y. P. (2011) "The influence of Spanish-language media on Latino public opinion and group consciousness", *Social Science Quarterly*, 92, 2, junio, pp. 509–534.

Parra, M. y Mayorga, C. (1999) *Difusión internacional del español por radio, televisión y prensa*, Bogotá: Instituto Caro y Cuervo.

Sánchez, A. (1992) "Política de difusión del español", *International Journal of the Sociology of Language*, 95, pp. 51–70.

Entradas relacionadas

enseñanza del español como lengua extranjera

ESPAÑOL EN LOS NUEVOS MEDIOS

Margarita Cabrera Méndez y Nuria Lloret Romero

1. Introducción

La comunicación está cambiando a pasos agigantados y con ella evolucionan las lenguas. El español era ya en 2010 el tercer idioma más utilizado de Internet según Internet World Stats, con más de 150 millones de usuarios potenciales: investigadores, tuiteros, periodistas, blogueros, aficionados y usuarios anónimos que lo utilizan diariamente para comunicarse a través de un espacio sin lugar, que no entiende de fronteras y sí de idiomas. Cuando escribimos en Internet nuestro público se torna global y atemporal, son millones los posibles lectores de lo que publicamos, pudiendo leerlo al segundo de haberlo escrito o al cabo de meses o años. Compartimos conocimiento a través de distintos canales donde una de las características que más nos une es la lengua. El idioma es el filtro de lo que leemos, en las redes hacemos búsquedas por palabra clave o *hashtag* y leemos lo que nos interesa de acuerdo con lo que estemos buscando, somos los propios usuarios los que determinamos el colador idiomático que hace que nuestros resultados sean en una lengua u otra. Generalmente ninguna red o buscador determina en qué lugar del mundo ni cuándo han sido publicados los contenidos, a no ser que utilicemos la búsqueda avanzada, simplemente nos ofrece resultados en el idioma de la búsqueda que hemos realizado. El idioma nos provee además de un sentido de pertenencia a una cultura común, una identidad compartida entre ciudadanos de países distintos que en la red nos reconocemos como similares por el uso de la misma lengua.

Que todos escribamos en español no quiere decir que se haga de la misma manera, depende del lugar donde se publique tendrá unos localismos u otros y estará más enfocado a un público o a otro, lo que importa es ser conscientes de esto para no ofender a ningún lector de cualquier parte del mundo. Si publicamos en la red en español, nos exponemos al público internacional de habla hispana. Lo ideal es usar un español global, que de alguna manera utilice los términos y sistemas gramaticales que puedan ser entendidos por cualquier hispanoparlante. ¿Existe ese español?

2. Perspectivas históricas y teóricas

Según el *Diccionario de la Real Academia Española*, un *medio de comunicación* es un "órgano destinado a la información pública"; derivado de este término surge la expresión *nuevos medios.* Los nuevos medios son el servicio de acceso a la información a través de las nuevas tecnologías; pueden ser por ejemplo los periódicos digitales, los *blogs*, las redes sociales, la radio o la televisión por Internet, tienen un lenguaje propio y unas características de comunicación y contenidos diferentes a los tradicionales (prensa, radio y televisión). En la actualidad estos nuevos medios, a los que también se podría llamar *digitales*, conviven con los medios de comunicación tradicionales, influyendo cada día más en ellos.

En realidad los nuevos medios ya no son tan nuevos. La prensa escrita empezó a ofrecer versiones digitales de sus diarios a finales del siglo XX, pocos años más tarde de la existencia de Internet, tal y como la conocemos hoy en día. Al inicio era una copia de la versión en papel publicada en PDF, de ahí pasó a ser una edición de los mismos contenidos en un soporte de página web una vez al día. Desde entonces, la versión digital de los periódicos ha evolucionado hacia la convivencia actual, en la que la prensa digital tiene sus propios ritmos y modelos, distanciándose cada vez más de la versión en papel. Esta convivencia de las versiones de un mismo periódico suele ser complementaria y exige una diferenciación en el tratamiento de los contenidos para un medio u otro, así como la adaptación de la prensa impresa a las características del medio digital.

Los medios sociales son un derivado de los nuevos medios, son el espacio de información que se genera y comparte a través de las redes sociales de Internet. Los ciudadanos utilizan estos canales para convertirse en informadores, al margen de los medios de comunicación o a su sombra. Las redes sociales cada vez se integran más en la prensa digital, no hay diario que no incluya, en su edición de Internet, la opción de compartir o comentar la noticia a través de Twitter o Facebook, por citar solo los medios de mayor uso. La prensa en Internet genera *blogs* para dar protagonismo y voz individual a sus profesionales o incluso a los lectores, y de esa forma compartir experiencias desde un punto de vista más cercano. Los medios sociales tampoco son tan nuevos, los primeros *blogs* datan de 1997 y Twitter nació en 2006.

Aunque está claro que los nuevos medios hacen referencia a los medios tradicionales en su versión digital, hay que tener en cuenta que no solo abarcan a los diarios en Internet y las redes sociales, sino que conviven con muchos otros formatos de productos digitales que son también receptáculos de información. Algunos ejemplos de nuevos medios son las páginas web, las aplicaciones para teléfonos inteligentes o tabletas, los juegos en red, la televisión conectada, los libros electrónicos, los *blogs*, la radio digital, los wikis, y todo aquello que permita la interactividad digital. Así por ejemplo surgen medios innovadores que se autogeneran a través de los gustos del usuario, como hace la "aplicación Flipboard" que proporciona como resultado una revista digital que mezcla los contenidos de numerosas fuentes. También encontramos nuevos medios para "'curadores' de contenido", o usuarios que se encargan de filtrar contenidos de la red para ofrecérnoslos organizados y comentados. Cada día aparecen nuevas experiencias en la lectura de contenidos, no solo a través de Internet, sino también para tabletas, televisiones interactivas, pantallas con letreros públicos, teléfonos, etc.

Cada uno de estos medios tiene sus particularidades —su lenguaje, sus normas de conducta y entresijos— y se hace preciso utilizarlos en función de las necesidades reales, con medida y prudencia. Un elemento común a todos ellos es el uso de la palabra escrita como modelo prioritario de transmisión de información. En Internet nos comunicamos sobre todo escribiendo, aunque la imagen y el audiovisual son también característicos, la mayoría de las veces es la palabra escrita la que nos guía en nuestra comunicación, de hecho leemos más que nunca, estamos todo el día leyendo: en el ordenador, en el teléfono inteligente o en la tableta. Hemos pasado de hablar muchísimo por teléfono a escribir más que nunca.

Los nuevos medios ayudan a que no sea necesario contar con un medio tradicional para la publicación de información, cualquier usuario puede publicar a través de la red o de una aplicación para teléfonos, sin necesidad de ser empleado de un medio de comunicación, la noticia se hace libre y el lenguaje se abre a todo aquel que quiera darle difusión. Además, se aceleran los procesos de creación, publicación, distribución y discusión de los contenidos, no necesitamos crear el contenido para un periódico y esperar a que lo editen y lo difundan, el usuario que presencia algo puede publicarlo en el momento y documentarlo gráficamente con vídeo o fotografía. El tiempo real sustituye a la periodicidad de los medios tradicionales, las ediciones ya no se basan en un horario prefijado, sino que se puede publicar cuando surge la noticia. La autoría de los contenidos se ha democratizado, la publicación no es exclusiva de los especialistas de la información contratados por los medios, sino que el ciudadano se vuelve autor, cualquiera puede generar información, comentarla y compartirla, la autoría se traslada a la sociedad en lo que viene a llamarse *periodismo ciudadano*. Todos los ciudadanos estamos invitados a aportar comentarios y debatir la información dando nuestro punto de vista o nuestra versión de los hechos. Los nuevos medios permiten acceder a la información en cualquier momento y desde cualquier lugar, siempre que se tenga conexión a Internet a través de cualquier dispositivo digital. La creación puede producirse en tiempo real: las barreras espacio-temporales han desaparecido para la publicación de información. La publicación y distribución se apoya en tecnologías digitales, pueden manipularse y permiten la interactividad. Todas estas peculiaridades hacen que la información esté viva, y que sean los propios usuarios los que la amplíen, corrijan y compartan.

Por todo ello no solo hay que saber escribir con corrección, sino que hay que aprender a moverse en el nuevo entorno digital. Porque, aunque nuevos, estos medios cuentan con un vocabulario propio de la red, una gramática adaptada, unas maneras y hábitos de proceder, unas normas de cortesía, en definitiva, unas costumbres que caracterizan nuestro idioma y su uso en los nuevos medios. Un idioma común a muchas particularidades y diferencias geográficas y culturales que se mezclan en la red.

3. El español en internet

Con 400 millones de hispanohablantes en todo el mundo la web social abre nuevas posibilidades para el español y le permiten seguir más vivo que nunca. En el año 2013 en las *I Jornadas del uso correcto del español en los medios sociales* Gumersindo Lafuente comentaba que "los nuevos entornos sociales no suponen ninguna agresión al español, sino una oportunidad para compartir una lengua que estaba empezando a compartimentarse en exceso. Las redes sociales han dinamitado las fronteras artificiales del idioma y han creado un espacio de comunicación instantáneo y universal".

Multitud de usuarios, algunos influyentes y otros muchos anónimos, llegan a miles de seguidores a través de su escritura. Por fortuna, Internet es el espacio sin barreras ni fronteras donde existe la libertad de expresión y cualquier persona puede y debe ser respetada a través de sus palabras. Es por esto y por el gran amplificador que es la red por lo que debemos ser conscientes de nuestra responsabilidad con el buen uso del español y nuestra forma de comunicarnos, como dijo Gabriel García Márquez "para escribir en internet, lo primero es saber escribir". En los nuevos medios pasamos del monólogo al diálogo, nos proporciona multitud de canales distintos que evolucionan cada día para conversar, colaborar y compartir con usuarios de todo el mundo, en Internet se ha pasado del español local al español global, aquel que entienden todos los hispanohablantes y que permite comunicar con todos de una sola vez. Se debe ser consciente del alcance de lo que publicamos en cualquier canal social, el español se habla en 22 países, existe una gran diversidad cultural entre todos los que comparten la lengua, cuyas fronteras geográficas o culturales desaparecen cuando nos comunicamos a través de

Internet. Es lo que viene a llamarse escritura pública, donde por obligación los usuarios están más expuestos y por lo tanto deben cuidar más el lenguaje y a la vez ser más exigentes con lo que otros publican. Esto es una buena noticia para el idioma, si la red hace que se mime la manera de comunicarnos es un aporte optimista para el futuro del español.

"Somos lo que escribimos", afirmaba el traductor Xosé Castro en las *I Jornadas del uso correcto del español en los medios sociales*. Añadía que "el valor del buen uso del lenguaje es inmenso. Hoy, hay personas que únicamente conocemos por su forma de escribir". Pensemos por ejemplo en Twitter, donde lo único que identifica a un usuario es una pequeña foto, un nombre y una descripción de no más de 160 caracteres, realmente lo que lo define es su forma de escribir. Se puede conocer mucho de los usuarios por su manera de comunicar y sus expresiones en la lengua que utilizan. Aparecen nuevas particularidades en el uso del español en los nuevos medios, ¿sirve el mismo lenguaje y narrativa para todos?

3.1. *Consecuencias en el lenguaje por la velocidad de las comunicaciones*

La velocidad de las nuevas comunicaciones hace que se adopten de forma casi inmediata elementos nuevos, neologismos o extranjerismos, términos que antes no eran necesarios o no existían, pero que ahora es necesario utilizar. Así, existen numerosas palabras que aparecen en inglés, derivadas de la informática o de la tecnología, y que es necesario nombrar de alguna forma inmediata en español. Por ejemplo el verbo tuitear, que viene del inglés *to tweet*, que a su vez viene del nombre de la marca de la red social Twitter. ¿Qué hacer si se quiere utilizar el verbo que indica que se va a enviar un *tweet*, y además se observa que ya los angloparlantes utilizan lo más sencillo para este caso que es *to tweet*? De forma casi inmediata los hispanohablantes empiezan a utilizar el verbo *tuitear*, sin esperar a que una Academia lo normalice, sin apenas tiempo de crear un consenso… se utiliza y en poco tiempo esto fluye como la espuma en las redes sociales y se establece como lo recomendable. Bien es cierto que no se llega al mismo consenso en todos los países de habla hispana, así en el ejemplo anterior hay una excepción que nace en Colombia, donde al verbo *to tweet* se le ha hecho una traducción mucho más coherente y se le ha convenido en llamar *trinar*, que sería la traducción literal del verbo. De esta forma en Twitter los colombianos trinan, y envían trinos en vez de tuitear y enviar tuits.

La velocidad también fomenta que se llegue a un consenso en términos que antes de la llegada e implantación de forma masiva de las nuevas tecnologías no sucedía. Así, por ejemplo, si ahora mismo apareciera el término necesario para denominar a un vehículo con ruedas que se utiliza para desplazamientos, seguramente se utilizaría el mismo, en lugar de carro, auto, coche… o por ejemplo el ordenador o la computadora seguramente tendrían un solo término o estaría más extendido el mismo si hubiera sido necesario nombrarlo ahora. La velocidad y la manera en la que están continuamente conectados los hispanohablantes hacen que los consensos populares en la adopción de nuevos términos se aceleren y no den margen de desviación o aparición de nuevas versiones de palabras sinónimas.

El español se posiciona como audiencia global, donde se escribe no solo para un país o cultura, sino para un público extendido en el planeta, todo esto hace que debamos preocuparnos por las diferencias ya existentes y ser conscientes de alguna manera de lo que pueda ofender a parte de la población de lengua española. Es difícil no obstante conocer qué términos se pueden utilizar o no por cada país o franja del español, no existe todavía un español global normalizado que aúne todo el español normalizado, o al menos no existe de manera popular y extendida.

La red propicia la mezcla de idiomas, sin querer se adoptan términos que no son propios del español. Se leen continuamente en las redes sociales y se adoptan sin casi ser conscientes de que son de otro idioma. Esto sucede sobre todo con términos que provienen del inglés y que, generalmente, son más cortos y sencillos de utilizar en dicho idioma que su traducción al español, lo que acarrea problemas de "género gramatical" y erosionan la lengua en su médula. Por ejemplo, el término *streaming*, que en español podría traducirse por 'retransmisión por internet', es mucho más sencillo en inglés, por lo que la mayoría de hispanos adoptan la forma inglesa.

Otra característica de las nuevas tecnologías en el uso del español es la velocidad con que se adoptan tendencias del lenguaje. Aparece algo de repente que puede resultar gracioso o conveniente en un determinado momento o contexto y la mayoría de internautas hispanohablantes lo toman, se torna viral y se propaga en cuestión de horas por todo el mundo. Sucedió por ejemplo en diciembre de 2012 cuando se extendió por la red la frase mal escrita "ola k ase", venía acompañada generalmente de una imagen de una llama, es lo que en la red viene a llamarse un *meme*, la información que se transmite de usuario a usuario por Internet. Esta frase viajó de América Latina a Estados Unidos pasando por Europa en muy pocos días. Fue tendencia, muy citado en Twitter, y la mayoría de los adolescentes y usuarios de las redes sociales lo utilizaron como una expresión del momento, un llamamiento a una "broma común" cuyo objetivo inicial era un sarcasmo hacia los que escriben mal en las redes. Frente a los detractores de la frase mal escrita aparecieron muchos defensores que lo entendían como una unión en contra de una generación que no quiere o no sabe escribir con propiedad en español, una burla al fin y al cabo, que en poco tiempo se convirtió en un saludo habitual entre la población más cibernética: "Ola k ase, estudia o k ase?".

3.2. *La globalización no solo alcanza a las palabras*

El término emoticono viene de la combinación de la palabra "emoción" con el término "icono". En algunos países hispanohablantes también se los llama emoticones (latinización de la palabra en inglés *emoticon*), emoticón, iconos gestuales o caretos. Cada vez se utilizan más estos signos con capacidad expresiva, sirven de apoyo para transmitir sentimientos y emociones que a través de la escritura convencional es más difícil expresar. Estos signos combinados de forma inteligente ayudan a aportar carga expresiva a los textos, sobre todo cuando es necesario emitir sentimientos o estados de humor y no hay tiempo o espacio, por ejemplo en la comunicación a través de dispositivos móviles o en redes sociales en las que se tienen pocos caracteres para escribir como ocurre en Twitter. Se refiere a las combinaciones de caracteres para configurar emoticonos, que aportan sentimientos y emociones a los mensajes más breves y ayudan a entender el significado. En el texto "Estás muy fea hoy :-)" el emoticono final, a modo de sonrisa, le aporta el carácter de ironía, con lo que el mensaje debe entenderse justamente al contrario de lo que dice. Los emoticonos en las culturas occidentales se tienden a leer como si se tuviera la cabeza ladeada hacia la izquierda y se debe intentar imaginar que son caras con expresiones diferentes, así por ejemplo estos serían los significados de los emoticonos más comunes:

:-) sonrisa
:-(tristeza
:-D gran sonrisa
;-) Guiño, complicidad
XD gran sonrisa con los ojos medio cerrados por la risa
:_(lágrima/llorar/tristeza
:-P burla, sacar la lengua

Este tipo de emoticonos son comunes a casi todas las lenguas occidentales, cualquier usuario de Internet habituado a su uso identificaría su sentido sin mucha dificultad, incluso usuarios orientales, de países asiáticos, que utilizan otro tipo de emoticonos, en los que no se ladea la cabeza (O_O) también entienden el sentido, como los occidentales entienden el suyo.

Otro tipo de característica de la nueva escritura en la red es el uso de iconos, estos son signos o dibujos que vienen en las herramientas del sistema Unicode y que están instalados en todos los dispositivos. Estos iconos ayudan a entender un concepto en todos los idiomas, por ejemplo si decimos: ♥ ♥ ♥ cualquier usuario del mundo entenderá lo que se quiere decir. En los últimos años han aparecido iconos prediseñados en la mayoría de los teclados de dispositivos móviles, son los *emojis*, ideogramas o caracteres usados tanto en mensajes de correo electrónico como en sitios web o aplicaciones móviles: desde sistemas de correo como el Gmail, redes sociales con opción de chat como Facebook o aplicaciones de mensajería instantánea como Whatsapp, Spotbross o Hangout. Tienen su origen en culturas orientales y por eso contienen muchas imágenes que no tienen mucho sentido para los hispanos, como la imagen de la gheisa, el shushi o los farolillos. A pesar de esto, se utilizan cada día más los *emojis* para la comunicación en español a través de dispositivos móviles.

3.3. *La brevedad y la tecnología frente a la norma*

Las pantallas son pequeñas, se tiene restricción en el uso del número de caracteres en algunas herramientas como Twitter, hay poco tiempo y mucho que comunicar. Todo esto provoca que se tenga que sintetizar, que la mayoría acorte sus textos haciendo de la brevedad un arte. Pero además de la destreza en la concisión de la comunicación aparecen características que atentan contra la norma del español y que poco a poco se están utilizando de forma común y masiva, como por ejemplo el uso de los emoticonos, el hecho de que cada día se utilicen menos los signos de apertura de exclamación e interrogación, que proliferen las abreviaturas ("feliz finde") o que no se utilicen las vocales (TQM en lugar de "te quiero mucho"). Las nuevas plataformas y canales de comunicación proporcionan el juego con el lenguaje y su expresión escrita, así SE PUEDE CHILLAR simplemente utilizando mayúsculas en lugar de minúsculas, donde todos los usuarios entenderán que el que escribe está enojado o simplemente feliz porque le ha tocado la lotería.

En otras ocasiones la tecnología ayuda a la norma, por ejemplo cada vez más los textos de los teléfonos poseen más algoritmos que permiten predecir las palabras, facilita la corrección y detección de posibles errores, y esto viene a eliminar muchas de las abreviaturas actuales.

En ocasiones la brevedad no perjudica a la norma, sino que puede venir en forma de hipertexto, es decir, de una palabra o palabras que por sus características entrañan mucha más información de la que se ve. Los enlaces son otra característica de la escritura en los nuevos medios, se reconoce un enlace en cuanto se ve y se sabe que amplía información, desencadena acciones al pulsar sobre él y es mucho más poderosa en el entorno digital que el resto de palabras.

Por motivos técnicos se contravienen convencionalismos de forma natural, aceptado por los usuarios de nuevos medios sin mayor problema. Así aparecen las etiquetas o *hashtag* que son palabras que por su característica se convierten en un enlace o nexo de unión con todas aquellas publicaciones que estén utilizando la misma etiqueta. Las etiquetas se caracterizan porque van precedidas por el símbolo #, llamado almohadilla, esto hace que en muchas aplicaciones se convierta en una palabra con efectos mágicos que enlaza con sus iguales y lo que las acompañe. Cuando se quiere crear una etiqueta de varias palabras lo que hay que hacer es unirlas sin más, sin respetar la norma: #15M, #madremía, #envidiacochina… además se suele utilizar lo que en inglés se denomina '*CamelCase*' y en español se podría traducir por caja "SubiBaja" que es cuando se separan las palabras dentro de una misma etiqueta a través del uso de una mayúscula al inicio de cada palabra: #PabloPicasso #EleccionesGenerales.

Otra característica de la escritura en la red es que muchas veces se escribe para buscadores, esto es buscando que se posicione mejor el texto que se ha creado, se reflexiona sobre cómo van a buscar los usuarios y se redacta poniendo atención en estos datos. En este sentido el titular ha cobrado más importancia de la que nunca había tenido, el titular ya no es solo lo que nos anuncia un texto, sino que es la forma en la que llama la atención en la red hacia el texto: lo resume; es el dato que los buscadores van a tener en cuenta a la hora de indexar la página de la noticia y hará que el usuario siga leyendo o no el resto de la información.

3.4. ¿La red destruye el español?

Como se puede ver en el apartado anterior, en la comunicación digital es muy habitual "atentar" contra la gramática que instruyen y defienden las academias, más aún cuando se escribe en un ámbito distendido como son las redes sociales o a nivel particular como es la mensajería instantánea. Si bien tendemos a acortar y a ser breves y por eso se utilizan elementos como los emoticonos para dotar de carga expresiva o sentimiento a los mensajes, también es cierto que otras veces se abusa de los caracteres innecesariamente, así el uso de onomatopeyas, estiramientos gráficos y otros recursos similares completan el conjunto de mecanismos para aumentar la carga expresiva y emotiva de los textos: "A que siiiiiii????????" es claro ejemplo de derroche de caracteres y estiramientos donde de no ser por la carga oral y emocional que se quiere aportar al lenguaje sería totalmente innecesario. Todo esto viene provocado porque la persona que lee no está viendo a quien escribe, no sabe si sonríe, si está enfadado o alegre, y es la solución que se ha convenido en utilizar en las conversaciones distendidas para hacerse entender.

Cada día se utilizan más canales de comunicación públicos, antes la mayoría de los mensajes eran privados: por correo electrónico, SMS, llamadas de teléfono… se hablaba de tú a tú sabiendo siempre a quién llegaban las palabras. Hoy en día existen multitud de textos generados por millones de personas que publican desde todos los rincones del planeta, se genera demasiada información, la línea de la conversación privada y pública se vuelve invisible muchas veces a través de los nuevos medios. Hay que ser consciente de que todo cambia dependiendo del destino de los textos, es vital saber cambiar de registro según el canal o medio. Las conversaciones desde dispositivos móviles, con teclas pequeñas y poco tiempo, se acortan, se ha convenido en saltarse las normas de una manera generalizada y más o menos consensuada por los usuarios, donde el uso de emoticonos, estiramientos y onomatopeyas no está mal visto según el canal en el que se utilicen. Ahora bien, cuando estas conversaciones se tornan públicas comienza a preocupar nuestra escritura, la audiencia se vuelve anónima y gigante, nuestra manera de escribir nos define y afecta a nuestra reputación. Por todo esto, aunque muchos creen que se escribe peor que antes "*el que escrive mal es mas bisible que nunca*" y este es un hecho del que hay que tomar conciencia. Los errores en la escritura pública hoy en día permanecen, existe una sensibilidad social hacia el buen uso del idioma, y cualquier error puede manchar una trayectoria profesional y hacer que se enfrente al escarnio público como les ha sucedido a personajes famosos en las redes sociales, que al cometer faltas de ortografía o gramaticales, los usuarios se han burlado de ellos sin descanso. La red moldea el español, acelera los cambios, pero en ningún momento lo destruye, más bien los usuarios valoran la buena escritura.

4. Líneas futuras

El español en los nuevos medios crece día a día y cobra mayor importancia a nivel internacional. Poco a poco tenderemos hacia un español global para que se adecue a todo el mundo hispano, esta tendencia irá en alza, no solo en cuanto a escritura sino en todo lo referente al multimedia: por supuesto, acentos, localismos y expresiones se funden en las grandes redes audiovisuales como Youtube, Vimeo... Cada día se hace más universal el colaborar y compartir a través de la red en español, este hecho es de la incumbencia de los que utilizan la lengua, pero también afecta a todas las compañías, empresas grandes o no tanto que trabajan a nivel internacional, y que necesitan de una lengua común, de hábitos y normas de conducta en la red que sean aceptadas por todos y propicien el entendimiento entre culturas y países distintos con la misma lengua, que trabajan juntos en el gran mercado global que es la red.

Hay que realizar estudios del español en la red, de su evolución, de la rapidez con que se adoptan neologismos o extranjerismos. De cómo crece la lengua en países como Estados Unidos donde, sin ser la primera lengua, tiene un posicionamiento en la red que empiezan a tener en cuenta todos los directores de compañías que se enfocan al mundo hispano como el nuevo gran potencial. Otra tendencia es la afluencia de personas influyentes en la red en español, son usuarios que escriben, bien en su *blog*, bien a través de redes sociales, y llegan a tal cantidad de público que consiguen marcar tendencia. Su manera de expresarse, de escribir, de utilizar iconos o emoticonos... provoca que se extiendan entre los usuarios estilos que afectan al idioma. ¿Quiénes son esos usuarios?, muchas veces periodistas o lingüistas, pero muchas otras personas anónimas que simplemente escriben muy bien o sobre temas interesantes y marcan tendencia.

Internet y la comunicación global ha abierto un nuevo abanico a todos los estudios sobre el español, no se había tenido antes una conexión tan veloz y profunda entre los hispanohablantes.

Bibliografía

Anderson, C., Wolff, M. (2010) *The web is dead. Long live the Internet.* Accesible en www.wired. com/magazine/2010/08/ff_webrip/all/1 [2/05/2013].

Barr, C. (2010) *The Yahoo! Style guide: The ultimate sourcebook for writing, editing, and creating content for the digital world*, St. Martin's Griffin.

BBVA Innovation Center (2012) *I Jornadas del uso correcto del español en los medios sociales.* Accesible en http://www.slideshare.net/cibbva/el-uso-correcto-del-espaol-en-los-medios-sociales-i-jornadas-fundu-bbvaaerco [2/10/2013].

Crucianelli, S. (2008) *Herramientas digitales para periodistas*, Knight Center for Journalism in the Americas. Accesible en https://knightcenter.utexas.edu/es/node/14879.

Díaz Noci, J. y Salaverría Aliaga, R. (2003) *Manual de redacción ciberperiodística*, Barcelona: Ariel.

Eduteka (2003) *Hipertexto; qué es y cómo utilizarlo para escribir en medios electrónicos.* Accesible en www.eduteka.org/Hipertexto1.php [02/05/2013].

Franco, G. (2008) *Escribir para la web*, Knight Center for Journalism in the Americas. Accesible en http://knightcenter.utexas.edu/Como_escribir_para_la_WEB.pdf [02/05/2013].

Fundación del Español Urgente. Tascón M. (dir.) y Cabrera M. (coord.) (2012) *Escribir en internet. Guía para los nuevos medios y las redes sociales*, Barcelona: Galaxia Gutemberg.

Fundación del Español Urgente. Gónzalez Ferrán J. (coord.) *Estilo, manual de estilo para los nuevos medios.* Accesible en www.manualdeestilo.com [02/05/2013].

Internet World Stats (2010) *Internet world users by language.* Accesible en http://www.internet worldstats.com/stats7.htm [14/10/2013].

Palacios, M. y Díaz Nozi, J. (2009) *Ciberperiodismo: métodos de investigación. Una aproximación multidisciplinar en perspectiva comparada*, Bilbao: Servicio Editorial de la Universidad del País Vasco.

Rojo, G. y Sánchez, M. (2010) *El español en la red*, Madrid/Barcelona: Ariel/Fundación Telefónica.
Romero Gualda, M. V. (2002) *Lengua española y comunicación*, Madrid: Ariel Comunicación.

Lecturas complementarias

Fundación del Español Urgente. Tascón M. (dir.) y Cabrera M. (coord.) (2012) *Escribir en internet. Guía para los nuevos medios y las redes sociales*, Barcelona: Galaxia Gutemberg.
Fundación del Español Urgente. Gónzalez Ferrán J. (coord.) *Estilo, manual de estilo para los nuevos medios*. Accesible en www.manualdeestilo.com.
Clases de periodismo.com. *Escuela virtual de periodismo digital para América Latina*. Accesible en www.clasesdeperiodismo.com.

Entradas relacionadas

español coloquial

GÉNERO Y LENGUA

Claudia Holguín Mendoza

1. Perspectivas históricas y teóricas de la lengua y el género dentro de los estudios de lingüística

1.1. Los estudios de género dentro de la sociolingüística

El estudio de la relación que existe entre el género natural y el lenguaje ha sido abordado desde diferentes disciplinas dentro de las ciencias sociales. El estudio del género dentro de la lingüística adquirió importancia en la década de 1960. Fue en esta época en la que varios académicos en las ciencias sociales se percataron de la necesidad de crear un área de estudio que se enfocara en la lengua y la vida cultural de los hablantes (Bucholtz y Hall 2008). Así, los estudios de género y lenguaje comenzaron a ser centrales en las investigaciones de expertos en las áreas de sociolingüística, variación y cambio lingüístico, análisis del discurso y sociología del lenguaje, entre otros. Muchos de estos estudios se llevaron a cabo dentro de una metodología cuantitativa (Romaine 2008). Esto se debió a que en esta misma época los estudios lingüísticos sufrieron un cambio decisivo. Antes de emplear una metodología cuantitativa, los estudios de lingüística se enfocaban en la variación regional. Específicamente estos estudios se enfocaban en documentar los elementos lingüísticos de un grupo reducido de hombres adultos en áreas rurales tradicionales (Coates 1993; Romaine 2008). Fue entonces cuando, en la década de 1960, los estudios del sociolingüista William Labov cambiaron el panorama al mostrar cómo resultaba mucho más significativo el centrarse en el fenómeno global de la inmigración hacia áreas urbanas (Romaine 2008). Particularmente el estudio de Labov (1966) en Nueva York muestra una metodología centrada en la selección de elementos lingüísticos cuantificables, como lo son las variables fonológicas. Labov demostró que existen formas lingüísticas con cierto estigma social, formas que no son parte del estándar y que se utilizan en estilos más informales, por hablantes de clase trabajadora y en su mayoría hombres (Romaine 2008). Así, dentro de los estudios sociolingüísticos labovianos, el género, el cual no debe considerarse como sinónimo del sexo biológico, ha sido considerado como una variable social predecible en la que, en términos generales, se observa un uso más frecuente de las formas estándares o elementos lingüísticos de prestigio en las mujeres de todas las clases sociales que en los hombres (Trudgill 1974; Labov 2001). Igualmente, un número significativo de estudios enfatiza que las mujeres tienden a reconocer de manera prominente

494

los usos de las formas lingüísticas estándares cuando les preguntan sobre su uso (Coates 1993). Los hombres, por el contrario, tienden a subestimar el uso que ellos hacen de las formas estándares. Peter Trudgill explica que en términos generales las mujeres en las sociedades occidentales tienden a ser más conscientes de su estatus socioeconómico que los hombres, y por lo tanto son más cuidadosas sobre lo relevante del significado social de las variables lingüísticas que utilizan en su forma de hablar (1972, 1974). Trudgill ha propuesto como explicación el papel de la mujer en la sociedad, el cual ha sido tradicionalmente asociado con la crianza de los niños. Las mujeres han sido durante mucho tiempo las encargadas de transmitir la cultura y han sido más conscientes respecto a las formas lingüísticas de prestigio que ellas prefieren que sus hijos adquieran. Además, debido a que en la mayoría de las sociedades las mujeres han ocupado un lugar de menor jerarquía, su posición ha sido por lo tanto más insegura que la de los hombres. Esto ha obligado a las mujeres a señalar su estatus social por medio de la lengua y de otros medios (1972).

1.2. Cambios revolucionarios en el estudio de la lengua y el género

No obstante, dentro del estudio de la lengua y el género las investigaciones de Robin Lakoff en la década de 1970 han sido fundamentales. La visión de Lakoff ha creado infinidad de debates desde sus primeras publicaciones sobre el tema (1972, 1975). El trabajo de Lakoff ha sido catalogado como pionero y posteriormente ha sido muy criticado por otros académicos. Sin embargo, sus análisis revolucionarios han influenciado a muchos estudios consecutivos relacionados con el tema de la lengua y el género (Bucholtz 2004). El argumento principal de Lakoff se centra en que las diferencias entre el habla de las mujeres y los hombres reflejan las relaciones de poder en las que las mujeres ocupan el rol subordinado. Lo innovador de Lakoff es que ella describió cómo en el lenguaje de las mujeres prevalecen muchas formas que las mantiene en posiciones sociales subordinadas. Por ejemplo, entre estas formas lingüísticas se encuentran las oraciones evasivas particulares, entonación creciente al final de una interrogativa con etiquetas de final de frase (e. g. "¿no?"), o formas que corrigen de modo excesivo el uso de su lengua (*hypercorrection* en inglés), entre otras (Bucholtz 2004: 78–79). Algunos de sus argumentos se basan en las teorías de cortesía de la lengua, como por ejemplo cuando las mujeres usan formas más indirectas formas más indirectas o formas lingüísticas que muestran cortesía (2004: 80).

2. Los debates sobre las metodologías cualitativas y cuantitativas y los estudios de lengua y género

2.1. Los diferentes paradigmas

Debido al predominio de la metodología cuantitativa dentro de los estudios de la variación y la sociolingüística, los argumentos y posicionamientos teóricos de Lakoff no fueron completamente aceptados cuando fueron publicados por primera vez en la década de 1970. Las autoras Penelope Eckert y Sally McConell-Ginet mencionan que el enfoque en ese periodo fue poner a prueba los argumentos de Lakoff de manera empírica (Eckert y McConnell-Ginet 2003: 1). Varios estudios se llevaron a cabo con el fin de observar si realmente las mujeres utilizan más preguntas de final de frase que los hombres (véase Dubois y Crouch 1975). De esta manera, han surgido diferentes tipos de investigaciones que confrontan los argumentos de Lakoff. Así, aparecieron dos paradigmas principales, estos han sido llamados el acercamiento de la *diferencia* y el de *la dominancia* (Eckert y McConnell-Ginet 2003; de los Heros

2012). El acercamiento teórico de la *dominancia* argumenta que la opresión de los hombres sobre las mujeres es la razón principal por la cual existen diferencias de género en el habla. Algunos trabajos dentro del marco de la *dominancia* se han enfocado, por ejemplo, en las interrupciones dentro del discurso (véase Zimmerman y West 1975). En un estudio sobre las interrupciones en una variedad de español en España, se encontró que no era el género pero sí la edad la que señalaba un mayor poder social y otorgaba el privilegio a las personas de interrumpir con mayor frecuencia. Aún así, en este estudio las mujeres mostraron ser más cooperativas que los hombres (Cestero 1997).

La postura de la *diferencia* por su parte se centra en la visión de que los hombres y las mujeres experimentan subculturas diferentes (Tannen 1994). Para Débora Tannen el contexto es sumamente importante; y así mismo ella enfatiza que no se deben generalizar las diferencias de habla entre hombres y mujeres. En sus investigaciones dentro de los estudios de análisis del discurso, Tannen utiliza, entre otros, el marco teórico del *poder y la solidaridad* y demuestra cómo las mismas estrategias lingüísticas pueden ser utilizadas por hombres y mujeres para indicar poder y/o solidaridad. Por otro lado, otros estudios han demostrado cómo el poder puede ser ejercido por mujeres cuando son los hombres los que se encuentran en posiciones subordinadas y utilizan algunas de las formas lingüísticas que han sido tradicionalmente consideradas como parte del habla de las mujeres (Eckert y McConnell-Ginet 2003). A principios de la década de 1980, algunos investigadores del tema hicieron notar que los estudios de la lengua y el género realmente no estaban creando un avance considerable, debido a que se encontraban atrapados dentro de los marcos teóricos de la *diferencia* y la *dominancia*.

Del mismo modo, los estudios sociolingüísticos dentro de la metodología variacionista cuantitativa han recibido ciertas críticas. Al parecer este tipo de investigaciones han simplificado las variables sociales deterministas, como lo son la clase social y el género (Romaine 2008: 109; véanse además Bucholtz y Hall 2008, y Eckert 2008). Eckert menciona que la distinción entre la sociolingüística y la antropología lingüística adquirió importancia cuando los estudios variacionistas cuantitativos obtuvieron una reputación superior dentro de la sociolingüística, dejando a las cuestiones de la lingüística teórica en una posición de menor prestigio entre los investigadores (2008: 453). Por su parte Gumperz y Cook-Gumperz argumentan que la sociolingüística no se separó de la antropología lingüística por falta de teoría social, sino debido a que algunos investigadores se percataron de los problemas que emergían en las sociedades industrializadas occidentales, mientras que los antropólogos lingüistas seguían enfocados en grupos de menor medida en otras regiones fuera del mundo occidental (2008). Asimismo, los sociolingüistas adoptaron marcos teóricos de la sociología para resolver problemas sociales por medio de análisis lingüísticos (2008: 538). Gumperz y Cook-Gumperz añaden que al adoptar una metodología cuantitativa la sociolingüística dio un giro innovador; sin embargo, el predicamento surgió del hecho de que este marco teórico sociológico no fue lo suficientemente cuestionado.

Cabe mencionar que surgieron en la década de 1980 otros modelos importantes para los estudios de la lengua y el género que sí han logrado explicar de manera más clara estos usos, entre estos se encuentran los centrados en las redes sociales (Milroy y Milroy 1979; Milroy 1980). Milroy y Milroy proponen las redes sociales para explicar los usos de las variables estigmatizadas. En su estudio en Irlanda se observó la existencia de dos redes sociales, las cerradas y las abiertas. Los hombres mostraron pertenecer a redes más cerradas que las mujeres, ya que ellos, al trabajar localmente, poseían una mayor densidad de relaciones interpersonales a diferencia de las mujeres, quienes trabajaban en su mayoría fuera de la comunidad. Las mujeres, por lo tanto, utilizaron menos las formas locales de menor prestigio.

Nichols (1983), al explorar el mercado lingüístico, también encontró en su análisis realizado en el sur de los Estados Unidos que, como consecuencia de ejercer distintas ocupaciones, los hombres y las mujeres difieren en sus usos lingüísticos. Las mujeres, quienes ejercían labores de tipo comercial, utilizaban más las formas estándares en comparación con los hombres, quienes trabajaban en su mayoría como jornaleros.

2.2. Un nuevo paradigma: la importancia del significado social

Con todo, Mary Bucholtz y Kira Hall (2008) consideran que la negligencia más grande de la sociolingüística ha sido el subestimar el *significado social* de las formas lingüísticas, lo cual ha repercutido considerablemente en los estudios de la lengua y el género. Eckert, teniendo en cuenta la gran contribución de los estudios sociolingüísticos cuantitativos, asevera que lo que muchos investigadores han pasado por alto ha sido el papel crucial que desempeñan los hablantes en la construcción del *significado social* (Bucholtz y Hall 2008: 409). El argumento principal dentro de este debate es que una vez que dejamos de considerar las categorías sociales como tales, ya sea la clase social o el género por ejemplo, y consideramos los elementos lingüísticos como indicadores de las prácticas sociales que componen las distintas categorías, solo entonces es posible considerar que no todos los elementos que indirectamente indexan una categoría en particular lo hacen de la misma manera (Eckert 2008; Eckert y McConnell-Ginet 2003: 293). Sin embargo, la idea de las variables gramaticales estándares es central en los argumentos generalizados sobre los usos de las mujeres, en donde son ellas las que parecen utilizar mayormente las formas más conservadoras y estables, y a la misma vez son las líderes del cambio lingüístico al adoptar pronunciaciones innovadoras mucho más rápido que los hombres (véanse Coates 1993; Labov 2001; Eckert y McConnell-Ginet 2003; Romaine 2008). Este hecho evidencia una aparente contradicción observada en estos estudios, en la que las mujeres tienden a utilizar más las formas estándares, y al mismo tiempo se colocan como las líderes del cambio lingüístico en progreso (Eckert y McConnell-Ginet 2003; Eckert 2008). No obstante, estas observaciones han omitido el aspecto del *significado social*, que, como Eckert menciona, ha estado presente desde el principio, pero esta distinción del *significado social* se volvió difícil de comprender. Un ejemplo claro de esto es el estudio de Labov (1963) en la isla de Martha's Vineyard, en donde los hombres reintrodujeron el uso de variables "viejas" o "tradicionales" como la centralización de /a/ en los diptongos /aw/ y /ay/ en la variedad del inglés de la isla. Al entrevistar solamente a los isleños y excluir a los turistas, Labov encontró que las variantes centralizadas eran utilizadas más por los hombres pescadores como un signo de solidaridad y como reacción en contra de los foráneos. Es decir, el uso de la variante fonética centralizada formaba parte de la construcción de la identidad de los habitantes de la isla. Este estudio consideró la variación fonética como un recurso para construir el *significado social* de "identidad regional" de la isla y que a la vez funcionaba como elemento importante en el cambio lingüístico; sin embargo "este poder de la variación se perdió en los años siguientes en los estudios del cambio de sonidos en progreso a gran escala, ya que el significado social se confundió con las correlaciones demográficas que lo señalan" (Eckert 2008: 454). Por estas razones, las teorías variacionistas no le daban mucha importancia al *significado social* de las variables, y se enfocaban más en las categorías como el género, y por consiguiente el poder de intervención de los hablantes (*agency* en inglés) tampoco desempeñó un papel importante en los estudios cuantitativos. Así, la generalización sobre las mujeres como líderes del cambio lingüístico no explica las conductas e ideologías que existen detrás de estos resultados, así como tampoco muestra los *significados sociales* que las personas asignan a estas innovaciones en la lengua ni por qué son utilizadas por unos y no por otros (Eckert 2008). De la misma manera, esta generalización no esclarece realmente los usos de la lengua con respecto al género en la vida cotidiana de los hablantes, y las conclusiones de muchos estudios cuantitativos resultan contradictorias solamente si se considera que las formas gramaticales no estándares y las pronunciaciones innovadoras tienen el mismo *significado social* (Eckert y McConnell-Ginet 2003: 293).

Un ejemplo de estos primeros estudios variacionistas que muestran cómo las mujeres utilizan formas estándares en el español es el de Fonatanella de Winberg (1974). Este estudio analiza el ensordecimiento de la fricativa prepalatal sonora /ʒ/ realizado en Bahía Blanca en Argentina, en el que las mujeres mostraron una mayor frecuencia en los usos de esta variante que resultó tener prestigio social, siendo más innovadoras que los hombres y apartándose así de las normas de su comunidad. Asimismo, los investigadores de la lengua y el género no han negado nunca las implicaciones de las generalizaciones en los estudios cuantitativos. Estudios posteriores han mostrado cómo un estilo de habla se desarrolla dentro de un "esquema", los hablantes producen variables solamente como componentes de un estilo en particular y la interpretación de estas variables requiere un análisis detallado de estos componentes para no caer de nuevo en generalizaciones (Eckert 2008: 456). Se puede observar un ejemplo claro de esto en algunos de los resultados del estudio etnográfico que Eckert realizó entre los adolescentes de una escuela preparatoria en los suburbios de Detroit (1989, 2008; Eckert y McConnell-Guinet 2003). En esta etnografía, se encontraron distintos usos de variables que constituían estilos diferentes correspondientes a dos grupos de comunidades de práctica, en la que comunidades de práctica (Davies 2005) se refiere a grupos de personas que se reúnen con un interés en común (Eckert y McConnell-Ginet 2003: 5). Estas dos comunidades de práctica estaban formadas por los estudiantes que se involucraban en las actividades escolares, los llamados *jocks*, y aquellos estudiantes con un estilo urbano, a los que apodaban los *burnouts*, quienes no se involucraban en las actividades escolares y por lo tanto estaban alienados. Las variables consideradas en este estudio fueron parte de lo que se llama el *Cambio de las ciudades del norte de los Estados Unidos* (*Northern Cities Shift*, en inglés), la elevación y retraso del núcleo /ay/, y la forma sintáctica de negación múltiple dentro de una misma cláusula (*negative concord*, en inglés). Los resultados muestran que los *burnouts* son los líderes de las variantes urbanas que indican una oposición social de la identidad urbana en contra de aquella de los suburbios. Esto muestra que Detroit es considerada por los estudiantes de esta preparatoria como un lugar amenazante y dominado en su mayoría por una población de origen afroamericano. Eckert sugiere que los estudiantes que adoptan estas formas urbanas no es que estén realmente ratificando ser urbanos, sino que al utilizar estas formas se asocian con las cualidades de los jóvenes urbanos, como lo son la rudeza, la autonomía y la facultad de poseer los conocimientos necesarios para sobrevivir en el ambiente peligroso de la ciudad. Estos resultados se muestran claramente en la lengua de las jóvenes *burnout* y dentro de una subdivisión de las mismas, las *burned-out burnout*. Estas mujeres jóvenes *burned-out burnout* mostraron ser las líderes de todos los *burnouts*, tanto hombres como mujeres, en los usos de todas las variantes del *Cambio de las ciudades del norte*, lo mismo que en la negación múltiple. Eckert afirma que interpretar que las jóvenes *burned-out burnout* hablan así porque quieren hablar como los hombres es erróneo ya que el hablar como un chico se hace como parte de un estilo y no al nivel de la variable individual. Por esta razón, al mismo tiempo que estas jóvenes hablan como chicos como parte de una variación lingüística estilística, también muestran ser las líderes de las demás mujeres en cambios lingüísticos propios de mujeres, ya que estas jóvenes también poseen muchos elementos femeninos (2008: 459). Sobre estos estudios que toman en cuenta el concepto de comunidades de práctica, McElhinny comenta que dichos análisis "establecen un vínculo entre las estructuras macro-sociales como la clase social y las interacciones cotidianas al considerar a los grupos en los cuales los individuos participan e influencian sus interacciones" (2008: 30). Este acercamiento resuelve algunos de los problemas del marco teórico laboviano que permanece estático en un macronivel. Sin embargo, un problema que se ha observado en estos estudios es el de que se asume demasiado poder de intervención (*agency*, en inglés) por parte de los participantes en sus elecciones al hablar y ejecutar sus actos performativos de género e identidad, cayendo entonces en un liberalismo en el que se perpetúa un modelo "hegemónico de la persona… en las sociedades occidentales basadas en la ideología de comodificación" (2008: 30). Es por esta razón que en los estudios sobre estilos de habla y *significados sociales* sería más interesante enfocarse en las variables que no aparecen como cambios en progreso y que no se incluyen en los estudios a gran escala. Así el lenguaje tendría lugar dentro de un contexto en constante movimiento y transformación y que no solamente carga con un *significado social*, sino que también produce un efecto en la sociedad.

3. El concepto de género

3.1. Diferentes posturas filosóficas con respecto al concepto de género

Los cambios en los paradigmas filosóficos dentro de varias disciplinas de las ciencias sociales y las humanidades han generado asimismo modificaciones en la sociolingüística y específicamente en el estudio de la lengua y el género. De acuerdo con McElhinny (2008), dentro de los estudios de lengua y género han existido varias suposiciones teóricas sobre el concepto del género. Una de ellas se refiere al género ligado muy de cerca al sexo biológico, y que hace que el estudio del género esté por lo tanto inminentemente vinculado al estudio de la heterosexualidad. Esta primera postura se limita a estudiar las conductas de los hombres y de las mujeres de manera heteronormativa, es decir, el género de las personas existe basado en el sexo biológico de los seres humanos que incluiría únicamente las clasificaciones de hombre o mujer, excluyendo de esta manera cualquier otra experiencia que no caiga dentro de estas dos categorías. De acuerdo con McElhinny en otra conjetura teórica, el género es un atributo, una posesión. Es decir, cada ser humano se encuentra aislado de su contexto histórico y social. Este acercamiento ha generado estudios que tratan de encontrar diferencias entre la manera en que hablan los hombres y las mujeres inherentemente, pero solo ha perpetuado y exagerado estas dos categorías (2008: 29). McElhinny explica que, en otra suposición, el género está limitado al nivel de la persona; este tipo de investigaciones ignora que la construcción del género no solamente ocurre a nivel personal o familiar, sino que también es parte de la organización de las instituciones sociales y por tanto se construye sobre la sociedad. Otro acercamiento que menciona esta autora toma en cuenta para su estudio al género cuando es sobresaliente. McElhinny advierte que en esta última postura filosófica uno debe ser cuidadoso ya que no siempre se debe asumir que el género es algo relevante, es decir, una mujer no siempre estará hablando como una mujer (2008). En los estudios del área del análisis de la conversación, por ejemplo, los investigadores han tomado en cuenta para su etnometodología el concepto de relevancia, en el cual para evitar llegar a conclusiones precipitadas, los analistas ignoran el contexto social de los participantes (2008: 34). Investigadores como Tannen (1990, 1994) se han percatado de este descuido de querer señalar al género como algo que siempre sea relevante en todas las ocasiones (Tannen 1994: 55). De acuerdo con Tannen, un enfoque exagerado en el género solo trae como consecuencia que se ignoren otros factores contextuales, así como características únicas de los participantes (1994).

3.2. *La performatividad y otros estudios novedosos de género*

Contrariamente a estas concepciones de lengua y género, investigaciones más recientes en el tema han basado sus análisis en la concepción del género como un constructo social. Bajo esta categoría y perspectiva filosófica se encuentran los estudios feministas postestructuralistas o deconstructivistas influenciados mayormente por la filósofa Judith Butler, quien considera que el género no es algo que se tiene o con lo que se nace, sino algo que hacemos, algo que se crea a través de actos performativos (Eckert y McConell-Ginet 2003: 10; véase Butler 1990). Esto significaría que las personas en nuestra sociedad se habrían conformado con pertenecer solamente a las categorías sociales de hombre o mujer. Así, los actos performativos se vuelven accesibles para todos, pero con ciertas restricciones sociales para cada categoría biológica de hombre o mujer a la que las sociedades tratan de amoldar las conductas de las personas (Eckert y McConnell-Ginet 2003). Cualquier otra conducta que indique otro tipo de identidad de género es tachada, por lo tanto, de aberrante y se margina (2003: 27). Esta postura filosófica postestructuralista ha llevado a varios sociolingüistas a investigar a grupos marginados con respecto a las construcciones sociales de género. McElhinny explica que estos estudios han sido criticados, ya que divergen de la mayoría de las experiencias de las personas. Sin embargo, la autora enfatiza que estas críticas pasan por alto el objetivo principal de estos estudios que desafían y ponen en duda las ideologías normalizadas sobre el género, y que de otra manera estas visiones no serían cuestionadas.

Asimismo, novedosos estudios han mostrado cómo los individuos que pertenecen a las categorías de género que supuestamente son las líderes de las normas son al mismo tiempo oprimidos por las mismas. Un claro ejemplo de esto es el estudio realizado por Cameron sobre la conversación de unos jóvenes varones estudiantes de universidad (1997). En este estudio se grabó a cinco hombres mientras veían un partido de baloncesto y charlaban informalmente. En sus conversaciones estos jóvenes murmuraban sobre sus clases en la universidad y en especial sobre la clase en la que "todos" los demás eran homosexuales y lesbianas (1997: 52). Esta conversación ilustra cómo la ansiedad de los hombres por no parecer lo suficientemente heterosexuales los empuja a realizar actos performativos masculinos por medio del habla en los que etiquetan a todos sus compañeros como *gay*. Lo interesante es que estos jóvenes ni siquiera basaban sus comentarios en la orientación sexual de sus compañeros, sino que llegaban a estas conjeturas fijándose solamente en la manera en que los demás estudiantes se vestían y en su forma de hablar y actuar, las cuales no fueron consideradas lo suficientemente masculinas. Además, este estudio muestra cómo en ciertas situaciones los hombres pueden utilizar estrategias del discurso que han sido durante mucho tiempo atribuidas solamente a las mujeres, como lo son el cuchichear sobre los demás, un elemento que Cameron confirma que es utilizado para mostrar solidaridad y desplazar a los demás como extraños. Entonces, el lenguaje cooperativo, incluyendo las evasivas, el habla simultánea, y el reciclar elementos del interlocutor, entre otros, se interpreta en este estudio como marcador grupal y no tanto como marcador de género. Cameron añade que otra de las ventajas de este acercamiento teórico de la performatividad es que "reconoce la inestabilidad y variabilidad de las identidades de género y por lo tanto la inestabilidad de las conductas en las que estas identidades se ejecutan" (1997: 49).

Zavala y Bariola (2008) encontraron cómo las identidades de género pueden relacionarse también con diferentes lenguas que señalan etnicidades específicas en un estudio con los inmigrantes shipibo en Lima, Perú. La dificultad de los hombres de este grupo para encontrar un trabajo que les pague lo suficiente para la manutención de sus familias ha empoderado a las mujeres, quienes son las que han asumido la posición de liderazgo al vender sus artesanías en los espacios públicos. Ahí, las mujeres utilizan la lengua shipiba, y los hombres utilizan más el español. Pero al ser ellas las líderes y utilizar su lengua nativa en público, están contribuyendo a preservar su lengua de la influencia y dominio del español. Asimismo, en algunas ocasiones cuando los hombres quieren enfatizar su etnicidad, también utilizan la lengua vernacular.

Por su parte, Peña (2004) realizó un estudio entre las comunidades cubanas gay en Miami. Peña encuentra que las comunidades gay de origen Latinoamericano en puertos como Miami utilizan los distintos códigos de lenguas para mostrar las diferencias culturales en el uso de etiquetas para designar las varias identidades de prácticas sexuales de las personas. Por ejemplo, mientras que la palabra *gay* es utilizada en un contexto bicultural, otras etiquetas como *perra*, *loca*, *bugarrón* o *joto* son utilizadas por personas más jóvenes que relacionan estas etiquetas con la cultura del país de origen en América Latina. Esto sucede ya que la mayoría de las diferentes culturas en Latinoamérica se debe diferenciar entre el hecho de quien recibe la penetración o quien la ejerce en el acto sexual, y esto se ve reflejado en las distintas etiquetas o nombres. Además, esta comunidad bilingüe utiliza el cambio de códigos entre el inglés y el español continuamente. Aún más interesante, Peña documenta el uso de palabras como *pajaration*, la cual es una mezcla de español e inglés, "una invención que mezcla morfemas de dos lenguas y refleja la cultura gay, bicultural, híbrida y étnica en la ciudad de Miami" (de los Heros: 208).

En otro estudio innovador, Mendoza-Denton analizó el habla y las prácticas culturales de una comunidad de práctica de mujeres jóvenes de origen mexicano y mexicano-americano en una escuela preparatoria en California. Encontró que una de las informantes clave en su estudio, la cual ella nombró T-Rex, era la líder en el uso de variantes fonológicas inmersas en expresiones léxicas específicas. Estas variables fonológicas incluían variantes alofónicas de /I/, /θ/ y /ŋ/ en el uso de las expresiones *nothing, anything, everything, something*, entre otras similares (Mendoza-Denton 2008). Estas formas resultaron ser un marcador étnico y de membresía en pandillas, y que indica un prestigio encubierto para estas jóvenes de origen latino. Con esto, se ha demostrado entonces que además de los análisis cuantitativos, es necesario incluir otro tipo de metodologías que incluyen estudios cualitativos y etnografías que puedan ayudar a solucionar paradojas, ya que evitan pasar por alto elementos clave como lo son los llamados "hablantes icónicos" (Eckert 1996, 2000; Moore 2006). Estos íconos sociolingüísticos, como T-Rex en el estudio de Mendoza-Denton, son individuos socialmente relevantes y centrales en un grupo, y quienes se convierten en líderes con sus conductas lingüísticas prominentes y que además pueden influir en muchos otros individuos por poseer numerosos y amplios lazos en sus redes sociales (Mendoza-Denton 2008: 210).

Por consiguiente, a pesar de sus limitaciones, estos estudios han contribuido de modo crucial al área de la lengua y el género, debido a que han hecho visible cómo el género se construye socialmente como categorías fundamentales para la organización de las sociedades. Holmes y Meyerhoff sugieren que un argumento primordial sobre los estudios sobre la lengua y el género se centra en el hecho de que la evidencia muestra que sin importar todo lo que se ha dicho ya sobre el género, en nuestras vidas cotidianas, generalmente el género como categoría social es muy importante (2003: 9).

Bibliografía

Bucholtz, M. (ed.) (2004) *Language and woman's place*, Nueva York: Oxford University Press.

Bucholtz, M. y Hall, K. (2008) "All of the above: New coalitions in sociocultural linguistics", *Journal of Sociolinguistics*, 12, 4, septiembre, pp. 401–431.

Butler, J. (1990) *Gender trouble: Feminism and linguistic theory*, Londres: Routledge.

Cameron, D. (1997) "Performing gender identity: Young men's talk and the construction of heterosexual masculinity", en Johnson, S. y Meinhof, H. (ed.) *Language and masculinity*, Oxford, UK: Blackwell Publishers, pp. 47–64.

Cestero Mancera, A. M. (1997) "Cooperación en la conversación: estrategias estructurales características de las mujeres", *Linred*, 5, pp. 1–17.

Coates, J. (1993) *Women, men, and language*, 2.ª ed., Londres/Nueva York: Longman.

Davies, B. (2005) "Communities of practice: Legitimacy not choice", *Journal of Sociolinguistics*, 9, 4, noviembre, pp. 557–581.

De los Heros, S. y Niño-Murcia, M. (ed.) (2012) *Fundamentos y modelos del estudio pragmático y sociopragmático del español*, Washington, DC: Georgetown University Press.

Dubois, B. L. y Crouch, I. (1975) "The question of tag questions in women's speech: They don't really use more of them, do they?", *Language in Society*, 4, 3, diciembre, pp. 289–294.

Eckert, P. (1989) *Jocks and Burnouts: Social identity in the high school*, Nueva York: Teachers College Press.

Eckert, P. (1996) "Vowels and nailpolish: The emergence of linguistic style in the preadolescent heterosexual marketplace", en Warner, N., Ahlers, J.y Bilmes, M. O. (ed.) *Gender and belief systems*, Berkeley: Berkeley Women and Language Group, pp. 183–190.

Eckert, P. y McConnell-Ginet, S. (2003) *Language and gender*, Cambridge: Cambridge University Press.

Eckert, P. (2008) "Variation and the indexical field", *Journal of Sociolinguistics*, 12, 4, septiembre, pp. 453–476.

Fontanella de Weinberg, M. B. (1974) *Un aspecto sociolingüístico del español bonarense*, Bahía Blanca, Argentina: Cuadernos de Lingüística.

Gumperz, J. y Cook-Gumperz, J. (2008) "Studying language, culture and society: Sociolinguistics or linguistic anthropology?", *Journal of Sociolinguistics*, 12, 4, septiembre, pp. 532–545.

Holmes, J. y Miriam M. (ed.) (2008) "Different voices, different views: An introduction to current research in language and gender", en *The handbook of language and gender*, 2.ª ed., Oxford: Blackwell Publishing, pp. 1–17.

Labov, W. (1963) "The social motivation of a sound change", *Word*, 18, pp. 1–42.

Labov, W. (1966) *The social stratification of English in New York City*, Washington, DC: Center for Applied Linguistics.

Labov, W. (2001) *Principles of linguistic change. Social factors*, Melden, MA: Blackwell.

Lakoff, R. (1972) "Language in context", *Language*, 48, 4, diciembre, pp. 907–924.

Lakoff, R. (1975) *Language and woman's place*, Nueva York: Harper & Row.

McLemore, C. (1991) *The pragmatic interpretation of English intonation: Sorority speech*, tesis doctoral, University of Texas at Austin.

Mendoza-Denton, N. (2008) *Homegirls: Language and cultural practice among Latina youth gangs*, Malden, MA: Blackwell.

Milroy, L. (1980) *Language and social networks*, Oxford: Blackwell.

Milroy, L. y Milroy, J. (1978) "Belfast: Change and variation in an urban vernacular", en Trudgill, P. (ed.) *Sociolinguistic patterns in British English*, Londres: Arnold, pp. 19–36.

Moore, E. (2006) "You tell all the stories: Using narrative to explore hierarchy within a community of practice", *Journal of Sociolinguistics*, 10, 5, noviembre, pp. 611–640.

McElhinny, B. (2008) "Theorizing gender in sociolinguistics and linguistic anthropology", en Holmes, J. y Meyerhoff, M. (ed.) *The handbook of language and gender*, 2.ª ed., Oxford: Blackwell Publishing, pp. 21–42.

Mendoza-Denton, N. (2008) *Homegirls: Language and cultural practice among Latina youth gangs*, Malden, MA: Blackwell.

Peña, S. (2004) "*Pajaration* and transculturation: Language and meaning in Miami's Cuban American gay world", en Leap, W. y Boellstoff, T. (eds.) *Speaking in Queer tongues: Globalization and gay language*, Urbana/Chicago: University of Illinois Press, pp. 231–250.

Romaine, S. (2008) "Variation in language and gender", en Holmes, J. y Meyerhoff, M. (ed.) *The handbook of language and gender*, 2.ª ed., Oxford: Blackwell Publishing, pp. 98–118.

Tannen, D. (1990) *You just don't understand: Women and men in conversation*, Nueva York: William Morrow.

Tannen, D. (1994) *Gender and discourse*, Nueva York: Oxford University Press.

Trudgill, P. (1972) "Sex, covert prestige, and linguistic change in the urban British English of Norwich", *Language in Society*, 1, 2, octubre, pp. 179–195.

Trudgill, P. (1974) *The social differentiation of English in Norwich*, Cambridge: Cambridge University Press.

Zavala, V. y Bariola, N. (2008) "Enra kopiai, non kopiai: Gender, ethnicity and language use in a Shipibo community in Lima", en Niño-Murcia, M. y Rothman, J. (eds.) *Bilingualism and identity: Spanish at the crossroads with other languages*, Amsterdam/Filadelfia: John Benjamins, pp. 151–174.

Zimmerman, D. y West, C. (1975) "Sex roles, interruptions and silences in conversation", en Throne, B. y Henley, N. (ed.) *Language and sex: Difference and dominance*, Rowley, MA: Newbury House Publishers, pp. 105–129.

Lecturas complementarias

Cameron, D. (1998) *The feminist critique of language: A reader*, Londres: Routledge.

Eckert, P. (2000) *Linguistic variation as social practice*, Malden, MA: Blackwell Publishers.

Carter, P. (2007) "Phonetic variation and speaker agency: Mexicana identity in a North Carolina Middle School", en Cook, T. y Evanini, K. (ed.) *University of Pennsylvania Working Papers in Linguistics*, 13, 2, pp. 1–14.

García Mouton, P. (2003) *Así hablan las mujeres*, Madrid: La Esfera de los Libros.

Rissel, D. (1989) "Sex, attitudes, and the assibilation of /r/ among Young people in San Luis Potosi, Mexico", *Language Variation and Change*, 1, 3, octubre, pp. 269–284.

Entradas relacionadas

cortesía y descortesía; entonación; ideologías lingüísticas; pragmática; sociolingüística; variación fonética; variación pragmática; variación sintáctica

GRAMATICALIZACIÓN

Rena Torres Cacoullos

1. Gramaticalización y construcciones

El estudio actual de la gramaticalización tiene sus antecedentes en los años setenta, cuando, en la investigación de las funciones de las formas gramaticales, una serie de autores asume una perspectiva evolutiva y tipológica para explicar los estados sincrónicos de lenguas particulares (p. ej., Givón 1979; Hopper y Thompson 1980; Sankoff y Brown 1976) (Bybee 2010: 11). Más tarde, a partir de los años ochenta, surgen propuestas acerca de los canales evolutivos interlingüísticos —las rutas comunes de cambio de las construcciones gramaticales que se observan entre diversas lenguas (p. ej., Bybee, Perkins y Pagliuca 1994; Heine y Kuteva 2002)— y los mecanismos principales del cambio —entre los cuales se incluyen la erosión o el desgaste semántico (p. ej., Lehmann 1982), la inferencia pragmática (p. ej., Traugott 1989) y la reducción fonética (Bybee 2003). Este capítulo se centra en el desarrollo de los auxiliares de tiempo-aspecto-modo, que por lo general provienen de verbos principales.

La gramaticalización es el conjunto de los procesos mediante el cual llegan a crearse nuevos morfemas gramaticales (por ejemplo, afijos, adposiciones, artículos). Los morfemas gramaticales, a diferencia de los morfemas léxicos (a saber, las clases abiertas de palabras, tales como los sustantivos y los verbos), ocurren solamente en ciertas posiciones (por ejemplo, los artículos con sustantivos, las preposiciones con sintagmas nominales, los auxiliares con verbos principales). Por lo tanto, la historia de los auxiliares es la historia de las construcciones particulares en las que se desarrollan. Por ejemplo, el verbo *tener* se desarrolla en expresión de obligación solamente en la construcción *tener que* + infinitivo. Llamativo es el caso del verbo *habēre*, que nos da el auxiliar perfecto a partir de la construcción *habēre* + participio y el sufijo futuro a partir de la construcción *habēre* + infinitivo (de presente pasivo). En la primera construcción, (1a), *habēre* significaba 'poseer', el participio (*compertum*) indicaba el estado en el que se había dejado el objeto y el verbo (*comperīre*) denotaba un proceso mental del sujeto, mientras que en la segunda, (1b), el significado era 'predestinación del objeto a seguir cierto transcurso de acontecimientos' (Benveniste 1968: 88–90).

(1) Dos construcciones con base en *habēre*
    a. + Participio > auxiliar del perfecto (*he cantado*)
       hoc compertum habet
       'ha comprobado esto'
    b. + Infinitivo > sufijo del futuro (*cantaré*)
       ...in nationibus a quibus magis suscipi habebat
       'entre las naciones por las que más había de ser aceptado'

2. Los canales (rutas) y procesos de la gramaticalización

2.1. *Ejemplo: los marcadores de futuro*

Un hallazgo de las últimas décadas es que la mayoría de los morfemas gramaticales proceden de elementos léxicos. Es más, las mismas fuentes léxicas y sus trayectos generales de cambio, los denominados *canales* o *rutas de gramaticalización*, se evidencian tanto en lenguas emparentadas como en lenguas sin relación genética. Así, las expresiones de la futuridad comúnmente tienen su origen en verbos que significan voluntad, obligación o movimiento (Bybee, Perkins y Paglicua 1994: 254–264; Heine y Kuteva 2002: 161–163).

(2) Fuentes para el futuro
    a. Futuros de *voluntad*, p. ej., inglés (el auxiliar *will* < *will* + *an* 'querer' + sufijo de infinitivo); griego moderno (la partícula preverbal *tha* < *thélo na* 'quiero' + partícula modal); tok pisin (*laik* < inglés *like*, p. ej., *mi laik wokabout* 'caminaré')
    b. Futuros de *obligación*, p. ej., danés (*skal*, cognado del inglés *shall*); lenguas romances italo-occidentales (español: *cantaré*, francés: *chanterai*, italiano: *canteró*)
    c. Futuros de *movimiento*, p. ej., español, francés, portugués; tamil (auxiliar de tiempo futuro < *poo* 'ir'); zulú (*-ya-* marcador de futuro remoto < *ya* 'ir')

La hipótesis de la gramaticalización es que los futuros con base en *ir* se originan en construcciones que señalan el *movimiento hacia una meta* del sujeto, como en el ejemplo (3a) del *Quijote*, en el que *ir a* + infinitivo contesta la pregunta "adónde vais". El camino por el que este significado se vuelve en el de tiempo futuro pasa por una inferencia de *intención*, a saber, se infiere que el sujeto tiene la intención de llevar a cabo la situación descrita por el verbo principal. Llega a ser morfema del tiempo futuro cuando expresa una *predicción* por parte del hablante. La ruta de gramaticalización, entonces, es la que se representa en (3) (Bybee y Pagliuca 1987). De modo que, volviendo al ejemplo (3a), la respuesta a la pregunta del duque "adónde vais" no proporciona el lugar o destino físico sino la meta o la intención del sujeto/hablante, la de encontrar a Don Quijote. Es decir, el "Diablo" hizo la inferencia de que el duque preguntaba por su intención y no por su movimiento espacial. Evidentemente la inferencia fue acertada, ya que a su vez la respuesta del duque afirma la presencia de Don Quijote.

(3) movimiento hacia un fin (sujeto) >
    intención (sujeto/hablante) >
    predicción (hablante)

(3) a. movimiento hacia un fin ~ intención
    —¡Hola, hermano correo! —dijo el duque—, ¿quién sois, adónde vais, y qué gente de guerra es la que por este bosque parece que atraviesa? [...]
    —Yo soy el Diablo; **voy a buscar** a don Quijote de la Mancha; la gente que por aquí viene son seis tropas de encantadores [...]
    —Si vos fuérades diablo, como decís y como vuestra figura muestra, ya hubiérades conocido al tal caballero don Quijote de la Mancha, pues le tenéis delante.
                               (*Quijote II*, Cap. XXXIV)
    b. intención (sin movimiento)
    (y esto que **voy a decir** agora lo quisiera decir hechos mis ojos fuentes, pero la consideración de nuestra desgracia [...] los tienen sin humor y secos como aristas, y así, lo **diré** sin lágrimas)
                                 (*Quijote II*, Cap. XXXIX)

c. intención ~ predicción

Vuélvase vuestra merced, señor don Quijote, que voto a Dios que son carneros y ovejas las que **va a embestir**!

(*Quijote I*, Cap. XVIII)

d. predicción (sin intención)

según se puede colegir por su hábito, ella es monja, o **va a serlo**, que es lo más cierto, y quizá porque no le debe de nacer de voluntad el monjío, va triste, como parece.

(*Quijote I*, Cap. XXXVI)

Al darse con frecuencia, este tipo de inferencia se cristaliza como parte del significado de la construcción, que llega a expresar un nuevo significado. En (3a) conviven el significado de movimiento y el de intención, pero llega una etapa en la que el significado de intención puede aparecer sin ningún matiz de movimiento en el espacio, como en (3b), *voy a decir*. La construcción se presta para la expresión de intención, sobre todo con un sujeto de primera persona singular, es decir, el hablante, como en (3a) y (3b). Con un sujeto de tercera persona también puede expresarse la intención del sujeto, pero ahora puede surgir la inferencia de la predicción, como en (3c): Sancho (el hablante) le atribuye a Don Quijote (al sujeto) la intención de *embestir* y a la vez vaticina que así sucederá. El paso siguiente es el uso de la construcción para la predicción sin intención, un futuro puro, como en (3d): se pronostica una situación obviamente contraria a los deseos del sujeto (cf. Bybee y Pagliuca 1987).

La gramaticalización, como todo cambio lingüístico, conlleva variación entre formas alternativas (cf. Weinreich, Labov y Herzog 1968), una más nueva y otra(s) más vieja(s), tal como se ejemplifica en (3c), *voy a decir* y *diré*.

2.2. Cambios de forma y de función

Las construcciones en vías de gramaticalización pasan por cambios en cuanto a sus propiedades formales. Tales transformaciones tienen además la propiedad de ser similares en las distintas lenguas del mundo en el sentido de seguir la misma direccionalidad, de acuerdo con el continuo indicado en (4). Empieza con el *discurso* (secuencias de palabras laxamente ligadas), luego continúa con la *sintaxis* (construcciones de estructura y significado más fijas) y de ahí pasa a la *morfología* (morfemas ligados). Por ejemplo, el tópico es un fenómeno del discurso, pero al convertirse en sujeto pertenece a la sintaxis; es asunto de la sintaxis cuando el auxiliar concurre con un infinitivo (*cantare habeo*) y de la morfología cuando se vuelve sufijo (*cantaré*). Esta direccionalidad se resume en la reconocida consigna de Givón (1971: 413) "la morfología de hoy es la sintaxis de ayer".

(4)   discurso > sintaxis > morfología

(Givón 1979: 209)

Propulsa a la gramaticalización la formación de *chunks* (en español: encadenamiento, trozo, agrupación). El *chunk*, un término de la sicología, es una secuencia de elementos almacenada y procesada como una unidad. Tales estructuras se forman sobre la base de secuencias frecuentes que, por repetirse, experimentan fusión y reducción fonética interna. Por ejemplo, la construcción del futuro del inglés *going to* 'ir a' se reduce a lo que ortográficamente se representa como *gonna*; en cambio, no se reduce a *gonna* fuera de esta construcción, por ejemplo, cuando expresa movimiento a (*to*) un lugar.

Otro ejemplo del resultado de la formación de un chunk es el marcador discursivo *dizque* (< *dice que*, verbo pleno léxico + complementador). La nueva unidad expresa la duda del hablante acerca de una proposición, con una función evidencial y en una forma no conjugable, de peso fonético reducido y sintácticamente autónoma al no llevar complemento para el (antes) complementador (Company Company 2006).

La gramaticalización ayuda a explicar patrones sincrónicos. Un ejemplo es el orden de palabras de acuerdo con la generalización tipológica en que el auxiliar precede al verbo principal en las lenguas de orden básico VO (y lo sigue en las lenguas OV). Este patrón es simple consecuencia del hecho que los verbos auxiliares se originan como formas finitas de verbos plenos, cuyo complemento de forma no finita, en una lengua VO, es posverbal. Cuando el verbo finito se convierte en auxiliar, permanece en la posición que tenía en la construcción originaria.

La misma perspectiva diacrónica se aplica a la creación de sufijos versus prefijos. Si en una gramaticalización un verbo pleno se reduce a afijo, este será prefijo en una lengua VO y sufijo en una lengua OV. Por ejemplo, el morfema de futuro en swahili, una lengua VO, es prefijo, mientras que en ute, lengua OV, es sufijo (Givón 1984: 231).

(5) verbo pleno >
     a. > prefijo, lengua VO: swahili
         a- **ta**- soma-kitabu   'querer' [-**táka**] > futuro
         él- FUT-leer-libro
         'él va a leer un libro'
     b. > sufijo, lengua OV: ute
         wúụka- **vaa**(ni)   'ir/pasar' [*-**páa**] > futuro/modal
         trabajar-FUT
         'trabajará'

Junto con los cambios de forma se van dando los cambios de función. Uno de los procesos diacrónicos ampliamente observado es el *desgaste semántico*. Cuando una pieza, en cuanto (tanto) construcción, entra en proceso de gramaticalización, experimenta un "desgasta" en su significado léxico, es decir, se pierden componentes específicos del significado. Por ejemplo, el verbo modal del inglés *can* deriva de *cunnan*, que significaba 'saber (cómo)'. Sus etapas de desarrollo se resumen en (6) (Bybee 2003: 606):

(6) inglés *can*: verbo pleno > auxiliar modal
     a. habilidad mental (existen condiciones posibilitantes mentales en el agente)
     b. habilidad (existen condiciones posibilitantes ---------- en el agente)
     c. posibilidad radical (existen condiciones posibilitantes ------------------------)

A la vez, hay *generalización* de los contextos de uso, en este caso, en cuanto al tipo de sujeto y la clase de verbo (Bybee 2003: 605–614). Así, por un lado, la construcción se extiende a sujetos humanos pasivos y a sujetos inanimados. Por otro, desde su uso en inglés antiguo con verbos de estado o actividad mental (*entender*), verbos de comunicación (*decir*) y verbos que describen habilidades (*leer*), se propaga a acciones visibles y, cuando llega a expresar posibilidad radical, a predicados estativos. El desgaste semántico se relaciona con el aumento de frecuencia que acompaña a la generalización de la construcción. Esto se debe a que el impacto de una frase que es usada repetidas veces se disipa (Haiman 1994).

Al perder rasgos de su significado y al fijarse dentro de una construcción, el verbo pierde las propiedades morfosintácticas de su clase léxica. Este cambio de estatus gramatical se ha llamado *descategorización* (Hopper 1991). Por ejemplo, *can* ha perdido la propiedad de llevar un complemento nominal y además ahora carece de infinitivo (ya no ocurre general-mente con otro verbo auxiliar) y de flexión verbal (se ha distanciado de *could*, su (antes) forma de pasado que ahora se usa para situaciones hipotéticas) (Bybee 2010: 120–123). Por consiguiente, lo que se suele llamar "reanálisis" de verbo pleno en auxiliar, es decir, el cambio de categoría, es parte del conjunto de cambios tanto de forma como de función que se dan en el proceso de gramaticalización.

2.3. Medidas de frecuencia

La gramaticalización propone hipótesis susceptibles de ser probadas empíricamente. Una predicción fundamental es que el "reanálisis" —el conjunto de los cambios de forma y de función que constituyen un proceso de gramaticalización— irá acompañado de aumentos en la frecuencia de uso. Se han explorado diversas medidas de frecuencia, desde frecuencias textuales absolutas hasta varios cálculos de frecuencias relativas. Algunas se ejemplifican en el Cuadro 1, tomando el caso de *ESTAR* + VERBO-*ndo*.

En la primera fila se muestra una tendencia ascendente para la frecuencia textual norma-lizada de *ESTAR* + VERBO-*ndo*. Una segunda medida de frecuencia es la proporción que constituye *ESTAR* + VERBO-*ndo* como caso particular de una construcción general de gerun-dio con verbos finitos espaciales (por ejemplo, *andar, seguir*). Esta proporción, un tipo de probabilidad de transición, registra un paulatino incremento en detrimento de otros "auxilia-res" (sobre todo *ir*, que era el más frecuente en el español antiguo). Finalmente, en la última fila, se observa también un aumento de acuerdo con una tercera medida, la frecuencia rela-tiva de *ESTAR* + VERBO-*ndo* con respecto al presente simple (ejemplo (4), infra) (contando las ocurrencias de verbos que aparecen en la perífrasis).

Sin embargo, las medidas de frecuencia son sensibles a consideraciones extralingüísticas: la frecuencia de ocurrencia de una forma varía según parámetros de registro tales como el tema, interlocutor, modalidad escrita frente a oral, entre otros. Además, no hay un mínimo general para establecer que un aumento de frecuencia sea lingüísticamente significativo (por más que sea estadísticamente significativo). Los patrones de distribución y coaparición pro-porcionan medidas superiores del cambio lingüístico, según veremos a continuación.

3. El estudio cuantitativo de la gramaticalización

Desde los años noventa ha habido un florecimiento de estudios cuantitativos de la gramati-calización. En este apartado se ejemplifica esta línea de investigación con la evolución de la perífrasis aspectual *ESTAR* + VERBO-*ndo*.

Cuadro 1 Frecuencia ascendente de *ESTAR*~Presente~ + VERBO-*ndo* (adoptado de Torres Cacoullos 2015)

	Siglo XIII-XV	Siglo XVII	Siglo XIX	Siglo XX
Frecuencia textual normalizada (ocurrencias/100.000 palabras)	5	30	35	151
Proporción entre otras construcciones de gerundio (vs. *andar, ir, quedar, seguir, venir*)	38 % (45/117)	41 % (54/133)	62 % (93/149)	83 % (364/436)
Frecuencia relativa vs. el presente simple (con verbos que aparecen en *ESTAR* + Verbo –*ndo*)	14 % (39/282)	24 % (180/744)	32 % (317/980)	

3.1. Medidas de gramaticalización: el grado de unidad

Los procesos que crean una nueva unidad [Aux + V] (sobre la base de dos verbos que antes eran plenos e independientes [V] + [V]) son graduales y operan tanto en el plano formal (de la estructura) como en el plano funcional (del significado). El avance hacia una nueva unidad —y decimos "avance" porque, como consecuencia de la gradualidad de la gramaticalización, las categorías gramaticales como la de los auxiliares forman continuos— se constata en dos tipos de cambio cuantitativo. Uno atañe a la *distribución de los casos de una forma* a través de sus contextos de aparición. Este tipo de distribución sirve sobre todo para obtener una medida de la gramaticalización en el plano formal, a saber, del grado en que una perífrasis se aproxima a una unidad, o, dicho de otra manera, del grado en que se comporta como una forma finita sencilla.

En su desarrollo a perífrasis que indica aspecto progresivo, la construcción *ESTAR* + Verbo-*ndo* se va aproximando a una unidad [Aux + V]. Algunas medidas del grado de unidad son la fijación de la anteposición de *estar* al gerundio (véase (10a), *infra*), la adyacencia entre *estar* y el gerundio y la colocación proclítica de los pronombres de objeto (cf. Myhill 1988). Así, *ESTAR* + Verbo-*ndo* se parece más a una forma finita simple en el ejemplo (8) que en el (7).

(7) *ESTAR* + Verbo-*ndo*: parece menos a unidad
    que tu marido está en la ribera de la mar et que ha por amigo un ximio;
    et **están** <u>anbos</u> **comiendo** et solazándose.

(Siglo XIII: *Calila e Dimna*)

(8) *ESTAR* + Verbo –*ndo*: parece más a unidad
    Pero bueno, por ejemplo – a Harvard, pues <u>se</u> **está embolsando** muchísimo dinero de él.

(Siglo XX: *CORLEC*, ACON012A, p. 34)

El cambio no representa un "reanálisis" abrupto sino una modificación cuantitativa: según se observa en el Cuadro 2, hay una clara tendencia de aumento de la proporción de los casos de *ESTAR* + Verbo-*ndo* que aparecen en una configuración como la de (8): con *estar* antepuesto al gerundio, sin elementos intercalados y, si lo hay, el pronombre clítico en posición proclítica delante de *estar*.

Cuadro 2 El avance de *ESTAR*$_{Presente}$ + Verbo-*ndo* hacia la configuración [Aux + V], de acuerdo con tres medidas de distribución (adoptado de Torres Cacoullos 2012, 2015)

	Siglo XIII-XV	*Siglo XVII*	*Siglo XIX*	*Siglo XX*
Anteposición de *ESTAR*	92 % (101/110)	71 % (98/139)*	97 % (252/259)	100 % (364/364)
Adyacencia	63 % (72/110)	83 % (115/139)	84 % (259)	95 % (345/364)
Proclisis de los pronombres (clíticos)	71 % (10/14)	72 % (18/25)	89 % (58/65)	97 % (100/103)

* El porcentaje bajo del siglo XVII se puede atribuir al carácter de los textos, que están escritos en verso.

La idea que acabamos de verificar en relación con la gradación continua de las unidades, y por consiguiente los grados de auxiliaridad, proporciona otro ejemplo de cómo ayuda una perspectiva diacrónica en la explicación de patrones sincrónicos. Sabemos, gracias a los estudios de la alternancia de códigos, que en las comunidades bilingües en los Estados Unidos *estar* puede aparecer seguido de un participio presente de origen inglés, como en el ejemplo (9) de un corpus nuevomexicano (Travis y Torres Cacoullos 2013), mientras que no sucede algo parecido con *haber* y participios pasados del inglés (véase el capítulo de Dussias). Esta disparidad encuentra su explicación en el mayor grado de unidad de *haber* + Verbo-*ado* (participio), reflejo de su gramaticalización más avanzada (que se manifiesta en adyacencia y proclisis categóricas).

(9) I don't know.
     qué estaríamos discussing.

[*NMSEB* 04 Piedras y gallinas, 37:01:5–37:03:5]

3.2. Medidas de gramaticalización: retención y desgaste semántico

El segundo tipo de cambio cuantitativo se basa en la variación entre formas alternativas y se observa en la *frecuencia relativa de una forma respecto a otra* según elementos de los contextos lingüísticos en los que compiten tales formas. Si para la distribución de una forma a través de sus contextos de aparición (como en el Cuadro 2) el denominador es la suma de las ocurrencias de la forma (y el nominador, sus ocurrencias en un dado subcontexto lingüístico, por ejemplo, el número de casos sin elemento intercalado del total de los casos de *ESTAR* + Verbo-*ndo*), para el análisis de la variación el denominador es la suma de las ocurrencias de un subcontexto lingüístico (y el nominador, las ocurrencias de una de las dos formas en dicho subcontexto, por ejemplo, el número de casos de *ESTAR* + Verbo-*ndo* del total de los casos de la forma perifrástica y la simple con un locativo copresente). El análisis variacionista sirve para obtener medidas de la gramaticalización tanto en el plano funcional como en el plano formal.

El latín no tenía morfema o construcción del progresivo, función que cumplía, entre otras, el presente simple. Desde los primeros textos del español *ESTAR* + Verbo-*ndo* competía con el ya existente (heredado del latín) presente simple, como por ejemplo en (10). Para abordar la pregunta ¿cómo ha evolucionado *ESTAR* + Verbo-*ndo* en su función?, nos planteamos la pregunta cuantitativa ¿cómo ha cambiado la fisionomía de la variación entre la forma perifrástica y la simple a través del tiempo?

(10) a. —Escucha, escucha, Sempronio; **trobando está** nuestro amo.
         —¡O hydeputa el trobador! [...] **está devaneando** entre sueños.
                         (Siglo XV: *Celestina* VIII, p. 218, Sempronio a Pármeno)
      b. Hijo, déxala dezir, que **devanea**; mientra más de esso la oyeres, más se confirma en
         su amor.
                         (Siglo XV: *Celestina* IX, p. 231, Celestina a Sempronio)

El Cuadro 3 muestra los resultados de tres cortes cronológicos. El programa estadístico GoldVarb (Sankoff, Tagliamonte y Smith 2012) utiliza la regresión logística en el análisis multivariante de los factores que condicionan una elección entre dos variantes. En las columnas aparece la probabilidad de la elección de *ESTAR* + Verbo-*ndo* frente a la forma simple: cuanto más próximo el valor a 1, más favorece el subcontexto lingüístico (el factor) la

Cuadro 3 Factores (contextos lingüísticos) que propician la elección de *ESTAR*_{Presente} + Verbo-*ndo* vs. el presente simple (factores no significativos entre [ ]) (adaptado de Torres Cacoullos 2015)

	Siglos XIII-XV	Siglo XVII	Siglo XIX
Input	.21 (119/548)	.21 (180/744)	.33 (317/980)
	Prob	Prob	Prob
FACTORES			
Circunstancial de lugar			
Copresente	.90	.76	.67
Ausente	.47	.47	.49
Rango	*43*	*29*	*18*
Lectura aspectual			
Duración limitada	.68	.70	.71
Duración extendida	.35	.16	.12
Rango	*33*	*54*	*59*
Priming (forma previa)			
ESTAR + X	.76	.69	[.49]
"Otros" tiempos	.54	.53	[.56]
Presente simple	.46	.47	[.46]
Rango	*30*	*22*	*n.s.*

* Otros factores incluidos: polaridad y tipo de oración, circunstancial de tiempo, estatividad del verbo principal.

elección de la perífrasis. Los valores más próximos a 0, al contrario, indican que el subcontexto dado propicia el uso del presente simple. Por ejemplo, al fijarnos en los resultados para los siglos XIII-XV, la primera fila nos informa que la coocurrencia de un circunstancial de lugar (probabilidad de .90) es altamente favorable para la elección de *ESTAR* + Verbo-*ndo* en vez de la forma simple.

Del Cuadro 3 se desprende, en primer lugar, que es más probable que se use *ESTAR* + Verbo-*ndo* en un contexto como el que se ejemplifica en (11a) y (11b), en el que concurre un adverbial locativo en la misma cláusula, que en un contexto como el de los ejemplos (10a) y (10b) en el que no aparece locativo alguno.

(11) a. en la galería me **está esperando**.

(Siglo XIX: *Doña Perfecta*, Cap. X)

b. ahí le **esperan** a Vd. con las caballerías.

(Siglo XIX: *Doña Perfecta*, Cap. I)

Esta tendencia apoya la hipótesis de los orígenes de la perífrasis en una expresión locativa, de acuerdo con el canal de gramaticalización interlingüístico locativo > progresivo (Bybee, Perkins y Pagliuca 1994: 127–137). El que persista el efecto favorecedor de la coocurrencia de un locativo a lo largo de los siglos ejemplifica el principio de la *retención* (Bybee, Perkins y Pagliuca 1994: 15–17), o *persistencia* (Hopper 1991: 28–30), a saber, que perviven huellas del significado léxico originario de una construcción hasta bien avanzado el proceso de la gramaticalización.

En segundo lugar, el Cuadro 3 indica que el efecto de la coocurrencia de un locativo se ha ido atenuando a la vez que se ha ido fortaleciendo el efecto aspectual sobre la variación: a medida que va disminuyendo el "rango" entre las probabilidades de la variable independiente "circunstancial de lugar", el "rango" correspondiente de "lectura aspectual" va aumentando. Este resultado proporciona una medida del *desgaste* semántico, o la pérdida de rasgos del significado originario (véase § 2.2, *supra*). Efectivamente, lo que se reduce en *ESTAR* + Verbo-*ndo* es el elemento espacial, del que no quedan rastros en ejemplos como el que se presenta en (8). Por lo tanto, la ruta de evolución parece ser la que se esboza en (12), siempre teniéndose presente que conviven usos más "antiguos" y más "nuevos" en un corte sincrónico dado, por lo que el cambio yace en la modificación cuantitativa.

(12) estar situado en un lugar 'Verbo-*ndo*' (con variación) > estar 'Verbo-*ndo*' (con variación)

3.3. El priming *como medida de gramaticalización*

En el análisis de la variación se registra además un efecto particular de *priming* (últimas filas del Cuadro 3). El *priming*, que opera tanto en la producción como en el procesamiento lingüístico, es la tendencia a repetirse una estructura previa, por ejemplo, en la alternancia entre la voz pasiva y la voz activa en inglés (*The liquor closet was broken into* vs. *They broke into the liquor closet*) favorece la variante pasiva (el *target*) el uso previo de una estructura pasiva (el *prime*) (Weiner y Labov 1983; Bock 1986). El efecto que resulta ser de interés para la gramaticalización de *ESTAR* + Verbo-*ndo* es el que se da cuando el *prime* es una estructura no idéntica sino una de coincidencia parcial, a saber, otras construcciones con base en *estar*. Estas son de la forma esquemática *ESTAR* + X, ya sea una construcción locativa, resultativa o con adjetivo predicativo. En (13) se ejemplifica la ocurrencia de *ESTAR* + Verbo-*ndo* cuando va precedida de una construcción resultativa con *ESTAR* + participio.

(13) están cocidas con sus garbanzos, cebollas y tocino, y la hora de ahora **están diciendo**: "¡Coméme! ¡Coméme!".

(Siglo XVII: *Quijote II*, LIX)

Este tipo de *priming* proporciona una medida del grado en el que *ESTAR* + Verbo-*ndo* se ha mantenido como secuencia de dos verbos [V] + [V] o, por el contrario, ha avanzado a una unidad perifrástica [Aux + V]. El que *ESTAR* + X actúe como *prime* para *ESTAR* + Verbo-*ndo* indica una vinculación entre el *estar* de una y de la otra construcción. Esto a su vez sugiere que *estar* sigue siendo reconocible como palabra independiente y, por consiguiente, que se mantiene la estructura interna de la secuencia con el gerundio. Volviendo al Cuadro 3, se observa *priming* de este tipo en los primeros dos cortes cronológicos, pero ya no en el tercero (los corchetes en la columna del siglo XIX indican la falta de significación estadística). La ausencia de *priming* en el siglo XIX sugiere que se ha ido difuminando la estructura interna *ESTAR* + Verbo-*ndo*, o que se ha ido "reanalizando" en una nueva unidad.

En resumen, los procesos que conforman la gramaticalización se aplican a diferentes piezas léxicas y construcciones para dar el mismo resultado: la formación de nuevas unidades gramaticales. Tales procesos de gramaticalización siguen trayectos de cambio, tanto de forma como de significado, similares en diferentes lenguas. Pertinentes resultan para finalizar las palabras de Labov (1982: 84), quien acertadamente nos dice: "hemos llegado verdaderamente a entender una cosa cuando entendemos cómo llegó a ser" ("we have indeed come to understand a thing when we understand how it came to be").

CORPUS (textos citados en los ejemplos, en orden cronológico)

Anónimo, *Calila e Dimna* (1250), ed. de J. M. Cacho Blecua y M. J. Lacarra, Madrid: Castalia, 1984.

Cervantes, M. de (1605–1615) *Don Quijote de la Mancha*, Biblioteca Virtual Miguel de Cervantes. Accesible en http://www.cervantesvirtual.com/.

Marcos Marín, F. (dir.) (1992) *Corpus de referencia de la lengua española contemporánea peninsular (CORLEC)*. Accesible en http://www.lllf.uam.es/ING/Info%20Corlec.html.

Pérez Galdós, B. (1876) *Doña Perfecta*, Biblioteca Virtual Miguel de Cervantes. Accesible en http://www.cervantesvirtual.com/.

Rojas, F. de (1499) *La Celestina*, ed. de D. S. Severin, Madrid: Cátedra, 1993.

Torres Cacoullos, R. y Travis, C. E. (en preparación) *New Mexico Spanish-English bilingual (NMSEB) corpus*, National Science Foundation 1019112/1019122. Accesible en http://nmcode- switching.la.psu.edu/.

Bibliografía

Benveniste, É. (1968) "Mutations of linguistic categories", en Lehmann, W. y Malkiel, Y. (eds.) *Directions for historical linguistics*, Austin: University of Texas Press, pp. 83–94.

Bock, J. K. (1986) "Syntactic persistence in language production", *Cognitive Psychology*, 18, pp. 355–387.

Bybee, J. (2003) "Mechanisms of change in grammaticalization: The role of frequency", en Joseph, B. D. y Janda, R. D. (eds.) *The handbook of historical linguistics*, Oxford: Blackwell, pp. 602–623.

Bybee, J. (2010) *Language, usage and cognition*, Cambridge: Cambridge University Press.

Bybee, J. y Pagliuca, W. (1987) "The evolution of future meaning", en Ramat, A. G., Carruba, O., y Bernini, G. (eds.) *Papers from the seventh International Conference on Historical Linguistics*, Amsterdam: John Benjamins, pp. 109–122.

Bybee, J. L., Perkins, R. D. y Pagliuca, W. (1994) *The evolution of grammar: Tense, aspect and modality in the languages of the world*, Chicago: University of Chicago Press.

Company Company C. (2006) "Subjectification of verbs into discourse markers. Semantic-pragmatic change only?", en Cornillie, B. y Delbecque N. (eds.) *Topics in subjectification and modalization*, Amsterdam: John Benjamins, pp. 97–121.

Givón T. (1971) "Historical syntax and synchronic morphology: an archeologist's field trip", *Chicago Linguistics Society*, 7, pp. 394–415.

Givón, T. (1979) *On understanding grammar*, Nueva York: Academic Press.

Givón, T. (1984) *Syntax. A functional-typological introduction*, 1, Amsterdam: John Benjamins.

Haiman, J. (1994) "Ritualization and the development of language", en Pagliuca, W. (ed.) *Perspectives on grammaticalization*, Amsterdam: John Benjamins, pp. 3–28.

Heine, B. y Kuteva, T. (2002) *World lexicon of grammaticalization*, Cambridge: Cambridge University Press.

Hopper, P. J. (1991) "On some principles of grammaticization", en Traugott, E. C. y Heine, B. (eds.) *Approaches to grammaticalization*, Amsterdam: John Benjamins, pp. 17–35.

Hopper, P. J. y Thompson, S. A. (1980) "Transitivity in grammar and discourse", *Language*, 56, pp. 251–299.

Labov, W. (1982) "Building on empirical foundations", en Lehmann, W. P. y Malkiel, Y. (eds.) *Perspectives on historical linguistics*, Amsterdam: John Benjamins, pp. 11–92.

Lehmann, C. (1982) *Thoughts on grammaticalization: A programmatic sketch*, Colonia: Universität zu Köln, Institut für Sprachwissenschaft.

Myhill, J. (1988) "The grammaticalization of auxiliaries: Spanish clitic climbing", *Berkeley Linguistics Society*, 14, pp. 352–363.

Sankoff, D., Tagliamonte, S. y Smith, E. (2012) "GOLDVARB LION: A variable rule application for Macintosh. University of Toronto". Accesible en http://individual.utoronto.ca/tagliamonte/goldvarb.htm.

Sankoff, G. y Brown, P. (1976) "The origins of syntax in discourse: A case study of Tok Pisin relatives", *Language*, 52, pp. 631–666.

Torres Cacoullos, R. (2012) "Grammaticalization through inherent variability: The development of a progressive in Spanish", *Studies in Language*, 36, 2, pp. 73–122.

Torres Cacoullos, R. (2015) "Gradual loss of analyzability: diachronic priming effects", en Adli, A., Kaufmann, G. y García, M. (eds.) *Variation in language: Usage-based vs. system-based approaches*, Berlín: De Gruyter.

Travis, C. E. y Torres Cacoullos, R. (2013) "Making voices count: Corpus compilation in bilingual communities", *Australian Journal of Linguistics*, 33, 2, pp. 170–194.

Traugott, E. C. (1989) "On the rise of epistemic meaning: An example of subjectification in semantic change", *Language*, 65, pp. 31–55.

Weiner, E. J. y Labov, W. (1983) "Constraints on the agentless passive", *Journal of Linguistics*, 19, pp. 29–58.

Weinreich, U., Labov, W y Herzog, M. (1968) "Empirical foundations for a theory of language change", en Lehmann, W. P. y Malkiel, Y. (eds.) *Directions for historical linguistics*, Austin: University of Texas Press, pp. 95–188.

Lecturas complementarias

Bybee, J. (2014) *Language change*, Cambridge: Cambridge University Press.

Company Company, C. (2003) "La gramaticalización en la historia del español", *Medievalia*, 35, pp. 3–61.

Hopper, P. J. y Closs Traugott, E. (eds.) (2003) *Grammaticalization*, 2.ª ed., Cambridge: Cambridge University Press.

Poplack, S. (2011) "Grammaticalization and linguistic variation", en Narrog, H. y Heine B. (eds.) *The Oxford handbook of grammaticalization*, Oxford: Oxford University Press, pp. 209–224.

Entradas relacionadas

gramaticalización y cambio sintáctico; historia del español

GRAMATICALIZACIÓN Y CAMBIO SINTÁCTICO

Concepción Company Company

1. Introducción

Algunas propiedades generales bien conocidas del cambio sintáctico en la historia interna de una lengua —sin considerar, por tanto, situaciones de contacto lingüístico— son las siguientes: *a*) las formas lingüísticas que constituyen la fuente del cambio son preexistentes y, por ello, en el cambio sintáctico no hay creación *ex novo*, sino que este consiste, básicamente, en recrear o revolver la materia léxica y/o gramatical previas; es decir, no existe creación sintáctica absoluta. *b*) En el cambio sintáctico tampoco suele haber pérdida absoluta, porque en la sintaxis, a diferencia de lo que ocurre en la fonología o la morfología, no existe el cero absoluto, sino que siempre es posible parafrasear o reconvertir sintácticamente un contenido semántico dado, lo cual permite que la comunicación entre hablante y oyente siga fluyendo y se preserve. *c*) El cambio sintáctico nunca impacta a todos los miembros de una categoría en su totalidad ni al mismo tiempo, sino que afecta primero a ciertos ítems de esa categoría en ciertas distribuciones y avanza progresivamente a otros contextos distribucionales y/o a otros ítems; esta progresión gradual es prueba de que las categorías gramaticales tienen una constitución interna no homogénea o no discreta y, además, asimétrica. *d*) La dinámica usual del cambio sintáctico es la transposición categorial y la constante interacción de niveles de lengua. *e*) Las formas de una lengua nunca cambian solas o de manera aislada, sino ancladas en contexto, en discurso real, en actos lingüísticos específicos, y ubicadas en construcciones y distribuciones específicas, lo cual significa que la sintagmaticidad es inherente y consustancial al cambio sintáctico. El correlato obvio de esta inherente sintagmaticidad es que las lenguas cambian porque se usan. *f*) El cambio sintáctico es tanto preservación de la estructura como su alteración; la evolución de una lengua es la suma de continuidad + discontinuidad. La continuidad y el cambio, en interdependencia nunca equilibrada, son consustanciales al funcionamiento de cualquier lengua. Y lo más notable en la evolución de una lengua es su persistente continuidad; tal continuidad es, además, epistemológicamente necesaria para que exista el cambio. *g*) Sin restar un ápice a lo expresado en el inciso anterior, la esencia de las lenguas es que viven en una constante transformación imperceptible. Un cambio sintáctico es una pequeña discontinuidad, documentable u observable, en la gran continuidad que es la evolución de una lengua. *h*) Un cambio es una innovación o ajuste creativo por parte del hablante-oyente, que logra eficiencia comunicativa y que garantiza que la lengua siga manteniendo su función básica, la comunicación entre los seres humanos. *i*) El cambio sintáctico es, por lo regular, gradual y muy lento. Gradualidad y lentitud significan que existen etapas o fases intermedias entre dos etapas o periodos dados y significan que el cambio sintáctico tiene, esencialmente, una motivación interna. Gradualidad y lentitud garantizan que la comunicación se preserve. *j*) La semántica, entendida de un modo amplio, de manera que recubra tanto semántica léxica, como semántica pragmática e incluso significado enciclopédico y visión de mundo, es una parte integral de la sintaxis y un disparador fundamental del cambio sintáctico, y por ello no hay cambios sintácticos puros, en el sentido de que impliquen solo sintaxis o solo forma. *k*) El cambio sintáctico —al igual que otros tipos de cambio— es resultado de una tensión dialéctica entre dos fuerzas o tendencias comunicativas encontradas que definen el comportamiento lingüístico de los hablantes, a saber, optimización de economía vs. optimización de expresividad, o, en otras palabras, menor explicitud vs. mayor explicitud informativa; en el vértice de esa dialéctica surgen los cambios.

El marco teórico en que mejor se anclan los planteamientos anteriores y que mejor da cuenta de ellos es el conocido como *gramaticalización*. De ella y su funcionamiento en la historia sintáctica del español trata este capítulo. El objetivo específico de este es definir y caracterizar la gramaticalización, dar cuenta del *locus* y de la unidad del cambio, exponer la interacción sincronía-diacronía y analizar la motivación y el mecanismo de este tipo de proceso.

El capítulo está organizado, además de esta introducción, en cinco apartados. El § 2 está dedicado a definir la gramaticalización y a acotar los subtipos, para centrarnos en los dos más frecuentes en la sintaxis histórica del español. El § 3 establece la relación entre sincronía y diacronía en la gramaticalización. El § 4 realiza una distinción entre el *locus* del cambio sintáctico y la unidad del cambio sintáctico. El § 5 da cuenta, por un lado, de la naturaleza del proceso que motiva una gramaticalización y, por otro, del mecanismo esencial de la gramaticalización. Cierran unas conclusiones en el § 6. Sigue una bibliografía mínima, donde se exponen aquellos trabajos que, a mi modo de ver, aportan una visión más abarcadora de la gramaticalización en su relación con la sintaxis histórica.

Este capítulo está ejemplificado con categorías no verbales, porque otro capítulo de esta enciclopedia aborda la gramaticalización en relación con categorías verbales. El capítulo, por razones de espacio, carece de referencias bibliográficas en texto. Por la misma razón de espacio, tampoco se consignan las referencias de los textos de donde proceden los ejemplos.

2. Gramaticalización y cambio sintáctico

El término *gramaticalización* recubre en la bibliografía dos acepciones. Una general y común desde antiguo que significa 'volverse una forma o construcción dadas parte de la gramática de una lengua', y una especializada, cuyo auge data de los años 80 en adelante, que significa un tipo específico de proceso diacrónico-sincrónico complejo. Esta segunda ha desplazado casi por completo a la primera. La acepción especializada acuña, a su vez, varios subtipos, dos de los cuales son, a mi modo de ver, los más comunes, y en ellos me centraré. Estos dos subtipos son complementarios, pero focalizan aspectos distintos del proceso de cambio.

El primero, que suele ser calificado de *gramaticalización estándar* o *tradicional*, es el proceso mediante el cual las formas léxicas, a través de determinados contextos, construcciones y distribuciones, se convierten en formas gramaticales o las formas ya gramaticales se hacen más gramaticales aún, a través, igualmente, de ciertos contextos, construcciones y distribuciones. El segundo, no identificado con etiqueta particular alguna, consiste en la convencionalización de estrategias discursivas; esto es, las formas o construcciones, que en un inicio del proceso tienen un significado pragmático, expresivo o discursivo se convierten con el paso del tiempo en estructuras gramaticales convencionales, carentes ya de significados discursivos y condicionamientos pragmáticos. La convencionalización se produce, igualmente, a través de contextos, construcciones y distribuciones específicos. Ambos tipos de gramaticalización comportan cambios estructurales y semánticos a la vez.

Las dos definiciones suponen un acercamiento al cambio sintáctico como *cambio en proceso*, esto es, como transformación diacrónica propiamente, consecuencia natural del constante e imperceptible dinamismo de los sistemas lingüísticos, y no como *cambio cumplido* o resultado de la comparación de sincronías cerradas. Sin embargo, cada una de ellas pone énfasis en aspectos distintos del proceso si bien comparten muchos de ellos, sobre todo, los relativos al resultado o etapa final del cambio. La gramaticalización tradicional se centra en el léxico como inicio del cambio y en la morfosintaxis como punto de llegada; la segunda focaliza el discurso y la pragmática como punto de partida y la morfosintaxis como punto de llegada. La primera pone énfasis en el estatus categorial inicial y final de la forma que experimenta el cambio, la segunda destaca las motivaciones discursivas que llevan a una forma de entrar en una gramaticalización y en el significado convencional resultante del proceso.

Ambas son un modelo procesual de simultánea pérdida y ganancia. Por un lado, la gramaticalización es ganancia porque, con el transcurso del tiempo, la lengua gana o se enriquece con formas más ligadas o menos libres, gana en cohesión y fijación de formas y construcciones, gana significados más esquemáticos o más ligeros y gana en formas con significados más simbólicos y más convencionales. Pero a la vez, por otro lado, la gramaticalización es debilitamiento y pérdida porque los signos sometidos a este proceso debilitan o pierden autonomía, suelen reducir su alcance o ámbito de modificación, debilitan o pierden significados referenciales y específicos, y debilitan o pierden en buena medida iconicidad. Igualmente, en cuanto a la distribución y relacionalidad sintáctica de las formas o construcciones, estas debilitan su capacidad relacional sintáctica originaria, pero ganan nuevas distribuciones, ganan nuevas capacidades relacionales y se integran en nuevos paradigmas. En numerosos cambios sintácticos, los dos tipos de gramaticalización interactúan.

Los ejemplos de (1)-(7) muestran la dinámica de una gramaticalización tradicional. El cambio da cuenta del surgimiento y evolución de los adverbios de manera acabados en *-mente*. Los ejemplos se remontan al latín porque el cambio se inicia ya en la lengua madre; se trata de una gramaticalización con una gran profundidad histórica.

(1) tantus subito timor omnem exercitum occupavit ut non mediocriter **omnium mentes animosque** perturbaret (César, *De bello Gallico*, PERSEUS)
    'de repente tan grande temor invadió a todo el ejército, que no ligeramente alteró las mentes y espíritus de todos'

(2) Olli sensit **simulata mente** locutam, quo regnum Italiae Lybicas averteret oras (Virgilio, *Eneida*, PERSEUS)
    'pues se percató de que hablaba con mente fingida / espíritu fingido, porque se llevaba el reino de Italia a tierras de Libia'
    'se percató de que hablaba falsamente...'

(3) qui populos urbisque **modo ac virtute** regebant (Cicerón, *De divinatione ad M. Brutum*, PERSEUS)
    'los que regían a los pueblos y las ciudades con adecuación / justeza y con valor'

(4) a. et traiga su fazienda **mansamente** (*Calila*, 129)
   b. e que vino otrossí Júpiter a ella vestido muy **noblement** (*GEI*, 2.650)
   c. e los dannos que rreçiben los omnes en ssus cuerpos **naturalmiente** (*Setenario*, 36.24)
   d. dond mantoviessen bien e **limpiamientre** segund su ley... (*GEI*, 2.498)
   e. & **mayor mentre** en los montes (Alfonso X, *Libro de las cruces*, 1259, CORDE)
   f. & **sennaladamient** aquel logar que... (*DLE*, 1277, 140.181)

(5) a. Y mientras **miserable / mente** se están los otros abrasando (Fray Luis de León, *Vida retirada*, CORDE)
   b. que **verdadera mente** era pan baso (México, 1764, Reyna27, CORDIAM)

(6) ni apenas me dejan solo un momento para pensar y meditar **sosegadamente** (*Pepita Jiménez*, 179)
   Podía incluso, muy **fácilmente**, dejar de ser cualquier día (*Corazón*, 342)

(7) Tiene una *mente* brillante, **realmente**

En (1) *mente* funciona como un sustantivo pleno con todas sus capacidades morfológicas y sintácticas: aparece en acusativo plural, *mentes*, en función de objeto directo, puede coordinar con otro sustantivo, *animos*, y toma, como cualquier sustantivo pleno, un complemento adnominal en genitivo, *omnium*. Su significado es plenamente referencial, la 'mente' humana. En (2) *mente* aparece ya fijado en una construcción de sintagma nominal (SN), el sustantivo *mente* es el núcleo del SN, está en ablativo singular y está precedido por un adjetivo, *simulata*, en ablativo femenino singular porque concuerda con el núcleo del SN. Esta es la construcción que dio origen a los adverbios en -*mente* del español y de todas las lenguas romances. El significado de (2) ya es dudoso entre referencial y más abstracto, de tipo modal, de ahí las dos traducciones. El ejemplo de (3) deja ver que en latín *mente* no era el único sustantivo capaz de adquirir significados abstractos modales; otros, como *modo*, o *animo*, *vi*, *corde* podían construir SN de significado modal. Este ejemplo deja ver una de las características de la gramaticalización: las fuentes posibles de la gramaticalización son varias, pero la meta es siempre una sola, *mente* en este caso. En (4) aparece *mente* en español medieval ya afijado a un adjetivo; puede verse en la serie de ejemplos de (4a-f) que en el español del siglo XIII no se ha fijado aún la forma morfológica del afijo -*mente*: el formativo adverbial aparece sin apócope y con ella, sin vibrante interna y con ella, con diptongo y sin diptongo, cohesionado con el adjetivo o separado de él, etc. No obstante esta variación, el significado ya no es referencial sino adverbial modal en todos los casos y en todos la interpretación categorial es ya de adverbio y no nominal. Para mediados del siglo XIV la forma -*mente* se fija y no quedan ya casi huellas de la variación formal anterior. Los ejemplos de (5) indican que todavía en el siglo XVI el formativo *mente* no tenía la cohesión morfológica que es hoy obligatoria, y por ello el poeta puede romper el adverbio con un encabalgamiento de adjetivo y sustantivo-afijo en versos distintos (5a), y que hasta bien entrado el siglo XVIII, e incluso en el XIX, los dos componentes del constructo aparecían con frecuencia separados (5b). Los ejemplos de (6) presentan el final del proceso de gramaticalización: un significado adverbial modal bastante abstracto, una sola palabra, cohesionados e inseparables los dos componentes del constructo originario, sea cual sea el alcance y distribución de este nuevo adverbio romance. El ejemplo de (7) es prueba contundente de la gramaticalización del latino *mente*, ya que el adverbio en -*mente* concurre en una misma oración con el sustantivo pleno *mente*, sin conflicto alguno ya que se adscriben a categorías distintas; el ejemplo muestra, además, una de las propiedades del proceso, conocida como *acumulación* o *estratificación*: la forma innovadora, adverbio en *-mente*, suele convivir por siglos junto a la conservadora, sustantivo *mente*; es decir, por lo regular, las formas etimológicas no se pierden como consecuencia de un proceso de cambio. Las etapas del cambio no son tan lineales como refleja la secuencia de ejemplos arriba, ya que, por lo regular, hay superposición de fases en todo proceso de gramaticalización.

La creación de los adverbios en *-mente* es un caso paradigmático de gramaticalización tradicional y es también paradigmático de las consecuencias del proceso, algunas de las cuales ya han sido señaladas. Se trata de una gramaticalización de construcción: dos palabras léxicas latinas plenas, adjetivo y sustantivo, entraron en una construcción fija en contextos que favorecían la interpretación modal. Los dos componentes del constructo perdieron libertad morfológica, ya que empezaron a aparecer solo en caso ablativo, mientras que antes de iniciar el proceso de gramaticalización, la frase nominal (FN) originaria del constructo podía estar en cualquiera de los casos latinos, acorde con la función que esta desempeñara en su oración. Los dos componentes del nuevo constructo perdieron también libertad posicional y movilidad, ya que se fijó el orden adjetivo precede + mente sigue, mientras que antes de iniciar el proceso de cambio, la FN admitía la anteposición o posposición del adjetivo al núcleo nominal mente. Y perdieron, asimismo, la capacidad sintáctica funcional originaria puesto que la FN se fijó en ablativo y quedó imposibilitada de codificar las funciones propias de los otros casos latinos. En definitiva, perdieron autonomía y adquirieron cohesión morfológica además de adquirir una nueva distribución. Se produjo también un cambio de nivel de lengua: léxico>morfosintaxis. En alguna etapa temprana del español *mente* sufrió erosión fónica, como indican las formas apocopadas de (4). De dos palabras originarias se creó una sola, proceso conocido como *univerbación*, con la consecuencia de que la nueva palabra adverbial dejó de ser transparente en cuanto a su formación etimológica y por ello entra como una palabra simple más en los diccionarios; se produjo un cambio de categoría, SN>adverbio, y por ello el nuevo adverbio de manera entra en relación paradigmática con otros adverbios, proceso conocido como *paradigmatización*: adverbios de manera, *vivió santamente ~ vivió así*, de grado, *come insuficientemente/excesivamente ~ come poco/ mucho*, de conjetura, *posiblemente no venga ~ quizá no venga*.

En cuanto a la semántica, los dos integrantes de la construcción transformaron su significado etimológico referencial originario: el adjetivo debilitó su significado calificativo y el sustantivo *mente* dejó de referir a una parte abstracta del cuerpo para adquirir un significado todavía más abstracto y bastante heterogéneo, de base modalizada: modal, focal, cuantificador, intensivo, etc., que debe ser asignado en contexto. El proceso semántico, como es usual en numerosas gramaticalizaciones, fue de carácter metonímico: 1. *mente*: parte física del cuerpo: cerebro>2. actividad intelectual que se realiza con esa parte del cuerpo>3. facultad resultante de esa actividad: entender, evaluar, opinar>4. modo resultante de realizar el evento todo en que está involucrado el proceso de entendimiento o evaluación.

En resumen, la gramaticalización del nuevo constructo adverbial consistió en el siguiente conjunto de pasos: léxico>morfosintaxis; dos palabras plenas adjetivo y sustantivo>una palabra con dos morfemas; variabilidad morfológica inicial>invariabilidad; movilidad y libertad sintáctica>cohesión; autonomía>fijación; significado referencial no abstracto>significado no referencial, gramatical abstracto; categoría nominal>categoría adverbial; paradigma nominal>paradigma adverbial; coexistencia del nuevo constructo con el sustantivo *mente* y con adjetivos calificativos.

Los ejemplos (8)-(11) presentan el segundo tipo de gramaticalización, esto es, cómo a través de la convencionalización de una estrategia discursiva pragmática se crean formas más gramaticales. La serie de ejemplos da cuenta de cómo el posesivo debilitó y perdió su valor de anáfora, se acercó a un artículo y adquirió propiedades de un determinante actualizador, un simple presentador de SN, en algunas variedades del español americano.

(8) De lo que contesçio *a un mercadero*$_i$ quando fallo **a su**$_i$ **muger et su**$_i$ **fijo** durmiendo en uno (*Lucanor*, 36.193)

(9) a. Mucha sospecha me pone el presto conceder de *aquella señora* y venir tan aina **en todo su querer de Celestina** (*Celestina*, 11.192)
   b. Y que lo enterrasen como *gran rey* que era, y que alzasen **a su primo del Montezuma**, que con nosotros estaba, por rey (Bernal, 127.378)

(10) **Su padre de un mi amante**, que me tenía tan honrada, vino a Marsella (*Lozana Andaluza*, 8.200)
   Su pensamiento de los compañeros es que si realmente hay democracia en México... (México, periódico *La Jornada*)

(11) a. **Su precio comercial de esta bonita agenda** es de veinte pesos (México, habla oral popular)
   b. Rivas no tiene mucho afecto por el teatro francés, a pesar de **su conocimiento que tiene sobre el tema** (México, habla oral culta)

En (8) aparece ejemplificado el uso etimológico originario del posesivo: anáfora; el referente poseedor del pronombre posesivo, *mercadero*, está fuera de la oración del posesivo y por ello este tiene capacidad anafórica fuerte ya que retoma esa referencia y vuelve a codificarla y situarla en su propia construcción. En (9) se muestran duplicaciones posesivas, que son las construcciones base de la gramaticalización: el posesivo se duplica con la referencia del poseedor dentro de su propio SN, porque en el contexto cercano hay otro nominal, *aquella señora*, *gran rey*, capaz de erigirse en poseedor del posesivo, produciéndose un conflicto narrativo de potenciales poseedores, y por ello se indica quién es el verdadero poseedor codificándolo dentro del SN. Se trata, por tanto, en su origen de una estrategia discursiva con la función de desambiguar una referencia textual. El aspecto interesante para la gramaticalización es que en el español antiguo solo se duplicaban y desambiguaban aquellos poseedores que eran discursivamente relevantes, y, en consecuencia, dignos de tal desambiguación: *Celestina* en (9a), protagonista central y tópico primario de toda la obra, *gran rey* en (9b), emperador mexicano en el momento de la conquista española. La consecuencia de la estrategia narrativa desambiguadora es que el posesivo debilitó su capacidad anafórica, porque redujo su alcance o anclaje ya que la asignación de correferencia no sale de su SN, como sí ocurre en (8); tal debilitamiento anafórico es parte de la gramaticalización del posesivo como artículo. Las duplicaciones posesivas con capacidad anafórica débil se convencionalizaron y aparecen ya sin necesidad de que existan dos o más posibles poseedores, como en (10), y aparecen incluso en posición inicial absoluta, sin mención previa del poseedor, muy próximas, por tanto, a un simple actualizador de SN. Los ejemplos de (11) muestran la total convencionalización y gramaticalización del posesivo como artículo: se emplea en el español actual en una posición inicial sin anclaje referencial externo alguno a su construcción y sin que sea necesario que existan otros posibles poseedores en el entorno textual cercano; el poseedor aparece codificado bien en un complemento adnominal (11a) o bien en una oración relativa especificativa (11b). Al igual que en el cambio anterior, el posesivo etimológico y conservador, anáfora fuerte, convive en esos dialectos con el posesivo innovador, actualizador artículo. Las fases del cambio tampoco son tan lineales como indican (8)–(11), ya que hay una compleja superposición de etapas, además de que el cambio posesivo>artículo tiene otras aristas en su gestación.

La gramaticalización consistió en la pérdida de motivación discursiva de la duplicación posesiva y su consecuente convencionalización. En el inicio, tenía un valor discursivo pragmático, pero con el paso del tiempo se convencionaliza el valor del posesivo como un simple actualizador ya que deja de ser necesaria la motivación discursiva inicial para emplear una duplicación. Bajo esta segunda perspectiva de la gramaticalización, se considera que la sintaxis se alimenta de fijación de estrategias discursivas: un modo más pragmático de comunicación da lugar a un modo más sintáctico. Los siguientes cambios resumen el proceso: discurso o texto>sintaxis; anáfora fuerte>anáfora débil>no anáfora; anclaje referencial externo a su SN>anclaje interno a su SN; anáfora exocéntrica>catáfora endocéntrica; pronombre anafórico>presentador, determinante.

Los dos tipos de gramaticalización tienen como resultado formas más gramaticales, partícipes tanto de la morfología como de la sintaxis: el adverbio es una categoría léxica y una clase sintáctica de palabra, la forma -*mente* es parte de la morfología, un afijo derivativo o compositivo o un afijo de frase, y la raíz adjetiva es competencia de la morfología también; el posesivo, por ser un clítico, está a caballo entre la morfología y la sintaxis. Por ello, es más preciso hablar en las disciplinas de sintaxis histórica de *morfosintaxis* como nivel de lengua.

Los dos tipos de cambio siempre suponen una recategorización, pero no implican, necesariamente, cambio de forma: el posesivo sigue siendo la misma forma, sea anáfora o sea presentador no anafórico. Los dos tipos de gramaticalización suelen implicar un descenso de nivel de lengua: léxico>sintaxis / morfología; discurso>sintaxis. Un resultado característico de los dos tipos de gramaticalización es que las formas adquieren *esquematicidad* y *simbolización*, de manera que pueden construirse con formas más diversas y entrar en más y nuevas distribuciones y construcciones, tal fue el caso de los adverbios en -*mente* y del posesivo. De hecho, sin esquematicidad y sin simbolización no existe gramática. La gramaticalización es un proceso generador de estos dos rasgos definitorios de la gramática.

La gramaticalización puede ser definida epistemológicamente como un *macrocambio*, ya que impacta forma, función, significado y frecuencia de empleo de las formas sometidas al proceso, y con frecuencia, impacta la sustancia fónica, segmental y/o suprasegmental, del signo. Por ejemplo, la gramaticalización del constructo adjetivo+-*mente* afectó la forma: nuevo estatus de raíz y afijo, respectivamente; afectó la sustancia fónica prosódica: los dos acentos primarios de adjetivo y sustantivo del SN latino fueron modificados en, respectivamente, acento primario y secundario de una sola palabra, y debió perderse o reajustarse la juntura o mínima pausa interna entre los elementos del constructo; afectó la función: se creó un nuevo esquema funcional de adverbios de modo o manera, y afectó el significado: se abstrajo y modalizó; y también aumentó exponencialmente la frecuencia de empleo ya que estos nuevos adverbios son, por mucho, la estrategia más frecuente para formar adverbios de modo en español.

3. Interacción sincronía y diacronía en la gramaticalización

Para que se produzca una gramaticalización, y en general un cambio en la lengua, es requisito indispensable que exista posibilidad de elección sincrónica en algún punto de esa lengua; es decir, la gramaticalización presupone variación sincrónica, pero no necesariamente esta deviene en aquella, ya que la lengua puede vivir por siglos en estado de variación sincrónica sin que esta se decante por un camino diacrónico determinado. La variación puede consistir bien en que haya diferencias entre dos hablantes para expresar un determinado referente, bien que un mismo hablante opte entre dos estructuras para expresar un "mismo" contenido referencial, bien que ese hablante opte por una estructura en una determinada situación social comunicativa y por otra estructura en otra situación social, o bien una combinación de estos tres tipos de situación comunicativa sincrónica.

El contraste sincrónico puede manifestarse de cuatro formas: *a*) dos formas diferentes, léxicas o gramaticales: *el niño la/lo molesta~le molesta*; *la prima de María~su prima de María*; *b*) dos construcciones diferentes: *lo amaré~amar-lo-hé*; *eso ya se lo dije~eso ya se los dije*; *c*) dos contextos o distribuciones diferentes: *tome agua solamente~solamente necesito eso*; *d*) presencia vs. ausencia de una marca, esto es, contraste con cero: *consideró Ø el conjunto~consideró al conjunto, en Ø español~en el español.*

Una de las formas o construcciones en competencia es la forma conservadora: *la/lo molesta*, *la prima de María*, *se lo dije*, la otra constituye la forma innovadora: *le molesta*, *su prima de María*, *se los dije*. Los conceptos "conservador" e "innovador" no se corresponden necesariamente con mayor o menor antigüedad cronológica, sino con el grado de convencionalización y generalización que cada forma tiene en la etapa inicial sincrónica de la gramaticalización: la más generalizada es la conservadora, la menos generalizada y que compite con aquella es la innovadora. No obstante, la más antigua datación cronológica y la forma conservadora suelen coincidir.

La capacidad del hablante de optar, de seleccionar ciertos rasgos contra otros, ciertas formas o construcciones contra otras, constituye un principio operativo básico de la lingüística histórica y de la dialectología. La dialectología, desde su doble óptica, diatópica y diastrática, es la disciplina que sienta el condicionamiento de la gramaticalización.

La gramaticalización, a su vez, suele dejar huellas en la sincronía en forma de *residuos*, de tres tipos, al menos: *a*) análisis alternativos en conflicto; *b*) construcciones o distribuciones sin vitalidad, muchas veces fijadas en fórmulas, y *c*) significados restringidos a ciertas construcciones. Ejemplo del primer tipo de residuo es el estatus morfológico de *-mente*, con varios análisis, todos viables: afijo derivativo, afijo compositivo y afijo de frase, pero todas las posibilidades con problemas, lo cual es característico también del residuo diacrónico de la gramaticalización: todo es viable y todo tiene ángulos problemáticos. Un ejemplo de residuo distribucional es el existencial *ha* en fórmulas jurídicas del tipo *no ha lugar a la pregunta*, construcción en que todavía no ha sido desbancado por el convencional *hay*, resultante de la gramaticalización del presente de indicativo de *haber* y del antiguo adverbio locativo *y* < latín *ibi*. Un ejemplo de residuo de significado es la deixis *ad oculos* del artículo determinado, ¡*cuidado con el escalón*!, herencia directa del origen demostrativo del artículo y que solo surge en construcciones muy acotadas que requieren la presencia física del referente. Los residuos causan, a su vez, variación sincrónica, porque generan alternancia dentro de un mismo ámbito funcional.

En suma, gramaticalización y variación sincrónica se determinan e implican mutuamente, borrándose los límites entre diacronía y sincronía, de manera que lo único que existe es un dinamismo constante y esencial a las lenguas, a la par que estabilidad e inherente continuidad. La variación lingüística es, así, parte esencial de la competencia lingüística.

4. El *locus* y la unidad del cambio: contexto y construcción

Dado que la sintagmaticidad es inherente al cambio, el contexto es el ámbito donde se produce la gramaticalización, no cualquier tipo general de contexto, sino aquel que tiene la distribución apropiada para que la forma innovadora se inserte y el proceso de gramaticalización prospere. Las formas, a su vez, no se emplean aisladas sino en construcción, incluso un uso absoluto; es un tipo de construcción, no es una forma aislada, por ello la construcción es la unidad de la gramaticalización, y, de hecho, se dice que la gramaticalización es realmente una construccionalización de nuevas construcciones más esquemáticas. Denominaré al contexto el *locus del cambio* y a la construcción, la *unidad de cambio*.

En cuanto al primero, es posible identificar en la bibliografía cuatro tipos de contexto a través de los cuales avanza la gramaticalización, ejemplificados en (12) con la creación de los indefinidos de generalización o elección libre; habría que añadir un quinto contexto consistente en la progresiva generalización o diversificación contextual de la nueva construcción: contexto etimológico > contexto puente > contexto de cambio > convencionalización > generalización / diversificación. El avance siempre sigue una direccionalidad: contextos más favorables al significado y distribución originarios > contextos cada vez menos favorables al valor etimológico y más diversos. Los tipos de contexto pueden ser también entendidos como fases sucesivas del cambio.

(12) a. E *todo judeo* **qui quisiere** morar en Alcalá... (*Fuero de Alcalá*, 173.493)

   b. e de la venida de Cristo a adelant cuéntanse las estorias por los años de los césares e de los emperadores de Roma e por la su era, e **qui quiere** cuenta por la encarnación de Cristo (*GI*, 1.530)

   c. Si onbre o muger por aventura se quemare con algun *agua caliente*, o con *fuego*, o con *rescoldo*, o con *fierro caliente*, o **en otra manera qualquier**, que seha la primera cosa que... (*Suma de la Flor de Cirugía*, 189)

   d. se quita y pone el sombrero con facilidad y garbo, coje **cualquiera cosa** y se la guarda en una bolsita (*Gazeta de México*, 1787, 37.370)

   e. Y no es ningún catedrático, ni bachiller, ni nada de eso, sino **un cualquiera**, como quien dice, un hombre de capa y espada (Moratín, *Sí*, 214)
   Cualquier despiste en la carretera pone en peligro la vida de los demás (México, anuncio en la carretera)
   ¡**cualquiera** entiende a los hombres!

El contexto etimológico, (12a), fue una estructura predicativa relativa; (12b) es el contexto puente porque la construcción es ambigua entre una predicación de relativo y un pronombre indefinido; los contextos puentes son los grandes disparadores o motivadores del cambio; (12c) es el contexto de cambio: se aprecia que hay un contexto de elección de tres conjuntos de entidades, y el indefinido retoma esas u otras posibles; en este ejemplo *quier* todavía guarda un reflejo del significado originario de *querer* 'buscar', que por ello pudo pasar a significar 'elegir el que sea del conjunto', y de ahí adquirió el significado de 'indiferencia' y de ahí el de 'generalización'; (12d) muestra la convencionalización de la construcción como indefinido de elección libre, y (12e) ejemplifica otras posibilidades distribucionales y de significado de la nueva construcción, próximas algunas de ellas a un operador similar al cuantificador *todo*, prueba de que es un indefinido de generalización.

En cuanto a la unidad del cambio, una construcción es un apareamiento de forma y significado arropado en una colocación o distribución exclusiva de ese apareamiento, propiciadora del inicio del cambio. En el caso de los indefinidos de generalización, no se gramaticalizaron dos componentes, pronombre relativo y verbo volitivo sin más, sino una construcción específica formada por ciertos empleos de pronombre relativo y ciertos empleos del verbo *querer*; juntos, en contextos propicios, perdieron autonomía y pasaron a ser morfemas de una construcción mayor. Lo relevante es que la gramaticalización inicia como *microconstrucción* con determinados componentes y muy específicas distribuciones y, a medida que avanza la gramaticalización, se crea una *macroconstrucción*, que tiene la propiedad de ser esquemática y altamente productiva, y por ello puede atraer nuevas y más diversificadas distribuciones. La diversificación contextual de los indefinidos de (12) es muestra de que se creó una macro construcción.

5. El mecanismo de la gramaticalización

El mecanismo por el cual se convencionalizan nuevas formas en la gramática es el *reanálisis*. Es una reinterpretación de las relaciones y de los valores de las formas en construcciones específicas; el resultado es una o más recategorizaciones de la construcción inicial. El reanálisis supone una manipulación tanto conceptual como formal de las formas lingüísticas por parte del oyente, pero no implica una transformación externa fónica obligada de esas formas. Recordemos que el posesivo ha adquirido valores de artículo sin cambiar su manifestación externa; tampoco en los adverbios *mayormente* o *buenamente*, se observa, a primera vista, que los componentes *mayor-*, *buena-*, y *-mente* difieran fónicamente de las respectivas palabras plenas, los adjetivos *mayor, buena* y el sustantivo *mente*; no obstante, en ambas gramaticalizaciones se produjo un *reanálisis profundo*, también denominado *reformulación*.

El protagonista del reanálisis es el oyente y el proceso es de naturaleza inferencial: el oyente obtiene del contexto información o significados nuevos que no están explícitos en las formas mismas que integran la construcción unidad del cambio. El carácter inferencial se debe a que el hablante no emite un mensaje totalmente explícito, o cree que lo emite y que el oyente comparte más información de la que realmente este conoce; el oyente infiere nueva información y reinterpreta. Cuando el oyente toma el turno de hablante carga las formas de la construcción en cuestión con esos nuevos significados extraídos del contexto, los comparte con otros hablantes y esas construcciones nuevas, así enriquecidas, se difunden y terminan por ser las formas convencionales que vehiculan la comunicación en una comunidad. Las etapas posteriores a la reinterpretación misma se conocen como *actualización del reanálisis*; esta es un proceso que sigue la jerarquía de contextos más favorables a la construcción iniciadora del cambio hacia contextos menos favorables.

Una gramaticalización puede, y suele, implicar más de un reanálisis. En (13) se presenta esquemáticamente la serie de reanálisis, todos paradigmáticos de este mecanismo, que hizo posible la creación de los adverbios en *-mente*. Cada uno de los integrantes del constructo sufrió una recategorización, pero también el constructo en su totalidad experimentó varios reanálisis.

1. Un reanálisis en el nivel morfosintáctico, que implicó un descenso de nivel de lengua: sintaxis > morfología, consistente en SN > palabra.

2. y 3. Dos reanálisis que implicaron también un descenso de nivel de lengua: léxico > morfología, consistente en: categoría léxica: adjetivo > morfema = raíz léxica de un adverbio; categoría léxica: sustantivo *mente* > morfema = afijo.

4. Como consecuencia de 2, se produjeron sendos reanálisis que cambiaron el estatus morfológico de los dos integrantes. De un lado, flexión > invariación, en el caso del adjetivo, ya que la raíz del adverbio no es ya un adjetivo femenino singular, sino una forma invariable; era femenina y singular en la lengua madre —consecuencia de su concordancia obligada con el sustantivo *mente*—, pero ya no es ni femenina ni singular, porque no se puede conmutar por género masculino ni por número plural; es raíz invariable. De otro, en el caso del sustantivo *mente*, flexión > derivación / composición.

5. Dentro de la sintaxis, también tuvo lugar un reanálisis en el estatus estructural del constructo: construcción endocéntrica > construcción exocéntrica. En el latín constituía un SN con un núcleo obligatorio, *mens-mentis*, y un adjetivo variable modificador de aquel y, por ello, en concordancia de género, número y caso con el núcleo; era una construcción endocéntrica porque el sintagma en su totalidad tenía la misma distribución que el núcleo. En el español es un constructo exocéntrico, raíz invariable + desinencia, ya que ambos formativos se requieren mutuamente para formar el adverbio de modo y ninguno de los dos tiene libertad para cubrir la distribución del constructo en su totalidad; es decir, los adverbios en *-mente* no son una construcción con núcleo.

6. De la mano del reanálisis 4, tuvo lugar otro reanálisis que invirtió la jerarquía estructural de ambas formas: *a*) núcleo sustantivo *mente* > dependiente *-mente*, ya que el significado y distribución del adverbio, es decir, sus propiedades gramaticales, dependen en gran medida del significado del adjetivo base; *b*) modificador adjetivo > base-raíz léxica, la cual determina en gran parte el significado y distribución del adverbio.

7. A caballo entre los niveles semántico y sintáctico, tuvo lugar también un reanálisis: integración paradigmática nominal (sustantivo y/o adjetivo) > integración paradigmática adverbial; es decir, se produjo la recategorización nombre > adverbio.

6. Conclusiones

Tras plantear ciertos postulados generales del cambio, hemos analizado cuatro aspectos básicos de la gramaticalización: uno, su definición y caracterización como proceso, con un énfasis final en los conceptos de esquematicidad y simbolización y en su carácter de macro-cambio; dos, su recíproco condicionamiento e impacto sincrónicos; tres, la necesidad de distinguir entre el *locus* del cambio y la unidad del cambio y la importancia de contexto y construcción como vehículos de la gramaticalización; cuatro, el mecanismo del proceso. A la luz de estos postulados, hemos analizado varios cambios de la sintaxis histórica del español.

Más allá de la caracterización del proceso, el análisis de la gramaticalización da pie para algunas reflexiones teóricas interesantes, ya que supone, entre otros aspectos, la eliminación de la distinción tajante entre sincronía y diacronía, la conceptualización del cambio como (re)creación, la incorporación de la pragmática y el uso como dos componentes más de la estructura gramatical, y, finalmente, la consideración de la semántica y la sintaxis como niveles de lengua indisolubles.

Bibliografía

Boretzky, N., Euninger, W., Jessing, B. y Stolz, T. (1994) *Donald A. Lessau. A dictionary of grammaticalization*, Bochum: Universitätsverlag Dr. N. Brockmeyer, 3 vols.

Bybee, J., Perkins, R. y Pagliuca, W. (1994) *The evolution of grammar*, Chicago: The University of Chicago Press.

Company, C. (ed.) (2003) *Gramaticalización y cambio sintáctico en la historia del español*, México: Universidad Nacional Autónoma de México.

Company, C. (dir.) (2009) *Sintaxis histórica de la lengua española. Segunda parte: La frase nominal*, México: Fondo de Cultura Económica y Universidad Nacional Autónoma de México.

Company, C. (dir.) (2014) *Sintaxis histórica de la lengua española. Tercera parte: Adverbios, preposiciones y conjunciones. Relaciones interoracionales*, México: Fondo de Cultura Económica y Universidad Nacional Autónoma de México.

Costa, S. (ed.) (2011) *Estudios de lingüística hispánica II. Gramaticalización y lexicalización*, Montevideo: Universidad de la República.

Davidse, K., Breban, T., Brems, L. y Mortelmans, T. (eds.) (2012) *Grammaticalization and language change. New reflections*, Ámsterdam: John Benjamins.

Eckardt, R. (2006) *Meaning change in grammaticalization. An enquiry into semantic reanalysis*, Oxford: Oxford University Press.

Garachana, M. (ed.) (2006) *Gramaticalización y cambio sintáctico*, número monográfico de *Anuari de Filologia*, 11–12.

Heine, B., Claudi, U. y Hünnemeyer, F. (1991) *Grammaticalization. A conceptual framework*, Chicago: The University of Chicago Press.

Heine, B. y Kuteva, T. (2002) *World lexicon of grammaticalization*, Cambridge: Cambridge University Press.

Hopper, P. y Traugott, E. (2003) *Grammaticalization*, Cambridge: Cambridge University Press.

Hualde, I., Olarrea, A. y O'Rourke, E. (eds.) (2012) *Handbook of Hispanic linguistics*, Londres/Nueva York: Blackwell.

Leite, S., Lima-Hernandes, M. y Casseb, V. (orgs.) (2007) *Introdução a gramaticalização*, São Paulo: Parábola.

Lehmann, C. (1994) *Thoughts on grammaticalization*, Múnich: Lincoln.

Marchello-Nizia, C. (2006) *Grammaticalisation et changement linguistique*, Bruselas: De Boeck.

Narrog, H. y Heine, B. (eds.) (2011) *The Oxford handbook of grammaticalization*, Oxford: Oxford University Press.

Nørgård-Sørensen, J., Heltoft, L. y Schøsler, L. (2011) *Connecting grammaticalisation*, Ámsterdam/Nueva York: John Benjamins.

Traugott, E. y Heine, B. (eds.) (1991) *Approaches to grammaticalization*, 2 vols., Ámsterdam: John Benjamins.

Traugott, E. y Trousdale, G. (2013) *Constructionalization and constructional changes*, Ámsterdam/Filadelfia: John Benjamins.

Wischer, I. y Diewald, G. (eds.) (2002) *New reflections on grammaticalization*, Ámsterdam: John Benjamins.

Entradas relacionadas

dialectología y geografía lingüística; gramaticalización; historia del español

HABLANTES DE HERENCIA

Emilia Alonso-Marks

1. El estado de la cuestión

1.1. Las lenguas de herencia

El término *lenguas de herencia* ha ganado terreno en los ámbitos educativos y académicos desde los años noventa del siglo XX y se usa principalmente para referirse a lenguas que tienen un estatus minoritario en un contexto donde predomina una lengua sobre las demás. En realidad, el concepto se originó en Canadá y se tiene noticias de su uso habitual desde los años setenta del siglo XX (Cummins 2005). En otros países, como Australia o el Reino Unido, en vez de lenguas de herencia se prefiere el vocablo *lenguas comunitarias* (o *lenguas habladas por la comunidad*). En los Estados Unidos el término más corriente es el de *lenguas de herencia*. Los académicos lo consideran un término más neutral y abierto que no lleva el estigma asociado a otros calificativos como minoritarias, indígenas, inmigrantes o étnicas. La actitud de que el término implica connotaciones positivas de patrimonio cultural y lingüístico para los hablantes de estas lenguas ha abierto la puerta a una gran variedad de iniciativas educativas para el aprendizaje de lenguas que no son mayoritarias.

1.2. Los hablantes de herencia

A juzgar por todas las acepciones que se han barajado en la literatura, definir el término *hablantes de herencia* no ha resultado tan simple empresa. Una gran parte de las definiciones que se han propuesto hasta la fecha han girado alrededor de dos elementos bien diferenciados: que haya una conexión personal o familiar con un determinado grupo o que estos hablantes posean un cierto grado de competencia lingüística (Fishman 2001; Valdés 2001; Beaudrie y Ducar 2005). Tal vez, de las definiciones propuestas, la de Valdés sea la más usada tanto en el ámbito educativo como para propósitos investigadores. Ello es debido a que el nivel de competencia se considera un ingrediente indispensable en la definición de hablantes de herencia. De acuerdo con la definición de Valdés, un hablante de herencia es una persona que "se ha criado en un hogar donde se habla una lengua distinta al inglés, que habla o al menos comprende el idioma y que es, hasta cierto punto, bilingüe en esa lengua y en inglés" (Valdés 2001: 38 [traducción propia]). Esta definición, aunque circunscrita al caso de hablantes de herencia de países donde el inglés es la lengua predominante, es extrapolable a cualquier otro contexto en el que la adquisición de la lengua por parte de los hablantes sea incompleta, porque se haya visto desplazada bien por el idioma mayoritario o bien por el entorno social de la lengua que los hablantes comenzaran a adquirir inicialmente.

2. Hablantes de herencia frente a estudiantes de una segunda lengua/lengua extranjera

Una cuestión importante con respecto a la definición de hablantes de herencia es hasta qué punto difieren estos de los hablantes de una segunda lengua (L2) o una lengua extranjera (LE). Los hablantes de una L2 son los que están expuestos a la lengua meta fuera de clase en una variedad de contextos y/o situaciones. Por ejemplo, los estudiantes que van a estudiar inglés en Canadá estudian inglés como L2. Por el contrario, los hablantes de una LE rara vez van a estar expuestos a la lengua meta fuera del contexto de clase. Por ejemplo, los estudiantes que estudian chino mientras viven en los Estados Unidos estudian chino como LE. Según Potowski y Carreira (2004), estos grupos se diferencian en tres aspectos principales: los aspectos lingüísticos, los aspectos afectivos y los aspectos académicos.

Desde el punto de vista lingüístico, los hablantes de herencia no suelen tener acceso ni a terminología gramatical ni a distinciones metalingüísticas. Ello se debe a que, a diferencia de los hablantes de una L2/LE, los hablantes de herencia por lo general no son escolarizados en su lengua de herencia. Otra diferencia es que los hablantes de herencia, en muchos casos, hablan una variedad lingüística que no es necesariamente una variedad prestigiosa de la lengua de herencia. Al no recibir entrenamiento formal en lectura ni escritura, los hablantes de herencia tienden a escribir su lengua fonéticamente. Sin embargo, a diferencia de los hablantes de una L2/LE, los hablantes de herencia poseen un alto nivel de comprensión lingüística y gran fluidez a la hora de expresarse. Además, los hablantes de herencia son conscientes de las normas sociolingüísticas por las que se rige su lengua de herencia y saben aplicarlas apropiadamente. Por ejemplo, saben cómo y en qué contexto dirigirse a una persona, formal (mediante usted) o informalmente (mediante tú). La pronunciación de los hablantes de herencia es equivalente a una pronunciación nativa o cuasinativa y su léxico activo es más amplio en asuntos cotidianos, objetos del hogar, celebraciones culturales (bautizos, casamientos, fiestas de cumpleaños, funerales, etc.) que en materias estrictamente académicas.

Con respecto a los aspectos afectivos, los hablantes de herencia exhiben una mayor conexión personal con su lengua que los hablantes de una L2/LE. Esto se debe a que, en muchos casos, los hablantes de herencia hablan la lengua en casa y comparten sus experiencias cotidianas en su lengua de herencia con familiares, amigos y allegados. Se expresan con fluidez. No obstante, suelen ser muy conscientes de sus limitaciones lingüísticas por su desconocimiento formal de las reglas ortográficas y gramaticales. Por tanto, los hablantes de herencia tienden a tener cierta inseguridad lingüística y baja autoestima en comparación con los estudiantes de una L2/LE, quienes han aprendido la lengua en un contexto en el que aprender otra lengua de modo escolarizado es una ventaja, una herramienta que les abre las puertas a otras perspectivas y experiencias culturales.

En cuanto a los aspectos académicos, muchos de los hablantes de herencia provienen de un nivel socioeconómico desfavorecido y sus padres no han tenido acceso a una educación formal. De ahí que estos hablantes se eduquen creyendo que hablan una variedad estigmatizada de su lengua de herencia. En el informe del año 2007 del Centro Nacional de Estadística Educativa (NCES), el número de estudiantes de origen hispánico o estudiantes latinos que dejaban la escuela secundaria antes de terminar sus estudios era el más elevado en los

Estados Unidos. Por tanto, la enseñanza de la lengua extranjera debe tener en cuenta las necesidades tanto sociodemográficas como académicas de los hablantes de herencia (ver Espinoza Moore y Alonso-Marks 2013). Por ejemplo, las actividades de lectura y escritura han de seleccionarse cuidadosamente no solo de acuerdo con el nivel general de competencia lingüística de los hablantes de herencia sino también en función de su nivel académico.

2.1. *Las necesidades de los hablantes de herencia*

Como hemos visto, los hablantes de herencia son muy diferentes de los hablantes de una L2/ LE y tienen necesidades diferentes. Constituyen un sector muy heterogéneo de la población. Por ejemplo, aunque la mayoría de los hispanohablantes de herencia nazca en los Estados Unidos, el 40 % llega con edades distintas y bajo circunstancias muy diferentes (NCES 2007). ¿Qué podría hacer el sistema escolar para adaptarse a las necesidades de los hablantes de herencia? Una posibilidad sería mantenerlos separados de los hablantes de una L2/LE desde el principio y después agruparlos en niveles de instrucción avanzados. Otra alternativa sería agruparlos desde el comienzo. Esta es la opción a la que se ha recurrido con más frecuencia. Sin embargo, es el contexto académico que más intimida a hablantes de herencia y a hablantes de una L2/LE por igual. Tanto las destrezas de los alumnos como las expectativas de los profesores son distintas. En este tipo de situaciones, los profesores experimentados aprovecharían al máximo la experiencia de sus alumnos, por un lado diseñando actividades en las que cada grupo podría hacer uso de sus habilidades y por otro mostrando la sensibilidad necesaria hacia aquellas áreas que presentan un mayor desafío para sus alumnos. Este método es el conocido como instrucción diferenciada (Tomlinson 1999). Con frecuencia se ha asumido que, como los hablantes poseen fluidez en su lengua de herencia, deben estar ya alfabetizados en esta lengua. ¿Qué les podría aportar una clase de su lengua de herencia? La verdad es que les podría aportar mucho. Los hablantes de herencia plantean una serie de desafíos a los profesores de lengua extranjera. No saben qué enseñar ni cómo enseñárselo. El hecho de que sean hablantes nativos de su lengua de herencia no significa que no precisen de educación o entrenamiento lingüístico, que no desarrollen sus destrezas de lectura y escritura y que no refresquen y expandan sus conocimientos de las sociedades y culturas hispánicas. Algunos profesores están convencidos de que su meta es enseñar español estándar, la variedad hablada por una mayoría importante de hispanoparlantes y reconocida por muchos como la variedad neutra y prestigiosa. Pero promover el uso de una variedad en particular, en detrimento de otras, no le haría justicia al rico tapiz de variedades lingüísticas y tradiciones culturales del mundo hispanófono.

Los hablantes de herencia difieren de los aprendices de una L2/LE en varios parámetros. Habrá un número de técnicas similares de enseñanza que los profesores de una lengua extranjera podrían implementar en sus clases de destrezas mixtas. No obstante, no hay que perder de vista las necesidades lingüísticas, académicas y afectivas de los hablantes de herencia en sus clases. Los profesores deben seleccionar materiales de clase que tengan sentido y se ajusten no solo a los niveles de competencia —lingüística y académica— de sus estudiantes sino a sus vidas. Las lecciones deberían ser más incluyentes y desenvolverse en torno a los programas de lengua y literatura y no exclusivamente al programa de lengua extranjera. Idealmente los profesores deberían celebrar el hecho de que sus estudiantes tengan antecedentes lingüísticos y culturales tan diversos, e incorporar en clase las variedades lingüísticas que hablan sus estudiantes para enriquecer la experiencia de todos los alumnos. Después de todo se espera que el microcosmos que habitamos sea un fiel reflejo de nuestro mundo cada vez más diverso y complejo (Alonso-Marks 2011).

3. El concepto de desgaste o atrición en relación con los hablantes de herencia

Las orientaciones principales para describir el conocimiento de los hablantes de herencia son dos: 1) describirlo en un rango de dominio lingüístico de menor a mayor; o 2) hacerlo en función de la generación de inmigrantes (primera, segunda, tercera, y así sucesivamente). En este sentido, autores como Montrul (2012) describen a los hablantes de herencia como un grupo lingüísticamente heterogéneo cuya habla de adulto se caracteriza por la adquisición incompleta o desgaste. Tradicionalmente, la variación gramatical entre los hablantes de herencia se estudiaba dentro de un marco sociolingüístico y a través de estudios de personas de distintas generaciones y de diferentes zonas geográficas (por ejemplo, el estudio de Los Ángeles, California llevado a cabo por Silva-Corvalán en 1994). Recientemente se han realizado investigaciones sobre la competencia lingüística de los hablantes de herencia desde una perspectiva lingüística (lingüística formal) y psicolingüística también. Este tipo de estudios se ha basado en el conocimiento y procesamiento lingüísticos y no simplemente en los patrones de uso. De cualquier modo, tanto las investigaciones sociolingüísticas como las que han adoptado un punto de vista psicolingüístico han llegado a la misma conclusión. La actuación de los hablantes de herencia difiere significativamente de la de los hablantes nativos monolingües (Montrul 2012; Montrul y Ionin 2012). Por ejemplo, los hablantes de herencia y los hablantes de una L2 tienden a interpretar las aseveraciones con artículo como aseveraciones específicas, mientras que para los hablantes nativos monolingües las aseveraciones con artículo son aseveraciones generales:

(1) a. *Los tigres comen carne* (aseveración específica para los hablantes de herencia y los hablantes de una L2)
  b. *Los tigres comen carne* (aseveración general para los hablantes nativos monolingües)

3.1. Sustitución lingüística frente a desgaste

Ambos fenómenos tienen que ver con la alternancia de idiomas o cambio de código, pero mientras que la sustitución lingüística afecta a una comunidad de habla, el desgaste afecta al individuo.

Durante la sustitución lingüística, una comunidad cambia completamente de lengua a lo largo de varias generaciones. Este proceso sociolingüístico e intergeneracional se da principalmente en situaciones de lenguas en contacto, por motivos de prestigio de una lengua sobre otra. No es un proceso rápido y puede demorarse considerablemente hasta que la sustitución sea completa. En el proceso de sustitución intervienen cambios léxicos, gramaticales y fonológicos.

Además, el desgaste es el cambio de una lengua a otra a nivel psicolingüístico. Mientras que la sustitución lingüística tiene que ver con el cambio de código de una comunidad, el desgaste afecta al individuo. Por desgaste se entiende la pérdida de la primera lengua (L1) o la L2 de un individuo por el proceso de cambio de código lingüístico. A diferencia de la sustitución lingüística, el desgaste es un proceso intrageneracional, es decir, el cambio afecta a las personas de la misma generación: los hablantes pierden algunas de las destrezas comunicativas de su L1 en favor de su L2. Una definición clara del concepto de desgaste es la de Schmid y Köpke (2008: 2): "El término desgaste de la primera lengua se refiere a un cambio en el sistema de la lengua nativa del bilingüe que adquiere y usa la segunda lengua. Este cambio puede llevar a una variedad de fenómenos dentro del sistema de la primera lengua, entre los que se encuentran interferencias de la segunda lengua en todos los niveles (fonético, léxico, morfosintáctico, pragmático), simplificación o empobrecimiento de la primera lengua, o inseguridad por parte del hablante, que se manifiesta en titubeos frecuentes y estrategias de auto-reparación y cobertura" (traducción mía).

Hay lingüistas que consideran todos los tipos de pérdida de lenguas como ejemplos de desgaste, es decir, que consideran el desgaste como un concepto muy amplio. En la mayoría de los casos, los hablantes no usan parte de su L1 porque no tienen contacto suficiente con su lengua materna. Esto ocurre en muchos casos con los inmigrantes. Por diferentes razones socioeconómicas y políticas, los inmigrantes tienen que adaptarse al medio social y usar la lengua mayoritaria cuando están fuera de casa. Con el tiempo, empiezan a utilizar el idioma de su entorno social porque tiene más prestigio, lo que finalmente resulta en una ruptura con las tradiciones de su lengua materna.

3.2. La hipótesis de la regresión

Una hipótesis importante para muchas investigaciones en el ámbito de la pérdida de lenguas y del desgaste es la hipótesis de la regresión de Jakobson (1968), que se discute en Seliger (1991) en profundidad. Según esta hipótesis, los procesos de adquisición y pérdida de una lengua son los mismos. De la misma manera que se adquiere una lengua en varias etapas, una lengua se pierde también en varias etapas. Y las últimas destrezas lingüísticas que hayan adquirido los hablantes serán las primeras que se pierdan. Hay que tener en cuenta que Jakobson investigó la afasia. Típicamente producida por un trauma cerebral, la afasia consiste en un cambio brusco por el que el hablante deja de hablar de repente. Los lingüistas han cuestionado y desmentido muchas de las observaciones formuladas por Jakobson con respecto a la adquisición y la pérdida lingüísticas. Es obvio que lo que ocurre en el caso del desgaste no es un proceso repentino ni patológico, sino gradual y natural. El proceso de adquisición del idioma materno resulta un material más apropiado para investigar el fenómeno del desgaste porque en este caso también se trata de un proceso paulatino.

3.3. Características lingüísticas del desgaste

3.3.1. Características léxicas

Algunos autores como Schmid y Köpke (2008) han señalado que el desgaste de la L1 se suele manifestar primero en el léxico. El léxico es la parte más débil de una lengua y por ello también la más susceptible de experimentar pérdidas. Cuando se adoptan palabras de la lengua dominante a estas se las llaman préstamos. Si se adoptan demasiadas palabras de la lengua dominante, el resultado puede ser una pérdida léxica sustancial de la lengua minoritaria. Otro fenómeno de desgaste que ocurre en el terreno del léxico es la interferencia. A través de la interferencia se crean neologismos, es decir, nuevas palabras derivadas del idioma dominante. Un ejemplo conocido es *rascacielos*, un calco de la palabra inglesa *skyscraper* que se adoptó a partir de 1885 para designar al edificio más alto del mundo conocido hasta la fecha, el Home Insurance Building, de diez pisos, en Chicago, Estados Unidos. *Rascacielos* se recoge ya en la edición de la RAE de 1927.

Además, es posible encontrar calcos o traducciones literales de construcciones idiomáticas o frases y cognados falsos (a los que se les transfiere un significado del inglés). Por ejemplo:

(1)   a. *llamar p'atrás* (del inglés *to call back*), por "devolver la llamada"
     b. *tomar ventaja de* (del inglés *to take advantage of*), por "aprovecharse de X"
     c. *aplicación* (del inglés *application*), por "solicitud"

Otros fenómenos que afectan al léxico son la adaptación de palabras del idioma dominante a la lengua materna de los hablantes. Por ejemplo:

(2)   a. *mopear* (del inglés *to mop*), por "pasar la fregona"
     b. *troca* (del inglés *truck*), por "camión"

Hay veces en las que, aunque haya una palabra en español, el hablante prefiere usar otra palabra adaptada. Por ejemplo:

(3)   a. El niño se cayó del *rufo* (del inglés *roof*), por "tejado"

En otras ocasiones, no hay una palabra en español y la forma adaptada se considera más sencilla. Por ejemplo:

(4)   a. *imelear* (del inglés *to send an e-mail*), por "enviar un mensaje de correo electrónico"

3.3.2. *Características gramaticales*

El desgaste puede tener consecuencias negativas para la morfosintaxis de una lengua, aunque es un área que parece estar menos afectada que el léxico. Según Lipksi (2008), es posible hallar errores en diferentes áreas morfosintácticas del español de los hablantes de herencia. El desgaste se manifiesta principalmente en las conjugaciones verbales, la selección del modo, la concordancia de género y número, el uso inapropiado de los determinantes, la selección de la preposición adecuada, el empleo innecesario de los pronombres personales con función sujeto, entre otros.

    Cuando se adapta una palabra del idioma dominante a la lengua de herencia, esta también se adapta fonológica y morfológicamente.

(1)   Adaptación fonológica:
     a. rufo > [rúfo], *[ɹúfow]
     b. chopear > [tʃopeár], *[ʃopeár]

(2)   Adaptación morfológica:
     Se le agrega una desinencia de género a un sustantivo adaptado, sobre todo si es una palabra monosilábica, termina en consonante o en un grupo consonántico no permitido en español:
     a. truck > troca
     b. yard (= garden) > yarda
     Nota: Por lo general, la pronunciación de la palabra viene determinada por el idioma de la desinencia, debido al fenómeno de la restricción del morfema libre.
     Si el sustantivo es una palabra larga o si termina en una consonante permitida en posición final en la lengua de herencia, no se le agrega ninguna desinencia de género:
     c. internet > internet

d. manager > mánayer

Al adaptar un verbo de la lengua dominante a la lengua de herencia, la desinencia más común parece ser -ear:

e. chequear, cliquear, taipear, etc.

Pero a veces se usa -ar:

f. rentar, puchar, etc.

Estas adaptaciones también son generalizaciones en vez de reglas fijas.

Además, el orden sintáctico de la lengua dominante puede interferir en el orden sintáctico que se aplique a la L1. Cuando hay interferencias de la L2 en la L1, estas interferencias pueden llevar a la creación de estructuras propias o reformulación de estructuras existentes en la L1. En situación de lenguas en contacto es común encontrar el fenómeno de la alternancia de idiomas o el cambio de código. Por ejemplo:

(3) a. *If you want me to*, yo te llamo mañana (por "Si quieres, te llamo mañana")

La alternancia de idiomas o cambio de código es un fenómeno universal, que surge en situaciones y lugares de contacto entre dos idiomas. Suele ser una característica del habla de los bilingües en situaciones sociales específicas. Se puede usar como estrategia cuando alguien no domina uno de los dos idiomas en una clase de L2/LE, y sobre todo, puede emplearse para establecer solidaridad con otros hablantes bilingües o como seña de identidad (Fromkin *et al.* 2010). Es un fenómeno que está regido por una estructura gramatical interna. Es común realizar un cambio de código entre el sujeto y el predicado. Por ejemplo:

(4) a. Los estudiantes *finished their homework* (por "Los estudiantes terminaron la tarea")

Nota: El cambio no se suele hacer si el sujeto es un pronombre. Por ejemplo:

b. *Ellos *finished their homework*

En general, se respetan las reglas sintácticas de los dos idiomas. Es posible decir:

(5) a. *My mom fixes* col rellena (por *My mom fixes stuffed cabbage* o "Mi mamá hace col rellena"), pero no se dice:

b. *My mom fixes* rellena col

c. *Mi mamá hace *cabbage stuffed*

Estas son generalizaciones; no son reglas fijas.

4. Observaciones finales

La lengua hablada por los hablantes de herencia es producto del desgaste de la L1. Este cambio ocurre por lo general no inmediatamente sino en el transcurso de varias generaciones. Hablamos de desgaste cuando los hablantes pierden la facilidad de usar la lengua que han aprendido en casa, durante su infancia, y se ven inclinados a usar la lengua nacional. Como hemos visto, los hablantes de herencia son bilingües, pero hasta cierto punto. De hecho, en la mayoría de los casos, no son considerados hablantes nativos porque no tienen ni el mismo nivel de conocimiento de la L1, ni el mismo nivel de destreza en la L1, que poseen los hablantes nativos. Por otro lado tampoco pueden considerarse como hablantes principiantes de una LE porque ya tienen cierto grado de conocimiento de ambas lenguas.

Como hemos visto, hay similitudes entre los hablantes de herencia y los hablantes monolingües, por un lado, y entre los hablantes de herencia y los estudiantes de una L2/LE por otro. Los hablantes de herencia adquieren su L1 de la misma manera que los niños monolingües, en un hogar al hablar con su familia y pasar por una serie de estadios predecibles en su desarrollo lingüístico (Montrul 2008). Al igual que los estudiantes de una L2, los hablantes de herencia hacen un mayor uso del idioma mayoritario en su vida cotidiana y por eso su lengua heredada sufre las influencias de la lengua dominante. Además, cometen errores similares a los de los estudiantes de una L2. Dentro del ámbito norteamericano, los hablantes de herencia se caracterizan como individuos que se han escolarizado en la lengua mayoritaria de su comunidad, el inglés en este caso. Han hablado español especialmente durante la primera infancia con la familia y el cambio del español al inglés ha ocurrido de forma rápida, típicamente antes de la adolescencia. Es notable que se inclinen por el uso de la lengua inglesa incluso cuando el intercambio se inicia en español. La realidad lingüística de los hablantes de herencia contrasta con la de los hablantes nativos que rutinariamente manejan el español tanto en el ámbito familiar como en el escolar. Además, el hablante nativo siempre queda conectado con la lengua española y la identidad hispana o latina, mientras que el hablante por herencia, debido a complejas razones sociales, no suele considerar la lengua española como una parte positiva de su identidad latina. Estudios como los de Valdés y Geoffrion-Vinci (1998) y Showstack (2012) indican que existen casos en los que los profesores marginan las variedades del español que se perciben como poco refinadas y los propios hablantes de herencia, a su vez, deslegitimizan las variedades que consideran no-estandarizadas. De este modo, los profesores pueden llegar a marginar a los estudiantes que no tengan cabida en sus categorías preestablecidas de lengua e identidad cultural. No cabe duda de que el papel que desempeña el profesor es clave para esclarecer las múltiples facetas de la identidad lingüística y cultural de los hablantes de herencia que tenga en clase. En este sentido, sería necesaria más investigación lingüística en el aula.

Bibliografía

Abello-Contesse, C., Chandler, P., López-Jiménez, M. D. y Chacón-Beltrán, R. (ed.) (2013) *Bilingual and multilingual education in the 21st century: Building on experience*, Clevedon: Multilingual Matters.

Alonso-Marks, E. (2011) "Heritage language speakers", *Estudios de Lingüística Inglesa Aplicada (ELIA)*, 11, pp. 183–187.

Beaudrie, S. y Ducar, C. (2005) "Beginning-level university heritage programs: Creating a space for all heritage language learners", *Heritage Language Journal*, 3, 1 [en línea]. Accesible en www. heritagelanguages.org.

Beaudrie, S. y Fairclough, M. (ed.) (2012) *Spanish as a heritage language in the United States: The state of the field*, Washington, DC: Georgetown University Press.

Cummins, J. (2005) "A proposal for action: Strategies for recognizing heritage language competence as a learning resource within the mainstream classroom", *Modern Language Journal*, 89, pp. 585–592.

Espinoza Moore, J. E. y Alonso-Marks, E. (2013) "Heritage speakers in school settings: Are their needs being met?", en Abello-Contesse, C., Chandler, P., López-Jiménez, M. D. y Chacón-Beltrán, R. (ed.) *Bilingual and multilingual education in the 21st century: Building on experience*, Clevedon: Multilingual Matters, pp. 299–314.

Fishman, J. (2001) "300-plus years of heritage language education in the United States", en Peyton, J., Ranard, D. y McGinnis, S. (ed.) *Heritage languages in America: Preserving a national resource*, McHenry: Center for Applied Linguistics and Delta Systems, pp. 87–97.

Fromkin, V., Rodman, R. y Hyams, N. (2010) *An introduction to language*, 9.ª ed., Wadsworth: Cenage Learning.

Jakobson, R. (1968) *Child language: Aphasia and phonological universals*, La Haya: Mouton.

Lipski, J. M. (2008) *Varieties of Spanish in the United States*, Washington DC: Georgetown University Press.

Montrul, S. (2008) *Incomplete acquisition in bilingualism: Re-examining the age-factor*, Filadelfia: John Benjamins.

Montrul, S. (2012) "The grammatical competence of Spanish heritage speakers", en Beaudrie, S. y Fairclough, M. (ed.) *Spanish as a heritage language in the United States: The state of the field*, Washington, DC: Georgetown University Press, pp. 101–120.

Montrul, S. y Ionin, T. 2012 "Dominant language transfer in Spanish heritage speakers and second language learners in the interpretation of definite articles", *Modern Language Journal*, 96, pp. 70–94.

Status and trends in the education of racial and ethnic minorities, NCES report 2007039 (2007) Washington, DC: US Government Printing Office.

Pavlenko, A. (ed.) (2008) *The bilingual mental lexicon: Interdisciplinary approaches*, Clevedon: Multilingual Matters.

Peyton, J., Ranard, D. y McGinnis, S. (ed.) (2001) *Heritage languages in America: Preserving a national resource*, McHenry: Center for Applied Linguistics and Delta Systems.

Potowski, K. y Carreira, M. (2004) "Teacher development and national standards for Spanish as a heritage language", *Foreign Language Annals*, 37, pp. 427–437.

Schmid, M. S. y Köpke, B. (2008) "L1 attrition and the mental lexicon", en Pavlenko, A. (ed.) *The bilingual mental lexicon: Interdisciplinary approaches*, Clevedon: Multilingual Matters, pp. 209–238.

Seliger, H. W. (1991) *First language attrition*, Cambridge: Oxford University Press.

Showstack, R. (2012) "Symbolic power in the heritage language classroom: How Spanish heritage speakers sustain and resist hegemonic discourses on language and cultural diversity", *Spanish in Context*, 9, 1, pp. 1–26.

Silva-Corvalán, C. (1994) *Language contact and change: Spanish in Los Angeles*, Oxford: Oxford University Press.

Tomlinson, C. A. (1999) *The differentiated classroom: Responding to the needs of all Learners*, Alexandria: Association for Supervision and Curriculum Development.

Valdés, G. (2001) "Heritage language students: Profiles and possibilities", en Peyton, J., Ranard, D. y McGinnis, S. (ed.) *Heritage languages in America: Preserving a national resource*, McHenry: Center for Applied Linguistics and Delta Systems, pp. 37–80.

Valdés, G. y Geoffrion-Vinci, M. (1998) "Chicano Spanish: The problem of the underdeveloped code in bilingual repertoires", *Modern Language Journal*, 82, pp. 473–501.

Lecturas complementarias

Colombi, M. C. y Alarcón, F. X. (1997) *La enseñanza del español a hispanohablantes: Praxis y teoría*, Boston: Hougton Mifflin.

Cook, V. y Bassetti, B. (ed.) (2011) *Language and bilingual cognition*, Nueva York: Psychology Press.

Fairclough, M. (2005) *Spanish and heritage language education in the United States: Struggling with hypotheticals*, Madrid/Fráncfort: Iberoamericana/Vervuert.

Ortega, L. (2009) *Understanding second language acquisition*, Londres: Hodder.

Potowski, K. (2005) *Fundamentos de la enseñanza del español a los hablantes nativos en los Estados Unidos*, Madrid: Arco Libros.

Roca, A. y Colombi, M. C. (ed.) (2003) *Mi lengua: Spanish as a heritage language in the United States: Insights from research and practice*, Washington, DC: Georgetown University Press.

Zentella, A. C. (ed.) (2005) *Building on strength: Language and literacy in Latino families and communities*, Nueva York: Teachers College.

Entradas relacionadas

adquisición del español como segunda lengua; adquisición del español como lengua materna; bilingüismo; enseñanza del español como lengua extranjera

HISTORIA DEL ESPAÑOL: LÉXICO

Steven N. Dworkin

Desde la perspectiva histórica, el léxico del español (o de cualquier otra lengua romance) puede dividirse en tres categorías: (1) las palabras heredadas directamente de las variedades regionales y sociales del latín hablado de la Península Ibérica, es decir, el léxico patrimonial; (2) las palabras tomadas como préstamos de las muchas lenguas con las que el latín hablado y el hispanorromance entraron en contacto durante los dos mil años de su historia y (3) las palabras creadas dentro de la lengua por los varios procesos derivacionales como la prefijación, la sufijación y la composición léxica. Esta visión panorámica de la historia del léxico español se centrará en las dos primeras fuentes de materia léxica; para (3) véase Pharies 2002 y la bibliografía rica que ofrece. Remito al lector a Dworkin 2012 para una presentación más detallada de cada apartado con una selección más amplia de ejemplos y discusión de problemas analíticos y etimologías controvertidas acompañada de bibliografía pertinente. Señalo otras fuentes importantes y lecturas complementarias al final de cada apartado.

1. La base latina

Los romanos trajeron su lengua a la Península Ibérica en el 218 a. C. como consecuencia de la Segunda Guerra Púnica con Cartago. Durante los seis siglos de la presencia romana el léxico del latín hablado en el Imperio Romano siguió evolucionando. Aunque el latín hablado de la Península Ibérica participara plenamente en este proceso, sin embargo mantuvo algunas palabras que acabaron por caer en desuso en otras regiones del Imperio. No todas las innovaciones léxicas que se irradiaban desde los centros lingüísticos del Imperio occidental (Roma, Lugdunum, Treveris) alcanzaron la lejana Península Ibérica. El origen de algunos vocablos pertinentes sigue siendo tema polémico. Si en realidad *tomar, matar* y *colmena*, palabras sin correspondencia autóctona en ninguna otra lengua romance salvo el portugués, continúan AESTUMARE (Malkiel 1976), MACTARE (Dworkin 2003) y CRUMENA (Malkiel 1984), reflejan una capa temprana del latín hablado de la Península Ibérica. Las palabras siguientes tampoco tienen cognados en las lenguas romances fuera de la Península Ibérica: *acechar* (esp. ant. *assechar*), ptg. *asseitar* < *ASSECTARE, *ajeno*, ptg. *alheio* < ALIENUS, *asar*, ptg. *assar* < ASSARE , *atar* < APTARE, *ave*, ptg. *ave* (también cat. ant. *au*, sard. *ae*) < AVIS, *barrer* < VERRERE, *cabeza*, ptg. *cabeça* < CAPITIA, *callos* < CALLUM, *centeno*, ptg. *centeio* < CENTENUM, *cerraja* < SARRALIA, *cieno* < CAENUM, *comer* < COMEDERE, *cojo*, ptg. *coxo* < COXUS, denostar < *DEHONESTARE, *hablar*, ptg. *falar* < FABULARI, *feo*, ptg. *feio* < FOEDUS, *heder*, ptg. *feder* < F(O)ETERE, *hormazo, hormaza* < FORMACEUS, *lamer*, ptg. *lamber* (cf. sard. *làmbere*) < LAMBERE, *lejos* < LAXUS, *lindar* < LIMITARE, *loza*, ptg. *loça* < LAUTIA, *madrugar*, ptg. *madrugar* < *MATURICARE (←MATURUS), *medir* < METIRE, *preguntar*, ptg. *perguntar* < PERCUNTARE, esp. ant. *pescudar* < PERSCRUTARE, *pierna*, ptg. *perna* <PERNA, *porfía* < PERFIDIA, *quemar*, ptg. *queimar* < CREMARE(?) (cf. arag., cat. *cremar*), *recudir* < RECUTERE, *rostro*, ptg. *rosto* < ROSTRUM, *trigo* < TRITICUM, *vacío*, ptg. *vazio* < VACIVUS.

Las palabras latinas siguientes han dejado descendencia solo en el español, el portugués y en el rumano, continuación del latín hablado en Dacia, provincia que dejó de estar sujeta a la influencia lingüística del Imperio a partir del tercer siglo d. C. y donde las variedades del romance hablado han conservado lexías que acabaron por caer en desuso en las regiones centrales del Imperio: AFFLARE > *hallar*, ptg. *achar*, rum. *afla* (y también en algunos dialectos italianos meridionales), ANGUSTUS > *angosto*, rum. *îngust*; ARENA > *arena*, ptg. *areia*, rum. *arina*, FORMOSUS > *hermoso*, ptg. *formoso*, rum. *frumos*; FERVERE > *hervir*, ptg. *ferver*, rum. *fierbe*; HUMERUS > *hombro*, ptg. *ombro*, rum. *umăr*; CASEUS > *queso*, ptg. *queijo*, rum. *caș* (también sard., sic. *casu*), EQUA > *yegua*, ptg. *égoa*, cat. *egua*, rum. *iapă*), MENSA > *mesa*, rum. *masă*, PETERE > *pedir*, rum. *peți*, REUS > *reo*, rum. *rău*.

El latín hablado de la Península Ibérica tuvo las fuerzas necesarias para acuñar innovaciones léxicas. A partir del participio EXPERTUS ← EXPERGISCI 'despertar' se creó un verbo *EXPERTARE, fuente del esp. *despertar*. A partir del adverbio MANE 'temprano por la mañana' se derivó en el latín de la Península Ibérica *MANEANA, fuente de *mañana*, ptg. *amanhã*. En algunos casos las innovaciones salen como derivados novedosos y locales. Del adjetivo AMARUS 'amargo' (cf. esp. ant. *amaro*), se creó un adjetivo AMARELLUS, fuente a lo largo del esp. *amarillo*, ptg. *amarelo* (por asociación con el color de la piel como resultado de las consecuencias de la hiel). Al lado de las formas medievales *cuer/cor* < COR se generó una forma innovadora *corazón*, ptg. *coração* cuya génesis sigue siendo tema polémico. El latín de la Península Ibérica parecía conocer un derivado *CINISIA, fuente del esp. *ceniza*, ptg. *cinza* (versus fr. *cendre*, it. *cenere* < CINERE).

Por un proceso de reducción o condensación léxica de algunas frases adjetivales el latín de la Península Ibérica convirtió en sustantivos nuevos algunos antiguos adjetivos. La frase FRATER GERMANUS/SOROR GERMANA designaba hermanos que tenían los mismos padres biológicos. Se eliminó el sustantivo, creando así como sustantivos *hermano/hermana* (todavía queda por aclararse el origen de la *h-* no etimológica). Del mismo modo el adjetivo en la frase AGNUS CORDUS fue sustituida por *CORDARIUS que llegó a sustantivarse como *cordero*. La combinación MALA MATTIANA dio luz al esp. ant. *maçana* (> *manzana*), ptg. *maçã*.

Hasta aquí este apartado sobre la base latina del léxico español que ha hecho hincapié en palabras que se encuentran solo en el hispanorromance o en otras variedades romances esparcidas. Sin embargo, la mayoría de las palabras patrimoniales del español forma parte del inmenso léxico compartido de (casi) todas las lenguas romances. Presento aquí como muestra de este estrato del léxico una selección extensiva de las casi 500 bases latinas que figurarán en el *Dictionnaire Étymologique Roman* (en elaboración en versión digitalizada: www.atilf.fr/DERom) como fuentes de palabras que han dejado descendencia panrománica (la lista completa se encuentra en Dworkin, en prensa):

1.1. Sustantivos

ACETUM > *acedo*, ALLIUM > *ajo*, ANIMA > *alma*, ANNUS > *año*, APRILIS > *abril*, AQUA > *agua*, AQUILA > *águila*, ARANEA > *araña*, ARBOR > *árbol*, AREA > *era*, ASINUS > *asno*, AUGUSTUS >

agosto, BARBA > *barba*, BOS > *buey*, BRACHIUM > *brazo*, BRUMA > *bruma*, BUCCA > *boca*, CABALLUS > *caballo*, CAELUM > *cielo*, CAMISIA > *camisa*, CAMPUS > *campo*, CANIS > aesp. *can*, CAPRA > *cabra*, CAPUT > *cabo*, CARO(NIS) > *carne*, CARRUM > *carro*, CASA > *casa*, CATENA > *cadena*, CATTUS > *gato*, CAUDA > *cola*, CENA > *cena*, CERA > *cera*, CERUUS > *ciervo*, CHORDA > *cuerda*, CIUITAS > *ciudad*, CORNU > *cuerno*, CORONA > *corona*, CORUUS > *cuervo*, COSTA > *cuesta*, CUBITUS > *codo*, CULUS > *culo*, CUPPA > *copa*, DECEM > *diez*, DENS > *diente*, DEUS > *dios*, DIES > *día*, DIGITUS > *dedo*, DOLOR > *dolor*, DOMINUS > *dueño*, ERICIUS > *erizo*, FABA > *haba*, FAMES > *hambre*, FARINA > *harina*, FEBRIS > *fiebre*, FEBRUARIUS > *febrero*, FEL > *hiel*, FAENUM > *heno*, FERRUM > *hierro*, FILIUS > *hijo*, FILUM > *hilo*, FLAMMA > *llama*, FLOCCUS > *flueco*, FOCUS > *fuego*, FOLIUM > *hoja*, FORMICA > *hormiga*, FRAXINUS > *fresno*, FRONS > *frente*, FUMUS > *humo*, FURCA > *horca*, FURTUM > *hurto*, GENER > *yerno*, GENUCULUM > *hinojo*, GINGIUA >*encía*, GLANS > *landre*, GRANUM > *grano*, GUTTA > *gota*, HEDERA > *hiedra*, HERBA > *hierba*, HIBERNUS > *invierno*, HOMO > *hombre*, IOCUS > *juego*, IUDEX > *juez*, IUGUM > *yugo*, LAC > *leche*, LACRIMA > *lágrima*, LACUS > *lago*, LANA > *lana*, LEX > *ley*, LIGNUM > *leño*, LINGUA > *lengua*, LINUM > *lino*, LUMEN > *lumbre*, LUNA > *luna*, LUPUS > *lobo*, MAGISTER > *maestro*, MAIUS > *mayo*, MANICA > *manga*, MANUS > *mano*, MARE > *mar*, MARTIUS > *marzo*, MEDULLA > *meollo*, MEL > *miel*, MENSA > *mesa*, MILLE > *mil*, MOLA > *muela*, MONS > *monte*, MULIER > *mujer*, MUNDUS > *mundo*, MUSCA >*mosca*, NAPUS > *nabo*, NARIS > *nariz*, NIX > *nieve*, NODUS > *nudo*, NOMEN > *nombre*, NOUEM > *nueve*, NOX > *noche*, NUX > *nuez*, OCTO > *ocho*, OCULUS > *ojo*, OSSUM > *hueso*, OUUM > *huevo*, PALEA > *paja*, PALUS > *palo*, PANIS >*pan*, PARENS > *pariente*, PARIES > *pared*, PASSER > *pájaro*, PASSUS > *paso*, PASTOR > *pastor*, PAX > *paz*, PECCATUM > *pecado*, PECTEN > *peine*, PECTUS > *pecho*, PEDUCULUS > *piojo*, PELLIS > *piel*, PE(N)SUM > *peso*, PETRA > *piedra*, PILUS > *pelo*, PIRUM > *pera*, PISCIS > *pez*, PONS > *puente*, POPULUS > *pueblo*, PORCUS > *puerco*, PORRUM > *puerro*, PORTA > *puerta*, PUGNUS > *puño*, PULEX > *pulga*, PUTEUS > *pozo*, QUATTUOR > *cuatro*, QUINQUE > *cinco*, RADIUS > *rayo*, RAPUM > *rabo*, RIUUS > *río*, ROTA > *rueda*, SABBATUM > *sábado*, SAL > *sal*, SALIX > *sauce*, SANGUIS > *sangre*, SEPTEM > *siete*, SERPENS > *serpiente*, SERUUS > *siervo*, SEX > *seis*, SITIS > *sed*, SOCER > *suegro*, SOMNIUM > *sueño*, SORS > *suerte*, SPATHA > *espada*, SPINA > *espina*, STELLA > *estrella*, TAURUS > *toro*, TEMPUS > *tiempo*, TERRA > *tierra*, TITIO > *tizón*, TRES > *tres*, TURDUS > *tordo*, TURTUR > *tórtola*, TUSSIS > *tos*, ULMUS > *olmo*, UMBILICUS > *ombligo*, UNDA > *onda*, UNGULA > *uña*, UNUS > *uno*, URSUS > *oso*, UTER > *odre*, UACCA > *vaca*, UADUM > *vado*, UALLIS *valle*, UENA > *vena*, UENTUS> *viento*, UESPA > *avispa*, UESSICA > *vejiga*, UICES/UICIS > *vez*, UICINUS > *vecino*, UIDUA > *viuda*, UIGINTI> *veinte*, UINEA > *viña*, UINUM > *vino*, UITA > *vida*.

1.2. Adjetivos

ACER/*ACRUS > esp. ant. *agro*, ALBUS > esp. ant. *alvo*, ALTER > *otro*, BONUS > *bueno*, CRASSUS/GRASSUS > *graso*, CRUDUS > *crudo*, CURTUS > *corto*, DIRECTUS > *derecho*, DULCIS > *dulce*, FORTIS > *fuerte*, GRAUIS > *grave*, GROSSUS > *grueso*, INTEGER > *entero*, IUUENIS > *joven*, LARGUS > *largo*, MACER > *magro*, MASCULUS > *macho*, MATURUS > *maduro*, MINUTUS > *menudo*, MOLLIS > *muelle*, MUTUS > *mudo*, NIGER > *negro*, NOUUS > *nuevo*, PLENUS > *lleno*, PRIMARIUS > *primero*, RANCIDUS > *rancio*, RECENS > *reciente*, ROTUNDUS > *redondo*, SANUS > *sano*, SICCUS > *seco*, SURDUS > *sordo*, TARDIUUS > *tardío*, TENER > *tierno*, TRISTIS > *triste*, UETULUS/UECLUS > *viejo*, UIRIDIS > *verde*, UIUUS > *vivo*.

1.3. Verbos

ADIUTARE > *ayudar*, ARARE > *arar*, AUDIRE, > *oír*, AUSCULTARE > *escuchar*, BATTUERE > esp. ant. *bater/batir*, BIBERE > *beber*, CABALLICARE > *cabalgar*, CADERE > *caer*, CANTARE > *cantar*, CINGERE > *ceñir*, CLAMARE > *llamar*, COGNOSCERE > *conocer*, COLLIGERE > *coger*, COMPARARE > *comprar*, COMPREHENDERE > *comprender*, CONSUERE > *coser*, COQUERE/COCERE > *cocer*, CREDERE > *creer*, CRESCERE > *crecer*, CURRERE > *correr*, DARE > *dar*, DICERE > *decir*, DOLERE > *doler*, DORMIRE > *dormir*, ESSE/*ESSERE > *ser*, FACERE > *hacer*, FRICARE > *fregar*, FRIGERE > *freír*, FUGERE/FUGIRE > *huir*, FUTUERE > *joder*, HABERE > *haber*, IEIUNARE > *ayunar*, IOCARE > *jugar*, LAUARE > *lavar*, LAXARE > *dejar*, LEUARE > *llevar*, LIGARE > *ligar*, LUCERE/LUCIRE > *lucir*, LUCTARE > *luchar*, MINUERE/*MINUARE > *menguar*, MIRARE > *mirar*, MOLLIARE > *mojar*, MO(N)STRARE > *mostrar*, *MORERE / *MORIRE (lat. MORI) > *morir*, MUTARE > *mudar*, NASCERE > *nacer*, NOMINARE > *nombrar*, OBLITARE > *olvidar*, ORARE > *orar*, PLUERE/PLOUERE > *llover*, PONERE > *poner*, POSSE/POTERE > *poder*, PRAEHENDERE > *prender*, QUAERERE > *querer*, RADERE > *raer*, RESPONDERE > *responder*, RODERE > *roer*, RUGIRE > *rugir*, RUMPERE > *romper*, SALIRE > *salir*, SALUTARE > *saludar*, SCRIBERE > *escribir*, SENTIRE > *sentir*, SIBILARE > *silbar*, SONARE > *sonar*, SPARGERE > *esparcir*, STARE > *estar*, SUDARE > *sudar*, TALIARE > *tajar*, TENDERE > *tender*, TENERE > *tener,* TEXERE > *tejer*, TORQUERE > *torcer*, TREMULARE > *temblar*, TUSSIRE > *toser*, UENDERE > *vender*, UENIRE > *venir*, UIDERE > *ver*, UINDICARE > *vengar*, UOLARE > *volar*.

El léxico patrimonial compartido por el español con sus lenguas hermanas abarca muchos de los campos semánticos centrales de una lengua: los nombres de los números, el parentesco, los animales domésticos y salvajes, partes del cuerpo humano, términos pertinentes al calendario, verbos de movimiento, verbos de percepción, acciones básicas, y las emociones humanas, entre otros muchos campos (véase Dworkin, en prensa).

1.4. Latinismos

Otra faceta de la herencia latina del léxico español la constituyen las muchas palabras de la lengua clásica de Roma que entraron en el hispanorromance por vía escrita. Forman la categoría de neologismos que se llaman latinismos o cultismos y cuantitativamente sobrepasan las palabras latinas heredadas. Puesto que tales palabras no siguieron los caminos de la transmisión oral al hispanorromance y han entrado con fechas tardías en la lengua, se reconocen por no haber sufrido los cambios fonéticos que operaron en las palabras patrimoniales. Aunque tales palabras se documentan desde los primeros textos medievales, muchas reflejan las consecuencias del renacimiento del estudio de las lenguas clásicas que caracteriza el Medioevo tardío y la época premoderna. A menudo la misma palabra entró en el hispanorromance por vía oral y más tarde, por vía escrita, p. ej. CAUSA > *cosa/causa*, DIRECTUS > *derecho/directo*, FABRICARE > *fraguar/fabricar*, FINGERE > *heñir/fingir*, LIMPIDUS > *limpio/límpido*, RECITARE > *rezar/recitar*. Estas parejas existen como "dobletes", es decir, palabras con sentidos distintos pero que se remontan a la misma base latina. En ciertos casos la variante latinizante acabó por desplazar a su homólogo popular: *elegir* vs. esp. ant. *esleer* < ELIGERE, *predicar* vs. esp. ant. *preigar* < PRAEDICARE. En otros un latinismo de fecha tardía reemplazó a otra palabra o una perífrasis patrimonial: *ejército/hueste*, *rápido/aína*, *ligero*, *fácil/ligero*, *difícil/grave*, *secreto/poridad*, *último/postrero*, *útil/de pro*.

Aunque no se limita al español, Reinheimer Rîpeanu (2004) ofrece un repertorio extenso de latinismos en las cinco lenguas romances nacionales.

2. Contacto con otras lenguas

En su larga historia de más de 2.000 años el continuo latín/hispanorromance ha tenido contacto directo con muchas lenguas. En algunos casos el contacto se limitaba al nivel de la lengua hablada cotidiana, mientras que en otros se producía tanto al nivel de la lengua hablada como al de la lengua escrita. El estudio de las consecuencias léxicas de tales contactos plantea toda una serie de cuestiones sobre la naturaleza de los préstamos léxicos/lingüísticos (p. ej., el prestigio socio-político de las dos lenguas, la función y la necesidad del préstamo en la lengua receptora, el camino seguido por el préstamo hacia el hispanorromance, rivalidad con lexemas ya presentes en la lengua; véase Dworkin 2012: 1–17). En lo que sigue presento las capas léxicas pertinentes en orden cronológico. En cada apartado podré ofrecer sólo algunos ejemplos escogidos. Al final de cada apartado señalo otras fuentes de datos pertinentes.

2.1. Lenguas prerromanas

Son las lenguas que se hablaban en la Península Ibérica cuando comenzaron la romanización y la latinización a partir del 218 a. C. Salvo el euskera, todas estas lenguas prerromanas, las llamadas lenguas de sustrato, se extinguieron. A pesar de que tenemos documentación epigráfica de algunas de estas lenguas (en algunos casos sin descifrar), no sabemos casi nada con respecto a sus estructuras gramaticales y léxicas. Con frecuencia el investigador se ve obligado a concluir que una palabra es de origen prerromano sin poder especificar la lengua ni mucho menos la forma de la palabra en la lengua donante. A menudo se recurre a tal explicación por no haber encontrado ningún étimo convincente ni en el latín ni en otra lengua documentada con la que el continuo latín/romance había entrado en contacto.

Tales vocablos tienden a ser sustantivos que denotan realidades concretas como rasgos físicos de la tierra, animales, flores, plantas, alimentos y bebidas e indumentaria locales. Muchos no tienen cognados fuera de las lenguas de la Península Ibérica. En ciertos casos han acabado por reemplazar palabras heredadas del latín, p. ej., *zorro/gulpeja~vulpeja, perro/can*. Hay muy pocos adjetivos españoles para los cuales se ha propuesto un étimo convincente prerromano. No es imposible que adjetivos como *izquierdo* y *zurdo* sean préstamos tardíos del vascuence que se produjo como resultado del contacto medieval romance-vascuence. Apenas hay verbos primarios heredados de lenguas prerromances.

He aquí algunos ejemplos clasificados según campos semánticos:

> Rasgos físicos del terreno: *alud, breña, berrueco, barranco, barra, barro, charco, coto, cueto, lama, losa, mogote, morro, mota, pizarra, sarro, trocha, vega, zarza.*
> Árboles y plantas: *abedul, agalla, álamo, aliso, arándano, beleño, berro, breña, carrasca, chaparro, coscojo, mata, suero.*
> Animales domésticos y salvajes: *ardilla, becerro, borrego, cegajo, cigarra, galápago, morueco, perro, sapo, zorro.*
> Vida agrícola rural: *amelga, borona, busto, boñigo, cencerro, colodra, lleco, serna, sirria.*

Otros muchos ejemplos de palabras de origen prerromano se encuentran en Hubschmid (1960a, 1960b) y Corominas (1976).

2.2. Lenguas germánicas

El estrato germánico del léxico español puede dividirse en tres momentos cronológicos. Los primeros germanismos son las palabras germánicas que entraron como préstamos en el latín hablado del imperio. Con frecuencia hay cognados de la palabra española en otras lenguas romances, a excepción del rumano. Entre tales préstamos figuran *blanco, guerra, rico, ganar, guardar* y *robar*. La segunda capa de germanismos la constituyen las pocas palabras visigóticas que entraron en el latín/romance hablado como consecuencia del contacto en la Península Ibérica a partir del siglo v con la lengua de los godos, p. ej., *agasajar, álamo, ataviar, casta, ganso, lozano, sacar, tapa, tascar*. No hay textos góticos procedentes de la Península Ibérica y no tenemos ninguna idea de la vitalidad del gótico en la antigua Hispania. Se sabe que los godos llegaron ya bien latinizados a la Península y es posible que las pocas palabras góticas del hispanorromance sean retenciones léxicas mantenidas por los godos al renunciar a su lengua. En realidad la mayoría de las palabras de origen germánico del español medieval y moderno entraron en la lengua como préstamos del francés y del occitano. Aún no es imposible que ciertos germanismos difundidos como *blanco* y *guerra* sean galicismos antiguos del imperio carolingio en vez de préstamos germánicos tempranos al nivel del latín hablado.

Gamillscheg (1967) sigue siendo el registro más detallado (aunque no exento de etimologías controvertidas) de palabras germánicas en el español. Hilty (2005) ofrece una revisión crítica importante.

2.3. Arabismos

Se ha convertido en tópico que el árabe constituye, desde una perspectiva cuantitativa, la segunda fuente de importancia para la constitución del léxico español. Se cita con frecuencia la cifra engañosa de 4.000 arabismos (que incluye derivados y topónimos) encontrada en Lapesa (1980: 135). La mayor parte de los arabismos que se documentan en los textos medievales escritos durante los momentos de contacto directo entre las variedades hispanorrománicas y el hispanoárabe son palabras que reflejan las técnicas árabes en campos como la agricultura, la guerra, la astronomía, la medicina y las matemáticas, p. ej., *aceite, aceituna, albañil, alberca, alcoba, alfiler, algodón, álgebra, alcohol, arroz, azúcar, azufre, berenjena, recua, tarea, taza, zaga, zanahoria*. Muchos arabismos medievales acabaron por caer en desuso, a veces sustituido por un rival romance (p. ej., *alfayate/sastre, rafez/vil/barato, horro/ libre/franco*). Los arabismos que han entrado en el español han seguido caminos distintos. Los que han entrado por vía oral reflejan palabras traídas a los reinos cristianos del norte por los mozárabes bilingües que huían la persecución musulmana en Al-Ándalus a partir del siglo xi. Otros arabismos resultan del contacto entre las variedades hispanorromances norteñas y el árabe en las tierras de la España musulmana recién reconquistadas por los cristianos. También muchos de los arabismos que reflejan la influencia de los árabes en las ciencias y matemáticas entraron por vía escrita en traducciones de fuentes árabes al romance o al latín.

Aunque la mayoría de los arabismos, como era de esperar, son sustantivos, el español ofrece algunos ejemplos de adjetivos de tal origen: *alazán*, esp. ant. *algarivo* 'triste, afligido', *azul, baladí*, esp. ant. *gafo* 'leproso', *haragán*, esp. ant. *hazino* 'triste, afligido', esp. ant. *horro* 'libre, no esclavo', *loco, mezquino*, esp. ant. *ra-, re-fez, ra-, re-hez* 'vil, barato', *zafio, zaíno, zarco*, y quizá *tacaño* (originalmente un sustantivo). Hay muy pocos verbos primarios de origen árabe. Algunos ejemplos: *achacar, atamar, halagar, recamar, atracar, zahorar*. Puesto que no suelen entrar las palabras funcionales en las lenguas romances como préstamo, llama la atención la presencia en el hispanorromance de una preposición de origen árabe, a saber *hasta* (esp. ant. *hata/fata/fasta* y ptg. *até*). También es de origen árabe la conjunción *ojalá*.

Corriente (1999, 2008) son los registros más completos, críticos y fidedignos de arabismos españoles.

2.4. Galicismos

Las primeras lenguas romances con las que el hispanorromance entró en contacto directo y que contribuyeron al léxico hispanorromance fueron las variedades septentrionales y meridionales galorrománicas, es decir, el antiguo francés y el antiguo occitano/provenzal. La entrada de galicismos en el léxico español es constante desde el siglo x hasta hoy en día, con momentos de apogeo en la época medieval y los siglos XVII y XVIII. Los galicismos medievales entraron en el español por contacto oral directo en la Península Ibérica con soldados franceses que participaban en la Reconquista, con sacerdotes y monjes que se dedicaban a reformar la iglesia católica en los territorios recién reconquistados a los musulmanes y con peregrinos franceses que pasaban por la España cristiana para visitar Santiago de Compostela. Muchos se incorporaron también por vía escrita debido a la fuerte impronta francesa en la formación de la literatura medieval española (la poesía épica, lírica, y la del mester de clerecía). Reflejan facetas de la vida asociadas con la sociedad y la cultura ultrapirenaicas, p. ej., los sustantivos *flor*, *jardín*, *clavel*, *vergel*, *jamón*, *flecha*, *batalla*, los adjetivos *bello*, *ligero*, *libre*, *fornido*, *franco*, *gentil*, los verbos *afeitar*, *amparar*, *atropellar*, *bailar*, *desmayar*, *emplear*, *enojar*. La lengua medieval contenía varios galicismos que han caído en desuso: *fonta/honta*, *loguer*, *mester*, *laido*, *feble*, *(f)ardido*, *desmarrido*. Merece la pena notar que hoy en día los especialistas aceptan la hipótesis de que el gentilicio *español* es de origen galorrománico meridional. La ola de galicismos medievales en *-age* desempeñó un papel importante en la difusión en el español del sufijo *-aje*.

Hasta mediados del siglo XX, los galicismos constituían la fuente más grande de neologismos en los siglos premodernos y modernos. La mayoría abrumadora de tales neologismos reflejan la influencia notable de la cultura material, social y científico-intelectual de Francia en la Europa tanto premoderna como moderna. Muchos galicismos modernos del español se deben al contacto al nivel de la lengua escrita, sobre todo en traducciones de textos científicos y otras fuentes francesas. La afluencia de galicismos en los siglos XVIII y XIX desató una polémica entre los puristas que querían extirpar tales neologismos y sus contrincantes que abogaron por la elaboración del vocabulario técnico español. Algunos ejemplos de galicismos modernos: *apartamento*, *avión*, *bebé*, *berlina*, *bigudí*, *bisturí*, *bisutería*, *boga*, *bombón*, *botella*, *brigada*, *buró*, *cafetera*, *camión*, *canapé*, *carné(t)*, *chalé*, *champaña*, *champiñón*, *charcutería*, *chófer*, *cognac*, *complot*, *compota*, *consomé*, *corbata*, *coqueta*, *croqueta*, *cruasán/croissant*, *debacle*, *departamento*, *detalle*, *doblar/doblaje*, *elite*, *finanzas*, *franela*, *fusil*, *galimatías*, *gobernanta*, *interesante*, *intriga*, *lupa*, *mamá*, *menú*, *obús*, *pantalón*, *papá*, *paquebot(e)*, *peluca*, *retrete*, *ruta*, *sable*, *satén*, *sofá*, *tisú*, *torbillón*.

Hay varios registros de galicismos que se encuentran en el español: Pottier (1967) y Colón (1967b) (que se limita a los occitanismos medievales), Varela Merino (2009) (galicismos de los siglos XVI y XVII) y, para el español contemporáneo, Curell Aguilà (2009).

2.5. Italianismos

Aunque unos pocos italianismos se encuentren en textos españoles del siglo XV, la mayor parte de tales préstamos remontan a la época premoderna (1500–1700), período del máximo apogeo de la influencia cultural italiana en la Península Ibérica. Entre los pocos italianismos medievales figuran *belleza, novela, soneto, capucho, amante, gruta*. El contacto entre las variedades hispanorrománicas e italorrománicas tuvo lugar principalmente fuera de la Península Ibérica, debido a la presencia de españoles en Italia que querían embeberse de la cultura italiana renacentista y el control político de la Corona de Aragón en territorios como Sicilia, Cerdeña y Nápoles. Gran parte de los italianismos que arraigaron en el español habrán entrado por vía de la lengua escrita en traducciones de textos técnicos italianos y en obras pertinentes por españoles que habían tenido contacto directo con la cultura italiana. El camino seguido por ciertos presuntos italianismos plantea problemas analíticos; por ejemplo, es difícil determinar a ciencia cierta si palabras como *atacar* y *marchar* entraron desde el italiano directamente en el español o si pasaron por el francés camino a las lenguas de la Península Ibérica. Las opiniones de los especialistas quedan divididas con respecto al posible origen italiano de *galea/galera, bonanza, bizarro, borrasca, apoyar, aguantar, asalto, coronel.*

La mayor parte de los italianismos de esta época son sustantivos que tienen que ver con la pintura, la escultura, la arquitectura, el teatro, la música, la gastronomía, técnicas militares y la economía. Algunos ejemplos clasificados según campos semánticos: arte: *actitud, acuarela, caricatura, contorno, diseño/diseñar, esbelto/esbelteza, grotesco, modelo, vago/vagueza, colorido, fresco*, arquitectura: *balcón, baldaquín, cornisa, fachada, galería, nicho, pedestal, pilastra, planta, podio*; música: *aire, alto, aria, batuta, compositor, madrigal, ópera, soprano, tenor*; teatro: *arlequín, bufón, capricho, coliseo, esdrújulo, estanza, madrigal, palco, para(n)gón, payaso*; vida y técnicas militares: *alerta, bisoño, emboscada/emboscar, escaramuza/escaramuzar, escopeta, centinela, escolta, batallón, soldado, bombarda/bombardear, cartucho, mosquete, pistola, ciudadela, parapeto, tropa*; actividades económicas y comerciales: *banco/banquero, bancarrota, cambio* (en su sentido económico), *crédito, débito, millón, avería, póliza*; comida: *fideos, menestra, salchicha.*

Entre los pocos verbos de origen italiano figuran *charlar* y *estafar*, préstamos que pueden reflejar percepciones negativas de costumbres y morales italianas (cf. también *poltrón, superchería, canalla, charlatán*, aunque en los dos últimos casos no se pueda descartar la transmisión por la vía del francés). Los italianismos de los siglos XVI y XVII desempeñaron un papel importante en la introducción en el español del sufijo *-esco* y, en combinación con los numerosos latinismos de estos siglos, del marcador del superlativo *-ísimo* y el aumento en el patrón de sustantivos y adjetivos proparoxítonos/esdrújulos.

El único registro de los italianismos es Terlingen (1967), una versión revisada y condensada de su tesis doctoral (Terlingen 1943).

2.6. Lusismos y catalanismos

La influencia del portugués en la historia del léxico español es bastante exigua. En la situación de contacto entre las dos lenguas vecinas, siempre predominaba el español. Entre los presuntos lusismos del español medieval figuran *coita/coitar, cariño, pendencia*, esp. ant. *quexumbre, ledo* y *echar de menos*, palabras que tienen que ver con las emociones y que pueden reflejar la importancia del gallego-portugués como lengua de la poesía lírica hasta finales del siglo XIII. Sin embargo, el origen portugués de estas palabras sigue siendo tema polémico (para detalles, véase Dworkin 2012: 183–187). La ausencia de *enfadar* de fuentes medievales españolas y su presencia en el antiguo portugués apoya el origen luso de este verbo. También es controvertida la hipótesis de que el pronombre indefinido esp. ant. *alguién.* (mod. *alguien*) sea adaptación del ptg. *alguém*. En ciertos casos la evolución fonética de la palabra puede indicar un origen portugués o por lo menos occidental: *chubasco, choza, chato, despejar, brinquiño, corpiño*. El papel importante de Portugal en la vida marítima del siglo XV y de la época premoderna explica la presencia de lusismos náuticos: *angra, balde, buzo, callao, carabela, grúa, pleamar, tanque* y los verbos *amainar* y *virar*. También hace falta notar que el adjetivo *portugués* es préstamo de origen luso, sustituyendo al esp. ant. *portugalés*.

Hasta el primer decenio del siglo XV el catalán, lengua administrativa de la Corona de Aragón, rivalizaba con el castellano como lengua de prestigio y de cultura. Las muchas semejanzas léxicas entre el catalán y el occitano medieval dificultan la distinción entre los préstamos que el castellano recibió de estas dos lenguas vecinas. Este problema se plantea con respecto a la historia de palabras como *alojar, bajel, bosque, burdel, coliflor, falda, forastero, manjar, nivel, papel, trozo*. Como lengua comercial importante en el Mediterráneo el catalán habrá servido de intermediario en la transmisión de arabismos como *avería, máscara* y *tarifa* e italianismos como *bronce, escayola, esquife* y *moscatel*. Figuran entre los catalanismos aceptados por muchos especialistas *añorar, faena, imprenta, muelle, orate, orgullo, paella, pincel, reloj, sastre, tarifa, viaje, vinagre, zozobra/zozobrar*.

Salvador (1967) y Báez Montero (2006) son las únicas síntesis de los lusismos del español. Para los catalanismos el lector puede consultar Colón (1967a) y Prat Sabater (2003) quien ofrece una revisión crítica de los catalanismos propuestos en Corominas y Pascual (1980–1991).

2.7. Anglicismos

Desde aproximadamente 1950 son los anglicismos (sobre todo los del inglés norteamericano) los que constituyen la mayoría de los préstamos que han entrado en el español. Los primeros anglicismos, la mayoría de los cuales eran préstamos no-integrados que no arraigaron, salen en el siglo XVIII en traducciones de obras británicas. Entre los pocos que siguen vivos figuran *club, cuáquero, ponche, pingüino, ron*. Otros anglicismos registrados por primera vez en el siglo siguiente incluyen *bistec, cheque, dandy, rifle, revólver, túnel*. Para muchos anglicismos documentados por primera vez antes del siglo XX, es difícil saber si han entrado directamente del inglés o si han pasado por el francés camino al español; por ejemplo, *té, tope* (como término náutico), *tren, turista*. En los primeros decenios del siglo XX, se incorporaron al español anglicismos británicos del mundo deportivo, sobre todo del boxeo, del golf y del fútbol, y hoy también de los deportes norteamericanos *béisbol* y *básquetbol* (estos nombres mismos son anglicismos).

A partir de la segunda mitad del siglo XX, con la creciente influencia política estadounidense y la difusión de su cultura, la presencia de bases militares norteamericanas en España y la llegada de turistas angloparlantes, la introducción e incorporación de anglicismos se ha convertido en una verdadera inundación. Además de centenares de palabras inglesas figuran entre los anglicismos muchos calcos semánticos, p. ej., *año luz, coche bomba, hombre rana, rascacielos*. Como en el caso de los galicismos en el siglo XIX, muchos puristas se han quejado del empleo de los anglicismos en los casos donde el español ya tiene (o puede acuñar) una palabra autóctona para expresar el concepto (p. ej., *trailer/avance, best seller/ éxito, stocks/reserva, disc jockey/pinchadiscos*).

Ofrecen registros extensos y detallados de anglicismos Pratt (1980), Lorenzo (1996) y Rodríguez González y Lillo Buade (1997). Hago caso omiso aquí de los muchos repertorios de anglicismos en el español de los países americanos.

Bibliografía

Báez Montero, I. C. (2006) "Los lusismos en los diccionarios informatizados de la Academia", en Bustos Tovar, J. J. de y Girón Alconchel, J. L. (eds.) *Actas del VI Congreso Internacional de Historia de la Lengua Española Madrid, 29 de septiembre-3 de octubre de 2003*, vol. 2, Madrid: Arco Libros, pp. 1269–1283.

Cano, R. (coord.) (2004) *Historia de la lengua española*, Barcelona: Ariel.

Colón Doménech, G. (1967a) "Catalanismos", *Enciclopedia Lingüística Hispánica*, vol. 2, Madrid: Consejo Superior de Investigaciones Científicas, pp. 193–238.

Colón Doménech, G. (1967b) "Occitanismos", *Enciclopedia Lingüística Hispánica*, vol. 2, Madrid: Consejo Superior de Investigaciones Científicas, pp. 153–192.

Corominas, J. (1976) "Elementos prelatinos de las lenguas romances hispánicos", en Jordá, F., de Hoz, J. y Michelena, L. (eds.) *Actas del I coloquio sobre lenguas prerromanas de la Península Ibérica (Salamanca, 27–31 mayo 1974)*, Salamanca: Universidad de Salamanca, pp. 87–164.

Corominas, J. y Pascual, J. A. (1980–1991) *Diccionario crítico etimológico castellano e hispánico*, 6 vols., Madrid: Gredos.

Corriente, F. (1999) *Diccionario de arabismos y voces afines en iberorromance*, 2.ª ed., Madrid: Gredos, 2003.

Corriente, F. (2008) *Dictionary of Arabic and allied loanwords. Spanish, Portuguese, Catalan, Galician and kindred dialects*, Leiden/Boston: Brill.

Curell Aguilà, C. (2009) *Diccionario de galicismos del español peninsular contemporáneo*, Estrasburgo: Éditions de Linguistique et de Philologie.

Dworkin, S. N. (2003) "The Etymology of Sp. Ptg. *matar* revisited: An unpublished proposal by Yakov Malkiel", en Echenique Elizondo, M. T. y Sánchez Méndez, J. (eds.) *Lexicografía y lexicología en Europa y América: Homenaje a Günther Haensch*, Madrid: Gredos, pp. 249–257.

Dworkin, S. N. (2012) *A History of the Spanish lexicon: A linguistic perspective*, Oxford: Oxford University Press.

Dworkin, S. N. (en prensa) "Lexical stability and shared lexicon", en Ledgeway, A. y Maiden, M. (eds.) *Oxford guide to the Romance languages*, Oxford: Oxford University Press.

Gamillscheg, E. (1934–1936) *Romania Germanica; Sprache- und Siedlungsgeschichte der Germanen auf dem Boden des altern Römerreiches*, 3 vols., Berlín: Walter de Gruyter.

Gamillscheg, E. (1967) "Germanismos", *Enciclopedia Lingüística Hispánica*, vol. 2, Madrid: Consejo Superior de Investigaciones Científicas, pp. 79–91.

Hilty, G. (2005) "La herencia visigótica en el léxico de la Península Ibérica", en Kiss, S., Mondin, L. y Salvi, G. (eds.) *Latin et langues romanes. Études de linguistique offertes à József Herman à l'occasion de son 80ème anniversaire*, Tubinga: Niemeyer Verlag, pp. 473–480. [Reimpreso en Hilty, G. (2008) *"Iva.l con la edat el coraçón creciendo". Estudios escogidos sobre problemas de lengua y literatura hispánicas*, Madrid/Fráncfort: Iberoamericana/Vervuert, pp. 85–93].

Hilty, G. (2008) *"Iva.l con la edat el coraçón creciendo". Estudios escogidos sobre problemas de lengua y literature hispánicas*, Fráncfort: Vervuert y Madrid: Iberoamericana.

Hubschmid, J. (1960a) "[Lenguas no indoeuropeas] Testimonios románicos", *Enciclopedia Lingüística Hispánica*, vol. 1, Madrid: Consejo Superior de Investigaciones Científicas, pp. 26–66.

Hubschmid, J. (1960b) "[Lenguas indoeuropeas] Testimonios románicos", *Enciclopedia Lingüística Hispánica*, vol. 2, Madrid: Consejo Superior de Investigaciones Científicas, pp. 127–149.

Lapesa, R. (1980) *Historia de la lengua española*, 8.ª ed., Madrid: Gredos.

Lorenzo, E. (1996) *Anglicismos hispánicos*, Madrid: Gredos.

Malkiel, Y. (1976) "Contacts between BLASPHEMARE and AESTIMARE (with an excursus on the etymology of Hisp. *tomar*)", *Romance Philology*, 30, pp. 102–117.

Malkiel, Y. (1984) "CRUMENA, a Latin lexical isolate, and its survival in Hispano-Romance (Sp. *colmena*, dial. *cormena* 'beehive')", *Glotta*, 62, pp. 106–123.

Pharies, D. A. (2002) *Diccionario etimológico de los sufijos españoles y de otros elementos finales*, Madrid: Gredos.

Pottier, B. (1967) "Galicismos", *Enciclopedia Lingüística Hispánica*, vol. 2, Madrid: Consejo Superior de Investigaciones Científicas, pp. 127–151.

Prat Sabater, M. (2003) *Préstamos del catalán en el léxico español*, tesis doctoral, Universidad Autónoma de Barcelona.

Pratt, C. J. (1980) *El anglicismo en el español peninsular contemporáneo*, Madrid: Gredos.

Reinheimer Rîpeanu, S. (coord.) (2004) *Dictionnaire des emprunts latins dans les langues romanes*, Bucarest: Editura Academiei Române.

Rodríguez González, F. y Lillo Buades, A. (1997) *Nuevo diccionario de anglicismos*, Madrid: Gredos.

Terlingen, J. H. (1943) *Los italianismos en español desde la formación del idioma hasta principios del siglo XVII*, Amsterdam: N. V. Noord-hollandsche Uitgevers Maatschappij.

Terlingen, J. H. (1967) "Italianismos", *Enciclopedia Lingüística Hispánica*, vol. 2, Madrid: Consejo Superior de Investigaciones Científicas, pp. 263–305.

Varela Merino, E. (2009) *Los galicismos en el español de los siglos XVI y XVII*, 2 vols., anejos de la *Revista de Filología Española*, 100, Madrid: Consejo Superior de Investigaciones Científicas.

Entradas relacionadas

derivación morfológica; lexicología y lexicografía; prefijos y sufijos

HISTORIA DEL ESPAÑOL: LOS SONIDOS

Ralph Penny

1. Las vocales

Se describe a continuación el desarrollo de las vocales latinas al español moderno, primero según el tipo de sílaba en que se encuentra cada fonema vocálico, y después en condiciones donde interfieren factores asimilatorios, como la presencia de una deslizante palatal.

1.1. El sistema vocálico latino

Las vocales del latín consisten en una serie de diez fonemas organizados según tres factores distintivos: apertura, posición horizontal de la lengua, y duración:

(1) | | anteriores | intermedias | posteriores |
|---|---|---|---|
| altas | Ī Ĭ | | Ū Ŭ |
| medias | Ē Ĕ | | Ō Ŏ |
| bajas | | Ā Ă | |

Se observa que en cada punto de articulación (por ejemplo, en la posición anterior alta) se dan dos vocales, una de duración larga (Ī, Ē, Ā, Ī, Ū) y otra de duración breve (Ĭ, Ĕ, Ă, Ŏ, Ŭ). Algunos ejemplos de pares mínimos (donde la largura de la vocal en cuestión marca por sí sola la diferencia de sentido de las dos palabras) que demuestran este contraste de duración son:

(2) | HĪC | 'aquí' | HĬC | 'este' |
|---|---|---|---|
| LĪBER | 'libre' | LĬBER | 'libro' |
| LĒVIS | 'liso' | LĔVIS | 'ligero' |
| VĒNIT | '(él) vino' | VĔNIT | 'viene' |
| MĀLUM | 'manzana' | MĂLUM | 'malo' |
| ŌS | 'boca' | ŎS | 'hueso' |
| PŌPULUS | 'chopo' | PŎPULUS | 'pueblo' |

Ralph Penny

1.2. Cambios en el latín hablado

Respondiendo probablemente a tendencias universales, las vocales breves tendían en el habla a abrirse ligeramente (es decir que tendían a pronunciarse en un punto de articulación más baja o abierta). Una consecuencia de este proceso fue que, al eliminarse el contraste de duración (como ocurrió gradualmente en todas las zonas de habla latina) se confundieron en un solo fonema ciertas parejas de vocales vecinas. En la gran mayoría de las provincias romanas (incluso en Hispania), estas fusiones fonémicas tuvieron esta forma:

(3) Ē e Ĭ > /e/, Ō y Ŭ > /o/

Estos resultados se distinguían de /ɛ/ (< Ĕ) y de /ɔ/ (< Ŏ) respectivamente.

Teniendo en cuenta que Ā y Ă se fundieron sencillamente en [a], estos procesos llevaron a un sistema de siete fonemas vocálicos:

(4)

	anteriores	intermedia	posteriores
altas	/i/ < Ī		/u/ < Ū
medio altas	/e/ < Ĭ, Ē		/o/ < Ŭ, Ō
medio bajas	/ɛ/ < Ĕ		/ɔ/ < Ŏ
baja		/a/ < Ā, Ă	

Este sistema, que explica los sistemas vocálicos de la mayoría de las lenguas romances actuales, se deduce a base de inscripciones informales de tiempos romanos en que se escribe "E" donde se espera Ĭ (MENUS por MĬNUS, VECES por VĬCES en los grafiti escritos en las paredes de Pompeya), como de casos en que se escribe "O" por Ŭ (el autor del *Appendix Probi* condena las grafías TORMA, COLOMNA por TŬRMA, COLŬMNA, grafías sin duda inspiradas por una pronunciación con /o/).

Los tres diptongos del latín clásico (secuencias de dos elementos vocálicos articulados en una sola sílaba) llegaron a simplificarse, empezando en una época bastante temprana, de manera que AE se pronunció /ɛ/, OE dio /e/ y AU (algo más tarde) se simplificó en /o/, de tal modo que estos tres elementos se integraron totalmente en el sistema de siete vocales que era típico del latín hablado.

1.3. El efecto de elementos suprasegmentales sobre el sistema vocálico

El acento tónico de las palabras latinas, tal vez en un principio de tipo tonal o musical (por lo que se entiende que la sílaba acentuada se correspondía a la nota musical más alta de la palabra), llegó a ser principalmente un acento de intensidad (en el que la mayor amplitud de la producción vocal correspondía a la sílaba principal de la palabra, como es el caso del español actual). En las palabras latinas, este acento estaba limitado, en cuanto a su posición, a las sílabas penúltima y antepenúltima, dependiendo del peso de la penúltima: si esta era pesada (es decir que su núcleo era una vocal larga, o una vocal breve combinada con una consonante isosilábica) recibía el acento; si la penúltima era ligera (por no cumplir las condiciones necesarias para ser pesada) el acento tenía que caer en la antepenúltima. Por ejemplo:

(5) DEBĒRE, MOLĪNU eran palabras paroxítonas (con acento en la penúltima) por tener una vocal larga en la penúltima sílaba. Se pronunciaban /de.ˈbe:.re/, /mo.ˈli:.nu/.

QUADRAGĪNA, SAGĪTTA también se pronunciaban con acento en la penúltima (/kʷa.dra.ˈgin.ta/, /sa.git.ta/), a pesar de tener una vocal breve en esta sílaba, porque la penúltima terminaba en consonante. En la gran mayoría de los grupos consonánticos, la frontera silábica cae entre las consonantes; las excepciones son consonante + /r/ o /l/, casos en los que las dos consonantes forman el principio de la sílaba en que aparecen (véase el grupo /dr/ en QUADRAGĪNTA.

FACĔRE, VETŬLU, FILĬU son palabras proparoxítonas (esdrújulas) (/ˈfa.ke.re/, /ˈwe.tu.lu/, /ˈfi:li.u/) por no satisfacer las condiciones (penúltima sílaba pesada) para llevar el acento en la penúltima.

Dependiendo de la posición de la sílaba con relación a la posición del acento tónico en las palabras latinas, las siete vocales del sistema del latín hablado tienen un desarrollo distinto. A mayor grado de tonicidad corresponde un mayor grado de distinción entre estos fonemas: en posición tónica se siguen distinguiendo en español las siete unidades fonémicas del latín hablado. Esto se debe en parte a la diptongación de dos de las vocales en una época temprana. Cada uno de los dos fonemas medio abiertos del latín hablado se escindió, en posición tónica, en una sucesión de dos sonidos que luego se identificaron con otras unidades del sistema:

(6) /ɛ/ > [jɛ] = /ie/
/ɔ/ > [wɔ] > [wɛ] = /ue/

Algunos ejemplos del desarrollo de las siete vocales tónicas del latín hablado son los siguientes:

(7) /i/ del latín hablado (Ī del latín clásico) > /i/ en español: FĪLIU > *hijo*, FĪCU > *higo*
/e/ del latín hablado (Ĭ, Ē, OE del latín clásico) > /e/ en español: PĬLU > *pelo*, PLĒNA > *llena*, POENA > *pena*
/ɛ/ del latín hablado (Ĕ, AE del latín clásico) > /ie/ en español: PĔTRA > *piedra*, SĔRRA > *sierra*, CAECU > *ciego*
/a/ del latín hablado (Ā, Ă del latín clásico) > /a/ en español: PRĀTU > *prado*, PĂTRE >*padre*
/ɔ/ del latín hablado (Ŏ del latín clásico) > /ue/ en español: RŎTA > *rueda*, NŎVE > *nueve*
/o/ del latín hablado (Ō, Ŭ, AU del latín clásico) > /o/ en español: TŌTU > *todo*, CŬPPA > *copa*, TAURU > *toro*
/u/ del latín hablado (Ū del latín clásico) > /u/ en español: FŪMU > *humo*, ACŪTU > *agudo*

En posiciones de menor tonicidad, es decir, en las distintas posiciones átonas, se observa un mayor grado de fusión de las unidades vocálicas del latín hablado. En posición inicial de palabra, sílaba de tonicidad menor que la tónica, las siete vocales del latín hablado se reducen a cinco. En posición final, hay reducción a solo tres fonemas, con frecuente pérdida total de la vocal. En posición interna (entre inicial y tónica o entre tónica y final), donde la tonicidad es mínima, solo sobrevive una vocal (la /a/), con eliminación de las demás.

En posición inicial de palabra, se pierde la distinción entre /e/ y /ɛ/ y entre /o/ y /ɔ/ del latín hablado, reduciéndose el número de fonemas en estas sílabas a cinco:

(8) La vocal escrita con Ī (/i/ en el latín hablado) se mantiene como /i/ en español: RĪPĀRIA > *ribera*.
Las vocales escritas en el latín clásico con Ĭ, Ē, Ĕ, AE y OE (todas articuladas, probablemente, con /e/ en el latín hablado) aparecen en español como /e/: PLĬCĀRE > *llegar*, SĒCŪRU > *seguro*, SĔNIŌRE > *señor*, CAEPŬLLA > *cebolla*, POENĀRE > *penar*.
La Ā y la Ă del latín clásico, ya confundidas en el latín hablado, se continúan como /a/ en español: PĀNĀRIA > *panera*, CĂPĬSTRU > *cabestro*.
Las vocales escritas con Ŏ, Ō, Ŭ, y AU se fusionan en una sola vocal española, /o/: CŎRTĬCEA > *corteza*, NŌMĬNĀRE > *nombrar*, SŬSPECTA > *sospecha*, PAUSĀRE > *posar*.
La Ū del latín clásico mantiene su punto de articulación alto: CŪRĀRE > *curar*.

En posición final de palabra, donde la tonicidad es aún menor que en posición inicial, se observa un mayor grado de fusión vocálica, sobreviviendo sólo tres unidades diferenciales, con frecuentes pérdidas totales:

(9) Las vocales que correspondían a Ī, Ĭ, Ē, y Ĕ del latín clásico se han confundido en /e/ en español, empezando en tiempos romanos, y cumpliéndose la fusión en la Alta Edad Media: VĒNĪ > *vine*, IŎVĬS > *jueves*, PATRĒS > *padres*, DE ŬNDĔ > *donde*. Sin embargo, la /e/ final, cuando le precedía una consonante dental o alveolar no agrupada con otra consonante, se eliminó en una época temprana: PARIĔTĔ > *pared*, MERCĒDĔ > *merced*, PĀNĔ > *pan*, MĂRĔ > *mar*, FIDĒLĔ > *fiel*, /me:se/ (MENSĔ en lat. cl.) > *mes*, /pa:t^{s}ĕ/ (PĀCE en lat. cl.) > *paz*.
Las vocales que correspondían a Ā y Ă del latín clásico se han confundido en /a/ en español: CANTĀS > *cantas*, CANTĂNT > *cantan*.
Las vocales que correspondían a Ŏ, Ō, Ŭ y Ū del latín clásico se han confundido en /o/ en español: QUANDŎ > *cuando*, CANTŌ > *canto*, VĪNŬ > *vino*, MANŪS *manos*.

En condiciones de tonicidad mínima, es decir, en posición intertónica (en sílaba que caía entre la inicial y la tónica o entre la tónica y la final), se observa un máximo de erosión de las vocales latinas, eliminándose estas vocales salvo en el caso de la A (CĂLĂMĔLLU > *caramillo*, RĂPHĂNU > *rábano*). Esta reducción ocurrió antes de la pérdida de la /e/ final, de manera que a veces eliminó las condiciones necesarias para que ocurriera esta caída de la /e/ final (HŎMĬNE > *omne* [con consonante alveolar ante /e/, pero agrupada con /m/] > *hombre*). Ejemplos de la pérdida de las intertónicas latinas son:

(10) Cuando la intertónica precede a la tónica: CATĒNĀTU > *candado*, LĪMĬTĀRE > *lindar*, SĔPTĬMĀNA > *semana*, TĔMPŎRĀNU > *temprano*.
Cuando la intertónica sigue a la tónica: MANĬCA > *manga*, RETĬNA > *rienda*, SANGUĬNE > *sangre*.

1.4. Efectos sobre las vocales de elementos segmentales pertenecientes al contorno fonológico

La evolución de las vocales del latín hablado, expuesta en el § 1.3 como determinada por condiciones suprasegmentales, se puede ver modificada por la presencia, en el contorno fonológico inmediato, de ciertos segmentos, principalmente por la presencia de una deslizante palatal (o *yod*, [j]).

La fuente más importante de la deslizante palatal en el latín hablado es la conversión, en circunstancias determinadas, del hiato en diptongo. Cuando en latín una vocal seguía inmediatamente a otra (sin consonante intervocálica) las dos vocales pertenecían a sílabas distintas, recibiendo aproximadamente la misma fuerza espiratoria. Tales secuencias (PĂRĬĔTE, QUĬĒTU, CLŎĀCA, DŬŎDĔCIM, VĪNĔA, ĀLĬU) se definen como casos de *hiato* latino, que raras veces sobreviven al período romano. A raíz de cambios en la naturaleza del acento latino se atribuyó distintos grados de fuerza espiratoria a las distintas sílabas que componían una palabra, reduciendo cada caso de hiato a una sola vocal o a un diptongo. Para nuestros fines, el caso más importante de este reajuste acentual es el que consistía en una secuencia de vocal anterior + otra vocal (p. ej., VĪNĔA, ALĬU), que se convirtió en deslizante palatal ([j]) + vocal (['βinja], ['alju]). Esta deslizante, caracterizada por un marcado cierre de los órganos articulatorios durante su pronunciación, puede influir en los sonidos precedentes, atrayéndolos (por un proceso de asimilación anticipatoria) hacia su punto de articulación palatal alto. Este efecto se puede ejercer tanto sobre las consonantes como sobre las vocales.

En el caso de las vocales, la principal manera en que opera este proceso de atracción fonológica es la metafonía: el cierre de una vocal bajo la influencia de un segmento fónico siguiente cuya pronunciación exige un cierre máximo de los órganos articulatorios. En muchas lenguas, incluso en la románicas, el elemento primordial que cumple estos requisitos es la deslizante palatal (llamada *yod* en la tradición filológica española), aunque una vocal cerrada (/i/ o /u/) puede también tener el mismo efecto. En español, sólo la yod y la vocal anterior cerrada (/i/) provocan la metafonía.

En posición tónica, la metafonía provoca un cierre (aumento en la altura del punto de articulación de la vocal). Por eso, se excluyen de este proceso las vocales ya altas, /i/ y /u/. Las demás vocales (/e/, /ɛ/, /a/, /ɔ/ y /o/ del latín hablado) pueden sufrir este proceso, por lo menos en principio, cerrándose su punto de articulación en un grado de apertura:

(11) latín hablado español
    /e/ > /i/
    /ɛ/ > /e/ (evitando así la diptongación)
    /a/ > /e/
    /ɔ/ > /o/ (evitando así la diptongación)
    /o/ > /u/

En la práctica, por motivos complejos que tienen que ver con la estructura silábica y con los sonidos que intervienen entre la vocal en cuestión y el elemento que potencialmente da lugar a metafonía (véanse Craddock 1980; Penny 2006: 64–68), no se cumple la metafonía en todos los casos teóricamente posibles. A continuación se ofrecen ejemplos donde se cumple la metafonía:

(12) /e/ > /i/:   VĪNDĒMIA > *vendimia*, SĒPIA > *jibia*
    /ɛ/ > /e/:   DĪRĒCTU > *[di'rɛjto] > *derecho*, SPĔCŬLU > *[es'pɛjlo] > *espejo*
    /a/ > /e/:   BĀSIU > *beso*, SĂPIAM > *sepa*
    /ɔ/ > /o/:   ŎCTO > *['ɔjto] > *ocho*, FŎVĔA > *hoya*
    /o/ > /u/:   LŪCTA > *['lojta] > *lucha*, RŬBĔU > *rubio*

Al contrario, en los siguientes casos no se cumple la metafonía, a pesar de aparecer una yod en la misma sílaba o en la siguiente:

(13) /e/ > /e/:   CORRĬGĬA > *correa*, CĔRVĒSĬA > *cerveza* (como en la gran mayoría de los
                       casos de /e/ seguida de yod)

      /ɛ/ > /ie/:   (no se dan casos de falta de metafonía)

      /a/ > /a/:   LĂBĬU > *labio*, FĀGĔA > *haya* (como en la gran mayoría de los casos de
                       /a/ seguida de yod)

      /ɔ/ > /ue/:   (apenas se dan casos de falta de metafonía; el único caso que se cita es
                       SŎMNIU > *sueño*, ejemplo incierto, ya que *sueño* puede ser resultado de
                       SŎMNU, sin yod)

      /o/ > /o/:   CŪSCŬLĬU > *coscojo*, FĒNŬCŬLU > *[feˈnojlo] > *hinojo* (al contrario de la
                       gran mayoría de casos de /o/ seguida de yod, en los que se cumple la
                       metafonía)

En sílaba átona (prácticamente estamos hablando de la sílaba inicial) también ocurre cerrazón de las vocales /e/ y /o/ inducida por una deslizante palatal siguiente, de cualquier origen:

(14) /e/ > /i/:   RĒNĬŌNE > *riñón*, GĔNĔSTA > *hiniesta*

      /o/ > /u/:   CŌCHLĔĀRE > *cuchar* > *cuchara*, MŬLĬĔRE > *mujer*

La metafonía causada por una /i/ final de palabra también se observa en español, aunque la poca frecuencia de este fonema final en el hispanorromance implica que los casos que demuestran este cambio son relativamente pocos:

(15) /ɛ/ > /e/:   VĔNĪ > ¡*ven!*

      /e/ > /i/:   VĒNĪ > *vine*

2. Las consonantes. El sistema consonántico latino

En el siglo I a.C., el latín poseía un sistema consonántico de tres órdenes (según el punto de articulación de cada consonante) y seis series (según la manera de articularse y la sonoridad o sordez de cada fonema consonántico):

(16)

	labial	dentoalveolar	velar
oclusiva sorda	/p/	/t/	/k/
oclusiva sonora	/b/	/d/	/g/
fricativa sorda	/f/	/s/	/h/
nasal	/m/	/n/	
lateral		/l/	
vibrante		/r/	

Algunos proponen un orden labiovelar que contendría un fonema /kʷ/ (en QUĪNQUE, QUĂDRĀGĬNTA, etc.), aunque es preferible considerar esta combinación como una secuencia de consonante velar y una realización semiconsonántica de la vocal /u/.

El sistema latino de 13 fonemas aquí expuesto, aunque bastante escueto, podía incrementar su rendimiento fonológico por medio de la geminación; algunas consonantes aparecían geminadas (con contraste fonológico entre consonante doble y consonante sencilla). De esta manera /pp/, /tt/, /kk/, /ss/, /mm/, /nn/, /ll/, /rr/ se contrastaban con /p/, /t/, /k/ /s/, /m/, /n/, /l/, /r/. El contraste geminada/sencilla era poco frecuente en otros casos (aparte de en unos cuantos préstamos, /bb/, /dd/, /gg/, /ff/ solo ocurrían en la frontera morfemática entre prefijo y base: ABBREVIĀRE, ADDĔRE, AGGĔRE, AFFLĀRE). La /h/ no podía geminarse.

Dos cambios de gran envergadura afectaron este sistema durante el período romano tardío y la Alta Edad Media: por una parte, se creó un nuevo orden de consonantes palatales; por otra, se añadió una serie de fricativas sonoras, como veremos en las secciones siguientes.

3. Creación del orden de consonantes palatales

Esta innovación, común a prácticamente todas las lenguas romances, no consiste en un solo cambio, sino en una serie de cambios, todos de tipo asimilatorio, que conducen a un mismo fin: la creación de consonantes palatales (fricativas o africadas, sonoras y sordas), que después, en ciertos casos, llegan a tener otros puntos de articulación, dental o alveolar, por ejemplo. Contribuyen a esta reorganización del sistema consonántico latino los siguientes procesos.

3.1. Consonantización de /i/

Ya en latín, una /i/ inicial de palabra seguida por otra vocal (IĀNŬĀRĬUS, IAM) se pronunciaba como deslizante [j], o incluso como consonante fricativa palatal [ĵ], extendiéndose gradualmente esta articulación a la /i/ no silábica en otras posiciones morfemáticas (CONIŬGA). En español, este sonido mantiene su punto de articulación palatal (IAM > *ya*, IĀCET > *yace*), si no desaparece absorbida por una vocal palatal siguiente (IĒNŬĀRĬU [por IĀNŬĀRĬU] > *enero*).

3.2. Evolución de consonante + [j]

Cuando la deslizante palatal [j] (cuyo origen se trató en § 1.4) seguía inmediatamente a una consonante dental, alveolar o velar, esta consonante podía cambiar su punto de articulación, atraída por la deslizante hacia un punto de articulación palatal, y combinarse con la [j] para crear un nuevo sonido plenamente palatal o sólo parcialmente palatalizada (por ejemplo, alveolar africada). Las principales combinaciones de consonante + [j], con sus resultados en español medieval son las siguientes:

(17) Una consonante dental o velar oclusiva sorda agrupada con yod se convierte en /dᶻ/ sonora si es intervocálica. En posición postconsonántica se cambia en /tˢ/, como también si es geminada o se combina con ciertas consonantes precedentes:
/t/ postvocálica + [j] > /tˢ/ > /dᶻ/: PŬTĔU > *pozo*
/k/ postvocálica + [j] > /ʧ/ > /tˢ/ > /dᶻ/: ĔRĪCĬU > *erizo*
/t/ postconsonántica + [j] > /tˢ/: MĂRTĬU > *março*
/tt/ (siempre postvocálica) + [j] > /ttˢ/ > /tˢ/: MĂTTĬĀNA > *maçana* > *manzana*
/kt/ (siempre postvocálica) + [j] > /ttˢ/ > /tˢ/: *DĪRĒCTĬĀRE > *adereçar*
/pt/ (siempre postvocálica) + [j] > /ttˢ/ > /tˢ/: *CĂPTĬĀRE > *caçar*
/k/ postconsonántica + [j] > /ʧ/ > /tˢ/: CĂLCĔA > *calça*
/kk/ (siempre postvocálica) + [j] > /tʧ/ > /ttˢ/ > /tˢ/: BRĂCCHĬU > *braço*
/sk/ postvocálica + [j] > /sʧ/ > /ttˢ/ > /tˢ/: ĀSCĬŎLA > *açuela*

(18) Una consonante dental o velar oclusiva sonora precedida de vocal y agrupada con yod se confunde con la I intervocálica (p. ej., MĂIUS, PĒIUS), probablemente articulada como geminada /jj/, con resultado simplificado en /j/, consonante que se pierde tras vocal anterior. En posición postconsonántica el resultado es /tˢ/ sorda:

/d/ tras vocal no anterior + [j] > /jj/ > /j/: PŎDĬU > *poyo*, RĂDĬĀRE > *rayar*
/g/ tras vocal no anterior + [j] > /jj/ > /j/: ĔXĀGĬU > *ensayo*, FĀGĔA > *faya* (después *haya*)
/jj/ tras vocal no anterior > /j/: MĀIU > *mayo*, MĂIŌRE > *mayor*
/d/ postconsonántica + [j] > /tˢ/: HŎRDĔŎLU > *orçuelo*, VĔRĔCŬNDĬA > *vergüença*
/d/ tras vocal anterior + [j] > /jj/ > /j/ > /Ø/: SĔDĔAM > *sea*, VĬDĔŌ > *veo*
/g/ tras vocal anterior + [j] > /jj/ > /j/ > /Ø/: CŎRRĬGĬA > *correa*
/jj/ tras vocal anterior > /j/ > /Ø/: PĒIŌRE > *peor*

(19) Las consonantes alveolares /n/ y /l/ en combinación con yod se palatalizan, en el primer
caso sencillamente (dando /ɲ/), en el segundo caso con resultado no lateral (/ʒ/):
/n/ + [j] > /ɲ/: ĂRĀNĔA > *araña*, SĔNĬŌRE > *señor*
/l/ + [j] y /ll/ + [j] > /ʎ/ > /ʒ/: ĀLĬU > *ajo*, MŬLĬĔRE > *mugier* > *mujer* MŎLLĬĀRE >
mojar

(20) Las consonantes labiales /b/ (B y V del latín clásico) y /m/, por su punto de articulación
alejado del paladar, no se palatalizan, con raras excepciones (HĂBĔAM > *haya*):
/b/ + [j]: NŎVĬU > *novio*, PLŬVĬA > *lluvia*
/m/ + [j]: PRAEMĬU > *premio*, VĬNDĒMĬA > *vendimia*

(21) Las consonantes /p/, /s/, /r/ no resultan palatalizadas en combinación con yod, sino que
el grupo sufre metátesis, después de lo cual la deslizante se combina con la vocal precedente (típicamente /aj/ > /e/):
/p/ + [j]: SĂPĬAM > *sepa*
/s/ + [j]: BĀSĬU > *beso*
/r/ + [j]: AUGŬRĬU > *agüero*

3.3. *Palatalización de consonantes velares iniciales de sílaba*

En el latín hablado de casi todas las provincias romanas, las consonantes velares que iban
seguidas de una de las vocales anteriores (palatales) /i/, /e/ o /ɛ/ cambiaron su punto de articulación, siendo atraídas a la zona palatal, hasta entonces sin representante en el sistema
vocálico latino. En siglos posteriores, continuó este proceso, sobre todo en las regiones occidentales del antiguo Imperio, de manera que estas consonantes llegaron a tener un punto de
articulación alveolar o dental. Como siempre, al considerar los resultados de este cambio,
cabe distinguir entre lo que ocurre en posición intervocálica dentro de los morfemas (donde
se espera ver el efecto de la lenición consonántica) y lo que ocurre tras consonante o en
posición inicial de morfema. En otras situaciones las velares del latín no cambiaron su punto
de articulación.

(22) /k/ postconsonántica o inicial de morfema seguida de /i/, /e/, /ɛ/ > /tʃ/ > /tˢ/: CĬRCA >
cerca/çerca, CAELU > *cielo/çielo* (con /tˢ/ sorda en español medieval).
/k/ intervocálica seguida de /i/, /e/, /ɛ/ > /tʃ/ > /tˢ/ > /dᶻ/: DĪCIT > *dize*, VĪCĪNU > *vezino*
(con /dᶻ/ sonora en español medieval).
/kk/ intervocálica seguida de /i/, /e/, /ɛ/ > /ttʃ/ > /ttˢ/ > /tˢ/: FLĂCCĬDU > *llaçio* (después
lacio).
/sk/ intervocálica seguida de /i/, /e/, /ɛ/ > /stʃ/ > /ttʃ/ > /ttˢ/ > /tˢ/: FĂSCE > *façe* (después
haz), PĪSCES > *peçes*.

/g/ inicial de morfema seguida de /i/, /e/, /ɛ/ > /ʝ/, confluyendo con la I inicial de palabra seguida por vocal: GĔMMA > *yema*, GYPSU > *yeso*, IACET > *yace*, aunque cuando la sílaba inicial era atona, hubo asimilación total de la consonante: GĔNĔSTA > *hiniesta*, IĀNŬĀRĬU > *enero*. Para más detalles sobre el desarrollo complejo de estas palatales, véase Penny 2006: 84–89 y 1988.

/g/ intervocálica seguida de /i/, /e/, /ɛ/ > /ʝ/ y rápidamente desaparece (DĬGĬTU > *dedo*, FRĪGĬDU > *frío*) aunque en este caso sin confundirse con -I- intervocálica, que tenía articulación geminada en latín (véase arriba 2.2.2), luego simplificada: MĀIU > *mayo*.

/g/ postconsonántica ofrece nada menos que tres resultados en español medieval: /dᶻ/ (ĀRGĬLLA > *arzilla*, GĪNGĪVA > *enzía*), /ɲ/ (RĬNGĔRE > *reñir*), y /Ø/ (QUĪNGĔNTOS > *quinientos*).

3.4. Palatalización de consonantes velares finales de sílaba

En una época posterior a las palatalizaciones tratadas en la sección precedente, y únicamente en las provincias occidentales del antiguo Imperio romano (incluyendo Hispania), se palatalizaron las consonantes velares en posición final de sílaba, convirtiéndose en deslizante (por ej., FĂCTU > *[ˈfajto]*). Las consecuencias de este cambio fueron múltiples; ya se ha visto (§ 1.4) el efecto de este elemento en las vocales vecinas. Ahora se consideran las consecuencias para las consonantes que están en contacto con las velares palatalizadas en posición final de sílaba. En términos generales, la consonante se asimila a la yod, cambiando su punto de articulación de dental/alveolar a palatal y frecuentemente también su modo de articulación. Los grupos consonánticos pertinentes son las siguientes: -X- (grafía que indica /ks/), -CT-, -CL-, -GL- (creadas en muchos casos por la pérdida de una vocal intertónica; véanse ejemplos en (10)), -GN-:

(23) -X- > [js] > /ʃ/ en esp. med.: MĂTĂXĂ > *madexa*, DĪXĪ > *dixe*

  -CT- > [jt] > /tʃ/: ŎCTO > *ocho*, FĂCTU > *fecho* (> *hecho*) (salvo tras ī, cuando la yod es absorbida por la vocal homóloga: FRĪCTU > *frito*)

  -CL- > [jl] > /ʎ/ > /ʒ/ en esp. med.: ŎCŬLU > *ojo*, LĔNTĬCŬLA > *lenteja* (y también -T(Ŭ)L-, que en latín hablado se articuló idénticamente con -CL-: VĔTŪLU > *viejo*)

  -GL- > [jl] > /ʎ/ > /ʒ/ en esp. med.: RĔGŬLA > *reja*, TĔGŬLA > *teja*

  -GN- > [jn] > /ɲ/: PŬGNU > *puño*, STĀGNU > *estaño*

Parece que en Hispania la lateral final de sílaba entre Ŭ y T también era velar [ɫ], de manera que se convirtió en [j] de la misma manera que las demás velares en esta posición:

(24) - (U)LT- > [jt] > [tʃ]: MŬLTU > *mucho*, CŬLTELLU > *cuchiello* > *cuchillo*

3.5. Palatalización de laterales y nasales geminadas

Este cambio, típico del hispanorromance central y oriental, incluyendo el castellano y el catalán, demuestra el proceso de la lenición, pero como también contribuye a la creación del orden palatal del romance, debe tomarse en cuenta aquí. Las geminadas -LL- y -NN-, al contrario del tratamiento de las demás consonantes dobles, no mantienen su punto de articulación alveolar y se convierten en palatales:

(25) -LL- > /ʎ/: CĂBĂLLU > *cavallo* (después escrito *caballo*), VĂLLĒS > *valles*

  -NN- > /ɲ/: ĀNNU > *año*, GRŬNNĪRE > *gruñir*

3.6. Palatalización de PL-, CL-, FL-

En el centro y oeste de la Península, pero no en el este, estos grupos iniciales de sílaba modificaron su articulación. En posición inicial de palabra, se convirtió /l/ en /ʎ/ y se combinó la consonante inicial con este elemento palatal:

(26) PL- > /ʎ/: PLĂGA > *llaga*, PLĬCĀRE > *llegar*
     CL- > /ʎ/: CLĀMĀRE > *llamar*, CLĀVE > *llave*
     FL- > /ʎ/: FLĂMA > *llama*, FLĂCCĬDU > *llacio* (después *lacio*)

En posición interna de palabra, tras consonante, el resultado es distinto aunque siempre palatal (/ʧ/):

(27) (cons. +)pl- > /ʧ/: ĂMPLU > *ancho*, ĬMPLĒRE > *henchir*
     (cons. +)cl- > /ʧ/: *MĂNCLA (por MĂCŬLA) > *mancha*
     (cons. +)FL- > /ʧ/: ĬNFLĀRE > *hinchar*

3.7. Conclusión

A raíz de los cambios expuestos en los § 2.2.1–6, empezando en el latín hablado de los primeros siglos y cumpliéndose en la Alta Edad Media, se añadió al sistema consonántico del castellano un nuevo orden de fonemas palatales: /ʧ/, /ʒ/, /ʃ/, /j/, /ʎ/, /ɲ/. Además, dos nuevas consonantes que pasaron por una etapa de palatalización terminaron como dentales: /tˢ/, /dᶻ/.

4. La creación de las fricativas sonoras

La segunda de las grandes reorganizaciones del sistema consonántico latino fue la que produjo una nueva serie de consonantes fricativas sonoras, categoría inexistente en el latín (véase § 3.1). Como en el caso de la creación del nuevo orden de fonemas palatales, contribuyen varios procesos individuales a esta reorganización general, aunque el primordial sea el proceso de lenición o debilitamiento consonántico.

4.1. El desarrollo de /j y /β/

El desarrollo de /j/ que estudiamos en § 3.1, esencialmente una consonantización de la vocal /i/ en ciertas condiciones, no solo dio lugar a la primera consonante palatal del latín sino a la primera consonante fricativa sonora de esa lengua, que podía aparecer como geminada en posición intervocálica. Teniendo en cuenta la simplificación regular de las geminadas, esta consonante sobrevive en español medieval y moderno: IAM > *ya*, MĀIŌRE > *mayor*.

Paralelamente, en el latín hablado la semiconsonante [w], escrita V (VĪTA, ĀVĬS), se reforzó, dando lugar a la consonante bilabial fricativa sonora /β/. A continuación, en todas las zonas de habla latina, esta consonante confluyó con el resultado de -B- intervocálica (CĂBĂLLU, DĒBĒRE) como demuestran los frecuentes intercambios entre V y B en las inscripciones y otros textos poco cuidados. Este resultado se perpetuó en español: VĪTA > *vida*, ĀVE > *ave*, CĂBĂLLU > esp. med. *cavallo*, después reescrito *caballo*, DĒBĒRE > esp. med. *dever*, después reescrito *deber* (todos con /β/), aunque en otras lenguas romances hubo un cambio ulterior que condujo a la labiodental /v/, inexistente en castellano.

En posición inicial de palabra también hay indicios tempranos de una confusión entre B- y V-. Sin embargo, en la mayoría de las palabras estas consonantes mantuvieron su identidad individual en el español medieval: B- > /b/ oclusiva (BŬCCA> *boca*, BĔNE > *bien*), V- > /β/ fricativa (VĪTA > *vida*, VACCA > *vaca*). Sólo después confluyeron estas consonantes en una sola: /β/.

4.2. La lenición

En la Romania occidental, aunque no en la Italia central y meridional ni en Rumanía, a partir de los últimos siglos del Imperio romano, tuvo lugar una serie de cambios que afectaron a las consonantes intervocálicas y geminadas, debilitándolas (de aquí el término *lenición*), de manera que, entre otros cambios las oclusivas sonoras se convirtieron en fricativas sonoras, contribuyendo así a la segunda gran reorganización del sistema consonántico latino.

Aunque existen varias teorías que explican la lenición consonántica, la más sostenible supone que un gran aumento en la frecuencia de las geminadas provocó una serie de cambios en cadena. El caso es que en el latín hablado en toda la Romania se incrementó la incidencia de las geminadas a raíz de la asimilación de una consonante final de sílaba a la consonante siguiente (inicial de sílaba):

(28) -PS- > /ss/: ĬPSE > /'esse/
     -RS- > /ss/: ŬRSU > /'osso/
     -PT- > /tt/: SĔPTEM > /'sɛtte/
     -MN- > /nn/: SŎMNU > /'sɔnno/

En algunas zonas, el número de casos de geminadas se incrementó por una asimilación inversa, por la cual la consonante inicial de sílaba se asimilaba a la precedente:

(29) -MB- > /mm/: LŬMBU > /'lommo/

Para diferenciarse de las geminadas, ahora más frecuentes, y así mantener los contrastes semánticos expresados por el contraste fonológico entre geminadas y sencillas intervocálicas, las sencillas intervocálicas sordas se sonorizaron. A la vez, para mantener el antiguo contraste entre sordas y sonoras, ciertas sonoras intervocálicas se fricatizaron, proporcionando nuevas consonantes fricativas sonoras al sistema consonántico. En una etapa final de este debilitamiento, algunas de estas fricativas sonoras se eliminaron totalmente. Las distintas etapas de la lenición (realmente simultáneas) se pueden resumir así, ejemplificadas con las consonantes velares:

(30)

simplificación	geminada > simple	/kk/ > /k/
sonorización	sorda > sonora	/k/ > /g/
fricativización	oclusiva sonora > fricativa sonora	/g/ > [γ]
pérdida	fricativa sonora > *cero*	[γ] > [Ø]

Por lo general, un cambio dado no provoca el cambio siguiente, de modo que la /k/ resultante de /kk/ persiste en el español medieval y moderno y no se ve afectada por la sonorización, etc. De la misma manera, la -S- y -B- latinas, llegando a ser fricativas sonoras (/s/ > /z/, /b/ > /β/) no pasan a la última etapa, la eliminación. Sin embargo, a veces un máximo de dos cambios pueden tener lugar sucesivamente: /k/ > /g/ > [γ], o /g/ > [γ] > [Ø]. A continuación se ejemplifican los efectos de la lenición en cada uno de los grupos más importantes de las consonantes latinas.

(31) oclusivas labiales | lat. habl. | esp. med. | ejemplo
| /pp/ | /p/ | CŬPPA > *copa*
| /p/ | /b/ | CŪPA > *cuba*
| /b/ | /β/ | CĬBU > *cevo* (después *cebo*)

(32) fricativas labiales | lat. habl. | esp. med. | ejemplo
| /ff/ | /f/ | SCŎFFĪNA > *escofina*
| /f/ (< -F-, NF) | /h/ | DĒFĒNSA > *defesa* = /dehésa/
| | | CŌNFŬNDĔRE > *confonder* = /kohondér/
| | | (después *confundir*)
| | /β/ | PRŌFĔCTU > *provecho*
| /β/ | /β/ | NŎVU > *nuevo*

Se recordará que /b/ y /β/ se confundieron en el latín hablado, dando el mismo resultado /β/ en español medieval. /ff/ y /f/ son fonemas infrecuentes en latín; su desarrollo se ve perturbado por el peculiar resultado castellano de /f/ inicial latina: donde la /f/ interna se percibe como inicial de morfema (DĒ-FĒNSA, CŌN-FŬNDĔRE), se trata la /f/ como en principio de palabra (> /h/); donde no se percibe la frontera morfemática (PRŌFĔCTU), tiene lugar la lenición normal.

(33) nasales labiales | lat. habl. | esp. med. | ejemplo
| /mm/ | /m/ | FLĂMMA > *llama*
| | | LĀMBĔRE > *lamer*
| /m/ | /m/ | RĒMU > *remo*

Se recordará que -mb- se redujo a /mm/ en el habla latina de ciertas zonas. El tratamiento de /mm/ y /m/ latinas es el único caso en que se confunde una geminada con la consonante simple correspondiente, no teniendo lugar la lenición en este sector fonémico.

(34) oclusivas dentales | lat. habl. | esp. med. | ejemplo
| /tt/ | /t/ | GŬTTA > *gota*
| | | RŬPTU > *roto*
| /t/ | /d/ =[ð] | CĂTĒNA > *cadena*
| /d/ | /Ø/ | SĔDĒRE > *seer* (> *ser*)

En términos generales, se observa que se mantiene en español medieval la triple distinción latina entre estos fonemas. Este desarrollo solo se ve contrariado por la existencia de un corto número de palabras que mantienen la -D- latina (sin duda como fricativa [ð]): CRŪDU > *crudo*, VĂDU > *vado*, NŌDU > *nudo*, NŪDU > *desnudo*. También existían las formas *crúo, vao*, etc., luego abandonadas, de manera que se piensa que la /d/ de estas formas puede deberse a una influencia medieval proveniente de una pronunciación basada en la ortografía latina, escuchada en la iglesia, los tribunales, etc.

(35) fricativas dentoalveolares | lat. habl. | esp. med. | ejemplo
| /ss/ | /s/ | ŎSSU > *huesso*
| | | ŬRSU > *osso*
| | | ĪPSOS > *essos*
| /s/ | /z/ | RŌSA > *rosa*
| | | MĒNSES > *meses*

La distinción entre -ss- (< -ss-, -rs-, -ps-) y –s- (< -s-, -ns-) se mantiene en español medieval, aunque el contraste fonémico basado en la duración (consonante larga vs. breve) se convierte en contraste de sonoridad (sorda vs. sonora).

(36) africadas dentoalveolares

	lat. habl.	esp. med.	ejemplo
	/tt^s/	/t^s/	*PĔTTĬA > *pieça*
			*ĀSCĬĀTA > *açada*
	/t^s/	/d^z/	TRĪSTĬTĬA > *tristeza*
			LŪCES > *luzes*

Como en el caso de las fricativas correspondientes, se mantiene en español medieval la distinción latina entre la africada geminada /tt^s/ (< -TT-, -PT-, -CC-, -SC- + [j]) y la sencilla /t^s/ (< /t/, /k/ + [j], /k/ ante vocal palatal), aunque a través de la sonoridad (sorda /t^s/ vs. sonora /d^z/).

(37) fricativas palatales

	lat. habl.	esp. med.	ejemplo
	/jj/	/j/	RĂDĬU > *rayo*
			CŪIU > *cuyo*
	/j/	/Ø/	RĒGĪNA > *reina*

La oposición entre /jj/ (< /d/, /g/ + [j] o -I-) y /j/ (< /g/ ante vocal palatal) se mantiene por la simplificación de la primera y la eliminación de la segunda, aunque cuando a /jj/ le precedía una vocal anterior la palatal geminada, tiene la misma suerte que la sencilla, eliminándose (CŎRRĬGĬA > *correa*, PĒIŌRE > *peor*).

(38) oclusivas velares

	lat. habl.	esp. med.	ejemplo
	/kk/	/k/	SĬCCU > *seco*
	/k/	/g/	SĒCŪRU > *seguro*
			ĂQUA > *agua*
	/g/	/Ø/	LĒGĀLE > *leal*

Se observa que la oposición tripartita del latín hablado se mantiene en el español medieval, menos en unos cuantos casos donde se conserva la /g/: *LĒGŪMĬNE > *legumbre*, PLĀGA > *llaga*.

(39) líquidas

	lat. habl.	esp. med.	ejemplo
	/nn/	/ɲ/	PĂNNU > *paño*
			DĂMNU > *daño*
	/n/	/n/	BŎNU > *bueno*
	/ll/	/ʎ/	GĂLLU > *gallo*
	/l/	/l/	MĂLU > *malo*
	/rr/	/r/	TŬRRES > *torres*
	/r/	/ɾ/	TAURU > *toro*

La oposición entre geminada y sencilla se conserva en el español medieval (y moderno) a través de la palatalización de las geminadas /nn/ y /ll/ y el mantenimiento de las sencillas correspondientes. En el caso de /rr/ y /r/ latinas, se puede decir que la oposición se mantiene sin cambios, ya que es probable que el contraste latino estribaba en el mismo rasgo fonológico (vibrante múltiple frente a la sencilla) que en el español medieval y moderno.

A raíz de los cambios expuestos, se produjo en el español medieval una nueva serie de consonantes fricativas sonoras, inexistentes en el latín temprano: /β/, /z/, /ʒ/, y /j/. Para más detalles sobre la lenición en español, véase Penny 2006: 93–112.

5. El desarrollo de f- inicial latina

Por razones muy discutidas la fricativa labiodental sorda, casi siempre inicial de morfema en latín, se convirtió en la laríngea /h/ en castellano, a diferencia de la gran mayoría de los demás romances, menos ante [w] o [ɾ] y a veces ante [j], aunque la /h/ se pierde en el español estándar moderno. La grafía medieval de /h/, casi siempre *f*, esconde este cambio.

(40) latín /f/   esp. med. /h/   esp. mod. /Ø/
    FĪCU   *figo*   *higo*
    FĀRĪNA   *farina*   *harina*
    FĂCĔRE   *fazer*   *hacer*
    latín /f/   esp. med. /f/   esp. mod. /f/
    FŎNTE   *fuente*   *fuente*
    FRŎNTE   *fruente*   *frente*

Para un tratamiento más extenso de este tema, consúltense Penny 2006: 112–116 y Trask 1997: 424–429.

6. Sistema consonántico medieval

A consecuencia de los cambios expuestos hasta ahora, se observa en español medieval un sistema consonántico con los siguientes rasgos:

(41)

	labial	dental	(dento-) alveolar	pre-palatal	medio-palatal	velar
oclusiva/africada sorda	/p/	/t/	/tˢ/	/tʃ/		/k/
oclusiva/africada sonora	/b/	/d/	/dᶻ/			/g/
fricativa sorda			/s/	/ʃ/		/h/
fricativa sonora	/β/		/z/	/ʒ/	/j/	
nasal	/m/		/n/	/ɲ/		
lateral			/l/	/ʎ/		
vibrante múltiple			/r/			
vibrante sencilla			/ɾ/			

7. Cambios de los siglos recientes

Desde la Baja Edad Media, se ha producido una serie de cambios fonológicos que han simplificado en varios aspectos el sistema consonántico medieval. Estos cambios son:

7.1. La fusión de /b/ y /β/

Estos fonemas, ortografiados con *b* y *v~u* respectivamente, se oponían en posición intervocálica (*cabe* [de *caber*] < CĂPIT vs. *cave~caue* [de *cavar*] < CĂVET) y probablemente también en posición inicial de palabra (*bienes* < BĔNE + /s/ vs. *vienes* < VĔNĪS). Por una creciente neutralización de la distinción entre ambas (oclusiva vs. fricativa), empezando tras nasal, donde es difícil mantener la fricativización bilabial, las dos consonantes se fundieron una con otra ya desde mediados del siglo XVI. Este único fonema labial sonoro, /b/, con sus alófonos [b] y [β], es ahora universal en el mundo hispanohablante.

7.2. Las sibilantes

Esta subclase de fonemas (fricativos y africados dentoalveolares y prepalatales) sufrió importantes reducciones en español desde la Baja Edad Media. En esa época, se empleaban las siguientes consonantes sibilantes:

(42)	dento-alveolar plana	alveolar retrofleja	pre-palatal		
africada sorda	/t^s/		/ʧ/	caça	echar
africada sonora	/d^z/			dezir	
fricativa sorda		/s/	/ʃ/	passo	caxa
fricativa sonora		/z/	/ʒ/	casa	ojo

La africada prepalatal sorda /ʧ/ persiste hasta hoy, pero los demás miembros de este subsistema sufrieron una serie de tres cambios. En primer lugar, las dentoalveolares perdieron su oclusión, convirtiéndose en fricativas /s̪/ /z̪/, pero la conformación de la lengua siendo siempre plana, no se confundieron estas nuevas consonantes con las alveolares existentes /s/ y /z/. Sin embargo, este cambio incrementó la similitud entre los miembros del subsistema, ya que todos eran ahora fricativos.

En segundo lugar, las tres sibilantes sonoras /z̪/, /z/ y /ʒ/ se ensordecieron, confundiéndose con las sordas correspondientes: /s̪/ y /z̪/ > /s̪/; /s/ y /z/ > /s/; /ʃ/ y /ʒ/ > /ʃ/. Este cambio, con origen en el norte de Castilla la Vieja y extendiéndose en los siglos XV y XVI al resto del reino, redujo a tres las sibilantes españolas (o a cuatro si se tiene en cuenta la existencia de /ʧ/) e incrementó la posibilidad de confusiones semánticas entre las palabras que dependían de estos fonemas para distinguir su sentido del de otras palabras: caça, casa, caxa ofrecían en posición intervocálica una u otra de las tres fricativas sordas restantes en el subsistema, /s̪/, /s/ y /ʃ/, que ahora solo se diferenciaban a base de la conformación de la lengua, respectivamente dental plana, alveolar retrofleja, y prepalatal plana.

Esta situación provocó el tercero de los cambios que afectó al subsistema sibilante. En toda España, menos en la Andalucía occidental, se exageró el único rasgo articulatorio que separaba los tres fonemas, su *locus*, adelantándose /s̪/ a /θ/ interdental y retrotrayéndose /ʃ/ a /x/ velar. Teniendo en cuenta los cambios ortográficos introducidos desde el siglo XVIII, caça, casa y caxa llegaron así a su pronunciación y ortografía modernas: caza /káθa/, casa /kása/, caja /káxa/. Sin embargo, hubo otro resultado en la Andalucía occidental y, por consiguiente, en toda América. Aunque la /ʃ/ de los siglos XV-XVI (< /ʃ/ y /ʒ/ medievales) se velarizó (/ʃ/ > /x/), las otras dos consonantes de la serie se confundieron con articulación dental plana (/s̪/ y /s/ > /s̪/). Este fenómeno, el seseo andaluz y americano, implica que parejas mínimas como caza/casa ya no se distinguieron en la pronunciación de la gran mayoría de los hispanohablantes.

7.3. Pérdida de /h/

El fonema aspirado /h/ (cuyo origen latino se trata en el apartado §5) deja de pronunciarse (es decir, /h/ > /Ø/) en gran parte del mundo hispanohablante y en el español estándar, a partir del siglo XVI, a pesar de mantenerse *h* en la ortografía:

(43) esp. med.   s. XVI   esp. mod.

fazer (/hadᶻér/) >   *hazer* (/haṣér/)   *hacer* (/aθér/~/asér/)

fijo (/híʒo)   *hijo* (híxo)   *hijo* (/íxo/)

8. Sistema consonántico moderno

Como resultado de los cambios tratados en el apartado anterior, las consonantes de las variedades conservadoras del español moderno comprenden el siguiente sistema de diecinueve unidades:

(44)

	labial	(inter-) dental	alveolar	palatal	velar
oclusiva/africada sorda	/p/	/t/		/ʧ/	/k/
oclusiva/africada sonora	/b/	/d/			/g/
fricativa sorda	/f/	/θ/	/s/		/x/
fricativa sonora				/j/	
nasal	/m/		/n/	/ɲ/	
lateral			/l/	/ʎ/	
vibrante múltiple			/r/		
vibrante sencilla			/ɾ/		

En variedades menos conservadoras, especialmente andaluzas y americanas, el sistema se reduce a diecisiete fonemas, faltando /θ/ y /ʎ/. Para la /f/ moderna, véase Penny (1972).

Bibliografía

Craddock, J. R. (1980) "The contextual varieties of yod: An attempt at systematization", en Blansin, E. L. Jr. y Teschner R. V. (eds.) *Festschrift for Jacob Ornstein: Studies in general linguistics and sociolinguistics*, Rowley: Newbury House, pp. 61–68.

Penny, R. (1972) "The reemergence of /f/ as a phoneme of Castilian", *Zeitschrift für romanische Philologie*, 88, pp. 463–482.

Penny, R. (1988) "The old Spanish graphs *i, j, g* and *y* and the development of Latin Gᵉ·ⁱ- and J-", *Bulletin of Hispanic Studies*, 65, pp. 337-351.

Penny, R. (2006) *Gramática histórica del español*, 2.ª ed., Barcelona: Ariel. [Trad. de Penny, R. (2002) *A history of the Spanish language*, 2.ª ed., Cambridge: Cambridge University Press].

Trask R. L. (1997) *The history of Basque*, Londres/Nueva York: Routledge.

Lecturas complementarias

Herman, J. (2000) *Vulgar Latin*, Pennsylvania: Pennsylvania State University.

Lapesa, R. (1980) *Historia de la lengua española*, 8.ª ed., Madrid: Gredos.

Lloyd, P. M. (1993) *Del latín al español. I: Fonología y morfología históricas de la lengua española*, Madrid: Gredos. [Trad. de Lloyd, P. M. (1987) *From Latin to Spanish: Historical phonology and morphology of the Spanish language* (Memoirs of the American Philosophical Society, 173), Filadelfia: American Philosophical Society].

Penny, R. (2004) *Variedad y cambio en español*, Madrid: Gredos. [Trad. de Penny, R. (2000) *Variation and change in Spanish*, Cambridge: Cambridge University Press, 2000].

Entradas relacionadas

acento; consonantes; dialectos del español de América; dialectos del español de España; fonema; fonética; fonología; historia del español; morfemas; procesos fonológicos; sílaba; variación fonética; vocales

HISTORIA DEL ESPAÑOL: MORFOLOGÍA

Joel Rini

1. Introducción

El estudio de la morfología en la historia del español, i. e., la morfología histórica española, juega un papel principal en la gramática histórica española (i. e., la historia "interna" del español) y, por consiguiente, es un componente de suma importancia de la historia del español en general. Aunque el cambio fonético ha ocasionado tremendos cambios en la lengua a través de los siglos, muchas estructuras del español actual (y antiguo) son el resultado del cambio morfológico. Por ejemplo, mientras el cambio del lat. HABUĪ > esp. ant. *ove* (esp. mod. *hube*) se explica por los siguientes cambios fonéticos regulares: HABUĪ → [habwi > abwi > aubi > oubi > oβe], lat. TENUĪ nunca hubiese cambiado al español antiguo *tove* sólo por el cambio fonético. Más bien, TENUĪ hubiese dado una forma como **teune, así: TENUĪ → [tenwi > teuni > teune]. Así que, cuando el cambio fonético regular no explica la evolución de una forma, es útil considerar la posibilidad de que algún tipo de cambio morfológico haya ocurrido.

En el cambio morfológico, las formas de la lengua que ya son semejantes (o relacionadas) se hacen morfológicamente más semejantes. La semejanza ya existente entre estas formas, la cual produce una conexión entre ellas en la mente del hablante, puede ser de una naturaleza semántica, sintáctica o morfológica (Hock 1991: 167). En el caso del lat. TENUĪ, en algún momento durante su evolución, el cambio fonético fue interrumpido por un cambio morfológico conocido como "analogía", debido a la conexión semántica entre los verbos HABĒRE "tener" y TENĒRE "tener, poseer", o sus formas más tardías *aver* y *tener*, el cual produjo la forma del esp. ant. *tove*, así:

Conexión semántica

$$\frac{aver}{ove} \quad : \quad \frac{tener}{X} \quad = \quad tove$$

Los manuales de gramática histórica ofrecen capítulos con amplios datos sobre la morfología histórica del español. Todo estudiante o investigador debe consultar las siguientes obras antes de comenzar cualquier investigación de morfología histórica: Menéndez Pidal (1941),

Hanssen (1913), Loyd (1987), Penny (2002). Pero hay que advertir que estas obras no presentan los distintos tipos de cambio morfológico como se deben distinguir al llevar a cabo cualquier investigación de la morfología histórica, sino que usan de una manera muy general el término "analogía" con referencia a cualquier tipo de cambio morfológico. Los distintos tipos de cambio morfológico, de los cuales la analogía es solo uno, se describen en detalle a continuación.

2. Tipos de cambio morfológico

2.1. Analogía

La analogía es un tipo de cambio morfológico que se presenta en forma de una proporción. En la proporción, hay dos formas de base, conectadas o por una semejanza o relación semántica, sintáctica o morfológica, y una forma derivada de una de las dos formas, así:

Conexión semántica, sintáctica o morfológica

$\swarrow$ $\searrow$

Forma 1   Forma 2
Forma derivada

Por la conexión entre la Forma 1 y la Forma 2, se produce una nueva forma derivada, parecida a la forma derivada de la Forma 1, así:

Conexión semántica, sintáctica o morfológica

$\swarrow$ $\searrow$

Forma 1   Forma 2
Forma derivada   X = Nueva forma derivada

Por ejemplo, como se explicó en el apartado anterior, por la conexión semántica entre la Forma 1 *aver* y la Forma 2 *tener*, se produjo a base de la forma derivada *ove* la nueva forma derivada *tove*. Pero es posible que haya habido también una conexión sintáctica entre estos dos verbos, ya que los dos funcionaban como auxiliares en el español medieval (p. ej, *Et pues quel esto **ouo dicho** & ensennado aduxo las alas que **tenie fechas** & ato ge las a los braços & a las piernas.* Alfonso X, *General Estoria II*, fol. 319v, c 1275).

Durante la evolución del pretérito del verbo *estar*, hubo dos cambios analógicos debidos a la conexión sintáctica, primero con el verbo *poder*, y más tarde con el verbo *aver*, como los tres funcionaban como auxiliares. Lat. STĒTĪ cambió primero a *STĔTĪ (quizás por la influencia de verbos como FĒCĪ y VĒNĪ) y luego, por el cambio fonético regular evolucionó a *estide*, así: *STĔTĪ → [steti > ịsteti > estiti > estidi > estide]. La forma *estide* aparece en los primeros textos y fue la forma predominante durante el siglo XIII y comienzos del siglo XIV, pero pronto los hablantes crearon la nueva variante *estude*, por analogía con el verbo *poder* y su forma derivada *pude*, por la conexión sintáctica, así:

Conexión sintáctica

poder   :   estar
pude   :   X   =   estude

Más tarde los hablantes del español medieval crearon otra variante más, por la conexión sintáctica con *aver* y su forma derivada *ove*, así:

Conexión sintáctica

$$\begin{array}{ccc} \nearrow & & \searrow \\ \underline{aver} & : & \underline{estar} \\ ove & : & X & = & estove \end{array}$$

Hay que señalar que, aunque en todos los ejemplos anteriores del cambio analógico en el sistema verbal se supone que los infinitivos sirvieron como las formas de base, otras formas del paradigma verbal pudieron haber servido así, en particular, las de la primera persona singular del presente de indicativo, también formas básicas del paradigma verbal, como se postula en el siguiente ejemplo:

Conexión semántica

$$\begin{array}{ccc} \nearrow & & \searrow \\ \underline{(h)e} & : & \underline{tengo} \\ ove & : & X & = & tove \end{array}$$

La historia de los verbos *saber*, *caber* y *haber* ofrece unos ejemplos excelentes del cambio analógico debido a la semejanza morfológica. Lat. *SAPUĪ (resultado del cruce de las variantes SAPĪVI y SAPĬI > *SÁPĪVI seguido de síncopa) dio por el cambio fonético regular esp. ant. *sope*, así: *SAPUĪ → [sapwi > saupi > soupi > sope]. La forma del perfecto del verbo CAPĔRE del latín clásico, i. e., CĒPĪ, nunca habría dado esp. ant. *cope*, sino una forma tal como ***quipe* (cf. FĒCĪ > *fize*, VĒNĪ > *vine*). Por lo tanto, hay que suponer que los hablantes del latín cantábrico crearon una nueva forma analógica por la semejanza morfológica entre los infinitivos SAPĔRE y CAPĔRE, o las formas de la primera persona singular del presente de indicativo, SAPIŌ y CAPIŌ, así:

Conexión morfológica

$$\begin{array}{ccc} \nearrow & & \searrow \\ \text{SAPĔRE} & : & \text{CAPĔRE} \\ *\text{SAPUĪ} & : & X & = & *\text{CAPUĪ} \end{array}$$

Conexión morfológica

$$\begin{array}{ccc} \nearrow & & \searrow \\ \text{SAPIŌ} & : & \text{CAPIŌ} \\ *\text{SAPUĪ} & : & X & = & *\text{CAPUĪ} \end{array}$$

De ahí, la nueva forma analógica evolucionó por el cambio fonético regular al esp. ant. *cope*, así: *CAPUĪ → [kapwi > kaupi > koupi > kope]. Pero si las formas SAPIŌ y CAPIŌ sirvieron de base de este cambio analógico en la mente de algunos hablantes, el cambio habrá ocurrido temprano, porque la semejanza morfológica entre SAPIŌ y CAPIŌ no perduró, debido a otro cambio analógico que interrumpió el desarrollo fonético regular de SAPIŌ.

Por el cambio fonético regular, SAPIŌ debió haber dado ***sepo*, como CAPIŌ > *quepo* y pres. subj. SAPIAM > *sepa*, CAPIAM > *quepa*. Pero en algún momento durante la evolución fonética regular de SAPIŌ, el verbo *saber* sufrió un cambio analógico con el verbo *haber* por la semejanza morfológica entre estos infinitivos. La forma HABEŌ había dado **ayo*, forma que no se atestigua pero se supone que existía en el español preliterario (cf. pres. subj. HABEAM > esp. ant. *aya*), y el cambio analógico produjo asimismo **sayo*, así:

Conexión morfológica

↙	↘	
aver	:	*saber*
*ayo	:	X = **sayo*

Luego, con la pérdida de la *-o* final, **ayo*, **sayo* evolucionaron al esp. ant. *e*, *sé*, así: **ay* → [ái] > [éi̯] > [é]; **say* → [sái̯] > [séi̯] > [sé]. Sin el cambio analógico basado en la semejanza morfológica propuesto aquí, no se explica la evolución de SAPIŌ > *sé*, dado la de CAPIŌ > *quepo*.

Vale mencionar que, aunque ocurrió un cambio analógico entre SAPĔRE y CAPĔRE (y quizás entre SAPIŌ y CAPIŌ) que produjo **CAPUĪ* (> esp. ant. *cope*), el verbo *caber* no sufrió más tarde otro cambio semejante con *saber* y su forma derivada **sayo*, cambio que habría producido una forma tal como ***cayo*, a lo mejor porque la forma *cayo* (< CADŌ) ya existía como primera persona singular del presente de indicativo de *caer* (< CADĔRE).

2.2. *Nivelación*

La nivelación es otro tipo de cambio morfológico, el cual se distingue de la analogía en que no se presenta en forma de proporción, y por consiguiente, no hace falta postular una conexión semántica, sintáctica o morfológica entre dos formas de base. Más bien, las formas semejantes o relacionadas que se hacen morfológicamente más semejantes por este proceso se encuentran en un esquema formal llamado "el paradigma". Por la naturaleza del paradigma, las formas ya son conectadas semántica, sintáctica y, en la mayoría de los casos, morfológicamente por su morfema léxico, el cual encierra el significado básico del paradigma (la conexión semántica), funciona igual en todas sus manifestaciones inflexionadas o como verbo, nombre, pronombre, etc., (la conexión sintáctica) y, o es morfológicamente igual en todas sus manifestaciones inflexionadas, p. ej., **habl**-*o*, **habl**-*a-s*, **habl**-*a-mos*, etc., **habl**-*é*, **habl**-*a-ste*, etc., o comparte semejanzas morfológicas con alomorfos, p. ej., **pued**-*o*, **pued**-*e-s*, **pod**-*e-mos*, etc., **pud**-*e*, **pud**-*i-ste*, etc. (la conexión morfológica).

Frecuentemente el cambio fonético regular produce irregularidades (o alomorfos) en el paradigma y el proceso de nivelación las elimina al reemplazar un alomorfo (o unos alomorfos) con otro, así haciendo el paradigma más uniforme y simétrico. La nivelación puede eliminar o parcial o completamente la alternancia de alomorfos del paradigma, así que se puede hablar de *nivelación parcial* o *nivelación completa*.

Por ejemplo, VĒNĪRE exhibía simetría en el morfema léxico del perfecto:

VĒNĪ	VĒNIMUS
VĒNISTĪ	VĒNISTIS
VĒNIT	VĒNĒRUNT

Pero el cambio fonético regular produjo el alomorfo *vin-* en la primera persona del singular del pretérito y el alomorfo *ven-* en las demás personas, dejando un paradigma morfológicamente asimétrico. Luego, sin embargo, el alomorfo de la primera persona del singular niveló los demás, así restaurando la simetría (aunque una simetría nueva):

vine
↓   *vine*
veniste   *viniste*
veno   *vino*
venimos   >   *vinimos*
venistes   *vinistes*
venieron   *vinieron*

Esta nivelación se considera *parcial* porque se limitó al pretérito (y tiempos afines como el imperfecto y futuro de subjuntivo) y no afectó a todas las formas del paradigma, por ejemplo, el infinitivo **venir** (y no ****vinir**), el imperfecto de indicativo **venía** (y no ****vinía**), *venido* (y no ****vinido**), etc.

Un ejemplo de la nivelación *completa* se encuentra en la historia del verbo *subir*. El cambio fonético regular dejó en el español antiguo un alomorfo con /u/ solo en el morfema léxico de la primera persona del singular del presente de indicativo, pero las demás formas un alomorfo con /o/, por ejemplo: pres. ind. **subo**, pero **sobes**, **sobe**, etc.; inf. **sobir**; imp. ind. **sobía**, **sobías**, etc.; pret. **sobí**, **sobiste**, etc.; pp. **sobido**, etc. Luego, sin embargo, el alomorfo de la primera persona del singular niveló, no solo las demás formas del presente, sino también el infinitivo, así:

sobir   >   **subir**
↑
subo
↓   **subo**
sobes   **subes**
sobe   **sube**
sobimos   >   **subimos**
sobides   **subides**
soben   **suben**

El efecto de la nivelación se extendió al final a las demás formas del paradigma desde el infinitivo nivelado, puesto que todas las formas se derivan de él, p. ej., *subir* → *sobía*, *sobías*, etc. > *subía*, *subías*, etc., *sobí*, *sobiste*, etc. > *subí*, *subiste*, etc., *sobido*, etc., > *subido*, etc.

En los ejemplos anteriores de nivelación parcial y completa, se nota que fue la forma de la primera persona del singular la que niveló las otras formas del paradigma. Hay más ejemplos de la historia del español en que dicha forma niveló otras formas del paradigma, como se ve a continuación en el pretérito (nivelación parcial) y en el presente del español antiguo *foír* (nivelación completa):

Nivelación parcial en el pretérito del español antiguo

fablé   →   *fablamos*   **fablé**   **fablemos**
↓
fablaste   *fablastes*   >   **fableste**   *fablastes*
fabló   *fablaron*   *fabló*   *fablaron*

Aunque esta nivelación no perduró en la lengua estándar, formas en *-emos* persisten en el habla popular de Castilla (Lloyd 1987: 303).

Nivelación completa en el presente del español antiguo *foír*

foír   >   *fuir*   (y por consiguiente, *fuir → foía > fuía*, etc.)
↑
fuyo

  ↓   *fuyo*
foyes   >   *fuyes*
foye   >   *fuye*
foímos   >   *fuimos*
foídes   >   *fuides*
foyen   >   *fuyen*

Se puede concluir, entonces, que, en la historia del español, la forma de la primera persona del singular fue una forma niveladora particularmente poderosa. Además, la del presente de indicativo tenía la capacidad de nivelar hasta el infinitivo y, por consiguiente, ocasionar la nivelación completa.

Sin embargo, hay ejemplos de nivelación por parte de otras formas del paradigma. De hecho, hay ejemplos en que la forma de la primera persona del singular del presente de indicativo fue nivelada (quizá por su baja frecuencia de ocurrencia) o por el infinitivo, o por todas las otras formas del presente, o solo por la segunda persona singular, dado que éstas (la primera y segunda personas) son las dos formas básicas de todo diálogo (Lloyd 1987: 303), p. ej.:

español antiguo   **español moderno**
tañer "tocar"   *tañer* "tocar un instrumento musical"
↓

tango   ←   *tañemos*   *taño*   *tañemos*
↑   ↖
tañes   *tañedes*   >   *tañes*   *tañéis*
↑   ↖
tañe   *tañen*   *tañe*   *tañen*

La nivelación puede ocurrir también entre paradigmas, cuando el patrón morfológico de un paradigma se impone al de otro. Este tipo de nivelación se llama *nivelación extra-paradigmática*. Por ejemplo, el verbo SĒMINĀRE evolucionó por el cambio fonético regular al español antiguo sin diptongo en ninguna de las formas del presente de indicativo:

SĒMINĀRE			*sembrar*	
SĒMINŌ	SĒMINAMUS		*sembro*	*sembramos*
SĒMINĀS	SĒMINATIS	>	*sembras*	*sembrades*
SĒMINAT	SĒMINANT		*sembra*	*sembran*

Pero a lo largo de la Edad Media, las formas del presente de indicativo empezaron a adquirir el diptongo [jé], aparentemente por nivelación extra-paradigmática del patrón morfológico de otros paradigmas, como el de SĔNTĪRE, en el que el diptongo [jé] había evolucionado por el cambio fonético regular:

Evolución fonética regular del presente de indicativo de SĔNTĀRE

SĔNTĀRE			sentar	
SĔNTŌ	SĔNTĀMUS		siento	sentamos
SĔNTĀS	SĔNTĀTIS	>	sientas	sentades
SĔNTAT	SĔNTANT		sienta	sientan

Nivelación extra-paradigmática de *sembrar* por *sentar*

sentar			sembrar		
siento	sentamos		sembro	sembramos	
sientas	sentades	→	sembras	sembrades	>
sienta	sientan		sembra	sembran	

sembrar	
siembro	sembramos
siembras	sembrades
siembra	siembran

Por fin, la nivelación puede ocurrir también a través de una categoría gramatical, la cual sirve de paradigma (Jeffers 1982: 57). En la historia del español, por ejemplo, en la primera persona del singular del presente de indicativo, la terminación -Ō de la primera y tercera conjugaciones niveló las terminaciones -EŌ e -IŌ de la segunda, la tercera en -IŌ, y la cuarta, así:

Nivelación dentro de la primera persona singular del presente

CANTŌ, VENDŌ → DĒBEŌ, FACIŌ, APERIŌ > *DEBO, *FACO, *APERO (> *debo, fago, abro*)

Y en la segunda persona del plural del pretérito, las terminaciones medievales -*astes* e -*istes* fueron niveladas a partir del siglo XVII, adquiriendo la semivocal [i] que se había desarrollado en las demás terminaciones de la segunda persona plural de las conjugaciones -*ar/-er*, así:

Nivelación dentro de la segunda persona plural

amades	>	amáis				
amábades	>	amabais				
			→	amastes	>	amasteis
amárades	>	amarais				
amássedes	>	amaseis				
comedes	>	coméis				
comíades	>	comíais				
			→	comistes	>	comisteis
comiérades	>	comierais				
comiéssedes	>	comieseis				

2.3. La contaminación

La contaminación es otro tipo de cambio morfológico que ocurre entre vocablos que son semánticamente relacionados. Lat. STĒLLAM > esp. *estrella* ofrece un ejemplo de la contaminación entre sinónimos. Por el cambio fonético regular, la forma latina habría evolucionado sin /r/, así: STĒLLAM → [stéllam] > [i̯stélla] > [estéʎa] *estella (cf. ital. *stella*). Por consiguiente, hay que suponer que hubo una interacción entre STĒLLAM y el sinónimo ASTRUM, en la cual éste contaminó ése, pasándole su /r/ así: STĒLLAM X ASTRUM > *strella > *estrella*. Lat. SĪNISTRUM > esp. *siniestro* ofrece un ejemplo de la contaminación entre antónimos. Por el cambio fonético regular, la forma latina habría evolucionado a *senestro, así: SĪNISTRUM → [si̯ni̯stru̯m] > [si̯ni̯stru̯] > [senestro] > *senestro. Pero por contaminación del antónimo DĒXTRUM, que, por el cambio fonético regular, evolucionó a *diestro*, la forma *senestro adquirió el diptongo [jé] y evolucionó a su forma actual así: *senestro X *diestro* > *seniestro > *siniestro*.

La contaminación puede ocurrir, no sólo entre sinónimos y antónimos, sino también entre palabras conectadas por otra relación semántica. Por ejemplo, se ha sugerido que el latín CŌDAM "rabo de un animal", que habría evolucionado a *coa, sufrió la contaminación por parte de la palabra relacionada, *culo* (< CŪLUM "ano, posadera") así: CŌDAM → [kó:dam] > [kóða] > [kóa] *coa X *culo* > *cola* (Dworkin 1980). Lat. NŬRUM habría dado *nora por el cambio fonético regular, pero por contaminación por la palabra relacionada SŎCRUM, adquirió el diptongo [wé], así: NŬRUM > *NŬRA > *nora; SŎCRUM > *SŎCRA > *suegra*; *nora X *suegra* > *nuera*. A veces, una palabra se contamina, no solo por otra palabra, sino por un grupo de palabras semánticamente relacionadas. Por ejemplo, se ha sugerido que la alta frecuencia de la variante *la mar* en el habla de marineros y pescadores se debe a la contaminación por otras palabras femeninas como *agua*, *marea*, y *ola*, así: *el mar* X *agua*, *marea*, *ola* > *la mar* (Cravens 1982). También, cuando un grupo de palabras pertenecen a una serie, una o más puede contaminar a otra, como en el caso de los días de la semana, en que lat. LUNAE y MĒRCŬRII > *lune, *miércole adquirieron la -*s* de MARTIS, JŌVIS, VĒNERIS > *martes*, *jueves*, *viernes*, así: *lune, ← *martes* →, *miércole, ← *jueves*, ← *viernes* > *lunes*, *martes*, *miércoles*, *jueves*, *viernes*. Este tipo de contaminación se llama *contaminación serial*.

Por fin, hay que señalar que las variantes se pueden contaminar una a otra, en lo que se llama un *cruce de variantes*, produciendo todavía más variantes. Las variantes de los pretéritos de *estar* y *andar* ofrecen el siguiente ejemplo. En el siglo XIV, los pretéritos *estude* y *andude* (formas analógicas con *pude*) coexistían y se cruzaron con las variantes *estove* y *andove* (formas analógicas con *ove*) produciendo las nuevas variantes *estuve*, *anduve*, y, menos frecuentemente *estode* y *andode*, así: *estude* X **estove** > **estuve**, *andude* X **andove** > **anduve**; *estude* X *estove* > **estode**, *andude* X *andove* > **andode**. Es decir, en el habla de la mayoría de los hablantes, las formas *estove* y *andove* adquirieron la /u/ de *estude* y *andude*, cambiando a *estuve* y *anduve*, mientras en el habla de una minoría de hablantes, las formas *estude* y *andude* adquirieron la /o/ de *estove* y *andove*, cambiando a *estode* y *andode*.

2.4. Formación inversa

La formación inversa es un proceso morfológico en que el hablante crea o deriva una forma más breve de una forma más larga. Es semejante a la analogía en que se presenta en la mente del hablante en forma de una proporción, pero es diferente de la analogía en que las formas derivadas sirven como formas de base en la proporción. Por ejemplo, los nombres singulares del latín CŎRPUS, PĒCTUS, TĒMPUS dieron las siguientes formas singulares atípicas en *-s*: *el cuerpos*, *el pechos*, *el tiempos*. Pero pronto se reanalizaron como plurales y de estos se sacaron las nuevas formas singulares sin *-s*, según el patrón general de los demás nombres:

Plural-*s*	p.ej.	*brazos*	:	*cuerpos*	:	*pechos*	:	*tiempos*
Singular-Ø	p.ej.	*brazo*	:	x = *cuerpo*	:	x = *pecho*	:	X = *tiempo*

2.5. Reanálisis

El reanálisis es un cambio morfosintáctico que frecuentemente precede otro cambio morfológico. Por ejemplo, se vio en el apartado anterior que los nombres originalmente singulares *cuerpos*, *pechos*, *tiempos* fueron reanalizados como plurales antes de que se derivaran de ellos los nuevos nombres singulares *cuerpo*, *pecho*, *tiempo*. Otro ejemplo es el de los nombres neutros de la segunda declinación del latín cuyas formas plurales terminaban en –A, por ejemplo, sg. CĪLIUM ~ pl. CĪLIA, sg. FĔSTUM ~ pl. FĔSTA, sg. FŎLIUM ~ pl. FŎLIA, sg. PĬRUM ~ pl. PĬRA, sg. SĪGNUM ~ pl. SĪGNA, sg. VŌTUM ~ pl. VŌTA. Estos plurales evolucionaron por el cambio fonético regular a *ceja*, *fiesta*, *foja* (> *hoja*), *pera*, *seña*, *boda*, pero pronto fueron reanalizados como nombres femeninos singulares, y de ahí se formaron nuevas formas plurales con *-s*, i. e., *cejas*, *fiestas*, *fojas* (> *hojas*), *peras*, *señas*, *bodas*, por analogía con el patrón general de los demás nombres, así:

Singular-Ø	p.ej.	*amiga*	:	*ceja*	:	*pera*	:	*boda*
Plural-*s*	p.ej.	*amigas*	:	x = *cejas*	:	x = *peras*	:	x = *bodas*, etc.

Este tipo de cambio se considera no sólo morfológico, sino sintáctico también, o sea, un cambio morfosintáctico, porque cambió la función (sintaxis) de la forma (morfología): de singular a plural en el caso de *cuerpos*, *pechos*, *tiempos*, y de plural a singular en el caso de *ceja*, *fiesta*, *hoja*, *pera*, *seña*, *boda*.

3. Problemas de la morfología histórica

Queda mucho por investigar todavía en la morfología histórica del español. Aquí se ofrece sólo unos ejemplos de temas problemáticos y todavía no resueltos por completo.

3.1. El origen de soy, doy, voy, estoy

El cambio del esp. ant. *so*, *do*, *vo*, *estó* > *soy*, *doy*, *voy*, *estoy* ha sido uno de los temas más debatidos de la historia del español. Ha habido por lo menos diez hipótesis diferentes para explicar este cambio: 1) *so* > *soy* por analogía con **hai* < HABEŌ (Meyer-Lübke 1885); 2) *so* x *seo* > *soe* > *soy* (Baist 1888); 3) *so* > *soy* por analogía con *fui* (Baist 1892); 4) *so* > *soy* por analogía con leon. *hey* (Hanssen 1896); 5) *so* > *soy* por analogía con castellano preliterario **hei* (Zauner 1905); 6) *so* x leon. *seyo* > *soey* > *soy/soe* (Staaf 1907); 7) *do* + *y* > *doy* (Staaf 1907); 8) *so yo* > *soy yo* > *soy* (Ford 1911); 9) *so*, etc. + *-e* paragógica > *soe*, etc. > *soy*, etc. (Pfister 1962); y 10) *sou* > *soi* en leon. > cast. *soy* (Gorog 1980).

En los manuales de gramática histórica más recientes, Lloyd (1987:358) busca la solución en una combinación de las hipótesis 7 y 8 más la supuesta necesidad de distinguir el morfema tónico *-ó* de estos verbos del de la tercera persona del singular del pretérito. Penny (2002: 191) no queda convencido por ninguna de las explicaciones propuestas, pero encuentra la conclusión de Lloyd como "razonable". En los artículos más recientes sobre el tema, Pensado (1988, 2000) apoya la hipótesis 9, Rini (1995–1996) y Gago-Jover (1997) apoyan la hipótesis 8, y Wanner (2006) la hipótesis 3.

3.2. El origen de eres

Otro problema de la morfología histórica que ha presentado un reto para el investigador es el del origen de *eres*. Hay cuatro hipótesis hasta la fecha: 1) Büchmann (1853) propuso que, para resolver la ambigüedad entre la segunda y tercera persona del singular causada por el cambio regular de EST > ES(T) > *es*, el lat. (TŪ) ES adquirió una terminación adicional –ES > *ESES, y por el rotacismo motivado por la disimilación, *ESES > *eres*; 2) Delius (1868) sugirió que la ambigüedad se resolvió al reemplazar (TŪ) ES por la forma del futuro, y así ĔRIS > *eres*; 3) Diez (1844) propuso que la ambigüedad entre (TŪ) ES y ES(T) se evitó con la creación analógica en latín de *ERES, forma basada en el morfema léxico ER- del imperfecto ĔRAS más la terminación regular -ES; y 4) Rini (1999: 161–174), encontró una posible solución en el proceso morfológico de formación inversa. También para resolver la ambigüedad entre la segunda y tercera persona, por la conexión semántica, sintáctica y morfológica entre el pluscuamperfecto de indicativo *fueras* y el futuro de subjuntivo *fueres*, los hablantes del español preliterario crearon *eres* basado en la forma *eras*, así: ***fueras* : *eras* : *fueres* : X = *eres***.

De los manuales de gramática histórica, Menéndez Pidal (1941: 302) y Penny (1991: 162) aceptaron la hipótesis 2), aunque con algunas reservas, mientras que Lloyd (1987: 299) expresó una preferencia por la hipótesis 3). Desde la publicación de la hipótesis 4), el único manual de gramática histórica que se ha publicado en una nueva edición es Penny (2002: 191), en la que el autor acepta la hipótesis (2). Para los argumentos que exponen la imposibilidad de las hipótesis (1), (2) y (3), véase Rini (1999: 161–170).

3.3. El origen del -g- de tengo, vengo, pongo, salgo, valgo, oigo, caigo, traigo

Ha habido numerosos intentos de explicar el cambio de TĔNEO, VĔNIO, PŌNŌ, etc. > *tengo*, *vengo*, *pongo*, etc. a partir de diversos enfoques teóricos (Malkiel 1974; Lenfest 1978; Wilkinson 1978; Klausenburger 1984; Elson 1988). Sin embargo, en los manuales de gramática histórica la explicación más común es la que vincula el elemento -g- de estos verbos a los verbos latinos que ya exhibían el patrón -ng- en la primera persona del singular, por ejemplo, CINGŌ, PLANGŌ, TANGŌ, etc., hipótesis originalmente propuesta por Menéndez Pidal (1941) y más recientemente presentada con pequeñas modificaciones por Lloyd (1987) y Penny (2002). Por el cambio fonético regular, estos verbos evolucionaron con -ng- en la primera persona del singular, pero con -ñ- en el infinitivo y las demás personas del presente, por ejemplo, *tañer, tango, tañes, tañe*, etc. Penny (2002: 178–179) opina que la alternación -ng- ~ -ñ- la encontraron atractiva los hablantes y por eso la extendieron a verbos que originalmente no exhibían -g- en su morfema léxico. Pero no se explica cómo la alternación -ng- ~ -ñ- se habría extendido a verbos cuyo morfema léxico terminaba en -n, i. e., *tien-, vien-, pon-*, aun dada la semejanza entre -ñ- y -n-. Lloyd (1987: 163–165, 294), siguiendo a Wilkinson (1978: 28–29), explica que la nivelación de la primera persona del singular de los verbos como *tañer* habría producido variantes como *tango* ~ *taño*. Se supone que la palatalización ocurrió en TENEŌ y VENIŌ, produciendo *teño* y *veño*, y que como los hablantes de la época ya alternaban entre *taño* ~ *tango*, por analogía, empezaron a alternar entre *teño* ~ X = *tengo*, *veño* ~ X = *vengo*. Se supone que de ahí el segmento -g- se extendió más tarde a verbos cuyo morfema léxico terminaba en -l, i. e., *salo > salgo, valo > valgo* (Lloyd 1987:

296, Penny 2002: 179). Pero no es seguro que TENEŌ y VENIŌ hayan sufrido necesariamente la palatalización a *teño y *veño antes de que se extendiera -g- a estos verbos. Es decir, es posible que TENEŌ, VENIŌ > *tenjo, *venjo > tengo, vengo por otro factor morfológico. Lloyd (1987: 295–296) incorpora la posibilidad de que los verbos digo, fago y adugo hayan ayudado a crear en la mente del hablante una asociación entre -g- y la primera persona del singular de algunos verbos. Para el estudio más reciente sobre el tema, véase Kania (2011).

Bibliografía

Baist, G. (1888) "Romanische Sprachwissenschaft. Die romanischen Sprachen. Die spanische Sprache", *Grundriss der romanische Philologie*, pp. 689–714.

Baist, G. (1892) "Soy", *Zeitschrift für romanische Philologie*, 16, p. 532.

Büchmann, G. (1853) "Die spanische Form 'eres', zweite Person des Präsens 'soy', ich bin", *ASNS*, 12, pp. 231–232.

Cravens, T. (1982) "The analogical pressure of synonymy: The dual gender of Spanish *mar* sea", *Papers from the Fifth International Conference on Historical Linguistics*, Amsterdam: John Benjamins, pp. 38–43.

Delius, N. (1868) [reseña de Diez, F. (1844)] *Grammatik der romanischen Sprachen. Jahrbuch für romanische und englische Literatur*, 9, pp. 220–228.

Diez, F. (1844) *Grammatik der romanischen Sprachen*, Bonn: Weber.

Dworkin, S. (1980) "Phonotactic awkwardness as a cause of lexical blends: The genesis of Spanish *cola* tail", *Hispanic Review*, 48, pp. 231–237.

Elson, M. (1988) "The synchronic status and evolution of 'g' in Spanish 'vengo', 'salgo', etc. revisited", *Hispania*, 71, 2, mayo, pp. 392–400.

Ford, J. (1911) *Old Spanish readings*, Boston: Ginn and Company.

Gago-Jover, F. (1997) "Nuevos datos sobre el origen de *soy, doy, voy, estoy*", *La Corónica*, 25, pp. 75–90.

Gorog, R. de (1980) "L'origine des forms espagnoles *doy, estoy, soy, voy*", *Cahiers de Linguistique Hispanique Médiévale*, 5, pp. 157–162.

Hanssen, F. (1896) *Estudios sobre la conjugación leonesa*, Santiago de Chile: Cervantes.

Hanssen, F. (1913) *Gramática histórica de la lengua castellana*, Halle: Niemeyer.

Hock, H. (1991) *Principles of historical linguistics*, Amsterdam: Mouton de Gruyter.

Jeffers, R. y Lehiste, I. (1982) *Principles and methods for historical linguistics*, Cambridge: The MIT Press.

Kania, S. (2011) "The spread of the velar insert in medieval Spanish verbs", *Bulletin of Hispanic Studies*, 88, 2, pp. 129–159.

Klausenburger, J. (1984) "The morphology of the velar insert in Romance verbs", en Pulgram, E. (ed.) *Romanitas: Studies in Romance linguistics*, Ann Arbor: University of Michigan, pp. 132–151.

Lenfest, D. (1978) "An explanation of the /G/ in 'tengo', 'vengo', 'pongo', and 'valgo'", *Hispania*, 61, pp. 894–904.

Lloyd, P. (1987) *From Latin to Spanish*, Philadelphia: American Philosophical Society.

Malkiel, Y. (1974) "New problems in Romance interfixation (1): The velar insert in the present tense (with an excursus on -*zer*/-*zir* verbs)", *Romance Philology*, 27, pp. 304–355.

Menéndez Pidal, R. (1941) *Manual de gramática histórica española*, 6.ª ed., Madrid: Espasa-Calpe.

Meyer-Lübke, W. (1885) "Beiträge zur romanischen laut- und formenlehre", *Zeitschrift für romanische Philologie*, 9, pp. 223–267.

Penny, R. (1991) *A history of the Spanish language*, Cambridge: Cambridge University Press.

Penny, R. (2002) *A history of the Spanish language*, 2.ª ed., Cambridge: Cambridge University Press.

Pensado, C. (1988) "*Soy, estoy, doy, voy* como solución de una dificultad fonotáctica", en *Homenaje a Alonso Zamora Vicente*, Madrid: Castalia, pp. 207–218.

Pensado, C. (2000) "De nuevo sobre *doy, estoy, soy* y *voy*", en *Cuestiones de la actualidad en la lengua española*, Salamanca: Universidad de Salamanca y Caro y Cuervo, pp. 187–196.

Pfister, M. (1962) [reseña de Müller, B.], *Die Herkunft der Endung -i in der 1. Pers. Sing. Präs. Ind. des provenzalischen Vollverbs*, Vox Romanica, 21, pp. 326–334.

Rini, J. (1995–1996) "The 'clinching factor' in the addition of -*y* in Spanish *doy, estoy, soy, voy*", *Journal of Hispanic Research*, 4, pp. 1–11.

Rini, J. (1999) *Exploring the role of morphology in the evolution of Spanish*, Amsterdam: John Benjamins.

Staaf, E. (1907) *Étude sur l'ancien dialecte léonais après des chartes du XIIIᵉ siècle*, Leipzig: Rudolp Haupt.

Wanner, D. (2006) "An analogical solution to Span. *soy, doy, voy, estoy*", *Probus*, 18, 2, pp. 235–277.

Wilkinson, H. (1978) "Palatal vs. velar in the stem of the Romance present (I)", *Ronshu*, 19, pp. 19–35.

Zauner, A. (1905) *Romanische Sprachwissenschaft II*, Leipzig: G. J. Göschen'sche Verlagshandlung.

Lecturas adicionales

Alvar M. y Pottier, B. (1983) *Morfología histórica del español*, Madrid: Gredos.

Anttila, R. (1977) *Analogy*, La Haya: Mouton de Gruyter.

Dworkin, S. (1988) "The interaction of phonological and morphological processes: The evolution of the old Spanish second person plural verb endings", *Romance Philology*, 42, pp. 144–155.

Dworkin, S. (1988) "The diffusion of a morphological change: The reduction of the Old Spanish verbal suffixes *-ades, -edes*, and *-ides*", *Medioevo Romanzo*, 13, pp. 223–236.

Elvira, J. (1998) *El cambio analógico*, Madrid: Gredos.

Malkiel, Y. (1959) "Toward a reconsideration of the Old Spanish imperfect in *-ia ~ -ié*", *Hispanic Review*, 26, pp. 435–481.

Malkiel, Y. (1969) "Sound changes rooted in morphological conditions: The case of Old Spanish /sk/ changing to /θk/", *Romance Philology*, 23, pp. 188–200.

Rini, J. (1990) "Excessive analogical change as an impetus for lexical loss: Old Spanish *connusco, convusco*", *Romanische Forshungen*, 102, pp. 58–64.

Rini, J. (1992) *Motives for linguistic change in the formation of the Spanish object pronouns*, Newark: Juan de la Cuesta.

Rini, J. (1996) "The vocalic formation of the Spanish verbal suffixes *-áis/-ás, -éis/-és, -ois/-os*, and *-ís*: A case of phonological or morphological change?", *Iberoromania*, 44, pp. 1–16.

Rini, J. (1998) "The formation of old Spanish *buey(s), bueyes, grey(s), greyes, ley(s), leyes, rey(s), reyes*: A morphophonological analysis", *Hispanic Review*, 66, pp. 1–19.

Rini, J. (1999) "The rise and fall of Old Spanish "Y'all": *vos todos* vs. *vos otros*.", en Blake, R. J., Ranson D. L. y Wright, R. (eds.) *Essays in Hispanic linguistics dedicated to Paul M. Lloyd*, Delaware: Juan de la Cuesta, pp. 209–221.

Rini, J. (2001) "The extraordinary survival of Spanish *veía*: Another facet of analogy revealed.", *Hispanic Review*, 69, pp. 501–525.

Rini, J. (2005) "On the formation of the present indicative paradigm of Spanish *ir* and the origin of *vamos* and *vais*", en Wright, R. y Ricketts, P. (eds.) *Studies on Ibero-Romance linguistics dedicated to Ralph Penny*, Delaware: Juan de la Cuesta, pp. 59–73.

Rini, J. (2007) "Considering paradigmatic factors in the reduction of old Spanish *sodes > sois*", en Corfis, I. y Harris-Northall, R. (eds.) *Medieval Iberia. Changing societies and cultures in contact and transition*, Woodbridge: Tamesis, pp. 175–184.

Rini, J. (2014) "Un nuevo análisis de la evolución de los imperativos singulares irregulares *di, haz, ve, sé, ven, ten, pon, sal, (val)*", *Zeitschrift für romanische Philologie*, 130, pp. 430–451.

Rini, J. (2014) "The enigmatic morphology of Spanish *azúcar* and the 'new feminine *el*'", *Iberoromania*, 80, pp, 244–260.

Entradas relacionadas

morfemas; morfología; fonética; sintaxis

HISTORIA DEL ESPAÑOL: PERIODIZACIÓN

Eva Núñez-Méndez

La envidiable posición geográfica de la Península Ibérica, al extremo más oriental del Mediterráneo y con dos mares, ha facilitado que durante siglos fuera un destino idóneo para asentamientos poblacionales e intercambios comerciales con otras culturas. Desde los primeros tiempos diferentes oleadas migratorias procedentes del centro y sur europeo llegaron de forma continua a estos territorios. La población autóctona junto con estos inmigrantes, colonos, invasores y navegantes mercantiles servirán de base para conformar el resultado lingüístico final de varias lenguas peninsulares, entre las cuales se encuentra el español.

Para analizar la periodización del español se han establecido siete épocas importantes: la prerromana, la romanización, el español arcaico, el medieval, el preclásico, el clásico y finalmente el moderno. A continuación se estudian estos periodos por separado.

1. Época prerrománica

Antes de la llegada de los romanos no se sabe con exactitud qué lenguas se hablaban. Según los restos arqueológicos encontrados, la toponimia y las interpretaciones de las inscripciones y de los testimonios de griegos, romanos y hebreos se pueden establecer algunas conjeturas. Por un lado se hablaban las lenguas de los autóctonos, por otro, las de las colonias en las costas. Entre las lenguas autóctonas se encontraban las no indoeuropeas como el vasco, íbero y celtíbero; y el celta que sí procedía del grupo indoeuropeo. En el sur de la península se hablaba el tartesio o turdetano del cual nada se sabe. La superposición del latín en zonas de lenguas indoeuropeas trajo consigo un mayor nivel de asimilación en comparación con otras lenguas ajenas a este grupo.

En las costas se asentaban extranjeros que venían a comerciar y establecer puertos mercantiles o militares, como es el caso de los fenicios, los griegos y los cartagineses. A partir del primer milenio de nuestra era, estos pueblos se instalaron en puntos marítimos de enlace para controlar el comercio, sobre todo de metales (plomo, estaño y plata). No colonizaron verdaderamente por lo que no dejaron una influencia lingüística importante. Los fenicios ya surcaban las aguas del Mediterráneo desde el siglo XI a. C. En el 1100 a. C. fundaron Cádiz y en el siglo VIII a. C. Málaga. En el sur costero peninsular la influencia fenicia fue grande y nos consta que se hablaba la lengua fenicia en el siglo I a. C. De hecho la palabra *Hispania* es de origen fenicio *isephan-im* "isla de los conejos" frente al vocablo griego de *Iberia*. Los griegos como los fenicios se instalaron en enclaves portuarios para intercambiar mercancías. Aunque se heredaron muchas palabras del griego, no nos han llegado directamente sino a través del latín, por lo que su influencia lingüística se reduce a unos pocos topónimos. Los cartagineses se hicieron con el monopolio comercial del Mediterráneo en el siglo v a. C. hasta el 146 a. C. cuando terminaron las Guerras Púnicas contra los romanos. Como los griegos, los cartagineses influyeron en la toponimia con voces como *Cartagena*, *Mahón* e *Ibiza*.

Entre los pueblos autóctonos se encuentran los celtas, que llegaron en varias oleadas en torno al siglo VIII a. C. Por otro lado, los íberos, considerados los más civilizados de la península, se especula que llegaron del norte de África y no se sabe con exactitud cuándo fue. Estos se mezclaron con los celtas en un nuevo pueblo: el celtíbero. Al norte vivían los vascos que hablaban una lengua no indoeuropea, cuyo origen sigue siendo un enigma para los lingüistas, y con una cultura preindoeuropea. El vasco es la única lengua prelatina que se ha conservado en la península.

2. Romanización: latín vulgar (218 a. C.)

A raíz de la Segunda Guerra Púnica en el año 218 a. C., los romanos empezaron a expandirse por la península desde las costas del sur, desde la zona tartesia e íbera. El proceso de romanización fue lento y poco uniforme, duró casi dos siglos y se prolongó hasta el siglo v d. C. cuando llegaron los pueblos germánicos. La progresión hasta el norte se hizo dificultosa por la rebeldía de los celtíberos y no se dio por completa hasta el año 19 a. C. cuando se redujeron los núcleos cántabros, astures y galaicos.

La zona sur ya desde el siglo II a. C. acogió el nuevo orden social, político, administrativo, militar y jurídico de los romanos, adaptándose fácilmente a la nueva cultura latina de forma pacífica y con una romanización rápida. En cambio, la zona interior-norte necesitó una invasión militar represiva para someter a los pueblos rebeldes. Esta configuración territorial va a influir en los dialectos del latín hablados en estas zonas, a lo que se le añade la influencia de sustrato de los pueblos autóctonos. En el sur, el área de la Bética, el latín que se hablaba se caracterizaba por su matiz conservador y purista, con variantes cultas. Por el contrario en la zona centro-norte se instalaron los legionarios y soldados con un latín más rústico y vulgar, más receptivo a las innovaciones del centro del Imperio, con dialectalismos suritálicos y con variantes populares y novedosas. No cabe duda de que la diversidad poblacional colonizadora fue el primer elemento diferenciador en el latín peninsular. El origen social, cultural y geográfico de los romanos demarcó el resultado dialectal del latín hablado o vulgar.

La romanización lingüística y cultural corre paralela a la colonización territorial. Desde el 218 a. C. las áreas de los íberos al este y de los tartesios al sur, se someten rápidamente a los romanos. Entre el 29 y 19 a. C. se producen los últimos enfrentamientos contra los pueblos del norte, con lo que se culmina la pacificación total de Hispania. Se impone el latín como lengua común aunque no en todas partes cuajó con la misma intensidad y duración. En el siglo III d. C. todos los peninsulares nativos fueron reconocidos como ciudadanos del Imperio.

La lateralidad geográfica de la península con respecto a la Romania central, posibilitó que el latín que se implantó fuera más bien arcaico y conservador con respecto a otras zonas románicas. Esto explica las similitudes de léxico entre el español y el rumano, frente al francés y al italiano. Este valor arcaizante afectó más que nada al léxico ya que la evolución fonética y morfosintáctica del español se transformó más que la del italiano, aunque menos que el francés y no se asemeja a la del rumano. Las zonas aisladas siguieron su propio ritmo evolutivo independientemente del latín de Roma, con conservación de arcaísmos o adopción de neologismos desconocidos en el latín central. La romanización fue más intensa en aquellas zonas donde los romanos llegaron antes y donde permanecieron más tiempo. Eso explica que en el norte peninsular la romanización fuera menor y de aquí procedieran diferentes dialectos del latín vulgar que llegarían a convertirse en lenguas.

Durante más de siete siglos el latín se consolidó como lengua franca de la península desde el 218 a. C. hasta el siglo V. Evolucionó y cambió según el sustrato de los territorios peninsulares hasta que la llegada de otros invasores (los visigodos y dos siglos después los árabes), hablando otras lenguas, modificó su arraigo lingüístico.

En el año 411 empezaron a llegar a la península los visigodos pero no fue hasta el siglo VI que conquistaron la mayoría del territorio hispánico. Estos pueblos se encontraban ya bastante romanizados y se adaptaron con rapidez a la cultura hispanorromana. De hecho hablaban latín y su lengua gótica no dejó huellas importantes, aunque contribuyó con algunos términos jurídicos, guerreros y militares. La Hispania visigótica fue casi una copia de la Hispania romana en cuanto a la lengua se refiere. La escasa población visigoda y la brevedad del periodo de bilingüismo explican que su lengua no constituyera nunca un auténtico superestrato para el latín o protorromance hablado en la península (Torrens 2007). Los escritores hispanogodos utilizaban el latín por lo que resulta difícil saber cómo era el habla popular de los siglos V al VIII. A mediados del siglo VII, el estado visigodo empezó a desintegrarse con una progresiva fragmentación feudal. Fue entonces cuando llegaron los árabes cuya influencia en la evolución del latín será más importante y duradera y conformará los romances peninsulares frente a otras lenguas románicas.

2.1. *Cronología de los cambios durante el período del latín vulgar*

La evolución del latín vulgar al castellano fue lenta y se prolongó durante siglos por lo que los cambios lingüísticos no se pueden determinar cronológicamente con exactitud. En algunos momentos hubo interferencias complicadas entre cambios, en otras un cambio venía seguido de otro o incluso convivían hasta que se generalizaban.

Algunos de los cambios que se producen en esta época del latín vulgar se recogen a continuación. En cuanto a las consonantes se pueden enumerar los siguientes:

1) Pérdida de la -M del caso acusativo latino.
2) Reducción de la nasal final /m/ a /n/ por ejemplo TAM > tan.
3) Pérdida de la H- inicial latina por ejemplo HĪSPANĬAM > España.
4) Relajación de las consonantes oclusivas finales, pero no de todas ya que las marcas de personas del verbo están en mozárabe y leonés /-t/ > /-d/, Ø, POTE(S)T > puedet (> puede), SALIVIT > saliot, saliod (> salió).
5) Asimilación de consonantes y simplificación de las consonantes dobles como: /rs/ > /ss/, /ps/ > /ss/, /ns/ > /s/, /pt/ > /tt/, /tt/ > /t/, /mb/ > /m/ (no es general), /mn/ > /nn/, /pp/ > /p/.
6) Simplificación del grupo implosivo /ks/ > /s/.
7) Pérdida de consonantes oclusivas y fricativas intervocálicas: HO(D)IE > hoy, PROBA(V)I > probé.
8) Formación de la yod de distintos orígenes.
9) Vocalización de la velar sonora en posición implosiva (formación de yod) LEGNAM > leina.
10) Palatalización de las consonantes por influencia de yod LEGNAM > leina > lenja > leña, leña.

11) Primer proceso de palatalización en los grupos /ti/, /ki/, /di/, /gi/ y /bi/.
12) Segundo proceso de palatalización en los grupos /ge/, /gi/, /ke/, /ki/ > /ʧ/.
13) La -B- y la -V- intervocálicas pasan a [β].

En cuanto a las vocales se sitúan en este periodo los siguientes cambios:

1) Reajuste vocálico en general y pérdida de la cantidad vocálica como rasgo distintivo: de largas y breves pasan a abiertas y cerradas.
2) El acento de cantidad se sustituye por el acento de intensidad.
3) Monoptongación de /ae/ > /ę/ y /au/ > /o/.
4) Síncopa, pérdida de la vocal átona, a excepción de la "a" interna (postónica o protónica), con "l", "r" o "s" (en algunos casos la pérdida de ésta impide la sonorización de la consonante: PŎSITUM > puesto).
5) Prótesis vocálica de /e/ ante /s/ inicial seguida de consonante: SPĪNAM > espina.
6) Consonantización de las intervocálicas -i- > [j] y -u- > [w].
7) Formación de diptongos a partir de hiatos: BANEUM > banju, baño.
8) Pérdida de [w] en el grupo [kw].

3. Romanización e influencia árabe (711–1492)

La idiosincrasia lingüística de la Hispania gótico-románica fue alterada por la llegada de los árabes en el 711 que permanecieron en la península hasta 1492. Trajeron otra lengua que no seguía la tradición histórica anterior. La ocupación territorial se aceleró y en el 718 todos los territorios cristiano-visigodos estaban sometidos al islam, a excepción de algunos núcleos montañosos en el norte. A diferencia de los visigodos, los árabes consiguieron imponer sus modos de vida y su lengua. El árabe se constituyó como lengua oficial y la sociedad hispanogótica de habla románica se asimiló al árabe con mayor o menor intensidad según las zonas geográficas. La Hispania islámica, o *Al-Ándalus*, fue bilingüe hasta el siglo XI y XII. El árabe convivió con el habla románica peninsular, una especie de latín vulgar evolucionado, fragmentado según las regiones y carente de homogeneidad.

La lengua que se extendió por el Al-Ándalus fue el romance hablado, inicialmente, por los cristianos en tierras árabes o mozárabe. Esta lengua queda documentada en algunos poemas hispanoárabes de los siglos XI y XII llamados *muwashajas*, o *moaxajas*, rematados por un pequeño estribillo o *jarcha*. Para este estribillo a veces se utilizaba el árabe vulgar o el mozárabe, con caracteres árabes o hebreos. La jarcha trata de la invocación amorosa de una joven a su enamorado o *habibi*. Estos testimonios resultan sumamente importantes ya que son los primeros textos en romance en el sur.

Poco sabemos de cómo era esta lengua románica de Al-Ándalus; lo que nos ha llegado se reduce a las jarchas y a otros testimonios indirectos de escritores de la época. La clase culta empleaba el árabe y escribían en árabe; los mozárabes, cuando no utilizaban el árabe, hablaban un romance vulgar y escribían en latín. El periodo de bilingüismo queda delimitado hasta el siglo XI cuando comienzan a emigrar hacia el norte los mozárabes perseguidos por los árabes que desde el siglo IX iniciaron campañas de represión y persecución religiosa contra los cristianos. La tolerancia religiosa anterior había llegado a su fin con las invasiones de almorávides a finales del siglo XI y de almohades a mediados del siglo XII. Estos provocan la desaparición de los mozárabes y, con ellos, la de su lengua, el romance andalusí. Los mozárabes acabaron integrándose a la cultura de los reinos cristianos del norte, los cuales iniciaron su campaña territorial hacia el sur para recuperar la península. La unificación culmina en 1492 con la conquista de Granada y la expulsión de todos aquellos que no eran cristianos: musulmanes y judíos. Esta reconquista supuso el avance de las lenguas del norte que tenían que sobreponerse al árabe hablado en las zonas reconquistadas, por lo que el avance territorial juega un papel primordial en la evolución del español como lengua franca y después transatlántica.

Desde el siglo XIII hasta el XV, la zona andalusí quedó reducida al reino de Granada donde todavía se hablaba árabe hasta que los nuevos pobladores cristianos y castellanizados los invadieron. Culmina así la Reconquista, con lo cual el castellano se alza con el protagonismo desde la costa cántabra hasta la mediterránea y la atlántica.

La arabización cultural se llevó a cabo con intensidad pero despacio ya que surgieron núcleos rebeldes en el norte de la península. No cabe duda de que la influencia árabe caracteriza el espíritu hispánico. Los siete siglos de convivencia entre los pueblos árabes e hispanorromanos quedan testimoniados por los numerosos arabismos que se incorporaron al léxico y a la onomástica. El árabe, primero como superestrato (lengua dominante) y después como adstrato (lengua vecina), dejó una gran huella en el mapa lingüístico de la península. Se calcula que se adaptaron 4.000 voces, el 8% del vocabulario total (Cano 1988), por lo que su aporte sigue al latín en orden de importancia. Definitivamente, el legado árabe selló la formación del español y lo diferenció de sus lenguas romances hermanas.

3.1. *Cronología de los cambios lingüísticos del periodo germánico e islámico (hasta el siglo X)*

De la combinación del periodo germánico e islámico hasta el siglo X se pueden enumerar los siguientes cambios. En las consonantes se produce:

1) Sonorización de consonantes oclusivas sordas intervocálicas: SAPĔRE > saber.
2) Continúan los procesos de lenición (fricatización y elisión) y
3) degeminación: SACCUM > saco.

Con respecto a las vocales se dan las siguientes tendencias:

1) Diptongación de /ę/ y /ǫ/ en /ie/ y /ue/: SĔPTEM > siete.
2) Metátesis de yod: BASIUM > baiso, beso.
3) Desaparición de yod en los grupos /ti/ y /ki/: RATIŌNEM > rat'on > razón.
4) Inflexión de la vocal por influencia de yod: MŬLIĔR > moʎer > muʎer, mujer.
5) Vocalización de /l/ en /u/ en grupos consonánticos: ALTĔRUM > auteru > outero > otro.
6) Vocalización de velar sorda (yod) en grupos consonánticos /kt/ > /it/: LACTEM > laite > leche.

4. Español arcaico o primitivo (siglo X-mitad del siglo XIII)

En los siglos X y XI, mientras que en la mayor parte de la península el árabe se había extendido como lengua oficial, en los enclaves montañosos astur-cantábricos y pirenaicos del norte comenzaban a desarrollarse variaciones lingüísticas procedentes de los descendientes de los pueblos autóctonos, de los antiguos visigodos y de los mozárabes. El aislamiento geográfico posibilitó que surgieran nuevas variantes lingüísticas distanciadas de las hispano-rromances. En una de estas regiones que hoy comprende el norte de Burgos surge el castellano. En la parte más occidental se desarrolló el gallego, con sus vecinos el asturiano y el leonés; al este se encuentran el vasco junto con el riojano, el navarro, el aragonés y el catalán.

La proximidad geográfica del vasco y el castellano originario ha permitido que se hable de un sustrato vasco en la configuración del sistema lingüístico del castellano. Al vasco se le atribuyen rasgos como la reducción a cinco vocales, la pérdida de la f- inicial latina, la falta de distinción entre b/v, la aparición de una vibrante múltiple, el sistema deíctico de tres grados (*este, ese, aquel*) y otros tantos factores. Es lógico afirmar que el castellano procede del latín hablado por labios vascos (Echenique 2003).

El condado de Castilla se remonta al siglo X y estaba formado por una mezcla de cántabros, godos y vascos. Su expansión territorial hacia el sur entre los siglos X y XIII favorece que el castellano se destaque como lengua de conquista. León pasa a unirse a Castilla en 1230 mientras que el reino de Navarra, absorbido por Aragón en 1076, queda aislado. En los extremos el condado de Portugal se independiza en el 1119 de Castilla y León, y los condados catalanes se unen a Aragón en 1137. A la conquista de Toledo en 1085 sigue la toma de otras ciudades como Córdoba en 1236, Jaén en 1246, Sevilla en 1248, Cádiz en 1250 y Murcia en 1244. En el siglo XIII, Castilla se había extendido por más de la mitad de la península. El triunfo de este condado del norte supuso el triunfo lingüístico del castellano, que de ser una variedad hispanorromance aislada y periférica se convirtió en la más extendida, imponiéndose al árabe, a otras variedades romances y al mozárabe.

La época de los orígenes de las incipientes lenguas romances de la península se sitúa entre los siglos VIII y XI, cuando el latín del norte se desmiembra en dialectos, algunos de los cuales siguieron evolucionando hasta convertirse en lenguas. Mientras que en el norte los límites entre dialectos y lenguas no quedaban muy claros, en la zona centro-sur el castellano se imponía pujante, desplazando al árabe. A partir del siglo XI aparecen los primeros testimonios de las lenguas vernáculas escritas en la Europa occidental.

El auge político y cultural de Castilla en los siglos XII y XIII impulsa la fijación del castellano como lengua escrita, ya que hasta entonces se venía utilizando el latín. Los primeros textos en lengua romance (en protocastellano) se descubrieron en La Rioja y eran traducciones de palabras o frases latinas de documentos eclesiásticos, a las que se les llama *glosas*. Se escribieron en el siglo X. Paralelamente en los siglos XI y XII en el sur, se escribía un romance incipiente en las *jarchas* de los poemas hispanoárabes, consideradas ejemplos de la primera lírica en castellano.

De esta época datan *El Cantar de Mío Cid* (1190?), primer manifiesto de poesía épica y las obras de Berceo (1195–1264). En teatro contamos con la *Representación de los Reyes Magos* (finales del 1200). Paralelamente al incipiente desarrollo literario del castellano aparece la lírica en gallego-portugués (desde finales del 1200), muy valorado como lengua literaria poética en la época.

La escritura romance en sus inicios se caracterizó por la variación heterogénea de las grafías y la vacilación de los copistas, todo ello propio de una lengua en formación. Los primeros documentos escritos en romance, de mediados del siglo X, en realidad se trataban de palabras sueltas ya que el latín seguía siendo la lengua de escritura. El romance se generaliza y se impone al latín en el siglo XIII. Ante la escasez de textos que tenemos de este periodo, de los siglos X y XI, resulta difícil acertar la fecha exacta de nacimiento del castellano, ya que se hablaba esa variedad mucho antes de que se reflejara por escrito.

4.1. Cronología de los cambios lingüísticos del nacimiento del castellano, siglos X y XIII

Los cambios que se atribuyen a las consonantes en este periodo se recogen a continuación:

1) Aspiración de la /f/ inicial > /h-/ y finalmente pérdida (sobre todo en el norte): FŬNGUM > hongo.
2) Comienzo de erosión de la /f/ inicial y de /v/ en el norte. Según algunos expertos la /v/ nunca existió allí, sino que siempre fue la fricativa bilabial [β].
3) Palatalización de consonantes + /l/, como en los grupos iniciales /pl/, /kl/ y /fl/: PLENUS > lleno.
4) Resolución de geminadas nn > /ɲ/, ll > /ʎ/ y rr > /r̄/.
5) Absorción de la yod y palatalización de la consonante en los grupos /li/ > /ʎ/ y /ni/ > /ɲ/.
6) Absorción de la yod en los grupos /di/ y /gi/: VĪDĔŌ > veo.
7) Paso a dental del grupo /kᵉ,ⁱ/ > /ʧ/ > /ts/ o /dz/: BRACCHIUM > brazo, "braço".

En cuanto a las vocales corresponden a este periodo las siguientes tendencias:

1) Pérdida de la vocal átona interior, posterior a la sonorización: DŎMIN(I)CUM> domingo.
2) Monoptongación /au/ > /o/, /ai/ > /e/: ALTARIUM > altariu > altario > autai̯ro > **outei̯**ro > **otero**.
3) Apócope (pérdida de la vocal final).
4) Inflexión de /a/ por la yod: LACTEM > lai̯te > lei̯te > leche.

Con respecto a los cambios morfosintácticos de este periodo podemos resaltar:

a) la asimilación y amalgamas como *enna > en la*, del siglo X al XII.
b) Mezcla de formas latinas y romances.

5. Español medieval (mitad del siglo XIII-mitad del siglo XIV)

El reino de Castilla desde un principio afirmó su autonomía con respecto a los demás reinos y condados del norte peninsular. Su expansión territorial y política hacia el sur vino acompañada por el avance de una lengua nueva, fruto de su origen cantábrico, repoblaciones de vascos y su situación fronteriza. A partir del siglo X, el valle del Duero recibe diversas olas migratorias de hablantes de otros dialectos que huían del islam y de las persecuciones árabes. Esto causó una situación de nivelación lingüística, lo cual explica que el castellano cuente con elementos comunes con los romances vecinos pero también con soluciones originales, resultantes de un proceso de simplificación. Con la lenta expansión hacia el sur entre los siglos X y XV, el castellano se va imponiendo y suplantando a otros dialectos vecinos. En su desarrollo literario, incorpora elementos regionales de otros dialectos, así por ejemplo en Berceo abundan los riojanismos y algunos vasquismos.

En el Medievo, el gallego-portugués ocupó un lugar predominante como lengua poética, siendo Portugal un centro de irradiación cultural en la península que después pasaría a ser sustituido por el de Toledo. En el siglo XIII, con la fundación de la Escuela de Traductores de Toledo por Alfonso X el Sabio, se inicia un periodo de esplendor que impulsa la prosa castellana y su regulación. En la Escuela se utilizaba el castellano como vehículo de transición entre el árabe o el hebreo y el latín, pasando a adquirir un papel preponderante y a ser fin de la labor traductora (Lleal 1990).

En esta época aparecen las obras de Alfonso X el Sabio (1221–1284) y se escriben los últimos cantares de gesta según el mester de clerecía del Arcipreste de Hita (1283–1350?). En el género de novela y cuento se encuentra Don Juan Manuel (1282–1348). Este siglo da entrada a los comienzos de la prosa romance o en otras palabras, la prosa castellana sale de su infancia (Lapesa 2005).

Es a partir del siglo XIII con la tradición alfonsí y el impulso de la norma toledana que empieza a reconocerse el castellano como lengua de cultura y prestigio, equivalente al latín. La tradición alfonsí impuso la primera normalización ortográfica del castellano. Se empleó en principio en la cancillería real castellana a partir de 1250 y de allí se extendió a otros centros culturales y de reproducción de documentos. El objetivo de esta norma era corresponder una letra a cada fonema para terminar con el polimorfismo gráfico y caótico de las etapas anteriores. De esta forma se estabilizó el uso de las palatales como *nn* o *ñ*, *ch*, *ll* y *y*; se aclararon en la escritura las oposiciones fonológicas entre la *b* oclusiva y la *v* fricativa /β/; entre la *s* sorda, escrita como *ss*, y la *s* sonora /z/, escrita como *s*; entre la dentoalveolar sonora *z* /dz/ y la sorda $c^{e,\,i}$, $ç^{a,\,o,\,u,}$ /ts/; y entre la prepalatal sonora *g*, *i*, *j*, /ʒ/ y *x* sorda /ʃ/.

Gracias al impulso cultural de Alfonso X el Sabio, el castellano comienza a cobrar fuerza y, por primera vez, se considera el romance como vehículo lingüístico apto para la comunicación escrita (Pharies 2007). A pesar de la gran aceptación de la propuesta alfonsí y de su efecto regulador, se siguió dando la inconsistencia en los textos en mayor o menor medida dependiendo de la variedad regional del copista o por su estilo de escritura. No obstante, esta moda reguladora impulsó la estandarización del castellano y fue el origen de la primera propuesta ortográfica coherente para nuestra lengua.

6. Español preclásico (mitad del siglo XIV-siglo XV)

El marco político-social de los siglos XIV y XV viene marcado por la repoblación en zonas todavía bajo el poder musulmán. Bajo la dinastía de los Trastámara, Castilla sufre bastante inestabilidad política con enfrentamientos continuos entre monarcas y nobles. Esta situación caótica culminará con el ascenso al poder de Isabel la Católica (1451–1504) que trae consigo la unificación no sólo territorial sino también religiosa y lingüística. Bajo una sola lengua y religión, se consigue el objetivo de la Reconquista. A finales del siglo XV la unidad lingüística estaba casi consumada.

A finales del siglo XIV y principios del XV, surge un creciente interés por revivir la cultura clásica y renace la admiración por el mundo antiguo grecolatino; esto cambia el rumbo cultural de gran parte de Europa. En España este período coincide con el reinado de los Reyes Católicos.

Esta época, en los albores del humanismo, considerada preclásica o prerrenacentista, consolida la lengua castellana con escritores como el Canciller Pero López de Ayala (1332–1407), el Arcipreste de Talavera (1398–1470?), el Marqués de Santillana (1398–1458), Juan de Mena (1411–1456) y Jorge Manrique (1420–1478). Se sigue cultivando la poesía del Romancero y la lírica tradicional así como el género de los libros de caballería.

A lo largo del siglo XIV la lengua castellana soluciona algunas de las vacilaciones más importantes en cuanto a la fonética y el léxico y se prepara el terreno para el español del siglo XV, que se cierra con la publicación de una obra maestra, *La Celestina* (1499–1502). Dicha obra marca la transición al español clásico. También por esas fechas, en 1492, el castellano se convierte en objeto de atención y estudio y se publica la primera gramática *Arte de la lengua castellana* de Antonio de Nebrija. Este libro justifica la política de unificación y expansión que perseguía la monarquía, además, facilita la difusión lingüística ante el reciente descubrimiento de América (1492).

Desde finales del siglo XV se desarrolla un creciente interés para que la lengua escrita refleje la hablada y para que se propongan reformas que fijen las grafías y permitan la difusión de la escritura. Con la llegada de la imprenta a España en 1472, se facilita el acceso a los libros y, paralelamente, crece la necesidad de disponer de una escritura homogénea. Asimismo, la necesidad de llevar y enseñar el castellano a nuevos territorios transatlánticos se impone y conforma la evolución y regularización sistemática de nuestra lengua.

6.1. *Cronología de los cambios lingüísticos del castellano medieval y preclásico, siglos XIII-XV*

Los cambios más destacados que afectan a las consonantes en este periodo se enumeran a continuación:

1) Pérdida de la fricativa /d/ en la desinencia *-des* a finales del siglo XII.
2) Comienzo del ensordecimiento de sibilantes en el siglo XIII.
3) Disimilación de nasales e inserción de consonante epentética: nom'ne > nomre > nombre.
4) En el siglo XIV ejemplos de grafía *h* por *f*. A partir de 1501 predomina la *h*.
5) Comienzo de la velarización de [ʃ] > [x].
6) Fricatización de las africadas [ts], [dz] y [dʒ].
7) Absorción de /s/ por la palatal [sʧ] > [ʧ]: MASCULUM > maʧo "macho".
8) La *-t* final deja de usarse a fines del siglo XV: *verdat* > *verdad*.
9) A finales del siglo XV comienza la pérdida de -d- de la segunda persona del plural precedida de vocal tónica: cantades > cantaes. Hasta 1470 coexisten *cantades, cantaes*; hasta 1550 se encuentran *cantaes, cantáis, cantás*. Después de esta fecha, sólo *cantáis* en España y *cantás* perdura en América con el voseo.

Los cambios que repercuten en las vocales en este periodo se reducen a los siguientes:

1) Hasta el siglo XIII apócope extrema, *muert*, hasta en los clíticos: *quel* > *que le*.
2) Comienza la monoptongación del diminutivo *-iello* > *-illo*.
3) Cambios de acento: *mió* > *mío*.
4) Vocalización de /d/, /b/ y /l/ en posición implosiva: CAPTIVUS > cautivo.

Con respecto a las tendencias morfosintácticas de este periodo se señalan:

1) La alternancia de las desinencias *-ía, -ie, -ié* en el imperfecto, con predominio de *-ie, -ié* del siglo II al siglo XIV; en el siglo XV se impone *-ía*.
2) A finales del siglo XIII se pierden los posesivos de segunda y tercera persona *to*, *so* por *tu* y *su*.
3) El posesivo *mío* antepuesto perdura hasta fines del siglo XIV.
4) En el siglo XV desaparecen formas como *convusco*, *connusco*.
5) En el siglo XIV alternan *qui* y *quien*, pero en el siglo XV se generaliza *quien* y en el siglo XV *quienes*.
6) La forma *negún* es sustituida por *nengún* o *ningún* en el siglo XIV; *alguien* y *nadie* aparecen en el siglo XV.

7) En el siglo xv *vos* se reduce a *os*, *vos digo* > *os digo*.
8) En el siglo xv se pierde el uso del artículo más el posesivo, *la su casa*.
9) Hasta el siglo xv alternan *este / aqueste*.

7. Español clásico (siglos XVI–XVII)

Este periodo se caracteriza por el florecimiento literario y la extraordinaria difusión de la lengua española como consecuencia de factores socio-políticos imperialistas. El objetivo principal consiste en enriquecer e ilustrar la lengua. En el siglo xvi domina el criterio de naturalidad y selección; la literatura barroca del xvii se basa en el ornato y artificio (Lapesa 2005).

Bajo los reinados de Carlos V (1516–1556) y Felipe II (1556–1598), el castellano conoce su época de auge y esplendor. A esto contribuyeron numerosos escritores célebres. En la primera mitad del siglo xvi en teatro se destacan: Juan del Encina (1469?–1529?), Lucas Fernández (1474?–1542?), Gil Vicente (¿?–1536), Torres Naharro (1485–1520?), Lope de Rueda (¿?–1565); en poesía Boscán (1493?–1542), Garcilaso de la Vega (1501?–1536), Antonio de Guevara (1481?–1545). En la segunda mitad del siglo contamos con la contribución de Fray Luis de León (1527–1591), Herrera (1534–1597), San Juan de la Cruz (1542–1591), Santa Teresa de Jesús (1515–1582), Fray Luis de Granada (1505–1588) en poesía; en novela y cuento Mateo Alemán (1547–1614?); en teatro Juan de la Cueva (1543–1610). Durante este siglo también se escriben obras maestras anónimas como el *Amadís de Gaula* y el *Lazarillo*. Cierra el siglo xvi y comienza el xvii Cervantes (1547–1616) que lleva al castellano a su plenitud en todos los géneros poesía, novela, cuento y teatro.

El siglo xvii cuenta con otros escritores excepcionales como Luis de Góngora (1561–1627), Francisco de Quevedo (1580–1645) en poesía; Lope de Vega (1562–1635), Calderón de la Barca (1600–1681), Rojas Zorrilla (1607–1660) y Tirso de Molina (1584–1648) en teatro. En 1611 se publica el diccionario de Covarrubias, el *Tesoro de la lengua castellana o española*.

Tal proliferación de escritores y de obras maestras permiten que se le denomine a este periodo *Siglo de Oro*. El español de esta época todavía está en evolución activa. En los siglos xvi y xvii se produce una selección entre sonidos, formas y giros que conducirán a una fijación de la lengua literaria y de la lengua hablada. La transformación del sistema lingüístico se solidifica y sienta las bases de lo que será el español normativo moderno. Para los expertos la actividad filológica del Siglo de Oro fue la más importante, la más vigorosa y la más original de toda la historia de la lingüística hispánica (Blanch 1990).

El español áureo se regularizó en gran parte gracias a la influencia del desarrollo de la imprenta, con la cual se reproducía el mismo texto sin las variantes de los manuscritos. Además la imprenta imponía normas gráficas, corrigiendo las desviaciones de los copistas e institucionalizando una disciplina estandarizada.

El castellano ya era el idioma nacional y desde el siglo xvi la denominación de *lengua española* se sobreponía para representar la nación y concordar con el carácter exclusivista de otras variedades como el aragonés, el andaluz, etc., que no se sentían identificados con la clasificación de *castellano* y sí con la de *español*. Surge una mayor conciencia lingüística no solo en el territorio peninsular sino también más allá en la expansión transatlántico-americana. El español de esta época se eleva a la categoría de lengua universal.

7.1. Cronología de los cambios lingüísticos del español clásico, Siglos de Oro, siglos XVI–XVII

En este período se producen cambios significativos en la fonética de las consonantes sibilantes, se dan variaciones morfosintácticas importantes y se aumenta considerablemente el caudal léxico.

El vocabulario experimenta un aumento de neologismos latinos y griegos siguiendo las tendencias culturales del Renacimiento. También entraron muchas voces extranjeras, italianismos, galicismos, germanismos y lusismos. La colonización del Nuevo Mundo supuso la adición de nuevos términos relacionados con las tradiciones, la geografía, la flora y la fauna americanas: *canoa, huracán, tabaco, patata, chocolate, tomate,* etc. Hoy en día, según la 21ª edición del DRAE, el 12% del vocabulario se considera de origen amerindio (Moreno 2007). Por otro lado, se crean palabras nuevas, derivadas, con los propios recursos internos del idioma.

Se recogen a continuación los cambios consonánticos más destacados:

1) A fines del siglo XVI desaparece la *b* en posición implosiva: *cobdo* > *codo*.
2) Aparece el yeísmo: ll > [ʎ] > [y].
3) En el siglo XVI se produce la interdentalización de [ts] > [ş] en [θ] y la velarización de [ʃ] en [x] o [h].
4) Finalizan los procesos de ensordecimiento.

Con respecto a las nuevas tendencias morfosintácticas de este periodo se subrayan:

1) En el siglo XVI se imponen las formas *nosotros* y *vosotros* sobre *nos* y *vos* que quedan como formas mayestáticas de tratamiento. El *vos* perdura en América.
2) En el siglo XVI se supera la alternancia de *so/soy* y *do/doy*.
3) En el siglo XVI *haber* se pierde como verbo transitivo para indicar posesión y se sustituye por *tener*; paralelamente, *haber* se afianza para los verbos compuestos.
4) La forma *ge* se sustituye por *se* en el siglo XVI.
5) En el siglo XVII desaparece la forma *hombre* como indefinido por la extensión del *se* impersonal y la de *uno*.
6) Se extiende el uso de la preposición *a* ante acusativo tanto de persona como de cosa.
7) En el siglo XVI se pierden las formas verbales de *vos* aunque perdurarán en América.
8) A fines del siglo XVI se pierde la *-d-* intervocálica de la segunda persona del plural cuando va precedida de vocal átona: *cantades* > *cantáis*.
9) En el siglo XVI los futuros y condicionales se regularizan: *porné, verné* por *pondré, vendré*.
10) En el siglo XVI se regularizan los perfectos fuertes: *ovo* > *hubo, ovieron* > *hubieron*.
11) En el siglo XVII desaparecen las formas analíticas del futuro y el condicional: *cantar he* > *cantaré*.
12) Hasta el siglo XVII se anteponen los clíticos al imperativo, infinitivo y gerundio, *cómo lo decir*.

8. Español moderno (siglo XVIII–presente)

Durante el siglo XVII la fijación del idioma había avanzado mucho pero no es hasta el siglo XVIII que se intensifica la labor de erudición y crítica para regular los preceptos gramaticales.

Se defiende la corrección gramatical y el seguimiento de las normas lingüísticas en la escritura. Con este fin se funda la Real Academia Española (1713) con protección oficial. Con su lema "limpia, fija y da esplendor" llevó a cabo su misión reguladora que se concretó con la publicación de obras maestras como el *Diccionario de Autoridades* (1726–1739), la *Orthographía* (1741) y la *Gramática* (1771).

Siguiendo el mismo objetivo de purificación y conceptualización del idioma la Academia resuelve dos problemas fundamentales: la resolución de grupos cultos consonánticos siguiendo la fuente latina, por ejemplo *concepto* frente a *conceto*; y la modernización de la ortografía. El sistema gráfico que se venía empleando desde Alfonso X el Sabio mantenía oposiciones consonánticas que ya no se daban en el habla del siglo XVIII. Así distinguía *b* y *v*, *c* o *ç*, *-ss-* y *-s-*, *x* y *g*, *j*, aunque las parejas de fonemas se habían reducido. Además la *u* y *v*, desajustadas, representaban tanto la consonante como la vocal, *cauallo / cavallo*. La Academia soluciona estos desarreglos y fija la ortografía basándose en la etimología latina.

En 1815 queda fijada la ortografía hoy vigente (Lapesa 2005). Las reformas que se propusieron posteriormente han sido mínimas, relacionadas a la acentuación y a casos muy específicos. La reticencia de la Academia a aceptar novedades y extranjerismos es conocida. Además se destaca por su lentitud en establecer concesiones a cambios que puedan repercutir en la pureza del idioma.

Entre los escritores más notables del siglo XVIII se destacan Benito Feijoo (1676–1764), José Cadalso (1741–1782), Jovellanos (1744–1811); en teatro Fernández de Moratín (1760–1828), García de la Huerta (1734–1787) y Ramón de la Cruz (1731–1794); en poesía Meléndez Valdés (1754–1817), Álvarez de Cienfuegos (1764–1809) y como fabulistas Tomás Iriarte (1750–1791) y Félix Samaniego (1745–1801); en novela Torres Villarroel (1693–1770). Bajo el marco de la Ilustración europea y el liberalismo, estos autores se orientan hacia el cultivo de la razón, la fe en el progreso y la difusión del conocimiento. Se alejan del lenguaje rebuscado y adornado de sus predecesores barrocos del siglo XVI y XVII y se inclinan por un lenguaje pulcro, casi purista.

Durante el siglo XVIII el español adquiere su perfil moderno (Lázaro 1988). Los sistemas fonológico y morfológico están definitivamente fijados y la sintaxis queda conformada prácticamente como la de hoy en día.

8.1. Cronología de los cambios lingüísticos del español moderno, desde el siglo XVIII

La creación de la Real Academia de la Lengua Española, o RAE, impulsó en gran medida la consolidación de la normativa del español. La RAE instauró las siguientes medidas para modernizar y regularizar nuestro idioma:

1) En 1726 y 1763 respectivamente se suprimen la cedilla *ç* y la *ss*: *cabeça > cabeza*, *esse > ese*.

2) En 1726 se usa el grafema *u* para representar sólo a la vocal /u/ y la *v* para el fonema bilabial: *ulterior > ulterior*, *selua > selva*.

3) En 1726 se normalizó el uso de los grafemas *b* y *v*. La *b* se escribirá para las palabras con B o P en latín; la *v* para aquellos vocablos con V en latín.

4) Se sustituyen los grupos consonánticos *ph*, *th*, *ch*, por *f*, *t*, *c* o *qu*: *theatro > teatro*.

5) En 1815 se sustituye *q* por *c* en *cuatro, frecuente*, etc.

6) También en 1815, el fonema /x/ (fricativo velar sordo) ya no se representa por *x* sino por *j* como en *dixo > dijo*. El grafema *x* se utiliza para /ks/.

7) Además en 1815 se normaliza el uso de *i* e *y* para la semivocal de los diptongos; la *y* cuando la vocal termina palabra: *ley, buey.*

9. Presente y futuro del español

El idioma español queda casi fijado desde el siglo XVIII. No obstante todos los cambios sociopolíticos del siglo XIX como el auge de la burguesía y el aumento del proletariado, las corrientes filosóficas del positivismo y literarias del realismo y naturalismo posibilitan que el español siga diversificando y aumentando su caudal léxico. A finales del siglo XIX tanto en España como en Hispanoamérica surgen corrientes ideológicas de tipo disidente e inconformista que van a conformar el carácter escapista del Modernismo y de la Generación del 98.

El siglo XX acoge las corrientes vanguardistas europeas con manifestaciones en la literatura como el Novecentismo cuyo mayor representante en poesía es Juan Ramón Jiménez (1881–1958) y la Generación del 27 con poetas de la talla de García Lorca (1898–1936) y Rafael Alberti (1902–1999). El boom hispanoamericano nos descubre autores notables que sitúan a nuestra lengua en la narrativa mundial del momento. La explosión literaria de la narrativa en el español del siglo XX a ambos lados del Atlántico nos premia con una producción ingente que difícilmente se podría condensar en esta sección.

La gran andadura de la lengua española a través de los siglos ha cosechado sus frutos, convirtiéndose en el segundo idioma de comunicación internacional, hablado por más de 495 millones de personas (Centro Virtual Cervantes 2013). La han consagrado escritores premios Nobel como José Echegaray (1904), Jacinto Benavente (1922), Gabriela Mistral (1945), Juan Ramón Jiménez (1956), Miguel Ángel Asturias (1967), Pablo Neruda (1971), Vicente Aleixandre (1977), Gabriel García Márquez (1982), José Camilo Cela (1989), Octavio Paz (1990) y Mario Vargas Llosa (2010).

El futuro del español como lengua viva es imparable y pujante. Se estima que el número de hispanófonos siga aumentando y, en tres o cuatro generaciones, el 10% de la población mundial se entenderá en español. En 2050 Estados Unidos será el primer país hispanohablante del mundo. El contacto entre lenguas y la expansión del español en países con otros idiomas provoca una hibridación constante y creciente. Los casos del espanglish y del portuñol ya no son ajenos a las instituciones normativas como lo demuestra la postura de la RAE a la hora de aceptar los estadounidismos (términos propios del español en Estados Unidos) desde el 2012.

Debido al gran potencial de crecimiento y a sus ya numerosos hablantes al español se le augura un brillante futuro con sus cimientos en Hispanoamérica.

Bibliografía

Cano Aguilar, R. (1988) *El español a través de los tiempos*, Madrid: Arco Libros.

Echenique Elizondo, M. T. *et al.* (2003) *Diacronía y gramática histórica de la lengua española*, Valencia: Tirant lo Blanch.

Lapesa, R. (2005) *Historia de la lengua española*, Madrid: Gredos.

Lázaro, F. y Tusón V. (1988) *Literatura española*, Madrid: Anaya.

Lleal, C. (1990) *La formación de las lenguas romances peninsulares*, Madrid: Barcanova.

Lope Blanch, J. (1990) *Estudios de historia lingüística hispánica*, Madrid: Arco Libros.

Moreno de Alba, J. (2007) *Introducción al español americano*, Madrid: Arco Libros.

Pharies, D. (2007) *A brief history of the Spanish language*, Chicago: University of Chicago.

Torrens Álvarez, M. J. (2007) *Evolución e historia de la lengua española*, Madrid: Arco Libros.

Lecturas complementarias

Alatorre, A. (2002) *Los 1001 años de la lengua española*, México: Fondo de Cultura Económica.
Alvar, M. (1991) *El español de las dos orillas*, Madrid: Mapfre.
Cano Aguilar, R. (2004) *Historia de la lengua española*, Barcelona: Ariel.
Eberenz, R. (2000) *El español en el otoño de la Edad Media*, Madrid: Gredos.
González Ollé, F. (1980) *Lengua y literatura medievales*, Barcelona: Ariel.
Lathrop, T. A. (1984) *Curso de gramática histórica española*, Madrid: Ariel.
Lloyd, P. (1993) *Del latín al español*, Madrid: Gredos.
Lodares, J.R. (2005) *El porvenir del español*, Madrid: Taurus.
Menéndez Pidal, R. (1962) *Gramática histórica española*, Madrid: Cincel.
Núñez-Méndez, E. (2012) *Fundamentos teóricos y prácticos de historia de la lengua española*, New Haven: Yale University Press.
Penny, R. (1993) *Gramática histórica del español*, Madrid: Ariel.

Entradas relacionadas

gramática académica; historia del español: léxico; historia del español: los sonidos; historia del español: morfología; historia del español: sintaxis; historia del español en América

HISTORIA DEL ESPAÑOL: SINTAXIS

Manuel Delicado Cantero

1. Introducción

Este artículo se centra especialmente en cuatro aspectos relevantes de la evolución sintáctica del español. La primera sección trata del **orden de palabras** en los clíticos. La segunda parte examina los **objetos verbales**, con atención a la *a personal*. La tercera sección estudia la **subordinación**, en particular las combinaciones de preposiciones y oraciones finitas. La sección final repasa brevemente cambios que tienen que ver con la **(re)creación de categorías**: la formación de los artículos y del futuro y el condicional.

2. Orden de palabras: los clíticos

Uno de los temas destacados en sintaxis histórica es el cambio en la linearización de los pronombres átonos o clíticos. Compárense los siguientes ejemplos:

(1) a. mas por que me vo de tierra, do**vos** .l. marchos (*Cid*) (Wanner 1991: 337).
     b. **Os** doy cincuenta euros.

La posposición en (1a) es agramatical en español moderno. Las posiciones posibles de los clíticos en español medieval fueron reorganizadas hasta llegar al patrón moderno.

La limitación en la posición de elementos átonos fue estudiada en el XIX para las lenguas indoeuropeas con la *Ley de Wackernagel*, que establecía que los clíticos debían aparecer en segunda posición, apoyados fonéticamente en la primera palabra tónica. En el caso romance, se formuló la *Ley de Tobler-Mussafia* (TM), que captura la restricción en las lenguas romances antiguas por la cual los clíticos debían ser enclíticos, esto es, pospuestos al verbo del que dependían. Destacaban tres escenarios en particular: en posición inicial absoluta (2a), tras las conjunciones *e(t)*, *mas* (2b) y tras una oración subordinada antepuesta a la principal (2c) (véase Wanner 1987: 156–160):

(2) a. Echo**s** dona Ximena en los grados delante al altar (*Cid*) (Wanner 1991: 328).
     b. et tornaron**se** con todo a su hueste (*Cid*) (Wanner 1991: 338).
     c. et desque sopo que el infante entraua en caualgada, enuio**l** su fijo con dozientos caualleros (*Crónica particular de Fernando III*) (Wanner 1991: 328).

TM se fundamenta en la imposibilidad fonológica de un elemento átono, el clítico, de aparecer en primera posición oracional. Desde un principio se destaca que TM no es exhaustiva; así, Ramsden (1963) ya establece trece contextos de análisis.

Los estudios más recientes sobre el tema se pueden organizar en tres grupos, no necesariamente excluyentes:

1. *Estudios sintácticos basados en TM*
Rivero (1986, 1993) formaliza esta restricción como una restricción fonológica contra la presencia de pronombres átonos al inicio del sintagma complementante (SC) que los contiene.

Wanner (1991) reinterpreta TM como un filtro negativo en contra de la proclisis de ciertos clíticos en la periferia izquierda de una oración cuando el verbo está en posición inicial. Si C(omplementante) está vacío, el movimiento de verbo a C puede tener lugar y el clítico, que no se ha movido, termina pospuesto (enclítico) al verbo. Cuando C está ocupado, el movimiento del verbo es imposible y así se deriva la proclisis.

Para Fontana (1993, 1996), la posición del clítico se debe igualmente al movimiento del verbo y no a la fonología: si hay movimiento del verbo a C, el verbo quedará en primera posición; de lo contrario, habrá movimiento a una posición inferior y el verbo quedará pospuesto al clítico (tipo proclisis en subordinadas con complementante).

2. *Estudios basados en la* Ley de la Enclisis
En línea con trabajos anteriores, Elvira (1987) sostiene que el clítico tiende a ser enclítico al elemento que quede en primera posición, especialmente en las oraciones principales, donde el orden de palabras del español antiguo tiende al verbo en primera posición, análisis compartido y ampliado por Castillo (1996). Para estos autores, la enclisis ha de entenderse en combinación con diferencias en el orden de palabras del español medieval, especialmente entre oraciones principales y subordinadas. Mientras que en las primeras la tendencia del verbo a aparecer en primera posición facilita la enclisis, en las subordinadas el verbo tenía más movilidad y el pronombre podía aparecer enclítico a otra categoría (como la negación, por ejemplo).

3. *Estudios pragmáticos/discursivos*
Barry (1987) destaca que un clítico será posverbal si la oración que lo contiene tiene un efecto de primer plano en el discurso, es decir, si el contenido de la oración es importante para la narración.

Combinando sintaxis y discurso, Ishikawa (1993) arguye que los pronombres átonos, al ser anafóricos y, por tanto, recuperar información mencionada anteriormente (tópicos), deben aparecer naturalmente en posición preverbal, posición esperable en su clasificación tópico/foco. Solamente la restricción fonológica obligaba a los clíticos a aparecer pospuestos/enclíticos al verbo.

Nieuwenhuijsen (1995, 2006) considera que el clítico antepuesto sirve para llamar la atención del oyente por razones comunicativas (lo que se comunica va a ser difícil de entender, etc.). El clítico pospuesto simplemente representa el orden de palabras normal.

Los diferentes estudios muestran diferentes problemas al analizar el orden de palabras de los clíticos en español antiguo. Destacan dos: la interpolación y la naturaleza del clítico.

En español antiguo es posible encontrar ejemplos de interpolación, esto es, de casos donde el pronombre y el verbo están separados por otras palabras:

(4) que **la** tu **des** a mi (*Santa María Egipciaca*) (Wanner 1991: 345).

La interpolación ha recibido desigual atención. Ramsden (1963) o Wanner (1987, 1991) indican que los casos de interpolación son reducidos, mientras que Elvira (1987), Rini (1990) o Castillo (1996) encuentran que los casos de interpolación son una prueba relevante de que el pronombre no estaba sintácticamente ligado al verbo.

La interpolación es especialmente importante a la hora de abordar la naturaleza del clítico en español antiguo. Para Rivero (1986), Rini (1990), Eberenz (2000) o Nieuwenhuijsen (2006), la interpolación demuestra que los clíticos antiguos solo lo eran fonológicamente y no (morfo)sintácticamente, es decir, no eran morfemas ligados al verbo como hoy en día. Por ello, Rivero (1986) propone que los clíticos en español antiguo eran sintagmas nominales, análisis criticado por Nieuwenhuijsen (2006). La interpolación lleva a Castillo (1996) a considerar que se debe hablar de pronombres átonos más que de clíticos. Además, Castillo (1996: 340) puntualiza que la idea de la atonicidad del pronombre como fuente de la restricción posicional es cuestionable, ya que otros elementos átonos como los artículos no tienen problemas (véase también Wanner 1991: 315).

3. Objetos verbales: marcado diferencial de objeto

Una de las características sintácticas del español es la *a personal*, esto es, el marcado excepcional del objeto directo en ciertas circunstancias:

(5) a. He visto *(a) María.
    b. He visto (*a) el libro.
    c. Necesito a un estudiante que habla inglés. Se llama Juan.
    d. Necesito (a) un estudiante que hable inglés.

Frente al uso actual, el marcado diferencial de objeto (MDO) no era sistemático en la lengua antigua (Lapesa 2000a). Obsérvense los siguientes ejemplos:

(6) a. veré **a** la mugier (*Cid*) (Lapesa 2000a: 94).
    b. veremos vuestra mugier (*Cid*) (Lapesa 2000a: 94).
    c. gañó **a** Valençia (*Cid*) (Lapesa 2000a: 98).
    d. Acusaron los escribas y fariseos la mujer adúltera (Quevedo, *Política de Dios*) (Lapesa 2000a: 94).

Estos ejemplos muestran variación dentro del mismo texto (6a,b), el uso de *a* en contextos hoy agramaticales (6c) y también ausencia de la *a* esperada hoy en día en un texto de español moderno (6d).

La formación del MDO en español ha recibido mucha atención (véase Pensado 1995a). Como destaca Laca (2006), se pueden destacar tres factores (compatibles entre sí) para su formación:

1. *La competencia entre el acusativo y el dativo (o el objeto directo y el indirecto)*
Lapesa (2000a) destaca que la aparición de MDO tiene que ver con la sustitución (y competición) ya latina de <ad+acusativo> en lugar del dativo (véase también García 1993). La invasión del marcado típico del dativo en el marcado del objeto directo está en la base de los estudios de Company (2002, 2003). Las alternancias de régimen de algunos verbos (de rector de OD a rector de OI y viceversa) también ayudaron al MDO (Laca 2006: 427–428, 470).

2. *La diferenciación entre el sujeto y el objeto*

Bossong (1991) se muestra poco convencido con la supuesta pérdida del acusativo en beneficio de la forma del dativo para el objeto directo (y el indirecto). Considera que la formación de MDO se debe a la necesidad de mantener la diferenciación entre sujeto y objeto una vez que se ha perdido la diferenciación gracias al caso morfológico.

3. *El marcado de topicalización*

Pensado (1995b) concluye que este marcado especial tiene su origen en el uso (ya latino) de pronombres personales tónicos introducidos con la preposición *ad* (tipo *ad mihi*); esto es, el MDO empezó como dislocación por topicalización ("en cuanto a X"). Tras su especialización como marcador de objeto, la *a* se extiende a los otros objetos siguiendo una escala semántica que se mueve del nombre propio hasta los nombres inanimados. Este análisis remarca la relación entre dislocación y presencia de *a*.

Factores semánticos y pragmáticos como definitud, especificidad, animacidad, referencialidad o topicalidad y la naturaleza de la categoría introductora del objeto ayudan a comprender la evolución de MDO en español:

a) *Rasgos semánticos y pragmáticos del objeto*

MDO se ha extendido, en general, de lo humano a lo no humano y de lo definido a lo indefinido. Company (2002, 2003) aduce que la *a* de MDO ha procedido diacrónicamente a lo largo de una escala semántica (de objetos personales hasta incluso objetos inanimados en el español mexicano), hasta el punto de que se puede considerar hoy en día como un marcador de objeto, sin nada de excepcional. Von Heusinger y Kaiser (2005) describen este desarrollo como una extensión de marcado de pronombres personales y nombres propios a un marcado más extenso que depende de [+animado] y [+específico], con extensiones adicionales en los indefinidos específicos en algunos dialectos americanos. La topicalidad ayudó en un principio.

Laca (2002, 2006) distingue entre factores locales y factores globales. Los primeros dependen de las propiedades de animacidad y definitud del objeto. Por ejemplo, los objetos humanos definidos no pronominales marcados son mayoritarios solo en el XV, mientras que los objetos humanos indefinidos no pronominales solo empiezan a aparecer en el siglo XVI. En el caso de los indefinidos, recuerda que desde un principio ya aparece opcionalmente la marca, sobre todo con los topónimos, fenómeno favorecido por su referencialidad.

b) *Naturaleza de la categoría introductora del objeto*

Entre los factores globales que señala Laca (2002, 2006) destacan ciertos verbos como *llamar*, verbos transitivos estativos, afectivos, causativos, comparaciones con *como*, etc. Von Heusinger (2008) incide en que la semántica léxica de los verbos —recogida en una escala con tres clases: verbos que prefieren objetos [+humano], verbos sin preferencia y verbos con preferencia [–animado]— influye también en la presencia o ausencia de *a* y en el porcentaje de uso: así, la semántica de *matar*, de la primera clase, explica que aparezca con más frecuencia con MDO que *tomar*, de la tercera clase.

4. Subordinación: rección preposicional oracional

Una característica sintáctica del español es la gramaticalidad de la rección preposicional de oraciones finitas, sean interrogativas indirectas (7a) u oraciones introducidas por el complementante *que* (7b):

(7) a.   No me acuerdo **de** quién vino a la fiesta.
     b.   Insisto **en** que vengas a la fiesta.

Además, en algunas oraciones adverbiales introducidas por lo que tradicionalmente se han llamado *conjunciones adverbiales* encontramos esta misma configuración de <P + *que*>:

(8) a.   Estuve hablando por teléfono **hasta que** se hizo de noche.
     b.   Se lo dije por esa razón y **porque** creo que es lo mejor.

Algunas de estas combinaciones de preposición más oración finita con *que* en oraciones adverbiales ya se documentan desde los primeros textos:

(9) mas **por que** me vo de tierra, dovos .l. marchos (*Cid*) (Wanner 1991: 337).

A diferencia de los contextos adverbiales, los documentos del español anterior al siglo XVI muestran que, en el caso de las oraciones finitas argumentales (como en (7)), la ausencia de la preposición regida era lo común, fenómeno que hoy en día se denomina *queísmo*:

(10) a.   ayudándole **que** faga sienpre tales cosas (Alfonso X, *Siete partidas*) (Delicado 2013: 282).
      b.   no se miembra **que** fauoresció la toma de cantalapiedra (Hernando del Pulgar, *Letras*) (Delicado 2013: 2).

Un factor que explica esta ausencia es la existencia de una sintaxis más laxa en español, una de cuyas características era precisamente la existencia de un *que* polivalente que podía aparecer como único enlace de subordinación en relativas, completivas, etc. sin necesidad de ir introducido por la preposición (o adverbio) esperable hoy en día (véase Serradilla 1997, entre otros).

Se pueden destacar tres aproximaciones para explicar el cambio que nos ocupa:

1. *Analogía*

En un trabajo clave para la subordinación romance, Herman (1963) arguye que las combinaciones <P + *que*> se producen por extensión analógica en las lenguas romances, tanto en la formación de las llamadas conjunciones adverbiales (tipo *porque*) como en el caso de las oraciones finitas seleccionadas por una categoría que rige o necesita una preposición (verbos preposicionales, sustantivos, adjetivos).

En el caso concreto de las segundas, las mismas categorías (verbos, adjetivos y nombres) que después podrán tomar oraciones finitas con *que* mediante una preposición se documentan desde los primeros textos con esas mismas (u otras, dada la gran variación típica del español medieval; véase Cano 1977–1978) cuando el objeto preposicional es un sintagma nominal o incluso una oración infinitiva (véase Schulte 2007). Considérense los siguientes ejemplos del *Corpus del Español* de Mark Davies:

(11) a.   se menbraua **de** los tuertos que el Rey don Sancho de Nauarra le fiziera (*Estoria de España II*).
      b.   & sienpre te deues menbrar **de** vsar de bondat en todos lugares (Sancho IV, *Castigos y documentos para bien vivir*).

El patrón existente ya en casos como (11a) y (11b) se extiende al contexto con finitas con *que*, con lo que se regulariza la rección preposicional. La analogía como mecanismo de este cambio subyace a trabajos clásicos para el español, como Tarr (1922), y otros más recientes como Bogard y Company (1989), Serradilla (1995, 1997) y Delicado (2013). El español antiguo conocía una serie de construcciones que pudieron favorecer la analogía, como destacan Tarr (1922) y Serradilla (1995, 1997), empezando por la existencia de combinaciones <P+*que*> ya en oraciones adverbiales introducidas por las mismas preposiciones, la existencia de oraciones preposicionales introducidas por *commo* o la configuración <P+pronombre+*que*>. Obsérvense los siguientes ejemplos:

(12)   a.   et este rey membrauase muy bien **de cuemo** uinien aquellas duennas amazonas del linage de los godos (*Primera Crónica General*) (Serradilla 1997: 249).
       b.   pesándoles mucho **de lo que** la reyna … diera las fortalezas (*Primera Crónica General*) (Tarr 1922: 110).

2. *Eliminación del pronombre*

Ejemplos como (12b) sirven de base para Moreno (1985–1986), quien establece una hipótesis de base comparativa mediante la cual el español antiguo perdió un pronombre intermedio entre la preposición y la oración *que*. El cambio incluye tres pasos: primero, no rección preposicional de oraciones finitas, dado que el pronombre es el objeto preposicional real; segundo, la caída del pronombre; tercero, la integración de la oración finita como objeto preposicional.

3. *Propiedades de las categorías*

Para Barra (2002) este cambio se debe a propiedades de las categorías involucradas, especialmente las propiedades nominales de las oraciones finitas introducidas por *que*: una vez que estas oraciones adquieran el rasgo nominal podrán ser objetos preposicionales —idea ya presente en Tarr (1922)— y podrán integrarse como argumentos de las categorías regentes. Antes del cambio, hacia el XVI, las oraciones no poseían rasgos nominales y eran siempre adjuntas, esto es, no existía la complementación oracional.

Es necesario destacar que, a pesar de la escasez de ejemplos medievales, Serradilla (1995) localiza algunos ejemplos tempranos. Obsérvense los siguientes ejemplos:

(13)   a.   con muy grand alegría **de que** auien conquistas todas las tierras del mundo (*Primera Crónica General*) (Serradilla 1995: 150).
       b.   et non esperades **a que** vos afinque mas por ello (*Lucanor*) (Serradilla 1995: 153).

En cuanto a la alternativa con pronombre, es cierto que existía la combinación pronominal tipo *por tal que, por lo que, de lo que*, etc., y de hecho los partidarios de la analogía lo usan como otro posible modelo. Sin embargo, es necesario destacar que, por ejemplo, *porque* se documenta tal cual ya desde los primeros textos y, como muestra Herman (1963), <P+*que*> ya se puede encontrar en el periodo latino/pre-romance.

La documentación de combinaciones tipo *porque* desde los primeros textos también supone un problema para la hipótesis del cambio de rasgos nominales. Barra propone una diferencia en la naturaleza de estas preposiciones que les permitía combinarse con oraciones mucho antes que en el caso de las que introducen oraciones argumentales más adelante: no marcaban caso, rasgo necesario para objetos preposicionales nominales. Sin embargo, los textos antiguos muestran marcado de caso (morfológico) con pronombres con esas mismas preposiciones (*por*, *fasta*, etc.), igual que otras preposiciones. Si, con Manzini y Savoia (2011), aceptamos que los complementantes romances son y siempre han sido nominales y añadimos los ejemplos tempranos, podemos concluir que la naturaleza nominal de las oraciones no fue la razón del cambio (véase Delicado 2013).

5. (Re)creación de categorías

5.1. La formación de los artículos

El **artículo definido** deriva del demostrativo latino ILLE (en sus varias formas, según género y número), un elemento deíctico de lejanía (como el moderno *aquel*). Este valor deíctico se fue relajando y pasó a ser anafórico para marcar un elemento mencionado antes en el discurso. De esa anáfora anclada en el discurso se pasó a un valor anafórico más general que permitía referir a elementos no mencionados antes sino implícitos (Lapesa 2000b). Véase el siguiente esquema de evolución del artículo, basado en Ortiz (2009: 368):

Referencia situacional / deíctico → referencia anafórica → referencia no anafórica

Los orígenes del artículo se pueden encontrar o bien ya en el periodo latino/tardolatino o en el antiguo romance (Ortiz 2009):

(14)   Tertius veniens **elo** terzero diabolo venot (*Glosas emilianeses*) (Ortiz 2009: 293).

Inicialmente es más común con sustantivos concretos y tangibles, tanto animados como inanimados concretos, por ejemplo, las partes del cuerpo (Ortiz 2009: 335). Con ciertos sustantivos, especialmente los menos concretos y menos delimitados, se observa alternancia entre la presencia y ausencia del artículo en la lengua antigua (Company 1991). Igualmente, hay resistencia inicial en los objetos preposicionales (Ortiz 2009: 327–331, 371, 372–373). En todo caso, del XIII en adelante aumentan los usos con sustantivos abstractos, de materia, etc. (15a). También se documenta con los genéricos (15b):

(15)   a.   Corrio **la** sangre por el astil Ayuso (*Cid*) (Ortiz 2009: 339).
        b.   Falido a amyo Çid **el** pan & **la** cebada (*Cid*) (Ortiz 2009: 348).

Según Ortiz (2009: 317–323), es más común en sujetos al principio, sobre todo en singular, lo que interpreta como que el artículo aparece en contextos de mayor topicalidad. Batllori y Roca (2000) formalizan este cambio como la creación de una categoría funcional nueva, el D(eterminante), no deíctica y por tanto diferente del demostrativo.

En cuanto al **artículo indefinido**, Elvira (1994) recuerda que evoluciona del latino UNUS. Se derivan ciertos valores en el periodo latino: el numeral, el valor de individuo aislado en contraposición con *alius* o *alter* ('otro'), el indefinido, e incluso la forma plural. Estos usos se mantienen en el español antiguo y empieza a desarrollarse el artículo indefinido. El indefinido *un* va ganando contextos que anteriormente se realizaban con nombres sin determinante.

Elvira (1994), Garachana (2009) y Pozas (2010, 2012) destacan que *un(o)* en español medieval es específico (16a), aunque se documentan algunos casos no específicos tempranos (16b). A diferencia del artículo definido, los valores genéricos se desarrollan en español clásico (16c) (Leonetti 1988; Elvira 1994; Pozas 2010, 2012), con algunos ejemplos tempranos, como también sucede con los usos predicativos/atributivos (16d) (Pozas 2010, 2012). Obsérvense los siguientes ejemplos:

(16) a. traye consigo a su padre Anchises e **vn** su fiio que dezien Ascanio (*General Estoria II*) (Pozas 2010: 261).

   b. Si algún omne pusiere **una** uinna en tierra agena (Alfonso X, *Fuero Real*) (Pozas 2012: 1078).

   c. estar **un** hombre sin querer ni ser querido es el más enfadoso estado que pueda ser en la vida (*La Diana*) (Elvira 1994: 175).

   d. me pareces **un** labertino de errores, **un** desierto spantable, **una** morada de fieras (*Celestina*) (Pozas 2010: 219).

Un se consolida como artículo indefinido en español clásico. Considérese el siguiente esquema (Garachana 2009: 416):

UNUS numeral → un indefinido específico → un indefinido inespecífico → un genérico

Pozas (2010, 2012) destaca que en los casos que no son de valor numeral se ve el uso de *un(o)* como introductor de elementos nuevos en el discurso (tópico), uso establecido ya en el español del siglo XIII y que aumenta a partir del siglo XVI.

5.2. La formación del futuro y del condicional

El futuro y el condicional actuales son creaciones romances resultado de la fusión de dos elementos: el infinitivo y formas reducidas de *haber*. El latín tenía una forma sintética de futuro que no se ha mantenido (véase Andrés-Suárez 1994: 87–95 para los factores de esta pérdida). A partir de una de las múltiples perífrasis del latín, tipo CANTARE HABEO, se desarrolló el futuro sintético actual. La combinación del infinitivo con formas del imperfecto de indicativo de HABERE está en el origen del condicional (tipo CANTARE HABEBAM). En ambos casos encontramos morfologización de una combinación sintáctica.

En la Edad Media, además de las formas sintéticas (17a), se encuentra una alternativa analítica, observable en tanto en cuanto un clítico podía situarse entre el infinitivo y la forma del verbo *haber* (17b). Las formas analíticas se pierden hacia el siglo XVI (Company 1985–1986):

(17) a. Este moço **conquerra** las ençianas yentes (*Alexandre*) (Andrés-Suárez 1994: 112).

   b. Mas quando el melo busca **yr** gelo **he** yo demandar (*Cid*) (Andrés-Suárez 1994: 112).

Los estudios sobre la naturaleza de las formas sintéticas y analíticas de futuro y condicional en español medieval se pueden agrupar en dos (véase Company 2006: 361–368, entre otros):

1. Formas equivalentes:
   a. Las formas analíticas son arcaizantes, residuales (Valesio 1968).
   b. Las formas analíticas se parten para cumplir con TM (Menéndez Pidal 1926).

2. *Formas diferenciadas*: las formas analíticas están especializadas para topicalización (Company 1985–86).

Company (1985–1986) documenta que las dos formas aparecen desde los primeros textos y rechaza que la sintética sea arcaizante. Además, considera que las formas analíticas no se deben a cuestiones fonológicas. Sin embargo, Castillo (1996: 374–387) reclama la *Ley de la Enclisis* con dos argumentos principales: las formas analíticas solo aparecen con pronombres átonos intercalados y únicamente en contextos de posposición pronominal. Postula que las dos formas son equivalentes y que la forma analítica solo se debe a cuestiones independientes de la sintaxis de los clíticos. Estudios recientes como Bouzouita (2011) apoyan estas conclusiones. Company (2006) acepta factores fonológicos iniciales con especialización posterior para marcar topicalidad.

Bibliografía

Andrés-Suárez, I. (1994) *El verbo español. Sistemas medievales y sistema clásico*, Madrid: Gredos.

Barra Jover, M. (2002) *Propiedades léxicas y evolución sintáctica. El desarrollo de los mecanismos de subordinación en español*, La Coruña: Toxosoutos.

Barry, A. K. (1987) "Clitic pronoun position in thirteenth-century Spanish", *Hispanic Review*, 55, 2, pp. 213–220.

Batllori, M. y Roca, F. (2000) "The value of definite determiners from Old Spanish to Modern Spanish", en Pintzuk, S., Tsoulas, G. y Warner, A. (eds.) *Diachronic syntax. Models and mechanisms*, Oxford: Oxford University Press, pp. 241–254.

Bogard, S. y Company, C. (1989) "Estructura y evolución de las oraciones completivas de sustantivo en el español", *Romance Philology*, 43, pp. 258–273.

Bossong, G. (1991) "Differential object marking in Romance and beyond", en Wanner, D. y Kibbee, D. A. (eds.) *New analyses in Romance linguistics*, Amsterdam/Filadelfia: John Benjamins, pp. 143–185.

Bouzouita, M. (2011) "Future constructions in Medieval Spanish: Mesoclisis uncovered", en Kempson, R., Gregoromichelaki, E. y Howes, C. (eds.), *The dynamics of lexical interfaces*, Stanford: CSLI, pp. 89–130.

Cano Aguilar, R. (1977–1978) "Cambios en la construcción de los verbos en castellano medieval", *Archivum*, 27–28, pp. 335–379.

Castillo Lluch, M. (1996) *La posición del pronombre átono en la prosa hispánica medieval*, tesis doctoral, Universidad Autónoma de Madrid y Université Paris XIII.

Company Company, C. (1985–1986) "Los futuros en el español medieval. Sus orígenes y su evolución", *Nueva Revista de Filología Hispánica*, 34, 1, pp. 48–107.

Company, C. (1991) "La extensión del artículo en el español medieval", *Romance Philology*, 44, 4, pp. 402–424.

Company Company, C. (2002) "El avance diacrónico de la marcación prepositiva en objetos directos inanimados", en Bernabé, A., Berenguer, J. A., Cantarero, M. y de Torres, J. C. (eds.) *Actas del II congreso de la Sociedad Española de Lingüística*, Madrid: SEL, pp. 146–154.

Company Company, C. (2003) "Transitivity and grammaticalization of object. The struggle of direct and indirect object in Spanish", en Fiorentino, G. (ed.) *Romance objects. Transitivity in Romance languages*, Berlín: Mouton de Gruyter, pp. 217–260.

Company Company, C. (2006) "Tiempos de formación romance II. Los futuros y condicionales", en Company Company, C. (dir.) *Sintaxis histórica de la lengua española. Primera parte: la frase verbal*, México: Fondo de Cultura Económica y UNAM, pp. 349–422.

Davies, M. *Corpus del español*, [en línea]. Accesible en www.corpusdelespanol.org.

Delicado Cantero, M. (2013) *Prepositional clauses in Spanish. A diachronic and comparative syntactic study*, Berlín: De Gruyter.

Eberenz, R. (2000) *El español en el otoño de la Edad Media: sobre el artículo y los pronombres*, Madrid: Gredos.

Elvira, J. (1987) "Enclisis pronominal y posición del verbo en español antiguo", *Epos*, 3, pp. 63–80.

Elvira, J. (1994) "Un(o) en español antiguo", *Verba*, 21, pp. 167–182.

Fontana, J. M. (1993) *Phrase structure and the syntax of clitics in the history of Spanish*, tesis doctoral, University of Pennsylvania.

Fontana, J. (1996) "Phonology and syntax in the interpretation of the Tobler-Mussafia Law", en Halpern, A. L. y Zwicky, A. M. (eds.) *Approaching second: second position clitics and related phenomena*, Stanford: CSLI, 41–83.

Garachana Camarero, M. (2009) "La creación y generalización del artículo indefinido", en Company Company, C. (dir.) *Sintaxis histórica de la lengua española. Segunda parte: la frase nominal*, México: Fondo de Cultura Económica y UNAM, pp. 387–464.

García, E. (1993) "Syntactic diffusion and the irreversibility of linguistic change: Personal a in Old Spanish", en Schmidt-Radefeldt, J. y Harder, A. (eds.) *Sprachwandel und Sprachgeschichte*, Tubinga: Narr, pp. 33–50.

Herman, J. (1963) *La formation du système roman des conjonctions de subordination*, Berlín: Akademie-Verlag.

von Heusinger, K. (2008) "Verbal semantics and the diachronic development of DOM in Spanish", *Probus*, 20, 1, pp. 1–31.

von Heusinger, K. y Kaiser, G. (2005) "The evolution of differential object marking in Spanish", en von Heusinger, K., Kaiser, G. A. y Stark, E. (eds.) *Proceedings of the workshop "Specificity and the evolution/emergence of nominal determination systems in Romance"*, Constanza: Univeristät Konstanz, pp. 33–70.

Ishikawa, M. (1993) "Diachronic syntax and information packaging: remarks on unstressed pronouns in Old Spanish", en Jeffers, R. J. y Aertsen, H. (eds.) *Historical Linguistics 1989: Papers from the 9th International Conference on Historical Linguistics*, Amsterdam/Filadelfia: John Benjamins, pp. 187–209.

Laca, B. (2002) "Gramaticalización y variabilidad – propiedades inherentes y factores contextuales en la evolución del acusativo preposicional en español", en Wesch, A., Weidenbusch, W., Kailuweit, R. y Laca, B. (eds.) *Sprachgeschichte als Varietätengeschichte. Historia de las variedades lingüísticas*, Tubinga: Stauffenburg, pp. 195–203.

Laca, B. (2006) "El objeto directo. La marcación preposicional', en Company Company, C. (dir.) *Sintaxis histórica de la lengua española. Primera parte: la frase verbal*, México: Fondo de Cultura Económica y UNAM, pp. 421–475.

Lapesa, R. (2000a) "Los casos latinos: restos sintácticos y sustitutos en español", en Lapesa, R., *Estudios de morfosintaxis histórica del español*, ed. de Cano Aguilar, R. y Echenique Elizondo, M. T., Madrid: Gredos, pp. 73–122.

Lapesa, R. (2000b) "Del demostrativo al artículo", en Lapesa, R., *Estudios de morfosintaxis histórica del español*, ed. de Cano Aguilar, R. y Echenique Elizondo, M. T., Madrid: Gredos, pp. 360–387.

Leonetti, M. (1988) "Notas sobre sujetos genéricos indefinidos en español antiguo", en Ariza, M., Salvador, A. y Viudas, A. (eds.) *Actas del I Congreso Internacional de Historia de la Lengua Española*, Madrid: Arco Libros, pp. 495–500.

Manzini, M. R. y Savoia, L. (2011) *Grammatical categories. Variation in Romance languages*, Cambridge: Cambridge University Press.

Menéndez Pidal, R. (1926) "Orígenes del español. Estado lingüístico de la Península Ibérica hasta el siglo XI", *Revista de Filología Española*, anejo I.

Moreno Cabrera, J. C. (1985–1986) "Tipología de la catáfora paratáctica: entre la sintaxis del discurso y la sintaxis de la oración", *Estudios de Lingüística Universidad de Alicante*, 3, pp. 165–192.

Nieuwenhuijsen, D. (1995) "¿Cólocolo o lo coloco?: The position of the clitic pronoun in old Spanish", *Neophilologus*, 79, 2, pp. 235–244.

Nieuwenhuijsen, D. (2006) "Formación del paradigma pronominal y formas de tratamiento", en Company Company, C. (dir.) *Sintaxis histórica de la lengua española. Segunda parte: la frase nominal*, México: Fondo de Cultura Económica y UNAM, pp. 1593–1671.

Ortiz Ciscomani, R. M. (2009) "La creación y generalización del artículo definido", en Company Company, C. (dir.) *Sintaxis histórica de la lengua española. Segunda parte: la frase nominal*, México: Fondo de Cultura Económica y UNAM, pp. 271–386.

Pensado, C. (1995a) "El complemento directo preposicional: estado de la cuestión y bibliografía comentada", en Pensado, C. (ed.) *El complemento directo preposicional*, Madrid: Visor, pp. 11–59.

Pensado, C. (1995b) "La creación del complemento directo preposicional y la flexión de los pronombres personales en las lenguas románicas", en Pensado, C. (ed.) *El complemento directo preposicional*, Madrid: Visor, pp. 179–233.

Pozas Loyo, J. (2010) *On the development of the indefinite article in Medieval and Golden-Age Spanish*, tesis doctoral, Queen Mary University of London.

Pozas Loyo, J. (2012) "Aportación al estudio del artículo indefinido en español medieval y clásico", en Montero Cartelle, E. y Manzano Rovira, C. (eds.) *Actas del VIII Congreso Internacional de Historia de la Lengua Española*, Santiago de Compostela: Meubook, pp. 1073–1084.

Ramsden, H. (1963) *Weak-pronoun position in the early Romance languages*, Manchester: Manchester University Press.

Rini, J. (1990) "Dating the grammaticalization of the Spanish clitic pronoun", *Zeitschrift für romanische Philologie*, 106, 3–4, pp. 354–370.

Rivero, M. L. (1986) "Parameters in the typology of clitics in Romance and Old Spanish", *Language*, 62, 4, pp. 774–807.

Rivero, M. L. (1993) "Subida de clíticos y de SN en español antiguo", en Fernández Soriano, O. (ed.) *Los pronombres átonos*, Madrid: Taurus, pp. 101–136.

Schulte, K. (2007) "What causes adverbial infinitives to spread? Evidence from Romance", *Language Sciences*, 29, 4, pp. 512–537.

Serradilla Castaño, A. (1995) "Sobre las primeras apariciones de construcciones preposicionales ante *que* completivo en español medieval. Factores determinantes", *Epos*, 11, pp. 147–163.

Serradilla Castaño, A. (1997) *El régimen de los verbos de entendimiento y lengua en español medieval*, Madrid: Universidad Autónoma de Madrid.

Tarr, F. C. (1922) "Prepositional complementary clauses in Spanish with special reference to the works of Pérez Galdós", *Revue Hispanique*, 56, pp. 1–264.

Valesio, P. (1968) "The Romance synthetic future pattern and its first attestations I/II", *Lingua*, 20, pp. 113–161 y 279–306.

Wanner, D. (1987) *The development of Romance clitic pronouns. From Latin to Old Romance*, Berlín: Mouton de Gruyter.

Wanner, D. (1991) "Historical syntax and Old Spanish text files", en Harris-Northall, R. y Cravens, T. D. (eds.) *Linguistic studies in Medieval Spanish*, Madison: The Hispanic Seminary of Medieval Studies, pp. 165–190.

Lecturas complementarias

a) Obras de referencia

Estas obras ofrecen una visión de conjunto e incluyen referencias adicionales. También se deben consultar los manuales de gramática histórica e historia de la lengua y las actas de los Congresos Internacionales de Historia de la Lengua Española.

Cano Aguilar, R. (coord.) (2004) *Historia de la lengua española*, Barcelona: Ariel.

Company Company, C. (dir.) (2006) *Sintaxis histórica de la lengua española. Primera parte: la frase verbal*, México: Fondo de Cultura Económica y UNAM.

Company Company, C. (dir.) (2009) *Sintaxis histórica de la lengua española. Segunda parte: la frase nominal*, México: Fondo de Cultura Económica y UNAM.

Keniston, H. (1937) *The syntax of Castilian prose. The sixteenth century*, Chicago: The University of Chicago Press.

Lapesa, R. (2000) *Estudios de morfosintaxis histórica del español*, ed. de Cano Aguilar, R. y Echenique Elizondo, M. T., Madrid: Gredos.

b) Lecturas adicionales

Cano Aguilar, R. (1984) "Cambios de construcción verbal en español clásico", *Boletín de la RAE*, 64, 231–232, pp. 203–255.

Herrero Ruiz de Loizaga, F. J. (2005) *Sintaxis histórica de la oración compuesta en español*, Madrid: Gredos.

Serradilla, A. (1996) *Diccionario sintáctico del español medieval. Verbos de entendimiento y lengua*, Madrid: Gredos.

Fernández-Ordóñez, I. (2001) "Hacia una dialectología histórica. Reflexiones sobre la historia del leísmo, el laísmo y el loísmo", *Boletín de la RAE*, 81, 284, pp. 389–464.

García Martín, J. M. (2001) *La formación de los tiempos compuestos del verbo en español medieval y clásico. Aspectos fonológicos, morfológicos y sintácticos*, Valencia: Universitat de València.

Yllera, A. (1980) *Sintaxis histórica del verbo español: las perífrasis medievales*, Zaragoza: Universidad de Zaragoza.

Entradas relacionadas

gramaticalización y cambio sintáctico; sintaxis

HISTORIA DEL ESPAÑOL EN AMÉRICA

Concepción Company Company

1. Introducción

Es innegable que existe, así sea en un nivel general bastante abstracto, un *español panhispánico* o *español general*, que es la lengua materna de casi 500 millones de hispanohablantes, que pueden comunicarse sin demasiadas dificultades a uno y otro lado del Atlántico y, en el continente americano, desde México hasta Tierra del Fuego, además de en buena parte de Estados Unidos. Es innegable también, sin embargo, que no existe tal cosa como un español *de* América, sino que la lengua española en este continente tiene tal diversidad dialectal —fónica, gramatical, discursiva y mucho mayor aún, como es lógico, léxica—, que es mejor hablar del *español en América*. Este español es la lengua materna de aproximadamente el 90 % de la población hispanohablante actual. Se trata de un español pluricéntrico y plurinormativo, incluso, al interior de países de gran extensión y muchos millones de hablantes, como sería el caso de Argentina, Colombia, México o Perú. La variación, diacrónica y sincrónica, y la diferenciación dialectal, que son consustanciales al funcionamiento de cualquier lengua, se hacen más acusadas cuando se trata de la lengua común a 19 países hispanoamericanos, cuando abarca una extensión territorial de algo más de 12 millones de kilómetros cuadrados, cuando cubre una longitud en línea recta de casi 12.000 kilómetros, cuando una intrincadísima geografía montañosa constituye la frontera natural de muchos de esos países y cuando supera los 500 años de profundidad histórica. Tal es el caso del español en América. De hecho, tal extensión territorial ininterrumpida convierte al español en la única lengua del mundo cuyos hablantes nativos pueden moverse sin solución de continuidad y comunicarse en una misma lengua en la mayor vastedad geográfica del planeta.

Es innegable también que, aunque no se puede hablar de un español americano homogéneo, sí que existen rasgos comunes que otorgan al español de este continente una caracterización compartida y relativamente afín en su estructura, desde el seseo generalizado —confusión de la africada prepalatal o dentoalveolar /ʦ/ y la fricativa alveolar /s/; nunca llegó a América la /Ɵ/—, hasta la pérdida absoluta de *vosotros* y su paradigma pronominal y verbal, con la consecuente generalización de *ustedes* como único pronombre para referirse a los interlocutores en plural, pasando por un no desdeñable número de americanismos sintácticos que emplea día a día la gran mayoría de hispanohablantes americanos. No existe contradicción alguna en reconocer de manera simultánea una fuerte homogeneidad y una gran diversidad diatópica en el español en América, porque cualquier lengua es, paradójicamente, una entidad sumamente estable, que parece ser siempre la misma sin cambios notables en el transcurso de décadas e incluso de siglos, a la vez que una entidad sumamente dinámica. La continuidad y el cambio, en interdependencia nunca equilibrada, son consustanciales al funcionamiento de cualquier lengua.

El objetivo de este capítulo es inventariar y analizar los americanismos gramaticales que son generales y comunes a la gran mayoría de países hispanoamericanos, describirlos en su sincronía y explicarlos y datarlos en su diacronía, cuando contamos con esa información. Es decir, el objetivo es definir, identificar y caracterizar *panamericanismos gramaticales*. Un segundo objetivo, entendido como marco del anterior, es exponer algunos datos de la historia externa del español en América para entender mejor tanto la relativa homogeneidad general ya aludida como la diversidad dialectal existente en la lengua española americana.

Este capítulo además de la presente introducción está estructurado en cinco apartados generales. En el primero, § 2, expongo el concepto de americanismo, atendiendo solamente a la gramática. El § 3 está dedicado a exponer algunos hechos esenciales de la historia externa que ayudan a entender mejor la conformación del español americano, así como a esbozar una escueta periodización de la lengua española en este continente. El § 4, el más extenso, está dedicado a listar 14 formas o construcciones gramaticales que pueden ser calificadas de americanismos gramaticales porque son compartidas, al menos, por 12 países hispanoamericanos y porque todas tienen estatus de norma en el español de esos países. Este § 4 está estructurado en dos partes: primero hago un listado de los americanismos y en segundo lugar analizo cuatro que tienen una extensión casi general y son absolutos identificadores del español en América. La lista abarca construcciones de la frase verbal y de la frase nominal. Cierran unas conclusiones en el § 5, seguida de una bibliografía mínima en el § 6, donde expondré sólo algunas obras que, a mi modo de ver, aportan un mejor conocimiento de las variedades españolas de este continente y de su acontecer histórico. Este capítulo carece de bibliografía especializada o estudios monográficos porque su consignación requeriría muchas páginas.

2. El concepto de americanismo

Por *americanismo gramatical* entenderé el conjunto de voces, construcciones y expresiones caracterizadoras de la morfología y la sintaxis de la totalidad o gran mayoría de países hispanoamericanos, que distancian el español de esas variedades americanas respecto del español peninsular, concretamente, de su variedad castellana. Un americanismo, así definido, identifica *normas urbanas generales*, culta y/o popular, de las principales ciudades de Hispanoamérica, y no curiosidades dialectales rurales aisladas o esporádicas ni tampoco construcciones empleadas sólo por bilingües de lengua materna indígena.

La definición contrastiva me parece útil porque ayuda a entender mejor el funcionamiento del español en América, en tanto que este adquirió su propia personalidad al distanciarse del español peninsular y porque fue este, como se sabe, el que llegó a América y se constituyó en lengua materna de los primeros hispanohablantes de la actual Hispanoamérica. El contraste es con el castellano porque este dialecto es el que se considera estándar en libros de texto y medios de comunicación europeos. Dada la gran extensión de uso y los muchos millones de hispanohablantes americanos que emplean las construcciones que analizaremos, puede decirse que estos panamericanismos gramaticales han adquirido estatus de español general.

Para efectos operativos del análisis es útil distinguir entre dos tipos de americanismos gramaticales: *absolutos* y *relativos.* Anticipo que son muchos más los americanismos relativos que los absolutos, algo lógico porque América y España comparten una misma lengua.

Un *americanismo gramatical absoluto* es una forma o construcción inexistente, con ese uso, distribución y significado, en el español peninsular castellano. Por ejemplo: *ustedes* como pronombre no marcado y único posible para dirigirse a los interlocutores, aún en la intimidad; los distintos tipos de voseo; la pronominalización de objetos *se los/se las* cuando el objeto indirecto (OI) es plural y el directo (OD) es singular −empleada también en el español de las Islas Canarias: *eso ya se los había dicho*; el uso de *ir* u otros verbos de movimiento seguidos de una frase prepositiva (FP) encabezada solamente con *por*, *paso por ti a las tres*, y nunca *a por*; el uso de *en*, y no *por*, para introducir complementos circunstanciales de tiempo, *nos vemos en la noche*, o el significado intensivo de *sendos* y, por tanto, la posibilidad de emplearse y concordar en singular con el núcleo de la FN, *llegó a la fiesta con senda botella.*

Un *americanismo gramatical relativo* es un americanismo de frecuencia de empleo, esto es, una construcción compartida por el español americano y por el peninsular, pero que ha adquirido en las variedades americanas una mucho mayor frecuencia de uso, al punto de ser la construcción general y estándar caracterizadora del español de esos países; por ejemplo, el mucho mayor empleo del pretérito simple para todo tipo de acción pasada puntual, sea distante o próxima al momento del habla, *dije hace un instante que...*; la práctica generalización de las formas de subjuntivo en *-ra* y retracción de *-se*; la notable mayor frecuencia de duplicación de OI; la casi total generalización de la ausencia de concordancia entre el clítico de dativo y el OI correferente, *le dije a los niños*; la mucha mayor marcación prepositiva ante OD inanimados individuados: *detectaron a dos helicópteros*; la mayor concordancia del verbo *haber* existencial con su argumento, *han habido algunos problemas*, o la mayor posposición de adjetivos posesivos a su núcleo nominal, *la propuesta mía es que...* (rasgo este concentrado, particularmente, en los países andinos y del norte de Suramérica). Los casos de mucha menor frecuencia o casi ausencia de empleo es también un americanismo gramatical, por ejemplo la práctica inexistencia de leísmo referencial, **le vi a Juan*. Las construcciones formalmente compartidas con el español peninsular pero que han desarrollado en América valores semánticos propios son un subtipo de americanismo gramatical relativo; el significado diferente viene dado por una distribución y selección contextual diferente; por ejemplo, el valor de límite temporal inicial de la preposición *hasta* sin concurrencia con negación: *el doctor llega hasta las tres* 'llega a partir de las tres'; los usos de ciertos cuantificadores temporales adverbiales: *recién lo vi* 'lo acabo de ver'; *recién entonces lo vi* 'justo en ese momento'; *siempre no lo voy a hacer* 'definitivamente no lo voy a hacer'; *cada que lo veo, me dice lo mismo* 'siempre que lo veo', o el valor distributivo de la locución prepositiva *de a*: *nos toca de a cien pesos* (por persona).

Soy consciente de que tomar la frecuencia relativa de empleo como una variable para clasificar y caracterizar dialectos o lenguas es una decisión no exenta de problemas, ya que no se trata de la presencia o ausencia de rasgos definidores. Sin embargo el concepto de frecuencia es una herramienta metodológica indispensable en el análisis lingüístico sincrónico y en la identificación y rastreo de los cambios lingüísticos, sean estos diacrónicos, diatópicos o diastráticos. La mucha mayor frecuencia de una forma o construcción es síntoma de su generalización, estandarización y estabilidad, y es síntoma de que la construcción tomó carta de naturaleza y es la construcción habitual, convencional e incluso obligatoria en una comunidad lingüística dada. Sin duda, la mucha frecuencia es también un erosionador y un vehículo de diferenciación dialectal.

3. Historia externa y periodización

Es sabido que en condiciones exógenas normales es imposible establecer cuándo se crea una lengua, ya que esta es el resultado de una constante transformación imperceptible a la vez que se caracteriza por una esencial conservación y continuidad de los rasgos de la lengua preexistente, conocida como lengua madre. En condiciones de conquista, sin embargo, como fue el caso del español americano, es posible datar el inicio de una lengua. El español de América inicia el mes de octubre de 1492 a partir de que Cristóbal Colón y sus hombres arribaran al archipiélago de las Antillas, en el mar Caribe —muy posiblemente la isla Guanahaní, en la actual Bahamas, llamada por Colón San Salvador— y tuvieran los primeros contactos con los pobladores naturales de este continente.

Para el español de América son lenguas patrimoniales tanto el español de fines del siglo XV y el del siglo XVI cuanto las numerosas lenguas indígenas de América. El aporte léxico de estas al español general panhispánico fue importante —*canoa, tiza, huracán, papa/patata, cancha, chocolate, tomate, chicle*, etc.—, y fue importantísimo para la gran mayoría de países hispanoamericanos donde aún se mantienen vivas numerosas lenguas indígenas, como es el caso de Bolivia, Centroamérica toda, Ecuador, México, Paraguay o Perú. El aporte gramatical no es desdeñable, aunque es casi invisible ya que se manifiesta, las más de las veces, en la forma de viejas estructuras españolas medievales que se han reactivado en su uso y modificado casi totalmente en su significado y distribución gracias a la convergencia comunicativa y al contacto, que no necesariamente al préstamo, de las lenguas indígenas.

El español americano es resultado de sucesivas y complejas nivelaciones lingüísticas, conocidas como *koineizaciones*, tanto entre los diferentes inmigrantes españoles entre sí como entre inmigrantes y hablantes indígenas que aprendían español y, a su vez, permeaban con sus propias lenguas nativas la lengua española. La mayor koineización tuvo lugar, sin duda, a lo largo de todo el siglo XVI. Para Argentina, Chile y Uruguay son importantísimas las nivelaciones producidas durante la segunda mitad del siglo XIX y primeras décadas del XX, causadas por sucesivas oleadas migratorias europeas, españolas y no españolas. Además de las koineizaciones, otras variables otorgaron al español de América un carácter propio y diferenciado respecto del español castellano; tres fueron esenciales: distancia geográfica, distancia temporal y distancia y autonomía administrativa.

Geografía. Cuanto mayor y más compleja sea la distancia geográfica que separa a dos comunidades de hablantes, mayores serán las posibilidades de que esas dos comunidades diverjan lingüísticamente, esto es, terminen hablando de manera diferenciada. La distancia geográfica entre España y América a la vez que las enormes distancias internas americanas y la compleja geografía montañosa de prácticamente todos los países hispanoamericanos tuvo como consecuencia la escasa comunicación entre sus respectivos hablantes, generó un cotidiano y progresivo aislamiento que llevó a claras diferenciaciones lingüísticas y a la adquisición de unas personalidades lingüísticas americanas propias.

Tiempo. La segunda variable que gestó y condicionó la fisonomía actual del español de América es la distancia temporal que se requería para cruzar el océano Atlántico, casi tres meses en los primeros viajes. Con el tiempo se acortó la duración de la travesía y subjetivamente se acortaron las distancias. Los barcos oficialmente autorizados por la Corona española para hacer la travesía a América, denominados navíos de embarque, solo salían en unas pocas ocasiones al año, por lo regular tres en el siglo XVI, lo cual significaba que había que esperar la salida, y había que esperarla cerca del puerto de salida, Sevilla y posteriormente Cádiz, y había que convivir en esa espera y se convivía por meses en los barcos, convivencia importantísima para gestar nivelaciones lingüísticas. Los viajeros a Indias procedentes de los más diversos lugares de la península ibérica e incluso de Europa esperaban meses, a veces más de un año, y poco a poco se aclimataban al habla sevillana y aprendían los usos lingüísticos de Sevilla. Esa espera andaluza fue fundamental para la configuración del español de América, ya que se produjo una activa interdialectalización de base andaluza previa a la llegada a América además de que la gran mayoría, más del 50 %, de las primeras oleadas de pobladores a este continente procedía de la Andalucía occidental. Todo lo anterior fue determinante para comprender uno de los rasgos más estudiados del español americano: su persistente *andalucismo*.

Administración. La tercera variable que otorga una personalidad linguística diferenciada a América es la progresiva autonomía administrativa. La América española estaba integrada en una muy compleja administración de cuatro virreinatos —dos fundados en el siglo XVI, Nueva España y Perú, dos en el XVIII, Nuevo Reino de Granada y Río de la Plata; 1535, 1542, 1717 y 1776 son las respectivas fechas fundacionales—, que abarcaban numerosas provincias, llamadas también en algunas zonas reinos, numerosas audiencias y/o capitanías generales, y gobernaciones; sin embargo, no todas las zonas americanas estaban sujetas a un virreinato ni todos los problemas o gestiones jurídicas y administrativas se solucionaban a través de audiencias, de manera que la relativa autonomía administrativa de que gozaban muchas zonas fue también un reflejo del aislamiento territorial y un disparador de acusadas diferencias dialectales.

La organización y tipo de documentación americanista de diferentes archivos refleja bien la historia externa. En líneas generales, durante el siglo XVI y buena parte del XVII los juicios que no se resolvían en las diversas audiencias eran turnados al Consejo de Indias, por lo cual buena parte de la documentación de interés filológico-lingüístico para esos siglos se encuentra en el Archivo General de Indias en Sevilla, archivo que recoge, en esencia, las instancias jurídicas y administrativas del Consejo de Indias; es decir, en los dos primeros siglos la dependencia de los territorios americanos a la Corona es muy alta. Para la segunda mitad del siglo XVIII, en cambio, este archivo carece de documentación filológica interesante porque los juicios y problemas administrativos eran resueltos en las propias audiencias, señal de la independización administrativa que llevaría algunas décadas después a la independencia política. El caso de Cuba es excepcional, ya que se independizó en 1898.

La breve historia externa que acabamos de esbozar apoya la periodización estándar más aceptada para el español en América en cuatro grandes etapas. 1. *Conquista y primeros asentamientos poblacionales*: fines del siglo XV y XVI. 2. *Criollismo*: siglo XVII y primeras décadas del XVIII; fundación o consolidación de grandes ciudades, creación de importantes focos de difusión cultural y de difusión de modas linguísticas, toma de conciencia por parte de intelectuales y élites económicas virreinales de una identidad propia y de que su estatus y privilegios ciudadanos son diferentes, e inferiores, a los de los españoles de España, no obstante ser legalmente considerados y nombrados españoles; esta paulatina toma de conciencia, conocida como criollismo, es mucho más acusada en la segunda mitad del siglo XVII. 3. *Preindependencia*: siglo XVIII, sobre todo en su segunda mitad, y dos primeras décadas del XIX. Fuerte indigenización léxica del español americano de varias regiones (Nueva España y varios de los actuales países andinos), debida en gran parte a migraciones de indígenas a las ciudades, al ponerse fin al sistema jurídico administrativo de los Austrias que separaba pueblos de indios de pueblos de españoles. Un hecho histórico central de esta tercera etapa es el cambio dinástico a fines del siglo XVII de los Austrias a los Borbones y las dos distintas políticas americanistas: relativa autonomía de los Austrias vs. fuerte centralismo de los Borbones. A mediados del siglo XVIII, para imponer mayor control sobre los territorios americanos y centralizar el poder administrativo, Carlos III emitió unas leyes conocidas como reformas borbónicas, puestas en vigor en América entre 1750 y 1760, que fueron un acicate, un disparador de las independencias americanas y fueron también la base para una nueva y aguda toma de conciencia por parte de los hablantes americanos de que su identidad y su estatus jurídico era totalmente distinto del de los españoles de España. Por ejemplo, la respuesta novohispana a las leyes borbónicas de "se acata pero no se cumple" se aplica perfectamente a la lengua porque junto a la independización económica, política y administrativa que venía produciéndose, los hablantes americanos tomaron plena conciencia de ser distintos del otro y de los otros. La segunda mitad del siglo XVIII es un parteaguas lingüístico, posiblemente el primer gran parteaguas, entre el español de América y el de España. 4. *Independencia*. Durante el siglo XIX, con motivo de las independencias políticas, se acentúan los rasgos diferenciadores gramaticales que venían tomando carta de naturaleza; la diferenciación lingüística es mucho más acusada en la segunda mitad del XIX, tras la puesta en marcha de las primeras constituciones americanas. Esta periodización general debe ser matizada según las zonas geográficas, la profundidad histórica poblacional, la complejidad étnica y la existencia o no de centros económicos y culturales importantes en esas zonas.

4. Americanismos gramaticales

Las siguientes 14 formas o construcciones pueden ser consideradas americanismos generales, dada su extensión territorial —se usan en 12 países al menos— y el estatus de norma estándar, culta o popular, que han adquirido. 1. Obligatoriedad de *ustedes*. 2. Voseo. 3. Generalización del pretérito simple: *pero si te lo di hace un instante*. 4. Generalización del pretérito imperfecto de subjuntivo en *-ra*: *si vieras que...*, y valoración de los subjuntivos en *-se* como uso afectado. 5. Mayor empleo de perífrasis en lugar de verbos simples: *te voy a pedir que le digas...*, *vámonos yendo* 'vámonos', *dame trayendo* 'tráeme'. 6. Verbos de movimiento + FP-*por* para indicar trayecto + meta, nunca FP-*a por*: *fue por pan*. 7. Pronominalización *se los/se las* para bitransitivas con OD singular y OI plural en todo tipo de registro y género textual: *se los dije, siempre nos quedará París*. 8. Mayor marcación prepositiva de OD inanimados: *pon en lugar seguro a tu dinero*. 9. Mucho mayor doblamiento de OI: *son los diez mil pesos que le pellizcaron al gobierno*. 10. Pérdida de concordancia casi categórica entre el OI y el clítico dativo: *le apostaron a los mejores equipos*. 11. Mayor concordancia de *haber* existencial, casi estándar desde Ecuador hacia el sur, en formas compuestas o perifrásticas pero no en simples: *han habido muchas muertes*. 12. Mayor posposición de posesivos, particularmente en países del norte y noreste de Suramérica: *la posición nuestra ha sido muy clara*. 13. Construcciones con marcación posesiva múltiple: *le di su gratificación, esa es su vida de Juan*. 14. Generalización de expresiones cuantificadoras intensivas y ponderativas varias: *¡vino de gente!*, *llegó de (a) rápido*; *qué gusto (de/en) verte, ¿qué tanto le doy?* Por razones de espacio, expondré cuatro que alcanzan una extensión superior a 17 países.

4.1. *Generalización de* ustedes

El español de toda América sólo tiene *ustedes* como única forma de tratamiento para dirigirse a los interlocutores, motivo por el cual es un pronombre no marcado para la distancia o la cercanía en el trato, a diferencia del español peninsular en que *ustedes* mantiene su significado etimológico de distancia y/o deferencia hacia los interlocutores. La pérdida de *vosotros-vosotras* y de sus correspondientes posesivos, *vuestro(s)-vuestra(s)*, y clítico, *os*, así como de la morfología verbal de segunda persona de plural, *cantáis*, es general en el español americano, de manera que la única forma posible para referir a los oyentes es *ustedes*, incluso en contextos muy coloquiales e íntimos (1).

(1) ¿**Saben** lo que *les* digo? Que me largo en este momento.
Ustedes me **dicen** a qué hora prendo el horno.
Miren, niños, qué cantidad de dulces les trajo mamá.

La primera evidencia diacrónica para la datación de este panamericanismo es, paradójicamente, la casi total ausencia de documentación de *vosotros-vuestro-os*. El siglo XVIII, al menos en documentación novohispana, es el periodo en que se empieza a hacer muy notoria la ausencia documental del paradigma pronominal plural castellano de cercanía, aunque quedan esporádicas documentaciones de *vuestro-vuestra* para un trato deferencial, aunque no de *vosotros-vosotras* ni de *os*, señal de que se perdieron primero el pronombre personal y el clítico que la otra forma del paradigma.

El empleo americano de *ustedes* como tratamiento equivalente al del español europeo *vosotros* aparece ya bien documentado en el teatro misionero del XVIII en la zona suramericana del Potosí (básicamente la actual Bolivia), aunque todavía en esas obras teatrales alternan concordancias verbales de tercera, *-an/-en*, las únicas posibles en el español americano actual, con las de segunda *-áis/-éis*, como se aprecia en (2).

(2) Lo que **ustedes van** oyendo… / **Sabrán**, señores pastores,… / mas pastores
les advierto / que si ambos **abren** los ojos / es cierto *quedaréis* ciegos.
(Pastores, 78–80)

La literatura americana de inicios del siglo XIX aporta evidencia interesante. En México, en el periodo posterior inmediato a la Independencia, 1818, se documenta con cierta frecuencia la forma *ustedes* (78 casos en dos novelas de José Joaquín Fernández de Lizardi), como en (3), empleos puestos en boca de una mujer en un contexto que no representa especial respeto o reverencialidad hacia sus interlocutores, también mujeres, sino que es, incluso, un trato afectivo. Ello significa que una o dos generaciones previas a la fecha de los ejemplos de (3), la forma *ustedes* debía ser de uso corriente en la lengua oral para dirigirse a más de un interlocutor y la concordancia verbal y los clíticos correferenciales con el pronombre de tratamiento eran, en consecuencia, de tercera persona.

(3) El amor propio nos ciega más que a **ustedes**. (Lizardi, *La Quijotita*, 1)
¡Vaya, que **han** quedado **ustedes** frescas y convidadas! (Lizardi, *La Quijotita*, 26)

En resumen, *ustedes* debía ser el trato usual en la lengua oral americana al menos desde las últimas décadas del siglo XVIII y su definitiva generalización se produce a lo largo del siglo XIX; está totalmente incorporado a la literatura culta en la segunda mitad de esa centuria.

El aumento en la frecuencia de *ustedes*, dada su obligatorificación, y el incremento de carga funcional de este pronombre —de ser optativo, como en España, pasó a ser obligatorio— impactó la sintaxis de los clíticos vinculados paradigmáticamente con *ustedes*, el personal *les* y el posesivo *su(s)*. Estos dos clíticos en España tienen básicamente referentes de tercera persona plural, *ellos-ellas*, y con menor frecuencia de segunda persona plural de respeto, *ustedes*. En América esos clíticos debieron aumentar su capacidad referencial y se volvieron más polisémicos, ya que son obligatorios para referir tanto a los referentes etimológicos, las terceras personas de plural, como al nuevo referente, la segunda persona de plural, los oyentes, *ustedes*. En consecuencia, las zonas gramaticales asociadas a esos pronombres clíticos se caracterizan en el español americano por ser bastante más productivas, en frecuencia de uso, en distribuciones diferentes y en haber generado cambios sintácticos desconocidos en España: duplicación casi generalizada de OI; pronominalización *se los/se las* para bitransitivas; varias estructuras duplicadas posesivas con marcación de poseído + poseedor en un mismo sintagma u oración, entre otros cambios.

4.2. Voseo

Todos los países hispanoamericanos conocen el voseo. Es un cambio consistente en el empleo de *vos* con un significado de cercanía o no deferencial (4), y echa sus raíces en la reestructuración de la oposición de los pronombres de segunda de singular *tú/vos* existente en el siglo XVI y parte del XVII. Como se observa en (4), el cambio incide también sobre la configuración de la frase verbal ya que obliga a una concordancia verbal peculiar, no siempre compartida con los dialectos tuteantes. Existen tres tipos básicos de paradigmas voseantes: a) pronombre voseante + voseo verbal: *vos sabés* (4a), b) pronombre voseante + formas verbales de tuteo: *vos tienes*, y c) pronombre tuteante + forma verbal voseante: *tú tenés/tú tenís*. Cualquiera sea el subsistema voseante, no existe un clítico especializado para *vos*, se emplean los correlatos clíticos de *tú*, como se ve en (4). Estos tres subsistemas no son excluyentes, la conjugación verbal y el pronombre pueden variar, según que el modo sea indicativo, subjuntivo o imperativo, con lo cual el voseo es una de las zonas de más alta diversidad dialectal del continente americano, además de que el voseo convive con el tuteo en todos los países voseantes, es decir, el voseo no ha desplazado al tuteo.

(4) a. Cuando **vos te percatás** por **vos** mismo qué es la muerte, **te asustás** y **salís** de ahí. (Buenos Aires, 2003, entrevista TV)
     Veníte mañana a las tres. (Buenos Aires, habla espontánea)

   b. **Vos tienes** la culpa para hacerte tratar mal, para qué te **opones**. (Bolivia, *Los Tiempos*, 1997, CREA)
     Vos eres otra cosa, guagüitico… **Vos eres** lo que **debes** ser. (Quito, Jorge Icaza, *El Chulla Romero y Flores*, 2006: GOOGLE LIBROS)
     Porque para el hip hop no **necesitas** ser un vocalista, tener un buen canto, solamente **necesitas** tu base y lo que **vos piensas**. (Quito, Eliecer Cárdenas, *Del silencio profundo*, 1986: GOOGLE LIBROS)

   c. —¿Y si no viene? —**Tú podís** irte si **querís**. (Santiago de Chile, Antonio Skármeta, *El baile de la victoria*, 2003)
     ¿Cómo **andás**? (Montevideo, habla espontánea)
     Tú no **tenés** por qué andarme poniendo mal con el jefe. (Montevideo, habla espontánea)

El estatus sociolingüístico del voseo es, si cabe, aún más complejo que el dialectal: desde totalmente estandarizado y normativo, Argentina, hasta ligera estigmatización, Uruguay o Costa Rica, hasta bastante estigmatizado, Chile, Ecuador, Bolivia, Cuba, a muy estigmatizado porque se asocia a habla de indígenas, Guatemala y el sureste de México (el resto de este país desconoce el voseo). Un rasgo común a todos los subsistemas, es que el voseo se emplea siempre en el trato amistoso coloquial o íntimo familiar entre dos hablantes, a un desconocido no se le vosea, con la única posible excepción del español de Buenos Aires, donde se está extendiendo a todo tipo de tratamiento entre dos interlocutores. En esta intrincada complejidad sociolingüística, es necesario diferenciar en todos los países el trato en familia del trato en sociedad, y dentro de esta, coloquial vs. distante. Otra característica léxico-morfológica es que el voseo convive en muchos países con un complejo sistema paralelo de tratamientos en singular: *ustedeo*, esto es, tratar de *usted* al amigo, a la pareja afectiva o a los familiares (partes de Colombia y Venezuela, Costa Rica); empleo rural de *su merced*, escrito *sumercé*, para mujeres de edad avanzada y ciertos superiores (Colombia, República Dominicana); usos de *vuestro-vuestra* con valor deferencial (Chile, Uruguay).

En perspectiva diacrónica, el voseo está configurado como tal al menos desde inicios del siglo XVI en textos castellanos (5a) y está tempranamente documentado en textos americanos (5b); por lo tanto, se trata de una conservación con sucesivos ajustes y cambios innovadores de un tratamiento hoy perdido en el español peninsular. Toda la documentación indica que el sistema voseante convivió siempre, desde el siglo XVII, al lado de *tú* y *usted*, como forma de tratamiento, bastante estigmatizada, junto con *tú*, en sus inicios americanos, como se aprecia en (5c), que corresponde a un documento argentino de fines del siglo XVII. Aparecen numerosos ejemplos de morfología verbal voseante sin estigmatización a partir del siglo XIX en documentación del Río de la Plata (5d), aunque dado que es una forma del trato cercano familiar, es posible que fuera una forma estándar de la oralidad familiar y amistosa antes de ese siglo, imposible de documentar en registros escritos.

(5) a. —... porque diré que a la criatura le faltan los dedos y que vuestra merçed los hará.
—Yo lo doy por hecho, que no es ésta la primera que **vos sabés** hazer (Francisco Delicado, *Lozana andaluza*, 1510, España, CORDE)

b. [É] que oyó decir á uno de los que recogieron en la barca quel dicho alférez se había quedado atrás y le había dicho: "**Anda, vos**, que yo no puedo ir más adelante". (Antillas, año 1532)

c. [H]ablando dicho obispo a este declarante y a dicho señor comisario **de vos y tú** como si hablara con sus negros. (Río de la Plata, fines del XVII)

d. Estoy esperando**te** en campos nuevos en el mismo pueblo; **desi**me algo.

(Uruguay, año 1894)

4.3. *Generalización del pretérito simple*

Todos los países hispanoamericanos hacen un uso mucho mayor que España del pretérito simple, *canté*, al punto de que es la forma general de la mayoría de esos países, donde se ha producido un fuerte retraimiento del pretérito compuesto, *he cantado*. Cuanto más sureño es el país (Argentina, Chile, Uruguay), más uso de pretérito simple se hace. Los promedios consignados en algunos estudios, con textos similares y situaciones narrativas semejantes, son iluminadores de esta generalización: español americano, 86 % pretérito simple vs. 14 % pretérito compuesto; español peninsular, 33 % pretérito simple vs. 67 % pretérito compuesto. La única excepción es el español de Bolivia, que hace un uso mayoritario del pretérito compuesto, tanto para valores temporales próximos al presente como distantes de él, cuanto para valores aspectivos pragmáticos diversos.

Más importantes que lo cuantitativo son las diferencias cualitativas entre América y España: en América la diferencia entre ambos tiempos es aspectiva, en España es temporal. En términos generales, en el español americano si la significación verbal se considera concluida, sea en el pasado remoto, sea en un presente ampliado, sea en el antepresente inmediato, se emplea el pretérito simple; es decir, cualquier evento concebido como cerrado-télico se codifica con pretérito simple (6a). Si el evento se percibe como abierto o en proceso, es decir, si desde la perspectiva del hablante, sigue teniendo relevancia presente o aún futura en el momento de la enunciación, se usa el pretérito compuesto (6b). En suma, la oposición americana para *canté ~ he cantado* es, respectivamente, perfectiva-imperfectiva/télica-atélica; no es una distinción temporal.

(6) a. Yo creo que Juan ya no se **casó** [ni se casará, no importa la edad, puede ser joven]. (México, habla espontánea)

   b. —Y su mamá ¿cómo está? —Pues **ha estado** mala [se entiende que sigue enferma]. (México, habla espontánea)

Diacrónicamente, al menos para el español de México, se observa a partir del siglo XVI un crecimiento sostenido de pretéritos simples a expensas del pretérito compuesto y de otros tiempos para señalar acciones o estados relacionados con el presente, incluso inmediatez al presente: *¡ya acabé!*, *¡ya estuvo!*, *para mañana ya acabé*. En el siglo XIX, segunda mitad, queda más o menos fijado el sistema de oposiciones aspectuales y no temporales del español mexicano actual.

4.4. *Pronominalización de bitransitivas*

La pronominalización del español dictada por las gramáticas por la cual los clíticos de OD y OI deben concordar con sus referentes en número y persona, y el primero también en género, es sistemáticamente alterada en el español americano cuando se cumplen dos condiciones: ambos pronombres aparecen en secuencia inmediatamente antepuestos o pospuestos al verbo bitransitivo que los rige, y el OD tiene un referente singular mientras que la referencia del OI es siempre plural, bien segunda persona *ustedes*, bien tercera persona, *ellos-ellas*. El cambio consiste en que el clítico de OD singular exhibe una marca morfológica de plural, que corresponde al referente del clítico dativo, el cual, dada su invariabilidad morfológica en *se*, es incapaz de indicar rasgo léxico o morfológico alguno de su referente. Los ejemplos de (7) muestran este americanismo sintáctico; resalto en cursivas el nominal que debiera regular la concordancia singular del clítico acusativo. Es una pronominalización desconocida en castellano.

(7) *El alférez real*, que yo por ejemplo **se los** puse a leer porque me parece un poquito más ameno. (*Habla culta de Bogotá*, M26)
   Tengo muchas [anécdotas], pero *esa* me parece la más divertida para contár**selas** a ustedes. (*Habla culta de Buenos Aires*, 163)
   Se los conté a mis hermanas y *lo* creyeron a pies juntillas.
   (*Habla culta de la Ciudad de México*, 143)

Es un americanismo sintáctico con bastante profundidad histórica: está documentado al menos desde el siglo XVI (8a), en el siglo XVII es todavía esporádico (8b), y a partir de fines del siglo XVIII es ya frecuente documentarlo en textos que pueden ser clasificados como cultos (8c), lo cual significa que el cambio debió tomar carta de naturaleza en la lengua oral varias décadas antes.

(8) a. tenían de meter los nuestros sin ser sentidos en Huacacholla y matar a los de Culúa, entendieron que querían matar a los españoles, o los engañó quien **se los** dijo (López de Gomara, *Historia de la conquista de México*, 1538, CORDE)

   b. les hazen *daño* sin que los dueños de los ganados **se los** hayan satisfecho a los vezinos (Ecuador, año 1668)

   c. todos tres enfermos quedaron en mucha debilidad...: seis papeles... con un grano de tártaro emético mixturado, y *esto* **se los** daba por delante en los primeros días (*Gazeta de México*, año 1795)

La pronominalización innovadora *eso* **se los** *dije* codifica la pluralidad del OI pero codifica también el carácter humano de este argumento; es decir, el morfema *-s* de *se los* es una marca tanto de pluralidad como de animacidad. Prueba de ello es que cuando el OI es inanimado, en el español americano no surge la pronominalización innovadora, sino que se prefiere emplear un solo pronombre, el de dativo; oraciones como *¿ya le(s) echaste agua a las macetas?* o *¿ya le(s) pusiste agua a los coches?* tienen, por lo común, como respuesta espontánea *sí, ya les eché, ya les puse*, y no la secuencia con doble clítico *se los eché, se los puse*.

5. Conclusiones

Hemos mostrado que existe tanto una fuerte variación dialectal que va a la par de una no desdeñable homogeneidad lingüística en este continente, y que es conveniente referirse al español de este continente como español en América y no de América. Para analizar las construcciones que, en lo general, caracterizan el español americano, hemos definido, en un primer paso, el concepto de americanismo gramatical, en dos acepciones, absoluto y relativo, y establecimos el marco histórico que dio pie a las diferencias y similitudes dialectales. Finalmente, identificamos 14 americanismos generales y analizamos cuatro de ellos con cierto detenimiento, de los cuales realizamos una caracterización general y una diacronía básica.

Bibliografía

Alatorre, A. (1988) *Los 1001 años de la lengua española*, México: Fondo de Cultura Económica.

Bertolotti, V. (en prensa) *"A mí de vos no me trata ni usted ni nadie", Presente e historia de las formas de tratamiento en América hispanohablante*, México/Montevideo: Universidad Nacional Autónoma de México y Universidad de la República.

Cano, R. (coord.) (2004) *Historia de la lengua española*, Barcelona: Ariel.

Company, C. (2006) "Aportaciones teóricas y descriptivas de la sintaxis histórica del español americano a la sintaxis histórica del español general", en *Actas del VI Congreso Internacional de Historia de la Lengua Española*, Madrid: Arco Libros, Universidad Complutense de Madrid y Asociación de Historia de la Lengua Española, pp. 21–66.

Company, C. (dir.) (2006) *Sintaxis histórica de la lengua española. Primera parte: La frase verbal*, México: Fondo de Cultura Económica y Universidad Nacional Autónoma de México.

Company, C. (dir.) (2009) *Sintaxis histórica de la lengua española. Segunda parte: La frase nominal*, México: Fondo de Cultura Económica y Universidad Nacional Autónoma de México.

Company, C. (dir.) (2014) *Sintaxis histórica de la lengua española. Tercera parte: Adverbios, preposiciones y conjunciones. Relaciones interoracionales*, México: Fondo de Cultura Económica y Universidad Nacional Autónoma de México.

Frago, J.A. (1999) *Historia del español de América. Textos y contextos*, Madrid: Gredos.

Hummel, M., Kluge, B. y M. E. Vázquez, (eds.) (2010) *Formas y fórmulas de tratamiento en el mundo hispánico*, México: El Colegio de México y Karl-Franzens-Universität Graz.

Lipski, J. (1996) *El español de América*, Madrid: Cátedra.

López Morales, H. (2010) *La andadura del español por el mundo*, México: Santillana.

Martinell, E. (1988) *Aspectos lingüísticos del descubrimiento y de la conquista*, Madrid: Consejo Superior de Investigaciones Científicas.

Moreno de Alba, J. G. (2001) *El español en América*, México: Fondo de Cultura Económica.

Moreno de Alba, J. G. (2007) *Introducción al español americano*, Madrid: Arco Libros.

Oesterreicher, W., Stoll, E. y Wesch, A. (eds.) (1998) *Competencia escrita, tradiciones discursivas y variedades lingüísticas. Aspectos del español europeo y americano en los siglos XVI y XVII*, Tubinga: Gunter Narr.

Parodi, C. (1995) *Orígenes del español americano*, México: Universidad Nacional Autónoma de México.

Penny, R. (1991) *A history of the Spanish language*, Cambridge: Cambridge University Press.

[RAE-ASALE] Real Academia Española y Asociación de Academias de la Lengua Española (2009) *Nueva gramática de la lengua española*, Madrid: Espasa Libros.

Rivarola, J. L. (1990) *La formación lingüística de Hispanoamérica. Diez estudios*, Lima: Fondo Editorial de la Pontificia Universidad Católica del Perú.

Entradas relacionadas

gramaticalización y cambio sintáctico; historia del español; periodización

HUMOR

Leonor Ruiz Gurillo

1. ¿Cómo explicar el humor?

Tomemos el siguiente chiste:

(1) El hombre es un ser inteligente. La única excepción tiene la regla (*Los mejores chistes cortos*, 160).

Como sabemos, los chistes son textos humorísticos por excelencia: son breves, concisos y graciosos. Ahora bien, no basta con esta caracterización para identificar el ejemplo (1) como humorístico o no y para reconocer el humor. Este texto breve presenta diversos mecanismos que podrían ayudarnos. Primero, contrapone dos guiones o esquemas mentales, uno de ellos serio y el otro humorístico: se habla en la primera parte de *hombre* como 'ser humano', pero en la segunda se interpreta como 'varón' en contraposición a la mujer. Segundo, estos guiones opuestos se apoyan en un mecanismo lógico concreto que restringe el campo de aplicación solo a los varones y no a las mujeres. Tercero, la situación comunicativa en la que se produce el chiste ayuda a interpretarlo. Cuarto, contiene un blanco de la burla que en este caso son las mujeres, ya que se trata de un chiste claramente sexista. Quinto, usa unas determinadas estrategias narrativas para lograr sus objetivos, como la brevedad y la planificación de dos partes que se oponen. Y sexto, elige determinado lenguaje para lograr sus objetivos: selecciona *hombre* en lugar de otros sinónimos como *ser humano* o *humanidad*, y alterna el sintagma *tener la regla* con la unidad fraseológica *la excepción confirma la regla*. Así, el destinatario interpreta que el varón es inteligente frente a la mujer, que por tener la regla no lo es. El efecto humorístico más inmediato es la risa, aunque se derivan otros, como la burla hacia las mujeres.

1.1. La *Teoría General del Humor Verbal*

La propuesta que acabamos de aplicar al ejemplo (1) es, en esencia, la *Teoría General del Humor Verbal* (en adelante, TGHV) de S. Attardo y V. Raskin. Dicho modelo ha mostrado su eficacia a lo largo de dos décadas, pues todavía hoy sigue siendo el punto de referencia de las investigaciones lingüísticas y afines al humor. La TGHV amplía la *Teoría Semántica del Humor basada en guiones* (en adelante, TSHG), establecida por Raskin. Esta planteaba la existencia de dos guiones en la construcción de un chiste, pero no era fácilmente aplicable a otras formas humorísticas. Por el contrario, la TGHV, propuesta inicialmente por Attardo y Raskin (1991) y revisada sucesivamente por Attardo (1994), (2001) y (2008), se aplica, no solo a los chistes, sino también a textos procedentes de diversos registros, situaciones o periodos históricos, como pueden ser novelas, historias cortas, *sitcoms* televisivos, películas o juegos. Tiene en cuenta criterios como la naturaleza lineal del texto, la importancia de los inicios y los remates de las estructuras humorísticas, las funciones del humor en la narración, la trama humorística, etc. Como vimos en (1), la TGHV se apoya en seis *recursos de conocimiento* que muestran entre sí una relación jerárquica y que determinan si un texto es humorístico o no (Attardo 2008: 108):

1. La *oposición de guiones*, base de la TSHG y de cualquier texto humorístico. Supone que en el texto se produce una alternancia entre un guión serio y otro humorístico. La incongruencia que desencadena conlleva que se tenga que resolver el texto a favor de uno de los dos guiones, normalmente el humorístico.
2. El *mecanismo lógico* es el mecanismo que permite resolver la incongruencia y por medio del cual la oposición de guiones resulta ser divertida y/o se explica parcialmente después. Existen varios tipos, como la yuxtaposición, la falsa analogía o el quiasmo.
3. La *situación*, imprescindible para entender los textos humorísticos y sus inferencias.
4. La *meta*, o lo que se conoce como el "blanco" del texto humorístico. Se incluyen aquí los estereotipos de grupo o individuales. Ahora bien, este recurso de conocimiento puede ser opcional, pues algunas formas de humor no tienen como objeto ridiculizar a alguien en particular.
5. Las *estrategias narrativas*, esto es, el género del chiste o del discurso humorístico.
6. El *lenguaje*, es decir, las elecciones léxicas, sintácticas, fónicas, etc.

Así pues, los recursos de conocimiento que emplea el texto humorístico se organizan jerárquicamente:

Figura 1 Organización jerárquica de los recursos de conocimiento de los textos humorísticos para la TGHV (Attardo 2008: 28)

Como hemos establecido en Ruiz Gurillo (2012), la aplicación de la TGHV al español se revela como integradora y permite explicar los diversos recursos de conocimiento que emplea el humor. De hecho, hemos observado que el uso de un determinado lenguaje, en concreto de indicadores y marcas del humor como la polisemia de *hombre* o la fraseología de *la excepción confirma la regla*, no es un aspecto aislado, sino que viene determinado por las elecciones lingüísticas que lleva a cabo el hablante o escritor como un hecho del uso del lenguaje (Verschueren 2002).

Estas elecciones lingüísticas, por su parte, vienen sustentadas por un conjunto de mecanismos lógicos que, siguiendo la propuesta de Attardo, Hempelman y Di Maio (2002) pueden aludir a relaciones sintagmáticas, como las que se basan en vinculaciones directas apoyadas en la yuxtaposición o el paralelismo, o a razonamientos como los que encontramos en (1), ya sean correctos o incorrectos. Los mecanismos lógicos, por su parte, intervienen en la resolución de la incongruencia que está en la base del humor.

Ahora bien, existen otras teorías entre las que destacan las propuestas de la Teoría de la Relevancia (§ 1.2) y de la Lingüística Cognitiva (§ 1.3).

1.2. La Teoría de la Relevancia

La Teoría de la Relevancia (Curcó 1995; Yus 2003) explica el humor como un mecanismo que supone un alto coste de procesamiento para los hablantes, que han de lograr, en cualquier caso, la óptima relevancia, sirviéndose, por ejemplo, de su entorno cognitivo, lo que facilita extraer conclusiones que no se derivan directamente de las premisas implicadas. En suma, el humor se infiere gracias a la búsqueda de óptima relevancia que se persigue en la comunicación. La Teoría de la Relevancia se muestra muy útil para explicar el humor en cada uno de los contextos, pero no nos facilita un modelo que permita hacer predicciones acerca de cómo se va a emplear el humor en determinadas situaciones comunicativas.

1.3. La lingüística cognitiva

La lingüística cognitiva (Brône, Feyaerts y Veale 2006) considera que el humor es uno de los usos creativos del lenguaje, como la ironía, la metáfora o la metonimia. Manifiesta nuestro conocimiento experiencial y desencadena determinados efectos, que tienden a generarse por medio del concepto fundamental de prototipo. Así, los textos humorísticos se desarrollan en el espacio discursivo como formas semánticas, a la vez que pragmáticas. La noción que explica este hecho es la de *marco cognitivo* o la de *espacio mental*, nociones mucho más flexibles que la de *oposición de guiones* de Raskin y Attardo. Según esta idea, los espacios se mezclan en una zona conceptual intermedia que genera estructuras emergentes. Dichas estructuras emergentes son humorísticas y convierten en prominente, como en una relación metonímica, la figura frente al fondo. El espacio de mezcla de los dos marcos resulta ser muy dinámico y permite explicar que dos o más de ellos se encuentren presentes un mismo texto humorístico. Por lo tanto, esta teoría resulta muy útil para observar la dinamicidad de ese espacio de mezcla y, en concreto, para observar el humor como un hecho experiencial propio de los seres humanos.

Sin desmerecer los aportes de la Teoría de la Relevancia y de la lingüística cognitiva, adoptaremos en lo sucesivo la TGHV con las precisiones que se han llevado a cabo en el § 1.1, ya que constituye un enfoque integrador de los textos humorísticos, permite explicar diversos tipos de humor, contribuye a establecer generalizaciones en el uso del humor y pone énfasis en las elecciones lingüísticas que se llevan a cabo y en cómo estas elecciones se relacionan estrechamente con los mecanismos lógicos que sustentan los guiones que se oponen. La TGHV se basa en el concepto de *guión*, similar a los de *marco cognitivo* o *esquema mental* de otras teorías. El guión es una construcción cognitiva que supone una parcela estructurada de información que el hablante interioriza y que representa el conocimiento que este tiene de una parte del mundo (Raskin 1985: 81).

Teniendo en cuenta tales datos, a continuación analizaremos en el § 2 géneros humorísticos, como el chiste, el monólogo o la parodia, y no humorísticos, como la conversación. En el § 3 nos encargaremos de identificar marcas e indicadores del humor y, finalmente, nos detendremos en el § 4 en las similitudes y diferencias del humor con la ironía.

2. Géneros humorísticos y géneros serios

2.1. Los géneros humorísticos: el chiste, el monólogo y la parodia

El humor puede manifestarse en géneros propios, o humorísticos, y en géneros serios. Los llamados *géneros humorísticos* (Kotthoff 2007) constituyen manifestaciones cuya estructura textual se basa en el humor. Este hecho condiciona el texto, que presentará un grado mayor de planificación y una menor espontaneidad y que habrá sido "diseñado" para lograr sus objetivos, esto es, causar humor. El género humorístico por excelencia es el chiste, en el que se establece un guión en una primera fase que se revela incongruente y que se resuelve en una segunda, el *remate* (o *punch line*) del chiste. Esta resolución de la incongruencia se concreta en tres fases (Raskin 1985: 99):

- Establecimiento. En el chiste de (1) es lo que ocurre con la primera parte, *el hombre es un ser inteligente*.
- Incongruencia. La primera parte favorece una interpretación de *hombre* como 'ser humano' que se muestra incongruente con la segunda parte del chiste, *la única excepción tiene la regla*.
- Resolución. Esta situación incongruente se ha de resolver poniendo en marcha un nuevo guión en el que *hombre* se interpreta como 'varón' y no como 'ser humano' y se indica además que no tiene la regla. La alternancia de ambos guiones es lo que genera los efectos que se persiguen con el chiste, como causar sorpresa o risa.

Otros géneros, como el monólogo humorístico o la parodia, presentan asimismo un remate, aunque a lo largo de su desarrollo textual pueden contener otros *ganchos* (o *jab lines*), así como diversos mecanismos cohesivos entre los temas tratados. De hecho, en el monólogo humorístico cobra mayor fuerza uno de los seis recursos de conocimiento, las estrategias narrativas, ya que es importante abordar aspectos referentes al texto, al género y al registro empleado. Así, conviene discernir si se ha construido como narración, argumentación o exposición, por ejemplo. También cabe considerar que el guión escrito se dramatiza ante una audiencia directa, presente en el plató de grabación, y ante una audiencia indirecta o mediática, que sigue el programa desde casa. Siguiendo el modelo americano, han proliferado en la televisión española los programas basados en monólogos humorísticos, como *El Club de la Comedia* (Canal La Sexta) o *Buenafuente* (Antena 3).

La parodia es otro de los géneros propiamente humorísticos. Es una forma muy cercana a la sátira (Simpson 2003) que se caracteriza por activar un hecho discursivo anterior, es decir, por hacerse eco de un texto previo. En la parodia destaca uno de los recursos de conocimiento, el blanco de la burla, que fundamenta el acto crítico (Rossen-Knill y Henry 1997), entendido como ridiculización. Dicha crítica de una situación o texto previo del que se hace eco, la burla y el lenguaje utilizado conforman la esencia de la parodia, su comicidad. En los últimos tiempos esta forma de humor se ha extendido en los formatos audiovisuales como la televisión y es posible encontrar parodias informativas en España, como el programa *El Intermedio* (Canal La Sexta) o el *sketch*, forma breve de parodia de noticias o situaciones cotidianas.

2.2. Los géneros serios: la conversación

Por otro lado, los géneros serios pueden integrar el humor como una estrategia comunicativa más. Es lo que ocurre con la conversación espontánea, por ejemplo. Como en los géneros humorísticos, se presenta una oposición de guiones, pero además se logra un determinado efecto, como la risa (Archakis y Tsakona 2005). En la conversación española la falta de planificación, la inmediatez o la retroalimentación entre los participantes favorecen la presencia de intervenciones irónico-humorísticas. Cuando también se presentan otros rasgos coloquializadores (Briz y grupo Val.Es.Co. 2002), como la igualdad social entre los participantes o la relación vivencial de proximidad, se fomenta que la ironía se continúe a lo largo de varias intervenciones y que, incluso, se desarrolle un relato humorístico. En estos casos, el humor es una estrategia que usan los hablantes para lograr un efecto, como causar risa, divertir, afianzar la solidaridad o la identidad del grupo (Alvarado 2013a, 2013b).

3. ¿Cómo reconocer el humor? Indicadores y marcas

Hasta el momento hemos hablado de que un texto humorístico ha de cumplir seis recursos de conocimiento para ser identificado como tal: la oposición de guiones, los mecanismos lógicos, una situación concreta, una meta o blanco de la burla, una determinada estrategia narrativa y un lenguaje. Estos se encuentran en géneros humorísticos, como el chiste o la parodia, pero también en otros serios, como la conversación. Seguidamente nos detenemos en los elementos lingüísticos que contienen estos textos y que contribuyen a reconocer el resto de recursos y, por lo tanto, a reconocer el humor. Existen dos tipos de elementos: las marcas y los indicadores. Las marcas son elementos que ayudan a interpretar el humor, como la entonación o los signos tipográficos. Los indicadores son elementos de por sí humorísticos, como la polisemia o la fraseología.

Como veremos en el § 3.1, las marcas sitúan el texto en un *modo humorístico*. Si es oral, contiene marcas como la entonación, las pausas, la intensidad de la voz o la voz de falsete. Si es escrito, los signos tipográficos, como la cursiva, la negrita, la mayúscula o las comillas, nos ayudan a interpretar el humor.

Los indicadores, analizados en el § 3.2, son elementos humorísticos. Las elecciones, conscientes o no, que lleva a cabo el humorista en textos planificados o el hablante en conversaciones espontáneas, contienen las claves para interpretar el humor y lograr los efectos que se persiguen. Hemos observado que son especialmente frecuentes los indicadores que se apoyan en relaciones semánticas, como la polisemia, la paronimia o la pseudoabarcación, son menos frecuentes los que aluden al texto como marcado, como el empleo de locuciones o fórmulas o el uso de creaciones léxicas, y bastante escasos lo que se infieren a partir de escalas. Resulta lógico, pues el uso de una palabra o expresión con dos sentidos diferentes en el mismo contexto favorece la presencia de dos guiones cognitivos, muestra una incongruencia entre ellos y, en suma, contribuye a resolver la incongruencia propia del humor.

3.1. Marcas del humor: entonación, gestos, signos tipográficos

Buena parte de los textos humorísticos que están pensados para hacerse orales, como los chistes o los monólogos humorísticos, contienen acotaciones donde se señala la entonación que ha de ponerse o el gesto que ha de acompañar a la palabra. Así se marca con *gesto de, con voz de, imitando a*. Estas acotaciones son marcas muy útiles para el monologuista que lleva a escena el texto, al tiempo que en lo oral se convierten en marcas que ayudan a interpretar el humor a los oyentes. Así lo vemos en (2), donde se acotan el tono y la expresión que ha de emplearse en cada caso para representar las voces de los diversos personajes. El monólogo gira en torno a los diversos tipos de mentira y en este caso se habla de las mentiras dentro de la pareja:

(2) En pareja también se miente mucho. Llegas a casa y tu mujer te pregunta: "¿De dónde vienes?" Mira que es fácil la pregunta, ¿eh? Es muy fácil: de dónde vienes. Y tú: "¿Qué?", "¡¡Que de dónde vienes!?". Con lo fácil que es decir: "Del bar, de ver el fútbol con los amigos". Pero no. Mientes. Y dices (**con tono de inventárselo**): "Eeeh, de comprar… un regalo… para tu madre". Y ella (**con expresión incrédula**): "¿Y dónde está?". Y tú (**nervioso**): "No, es que lo tienen que traer desde Egipto". Y ella: "Manolo, mi madre hace seis años que murió". "Eehh, ya… Pero… es que aún no lo he asumido" (Andreu Buenafuente, "Mentiras grandes", *Digo yo*, 33).

En (2) se observa además que estos acotadores van acompañados de otras marcas como los alargamientos vocálicos (*eeeh*), de signos tipográficos que representan la entonación (*¿¡Que de dónde vienes!?*) o del discurso directo que presenta la voz del marido y la voz de la mujer.

3.2. Indicadores del humor: polisemia, paronomia, pseudoabarcadores, fraseología, derivación, variación, cuantificadores

La polisemia en particular, y las relaciones semánticas en general, constituye uno de los indicadores más rentables. Resulta obvio desde el modelo de análisis planteado en el § 1, ya que la oposición de guiones, la incongruencia generada y la posterior resolución de la misma se sostienen frecuentemente en elementos lingüísticos que se basan en mecanismos lógicos. Así, la polisemia es un indicador fundamentado principalmente en mecanismos lógicos basados en razonamientos, a menudo incorrectos o imperfectos. En (3) la polisemia de *ochenta* es la que facilita el gancho humorístico de este comienzo del monólogo:

(3) Alguien debería decir a los hombres que *hay una edad para dejar de jugar al futbito*. Hay una edad y un sonido. El sonido es "catacrack". Y la edad, los **ochenta**…, los **ochenta** kilos (Eva Hache, "Os vais a hacer daño", *El Club de la Comedia*, 43).

La monologuista emplea *ochenta* primero con el significado de 'ochenta años' y a continuación lo hace como 'ochenta kilos'. Se trata de una polisemia contextual que se resuelve en el mismo contexto, lo que ayuda a que los destinatarios comprendan mejor el humor. De esta manera se comprende que no critica a los hombres por jugar al fútbol cuando son mayores, sino cuando tienen sobrepeso.

La paronimia es otro de los indicadores que explota las relaciones semánticas. Para lograr el efecto humorístico se colocan dos palabras o expresiones con una fonética similar. A veces no están ambas presentes, pero el contexto alude a la forma ausente:

(4) – Se abre el telón y aparece un ciego tocando a un dálmata. ¿Cómo se llama la peli?
     – Siento a un dálmata (*Los mejores chistes cortos*, 258).

Para comprender el chiste hay que entender que *siento a un dálmata* se parece fonéticamente a *ciento un dálmata* y que este enunciado se pronuncia con seseo.

También dentro de las relaciones semánticas que se establecen en el texto humorístico se emplea, principalmente en textos planificados, la pseudoabarcación. Consiste en crear una clase semántica formada por diversos elementos integrados en la misma que no lo agotan, pero que se reinterpretan como si lo hicieran (Timofeeva 2012: 136). Así parece que los elementos enumerados de la clase son los únicos integrantes de la misma. Los miembros de la clase establecen entre sí una relación humorística, por lo que la broma surge precisamente de la extraña unión de esos elementos. En (5), parodiando los publirreportajes serios de medicamentos, se señalan las contraindicaciones que presenta el medicamento *Melasuda*, un anestesiador de conciencias que ayuda a superar la situación de crisis:

(5) No tome el medicamento Melasuda si va a pilotar un avión, si dirige una central nuclear, si piensa refundar el capitalismo (Melasuda, *Saturday Night Live*, Cuatro).

Las relaciones léxico-semánticas también se encuentran en la base del uso de fraseología en el humor. Resulta frecuente que el guionista emplee un fraseologismo tanto con el sentido literal de la expresión como con el figurado. Además, el empleo de fraseología constituye un indicador que permite inferir que estamos ante un texto marcado o humorístico, a diferencia de lo que ocurre comúnmente en la comunicación, donde abundan textos no marcados o no estereotípicos. Lo vemos en (6) donde la monologuista alterna el sentido figurado, es decir, idiomático, de *meterse en la piel de* [alguien], entendido como 'ponerse en su lugar' con la lectura literal del mismo sintagma, esto es, 'meterse bajo la epidermis de alguien':

(6) Seguro que alguna vez cuando han leído una entrevista a un famoso han pensado: "¡Menudo impresentable!".
(…)
Pero **métanse en la piel de un personaje famoso**… busquen uno que no se haya estirado la cara, para meterse y estar más cómodos, e intenten pensar como él (Amparo Baró, "Entrevistas de famosos", *El Club de la Comedia*, 153).

La creación léxica en sus múltiples formas también puede actuar como indicador humorístico. El texto es un buen sustrato para la neología: se forman nuevos derivados, se modifican otros existentes. En la parodia sobre los medicamentos anestesiadores de conciencia de (6) se crean dos nuevos términos, *melasuda* y *keosden* y se indica que sus componentes activos son, respectivamente, *melasudina* y *keosdenato*.

Por último, aunque el uso de cuantificadores no es tan frecuente en el humor como en la ironía, pueden encontrarse ejemplos como (7), donde se valora con el superlativo *simpatiquísimas* cómo son las recepcionistas que atienden en la Seguridad Social española. Evidentemente, ha de entenderse que las recepcionistas no son simpáticas:

(7) Luego están las recepcionistas que te dan hora. **Simpatiquísimas** todas. Son gente que sufre mucho, eso es verdad y, claro, el carácter les ha desaparecido, ya no tienen carácter (Andreu Buenafuente, "Seguridad Social", *Sigo diciendo*, 58).

4. Más allá del humor. Las relaciones con la ironía

Es evidente que el humor presenta relaciones con la ironía. Ambos son tipos de lenguaje figurativo y manifiestan un uso creativo del lenguaje. De hecho, pueden darse puntos de encuentro, como la ironía humorística o el humor irónico. La ironía humorística se daría en la conversación y el humor irónico aparece en ejemplos como el de (7) con *simpatiquísimas*. Ahora bien, son fenómenos diferentes: la ironía es un hecho pragmático, mientras que el humor es un hecho pragmático y semántico al tiempo (Attardo 2001: 169). La ironía se hace eco de las asunciones comunicadas explícitamente, mientras que el humor economiza lo implícitamente expresado. La ironía (que se explica pormenorizadamente en Ruiz Gurillo y Padilla García (eds.) 2009) conlleva un conjunto de inferencias negativas, según las cuales se interpreta, al menos en el caso de la ironía prototípica, lo contrario de lo que dicen las palabras (Ruiz Gurillo 2010); en cambio, el humor supone la sustitución de un guión por otro. De manera más concreta, la ironía se comprende como negación indirecta, mientras que el humor es un mecanismo de antonimia que supone la sustitución de un guión por otro (Rodríguez Rosique 2013). En suma, la ironía niega lo dicho; el humor lo sustituye.

Bibliografía

Alvarado Ortega, M. B. (2013a) "Failed humor in conversational utterances in Spanish", en Ruiz Gurillo, L. y Alvarado Ortega, M. B. (eds.) *Irony and humor: From pragmatics to discourse*, Amsterdam: John Benjamin, pp. 190–219.

Alvarado Ortega, M. B. (2013b) "An approach to verbal humor in interaction", *Procedia – Social and Behavioral Sciences*, 95, C, pp. 594–603.

Archakis, A. y Tsakona, V. (2005) "Analyzing conversational data in *GTVH* terms: A new approach to the issue of identity construction via humor", *Humor*, 18, 1, pp. 41–68.

Attardo, S. (1994) *Linguistic theories of humor*, Berlín: Mouton de Gruyter.

Attardo, S. (2001) *Humorous texts: A semantic and pragmatic analysis*, Berlín: Mouton de Gruyter.

Attardo, S. (2008) "A primer for the linguistics of humor", en Raskin, V. (ed.) *The primer of humor research*, Berlín: Mouton de Gruyter, pp. 101–155.

Attardo, S. (2009) "Humour", en Cummings, L. (ed.) *The Routledge pragmatics encyclopedia*, Londres, Routlegde, pp. 199–201.

Attardo, S. y V. Raskin (1991) "Script theory revis(it)ed: Joke similarity and joke representation model", *Humor*, 4, 3–4, pp. 293–347.

Attardo, S., Hempelmann, Ch. F. y Di Maio, S. (2002) "Script oppositions and logical mechanisms: Modelling incongruities and their resolutions", *Humor*, 15, 1, pp. 3–46.

Briz, A. y Grupo Val.Es.Co. (eds.) (2002) *Corpus de conversaciones coloquiales*, Madrid: Arco Libros.

Brône, G., Feyaerts, K. y Veale, T. (2006) "Introduction: Cognitive linguistics approaches to humor", *Humor*, 19, 3, pp. 203–228.

Curcó, C. (1995) "Some observations on the pragmatics of humorous interpretations. A relevance-theoretic approach", *UCL Working Papers in Linguistics*, 7, pp. 27–47.

Kotthoff, H. (2007) "Oral genres of humor: On the dialectic of genre knowledge and creative authoring", *Pragmatics*, 17, 2, pp. 263–296.

Raskin, V. (1985) *Semantic mechanisms of humor*, Dordrecht: Reidel.

Raskin, V. (ed.) (2008) *The primer of humor research*, Berlín: Mouton de Gruyter.

Rodríguez Rosique, S. (2013) "The power of inversion. Irony, from utterance to discourse", en Ruiz Gurillo, L. y Alvarado Ortega, M. B. (eds.) *Irony and humor: From pragmatics to discourse*, Amsterdam: John Benjamin, pp. 17–38.

Rossen-Knill, D. F. y Henry, R. (1997) "The pragmatics of verbal parody", *Journal of Pragmatics*, 27, pp. 719–752.

Ruiz Gurillo, L. (2010) "Para una aproximación neogriceana a la ironía en español", *Revista Española de Lingüística*, 40, 2, pp. 95–124.

Ruiz Gurillo, L. (2012) *La lingüística del humor en español*, Madrid: Arco Libros.

Ruiz Gurillo, L. y Padilla García, X. A. (eds.) (2009) *Dime cómo ironizas y te diré quién eres. Una aproximación pragmática a la ironía*, Fráncfort: Peter Lang.

Ruiz Gurillo, L. y Alvarado Ortega, M. B. (eds.) (2013) *Irony and humor: From pragmatics to discourse*, Amsterdam: John Benjamins.

Simpson, P. (2003) *On the Discourse of Satire*, Ámsterdam: John Benjamins.

Timofeeva, L. (2012) *El significado fraseológico. En torno a un modelo explicativo y aplicado*, Madrid: Editorial Liceus.

Verschueren, J. (2002) *Para comprender la pragmática*, Madrid: Gredos.

Yus, F. (2003) "Humor and the search for relevance", *Journal of Pragmatics*, 35, pp. 1295–1331.

Lecturas complementarias

Attardo, S. (2008) "A primer for the linguistics of humor", en Raskin, V. (ed.) *The primer of humor research*, Berlín: Mouton de Gruyter, pp. 101–155.

Ruiz Gurillo, L. (2012) *La lingüística del humor en español*, Madrid: Arco Libros.

Entradas relacionadas

español coloquial; ironía; locuciones; metáfora; pragmática; presuposición e implicatura

IDEOLOGÍAS LINGÜÍSTICAS

José del Valle y Vítor Meirinho-Guede

1. Introducción

Ideologías lingüísticas es una categoría teórica construida sobre una definición del lenguaje como práctica social en la que están unidas de manera inseparable la dimensión formal del mismo —lo que podríamos llamar su pura materialidad lingüística o gramática— y el contexto en que tiene lugar la interacción (no importa si es en forma oral o escrita). Se trata de una categoría que nos invita a pensar el lenguaje en relación con el contexto, pero no solo como producto derivado de este (como objeto cuya forma refleja las condiciones sociales), sino también como práctica que lo constituye (como intervención efectiva en ese contexto). Las ideologías lingüísticas responden a los intereses de grupos sociales concretos y tienen un efecto naturalizador —como si de verdades inapelables se tratara— de las imágenes que producen del lenguaje. Estamos ante un concepto teórico que pretende organizar el estudio de la relación entre lenguaje y poder.

Propondremos una definición de ideologías lingüísticas en el § 4, pero veamos, para empezar, algunas instancias —inventadas las dos primeras y real la tercera— en las que podemos ver cómo se manifiesta la dimensión ideológica del lenguaje.

(1) Imaginemos, por ejemplo, una escena que se desarrolla en una universidad española en la que una estudiante acude a entrevistarse por primera vez con su profesora en mitad del curso. La alumna participa en esta conversación en representación de sus compañeros y lleva a la profesora una petición de cambio de la fecha del examen parcial motivada por el deseo del alumnado de participar, justamente en la fecha prevista para el examen, en una manifestación contra la subida del costo de la matrícula. Sentadas cara a cara en el despacho de la catedrática, esta empieza la conversación dirigiéndose a la alumna por medio de "usted", a lo cual la interlocutora responde usando "tú". A lo largo del intercambio, que dura unos veinte minutos, persiste este tratamiento no recíproco.

(2) Una segunda escena imaginaria se desarrolla en el departamento de español de una universidad norteamericana. Dos profesores realizan la entrevista final a un candidato que ha solicitado una plaza en el departamento para dar clase de español y lingüística hispánica. El candidato —nacido en Estados Unidos en el seno de una familia hispanohablante de condición socioeconómica humilde y escolarizado en inglés— tiene un

Ph.D., varias publicaciones en revistas de prestigio y ha causado una excelente impresión a todos los que, en el mismo departamento, le han hecho entrevistas previas. Esta última entrevista discurre impecablemente y al final el candidato dice: "Me pueden dejar un mensaje que yo los llamo patrás inmediatamente". Al día siguiente, en la reunión departamental donde se ha de decidir si ofrecerle la plaza, se discute si su uso de la expresión "llamar patrás" lo descalifica.

(3) En la tercera evocamos la publicación en 1847 de la *Gramática de la lengua castellana destinada al uso de los americanos* del caraqueño afincado en Chile desde 1829 Andrés Bello (1781–1865). Es una gramática que presenta y analiza las estructuras del español de acuerdo con los parámetros de estudio gramatical de su tiempo; y es una gramática que, a la vez, se identifica como prescriptiva en tanto que selecciona unos usos particulares y condena otros. El prólogo enmarca el texto no solo situándolo en relación con la tradición gramatical a la que pertenece, sino orientando su interpretación en una dirección que trasciende lo puramente gramatical. Así afirma, por ejemplo: "No tengo la pretensión de escribir para los castellanos. Mis lecciones se dirigen a mis hermanos, los habitantes de Hispano-América. Juzgo importante la conservación de la lengua de nuestros padres en su posible pureza, como un medio providencial de comunicación y un vínculo de fraternidad entre las varias naciones de origen español derramadas sobre los dos continentes". Y más adelante dice: "Chile y Venezuela tienen tanto derecho como Aragón y Andalucía para que se toleren sus accidentales divergencias, cuando las patrocina la costumbre uniforme y auténtica de la gente educada. En ellas se peca mucho menos contra la pureza y corrección del lenguaje, que en las locuciones afrancesadas, de que no dejan de estar salpicadas hoy día aun las obras más estimadas de los escritores peninsulares".

Estos ejemplos ilustran la dimensión ideológica del lenguaje y nos permitirán, en las próximas páginas, irnos acercando al concepto de ideología lingüística. Para interpretar cada uno de estos episodios lingüísticos es necesario pensar el lenguaje en relación directa con el contexto situacional, social e incluso geopolítico; es necesario reconocer que el uso del lenguaje supone una intervención sobre el propio contexto de uso; es necesario apreciar el choque entre ideas recibidas sobre el lenguaje y desafíos a tales ideas; y, finalmente, es necesario examinar el modo en que la praxis lingüística es un modo de negociación de relaciones de poder. En un análisis mediado por estas líneas de reflexión aparecerán quizás ideologías lingüísticas que conectan el uso de los pronombres con el poder relativo de profesores y estudiantes y que intervienen en la negociación del derecho a la protesta (ejemplo 1), que asocian expresiones lingüísticas con grados de cualificación profesional y que pueden contribuir a bloquear el ascenso profesional o social de un individuo (ejemplo 2) y que conectan variedades de una lengua con proyectos políticos de emancipación (ejemplo 3).

2. El formalismo y sus exclusiones

Como se puede inferir de lo dicho en la introducción, el concepto de ideologías lingüísticas está asociado a ramas de los estudios del lenguaje que se distancian del formalismo que ha dominado el desarrollo de la lingüística como disciplina autónoma. El formalismo es producto de la convergencia de dos tendencias: una que define el lenguaje como código que permite la representación de la realidad y la trasmisión de información entre seres humanos (una idea de código que se materializa en el término "gramática") y otra que aspira al estudio del lenguaje dentro de los parámetros de la ciencia.

Es a Ferdinand de Saussure (1857–1913), considerado fundador de la lingüística moderna, a quien le corresponde una de las más emblemáticas conceptualizaciones del lenguaje como objeto susceptible de ser tratado científicamente (Saussure 1916). Ante la complejidad del fenómeno y ante las múltiples dimensiones de la vida humana a que aparece ligado (a la estética a través de la poesía, al pensamiento a través de la filosofía o a la política a través de la estandarización y oficialización de lenguas), la aproximación cientificista genera la necesidad de llevar a cabo un recorte que identifique como objeto de estudio solo a aquellas dimensiones del lenguaje que exhiban un máximo grado de sistematicidad y reglamentación. En otras palabras, según ha señalado John Joseph (1995), el estudio científico del lenguaje supone un paso previo que lo aísle de la voluntad humana.

El proceso seguido por Saussure es bien conocido. Primero, estableció una serie de pares de conceptos que pretendían ser una clasificación inclusiva de los fenómenos lingüísticos en toda su complejidad. Así se contraponen la lengua y el habla, lo interno y lo externo, y la sincronía y la diacronía. El segundo paso fue la selección del término que en cada par representaba dimensiones autónomas del lenguaje, es decir, independientes de las —en gran medida impredecibles— intervenciones de la voluntad humana así como de otras dimensiones —también poco sistemáticas— de la vida social. Serán la lengua (el sistema de unidades y las relaciones que entre ellas existen), lo interno (las dimensiones exclusivamente lingüísticas del fenómeno lingüístico) y la sincronía (la estructura concebida al margen del tiempo cronológico) los elementos seleccionados para una teoría del lenguaje que lo piensa como objeto susceptible de ser sometido a operaciones hermenéuticas homologables a las utilizadas por las ciencias exactas y naturales.

Ahora bien, si pensamos que el objetivo de la lingüística es explicar el lenguaje, examinar por qué los seres humanos hablan como hablan y escriben como escriben, debemos reconocer no solo las incuestionables contribuciones de la lingüística científica al examen de la gramática y de la facultad innata del lenguaje, sino también las limitaciones que impone la adopción de esa aproximación y, sobre todo, su posición hegemónica en el centro de los estudios del lenguaje. No debemos perder de vista que, tras el recorte saussureano, el hablante, el contexto y la historia —es decir, los hablantes hablando— han quedado en los márgenes del campo de observación de la ciencia del lenguaje; que la expectativa de responder científicamente a la pregunta de por qué los seres humanos hablan como hablan impone, paradójicamente, un cierto desplazamiento de los hablantes y del acto de habla o, al menos, su circunscripción a subdisciplinas tales como la pragmática; que se minimiza el valor de las condiciones en que se despliega la comunicación verbal como relación entre hablantes y como dinámica de mutua influencia entre estos y el contexto (nótese que, a efectos del desarrollo de este concepto, no hacemos distinción entre actos de habla y actos de escritura).

Mencionaremos aquí a dos de esos elementos desplazados cuyo rescate, como ha señalado Paul V. Kroskrity (2000: 5), resulta fundamental para la emergencia de las ideologías lingüísticas: las ideas que los seres humanos tienen sobre el lenguaje y las funciones no referenciales del mismo. Por un lado, las ideas que los hablantes puedan tener sobre el lenguaje, al resultar de experiencias personales y no de los protocolos de la ciencia, resultan inútiles e incluso desorientadoras para el lingüista que se plantea la posibilidad de realizar una descripción objetiva del sistema lingüístico (sin embargo, la sociolingüística variacionista, incluso desde su inclinación formalista, se las arregló para tender puentes entre la descripción objetiva del habla y las actitudes de los hablantes). Resultarán, en cambio, centrales para quien identifique la conciencia lingüística de los hablantes como un factor necesario para entender por qué se habla como se habla o se escribe como se escribe. Volviendo al ejemplo 1 de la Introducción, ¿podemos entender cabalmente el uso de "tú" y "usted" sin incluir en nuestra interpretación las ideas que las interlocutoras puedan tener sobre el significado de cada forma y el modo en que piensan que articula la relación entre ellas?

Por otro lado, si el lenguaje se figura de entrada como un sistema de signos por medio del cual los seres humanos producen representaciones de la realidad, se dará prioridad también a la idea de que el poder comunicativo del lenguaje reside en el orden estructural, es decir, en las unidades formales y las reglas combinatorias y sustitutorias que las unen en un todo coherente. Sin embargo, el anclaje del estudio del lenguaje en las condiciones contextuales de la comunicación revelará una lógica comunicacional en la que el valor referencial de los enunciados pasa a segundo plano ante su poder performativo: el lenguaje pasa de "decir" a "hacer". En el ejemplo 2 de arriba, el uso de la expresión "llamar patrás" transforma la escena al construir, ante los ojos de algunos de los profesores, una imagen nueva del entrevistado. De la misma manera, en el ejemplo 3, vemos que la gramática de Andrés Bello no solo pretende describir la variedad culta del español que se ha de enseñar en las escuelas de las nuevas naciones americanas, sino que también se presenta como reivindicación del igual protagonismo americano en el desarrollo de la lengua y de su gestión.

3. Una ruta alternativa

A pesar del dominio que ejerció y ejerce el formalismo sobre la configuración de la lingüística a lo largo del siglo XX y hasta el presente, siempre han existido escuelas que mantenían viva la mirada sobre las dimensiones del lenguaje marginadas por los modelos saussureanos y post-saussureanos. La antropología lingüística, la pragmática, la sociolingüística y la sociología del lenguaje —incluso cuando manifiestan una fuerte impronta formalista, como es el caso de la pragmática formal o la sociolingüística cuantitativa— avanzaron hacia un examen detallado del lenguaje en contexto y, al entrar en diálogo con la reflexión teórica sobre la ideología (que introduciremos más adelante), dieron lugar al estudio de la dimensión ideológica del lenguaje y a la categoría de las ideologías lingüísticas.

3.1. *Indicialidad*

Desde estas perspectivas, el lenguaje se define como práctica social y la interacción verbal se piensa no necesariamente como el uso de una lengua sino como la puesta en práctica de un repertorio plurilectal en actos verbales en los que se producen y negocian identidades y relaciones sociales entre los interlocutores. Explicar esas prácticas implica no solo describir los lectos involucrados en la comunicación verbal sino también visibilizar el modo en que, en la interacción, los elementos del repertorio plurilectal se conectan con las identidades y relaciones sociales que están en juego. A esta conexión nos referimos como *indicialidad*, la característica que hace que el valor de un enunciado —o de algún elemento concreto del enunciado— esté no solo en el significado literal que encierra —en el objeto o idea a que, de modo general, remite—, sino en su capacidad para señalar elementos del contexto de la enunciación, indicar identidades sociales y construir relaciones entre los interlocutores (Hanks 2000).

Pensemos que, en el ejemplo 1, en la palabra "tú" se dan cita, al menos, tres significados: "tú" se refiere a una entidad abstracta que podríamos describir como *segunda persona singular*; señala también el ser humano concreto al que se dirige la pregunta en un acto de habla concreto (en este caso, la profesora); indica también, en su alternancia implícita con "usted," la existencia de categorías socialmente relevantes; y, finalmente, construye un tipo de relación que, por medio de este acto de habla, se negocia.

A medida que nos acercamos al concepto de ideologías lingüísticas, resulta imprescindible tener presente esta condición indicial del lenguaje, que, como sugiere el ejemplo anterior, lo liga a distintos niveles con el contexto.

3.2. Mercados lingüísticos

El concepto de mercado lingüístico propuesto por Pierre Bourdieu (1999) nos permite matizar el modo en que concebimos el contexto en el examen de las ideologías lingüísticas. Partimos de la base de que las colectividades humanas se organizan de acuerdo a unas condiciones sociales específicas y generan un sistema de relaciones de poder. En la medida en que esas colectividades sean más o menos dinámicas o cambiantes, las condiciones sociales y las relaciones de poder serán también más o menos estables. Los espacios sociales que cada sujeto pueda habitar y transitar así como su capacidad para reposicionarse y negociar su rol en el reparto de poder explicarán en gran medida su predisposición a actuar de una u otra manera y a evaluar las acciones de otros (Bourdieu se refiere a esta predisposición como *habitus*).

La metáfora del mercado lingüístico sugiere que el perfil económico, político y sociológico de la comunidad está siempre íntimamente ligado al perfil lingüístico de la misma. La posición y capacidad de movimiento de un individuo en el complejo entramado político-social explica el perfil de su repertorio plurilectal —su capacidad para usar e interpretar de manera efectiva determinadas variedades de una lengua o de varias lenguas— y explica también su predisposición a valorar de un modo u otro las distintas prácticas lingüísticas que se le presenten. Imaginar una comunidad lingüística como un mercado nos lleva a proponer que cada individuo está en posesión de un mayor o menor capital lingüístico cuya distribución depende de los mecanismos que determinan la organización y movilidad social así como la distribución de cuotas y espacios de poder.

El ejemplo 2 ilustra la lógica del mercado lingüístico. La trayectoria biográfica del candidato lo ha llevado a estar en posesión de un importante capital lingüístico, de un amplio repertorio plurilectal que incluye variedades del español y del inglés. Tal repertorio incluye evidentemente palabras y expresiones que, como "llamar patrás", son propias del español que, en contacto con el inglés, se habla en Estados Unidos. Parece conocer bien, además, el valor indicial de estas palabras y expresiones en tanto que no aparece su uso en todo el proceso de evaluación de candidatos que incluye múltiples entrevistas. Hasta el final. Y es entonces cuando, a través de la posición adoptada por algunos de los entrevistadores, vemos el valor negativo que en ese espacio del mercado (el departamento de español de una universidad) se le asigna a ciertos usos. Se le asigna un valor tan negativo que se constituye, para algunos de los participantes, en índice de ignorancia que invalida las cualificaciones y todo lo anteriormente demostrado por el entrevistado.

3.3. Normatividad

Hay que notar que al asignarle una posición central a la indicialidad y al adoptar la metáfora del mercado se vuelve relevante la condición intrínsecamente normativa del lenguaje. Como todo acto de comunicación está mediado por patrones de interpretación (en general implícitos) de las prácticas lingüísticas, los individuos hablan según su orientación hacia el contexto comunicativo, según el modo en que lo conciban y según se quieran posicionar en relación con él. Al usar el lenguaje siempre orientamos nuestra producción verbal en función de un contexto de normas socialmente constituidas. De ahí que la comunicación verbal sea siempre normativa (Cameron 1995; Taylor 1997: 111–166). Así queda ilustrado por el ejemplo 1, que imagina una situación en la que la norma social dominante exige que la estudiante trate a la profesora de "usted" y en la que la estudiante, tal vez consciente de la relación entre esa norma y la dinámica de poder que implica, se aparta de ella para desafiar precisamente ese orden jerárquico.

Advirtamos que no se debe confundir la normatividad ni con el prescriptivismo ni con la estandarización: una cosa es el conjunto de normas que se asocian con situaciones y contextos comunicativos concretos y otra es el conjunto de actividades asociadas a la determinación explícita de usos correctos e incorrectos o al establecimiento legal del uso de una variedad lingüística en contextos oficiales. El prescriptivismo y la estandarización son manifestaciones concretas de la normatividad, formas explícitas y altamente institucionalizadas de intervención sobre el universo normativo (Milroy y Milroy: 1991).

Pierre Bourdieu ha descrito precisamente el modo en que estas dos manifestaciones de la normatividad son instrumentalizadas por el Estado: "La lengua oficial se ha constituido vinculada al Estado. Y esto tanto en su génesis como en sus usos sociales. Es en el proceso de constitución del Estado cuando aparecen las condiciones de la creación de un mercado lingüístico unificado y dominado por la lengua oficial: obligatorio en las ocasiones oficiales (escuela, administraciones públicas, instituciones políticas, etc.), esta lengua de Estado se convierte en la norma teórica con que se miden objetivamente todas las prácticas lingüísticas" (Bourdieu 1999: 19).

El valor de la lengua oficial en el mercado lingüístico es resultado de la capacidad del Estado para recompensar a quienes la conocen y la saben usar y para sancionar a quienes la ignoran. Pero estas recompensas y sanciones no se distribuyen solo por medio del poder coercitivo del estado. No basta con la imposición legal de una lengua (su oficialización) y con la instalación de mecanismos de prescripción y castigo (a través, por ejemplo, de su enseñanza en la escuela). Es necesario que la población sobre la cual la oficialidad de esta lengua se pretende imponer y sobre la que se prescriben ciertos usos considerados correctos acepte la superioridad de la misma y la legitimidad del proceso de imposición. Al ejercicio de este poder basado en la aceptación por parte de los subordinados de las condiciones que producen su subordinación se llama en la tradición marxista que deriva de Gramsci hegemonía (Gramsci 1971; Ives 2004).

La tensión entre hegemonía y contrahegemonía se puede apreciar en el ejemplo 3, donde Bello, por un lado, reproduce la idea hegemónica que asocia una lengua estándar basada en el uso de ciertos grupos al orden social, pero, por otro lado, desafía el poder de la antigua metrópolis para gestionar el idioma en las nuevas naciones de América. Naturaliza, por tanto, la estandarización como herramienta de la construcción nacional pero desnaturaliza el dominio de España sobre la lengua.

Es precisamente en el estudio de estos procesos donde se aprecia con particular claridad el sentido de la categoría teórica que aquí discutimos: las ideologías lingüísticas. En el estudio del modo en que se proyecta una imagen de la lengua oficial y de las disputas surgidas en torno a esa imagen; en el análisis de la manera en que se pretende naturalizar el estatus dominante de una determinada variedad lingüística y de los cuestionamientos de esa naturalidad; y en la reflexión sobre cómo se legitiman las instituciones que la oficializan y la gestionan y sobre cómo se problematiza su legitimidad.

4. Hacia una definición de ideologías lingüísticas

4.1. Ideología

El término "ideología" ha tenido múltiples significados a lo largo de su historia y aún en la actualidad exhibe un notable grado de polisemia que plantea a quien decide incorporarlo a un marco teórico cualquiera el desafío de identificar el sentido concreto que se le quiere dar. Uno de estos sentidos —marginal hoy en día— está asociado a su nacimiento en el siglo XVIII, cuando surgió para nombrar un nuevo campo de conocimiento: el estudio de las ideas. Apuntaba por tanto en sus principios al examen de los procesos mentales por medio de los cuales se da origen a las ideas.

Posteriormente, se desplazó el término para designar sistemas de ideas, conscientemente adoptadas por individuos o grupos humanos, que representan una determinada forma de orden social y la defienden en contraposición a otras alternativas. En este sentido las ideologías son doctrinas basadas en modelos ideales de sociedad que animan formas de acción política orientadas a la realización de aquel ideal. Este es el significado de "ideología" cuando hablamos de ideologías de derecha o de izquierda, de ideologías nacionalistas, de ideologías liberales o de ideologías conservadoras o revolucionarias.

Esta acepción, al apuntar a representaciones de la sociedad vinculadas a luchas políticas, dio lugar a otra de significado más restringido en que la ideología se concibe como representación sesgada, o simplemente falsa, de la realidad y se sitúa en abierta oposición a representaciones objetivas y verídicas. Acaso el fuerte arraigo de esta concepción esté en la doctrina marxista clásica y en el tipo de relación que establece entre el pensamiento humano y la realidad material: "[n]o es la conciencia del hombre la que determina su ser, sino, por el contrario, el ser social es lo que determina su conciencia" (Marx 1980: 5). Se trata de un determinismo unidireccional que deriva la ideología de las relaciones socioeconómicas y encierra al ser humano dentro de los límites de sus condiciones materiales como moldes de su capacidad de comprensión intelectual y de representación de sus circunstancias.

La propia tradición marxista, sin embargo, ha producido concepciones más abiertas en las que la ideología adquiere un sentido que la acerca a la noción antropológica de cultura. Así lo expresa Terry Eagleton: "La visión racionalista de las ideologías como sistemas de creencias conscientes y bien articulados es claramente insuficiente. Ignora las dimensiones afectivas, inconscientes, míticas o simbólicas de la ideología; la manera en que constituye las relaciones vividas y aparentemente espontáneas del sujeto con una estructura de poder y el modo en que llega a producir el color invisible de la vida cotidiana. Pero, si bien en este sentido la ideología es un discurso fundamentalmente performativo, retórico y seudoproposicional, esto no significa que carezca de contenido proposicional importante o que las proposiciones que pueda avanzar, incluso las morales y normativas, no puedan ser evaluadas en función de su verdad o falsedad" (Eagleton 1991: 221–222, nuestra traducción).

Sobrevive aún uno de los elementos básicos que definían esta categoría en el pensamiento marxista tradicional: aún se afirma el carácter contingente e histórico de las ideologías, es decir, la asociación esencial entre estas y las condiciones socioeconómicas de los grupos humanos que las producen. Sin embargo, vemos que el término ideología ya no se asocia a doctrinas políticas concretas sino que se aproxima al ámbito de las creencias, lo afectivo, lo inconsciente, lo mítico y lo simbólico. Pero, además, esta inyección de elementos culturales en la ideología impide, al menos en teoría, que esta sea necesariamente examinada en función de criterios de validación objetiva. En otras palabras, se quiebra la oposición bipolar entre ideología y verdad pues la condición ideológica de una proposición es relativamente independiente de su veracidad o falsedad.

Subrayaremos, finalmente, que entre ideología y realidad social ya no media una relación funcional unidireccional, pues aquella es a la vez causa y efecto de esta. La ideología está ya presente en la experiencia de las condiciones materiales y consecuentemente influye sobre ellas; pero, al mismo tiempo, es moldeada por ellas. Además, aunque la ideología sirve, en efecto, como máscara de conflictos de clase, también se presenta como lugar de conflicto entre personas y grupos enfrentados que reclaman los principios de la ideología para usarla en su favor y contra otros. En otras palabras, los agentes sociales pueden "apropiarse" de la ideología para disputar las relaciones sociales que esta, en principio, había legitimado.

4.2. Ideologías lingüísticas

Retomaremos aquí la definición propuesta por Del Valle (2007), con la cual se pretendía sintetizar tratamientos previos del concepto y contribuir así al establecimiento de una línea coherente de trabajo dentro de los estudios del lenguaje. De acuerdo con aquella definición, las ideologías lingüísticas son "sistemas de ideas que articulan nociones del lenguaje, las lenguas, el habla y/o la comunicación con formaciones culturales, políticas y/o sociales específicas. Aunque pertenecen al ámbito de las ideas y se pueden concebir como marcos cognitivos que ligan coherentemente el lenguaje con un orden extralingüístico, naturalizándolo y normalizándolo, también hay que señalar que se producen y reproducen en el ámbito material de las prácticas lingüísticas y metalingüísticas" (2007: 20). El estudio de la condición ideológica de las representaciones del lenguaje debe pasar, por tanto, por el análisis del modo en que están ligadas al contexto en que operan y del modo en que este contexto les confiere pleno significado. Asimismo, se debe examinar cómo estas representaciones ideológicas del lenguaje contribuyen a naturalizar un determinado orden social, es decir, a crear una apariencia de inevitabilidad asociada con un grupo particular de categorías y procesos culturales, políticos o sociales. Finalmente, el examen de las ideologías lingüísticas debe identificar los intereses y espacios institucionales que posibilitan e incluso favorecen su producción. En resumen, proponemos tres elementos caracterizadores de las ideologías lingüísticas: la contextualidad, el efecto naturalizador y la institucionalidad.

El lenguaje se tematiza en múltiples espacios discursivos —se manifiesta como metalenguaje (Jaworski *et al.* 2004)— y son estos espacios los que identificamos como zona cero de la investigación lingüístico-ideológica: en la propia praxis lingüística (por ejemplo, al escoger usar "tú" o "usted" o al adoptar patrones de pronunciación y entonación asociados con el habla cuidada); en la reproducción marcada de formas de habla asociadas con ciertas identidades sociales (por ejemplo, los cómicos o anuncios publicitarios que imitan estereotipos sociolingüísticos); en discusiones públicas sobre el uso correcto del lenguaje (por ejemplo, una carta dirigida al director de un diario que se queja de los usos de sus periodistas); en textos que definen objetos lingüísticos, incluso aquellos que tienen pretensiones científicas (por ejemplo, manuales de estilo o gramáticas y diccionarios); y, naturalmente, en los textos por medio de los cuales se regula jurídica y políticamente la distribución social de las lenguas (por ejemplo, las leyes que establecen la oficialidad o cooficialidad de las lenguas habladas en un país).

Reflexionemos, a modo de ejemplo y para concluir, sobre el potencial ideológico de la siguiente idea: "El español es un recurso económico". E imaginemos varios escenarios en los que puede aparecer: en un discurso pronunciado por un político madrileño en Cataluña; en un congreso de profesores de español en Brasil; en un artículo de periódico que discute la educación bilingüe en Estados Unidos. En cada caso, el pleno significado de la idea no viene dado solo por su valor proposicional y su posible veracidad sino que se despliega al coexistir, en cada contexto concreto de los mencionados, con otras ideas junto a las cuales o frente a las cuales adquiere sentido para los hablantes. En contraste con otras ideas, esta se constituiría en lo que podríamos llamar un ideologema, que, junto con los otros, forman un sistema lingüístico-ideológico. Junto a la proposición que tomamos como ejemplo podrían aparecer otras que identifican las lenguas como entidades discretas y claramente diferenciadas entre sí, otras que afirman que ciertas lenguas tienen más valor económico y otras más que articulan formas concretas de asociación entre el conocimiento lingüístico y el progreso económico.

Sin embargo, en cada caso podríamos encontrarnos con resonancias distintas. En Cataluña aquella idea aparece en contraste con otras tales como "El catalán es la lengua nacional de Cataluña" y para comprenderla tendríamos que analizar su posición y papel en los debates en torno al estatus político de Cataluña en relación con España. En Brasil, podríamos encontrar que contrasta con otras tales como "El inglés es la lengua global" y que, para interpretarla, deberíamos acudir a la legislación sobre la enseñanza de lenguas extranjeras en este país y, más allá incluso, a las políticas lingüísticas de Mercosur. Y, finalmente, en Estados Unidos, podríamos encontrarla en pugna con afirmaciones tales como "English Only" o "Con la educación bilingüe no aprenden bien ninguna lengua" y necesitar, para el análisis, del estudio de las dinámicas de financiación de la educación pública y de las articulaciones políticas de lengua y nación en el país norteamericano.

En cada caso, la idea que construye el español como recurso ve transformado su significado en función del contexto sociopolítico que la hace relevante. Se trata de una proposición que se avanza como verdad incuestionable, pero que, en definitiva, opera en cada situación al servicio de modelos sociales y políticos que poco o nada tienen de natural. Es, además, una idea que se produce y reproduce en el seno de espacios institucionales que representan intereses enfrentados en cuanto a esos mismos modelos sociales y políticos. Estamos, en definitiva, ante una representación del lenguaje que debemos entender ideológicamente y examinar por medio de un cuidadoso análisis de los discursos en los que se inserta y las condiciones contextuales de su producción y recepción.

Bibliografía

Bourdieu, P. (1999) *¿Qué significa hablar?* Madrid: Akal.

Cameron, D. (1999) *Verbal hygiene*, Londres: Routledge.

Del Valle, J. (2007) *La lengua, ¿patria común? Ideas e ideologías del español*, Madrid/ Fráncfort: Iberoamericana/Vervuert.

Eagleton, T. (1991) *Ideology: An introduction*, Londres: Verso.

Gramsci, A. (1971) *Selections from the Prison Notebooks of Antonio Gramsci*, Londres: Lawrence & Wishart.

Hanks, W. (2000) "Indexicality", en Duranti, A. (ed.) *Language matters in anthropology: A Lexicon for the Millennium*, número especial de *Journal of Linguistic Anthropology*, 9, 1–2, pp. 124–126.

Ives, P. (2004) *Language & hegemony in Gramsci*, Londres: Pluto Press.

Jaworski, A., Coupland, N., Galasiński, D. (eds.) *Metalanguage: Social and ideological perspectives*, Berlín: Mouton de Gruyter.

Joseph, J. E. (1995) "Trends in twentieth-century linguistics: An overview", en Koerner, E. F. K. y Asher, R. E. (eds.) *Concise history of the language sciences: From the Sumerians to the cognitivists*, Oxford: Pergamon, pp. 221–232.

Kroskrity, P. V. (2000) "Regimenting languages: Language ideological perspectives", en Kroskrity, P. V. (ed.) *Regimes of language: Ideologies, polities, and identities*, Santa Fe, NM: School of American Research, pp. 1–34.

Marx, K. (1980) *Contribución a la crítica de la economía política*, México: Siglo XXI Editores.

Milroy, J. y Milroy, L. (1991) *Authority in language: Investigating Standard English*, 3.ª ed., Londres: Routledge.

Saussure, F. de. [1916] (1959) *Course in general linguistics*, Nueva York: Philosophical Library.

Lecturas complementarias

Blommaert, J. (ed.) (1999) *Language ideological debates*, Berlín: Mouton de Gruyter.

Castillo Lluch, M. y Kabatek, J. (eds.) (2006) *Las lenguas de España: política lingüística, sociología del lenguaje e ideología desde la Transición hasta la actualidad*, Madrid/Fráncfort: Iberoamericana/Vervuert.

Del Valle, J. y Gabriel-Stheeman, L. (2002) *The battle over Spanish between 1800 and 2000: Language ideologies and Hispanic intellectuals*, Londres: Routledge.

Del Valle, J. y Narvaja de Arnoux, E. (eds.) (2010) *Ideologías lingüísticas y el español en contexto histórico*, número especial de *Spanish in Context*, 7, 1.

Duchêne, A. y Heller, M. (eds.) (2007) *Discourses of endangerment*, Londres: Continuum.

Ennis, J. A. (2008) *Decir la lengua: debates ideológico-lingüísticos en Argentina desde 1837*, Fráncfort, Peter Lang.

Howard, R. (2007) *Por los linderos de la lengua: ideologías lingüísticas en los Andes*, Lima: Instituto de Estudios Peruanos.

Johnson, S. y Milani, T. M. (eds.) (2010) *Language ideologies and media discourse: Texts, practices, politics*, Londres: Continuum.

Joseph, J. E. (2006) *Language and politics*, Edimburgo: Edinburgh University Press.

Joseph, J. E. y Taylor, T. J. (eds.) (1990) *Ideologies of language*, Londres/Nueva York: Routledge.

Mar-Molinero, C. y Stevenson, P. (eds.) (2006) *Language ideologies, policies and practices: Language and the future of Europe*, Nueva York: Palgrave Macmillan.

Schieffelin, B. B., Woolard, K. A. y Kroskrity, P. V. (eds.) (1998) *Language ideologies: Practice and theory*, Nueva York/ Oxford: Oxford University Press.

Entradas relacionadas

sociolingüística

IMPLICATURA Y PRESUPOSICIÓN

Sarah E. Blackwell

1. Introducción

Las nociones de implicatura y presuposición son conceptos centrales de la pragmática con raíces en la filosofía del lenguaje. Tratan dos tipos de conclusión inferencial que son sensibles a factores contextuales y por tanto, se consideran fenómenos pragmáticos. Sin embargo, por estar las presuposiciones estrechamente ligadas al uso de ciertas palabras, sintagmas y oraciones, y además, por ser causa de debates sobre las condiciones veritativas de la oración, también pertenecen al campo de la semántica. Primero trataremos el concepto de implicatura esbozando la Teoría de la Implicatura Conversacional propuesta por Grice (1975, 1978, 1989), en la cual se distinguen las implicaturas conversacionales de las convencionales, y después nos ocuparemos de las presuposiciones, sus rasgos y los elementos lingüísticos que las producen.

2. Implicatura conversacional

Como apunta Levinson (1983, 1989: 89), "[l]a implicatura conversacional es una de las ideas más importantes en la pragmática". Horn define *implicatura* como "lo que un hablante intenta comunicar con su enunciado sin que sea parte de lo que se dice" (2004: 3, traducción mía). Se trata de una concepción inferencial de la comunicación que va más allá del significado literal de lo dicho y destaca la importancia del contexto a la hora de interpretar los enunciados. Consideremos el siguiente ejemplo de Portolés (2004: 86; +> significa 'produce la siguiente implicatura'):

(1) Supongamos que, mientras circulan en un automóvil, un acompañante le dice a la conductora: *Tengo frío*. Según el contexto, ésta puede comprender:

   (i) CONTEXTO: ((Tiene la ventanilla bajada)) + > "Sube la ventanilla".
   (ii) CONTEXTO: ((Funciona el aire acondicionado)) + > "Apaga el aire acondicionado".
   (iii) CONTEXTO: ((Es invierno y no está puesta la calefacción)) + > "Pon la calefacción".

Aunque lo codificado, *tengo frío*, es igual en los tres casos, el significado intencionado del hablante es distinto en cada uno de los contextos, lo cual demuestra el papel esencial del contexto en la comunicación. Las diferentes implicaturas que pueden surgir a partir del uso del mismo enunciado destacan el hecho de que lo que intenta comunicar el hablante suele ser un mensaje enriquecido. Este hecho es precisamente lo que el filósofo Grice intentó explicar con su Teoría de la Implicatura Conversacional.

2.1. *La Teoría de la Implicatura Conversacional de Grice*

H. Paul Grice (1975, 1978, 1989) se interesó en el contraste entre lo que los hablantes dicen y lo que desean comunicar a través de lo que dicen, o, según Grice, lo que "implicitan" (*implicate*) (1975: 43). En su Teoría de la Implicatura Conversacional propone que el significado implicitado depende de una serie de conjeturas tácitas y principios comunes que guían a los interlocutores cuando conversan y les permiten usar y comprender ese significado, es decir, la implicatura.

Grice mantuvo que para entender la naturaleza de la comunicación humana habría que prestar atención a la conversación cotidiana. Suponía también que debían existir unos principios implícitos comunes que guían a los seres humanos en las conversaciones y que les permiten interpretar las implicaturas. Presentó las ideas principales de la Teoría de la Implicatura Conversacional en una serie de ponencias que dio en Harvard en 1967. Estas ideas fueron parcialmente publicadas en dos artículos (1975, 1978) y un libro (1989). En su propuesta, especifica los principios que supuestamente rigen los usos diarios del lenguaje, los cuales deben ser capaces de dar cuenta del tipo de razonamiento por el que, por ejemplo, el siguiente intercambio entre una madre (A) y una canguro (*babysitter*) (B) puede entenderse (Bertuccelli Papi 1996: 55):

(2) A: ¿Cómo se ha comportado el niño?
     B: La casa no se ha derrumbado todavía.

Como señala Bertuccelli Papi, de la respuesta de la canguro, la madre "deducirá que la canguro ha estado sometida a una dura prueba" (1996: 55).

A la vez Grice deseaba formular principios que pudieran explicar implicaturas típicamente generadas por ciertas formas lingüísticas. Por ejemplo, del uso del artículo indefinido *una* en el siguiente enunciado, concluimos que la casa no es de Javier (basado en el ejemplo de Grice 1975: 56):

(3) Javier entró en una casa +> La casa no era suya.

Para dar cuenta del hecho de que todos llegamos a unas inferencias parecidas en intercambios comunicativos como los de (2) y (3), Grice propone un principio general que tácitamente observan los participantes cuando conversan y lo denomina "el principio de cooperación" o "el principio cooperativo" (1975: 45, traducido al español en Levinson 1989: 93):

(4) El principio cooperativo: Haga su contribución tal como se requiere, en la situación en la que tiene lugar, a través del propósito o dirección aceptados en el intercambio hablado en el que está comprometido.

En base a este principio, esboza cuatro máximas subyacentes desglosadas en una serie de submáximas que formula como sigue (Grice 1975: 45–46; Levinson 1983, 1989: 93–94):

(5) La máxima de Calidad: Trate de que su contribución sea verdadera, específicamente:

    (i) No diga lo que crea que es falso.

    (ii) No diga algo de lo cual carezca de pruebas adecuadas.

(6) La máxima de Cantidad:

    (i) Haga su contribución tan informativa como exigen los propósitos actuales del intercambio.

    (ii) No haga su contribución más informativa de lo requerido.

(7) La máxima de Pertinencia (también conocida como la máxima de relación o relevancia): Haga contribuciones pertinentes.

(8) La máxima de Manera: Sea perspicuo y específicamente:

    (i) Evite la obscuridad en la expresión.

    (ii) Evite la ambigüedad.

    (iii) Sea breve (evite la prolijidad innecesaria).

    (iv) Sea ordenado.

Como puntualiza Levinson, el propósito de las máximas es especificar "lo que deben hacer los participantes para conversar del modo más eficiente, racional y cooperativo: deben hablar sincera, pertinente y claramente, al tiempo que aportan información suficiente" (Levinson 1983, 1989: 94).

Grice sostiene que las implicaturas se generan de los siguientes elementos: 1) lo que el hablante dice, es decir, las palabras que componen su enunciado; 2) las circunstancias contextuales y los conocimientos compartidos por los interlocutores; 3) la suposición de que el hablante observa las máximas hasta cierto punto, o por lo menos el principio cooperativo; y 4) la suposición del hablante de que el oyente será capaz de calcular el significado implicitado por el enunciado (Grice 1975: 50). Además, según Grice, las implicaturas conversacionales surgen por la intervención del principio de cooperación cuando los interlocutores siguen las máximas, y también cuando no las cumplen. No obstante, las implicaturas producidas cuando se cumplen son, según Reyes (2003), las que cuestan menos esfuerzo interpretar, como ocurre en el siguiente caso:

(9) Supóngase que me doy cuenta, antes de ir a clase, de que se me ha aflojado un botón del abrigo, y lo comento con la secretaria. Si ella me dice: "Yo tengo aguja e hilo" entiendo que me los está ofreciendo, pues no sería cooperativo, ni racional, mencionar esos elementos para no ofrecérmelos. En este caso, simplemente amplió lo que dice la secretaria y saco la implicatura correspondiente. (Reyes 2003: 41)

Grice (1975) mantiene que el incumplimiento de las máximas también resulta en la generación de implicaturas precisamente porque, aunque el hablante incumple una o más máximas, se supone que está obedeciendo el principio cooperativo. Sugiere que las implicaturas pueden producirse de las siguientes maneras: 1) cuando el hablante desobedece una máxima discretamente ("violación encubierta"); 2) cuando el interlocutor se niega a seguir una máxima y el principio cooperativo ("supresión abierta"); 3) cuando hay un choque de máximas y el hablante se ve obligado a infringir una de ellas para no incumplir otra ("conflicto o colisión de máximas"), y 4) cuando transgrede una máxima abierta e intencionalmente, aunque a la vez parece querer cooperar ("violación abierta" o *flouting*) (Grice 1975: 49; traducción de su terminología de Escandell Vidal 2006: 83–84). A continuación veremos ejemplos que demuestran las diferentes maneras en que se producen implicaturas.

Una clase de implicaturas generada por el seguimiento de las máximas, y específica-mente, la de cantidad, son las implicaturas generalizadas de cantidad, ejemplificadas por los siguientes enunciados (Levinson 1983, 1989: 97, 124–125):

(10) a. Luis tiene tres hijos. +> Luis tiene tres hijos y no más de tres.
      b. Algunos chicos salieron al recreo. +> No todos los chicos salieron al recreo.
      c. Nos gustó la película. +> No nos encantó la película.

Si el hablante afirma (10a), entendemos que Luis tiene solamente tres hijos y no más de tres, aunque el enunciado sería verdadero si Luis tuviese cuatro, cinco, seis o más hijos. Del mismo modo, al decir *algunos* en (10b), implicitamos que *no todos* los chicos salieron al recreo, aunque sería verdadero el enunciado aun cuando en realidad hubieran salido todos los chicos. En el caso de (10c), decir que *nos gustó* la película implicita que *no nos encantó*, pues al usar una expresión semánticamente más débil (el verbo *gustar*), el oyente concluye que la expresión semánticamente más fuerte (*encantar*) no se aplica. Retomaremos el tema de las implicaturas conversacionales generalizadas en el próximo apartado.

Un caso típico de la violación discreta o encubierta de una máxima ocurre cuando el hablante miente y por tanto incumple la máxima de calidad, aunque el oyente no se dé cuenta de la mentira. También el hablante puede negarse a cooperar lo cual puede producir distintas implicaturas según el contexto. Por ejemplo, en un juicio, el testigo puede responder a una pregunta diciendo *No puedo decir más*, y así evita mentir o inculparse; y en un intercambio entre una pareja, A y B, el silencio de B da a entender que se niega a cooperar, que también genera una implicatura:

(11) A: Oye, ¿por qué no lavamos las ventanas esta tarde?
      B: ((Silencio))

La implicatura surge de una situación incómoda o conflictiva por el comportamiento de B: de su silencio, A puede inferir que B no quiere lavar las ventanas y que tal vez no quiere tener que justificar su respuesta o no tiene ninguna excusa para poder escaquearse de los quehaceres domésticos esta tarde.

En otras situaciones el hablante infringe una máxima para no transgredir otra y así evita consecuencias más serias. Esto ocurre, por ejemplo, cuando da menos información de la requerida, desobedeciendo así la máxima de cantidad, para no infringir la de calidad, es decir, para no dar información potencialmente falsa (ejemplo de Escandell Vidal 2006: 85):

(12) A: ¿A qué hora es la película?
      B: A media tarde.

Un ejemplo clásico de Grice que surge por la violación de la máxima de cantidad aparece en una carta de recomendación escrita por un profesor para un alumno que está solicitando un puesto de trabajo en filosofía (1975: 52). Reyes aporta la siguiente versión española basada en el ejemplo original de Grice (2003: 42):

(13) El señor X asiste siempre a clase, hace puntualmente todos sus trabajos, y se expresa
      con propiedad.

El profesor que escribe esto no da suficiente información sobre las habilidades y conocimientos de filosofía del alumno y, por tanto, no aporta la cantidad de información requerida. El contenido de la carta también parece violar la máxima de pertinencia ya que asistir a clase, ser puntual y hablar con propiedad no son los dones más relevantes para un puesto académico. Grice sugiere que el profesor no deja de ser cooperativo sino que querrá comunicar información que no puede escribir fácilmente en la carta, y de esta manera implicita que el señor X no vale para hacer filosofía (1975: 52).

El hablante puede desobedecer abiertamente una o más máximas, dando lugar a una implicatura que el oyente infiere a base de la suposición de que el hablante es a la vez cooperativo. Grice sostiene que muchas veces la ironía verbal y el lenguaje metafórico constan de proposiciones falsas, y así constituyen infracciones de la máxima de calidad. Por ejemplo, al escuchar los enunciados en (14) en ciertos contextos, el destinatario entenderá que son claramente falsos:

(14)　a. Maribel es un sol.
　　　　b. ¡Qué listo eres!

Sin embargo, al dar por entendido que el hablante está siguiendo el principio cooperativo, el interlocutor llegará a concluir que desea comunicar una proposición distinta pero obviamente relacionada; por ejemplo, de (14a) puede inferir que Maribel es muy cariñosa y simpática, y de (14b) interpretará lo contrario de lo dicho: que eres tonto.

El uso del lenguaje figurativo puede resultar también en una clara violación de la máxima de pertinencia. Por ejemplo, la respuesta de B en (15) parece ser completamente irrelevante a la pregunta:

(15)　A: ¿Qué le pasa a Juan?
　　　　B: No está el horno para bollos.

Al suponer que B intenta cooperar, A debe concluir que la respuesta tiene algo de relevancia a un nivel no literal. Por tanto, de acuerdo con la teoría de Grice, debe inferir que B quiere comunicar un significado no literal pero relacionado de alguna manera con lo que dice, por ejemplo: que Juan no tiene ganas de hablar con nadie en este momento.

En la siguiente conversación, la madre infringe las submáximas de manera descaradamente (de Reyes 2003: 43):

(16)　Niño ((por décima vez)): ¿Cuándo comemos, mamá?
　　　　Madre: Cuando esta señora que ahora está escribiendo termine de hacer su trabajo y se levante de esta silla y vaya a la cocina y ponga a calentar la cena...

La respuesta de la madre no es ni breve ni clara, por lo que desobedece abiertamente la máxima de manera (y tal vez las de pertinencia y cantidad). Como apunta Reyes, "la prolijidad de la respuesta... tiene por misión que el niño infiera la actitud de la madre ante su insistencia" (Reyes 2003: 43). De hecho, si un hablante utiliza una expresión notablemente larga y detallada en lugar de una expresión más sencilla y económica, suele querer implicitar que los detalles y el exceso de información tienen alguna importancia particular para la situación actual (Levinson 2000: 112–113).

A veces el emisor viola la cuarta submáxima de manera, "sea ordenado", que requiere que el oyente busque un mensaje no literal o indirecto. En el siguiente ejemplo, de un programa deportivo de la radio española, parece que los acontecimientos no ocurren en una secuencia lógica u ordenada, o al menos, que el locutor no los describe en orden cronológico (Calvo Pérez 1994: 162):

(17)   Y después de bajarse de la bicicleta, tras 89 horas 32 minutos y 5 segundos de montura acumuladas, Miguel Induráin viene pedaleando hasta nuestros estudios móviles, aquí en la meta...

En este caso, si damos por sentado que el locutor de radio nos cuenta los acontecimientos cronológicamente, podemos inferir o que el ciclista se bajó y volvió a subirse a la bicicleta, o que tal vez la expresión "después de bajarse de la bicicleta" debiera entenderse de modo figurativo para señalar metafóricamente el final de la carrera. Un proceso inferencial parecido ocurre a la hora de interpretar los siguientes enunciados (Reyes 1994: 66):

(18)   a. Pepa se casó y tuvo dos hijos.
       b. Pepa tuvo dos hijos y se casó.

Como señala Reyes, la diferencia entre estos enunciados "no reside en los significados literales de la conjunción *y*; el problema es de tipo pragmático más que semántico... y esperamos que los relatos estén organizados según el orden cronológico de los hechos y no un orden arbitrario" (Reyes 1994: 66). Por tanto, si el hablante dice (18b) en lugar de (18a) se implicita, por ejemplo, "que los hijos de Pepa son extramatrimoniales" (Reyes 1994: 66).

2.2. *Tipos de implicatura conversacional y sus características*

Hemos visto que las implicaturas conversacionales pueden producirse cuando se observan las máximas y el principio cooperativo y también cuando no se observan. Otra dicotomía propuesta por Grice es la distinción entre implicaturas conversacionales generalizadas e implicaturas conversacionales particularizadas. Las particularizadas surgen en contextos específicos, mientras las generalizadas se generan "en la ausencia de un contexto especial o marcado" (Horn 2004: 4, traducción mía). Por ejemplo, las implicaturas en (3) y (10) son generalizadas. Examinemos más ejemplos de esta clase de implicaturas ((19a) de Escandell Vidal 2006: 87, basado en el original de Grice (1975: 56); (19b) de Horn 2004: 4, traducción mía):

(19)   a. Juan va a cenar con una mujer.
       b. El gato está en la cesta o debajo de la cama.

La implicatura generalizada producida automáticamente por (19a), cualquiera que sea el contexto de enunciación, es que la mujer no es la esposa de Juan, ni tampoco su madre, ni su hermana, ni su amiga platónica, etc. Según Grice, esta implicatura viene generada por el uso del artículo indefinido en el sintagma *una mujer*, aunque el filósofo también reconoce que en ciertos contextos el uso del artículo indefinido no produce esta implicatura. Por ejemplo, si yo dijera "*I broke a finger yesterday*" (de Grice 1975: 56; literalmente, 'Rompí un dedo'), automáticamente se comprendería que el dedo era mío. No obstante, generalmente, como apunta Reyes, "la expresión *un X* posee una implicatura conversacional generalizada: que *X* no está asociado íntimamente con el hablante" (1994: 71). Así pues, del mismo modo que el artículo indefinido en (19a) produce una implicatura generalizada sin más contexto, la conjunción *o* en (19b) implicita, sin necesidad de un contexto especial, que el hablante no sabe a ciencia cierta si el gato está debajo de la cama o que no tiene suficiente información para poder decir en cuál de los dos lugares se puede encontrar.

Dos subcategorías de implicaturas generalizadas son las implicaturas de cantidad escalares y clausales (Levinson 1983, 1989: § 3.2.4; véanse también las propuestas originales de Horn 1972 y Gazdar 1979). Como apunta Levinson, "[u]na escala lingüística consiste en un conjunto de alternantes lingüísticos, o expresiones contrastivas de la misma categoría gramatical, que pueden ordenarse en un orden lineal por grados de **informatividad** o fuerza semántica" (1983, 1989: 123, letras en negrita suyas). Estos elementos lingüísticos se ordenan de tal manera que al decir el elemento de grado "más fuerte" (a la izquierda en la escala) se implicita la negación de todos los elementos de menor contenido semántico (a la derecha en la escala). A continuación se aplica esta generalización a las siguientes escalas (originalmente de Horn 1972; traducidas al español en Levinson 1989: 125):

(20)   < todo/a/os/as, la mayoría de, muchos/as, algún/a/os/as, pocos/as >
       < y, o >
       < excelente, bueno >
       < caliente, cálido/calentito/tibio >
       < siempre, a menudo, a veces >
       < lograr *V*, intentar *V*, querer *V* >
       < frío, fresco >
       < encantar/amar, gustar >

Si el hablante dice *Algunos chicos salieron al recreo* (ejemplo (10b) arriba), implicita la negación (simbolizado con ~) de los elementos semánticamente más fuertes a la izquierda en la escala (~ *muchos*, ~ *la mayoría*, ~ *todos*). Siguiendo el razonamiento griceano, si el hablante se encontrara en una situación en la que pudiera aseverar un elemento más fuerte en la escala (por ejemplo, *muchos* o *todos*), estaría incumpliendo la primera máxima de cantidad si dijera *algunos*; pero el oyente, suponiendo que el hablante es cooperativo y que no infringiría esta máxima sin avisarle, interpreta que el hablante no puede usar un elemento más fuerte en la escala (Levinson 1983, 1989: 125–126). Del mismo modo, si alguien dice que una película *es buena*, implicita que *no es excelente*; y si dice que *a veces* toma vino con la comida, implicita que *no* lo toma *siempre* ni a menudo, etc.

Las implicaturas de cantidad clausales surgen de la misma manera que las escalares, pero se basan en pares de construcciones "más fuertes" y "más débiles". Algunos ejemplos son (Levinson 1983, 1989: 128; *p* y *q* representan variables oracionales; *a* representa una persona):

(21) a. forma fuerte   b. forma débil
          p y *q*   *p* o *q*
          ya que *p*, *q*   si *p*, entonces *q*
          a sabe que *p*   a cree [que] p

Se puede resumir la noción intuitiva de las implicaturas de cantidad clausales como sigue: si yo utilizo una expresión lingüística más débil (por ejemplo *creo que...*) en lugar de otra expresión disponible más fuerte (por ejemplo *sé que...*), "implicito que no estoy en situación (epistémica) de hacer la declaración más fuerte" (Levinson 1983, 1989: 127). Por tanto, si el hablante dice (22a) en lugar de (22b),

(22) a. Creo que John está fuera.
      b. Sé que John está fuera.

implicita que es posible, por lo que sabe el hablante, "que John no esté en realidad fuera" (1983, 1989: 127). Es decir, el uso del verbo *creer* implicita *no saber a ciencia cierta*. Del mismo modo si alguien dice (Levinson 1983, 1989: 127):

(23) Los rusos o los americanos acaban de aterrizar en Marte.

se entraña que uno de los dos grupos ha aterrizado en Marte, pero se implicita (por lo que el hablante sabe) que es posible que sean los rusos o que no sean ellos los que acaban de aterrizar; y por eso el hablante ha elegido decir (23) en lugar de la construcción más fuerte con *y* en (24) (Levinson 1983, 1989: 127):

(24) Los rusos y los americanos acaban de aterrizar en Marte.

Recordaremos que las implicaturas conversacionales generalizadas no requieren un contexto particular para producirse, mientras las particularizadas surgen únicamente en contextos específicos. Los siguientes ejemplos recalcan esta diferencia (Levinson 2000: 16–17, traducción mía):

(25) Contexto 1
      A: "¿Qué hora es?"
      B: "Ya se van algunos de los invitados".
      Implicatura particularizada: "Debe ser tarde".
      Implicatura generalizada: "No todos los invitados se van ya".

(26) Contexto 2
      A: "¿Dónde está Juan?"
      B: "Ya se van algunos de los invitados".
      Implicatura particularizada: "Tal vez ya se haya ido Juan".
      Implicatura generalizada: "No todos los invitados se van ya".

No obstante, tanto las implicaturas generalizadas como las particularizadas comparten una serie de características en común identificadas por Grice (1975: 57–58) y Levinson (1983, 1989: 105–109). La primera de ellas, y tal vez la más importante, es la *cancelabilidad*; es decir, las implicaturas se pueden cancelar al añadir al enunciado una frase o expresión que las invalide explícitamente. Por ejemplo, el hablante puede cancelar las implicaturas en (10) añadiendo una frase al enunciado original ("~+>" significa "no implicita conversacionalmente"):

(27) a. Luis tiene tres hijos, bueno de hecho, cuatro. ~+> Luis tiene tres hijos y no más de tres.
      b. Algunos chicos salieron al recreo, pues en realidad todos. ~+> No todos los chicos salieron.
      c. Nos gustó la película, o sea, nos encantó. ~+> No nos encantó la película.

Reyes contextualiza este rasgo condicionante de las implicaturas conversacionales como sigue:

Supóngase que estamos hablando de Nueva York y que yo digo *Julia vivió en Nueva York muchos años*. Como, por regla general, el presente es más relevante que el pasado, al usar yo el pasado inmediatamente di lugar a que mi interlocutor pensara que Julia ya no vive en Nueva York. Pero yo puedo agregar sin contradecirme *Y todavía vive en Nueva York*, disipando así la implicatura, ya que la forma verbal *vivió*, por sí misma, no quiere decir 'ya no vive', aunque suele significar eso en la conversación por razones relacionadas con los mecanismos que regulan el intercambio de información. (Reyes 1994: 67)

Las implicaturas también pueden ser suspendidas por información de fondo o suposiciones ontológicas (28a-b), o por el contexto conversacional (29) (Huang 2007: 33, traducción mía):

(28) a. Juan y María compraron un apartamento cerca del Louvre en París.
            +> Juan y María compraron un apartamento cerca del Louvre en París juntos, no uno para cada uno.
        b. Los americanos y los rusos probaron una bomba atómica en 1962.
            ~+> Los americanos y los rusos probaron una bomba atómica en 1962 juntos, no una [prueba realizada] por cada uno [de los países].
(29) Juan: Este disco cuesta ocho euros, y no tengo nada de dinero.
        María: No te preocupes, tengo ocho euros.
        ~+> María tiene solamente ocho euros.

Las implicaturas generalizadas generadas por (28a) y (29) se derivan de nuestras suposiciones estereotípicas. En cambio, nuestros conocimientos históricos sobre las relaciones políticas entre los Estados Unidos y la Unión Soviética en 1962 borra para (28b) cualquier posibilidad de la implicatura generalizada "+> juntos" producida por (28a). De todas formas, cabe advertir que la cancelabilidad no es igual que la "suspendabilidad", es decir, la posibilidad de cuestionar una implicatura sin cancelarla (Horn 1972; Sadock 1978); es decir, el hablante, cuando suspende una implicatura, no se compromete del todo a su cancelación. Esto ocurre, por ejemplo, cuando el hablante dice *Algunos o posiblemente todos los chicos salieron*, *Ana tiene 28 años o tal vez 30*, y *La sopa está tibia si no caliente*.

El segundo rasgo de las implicaturas conversacionales citado por Grice es la *no separabilidad* (*non-detachability*) que significa que las implicaturas conversacionales no están ligadas a ciertas expresiones lingüísticas (salvo las implicaturas basadas en la violación de la máxima de manera); y por eso, se podrá encontrar expresiones sinónimas que producen las mismas implicaturas. Portolés demuestra este rasgo a través del siguiente ejemplo (2004: 127):

(30) Ana: ¿Te ha gustado Soria?
        Beatriz: Me gustan las ciudades pequeñas. +> 'Me ha gustado Soria.'

"[L]a implicatura conversacional +> 'Me ha gustado Soria', se mantendría —no se separaría— si se sustituye [el enunciado de Beatriz] por *Me gustan las ciudades que se pueden recorrer andando* o *Me gustan las ciudades que han crecido poco*" (Portolés 2004: 130).

La tercera propiedad de las implicaturas es la *calculabilidad*. Quiere decir que el destinatario podrá derivar o inferir el significado implicitado por el hablante a partir del significado literal o convencional del enunciado por un lado, y por la intervención del principio cooperativo y las máximas por otro.

La cuarta característica indicada por Grice es la *no convencionalidad*, pues el significado implicitado no forma parte del significado convencional de las expresiones lingüísticas que forman el enunciado. Por consiguiente, las implicaturas conversacionales tampoco forman parte del significado veritativo-condicional, y como consecuencia, un enunciado puede ser verdadero aun cuando su implicatura es falsa y viceversa (Levinson 1983, 1989: 108). Si analizamos los enunciados en (18) (de Reyes 1994: 66) repetidos aquí, vemos que los dos tienen las mismas condiciones de verdad, puesto que si (a) es verdadero, también lo es (b) y viceversa:

(31)   a. Pepa se casó y tuvo dos hijos.
       b. Pepa tuvo dos hijos y se casó.

Sin embargo, por razones pragmáticas, elegimos uno u otro para implicitar una relación de orden cronológica (+> …*y luego*…), o de causalidad/consecuencia (+> …*y por lo tanto*…) (Reyes, Baena y Urios 2000: 16–17).

La última característica identificada por Grice es la *indeterminación*. Significa que "[l]o que se implica conversacionalmente posee un cierto grado de indeterminación" (Escandell Vidal 2006: 88), ya que, como nos explica Grice, puede haber varias maneras de calcular y explicar las implicaturas y a la vez preservar la suposición de que se está siguiendo el principio cooperativo (1975: 58). Junto con esta lista, Levinson (2000: 15) sugiere añadir la *reinforzabilidad* (atribuido a Sadock 1978), que se refiere al hecho de que podemos añadir una frase que expresa explícitamente el significado implicitado sin que esto sea redundante; y finalmente, por ser derivadas de una racionalidad básica humana, también propone que las implicaturas presentarán un alto grado de *universalidad*.

2.3. *Implicaturas convencionales*

Venimos utilizando el término *implicatura* para referirnos a la noción griceana de implicatura conversacional. Sin embargo, como apunta Levinson, Grice propuso el concepto de implicatura para que "contrastara con aquello que se dice o expresa por medio de las condiciones veritativas de las expresiones e incluyera todas las clases de inferencias pragmáticas (no veritativamente condicionadas) discernibles" (1983, 1989: 118). Así pues, además de la implicatura conversacional, Grice distinguió otra clase de implicaturas no veritativamente condicionadas que denominaba *implicaturas convencionales*. Estas, a diferencia de las implicaturas conversacionales, son generadas por el significado convencional de ciertos elementos léxicos, es decir, por el significado semántico de las palabras mismas; y a diferencia de las implicaturas conversacionales, las convencionales no se derivan de máximas o principios pragmáticos (Levinson 1983, 1989: 118). Los siguientes ejemplos, ya clásicos, generan implicaturas convencionales atribuidas a las expresiones *pero* y *por tanto* ((32a) de Grice 1961: 127; (32b) de Grice 1975: 44, traducciones mías):

(32)   a. Era pobre pero honrada.
       b. Es inglés; es, por lo tanto, valiente.

Según Grice, (32a) conlleva la implicación de algún contraste entre la pobreza y la honestidad debido al uso de la conjunción *pero* (inglés '*but*') (1961: 127–129); y *por lo tanto* (inglés '*therefore*') en (32b) expresa que ser valiente es una consecuencia de ser inglés (1975: 44). Portolés nos proporciona ejemplos adicionales con las expresiones que producen implicaturas convencionales en cursivas (2004: 129):

(33) a. Alicia es turolense y, *sin embargo*, es simpática.
      b. *Hasta* Manolo ha aprobado el examen.
      c. Marta sabe tres idiomas y, *con todo*, no ha conseguido trabajo.

Según Portolés, debemos inferir convencionalmente, por el significado del marcador discursivo *sin embargo* en (33a), "que para el hablante *ser turolense* se opone a *ser simpática*"; que el uso de *hasta* en (33b) implicita convencionalmente que "Manolo es aquel que tenía menos probabilidades de aprobar"; y que *con todo* en (33c) produce la implicatura convencional "que Marta no haya conseguido trabajo es una conclusión no esperada a partir del hecho de que sepa tres idiomas" (2004: 14).

  Las implicaturas convencionales, igual que las conversacionales, no se consideran implicaciones lógicas sino pragmáticas por no ser determinadas por las condiciones de verdad, como podemos comprobar comparando el uso de las conjunciones *y* y *pero* en los siguientes enunciados (de Reyes, Baena y Urios 2000: 16):

(34) a. Es pobre y honrado.
      b. Es pobre pero honrado.

Las dos oraciones tienen las mismas condiciones de verdad puesto que deben cumplirse los mismos requisitos —ser pobre y ser honrado— para que sean verdaderas (Reyes *et al.* 2000: 17). Lógicamente, al cumplir las mismas condiciones veritativas debemos concluir que (34a) y (34b) son *semánticamente* equivalentes. Sin embargo, la conjunción *pero* añade el sentido de 'oposición' o 'contradicción' entre los dos atributos, mientras la conjunción *y* no expresa ningún contraste. Por tanto, del enunciado (34b) inferimos automáticamente que *ser pobre* se opone de alguna manera a *ser honrado*.

  Las implicaturas convencionales no dependen de factores contextuales o situacionales ni tampoco, como ya hemos notado, de principios conversacionales. También se distinguen de las implicaturas conversacionales por no compartir las propiedades de las implicaturas conversacionales identificadas por Grice. Por ejemplo, no son calculables sino entendidas por su significado convencional; no son cancelables ni separables, pues dependen de expresiones lingüísticas específicas, y generalmente, no podemos sustituirlas por otras expresiones y mantener la misma implicatura (salvo cuando hay expresiones sinónimas), y tampoco suelen ser universales (Levinson 1983, 1989: 119; Huang 2007: 57; Horn 2004: 4).

2.4. *Críticas y reformulaciones de la teoría de Grice*

La teoría propuesta por Grice ha tenido una gran influencia en el campo de la pragmática lingüística entablando críticas y varios intentos de reformular y mejorarla. Sadock (1978) somete a juicio varios aspectos del modelo griceano, argumentando que las primeras tres características propuestas por Grice (la calculabilidad, la cancelabilidad y la no separabilidad) son algo razonables, pero que la "no convencionalidad" es totalmente circular ya que una implicatura "conversacional" es por definición una implicatura "no convencional". También advierte que algunas implicaturas son completamente determinadas, y que las máximas y el principio cooperativo son lo suficientemente ambiguos como para poder dar cuenta de casi cualquier significado. Por otro lado, observa ciertas redundancias en las máximas, como la falta de una clara diferencia entre la submáxima de manera, "evite la prolijidad innecesaria", y la segunda de cantidad, según la cual no debemos hacer nuestra contribución más informativa de lo requerido (1978: 285). Con respecto a la *no separabilidad*, Sadock apunta que no todos los sinónimos generan las mismas implicaturas y que ciertas implicaturas conversacionales se basan precisamente en la forma o "manera" de expresarlas, de modo que las implicaturas que surgen de la intervención de la máxima de manera serán separables. Por tanto, Sadock concluye que este rasgo no constituye una prueba fiable para detectar las implicaturas (1978: 288).

Kiefer (1979) destaca la falta de poder explicativo de la teoría de Grice y el hecho de que se podría aplicar a cualquier comportamiento humano y que se podrían añadir más máximas para explicar la cooperación humana (por ejemplo, *sea cortés*). También señala que el mismo enunciado en inglés, *I am cold* ('Tengo frío') puede generar innumerables implicaturas, lo cual demuestra, según Kiefer, que la teoría de Grice no es suficientemente restrictiva como marco teórico. Además, nota que Grice no explica claramente cómo los conocimientos de los interlocutores intervienen a la hora de calcular las implicaturas.

Levinson (1983, 1989) reconoce que Grice solamente nos dio un esbozo general de su teoría y que presentaba ciertos problemas, por ejemplo, cómo distinguir esta clase de implicaciones de otras, cómo se clasifican y a qué máximas se atribuyen. También hay evidencia empírica que contradice la propuesta de Grice. Por ejemplo, Levinson (1987) menciona el estudio de Sacks (1975), *Everyone has to lie* ('Todo el mundo tiene que mentir') que demuestra restricciones en la veracidad y la cantidad de información ofrecida en los intercambios comunicativos, las cuales revelan que las máximas de calidad y cantidad son condicionadas por normas socioculturales. Tal vez el estudio más conocido que ofrece evidencia en contra de la universalidad de las máximas es el de Ochs Keenan (1976) que observó que los malgaches de Madagascar no cumplen la primera submáxima de cantidad, "aporte tanta información como sea necesaria". Esta sociedad valora mucho la información nueva y, por tanto, los hablantes se resisten a revelarla. Además, evitan expresiones referenciales (nombres y sintagmas nominales) que identifican claramente a los individuos mencionados en sus enunciados.

En cuanto a la noción griceana de implicatura convencional, Levinson (1983, 1989) y Huang (2007) señalan que no parece ser muy coherente y que se ha intentado otorgar los supuestos casos de implicatura convencional a los dominios del entrañamiento, la implicatura conversacional o la presuposición. De hecho, Sadock opinaba que las implicaturas convencionales "incluyen la mayoría de lo que los lingüistas han considerado las presuposiciones de una oración" (1978: 282, traducción mía). (Pasaremos a hablar de las presuposiciones en la próxima sección.)

Como apunta Leonetti (1993), "la evolución natural de las teorías inspiradas en Grice ha tendido hacia la simplificación del primitivo esquema de máximas conversacionales" (1993: 107). Por ejemplo, Horn (1984, 2004) colapsa las cuatro máximas originales de Grice en dos principios; y siguiendo las ideas de Horn, Levinson (1987, 2000) propone tres principios que juntos forman su teoría neo-griceana: el principio C[antidad] y el principio I[nformación] (*the I[nformativeness]-principle*), que corresponden a los principios propuestos por Horn; y el principio M[anera] (*the M[anner]-principle*), que está relacionado con las submáximas de manera de Grice, "evite la oscuridad" y "sea ordenado". A diferencia del modelo de Grice, que solamente bosqueja máximas del hablante, los principios de Levinson incorporan máximas del hablante y corolarios del receptor.

Sperber y Wilson (1986/1995) rechazan el principio de cooperación y las máximas de Grice y proponen reemplazarlos con un principio único, el Principio de Pertinencia o Relevancia, que, según estos autores, guía el comportamiento comunicativo humano verbal y no verbal. Su Teoría de la Pertinencia adopta un enfoque psicológico y cognitivo que intenta explicar el enriquecimiento contextual inmediato en la comunicación. Sperber y Wilson (2012) revisan, actualizan y expanden su teoría, recalcando dos diferencias principales entre su teoría y las de Grice y los neo-griceanos, a saber: 1) un contenido comunicado explícitamente, es decir, una "explicatura", se somete a procesos inferenciales al igual que lo que se comunica implícitamente, y 2) en lugar de derivar las expectativas que guían el proceso de comprensión de principios y máximas, en la teoría relevantista, el mero acto de comunicar produce "expectativas precisas y predecibles de relevancia, que son suficientes de guiar al oyente por sí solas hacia el significado del hablante" (Sperber y Wilson 2012: 5–6, traducción mía).

La fuerte influencia de la teoría de Grice en la pragmática y la semántica es indiscutible, sobre todo dados los numerosos investigadores que la han aplicado, extendido y reformulado para intentar sustentar y/o superar las ideas planteadas por el filósofo. Como afirman Sperber y Wilson, "creemos que Paul Grice, el fundador de la pragmática moderna, acertó al argumentar que muchos de los problemas semánticos tienen soluciones pragmáticas más parsimoniosas" (2012: x, traducción mía). Ahora pasaremos al tema de la presuposición, un problema tanto semántico como pragmático.

3. Presuposición

Como apunta Reyes (2003: 45), "[l]as presuposiciones son significados adicionales que están implícitos en ciertas expresiones, y que cuentan para evaluar la verdad de la oración"; y esta propiedad "las diferencia de las implicaturas convencionales". Green (1989) define las presuposiciones como proposiciones cuya veracidad se da por supuesta al utilizar una expresión lingüística, pues sin estas proposiciones presupuestas, el enunciado no se puede evaluar en términos de condiciones veritativas. Sin embargo, como las implicaturas convencionales, las presuposiciones surgen convencionalmente por el uso de ciertos elementos lingüísticos. Por ejemplo, el enunciado

(35)   Pepe dejó de fumar.

conlleva la proposición presupuesta o "presupone" que *Pepe fumaba*, generada por la construcción *dejar de + infinitivo*.

Recordemos que las implicaturas convencionales son significados asociados con —o sugeridos por— el uso de una expresión lingüística (por ejemplo, *por tanto* implicita convencionalmente la noción de consecuencia). Karttunen y Peters (1979) recalcan esto junto con el hecho de que su presencia no afecta en absoluto las condiciones de verdad de la oración, mientras las presuposiciones sí son condicionadas veritativamente. Como nos explica Abbott (2006: 7), la diferencia esencial entre las presuposiciones y las implicaturas convencionales es que una presuposición es un entrañamiento ('*entailment*') de una oración; es decir, es una implicación que forma parte de las condiciones veritativas de esa oración, mientras una implicatura convencional no lo es.

3.1. Antecedentes históricos

El estudio de las presuposiciones tiene su origen en debates filosóficos sobre la naturaleza de la referencia y las expresiones referenciales (Levinson 1983, 1989; Kadmon 2001). Durante gran parte del siglo XX, la presuposición se estudiaba dentro del marco teórico de la semántica veritativa-condicional, pero surgieron varios problemas, entre ellos, "cómo dar cuenta del hecho de que oraciones que carecían de referentes propios... podían poseer significado" (Levinson 1983, 1989: 162). El clásico ejemplo *El rey de Francia es calvo* destaca este problema (Atlas 2004: 42), puesto que, según la semántica lógica, al enunciar cualquier nombre propio o expresión definida, se presuponía la existencia del referente, aunque en el mundo real ese referente no existiera. La solución para este tipo de problemas era distinguir entre *presuposiciones semánticas* que tratan de relaciones entre oraciones, y *presuposiciones pragmáticas* que son sensibles al contexto y las suposiciones de los hablantes. Esto permite que las presuposiciones sean cancelables por el contexto o cuando son inconsistentes con el discurso inmediato o nuestros conocimientos del mundo (por ejemplo, el hecho de que no existe un actual rey de Francia). No obstante, como señala Levinson, las presuposiciones "no pueden considerarse semánticas en un sentido restringido, porque son demasiado sensibles a factores contextuales" (1983, 1989: 159).

3.2. *Activadores presuposicionales y propiedades de la presuposición*

Las presuposiciones suelen ser generadas convencionalmente por ciertas expresiones que se llaman *activadores* (o *accionadores*) *presuposicionales*. Son los elementos léxicos y construcciones lingüísticas responsables por la presuposición (Kadmon 2001: 10). Existen pruebas lingüísticas que nos permiten comprobar la existencia de las presuposiciones y así identificar los activadores. Tal vez la prueba más conocida es la constancia bajo negación. En los siguientes ejemplos, las oraciones-(b) son presuposiciones de las oraciones-(a), y los activadores aparecen en cursivas (basados en ejemplos de Kadmon 2001: 10; Huang 2007: 65–66; y Levinson 1983/1989: 172–73); >> significa 'presupone'; las versiones afirmativas y negativas están separadas por /):

Descripciones definidas:

(36) a. *El rey de Francia* es/no es calvo
     b. >> Hay un rey de Francia.

Presuposiciones factivas (verbos factivos)

(37) a. José *lamenta*/no *lamenta* que sus hijos no sepan hablar español.
     b. >> Los hijos de José no saben hablar español.

(38) a. Inma *se alegra de*/no *se alegra de* que haya ganado el Real Madrid.
     b. >> Ha ganado el Real Madrid.

Presuposiciones implicativas (verbos implicativos)

(39) a. Luis *consiguió*/no *consiguió* abrir la puerta.
     b. >> Luis intentó abrir la puerta.

(40) a. Pedro *olvidó*/no *olvidó* cerrar la puerta con llave.
     b. >> Pedro debería haber cerrado (o intentado cerrar) la puerta con llave.

Verbos aspectuales/de cambio de estado

(41) a. El problema de Ana es que *ha dejado de*/no *ha dejado de* comer.
     b. >> Ana comía antes.

(42) a. Sara *empezó a*/no *empezó a* hacer yoga.
      b. >> Sara no había estado haciendo yoga.

Expresiones iterativas

(43) a. Érica *volvió*/no *volvió* a Mallorca.
      b. >> Érica había ido a Mallorca antes.

(44) a. El bebé ha llorado/no ha llorado *otra vez*.
      b. El bebé había estado llorando anteriormente.

Como se puede apreciar, las versiones afirmativas y negativas de estas oraciones producen la misma proposición presupuesta, demostrando uno de los rasgos distintivos de las presuposiciones: constancia bajo negación. Esta propiedad sirve como una prueba diagnóstica para detectar la presencia de una presuposición.

Kadmon (2001) sostiene que las presuposiciones son "precondiciones" para el uso afortunado (*felicitous*) de una oración, señalando que sobreviven no solo cuando se niegan las oraciones o enunciados que las generan, sino también cuando se convierten en interrogativas o suposiciones hipotéticas y cuando siguen expresiones modales de posibilidad. Por ejemplo, todas las siguientes oraciones presuponen la existencia de un rey de Francia (Kadmon 2001: 11, traducción mía):

(45) a. El rey de Francia es calvo.
      b. El rey de Francia no es calvo.
      c. ¿Es calvo el rey de Francia?
      d. Si el rey de Francia es calvo, yo no llevaré peluca.
      e. Tal vez el rey de Francia sea calvo.
      (a–e) >> Hay un rey de Francia.

Según Kadmon (2001: 11), la sobrevivencia de las presuposiciones en esta "familia de oraciones" se considera una "prueba crucial" para identificar las presuposiciones.

Otra propiedad de las presuposiciones es la cancelabilidad, puesto que pueden ser anuladas por nuestras suposiciones de fondo, implicaturas conversacionales o factores contextuales (Levinson 1983, 1989; Huang 2007: 68). Por ejemplo, (46a) tiene la presuposición *Susana acabó su tesis*, producida por el activador *antes de*, pero nuestro conocimiento del mundo cancela esta presuposición en el caso de (46b) (Levinson 1983, 1989: 195; ~>> significa 'no presupone'):

(46) a. Sue lloró antes de acabar su tesis. >> Sue acabó su tesis.
      b. Sue murió antes de acabar su tesis. ~>> Sue acabó su tesis.

Portolés (2004, citando a García Murga) divide las presuposiciones en tres clases: presuposiciones existenciales, léxicas y focales. Las presuposiciones existenciales se producen por nombres propios y otras expresiones nominales definidas (por ejemplo, *el rey de Francia*), que según Portolés, "dan por sentada la existencia de lo denotado en una representación mental —no en la realidad— que se encuentra accesible en la memoria" (Portolés 2004: 131). Visto de esta manera, se resuelve el problema de referentes inexistentes en el mundo real.

Las presuposiciones léxicas son producidas por distintos tipos de verbos y expresiones que actúan como activadores presuposicionales. Incluyen, por ejemplo, los verbos y otros activadores *factivos*, pues estos presuponen la veracidad de la proposición expresada en su complemento cuando se afirman y cuando se niegan. Los ejemplos (37) y (38) confirman que los verbos *lamentar* y *alegrarse (de)* pertenecen a esta clase de presuposiciones. Otros activadores factivos son: *darse cuenta, saber* y *conocer* (excluyendo la primera persona), *descubrir, sentir, echar de menos* y *ser extraño/lástima/una pena/bueno/malo que*.

Los verbos *implicativos* también generan presuposiciones, pero estos activadores entrañan la veracidad de la proposición expresada en el complemento solamente cuando se afirman y no cuando se niegan (Karttunen 1971). *Conseguir* y *olvidar* en (39) y (40) son verbos implicativos, y también lo son *anunciar, informar* y *molestarse*, entre otros; y ciertos verbos implicativos (por ejemplo *evitar, olvidar* y *fracasar*) presuponen la negación del complemento en su forma afirmativa (Portolés 2004: 131):

(47) Evitó recibir el golpe. >> No recibió el golpe.

También son activadores léxicos los verbos aspectuales y de cambio de estado, como *dejar de* y *empezar a* en (41) y (42), y expresiones iterativas como *volver* y *otra vez* en (43) y (44). Otros activadores son las expresiones y verbos de juicio, como se comprueba con *criticar*, que cumple el requisito de constancia bajo negación:

(48) a. La prensa criticó al presidente por haber mentido. >> El presidente mintió.
      b. La prensa no criticó al presidente por haber mentido. >> El presidente mintió.

Es más, podemos cancelar esta presuposición fácilmente añadiendo una frase al enunciado original como *aunque luego reconocieron que había dicho la verdad*. No obstante, las presuposiciones, al igual que las implicaturas convencionales, no son siempre fáciles de anular por ser implicaciones convencionales. De hecho, Kadmon (2001) advierte que ciertas presuposiciones no son cancelables. Los siguientes ejemplos de Reyes (2003: 46) destacan esta dificultad, pues intentar anular la presuposición factiva, *Gutiérrez me llamaba*, generada por *dejar de* en (49), produce un enunciado contradictorio; y lo mismo sucede con la presuposición implicativa *María terminó la tesis* producida por *lograr* en (50):

(49) Gutiérrez dejó de llamarme, pero nunca me llamó.

(50) María logró terminar la tesis, pero no la terminó.

Sin embargo, Reyes señala que ambos tipos de implicación pueden ser suspendidos ((51) es de Reyes 2003: 46; (52) es mío):

(51) Qué bien que Luis haya dejado de fumar, si es que en realidad ha dejado.

(52) Qué bueno que María haya logrado terminar la tesis, si de hecho la ha terminado.

La tercera agrupación de presuposiciones mencionada por Portolés (2004) son las focales. Se producen por el uso del énfasis prosódico, adverbios focales, cambios en el orden sintáctico de los elementos que componen el enunciado y otras estructuras sintácticas focalizadoras. Según Gutiérrez Ordóñez (1997), la función del foco es "llamar la atención del interlocutor para vencer en éste una predisposición contraria o simplemente subrayar su importancia" (Portolés 2004: 131). Por ejemplo, si el hablante pone énfasis en *Ana* en (53) (indicado por letras mayúsculas), se presupone que "alguien ha dicho que alguien tiene calor" (Portolés 2004: 131):

(53)   ANA tiene calor. >> Alguien ha dicho que alguien tiene calor.

Otros activadores presuposicionales focales son las oraciones escindidas y pseudo-escindidas, ejemplificadas en (54) y (55) respectivamente (ejemplos de Huang 2007: 66, traducción mía):

(54)   Fue/No fue Baird quien inventó la televisión. >> Alguien inventó la televisión.

(55)   Lo que Baird inventó/no inventó fue la televisión. >> Baird inventó algo.

En este apartado hemos definido la noción de presuposición, identificando sus propiedades básicas y los activadores que desencadenan presuposiciones. Debido a límites de espacio, no podemos tratar varios temas y problemas asociados con la presuposición que han sido foco de interés lingüístico, a saber: las propiedades problemáticas de cancelabilidad y constancia bajo negación; el problema de la proyección, el cual hace difícil predecir correctamente qué presuposiciones de las cláusulas que componen una oración "van a ser heredadas por el conjunto complejo" (Levinson 1983, 1989: 183); y la acomodación, o la idea de que los interlocutores actualizan continuamente sus conocimientos de fondo y expectativas, haciendo las modificaciones y reparaciones necesarias en el discurso para así acomodar nuevas suposiciones presupuestas (véanse Atlas 2004; Huang 2007; Van der Sandt 2012).

4. Resumen

En este capítulo se han definido tres clases generales de implicación lingüística: las implicaturas conversacionales, las implicaturas convencionales y las presuposiciones, que también se consideran un tipo de implicación convencional. La distinción básica entre lo que se implica convencionalmente y lo que se "implicita" conversacionalmente es que los significados convencionales no son deducibles por el principio de cooperación y las máximas conversacionales y no dependen (o dependen mucho menos) de factores contextuales y situacionales. Sin embargo, hemos visto que ciertos significados implicitados conversacionalmente, concretamente, las implicaturas conversacionales generalizadas, no dependen de contextos específicos; en cambio, las presuposiciones pueden ser sensibles a factores contextuales e incluso a veces se caracterizan por uno de los rasgos determinantes de las implicaturas conversacionales: la cancelabilidad.

Bibliografía

Abbott, B. (2006) "Where have some of the presuppositions gone", en Birner, B.J. y Ward, G. (eds.) *Drawing the boundaries of meaning: Neo-Gricean studies in pragmatics in honor of Laurence R. Horn*, Amsterdam: John Benjamins, pp. 1–20.
Atlas, J. D. (2004) "Presupposition", en Horn, L. R. y Ward, G. (eds.) *The handbook of pragmatics*, Oxford: Blackwell, pp. 29–52.
Bertuccelli Papi, M. (1996) *Qué es la pragmática*, Barcelona: Ediciones Paidós Ibérica.
Calvo Pérez, J. (1994) *Introducción a la pragmática del español*, Madrid: Cátedra.

Escandell Vidal, M. V. (2006) *Introducción a la pragmática*, 2.ª ed., Barcelona: Ariel.

García Murga, F. (1998) *Las presuposiciones*, Bilbao: Universidad del País Vasco.

Gazdar, G. (1979) *Pragmatics: Implicature, presupposition and logical form*, Nueva York: Academic Press.

Green, G. M. (1989) *Pragmatics and natural language understanding*, 2.ª ed., Hillsdale, NJ: Lawrence Erlbaum.

Grice, H.P. (1961) "The causal theory of perception", *Proceedings of the Aristotelian Society*, 35, pp. 121–168.

Grice, H. P. (1975) "Logic and conversation", en Cole, P. y Morgan, J. L. (eds.) *Syntax and semantics 3: Speech acts*, Nueva York: Academic Press, pp. 41–58.

Grice, H. P. (1978) "Further notes on logic and conversation", en Cole, P. (ed.) *Syntax and semantics 9: Pragmatics*, Nueva York: Academic Press, pp. 113–128.

Grice, H. P. (1989) *Studies in the way of words*, Cambridge: Harvard University Press.

Gutiérrez Ordóñez, S. (1997) *Temas, remas, focos, tópicos y comentarios*, Madrid: Arco Libros.

Horn. L. R. (1972) *On the semantic properties of logical operators in English*, tesis doctoral UCLA [distribuida por Indiana University Linguistics Club, 1976].

Horn, L.R. (1984) "Toward a new taxonomy for pragmatic inference: Q-based and R-based implicatures", en Schiffrin, D. (ed.) *Meaning, form, and use in context: Linguistic applications*, Washington, DC: Georgetown University Press, pp. 11–42.

Horn, L. R. (2004) "Implicature", en Horn, L. R. y Ward, G. (eds.) *The handbook of pragmatics*, Oxford: Blackwell, pp. 3–28.

Huang, Y. (2007) *Pragmatics*, Oxford: Oxford University Press.

Kadmon, N. (2001) *Formal pragmatics: Semantics, pragmatics, presupposition, and focus*, Oxford: Blackwell.

Karttunen, L. (1971) "Implicative verbs", *Language*, 47, 2, junio, pp. 340–358.

Karttunen, L. y Peters, S. (1979) "Conventional implicature", en Oh, C.-K. y Dinneen, D. A. (eds.) *Syntax and semantics 11: Presupposition*, Nueva York: Academic Press, pp. 1–57.

Ochs Keenan, E. (1976) "The universality of conversational postulates", *Language in Society*, 5, 1, pp. 67–80.

Kiefer, F. (1979) "What do conversational maxims explain", *Linguisticae Investigationes*, 3, pp. 57–74.

Leonetti, M. (1993) "Implicaturas generalizadas y relevancia", *Revista Española de Lingüística*, 23, 1, pp. 107–139.

Levinson, S.C. (1983) *Pragmatics*, Cambridge: Cambridge University Press.

Levinson, S.C. (1987) "Minimization and conversational inference", en Verschueren, J. y Bertuccelli Papi, M. (eds.) *The pragmatic perspective*, Amsterdam: John Benjamins, pp. 61–129.

Levinson, S.C. (1989) *Pragmática*, trad. Á. Rubiés Mirabet, Barcelona: Teide.

Levinson, S.C. (2000) *Presumptive meanings*, Cambridge, MA: The MIT Press.

Portolés, J. (2004) *Pragmática para hispanistas*, Madrid: Editorial Síntesis.

Reyes, G. (1994) *La pragmática lingüística: el estudio del uso del lenguaje*, 2.ª ed., Barcelona: Montesinos.

Reyes, G. (2003) *El abecé de la pragmática*, 6.ª ed., Madrid: Arco Libros.

Reyes, G., Baena, E. y Urios, E. (2000) *Ejercicios de pragmática (I)*, Madrid: Arco Libros.

Sacks, H. (1975) "Everyone has to lie", en Blount, B. y Sanches, M. (eds.) *Sociocultural dimensions of language use*, Nueva York: Academic Press, pp. 57–80.

Sadock, J.M. (1978) "On testing for conversational implicature", en Cole, P. (ed.) *Syntax and semantics 9: Pragmatics*, Nueva York: Academic Press, pp. 281–298.

Sperber, D. y Wilson, D. (1986/1995) *Relevance: Communication and cognition*, Oxford: Blackwell.

Sperber, D. y Wilson, D. (2012) *Meaning and relevance*, Cambridge: Cambridge University Press.

Van der Sandt, R. (2012) "Presupposition and accommodation in discourse", en Allan, K. y Jaszczolt, K. M. (eds.) *The Cambridge handbook of pragmatics*, Cambridge: Cambridge University Press, pp. 329–350.

Entradas relacionadas

actos de habla; cortesía y descortesía; pragmática

IRONÍA

Patricia Andueza

1. Introducción

Desde los manuales de retórica de Quintiliano se ha tratado de explicar el fenómeno de la ironía. En esta larga tradición las teorías tradicionales se han caracterizado por adoptar un enfoque estético, que entiende la ironía como un uso figurativo de la lengua que consiste en decir una cosa pero querer decir lo contrario. Lo cierto es que, además de la ironía retórica se pueden distinguir varios tipos de ironía: la ironía situacional, la ironía del destino, la ironía dramática o la ironía verbal. Se trata de un fenómeno que no solo se manifiesta a través de la lengua, sino también a través de otras modalidades como la fotografía, la música o el arte. Esta entrada enciclopédica versa sobre la ironía verbal y sus características pragmáticas y semánticas. Para ello se explicará, según las principales teorías de los últimos 40 años, qué se dice y qué se quiere decir cuando se hace uso de un enunciado irónico, cuáles son las intenciones del hablante y cómo se produce el proceso de interpretación por parte del oyente. Finalmente se planteará el camino hacia la caracterización de la ironía.

2. El significado de los enunciados irónicos

En la actualidad, el fenómeno de la ironía verbal se ha tratado de explicar aplicando varias teorías pragmático-semánticas de las que se han derivado infinidad de trabajos. Entre ellas destacan: la Teoría de los Actos de Habla de Searle (1969); la Teoría de Grice (1989); la Teoría de la Mención propuesta por Sperber y Wilson (1981); la Teoría del Fingimiento de Clark y Gerrig (1984), y, por último, la Teoría de la Cortesía de Brown y Levinson (1987).

2.1. La ironía: un acto de habla indirecto

Searle (1979) mantiene que tanto la ironía como la metáfora constituyen actos de habla indirectos, en los que el sentido de la enunciación expresa lo contrario del sentido de la frase. Las condiciones de uso hacen que el enunciado irónico resulte además un enunciado inapropiado, ya que, como podemos ver en (1), no es adecuado agradecer a alguien por su falta de colaboración:

(1) El hablante pregunta la hora, pero nadie contesta, entonces dice irónicamente: ¡Gracias!

En la misma línea, Brown (1980: 120) define la ironía como un acto de habla que no respeta las condiciones de felicidad y a través del cual el hablante expresa un estado psicológico que no es satisfecho. También Havertake (1990) hace hincapié en la idea de la ironía como la expresión de un acto intencionalmente insincero. Estos dos últimos trabajos (Brown 1980, Havertate 1990) aportan un valioso análisis de los actos de habla irónicos más allá de los actos asertivos ya que lo extienden a otros como las felicitaciones, los agradecimientos, las preguntas y las prohibiciones o las sugerencias:

(2) Te felicito por tu estúpido comentario.

(3) ¿Quieres que te eche de la habitación?

(4) Muy bien, tú sigue haciéndote daño.

El problema con la Teoría de los Actos de Habla, como señala Barbe (1995), es que dado su carácter puramente semántico no tiene en cuenta cuestiones pragmáticas tan importantes para entender el fenómeno de la ironía como son las creencias e intenciones del hablante, o el conocimiento que los interlocutores tienen que compartir para poder identificar los enunciados irónicos. Estas teorías, tal y como señala Torres Sánchez (1999: 53), "solo destacan que la oración es obviamente inapropiada para la situación, pero no explican en qué consiste ser *inapropiado*", ni tampoco consideran sus efectos perlocutivos.

2.2. *Ironía: la expresión de una proposición falsa*

El trabajo de Grice (1989) es considerado el primer intento serio en analizar la pragmática de la ironía, y representó una alternativa a la teoría semántica de los actos de habla. Para Grice la ironía constituye una implicatura conversacional particularizada originada por violar la primera máxima de calidad ("No digas algo que creas falso") y, en consecuencia, el Principio de Cooperación. Por lo tanto, ser irónico consiste en implicar lo contrario de lo que se dice, contradiciendo así el significado literal. Esto es posible porque para Grice (1989) el hablante irónico no asevera nada, no se compromete con el valor de verdad de la proposición predicada, sino que hace *como si* expresara un contenido pero comunicara el significado opuesto. En el caso del siguiente ejemplo, el hablante implica "X *no es* un buen amigo" a pesar de que diga (5):

(5) Contexto: X, con quien A ha tenido muy buen trato hasta ahora, ha revelado un secreto de A a uno de sus competidores. A y sus interlocutores saben esto. A dice:
X es un buen amigo.

(Grice 1989: 34, 120)

Varios estudiosos, entre los que destacan Sperber y Wilson (1981), Kaufer (1981), Holdcroft (1983) mantienen que entender la ironía como mera violación de la máxima de calidad deja sin explicación demasiados ejemplos que siendo interpretados como enunciados irónicos no constituyen enunciados falsos, como podemos ver en los ejemplos (6a-c):

(6) Bill es un conductor exageradamente cuidadoso que siempre se asegura de tener el depósito de la gasolina lleno, que nunca se olvida de dar al intermitente antes de girar y que constantemente se asegura de que no haya peligros acechantes. Su copiloto comenta:
a No te olvides de señalar.
b ¿Crees que deberíamos parar a repostar?
c Aprecio mucho los conductores cautelosos.

Kaufer (1981: 500–501) mantiene que la violación de cualquier máxima también puede llevar a una interpretación irónica, y en la misma línea, Mizzau (1984: 37) demuestra que se pueden crear enunciados irónicos violando por ejemplo la máxima de manera (7) o la máxima de relevancia o cantidad (8):

(7) La señorita X produjo una serie de ruidos que se parecían mucho a la partitura de *Home Sweet Home*.

(8) Dos personas a las que les ha pillado un buen chaparrón: Parece que va a llover.

A pesar de las críticas, recientemente ha habido trabajos que, basándose en la teoría de Grice, han tratado de desarrollarla y superar sus puntos débiles. Garmendia (2010), por ejemplo, desarrolla la Teoría del *Asif*, planteada por Grice, según la cual el hablante irónico hace *como si* dijera algo pero implicase lo contrario. Para Garmendia el hablante hace como si expresara el contenido de su enunciado pero implicara otro contenido: el contenido irónico, constituido por el *contenido-puente* y otras implicaturas originadas. Según esta teoría el famoso ejemplo de Grice, es analizado de la siguiente manera:

(10) Contenido *como si*: X es un buen amigo.

(11) Contenido irónico:
Contenido-puente: X no es un buen amigo.
Otras implicaturas del contenido irónico: A ha sido un idiota por creer en X; A no debería haber confiado en él.

Dynell (2011: 298–300), por su parte, distingue cuatro tipos de ironía que conllevan la resolución de la incongruencia (entre el significado literal y el implicado) inherente en todo enunciado irónico: 1) el tipo de ironía que consiste en negar la proposición expresada y que, por lo tanto, afecta al verbo; 2) la ironía que conlleva la negación del valor de verdad del enunciado y que provoca la inversión del significado de todo el enunciado, o bien de un elemento léxico; 3) la ironía cuya incongruencia consiste en expresar una falsedad explícita con respecto a la situación en la que se emite el enunciado, y por último 4) la ironía surrealista que expresa un significado imposible de interpretar.

Rodríguez Rosique (2013) por otra parte, basándose en el modelo neo-griceano de Horn (1984) defiende que los casos irónicos más obvios son aquellos que surgen como resultado de invertir el Principio de Cantidad ("No proporcione más información de la que sea requerida"). La autora (2009: 124) mantiene que "la inversión del Principio de Cantidad permite dar a entender lo contrario de lo que se dice porque las escalas están proyectadas sobre el cuadro de oposición lógica (Horn 1989)". De tal manera que el ejemplo (12) (refiriéndose a un chico que se ha teñido el pelo de verde) se interpretaría de la siguiente manera: en una escala sobre "evidencia", el término "evidentemente" representaría el término más fuerte, y "al parecer" el término más débil. El hecho de que en este contexto el hablante escoja el término más débil implica la negación del término más fuerte, y esto, según Rodríguez Rosique (2013: 21) provoca la inversión del Principio de Cantidad, y con ello el significado irónico:

(12) Al parecer se ha teñido el pelo.

(Reyes 2002: 95)

Según Giora (1995), lo que hace el hablante es negar indirectamente el contenido proposicional expresado. Cuando el hablante enuncia (13) en mitad de una fiesta aburrida, lo que hace es señalar que la fiesta no llega a las expectativas y está lejos de ser una fiesta agradable, y de ahí su lectura irónica:

(13)   ¡Qué fiesta más agradable!

Lo que estos autores vienen a decir es que el contenido predicativo de los enunciados irónicos se ve afectado por la presencia implícita de la negación, lo que demuestra que la idea de la contradicción de Grice es una idea a la que todavía hoy (con matices añadidos) se le reconoce cierta fuerza explicativa.

2.3. El uso ecoico de una proposición

Bajo el enfoque de la Teoría de la Mención (Sperber y Wilson 1986), la cuestión de si se obedece las máximas o no es irrelevante. Para los autores la ironía es un subtipo del uso interpretativo del lenguaje (o *uso ecoico*), en lugar de descriptivo. Un enunciado es descriptivo cuando se usa para representar hechos actuales o posibles en el mundo (14); en cambio un enunciado es interpretativo cuando se hace mención a otro enunciado o pensamiento, pero no a la realidad, como demuestra el ejemplo (15b):

(14)   La Casa Blanca está en Washington, DC.

(15)   a. El presidente ha comparecido ante los medios.
         b. El país está en guerra.

Bajo esta teoría para que un enunciado como (16) obtenga una interpretación irónica tiene que hacer referencia a un enunciado mencionado anteriormente y expresar una actitud crítica despreciativa o de burla:

(16)   Peter: Es un día maravilloso para un picnic.
         [Van de picnic y llueve]
         Mary: Ciertamente es un día maravilloso.

Spelber y Wilson (1986: 239)

Varios estudiosos (Kerbrat-Orecchioni 1980; Carston 1981; Schaffer 1982; Chen 1980; Giora 1995: 248) coinciden en señalar que la mención no es necesaria ni suficiente. Este es el caso de aquellos enunciados en que el hablante se hace eco de un enunciado/pensamiento, manifiesta una actitud negativa y, sin embargo, no obtenemos una lectura irónica:

(17)   Dina: Me he perdido las noticias. ¿Qué ha dicho el Primer Ministro sobre los palestinos?
         Mira: (mostrando repugnancia) Que deberíamos deportarlos.

Otro problema con el que se enfrenta (Giora 1995; Barbe 1995) la teoría propuesta por Sperber and Wilson es aquellos enunciados irónicos que no hacen mención a nada dicho anteriormente. Por ejemplo:

(18)   Creo que la colada no se ha secado (dicho un día muy lluvioso).

(19)   "¿Conoces a un tal G.M.?" me pregunta un amigo. Yo le respondo "Me suena" (dicho cuando la persona en cuestión es muy conocida entre los interlocutores).

Berrendonner (1981: 217) y Clark y Gerrig (1984) señalan además que la Teoría de la Mención se ve forzada a afirmar que muchos casos de ironía son casos de ecos "implícitos" (ecos de sabiduría popular o de opinión pública), y por tanto no se define con precisión el criterio para discernir cuándo el hablante se está haciendo eco de algo dicho anteriormente implícitamente, y cuándo no.

En otras palabras, la pregunta que se le hace a la Teoría de la Mención es: ¿cómo podemos diferenciar entre enunciados que hacen mención a otro enunciado con fines irónicos y aquellos enunciados que haciéndose eco de algo dicho anteriormente no tienen propósitos irónicos?

2.4. *La expresión pretendida de una proposición*

La teoría de Clark and Gerring (1984), también conocida como la Teoría del Fingimiento parte de la idea de Grice según la cual el hablante irónico no "usa" una proposición para expresar su contradicción, sino que el hablante irónico "pretende" usar una proposición. Retomando esta idea, Clark y Gerrig (1984) mantienen que, cuando alguien irónicamente dice (20) (ejemplo tomado de Clark y Gerrig (1984: 122), no sólo está pretendiendo ser otra persona (por ejemplo, el hombre del tiempo describiendo a su audiencia lo maravilloso que es el tiempo, cuando en realidad está lloviendo), sino que también pretende llevar a cabo un determinado acto de habla cuando en realidad está representando otro:

(20) ¡Fíate del parte meteorológico! Mira qué tiempo más maravilloso: lluvia, lluvia, lluvia.

Según sus autores, la mayor diferencia entre esta teoría y la Teoría de la Mención es que la explicación de la ironía como fingimiento es menos restrictiva que la idea de la mención, y por lo tanto puede explicar casos como la ironía dramática y situacional:

(21) Es verdad que hace calor aquí (dicho en una casa donde la temperatura es muy baja).

Son varios los autores (Wilson 2006; Garmendia 2010; Carston 1981), sin embargo, que han señalado que afirmar que la ironía consiste en simular lo que otra persona ha dicho no explicaría por qué los siguientes enunciados en los que el hablante está pretendiendo ser o decir lo que otra persona ha dicho, no resultan irónicos:

(22) Eneida y Oier están jugando a indios y vaqueros: Eneida es una india defendiendo su tierra y Oier es un vaquero que ataca a Eneida.
Oier: Mataré todo tu ganado y quemaré tus tierras (Garmendia 2010: 399).

(23) Jack: Anoche cené con Chomsky.
Sue: ¡¿Anoche cenaste con Chomsky?! ¿Qué te contó? (Wilson (2006: 1737).

Otros autores (Reyes 1990; Barbe 1995; Torres Sánchez 1999) han señalado que la Teoría del Fingimiento no difiere mucho de la Teoría de la Mención, si no que ambas teorías se complementan. Pero a pesar de las críticas, ambas teorías cuentan con numerosos trabajos que se basan en sus principios. La Teoría del Fingimiento, por ejemplo, ha sido muy seguida por trabajos de corte filosófico o psicológico (Kreuz y Glucksberg 1989, Kumon-Nakamura *et al.* 1995; Currie 2006; Colston y Gibbs 2002). Por otra parte, el trabajo de Curcó (2000), que sigue el planteamiento de Sperber y Wilson, tiene como objetivo aclarar que en realidad el hablante se hace eco, no necesariamente del contenido de la proposición expresada, sino del contenido de una o más de las implicaturas que el enunciado emitido origina. Por ejemplo, imaginemos que el enunciado (24) es emitido en un contexto en que el oyente se distrae fácilmente cuando el hablante le habla, sin embargo para sorpresa del hablante, el oyente hoy está atento. En este contexto la implicatura originada al oír (24) sería que el hablante está satisfecho con la atención que le presta el oyente, y por ello interpretaríamos que el enunciado no es irónico.

(24) Me encanta cuando me prestas atención.

Pero si imaginamos que el hablante emite (24) en un contexto en que el hablante está intentando decirle algo al oyente y este tiene la atención puesta en otra parte, entonces la implicatura obtenida sería que el hablante no está contento con el comportamiento del oyente, y el oyente interpretará que efectivamente está siendo irónico.

En resumen, hasta ahora podemos concluir que no todos los actos indirectos derivan en una interpretación irónica; que no siempre los enunciados irónicos expresan lo opuesto al significado literal, ni hacen mención a otro enunciado anterior, ni el hablante irónico pretende ser otro necesariamente.

3. La expresión de una actitud

A pesar de que todavía resulta difícil encontrar una definición que englobe todos los tipos de ironía, sí parece evidente que la ironía tiene que conllevar la expresión de un sentimiento, una actitud o una evaluación. Especificar si la actitud es positiva o negativa es una cuestión todavía bajo debate.

Por una parte, Sperber y Wilson (1986) defienden la idea de que la ironía, además de hacer mención a un enunciado anteriormente mencionado, tiene que conllevar una actitud crítica, despreciativa o de burla que no se proyecta sobre el enunciado recientemente emitido, sino sobre el pensamiento enunciado con anterioridad, logrando así disociarse de la opinión de la que se está haciendo eco. Es a través de dicha disociación que el hablante puede presentar el pensamiento atribuido como un enunciado falso, irrelevante o no lo suficientemente informativo. Años más tarde, el mismo Grice (1989: 53) admitió que para que un enunciado resulte irónico tiene que conllevar también la expresión de una actitud o juicio crítico. Esta es una idea defendida por la mayoría de los autores (Holdcroft 1983; Clark y Gerrig 1984; Havertake 1990; Dews y Winner 1995; Glucksberg 1995; Kumon-Nakamura *et al.* 1995; Hamamoto 1998; Creusere 1999; Attardo 2000; Utsumi 2000; Kotthoff 2003; Partington 2006; Garmenndia 2010, 2011; Kapogianni 2011; Gibbs 2012).

Sin embargo, desde la Teoría de la Cortesía, tanto Brown y Levinson (1987) como Leech (1983) mantienen que la ironía camufla la agresividad de la actitud crítica de los enunciados irónicos y, por tanto, anula el posible conflicto entre los interlocutores. Los tres experimentos que llevan a cabo Dews, Kaplan and Winner (1995) vienen a apoyar esta idea al demostrar que los comentarios irónicos que conllevan una actitud crítica (25) resultan menos ofensivos que los que expresan una crítica directa (26), pero en cambio los enunciados irónicos usados para alabar resultan menos elogiosos (27) que los cumplidos directos (28):

(25) Siempre es un placer tenerte en clase.

(26) Vas a salir fatal en la foto.

(27) ¡Es una pena que corras tan bien!

(28) Tú sí que sabes cómo bailar.

(Dews et al. 1995: 354)

En una línea similar, Barbe (1995) mantiene que la crítica implícita en la ironía, en contraste con la crítica explícita del insulto, puede ser ignorada, y por tanto, en términos de Brown y Levinson (1987), la ironía *salva la cara* tanto la del hablante como la del oyente.

Alvarado Ortega (2009: 337) y, en la misma línea, Ruiz Gurillo (2008) señalan, sin embargo, que la ironía además de un efecto positivo también puede tener un efecto negativo. Esto ocurre cuando la ironía daña la imagen pública del oyente, como se puede observar en el siguiente ejemplo:

(29) E: Sí↓ que sí↓ lo tengo muy claro/ además yo-yo veo un negro por ahí vendiendo↑/ y si-si veo algo que me mola/ la-soy la primera en comprárselo y no le regateo.
G: aa [tres o cuatro=]
E: [o sea que→]
G: =metros/ oye a ver si§
E: § nooo/ me acerco tranquilamente pero/ yo qué sée// lo ves y te da una cosa por dentro que→// y no sé por qué

(Corpus Val.Es.Co. 2002, 101–102)

Con su comentario irónico G está tratando de hacer evidente que E es, en efecto racista (lo que en nuestra sociedad es inaceptable) quedando dañada así la imagen pública de E.

Garmendia (2010) puntualiza que incluso los casos que parecen tratarse de casos de ironía positiva, por ser irónicos conllevan una actitud crítica:

(30) *Andy ha hecho un examen. Constantemente le repite a Tim que lo ha hecho muy mal. El día que va a ver su nota, Tim está con él. Los dos ven que Andy ha sacado un sobresaliente.*
Tim: Definitivamente lo hiciste muy mal.

Según la autora, en una primera lectura se podría interpretar que Tim está alabando a Andy. Sin embargo, el enunciado origina otras implicaturas (por ejemplo: el hablante está cansado de las quejas de Andy, el hablante no cree ya en lo que dice Andy, etc.), sensibles al contexto, que conllevan una actitud crítica, no de alabanza. Alba-Juez (1994: 11) también mantiene que las llamadas ironías positivas conllevan implicaturas con actitud negativa.

A modo de enfoque reconciliador, Berrendonner (1981) mantiene que por su naturaleza argumentativa paradójica, la ironía es apta tanto para la crítica como para el halago. Para el autor, la función de la ironía es fundamentalmente defensiva.

4. El proceso de interpretación

Al hablar intentamos comunicar ciertas cosas a nuestros oyentes, haciendo que reconozcan nuestra intención, y según Grice (1989), la correcta interpretación de un enunciado irónico dependerá de que el oyente reconozca que el hablante ha violado la máxima de calidad, capte el significado opuesto al enunciado y lo sustituya por el significado literal. Es decir, el proceso de interpretación de un enunciado irónico se lleva a cabo en dos pasos. Sin embargo, para Sperber y Wilson (1981) no hay necesidad de interpretar primero el significado literal y después sustituirlo. La Teoría de la Mención es la primera teoría que plantea que para poder captar e interpretar la ironía es esencial que los interlocutores compartan cierta información (contextual, situacional, cultural, etc.), y por ello, el proceso de interpretación de los enunciados irónicos se da en una única etapa y de forma directa.

Clark y Gerrig (1984), al igual que Sperber y Wilson (1981), mantienen que no se puede ser irónico con cualquier tipo de oyente, puesto que para reconocer la ironía los interlocutores necesitan compartir cierto conocimiento (creencias o suposiciones). El conocimiento común es lo que el hablante tiene que tener en cuenta cuando hace uso de la ironía, y es a lo que el oyente necesita recurrir para reconocerla y descodificarla. Por ejemplo (tomado de Clark y Gerrig 1984: 124), a Harry y a Tom les encanta la poesía de Ezra Pound, y después de una charla fascinante sobre el poeta, Harry le dice a Tom el siguiente enunciado irónico:

(31) Una charla tediosa, ¿no?

Sin embargo, este enunciado sería interpretado de forma literal por su amiga Anne que desconoce los gustos poéticos de sus amigos.

Barbe (1995), que también comparte la idea de que las presuposiciones que hablante y oyente comparten son suficientes para captar el significado irónico, señala además que los casos en los que el oyente no reconoce la intención irónica del hablante se deben a que o bien el hablante no conoce a su audiencia (y por tanto no comparten las presuposiciones), o la audiencia es demasiado variada, o bien el hablante irónico tiene una posición de poder sobre el oyente.

Sin embargo, el planteamiento de Giora (1995), de base griceana, mantiene que el proceso de interpretación de un enunciado irónico requiere tener en cuenta tanto el mensaje explícito como el implícito. Para la autora es imprescindible que en el proceso de interpretación se mantenga el significado literal ya que tiene que ser considerado para poder calcular cuánto se aleja del significado intencional, y con ello comprobar si se trata de un enunciado irónico o no. Giora entiende que la interpretación irónica se procesa de forma indirecta por ser menos prominente (entendiendo por "prominente" el significado más popular, más prototípico o más frecuente) que la interpretación literal, y por eso el proceso tiene que llevar necesariamente más tiempo. En dicho proceso de interpretación el oyente accede primero al significado más prominente y sólo en caso de que se produzca una falta de correlación entre el significado literal y el contexto, entonces recurrirá a interpretar el significado no-literal. Según Giora, el contexto no pre-selecciona el significado compatible con él, ni tampoco bloquea el significado incompatible.

Por su parte, Attardo (2000), que trata de reconciliar la Teoría de Grice y la Teoría de la Prominencia Gradual de Giora (1995) con la Teoría de la Relevancia, propone un análisis en que la ironía es interpretada como un enunciado intencionalmente inapropiado en el contexto en que es emitido, y por ello requiere un proceso inferencial. Dicho proceso se activa cuando el oyente teniendo en cuenta el contexto concluye que, aunque inapropiado, el enunciado no es irrelevante, y no lo desecha, sino que guiado por la idea de que todo acto de habla ha de respetar el Principio de Cooperación, restaura dicho principio para poder adjudicar una interpretación al enunciado emitido. Para el autor esto es evidencia de que existe un principio comunicativo más amplio que el Principio de Cooperación o el de relevancia que él llama Principio Perlocutivo de Cooperación. A diferencia de Giora, Attardo no mantiene que en el proceso de interpretación se procese primero el significado literal y luego el implícito, el orden para él es irrelevante; pero sí coincide con la autora en afirmar que se trata de un proceso de dos pasos.

Finalmente Yus (2009), que aúna el planteamiento de interpretación directo e indirecto, mantiene que el oyente considera el significado literal del enunciado, como única hipótesis interpretativa, solamente en aquellas ocasiones en que la información contextual es muy leve o inexistente; pero en aquellos casos en los que dicha información contextual es accesible, el enunciado irónico es procesado directamente como cualquier otro tipo de enunciado. Es decir, el autor no rechaza la posibilidad de que en ocasiones el oyente se vea obligado a procesar primero el significado literal del enunciado.

5. Hacia una caracterización

Hasta ahora hemos visto que todas las teorías parecen estar de acuerdo en estos tres puntos: 1) los enunciados irónicos no aseveran nada, puesto que no hay compromiso con el valor de verdad de la proposición enunciada; 2) son la expresión de algún tipo de incongruencia/ contradicción (entre el significado de la frase y del enunciado, entre lo que dice el hablante y lo que cree, entre la fuerza locutiva e ilocutiva), y 3) han de conllevar la expresión de una actitud crítica.

Pero todavía existen importantes discrepancias entre todas estas teorías, posiblemente derivadas de la falta de entendimiento en la teoría pragmática sobre cuestiones como el concepto de contexto. La primera discrepancia, la observamos en el papel que las diferentes teorías otorgan a la negación. Algunos estudiosos parecen entender que el foco de la negación se proyecta o bien sobre el significado de la proposición predicada, o sobre la información compartida. Un concepto de contexto menos fragmentado, y el desarrollo de más estudios semánticos y sintácticos podrían ayudar a entender mejor la fuerza del operador de la negación. La segunda gran diferencia, también derivada por la idea de contexto, versa sobre si el proceso de interpretación de los enunciados irónicos se produce en un solo paso, o bien es captada indirectamente después de que el oyente reconoce ciertas anomalías o incongruencias entre lo enunciado y el contexto, o entre lo dicho y lo implicado. Es necesario que la teoría pragmática precise de qué manera el contexto guía al oyente en su proceso de captar la intención del hablante.

Por último, para aclarar si la ironía es un fenómeno de cortesía positiva o negativa, futuros trabajos deberían considerar otros factores como la distancia social entre los interlocutores y las diferencias culturales entre lenguas e incluso entre dialectos de la misma lengua.

Bibliografía

Alba-Juez, L. (1994) "Irony and politeness", *Revista Española de Lingüística Aplicada*, 10, pp. 9–16.
Alvarado-Ortega, B. (2009) "Ironía y cortesía", en Ruiz Gurillo, L. y Padilla, X. (eds.) *Dime cómo ironizas y te diré quién eres: una aproximación pragmática a la ironía*, Fráncfort: Peter Lang.
Amante, D. J. (1981) "The theory of ironic speech acts", *Poetics Today*, 2, 2, pp. 77–96.
Attardo, S. (2000) "Irony as relevant inappropriateness", *Journal of Pragmatics*, 32, pp. 793–826.
Barbe, K. (1995) *Irony in context*, Amsterdam: John Benjamins.
Berrendonner, A. (1981) *Élément de pragmatique linguistique*, París: Les Éditions de Minuit.
Brown, R. (1980) "The pragmatics of verbal irony", en Shuy, R.W. y Shnukal, A (eds.) *Language use and the uses of language*, Washington, DC: Georgetown University Press, pp. 111–127.
Brown, P., Stevenson C. L. (1987) *Politeness: Some universals in language use*, Cambridge: Cambridge University Press.
Clark, H. y Richard J. G. (1984) "On the pretense of irony", *Journal of Experimental Psychology: General*, 113, 1, pp. 121–126.

Colston, H. y Gibbs, R. (2002) "Are irony and metaphor understood differently?", *Metaphor and Symbol*, 17, pp. 57–80.

Curcó, C. (2000) "Irony: Negation, echo and metarepresentation", *Lingua*, 110, pp. 257–280.

Currie, G. (2006) "Why irony is pretense", en Nichols, S. (ed.) *The architecture of the imagination*, Oxford University Press, Oxford.

Dews, S. y Winner, E (1995) "Muting the meaning: A social function of irony", *Metaphor and Symbolic Activity*, 10, 1, pp. 3–19.

Dynel, M. (2013) "Irony from a neo-Gricean perspective: On untruthfulness and evaluative implicature", *Intercultural Pragmatics*, 10, 3, pp. 403–431.

Garmendia, J. (2013) "Irony: Making as if we pretend to echo", en Kecskes I. y Romero-Trillo, J. (eds.) (2013), *Research trends in intercultural pragmatics*, Berlín: Mouton de Gruyter, pp. 85–104.

Giora, R. (1995) "On irony and negation", *Discourse Processes*, 19, pp. 239–264.

Glucksberg, S. (1995) "Commentary on nonliteral language: Processing and use", *Metaphor and Symbolic Activity*, 10, 1, pp. 47–57.

Grice, H. P. (1989) *Studies in the way of words*, Cambridge, MA: Harvard University Press.

Havertake, H. (1990) "A speech act analysis of irony", *Journal of Pragmatics*, 14, 1, pp. 77–109.

Holdcroft, D. (1983) "Irony as a trope, and irony as discourse", *Poetics Today*, 4, 3, pp. 493–511.

Horn, L. R. (1989) *A natural history of negation*, Chicago: Chicago University Press.

Jorgensen, J. *et al.* (1984) "Test of the mention theory of irony", *Journal of Experimental Psychology: General*, 113, 1, pp. 112–120.

Kapogianni, E. (2010), "Cancelability as a gradable notion: Evidence from ironic meaning and interpretation", *Utterance Interpretation and Cognitive Models III Workshop*, Bruselas, pp. 605–625.

Kaufer, D. S. (1981) "Understanding ironic communication", *Journal of Pragmatics*, 5, 6, pp. 495–510.

Kerbat-Orecchioni, C. (1980) "L'ironie comme trope", *Poètique*, 41, pp. 108–127.

Kreuz, R. J. y Glucksberg, S. (1989). "How to be sarcastic: The echoic reminder theory of verbal irony", *Journal of Experimental Psychology: General*, 118, 4, pp. 374–386.

Kumon-Nakamura, S., Glucksberg, S. y Brown, M. (1995) "How about another piece of pie: The Allusional Pretense Theory of discourse irony", *Journal of Experimental Psychology: General*, 124, 1, pp. 3–21.

Lakoff, R. (1973) "The logic of politeness; or, minding your P's and Q's", en Corum, C. T., Smith-Stark, T. y Weiser, A. (eds.), *Ninth Regional Meeting of the Chicago Linguistic Society*, Chicago: CLS, pp. 292–305.

Leech, G. (1983) *Principles of pragmatics*, Londres/Nueva York: Longman.

Mizzau, M. (1984) *L'ironia: la contraddizione consentita*, Milán: Feltrinelli.

Reyes, G. (2002) *Metapragmática, lenguaje sobre lenguaje, ficciones y figuras*, Valladolid: Editorial Universidad de Valladolid.

Rodríguez Rosique, S. (2013) "The power of inversion", en Ruiz Gurillo, L. y Alvarado Ortega, M. B. (eds.) *Irony and humor. From pragmatics to discourse*, Amsterdam: John Benjamins.

Ruiz Gurillo, L. (2008) "Las metarrepresentaciones en el español hablado", *Spanish in Context*, 5, 1, pp. 40–63.

Shaffer, R. (1982) *Vocal cues for irony in English*, tesis doctoral, Ohio State University.

Searle, J. (1979) *Expression and meaning: Studies in the theory of speech acts*, Cambridge: Cambridge University Press.

Sperber, D. y Wilson, D. (1986) *Relevance: Communication and cognition*, Cambridge, MA: Harvard University Press.

Sperber, D. y Deirdre W. (1998) "Irony and relevance: A reply to Seto, Hamamoto and Yamanashi", en Carston, R. y Uchida, S. (eds.) *Relevance theory: Applications and implications*, Amsterdam: John Benjamins, pp. 283–293.

Torres Sánchez, M. A. (1999) *Aproximación pragmática a la ironía verbal*, Cádiz: Universidad de Cádiz.

Utsumi, A. (2000) "Verbal irony as implicit display of ironic environment: Distinguishing ironic utterances from non-ironic", *Journal of Pragmatics*, 32, 12, pp. 1777–1806.

Yus Ramos, F. (2009) "Saturación contextual en la comprensión de la ironía", en Ruiz Gurillo, L. y Padilla, X. (eds.) *Dime cómo ironizas y te diré quién eres: una aproximación pragmática a la ironía*, Fráncfort: Peter Lang.

Lecturas complementarias

Briz, A. y Val.Es.Co (eds.) (2002) *Corpus de conversaciones coloquiales*, anejo II de *Oralia*, Madrid: Arco Libros.

Márquez Reiter, R. y Placencia, M. E. (2005) *Spanish pragmatics*, Londres: Palgrave Macmillan.

Martínez Egido, J. J. *et al.* (2007) "Descripción de los indicadores lingüísticos en los enunciados irónicos de un corpus oral coloquial: COVJA y ALCORE", en Cortés, L. *et al.* (eds.) *Discurso y oralidad. Homenaje a José Jesús de Bustos Tovar*, Madrid: Arco Libros.

Ruiz Gurillo, L. y Alvarado Ortega, M. B. (2013) *Irony and humor. From pragmatics to discourse*, Amsterdam: John Benjamins.

Entradas relacionadas

actos de habla; cortesía y descortesía; polaridad; presuposición e implicatura

JUDEOESPAÑOL

Rey Romero

1. Características generales

1.1. Nomenclaturas

Se denominan así los distintos geolectos del español hablado por los judíos sefardíes en la diáspora después de su expulsión de España (1492), Portugal (1497) y Navarra (1498). Aunque los judíos expulsados se asentaron en varias regiones de Europa y del Mediterráneo, el judeoespañol se mantuvo principalmente en las comunidades del norte de África y en los territorios del Imperio otomano. Otros autónimos incluyen "espanyolith", "muestro espanyol", "espanyol de mozotros", "djudió", "djudezmo", o simplemente "espanyol". No se debe confundir con el término "ladino" ya que esto se refiere al calco litúrgico escrito y no a la variedad oral y vernácula (Sephiha 1973).

1.2. Características

Al igual que otras lenguas judías, el judeoespañol se caracteriza por 1) el uso del alfabeto hebreo, en especial del estilo denominado "rashí" impreso y la forma cursiva "solitreo"; 2) préstamos léxicos del hebreo y del arameo, especialmente para designar conceptos religiosos y jurídicos, por ejemplo: *el hahám* (rabino), *el arón* (arca), *la tefilá* (oración), *la din* (justicia) y *la geulá* (salvación); 3) una variante conservadora de la lengua local o del territorio donde se originan, en este caso hablamos del castellano (Wexler 1981, 99); y, además, también contiene 4) préstamos léxicos de idiomas con los cuales han estado en contacto, ya sea a través de su recorrido por la diáspora o en comunidades mejor establecidas, por ejemplo el árabe, italiano, griego, turco, francés, rumano y otras lenguas balcánicas.

1.3. Orígenes

Se ha debatido la existencia de un judeoespañol en la Península Ibérica antes de la expulsión, es decir, si el castellano de los sefarditas era igual o diferente al de los cristianos (Miller 2000: 37–42). Aunque sí existieron variedades judeorromances (o hebraicorromances) durante el Medievo, por ejemplo el judeoaragonés, el judeocatalán, el judeonavarro (Magdalena Nom de Déu 1996), parece ser que estos romances no variaban lo suficiente de sus equivalentes locales como para ser considerados lectos diferentes, simplemente se escribían con el alfabeto hebreo. Sin embargo, una vez en la diáspora, y en distintos centros otomanos, mediterráneos y norafricanos, el castellano de los sefarditas evolucionó y entró en un proceso de koineización o convergencia con otros dialectos castellanos y lenguas iberorromances (catalán, galaico-portugués, aragonés) dando así a los actuales geolectos judeoespañoles (véase abajo en dialectología) (Minervini 1999: 41–53). Para principios del siglo XVII, viajeros españoles en el Mediterráneo y en el Medio Oriente notaron que el español de los sefarditas ya era diferente al de la Península Ibérica y podemos considerar esta fecha como el punto de divergencia dialectal del judeoespañol (Dumont-Fiévet 1980).

2. Descripción lingüística

2.1. Fonología

El sistema fonológico judeoespañol es esencialmente el mismo del castellano del siglo XV con algunas innovaciones. Para ilustrar, el judeoespañol mantuvo 1) las sibilantes sonoras que se ensordecieron en el español peninsular: *kaza, paso*; 2) las fricativas palatales que posteriormente se velarizaron: *pasharó, muʒer, dʒusto*; 3) la distinción entre /b/ y /v/: *vidas, bever, avlar*; 4) el grupo consonántico -mb-: *lombo, palomba, lamber*; 5) el grupo -vd-, donde la /v/ quedó como consonante: *sivdad, devda, kavdal*; 6) y, en algunos dialectos de los Balcanes, se preservó la /f/ inicial que posteriormente se glotalizaría y se perdería en la Península: *fazer, fígado, fechizera*. Aunado a estos rasgos heredados del castellano, el judeoespañol evoluciona su sistema fonológico, del cual sobresalen los siguientes cambios: 1) fonemización de [ʒ] y [dʒ], gracias a los nuevos contextos de los préstamos franceses y turcos: *ʒurnal* "diario", *dʒam* "vidrio" (Penny 2000, 180); 2) labialización de /n/ inicial antes del diptongo [we]: *muevo, muestro, muez*; 3) la epéntesis de /f/ (o su equivalente glotal) en /s/ + [we]: *esfuenyo, esfuegra*; 4) la palatalización esporádica de /s/ en coda: *eshpital, eshkola, bushkar, moshka*; la metátesis de los grupos /rd/ y /ld/: *verde > vedre, gordo > godro, dadlo > daldo, decidle > dezilde* (Bradley 2006), y 5) en algunas variedades balcánicas, la elevación vocálica de /e/ a [i] y de /o/ a [u] (y en otros geolectos, como el de Monastir de /a/ > [e]) en posición final: *vedri, ombri, sinku, kaze*.

2.2. Morfología

Las variedades del judeoespañol varían poco del sistema morfológico del castellano. En cuanto a la morfología derivativa y flexiva, se han incorporado elementos hebreos, de los cuales el plural *-im* (*ladronim* 'ladrones', *hahamim* 'rabinos', *papazim* 'sacerdotes') y el nominalizador *-ut* (*haraganut* 'holgazanería') son comúnmente citados, aunque realmente no son productivos y normalmente se encuentran en la literatura o en textos litúrgicos o jurídicos (Schwarzwald 1993). Sin embargo, algunos sufijos derivativos del turco también se han adaptado y son altamente productivos, por ejemplo el nominalizador *-chí/-djí*, el cual designa a una profesión: *limondjí* 'vendedor de limones', *melondjí* 'vendedor de melones', *maytapchí* 'embustero, burlador' (Varol-Bornes 1996, 220–221). El judeoespañol muestra un patrón regular al asignar casi todas las palabras sin referente humano que terminan en *-a* (acentuada o no) y en *-or* el género femenino: *la poema, la problema, la udá* (cuarto, recámara), *las parás* (dinero) (Romero 2009), *la kolor, la kalor, la golor* (olor). Algunos textos también presentan flexión en adjetivos que terminan en *-l*, lo cual podría ser influencia de la morfología francesa: *nasionala, kuala, personala, aktuala*.

El sistema pronominal es el propio del castellano. Para la segunda persona existe el *tú* como pronombre informal y el *vos* como pronombre formal. Algunas variedades también presentan *él/e(y)a* y otras incluyen el *vos* como pronombre informal. Para el plural se emplean las formas *vozotros, e(y)os, e(y)as* respectivamente. El *vozotros* tiene como conjugación la terminación *-sh*: *avlásh, avlatesh, avlavash, avlaríash*, etc. Existe también la terminación *-sen* en formas del infinitivo y gerundio (*en viéndosen, irsen*) para los referentes en plural (Crews 1935: 28; Penny 2000: 180). El futuro del subjuntivo aún se puede encontrar en la variedad escrita, aunque su presencia es mínima (Berenguer Amador 2012: 58).

Otra diferencia del castellano es que el pronombre posesivo para la tercera persona concuerda con el número del poseedor y no de la posesión, de ahí que *el livro de e(y)os* se sustituye por *sus livro*.

2.3. Léxico

El léxico se distingue por contener un gran número de elementos del castellano antiguo que han desaparecido o que se consideran formas arcaicas, rurales o regionales en los geolectos del español peninsular e hispanoamericano, por ejemplo: *mansevo* (joven), *trokar* (cambiar), *ma* (pero), *ambezarse* (aprender), *merkar* (comprar), etc.

Al léxico patrimonial se le añade el elemento hebreo-arameo, característico de las lenguas hebraicas, que no solo subsiste para designar conceptos de los ámbitos religiosos y jurídicos, sino que también se ha esparcido a otros dominios lingüísticos: *afilú* (aunque), *rash* (terremoto), *neeman* (confiable), *veshet* (esófago), *mazal* (suerte), etc. (Bunis 1993). Después de la fundación del Estado de Israel en 1948, entraron nuevos hebraísmos por medio del contacto lingüístico.

La influencia francesa se debe a que desde mediados del siglo XIX hasta principios del siglo XX, los sefarditas del Imperio otomano y del norte de África consideraban al francés como la lengua de educación y prestigio. La Alianza Israelita fundó centros de escolarización francesa en las principales comunidades sefarditas y de ahí que se incorporaran cientos de vocablos franceses en el judeoespañol. Según el nivel de bilingüismo, el nivel de francofonización llegó a ser tan alto que algunos círculos sociales hablaban un tipo de "judeofrañol" (Sephiha 1977). Algunos ejemplos del léxico proveniente del francés incluyen: *tanta* (tía), *onkle* (tío), *suetar* (desear), *elevo* (estudiante), *buró* (oficina), *adreso* (dirección), etc.

Sin embargo, debido al contacto con el turco por más de 500 años, esta lengua ha proporcionado la mayor cantidad de préstamos léxicos, adaptados a la fonología y morfología judeoespañola. Cabe mencionar: *kibrites* (fósforos), *boreka* (tipo de bizcocho), *bilbiliko* (ruiseñor), *arabá* (coche, vehículo), *suluk* (respiración), *karishear* (mezclar), *kulanear* (usar, utilizar), *patladear* (explotar, reventar), etc. El turco sigue siendo la fuente de interferencia léxica, por lo menos en las comunidades de Estambul y Esmirna.

El judeoespañol también contiene elementos léxicos de otras lenguas con las cuales han estado en contacto, por ejemplo del griego: *papú* (abuelo), *pirón* (tenedor), *papaz* (sacerdote), *meldar* (leer); del italiano: *lavorar* (trabajar), *achetar* (aceptar), *capache* (hábil, capaz); del árabe: *alhad* (domingo), *aharbar* (golpear); del serbocroata: *puz* (caracol) y otras lenguas balcánicas y mediterráneas. Cabe señalar que algunos préstamos turcos entraron por medio del griego (ya que demuestran procesos fonológicos de dicha lengua) (Crews 1935: 1127; Varol Bornes 1996: 216) y que algunos vocablos árabes y persas entraron por medio del turco.

2.4. Sintaxis

La sintaxis es esencialmente idéntica a la del castellano, salvo algunas excepciones. En algunos contextos (sobre todo en la literatura o en las cantigas) se ha conservado el pronombre antes del posesivo: *la mi madre, el mi ijo*, aunque no es productivo en el habla vernácula. Otros cambios se deben a calcos sintácticos o influencias sintácticas por el contacto lingüístico. Por ejemplo, en la comunidad de Estambul, se han constatado construcciones posesivas como *de Moíz el padre* (el padre de Moisés), la cual imita la estructura turca de colocar el poseedor antes de la posesión (Varol-Bornes 1996: 226). Otro estudio indica que la alta tendencia de la generación joven de colocar el adjetivo antes del sustantivo se debe a influencia del turco (Romero 2008).

El judeoespañol presenta un cambio en el orden del clítico *se* en combinación con un clítico pronominal de la primera y segunda persona: *me se izo difisil de suvir, si no te ze aze pena*. Es posible que la posición del clítico *se* justo antes de la forma verbal con la primera y segunda persona se deba a factores pragmáticos (García Moreno 2006: 39).

3. Dialectología

3.1. Clasificación dialectal

Aunque no se pretende dar una lista exhaustiva de las características de los dialectos del judeoespañol, estos se pueden clasificar por medio de sus rasgos fonológicos y léxicos. Esto es porque los diversos focos de asentamiento dieron lugar a la preservación o desarrollo de ciertos rasgos fonológicos o léxicos en común. En cuanto a la fonología, la preservación de la /f/ inicial latina, ya sea como [f] o [h] o su elisión en [Ø], funciona como una divergencia geolectal, en la que su preservación o aspiración aparece frecuentemente en el léxico de los dialectos balcánicos (Salónica, Bucarest, Monastir), pero tiende a desaparecer en los de Tracia y Asia Menor (Turquía). Otro fenómeno consiste en la elevación de las vocales /e/ y /o/ a /i/ y /u/ respectivamente. De manera similar, esto parece ocurrir en algunos dialectos balcánicos como en Bucarest y Monastir (pero no Salónica). Inclusive en Monastir, la /a/ se eleva a /e/. La elevación de vocales no sucede en las variedades de Tracia ni en Asia Menor (Quintana Rodríguez 2006).

Otro factor isoglótico consiste en la variación del léxico patrimonial. Se pueden utilizar formas similares con pronunciaciones diferentes, por ejemplo: *dodje* vs. *doze* 'doce,' o formas léxicas diferentes con el mismo significado: *londje* vs. *leshos* 'lejos'. Estas diferencias léxicas se originan en la Península Ibérica, de formas castellanas consideradas populares o arcaicas y sus equivalentes de prestigio. También se incluyen formas que no son castellanas, sino que algunos consideran provenientes del galaico-portugués, leonés, aragonés u otras lenguas iberorromances durante la koineización (Quintana Rodríguez 2002). Se incluyen las siguientes frases para apreciar la fonología dialectal (ejemplos basados en Bunis 1975):

Estambul:	/mi veȝino ama la iȝika de mi tía/
Salónica:	/mi veȝino ama la fiȝika de mi tía/
Bucarest:	/mi viȝinu ama la fiȝika di mi tía/
Monastir:	/mi viȝinu ame la fiȝike di mi tíe/

A continuación se presenta un esbozo de los principales geolectos judeoespañoles que más se han investigado.

3.2. El judeoespañol estambulí

Estambul es sede de la segunda comunidad más grande después de la inmigración al Estado de Israel. Este geolecto ha sido documentado recientemente por Varol-Bornes (2008) y Romero (2012). Al igual que Salónica y Esmirna, se considera uno de los principales focos dialectales. Se caracteriza por la eliminación de /f/ inicial y un léxico más cercano al castellano: *ígado, azer, doze, kola, leshos*. Incluye numerosos préstamos del turco y del francés y gozó de gran prestigio debido a su ubicación como capital del Imperio otomano.

3.3. El judeoespañol salonicense

Salónica (la actual ciudad griega de Tesalónica), tuvo por muchos siglos una mayoría sefardita, de ahí que fue considerada por muchos como la capital del judeoespañol. Su población judía fue casi exterminada durante la ocupación alemana durante la Segunda Guerra Mundial. Este geolecto ha sido reciente documentado por Christodouleas (2008). Se caracteriza por conservar la /f/ inicial y el léxico es más cercano al leonés, aragonés o galaico-portugués: *fégado, fazer, dodje, koda, londje*. Incluye numerosos préstamos del griego, turco, francés e italiano. Su prensa y dialecto gozó de gran prestigio e incluso rivalizó con la comunidad de Estambul. Bunis (1999) recopiló varios artículos humorísticos de la prensa de Salónica de las décadas de los 1930 y 1940. Se deduce que las variantes de Bucarest y Monastir pertenecen al grupo de Salónica, ya que tienen rasgos en común y esas comunidades fueron pobladas por sefarditas salonicenses.

3.4. El judeoespañol bucarestino

Crews (1935) y Sala (1970) proporcionan amplios datos sobre el geolecto de Bucarest. Al igual que Salónica, preserva la /f/ inicial en la mayoría de los casos: *favlar, fazer*. Las vocales /e/ y /o/ se elevan en posición inacentuada: *stuvi* (estuve), *iju, vizinu*. Contiene numerosos préstamos y calcos del rumano, por ejemplo en la frase: *Stuvi undi il kroitor, mi tonsó la mazura d'una roke, me la izu tan potrivita*, se han incorporado los vocablos rumanos *kroitor* (sastre), *mazura* (medida), *roke* (traje), *potrivita* (ajustada).

3.5. El judeoespañol bitolano o de Monastir

Monastir (la actual Bitola en la República de Macedonia) contaba con una pequeña comunidad sefardita que dependía económicamente del comercio entre Salónica y Viena. La comunidad paulatinamente fue aislada cuando cambiaron las rutas comerciales. Luria (1930) presenta el mejor y el único estudio hasta la fecha del judeoespañol de Monastir. Al igual que Salónica y Bucarest, conserva la /f/ inicial en la mayoría de los casos. Las vocales finales /e/, /o/ y /a/ se elevan a /i/, /u/ y /e/ respectivamente cuando no están acentuadas: *esti, fizu, buenu, luvie*. La /g/ en posición de ataque (sin ser precedida por nasal) tiene el peculiar alófono [ʁ]. Luria (1930) menciona la gran cantidad de léxico procedente del galaico-portugués. La comunidad de Monastir fue exterminada durante la Segunda Guerra Mundial, aunque es posible que aún se encuentren hablantes en la diáspora.

3.6. El judeoespañol marroquí o jaquetía

En realidad, la jaquetía no pertenece al mismo grupo de macrolectos del judeoespañol, ya que se desarrolló fuera del Imperio otomano y su mayor aportador léxico es el árabe marroquí (en lugar del turco). El sistema fonológico refleja el del árabe y se ha expandido al léxico hebreo e hispano. Algunos ejemplos son: *almuddén* (alba), *atawilar* (organizar), *eghbina* (tristeza), *hadrá* (habla, charla), *haddear* (proteger, cuidar). Debido a la cercanía con la Península, al protectorado español de Marruecos y al bilingüismo de las comunidades que se desarrollaron en Tánger, Tetuán y Ceuta, en algunas áreas el dialecto se ha mezclado e incluso adaptado fonológica y lexicalmente al castellano. Perduran comunidades en Israel y en América Latina, especialmente en Venezuela y Brasil. Jalfón de Bentolila (2011) ha escrito el estudio más reciente sobre la jaquetía en Marruecos.

4. Situación actual

4.1. Lengua en peligro de extinción

Todos los estudios recientes indican que el judeoespañol es una lengua en peligro de extinción debido al genocidio de comunidades enteras durante la Segunda Guerra Mundial, la migración y la desintegración comunitaria, la imposición de lenguas oficiales y la asimilación cultural y lingüística. Aunque es difícil precisar la actual cantidad de hablantes, ya que no hay monolingües y esto incluiría diferentes niveles de competencia lingüística, una aproximación realista es de 60.000 hablantes esparcidos entre Israel, Turquía, Grecia, los Balcanes, Europa occidental, Estados Unidos, Hispanoamérica y el norte de África (Harris 1994: 255).

Pero aparte del número reducido de hablantes, el judeoespañol peligra también debido a que se utiliza en espacios lingüísticos muy específicos o en la periferia del bienestar económico. El judeoespañol es el lenguaje del hogar, de la generación mayor, del judaísmo sefardita, del humor y entretenimiento, para contar secretos y, con algunos cambios, también se puede utilizar para hacer negocios con clientes de España e Hispanoamérica (Malinowski 1982: 14; Malinowski 1985: 220; Harris 1994. 166–169; Kushner Bishop 2004. 25–26; Christodouleas 2008: 32, 127–130; Romero 2012: 92–103). Sin embargo, estos espacios no están firmemente seguros, ya que están en competencia con lenguas oficiales. Por ejemplo, en Estambul el turco y el hebreo compiten con el judeoespañol como la lengua del judaísmo sefardita, y en algunas comunidades la lengua de la familia es el francés.

4.2. Contacto y bilingüismo

Debido a los múltiples contactos lingüísticos y a los diferentes niveles de bilingüismo, los hablantes suelen mostrar una alta tendencia al cambio de código. Esto, aunado a la gran cantidad de préstamos léxicos y a la percepción del español castellano o hispanoamericano como la norma, hace que muchos sefardíes consideren su lengua como una jerga deforme o impura. Aunque esta opinión ahora está cambiando, previno que muchas generaciones adquirieran la lengua de sus familias.

Por otro lado, el bilingüismo desbalanceado y el rápido proceso de desplazamiento lingüístico (del judeoespañol a otro idioma) han causado que las generaciones actuales demuestren cambios estructurales al hablar el judeoespañol. Aunque ya se mencionaron algunas de estas influencias en la sección de morfología (§ 2.2) y sintaxis (§ 2.4), cabe mencionar otros rasgos presenciados en el judeoespañol estambulí; por ejemplo, la tendencia a no concordar los determinantes y adjetivos con el femenino: *el viejo sivdad, buenos komidas*; la tendencia a no concordar los determinantes, adjetivos y verbos con el plural: *los sivdades es serka de la mar*; y la regularización de patrones morfológicos de género: *la día, esto ombre, estes ombres*, etc. (Romero 2012: 150–166). Estos cambios pueden estar ligados a patrones internos de regularización o a factores externos por contacto lingüístico y es un campo fértil para obtener datos adicionales sobre el español en contacto con otras lenguas.

4.3. Esfuerzos de revitalización

En 1997, se creó en Israel la *Autoridad Nasionala del Ladino i su Kultura* para fomentar la lengua y cultura judeoespañola en Israel e internacionalmente. Gracias a esta y otras organizaciones en Estados Unidos, España, Francia, Turquía e Israel, el judeoespañol ha ido recobrando interés académico y cultural propicio para su revitalización. Existen clases en varias universidades europeas, israelíes y estadounidenses, así como publicaciones y diarios semanales y mensuales.

La Autoridad Nasionala diseñó un nuevo alfabeto para el judeoespañol. Este sistema llamado *Aki Yerushalayim* (por la publicación que lo empezó a usar) es altamente fonético y se basa en el alfabeto latino. El propósito de esto fue facilitar la comunicación electrónica y la publicación de libros y otros materiales didácticos. La implementación de este alfabeto causó un poco de controversia entre algunos participantes.

Quizás el mayor signo de vitalidad se ha dado en el ciberespacio. A principios del año 2000 se creó un foro de Internet llamado Ladinokomunita como espacio lingüístico cuyo único método de comunicación es el judeoespañol. Esta comunidad virtual consiste de más de 1.000 suscriptores que vienen de más de una docena de países que participan y practican el judeoespañol utilizando el sistema de *Aki Yerushalayim*. Existen también comunidades en Facebook y en otros foros virtuales israelíes y europeos donde se utiliza el judeoespañol mayoritariamente.

El 5 de diciembre de 2013 se conmemoró el primer Día Internacional del Ladino (Judeoespañol) con la participación de centros académicos y culturales de más de una docena de países.

Bibliografía

Amado Bortnick, R. (2004) "The Internet and Judeo-Spanish, impact and implications of a virtual community", en Pomeroy, H. y Alpert, M. (eds.) *Proceedings of the twelfth British conference on Judeo-Spanish Studies (2001)*, Londres: Brill.

Berenguer Amador, Á. (2012) "La sintaxis del subjuntivo en judeoespañol", *eHumanista*, 20, pp. 47–62.

Bradley, T. G. (2006) "Metathesis in Judeo-Spanish consonant clusters", en Sagarra, N. y Toribio, A. J. (eds.) *Selected proceedings of the 9th Hispanic Linguistics Symposium*, Somerville: Cascadilla, pp. 79–90.

Bunis, D. M. (1975) *A guide to reading and writing Judezmo*, Nueva York: Adelantre! The Judezmo Society.

Bunis, D. M. (1993) *A lexicon of the Hebrew and Aramaic elements in modern Judezmo*, Jerusalén: Magnes.

Bunis, D. M. (1999) *Kolot mi-Salonika ha-yehudit, Voices from Jewish Salonika*, Jerusalén: Graphit.

Christodouleas, T. (2008) *Judeo-Spanish and the Jewish community of 21st Century Thessaloniki: Ethnic language shift in the maintenance of ethno cultural identity*, tesis doctoral, State College: The Pennsylvania State University.

Crews, C. M. (1935) *Recherches sur le judéo-espagnol dans les pays balkaniques*, París: Droz.

Dumont-Fiévet, S. (1980) *Les juifs du Bassin Méditerranéen vus par des chroniqueurs français et espagnols aux XVIème et XVIIIème siècles*, tesis de maestría, Université de la Sorbonne.

García Moreno, A. (2006) "Innovación y arcaísmo en la morfosintaxis del judeoespañol clásico", *Revista Internacional de Lingüística Iberoamericana*, 4, 2, pp. 35–51.

Harris, T. K. (1994) *Death of a language: The history of Judeo-Spanish*, Newark: University of Delaware.

Jalfón de Bentolila, E. (2011) *Haketía: A memoir of Judeo-Spanish language and culture in Morocco*, Santa Fe: Gaon Books.

Kushner Bishop, J. (2004) "From shame to nostalgia: Shifting language ideologies in the Judeo-Spanish maintenance movement", en Pomery, H. y Alpert, M. (eds.) *Proceedings of the 12th British conference on Judeo-Spanish Studies*, Leiden: Brill, pp. 23–32.

Luria, M. A. (1930) *A study of the Monastir dialect of Judeo-Spanish based on oral material collected in Monastir, Yugo-Slavia*, Nueva York: Instituto de las Españas.

Magdalena Nom de Déu, J. R. (1996) *Crestomatía de textos hebraicorromances medievales de Sefarad (Aragón, Navarra, Cataluña y Portugal)*, Barcelona: Universitat de Barcelona.

Malinowski, A. 1982 "A report on the status of Judeo-Spanish in Turkey", *International Journal of the Sociology of Language*, 37, pp. 7–23.

Malinowski, A. 1985 "Judezmo in the U.S.A. today: Attitudes and institutions", en Fishman, J. (ed.) *Readings in the sociology of Jewish languages*, Leiden: Brill, pp. 212–224.

Miller, E. (2000) *Jewish multiglossia: Hebrew, Arabic, and Castilian in Medieval Spain*, Newark: Juan de la Cuenca.

Minervini, L. (1999) "The formation of the Judeo-Spanish koiné: Dialect convergence in the sixteenth century", en Benaim, A. (ed) *Proceedings of the tenth British conference on Judeo-Spanish studies*, Londres: Department of Hispanic Studies, Queen Mary and Westfield College, pp. 41–54.

Penny, R. (2000) *Variation and change in Spanish*, Cambridge: Cambridge University.

Quintana Rodríguez, A. (2002) "Geografía lingüística del judeoespañol de acuerdo con el léxico", *Revista de Filología Española*, 82, pp. 105–138.

Quintana Rodríguez, A. (2006) *Geografía lingüística del judeoespañol*, Berna: Peter Lang.

Romero, R. (2008) "Turkish word order and case in modern Judeo-Spanish spoken in Istanbul", en Westmoreland, M. y Thomas, J. A. (eds.), *Selected proceedings of the 4th workshop on Spanish sociolinguistics*, Somerville: Cascadilla, pp. 157–161.

Romero, R. (2009) "Lexical borrowing and gender assignment in Judeo-Spanish", *Ianua Revista Philologica Romanica*, 9, pp. 23–35.

Romero, R. (2012) *Spanish in the Bosphorus, a sociolinguistic study on the Judeo-Spanish dialect spoken in Istanbul*, Estambul: Libra.

Sala, M. (1970) *Estudios sobre el judeoespañol de Bucarest*, México: UNAM.

Schwarzwald, O. (1993) "Morphological aspects in the development of Judeo-Spanish", *Folia Linguistica*, 27, 1–2, pp. 27–44.

Sephiha, H.-V. (1973) *Le ladino, judéo-espagnol calque, Deutéronome, Versions de Constantinople (1547) et de Ferrare (1553)*, París: Institute d'Etudes Hispaniques.

Sephiha, H.-V. (1977) *L'agonie des judéo-espagnols*, París: Entente.

Varol-Bornes, M.-C. (1996) "Influencia del turco en el judeoespañol de Turquía", en Busse, W. y Varol-Bornes, M.-C. (eds.) *Sephardica: Hommage à Haïm Vidal Sephiha*, Berna: Peter Lang.

Varol-Bornes, M.-C. (2008) *Le judéo-espagnol vernaculaire d'Istanbul*, Berna: Peter Lang.

Wexler, P. (1981) "Jewish interlinguistics: Facts and conceptual framework", *Language*, 57, pp. 99–149.

Lecturas complementarias

Altabev, M. (2003) *Judeo-Spanish in the Turkish social context: Language death, swan song, revival or new arrival?*, Estambul: Isis.

Benbassa, E. y Rodrigue, A. (2000) *Sephardi Jewry: A history of the Judeo-Spanish community, 14th-20th centuries*, Los Ángeles: University of California.

Díaz-Mas, P. (1997) *Los sefardíes: historia, lengua y cultura*, Barcelona: Riopiedras.

Kahane, H. R. y Saporta, S. (1953) "The verbal categories of Judeo-Spanish", *Hispanic Review*, 21, pp. 193–214 y 322–336.

Sachar, H. (1994) *Farewell España: The world of the Sephardim remembered*, Nueva York: Vintage.

Sephiha, H.-V. (1986) *Le judéo-espagnol*, París: Entente.

Entradas relacionadas

bilingüismo; dialectología y geografía lingüística; español coloquial; hablantes de herencia; historia del español; ideologías lingüísticas; sociolingüística; variación fonética

LENGUAJE LITERARIO

Miguel Ángel Garrido Gallardo

Se llama LENGUAJE a la capacidad de comunicar propia de los seres humanos y, por extensión (que no es el caso), de los animales y otras especies. Esa capacidad se concreta en el manejo de un sistema de signos mediante el cual expresamos lo que queremos decir y entendemos lo que nos dicen los demás. Desde el siglo XIX llamamos LITERATURA (antes se llamaba POESÍA) al arte hecho con esos signos, con palabras, o sea a un modo con el que se satisface la necesidad que sienten algunos humanos de contar determinados relatos o comunicar determinados sentimientos, correspondida por la que sienten otros de enterarse de esos relatos o esas emociones para enriquecerse, para emocionarse, para distraerse. Así, podemos llamar LENGUAJE LITERARIO o bien al uso literario de la lengua o bien a los procesos comunicativos que se inscriben en la institución literaria, ambas cosas normalmente relacionadas entre sí, ya que tales procesos suelen utilizar enunciados lingüísticos especialmente elaborados para ese fin. No obstante, propiamente hablando, no hay lengua literaria diferente de la lengua no literaria, pues, como decía Jorge Guillén, tan literaria es la palabra *trino* como la palabra *basura*, depende de cómo y para qué se emplee. Sin embargo, es habitual, como digo, que se procure una especial elaboración de la lengua para la comunicación literaria como lo es que la comunicación literaria presente unas características especiales en los otros elementos (emisor, receptor, referente, código y canal) que junto al enunciado lingüístico configuran un específico proceso de comunicación.

1. La función poética

Durante el último siglo, las distintas escuelas lingüísticas, desde el estructuralismo o el idealismo hasta el cognitivismo, han intentado explicar el lenguaje literario desde sus respectivos enfoques. Esta exposición, no obstante, se presentará como deliberadamente ecléctica, dejando al lector la posibilidad de ampliar en diferentes aspectos mediante la consulta de la bibliografía complementaria indicada.

Comenzamos recordando la archiconocida hipótesis de la función poética del lenguaje que Jakobson propuso en el simposio sobre el estilo, celebrado en Bloomington (Indiana) en la primavera de 1958 y cuyas actas se publicaron el 1960 (Sebeok (ed.) 1960). Jakobson ve como resultado de la función poética los paralelismos y repeticiones de todo tipo tan frecuentes en la poesía, de las que la rima es ejemplo claro y trivial. En efecto, este modo de proceder lingüístico otorga un especial espesor al texto que se hace visible en cuanto texto mismo. No se trata del mensaje que remite al referente y desaparece, sino del que recaba la atención sobre sí mismo, que se hace opaco.

Jakobson recuerda que todo hablante realiza una doble operación al emitir un mensaje: selecciona una serie de términos entre todos los teóricamente posibles (equivalentes) que hay en su sistema (paradigma) y los combina de una determinada manera (secuencia). En la frase *el niño duerme* encontramos la selección de dos términos concretos, pero podríamos haber escogido cualesquiera otros dentro de sus respectivas series:

niño	duerme
bebé	descansa
pequeño	reposa
muchachito	sestea

Son secuencias *normales*. Pues bien, según Jakobson, hay otro modo de configurar el mensaje o enunciado, el propio de la llamada función poética, que "proyecta el principio de equivalencia del eje de selección al eje de combinación, o sea, promueve la equivalencia a recurso constitutivo de la secuencia" (Sebeok (ed.) 1960: 138). Se añade una regla adicional a la constitución de la cadena sintagmática, la de que las unidades que la integran han de estar relacionadas previamente en el paradigma.

En las casitas de vino CASA hay muchas cosas para su casa.

Es un mensaje cifrado claramente bajo el dominio de la función poética. La secuencia se ha formado con una regla que ha obligado a elegir términos fonéticamente emparentados (idéntico fenómeno sería si la relación hubiera sido semántica en vez de fonética).

Compárese con:

En los estuches de vino CASA hay muchos objetos para su hogar.

Sin duda más espontáneo, al prescindir de dicha regla.

El ejemplo escogido, un viejo anuncio publicitario, ilustra una limitación, ya advertida por Jakobson: la llamada función poética no se da solo en la poesía, ni la poesía se puede reducir a textos bajo dominancia de la función poética. Es más, en una cierta medida, esta función de estructuración del discurso está presente en todo acto de lenguaje.

Así, la "función poética" no da respuesta suficiente a la pregunta que inicialmente había planteado Jakobson de *qué hace que un texto sea un texto literario*. Por falta de distintividad (no son todos los que están: "está" el anuncio que hemos visto, por ejemplo) y de exhaustividad (no están todos los que son: no todos los textos considerados literarios caen bajo el dominio de la función poética). Incluso, en casos extremos, algunos escritos (sobre todo, en prosa) adquieren históricamente la calificación de literarios que no tenían en la intención del autor y que no estaban codificados teniendo en cuenta dicha función. Por ejemplo, el libro de la *Vida* de Santa Teresa de Jesús, hoy en el canon del español, era en principio una cuenta de conciencia.

No obstante, si esta falta de exhaustividad dejara fuera solo unas pocas excepciones, se habrían obtenido las marcas distintivas de un conjunto dentro del cual la Literatura sería un subconjunto por precisar. No sería poco hallazgo.

2. La comunicación literaria

Fernando Lázaro Carreter (1980) ha reflexionado lúcidamente sobre esta dimensión comunicativa junto con otros muchos autores (Lotman 1970; Corti 1976; Pratt 1977) que le han venido prestando también atención, una vez superada la moda estructuralista que había centrado las investigaciones literarias en las combinaciones mecánicas de las unidades de los textos.

Advierte Lázaro Carreter que, en la comunicación literaria, las distintas instancias que entran en juego se ven afectadas (modificadas) de un modo a veces sustancial. Emisor, receptor, referente y mensaje adquieren una categoría nueva.

Veamos las condiciones de emisión:

a) El emisor no es un cualquiera, sino una persona que consigue en su sociedad la condición de "autor", de alguien al que se le reconoce que aumenta el campo de las letras, de lo estético (*augere* = aumentar) con sus contribuciones, hasta tal punto que su reconocimiento invita a la lectura como "literario" de un texto que tal vez pasaría inadvertido si no fuera unido a un nombre al que se le presupone capacidad artística;

b) no establece diálogo con el receptor, ya que se encuentra con él a través del espacio y del tiempo. Ciertamente, esto mismo le ocurre al que deja cualquier texto escrito, literario o no, pero en el caso de la literatura la intencionalidad de traspasar límites se da por supuesta. El que escribe un correo electrónico o una carta está esperando una concreta interlocución, el que publica un poema lo deja, por así decir, a su suerte;

c) cifra su mensaje en ausencia de necesidades prácticas inmediatas. Nadie ni nada le obliga a tomar esta iniciativa a diferencia de lo que ocurre al que redacta un informe o elabora las instrucciones de uso de un aparato;

d) establece una acción comunicativa centrífuga y pluridireccional. El autor sale al encuentro del lector a través del espacio y el tiempo sin que pueda esperar habitualmente respuesta, sino acogida;

e) emprende, pues, una comunicación de carácter utópico y ucrónico, es decir, el lugar y la ocasión se difuminan y la experiencia comunicada por el autor entra así en el orden de lo universal.

Paralelamente, las condiciones de recepción son diferentes a las de la comunicación estándar:

a) El receptor tampoco viene obligado por una razón práctica. Su acogida del texto e inicio de la comunicación son espontáneas y no forzadas;

b) no puede contradecir al autor ni prolongar la conversación, cosa que ocurre también con toda comunicación escrita, pero que caracteriza de modo especial la comunicación literaria. El destinatario de una epístola tiene evidentemente otro papel al respecto que el lector que alcanza un libro en su biblioteca;

c) puede asentir o disentir, pero tampoco puede modificar la propuesta. Un libro modificado es *otro* libro. La dirección de la comunicación no tiene marcha atrás;

d) a la inversa que en la comunicación ordinaria, aquí es el receptor quien inicia el acto comunicativo de que se trate. Es obvio que se necesita que la obra exista previamente para que pueda existir el acto, pero este comienza en el momento en que el lector empieza a pasear sus ojos por las páginas. Se dirá que esta comunicación es común con la de cualquier página archivada, pero será difícil desconocer el carácter "desinteresado", "no práctico" de esta recepción por comparación con el de una lectura documental.

El referente entra en el discurso de manera también especial:

a) no está delimitado por un contexto necesariamente compartido entre emisor y receptor, cosa que es cierta hasta en el caso de la novela realista y no digamos si se trata, por ejemplo, de poesía hermética;
b) el contenido es especialmente ambiguo (por ucrónico, utópico y descontextualizado);
c) la actualidad proviene del receptor que es quien confiere, incluso si lo hace equivocadamente, el "valor". No debemos olvidar que lo que los teóricos de la información llaman "ruido" puede convertirse en "información" en la comunicación literaria (Lotman 1970). En ella, la ambigüedad añade sugerencias al contenido del discurso, poniéndolo por delante de los enunciados inequívocos por triviales: una factura, un horario de trenes no llaman a engaño, pero tampoco abren los horizontes de la metáfora.

El mensaje en que cristaliza la comunicación tiene también, por lo general, características específicas. Se trata de un lenguaje proyectado de antemano, sometido a composición (apartados, capítulos, actos, escenas, etc.). Normalmente, frente al fluir impredecible de la conversación, tiene un cierre previsto ("catorce versos dicen que es soneto"), lo que provoca una especial tensión semántica, resultado del esfuerzo por introducir en un espacio acotado todo el contenido que se pretende comunicar.

Como hemos visto, la llamada función poética proporciona una pista para aislar, aunque no completamente, lo que hoy llamamos poesía (textos literarios codificados en una matriz rítmica impuesta) y, de modo muy laxo, algunos ejemplos de literatura en prosa, sean novelas o textos dramáticos, pero como avisa Gérard Genette (1991) el criterio básico para determinar la literariedad de novelas o dramas no es solo su calidad de "dicción", sino su condición de "ficción". Como ya advertía Aristóteles en su *Poética*, cuatro siglos antes de Cristo, si pusiésemos en versos las obras de Heródoto seguirían siendo historia y no literatura, y eso que en aquel momento la ficción tenía como condición obligada el verso.

3. El lenguaje figurado

Antes que la Poética o tratado del arte hecho con palabras, el estudio del lenguaje de la Grecia antigua conoció la disciplina llamada Retórica que enseñaba a comunicar con eficacia, o sea, a que las intervenciones (entonces siempre orales) de los discursos judiciales, políticos o conferencias en general consiguiesen la adhesión del público al que iban dirigidas. La Retórica continúa en Roma y, sistematizada por el hispano romano Quintiliano en el siglo I de nuestra era, ya en lengua latina, se convierte en un instrumento fundamental de la educación de la persona culta, el cual, de una forma u otra, llega hasta nuestros días. La Retórica consta de cinco partes, a saber, *Inventio, Dispositio, Elocutio, Memoria* y *Actio*. La elocución es la parte que se dedica al estudio de los recursos que hacen especialmente atractiva la lengua empleada. Desde el principio, se cae en la cuenta de que aquellos procedimientos que se emplean para conseguir un discurso atrayente con una finalidad política, ideológica o práctica de cualquier tipo serán, al menos en parte, los mismos que se utilicen para conseguir un discurso atrayente de finalidad artística. De esta forma, el conjunto de recursos de expresión estudiados por la *Elocutio* y denominados, en general, figuras retóricas, una especie de desarrollo de la función poética, pasan a ser un capítulo imprescindible del lenguaje literario como suministrador del "lenguaje figurado", la lengua especialmente elaborada que la comunicación literaria necesita.

La Elocución clásica estudia los "estilos" y las cualidades o "virtudes" de la expresión, que son la corrección (*puritas*), la claridad (*perspicuitas*) y la belleza (*ornatus*). Es dentro de este último marco de la belleza en el que se concebían las figuras como un adorno super-puesto al discurso "normal" del lenguaje. El "adorno" se obtiene de tres formas:

a) Mediante transgresiones de la norma (claridad y corrección) que, abordadas deliberada-mente al servicio de un más alto valor expresivo, se convierten en *licencias*.
b) Mediante repeticiones que sirven para intensificar.
c) Mediante la utilización especialmente lúcida o adecuada de los mecanismos ordinarios de la lengua puestos al servicio de una mayor expresividad o intensidad.

En la tradición se ha distinguido también entre recursos que afectan a palabras aisladas (*verbis singulis*) y recursos que afectan a grupos de palabras (*verbis coniunctis*). Dentro de los primeros están los *metaplasmos*, de naturaleza fónica y gráfica, y los *tropos*, de natura-leza léxico-semántica. Los "grupos de palabras" abarcan las *figuras* en sentido estricto, fenó-menos restringidos a los límites de una oración, y la *composición*, que trasciende los límites de la oración para adentrarse en la construcción del discurso.

Quintiliano enumera en su *Institutio oratoriae* (I, 5) cuatro mecanismos para elaborar los diferentes recursos expresivos: *adiectio* (adición), *detractio* (supresión), *transmutatio* (inver-sión) e *inmutatio* (sustitución). La combinación de estas cuatro vías con los apartados expuestos en los párrafos anteriores constituye el entramado básico de todas las clasificacio-nes tradicionales. El resto de recursos que no son resultado de estas operaciones aparece con la denominación de *figuras de pensamiento*.

Según lo visto, *figura* en sentido amplio puede ser cualquier segmento del enunciado que el emisor ha ofrecido como especialmente significativo o que el receptor ha recibido como tal o, como será lo plausible, que el emisor ha intentado dotar de especial significación y el receptor así lo ha reconocido. ¿Hay muchas conjunciones? *Polisíndeton* tenemos. ¿Hay pocas o ninguna? *Asíndeton*. ¿Cuántas hacen falta para caer en uno u otro lado? Depende. El sistema de las figuras dista de ser una ciencia exacta y, por otra parte, es un mar sin orillas.

Si cualquier enunciado puede convertirse en *figura* en este sentido amplio (que es el que aquí se emplea), sus clasificaciones configurarán en realidad una serie abierta e indefinida. Esto ha permitido que el furor taxonómico de los rétores las haya multiplicado a lo largo de toda la historia de la cultura occidental. Cada tratadista ofrece una lista propia, en parte común a la tradición y en parte diferente a otras.

La que se presenta a continuación sin intención alguna de exhaustividad está inspirada en la propuesta de Todorov (1967) que es, a mi juicio, una de las más simples y claras. Nos limitaremos a distinguir *licencias* (tipo *a* de los enumerados al iniciar el apartado) por un lado e *intensificaciones* (tipos *b* y *c*) por otro. Dentro de cada uno de estos dos apartados, agruparemos los fenómenos según cuatro niveles lingüísticos:

a) Relación sonido-sentido.
b) Sintaxis.
c) Semántica.
d) Relación signo-referente.

Como los distintos aspectos del signo lingüístico se dan simultáneamente, el alojamiento de cada figura resultará muchas veces convencional, porque se producen superposiciones en muchos casos. Por ejemplo, el *retruécano* como contraposición de dos frases que contienen las mismas palabras en otro orden y régimen es figura del apartado "sonido-sentido", porque transgrede la norma de "a igual sonido, igual sentido", pero es un fenómeno semántico en cuanto, mediante esa *transmutatio*, consigue un segundo significado más allá del literal: algunos lo clasifican así con el nombre de *antimetábole*. Hay, pues, que tener en cuenta el carácter en cierta medida arbitrario de toda clasificación. La nuestra no es excepción.

Por otra parte, según el criterio de clasificación adoptado, los fenómenos se relacionan de distintas maneras, aparecen más o menos próximos o lejanos entre sí. Por ejemplo, si, como se hace aquí, agrupamos las anomalías por un lado y las intensificaciones por otro (lo mismo sean consecuencia de repeticiones que de situación y contexto), la *enumeración* aparecerá junto con la *descripción*, la *sentencia* o el *epifonema*, intensificaciones también de la relación entre signo y referente. En cambio, para los que consideran toda repetición un tipo de *licencia*, la *enumeración* formará parte del grupo de *figuras por adición* junto con el *sinatroísmo* y el *polisíndeton*.

Como siempre que existen diferentes sistemas de denominación, habrá ocasiones en que un mismo término sirva para varios conceptos distintos según el autor que lo emplea y que un mismo concepto sea expresado por varios términos diferentes en distintas retóricas. Hay que estar atento para deshacer mediante la atención al contexto los posibles equívocos.

Con todo, el peso de la tradición ha organizado un sistema de denominaciones en gran medida constantes. En los casos de duda, hemos intentado escoger para nuestro elenco la más prestigiosa y frecuente. El inventario de figuras constituye, de todas maneras, un vocabulario técnico que es indispensable conocer.

3.1. Licencias

La transgresión de una norma lingüística, aunque no vuelve el enunciado ininteligible como ocurriría si la transgredida fuera una regla del código fundamental, constituye una falta o error. Ahora bien, si esa anomalía se aborda o se interpreta como libertad permisible en una comunicación especial, en la comunicación literaria, entonces nos encontramos ante una figura, ante una *licencia* en concreto. Veámoslo en los cuatro niveles mencionados.

3.1.1. Relación sonido-sentido

Figuras de dicción. Utilización deliberada a efectos rítmicos de transgresiones derivadas de mecanismos o tendencias implícitas en la cadena hablada. Entre ellas, se encuentran, además de las *licencias poéticas* que se estudian en Métrica con los nombres de *sinalefa*, *dialefa*, *sinéresis* y *diéresis*, las que veremos a continuación hasta la *paragoge* inclusive.

Aféresis. Supresión de una sílaba a comienzo de una palabra.
Como el *cueducto* quiebres de una fuente (Tirso de Molina)

Síncopa. Supresión de una sílaba interna.
Pastores los que *fuerdes* (San Juan de la Cruz)

Apócope. Supresión de la sílaba final.
Siquier la muerte me lleva (Romancero)

Una forma especial de síncopa es la que configuran los *versos de cabo roto*. Veamos los versos de *Urganda la Desconocida* que aparecen en el prólogo del *Quijote*.

Advierte que es desati-
Siendo de vidrio el teja-

Prótesis. Aumento de una sílaba inicial.

> Así para poder ser *amatado* (Garcilaso de la Vega)

Epéntesis. Aumento de una sílaba interna.

> Padre, la *benedición* (Cañizares)

Paragoge. Aumento de una sílaba final.

> La mano le da a *besare* (Romancero)

Aliteración. Repetición sistemática de un mismo fonema en un mismo enunciado. A veces, repetición de un mismo grafema, aunque no corresponda al mismo sonido. Con todo, la virtualidad expresiva de los solos rasgos gráficos es mucho menor. Véase el efecto de repetir la *s*.

> *en el silencio solo s'escuchaba*
> *un susurro de abejas que sonaba.* (Garcilaso de la Vega)

Esta aliteración es además *onomatopéyica*, o sea, reproduce con su sonido aquel que se quiere describir. Cuando la *onomatopeya*, como en este caso, se prolonga a lo largo de diversas palabras se denomina también *armonía imitativa*.

Acróstico. Distribución de las grafías iniciales de cada verso de modo que, leídas en vertical, componen un nombre o frase. Así pone su nombre al principio quien escribe *La Celestina*.

Anagrama. Composición que relaciona palabras o secuencias que constan de los mismos fonemas o sílabas, pero en distinto orden.

> Anagrama de *Luïsa* es ilusa / y no la infama (Juan de Salinas)

Se puede considerar una variedad de *anagrama* el *palíndromo* o expresión susceptible de ser igualmente leída de izquierda a derecha o de derecha a izquierda: *dábale arroz a la zorra el abad.*

Quiasmo. Distribución simétrica o cruzada de las mismas o equivalente palabras en dos frases contiguas.

> *pocos días, edad poca* (Fernán Pérez de Guzmán)

Retruécano. Contraposición de dos frases que contienen las mismas palabras en otro orden y régimen.

> ¿cómo creerá que sientes lo que dices
> oyendo cuán bien dices lo que sientes (Bartolomé L. de Argensola)

Calambur. Enfrentamiento de dos palabras distintas por su significado, aunque perceptiblemente iguales por su significante.

> a este *Lopico lo pico* (Góngora)

Paronomasia o *adnominatio*. Enfrentamiento de dos palabras o grupos de palabras de parecido significante.

> *Serafina será fin* (Tirso de Molina)

Asonancia o *similicadencia*. Idéntica terminación fonemática de frases o miembros de frases contiguos. Se distingue entre *homeotéleuton* u *homoioteleuton* (igual final) y *homeóptoton* o *similiter cadens*, *similicadencia* propiamente dicha (igual flexión). En el primer caso, simplemente se produce la coincidencia de sonidos; en el segundo, es consecuencia de corresponder a una misma forma flexiva.

> [...] estoy *cantando* yo, y está *sonando*
> de mis atados pies el grave hierro (Garcilaso de la Vega)

3.1.2. Sintaxis

Elipsis. Omisión en el texto de algún contenido que existe en la construcción lógica. En la mayoría de los casos, una visión moderna de la Gramática no incluiría este fenómeno como figura, sino en un apartado de presuposiciones u otras condiciones pragmáticas.

Braquilogía. Empleo de una expresión corta, equivalente a otra más amplia o complicada.

Zeugma. Elipsis de un término que se repite en dos enunciados. A veces, de estar expreso el término elidido, necesitaría también un cambio gramatical.

Dilogía o *silepsis*. Uso de una palabra en dos sentidos diversos dentro de un mismo enunciado.

> mi vida acabe, y mi vivir *ordene*. (Quevedo)

Reticencia o *aposiopesis*. Mediante la suspensión de la secuencia, se comunica más significación de la que expresamente se transmite.

> Fisgona, ruda, necia, altiva, puerca,
> golosa y... basta, musa mía,
> ¿cómo apurar tan grande letanía? (Quevedo)

Interrupción. La suspensión de la secuencia lógica expresa la perturbación producida por la emoción.

> Ah! noche, ya no noche!... tristes días. (Moratín)

Hipérbaton. Cambio en el orden lógico de los elementos funcionales de una oración. Se habla de *tmesis* cuando se refiere a la separación de una unidad compuesta (*han... ardido*), mediante la intercalación de otros elementos de la oración, y de *anástrofe* cuando se trata de palabras inmediatas (*Cerrar podrá*).

> *Cerrar podrá mis ojos la postrera* [...]
> Medulas que han gloriosamente ardido (Quevedo)

3.1.3. Semántica

Epíteto. Adjetivo calificativo que, como adjunto al nombre, le añade una cualidad o la subraya sin modificar, al contrario de lo que ocurre en el uso ordinario, su extensión ni su comprensión.

> Por ti el silencio de la sombra *umbrosa* (Garcilaso de la Vega)

Sínquisis o *mixtura verborum.* Extremada dislocación sintáctica, consecuencia de hipérbatos de todo tipo.

Equívoco o *antanaclasis.* Enfrentamiento de dos significados distintos de un mismo significante.

> y que otros llaman *vino,*
> porque nos *vino* del cielo. (Baltasar del Alcázar)

Sinonimia, metábole o *expolición.* Utilización de palabras sinónimas en un mismo contexto.

> *Acude, acorre, vuela* (Fray Luis de León)

Histerología o *hísteron próteron.* Inversión lógico-cronológica del orden de la frase.
Paradiástole, separación o *distinctio.* Sinonimia que se hace notar.

> *La luz no está en la luz,* está en las cosas (José Ángel Valente)

Oxímoron. Enfrentamiento de dos palabras de significado literalmente contradictorio.

> la *música callada,* / la *soledad sonora* (San Juan de la Cruz)

Sinécdoque. En el plano lingüístico de la contigüidad, traslación de una palabra que designa el todo por la parte o viceversa.

> De la *Asia* fue terror, de *Europa,* espanto (Quevedo)

La *sinécdoque* que designa un nombre común por un nombre propio o viceversa se denomina *antonomasia.*
Metonimia. En el plano lingüístico de la contigüidad, trastueque de significación de una palabra que designa la causa por el efecto, el símbolo por lo simbolizado. Y sus contrarios.

> Viene sin vara de mimbre entre los cinco tricornios (García Lorca)

Metáfora. En el plano lingüístico de la semejanza, traslación del significado de un término a otro con el que guarda una relación parcial. El uso de una metáfora puede generalizarse hasta perder el sentido traslaticio originario.
Alegoría. Mediante una comparación tácita, presenta un doble sentido, literal e intelectual.

677

Las quatro fuentes claras que del prado manavan,
los quatro evangelios, esso significavan,
ca los evangelistas quatro que los dictavan,
quando los escrivién, con ella se fablavan. (Gonzalo de Berceo)

Personificación o *prosopopeya*. Atribución de cualidades de seres animados a seres inanimados. Cuando se trata de atribuir cualidades humanas a seres irracionales, se llama propiamente *personificación*. En los demás casos, se puede llamar también *metagoge*.

[el oso]: "Cuando me desaprobaba
la Mona, llegué a dudar;
mas ya que el Cerdo me alaba,
muy mal debo de bailar". (Tomás de Iriarte)

Sinestesia. Se mezclan y confunden las cualidades que perciben los distintos sentidos corporales.

En *colores sonoros* suspendidos
oyen los ojos, miran los oídos. (López de Zárate)

Alusión. Referencia tácita a una realidad que se supone muy conocida.

por donde iba una venta, que fue como *si viere una estrella que no a los portales, sino a los alcázares de redención* le encaminaba. (Cervantes)

Metalepsis. Referencia a una noción que expresa otra en relación de antecedente o consecuente con ella.

Que no mire tu hermosura, / quien ha de mirar tu honra (Calderón)

Paradoja, antilogía o *endíadis*. Reunión de términos solo literalmente contradictorios. En realidad se trata de un aparente contrasentido que postula *otro* significado más allá del superficial.

Matando, muerte en vida la has trocado (San Juan de la Cruz)

Perífrasis. Expresa una idea mediante un rodeo.

Era del año la estación florida (Luis de Góngora)

3.1.4. *Relación signo-referente*

Preterición. Finge pasar por alto lo que en efecto se está diciendo.

No quiero llegar a otras menudencias, conviene a saber, de la falta de camisas y no sobra de zapatos (Cervantes)

Permisión. Ofrece al interlocutor la realización de algo que obviamente no se desea.

Agora que ya las sabes,
generosamente anima
contra mi vida el acero (Calderón de la Barca)

Ironía, antífrasis o *simulación*. Expresión en tono de burla de lo contrario de lo que se quiere comunicar.

No busques lo moral ni lo decente (L. F. de Moratín)

Sarcasmo. Es una ironía insultante.
    Asteísmo. Alabanza delicada en forma de vituperio o viceversa.

un grupo achabolado como aquel no deja de ser al mismo tiempo recreo para el artista y campo de estudio para el sociólogo. (Luis Martín Santos)

Hipérbole. Exageración en la designación del referente.

Érase un hombre a una nariz pegado (Quevedo)

Lítote. Atenuación del enunciado mediante su expresión en fórmula indirecta, normalmente negativa.

El aire se serena y viste de hermosura y luz *no usada* (Fray Luis de León)

Asociación. Utilización del plural para un discurso en primera persona del singular.
    Dubitación. Se duda entre dos o más posibles formas de decir, pensar o actuar.
    Comunicación o *anacoenosis*. Se finge consultar el parecer de los oyentes.

Decidme, la hermosura […] (Jorge Manrique)

Concesión. Concede previamente algo en contra del propio argumento para reforzarlo dialécticamente.

Yo os quiero confesar, D. Juan, primero
que aquel blanco y carmín de doña Elvira
no tiene de ella más, si bien se mira,
que el haberla costado su dinero (Lupercio L. de Argensola)

Interrogación. Utilización del funcionalismo interrogativo del lenguaje para dar mayor énfasis a una afirmación.

¿Qué se hizo el rey don Joan? (Jorge Manrique)

3.2. Intensificaciones

Cuando no se transgrede la norma lingüística, pero podemos describir segmentos del enunciado como especialmente significativos a causa de su insistente reiteración o por cualquier otro motivo, nos hallamos ante las intensificaciones, que cubren el segundo gran apartado de las figuras.

3.2.1. *Relación sonido-sentido*

Anáfora. Reiteración de una o varias palabras al comienzo de diversas frases de un período.

> *Ya* de tu creación, tal vez, alhaja
> ....
> *Ya*, tal vez, la combate y la trabaja [...] (Miguel Hernández)

En otra acepción, remotamente relacionada, la anáfora es un procedimiento gramatical de gran importancia en la deixis.

Epífora o *conversión.* Reiteración de una o varias palabras al final de diversas frases del período.

> ¡Oh triste del cortesano el cual se levanta *tarde*, va a palacio *tarde* (Fray Antonio de Guevara)

Complexión. Reiteración de una o varias palabras al principio y final de cada frase del período.

> que la ausencia de amor huele a nada,
> que la ausencia del aire, de la sombra huelen a nada. (Vicente Aleixandre)

Reduplicación. Repetición de una o varias palabras al comienzo de una frase. Esta figura se conoce también con los nombres de *epanalepsis*, *geminación* o *epizeuxis*.

> Vuelta, vuelta, mi señora
> que una cosa se le olvida. (Romance)

Diácope. Es la variante de la figura anterior que se caracteriza por la relajación del contacto que guardan los elementos repetidos entre los que intercala una unidad sintáctica corta, en muchos casos, una conjunción.

> Y al cabo, al cabo, *se siembre o no se siembre*
> el año se remata por diciembre (Lope de Vega)

Anadiplosis o *conduplicación.* Repetición de la última palabra de un grupo sintáctico o de un verso, al comienzo del siguiente.

> Oye, no temas, y a mi ninfa *dile*, / *dile* que muero. (Villegas)

Todos los términos que acabamos de examinar (*reduplicación, geminación, epizeuxis, epanalepsis, diácope, anadiplosis, conduplicación*) consisten en repeticiones de palabras en un contexto próximo. Esta es la razón por la que las denominaciones de las diferentes variantes se superponen o intercambian de manera desigual en distintos tratados.

Concatenación. Anadiplosis de un grupo de palabras.

> Veo que el que tiene mucho tiraniza al que *tiene poco*; que el que *tiene poco* sirve, aunque no quiera, al que tiene mucho. (Fray Antonio de Guevara)

Epanadiplosis o *redición*. Consiste en comenzar y acabar una frase o miembro de ella con la misma palabra.

> *Fuera* menos penado si no *fuera.* (Miguel Hernández)

Derivación. Reunión de palabras derivadas de un mismo radical.

> Pues mientras vive el *vencido*
> *venciendo* está el *vencedor.* (Alarcón)

Relacionada con esta figura está el tipo de *paronomasia* que se basa en el parentesco léxico de las palabras y se denomina *parequesis.*
   Políptoton. Reiteración de diversas formas flexivas de un mismo término.

> *Vivo sin vivir* en mí
> y tan alta vida espero
> que muero porque no muero. (Santa Teresa de Jesús)

3.2.2. Sintaxis

Asíndeton, disjunción o *disolución.* Construcción en la que se prescinde de posibles nexos relacionantes.

> *Llamas, dolores, guerras,*
> *muertes, asolamientos, fieros males.* (Fray Luis de León)

Polisíndeton. Multiplicación de nexos relacionantes.

> Y los dejó y cayó en despeñadero
> el carro y el caballo y caballero. (Herrera)

Sujeción. Refiere y subordina a una proposición, generalmente interrogativa, otra que es una respuesta, explicación o consecuencia.

> ¿Qué es la vida? Un frenesí.
> ¿Qué es la vida? Una ilusión (Calderón)

Dialogismo o *sermocinatio.* Referencia textual de discursos propios o ajenos, o sea, *estilo directo* o *indirecto.*
   El término *sermocinación* es reservado por algunos autores exclusivamente para el caso del personaje que habla consigo mismo. *Idolopeya* es el *dialogismo* que imita el discurso de una persona muerta.
   Exclamación. Intensificación del discurso que traduce tonalmente una pasión.

> Por una mirada, un mundo;
> por una sonrisa, un cielo;
> por un beso..., *¡yo no sé*
> *qué te diera por un beso!* (G. A. Bécquer)

Apóstrofe. Individualización entre los posibles interlocutores del coloquio.

> Para y óyeme ¡oh sol! Yo te saludo. (Espronceda)

3.2.3. Semántica

Expolición. Acumulación de frases de carácter sinonímico.

Comparación o *símil.* Realce de una idea mediante el establecimiento de relaciones de semejanza o disimilitud con ella.

> ¡Oh bella Galatea, *más süave*
> *que los claveles que tronchó la aurora.* (Góngora)

Antítesis. Pone en relación frases de significado contrapuesto.

> Yo velo cuando tú duermes, yo lloro cuando tú cantas, yo me desmayo de ayuno cuando estás perezoso. (Cervantes)

La *antítesis* de contrarios que radican en el mismo sujeto se llama *cohabitación.*

Anticipación, ocupación o *prolepsis.* Se refutan de antemano las objeciones que se pudieran hacer.

Corrección. Sustitución de una palabra por otra como medio de precisar el significado que se quiere transmitir.

> Así esta historia nuestra, mía y tuya
> (*mejor será decir nada más mía*) (Luis Cernuda)

Gradación. Serie significativa ordenada. Si el orden es progresivo se denomina *clímax ascendente*; si es regresivo, *clímax descendente.*

> Acude, acorre, vuela
> traspasa la alta sierra, ocupa el llano,
> no perdones la espuela,
> no des paz a la mano,
> menea fulminando el hierro insano. (Fray Luis de León)

Sustentación o suspensión. Después de mantener el interés, se cierra el discurso con una salida de tono.

> Esto oyó un valentón, y dijo: "Es cierto
> cuanto dice voacé, seor soldado,
> y quien dijere lo contrario miente".
> Y luego incontinente
> caló el chapeo, requirió la espada,
> miró al soslayo, *fuese y no hubo nada.* (Cervantes)

3.2.4. *Relación signo-referente*

Descripción o *écfrasis*. Presentación lingüística que busca lograr una sensación plástica del objeto aludido mediante la enumeración de sus características más destacadas. Si atiende al aspecto externo de una persona, se denomina *prosopografía*; si a su carácter y costumbres, *etopeya*. La descripción de tiempos se denomina *cronografía*; de lugares, *topografía*, y de acciones, *pragmatografía*.

> Helo, helo por dó viene
> el moro por la calzada,
> caballero a la jineta
> encima una yegua baya;
> borceguíes marroquíes
> y espuela de oro calzada;
> una adarga ante los pechos
> y en su mano una zagaya. (Romancero)

Enumeración. Presentación de manera rápida de una serie de ideas referidas al mismo objeto.

Se llama *sinatroísmo* o *congeries* a la acumulación de términos semánticamente complementarios.

> A las aves ligeras,
> leones, ciervos, gamos saltadores,
> montes, valles, riberas,
> aguas, aires, ardores,
> y miedos de las noches veladores. (San Juan de la Cruz)

Sentencia. Reflexión profunda presentada de un modo enérgico. Puede constituir un *adagio*, *proverbio* o *refrán*.

Epifonema o *aclamación*. Sentencia o exclamación que cierra una descripción o narración.

> cuando tan pobre me vi,
> los favores merecía
> de Hipólita y Laura; hoy día,
> rico, me dejan las dos.
> ¡*Que juntos andan, ay Dios,*
> *el pesar y la alegría*! (Calderón de la Barca)

Bibliografía

Aristóteles (1974) *Poética*, ed. trilingüe de V. García Yebra, Madrid: Gredos.

Corti, M. (1976) *Principi della comunicazione letteraria. Introduzione alla semiotica della letteratura*, Milán: Bompiani.

Doležel, L. (1976) "Narrative semantics", *PTL*, 1, pp. 129–151.

Doležel, L. (1985) "Pour une typologie des mondes fictionnels", en Parret., H. y Ruprecht, H. G. (eds.) *Exigences et perspectives de la sémiotique (Recueil d'Hommage pour A. J. Greimas)*, Amsterdam: John Benjamins, pp. 7–23.

Genette, G. (1991) *Ficción y dicción*, Barcelona: Lumen, 1993.

Grice, H. P. (1967) "Lógica y conversación", en Valdés, L. M. (ed.) *La búsqueda del significado*, Madrid: Tecnos, 1991, pp. 510–530.

Kayser, W. (1948) *Interpretación y análisis de la obra literaria*, Madrid: Gredos, 1981.

Lázaro Carreter, F. (1980) *Estudios de lingüística*, Barcelona: Crítica.

Lotman, I. (1970) *La estructura del texto artístico*, Madrid: Istmo, 1978.

Martínez Bonati, F. (1960) *La estructura de la obra literaria*, Barcelona: Ariel, 1983.

Martínez Bonati, F. (1992) *La ficción narrativa (su lógica y ontología)*, Murcia: Universidad.

Parsons, T. (1980) *Nonexistent objects*, New Haven: Yale University Press.

Pratt, M. L. (1977) *Toward a speech act theory of literary discourse*, Bloomington: Indiana University Press.

Quintiliano, M. F. (1997–2001) *Sobre la formación del orador / Institutionis Oratoriae Libri XII*, trad. y comentario de A. Ortega Carmona, Salamanca: Universidad Pontificia, 5 vols.

Sebeok, T. A. (ed.) (1960) *Estilo del lenguaje*, Madrid: Cátedra, 1974.

Spang, K. (1991) *Teoría del drama*, Pamplona: EUNSA.

Spang, K. (1993) *Géneros literarios*, Madrid: Síntesis.

Todorov, T. (1967) *Literatura y significación*, Barcelona: Planeta, 1971.

Lecturas complementarias

Domínguez Caparrós, J. (1993) *Métrica española*, Madrid: Síntesis.

Garrido Domínguez, A. (1993) *El texto narrativo*, Madrid: Síntesis.

Garrido Gallardo, M. A., Doležel, L. *et al.* (2009) *El lenguaje literario*, Madrid: Síntesis.

Spang, K. (1993) *Géneros literarios*, Madrid: Síntesis.

Entradas relacionadas

metáfora; poesía y lenguaje; pragmática

LENGUAS CRIOLLAS DEL ESPAÑOL

Sandro Sessarego

1. Introducción y definiciones

La palabra "criollo" deriva del verbo "criar". Originalmente se refería a los colonos europeos de origen español que se habían criado en las colonias americanas de la Corona de España. Con el tiempo, la palabra "criollo" llegó a usarse como adjetivo para describir todo lo que tuviese origen en dichos territorios (ej. plantas, animales, costumbres, etc.). A lo largo de los siglos XVI y XVII, este término fue adoptado por las principales lenguas coloniales europeas —el portugués "*criulo*", el francés "*créole*" y el inglés "*creole*"— y en el siglo XVIII se empezó a utilizar en Europa para describir las variedades lingüísticas habladas por los esclavos negros en las diferentes colonias del "Nuevo Mundo". Hoy en día este vocablo no sólo se utiliza para designar a las variedades lingüísticas que se desarrollaron del contacto entre lenguas africanas y europeas en las Américas, sino que se suele referir también a otras variedades del contacto lingüístico, que se formaron por medio de la expansión colonial y comercial europea en otros continentes (África, Oceanía y Asia).

Los lingüistas han empleado muy a menudo palabras como "lenguas criollas", "criollos", "criollización", etc., para referirse a conceptos no unívocos, sino muy diferentes entre sí. Por esta razón, de momento, no hay una definición universalmente aceptada para referirse a estas variedades de contacto. Algunos estudiosos han intentado clasificar las lenguas criollas según sus rasgos estructurales (Bickerton 1981) o como un grupo lingüístico tipológicamente distinto de los demás (Seuren y Wekker 1986; McWhorter 1998; Bakker *et al.* 2011). Otros adoptaron un acercamiento estructural comparativo que intentó clasificar estos vernáculos según la distancia relativa que guardaban con la lengua lexificadora. Ese esfuerzo llevó a la creación de nuevos términos, como "semi-criollos" (Schneider 1990; Holm 1992) o "criollos intermedios" (Winford 2000). Ciertos lingüistas, en cambio, han rechazado dichos paradigmas, indicando que la "criollidad" no se puede cuantificar (Muysken y Smith 2005) y que, por lo tanto, no existen parámetros lingüísticos para definir las lenguas criollas (DeGraff 2003, 2004). Por esta razón, algunas definiciones prefieren describir estas variedades como lenguas con una historia sociocultural compartida, que muchas veces está relacionada con la esclavitud colonial y las plantaciones manejadas por los colonos europeos (Mufwene 1997; DeGraff 2005). Otras descripciones, en cambio, se enfocan en el proceso de desarrollo de estas variedades y sugieren que las lenguas criollas serían el resultado de una ruptura en la trasmisión natural de la lengua materna de una generación a otra (Thomason y Kaufman 1988), o indican que estas lenguas se deberían ver como el resultado de la nativización de hablas de tipo pidgin (Romaine 1988). Una variedad pidgin es un código lingüístico simplificado usado por personas que no tienen una lengua común y que, al entrar en contacto, tienen que desarrollar un nuevo medio de comunicación. Más recientemente, Schwegler (2010: 438) ha indicado que es la "combinación de rasgos lingüísticos internos e historias externas que provee a las lenguas criollas su estatus excepcional". Según este autor, "ésta es la razón por la cual algunos términos conceptuales como 'criollo', 'criollista', 'criollística' y 'criollización', entre otros, siguen siendo utilizados sin cuestionamiento por la mayoría de los criollistas, incluso por los que excluyen la posibilidad de definir las lenguas criollas como una clase aparte" (2010: 438).

No son muchas las lenguas que se han clasificado como criollas en el caso del español. Tradicionalmente se ha preferido seguir un análisis lingüístico-comparativo, en lugar de uno netamente histórico. De hecho, las lenguas que se desarrollaron en un contexto de esclavitud y preservaron en gran parte las estructuras del español no se clasificaron como lenguas criollas, sino como dialectos del español. Estas variedades, de todas formas, han tenido un papel muy importante en el debate sobre la criollización del español en las Américas. Por esta razón, además de analizar las principales lenguas criollas del español, nos detendremos también en los dialectos afrohispánicos que se formaron en toda América Latina durante el período de la Colonia.

2. Descripción de los datos y caracterización

Actualmente, las variedades criollas del español se hablan solamente en dos regiones del mundo: en el archipiélago de las islas Filipinas, donde todavía sobrevive el criollo chabacano, compuesto por tres variedades dialectales diferentes: caviteño, ternateño y zamboangueño; y en el Caribe, donde encontramos el papiamento (Antillas Holandesas) y el palenquero (San Basilio de Palenque, Colombia).

La lengua chabacana se desarrolló a partir del contacto entre el español y las lenguas autóctonas de las islas Filipinas (principalmente el tagalo, el bisayo y el malayo). Los españoles llegaron a las Filipinas en 1521 y colonizaron las islas a lo largo del siglo XVI. La presencia de la Corona de España en este territorio perduró hasta 1898, cuando España perdió esta colonia en la guerra contra Estados Unidos. El siguiente párrafo ofrece un ejemplo de la lengua chabacana (dialecto ternateño), que puede darle al lector una idea general de la naturaleza de dicha variedad lingüística.

(1) Chabacano

Mi táta Hep ya nomá ya diba chang Néli ne, ya-kayí na bintána, a-kayí talagá kel mi tíyu kalyá kasalukúyan kwándu-kelyá sérka pyésta, tasé éli kel iglésya aglípay, ya, bebíw mi táta Hep ya-kayí na bintána.

'Mi tío Hep, ¿verdad, tía Nelly? Se cayó de una ventana. De verdad, se cayó ese tío mío, entonces estábamos cerca de la fiesta. Estaba haciendo la iglesia aglipayana, ya, mi tío Hep estaba bebido, se cayó de la ventana' (Sippola 2011: 300–301).

El palenquero y el papiamento se consideran las dos únicas variedades criollas de base española habladas en las Américas, aunque, en realidad, debido a su evolución —relacionada con el tráfico negrero portugués—, muchos autores prefieren describirlas como lenguas de origen afrolusitano, las cuales fueron sucesivamente relexificadas con términos españoles (véase Goodman 1987; Martinus 1989; Schwegler 1993; McWhorter 2000; Jacobs 2012). El palenquero se habla en San Basilio de Palenque, Colombia, mientras el papiamento se habla en Aruba, Bonaire y Curaçao, Antillas Holandesas. Los ejemplos (2) y (3) representan dos extractos de textos escritos en estas lenguas.

(2) Palenquero

Bo a tené mucho tratej' í kala si. ¡I tan meté bo ung galotaso! Yo a-ta nada bo un kachetá ke Efina a-ten k'intembení ese ... en ese kombedza suto.

'Tú tienes mucha estrategia en tu cara. ¡Yo voy a darte un garrotazo! Yo voy a darte una cachetada tan fuerte que Delfina tendrá que intervenir… en nuestra conversación' (Schwegler 1996: 275).

(3) Papiamento

Nos Tata, cu ta na cielo, bo nomber sea santifica, laga bo reino bini na nos; bo boluntad sea haci na tera como na cielu. Duna nos awe nos pan di cada dia; pordona nos nos debe, mescos cu nos ta pordona nos debedornan; no laga nos cai den tentacion, ma libra nos di malu. Amen.

'Padre nuestro, que estás en el cielo, santificado sea tu nombre; venga a nosotros tu reino; hágase tu voluntad en la tierra como en el cielo. Danos hoy nuestro pan de cada día; perdona nuestras ofensas, como también nosotros perdonamos a los que nos ofenden; no nos dejes caer en la tentación, y líbranos del mal. Amén' (Luzinterior 2013).

El chabacano, el palenquero y el papiamento son las únicas variedades lingüísticas de base española que se han clasificado tradicionalmente como criollas. El español no ha generado muchas variedades criollas, especialmente si lo comparamos con el inglés, el portugués y el francés, cuyas variedades criollas se hablan en todo el mundo. El reducido número de lenguas criollas de base española, sobre todo en las Américas, donde la colonización española fue mucho más poderosa y larga que la colonización de cualquier otro país europeo, ha suscitado mucho interés y, consecuentemente, mucho debate.

Desde una perspectiva lingüística, la gran mayoría de las variedades que se desarrollaron a partir del contacto entre las lenguas africanas y el español en el "Nuevo Mundo" tienen una gramática muy parecida al español. De hecho, aunque en estas variedades se dan simplificaciones morfológicas y fonológicas, y se encuentran préstamos léxicos de origen africano, no hay huella de una reestructuración gramatical más profunda, comparable a la de las lenguas criollas anteriormente mencionadas.

El mapa que se muestra a continuación ilustra la distribución geográfica de las variedades afrohispánicas de las Américas. Sin considerar el papiamento y el palenquero, que reportan divergencias gramaticales más consistentes, las demás variedades presentan —en grados diferentes— fenómenos morfosintácticos y fonéticos muy parecidos, que se desvían del español estándar. Algunos de los fenómenos más recurrentes son: (a) concordancia de género ausente o limitada a algunos elementos del sintagma determinante; (b) presencia de sustantivos sin determinante; (c) marca de número no redundante en el sintagma determinante; (d) falta de conjugación sujeto-verbo y uso de la forma verbal de tercera persona singular por defecto; (e) uso excesivo de pronombres explícitos; (f) falta de inversión sujeto-verbo en las preguntas; (g) picos entonativos alineados con sílabas acentuadas en oraciones declarativas no exclamativas.

Mapa 1 Regiones afrohispánicas en Latinoamérica (Klee y Lynch 2009: 6)

La Tabla 1 resume los fenómenos gramaticales (a-f) y ofrece varios ejemplos reportados por diferentes dialectos afrohispánicos. Por otra parte, la Figura 1 es un espectrograma que provee el patrón de entonación descrito en (g).

3. Perspectivas históricas y teóricas

Esta sección proveerá una descripción de las principales teorías (y sus críticas) que se han propuesto para explicar la relativa escasez de lenguas criollas de base española. En particular, trataremos la Hipótesis de la Descriollización (Granda 1970, 1978); el modelo ofrecido para explicar la falta de criollos españoles en el Caribe (Mintz 1971; Laurence 1974); y la Hipótesis de la Génesis Africana o "Afrogenesis Hypothesis" (McWhorter 2000), que intenta ofrecer una explicación por la falta de lenguas criollas españolas en las demás regiones latinoamericanas.

Tabla 1 Fenómenos gramaticales comúnmente encontrados en los dialectos afro-hispánicos

Fenómenos	*Ejemplos*
(a) Concordancia de género ausente o limitada a algunos elementos del sintagma determinante.	*Gente branco* (español bozal cubano, Álvarez Nazario 1974:189). *Esos fiesta* (español afro-boliviano, Lipski 2008: 93).
(b) Presencia de sustantivos sin determinante.	*Me metía en pueblo con trabajadores* (español del Chocó, Ruiz-García 2001: 45). *Porque próximo pueblo puede ser Salinas* (español del Valle del Chota, Lipski 1987: 163).
(c) Marca de número no redundante en el sintagma determinante.	*Tán chiquito puej mij nene* (español afromexicano, Mayén 2007: 117). *Los cabezador* (español afroboliviano, Lipski 2008: 92).
(d) Falta de conjugación sujeto-verbo y uso de la forma verbal de la tercera persona singular por defecto.	*Yo sabe; yo tiene* (español afropuertorriqueño Álvarez Nazario 1974: 194–195). *Yo quiele sé diputá* (español bozal peruano, Lipski 2005: 253).
(e) Uso excesivo de pronombres explícitos.	*Yo tando muy pequeña yo conoci a una señora* (español de Barlovento, Megenney 1999: 117). *Claro yo como fue chico yo no acorda vela* (español afroboliviano, Lipski 2008: 101).
(f) Falta de inversión sujeto-verbo en las preguntas.	*¿Onde tú taba, mijito?* (español de Barlovento, Megenney 1999: 118). *¿Qué tú comes?* (español dominicano, Lorenzino 1998: 36)

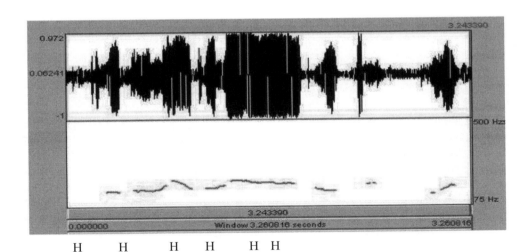

H   H   H   H   H H
[po ke la pri me ra pri me ra e a po a ki a ba xo]

Figura 1   Entonación en el dialecto del Chocó, Colombia (Lipski 2007a: 42)

3.1. La Hipótesis de la Descriollización

Germán de Granda (1968, 1970, 1978) fue uno de los primeros lingüistas en postular una conexión filogenética entre las variedades lingüísticas afroportuguesas que se formaron en la costa de África occidental y las lenguas afrohispánicas que se desarrollaron en las Américas. Según Granda, una lengua criolla afroportuguesa se desarrolló en África a partir de los primeros contactos que los portugueses establecieron en aquellas regiones a lo largo del siglo XV. De ahí que esta lengua fuera exportada a diferentes partes del mundo a causa de la expansión comercial y colonial europea a lo largo de los siguientes siglos. Según este modelo (Hipótesis Monogenética), dicha variedad afrolusitana habría mantenido su estructura gramatical esencial en los diferentes territorios a los cuales fue llevada, mientras su léxico habría sido substituido con términos provenientes de otras lenguas con las cuales entraría en contacto. De hecho, Granda (1968: 202–203) arguye lo siguiente:

> La similitud de rasgos morfosintácticos entre modalidades lingüísticas como el palenquero, el habla "bozal" puertorriqueña y el papiamento (con aportación no europea de tipo africano), los dialectos "criollos" de Filipinas (con aportación tagala) y el macaísta (con elementos no europeos de origen chino) no permite apoyar una explicación coherente y totalizadora de sus tendencias paralelas en el influjo de estos sistemas lingüísticos no europeos extraordinariamente diferentes entre sí, por lo tanto, incapaces de producir partiendo de bases estructuralmente diversas, resultados tan similares como los que he constatado [...]. No parece, sin embargo, factible [...] la producción independiente de procesos de simplificación, exactamente coincidentes, en ámbitos geográfica y socioculturalmente tan alejados como son África, Asia, América y Oceanía. Este hecho sería tan extraño como la invención paralela de un mismo sistema alfabético en múltiples y distantes puntos geográficos.

Por esta razón, el autor afirma que un criollo del español, fruto de la relexificación de dicha variedad afroportuguesa, existió en el Caribe hispánico al tiempo de la colonia y su actual ausencia dependería de un proceso sistemático de descriollización, debido a la presión del español normativo (Hipótesis de la Descriollización). De hecho, muchos autores han sugerido que determinados rasgos lingüísticos presentes en las variedades populares del español cubano (Granda 1971; Orteguy 1973; Perl 1982, 1985; Megenney 1984, 1985), puertorriqueño (Granda 1968) y dominicano (Schwegler 1996; Megenney 1993) se deberían analizar como huellas de un previo estadio criollo de estos dialectos (ej. uso excesivo de pronombres explícitos, falta de inversión sujeto-verbo en las preguntas, etc.).

La Hipótesis de la Descriollización de los dialectos del Caribe ha sido criticada desde perspectivas históricas y lingüísticas. De hecho, los rasgos lingüísticos reportados por estos dialectos parecen encontrarse también en interlenguas muy avanzadas y, por eso, no implican un previo estadio criollo para estas variedades (Sessarego 2013a). Al mismo tiempo, la evidencia histórica no sugiere que las condiciones sociodemográficas durante el tiempo de la Colonia fueran tales como para favorecer el desarrollo de lenguas criollas en las islas bajo el control español (Lipski 1993; Clements 2009). Además, una reciente revisión de la Hipótesis Monogenética de Granda ofrece nuevos datos que ponen en duda la existencia de una lengua criolla de base portuguesa ampliamente hablada por los esclavos bozales traídos al Caribe colonial (Sessarego 2013b).

3.2. La falta de criollización del español caribeño

La razón principal que se ha propuesto para explicar la falta de criollización del español caribeño es que en esta parte del mundo las sociedades de plantación solamente se desarrollaron en el siglo XIX, a diferencia de lo que ocurrió en las Antillas francesas e inglesas, donde grandes fincas de caña de azúcar empezaron a usar mano de obra esclava de manera masiva con dos siglos de antelación (Mintz 1971; Chaudenson 1992).

Entonces, el hecho de que la estructura económica del Caribe español se basara a lo largo de diferentes siglos en un sistema agrícola de haciendas pequeñas y medianas, la llamada *société d'habitation* (*cf.* Chaudenson 2001), donde los negros bozales nunca llegaron a ser una gran mayoría y trabajaban al lado de blancos y mestizos, facilitó la adquisición de la lengua española por parte de los esclavos (Mintz 1971; Laurence 1974). Por esta razón, en el siglo XIX, la lengua hablada en estas islas por la población negra local era la española. En aquel entonces, cuando se implementó un sistema de plantación a gran escala, se introdujeron cambios radicales en los mecanismos de producción, y eso implicó una introducción más consistente de nuevos esclavos africanos. De todas formas, la llegada de un gran contingente de mano de obra negra no llevó al desarrollo de una lengua criolla. Por otra parte, los nuevos bozales, que nunca sobrepasaron en número a la población local, no criollizaron la lengua española, ya bien establecida en las islas, sino que simplemente la aprendieron de los esclavos que ya estaban trabajando en dicha región (Lipski 1993, 1998).

3.3. La Hipótesis de la Génesis Africana

La estructura socioeconómica del Caribe español y la evolución de su cuadro demográfico a lo largo del periodo de la colonia se han tomado como datos en contra de una posible formación de una lengua criolla en esta región. McWhorter (2000) admite que estos datos podrían explicar la falta de un desarrollo criollo en las Antillas; de todas formas, según este autor, no queda claro por qué no se hablan variedades criollas de base española en las demás colonias latinoamericanas de la Corona de España, donde —según afirma— hubo importaciones masivas de esclavos. De hecho, el autor arguye que en muchos países latinoamericanos (Ecuador, Colombia, Perú, México y Venezuela) había un sistema agrícola basado en grandes latifundios que explotaba a enormes contingentes de esclavos negros, así que habrían existido las condiciones perfectas para el desarrollo de lenguas de ese tipo.

Según McWhorter, sería otra la razón de la falta de lenguas criollas en estas regiones. El autor postula que las lenguas criollas que se formaron en las plantaciones americanas derivaron de variedades pidgins (McWhorter 1997, 2000). Él arguye que, debido al hecho de que el español nunca pasó por una fase de pidginización en la costa de África occidental, faltaron los presupuestos lingüísticos para que se pudiese establecer una lengua criolla de base española en las Américas, en contraste con lo que ocurrió en el caso del inglés y del francés (la Hipótesis de la Génesis Africana). Entonces, según McWhorter, la razón por la cual no hay variedades criollas del español en las Américas es porque los españoles, a diferencia de las otras potencias europeas involucradas en la colonización del "Nuevo Mundo", no participaron directamente en la trata negrera en África, así que nunca se formó en este continente un pidgin español y, consecuentemente, no pudo desarrollarse un criollo español en América Latina.

La Hipótesis de la Génesis Africana no ha encontrado mucho apoyo en la comunidad lingüística (ej., Lipski 2000, 2005; Schwegler 2002; Díaz-Campos y Clements 2005, 2008; etc.). En muchos casos, el modelo de McWhorter y su análisis de los datos han sido criticados.

En particular, Lipski (2005: cap. 9) afirma que, según el análisis de este autor, no queda muy claro por qué las variedades pidgins se habrían desarrollado sólo en África y no habrían podido formarse también en América Latina, si las condiciones socioeconómicas de las plantaciones eran realmente las descritas por McWhorter. Además, si consideramos que McWhorter afirma que el papiamento y el palenquero son dos lenguas criollas de base portuguesa que se relexificaron con vocablos del español, no queda claro por qué una relexificación similar no podría haber ocurrido también con las variedades que se formaron en las plantaciones españolas indicadas por el autor como lugares perfectos para el desarrollo de lenguas criollas. Según Lipski (2005: 283), la Hipótesis de la Génesis Africana no se basa en datos históricos concretos, sino que estaría inspirada por una posición ideológica de McWhorter, que intenta proclamar las lenguas criollas como las expresiones lingüísticas de la identidad negra.

4. Contribuciones contemporáneas y nuevas perspectivas

A lo largo de los últimos años, se han enfocado diferentes estudios en las variedades criollas del español (véase por ejemplo Jacobs 2012; Schwegler 2014; Sippola 2011; Lesho y Sippola 2013, entre otros). Además, la investigación contemporánea se ha interesado también en aquellas variedades afro-hispánicas que tradicionalmente no han recibido la denominación de "lenguas criollas". De hecho, el debate sobre el origen de estos dialectos ha sido un tema de máxima relevancia académica. En particular, varios estudios han demostrado, basándose en datos históricos y lingüísticos, que algunos dialectos afrohispánicos cuyo desarrollo se había anteriormente adscrito a un origen criollo parecen, en realidad, ser el fruto de procesos avanzados de adquisición de una segunda lengua, que no implican un estadio de criollización.

Díaz-Campos y Clements (2006, 2008) ofrecen un análisis del desarrollo del dialecto afro-venezolano hablado en Barlovento. Con anterioridad, se había sugerido que esta variedad era el resultado de un proceso de descriollización (Álvarez y Obediente 1998). En cambio, Díaz-Campos y Clements proveyeron un análisis histórico y lingüístico de esta lengua que va en contra de dicho modelo. En particular, mostraron que en dicha región venezolana los negros bozales nunca llegaron a ser un grupo mayoritario. Además, indicaron que en toda la colonia el porcentaje de población negra se mantuvo relativamente bajo hasta finales del siglo XVIII porque la Corona de España tenía el monopolio de la trata de esclavos y así limitó considerablemente la introducción de mano de obra africana. Sin embargo, en un artículo reciente, Long y Díaz-Campos (en prensa) vuelven a analizar la cuestión venezolana y postulan que algunas variedades criollas habrían podido formarse en los muchos palenques que existían durante el tiempo de la colonia.

También el origen del dialecto afro-hispánico hablado en Los Yungas, Bolivia, ha sido recientemente tema de debate. Después de que John Lipski publicara diferentes artículos y un libro sobre esta lengua (Lipski 2006a, 2006b, 2007b, 2008), otros estudios se han ocupado de analizar la historia y la gramática de dicha variedad lingüística (Sessarego 2011, 2014). En particular, mientras Lipski formula una hipótesis sobre el dialecto afro-yungueño como un descendiente directo de una variedad pidgin afroespañola, Sessarego prefiere clasificarlo como el resultado de estrategias avanzadas de aprendizaje de una segunda lengua, sin postular la existencia de variedades pidgins y/o criollas en el caso de Bolivia.

De reciente fecha es también el debate sobre el origen del dialecto afro-hispánico hablado en el Valle del Chota, Ecuador. De hecho, una nueva publicación propone que también en este caso, esta variedad tendría que verse como el resultado de procesos avanzados de adquisición (Sessarego 2013b), en lugar de analizarla como la consecuencia de una fase de descriollización (Schwegler 1999). De todas formas, todavía no ha sido dicha la última palabra sobre el desarrollo del dialecto choteño (y de muchos otros más). De hecho, Schwegler (2014) afirma que el español choteño, como el afro-yungueño, la variedad afro-cubana de Palo Monte, y el Palenquero (Colombia), derivarían de una misma lengua criolla de base portuguesa. El autor ofrece datos históricos y lingüísticos para apoyar su teoría. En particular, Schwegler arguye que la presencia en todas estas lenguas del pronombre de tercera persona singular (y plural) *ele* sería una derivación directa del portugués, que no podría explicarse si no fuera porque los esclavos que fueron llevados a estos territorios americanos tan dispersos entre sí no hubiesen compartido el mismo medio de comunicación en África, antes de cruzar —a la fuerza— el océano.

Otro trabajo que retoma la postura de la influencia portuguesa en el desarrollo de las variedades afrohispánicas es el libro recientemente publicado por Bart Jacobs (2012), que describe la gramática del papiamento e identifica algunos patrones lingüísticos idénticos a las estructuras encontradas en el criollo portugués de Guinea Bissau. Sus datos y análisis brindan una contribución importante al debate sobre la génesis y la evolución de las lenguas criollas de base española en las Américas, un debate que muy probablemente mantendrá ocupada a la comunidad lingüística a lo largo de mucho tiempo.

5. El futuro del campo

Hasta hace pocas décadas, las variedades criollas y similares que se desarrollaron a partir del contacto entre el español y otras lenguas recibieron sólo una atención marginal por parte de los lingüistas y filólogos interesados en asuntos hispánicos. A lo largo de los últimos años ha habido un cambio muy marcado en el campo, así que la investigación llevada a cabo sobre estas lenguas ha crecido de manera sustancial, y por eso, hoy en día es posible encontrar a diferentes investigadores interesados en explorar una multiplicidad de aspectos gramaticales e históricos de estas variedades. Este campo de investigación es relativamente joven y queda mucho espacio para desarrollar nuevos proyectos científicos. En particular, debido a las condiciones inusuales en las cuales se formaron estas lenguas, los estudios más exitosos probablemente serán aquellos capaces de adoptar un acercamiento interdisciplinario, capaz de combinar aspectos lingüísticos, históricos, antropológicos y legales de la expansión española durante el tiempo de la Colonia.

Hasta ahora, el estudio de estos vernáculos se ha concentrado principalmente en el análisis de sus estructuras morfosintácticas, mientras que se ha prestado menos atención a sus aspectos fonéticos y fonológicos. Un área donde todavía queda muchísimo por investigar es, sin lugar a duda, el análisis de los patrones de entonación encontrados en estas lenguas. De hecho, a excepción de unos pocos estudios (ej. Lipski 2007a, 2009; Hualde y Schwegler 2008), casi nada ha sido publicado sobre este tema.

Incluso en los campos más explorados, como por ejemplo la sintaxis, todavía queda muchísimo por hacer. Efectivamente, estas variedades representan una oportunidad única para llevar a cabo estudios teóricos y comprobar la mayor o menor validez de modelos sintácticos formales, supuestamente universales, que se han formulado generalmente sobre bases de datos lingüísticos provenientes de dialectos estándares (*cf.* Sessarego 2012, 2014).

Debido a la fertilidad del terreno en el cual echó raíces y creció el debate sociohistórico sobre el origen de estas variedades, así como el potencial lingüístico inexplorado que estas lenguas conllevan, hay que decir que el estudio de estos vernáculos parece ser muy prometedor para las nuevas generaciones de lingüistas.

Bibliografía

Álvarez Nazario, M. (1974) *El elemento afronegroide en el español de Puerto Rico*, 2.ª ed., San Juan: Instituto de Cultura Puertorriqueña.

Bakker, P., Daval-Markussen, A., Parkvall, M. y Plag, I. (2011) "Creoles are typologically distinct from non-creoles", *Journal of Pidgin and Creole Languages*, 26, 1, pp. 5–42.

Bickerton, D. (1981) *Roots of language*, Ann Arbor: Karoma.

Chaudenson, R. (1992) *Des iles, des homes, des langues*, París: L'Harmattan.

Chaudenson, R. (2001) *Creolization of language and culture*, Londres: Routledge.

Clements, C. (2009) *The linguistic legacy of Spanish and Portuguese*, Cambridge: Cambridge University Press.

DeGraff, M. (2003) "Against creole exceptionalism", *Language*, 79, pp. 391–410.

DeGraff, M. (2004) "Against creole exceptionalism (redux)*", *Language*, 80, pp. 834–839.

DeGraff, M. (2005) "Linguists' most dangerous myth: The fallacy of creolist exceptionalism", *Language in Society*, 34, pp. 533–591.

Díaz-Campos, M. y Clements, C. (2005) "Mainland Spanish colonies and creole genesis: The Afro-Venezuelan area revisited", en Sayahi L. y Westmoreland M. (eds.) *Proceedings of the Second Workshop on Spanish Sociolinguistics*, Someville, MA: Cascadilla, pp. 41–53.

Díaz-Campos, M. y Clements, C. (2008) "A creole origin for Barlovento Spanish? A linguistic and sociohistorical inquiry", *Language in Society*, 37, pp. 351–383.

Goodman, M. (1987) "The Portuguese element in the American creoles", en Gilbert G. G. (ed.) *Pidgin and creole languages: Essays in memory of John E. Reinecke*, Honolulu: University of Hawaii Press, pp. 361–405.

Granda, G. de (1968) "La tipología 'criolla' de dos hablas del área lingüística hispánica", *Thesaurus*, 23, pp. 193–205.

Granda, G. de. (1970) "Un temprano testimonio sobre las hablas "criollas" en África y América", *Tesaurus*, 25, pp. 1–11.

Granda, G. de (1971) "Algunos datos sobre la pervivencia del 'criollo' en Cuba", *Boletín de la Real Academia Española*, 51, pp. 481–491.

Granda G. de (1978) *Estudios lingüísticos afrohispánicos y criollos*, Madrid: Gredos.

Holm, J. (1992) "Popular Brazilian Portuguese: A semi-creole", en D'Andrade, E. y Kihm A. (eds.) *Actas do Colóquio sobre Crioulos de Base Lexical Portuguesa*, Lisboa: Colibrí, pp. 37–66.

Hualde, J. I. y Schwegler A. (2008) "Intonation in Palenquero", *Journal of Pidgin and Creole Languages*, 23, 1, pp. 1–31.

Jacobs, B. (2012) *Origins of a creole: The history of Papiamentu and its African ties*, Berlín: De Gruyter.

Laurence, K. (1974) "Is Caribbean Spanish a case of decreolization?", *Orbis*, 23, pp. 484–499.

Lesho, M. y Sippola, E. (2013) "The sociolinguistic situation of the Manila Bay Chabacano-speaking communities", *Language Documentation & Conservation*, 7, pp. 1–30.

Lipski, J. (1987) "The Chota Valley: Afro-Hispanic language in highland Ecuador", *Latin American Research Review*, 22, pp. 155–170.

Lipski, J. (1993) "On the non-creole basis for Afro-Caribbean Spanish" [en línea]. Accesible en http://www.personal.psu.edu/jml34/noncreol.pdf.

Lipski, J. (1998) "El español bozal", en Matthias P. y Schewgler, A. (eds.) *América negra: panorámica actual de los estudios lingüísticos sobre variedades criollas y afrohispanas*, Madrid/Fráncfort: Iberoamericana/Vervuert, pp. 293–327.

Lipski, J. (2000) *Spanish-based creoles in the Caribbean* [en línea]. Accesible en http://www.personal.psu.edu/jml34/spcreole.pdf.

Lipski, J. (2005) *A history of Afro-Hispanic language: Five centuries and five continents*, Cambridge: Cambridge University Press.

Lipski, J. (2006a) "Morphosyntactic implications in Afro-Hispanic language: New data on creole pathways", *The 35th new ways of analyzing variation conference (NWAV35)*. Columbus: The Ohio State University [en línea]. Accesible en http://www.personal.psu.edu/ jml34/afmorph.pdf [10/2006].

Lipski, J. (2006b) "Afro-Bolivian Spanish and Helvetia Portuguese: Semi-creole parallels", *Papia*, 16, pp. 96–116.

Lipski, J. (2007a) "Castile and the hydra: The diversification of Spanish in Latin America", *Iberian*

Imperialism and Language Evolution in Latin America Conference, University of Chicago [en línea]. Accesible en www.personal.psu.edu/jml34/papers.htm [04/2007].

Lipski, J. (2007b) "Afro-Bolivian Spanish: The survival of a true creole prototype", en Magnus H. y Velupillai, V. (eds.) *Synchronic and diachronic perspectives on contact languages* (Creole Language Library, 32), Amsterdam: John Benjamins, pp. 175–198.

Lipski, J. (2008) *Afro-Bolivian Spanish*, Madrid/Fráncfort: Iberoamericana/Vervuert.

Lipski, J. (2009) "Pitch polarity in Palenquero: A possible locus of H tone", en Colina, S., Olarrea, A. y Carvalho, A. M. (eds.) *Romance linguistics 2009: Selected papers from the 39th Linguistic Symposium on Romance Languages (LSRL)*, Amsterdam: John Benjamins, pp. 111–128.

Long, A. Y. y Díaz-Campos, M. (en prensa) "Cimarroneras: The role of isolated communities in the potential development of a Spanish creole", en Sessarego, S. y González-Rivera, M. (eds.), *New perspectives on Hispanic contact linguistics in the Americas*, Madrid/Fráncfort: Iberoamericana/Vervuert.

Lorenzino, G. (1998) "El español caribeño: antecedentes sociohistóricos y lingüísticos", en Perl, M. y Schwegler, A. (eds.), *América negra: panorámica actual de los estudios lingüísticos sobre variedades hispanas, portuguesas y criollas*, Madrid/Fráncfort: Iberoamericana/Vervuert, pp. 26–39.

Luzinterior (2013), *Padrenuestro* [en línea]. Accesible en http://www.luzinterior.org/padrenuestro_idiomas.htm.

Martinus, F. (1989) "West African connection: The influence of the Afro-Portuguese on the Papiamentu of Curazao", en *Estudios sobre español de América y lingüística afroamericana*, Bogotá: Publicaciones del Instituto Caro y Cuervo, pp. 189–199.

McWhorter, J. (1997) *Towards a new model of creole genesis*, Nueva York: Peter Lang.

McWhorter, J. (1998). "Identifying the creole prototype: Vindicating a typological class", *Language*, 74, pp. 788–818.

McWhorter, J. (2000) *The missing Spanish creole*, Berkeley: University of California Press.

Megenney, W. (1984) "El habla bozal cubana ¿lenguaje criollo o adquisición imperfecta?", *La Torre*, 33, pp. 109–139.

Megenney, W. (1985) "La influencia criollo-portuguesa en el español caribeño", *Anuario de Lingüística Hispánica*, 1, pp. 157–180.

Megenney, W. (1993) "Elementos criollo-portugueses en el español dominicano", *Montalbán*, 15, pp. 3–56.

Megenney, W. (1999) *Aspectos del lenguaje afronegroide en Venezuela*, Madrid/Fráncfort: Iberoamericana/Vervuert.

Mintz, S. (1971) "The sociohistorical background to pidginization and creolization", en Hymes, D. (ed.) (1971) *Pidginization and creolization of languages*, Londres: Cambridge University Press, pp. 481–498.

Mufwene, S. (1997) "Jargons, pidgins creoles and koines: What are they?", en Spears, A. y Winford, D. (eds.) *The structure and status of pidgins and creoles*, Amsterdam: John Benjamins.

Muysken, P. y Smith, N. (2005) "The study of pidgin and creole languages", en Arends, J., Muysken, P., y Smith, N. (eds.) *Pidgins and creoles: An introduction*, Amsterdam:John Benjamins, pp. 3–14.

Perl, M. (1982) "Creole morphosyntax in the Cuban 'habla bozal'", *Studiişi Cercetări Lingvistice*, 5, pp. 424–433.

Perl, M. (1985) "El fenómeno de la descriollización del 'habla bozal' y el lenguaje coloquial de la variante cubana del español", *Anuario de Lingüística Hispánica*, 1, pp. 191–202.

Ruiz García, M. (2001) *El español popular de Chocó: evidencia de una reestructuración parcial*, tesis doctoral, Albuquerque: University of New Mexico.

Schneider, E. (1990) "English world-wide: The cline of creoleness in English-oriented creoles and semi-creoles of the Caribbean", *English World-Wide*, 11, pp. 79–113.

Schwegler, A. (1993) "Rasgos (afro-)portugueses en el criollo del Palenque de San Basilio (Colombia)", en Díaz Alayón, C. (ed.) *Homenaje a José Pérez Vidal*, La Laguna: Litografía A. Romero S.A., pp. 667–696.

Schwegler, A. (1996) "La doble negación dominicana y la génesis del español caribeño", *Hispanic Linguistics*, 8, pp. 247–315.

Schwegler, A. (1999) "Monogenesis revisited: The Spanish perspective", en Rickford J. y Romaine, S. (eds.) *Creole genesis, attitudes and discourse*, Amsterdam: John Benjamins, pp. 235–262.

Schwegler, A. (2002) "Reseña de John H. McWhorter. The missing Spanish creoles: Recovering the birth of plantation contact languages", *Language in Society*, 31, pp. 113–121.

Schwegler, A. (2010) "Pidgin and creole studies: Their interface with Hispanic and Lusophone linguistics", *Studies in Hispanic and Lusophone Linguistics*, 3, 2, pp. 431–481.

Schwegler, A. (2014) "Spanish/Portuguese interface within five unique circumstances: (1) Chota Valley (Ecuador), (2) Palenque (Colombia), (3) Yungas (Bolivia), and (4) Palo Monte (Cuba)", en Carvalho A. M. y Amaral P. (eds.) *Portuguese/Spanish interfaces*, Amsterdam: John Benjamins.

Sessarego, S. (2011) *Introducción al idioma afroboliviano: una conversación con el awicho Manuel Barra*, Cochabamba/La Paz: Plural Editores.

Sessarego, S. (2012) "The contribution of Afro-Hispanic contact varieties to the study of syntactic microvariation", en González-Rivera M. y Sessarego, S. (eds.) *Current formal aspects of Spanish syntax and semantics*, Newcastle: Cambridge Scholars Publishing, pp. 229–250.

Sessarego, S. (2013a) "Afro-Hispanic contact varieties as advanced second languages", *IBERIA*, 5, 1, pp. 96–122.

Sessarego, S. (2013b) *Chota Valley Spanish*, Madrid/Fráncfort: Iberoamericana/Vervuert.

Sessarego, S. (2014) *The Afro-Bolivian Spanish determiner phrase: A microparametric account*, Columbus: Ohio State University Press.

Seuren, P. y H. Wekker. (1986) "Semantic transparency as a factor in creole genesis", en Muysken, P. y Smith, N. (eds.) *Substrata versus universals in creole genesis*, Amsterdam: John Benjamins, pp. 57–70.

Sippola, E. (2011) *Una gramática descriptiva del chabacano de Ternate*, tesis doctoral, University of Helsinki.

Thomason, S. y Kaufman, T. (1988) *Language contact, creolization and genetic linguistics*. Berkeley: University of California Press.

Winford, D. (2000) "Intermediate creoles and degrees of change in creole formation: The case of Bajan", en Neumann-Holzschuh I. y Schneider, E. (eds.) *Degrees of restructuring in creole languages* (Creole Language Library, 22), Amsterdam: John Benjamins, pp. 215–246.

Entradas relacionadas

dialectos del español de América; etnografía y sociolingüística; historia del español

LENGUAS DE ESPAÑA

Juan Carlos Moreno Cabrera

1. Introducción histórica y datos básicos

España es un país multilingüe. Las lenguas y variedades lingüísticas del Reino de España son las siguientes:

- Lenguas reconocidas oficialmente: español, catalán, vasco y gallego
- Lenguas no reconocidas oficialmente: aragonés, asturiano, aranés
- Lenguas señadas: española, catalana
- Lenguas extranjeras: árabe, rumano, entre muchas otras
- Variedades del castellano: andaluz, extremeño, murciano
- Variedades del catalán: valenciano, balear
- Variedades del vasco: guipuzcoano, vizcaíno, navarro

El multilingüismo ha caracterizado la Península Ibérica desde tiempos inmemoriales (De Hoz 2010). Sin embargo, en la historia de España destaca una progresiva ascensión de la variedad romance castellana como lengua dominante en los ámbitos institucionales, políticos, administrativos, culturales, literarios y demográficos. De modo que, en la actualidad, el español, basado en la originaria variedad castellana, es la lengua claramente predominante en la mayor parte del territorio del Reino de España. Las causas últimas de este dominio son claramente históricas y políticas y son explicadas en sus inicios de forma muy resumida y sencilla en el siguiente pasaje, que recurre a una metáfora hecha popular por Ramón Menéndez Pidal:

> Las acciones bélicas de Castilla han sido comparadas con una cuña que, martillada desde el norte (Amaya, y luego Burgos), fue penetrando más y más en el sur (Segovia, Ávila, Toledo, etc.), empujando a la vez hacia este y oeste. Los años que van del conde Fernán González al rey Fernando III alteraron radicalmente el mapa político de España, y alteraron también en forma casi paralela su mapa lingüístico. El engrandecimiento territorial de Castilla se hizo a expensas de Asturias-León y de Navarra-Aragón, y sobre todo a base de las tierras quitadas a los moros. La expansión de la modalidad lingüística castellana significó la ruina del leonés y del aragonés y la absorción del mozárabe. También desde el punto de vista lingüístico fue el

697

castellano una cuña que empujó con fuerza hacia abajo y a los lados hasta crearse un espacio anchísimo, totalmente desproporcionado a su inicial insignificancia. (Alatorre 1989: 120–121)

Estos procesos históricos son decisivos a la hora de explicar el hecho de que entre todas las lenguas de España, una, el español o castellano, ocupa un lugar dominante de privilegio en casi la totalidad de ámbitos de uso en el actual Reino de España.

De hecho, este predominio del castellano ha llevado a negar la existencia del plurilingüismo en España y a considerar las diversas lenguas, excepto el vasco, como dialectos del español, aunque incluso el vasco es considerado funcionalmente como un dialecto. Veamos, para comprobar esto, un breve extracto del *Catecismo patriótico español* publicado en Salamanca en 1938 y que fue libro de texto obligatorio para todas las escuelas por orden del Ministerio de Educación Nacional de 1 de marzo de 1939:

—¿Se hablan en España otras lenguas más que la lengua castellana?
—Puede decirse que en España se habla solo la lengua castellana, pues aparte de ésta tan sólo se habla el vascuence, que, como lengua única sólo se emplea en algunos caseríos vascos y quedó reducido a funciones de dialecto por su pobreza lingüística y filológica.
—¿Y cuáles son los dialectos principales que se hablan en España?
—Los dialectos principales que se hablan en España son cuatro: el catalán, el valenciano, el mallorquín y el gallego. (Vidal 2006: 108)

Según la décima tercera edición de *Ethnologue* (Lewis, Simmons y Pfennig 2013) en la España actual existen las siguientes lenguas:

aragonés, asturiano, caló, catalán, extremeño, fala, gallego, aranés, español, vasco, lengua de signos catalana (LSC), lengua de signos española (LSE), lengua de signos valenciana (LSCV).

Entre las lenguas de los inmigrantes, se citan el árabe (en sus diversas variantes) y el chino (en sus diversas variantes), a lo que habría que añadir el rumano, el polaco y algunas otras lenguas más.

De estas lenguas, el español es oficial en todo el Reino de España y el gallego, vasco y catalán son co-oficiales junto con el español en las respectivas comunidades autónomas. El aragonés y el asturiano no tienen ningún "status" oficial y el aranés es lengua reconocida por Cataluña en su estatuto. Por su parte, el extremeño y la fala no tienen ningún tipo de reconocimiento; la fala hace referencia a una serie de variedades que se asocian al gallego-portugués y que se hablan en varias localidades del valle de Jálama (San Martín de Trebejo, Elijas, y Valverde del Fresno); el extremeño será tratado más adelante (secciones 4 y 6). El caló, variedad lingüística del pueblo gitano en España, tampoco tiene reconocimiento oficial alguno.

Desde el punto de vista del número de hablantes, el aragonés tiene en torno a unos 30.000 si contamos todas las variedades repartidas por el norte de Aragón. El asturiano tiene como mínimo unos 100.000 hablantes localizados en Asturias. El vasco tiene en torno a unos 700.000 hablantes situados en el País Vasco, Navarra y Mediodía francés. El caló podría tener unos 40.000 hablantes. El catalán tiene en torno a 11 millones de hablantes en Cataluña, Aragón oriental, Valencia, Baleares y Mediodía oriental francés. El gallego tiene en torno a tres millones de hablantes. El español tiene alrededor de 47 millones de hablantes en España. El aranés tiene unos 3.000 hablantes situados en el valle de Arán. El extremeño podría tener hasta unos 200.000 hablantes. La lengua de señas española (denominada habitualmente *lengua de signos española*, LSE) tiene en torno a 100.000 señantes. La lengua señada catalana (denominada habitualmente *llengua de signes catalana*, LSC) tiene unos 30.000 señantes. La lengua de señas valenciana tiene unos 15.000 señantes.

2. El aragonés

El aragonés es una de las lenguas romances que se desarrolló a partir del latín vulgar en la Península Ibérica. En la actualidad sus hablantes están situados en el Alto Aragón. Hay cuatro grandes variedades dialectales de esta lengua (Nagore Laín 1999: 177–180):

- Aragonés occidental, en la cuenca del río Aragón incluyendo sus afluentes Beral, Subordán y Estarrún
- Aragonés central, desde el Gállego hasta el Cinca y por el sur hasta el Guarga
- Aragonés oriental, que abarca toda la Ribagorza lingüísticamente aragonesa
- Aragonés meridional en el Prepirineo y en los Somontanos

En el aragonés occidental se encuentran dialectos muy característicos como el ansotano (valle de Ansó) y el cheso (valle de Echo). Algunas variedades como la del campo de Jaca o del valle de Estarrún están muy influidas por el castellano.

Por su parte, el aragonés central comprende variedades como el tensino (valle de Tena), el panticuto (Panticosa), el bergotés (valle de Broto) o el belsetán (valle de Bielsa); en ellas se conservan las consonantes sordas intervocálicas: *lupo* 'lobo', *saper* 'saber', *querito* 'querido'.

El aragonés meridional comprende el agüerano, el ayerbense, el aragonés de Sotonera, el alquezrano, el nabalés y el aragonés de Lo Grau, entre otros.

El aragonés oriental contiene variedades que presentan una transición hacia el catalán. Son características de esta zona las variedades chistabina (valle de Chistau), benasquesa (valle de Benasque) y el fobano (comarca de A Fueba), además del ribagorzano, un complejo dialectal que comprende además del benasqués otras variedades alto-ribagorzanas.

A pesar de que existe un reconocimiento de esta lengua en la comunidad autónoma de Aragón, su situación administrativa es muy precaria, no tiene ninguna presencia en los diversos niveles de la administración y no hay oficialmente reconocido ningún estándar; esto, junto al exiguo número de hablantes, la baja estima sobre su lengua que tienen muchas de las personas que la hablan y la poca conciencia de la unidad lingüística de las diversas variedades, hace que la situación lingüística del aragonés sea muy grave en estos momentos. Salminen (2007: 236) considera que esta lengua está en peligro de desaparición.

Texto en aragonés

He aquí los primeros cuatro versículos del Génesis 11 en aragonés ribagorzano (traducción Xavier Tomás Arias de la Sociedat de Lingüistica Aragonesa):

En aquels tiempos, la tierra teniba una sola llengua y uns mesmos vocablos. Y cuan es homes van sallí dende l'orién van trobá una pllana al país de Sinaí, y se i van establecé. Y se van dí uns a atros: 'Farem uns tochos y los ferem cocé al fuego'.

Y van fé serví el tocho en cuenta de piedra, y el gudrón en cuenta de masa. Y diban: '¡Au!, que construirem una ciudá y una torre que con la suya punta toque el cielo, y mos farem un nombre per si mos esparcím per toda la tierra.

Podemos comprobar en este texto algunas de las características del ribagorzano. Observamos un pasado perifrástico (*van sallí* 'se fueron' o *van trobá* 'encontraron', *van dí* 'dijeron'), la pérdida de la *-r* final (*salli, trobá, dí*) y la palatalización de la consonante lateral [l] en cabeza silábica compuesta (*pllana* 'llanura').

3. El aranés

El aranés es una variedad del occitano que se habla en el Valle de Arán, en plenos Pirineos. Administrativamente, este valle pertenece a la comunidad autónoma de Cataluña (provincia de Lleida) y cuenta con alrededor de unos 6.000 hablantes. Según Salminen (2007: 248) esta variedad del gascón está en situación de peligro en España. Este autor también señala que el gascón, variedad del occitano, está en grave peligro de desaparición en Francia.

Texto en aranés

(Gargallo Gil 1999: 339):
ER ARANES, VARIETAT DERA LENGUA OCCITANA E PROPIA D'ARAN, EI OIFICIAU ENA VAL D'ARAN

1. – Laguens era Val d'Aran podetz emplegar er aranés en toti es domenis des vòstes activitats publiques o privades.
2. – Podetz adreçà-vos en aranés, de paraula e per escrit, a quinsevolh administracion publica assetiada ena Val d'Aran, e non vos pòden pas exigir cap de traduccion. Tanben podetz adreçà-vos-i dehòra d'aguest territòri ara Generalitat de Catalonha.
3. – Laguens era Val d'Aran podetz demanar que vos redigisquen es escritures e documents publics en aranés.

4. El asturiano

La lengua asturiana, denominada tradicionalmente *bable*, en la actualidad concentra sus hablantes en el Principado de Asturias. Hay tres variedades básicas: oriental, occidental y central. Podría tener en torno a unos 100.000 hablantes, probablemente, más. A este ámbito lingüístico pertenecen también las hablas tradicionales de León, Zamora y Salamanca, el leonés (Borrego Nieto 1996: 139–158) y la variedad de Miranda do Douro (Portugal), el mirandés (Azevedo Maia 1996). El extremeño, variedad lingüística de Extremadura, se suele situar lingüísticamente dentro de este grupo (Álvarez Martínez 1996) o como dialecto del castellano (García Mouton 1994: 31).

Existe una *Academia de la Llingua Asturiana*, creada en 1980 (Cano González 1999) con una propuesta oficial de normalización ortográfica y gramatical. Aunque la lengua no tiene "status" oficial en el Principado de Asturias, existe enseñanza en este idioma que en el primer decenio del siglo XXI alcanzó a más de 50.000 escolares; su presencia en los medios de comunicación es muy escasa y, según Salminen (2007: 237) esta lengua está viendo incrementado progresivamente su peligro de desaparición.

Texto en asturiano

Extracto de "L'últimu home" (Solís Santos 1977)

Un españíu fizo tremer el fayéu. El nerbatu esnaló lloñe. L'esguil desapaeció nel nieru. Hebo otru españíu, y darréu otru. L'home, entós, mientres cayía coles manes abiertes, los güeyos nel infinitu y el so cuerpu remanando per tolos llaos abonda sangre, glayó una pallabra, una pallabra namás, que resonó y güei sigue resonando na viesca y en toa Asturies: "¡Llibertá!".

Traducción al español de "El último hombre"

Un estallido hizo temblar el hayedo. El mirlo voló lejos. La ardilla desapareció en el nido. Hubo otro estallido, y luego otro. El hombre, entonces, mientras caía con las manos abiertas, los ojos en el infinito y su cuerpo vertiendo por todas partes mucha sangre, gritó una palabra, sólo una palabra, que resonó y hoy sigue resonando en el bosque y en toda Asturias: "¡Libertad!".

5. El caló

El caló es una lengua mixta que entra dentro de lo que se suele denominar *para-romaní*. En estos casos se trata de la subsistencia en una lengua europea de un vocabulario proveniente del romaní, lengua de la etnia gitana (Matras 2002: 242–249). El caló es la lengua para-romaní más antiguamente documentada, ya que se puede atestiguar desde el siglo XVII, aunque la mayor parte de esa documentación data del siglo XIX. En la actualidad hasta unas 40.000 personas pueden tener algún conocimiento más o menos abundante del vocabulario romaní en su forma de hablar el español. Se ha observado en caló la existencia de elementos romaníes tales como los pronombres personales *mange, mansa* 'yo', *tuke, tusa* 'tú' y terminaciones flexivas tales como las que se muestran en *gachó* 'hombre payo, no gitano', *gachí* 'mujer paya, no gitana', *lacró* 'chico', *lacrí* 'chica' o en las formas verbales derivadas habitualmente de la flexión verbal de la tercera persona como *camelar* 'querer', *chanelar* 'saber'. Otro ejemplo es el nominalizador *-ipen* como en *jalipe* 'comida' de *jalar* 'comer' (Matras 2002: 247).

He aquí una conversación entre dos gitanos andaluces (Leigh 1998: 272–278):

—A *acobá* el *quer* de José, el *quer* es la casa, estamos aquí, la casa de José. (*acobá* 'esta', *quer* 'casa').
—*Changaripen* (pelea)
—O *chingaripen*. Se ha ido a la guerra. Mi *chaborí* ha *najado* a la guerra (*chaborí* 'chico', *najado* 'ido').

6. El castellano

El castellano es la variedad romance que surgió en Castilla y luego se fue expandiendo conforme el poder económico, político, demográfico e institucional de Castilla se fue ampliando progresivamente (Alatorre 1989: 113–138). Dado que durante los últimos siglos ha sido y continúa siendo la lengua dominante en España, ha adquirido la denominación de *español*, término con el que se conoce también la lengua estándar escrita desarrollada sobre la base de los dialectos castellanos a partir de la Edad Media.

En España cuenta con unos 47 millones de hablantes, por lo que es, con mucho, la lengua más utilizada. La correspondiente lengua estándar escrita es la única lengua de la administración central y es dominante, con algunos pequeños matices, en todas las autonomías que configuran el actual Reino de España. México, Estados Unidos y Colombia superan a España en número de hablantes y Argentina tiene solo unos 5 millones menos de hablantes de español que España. Si tenemos en cuenta la cifra de aproximadamente 400 millones de hablantes de español en el mundo (Moreno Fernández y Otero Roth (2007: 105) dan la cifra de 399.981.000), entonces España tiene aproximadamente solo un 10 % del conjunto de los hispanohablantes. Dicho de otro modo, de cada 100 hispanohablantes, solo 10 se expresan en alguna de las variedades del español de España.

El castellano de España presenta diversas variedades lingüísticas. Dos de ellas, denominadas hablas de transición, son el extremeño (a veces agrupado con el astur-leonés, tal como hemos visto al hablar del asturiano) y el murciano, en el que confluyen rasgos castellanos, catalanes y aragoneses (Muñoz Garrigós 1996). Pero los dialectos más característicos, por sus divergencias respecto del castellano central septentrional, son los del sur: el andaluz y el canario.

El denominado dialecto andaluz, es un conjunto de variedades lingüísticas procedentes de la evolución del castellano en la parte sur de la Península, con importantes diferencias fonológicas, morfológicas y léxicas respecto del castellano centro-septentrional. Estas variedades pueden agruparse en dos zonas básicas: la oriental y la occidental. La zona oriental se caracteriza en general por la no utilización del fonema /s/ en posición final de sílaba para indicar plural y por la utilización de vocales abiertas con ese fin (y para distinguir la segunda y tercera persona de las formas verbales). En andaluz occidental es frecuente la pronunciación de /ch/ como la *sh* inglesa, aunque las dos pronunciaciones alternan en casi toda Andalucía (Alvar 1996: 250). La fricativa velar castellana escrita <j> se conserva sobre todo en el oriente de Andalucía: en el resto se realiza con distintos tipos de aspiración (Alvar 1996: 251). La distinción fonética entre <s> y <z>, típica del castellano centro-septentrional, se produce sobre todo en el norte y todo el oriente de Andalucía. En el resto, se produce *seseo* (parece predominar en el centro) o *ceceo* (parece predominar en el sur de esas zonas restantes, Alvar 1996: 250). La <s> castellana es de carácter apical y aparece sobre todo en el norte de Andalucía. En el resto se da la pronunciación coronal plana dominante en el centro y el oriente y la predorsal, dominante en occidente (Alvar 1996: 249).

La lengua escrita utilizada en Andalucía es la estándar española basada en los dialectos castellanos centro-septentrionales y la pronunciación castellana centro-septentrional goza de mayor prestigio en la sociedad andaluza actual que las propiamente andaluzas, por lo que muchas personas intentan ocultar o disimular su habla andaluza para adquirir ese prestigio. Solo cuando exista una conciencia generalizada en el pueblo andaluz de que sus variedades lingüísticas características son tan dignas y perfectas como puedan serlo las castellanas centrales, sería posible proponer e implantar un nuevo estándar escrito basado en los dialectos andaluces. Hasta ese momento, las propuestas existentes al respecto suelen quedar solo en meras anécdotas.

El otro dialecto meridional característico es el canario, en sus diversas variedades según las islas, que comparte muchos rasgos lingüísticos con los dialectos andaluces. Además, el dialecto canario está en el origen de muchos rasgos característicos de las distintas variedades del español de América (García Mouton 1994: 40).

7. El catalán

El catalán es una lengua romance hablada por aproximadamente unos 11 millones de personas en Cataluña (5.700.000), Islas Baleares (700.000), Valencia (2.400.000), Aragón (50.000), Andorra (57.000), Francia (145.000), y Alguer, Cerdeña (26.000). Sus variedades se agrupan en dos zonas dialectales: el catalán occidental, que incluye el valenciano y el catalán oriental, que incluye el baleárico. En la actualidad la lengua catalana tiene dos estándares escritos: el regulado por el *Institut d'Estudis Catalans* y el regulado por la *Acadèmia Valenciana de la Llengua*. Es lengua cooficial, junto con el castellano, en Cataluña, Las Islas Baleares y en Valencia.

Donde más ha avanzado la lengua catalana respecto del castellano en los niveles institucional, administrativo y educativo ha sido en Cataluña. Es notable su presencia en la educación obligatoria, debida a la puesta en práctica, a partir de los años ochenta del siglo pasado, de los denominados programas de inmersión lingüística (Herreras 2006: 213–214), gracias a los cuales se ha contribuido de manera notable a frenar la progresiva minorización y marginación que ha ido experimentando la lengua catalana debido al claro dominio de la lengua castellana en Cataluña durante gran parte del siglo pasado.

Texto en catalán

A continuación, como ejemplo de la lengua catalana, se dan los primeros versículos del capítulo 11 del Génesis (Pöckl, Rainer y Pöll 2004: 213)

> Tota la terra era d'una sola llengua i d'unes mateixes paraules. Quan els homes emigraren cap a Orient, trobaren una planura a la terra de Senaar i s'hi establiren. Aleshores es digueren els uns als altres: Au, fem maons i coguem-los al foc! Els maons els serviren de pedra i el betum de morter. Després digueren: Au, bastim-nos una ciutat i una torre, el cim de la qual toqui el cel, i fem-nos un nom perquè no siguem dispersats per tota la terra.

8. El euskera

El euskera conocido también como lengua vasca o vascuence, es la única lengua no romance y prerromana del Reino de España y una de las pocas lenguas no indoeuropeas de Europa. Es hablada por unas 700.000 personas en el País Vasco, en el norte de la Comunidad Foral de Navarra y en el sur de Francia. Los dialectos principales de esta lengua son (Zuazo 2010: 37): occidental (Vizcaya), central (Guipúzcoa y parte de Navarra), navarro (la mayor parte de Navarra), navarro-labortano (Lapurdi y Baja Navarra) y suletino (Zuberoa). Existe una lengua estándar escrita, el *euskera batua*, que se consensuó en los años sesenta del siglo pasado y que se utiliza en los medios escritos oficiales, administrativos y literarios, así como en la educación.

Dentro del País Vasco, en Guipúzcoa aproximadamente el 50 % de la población se expresa en euskera, en Vizcaya lo hace un 25 % y en Vitoria un 17 %. En Navarra la población "euskaldún" (hablante de euskera) es de aproximadamente un 12 %. En el País Vasco francés se estima el 21 % de la población es euskaldún (unas 50.000 personas).

Esta lengua presenta unas características lingüísticas especiales que la diferencian de las demás lenguas de Europa de forma muy notable. En el artículo de esta enciclopedia dedicado a la tipología lingüística puede encontrarse una breve caracterización lingüística de este idioma.

Texto en euskera

He aquí los primeros versículos de Génesis 11 en euskera estándar (*Elizenarteko Biblia*, Madrid: Bibli Elkarte Batuak/Elizen Arteko Biblia Elkartea, 1994: 26)

> Garai hartan mundu guztiak hizkuntza eta mintzaira berberak zituen. Ekialdetik etorririk, gizonek lautada bat aurkitu zuten Xinear lurraldean eta bertan kokatu ziren. Honela esan zioten elkarri: "Ea, adreiluak egin eta sutan erre ditzagun". Honela, harriaren ordez adreilua erabili zuten eta kare-orearen ordez bikea. Gero, esan zuten: "Ea, eraiki ditzagun hiri bat eta zerurainoko dorre bat. Ospetsu egingo gara eta ez gara munduan zehar barreiatuko".

Glosario:
Garai hartan = en aquella época; *mundu guztiak* = todo el mundo; *hizkuntza eta mintzaira* = lengua y habla; *berberak* = mismas; *zituen* = las tenían; *Ekialdetik etorririk* = venidos de oriente; *gizonek* = los hombres; *lautada bat* = una llanura; *aurkitu zuten* = encontraron, *Xinear lurraldean* = en la tierra de Sinar; *eta bertan kokatu ziren* = y allí se establecieron. *Honela* = así; *esan zioten* = dijeron; *elkarri* = unos a otros; *Ea* = ¡Vamos!; *adreiluak egin eta sutan erre ditzagun* = hagamos ladrillos y cozámoslos en el fuego; *Honela* = de esta manera; *harriaren ordez* = en vez de piedra; *adreilua erabili zuten* = utilizaron ladrillo; *eta kare-orearen ordez* = y en vez de mortero; *bikea* = pez (resina); *Gero, esan zuten* = después, dijeron; *eraiki ditzagun hiri bat eta zerurainoko dorre bat* = erijamos una ciudad y una torre hasta el cielo; *Ospetsu egingo gara* = nos haremos famosos; *eta ez gara munduan zehar barreiatuko* = y no nos dispersaremos por la faz de la tierra.

9. El gallego

El gallego es una lengua romance hablada en Galicia y que se conoce también como gallego-portugués, dado que desde el punto de vista lingüístico el portugués y el gallego son variedades de una misma lengua romance. Cuenta con más de tres millones de hablantes en Galicia. Conoce una variedad occidental, que abarca desde las Rías Bajas a la zona de Santiago de Compostela, que presenta el fenómeno de la *gheada* (aspiración del fonema /g/ en /h/), una variedad central que ocupa la mayor parte del territorio de Galicia y una variedad oriental que ocupa la parte oriental de Galicia con penetraciones en Asturias, León y Zamora (Fernández Rei 1999: 44–52). Existe un gallego normalizado, una Real Academia Gallega y un *Instituto da Lingua Galega* con una ortografía oficial propia diferente de la portuguesa (denominada *Normas ortográficas e morfolóxicas do idioma Galego*), aunque hay una corriente dentro de Galicia, denominada re-integracionista, que propone una ortografía común con el portugués, para potenciar al gallego como una de las principales variedades europeas del gallego-portugués y frenar la progresiva castellanización de la lengua. El gallego es lengua co-oficial (junto con el castellano) en la Comunidad Autónoma de Galicia y tiene presencia en la administración, en la educación y en los medios de comunicación, aunque casi siempre en una posición de inferioridad real respecto del castellano (Herreras 2006: 155, 192, 249 y 317).

Texto en gallego

Texto del Génesis 11 en gallego y en portugués (Pöckl, Rainer y Pöll 2004: 246 y 248):

GALLEGO

Toda a terra falaba unha soa lingua e usaba as mesmas palabras. Ó emigraren os homes desde o oriente, encontráronse nunha chaira, no país de Xinar, e establecéronse alí. Dixéronse uns ós outros: "Imos facer ladrillos e cocelos no lume". O ladrillo facíalles de pedra e o betume de cemento. E nisto propuxeron: "Imos construír unha cidade e unha torre, que chegue co cimo ata o ceo, e fagámonos un nome sonado, para non nos perder pola ancha face da terra".

PORTUGUÉS

Em toda a terra, havia sòmente uma língua, e empregavam-se as mesmas palavras. Emigrando do oriente, os homens encontraram uma planície na terra de Sennaar e nela se fixaram. Disseram uns para os outros: "Vamos fazer tijolos, e cozamo-los ao fogo". Utilizaram o tijolo em vez de pedra, e o betume serviu-lhes de argamassa. Depois disseram: "Vamos construir uma cidade e uma torre cuja extremidade atinja os céus. Assim, tornar-nos-emos famosos para evitar que nos dispersemos por toda a face da terra".

10. La lengua de signos española

La lengua de signos española (también llamada, aunque menos frecuentemente, lengua *de señas española*), LSE, es la lengua gestual que utilizan principalmente las personas sordas españolas y las que viven o se relacionan con ellas. Aunque no hay estadísticas plenamente fiables, se calcula que cuenta con más de 100.000 usuarios, para los que un 20 o 30 % es su segunda lengua. Está reconocida legalmente desde el año 2007.

La inteligibilidad mutua con el resto de las variedades de lenguas de señas empleadas en España, incluso con la lengua gestual portuguesa, es generalmente aceptable, debido a su gran semejanza léxica. No obstante, la lengua de signos catalana (LSC), la lengua de signos valenciana (LSCV), así como las variedades andaluza oriental (Granada), canaria, gallega y vasca son las más diferenciadas léxicamente (entre el 10 y el 30 % de diferencia en el uso de los sustantivos, según cada caso). Únicamente la LSC y la LSCV tienen una semejanza por debajo del setenta y cinco por ciento de media con el resto las variantes españolas, lo que las sitúa en dialectos especialmente diferentes o, incluso, se podrían considerar como lenguas, según el método filológico que se emplee.

11. La lengua de signos catalana

La *Llengua de Signes Catalana* (LSC) es utilizada cotidianamente en Cataluña por más de 30.000 personas. Está relacionada con la lengua de signos española con la que hay una inteligibilidad de aproximadamente un 70 %. Desde 1994 está reconocida por la Generalitat de Cataluña, y es apoyada por el *Institut d'Estudis Catalans*. En 2010, el parlamento de Cataluña aprobó una *Llei de la llengua de signes catalana* (LSC).

12. Conclusión

Como hemos visto, a pesar de que el español sigue siendo la lengua dominante y mayoritaria en el Reino de España, existe una importante diversidad lingüística que, sobre todo desde el final de la dictadura de Franco, se ha visto sustancialmente apoyada y revitalizada en las comunidades autónomas en las que hay una lengua oficial diferente del castellano. Es importante lo que se ha conseguido en el ámbito de la administración, de la educación y de los medios de comunicación en los años posteriores al régimen franquista, opresivo contra las lenguas diferentes del castellano. Sin embargo, hoy por hoy, el Reino de España y todas las instituciones fundamentales del estado siguen sin reconocer el carácter plurilingüe y plurinacional de uno de los países europeos lingüística y culturalmente más ricos y diversos. Como síntoma revelador de esta falta de reconocimiento, las lenguas diferentes del castellano siguen sin poder ser utilizadas de forma normal en algunas instituciones tan importantes y representativas como el Congreso de los Diputados.

Bibliografía

Alatorre, A. (1989) *Los 1001 años de la lengua española. Tercera edición, algo corregida y muy añadida*, México: Fondo de Cultura Económica.

Alvar, M. (1996) "Andaluz", en Alvar, M. (dir.) *Manual de dialectología hispánica. El español de España*, Barcelona: Ariel,. pp. 233–258.

Alvar, M. (dir.) (1996) *Manual de dialectología hispánica. El español de España*, Barcelona: Ariel.

Álvarez Martínez, M. A. (1996) "Extremeño", Alvar, M. (dir.) *Manual de dialectología hispánica. El español de España*, Barcelona: Ariel, pp. 171–182.

Azevedo Maia, C. de (1996) "Mirandés", en Alvar, M. (dir.) *Manual de dialectología hispánica. El español de España*, Barcelona: Ariel, pp.159–170.

Borrego Nieto, J. (1996) "Leonés", en Alvar, M. (dir.) *Manual de dialectología hispánica. El español de España*, Barcelona: Ariel, pp. 139–158.

Cano González, A. M. (1999) "Normalización e normativización do asturiano hoxe", en Fernández Rei, F. y Santamarina Fernández, A. (eds.) *Estudios de sociolingüística románica. Linguas e variedades minorizadas*, Santiago de Compostela: Universidad de Santiago de Compostela, pp. 107–132.

Fernández Rei, F (1999) "A situación do galego en Galicia e no Occidente de Asturias, de León e de Zamora", en Fernández Rei, F. y Santamarina Fernández, A. (eds.) *Estudios de sociolingüística románica. Linguas e variedades minorizadas*, Santiago de Compostela: Universidad de Santiago de Compostela, pp. 27–81.

Fernández Rei, F. y Santamarina Fernández, A. (eds.) (1999) *Estudios de sociolingüística románica. Linguas e variedades minorizadas*, Santiago de Compostela: Universidad de Santiago de Compostela.

García Mouton, P. (1994) *Lenguas y dialectos de España*, Madrid: Arco Libros.

Gargallo Giol, J. E. (1999) "Unha encrucillada pirenaica: a variedade occitana do Val de Arán", en Fernández Rei, F. y Santamarina Fernández (eds.) *Estudios de sociolingüística románica. Linguas e variedades minorizadas*, Santiago de Compostela: Universidad de Santiago de Compostela, pp. 319–340.

Herreras, J. C. (2006) *Lenguas y normalización en España*, Madrid: Gredos.

Hoz, J. de (2010) *Historia lingüística de la Península Ibérica en la Antigüedad*, Madrid: CSIC.

Leigh, K. (1998) "Romani elements in present-day Caló", en Matras, Y. (ed.) *The Romani element in non-standard speech*, Wiesbaden: Harrassowitz.

Lewis, M. P., Simons, G. F. y Fennig, Ch. D. (eds.) (2013) *Ethnologue: Languages of the world*, 17.ª ed., Dallas: SIL International.

Matras, Y. (2002) *Romaní. A linguistic introduction*, Cambridge: Cambridge University Press.

Moreno Fernández, F. y Otero Roth, J. (2007) *Atlas de la lengua española en el mundo*, Madrid: Ariel/FundaciónTelefónica.

Moseley, Ch. (ed.) (2007) *Encyclopedia of the world's endangered languages*, Abingdon: Routledge.

Muñoz Garrigós, J. (1996) "Murciano", en Alvar, M. (dir.) *Manual de dialectología hispánica. El español de España*, Barcelona: Ariel, pp. 317–324.

Nagore Laín, F. (1999) "O Aragonés" en Fernández Rei, F. y Santamarina Fernández, A. (eds.) *Estudios de sociolingüística románica. Linguas e variedades minorizadas*, Santiago de Compostela: Universidad de Santiago de Compostela, pp. 155–212.

Pöckl, W., Rainer, F. y Pöll, B.(2004) *Introducción a la lingüística románica*, Madrid: Gredos.

Salminen, T. (2007) "Europe and North Asia", en Moseley, Ch. (ed.) *Encyclopedia of the world's endangered languages*, Abingdon: Routledge, pp. 211–282.

Solís Santos, M. (1979) "L'ultimu home". Extraído de http://es.wikipedia.org/wiki/Idioma_asturiano.

Vidal, O. (2006) *500 preguntas al nacionalismo español*, Madrid: Martínez Roca.

Zuazo, K. (2010) *El euskera y sus dialectos*, Irún: Alberdania.

Lecturas complementarias

Andrés Díaz, R. de (2013) *Gramática comparada de las lenguas ibéricas*, Gijón: Trea.

Echenique, M. T. y Sánchez Méndez, J. (2005) *Las lenguas de un reino. Historia lingüística hispánica*, Madrid: Gredos.

Entwistle, W. J. (1973) *Las lenguas de España: castellano, catalán, vasco y gallego-portugués*, Madrid: Istmo.

Etxebarria Arostegi, M. (2002) *La diversidad de lenguas en España*, Madrid: Espasa-Calpe.

Gascón Ricao, A. y Storch, J.G. (2004) *Historia de la educación de los sordos en España y su influencia en Europa y América*, Madrid: Centro de Estudios Ramón Areces.

Herrero Blanco, A. (2009) *Gramática didáctica de la lengua de signos española (LSE)*, Madrid: SM.

Intxausti, J. (1992) *Euskera. La lengua de los vascos*, Donostia: Elkar.

Melchor, V. de y Branchadell, A. (2002) *El catalán. Una lengua de Europa para compartir*, Bellaterra: Universidad Autónoma de Barcelona.

Moreno Fernández, F. (2009) *La lengua española en su geografía*, Madrid: Arco Libros.

Perelló, J. y Frigola, J. (1998) *Lenguaje de signos manuales*, Madrid: CIE Inversiones editoriales Dossat 2000.

Ridruejo, E. (coord.) (2004) *Las otras lenguas de España*, Valladolid: Universidad de Valladolid.

Siguan, M. (1992) *España plurilingüe*, Madrid: Alianza.

Entradas relacionadas

dialectología y geografía lingüística; historia del español

LENGUAS INDÍGENAS DE LATINOAMÉRICA

Swintha Danielsen y Sandro Sessarego

1. Introducción y definiciones

Latinoamérica tiene una gran variedad lingüística. Además de las variedades del español, del portugués y de las otras lenguas europeas que llegaron a las Américas a lo largo de los últimos cinco siglos, todavía se hablan muchas lenguas indígenas que existían antes de que Colón llegara al "Nuevo Mundo". Las lenguas indígenas también son conocidas como "lenguas originarias", "lenguas nativas" y "lenguas aborígenes". Las numerosas lenguas indígenas de Latinoamérica pertenecen a varias grandes familias de lenguas, entre las más conocidas están, quizás, el arahuaca, el chibcha, el mapudungun, el maya, el quechua y el tupí-guaraní. Además, hay familias lingüísticas menores, lenguas aisladas y lenguas no clasificadas. Desde el principio de la colonización la diversidad lingüística ha disminuido extremadamente y cuantiosas lenguas están ahora en peligro de extinción (Moseley 2010). La diversidad lingüística está, por supuesto, amenazada en todo el mundo. Estimamos que el 95% de las 6.000 a 7.000 lenguas de hoy en día están en peligro y podrían desaparecer en los próximos cien años (Krauss 2007), y en Crystal (2000) leemos que, según ciertos conteos, sólo alrededor de 600 lenguas en el mundo están "seguras". El *Atlas de las lenguas del mundo en peligro* de la Unesco en línea, enlista 2.348 lenguas que pronto desaparecerán y 231 lenguas ya extintas. Los números documentados para las lenguas de Latinoamérica se dan en la Tabla 1 (Lewis *et al.* 2013).

Vemos que de las casi 800 lenguas en Latinoamérica, sólo el 50% se espera que sean usadas en un futuro próximo. México es el país latino más grande de Centro y Norteamérica, y también es el que tiene más diversidad lingüística, mientras los países más pequeños como El Salvador (tres lenguas indígenas) y Belice (cuatro lenguas indígenas) tienen muy pocas lenguas habladas. En Sudamérica, Brasil es ciertamente el país con más lenguas, pero de las 215 lenguas vivas, se ha estimado que probablemente menos del 30% sobrevivirá en las décadas venideras. Hoy en día, con frecuencia, las razones de esta extinción son de naturaleza económica. Muchas lenguas minoritarias indígenas usualmente sólo se hablan en comunidades pequeñas y algo aisladas. Tan pronto como los individuos dejan la comunidad para conseguir una educación superior o un trabajo, la lengua ya no es de ningún uso. Además de los factores de naturaleza económica, también hay que mencionar cuestiones como el prestigio social, la identidad, las instituciones educativas, etc., que a lo largo de la historia

Tabla 1 Número y estatus de lenguas en América Latina

Estatus		América Latina	América Central/ del Norte	México	Guatemala	América del Sur	Brasil	Perú
Vivas		**783**	**325**	282	26	**458**	215	94
Se extinguen después	Amenazadas	219	**86**	86	3	**133**	99	31
	En peligro de extinción	182	**41**	32	2	**141**	54	16
	Suma	**401**	**127**	118	5	**274**	153	47
Existentes en el futuro		**382**	**198**	164	21	**184**	62	47

colonial y post-colonial de Latinoamérica han favorecido de manera directa y/o indirecta el abandono de las lenguas aborígenes a favor de las lenguas europeas coloniales (Grinevald 1998; Crevels 2002).

En el pasado, y también todavía en la época actual, las políticas del lenguaje desempeñan un rol substancial en la cuestión de la conservación de la lengua. En las últimas tres décadas, la mayoría de los países latinoamericanos ha cambiado las leyes con respecto a los derechos indígenas, incluyendo la aceptación de las lenguas nativas como un patrimonio cultural que debe ser defendido. Sin embargo, la verdad es que su conservación necesita mucho más que buenas intenciones, y numerosas veces faltan programas y materiales educativos que puedan facilitar la preservación y difusión de estas lenguas. Sin embargo, algunos intentos para revitalizar las lenguas indígenas ya extintas, como en el caso del xinca (aislada) en Guatemala o las que están en peligro, como el quechua en los Andes peruanos, han tenido un éxito parcial.

En Paraguay, el guaraní es una de las lenguas oficiales y también es hablada hasta cierto punto por la población no-indígena. En Bolivia, Ecuador y Perú hay varias lenguas indígenas habladas por sectores relativamente grandes de la población, tales como el quechua, el aimara (Bolivia, Perú), y el kichwa (Ecuador). También, en el sur de México y Guatemala, gran parte de la población habla las lenguas mayas. Aunque la mayoría de las lenguas indígenas están en peligro de extinción, algunas de ellas han influido en las variedades locales del español, como el maya y el náhuatl en México, el quechua en los altiplanos de Sudamérica y el tupí en las tierras bajas de Sudamérica (Lope Blanch 1969; Sala 1981; Buesa Oliver y Enguita Utrilla 1992). Las lenguas más extendidas geográficamente, como el arahuaca, con las que los españoles estuvieron en contacto desde el principio de la colonización, prestaron términos que ahora se usan en varias lenguas del mundo. Por ejemplo, palabras como *cacique, canoa, caracol, colibrí, guayaba, hamaca, huracán, patata, tabaco* son todas de origen arahuaca.

2. Descripción de los datos y caracterización

El estudio de las lenguas indígenas se remonta a los primeros días de la colonización, cuando los jesuitas las aprendieron para lograr ser más exitosos en su misión de conversión a la religión cristiana. Asimismo, muchos viajeros atravesaron las Américas con un interés en compilar los vocabularios de las lenguas indígenas. Hoy en día, esas primeras notas representan valioso material lingüístico porque son los únicos datos que quedan con respecto a numerosas lenguas que están ahora extintas. Los misioneros también contribuyeron a la gran difusión de ciertas lenguas usadas como *lingua franca* del siglo XVI en adelante, en particular las lenguas tupí-guaraní, como el tupinambá, de la cual se desarrolló en Brasil, Colombia y Venezuela la lengua nheengatu o língua gêral (amazónica). Gracias a los vocabularios recogidos, fue posible descubrir relativamente temprano algunas relaciones entre las lenguas indígenas, tal como las de las lenguas arahuacas a lo largo de la Amazonia, reconocidas por el padre Gilij en la década de 1780, comparando la lengua colombiana †maipure a las lenguas bolivianas moxo (cf. Aikhenvald 1999: 73).

Desde el siglo XIX en adelante, se hicieron estudios comparativos más detallados de las lenguas indígenas de Latinoamérica, donde las listas de palabras recopiladas se tomaron como la base de clasificación. La Tabla 2 muestra un fragmento del conocido estudio de Brinton (1891: 341, 345–346), donde compara las lenguas que clasifica como chocó (noanamá) e inter-istmia (término que ya no se usa; el misquito en la tabla se clasifica ahora como lengua misumalpa). Se ha propuesto que estas últimas dos pertenecen a la misma macrofamilia (Asher y Mosely 2007). Los nombres de las lenguas se han adaptado a las convenciones actuales y cada una se ha identificado aquí por los autores con sus códigos ISO (ISO 639-3), un código estándar de tres letras aceptado mundialmente para las lenguas (Lewis *et al.* 2013; *MultiTree* 2013).

Tras abundantes estudios lingüísticos, Greenberg (1987) intentó unificar los descubrimientos y clasificar a todas las lenguas americanas en grandes grupos. Sin embargo, su tesis de que todas las lenguas de América Latina pertenecerían a un súper-filo amerindio, y que la mayoría de las lenguas sudamericanas pertenecerían al macro-filo andino-ecuatoriano, ha sido rechazada en gran parte. Cuando el término "lenguas amerindias" se usa hoy en día, no implica una relación filogenética. Sin embargo, podemos observar unas características tipológicas recurrentes a lo largo de las lenguas de Latinoamérica, las cuales se resumirán al final de este capítulo.

Los modelos de clasificación de las lenguas de América Latina que han tenido mayor aceptación son los de Campbell (1997) y Kaufman (1994). Su trabajo se benefició de las muchas más descripciones lingüísticas que existían para las décadas de 1980 y 1990. Hoy en día, incluso se publican gramáticas más detalladas como resultado de los proyectos de documentación lingüística, financiados por programas como el DobeS (Documentación de lenguas en peligro de extinción, Volkswagen), el ELDP (Programa de documentación de lenguas en peligro de la Escuela de Estudios Orientales y Africanos (SOAS) de la Universidad de Londres), y el archivo AILLA (Archivo de las Lenguas Indígenas de Latinoamérica, Universidad de Texas en Austin). Campbell se mantiene en el nivel de clasificación lingüística donde más pruebas encuentra, pues distingue entre la especulación sobre las relaciones de las macro-familias y las relaciones probadas sobre dichos grupos, basadas tanto en características léxicas así como en algunas gramaticales.

En las décadas más recientes, el foco comparativo se ha ampliado y ya no está restringido al léxico (p. ej. en Derbyshire y Pullum 1986–1998; Constenla 1991; Dixon y Aikhenvald 1999; Adelaar y Muysken 2004). Al hacer esto, los lingüistas notaron que no solo la clasificación filogenética es relevante, sino también lo son las áreas lingüísticas, en donde las lenguas pueden ser filogenéticamente diversas y sin embargo compartir una serie de rasgos lingüísticos debido a la difusión por contacto (Aikhenvald y Dixon 1999: 8–9). Además, ciertos estudios interdisciplinarios han comparado las áreas lingüísticas a las áreas culturales (véase O'Connor y Muysken 2014). En términos generales, podemos distinguir las principales zonas lingüísticas de las Américas en las que encontramos varias áreas lingüísticas: Mesoamérica, el Área Intermedia, las islas del Caribe, los altiplanos de Sudamérica, las tierras bajas de Sudamérica y Patagonia con la Tierra del Fuego. Aquí sólo podemos

Tabla 2 Comparación léxica en Brinton (1891: 341, 345–346, original en inglés)

	Chibcha						Chocó	Inter-istmia
Español	Chibcha/Muisca	Aroac	Chimila	Guaymi	Talamanca	Boruca	Noanamá	Misquito
ISO	chb	arh	cbg	gym	bzd	brn	noa	miq
hombre	muysca	soõtue	sõõkué	nitocua	vipá	con-rokh	emokoyda	waikna
mujer	ti-güi	yun-kue	yuuñkué	meri	arácra	kam-rokh	uida	mairen
sol	sua	yuia	neiin-á	ninguane	divu	kak	edau	lapta
luna	chie	tii	tii	só	turu	tebe	edau	kati
fuego	gata	gué	uañé	nocua	yuk	dukra	igdn	pauta
agua	sie	yira	niitake	si, ña	di	di	du	li
cabeza	zysqui	zankalla	oõkrá	thokua	tsuko	sagra	pidu	lel
ojo	upcua	uba	uaákua	ocua	vubra	caix	daï	nakro
oreja	cuhuca	kuhcua	kaúsaka	olo	cucüh	cuaga	cachi	kiama
boca	quihica	kõhka	kõõkua	cã da	sacu	casa	l	bila
nariz	saca	niksaiñ	naañakra	secua	chi'scah	xiska	keun	kakma
lengua	pcua	kuca	kuá	tudra	ku		meujina	twisa
diente	sica	kõhka?	né	tu	aka		hierra	napa
mano	yta	atta-kra	aattakra	cuse	ura	dijurre	hua	mita
pie	quihicha	ksa, pukré	pookré	ngoto	iucra	di-krescua	bopidi	mena
casa	güe	húi	aátaka	jú	huh		di	watla
1	ata	kuté	kuté	kr-ati	et		aba	kumi
2	boza	moga	muuhná	kro-bu	bug		nu	wal
3	mica	maigua	teiemé	kro-mai	mang		tanjupa	niupa
4	muihica	murieié	murieié	kro-boko	keng		jay upa	wãĩwãl
5	hisca	achigua	kutendeu-rehattagra	kro-rigua	skera		juambo	matasip

seleccionar un número limitado de las áreas de estudio para demostrar ciertas características tipológicas de las lenguas amerindias. Por lo tanto, vamos a dejar de lado el gran campo de estudios mesoamericanos y las lenguas caribeñas y nos enfocamos en las lenguas indígenas que subsisten en Centro y Sudamérica.

2.1 Lenguas del Área Intermedia

La familia de las lenguas chibchenses se encuentra en Centro y Sudamérica y está subdividida en dos ramas principales: chibcha A en Costa Rica y Panamá, y la rama más extendida de chibcha B en Colombia, pero también en Honduras, Costa Rica y Panamá. Las lenguas chibchenses se han clasificado como pertenecientes al Área Intermedia cultural y lingüística (Constenla 1991). La ahora extinta lengua muisca o chibcha (chb) se usaba como *lingua franca* por los misioneros en Colombia en el siglo XVI (Adelaar y Muysken 2004:81). Las lenguas chibchenses tienen clasificadores numéricos, algunos de ellos son sufijos, como en el teribe en (1).

(1) *sbi   kw-ara   roy   di*   Teribe (tfr), chibcha A
     olla   CLF.redondo-uno   dentro   agua
     'una olla de agua'

                                           (Quesada 2007: 60)

Los sustantivos de propiedad inalienable tienen un marcador de propiedad que los precede. Los casos nominales oblicuos se marcan por post-posiciones, como por ejemplo el locativo *-te* en (2). Las relaciones gramaticales se marcan en un sistema ergativo-absolutivo en la mayoría de las lenguas chibchenses, como por ejemplo en el guaymí o el ngäbere (2), lo que significa que el sujeto de las construcciones transitivas, o el sujeto extendido intransitivo, se marca por la post-posición ergativa *-gwe*, donde los sujetos absolutivos de los verbos intransitivos se mantienen sin marcador, tal como los objetos.

(2) *Davi-gwe   ha-hu-e-te   hadîg-aba.*   Guaymí (gym), chibcha A
     David-ERG   RFL-casa-POS-LOC   dormir-PAS
     'David durmió en su casa'

                                           (Quesada 2007: 58)

Con respecto a la morfología verbal chibchense, las lenguas usualmente tienen un elaborado sistema de aspecto y modo, pero pocos marcadores de tiempo. Algunos rasgos tipológicos de las lenguas del Área Intermedia son los siguientes (cf. Constenla 2012): un orden de palabra OV, marcadores de propiedad que preceden a la raíz nominal, post-posiciones y adjetivos y numerales ubicados después de los sustantivos. Estos rasgos las distinguen particularmente de otras lenguas mesoamericanas. Según lo que respecta a los rasgos fonológicos, cabe mencionar una distinción fonémica entre las vocales redondeadas /u/ y /o/, y la existencia de oclusivas fonémicas sonoras. Sin embargo, para ser precisos, dentro del Área Intermedia encontramos cierto número de áreas lingüísticas minoritarias (Constenla 1991: 121 y ss.).

2.2. Lenguas de los Andes

En el área andina, las lenguas quechuas se dispersaron con la expansión del Imperio inca en el siglo XV. Por lo tanto, encontramos una familia lingüística poco compleja, que consiste en varias lenguas con estructuras muy similares. Podemos dividir las dos ramas principales en quechua I y quechua II. El quechua I es relativamente minoritario y está situado en el Perú central. La mayoría de las lenguas quechuas pertenecen al quechua II. Esto se sostiene con el kichwa ecuatoriano en el norte, así como con el quechua boliviano en el sur. Como casi todas las lenguas sudamericanas, el quechua es aglutinante y predominantemente utiliza un gran número de sufijos. En particular, los verbos son morfológicamente complejos e incluyen varios sufijos, entre ellos direccionales, aplicativos, y nominalizadores que se emplean para la subordinación. De (3) a (5) se ofrecen tres ejemplos que muestran la complejidad verbal de algunos dialectos quechua:

(3) *xu-x   miku-na-n-guna-ta.*   Tarma quechua (qvn), quechua I
    dar-HAB comer-NML-3.POS-PL-AC
    'Les daban su comida (lit. sus cosas a comer)'

                                     (Adelaar y Muysken 2004: 228)

(4) *kay ačku-ga   šux   miži-ku-ma-čari.*   Kichwa (qxl), quechua I
    este perro-TOP uno terror-DIM-ENF-DUB
    'Este perro debe ser un diablo'

                                       (Adelaar y Muysken 2004: 238)

(5) *mikhu-y-ta-tax-si*   *qalya.yu-n.*   Cusco quechua (quz), quechua II
    comer-NML-AC-ENF-REP   omenzar-3.SUJ
    'Y él comenzó a comer'

                                       (Adelaar y Muysken 2004: 250)

El aimara y el quechua son dos grupos de lenguas filogenéticamente distintos y especialmente los muy pocos cognados que comparten (sólo el 20 %) parecen indicar que no están relacionadas en absoluto (Adelaar y Muysken 2004: 35). Esto se ha debatido durante largo tiempo, y de hecho, algunos autores como Cerrón-Palomino (1994) y Toreo (1998), entre otros, mantienen una postura completamente contraria a la de Adelaar y Muysken. Sin embargo, parece que el quechua y el aimara estuvieron en contacto extenso durante un tiempo cuando el aimara era lo suficentemente fuerte como para tener un impacto en la estructura gramatical del quechua. Los ejemplos (6) y (8) ilustran algunos rasgos de la lengua aimara. Si comparamos el aimara y el quechua, notamos sobre todo la diferencia léxica. Estructuralmente, sin embargo, con frecuencia el quechua y el aimara son similares. En la morfología nominal notamos que marcar el tópico es común en ambas lenguas. Tanto en el aimara como en el quechua, los marcadores de los rasgos de persona en el sujeto o poseedor siguen el verbo. Además, las funciones nominalizadoras son semejantes, como por ejemplo el uso de un nominalizador para marcar obligación (7)-(8):

(6) *uka-t-sti,*   *pastu-s   manq'a-ny a-ki-:-n-wa.*   Aimara (aym)
    que-ABL-TOP.DIF pasto-AD comer-NML-LIM-VBL-3.SUJ.CERCA.REM-AFM
    'Pero luego, fue necesario comer pasto'

                                       (Adelaar y Muysken 2004: 299)

(7) *aywa-na-:.*   Tarma quechua (qvn), quechua I
    ir-NML-1.SUJ
    'Tengo que irme'
                                                    (Adelaar y Muysken 2004: 228)

(8) *sara-ña-ha-wa.*   Aimara (aym)
    ir-NML-1.POS
    'Tengo que irme'
                                                    (Adelaar y Muysken 2004: 289)

Muchas otras lenguas andinas están ahora extintas y nunca han sido documentadas. Solamente podemos conjeturar reconstrucciones de ellas. Así es el caso con el puquina (puq), una supuesta lengua arahuaca (Adelaar y Muysken 2004), de donde la lengua mixta kallawaya tomó la mayor parte de su léxico, mientras que su gramática fue suministrada por el quechua. El kallawaya en sí es una lengua secreta de Bolivia, usada por los curanderos andinos y pronta a extinguirse hoy en día, ya que está siendo reemplazada léxicamente casi por completo por el quechua. Un ejemplo del kallawaya se presenta en (9) y se compara con el quechua boliviano en (10). De manera interesante, en los dos ejemplos toman prestado el sufijo plural, en (9) es *-kuna* del Quechua y en (10) *-s* del español.

(9) *laja-kuna, atasi-kuna, alkalde-tah isna-n-ku.*   Kallawaya (caw), lengua mezclada
    hombre-PL mujer-PL   alcalde-ENF ir-3-PL
    'Los hombres, las mujeres y el alcalde se fueron'

(10) *qhari-s, warmi-s, alkalde-tah ri-n-ku.*   Quechua boliviano (qul), quechua II
     hombre-PL mujer-PL alcalde-ENF ir-3-PL
     'Los hombres, las mujeres y el alcalde se fueron'
                                                    (Muysken 1997: 432)

2.3. Lenguas de las tierras bajas de Sudamérica

Las tierras bajas de Sudamérica pueden subdividirse en dos grandes áreas lingüísticas: la Amazonia y el Chaco. En varios estudios, las lenguas amazónicas han sido analizadas como pertenecientes a sólo un área lingüística (p. ej. en Derbyshire y Pullum 1986–1998; Payne 1990; Dixon y Aikhenvald 1999). Dixon y Aikhenvald (1999: 2) argumentan que la Amazonia es "el área del mundo más lingüísticamente compleja" hoy en día con aproximadamente 300 lenguas que pertenecen a 20 familias diferentes además de cerca de 12 lenguas aisladas (Dixon y Aikhenvald 1999: 2). Especialmente para el área lingüística amazónica se ha dicho que "el multilingüismo era (y es) la norma entre los indios amazónicos" (Dixon y Aikhenvald 1999: 5), y eso es una de las razones de difusión lingüística. Algunos ejemplos de estos rasgos tan difundidos son el uso frecuente de la vocal central cerrada /ɨ/ y la existencia de sólo una consonante líquida (o *l* o *r*). Las lenguas amazónicas, en especial las del grupo arahuaca del sur, son las lenguas más sintéticas de Sudamérica, con excepción de la lengua patagónica mapudungun. Considérese el ejemplo (11), donde diez morfemas de una sola palabra en baure se traduce a una oración compleja en español.

(11) *ni=pori-mbe-ko-ino-pa-sha=pi=ro=nish...*   Baure (brg), arahuaca del sur
     1SG=coser-CLF:aplastado-TH-BEN-INTL-IRR=2SG=3SG.M=EXCLM
     'Pues, cuando lo voy a remendar para ti...'
                                                    (Danielsen *et al.* 2008–2014)

En el sistema nominal, podemos notar que las lenguas amazónicas generalmente marcan solamente casos oblicuos (locativo, instrumental). Los posesivos se marcan en el sustantivo poseído, como en (12). Otros rasgos amazónicos comunes compartidos con las lenguas chibchenses son los clasificadores nominales. En las lenguas amazónicas, los clasificadores pueden ser derivativos en sustantivos, pueden marcar una relación de concordancia en adjetivos y numerales y pueden estar incorporados en verbos. El ejemplo (12) presenta un marcador posesivo y un clasificador nominal incorporado en una lengua arahuaca. En (11) se puede ver otro caso de incorporación.

(12) *ni=pa-se-k   ti   ni=piri.*   Baure (brg), arahuaca del sur
      1SG=dar-CLF:oval-TH ART.F   1SG=hermano/a
      'Yo le doy de la sandía a mi hermana'

(Danielsen *et al.* 2008–2014)

No sólo los posesivos se marcan en los sustantivos, sino también los argumentos verbales, y frecuentemente estos marcadores están relacionados formalmente, como puede observarse con la forma *ni=* '1SG', en (11) y (12). Las marcas de persona de los sujetos semánticos (S) por estos morfemas ligados generalmente se realizan en una S-escindida, i. e. la marca del sujeto de algunos verbos intransitivos (S_a) es como la de los agentes (A) de los verbos transitivos, y los sujetos de otros verbos intransitivos (S_o) (generalmente sólo en verbos de estado), se marcan como el objeto (O) de los verbos transitivos. En las lenguas arahuaca esto significa que algunos sujetos (A y S_a) se marcan con un prefijo y en otros con un sufijo (S_o). Compárense los ejemplos de (13) a (15) del paunaka. El (13) muestra un verbo transitivo con un sujeto (A) y una marca de un objeto (O):

(13) A-V-O   Paunaka (pnk), arahuaca del sur
      ne-retenaik-a-pi.
      1SG-atar-IRR-2SG
      'Yo te voy a atar'

En (14) vemos el par afirmativo-negativo de un verbo intransitivo con una marca S_a:

(14) S_a-V S_a-V
      ni-yun-u.   –   *kuina   ni-yun-a.*
      1SG-ir-REAL   NEG   1SG-ir-IRR
      'Me fui'   'No me fui'

El ejemplo (15) muestra el préstamo del español del verbo *puere-* (poder) usado como predicado de un verbo de estado con sujeto marcado en la posición del objeto de los verbos transitivos, compárese con (13).

(15)   V-S_o A-V
      kuina   puere-bi-ina   bi-suika   echÿu   b-etea.
      NEG   poder-1PL-IRR   1PL-escribir   DEM   1PL-idioma
      'No podemos escribir nuestro idioma'

(Danielsen *et al.* 2011–2014)

El sistema de marcadores de rasgos de persona del arahuaca es transparente porque es aglutinante y los diferentes roles semánticos se marcan en uno u otro lado de la raíz verbal.

En las lenguas tupí-guaraní (Gregores y Suárez 1967; Dietrich 1990; Jensen 1999; Dietrich y Haralambos 2009) hay dos grupos principales de prefijos personales, donde el grupo 1 se usa para los sujetos activos (A, S$_a$) y el grupo 2 para los objetos, los sujetos de estados o los posesivos. Además, el grupo 3 marca correferencialidad en los sustantivos, post-posiciones y algunos verbos seriales. También desempeña un rol si en un verbo transitivo el O es un participante del acto verbal (primera o segunda persona) o no. En los verbos transitivos con dos argumentos, las lenguas tupí-guaraní pueden combinar las formas de los marcadores del grupo 1 con las de la tercera persona del grupo 2, en el orden A-O-V en el verbo. No obstante, cuando hay una primera persona actuando en una segunda persona (1→2), aparecen formas especiales. Un resumen de estos prefijos de persona se da en la Tabla 3, donde el asterisco se refiere a las formas reconstruidas.

(16)　　1 → 3　　　　　　　　　　　　　　　　　　　　　　　Proto-tupí-guaraní
　　　　*a-ts-ekár.
　　　　1SG.A-3O-buscar
　　　　'Yo le busqué'

(17)　　1 → 2
　　　　*oro-ekár.
　　　　1_2SG-buscar
　　　　'Yo/nosotros te buscamos'

　　　　　　　　　　　　　　　　　　　　　　　　　　　　　　　　　　　(Jensen 1999: 156)

En las lenguas amazónicas, podemos además notar que entre las categorías verbales, el tiempo comúnmente no se expresa, pero dichas lenguas pueden tener sistemas complejos de aspecto y modo, además de mostrar evidencialidad.

Otras grandes familias de lenguas en la Amazonia son las lenguas caribes, el gê y el tukano. Las lenguas tucanas orientales se han diseminado especialmente con el arahuaca en el área lingüística Vaupés (Dixon y Aikhenvald 1999). En el sur de la Amazonia se encuentra el área Guaporé-Mamoré, que se conoce por su diversidad extrema (Crevels 2012: 170). En esta área cerca de la frontera del noreste de Bolivia con Brasil, encontramos cerca de 50 lenguas indígenas de las familias de lenguas arahuaca, chapacura, tupí, pano-tacana, mosetana, nambicurana y macro-gê y al menos 10 lenguas aisladas o no clasificadas. La mayoría de estas lenguas solamente se han descrito y documentado recientemente, o están en camino de extinción.

Tabla 3 Grupos de marcar personas proto-tupí-guaraní (Jensen 1999: 147)

	Grupo 1 (A, S$_a$)	*Grupo 2 (O, S$_o$)*	*Grupo 3 (correferencial)*
1SG	*a-	*ché	*wi-
1EXCL	*oro-	*oré	*oro-
1INCL	*ja-	*jané	*jeré-
2SG	*ere-	*né	*e-
2PL	*pe-	*pé	*peje-
3	*o-	*i-, *ts-, *t-	*o-
1→2SG	*oro-		
1→2PL	*opo-		

El área de lenguas del Chaco es, nuevamente, diferente de las lenguas amazónicas (Campbell y Grondona 2012, cf. también el Proyecto de documentación del chaco en el Archivo DobeS). Esta área se refiere al Gran Chaco, que se extiende en parte por Bolivia y en gran parte a través de Paraguay y Argentina. Las lenguas que pertenecen a esta área son de las familias de lenguas guaicurú, mataco, zamuco y tupí-guaraní, o no están clasificadas como las (casi) extintas lenguas lule y vilela. Esta área lingüística está siendo ahora investigada. Los rasgos fonológicos que parecen ser particulares a esta área son las nasales preaspiradas /ʰn/ o sordas y la fricativa lateral [ɬ].

2.4. Lenguas de Patagonia y Tierra del Fuego

Yendo más hacia el sur, una de las lenguas más conocidas es el mapudungun en Chile y Argentina, que también es referido como araucano, pero estrictamente hablando puede ser considerado como una lengua aislada. Fue dominante en un área vasta y estuvo en contacto con las lenguas chaco y con las lenguas en el extremo sur, en Patagonia. El mapudungun, el idioma de los mapuches, comparte la vocal /ɨ/ con las lenguas amazónicas. Ha sido estudiado por varios investigadores por su compleja morfología. El mapudungun tiene sufijos de sujeto, que se distinguen en tres modos: indicativo, condicional e imperativo.

(18) Mapudungun (arn), aislado
ḻa-lu   el-el-ŋe-ke-y   ko   kinʸe metawe mew.
morir-NML poner-BEN-PSV-HAB-3.IND agua uno cántaro OBL
'El finado está proporcionado con agua en un cántaro'

(Adelaar y Muysken 2004: 527)

(19) *fey-eŋin ayɨ-w-ɨy-ŋin   inʸče amu-el nʸi   umaw-tu-a-l.*
él/ella-PL estar.feliz-RFL-3.IND-PL yo   ir-EST 1SG.POS dormir-RS FUT-EST
'Ellos estaban felices cuando me fui a dormir'

(Adelaar y Muysken 2004: 528)

Las lenguas de la Tierra del Fuego son distintas tipológicamente. Desafortunadamente, la mayoría de ellas ya están extintas debido al genocidio masivo ocurrido a principios del siglo XX. Las lenguas de esta área pertenecen en parte a la familia de lenguas chon, tal como el puelche, el selknam y el tehuelche. Las lenguas chon pueden compartir entre el 10% y el 55% de cognados (Adelaar y Muysken 2004: 556). Las otras lenguas de los nómadas canoeros, tal como el yamana, no han sido clasificadas. Las lenguas de la Tierra del Fuego son muy consonánticas y tienen un mayor número de oclusivas glotales que las lenguas andinas. Su inventario de fonemas generalmente distingue entre sonoros y sordos; este rasgo, por ejemplo, es extremadamente raro entre las lenguas amazónicas, y puede haber varias consonantes líquidas; considérese por ejemplo en el puelche: /l/, /ɬ/, /lʸ/, /ɾ/. En muchas de estas lenguas minoritarias hay también distinción fonémica en la duración de las vocales. Las lenguas de esta área tienen abundantes tiempos verbales, cuando en el resto de Sudamérica el aspecto casi siempre cumple una función más importante o sustitutiva. En el kawésqar (chon) encontramos seis tiempos verbales, de los cuales cuatro se refieren a diferentes especificaciones del pasado: el pasado inmediato, el pasado reciente, el pasado remoto y el pasado mítico o narrativo (Adelaar y Muysken 2004: 566). Además, la lengua yamana, cuya clasificación en términos genéticos todavía no se ha aclarado, es especial en varios aspectos: hay una composición verbal productiva o un patrón clasificatorio, ver (20), y los verbos también incluyen número (singular, dual, plural), ver el patrón en (21).

(20) *kwisseta*   'jalar por algo, o encima de algo'   Yamana (yag)
      kwissakaya   'jalar arriba'
      kwissa:muči   'jalar adentro'
      kwisso:anari   'jalar en agua'
      kwissa:pu:ku: 'jalar en fuego'
      kwissu:aka:na   'jalar debajo, como árboles en la orilla del río'

                                            (Adelaar y Muysken 2004: 571)

(21) | **singular** | **dual** | **plural** | Yamana (yag) |
|---|---|---|---|
| *ta:gu:* | *ta:gu:pay* | *yatu:* | 'dar 1, 2, más cosas' |
| *ata* | *ata:pay* | *tu:mi:na* | 'llevar 1, 2, más cosas' |
| *apǝna* | *apǝna:pay* | *ma:maya* | '1, 2, ¿más se mueren? |
| *ka:taka* | *ka:taka:pay* | *u:tušu:* | '1, 2, más andan a pie' |

                                            (Adelaar y Muysken 2004: 571)

3. Resumen

Aunque la categoría agrupatoria de Greenberg de las lenguas Amerindias no puede probarse con ninguna lista detallada de rasgos, hay ciertas características que parecen presentarse de manera más acentuada que en otras partes del mundo. Por ejemplo, la vocal central cerrada /ɨ/ es difundida considerablemente en las tierras bajas de Sudamérica y en el Área Intermedia. Podemos resumir generalmente que la mayoría de las lenguas latinoamericanas tienen marcado de núcleo, son aglutinantes y sintéticas, distinguen la propiedad alienable e inalienable en los sustantivos, marcan mayormente sólo los casos oblicuos en los sintagmas nominales y los argumentos se marcan en los verbos; se pueden encontrar algunos sistemas acusativos, pero también hay varios sistemas ergativos (en Mesoamérica) o sistemas de S-escindida en la Amazonia. La mayoría de las lenguas usa post-posiciones. Los clasificadores nominales son más comunes en la región de las tierras bajas, tal como Mesoamérica, el Área Intermedia, la Amazonia y posiblemente en la lengua mapudungun. En otras lenguas hay clasificadores verbales, como en las lenguas de la Tierra del Fuego, un rasgo que puede ser considerado más típico de Norte América. La mayoría de las lenguas distinguen diferentes aspectos, modos y evidencialidad, pero el tiempo no es una categoría relevante, con excepción de las lenguas andinas y las lenguas de la Tierra del Fuego.

4. Glosas

- = afijación; = = cliticización; ABL = ablativo; AC = acusativo; AD = aditativo; AFM = afirmativo; ART = artículo; BEN = benefactivo; CERCA.REM = cerca remoto; CLF = clasificador; DEM = demostrativo; DIM = diminutivo; DUB = dubitativo; ENF = enfático; ERG = ergativo; EST = estativo; EXCL = exclusivo; EXCLM = exclamativo; F = femenino; FUT = futuro; HAB = habitual; INCL = inclusivo; IND = indicativo; INTL = intencional; IRR = irrealis; LIM = limitativo; LOC = locativo; M = masculino; NEG = negación; NML = nominalizador; OBL = oblicuo; PAS = pasado; PL = plural; POS = posesivo; PSV = pasivo; REAL = realis; REP = reportativo; RFL = reflexivo; RS = restitutivo (volver a hacer); SG = singular; SUJ = sujeto; TH = sílaba temática; TOP = topicalizador; TOP.DIF = tópico diferente; VBL = verbalizador.

Bibliografía

Adelaar, W. F. H. y Muysken, P. C. (eds.) (2004) *The languages of the Andes*, Cambridge: Cambridge University Press.

Aikhenvald, A. Y. (1999) "The Arawak language family", en Dixon, R. M. W. y Aikhenvald, A. Y. (eds.) *The Amazonian languages*, Cambridge: Cambridge University Press, pp. 65–106.

Asher, R. E. y Mosely, C. (eds.) (2007) *Atlas of the world's languages*, Londres/Nueva York: Routledge.

Buesa Oliver, T. y Enguita Utrilla, J. M. (1992) *Léxico del español de América: su elemento patrimonial e indígena*, Madrid: Editorial MAPFRE.

Brinton, D.G. (1891) *The American race: A linguistic classification and ethnographic description of the native tribes of North and South America*, Nueva York: N. D. C. Hodges Publisher.

Campbell, L. (1997) *American Indian languages: The historical linguistics of Native America*, Nueva York: Oxford University Press.

Campbell, L. y Grondona, V. (2012) "Languages of the Chaco and Southern Cone", en Campbell, L. y Grondona, V. (eds.), *The Indigenous languages of South America. A comprehensive guide* (The World of Linguistics, 2), Berlín/Boston: De Gruyter Mouton, pp. 625–667.

Cerrón-Palomino, R. (1994) *Quechumara. Estructuras paralelas del quechua y del aymara*, Lima: CIPA.

Crystal, D. (2000) *Language death*, Cambridge: Cambridge University Press.

Constenla Umaña, A. (1991) *Las lenguas del Área Intermedia: introducción a su estudio areal*, San José: Universidad de Costa Rica.

Constenla Umaña, A. (2012) "Chibchan languages", en Campbell, L. y Grondona, V. (eds.), *The Indigenous languages of South America. A comprehensive guide* (The World of Linguistics, 2), Berlín/Boston: De Gruyter Mouton, pp. 391–439.

Crevels, M. (2002) "Why speakers shift and languages die: An account of language death in Amazonian Bolivia", en Crevels, M., Kerke, S. van de, Meira, S. y Voort, H. van der (eds.), *Current studies on South American languages*, Leiden: Research School of Asian, African, and Amerindio Studies (CNWS), pp. 9–30.

Crevels, M. (2012) "Language endangerment in South America: The clock is ticking", en Campbell, L. y Grondona, V. (eds.), *The Indigenous languages of South America. A comprehensive guide* (The World of Linguistics, 2), Berlín/Boston: De Gruyter Mouton, pp. 167–233.

Danielsen, S., Admiraal, F., Riedel, F. y Terhart, L. (2008–2013). Baure language archive (The Language Archive, DobeS) [en línea]. Accesible en https://corpus1.mpi.nl/ds/asv/?0&openpath=node:885634.

Derbyshire, D. C. y Pullum, G. K. (eds.) (1986–1998) *Handbook of Amazonian languages*, vols. 1–4, Berlín: De Gruyter Mouton.

Dietrich, W. (1990) *More evidence for an internal classification of Tupí-Guaraní languages*, Berlín: Gebr. Mann.

Dietrich, W. y Haralambos, S. (2009) *Atlas lingüístico guaraní-románico* (ALGR), Kiel: Westensee-Verlag.

Dixon, R. M. W y Aikhenvald, A. Y. (eds.) (1999) *The Amazonian languages*, Cambridge: Cambridge University Press.

Greenberg, J. (1987) *Language in the Americas*, Stanford: Stanford University Press.

Gregores, E. y J. Suárez. (1967) *A description of colloquial Guarani*, La Haya/París: Mouton & Co.

Grinevald, C. (1998) "Language endangerment in South America: A programmatic approach", en Grenoble, L. A. y Whaley, L. I. (eds.) *Endangered languages: Current issues and future prospects*, Cambridge: Cambridge University Press, pp. 124–159.

Jensen, C. (1999) "Tupí-Guaraní", en Dixon, R. W. M. y Aikhenvald, A. Y. (eds.) *The Amazonian languages*, Cambridge: Cambridge University Press, pp. 125–163.

Kaufman, T. (1994) "The native languages of South America", en Mosley, C. y Asher, R. E. (eds.) *Atlas of the world's languages*, Londres/Nueva York: Routledge, pp. 46–76.

Krauss, M. (2007) "Classification and terminology for degrees of language endangerment", en Brenzinger, M. (ed.), *Language diversity endangered*, Berlín: De Gruyter Mouton, pp. 1–8.

Lewis, M. P., Simons, G. F. y Fennig, C. D. (eds.) (2013) *Ethnologue: Languages of the world*, 17.ª ed., Dallas: SIL International [en línea]. Accesible en http://www.ethnologue.com.

Lope Blanch, J. M. (1969) *El léxico indígena en el español de México*, México DF: El Colegio de México.

Moseley, C. (ed.) (2010) *Atlas of the world's languages in danger*, 3.ª ed., París: Unesco Publishing, [en línea]. Accesible en http://www.unesco.org/culture/en/endangeredlanguages/atlas.

MultiTree: A digital library of language relationships [en línea], Institute for Language Information and Technology: Ypsilanti, MI. Accesible en http://multitree.org [27/07/ 2013].

Muysken, P. C. (1997) "Callawaya", en Thomason, S. G. (ed.), *Contact languages: A wider perspective*, Amsterdam/Filadelfia: John Benjamins, pp. 427–448.

O'Connor, L. y Muysken, P.C. (eds.) (2014) *The native languages of South America: Origins, development, typology*, Cambridge: Cambridge University Press.

Payne, D. L. (ed.) (1990) *Amazonian linguistics: Studies in lowland South American languages*, Austin: University of Texas Press.

Quesada, J.D. (2007) *The Chibchan languages*, Costa Rica: Editorial Tecnológica de Costa Rica.

Sala, M. (1981) *El español de América. I: Léxico*, Yerbabuena: Patriótica del Instituto Caro y Cuervo.

Torero, A. (1998) "El marco histórico-geográfico en la interacción quechua-aru", en Dedenbach-Salazar Sáenz, S., Arellano Hoffmann, C., König, E. y Prümers, H. (eds.) *50 años de estudios americanistas en la Universidad de Bonn: nuevas contribuciones a la arqueología, etnohistoria, etnolingüística y etnografía de las Américas* (Bonner Amerikanistische Studien, 30), Markt Schwaben: Verlag Anton Saurwein, pp. 601–630.

Enlaces a archivos de lenguas indígenas de latinoamérica

Archivo DobeS, Nimega [en línea]. Accesible en http://dobes.mpi.nl/.

Archivo ELAR (ELDP), Londres [en línea]. Accesible en http://elar.soas.ac.uk/.

Archivo AILLA, Austin, Texas [en línea]. Accesible en http://www.ailla.utexas.org/.

Lecturas complementarias

Fabre, A. (2005) *Diccionario etnolingüístico y guía bibliográfica de los pueblos indígenas sudamericanos*, Tampere University [en línea]. Accesible en http://www.ling.fi/Diccionario%20etnoling.htm.

Heggarty, P. y Pearce, A. (eds.) (2011) *History and language in the Andes*, Londres: Palgrave Macmillan.

Klein, H.E. y Stark, L. R. (eds.) (1985) *South American Indian languages: Retrospect and prospect*, Austin: University of Texas Press.

O'Connor, L. y Muysken, P. (eds.) (2014) *The native languages of South America: Origins, development, typology*, Cambridge: Cambridge University Press.

Payne, D. (ed.) (1990) *Amazonian linguistics: Studies in Lowland South American languages*, Austin: University of Texas Press.

Queixalós, F. y Renault-Lescure, O. (eds.) (2000) *As línguas amazônicas hoje*, São Paulo: IRD, ISA & MPEG.

Moseley, C. (ed.) (2010) *Atlas of the world's languages in danger*, 3.ª ed., París: UNESCO Publishing [en línea]. Accesible en http://www.unesco.org/culture/en/endangeredlanguages/atlas.

Entradas relacionadas

etnografía y sociolingüística; lenguas criollas

METÁFORA

Eduardo de Bustos

1. Introducción

Hasta los años ochenta del pasado siglo, la metáfora había sido, o bien el objeto de estudios retóricos, basados en la idea tradicional de que la metáfora era un recurso persuasivo o estético, o bien había sido objeto de atención por parte de los filósofos del lenguaje como una clase de expresiones en que se producía un significado indirecto, esto es, como un fenómeno en que se ponía de manifiesto que, en muchas ocasiones, el significado que un hablante pretende trasmitir (y trasmite) no coincide con su significado 'literal', entendiendo este como el significado convencional o sistémico, aislado de cualesquiera consideraciones contextuales (Grice 1989; Searle 1979).

Pero, a partir de los años ochenta, fundamentalmente a partir de la publicación de *Metaphors we live by* (Lakoff y Johnson 1980) se fue abriendo paso la idea de que los fenómenos lingüísticos asociados con la metáfora (fundamentalmente de desplazamiento del significado) no eran sino el reflejo de la dinámica cognitiva, entendiendo por tal los procesos que construyen y modifican las estructuras conceptuales mediante las cuales se asimila la experiencia. Esta idea es el núcleo central de la teoría cognitiva de la metáfora (TCM en adelante), rotulada entonces como teoría contemporánea de la metáfora (Lakoff 1993), cuyas tesis fundamentales eran:

1) La metáfora es primordialmente un fenómeno cognitivo, no puramente lingüístico o retórico. Esto se aplica a las dos clases principales de metáforas, las metáforas conceptuales y las metáforas de imagen.
2) El mecanismo mediante el cual opera la metáfora es el de una proyección entre estructuras conceptuales. La proyección consiste en el establecimiento de una relación de correspondencia entre dominios, de tal forma que a los elementos y relaciones de un *dominio fuente* (*source domain*), el dominio que se proyecta, corresponden elementos y relaciones del sistema sobre el que se proyecta, el *dominio objetivo* o *diana* (*target domain*) de la metáfora.
3) El análisis de las metáforas como productos cognitivos permite establecer generalizaciones sobre la semántica de las expresiones lingüísticas en que se traducen. Dicho de otro modo, mientras que el análisis lingüístico y retórico conduce a una concepción

atomista y aislacionista de las expresiones lingüísticas metafóricas, la TCM permite una descripción *global* de tales expresiones y proporciona una *explicación* de su función cognitiva.

4) En cuanto a esta función cognitiva, la metáfora constituye el proceso fundamental en la asignación de estructura conceptual a dominios de la experiencia, incluyendo la conceptualización y la categorización. El proceso de estructuración metafórica tiene dos aspectos relevantes para la apreciación de su función cognitiva: 1) la puesta en relación de correspondencia de dos dominios con una estructura conceptual previa. En ese caso, se trata de percibir las posibilidades de correspondencia entre esos dos dominios. Por ejemplo, en la metáfora LA SOCIEDAD ES UN ORGANISMO, se dispone de dos ámbitos, el de la realidad social y el de la realidad biológica, y se trata de encontrar las posibles proyecciones entre una y la otra ('el rey es la cabeza del estado', 'el ejército es la columna vertebral de la democracia', etc.). En estos casos, se producen casi siempre relaciones de analogía que conectan diferentes ámbitos del conocimiento. Y 2) cuando se trata de inyectar estructura conceptual en un ámbito previamente no estructurado, como cuando es el caso de realidades desconocidas o fuera de nuestro alcance. En tales ocasiones, la función cognitiva de la metáfora consiste en captar e integrar esas realidades, haciéndolas comprensibles o simplemente experimentables. El análisis de esta función de la metáfora permite ofrecer una explicación de la creatividad conceptual en muy diferentes ámbitos, que van desde la creatividad científica a la poética (Bustos 2013).

5) Las metáforas están ordenadas jerárquicamente. Esto quiere decir 1) que hay metáforas que son fruto de la composición de otras metáforas, y 2) que hay metáforas más primigenias que otras, en el sentido de constituir la base o la raíz de esas metáforas (véase *infra*).

6) Las bases psicológicas de muchas metáforas son los *marcos conceptuales* y *los esquemas de imagen*, esto es, estructuras psicológicas de carácter elemental que proporcionan el armazón de la proyección metafórica. Existen diversos tipos de esquemas de imagen, siendo el esquema del contenedor (Reddy 1979) el más conocido de ellos. Este esquema permite estructurar la propia noción de significado, haciéndola concebir en términos de un contenido (la información semántica) que está confinado en un recipiente ('no entiendo el contenido de lo que dices', 'no pude extraer el significado de su discurso', 'el sentido desbordaba el texto analizado', etc.).

7) El papel de los esquemas de imagen en la fundamentación de la metáfora revela su origen *corpóreo*. Los esquemas constituyen el esqueleto de nuestras percepciones más simples y de las experiencias motoras de nuestro cuerpo más básicas. A partir de las interacciones de nuestro cuerpo con el entorno se activan y desarrollan estructuras cognitivas que nutren las metáforas. Así pues, las metáforas pueden retrotraerse al nivel de la experiencia corporal (Gibbs 1994). Dada la similitud básica de los sistemas perceptuales y motores de los seres humanos, se produce una convergencia básica en nuestras experiencias e interacciones con el entorno, lo cual es la razón básica de la generalidad de ciertas metáforas, de su existencia en diferentes culturas (Kövecses 2000).

A partir de comienzos del siglo XXI, se puede afirmar que los estudios sobre la metáfora han evolucionado siguiendo tres grandes líneas:

1) El desarrollo del núcleo central de la teoría cognitiva o contemporánea de la metáfora tal como estaba fijada en Lakoff y Johnson (1980) y Lakoff (1993).

2) La elaboración de críticas a ese núcleo central, que a veces ha desembocado en la propuesta de teorías nuevas (Sperber y Wilson 2008) o modificaciones sustanciales de la teoría contemporánea de la metáfora (Fauconnier y Turner 2002, 2008).

3) La proliferación de investigaciones aplicadas ligadas a muy diferentes campos disciplinares, desde la neurología a la antropología cultural. Esas investigaciones se han orientado bien a la contrastación directa o indirecta de la TCM (Gibbs 2006, 2011; Gibbs y Matlock 2008), o bien a su aplicación en disciplinas diferentes de la lingüística (Kövecses 2005, 2006, por ejemplo, en la antropología cultural).

En cuanto al desarrollo de la TCM es preciso destacar que tal teoría ha pretendido conectar con los niveles biológicos de explicación (a semejanza de la lingüística generativa) mediante la elaboración de la *teoría neural de la metáfora* (Lakoff 2008, 2012; Gallese y Lakoff 2005). La idea que fundamenta esta orientación investigadora es que si la noción de *corporeidad* (*embodiment*) ha de tener contenido empírico y ha de estar, por tanto, sujeta a contrastación, es preciso conectar los análisis conceptuales y lingüísticos con las estructuras neurobiológicas.

El origen corpóreo de la conceptualización metafórica fue una tesis central de la TCM (Gibbs 1994; Gibbs, Lima y Francuzo 2004), pero la teoría neural de la metáfora pretende dar un paso más allá, ligando el nivel estrictamente cognitivo de las proyecciones metafóricas con los procesos neuronales que las implementan.

En cuanto a las críticas y elaboraciones teóricas alternativas a la TCM, es preciso distinguir entre las posiciones teóricas *intraparadigmáticas* y *extraparadigmáticas* a la TCM. Entre las investigaciones críticas o alternativas intraparadigmáticas es preciso mencionar el desarrollo de *la teoría de la fusión* o *integración conceptual* (*conceptual blending theory*) (Fauconnier y Turner 2002, 2008) como la aportación más significativa a las tesis centrales de la TCM. En cuanto a las alternativas teóricas extraparadigmáticas hay que referirse a todas las investigaciones que se centran en la *metáfora en la comunicación*, esto es, que atienden no tanto a la función cognitiva de las metáforas como a su capacidad para generar nuevos significados en contextos más o menos reales de uso (Wilson y Carston 2006; Sperber y Wilson 2008; Wilson y Sperber 2012).

Finalmente, es preciso mencionar la inmensa eclosión de los estudios, tanto empíricos como teóricos, centrados en el análisis de la metáfora. Esos estudios se caracterizan por su procedencia heterogénea, esto es, por pertenecer a disciplinas de todo el arco de la ciencia y las humanidades, y por su metodología, combinando diferentes enfoques disciplinares, tratando de integrarlos en modelos más generales. Aunque buena parte de estos estudios persiguieron aplicar los logros de la TCM, no se limitan a ese paradigma, sino que incorporan perspectivas propias. Así, en el propio campo de la lingüística, tratan de conectar los análisis metafóricos con teorías gramaticales adscritas al funcionalismo (la gramática constructiva léxica; Ruiz de Mendoza y Mairal 2008), por ejemplo, o con disciplinas más orientadas a las dimensiones sociales y culturales del lenguaje, que van desde el análisis del discurso a la teoría y crítica literarias.

2. De la teoría neural de la metáfora a la integración conceptual

En la TCM ortodoxa (en los años noventa del siglo pasado), las metáforas eran sencillamente el resultado de proyecciones entre dominios conceptuales. La proyección tenía como efecto el traslado de una estructura a otra estructura. La función de la metáfora era pues dotar de estructura a un determinado dominio. Como se ha advertido, ese dominio podía tener, o no, una estructura previa al momento de la proyección. Lakoff juzgaba que eran especialmente significativos los casos en que el dominio conceptual objetivo carecía de esa estructura, porque ponía llamativamente de relieve la función cognitiva de las metáforas: hacer posible la asimilación cognitiva de un dominio conceptual por muy alejado o aislado de la experiencia que estuviera ese dominio. Así, hasta las entidades más abstractas, las matemáticas (Lakoff y Núñez 2002), podían hacerse comprensibles mediante el análisis de las proyecciones metafóricas que llevaban aparejadas.

Inherente a la función constitutiva de la metáfora eran la *multiplicidad* y la *heterogeneidad* de las proyecciones. Un dominio conceptual podía estar estructurado (parcialmente) por una o varias metáforas, esto es, por proyecciones que podían proceder de diferentes dominios. La única restricción formal a las proyecciones era que debían respetar la topología formal del dominio fuente en el dominio objetivo. Esto es lo que formulaba *el principio de invariancia* (Lakoff 1990).

En términos lingüísticos, la TCM clásica posibilitaba la formulación de generalizaciones semánticas sobre las expresiones de una lengua. Las expresiones metafóricas perdían el carácter aislado, singular, de la tradición retórica y literaria, y podían ser agrupadas en familias bajo el principio unificador de una o varias proyecciones metafóricas. Esta agrupación explicaba la adscripción de significado a las expresiones metafóricas individuales: cada una de ellas era la concreción lingüística de una proyección general de tipo conceptual. El significado metafórico surgía de tal proyección conceptual.

La proyección conceptual también tenía una dimensión *inferencial*, como habían argumentado los primeros análisis filosóficos (Black 1962). La función cognitiva de la metáfora no se limitaba a la dotación de estructura, sino que permitía efectuar inferencias en el dominio objetivo o diana. Del mismo modo que la estructura conceptual, el potencial inferencial ligado al dominio fuente se preservaba en el dominio diana. Así, en la metáfora raíz EL TIEMPO ES EL ESPACIO, tenemos una serie de inferencias en el dominio estructurante, como 'si el punto A está delante del punto B, el punto B no está delante del punto A', 'el punto A no está delante, ni detrás, del punto A', etc. Este conjunto de inferencias se traslada al dominio estructurado, el tiempo, para obtener las contrapartes inferenciales: 'si el momento A es anterior al momento B, entonces el momento B no es anterior al momento A', 'ningún momento A es anterior, ni posterior, a sí mismo', etc. El resultado es la estructuración del tiempo (los conceptos de *pasado*, *presente* y *futuro*) en términos espaciales: las inferencias correctas que se puedan hacer en el dominio fuente se pueden realizar también en el dominio diana (Boroditsky 2000; Gentner y Boroditsky 2002; Matlock, Ramscar y Boroditsky 2005).

Como se ha indicado, en la TCM clásica se reconocían dos tipos de estructuras cognitivas que, paradigmáticamente, constituían los dominios fuente. Se trataba de los marcos conceptuales (*conceptual frames*, Fillmore 1982) y los esquemas de imagen (*image schemas*, Lakoff y Johnson 1980), más adelante (Lakoff 2008, 2012) denominados *cogs* (*cognitive primitives*). Mientras que los marcos conceptuales son estructuras que organizan el conocimiento de un determinado ámbito, los esquemas de imagen fundamentan la forma en que tales conocimientos se constituyen. Un ejemplo de marco conceptual es el relativo a la noción de *viaje*. En ese marco conceptual figuran elementos como el viajero, el punto de partida del viaje, el (posible) vehículo que se utilice, el fin del viaje, etc. El esquema de imagen correspondiente pertenece a los *esquemas de proceso*, esto es, un esquema dinámico en que un móvil se desplaza a través de una trayectoria. Este esquema de imagen puede fundamentar las proyecciones metafóricas del viaje en diferentes marcos. Por ejemplo, puede servir para estructurar el concepto de *amor*, pero también el de *vida*, el de *muerte*; en general, cualquier proceso dinámico que se ajuste a ese esquema de imagen. En términos semánticos los esquemas de proceso como éste estructuran el *aspecto* en las diferentes lenguas, es decir, la forma en que esas lenguas estructuran las acciones y los acontecimientos (Lakoff 2012).

En la jerarquía que ordena las metáforas, las más básicas son las que están más cercanas a la experiencia corporal. J. Grady (1997, 1999) las denominó *metáforas primarias* y en buena medida son universales (Kövecses 2005), bajo el supuesto de la unidad psíquica del ser humano. Nuestros sistemas conceptuales convergen.

Pero no hay que menospreciar el hecho de la variabilidad social y cultural de las metáforas. La variabilidad metafórica debe su existencia a que las metáforas primarias se combinan con diferentes marcos conceptuales para producir metáforas secundarias o metáforas complejas. Así pues, las metáforas complejas pueden ser producto de un proceso de composición y es en ese nivel en el que se produce la variabilidad socio-cultural de las metáforas. Para advertirlo, solo es necesario ser consciente de que, en muchas ocasiones, los marcos conceptuales incorporan conocimientos estereotípicos propios de una o varias culturas (Yu 2008). Así, el ejemplo de la expresión "los cirujanos son carniceros", tantas veces utilizado (Kövecses 2011), se basa en la proyección de un marco, "carnicero", que incluye "conocimientos" de que se trata de una profesión que consiste en despiezar carne, sin necesidad de un particular cuidado ni precisión, sin dar importancia a los errores que se puedan cometer en el despiece, etc. Son conocimientos que tienen una dimensión culturalmente juzgada como negativa, que se proyectan en el marco de una profesión médica.

Frente a las críticas referentes a su presunta vacuidad explicativa (McGlone 2007), la teoría neural de la metáfora pretende proporcionar el soporte material a toda esta estructura conceptual. Las proyecciones metafóricas son esencialmente circuitos neuronales cuyos elementos están ligados de tal modo que la activación de un dominio fuente desencadena la activación del dominio diana. Así sucede con LA CERCANÍA ES CALOR, metáfora que tiene su origen en las primeras experiencias corporales y que, si no universal, sí que está ampliamente difundida en diversas culturas (Kövecses 2000, 2002). Las propiedades de *novedad*, *convencionalidad* e *intencionalidad* de las metáforas, esto es, la propiedad de que una metáfora sea original, que proponga una proyección conceptual nueva, o que explote una proyección previamente existente, o que su carácter metafórico dependa del uso que se dé a la expresión particular, propiedades que han sido ampliamente discutidas, se explican en términos de las propiedades físicas de los circuitos neuronales. Las metáforas convencionales, basadas muchas veces en marcos conceptuales culturalmente estables y en esquemas básicos de imagen, se corresponden con circuitos neuronales firmemente asentados, de activación casi automática. En cambio, las metáforas novedosas, constituyan o no extensiones de metáforas convencionales, requieren la activación de circuitos neuronales nuevos, establecer nuevas conexiones. Esto explica los resultados experimentales que equiparan, en el tiempo de procesamiento, las metáforas convencionales con el llamado "lenguaje literal" y que ponen de manifiesto el esfuerzo cognitivo suplementario que comporta el procesamiento de una metáfora original (Gibbs y Tendahl 2006; Lakoff 2012).

La teoría de la integración o fusión conceptual (Fauconnier y Turner 2002) partió de la observación de que no todo un marco conceptual se proyecta en otro para producir una metáfora, sino que 1) solo se escoge una parte de ese marco conceptual, la que contribuye a la configuración de un *espacio mental* (Fauconnier 1994), y 2) que el establecimiento de ese espacio mental puede ser el resultado, no de una única proyección a partir de un dominio fuente, sino de varios. De acuerdo con esta teoría, el dominio diana es el producto de la mezcla (*blend*) o integración de varias proyecciones. Así, en el ejemplo de la expresión "los cirujanos son carniceros", la metáfora es producto de la integración de (parte de) los conocimientos ligados a los marcos correspondientes a las dos profesiones. Solo así se puede entender (Tendahl y Gibbs 2008) que el significado de la metáfora pretenda constituir una descalificación: los conocimientos que se proyectan producen un espacio mental en que los cirujanos son descritos como incompetentes, descuidados, etc.

La teoría de la integración conceptual pretende superar la presunta rigidez de la TCM clásica y ampliar el ámbito de sus explicaciones más allá de la metáfora (a la metonimia y otros fenómenos (Ruiz de Mendoza y Otal Campo 2002)). Entre sus objetivos está poner de relieve, describir y explicar cómo los hablantes pueden construir nuevos espacios (nuevos significados) de una forma dinámica, en el transcurso del intercambio comunicativo.

3. Relevancia e interpretación metafórica

Para la teoría de la pertinencia o relevancia (TR en adelante) (Sperber y Wilson 1995, 2.ª ed.), el problema de la interpretación (y la producción) de metáforas no es sino un caso concreto del problema de la interpretación del significado en el contexto dinámico de la comunicación lingüística (Sperber y Wilson 2008; Wilson y Sperber 2012). No merece una atención especial ni tiene una significación cognitiva particular. Está sujeta a los mismos principios cognitivos que regulan la comunicación lingüística, en particular el principio de maximización de la relevancia, que asegura la óptima relación entre los beneficios y los costes cognitivos. La interpretación de las metáforas se efectúa a lo largo de un continuo en que se preserva esa proporción idónea de costes y beneficios cognitivos. Como los beneficios cognitivos, los *efectos contextuales*, están constituidos básicamente por la cantidad de inferencias que se pueden extraer de las proferencias, cada esfuerzo suplementario de procesamiento ha de ir acompañado de un incremento de esos beneficios. Así, una metáfora convencional puede tener escaso potencial inferencial pero, a cambio, requiere poco esfuerzo cognitivo para alcanzar su significado (si se basa en conocimiento convencional cultural o en un contexto compartido por los interlocutores). En cambio, en el caso de una metáfora original o basada en conocimiento contextual muy específico, el incremento del esfuerzo en su procesamiento tiene que estar compensado por la cantidad de efectos que pueda permitir alcanzar.

La utilización de proferencias metafóricas es, para la TR, una de las formas de *habla relajada* o *imprecisa* (*loose talk*). Es un tipo de habla que no se atiene a las máximas conversatorias de cantidad y cualidad establecidas por H. P. Grice (1989), puesto que no trata de aportar la cantidad exigible de información, ni intenta que esa información sea literalmente verdadera. En cambio, su utilización se justifica en términos cognitivos. El habla imprecisa permite extraer los máximos efectos cognitivos con el mínimo esfuerzo procesador. Así se atiene a la preservación de la maximización de la relevancia, que es el principio que predomina sobre las máximas conversatorias. El uso metafórico se justifica entonces porque, a pesar de no respetar las máximas conversatorias (las metáforas son patentemente falsas en la mayoría de las ocasiones), permiten obtener un buen número de implicaciones. Las implicaciones varían en intensidad, puesto que pueden ir desde un grado convencional, las más fuertes, que se apoyan en el contenido léxico de las expresiones utilizadas o en el conocimiento general de la situación contextual (implicaturas convencionales o generales). O pueden ser más débiles, porque se basen en conocimiento contextual específico o en la violación aparente (*flouting*) de las máximas conversatorias. Las metáforas originales o novedosas tienen la particularidad de inducir un gran número de implicaciones débiles o indeterminadas. Esas implicaciones son lo que la teoría de la relevancia denomina *efectos poéticos* (Pilkington 2000) de las metáforas, porque se supone que son las metáforas poéticas las que ilustran paradigmáticamente ese comportamiento. Pero eso no significa que su uso no esté generalizado en la comunicación cotidiana, formando parte de los recursos expresivos corrientes de los hablantes de una lengua.

No obstante, en la teoría de la relevancia la construcción e interpretación de las metáforas no requiere la proyección entre dominios conceptuales propugnada por la TCM, sino única-mente la competencia para expresar las intenciones comunicativas del hablante. Cuando éste las trasmite de modo corriente, o suficiente, el interlocutor es capaz de averiguar esas inten-ciones y, en consecuencia, llegar a la interpretación correcta de la metáfora. Así, por ejemplo, si un hablante emplea cualquiera de las dos proferencias metafóricas siguientes:

a. Aquí llega Mahoma
b. Aquí llega el profeta

lo único que se requiere para su correcta interpretación es que el oyente, haciendo uso de su conocimiento del contexto —creencias compartidas o atribuidas al hablante— localice el referente de "Mahoma" o "el profeta" para interpretar adecuadamente la expresión. En par-ticular, no es necesaria ninguna proyección entre individuos y entidades de ficción o proce-dimiento similar, para captar el significado de esas proferencias metafóricas. Carston (2002) ha puesto de relieve el mecanismo en que se basan esas utilizaciones metafóricas. Se trata del proceso de *extensión* o *reducción* de conceptos: cuando se utilizan las expresiones "Mahoma" o "el profeta" para referirse a individuos que no son Mahoma ni ningún profeta, se están ampliando esos conceptos *sobre la marcha* de la misma comunicación, esto es, se están elaborando *on line* nuevos conceptos que son aplicables a esa situación comunicativa (y a situaciones similares). Pero tal construcción de conceptos no es fruto de la elaboración estructural de ninguna proyección, sino que son el resultado del conocimiento del contexto y de la aplicación del principio de maximización de la relevancia. Desde luego, pueden basarse en conocimientos sociales o culturalmente fijados, pero su *aplicación específica* es radicalmente dependiente de la naturaleza del contexto en que se empleen. Es la considera-ción del contexto lo que permite entender que el hablante está ampliando o reduciendo un determinado concepto para expresar sus intenciones comunicativas, elaborando un concepto *ad hoc*. Según Wilson y Sperber (2012), lo que hacen los hablantes al comunicar sus inten-ciones es *interpretar* sus pensamientos y, a veces, en esa labor interpretativa, la metáfora es el medio ideal e irremplazable para producir efectos cognitivos. Pero la metáfora es un medio más para alcanzar ese objetivo, un medio que es equiparable a la indirección, la ironía, la hipérbole, etc.

4. Desarrollos y alternativas

La teoría conceptual de la metáfora y la teoría de la relevancia son en principio teorías alter-nativas sobre el significado metafórico (Wilson 2009). Y lo son no solo porque mantienen tesis distintas sobre la forma en que se produce e interpreta el significado metafórico, sino también porque están enmarcadas en concepciones diferentes de lo que es el lenguaje y su relación con la cognición. Para la TCM, la mente no es un sistema abstracto de representa-ción de una realidad exterior ni el lenguaje un sistema de símbolos que hace perceptibles las representaciones mentales. El lenguaje se deriva de la estructura conceptual, pero tal estructura es 1) *corpórea*, basada en la experiencia de nuestro cuerpo, controlada por el sistema neuromotor; 2) *situada*, esto es, radicalmente contextual, y 3) *distribuida*, es decir, no alojada en un módulo cerebral específico, sino resultado de la interacción entre los ele-mentos de nuestro sistema nervioso. Para la TR, en cambio, el lenguaje es un sistema para la representación de proposiciones, que son los elementos del lenguaje mental mediante los cuales se figura el mundo. Su correlato neuronal está constituido por diferentes módulos cerebrales, que son funcionalmente heterogéneos en el sentido de alojar el conocimiento para la realización de las diferentes funciones comunicativas.

Sin embargo, a pesar de esas diferencias teóricas profundas, se han producido diferentes intentos para conciliar la TCM y la TR como explicaciones del significado metafórico. Así, Cameron (2007), Kövecses (2008, 2011) y Tendahl y Gibbs (2008) se han esforzado en poner de manifiesto la complementariedad de ambas teorías. La idea común a todos estos autores es que la TCM y la TR difieren solo en el foco de sus investigaciones y en el ámbito en que proponen sus explicaciones. Mientras que la TCM se centraría sobre todo en las metáforas conceptuales, las que establecen correspondencias entre dominios conceptuales (como CONOCER ES VER), la TR estaría más interesada en el funcionamiento de las metáforas en la comunicación, en cómo surge el significado metafórico en situaciones concretas de uso. Se trataría pues de teorías que no sólo atienden a hechos diferentes dentro de una misma categoría, sino que despliegan sus modelos en diferentes niveles. Mientras que la TCM se desenvolvería en un nivel *semántico-conceptual*, la TR lo haría en un nivel *pragmático-comunicativo*. La TCM buscaría pues formular generalizaciones sobre el significado de diferentes expresiones, generalizaciones que permitieran agruparlas en términos conceptuales. En cambio, la TR trataría de explicar cómo el uso de proferencias metafóricas sirve para incrementar el contenido cognitivo de lo comunicado en contextos específicos. En la TCM, la metáfora es el recurso cognitivo fundamental para la asimilación y expresión de la realidad, conocida y no conocida, y explica la estructura semántica interna de buena parte de la lengua. En cambio, para la TR la metáfora es uno más entre los muchos recursos que empleamos para maximizar la relevancia de nuestra conducta comunicativa.

El intento más acabado para expresar esta idea de complementariedad entre la TCM y la TR es el de Tendahl (2009), en el que el autor trata de conciliar ambas teorías modificando ligera, pero sustantivamente, las dos. Mientras que en la TR el objeto de la interpretación metafórica es básicamente una *explicatura* (una representación lógica enriquecida), sobre la que se efectúan las inferencias pragmáticas (*implicaturas*) correspondientes, Tendahl (2009, cap. 5) propuso integrar en ese nivel de descripción la estructura conceptual propuesta por la TCM. La inserción léxica que se realizaría en ese nivel conllevaría la introducción del espacio conceptual o mental correspondiente a una expresión, pudiendo expresar por tanto, en el contexto de la expresión oracional, las proyecciones metafóricas correspondientes. Una propuesta en la misma dirección es la de F. Ruiz de Mendoza y R. Mairal (2008).

Pero, aparte de estos intentos de conciliación, existen otras propuestas que, o bien buscan modificaciones sustanciales de la TCM, o bien persiguen situarla en un marco teórico más amplio, más abarcador. En su desarrollo actual, la TCM ha evolucionado en la dirección de hallar niveles más básicos de descripción y explicación, como lo es el nivel biológico (en particular neuronal, Lakoff 2007, 2012; Gallese y Lakoff 2005). Pero la idea de otros autores (Steen 2011) es que la TCM debe completarse en niveles que están por encima de lo lingüístico y psicológico, esto es, en los niveles social y cultural. En particular, Steen (2011: 44) ha propuesto añadir la dimensión comunicativa a la lingüística y a la psicológica en su modelo tridimensional de lo que debe ser la teoría de la metáfora. Esa dimensión comunicativa recogería no sólo los enfoques propiamente pragmáticos de la TR, sino también los propios de la lingüística aplicada en sentido amplio, esto es, de la sociolingüística, el análisis textual o análisis del discurso y de la semiótica.

Es preciso reconocer que la proliferación de estudios sobre la metáfora ha desbordado el marco teórico de la TCM, tanto desde su interior como en sus aplicaciones y convergencias con otras disciplinas. En un principio, los análisis que se basaban en ella consistían en aplicaciones más o menos intuitivas y sistemáticas de su armazón conceptual en diferentes ámbitos. Así, el propio Lakoff, en colaboración o no con otros autores, impulsó la utilización de la TCM en la teoría literaria (Lakoff y Turner 1989), en el análisis filosófico (Lakoff y Johnson 1999), en la filosofía moral (1996, 2002) y, finalmente, en el análisis ideológico (Lakoff 2004, 2008). Pero la fertilidad analítica de la TCM, incluso cuando su aplicación no es estricta, ha ido mucho más allá, como prueban las panorámicas que se ofrecen en Gibbs (ed.) (2007) y un sinnúmero de publicaciones (por ejemplo, Musolff 2004, Goatly 2007 en el campo del análisis ideológico, o Winter 2002 en el lenguaje jurídico).

Bibliografía

Black, M. (1962) *Models and metaphor*, Ithaca: Cornell University Press.
Boroditsky, L. (2000) "Metaphoric structuring: Understanding time through spatial metaphors", *Cognition*, 75, pp. 1–28.
Bustos, E. de (2013) "Argumentando una innovación conceptual: metáfora y argumentación analógica", *Revista Iberoamericana de Argumentación*, 7, pp. 1–17.
Cameron, L. (2007) "Confrontation or complementarity? Metaphor in language use and cognitive metaphor theory", *Annual Review of Cognitive Linguistics*, 5, pp. 107–135.
Carston, R. (2002) *Thoughts and utterances: The pragmatics of explicit communication*, Oxford: Blackwell.
Fauconnier, G. (1994) *Mental spaces*, Cambridge: Cambridge University Press.
Fauconnier, G. y Turner, M. (2002) *The way we think: Conceptual blending and the mind's hidden complexities*, Nueva York: Basic Books.
Fauconnier, G. y Turner, M. (2008) "Rethinking metaphor", en Gibbs, R.W. Jr. (ed.) *The Cambridge handbook of metaphor and thought*, Nueva York: Cambridge University Press, pp. 53–66.
Fillmore, C. (1982) "Frame semantics", en The Linguistic Society of Korea (ed.) *Linguistics in the morning calm. Selected papers from the SICOL-1981*, Seúl: Hanshin Publishing Co., pp. 111–137.
Gallese, V. y Lakoff, G. (2005) "The brain's concepts. The role of sensory-motor system in conceptual knowledge", *Cognitive Neuropsychology*, 22, pp. 455–479.
Gentner, D., Imai, M. y Boroditsky, L. (2002) "As time goes by: Understanding time as spatial metaphor", *Language and Cognitive Processes*, 17, pp. 537–565.
Gibbs, R. W. Jr. (1994) *The poetics of mind*, Cambridge: Cambridge University Press.
Gibbs, R. W. Jr. (2006) *Embodiment and cognitive science*, Nueva York: Cambridge University Press.
Gibbs, R.W. Jr. (ed.) (2008) *The Cambridge handbook of metaphor and thought*, Nueva York: Cambridge University Press.
Gibbs, R. W. Jr. (2011) "Evaluating conceptual metaphor theory", *Discourse Processes*, 48, 8, pp. 529–562.
Gibbs, R., Lima, P. y Francuzo, E. (2004) "Metaphor is grounded in embodied experience", *Journal of Pragmatics*, 36, pp. 1189–1210.
Gibbs, R. W. Jr. y Tendahl, M. (2006) "Cognitive effort and effects in metaphor comprehension: Relevance theory and psycholinguistics", *Mind and Language*, 21, pp. 379–403.
Gibbs, R. W. Jr. y Matlock, T. (2008) "Metaphor, imagination and simulation: Psycholinguistic evidence", en Gibbs, R. W. Jr. (ed.) *The Cambridge handbook of metaphor and thought*, Nueva York: Cambridge University Press, pp. 161–176.
Goatly, A. (2007) *Washing the brain: Metaphor and hidden ideology*, Amsterdam: John Benjamins.
Grady, J. (1997) *Foundations of meaning: Primary metaphors and primary scenes*, tesis doctoral, University of California Berkeley.
Grady, J. (1999) "A typology of motivation for metaphor: Correlations vs. resemblances", en Gibbs, R. y Steen, G. (eds.), *Metaphor in cognitive linguistics*, Amsterdam: John Benjamins, pp. 79–100.
Grice, H.P. (1989) *Studies in the way of words*, Cambridge: Harvard University Press.
Kövecses, Z. (2000) *Metaphor and emotion: Language, culture, and body in human feeling*, Cambridge: Cambridge University Press.
Kövecses, Z. (2002) *Metaphor: A practical introduction*, Oxford: Oxford University Press.

Kövecses, Z. (2005) *Metaphor in culture: Universality and variation*, Cambridge: Cambridge University Press.

Kövecses, Z. (2006) *Language, mind, and culture: A practical introduction*, Nueva York: Oxford University Press.

Kövecses, Z. (2008) "Conceptual metaphor theory: Some criticisms and alternative proposals", *Annual Review of Cognitive Linguistics*, 6, pp. 168–184.

Kövecses, Z. (2011) "Recent developments in metaphor theory: Are the new views rival ones?", en Gonzálvez García, F., Peña Cervel, S. y Pérez Hernández, L. (eds.) *Metaphor and metonymy revisited beyond the contemporary theory of metaphor*, número especial de *Review of Cognitive Linguistics*, 9, 1, Amsterdam: John Benjamins.

Lakoff, G. (1990) "The invariance hypothesis: Is abstract reason based on image-schemas?" *Cognitive Linguistics*, 1, pp. 39–74.

Lakoff, G. (1993) "The contemporary theory of metaphor", en Ortony, A. (ed.), *Metaphor and thought*, 2.ª ed., pp. 202–251, Cambridge: Cambridge University Press.

Lakoff, G. (1996) *Moral politics*, Chicago: University of Chicago Press.

Lakoff, G. (2008) "The neural theory of metaphor", en Gibbs, R.W. Jr. (ed.) *The Cambridge handbook of metaphor and thought*, Nueva York: Cambridge University Press, pp. 17–38.

Lakoff, G. (2012) "Explaining embodied cognition results", *Topics in Cognitive Science*, 4, pp. 773–785.

Lakoff, G. y Johnson, M. (1980) *Metaphors we live by*, Chicago: University of Chicago Press.

Lakoff, G. y Turner, M. (1989) *More than cool reason: A field guide to poetic metaphor*, Chicago: University of Chicago Press.

Lakoff, G. y Núñez, R. (2002) *Where mathematics comes from: How the embodied mind brings mathematics into being*, Nueva York: Basic Books.

Matlock, T., Ramscar, M. y Boroditsky, L. (2005) "The experiential link between spatial and temporal language", *Cognitive Science*, 29, pp. 655–664.

McGlone, M. (2007) "What is the explanatory value of a conceptual metaphor?", *Language & Communication*, 27, pp. 109–126.

Musolff, A. (2004) *Metaphor and political discourse: Analogical reasoning in debates about Europe*, London: Palgrave Macmillan.

Pilkington, A. (2000) *Poetic effects. A Relevance Theory perspective*, Amsterdam: John Benjamins.

Reddy, M. (1979) "The Conduit Metaphor", en Ortony, A. (ed.) *Metaphor and thought*, Cambridge: Cambridge University Press, pp. 164–201.

Ruiz de Mendoza Ibáñez, F. J. y Otal Campo, J. L. (2002) *Metonymy, grammar, and communication*, Granada: Comares.

Ruiz de Mendoza Ibáñez, F. J. y Mairal Usón, R. (2007) "High-level metaphor and metonymy in meaning construction", en Radden, G., Köpcke, K., Berg, M. T. y Siemund, P. (eds.), *Aspects of meaning construction*, Amsterdam: John Benjamins, pp. 33–51.

Ruiz de Mendoza Ibáñez, F. J. y Mairal Usón, R. (2008) "Levels of description and constraining factors in meaning construction: An introduction to the lexical constructional model", *Folia Linguistica*, 42, 2, pp. 355–400.

Searle, J. (1979) *Expression and meaning*, Cambridge: Cambridge University Press.

Sperber, D. y Wilson, D. (1995) *Relevance: Communication and cognition*, 2.ª ed., Oxford: Basil Blackwell.

Sperber, D. y Wilson, D. (2008) "A deflationary account of metaphor", en Gibbs, R. W. Jr. (ed.) *The Cambridge handbook of metaphor and thought*, Nueva York: Cambridge University Press, pp. 84–108.

Steen, G. (2011) "The contemporary theory of metaphor: Now new and improved!", en Gonzálvez García, F., Peña Cervel, S. y Pérez Hernández, L. (eds.) *Metaphor and metonymy revisited beyond the contemporary theory of metaphor*, número especial de *Review of Cognitive Linguistics*, 9, 1, Amsterdam: John Benjamins.

Tendahl, M. (2009) *A hybrid theory of metaphor: Relevance theory and cognitive linguistics*, Houndmills: Palgrave Macmillan.

Tendahl, M. y Gibbs, R.W., Jr. (2008) "Complementary perspectives on metaphor: Cognitive linguistics and relevance theory", *Journal of Pragmatics*, 40, pp. 1823–1864.

Wilson, D. (2009) "Parallels and differences in the treatment of metaphor in relevance theory and cognitive linguistics", *Studies in Pragmatics*, 11, pp. 42–60.

Wilson, D. y Carston, R. (2006) "Metaphor, relevance and the 'emergent property' issue", *Mind & Language*, 21, pp. 404–433.

Wilson, D. y Sperber, D. (2012) *Meaning and relevance*, Cambridge: Cambridge University Press.

Winter, S. (2002) *A clearing in the forest: Law, life, and mind*, Chicago: University of Chicago Press.

Yu, N. (2008) *The Chinese heart in a cognitive perspective: Culture, body, and language*, Berlín: Mouton.

Lecturas complementarias

Clark, B. (2013) *Relevance theory*, Cambridge: Cambridge University Press.

Evans, V. y Green, M. (2006) *Cognitive linguistics: An introduction*, Edimburgo: Edinburgh University Press.

Kövecses, Z. (2002) *Metaphor: A practical introduction*, Oxford: Oxford University Press.

Ritchie, L. D. (2013) *Metaphor*, Cambridge: Cambridge University Press.

Semino, E. (2008) *Metaphor in discourse*, Cambridge: Cambridge University Press.

Shapiro, L. (2010) *Embodied cognition*, Hoboken: Taylor & Francis.

Trim, R. (2011) *Metaphor and the historical evolution of conceptual mapping*, Houndmills: Palgrave Macmillan.

Vega Moreno, R. (2007) *Creativity and convention. The pragmatics of everyday figurative speech*, Amsterdam: John Benjamins.

Entradas relacionadas

implicatura y presuposición; ironía; lenguaje literario; pragmática

PERIODISMO DE LA LENGUA EN LA PRENSA ESCRITA

Luis Silva Villar

1. Introducción

Por columnas de la lengua hay que entender espacios en la prensa que toman deliberadamente el idioma como su objeto y finalidad; por extensión se podría aplicar a cualquier medio de comunicación. Estas columnas (de contenido lingüístico), por su especialización, proporcionan materia de estudio de primer orden sobre la vida de la lengua en sociedad. Nos permiten saber sobre el que escribe, las reacciones de los que lo leen, y los medios en que trasiega de unos a otros.

El heterogéneo lector, su lengua, y el responsable mediático, se entrelazan tejiendo redes de contacto cada vez más armónicas. La interacción resultante está aún lejos de agotar sus modalidades. El papel de la educación y las necesidades de cultura que exija la sociedad dirigirán su desarrollo futuro.

No hay una respuesta categórica sobre el género al que pertenece este periodismo especializado. La respuesta inmediata podría ser la de aventurar la etiqueta de "ensayo en la prensa"; sin embargo, hay disparidad de criterios. Ha habido intentos de subsumirlo (como todo el conjunto general de la prensa) en la literatura (Selles 1895; Rodríguez Rodríguez 2010) o en la subdisciplina *Lengua para fines específicos* (Crystal 1987). Algunos autores lo ven en el terreno de la divulgación científica (Hernández 2002). Otra forma de enfocar la cuestión parte de que el periodismo ha sido catalizador de sus propios géneros. Igual que se ha creado a partir de la prensa la novela-reportaje en la literatura se habría creado un ensayo periodístico de la lengua. Debe quedar claro desde un principio que por el hecho de escribir sobre la lengua en la prensa no se participa del género. Hacen falta ciertas condiciones. Ni tampoco un periodista porque escriba sobre la lengua se convierte sin más en columnista, ni lo hace un experto en la lengua por mandar una colaboración a una rotativa. Para el periodista, la lengua es un instrumento; para el columnista de la lengua, un fin en sí mismo. Solo añadir que hay periodistas que se han reconvertido en columnistas de la lengua y viceversa.

El columnismo de la lengua, como género periodístico, solo será de interés y digno de consideración si contribuye al mejor entendimiento de la lengua en sociedad; por lo que parece prioritario delimitarlo y definir sus características.

La gran variedad de columnas que encajarían en una descripción poco restricta es un obstáculo para su unificación en un corpus único. La simple inspección de las profesiones de aquellos que las escriben plantea asimismo la duda de si se debe intentar tratar el conjunto de ellas como un todo homogéneo. Más adelante, en la sección correspondiente, se vuelve a ello.

La ausencia de un estudio panorámico que se haya centrado en el origen y evolución de los contenidos de las columnas nos deja sin un anclaje firme. A consecuencia de ello, se debe partir de cero. Los propios autores raramente se citan entre sí y, por lo que escriben, es más que probable que se desconozcan al tiempo que ignoren su propio lugar en el engranaje. No se puede hablar por ello de escuelas ni de "hacer escuela", aunque algunos columnistas sean reconocidos y tratados con ejemplaridad, véase el caso de Lázaro Carreter. Los intentos de ponerlos a todos arracimados bajo un único rótulo también han sido escasos con excepciones notables (Hernández 2002; Silva-Villar 2002; Grijelmo 2007, 2013). Viviendo a caballo entre periodista y gramático, el columnista de la lengua camina sobre la fina superficie que separa mundos con diferentes y distinguibles horizontes: el informativo, el formativo, el normativo y el crítico.

Se evita en la medida de lo posible elaborar listas de columnistas al buen *tuntún* pues muchas son en verdad las que se publican, pero no tantas las que aportan profundidad a lo tratado. Tampoco se pretende hacer una guía biobibliográfica conforme al uso, lo que, por cierto, nadie (que sepamos) ha intentado aún. Citar a unos sí y a otros no crea además un agravio comparativo innecesario. Se compensa esta autolimitación buscando presentar con la mayor heterogeneidad el tejido que forman las columnas acotadas.

La tecnología, que ha afectado tanto a otras parcelas del periodismo, no resulta en esta tan determinante como cabría esperarse. Hoy hay nuevos canales entre lector, escritor y medio impreso gracias a ella.

Mientras no se diga lo contrario, se tendrá como principio directriz y columna vertebral en lo que sigue el ordenar con criterios objetivos la prensa de la lengua en los medios de comunicación. Las propias columnas nos darán información precisa para crear un informe útil para futuras investigaciones.

2. Origen y evolución

El origen (de este tipo de contenidos) debería desde una cierta lógica retrotraerse a la invención de la prensa; otros dirán, sin embargo, que debe primar el encabalgamiento con la dispersión de las noticias, que es muy anterior. Desde nuestro enfoque, y para establecer un comienzo coherente, se debe partir del distanciamiento del latín, lo necesario como para que surja históricamente un interés por la lengua propia. Por discutible o arbitrario que pueda parecer, lo vamos a fijar en el Renacimiento, periodo en el que se despierta la consciencia de la lengua en el entorno cultural europeo. No estamos solos en ello. En Lázaro Carreter (2002) se traza el pasado del género hasta encallar en *El diálogo de la lengua* de Valdés. La obra de Valdés contiene todos los elementos necesarios para justificar su elección. Posee un lenguaje ágil y coloquial, presentado en formato de diálogo. Esto lo asemeja a una entrevista o cuasi espacio periodístico equiparable en la matriz de un periódico a un encabezado del tipo *comentario de la lengua*. Aparte del contenido especializado (en lengua) destaca lo ameno del tratamiento y el que se realice en una situación comunicativa de provechosa espontaneidad. Los tertulianos se transforman en variado interlocutor, posicionados con distantes actitudes e intereses hacia la lengua. Sin mucho esfuerzo recuerdan a las del potencial lector moderno. La autoridad para Valdés, criterio de referencia a la hora de deshacer discrepancias, descansará en la tradición del refranero, esto es, en la corriente popular aceptada socialmente sin discusión. Valdés escribirá, así se siente él, como una alternativa a Nebrija, que representa en aquel momento la oficialización de lo que debe ser la lengua española. A pesar de los siglos trascurridos, este enfrentamiento aún persiste, escribiendo hoy algunos columnistas desde los márgenes de la autoridad de la Academia.

Después de Valdés habría que acudir, dando un tumbo en el tiempo, a la propia invención de la prensa (las *gacetas* de los siglos XVII y XVIII) y al desarrollo histórico-formal de los géneros periodísticos. La periodización tiene su punto de partida en las modalidades de publicación que se asocian a la noticia. Y si hay prensa es porque hay lectores. El aspecto educativo-divulgativo de la lengua (en la prensa) nace con la Ilustración. Los miembros de la *República de las letras* vieron en la prensa un vehículo para expandir el conocimiento y educar al *pueblo*.

Lo normativo, en gran parte hoy ligado a la fundación de la Academia como órgano rector de la lengua (RAE/1713), toma la herencia de Nebrija y, a partir de ese momento, será la principal fuente de referencia y controversia tanto para el autor-columnista como para el lector.

No se le puede negar un espacio en este discurrir descriptivo al costumbrismo, que por su condición, y por su subordinación al realismo, pretenderá mostrar la lengua hablada en un espacio mediático nuevo sin una tradición que lo condicione: la prensa escrita. Con ello no se busca fijar la lengua en un medio periodístico, sino mostrarla como un objeto noticioso, algo que nunca se había hecho antes con consciencia e intencionalidad. Larra (1832–1833) y Mesonero Romanos (1835) tendrán una participación destacada en este apartado.

La Restauración (1874–1931) no solo traerá la *opinión* a la prensa, sino las secciones fijas sin cuya existencia no cabría hablar en sentido estricto de *columnas de la lengua* (Delgado Idarreta 2000).

El acceso a la prensa de los escritores, como gremio, propicia otro cambio, ya que la prensa nunca gozó de gran prestigio entre los literatos, que lo veían en sus orígenes en un plano de inferioridad (Rodríguez Rodríguez 2010). La difusión de la prensa, al quedar canalizada hacia el lector general, tampoco favorecía el lucimiento ni atraía a los lectores deseados. Con quejumbre escribe Casares cuando nos dice que solo se había citado uno de sus artículos de prensa en las publicaciones especializadas de lingüística o filología; incluso Menéndez Pidal en su prólogo al libro de Casares reconoce no tener noticia de la mayoría de los contenidos (Casares 1943).

La conformación del *defensor del lector* y la sección de *cartas al director* tendrán la función instrumental de agilizar el contacto lector-escritor. El lector especializado se sumará inmediatamente a la pericia del columnista matizando o corrigiendo el contenido general de la publicación: un enriquecimiento no planeado que entrelaza y funde al lector con el idioma y el medio en que circula. Las nuevas redes que teje la tecnología son, en cierto modo, meras extensiones de ello.

Otro paso de gigante se da con el acceso gratuito a los documentos de la lengua en las academias. Con ello, muchas de las columnas pierden su razón de ser, sobre todo las de divulgación general, por quedar la información deseada por el lector al alcance de cualquiera con algo de iniciativa y medios tecnológicos. La publicación y acceso libre al *Diccionario panhispánico de dudas* o a la *Nueva ortografía* aportarán dinamismo a las consultas del lector. Esto se ve favorecido hoy en día con la aparición de medios tecnológicos al alcance de buena parte de la población: teléfonos de gran versatilidad y computadoras para todos los gustos. Sin olvidar los "correctores ortográficos" y los artilugios con "anticipación y relleno de palabras". A pesar de lo dicho, todavía en estos momentos vemos (en Estados Unidos perduran) columnas administradas por abogados o periodistas que ejercen de columnistas sin preparación específica sobre la lengua. Variantes alejadas de los estándares del idioma y localismos poco familiares dan pie con frecuencia a comentarios que aportan bien poco. Algunas de estas columnas incluso pueden confundir al lector por no ponderarse (o desconocerse) conceptos elementales de las ciencias del lenguaje. Todo se reduce inescrupulosamente a no saber hablar ni escribir, presentado con o sin pulcra corrección.

La apertura de las academias a los hablantes ha permitido contestar a sus consultas en primera persona, y públicamente. Es el caso de *Los jueves de la Academia* (1999–s/f) en el periódico *Excélsior* de México. Un ejemplo a imitar.

3. Los profesionales

La profesión del comentarista nos dice mucho de la especialización de la columna. Se les ha caracterizado como *eruditos* (Grijelmo 2007): hombres y mujeres que aman la lengua y que no escatiman en educación y dedicación. Esto explica la diversificación de las profesiones en las cabeceras de las columnas: sociólogos, militares, políticos, abogados, ingenieros, escritores, periodistas… Es de observar la parca presencia de lingüistas y filólogos. Pareciera que el manto de *género chico* extendido entre los literatos en la prensa en el siglo XIX (Rodríguez Rodríguez 2010) se hubiera contagiado a los profesionales de la lengua. Hay filólogos que han expandido sus responsabilidades en la redacción de sus periódicos a la columna especializada (Díez Losada 1993 al presente). Los lingüistas especializados son *rara avis*. Suele circular la creencia de que se trata de enseñar a escribir tildes y que "para eso ya están los maestros", que decía un presidente de la Academia. A la larga, es un espacio por conquistar que puede redundar en una nueva salida profesional, esparcimiento, ingresos monetarios y exposición pública de la lengua. Todo un reto.

Hoy casi cualquier profesor de lengua tiene acceso a los medios técnicos que se necesitan para abrir un espacio virtual en el que difundir lo que enseña a un público amplio y fiel (Bustos Plaza 2007). Los enlaces a espacios digitales que se aportan suelen ser de interés.

Nadie ha intentado hacer, hasta donde sabemos, una lista exhaustiva con todos los columnistas habidos en todos los tiempos. Se podría también apuntar que prácticamente todos los periódicos modernos, en uno u otro momento, y allá donde se habla español, han publicado columnas sobre el idioma. Hay que matizar que el que muchas de ellas no hagan en ocasiones sino transcribir información estandarizada hace que su valor potencial disminuya. Hoy día también se hallan en páginas de internet.

Hay tres articulistas que hacen mención explícita y abarcadora de los columnistas de la lengua. El primero, Álex Grijelmo (2004, 2007, 2013), proporciona una lista de nombres, espacios y seudónimos de entre los que conoce; el segundo es un intento de enumerar columnas y contenidos acopiados por su autor: Humberto Hernández (2002). En este último, se presentan las columnas unidas por el nexo de la divulgación. Él mismo se cuenta entre los autores reseñados. Grijelmo, aunque no se incluye a sí mismo, ha sido columnista de la lengua llegando a ello desde el periodismo. Actualmente mantiene su columna en *El País*. Silva Villar (2002), desde la lingüística, también repara en dar cabida a la importancia de citar a los colegas columnistas. En el homenaje que les hace con motivo de conmemorar su columna cincuenta, se recorren las modalidades de columna a que ha tenido acceso. Es titular de una de las columnas más longevas en el periodismo en español en Estados Unidos.

Saber qué hace que una columna posea buena salud proporciona datos y formas de *medirlas*. El contacto seguido con el lector, por ejemplo, es beneficioso incluso cuando este use la columna como excusa para introducir sus propias inquietudes, a veces sin relación alguna con lo escrito. Conseguir su participación ya es tarea loable. *El dardo en la palabra* de Lázaro Carreter provocaba con sus *dardos* en el periódico *El País* oleadas de comentarios que acababan en refriegas entre los participantes: nunca con el titular de la columna. Por otro lado, las secciones de "Libros", "Teatro", "Cine", etc. de *Blanco y Negro* tenían muchos seguidores pero poco contacto (conocido) con el lector.

El afán por acercar la enseñanza del lenguaje a través de la prensa se ha estudiado en el contexto de Argentina de comienzos de siglo xx en Blanco *et al.* (2000). Es una contribución con diferente fisonomía a lo visto hasta aquí. Se destaca en este campo a Monner Sans, Herrero Mayor y Esteban Jiménez.

La clasificación de las columnas requiere de criterios objetivos: elementos estructurales que nunca se han desarrollado o tipificado por sobrentenderse un propósito común.

4. Tipos de columnas

Las columnas se han presentado en el pasado dándose a entender siempre una aparente uniformidad. La divulgación, como se ha dicho, se presenta como lazo de unión en Hernández (2002). La diversidad que introduce no se corresponde, conviene aclarar, con modalidades de columnas, sino con lo que se cubre en los contenidos de estas. En Grijelmo (2013), todas las columnas presentadas se ponen al mismo nivel, caracterizándose principalmente por medio del espacio geográfico en el que se publican, y dando especial relieve al uso de seudónimos por sus autores. Nunca se han intentado estudiar sus diferencias: ni en contenido, ni en tipología. En principio, las columnas contienen las siguientes temáticas: *informativas*, *educativo-formativas*, *normativas* y *críticas*, entre las que destacan las que buscan despertar conciencia lingüística y las que zahieren o despotrican contra hablantes descuidados o academias distraídas.

El apartado de la prensa en que aparecen es muy variable: ocio, opinión, educación, aldea global, humor, cultura, *Op-Ed* (contra-página (tribuna) editorial), sociedad, letras… Esta variación da una idea de la distinta consideración que a los medios les merece el lenguaje/idioma.

No es fácil caracterizar algunas de las columnas. Suelen en sus primeras apariciones, dicho para futuros analistas, hacer una "presentación" en la que se explican los objetivos: son artículos programáticos. Cuando aparecen en compilaciones hay prólogos en que se satisface este interés para el lector. Las compilaciones vienen a paliar la dispersión de los columnistas, que pueden llegar a escribir en una decena de medios, y a veces en simultaneidad.

Las columnas se pueden clasificar también por el número de palabras. No es lo mismo escribir ciento cincuenta que dos mil. Hay columnas que se escriben en media hora, otras en meses o años, bien por falta de un componente clave o de una noticia que lo demande. Las defunciones, triste ejemplo, son noticia y motivo para un *réquiem* o un *in memóriam*. La periodicidad sí que se postula como requisito imprescindible. Si el lector no espera la columna con anticipación, se desdibuja la función del columnista.

En algunas épocas se han producido disputas públicas con seguidillas de segundas y terceras (o más) partes. Fue típico en el siglo xix. Con Antonio de Valbuena y sus *Ripios* se alcanza una de sus cotas máximas. Menéndez Pelayo llegó a decir de él que nunca escribiría una historia de la sátira para no tener que mencionarle. Hoy se ha perdido esta agilidad, que era de gran atractivo para el lector. Los enfrentamientos de personas inteligentes producen lectores inteligentes, que además compran e invierten en lo que leen. Se ha llegado a proponer que en columnas opuestas se trate simultáneamente el mismo asunto desde puntos de vista antagónicos con el fin de ayudar al lector a perfilar su posición (*La Opinión* de Los Ángeles).

La duración de las columnas es otro elemento de análisis diferenciador. La vida media de las columnas consultadas se acerca a los tres o cuatro años en un conteo parcial, aunque algunas han pervivido más de medio siglo en una o más de una publicaciones (las "perlas" de *Nikito Nipongo*). Queda pendiente un recuento riguroso.

Cuando las columnas tienen cierta longevidad, otra de sus características es la de su publicación en libros. En el trabajo de Hernández (2002), aparecen como *artículos de divulgación*, término no siempre apropiado ya que muchos artículos no tratan de divulgar nada, sino simplemente pretenden crear conciencia de la lengua o exponer una particular opinión sobre un asunto asociado con la lengua. Véase Hernández (2002) y Grijelmo (2013) para ver una nutrida selección, o las referencias que aparecen en este mismo artículo. La razón de estas recopilaciones es sencilla: no se puede, tras su publicación, recuperar los artículos o acceder a ellos fácilmente si no se visita una hemeroteca. Casares (1946, 1961) nos habla de "lo efímero" como un *golpe de realidad* a lo que se publica. Tenía conciencia de que los contenidos desaparecerían con cada nueva publicación. La rapidez de redacción y su vertiginoso olvido hicieron que en algunos casos se viera este columnismo en el pasado como una forma ocasional de engrosar un salario.

Una de las dificultades a la hora de citar a los columnistas existentes, y pasados, se debe a la imposibilidad de ser justo con los datos. Para ejemplificarlo tomamos *Las minucias del lenguaje* de Moreno de Alba. Se suele citar un libro compilatorio en algunos resúmenes, pero, en realidad, son varios libros, y los artículos aparecieron además en una multitud de medios. Existe *Minucias del lenguaje* de 1992, *Algunas minucias del lenguaje* de 1996, *Nuevas minucias del lenguaje* de 1996 y *Suma de minucias del lenguaje* de 2003. Por otro lado, aunque se publicaron muchos de ellos en *Uno más uno*, en el momento de su muerte aparecían en otro medio: *Este País*. Además, habría que detallar que la Academia Mexicana de la Lengua y el Fondo de Cultura Económica tomaron la determinación de difundir electrónica y gratuitamente los textos. Otro caso que nos da una idea de la complejidad de fijar y detallar las publicaciones de los columnistas lo proporciona la obra de *Nikito Nipongo*, seudónimo de Raúl Prieto Río de la Loza. En su dilatada trayectoria colaboró con *Prensa Latina, Tiempo, La Prensa, Novedades, Siempre!, Ja-Ja, Últimas Noticias, La Palabra y el Hombre, Revista de Revistas* y *Excélsior*. De él, habría que destacar también su aportación como cofundador de *Proceso* y del diario *Uno más uno*. Y se podría aún apuntillar que sus famosas "Perlas Japonesas" se publicaron en la década de los 90 en *La Jornada*, constituyendo esta última serie la base sobre la que se editarían en formato de libro.

Igual ocurre con los seudónimos, citar un seudónimo se puede volver en contra por la existencia de tal variedad de ellos que nos desbordaría. Si se lee que Valbuena alguna vez utilizó el de *Miguel de Escalada*, basta con leer un poco sobre el autor para encontrar que también usaba el de *Venancio González*. Hay casos extremos. Se han contabilizado más de ochenta seudónimos en un solo autor. Es el caso de Rafael Heliodoro Valle (Romero del Valle 1965). Una breve lista de autores y seudónimos se publica en Grijelmo (2013).

Los espacios digitales en que aparecen listados de columnas escasean, aun así, algunos en línea hay: bajo *columnas del español*, una veintena, y bajo *blogs de la lengua*, una docena. En las obras de Grijelmo (2013) y Hernández (2002) hay más de una decena en cada una; otras tantas en Silva Villar (2002).

El aspecto divulgativo no se circunscribe a la prensa escrita. No podemos dejar de citar espacios televisivos de RTVE como *Palabra por palabra*, *Saca la lengua*, o *Etimologías* (Gargallo 2010–presente).

Aunque no sean columnas, se deben mencionar por su importancia las viñetas que juegan humorísticamente con contenidos de lengua. Aunque no cumplen a rajatabla con la restricción de presentar los contenidos lingüísticos de forma periódica y sistemática, los mencionamos por su contribución al aprecio por la lengua. Ejemplos importantes en España serían los de *El Roto* y *Forges*. En Argentina, *Quino* y su personaje *Mafalda* han dado pie a muchos de estos contenidos. *Nikito Nipongo*, otro caso especial, acompañaba sus mexicanas "Perlas Japonesas" con sus propias ilustraciones.

5. El columnismo moderno

Para acercarse al columnismo de la lengua moderno hay que retrotraerse al siglo XIX, Valbuena (1890) es muy probablemente precursor notable del estilo crítico en el periodismo de la lengua. Sus *Ripios* dieron mucho que hablar y escribir. Valbuena vino a representar una corriente de aire fresco que renovaba las creencias sobre lo que debía entenderse por un buen estilo y lo que era pedantesco. Arremete frontalmente contra las corrientes oficialistas (estereotípicas) de la lengua, muy extendidas en la época. Un digno seguidor, salvando prudentes distancias, sería el mexicano *Nikito Nipongo*. Sus "Perlas Japonesas" son modelo de columnismo independiente.

El recurso a criticar el uso *subestándar* de la lengua se bate actualmente en retirada, por lo ya apuntado de ser cada vez mayores los medios del hablante a la hora de consultar las fuentes normativas.

El uso didáctico del diálogo en Valdés lo vemos reflejado en Olimpia Rosado en el *Diario de las Américas*. De los diálogos ficticios originales se pasa a diálogos de ida y vuelta reales entre lector, autor y medio de comunicación en novedosos y variados formatos. Lo encarnarían Hornos Paz (1998–s/f) o De Miguel (2000–presente).

Las columnas noticiosas de la lengua nunca han existido sistemáticamente pues no se concebía que la lengua diera para tanto, porque hay que recordar que la característica primera de las columnas es la de su circulación regular y periódica. La publicación esporádica queda fuera del límite de lo tratado. Sería el caso de Francisco Umbral o Camilo José Cela; columnista de amplias facetas, el primero; y autor ocasional en la prensa, el segundo. El lector, recuérdese, tiene que poder adelantarse a la publicación: y buscarla.

La complicidad con el lector es determinante. Algunas columnas no se preocupan de quién las va a leer, y menos de atender a sus lectores.

El que el escritor viva de lo que escribe o el humor con que desarrolla la labor periodística son otros elementos que hay que considerar en las posibles divisiones futuras entre columnistas. Los contenidos pormenorizados necesitarán de un espacio aparte para poder saciar al interesado lector.

Las columnas y su encabezamiento también sirven para la caracterización de las columnas. Algunos títulos de columnas son muy expresivos: "El dardo en la palabra", "Buenas y malas palabras", "El rincón del bien decir", "Gazapos y tropezones", "La esquina del idioma", "Perlas", "La punta de la lengua", "La cresta de la lengua", "La tribuna del idioma", "La lengua viva", "Letra pequeña", "Nuestro idioma de cada día", "¿Qué dijo?", "En Román paladino", por citar un ramillete de ellos. No faltan, sin embargo, las columnas sin título, tal es el caso de las de García Calvo.

Casos difíciles de encajar: *elcastellano.org* (1996–), la *Fundéu* (2005–) y *Wikilengua* (2008–). Por el tratamiento de los temas se asemejan en parte a algunas de las columnas, pero la especialización del lector, la falta de autor o la ausencia de periodicidad real hacen, en la práctica, que estos espacios sean dignos de mención, pero en otro plano.

Conclusión

Abarcar demasiado impone apretar poco. Acercarse a los antecedentes por medio de las etapas recorridas nos ha permitido ordenar el aparente caos evolutivo. Hay mucho por hacer, tanto para ordenar lo existente como para analizarlo en toda su extensión y valor. Pero esperamos y confiamos en que sea un buen punto de partida desde el que acceder al conjunto del *periodismo de la lengua*, que se lee con muchos acentos y que debe respetarse tal como se merece.

Bibliografía

Blanco, M. I., Contursi, M. E. y Ferro, F. (2000) "La enseñanza de la gramática en los medios de comunicación", COMFER (Comité Federal de Radiodifusión), 506.

Bustos Plaza, A. (2007–presente) *Blog de la lengua* [en línea]. Accesible en http://blog.lengua-e.com/enlaces/.

Bustos Plaza, A. (2007–presente) *Blog de la lengua* [en línea]. Accesible en http://blog.lengua-e.com/alberto-bustos/.

Casares, C. (1943) *Crítica efímera. Divertimientos filológicos*. Madrid: Saturnino Calleja.

Casares, C. (1961) *Cosas del lenguaje*, Madrid: Espasa-Calpe.

Columnas del español [en línea]. Accesible en http://literaturaylengua.com/2010/02/20/columnas-del-espanol/ [20/02/2010].

Crystal, D. (1997) *The Cambridge encyclopedia of language*, 2.ª ed., Cambridge: Cambridge University Press.

De Miguel, A. (2000–presente) "La lengua viva", *Libertad Digital* [en línea]. Accesible en http://www.libertaddigital.com/opinion/amando-de-miguel/.

Delgado Idarreta, J. M. (2000) "La prensa: fuente historiográfica", *Investigación humanística y científica en La Rioja: homenaje a Julio Luis Fernández Sevilla y Mayela Balmaseda Aróspide*. Logroño: Instituto de Estudios Riojanos, pp. 245–256.

Díez Losada, F. (1993–presente) "Tribuna del idioma", *La Nación* (Costa Rica) [en línea]. Accesible en http://www.nacion.com/etiqueta/tribuna_del_idioma/.

Soca, R. (ed.) (1996–presente) *La página del idioma español* [en línea]. Accesible en http://www.elcastellano.org/.

Forges (Antonio Fraguas) [en línea]. Accesible en http://www.forges.com/.

Fundación del español urgente (*Fundéu*) (2005–presente) [en línea]. Accesible en http://fundeu.es/.

García Calvo, A. (1978–2012) S/t. *El País*.

Gargallo, J. E. (2010–presente) "Etimologías", *Para todos la 2*. RTVE. Accesible en http://www.rtve.es.

Grijelmo, Á. (2004) *La punta de la lengua*, Madrid: Santillana.

Grijelmo, Á. (2007) "Intervención en Cartagena", *Donde dice… Boletín de la fundación del español urgente*, 8, pp. 1–3.

Grijelmo, Á. (2013) "El dardo en lo ostentóreo", *El País*, 10/04/2013.

Hernández, H. (2002) "El artículo de divulgación lingüístico: motivación e interculturalidad", en Pérez Gutiérrez, M. y Coloma Maestre, J. (eds.) *El español, lengua del mestizaje y la interculturalidad. Actas del XIII Congreso Internacional de la Asociación para la Enseñanza del Español como Lengua Extranjera*, pp. 434–446.

Hornos Paz, O. (1998–s/f) "Diálogo semanal con los lectores", *La Nación* (Argentina). Accesible en http://lanación.com.ar.

Larra, M. J. de (*El pobrecito hablador*) (1832–1833) *El pobrecito hablador: revista satírica de costumbres*, Madrid: Imprenta de Repullés.

Lázaro Carreter, F. (1999) *El dardo en la palabra*, Barcelona: Galaxia Gutenberg.

Lázaro Carreter, F. (2003) *El nuevo dardo en la palabra*, Madrid: Santillana.

"Los jueves de la Academia" (José Rogelio Álvarez) (1999–s/f) Academia mexicana de la lengua, *Excélsior*.

Mesonero Romanos, R. de (*El curioso parlante*) (1835) *Panorama matritense*, Madrid: Imprenta de Repullés. Alicante: Biblioteca Virtual Miguel de Cervantes, 2005. Accesible en http://www.cervantesvirtual.com/.

Moreno de Alba, J. G. (2003) "Prólogo", *Suma de minucias del lenguaje*, México: Fondo de Cultura Económica.

Prieto Río de la Loza, R. (*Nikito Nipongo*) (1949–2003) "Perlas japonesas", *Excélsior*, *La Jornada*.

Quino (Joaquín Salvador Lavado). Página oficial [en línea]. Accesible en http://www.quino.com.ar/.

[RAE] Real Academia Española [en línea]. Accesible en http://rae.es/.

Rodríguez Rodríguez, J. M. (2010) "El origen de los estudios modernos sobre Periodismo y Literatura en España: el aporte fundacional de la *Gaceta de la Prensa Española* (1942–1972)", *Comunicación y sociedad*, 23, 2, pp. 203–233.

Romero del Valle, R. (1965) "Los seudónimos de Rafael Heliodoro Valle", *Thesaurus*, 23, 2, pp. 297–324.

Rosado, O. (1994) *¿Conoce usted su idioma?*, Florida: Tipografía y arte.

Rosenblat, Á. (1956) *Buenas y malas palabras en el castellano de Venezuela*, Caracas/Madrid: Edime.

El Roto (Andrés Rábago). Página oficial, accesible en http://www.elroto-rabago.com/.

Sellés, E. (1895) "Del periodismo en España". Discurso leído en la recepción pública de la Real Academia Española el día 2 de junio de 1895. *Discursos leídos en las recepciones públicas de la RAE*, serie segunda, tomo IV, Madrid: Gráficas Ultra, 1948, pp. 170–220.

Serrano Serrano, J. (2006) "Polémicas de Antonio de Valbuena con sus contemporáneos sobre la corrección gramatical y los defectos del Diccionario de la Academia", *Estudios humanísticos. Filología*, Universidad de León, pp. 185–220.

Silva Villar, L. (2000–presente) "La cresta de la lengua", *La Opinión et al.*: Impremedia. Accesible en http://www.laopinion.com/section/author/?sid=Luis.Silva-Villar.

Silva Villar, L. (2002) "En la cresta de la lengua: con la columna a cuestas", *La Opinión*, 24/03/2002.

Valbuena, A. de (1890) *Ripios académicos*, Madrid: La España editorial.

Valdés, J. de (1972 [1535–1536]) *Diálogo de la lengua*, Barcelona: Bruguera.

Wikilengua (2008–presente) [en línea]. Accesible en http://wikilengua.org/.

Entradas relacionadas

español en los medios de comunicación audiovisual; español en los nuevos medios de comunicación

POLÍTICA LINGÜÍSTICA Y EDUCACIÓN

Ofelia García

1. Aproximaciones teóricas

La relación entre política lingüística y educación siempre ha sido muy estrecha. El sistema educativo ha ejercido control sobre las prácticas lingüísticas de la población desde sus comienzos. El currículo y los exámenes han sido el medio de imponer prácticas de una lengua llamada "culta" y excluir y estigmatizar todas las otras maneras de habla local de la población. Empezamos aquí por repasar la labor que se reconoce hoy día como política lingüística y rastrear sus comienzos en el mundo hispanohablante. Seguimos entonces por definir cuál ha sido el papel de la educación en la elaboración de políticas lingüísticas de diversos tipos y en distintas sociedades.

1.1. *El campo de política lingüística*

El campo de estudio que hoy reconocemos como el de política lingüística se desarrolló con los comienzos de la sociolingüística, y como resultado de la descolonización de África y Asia en la segunda mitad del siglo XX. Los llamados pioneros del campo conocido en sus comienzos como *planificación lingüística*—Einar Haugen, Joshua A. Fishman, Joan Rubin, Bjorn Jernudd y Das Gupta, entre otros—intentaban resolver los "problemas" de la heterogeneidad lingüística que se decía hacía difícil administrar y gobernar a poblaciones tan diversas.

De acuerdo con Calvet (1987), el término *planificación lingüística* lo usó por primera vez Einar Haugen en 1959, y fue Joshua A. Fishman quien en 1970 añadió la frase *política lingüística*. El uso de los dos términos es confuso. Para Kaplan y Baldauf (1997) y Tollefson (1991) la planificación lingüística es más amplia que la política lingüística que queda reducida a leyes y regulaciones. Sin embargo, muchos son los estudiosos que usan estos dos términos en conjunto. Por ejemplo, Hornberger (2006) se refiere a planificación lingüística-política lingüística (PLPL o LPLP en inglés). Parecería, sin embargo, que hoy día el término *política lingüística* ha prevalecido y los parámetros del campo se han extendido hasta envolver una actitud crítica ante la lengua y su planificación (Ricento 2006; Tollefson 2006) y el énfasis en la ideología lingüística como factor principal (Kroskrity 2000; Woolard 1998).

El interés temprano de la política lingüística se divide originalmente en dos tendencias:

1. *La planificación del corpus*, es decir, el cambio lingüístico a través de la estandarización (cambiar la forma de la lengua), la grafización (el desarrollar un sistema de escritura), y la modernización (el acuñar nuevas palabras).
2. *La planificación de estatus*, es decir, modificar el prestigio de la lengua.

A pesar de que el gobierno central de la nación-estado y sus organizaciones estatales, incluyendo las academias de la lengua, se ocupan de reglamentar y "modernizar" el corpus lingüístico, hay también individuos y grupos de individuos que han jugado un papel importante en alguna política lingüística. El British Council, la Académie Française y la Real Academia Española, y los más recientes Instituto Cervantes y el Instituto Confucio, han jugado un papel importante en estandarizar la lengua en países que hablan inglés, francés, español y chino mandarín (putonghua), además de abogar por la expansión de esas lenguas en otros países. Pero a veces los planificadores lingüísticos han sido grupos de base, como fueron, en la década del sesenta, las mujeres que se opusieron al uso de lenguaje sexista. También hay individuos, como por ejemplo, Ben Yehuda en el caso de la revitalización del hebreo en Israel, que han sido clave para establecer y desarrollar alguna política lingüística. Es decir, el poder de una política lingüística no siempre se ejerce de arriba hacia abajo, también hay casos en que la comunidad de base e individuos pueden impulsar alguna política.

Robert Cooper, en 1989, señaló el importante papel que tiene el sistema educativo y la educación en lo que señala ser una tercera dimensión de la política lingüística: *la planificación de la adquisición*. Con el tiempo, y a medida que entramos en un mundo globalizado del siglo XXI, esta tercera dimensión –la educación–adquiere mayor importancia en los estudios de política lingüística. La actitud crítica que caracteriza el estudio post-estructuralista y post-modernista de nuestros tiempos ha ido desprestigiando los esfuerzos de las academias de lengua y ha ido desenmascarando las obras de gobiernos por controlar el discurso de otros. Sin embargo, la escuela, controlada por los intereses de la élite de la nación-estado, continúa su trabajo de dominar quién habla a través de la imposición de una lengua estandarizada, y el desprestigio y exclusión de otras variedades y prácticas lingüísticas. Es por esto que la educación tiene hoy día un papel muy importante en el estudio de la política lingüística. Antes de ahondar en esta relación, es importante reconocer que la política lingüística no es nueva, ni comenzó en el siglo XX. El caso de la política del español deja claro que a pesar de que el campo en sí surge del interés por la sociolingüística en la segunda mitad del XX, sus orígenes los podemos rastrear mucho antes.

1.2. El mundo hispanohablante y la política lingüística

Para el mundo hispanohablante, es obvio que la planificación de lo que se considera hoy el español comenzó mucho antes. La Reconquista (718–1492) impulsó la variedad hablada en el norte de Castilla y Burgos. Ese castellano es el que se impone sobre otras variedades —el asturiano, el leonés, el aragonés, la variedad mozárabe (Hall 1974). Y es Alfonso X el Sabio (1221–1284) el que codifica la ortografía de la variedad escrita en sus *Siete partidas* (1265), usando como modelo la variedad hablada por las clases altas de Toledo.

El matrimonio de los Reyes Católicos, Isabel I de Castilla y Fernando de Aragón, en 1469, no sólo unió los reinados de Aragón-Cataluña y Castilla-León-Galicia, sino que también impulsó y expandió la variedad castellana. En 1492 Antonio Nebrija publica su *Gramática de la lengua castellana*, la primera gramática de una lengua romance. Nebrija dedica su gramática a la reina Isabel diciendo: "Siempre la lengua fue compañera del imperio".

La planificación del español fue necesaria para subyugar a los súbditos en el imperio y sobre todo para la colonización de América. En 1550 Carlos V declara que solo el español debe ser utilizado en la catequización de una población que solo hablaba lenguas indígenas. Los esfuerzos de evangelización fueron así acompañados siempre por los de castellanización en la colonia. Cien años más tarde cuando la frontera con Portugal se establece en 1640, y la frontera con Francia en 1659, el castellano sigue sin ser la lengua de todas las clases sociales en el territorio ibérico, ni la lengua del territorio americano.

Es por lo tanto Felipe V, el primer rey Borbón, quien actúa como planificador lingüístico pidiendo que se funde la Real Academia Española en 1713, a imitación de la Accademia della Crusca en Florencia (1572), y la Académie Française (1613). La Real Academia tiene como objetivo "velar por que los cambios que experimente […] no quiebren la esencial unidad que mantiene en todo el ámbito hispánico" (Real Decreto 1109/1993). Un año después, el castellano es declarado lengua del Estado, y en 1768, el rey Carlos III decreta que sólo debe haber una lengua en todo el reino, incluyendo las colonias. La educación monolingüe se impone como instrumento de control.

El rol de las academias y del sistema educativo como instrumentos del imperio continúa en lo que después son los países latinoamericanos. En 1847 Andrés Bello (1781–1865), nacido en Caracas, publica su *Gramática de la lengua castellana destinada al uso de los americanos*. En el prólogo, Bello arguye que el español debe conservar su pureza, y aunque el español americano tiene derecho a tener diferencias con el peninsular, añade que eso es solo "cuando las patrocina la costumbre uniforme y auténtica de la gente educada". Es la élite la que impone un español estandarizado, una norma "culta" y sin influencia de lenguas indígenas o africanas. Y es ese español el que se convierte en el medio de instrucción en las escuelas, en donde solo se educan los hijos de la élite.

Además de las lenguas indígenas, un nuevo enemigo del español asoma su rostro con la política estadounidense de *Manifest Destiny*. En 1870, la Real Academia Española autoriza las "Academias Correspondientes" para "oponer un dique, más poderoso tal vez que las bayonetas mismas, al espíritu invasor de la raza anglo-sajona en el mundo por Colón descubierto". Se propone entonces que el español tiene que reinar en un continente en que no todos hablan lenguas latinas. Y la escuela impone así una educación monolingüe en español con poca entrada a lo que son las lenguas indígenas de América; mientras que en la Península, tampoco se le da entrada a las lenguas indígenas de ese territorio: el euskera, el gallego, el catalán.

El siguiente apartado considera el rol que juega la educación en la política lingüística. Nos enfocamos en lo que empieza a ser el despertar del bilingüismo y plurilingüismo, lo mismo en la Península que en América, a mediados del siglo XX.

2. La educación y la política lingüística

La educación monolingüe se empieza a desmoronar a medida que la heteroglosia mundial empieza a ser reconocida. La globalización del mundo que impulsan las nuevas tecnologías, además de una política neoliberal responsable del desplazamiento de muchísimos grupos, hace posible que hoy día estemos más familiarizados con el bilingüismo de muchos pueblos, y también de su opresión. Ya casi nunca nos asusta el bilingüismo en la calle, aunque las escuelas, instrumentos de control de la nación-estado, continúan mayormente imponiendo una política lingüística monolingüe.

En los siguientes apartados consideramos diferentes políticas lingüísticas educativas, ilustrando sobre todo el caso del mundo hispanohablante. Recalcamos así el importante papel que la escuela y las políticas educativas tienen sobre el uso lingüístico.

3. Políticas educativas monolingües

La política educativa en el mundo entero ha sido predominantemente monolingüe. Claro está que en esas aulas supuestamente monolingües siempre ha habido una diversidad lingüística que se ignora. Por ejemplo, se ignoran las diferentes variantes de la lengua dominante, es decir, cómo habla el pueblo. Esto tiene como consecuencia que las clases pudientes se mantengan en el poder, ya que sus hijos, socializados en esa variante dominante, tienen ventajas sobre aquellos estudiantes que tienen que aprender a suprimir los rasgos que la escuela ha estigmatizado. Al entronizar solamente los rasgos de una variante dominante, la escuela suprime todas las otras maneras de hablar, incluyendo aquellas que se consideran diferentes lenguas.

En el mundo entero la política educativa monolingüe ha sufrido cambios importantes en el siglo XXI. A pesar de que a partir de la década de los sesenta del siglo XX muchas minorías lingüísticas exigieron sus derechos de utilizar sus lenguas en la educación, la clase dominante seguía cómoda en su monolingüismo. Y a pesar de la instrucción en lengua extranjera, las clases pudientes se mantenían básicamente monolingües.

No es así, sin embargo, en el siglo XXI. Varias son las motivaciones de ese cambio ideológico de la élite mundial. Pero tal vez el impulso más grande lo ha dado el rol importante que ha adquirido sobre todo el inglés, pero también el chino. Por primera vez en el primer mundo, la creación de la Unión Europea ha llevado a una concienciación de que el plurilingüismo es importante y que todos los ciudadanos tienen deber de adquirir tanto su lengua materna como otras dos lenguas. La política europea de Lengua Materna (LM) + 2 ha creado así las condiciones para impulsar la educación bilingüe en Europa. Y esta reivindicación en el siglo XXI de la educación bilingüe ha así impulsado políticas educativas que van más allá de las del siglo XX.

4. Políticas educativas: desarrollando bilingüismo en la escuela

Tradicionalmente hay dos maneras de desarrollar bilingüismo en la escuela. Una es la denominada "educación bilingüe," y la otra la "enseñanza de otras lenguas". La diferencia entre las dos tendencias radica en que en la educación bilingüe la lengua se utiliza como medio de instrucción, mientras que la lengua se considera una materia en la enseñanza de otras lenguas. Mientras que en los programas de enseñanza de lengua se le dedica aproximadamente uno a dos períodos de instrucción a la otra lengua, en la educación bilingüe se utiliza la otra lengua aproximadamente la mitad del tiempo. Nos detenemos entonces para describir los programas que se pueden considerar dentro de una u otra de estas maneras de desarrollar el bilingüismo.

4.1. La enseñanza de otras lenguas

La enseñanza de otras lenguas tiene tres vertientes: el énfasis en 1) lengua extranjera, 2) lengua segunda, y 3) lengua de herencia. Describimos entonces estas tres vertientes a continuación.

4.1.1. *La enseñanza de lengua extranjera*

En estos programas se considera la lengua como extranjera, y hablada fuera del contexto en que se estudia. Es decir, la lengua "extranjera" se enseña con énfasis de que es la lengua de una otredad exterior. Casi siempre este tipo de instrucción comienza en escuela secundaria y el énfasis es en aprender la gramática de la lengua y sus usos literarios. Este es el tipo de enseñanza más antiguo. Por ejemplo, en los Estados Unidos, el español se empezó a enseñar en la universidad de Harvard en 1816, pero solo para leer y traducir, y como medio para desarrollar una disciplina lingüística en inglés. No fue hasta principios del siglo XX, y como resultado de la Primera Guerra Mundial, que se empezó a enseñar el español en escuelas secundarias, y solo entonces para contrarrestar la enseñanza del alemán, lengua del enemigo. Hoy día y a pesar de los avances de la enseñanza del español en los Estados Unidos, la enseñanza de lenguas que no sean el inglés continúa a ceñirse al modelo de una simple asignatura académica. De la enseñanza de gramática y lectura se ha pasado en el siglo XXI a un énfasis en la comunicación, pero con poca atención a la población norteamericana hispanohablante.

4.1.2. *La enseñanza de una lengua de "herencia"*

El movimiento ocasionado por la globalización ha resultado en que notemos la insuficiencia, para los estudiantes que son producto de esos cambios, de materiales y pedagogías que enfatizan el desarrollo lingüístico para estudiantes que no tienen enlace cultural ni lingüístico con la lengua. Como consecuencia, se vienen desarrollando programas de enseñanza de lengua que antes denominábamos como enseñanza para estudiantes "bilingües" o estudiantes "nativos" y ahora llamamos "de herencia", reconociendo así el *continuum* de proficiencia lingüística de estudiantes con lenguas minorizadas. En los Estados Unidos fue Guadalupe Valdés (véase Valdés, Lozano y García Moya 1981) quién impulsó estos programas para los estudiantes de herencia hispanohablante en las últimas dos décadas del siglo XX. Estos programas continúan siendo pocos y funcionan mayormente a nivel secundario y terciario. El énfasis es el desarrollo de la norma "culta" de la lengua, su uso en contextos académicos, y la corrección del vernáculo hablado o escuchado en casa. A pesar del interés en el desarrollo lingüístico, el énfasis en la herencia la ata a un pasado en otros tiempos y lugares, y no a un futuro global.

4.1.3. *La enseñanza de una segunda lengua*

Dos han sido los factores que han impulsado, desde la segunda mitad del siglo XX, la creación de programas en que la lengua sea considerada como segunda, y no como extranjera: 1) la creciente migración; 2) el rol del inglés como *lingua franca*. El énfasis entonces es enseñar la lengua para que los estudiantes puedan participar ya en la nueva sociedad o en la creciente economía global.

Como consecuencia del movimiento de personas en un mundo globalizado, se ha hecho importante desarrollar programas, currículo y pedagogía que desarrollen las destrezas lingüísticas de personas que no hablan esa lengua pero que viven en un contexto en que sí se habla. La lengua no es entonces una lengua extranjera, sino una "segunda" lengua, una lengua adicional. Generalmente estos programas existen tanto a nivel primario y secundario, como terciario. Tanto los estudiantes migrantes como los estudiantes internacionales necesitan desarrollar habilidades para participar en el sistema educativo. Esos programas suelen caer bajo tres categorías: 1) la maestra especializada en la enseñanza de lengua trabaja con un grupo pequeño como materia adicional o suplementaria a la otra instrucción que reciben, 2) la maestra especializada en la enseñanza de lengua colabora con la maestra y trabaja con los alumnos necesitados en la clase, o 3) la maestra especializada enseña todo en un aula en que todos están desarrollando esa segunda lengua.

Por otro lado, el cambiante rol sobre todo del inglés como lengua franca significa que muchas escuelas están enseñando inglés ya no como lengua extranjera asociada con una cultura diferente, sino como lengua segunda, con énfasis en la comunicación global, y ya sin asociaciones culturales directas con los países anglófonos. Aunque en estructura curricular, la enseñanza del inglés como segunda lengua puede ser la misma que la enseñanza del inglés como lengua extranjera, los materiales y pedagogía suelen ser diferentes. Los materiales y la pedagogía en estos programas de lengua segunda enfatizan la comunicación directa y rápida, sobre todo oral, más que las estructuras lingüísticas y la lectura.

4.2. La educación bilingüe

La educación bilingüe no es algo nuevo. Ha dicho Mackey (1978) que la élite ha educado a sus hijos de manera bilingüe desde hace 5.000 años. La élite siempre ha mantenido *programas bilingües de desarrollo* para sus hijos. Sin embargo, el desarrollo de la educación bilingüe para toda la población ha adquirido importancia a partir de la segunda mitad del siglo XX. Dos fueron los motivos que propulsaron el crecimiento de esos programas bilingües, sobre todo en el Canadá y en los Estados Unidos, a partir de la década del 60: 1) el creciente poder político del partido Québécois en el Canadá; 2) el aumento migratorio en los Estados Unidos. Estos dos eventos ocasionaron el desarrollo de tipos de programas de educación bilingüe muy diferentes –por una parte los programas bilingües de inmersión en el Canadá, por otra parte los programas bilingües transicionales en los Estados Unidos– que describimos a continuación.

4.2.1. Programas bilingües de inmersión

El propósito de estos programas fue que los anglófonos en Quebec pudieran hablar francés y participar en la vida política y económica de una provincia crecientemente francoparlante. Para eso, en los años 60 del siglo XX, se diseñaron programas en que los estudiantes anglófonos empezaban estudiando solamente en francés. Después de un tiempo se añadía el inglés hasta utilizar el francés el 50 % del tiempo, e inglés el otro 50 %. Se desarrollaron programas a nivel primario, con los niños comenzando en cuanto empezaban la escuela (los llamados *early full*). Pero también se desarrollaron programas que comenzaban solo después de la escuela primaria (*late*). Estos programas bilingües, que se han reproducido en el mundo entero, son para estudiantes mayoritarios que quieren aprender una lengua minoritaria.

4.2.2. Programas bilingües transicionales

Al mismo tiempo que en la década del sesenta se experimentaba en el Canadá con los programas bilingües de inmersión, en los Estados Unidos se buscaba una solución para el creciente número de inmigrantes, mayormente hispanófonos, que entraban a las escuelas del país. Como resultado de la Era de Derechos Civiles y la lucha de las comunidades hispanohablantes por el derecho de educar a sus hijos en una lengua que fuera comprensible, se establecieron programas bilingües transicionales. En ellos se enseña en la lengua materna del niño hasta que el niño adquiere suficiente comprensión y manejo en el inglés para poder participar en las actividades académicas en inglés. A pesar de su ideología de "remediar" el problema de la "otra" lengua, los programas bilingües de transición han seguido funcionando en todos los estados de los Estados Unidos, aún en aquellos como California, Arizona y Massachusetts, que los hicieron ilegales. Estos programas apoyan la asimilación y el desplazamiento lingüístico hacia la lengua de poder y existen en todo el mundo.

De igual forma, los programas de inmersión bilingüe, como los programas transicionales, fueron desarrollados con anterioridad a la globalización, y en espacios geográficos que parecían sólidos e inmutables. Como resultado, esos programas mantienen una ideología monoglósica en cuanto al bilingüismo, pensando en el bilingüismo como si fuera verdaderamente una simple adición de dos cosas que el niño tiene que manejar balanceadamente. Y pensando también en que existe una comunidad de habla homogénea.

Sin embargo, poco a poco se ha comenzado a comprender que la realidad sociolingüística es heteroglósica y que por lo tanto esos programas son insuficientes para captar la complejidad de los perfiles lingüísticos de los estudiantes y el dinamismo del uso de su repertorio semiótico. Se han desarrollado así otros tres tipos de programas bilingües que García (2009) ha denominado como heteroglósicos:

1) Programas de inmersión doble (también en los Estados Unidos "lengua dual en dos vías").
2) Programas de desarrollo bilingüe (también en los Estados Unidos "lengua dual de una vía").
3) Programas de aprendizaje integrado de contenido y lengua extranjera (AICLE).

Siempre ha habido programas de desarrollo bilingüe aunque ahora se reconoce la heterogeneidad del continuo lingüístico de la población que se enseña. A continuación se hace una descripción de estos tres programas.

4.2.3. Programas bilingües de inmersión doble (lengua dual de dos vías)

En estos programas, donde se enseña a través de dos lenguas, se encuentran niños de dos grupos etnolingüísticos reconocidos que aprenden la lengua del otro. En los Estados Unidos hay niños angloparlantes que quieren aprender otra lengua, y niños que hablan esa otra lengua pero no tienen proficiencia en inglés. Generalmente las dos lenguas se enseñan en espacios temporales separados, casi siempre durante 50 % del tiempo cada una. La integración de los dos grupos funciona como el objetivo social principal de estos programas aunque la separación estricta de dos lenguas impide la formación de una identidad bilingüe con uso heteroglósico.

4.2.4. Programas de desarrollo bilingüe (lengua dual de una vía)

En estos programas se encuentran niños, casi siempre de un mismo grupo etnolingüístico, que se encuentran en diferentes puntos del *continuum* bilingüe. Por ejemplo, en los Estados Unidos y para niños latinos estos programas incluyen aquellos que hablan español en el hogar o que hablan español e inglés en el hogar, como los que solo hablan inglés pero para quienes el español es lengua de herencia. La enseñanza es en dos lenguas y dependiendo del contexto sociolingüístico el uso de las dos lenguas es variado (desde un 90 % en lengua minorizada hasta un 50 %). Los programas bilingües en lenguas regionales suelen caer bajo esta categoría. La política social que los impulsa es la de desarrollar al grupo a través de una educación que reconozca y también desarrolle sus recursos lingüísticos. En estos programas se reconoce el *bilingüismo dinámico* del grupo (García 2009). Es decir, a diferencia del bilingüismo aditivo que promulgan los programas de inmersión y de inmersión doble, estos programas incluyen como base el uso lingüístico flexible de la comunidad bilingüe. Esto quiere decir que tanto el estudiante como el maestro utilizan su bilingüismo para profundizar el aprendizaje con lo que se ha llamado *translanguaging*, es decir un uso lingüístico flexible que entiende las dos lenguas como construcción social y se apoya entonces en las prácticas bilingües (García 2009; García y Li Wei 2014).

4.2.5. Programas bilingües AICLE (aprendizaje integrado de contenido y lengua extranjera)

En la última década, y como consecuencia de la política europea de LM + 2, se han desarrollado programas en que la "otra" lengua no se enseña como materia, sino que se usa como medio de instrucción, aunque solo durante uno o dos períodos escolares. Como alternativa a programas de enseñanza de lengua extranjera, los programas AICLE se han extendido en muchos contextos europeos, y cada vez más en otros países. De muchas maneras estos programas están atados a la movilización de recursos lingüísticos para participar en mercados globales.

5. Resumen de políticas lingüísticas educativas

El Cuadro 1 resume los tipos de programas educativos que pueden desarrollar el bilingüismo de la población. Quedan fuera de este resumen los programas llamados monolingües, ya que estos no prestan ninguna atención a su propio multilingüismo. Claro está que estos programas incluyen a todos y tienen como política sociolingüística no sólo la asimilación, sino el monolingüismo.

El cuadro se limita a presentar gráficamente lo que hemos señalado en el § 2.2. Junto a cada tipo de programa se incluyen los estudiantes que participan en el programa, las diferentes políticas sociolingüísticas que motivan los programas, y los posibles resultados de los mismos.

Los programas de lengua, tanto los que son para todos como los que son para minorías, suelen no resultar en hablantes bilingües, ya que su propósito social requiere una identificación con un estado-nación que exige separación, aislamiento u otredad. El énfasis en lo extranjero y la otredad (insistiendo en que la lengua es extranjera o de otros, la segunda sin pertenencia) hace que los alumnos sientan una distancia identitaria que hace imposible el verdadero desarrollo bilingüe. Así también el énfasis en el pasado en los programas de lengua de herencia hace que los estudiantes sientan distancia de la lengua que se enseña, una lengua que no puede ser la del futuro y que muchas veces nada tiene que ver con la manera que se usa en el hogar. Esto resulta en que los estudiantes minoritarios no puedan verdaderamente desarrollar una identidad bilingüe.

Los programas bilingües tienen verdaderas diferencias entre sí. Mientras que los de transición apuntan hacia una asimilación social que hace posible el desplazamiento lingüístico hacia la lengua dominante y que desencadena en el monolingüismo, los otros programas pueden hacer posible el bilingüismo de los estudiantes. Los de inmersión doble parecen tener como mayor objetivo una política social de integración, haciendo así que sea posible que hablantes de lenguas minorizadas adquieran la lengua dominante, mientras que los mayoritarios rara vez se hagan bilingües. Sin embargo, su insistencia en que las dos lenguas

Cuadro 1 Tipo de programa

Tipo de programa	Población en los programas	Política sociolingüística	Resultados de política lingüística
Enseñanza de lengua extranjera	Todos	Otredad-separación lingüística	Adquisición pobre
Enseñanza de lengua de herencia	Minorías	Desarrollo lingüístico pero atado al pasado	Adquisición parcial
Enseñanza de segunda lengua	Todos	Participación lingüística en la sociedad local y/o global	Adquisición posible
Bilingüe de inmersión	Mayorías	Participación lingüística y enriquecimiento	Adquisición favorable
Bilingüe de transición	Minorías	Asimilación lingüística a la lengua dominante	Desplazamiento
Bilingüe de inmersión doble (dos vías)	Dos grupos	Integración social y separación lingüística	Adquisición de lengua dominante y adquisición pobre de lengua minorizada
Bilingüe de desarrollo (una vía)	Minorías	Desarrollo social y lingüístico y enriquecimiento	Adquisición óptima
Bilingüe AICLE	Todos	Movilización lingüística	Adquisición posible

se mantengan separadas hace que se establezcan identidades y prácticas lingüísticas también separadas que se hacen cada vez más rígidas, haciendo así imposible un futuro bilingüe y fluido.

Parece entonces que son dos los programas de mayor enriquecimiento social y por lo tanto con posibles mejores logros en llegar a desarrollar el bilingüismo. Para los estudiantes mayoritarios, claramente los programas de inmersión ofrecen la mayor oportunidad de un bilingüismo favorable. Para las minorías son los programas de desarrollo (una vía) los que pueden resultar en un bilingüismo óptimo y el desarrollo de una identidad verdaderamente bilingüe.

6. Conclusión

La consecuencia de nuestro mundo globalizado y la economía neoliberal es que hoy día se utilizan métodos ocultos y menos directos para controlar las prácticas lingüísticas de la población local que las restricciones explícitas y directas de antaño. El resultado ha sido que la política lingüística del grupo dominante se lleva a cabo mayormente a través de políticas educativas. Este ha sido el propósito de esta entrada: elucidar que la enseñanza de lengua no es solamente una cuestión de métodos y pedagogías sino de ideologías que a veces restringen, y muy de vez en cuando expanden, las oportunidades para grupos minorizados.

Bibliografía

Calvet, L. J. (1987) *La guerre des langues et les politiques linguistiques*, París: Payot. [Traducido al inglés en Petheram, M. (1998) *Language wars and linguistic politics*, Oxford: Oxford University Press].

Cooper, R. L. (1989) *Language planning and social change*, Cambridge: Cambridge University Press.

García, O. (2009) *Bilingual education in the 21st century: A global approach*, Malden, MA: Wiley/ Blackwell.

García, O. y Li Wei (2014) *Translanguaging: Language, bilingualism and education*, Londres: Palgrave Macmillan Pivot.

Hornberger, N. (2006) "Frameworks and models in language policy and planning", en Ricento, T. (ed.) *An introduction to language policy. Theory and method*, Malden, MA: Blackwell, pp. 24–41.

Kaplan, R. y Baldauf, R. (1997) *Language planning: From practice to theory*, Clevedon: Multilingual Matters.

Kroskrity, P. V. (ed.) (2000) *Regimes of language. Ideologies, polities, and identities*, Santa Fe, NM: School of American Research Press.

Mackey, W. (1978) "The importation of bilingual education models", en Alatis J. (ed.) *Georgetown University Round Table on Languages and Linguistics*, Washington, DC: Georgetown University Press, pp. 1–18.

"Real Decreto 1109/1993, de 9 de julio, por el que se aprueban los Estatutos de la Real Academia Española", *Boletín Oficial del Estado*, 181. Accesible en http://noticias.juridicas.com/base_datos/ Admin/rd1109-1993.html#a1.

Ricento, T. (ed.) (2006) *An introduction to language policy. Theory and method*, Malden, MA: Blackwell.

Tollefson, J. (2006) "Critical theory in language policy", en Ricento, T. (ed.) *An introduction to language policy. Theory and method*, Malden, MA: Blackwell, pp. 42–59.

Tollefson, J. W. (1991) *Planning language, planning inequality*, Londres: Longman.

Valdés, G., Lozano, A. y García-Moya, R. (1981) *Teaching Spanish to the Hispanic bilingual: Issues, aims, and methods*, Nueva York: Teachers College Press.

Woolard, K. A. (1998) "Introduction: Language ideology as a field of inquiry", en Schieffelin, B., Woolard, K. y Kroskrity, P. (eds.) *Language ideologies: Practice and theory*, Nueva York: Oxford University Press, pp. 3–47.

Lecturas complementarias

García, O. (2009) *Bilingual education in the 21st century: A global approach*, Malden: Wiley/ Blackwell.

García, O. (2014) "U.S. Spanish and Education: Global and Local Intersections", *Review of Research in Education*, 38, 1, pp. 58–80.

Hornberger, N. (1998) "Language policy, language education, language rights: Indigenous, immigrant, and international perspectives", *Language in Society*, 27, pp. 439–458.

Spolsky, B. (2012) *The Cambridge handbook of language policy*, Cambridge: Cambridge University Press.

Entradas relacionadas

adquisición del español como lengua materna; adquisición del español como segunda lengua; enseñanza del español como lengua extranjera; sociolingüística

PORTUGUÉS Y ESPAÑOL

André Zampaulo

1. Introducción

El portugués y el español son las lenguas románicas con el mayor número de hablantes del mundo —más de 200 y 400 millones de hablantes nativos, respectivamente—, quienes se encuentran principalmente en las Américas y en Europa (Lewis, Simons y Fennig 2013). Como dos idiomas neolatinos, comparten un perfil lingüístico similar, cuyos orígenes han producido similitudes notables a cualquiera que los hable y diferencias intrigantes a cualquiera que los estudie detalladamente. La presente entrada está dividida en cuatro secciones, cuyo objetivo es sistematizar las principales diferencias que han surgido en el desarrollo lingüístico de ambos idiomas y dilucidar los temas de investigación actual con respecto al contacto entre sus variedades. Obviamente, no se pretende efectuar una exposición exhaustiva de todos los temas en tan corto espacio; sin embargo, se espera que lo aquí expuesto represente una base de apoyo para investigaciones futuras sobre los aspectos diacrónicos y sincrónicos de la relación entre las dos lenguas.

2. Perspectiva histórica

2.1. Aspectos extralingüísticos

Como lenguas iberorrománicas, el portugués y el español se originan de las variedades del latín hablado en los territorios del norte de la Península Ibérica que no sucumbieron totalmente ante la ocupación morisca a partir del año 711. Durante el período de reconquista de la Península por los reinos cristianos del norte, dichas variedades latinas se trasladaron hacia las tierras conquistadas del sur. Así, lo que hoy se conoce como "español" o "castellano" tiene sus orígenes en el siglo VIII, en la variedad del romance hablado al norte de la provincia actual de Burgos, entre la cordillera Cantábrica y el valle del río Ebro. Se estima que la ciudad de Burgos, por su importancia política durante los siglos X y XI, haya ofrecido un terreno fértil para la consolidación de las variedades lingüísticas locales y el prestigio del que gozaría el castellano en los siguientes siglos durante su expansión hacia el sur (Bustos Tovar 2005: 276). Sin embargo, la idea de un idioma más o menos estándar —o al menos con una ortografía más consistente— sólo apareció en el siglo XIII durante el reinado de

Alfonso X (1252–1284) y fue impulsada principalmente por la Escuela de Traductores de Toledo. Antes de ese período, la producción literaria en castellano se caracterizaba por muchas inconsistencias ortográficas que revelaban posibles características dialectales y/o idiolectales de los escribas. Pountain (2012: 49) menciona, por ejemplo, la oscilación entre las raíces *o* y *ue* en las formas del pretérito del verbo *ser* en el *Poema de Mío Cid*, ilustradas en (1a) y (1b):

(1) a. *"como si fuesse en montaña"* (1.61)
     b. *"como si fosse"* (1.2137)

Fernández Ordóñez (2005: 403–409), sin embargo, argumenta correctamente que los textos del período alfonsí tampoco pueden considerarse como representativos de un idioma estándar, puesto que al proceso de traducción contribuían diferentes traductores, quienes posiblemente venían desde otras partes, y por ende, hablaban dialectos distintos del toledano. Los intentos de normativización del idioma castellano sólo alcanzaron un mayor éxito con la publicación de la *Gramática de la lengua castellana* (1492) de Antonio de Nebrija, su diccionario (1492) y vocabulario (1495), además de las obras de la Real Academia Española (RAE) dos siglos más tarde, como su diccionario (1726–1739), ortografía (1741) y gramática (1771).

El portugués, por otro lado, tiene sus orígenes en la variedad romance denominada "gallego-portugués," hablada y escrita hasta mediados del siglo xiv en el territorio donde hoy se encuentran Galicia y el noroeste de Portugal. La ruptura del gallego-portugués en dos idiomas, es decir, el gallego y el portugués, fue impulsada por cuestiones políticas, como la independencia de Portugal en el siglo xii y la unión de Galicia al reino de Castilla y León. Sin embargo, la noción de un "idioma portugués" apareció solamente en el reinado de Afonso III (1248–1279), durante el cual dicho idioma empezó a sustituir el latín en los documentos legales y administrativos (Azevedo 2005: 12). La institución de Lisboa como capital y la importancia intelectual de la ciudad de Coimbra y su universidad, fundada en 1290, ayudaron a establecer el prestigio del portugués en la joven nación. No obstante, el idioma no se vio aislado y siguió en contacto con el castellano, principalmente entre los siglos xv y xvii, tanto por la interacción política y económica entre Portugal y España, como por el hecho de que muchos autores portugueses, tales como Gil Vicente y Camões, también hablaban y escribían en castellano (Teyssier 1959: 293). A diferencia de ese idioma, sin embargo, los intentos de normativización del portugués solo tuvieron éxito a partir del siglo xvi, con la publicación de la primera *Gramática da linguagem portuguesa* de Fernão de Oliveira (1536) y la *Ortografia e origem da língua portuguesa* de Duarte Nunes de Leão en 1576 (Baxter 1992: 12). Otra diferencia importante entre los dos idiomas en cuanto a su historia externa se refiere al papel de las organizaciones gubernamentales que se han ocupado de los asuntos de la lengua. Mientras que la RAE ha ejercido un papel activo en la prescripción de reglas para el castellano desde su fundación en siglo xviii (incluso actualmente con la Asociación de Academias de la Lengua Española), el portugués no ha contado con un organismo de similar presencia y fuerza política para la prescripción de sus reglas, a pesar de los esfuerzos de la reciente *Comissão Nacional da Língua Portuguesa* en Portugal y de la *Academia Brasileira de Letras* (Pountain 2012: 52). Las reglas normativas del idioma, por tanto, las han fijado los gramáticos (Cunha y Cintra 2001; Bechara 2009; etc.) y el estilo de redacción de periódicos importantes como el brasileño *Folha de S. Paulo*, entre otros.

2.2. Aspectos lingüísticos

Aunque presentan una estructura lingüística similar, el portugués y el español demuestran importantes diferencias que han surgido durante su evolución desde el latín. En el campo fonológico, el español cuenta con un sistema de cinco vocales (/i e a o u/), mientras que en la mayoría de las variedades del portugués se hallan siete (/i e ɛ a ɔ o u/), con la excepción del portugués peninsular, que presenta dos vocales más: la central media /ɐ/ y la central alta /ɨ/ (Azevedo 2005: 42). Las vocales medias abiertas /ɛ/ y /ɔ/ se han preservado en el portugués desde la época del latín tardío, mientras que en la historia del español sufren el proceso de diptongación, cuyo resultado es /je/ y /we/, respectivamente (Lapesa 1981: 73–74; Lloyd 1987: 116–130). A modo de ilustración, compárense, por ejemplo, las palabras portuguesas en (2a) con sus equivalentes españoles en (2b):

(2) a. *p*[ɛ], *s*[ɛ]*te*, *p*[ɔ]*rta*, *f*[ɔ]*rte*.
    b. *p*[je], *s*[je]*te*, *p*[we]*rta*, *f*[we]*rte*.

Asimismo, es importante notar el desarrollo de las vocales nasales del portugués, principalmente por el carácter contrastivo que ejercen con las vocales orales y por representar unas de las dificultades que enfrenta el hablante nativo de español que estudia el portugués como lengua extranjera (Simões 2008: 16–17). Compárense, por ejemplo, los pares mínimos ilustrados en (3) (Azevedo 2005: 32):

(3) a. Palabras con vocales nasales: *l*[ã] 'lana,' *t*[ẽ]*ta* 'intenta,' *c*[ĩ]*to* 'cinturón,' *p*[õ]*pa* 'pompa,' *j*[ũ]*ta* 'junta.'
    b. Palabras con vocales orales: *l*[a] 'allá,' *t*[e]*ta* 'teta,' *c*[i]*to* 'cito,' *p*[o]*pa* 'popa,' *j*[u]*ta* 'yute.'

El sistema consonántico de las dos lenguas, sin embargo, es el que contiene las diferencias evolutivas más notables. En el orden de las oclusivas, tanto el portugués como el español presentan los siguientes pares de consonantes: las labiales /p, b/, las dentales /t, d/ y las velares /k, g/. El español también contiene un fonema oclusivo palatal /ɟ/ que se origina de varias raíces latinas, es decir, de /j-, -jː-, -dj-, -gj-, gé-, gí-, é-/, las cuales siguen diferentes caminos evolutivos en portugués (para una lista completa véanse Williams 1968; Coutinho 1976; Castro 2011). Es menester considerar la realización fonética de /t/ y /d/ en muchas variedades actuales del portugués brasileño, en las cuales dichas consonantes se producen como africadas [tʃ] y [dʒ], respectivamente, ante el sonido [i], y como dentales o alveolares ante los demás sonidos vocálicos, como por ejemplo, [tʃ]*io* 'tío' y [dʒ]*ia* 'día', pero [t]*empo* 'tiempo' y [d]*ou* 'doy' (Cristófaro Silva 1998: 37; Azevedo 2005: 33–34; Cristófaro Silva y Guimarães 2009).

Con respecto a las fricativas, la evolución del portugués le ha dado los pares labiodentales /f, v/, alveolares /s, z/ y palatales /ʃ, ʒ/. Curiosamente, las cuatro últimas consonantes, es decir, las sibilantes /s, z/ y /ʃ, ʒ/, formaron parte del inventario consonántico del español hasta el siglo XV, durante el cual se ensordecieron todas las sibilantes españolas (Penny 2002: 100). En el siglo XVII, sin embargo, surgieron dos consonantes en su inventario fricativo, es decir, la dental /θ/, como en la palabra 'taza' [táθa], y la velar /x/, como en la palabra 'paja' [páxa], las cuales se originaron de la disimilación de la dento-alveolar /s̺/ y de la palatal /ʃ/, respectivamente (Lloyd 1987: 342; Penny 2002: 101). Aunque la fricativa labiodental sorda /f/ constituye actualmente un fonema para los dos idiomas, en posición inicial de palabra demuestra una evolución distinta desde el latín. Mientras que el portugués todavía la mantiene, en español se cambia a una aspirada [h] antes de elidirse por completo en la mayoría de las palabras de origen latino popular. Compárense, por ejemplo, los vocablos portugueses en (4a) con sus equivalentes españoles en (4b):

(4) a. Portugués: *figo, forno, farinha*.
b. Español: *higo, horno, harina*.

La motivación para los cambios /f/ > /h/ > Ø de la llamada "F- latina" en la historia del español ha fomentado un debate intenso y controversial. Un grupo de investigadores los explica a partir de la influencia de un probable sustrato vasco (Menéndez Pidal 1964: 198–233). Otros autores, sin embargo, se centran únicamente en la motivación interna al propio latín hablado en el norte de la Península, en el cual la F- latina representaría una fricativa bilabial /ɸ/, que más tarde se cambiaría a /h/ y finalmente a Ø en el español moderno (Penny 1972, 1990, 2002: 90–94).

Otra importante diferencia evolutiva se nota en el desarrollo de las consonantes vibrantes, que en español pueden ser simple /ɾ/ o múltiple /r/, ambas alveolares. Aunque el portugués también presenta la vibrante simple, su más probable correspondiente de la vibrante múltiple alveolar del español suele ser la vibrante múltiple uvular /ʀ/, como en la palabra *carro* /kaʀo/ 'coche, auto, carro'. Este fonema debe entenderse, sin embargo, como un archifonema, ya que se realiza fonéticamente a través de varios alófonos, como la uvular [ʀ], la velar [x], la alveolar [r] y la glotal [h], las cuales están sujetas a intensa variación dialectal e idiolectal, aunque algunos lingüistas mencionan la glotal [h] como la más frecuente (Azevedo 2005: 42).

En cuanto a las consonantes laterales, tanto el portugués como el español cuentan con la alveolar /l/, cuya realización fonética varía de acuerdo con la posición silábica y el dialecto. En el ataque silábico se articula como alveolar [l] en ambos idiomas y también en posición de coda en español; sin embargo, en posición de coda, /l/ se velariza a [ɫ] en el portugués peninsular, pero se vocaliza a [w] en el portugués brasileño, como en la palabra *mel* 'miel', que se pronuncia [mɛɫ] en Portugal, pero [mɛw] en Brasil (Azevedo 2005: 45–46). La lateral alveolo-palatal /ʎ/, por otro lado, forma parte del inventario del portugués, mientras que en español se expresa dialectalmente. Esta consonante presenta un origen antiguo común a todas las lenguas románicas occidentales, y un segundo origen más tardío en español. El portugués todavía mantiene la [ʎ] que se origina de la secuencia latina /-lj-/ y de los grupos románicos occidentales /-k'l-/ y /-g'l-/, mientras que en la evolución del español dicha consonante a principio se deslateraliza y luego se fricativiza, evolucionando a [ʒ] en el español antiguo, a [ʃ] en el siglo XVI y finalmente a [x] en el español moderno (Ariza 1994: 93–95; Penny 2002: 98–101). Compárense los ejemplos en (5):

(5)

Latín	Portugués	Español
PALEA	pa[ʎ]a	pa[x]a
OC(U)LU	o[ʎ]o	o[x]o
TEG(U)LA	te[ʎ]a	te[x]a

No obstante, el sonido alveolo-palatal surgió una segunda vez en la historia del español, tanto en medio de palabra, desde la lateral geminada latina /l:/ (6a), como al principio de palabra, desde los grupos consonánticos PL-, CL-, FL- (6b):

(6) a. CABALLU > caba[ʎ]o.
b. PLUVIA > [ʎ]uvia, CLAVE > [ʎ]ave, FLAMMA > [ʎ]ama.

En portugués, sin embargo, la lateral geminada /l:/ y los grupos PL-, CL-, FL- siguieron otros caminos evolutivos. Por ejemplo, la lateral geminada se simplificó, mientras que la lateral simple se elidió (7a); los grupos PL-, CL-, FL-, por otro lado, evolucionaron a [tʃ] en el portugués antiguo y finalmente a [ʃ] en el portugués moderno (7b) (Repetti y Tuttle 1987; Wireback 1997):

(7) a. CABALLU > *cava*[l]*o*, pero SALIRE > *sair*.
    b. PLUVIA > [ʃ]*uva*, CLAVE > [ʃ]*ave*, FLAMMA > [ʃ]*ama*.

Las consonantes nasales siguieron una evolución parecida a las laterales tanto en portugués como en español. Las secuencias intervocálicas /-nj-/ y /-gn-/ dieron la palatal /ɲ/ (8a), mientras que la nasal geminada latina /-n:-/ se degeminó en portugués pero se palatalizó en español (8b), y la alveolar intervocálica latina /-n-/ se mantuvo en español, pero se elidió en portugués, nasalizando la vocal precedente (8c) (Williams 1968):

(8) a. ARANEA > *aranha* (port.) y *araña* (esp.); LIGNU > *lenho* (port.) y *leño* (esp.).
    b. ANNU > *ano* (port.), pero *año* (esp.).
    c. LANA > *lã* (port.), pero *lana* (esp.); MANU > *mão* (port.), pero *mano* (esp.).

En el campo morfosintáctico también se presentan algunas diferencias importantes entre la evolución del portugués y la del español. Un caso ilustrativo es el desarrollo de los artículos definidos en ambas lenguas, ya que el latín clásico no los poseía. El origen de los artículos definidos masculinos (*o/el, os/los*) y femeninos (*a/la, as/las*) yace en el latín tardío. En el caso del portugués, *o* y *a* evolucionaron, respectivamente, de los demostrativos latinos *illu* (*illu > elo > lo > o*) e *illa* (*illa > ela > la > a*), mientras que *os* y *as* vienen de *illōs* (*illōs > elos > los > os*) e *illās* (*illās > elas > las > as*) (Coutinho 1976: 251). En español, sin embargo, se preservó la consonante lateral: *illu > elo > el, ell > el; illa > ela > la; illōs > elos > los; illās > elas > las* (Penny 2002: 155–156). Ya el artículo neutro del español *lo* se origina del demostrativo neutro latino *illud* (*illud > elo > lo*). La singularidad del neutro *lo* frente al portugués reside principalmente en su uso para expresar la intensidad de un adjetivo, lo que en portugués se expresa mediante otra estructura sintáctica, como se ejemplifica en (9) (Masip 2003: 105):

(9) a. Español: *¿Recuerdas lo interesante que era aquel chico?*
    b. Portugués: *Você se lembra de como era interessante aquele rapaz?*

En cuanto a los pronombres, las diferencias más notables se refieren a los de primera persona sujeto del singular, es decir, *ego > ieo > yo* en español, pero *ego > eo > eu* en portugués. Cabe mencionar también la adición de *-otros* en la formación de los pronombres de primera y segunda personas sujeto en español, es decir, *nos, vos > nos (+otros), vos (+otros) > nosotros, vosotros*, pero *nos, vos > nós, vós* en portugués. Una evolución característica del portugués es el desarrollo del pronombre *a gente* con el mismo valor de *nós*, que viene utilizándose frecuentemente en las variantes vernáculas brasileñas desde el siglo XIX (Lopes 2002: 44). Aunque sus formas verbales son de tercera persona singular, con la función de sujeto *a gente* significa 'nosotros' en español y, por tanto, no debe confundirse con *la gente*, cuyo equivalente en portugués es *as pessoas*. Las diferencias evolutivas en cuanto a las formas verbales incluyen el mantenimiento del futuro del subjuntivo en portugués —una conjugación que se utilizaba en el español antiguo, pero que ya no se usa en las variedades contemporáneas excepto en el lenguaje legal (10)—y el desarrollo del infinitivo conjugado (o personal) en portugués, pero no en español (11):

(10) a. Portugués: *Quando você vier aqui, poderá ler o livro.*
       b. Español: *Cuando vengas aquí, podrás leer el libro.*

(11) a. Portugués: *É importante sabermos a verdade.*
       b. Español: *Es importante que sepamos la verdad.*

El gerundio con el participio presente *-ndo* en la estructura *Estar + verbo-ndo* se usa en español y en el portugués brasileño, mientras que en el portugués peninsular se prefiere la estructura con el infinitivo precedido por la preposición *a*, como se ilustra en (12a) y (12b), respectivamente:

(12) a. Estar + verbo-*ndo*: *Estoy hablando* (español), *Estou falando* (portugués brasileño).
       b. Estar *a* + verbo-infinitivo: *Estou a falar* (portugués peninsular).

En cuanto al léxico, hay numerosos ejemplos de palabras del español que históricamente se incorporaron al vocabulario del portugués y viceversa. Por ejemplo, son de origen castellano palabras portuguesas como *cabecilha, guerrilha, mantilha, tertúlia, trecho, moreno*, etc. (Pountain 2012: 59). En cambio, son de origen portugués los vocablos españoles *enfadarse, balde, buzo, chubasco, tanque, mejillón*, entre otros (Penny 2002: 280–281). La interacción entre los dos idiomas —y las similitudes y diferencias que se han producido a lo largo de los siglos— ha recibido mucha atención por parte de los lingüistas, no sólo en cuanto a temas históricos, sino también en cuanto a temas actuales. A continuación se exploran más detalladamente las características del contacto actual entre los dos idiomas en diferentes regiones del mundo luso e hispanohablante.

3. Perspectiva actual

3.1. El contacto entre el portugués y el español en la Península Ibérica

Las regiones de frontera entre Portugal y España han producido naturalmente situaciones de contacto lingüístico entre el portugués y el español y la aparición de dialectos y variedades híbridas de base tanto portuguesa como española. Una de las variedades de contacto más estudiadas de la frontera entre Portugal y España es el *barranquenho*, hablado juntamente con el portugués (lengua oficial) y el español en la ciudad portuguesa de Barrancos. Históricamente, ha consistido en un territorio de disputa entre los dos países ibéricos, y las fronteras actuales solo se definieron al principio del siglo xx (Clements, Amaral y Luís 2011: 397–401). De base lingüística portuguesa, el *barranquenho* incorpora características del español extremeño y andaluz, como por ejemplo, la aspiración o elisión de /s/ en posición de coda silábica y la elisión de /r/ y /l/ al final de palabra (Clements, Amaral y Luís 2011: 404). Ya entre las características del español general, se observan rasgos como la neutralización entre /b y /v/ a favor de la consonante bilabial, el diminutivo *-ito* en lugar del portugués *-inho* y el presente del subjuntivo en cláusulas temporales de futuro en vez del futuro del subjuntivo del portugués (Pountain 2012: 59–60).

3.2. *El contacto entre el portugués y el español en Sudamérica*

En Sudamérica el contacto entre el portugués y el español ha ocurrido desde el siglo XVII, y actualmente se observa a lo largo de las varias ciudades ubicadas en la frontera entre Brasil y los países hispanohablantes vecinos, principalmente Uruguay, Argentina, Paraguay, Bolivia y Venezuela (Lipski 2012: 16). Una de las variedades de contacto más estudiadas es el *fronterizo* o los *dialectos portugueses del Uruguay* (DPU) (Elizaincín 1992). Sus orígenes se remontan a la época colonial, durante la cual el territorio uruguayo se hizo el centro de numerosas disputas entre Portugal y España y, más tarde, entre Brasil y Argentina. La lengua portuguesa tuvo una presencia fuerte en Uruguay hasta finales del siglo XIX, cuando se fijó definitivamente su frontera con Brasil y se impulsó el uso del español en las escuelas del país, rechazando el portugués más y más hacia el norte (Klee y Lynch 2009: 170). Sin embargo, en varias ciudades fronterizas todavía se mantiene una situación de contacto lingüístico entre ambas lenguas, por la cual su español incorpora varias características propias del portugués vernáculo del sur de Brasil.

En el campo fonológico, Elizaincín y Barrios (1989) señalan la realización oclusiva de /b, d, g/ en posición intervocálica en vez de las aproximantes españolas [β, ð, ɣ], el uso de la labiodental sonora /v/, la elisión de /n/, /r/ y /d/ en posición final de palabra, y la elevación de las vocales medias, es decir, la realización de /e/ como [i] y de /o/ como [u] en sílaba átona postónica. Ya en el campo morfosintáctico, se observa el uso de /s/ como marcador de plural solamente en el primer componente del sintagma nominal plural (Lipski 2012: 17), además del uso de la preposición *en* con verbos de movimiento, el empleo del infinitivo conjugado o personal en vez del subjuntivo y elementos discursivos típicos del portugués pero adaptados al español, como ejemplo, la coletilla interrogativa "*¿no eh?*", que viene del portugués "*não é?*" (Elizaincín 1992: 766). En cuanto a los rasgos sociolingüísticos, Carvalho (1998, 2006) señala la creciente influencia del habla de Montevideo en las variedades fronterizas del norte del país. Un ejemplo de dicha influencia es el aumento progresivo de la aspiración de /s/ en posición final de sílaba, principalmente por los jóvenes de la clase media, quienes se identifican con el prestigio de esta pronunciación típica de la capital y rechazan la retención de ese fonema ya como un rasgo estigmatizado del habla local. Fuera de las regiones de frontera, la interacción entre el portugués y el español también ha sido impulsada por motivaciones de orden político, económico y educacional, como la creación del Mercado Común del Sur (Mercosur), los tratados económicos bilaterales, y la enseñanza obligatoria del español como lengua extranjera en muchas escuelas de Brasil. Como uno puede imaginarse, cada vez más la integración regional de los países sudamericanos promoverá situaciones de contacto lingüístico entre ambas lenguas, lo que representará un campo fértil para la investigación lingüística futura.

4. Conclusiones

Como lenguas iberorrománicas, el portugués y el español comparten una historia y una estructura lingüística bastante similares y fácilmente observables por cualquiera que las hable y/o estudie. Sin embargo, las varias diferencias que han surgido a lo largo de su evolución revelan un fascinante campo de investigación lingüística, especialmente para los estudios históricos de orden comparativo y contrastivo. Con ese objetivo, la presente entrada ha expuesto los principales resultados del cambio lingüístico que han diferenciado a ambas lenguas y que representan una fuente de datos crucial para los estudios diacrónicos. En cuanto a la sincronía, se nota un interés creciente por la interacción actual entre el portugués y el español, tanto en Europa como en Sudamérica. El contacto social y lingüístico entre los hablantes de los dos idiomas representa una de las áreas más prometedoras de investigación, particularmente para los trabajos de campo y de orden sociolingüístico, cuyos resultados aportarán un conocimiento más profundo y preciso sobre el bilingüismo, la aparición de variedades híbridas y los aspectos del cambio lingüístico como resultado del contacto entre dos lenguas.

Bibliografía

Ariza, M. (1994) *Sobre fonética histórica del español*, Madrid: Arco Libros.

Azevedo, M. (2005) *Portuguese: A linguistic introduction*, Cambridge: Cambridge University Press.

Baxter, A. N. (1992) "Portuguese as a pluricentric language", en Clyne, M. (ed.) *Pluricentric languages: Differing norms in different nations*, Berlín/Nueva York: Mouton de Gruyter, pp. 11–43.

Bechara, E. (2009) *Moderna gramática portuguesa*, 37.ª ed., Río de Janeiro: Nova Fronteira.

Bustos Tovar, J. J. (2005) "La escisión latín-romance. El nacimiento de las lenguas romances: El castellano", en Cano, R. (ed.) *Historia de la lengua española*, Barcelona: Ariel, pp. 1065–1086.

Carvalho, A. M. (1998) *The social distribution of Uruguayan Portuguese in a bilingual border town*, tesis doctoral, University of California.

Carvalho, A. M. (2006) "Spanish (s) aspiration as a prestige marker on the Uruguayan-Brazilian border", *Spanish in Context*, 3, pp. 85–114.

Castro, I. (2011) *Introdução à história do português*, 2.ª ed., Lisboa: Colibri.

Clements, J. C., Amaral, P. y Luís, A. R. (2011) "Spanish in contact with Portuguese: The case of Barranquenho", en Díaz-Campos, M. (ed.) *The handbook of Hispanic sociolinguistics*, Malden, MA: Blackwell, pp. 395–417.

Coutinho, I. L. (1976) *Pontos de gramática histórica*, 7.ª ed., Río de Janeiro: Ao Livro Técnico.

Cristófaro Silva, T. (1998) *Fonética e fonologia do português*, São Paulo: Contexto.

Cristófaro Silva, T. y Guimarães, D. O. (2009) "Patterns of lenition in Brazilian Portuguese", en Kügler, F., Féry, C. y Van de Vijver, R. (ed.) *Variation and gradience in phonetics and phonology*, Berlín: Mouton de Gruyter, pp. 141–162.

Cunha, C. y Cintra, L. F. L. (2001) *Nova gramática do português contemporâneo*, 3.ª ed., Río de Janeiro: Nova Fronteira.

Elizaincín, A. (1992) *Dialectos en contacto: español y portugués en España y América*, Montevideo: Arca.

Elizaincín, A. y Barrios, G. (1989) "Algunas características del español rural uruguayo: primera aproximación", *Iberoromania*, 30, pp. 63–69.

Fernández Ordóñez, I. (2005) "Alfonso X el Sabio en la historia del español", en Cano, R. (ed.) *Historia de la lengua española*, Barcelona: Ariel, pp. 381–422.

Klee, C. A. y Lynch, A. (2009) *El español en contacto con otras lenguas*, Washington, DC: Georgetown University Press.

Lapesa, R. (1981) *Historia de la lengua española*, 9.ª ed., Madrid: Gredos.

Lewis, M. P., Simons, G. F. y Fennig, C. D. (2013) *Ethnologue: Languages of the world*, 17.ª ed., Dallas: SIL International.

Lipski, J. M. (2012) "Geographical and social varieties of Spanish: An overview", en Hualde, J. I., Olarrea, A. y O'Rourke, E. (ed.) *The handbook of Hispanic linguistics*, Malden: Blackwell, pp. 1–26.

Lloyd, P.M. (1987) *From Latin to Spanish*, Filadelfia: American Philosophical Society.

Lopes, C. R. dos Santos. (2002) "De *gente* para *a gente*: o século xix como fase de transição", en Alkmin, T. M. (ed.) *Para a história do português brasileiro*, vol. 3: *Novos estudos*, São Paulo: Humanitas FFLCH/USP, pp. 25–46.

Masip, V. (2003) *Gramática histórica portuguesa e española: um estudo sintético e contrastivo*, São Paulo: EPU.

Menéndez Pidal, R. (1964) *Orígenes del español: estado lingüístico de la Península Ibérica hasta el siglo XI*, 5.ª ed., Madrid: Espasa-Calpe.

Nebrija, E. A. de (1951 [1495]) *Vocabulario español-latino*, ed. facsímil, Madrid: Real Academia Española.

Nebrija, E.A. de (1979 [1492]), *Diccionario latino-español. Estudio preliminar por Germán Colón y Amadeu-J. Soberanas*, Barcelona: Puvill.

Nebrija, E. A. de (1980 [1492]) *Gramática de la lengua castellana (1492). Estudio y edición de Antonio Quilis*, Madrid: Editora Nacional.

Nunes de Leão, D. (1983 [1576]) *Ortografia e origem da língua portuguesa. Notas e leitura de Maria Leonor Carvalhão Buescu*, Lisboa: Casa da Moeda.

Oliveira, F. de (1981 [1536]) *Gramática da linguagem portuguesa*, ed. facsímil, Lisboa: Biblioteca Nacional.

Penny, R. J. (1972) "'The reemergence of /f/ as a phoneme of Castilian'", *ZRP*, 88, pp. 463–482.

Penny, R. J. (1990) "Labiodental /f/, aspiration and /h/-dropping in Spanish: The evolving phonemic values of the graphs *f* and *h*", en Hook, D. y Taylor, B (ed.) *Cultures in contact in Medieval Spain: Historical and literary essays presented to L. P. Harvey* (King's College London Medieval Studies, 3), Londres: King's College, pp. 157–182.

Penny, R. J. (2002) *A History of the Spanish language*, 2.ª ed., Nueva York: Cambridge University Press.

Pountain, C. J. (2012) "Spanish among the Ibero-Romance languages", en Hualde, J. I., Olarrea, A. y O'Rourke, E. (ed.) *The handbook of Hispanic linguistics*, Malden, MA: Blackwell, pp. 47–64.

[RAE] Real Academia Española (1963 [1726–1739]) *Diccionario de autoridades*, ed. facsímil, 3 vols., Madrid: Gredos.

[RAE] Real Academia Española (1741) *Orthographia española, compuesta, y ordenada por la Real Academia Española*, Madrid: Real Academia Española.

[RAE] Real Academia Española (1771) *Gramática de la lengua castellana, compuesta por la Real Academia Española*, Madrid: Ibarra.

Repetti, L. y Tuttle, E. F. (1987) "The evolution of Latin *pl*, *bl*, *fl*, and *cl*, *gl* in Western Romance", *Studi Mediolatini e Volgari*, 33, pp. 53–115.

Simões, A. R. M. (2008) *Pois não: Brazilian Portuguese course for Spanish speakers, with basic reference grammar*, Austin: University of Texas Press.

Teyssier, P. (1959) *La langue de Gil Vicente*, París: Librairie C. Klincksieck.

Williams, E. B. (1968) *From Latin to Portuguese*, 2.ª ed., Filadelfia: University of Pennsylvania Press.

Wireback, K. J. (1997) *The role of phonological structure in sound change from Latin to Spanish and Portuguese*, Nueva York: Peter Lang.

Lecturas complementarias

Alkire, T. y Rosen, C. (2010) *Romance languages: A historical introduction*, Cambridge: Cambridge University Press.

Boyd-Bowman, P. (1980) *From Latin to Romance in sound charts*, Washington, DC: Georgetown University Press.

Cano, R. (ed.) (2005) *Historia de la lengua española*, 2.ª ed., Barcelona: Ariel.

Clements, J. C. (2009) *The linguistic legacy of Spanish and Portuguese: Colonial expansion and language change*, Nueva York: Cambridge University Press.

Lipski, J.M. (2006) "'Too close for comfort? The genesis of 'portuñol/portunhol'", en Face, T. L. y Klee, C. A. (ed.) *Selected proceedings of the 8th Hispanic Linguistics Symposium*, Somerville, MA: Cascadilla Proceedings Project, pp. 1–22.

Spina, S. (ed.) (2008) *História da língua portuguesa*, Cotia: Ateliê Editorial.

Entradas relacionadas

alternancia de códigos; bilingüismo; dialectología y geografía lingüística; historia del español

RELEVANCIA, TEORÍA DE LA

Francisco Yus

1. Introducción

1.1. Dificultades y problemas

La *Teoría de la Relevancia* (a partir de ahora TR) se inserta en la orientación cognitiva de la pragmática y aspira a identificar los mecanismos subyacentes, enraizados en la psicología humana, que explican cómo los seres humanos se comunican entre sí (Sperber y Wilson 1986: 32; véanse también Sperber y Wilson 1987, 1995; Wilson y Sperber 2002, 2012; Yus 2006, 2010). La idea central que subyace en esta teoría es que la cognición humana siempre aspira a obtener la máxima relevancia, a extraer el máximo provecho de los estímulos que procesa, los cuales pueden provenir del entorno físico, de los propios pensamientos en un contexto determinado y, sobre todo, de los enunciados verbales (o conductas no verbales) que, de forma ostensiva, acceden a nuestro sistema de procesamiento cuando otras personas se comunican con nosotros.

Si, en general, la pragmática estudia cómo las personas convierten lo que se les dice en lo que se les desea comunicar, desde la TR se enfatiza sobre todo el papel de la inferencia en rellenar ese "hueco" informativo que existe entre lo que se codifica y lo que se desea comunicar, ya que entre lo codificado y lo inferido solo hay una relación de semejanza (modelo inferencial). Con este presupuesto teórico, la TR descarta el modelo del código, que prevé un duplicado de pensamientos entre lo que el emisor codifica y lo que el interlocutor interpreta. Aunque es obvio que usamos la codificación del lenguaje (palabras) para transmitir pensamientos a los demás, la mayor parte de la actividad interpretativa no es descodificadora, sino inferencial. Para ello, tomamos como *input* la esquemática información de las palabras pronunciadas por el hablante y las transformamos en proposiciones ya contextualizadas y comunicativamente válidas.

Al ser una teoría pragmática, la TR subraya el contexto como elemento fundamental para la actividad interpretativa. Uno de los patrones recurrentes es combinar la información nueva que accede a la mente (por ejemplo un enunciado) con la información del contexto para obtener conclusiones relevantes. Esto se realiza de forma sistemática tanto en el procesamiento de enunciados verbales como en el procesamiento de estímulos de índole visual que provienen del entorno circundante.

2. Pragmática post-griceana

En los años setenta del pasado siglo, Grice estableció los cimientos de la pragmática actual (de corte filosófico-cognitivo) con su énfasis en la importancia del reconocimiento de intenciones y la acuñación del término "implicatura", aparte del ya conocido Principio de Cooperación (Grice 1975). En la actualidad, se pueden establecer dos tipos de continuadores de sus ideas: los *post-griceanos*, que asumen la importancia de Grice en la historia de la pragmática pero son muy críticos con sus presupuestos teóricos centrales; y los *neo-griceanos*, que opinan que sus ideas son correctas, aunque introducen alguna matización en la forma de entenderlas.

La TR se inscribe en la primera de estas posiciones, ya que critica ideas centrales de Grice, como la necesidad de un principio de cooperación como base para entender la comprensión humana. Sin embargo, sigue a Grice en su propuesta de que la interpretación se rige por principios pragmáticos de corte racional. Además, desde la TR se valora mucho el énfasis en el reconocimiento de intenciones como parte consustancial de la comprensión. De hecho, se propone una dualidad de intenciones en la comunicación ostensiva: la *intención comunicativa*, que sirve para alertar al destinatario, y la *intención informativa*, que se refiere al contenido informativo ("una serie de supuestos", en terminología de la TR) que la primera de estas intenciones ha revelado (ha hecho manifiesta).

Al mismo tiempo, Sperber y Wilson valoran la utilidad del término "implicatura" acuñado por Grice (que Sperber y Wilson mantienen con matices, véase § 5), cuya interpretación está ligada totalmente al contexto y no es extraíble directamente del contenido proposicional del enunciado, sino de la conjunción de este con la información del contexto, como ocurre con la interpretación de Ana en (3), solo obtenible combinando la información que comunica explícitamente el enunciado de Luis en (1) con la información contextual en (2):

(1) Ana: ¿Vas a venir a la fiesta del sábado?
Luis: Mis padres están de viaje este fin de semana.

(2) Contexto: Si los padres de Luis están de viaje, él tiene que ocuparse de cuidar a su abuela, que vive con ellos y está enferma.

(3) Interpretación implicada (implicatura): Luis no podrá ir a la fiesta del sábado.

A continuación se enumeran brevemente otras disonancias entre Grice y la TR:

1. Grice enfatizó la importancia del contexto en la extracción de implicaturas pero no tanto para la obtención del significado literal o explícito del enunciado ("lo dicho"), para lo cual Grice solo preveía la asignación de referentes y la desambiguación. Sin embargo, los análisis relevantistas bajo la premisa de la *Teoría de la Infra-determinación* (todo enunciado es literalmente menos informativo que lo que el hablante desea comunicar con él) han demostrado que hace falta mucha información contextual para obtener dicha interpretación explícita, con operaciones inferenciales más allá de la asignación de referentes o la desambiguación, y que incluyen el enriquecimiento libre, la recuperación de material elidido o el ajuste conceptual (Carston 2002).
2. Grice distinguía varios tipos de implicatura que la TR o bien no contempla, o conceptualiza como parte de la comunicación explícita. Por su parte, la TR propone tipologías y grados de implicaturas no previstas por Grice (véase § 5).

3. Principios y condiciones de relevancia

Al comienzo de esta entrada se comentaba que el punto de partida de esta teoría es la afirmación de que toda la actividad cognitiva del ser humano está orientada a la relevancia, a extraer el máximo beneficio de los estímulos (de índole verbal o no verbal) que la mente procesa. Esta tendencia está reflejada en el *principio cognitivo de la relevancia*: "La cognición humana está orientada a la maximización de la relevancia". Dentro de este principio general existe un principio de aplicabilidad concreta a la comunicación ostensiva (la que corresponde a estímulos —verbales o no verbales— que el hablante produce de forma intencionada y cuya intención comunicativa es reconocida por el interlocutor), el denominado *principio comunicativo de la relevancia*: "Todo acto de comunicación ostensiva porta la presunción de su relevancia óptima". Dicho principio está asociado a la conceptualización de la presunción de relevancia como basada en dos condiciones básicas: a) El estímulo ostensivo es suficientemente relevante como para que valga la pena el esfuerzo que exige procesarlo; y b) el estímulo es el más relevante y compatible con la capacidad y las preferencias del hablante.

Esta idea de la cognición humana orientada a la relevancia subyace en la conceptualización general de la teoría sobre cómo el oyente elige una interpretación determinada a partir de un enunciado emitido, que se concreta en dos instrucciones: (a) procese posibles interpretaciones por orden de accesibilidad y (b) deténgase cuando sus expectativas de relevancia queden satisfechas. En efecto, todo enunciado posee una serie de interpretaciones, todas compatibles con la información que ha sido codificada, pero el oyente no construye todas esas interpretaciones de forma simultánea, ya que algunas interpretaciones exigen más esfuerzo mental para obtenerlas que otras. Con la capacidad cognitiva para evaluar interpretaciones que posee el oyente, este realizará una valoración de esas interpretaciones y elegirá la más relevante en ese contexto, deteniendo su actividad cognitiva en ese punto. En este sentido, "la más relevante" se rescribiría como la interpretación que ofrece un mejor equilibrio entre las siguientes dos condiciones: (a) una información es relevante en un contexto si el número de efectos cognitivos (el interés) que proporciona es alto; y (b) una información es relevante en un contexto si el esfuerzo mental necesario para procesarla es bajo.

4. Comprensión

La TR prevé una actividad interpretativa marcada por la inferencia y en la que el oyente ha de contestar a tres preguntas (en un ajuste mutuo en paralelo): (a) ¿Qué desea comunicar el hablante de forma explícita?; (b) ¿Qué desea comunicar de forma implicada?; y (c) ¿A qué información espera el hablante que su interlocutor acceda para obtener (a) y (b) de forma adecuada?

Para responder a estas preguntas, el oyente utiliza un criterio cognitivo que le permite acceder a la interpretación pretendida tras realizar esa actividad inferencial de "rellenado", ya mencionado, del hueco que existe entre lo que el hablante ha codificado (es decir, ha dicho, escrito, tecleado, etc.) y lo que el hablante realmente desea comunicar con dicho estímulo verbal codificado. Dicha actividad conlleva una serie de fases (aunque, en realidad, se trata más bien de estrategias efectuadas en paralelo):

En primer lugar, el módulo del lenguaje aprehende una secuencia de palabras y las identifica como susceptibles de ser interpretadas. La TR sigue, por lo tanto, la teoría de la modularidad de la mente (Fodor 1983), según la cual en la mente existe un procesador central de información que es alimentado de información por una serie de módulos especializados y encapsulados que solo procesan un determinado tipo de *input* y que son de activación automática cuando está disponible la clase de información que están preparados para procesar. Uno de los módulos es el módulo de la percepción, que solo se activa cuando hay información visual para procesar y que envía al cerebro información de esta índole. Y otro módulo es el módulo del lenguaje, que solo se activa cuando existen estímulos verbales reconocibles como susceptibles de ser interpretados por el oyente (es decir, de una lengua conocida o dominada). Esta idea inicial de la modularidad ha ido evolucionando dentro de la TR, con propuestas posteriores como la de la "modularidad masiva" de la mente, la propuesta de que en la mente existe un módulo inferencial especializado que solo se activa cuando detecta una actividad comunicativa de corte ostensivo (intencionado), o la existencia de un "módulo social" especializado en el procesamiento y almacenamiento de la información de índole social.

El resultado de esta identificación es lo que se denomina "forma lógica del enunciado". Se trata de una secuencia gramatical que aún necesita ser enriquecida por el contexto para tener validez comunicativa. Aquí termina la parte de codificación del enunciado y la parte que corresponde a una semántica oracional. A partir de entonces se pasa a una etapa inferencial de la interpretación, objeto inherente de la pragmática.

En la segunda fase de enriquecimiento, hay una serie de estrategias inferenciales que han de acometerse según los requisitos del enunciado que está siendo procesado:

1. Identificación de referentes. Es algo típico de palabras vacías de significado como los deícticos, nombres propios, etc., para los cuales hay que buscar un referente.
2. Desambiguación. A veces hay que elegir entre dos significados alternativos de una palabra.
3. Enriquecimiento libre. Tiene lugar cuando el enunciado exige del oyente una actividad de "rellenado inferencial" de alguna parte elidida sin la cual el enunciado no tiene sentido, a pesar de ser gramaticalmente correcto, como se observa en (4):

(4) Ella es la mejor candidata [¿para qué?].
El paracetamol es mejor [¿que qué?] [¿para qué?].

4. Ajuste conceptual. Hay muchos casos en los que un concepto al que remite una palabra es ajustado pragmáticamente, de forma que el concepto que se supone que desea comunicar el hablante es diferente del concepto lexicalizado típico asociado a esa palabra (como se encuentra en un diccionario, por ejemplo). Ese nuevo concepto puede ser más relajado que el concepto prototípico, como en (5), o más específico, como en (6), o alguna combinación de ambos, como en la metáfora (7), de forma que lo que finalmente se comunica (el llamado *concepto ad hoc*) solo se parece, en parte, al concepto prototípico que el hablante ha codificado en el enunciado:

(5) Entramos al pub, pero nos salimos porque estaba *vacío*
[no literalmente vacío, más bien con poca gente].

(6) El cine está *a cierta distancia* de aquí
[específicamente a demasiada distancia para ir andando].

(7) Estoy encantada con mi hija. Es una *princesa*
[el concepto que se desea comunicar es más relajado que el codificado porque incluye a mujeres que no son literalmente princesas. Por otra parte, también es más específico, porque se refiere a un subgrupo de princesas, las que son encantadoras, guapas, etc.].

Esta idea de conceptos *ad hoc* subyace en la propuesta actual de la TR respecto a la comprensión del lenguaje figurativo y, en concreto, de las metáforas. Se ha producido una notable evolución en el seno de esta teoría desde una aproximación inicial a la metáfora como parte de la semejanza interpretativa entre lo que se dice y lo que se comunica. Desde esta perspectiva, la metáfora comunicaría interpretaciones en forma de implicaturas más o menos fuertes o débiles más allá de lo expresado de forma explícita y sin que la proposición expresada por el enunciado tenga un papel relevante en dichas interpretaciones. En la actualidad, por contra, se propone que el contenido explícito del enunciado sí se comunica, si bien requiere el ajuste de conceptos guiado por la búsqueda de relevancia. Por lo tanto, aunque la interpretación metafórica sigue residiendo en la derivación de implicaturas fuertes o débiles, el significado explícito sí forma parte de lo que comunica el hablante con su enunciado.

Otra de las líneas de investigación más fructíferas en el seno de la TR y que afecta a la teorización sobre los conceptos es la que investiga la cualidad "conceptual frente a procedimental" de determinadas palabras (Blakemore 2002). Si bien la mayoría de las palabras poseen conceptos subyacentes, determinadas palabras como *pero*, *después de todo*, *mientras que*, etc. poseen un papel "facilitador" de la actividad interpretativa (son *procedimentales*) y reducen el esfuerzo mental necesario para interpretar determinadas partes de los enunciados a los que acompañan. Esto ocurre sobre todo con los conectores, pero la lista de elementos procedimentales ha sido ampliada en los últimos años para incluir, por ejemplo, la entonación (véase, por ejemplo, Escandell Vidal 1998).

El resultado de estas operaciones inferenciales es la denominada "proposición expresada" por el enunciado. Esta proposición está contextualizada y es comunicativamente relevante. El oyente puede entonces utilizarla como la hipótesis interpretativa sobre lo que el hablante desea comunicar de una forma explícita (la denominada *explicatura*) o usarla como parte de las premisas contextuales que sirven para la derivación de conclusiones implicadas (implicaturas). En este aspecto, la TR difiere de otras posiciones como las de Grice o Bach (véase § 5). En esta fase se obtienen también las denominadas *explicaturas de nivel superior*, esquemas en los que el enunciado es insertado para indicar la actitud proposicional o la fuerza ilocutiva que acompaña a la emisión del enunciado. En general, la mera interpretación de la proposición expresada (como (8b) respecto al enunciado de María) no es suficiente para que ésta sea relevante, y el oyente estará muy interesado en determinar también las posibles explicaturas de nivel superior, como las listadas en (8c-e):

(8) a. María [a Pedro]: "Te vas".
　　 b. María ha dicho a Pedro que él se va.
　　 c. María está informando a Pedro de que tiene que irse.
　　 d. María supone que Pedro se va.
　　 e. María está pidiendo a Pedro que confirme si se va o no.

5. Comunicación explícita e implicada

Existe una idea más o menos intuitiva de qué información es comunicada de una forma explícita (*explicatura*) y qué información es implicada (*implicatura*). Para la TR la diferencia es clara (Sperber y Wilson 1995: 182): Un supuesto comunicado por un enunciado E es una explicatura si y solo si es un desarrollo de la forma lógica codificada por E. Cualquier supuesto comunicado, pero no de forma explícita, es una implicatura.

En el caso de las implicaturas, Grice (1975) distinguía entre la implicatura convencional (9), que invariablemente es extraída con independencia del contexto; la conversacional generalizada (10), que está ligada al contexto pero suele ser obtenida en la mayoría de estos; y la conversacional particularizada (11), que está totalmente ligada al contexto y que sin este sería imposible de obtener:

(9) Algunos participantes se quedaron hasta el último día.
   Implicatura: No todos los participantes se quedaron hasta el último día.

(10) Ella cogió las llaves y abrió la puerta.
   Implicatura: Ella cogió las llaves y [después] abrió la puerta [con esas llaves].

(11) ¿Te gustó la barbacoa que hicimos ayer?
   Soy vegetariana.
   Implicatura: No me gustó la barbacoa de ayer.

Para la TR, por contra, no existiría una división de tal calado, sino que las implicaturas convencionales y las conversacionales particularizadas serían parte de lo que el hablante comunica de una forma explícita. Bach (1994), por su parte, propone el término *implicitura*, a medio camino entre la explicatura y la implicatura. De nuevo, dicho término estaría bajo el campo de acción de la comunicación explícita, de acuerdo con la TR.

Por otro lado, la TR prevé diferentes tipos y grados de implicatura no contemplados por Grice. Se distingue, en primer lugar, entre implicaturas fuertes e implicaturas débiles. Las primeras están sustentadas por el hablante, previstas por este. Cuanto más débiles sean, más papel y protagonismo posee el oyente en su derivación. Aunque el enunciado las ha desencadenado en todos los casos, a menudo estas implicaturas débiles son obtenidas más allá de las intenciones concretas del hablante. Clark (2013) lo ilustra con este ejemplo, donde el enunciado de Ben en (12) implica, como implicaturas fuertes sustentadas por él, las interpretaciones (13a,b); pero su enunciado también desencadena la extracción de implicaciones débiles como (14a-c), no pretendidas por Ben sino construidas por Ken más allá de las intenciones comunicativas de Ben:

(12) Ken: ¿Temes que el precio de la gasolina suba otra vez?
   Ben: No tengo coche.

(13) a. Ben no compra gasolina.
   b. A Ben no le preocupa el precio de la gasolina.

(14) a. Ben no cree que deba preocuparse de los coches.
   b. A Ben no le gusta la gente que tiene coches.
   c. A Ben le preocupa el medio ambiente.

En segundo lugar, la TR distingue entre *premisas implicadas* y *conclusiones implicadas*. Ambas serían implicaturas, pero las primeras son obtenidas como parte de la información contextual necesaria para la obtención de las segundas. Un ejemplo sería (15):

(15) Juan: ¿Te apetece una cerveza?
   Tomás: Soy musulmán.
   Premisas implicadas: a. La cerveza es una bebida alcohólica.
                          b. Los musulmanes no beben alcohol.
   Conclusión implicada: Tomás no desea una cerveza.

Por último, tanto para la comunicación explícita como para la comunicación implicada, existen grados dependiendo del nivel de esfuerzo mental que el oyente ha de realizar para obtener la interpretación explícita o implicada pretendida por el hablante. Para el caso de la comunicación explícita, cuanto mayor contenido es codificado en el enunciado, más explícito es el mismo. Para el caso de la comunicación implicada, cuantos más supuestos contextuales sean necesarios para obtener la implicatura, más implícita será dicha implicatura.

Bibliografía

Bach, K. (1994) "Conversational impliciture", *Mind and Language*, 9, pp. 124–162.

Blakemore, D. (2002) *Relevance and linguistic meaning. The semantics and pragmatics of discourse markers*, Cambridge: Cambridge University Press.

Carston, R. (2002) *Thoughts and utterances*, Oxford: Blackwell.

Clark, B. (2013) *Relevance theory*, Cambridge: Cambridge University Press.

Escandell Vidal, V. (1998) "Intonation and procedural encoding: The case of Spanish interrogatives", en Rouchota, V. y Jucker, A. (eds.) *Current issues in relevance theory*, Amsterdam: John Benjamins, pp. 169–204.

Fodor, J. (1983) *The modularity of mind*, Cambridge MA: The MIT Press.

Grice, H. (1975) "Logic and conversation", en Cole, P. y Morgan, J. (eds.) *Speech acts* (Syntax and Semantics, 3), Nueva York: Academic Press, pp. 41–58.

Sperber, D. y Wilson, D. (1986) *Relevance: Communication and cognition*, Oxford: Blackwell.

Sperber, D. y Wilson, D. (1987) "Précis of Relevance: Communication and cognition", *Behavioral and Brain Sciences*, 10, pp. 697–754.

Sperber, D. y Wilson, D. (1995) *Relevance: Communication and cognition*, 2ª ed. Oxford: Blackwell.

Wilson, D. y Sperber, D. (2002) "Relevance theory", *UCL Working Papers in Linguistics*, 14, pp. 249–290.

Wilson, D. y Sperber, D. (2012) *Relevance and meaning*, Cambridge: Cambridge University Press.

Yus, F. (2006) "Relevance theory", en Brown, K. (ed.) *Encyclopedia of language and linguistics*, 2ª ed., vol. 10, Amsterdam: Elsevier, pp. 512–518.

Yus, F. (2010) "Relevance theory", en Heine, B. y Narrog, H. (eds.) *The Oxford handbook of linguistic analysis*, Oxford: Oxford University Press, pp. 679–701.

Lecturas complementarias

Blakemore, D. (1992) *Understanding utterances*, Oxford: Blackwell.

Vicente, B. (1999) "La teoría de la pertinencia", en Dascal, M. (ed.) *Filosofía del lenguaje I: Pragmática*, Madrid: Trotta, pp. 115–136.

Yus, F. (2003) *Cooperación y relevancia. Dos aproximaciones pragmáticas a la interpretación*, Alicante: Universidad de Alicante, Servicio de Publicaciones.

Entradas relacionadas

actos de habla; implicatura y presuposición; pragmática

TRASTORNOS DEL LENGUAJE

Vicenç Torrens

1. Introducción

El proceso de desarrollo y procesamiento del lenguaje puede verse alterado, pudiéndose detectar retrasos generales del lenguaje o específicos del área de la fonología, la sintaxis o la pragmática; asimismo, el lenguaje en el adulto puede verse alterado debido a un accidente cerebrovascular, traumático o a un proceso neurodegenerativo. Además de estos casos, existe una sintomatología lingüística asociada a los trastornos del desarrollo, tales como el autismo, la deficiencia mental, la ceguera o la parálisis cerebral (Río y Torrens 2006). En la deficiencia mental se observa un retraso general en todos los aspectos del desarrollo del lenguaje. En el autismo se ha observado una particular dificultad en el desarrollo de la pragmática. La parálisis cerebral imposibilita al niño a controlar sus movimientos voluntarios y automáticos, produciendo un retraso generalizado en el habla y en la facultad del lenguaje.

Una manera de clasificar los trastornos es agruparlos en trastornos del habla, de la audición y del lenguaje. En el grupo de *trastornos del habla* se pueden incluir aquellos trastornos en que se encuentran afectados los órganos que intervienen en la producción del lenguaje: la dislalia, donde el niño tiene dificultades para articular un sonido determinado debido a un trastorno funcional de la articulación; la disglosia, que consiste en que el niño tiene una alteración anatómica en alguno de los órganos de la articulación (p. ej. labio leporino, fisura palatal); la disartria, que consiste en una alteración de los órganos neuronales que coordinan la articulación de los sonidos; y finalmente la disfemia y la taquifemia, que consisten en la alteración del ritmo en la articulación de las palabras. En la categoría de *trastornos del lenguaje* se incluyen: la disfasia (o trastorno del lenguaje), que consiste en un retraso general en el desarrollo del lenguaje; el retraso simple del lenguaje, que consiste en un retraso específico de la sintaxis; el retraso fonológico, que incide en la discriminación y producción de grupos de sonidos; y la afasia, que consiste en la pérdida de la facultad del lenguaje debido a un accidente vascular o a un accidente traumático. En este artículo nos vamos a centrar en esta categoría de trastorno. Otra categoría de trastornos que se puede incluir es el de los *trastornos de la voz y la audición*: las disfonías, que consisten en una alteración de los órganos que intervienen en la fonación de los sonidos (p. ej. las cuerdas vocales), y la sordera, que influye en el desarrollo de la percepción y la articulación de los sonidos, y posteriormente en el

767

desarrollo de la facultad del lenguaje. Existen otros trastornos del habla, la audición, la voz y el lenguaje, trastornos afectivos y enfermedades neurodegenerativas asociadas al lenguaje, pero esperamos describir algunos de los más conocidos y frecuentes y cubrir la mayor parte del espectro.

2. Trastornos del desarrollo del lenguaje

El *retraso simple del lenguaje* consiste en la no aparición del lenguaje a una edad en que normalmente se presenta, y no existe ninguna causa patológica manifiesta. A diferencia de la disfasia, no se observa una desviación del desarrollo normal, sino simplemente un retraso. En el retraso leve del lenguaje los síntomas consisten en una simplificación de la estructura silábica, ausencia de los fonemas líquidos y su substitución por otros fonemas más fáciles de pronunciar. Con respecto al desarrollo morfosintáctico, se observa un nivel normal. Los niños consiguen transmitir el significado de su mensaje, saben escuchar y participan en conversaciones. En el retraso moderado del lenguaje se observa una mayor reducción de patrones fonológicos, hay una ausencia absoluta de las consonantes fricativas y se observan substituciones en los sonidos frontales, palatales y velares. Hay una desaparición de los diptongos y las consonantes finales. Con respecto al léxico, el repertorio es muy reducido. En cuanto a la morfosintaxis, hay una omisión de artículos y preposiciones, y se observa una falta de frases subordinadas. En el retraso grave la comprensión del lenguaje de los niños es muy difícil y el léxico es muy reducido. Con respecto a la sintaxis, no producen más que frases de una sola palabra o producen un habla telegráfica. Las funciones básicas de las frases se tienen que inferir a partir del contexto. En estudios del retraso del lenguaje en castellano y catalán, se ha observado que los niños con trastorno del lenguaje presentan un retraso en la adquisición de segmentos, la estructura silábica y la estructura léxica (Aguilar, Sanz y Serra 2002); una de las mayores dificultades de esta población en cuanto al desarrollo morfosintáctico es la falta de concordancia entre los diferentes constituyentes de la frase (Torrens y Escobar 2009); y uno de los factores más importantes de la falta de comprensión de su lenguaje es el alto nivel de omisiones (Serra, Aguilar y Sanz 2002).

El *trastorno del lenguaje* (o disfasia infantil) consiste en la no aparición del lenguaje en niños que no presentan rasgos de otros síntomas que podrían explicar los problemas (sordera, autismo, deficiencia mental). Algunos autores consideran que los trastornos evolutivos de la adquisición del lenguaje forman un continuo desde el retraso simple del lenguaje hasta la afasia congénita. Los estadios intermedios se diferencian por la importancia y la persistencia de los síntomas. Se ha llegado a afirmar que la disfasia es un retraso del lenguaje que no desaparece después de los siete años. La mayor parte de los autores, sin embargo, establecen una diferencia cualitativa entre los diferentes trastornos: mientras que el retraso del lenguaje se considera sólo como un desfase cronológico, que sigue las etapas habituales de desarrollo y se reduce progresivamente con el tiempo, la disfasia se define como un trastorno profundo de los mecanismos de adquisición. En la disfasia existen muchos más trastornos asociados, como dificultades de atención o retraso psicomotor. La evolución del lenguaje es mucho más lenta y prácticamente no responde al tratamiento. La disfasia infantil se ha clasificado en seis categorías descriptivas (Rapin y Allen 1983): agnosia verbal auditiva, dispraxia verbal, déficit de programación fonológica, déficit fonológico-sintáctico, déficit léxico-sintáctico y déficit semántico-pragmático. Con respecto a la sintomatología no lingüística de la disfasia, los niños presentan dificultades en la memoria secuencial, tienen dificultades en la memoria a corto plazo, y dificultades de percepción del tiempo y el espacio, tienen alteraciones de la atención y presentan dificultades psicomotrices.

Los factores causales del retraso del lenguaje son diversos. Desde un punto de vista cognitivo, el retraso puede ser debido a la poca relevancia fonética de los morfemas en algunas lenguas poco flexivas (Leonard *et al.* 1992); también podría ser debido a un déficit en la memoria a corto plazo o se puede observar una alteración de la atención. Desde un punto de vista neurobiológico se aduce un factor genético de origen poligénico (Gopnik y Crago 1991); también se ha relacionado el retraso del lenguaje con agresiones perinatales; de igual modo, también puede tener su origen en las pérdidas auditivas del oído medio. Desde un punto de vista lingüístico, se ha explicado el retraso del lenguaje a través de la dificultad para establecer relaciones de concordancia entre diferentes constituyentes de la frase (Clahsen 1991); o a través de las dificultades con los marcadores de finitud del verbo en niños con dicho trastorno (Rice, Wexler y Cleave 1995); en el estudio de niños con trastorno del lenguaje de habla castellana, algunos autores han observado un Estadio de Infinitivo Opcional (Grinstead *et al.* 2009), mientras que en otros estudios no se encuentra evidencia en este sentido (Sanz *et al.* 2008). En cuanto a los factores psico-afectivos, en la aparición del retraso del lenguaje intervienen las relaciones afectivas entre padres e hijos, el nivel cultural del medio, la personalidad del niño y un medio familiar poco estimulante.

3. Las afasias

La *afasia* es la alteración del lenguaje productivo y receptivo a causa de lesión traumática del cerebro o un accidente vascular. La sintomatología de los diferentes casos de afasia difiere mucho, y es debido a la localización y la extensión de la lesión, además de la edad del paciente, la dominancia hemisférica y su género. Se podrían clasificar las afasias en ocho tipos: la afasia de Broca, la de Wernicke, la afasia de conducción, la afasia sensorial transcortical, la afasia motora transcortical, la afasia amnésica, la afasia global y la afasia mixta. Paul Broca (1861) fue el primer autor en proponer que la lesión en una región concreta del cerebro podía provocar un trastorno del lenguaje. Broca tenía un paciente que había perdido el habla, pero que tenía una buena comprensión de frases. En el análisis *post mortem*, Broca observó que este paciente tenía una lesión en la parte inferior del lóbulo frontal izquierdo, la región del cerebro que ahora se conoce como área de Broca. A partir de entonces se empezó a postular que los dos hemisferios del cerebro no son simétricos.

3.1. *La afasia de Broca*

En la *afasia de Broca* hay un predominio de las alteraciones de la producción sobre las de la comprensión. La expresión no es fluida, y sus producciones son agramaticales. La comprensión es buena; no obstante, estos pacientes tienen dificultades para comprender la categoría funcional de tiempo y estructuras sintácticas complejas tales como las frases subordinadas (Friedmann y Grodzinsky 1997; Grodzinsky 1990). Respecto a la producción, en algunos casos se puede observar un mutismo irreversible. En los casos más leves, se pueden presentar transformaciones fonéticas, tales como el ensordecimiento, la nasalización o la elisión. Con respecto a la sintaxis en la producción del lenguaje, existe una reducción y simplificación: producen frases breves, yuxtaposiciones, elisiones y sustitución de morfemas. También tienen dificultades para repetir frases, de acceso al léxico o tareas de denominación. También se ha observado una supresión de la escritura, una reducción de la complejidad del lenguaje escrito y una alteración del grafismo.

3.2. La afasia de Wernicke

Carl Wernicke (1874) realizó una clasificación de los diferentes síndromes afásicos. En ella, describió un nuevo cuadro sintomático, en el que los pacientes tenían problemas de comprensión mientras que su producción era fluida y con una buena entonación. En la autopsia observó que el paciente tenía una lesión en la circunvalación temporal izquierda, la región que se conoce actualmente como área de Wernicke. En la *afasia de Wernicke* se aprecia una gran alteración de la comprensión, puesto que los pacientes no son capaces de comprender palabras muy frecuentes. La función de la repetición está muy alterada. En la producción se observa un habla incomprensible denominada *jerga*, que consiste en un discurso rápido y continuo. En la producción se observan parafrasias verbales, que consisten en una selección defectuosa de las entradas léxicas basándose en propiedades semánticas de las palabras, y parafrasias nominales, que consisten en una selección defectuosa basándose en propiedades fonéticas de las palabras. También producen neologismos, repiten palabras en contextos poco adecuados en el discurso y padecen anomia (dificultades para acceder al léxico). En la escritura tienen preservados los grafismos y los automatismos, aunque el dictado está muy alterado, y confunden palabras y letras. La comprensión lectora varía mucho en función de la lesión. Con el tiempo, los síntomas observados pueden presentar menos severidad.

4. Trastornos del desarrollo

4.1. La deficiencia mental

Las personas con una *deficiencia mental* muestran deficiencias en todos los aspectos de la cognición, tales como la atención, la memoria o el razonamiento. Debido a que estos aspectos son imprescindibles en la adquisición del lenguaje, el desarrollo del lenguaje está retrasado en personas con retraso mental.

Con respecto a la fonología, todas las personas con un retraso mental tienen dificultades en la articulación de los sonidos. La población que tiene más dificultades son los niños con síndrome de Down. Una de las cuestiones que se ha estudiado es en qué medida el lenguaje en estos niños tiene un carácter diferenciado con respecto al lenguaje de los niños con un desarrollo normal. En un estudio realizado a niños con síndrome de Down, de edad comprendida entre cuatro y siete años (LME= 1.22/2.06), se observó que los errores eran regulares y se podían predecir a partir de las formas adultas. Los errores eran parecidos a los que se observan en el habla de niños sin retraso mental con una LME parecida. El desarrollo del sistema fonológico de los niños con retraso es más lento, pero no difiere del desarrollo del niño normal de forma cualitativa (Rondal y Comblain 1996).

Con respecto a la sintaxis, se ha observado que los niños con retraso mental tienen déficits en la comprensión y la producción de estructuras gramaticales, así como en el dominio de estructuras morfológicas. Un estudio con niños con síndrome de Down de doce años mostró un retraso de aproximadamente un año en la comprensión de frases pasivas respecto a niños sin retraso mental de cuatro años con una edad mental parecida. En general, la comprensión del lenguaje está por debajo de lo que se esperaría a partir de su edad mental. Los niños con síndrome de Down son los que obtienen un peor rendimiento.

Con respecto al procesamiento semántico se ha observado que cuando se iguala la LME, los niños con y sin retraso comprenden las relaciones semánticas de frases simples de la misma manera. Los niños con síndrome de Down de doce años y niños sin retraso mental con una edad mental parecida (de cinco años de edad cronológica) presentan una comprensión del vocabulario, de la sintaxis y una expresión del vocabulario parecidos. En la narración, los niños con síndrome de Down producen un menor número y una menor variedad de palabras, un porcentaje menor de producciones completas e inteligibles. El desarrollo semántico sigue las mismas características, aunque retrasadas, en los niños con o sin retraso mental.

4.2. El autismo

El lenguaje y la comunicación en el *autismo* fueron descritos por Kanner (1968), quien hizo patente las características del lenguaje y la comunicación de los niños con autismo en la primera descripción que realizó. Entre otras características describió la inversión pronominal (sustitución de los pronombres personales *yo* por *tú*), el retraso en la adquisición del lenguaje, la utilización no comunicativa del habla y producciones idiosincrásicas, inapropiadas y perseverantes.

Una de las características del lenguaje en el autismo es el mutismo. Un niño puede no producir ningún tipo de sonido, o bien puede emitir vocalizaciones no articuladas y sin ningún patrón definido, utilizadas como juego vocal, pero sin intención de comunicar. En cuanto a la audición, se ha observado desde una baja sensibilidad a los sonidos hasta una hipersensibilidad a algunos de ellos. El mutismo en niños con autismo se había relacionado muchas veces con una posible sordera; no obstante, más tarde se ha visto que no se acostumbra a observar sordera en estos niños. La baja sensibilidad es debida a factores cognitivos y no a factores orgánicos.

El balbuceo en el niño con autismo se encuentra totalmente ausente o distorsionado en su habla. Sólo algunos niños con autismo desarrollan el balbuceo a la misma edad que los niños normales. Se ha observado que durante el primer año de vida no emiten ninguna vocalización, y entre los tres y los cinco años, algunos niños con autismo balbucean. No obstante, el balbuceo es monótono. Cuando están expuestos al balbuceo de otros niños, los niños con autismo nunca imitan el balbuceo y repiten el mismo tipo de balbuceo monótono.

Los niños con autismo presentan la conducta de ecolalia, que se define como la repetición sin significado de una palabra o una frase, sin una clara intención comunicativa y sin tener en cuenta ningún interlocutor. La ecolalia puede ser inmediata, diferida o modificada. La ecolalia no es un fenómeno aislado, sino que es parte de la naturaleza obsesiva y perseverante del autismo. Aunque parezca que las producciones de la ecolalia sean rutinarias y mecánicas, la mayoría están relacionadas con acontecimientos significativos para el niño. A pesar de la falta de intención comunicativa de muchas de las producciones, se ha observado que bastantes de ellas parecen tener alguna función comunicativa.

La inversión pronominal es otra característica, que consiste en el hecho de que los niños con autismo se refieren a sí mismos con el pronombre *tú* (y de forma muy frecuente no utilizan el pronombre *yo* en contextos donde lo deberían producir). La inversión pronominal es el resultado de trastornos socio-afectivos y de problemas de identidad de los niños con autismo. También puede ser debido al estilo repetitivo y mecánico de su lenguaje.

En cuanto a la fonología, los niños con autismo son incapaces de dividir los sonidos del habla en unidades más reducidas, y utilizan conjuntos de sonidos sin procesar. Respecto a la sintaxis, aplican las reglas sintácticas en su comprensión del lenguaje; utilizan sintagmas y frases abreviadas con el fin de acabar la comunicación lo antes posible; omiten preposiciones, adverbios y artículos; en algunos estudios se hacen paralelismos con las propiedades de la sintaxis de niños con trastorno específico del lenguaje (Roberts, Rice y Tager-Flusberg

2004). La entonación está distorsionada en la producción de los niños con autismo. Estas dificultades persisten incluso después de una intervención en el lenguaje productivo. La mayoría de los niños con autismo tienen retrasos y distorsiones en el intervalo de frecuencias del sonido; el intervalo puede ser demasiado amplio o demasiado reducido. Además, presentan dificultades para integrar la entonación con la pragmática (Chevalier *et al.* 2009).

También se puede apreciar una alteración de la capacidad simbólica. La función simbólica trata del uso de un objeto o de una actividad que no tiene una relación directa con el referente al que alude. Los niños con autismo prácticamente no tienen ninguna capacidad simbólica que les permita representar interiormente el mundo externo. Los niños que se encuentran en un estado presimbólico, identifican como iguales objetos que tienen una gran similitud visual. Sin embargo, el uso de palabras por parte de algunos niños con autismo es una muestra de la existencia de símbolos, puesto que las palabras substituyen conceptos, y son símbolos que no tienen ninguna similitud física con su referente.

5. Trastornos neurodegenerativos

Una de las causas de la alteración del normal funcionamiento del lenguaje son los procesos neurodegenerativos. El deterioro se puede observar en estructuras corticales, produciendo la enfermedad de Alzheimer, o en estructuras subcorticales dando lugar a la enfermedad de Parkinson. Uno de los casos más conocidos que afecta a estructuras corticales es la demencia de *Alzheimer*, en la que se observa una lesión generalizada del cerebro que provoca una degeneración de las capacidades de la memoria, el razonamiento y el lenguaje. Los síntomas que presentan los pacientes con esta demencia simulan una afasia nominal en las primeras fases: se observan dificultades en el acceso léxico, aunque se ha observado que los pacientes todavía se benefician de efectos facilitadores como el *priming* (Nicholas *et al.* 1997); en las últimas fases los síntomas se parecen a una afasia de Wernicke. Los pacientes se pueden beneficiar de información previa sobre la palabra que tienen que mencionar, como las dos primeras letras de la palabra, pero a diferencia de sujetos con un desarrollo normal, suelen producir palabras parecidas fonológicamente de forma más frecuente que palabras parecidas semánticamente a la palabra objetivo. Los sujetos con un deterioro severo ya no se pueden beneficiar de la ayuda con información relativa a las palabras que tienen que recordar. Existe una gran variabilidad en la sintomatología de los pacientes, y en algunos casos se puede observar una sintomatología parecida a una afasia global en la fase avanzada; el deterioro de las funciones cognitivas del paciente determina la severidad de los síntomas lingüísticos. En los casos leves los pacientes pueden acertar la palabra correcta si la tienen que escoger entre un conjunto, mientras que los casos severos no pueden beneficiarse de esta facilitación. Se ha observado en estos pacientes un menor rendimiento en las áreas de expresión verbal, comprensión auditiva y de repetición. Existe una notable dificultad en la denominación, puesto que pueden reconocer objetos y su utilidad pero son incapaces de denominarlos; incluso pueden identificar la clase semántica, pero no pueden encontrar el lexema de la clase individual a la que pertenece el objeto. Los pacientes tienen dificultades para organizar la red semántica, en lugar de ser puramente un déficit de percepción visual; parece ser que tienen dificultades de procesamiento central para organizar y almacenar conceptos en la memoria semántica. Los errores que producen suelen ser parecidos a los errores de denominación que se han observado en sujetos normales. En esta enfermedad se puede observar un uso incorrecto de formas gramaticales, como el uso de las preposiciones y una menor utilización de estructuras complejas como las pasivas. En relación con el discurso, se ha observado que estos pacientes muestran una cantidad significativamente menor de proposiciones y de términos léxicos, frases con una extensión inferior, con más fragmentos de lo habitual y errores de referencia. La lectura está bastante preservada en las etapas iniciales; no obstante, la escritura se encuentra muy alterada desde los inicios de la enfermedad.

Bibliografía

Aguilar, E., Sanz, M. y Serra, M. (2002) "A comparative study of the phonology of pre-school children with specific language impairment, language delay and normal acquisition", *Clinical Linguistics and Phonetics*, 16, 8, pp. 573–596.

Broca, P. (1861) "Sur le principe des localisations cérébrales", *Bulletin de la Société d'Anthropologie*, 2, pp. 190–204.

Chevalier, C., Noveck, I. A., Happe, F. y Wilson, D. (2009) "From acoustics to grammar: Perceiving and interpreting grammatical prosody in adolescents with Asperger Syndrome", *Research in autism spectrum disorders*, 3, pp. 502–516.

Clahsen, H. (1991) *Child language and developmental dysphasia*, Amsterdam: John Benjamins.

Friedmann, N. y Grodzinsky, Y. (1997) "Tense and agreement in agrammatic production: Pruning the syntactic trees", *Brain and Language*, 56, pp. 397–425.

Gopnik, M., y Crago, M. (1991) "Familial aggregation of a developmental language disorder", *Cognition*, 39, pp. 1–50.

Grinstead, J., De la Mora, J., Pratt, A. y Flores, B. (2009) "Temporal interface delay and root nonfinite verbs in Spanish-speaking children with specific language impairment: Evidence from the grammaticality choice task", en Grinstead, J. (ed.) *Hispanic child languages. Typical and impaired language*, Amsterdam: John Benjamins.

Grodzinsky, Y. (1990) *Theoretical perspectives on language deficits*, Cambridge, MA: MIT Press.

Kanner, L. (1968) "Autistic disturbances of affective contact", *Acta Paedopsychiatrica*, 35, 4, pp. 100–136.

Leonard, L., Bortolini, U., Caselli, M., McGregor, K., y Sabbadini, L. (1992). "Two accounts of morphological deficits in children with specific language impairment", *Language Acquisition*, 2, pp. 151–179.

Nicholas, M., Barth, C., Obler, L. K., Au, R. y Albert, M. L. (1997) "Naming in normal aging and dementia of the Alzheimer's type", en Goodglass, H. y Wingfield, A. (eds.) *Anomia: Neuroanatomical and cognitive correlates*, San Diego: Academic Press.

Rapin, I., y Allen, D. (1983) "Developmental language disorders: Nosologic considerations", en Kirk, U. (ed.) *Neuropsychology of language, reading, and spelling*, Nueva York: Academic Press, pp. 155–184.

Rice, M. L., Wexler, K. y Cleave, P. (1995) "Specific language impairment as a period of extended optional infinitive", *Journal of Speech and Hearing Research*, 38, pp. 850–863.

Río, M. J. del y Torrens, V. (2006) *Lenguaje y comunicación en trastornos del desarrollo*, Madrid: Prentice Hall.

Roberts, J. A., Rice, M. L. y Tager-Flusberg, H. (2004) "Tense marking in children with autism", *Applied Psycholinguistics*, 25, 3, pp. 429–448.

Rondal, J. A y Comblain, A. (1996) "Language in adults with Down syndrome", *Down Syndrome Research and Practice*, 4, 1, pp. 3–14.

Sanz, M., Serrat, E., Andreu, L. y Serra, M. (2008) "Verb morphology in Catalan and Spanish in children with Specific Language Impairment: A developmental study", *Clinical Linguistics & Phonetics*, 22, 6, pp. 459–474.

Serra, M., Aguilar, E. y Sanz, M. (2002) "Evolución del perfil productivo en el trastorno del lenguaje", *Revista de Logopedia, Foniatría y Audiología*, 22, 2, pp. 77–89.

Torrens, V. y Escobar, L. (2009) "Specific Language Impairment in Spanish and Catalan", en Grinstead, J. (ed.) *Hispanic Child Languages. Typical and impaired language*, Amsterdam: John Benjamins.

Wernicke, C. (1874) *Der aphasische Symptomencomplex*, Breslau: Cohn und Weigert.

Entradas relacionadas

psicolingüística

UNIVERSALES Y LENGUAS SEÑADAS

Juan Carlos Moreno Cabrera

1. La investigación de los universales del lenguaje humano

El estudio de las características compartidas por todas las lenguas humanas ha estado representado a lo largo del siglo XX por tres grandes escuelas de investigación. Primero, la escuela de Stanford caracterizada por las aportaciones de J. H. Greenberg (Greenberg 1966; Greenberg (ed.) 1963, 1978); esta escuela es fundamentalmente inductiva e intenta establecer generalizaciones lingüísticas a partir de las variaciones observadas en las lenguas humanas. Son características de ella los denominados *universales implicativos*. Se trata de generalizaciones tipológicas enunciadas del modo siguiente: "Si se da X en una lengua se dará también Y" o X→Y. Por ejemplo: *si una lengua tiene vocales nasales también tendrá vocales orales* o *si una lengua tiene artículos también tendrá determinantes*. Este enfoque es expuesto en la entrada de esta enciclopedia dedicada a la tipología lingüística.

En segundo lugar, la escuela generativista, cuya figura más influyente es Noam Chomsky, y cuya propuesta, de carácter hipotético-deductivo, se suele denominar *gramática universal* (Cook y Newson 2007). La *gramática universal* trata de caracterizar la facultad humana del lenguaje, común a todos los miembros de nuestra especie, y de la que todas las lenguas humanas naturales pasadas, presentes y futuras son realización concreta en su núcleo gramatical. La investigación de las propiedades abstractas de esa gramática universal ha sido una de las cuestiones fundamentales del proyecto de investigación de la lingüística teórica generativista.

En tercer lugar, la escuela de Colonia, fundada por H. Seiler (Seiler (ed.) 1978 y Seiler 2000), una escuela europea en la que se intentan conciliar algunos aspectos de las dos escuelas anteriores. En esta corriente se ponen en relación los diversos universales implicativos como los propuestos en la escuela de Stanford con unas pocas dimensiones universales de carácter funcional-cognitivo tales como la *identificación*, la *aprehensión*, la *nominación*, la *localización* o la *participación*. Como ilustración de algunos de estos conceptos, la *aprehensión* es aquella dimensión universal a través de la cual las lenguas clasifican lingüísticamente las entidades a las que nos referimos. Esta función mental nos permite la clasificación nominal o distinguir entre nombres de materia y nombres contables, por ejemplo. Por su parte, la *participación* es aquella dimensión universal a través de la cual las lenguas expresan los distintos roles que tienen las entidades que participan en un suceso: esa dimensión universal se manifiesta tipológicamente a través de las diversas maneras en que las lenguas marcan los sintagma nominales que denotan los participantes en una acción, proceso o estado (véase Seiler 2000 para una visión de conjunto y para las referencias bibliográficas pertinentes).

2. Las lenguas de señas y los universales del lenguaje humano

En este artículo vamos a pasar revista las principales características de la facultad humana del lenguaje y, por tanto, se adopta un punto de vista más cercano a la escuela de Chomsky que a las escuelas de Greenberg y Seiler. La causa de esta decisión se encuentra en un punto crucial para la investigación de los universales y que solo ha sido asumido explícitamente por la escuela chomskyana. Se trata de la inclusión de las lenguas de señas en la investigación universalística. A partir sobre todo del libro de Sandler y Lillo-Martin (2006) acerca de las lenguas de señas y la gramática universal desde la perspectiva generativista, queda muy claro que cualquier investigación sobre los universales del lenguaje humano que no tenga en cuenta las lenguas de señas está irremediablemente sesgada y carece de fundamento empírico firme. La razón de ello es que en la investigación lingüística reciente queda fuera de toda duda que las lenguas de señas son una manifestación directa de la facultad humana del lenguaje y que no existen dos facultades del lenguaje diferentes: una para las lenguas orales y otra para las lenguas de señas. Esto obliga a incluir estas lenguas en toda caracterización de los universales del lenguaje humano que pretenda ser mínimamente sólida.

3. Rasgos universales del lenguaje humano

En este artículo vamos a enumerar y ejemplificar algunas características generales de las lenguas señadas que son compartidas con las lenguas habladas y que proceden directa o indirectamente de la facultad humana del lenguaje y, por consiguiente, son características o exclusivas del lenguaje específicamente humano (Valli y Lucas 2000: 8–13). Las características que va a ser explicadas son las siguientes:

Estructurales: Creatividad, innovación, doble articulación, dependencia estructural, variación y cambio
Semánticas: Universalidad, plurisemia, desplazamiento, reflexividad
Pragmáticas: Intercambiabilidad, monitorización, aprendibilidad

En general, esta lista de características universales del lenguaje humano coincide en lo esencial con la que propuso Ch. F. Hockett (1961), aunque este autor no tuvo en cuenta las lenguas de señas. Las características propuestas por Valli y Lucas, tal como se adaptan en Moreno Cabrera (2013: 139–155) las podemos agrupar en tres grupos: *estructurales, semánticas* y *pragmáticas*. Las estructurales tienen que ver con la configuración formal y capacidad generativa de las lenguas naturales habladas y señadas. Vamos a ver cuatro de estas propiedades: creatividad, innovación, doble articulación, dependencia estructural y variación y mutabilidad.

Las propiedades semánticas que vamos a considerar aquí son: la universalidad o efabilidad, la plurisemia, el desplazamiento y la reflexividad. Por último, pasaremos revista a algunas propiedades pragmáticas, tales como la intercambiabilidad, la monitorización y la aprendibilidad.

4. Universales estructurales de las lenguas naturales

Una característica crucial de todas las lenguas naturales habladas o señadas que refleja una de las propiedades esenciales de la facultad humana del lenguaje es la *creatividad*.

Las lenguas señadas, como las orales, permiten la creación de un número ilimitado de expresiones lingüísticas posibles construidas mediante la combinación de un conjunto limitado de elementos significativos (palabras habladas o señadas). No existe un límite teórico superior para el número de expresiones lingüísticas que se pueden realizar en las lenguas habladas o señadas y, además, las expresiones lingüísticas pueden tener una longitud indeterminada que solo queda efectivamente limitada por los condicionantes materiales que afectan a los seres humanos. Por largo que sea un discurso hablado o señado siempre se podría ampliar sin más limitaciones que esos condicionantes materiales a que se alude, aplicando los procesos estructurales generativos típicos de las lenguas naturales humanas, tales como el de la *recursividad*: un sintagma puede contener otro sintagma de su misma categoría; una oración puede aparecer incrustada en otra oración más amplia; un discurso puede formar parte de otro discurso mayor. Este comportamiento se da tanto en las lenguas habladas como en las señadas. Como ejemplo de esta propiedad en las lenguas habladas y señadas se puede aducir la siguiente oración con varios niveles de subordinación en la lengua española y en la lengua de señas española (Herrero Blanco 2009: 345):

Lengua española:
Luis me ha dicho que si mañana llueve mucho no irá a trabajar, porque el coche que su madre le ha dejado tiene el limpiaparabrisas roto.

Lengua de señas española (LSE):
LUIS DECIR-a-mí/EJEMPLO/MAÑANA LLOVER-aspecto durativo/YO TRA-BAJAR IR NO/MOTIVO/COCHE MADRE DAR-a-él/LIMPIAPARABRISAS ROTO

En el ejemplo de LSE cada palabra en mayúsculas hace referencia a un gesto. Hay dos gestos que tienen función conjuntiva: EJEMPLO, para indicar la subordinación condicional y MOTIVO para señalar la subordinación causal; otros dos gestos tienen función deíctica (los correspondientes a *a-mí* y *a-él*) y otro, consistente en la repetición de la seña anterior, tiene una función aspectual (*aspecto durativo*).

Como característica derivada de la anterior, las lenguas habladas y señadas presentan *innovación*: se pueden crear palabras nuevas, oraciones nuevas o discursos nuevos combinando algunos de los elementos primitivos ya sean fonológicos, gestuales, morfológicos, sintácticos o semánticos. Todas las lenguas humanas pueden adaptarse a las circunstancias cambiantes a través de la innovación. Continuamente se crean nuevas expresiones y palabras para denotar elementos nuevos. Un ejemplo claro es el de las nuevas tecnologías. Aunque las lenguas naturales que usamos proceden de lenguas muy antiguas en las que no había palabras para los instrumentos técnicos actuales, no hay problemas para inventar o adaptar nuevos términos con el fin de denotar nuevos elementos. El caso de las nuevas tecnologías es muy claro. Tanto las lenguas habladas como las señadas se ven obligadas a crear expresiones nuevas para adaptarse a los cambios tecnológicos de la sociedad. Por ejemplo, en inglés existe la expresión *web page* y en español *página web*. Pues bien, tanto en la lengua de señas americana (LSA) como en la lengua de señas española (LSE) se ha inventado una seña para denotar este concepto. En la LSE con una mano se hace la seña W extendiendo tres dedos en vertical y con la otra se esboza el marco de una pantalla con los dedos pulgar e índice extendidos y luego se coloca la primera mano ahora en horizontal manteniendo la forma W al lado de la segunda. En LSA la seña se hace con una sola mano que adopta también la forma W con tres dedos extendidos y se repite dos veces con un movimiento en forma de arco hacia abajo.

Una característica de las lenguas naturales que permite su uso abierto e ilimitado es la que se conoce como *doble articulación*. En las lenguas naturales habladas o señadas, las expresiones significativas se pueden descomponer en unidades significativas atómicas, pero éstas a su vez, se pueden descomponer en unidades más pequeñas, no significativas con cuya combinación podemos obtener un número muy grande de unidades significativas. La primera descomposición obedece a lo que se denomina habitualmente *primera articulación* del lenguaje y la segunda descomposición se denomina *segunda articulación del lenguaje*. Veamos primero un ejemplo de una lengua hablada: el español. La expresión [lakásadeadéla] que se escribiría como *la casa de Adela* se puede segmentar en dos unidades significativas claramente diferenciadas [lakása], escrito *la casa* y [deadéla] escrito *de Adela*. A su vez, la primera expresión se puede segmentar en dos unidades significativas: [la] y [kása] y la segunda expresión se segmenta de forma análoga: [de] [adéla]. Por tanto, en la primera articulación del lenguaje encontramos cuatro unidades mínimas. Dos de estas unidades significativas: [kása] y [adéla] se pueden a su vez seguir segmentando en unidades. De esta manera [kása] consta de dos sílabas [ka] y [sa] y [adéla] consta de tres sílabas [a], [de] y [la]. Se trata de elementos de la segunda articulación del lenguaje, que no tienen ningún significado. En el ejemplo, podemos además ver elementos de la primera articulación que constan de un solo elemento de la segunda; de esta manera el artículo *la* consta de una sola sílaba [la] que es idéntica como sílaba a la tercera sílaba de [adéla] y la preposición *de* consta de una sola sílaba [de] que es idéntica a la segunda sílaba de [adéla]. Todas las lenguas habladas pueden ser sometidas a este doble análisis.

Pasamos ahora a las lenguas señadas. Sea por ejemplo la siguiente expresión en LSE correspondiente a *el libro está sobre la mesa*:

LIBRO MESA CL$_{LIBRO}$/CL$_{MESA}$

Esta oración se segmenta en las tres señas sucesivas que se corresponden con *libro*, *mesa* y *estar sobre*. En la última seña, la del predicado, cada una de las manos adopta una forma que concuerda con los dos argumentos de la oración (LIBRO y MESA): esas formas se denominan clasificadores (CL). Cada una de estas señas tiene un significado, por lo que estamos ante la primera articulación del lenguaje. Como veíamos en el caso de la oración del español, también hay elementos simples y complejos. Las señas de *libro* y *mesa* son simples y se realizan con movimientos de las dos manos que se complementan entre sí para formar la seña. La seña CL$_{LIBRO}$/CL$_{MESA}$ es compleja dado que cada mano adopta de forma independiente, una configuración característica significativa en sí misma: es la posición que adopta una respecto de la otra lo que señala el tipo de localización. Estas dos señas se asemejan a morfemas de las lenguas habladas, pues se utilizan en combinación con otras señas.

Cada una de estas señas puede analizarse como combinación de una serie de elementos no significativos con la que se obtiene cada una de las señas atómicas significativas. Es la segunda articulación de las lenguas señadas.

En las señas se distinguen tres tipos de componentes:

   keiremas: configuración de las manos
   topemas: situación de las manos respecto del cuerpo de quien seña
   kinemas: movimientos de las manos

La seña para *libro* que es la primera es una seña bimanual en la que tenemos el keirema de mano extendida con los cuatro dedos juntos y el pulgar separado con las palmas mirando hacia arriba y con las manos en contacto por el borde que se prolonga hacia el dedo meñique. El topema es el lugar donde se realiza la configuración; en este caso frente a la parte superior del abdomen. Por último, el kinema consiste en un movimiento de aproximación y separación de las palmas a partir de la configuración del keirema. La seña obtenida semeja el gesto que hacemos cuando abrimos un libro que sujetamos con ambas manos.

En el caso de *mesa* las dos palmas de las manos se sitúan (keirema) mirando hacia abajo con los bordes del dedo índice en contacto. A partir de esta posición, se realiza un movimiento (kinema) de separación horizontal con un cambio de dirección hacia abajo simultáneo con una rotación de 45 grados de las palmas que las opone entre sí. La localización (topema) es la misma que la seña anterior. Es el gesto que haríamos al recorrer con las dos manos la silueta de una mesa.

La tercera seña presenta dos señas independientes de tipo morfológico con dos keiremas diferentes. Una mano adopta la posición de la palma extendida orientada hacia abajo y con el lado del dedo pulgar dirigido al señante y la otra mano, presenta los cuatro dedos juntos extendidos girados unos grados y el pulgar retraído sobre la palma. Es una seña estática, en la que se coloca la segunda mano sobre la primera. La situación de esta configuración, es decir, el topema es el mismo que el de las dos señas anteriores.

Vemos, pues, que las configuraciones manuales, los movimientos de las manos (o situación de una mano respecto de la otra) o la zona del cuerpo sobre la que se realiza la señación, que en sí mismos no tienen significado alguno, se pueden combinar de diferentes maneras para obtener un número prácticamente ilimitado de señas significativas posibles. Todas las lenguas de señas son susceptibles de este doble análisis.

Por tanto, podemos comprobar fácilmente que la doble articulación es una propiedad universal de las lenguas humanas tanto habladas como señadas.

La propiedad de la *dependencia estructural* hace referencia al hecho de que los procesos de las gramáticas de las lenguas naturales se realizan a través de una estructuración determinada de los elementos que componen las expresiones lingüísticas. Las reglas gramaticales se aplican a las expresiones según su estructura. Por ejemplo, en español hay una regla de posposición que coloca el sujeto detrás del verbo, de manera que de *Juan habla, ese hombre habla, aquel magnífico orador habla* se obtiene respectivamente *habla Juan, habla ese hombre, habla aquel magnífico orador*. Esta regla supone una estructuración en sujeto y predicado de las oraciones y no se puede formular en términos del número de palabras que aparecen antes del verbo, por ejemplo, independientemente de la estructura oracional. Un ejemplo de esta dependencia estructural, que comparten las lenguas habladas y las señadas, es lo que Valli y Lucas denominan *interrelación entre símbolos* (Valli y Lucas 2000: 8). En efecto, un rasgo característico de las lenguas humanas es que puede marcarse algún tipo de interrelación entre los elementos que constituyen una expresión lingüística. Por ejemplo, en lenguas como el español y muchas otras la forma del verbo está en relación con ciertas determinaciones gramaticales del sujeto tales como el número o la persona; de esta manera tenemos: *La niña juega con el lápiz* y *las niñas juegan con el lápiz*, en donde la forma *juegan* muestra una relación sintáctica con *las niñas*.

Las lenguas señadas también conocen este fenómeno aunque se expresa sistemáticamente de una manera poco habitual en las lenguas orales. El verbo concuerda con el sujeto a través de una seña clasificatoria que depende de este sujeto. Veamos dos oraciones de la LSE (Herrero Blanco 2009: 254):

LIBRO MESA CL$_{LIBRO}$/CL$_{MESA}$
El libro está sobre la mesa

LIBRO TELEVISOR CL$_{LIBRO}$-CL$_{TELEVISOR}$
El libro está al lado del televisor

Lo relevante ahora es el predicado locativo en la LSE; al señalarlo en la primera oración, con la mano derecha se hace la seña que clasifica tomos y con la izquierda se clasifica la superficie plana de la mesa. La situación de las dos manos indica el tipo de localización. En la segunda oración, con la mano derecha se hace la misma seña clasificadora de tomos y con la mano izquierda se mantiene la configuración manual de televisor. La relación locativa se expresa colocando una mano al lado de la otra. Por tanto, la seña final de cada una de las dos oraciones se corresponde con el predicado locativo y contiene tres elementos: dos referidos al localizador y al localizado y un tercero relativo al tipo de localización.

Hay lenguas habladas que presentan precisamente este fenómeno en los denominados verbos clasificatorios, como en las lenguas atabascas que se hablan en los Estados Unidos de América. Véase el § 3 del artículo "Tipología lingüística" para un ejemplo de este fenómeno en las lenguas habladas.

La propiedad de la variación y el cambio es también característica universal de las lenguas naturales tanto habladas como señadas. De modo similar al caso de las lenguas habladas, las lenguas señadas presentan *variaciones* en función de determinados factores tales como la localización o el tipo de comunicación. Esta variación se puede observar en todos los niveles: fonológico (configuraciones manuales), morfológico, sintáctico y léxico. Según Valli y Lucas (Valli y Lucas 2000: 169) hay al menos tres formas de señar *birthday* 'cumpleaños' en la lengua señada americana según las regiones. También se observan variaciones según el estilo de la señación (Valli y Lucas 2000: 179).

La variación es el caldo de cultivo del cambio lingüístico a lo largo del tiempo. Como en el caso de las lenguas habladas, la variación en las lenguas señadas puede llevar a cambios diacrónicos en los signos manuales. Un ejemplo es el que aportan Valli y Lucas (Valli y Lucas 2000: 13) respecto de la palabra *help* 'ayudar/ayuda' en la lengua de señas americana, cuyo cambio en la señación a lo largo del tiempo ha podido ser comprobado: antiguamente, la mano derecha se apoyaba extendida sobre el hombro izquierdo y la mano izquierda abierta entraba en contacto con el codo del brazo derecho; en la actualidad, la mano derecha extendida se hace reposar sobre la mano izquierda cerrada en puño con el pulgar elevado.

Como en el caso de las lenguas habladas, en las lenguas señadas el cambio puede también surgir por la adopción mediante préstamo de una seña de otra lengua de señas. Un ejemplo de esto consiste en la sustitución de una seña autóctona de la LSA por una seña procedente de la lengua señada italiana (LSI). Se trata precisamente de la seña que significa *Italia* (Valli y Lucas 2000: 9).

La variación lingüística tiene una gran importancia en la lingüística histórica y en la sociolingüística y es característica tanto de las lenguas habladas (Chambers, Trudgill y Schilling-Estes (eds.) 2003) como de las lenguas de señas (Lucas, Bayley y Valli 2001), por lo que es sin lugar a dudas una de las propiedades universales del lenguaje humano.

5. Universales semánticos de las lenguas naturales

El primer universal semántico que vamos a mencionar es el de la universalidad.

No existe una restricción evidente sobre el número de dominios a los que se puede hacer referencia en una lengua señada: podemos hablar con igual facilidad del mundo real, de un mundo soñado, de un mundo ideal, de un mundo imposible o sobre cualquier mundo posible, de un mundo imaginado o de un mundo futuro o pasado. Esta propiedad se suele denominar *efabilidad* (Moreno Cabrera 2004: 63–65). En cualquier lengua humana se puede hablar o señar sobre cualquier cosa concebible por un ser humano. Mediante un lenguaje matemático podemos describir la realidad física e incluso realidades hipotéticas o de existencia material imposible, pero parece difícil utilizarlo para hablar o escribir sobre sensaciones tan elementales como el amor, el odio, el dolor o el placer. No es fácil expresar nuestros deseos o nuestros temores mediante una lengua natural hablada o señada, pero sería muy difícil o quizás imposible hacerlo mediante un lenguaje matemático por complejo y potente que éste sea.

El segundo de los universales semánticos del lenguaje humano es el de la plurisemia.

La utilización de las mismas expresiones con distintos significados es algo muy frecuente tanto en las lenguas habladas como en las señadas. Se utiliza el neologismo *plurisemia* para diferenciarlo de *polisemia* que se suele reservar para denotar los múltiples significados que puede tener una palabra (como en el caso de *banco*). Por ejemplo, la expresión *¿vienes a casa?* puede interpretarse, según el contexto, como una pregunta o como una petición expresada de forma más suave que *ven a casa*. En la LSA pasa exactamente lo mismo: en esta lengua se seña primero *casa* (*HOME*) y luego se seña el pronombre *tú* (YOU) y todo esto se acompaña de una elevación de cejas y de un ligero movimiento de la cabeza hacia adelante. Esta señación se puede interpretar según los casos como una petición de información o como una sugerencia (Valli y Lucas 2000: 11). Mediante la siguiente expresión escrita se puede transcribir esta oración de la LSA:

HOME YOU^q

El subrayado con el superíndice *q* (por *question* "pregunta") indica el movimiento de las cejas y de la cabeza. Estos movimientos no manuales que acompañan a los movimientos manuales son el equivalente de la entonación interrogativa típica de las lenguas orales y, por tanto, son elementos supra-segmentales, ya que acompañan la realización manual u oral de los elementos segmentales de los que consta la expresión. Mientras que en las lenguas orales los movimientos de cabeza y cejas son para-lingüísticos, no expresan componentes lingüísticos, sino emocionales, en las lenguas señadas algunos de estos movimientos son lingüísticos, tienen un valor puramente distintivo. De ahí, que las personas que no conocen las lenguas señadas a veces saquen conclusiones equivocadas sobre las actitudes y emociones de las personas señantes.

En todas las lenguas humanas conocidas, habladas o señadas, se pueden observar fenómenos plurisémicos de este tipo.

La siguiente propiedad universal que vamos a mencionar es el desplazamiento.

Una característica fundamental del lenguaje humano es que nos permite hacer referencias a situaciones distintas del presente, del *hic et nunc*. Podemos referirnos a lo que ya no existe pero existió e incluso a lo que no existe pero que es posible que exista en un futuro. Incluso podemos referirnos también a cosas imposibles, que no han existido ni existirán. Esta notabilísima propiedad se denomina *desplazamiento* y es común tanto a las lenguas de signos orales (las lenguas habladas) como a las de signos manuales (las lenguas señadas).

Vamos a ver dos ejemplos de este fenómeno en la lengua de señas española (LSE). En primer lugar, vemos una expresión en la que se hace referencia a un acontecimiento que todavía no ha tenido lugar: *Ana va a dar a luz* (Herrero Blanco 2009: 295):

PRONTO ⇑ ANA DA A LUZ

Primero se realiza la seña que significa "dentro de poco" (PRONTO) a la vez que se adelanta ligeramente la cabeza y se elevan las cejas, lo cual se indica mediante la flecha (⇑). A continuación se realiza la seña que corresponde al nombre propio *Ana* y por último se realiza la seña que significa 'dar a luz'. Se está hablando sobre un acontecimiento que todavía no se ha producido pero que se espera en breve plazo.

En segundo lugar vamos a ver cómo se puede describir en la LSE un suceso posible que puede o no darse en un futuro inmediato: *Si mañana llueve no iré a trabajar* (Herrero Blanco 2009: 337). Se establece primero un marco hipotético, en el antecedente del condicional (*mañana llueve*) y luego se hace referencia en el consecuente del condicional (*no iré a trabajar*) a un hecho futuro, que no se dará en caso de que ese marco posible sea haga realidad en el día inmediatamente posterior al día en el que se seña la expresión:

EJEMPLO MAÑANA LLOVER ⇑ YO TRABAJAR IR NO

Vemos en primer lugar la seña que significa *ejemplo* y que aquí se utiliza de forma gramatical como la conjunción condicional española *si*. Este es un caso claro de gramaticalización en lengua señada (Muysken 2008: 156–157), un proceso que es también característico de las lenguas habladas (Harrog y Heine (eds.) 2011). En español también se usan palabras léxicas para estos fines, por ejemplo, la palabra *caso* en la expresión *en caso de* que también se utiliza con este matiz condicional. A continuación se realizan las señas correspondientes a *mañana* y *llover*. Estas tres señas van acompañadas de un adelantamiento ligero de la cabeza y de la elevación de cejas señalados mediante una flecha que apunta hacia arriba.

Como puede comprobarse, el desplazamiento es una propiedad característica de las lenguas naturales humanas tanto habladas como señadas.

6. Universales pragmáticos de las lenguas naturales

Ahora vamos a mencionar de forma breve aquellas propiedades universales de las lenguas naturales humanas que relacionan la lengua con las personas que la utilizan y que, por tanto, están en el ámbito de los aspectos pragmáticos del lenguaje humano.

La primera propiedad pragmática que mencionamos es la *intercambiabilidad*.

Tanto las lenguas habladas como las señadas son intercambiables: esto quiere decir que quienes hablan o señan pueden a su vez recibir e interpretar expresiones que emitan otras personas. Las personas que reciben e interpretan las expresiones visuales o auditivas tienen también, normalmente, la posibilidad de emitir expresiones de esa naturaleza lingüística. Quienes reciben e interpretan estas expresiones pueden actuar como agentes lingüísticos que realizan materialmente expresiones lingüísticas señadas o habladas. Esta característica es compartida por todas las lenguas humanas naturales.

La segunda propiedad pragmática es la que se puede denominar *monitorización*. La actuación lingüística, tanto en las lenguas señadas como en las habladas, está sometida a un proceso de observación o vigilancia que permite que quienes la producen puedan corregir o cambiar sus expresiones de acuerdo con un contexto o intenciones determinadas. Tanto unas lenguas como otras poseen mecanismos que posibilitan enmendar, corregir o cambiar lo señado o hablado. Esta propiedad parece exclusiva de la actuación lingüística humana.

La siguiente propiedad universal del lenguaje humano es la que se puede denominar *aprendibilidad*. Las lenguas habladas y señadas tienen esta propiedad en dos vertientes. En primer lugar, los seres humanos estamos genéticamente dotados para desarrollar, con el crecimiento y la maduración, una competencia lingüística hablada o señada de forma espontánea en un entorno en el que las personas adultas se comporten lingüísticamente de una determinada manera, es decir, hablen o señen unas lenguas concretas.

En segundo lugar, al llegar a la edad adulta podemos aprender otras variedades de nuestras lenguas nativas, habladas o señadas o nuevas lenguas habladas o señadas tanto pasiva (entender) como activamente (hablar o señar). Además, aunque las personas sordas no puedan aprender lenguas orales, las personas oyentes pueden adquirir naturalmente o aprender de adultos las lenguas señadas. Es importante señalar que las lenguas señadas son tan accesibles y aprendibles para las personas oyentes que no estén desprovistas del sentido de la vista como para las personas sordas. Esta es una demostración muy clara de que ambos tipos de lengua se fundamentan en la misma capacidad lingüística humana.

La siguiente propiedad universal que mencionaremos es la *reflexividad*. Tanto en el caso de las lenguas habladas como de las señadas existe la posibilidad de referirse a la propia lengua que se está utilizando y a sus elementos. Podemos hablar o señar sobre nuestra propia actuación lingüística y sobre nuestra propia lengua hablada o señada. Esta característica parece exclusiva del lenguaje humano.

Vamos a ver un ejemplo en el que en lengua de señas se hace una pregunta referida a cómo se realiza la seña para *casa*. Para hacer referencia a la seña se utiliza el alfabeto dactilológico con las letras que se corresponden con la palabra española *casa*. Es decir, se utiliza la expresión dactilar de una lengua escrita como metalenguaje para hacer referencia a un elemento de la propia lengua señada que se está utilizando. He aquí el ejemplo de la LSE.

C-A-S-A SEÑAR CÓMO
"¿Cómo se seña *casa*?"

La expresión C-A-S-A hace referencia al hecho de que el señante muestra la configuración manual de las tres letras implicadas, en el orden adecuado. La señación dactilológica de la palabra escrita *casa* se utiliza para hacer referencia a una palabra de la propia lengua de señas que se está utilizando y para provocar en la persona interlocutora la señación de esa seña. En la lengua señada española se recurre en este caso, para la auto-referencia, a la lengua española escrita, es decir, a otra lengua. En la lengua española hablada ocurre algo parecido, ya que la pregunta *¿Cómo se dice "casa" en español?* se contesta a sí misma. La única manera de que no sea así es utilizando otra lengua, como el inglés: *¿Cómo se dice "house" en español?* o haciendo referencia a la lengua escrita: *¿Cómo se escribe "casa" en español?*

Esta capacidad de auto-referirse a los propios elementos de la lengua que se utiliza, que se deriva de la propiedad de la reflexividad, parece también una posibilidad exclusiva del lenguaje humano.

7. Conclusión

En este artículo se han analizado algunas de las propiedades universales de las lenguas humanas naturales. Dado que no cabe ya la menor duda de que las lenguas señadas son, como las lenguas habladas, manifestación directa y completa de la facultad humana del lenguaje, es absolutamente fundamental tener en cuenta las lenguas señadas en cualquier investigación sobre los universales lingüísticos. En este sentido, la aportación del libro de Sandler y Lillo-Martin (2006) es decisiva, dado que en él se compendian muchas investigaciones que muestran sin lugar a dudas que las lenguas de señas se atienen a los principios de la gramática universal que es justamente lo que se espera si se postula que las lenguas señadas son manifestación directa de la facultad lingüística humana, que es única en dos sentidos: es privativa de la especie *Homo sapiens sapiens* y, en segundo lugar, solo tenemos una única facultad lingüística que se manifiesta tanto en las lenguas habladas como en las señadas.

Bibliografía

Chambers, J. K., Trudgill, P. y Schilling-Estes, N. (eds.) (2003) *The handbook of language variation and change*, Chichester: Blackwell.

Cook, V. J. y Newson, M. (2007) *Chomsky's universal grammar. An introduction*, third edition, Oxford: Blackwell.

Greenberg, J. H. (1966) *Language universals*, La Haya: Mouton de Gruyter.

Greenberg, J. H. (ed.) (1963) *Universals of language*, Cambridge, MA: The MIT Press.

Greenberg, J. H. (ed.) (1978) *Universals of human language*, Stanford: Stanford University Press, 4 vols.

Herrero Blanco, A. (2009) *Gramática didáctica de la lengua de signos española (LSE)*, Madrid: SM y Fundación CNSE.

Hockett, Ch. F. (1961) "The problem of universals in language", en Greenberg, J. H. (ed.) (1963) *Universals of language*, Cambridge: The MIT Press, pp. 1–29.

Lucas, C., Bayley, R. y Valli, C. (2001) *Sociolinguistic variation in American sign language*, Washington: Gallaudet University Press.

Moreno Cabrera, J. C. (2004) *Introducción a la lingüística. Enfoque tipológico y universalista*, 2.ª ed., Madrid: Síntesis.

Moreno Cabrera, J. C. (2013) *Cuestiones clave de la lingüística*, Madrid: Síntesis.

Muysken, P. (2008) *Functional categories*, Cambridge: Cambridge University Press.

Narrog, H. y Heine, B. (eds.) (2011) *The Oxford handbook of grammaticalization*, Oxford: Oxford University Press.

Sandler, W. y Lillo-Martin, D. (2006) *Sign language and linguistic universals*, Cambridge: Cambridge University Press.

Seiler, H. (2000) *Language universals research: A synthesis*, Tubinga: Gunter Narr.

Seiler, H. (1978) *Language universals*, Tubinga: Gunter Narr.

Valli, C. y Lucas, C. (2000) *Linguistics of American sign language. An introduction*, Washington: Gallaudet University Press.

Lecturas complementarias

Christiansen, M.H., Collins, Ch. y Edelman, Sh. (eds.) (2009) *Language universals*, Oxford: Oxford University Press.

Hawkins, J.A. (1988) *Explaining language universals*, Oxford: Basil Blackwell.

Mairal, R. y Gil, J. (eds.) (2003) *En torno a los universales lingüísticos*, Madrid: Cambridge University Press.

Moure, T. (2001) *Universales del lenguaje y linguo-diversidad*, Barcelona: Ariel.

Scalise, S., Magni, E. y Bisetto, A. (eds.) (2009) *Universals of language today*, Heidelberg: Springer.

Wohlgemut, J. y Cysouw, M. (eds.) (2010) *Rethinking universals. How rarities affect linguistic theory*, Berlín: Mouton de Gruyter.

Entradas relacionadas

tipología lingüística

VARIACIÓN FONÉTICA

Manuel Díaz-Campos

1. ¿Qué se entiende por variación fonética?

El propósito de este entrada consiste en ofrecer una introducción al estudio de la variación fonética en la lengua española mediante el uso de ejemplos que provienen de sus diversas manifestaciones dialectales en el mundo hispanohablante. Como hablantes nativos es probable que hayamos notado que existen diferencias de pronunciación que responden a factores diatópicos (i. e. regionales), diastráticos (i. e. sociales) o diafásicos (i. e. estilísticos o individuales). Por ejemplo, en ciertas regiones del sur de España es prominente la producción de un sonido interdental, fricativo, sordo [Θ] que alterna con un sonido alveolar, fricativo, sordo [s] (*caza* se puede producir como [kaθa] o [kasa]). Este podría ser el caso de Granada, Córdoba y Málaga donde zonas tradicionalmente seseantes muestran un patrón de alternancia que favorece la distinción con particularidades relativas a las variedades meridionales (Villena Ponsoda y Ávila Muñoz 2012). En otros casos, se observan diferencias de pronunciación que obedecen a la estratificación social que se da en una comunidad. Por ejemplo, el uso variable en la pronunciación u omisión de la [ɾ] final de sílaba muestra estratificación social en el español de Caracas, Venezuela y de Alcalá de Guadaira en Andalucía (Díaz-Campos y Ruiz-Sánchez 2008). En muchos libros sobre la materia se emplean los términos variación fonológica o variación sociofonológica como sinónimos de variación fonética. Sin entrar en detalles sobre las diferencias que se derivan de la utilización de una u otra denominación, es posible atribuir algún tipo de orientación teórica que se asocia con el uso de cada una de ellas. En ambos casos se hace referencia a fenómenos de pronunciación que muestran condicionamiento lingüístico o sociolingüístico. Sin embargo, el término variación sociofonológica enfatiza las implicaciones que un fenómeno podría tener en el sistema de sonidos de una lengua y, en el caso que nos ocupa, de las repercusiones de la variación en el sistema de sonidos del español. Es decir, la pérdida de un contraste por la reducción del inventario fonológico o la introducción de un nuevo elemento en el sistema. El término variación fonética enfatiza los cambios que ocurren en la pronunciación como la alternancia entre sonidos. Es obvio que estas divisiones excepcionalmente son independientes, ya que la variación fonética tiene implicaciones de carácter fonológico y, en algunos casos, implicaciones a nivel gramatical que solo se pueden distinguir por razones metodológicas. Un caso modelo es la aspiración y elisión de la /s/ final de sílaba, pues se destacan las implicaciones gramaticales en el uso variable de la /s/ (véase por ejemplo el trabajo de Cedergren 1973; Poplack 1980, entre muchos otros).

Observemos con más detenimiento el caso de la /ɾ/ final de sílaba. En las variedades habladas en el Caribe hispánico (i. e. Cuba, Puerto Rico, la República Dominicana, Venezuela, Panamá y la costa colombiana) y el sur de España, se ha documentado la pronunciación variable de la /ɾ/ final de sílaba. Las producciones que se han identificado son diferentes según la región. Entre las variantes estudiadas encontramos las siguientes: una variante lateral [l] (p. ej., [kaṇtal] en lugar de [kaṇtaɾ] *cantar*), la elisión u omisión completa del sonido (p. ej., [kaṇta] en lugar de [kaṇtaɾ] *cantar*) y la vocalización (p. ej., [kaṇtaj] en lugar de [kaṇtaɾ] *cantar*). López Morales (1989), por ejemplo, estudia los condicionantes lingüísticos y sociolingüísticos en la lateralización de la /ɾ/ final de sílaba en el español de la ciudad de San Juan, Puerto Rico. En su investigación reporta que la lateralización suele ser favorecida en posición final de palabra y en interior de palabra cuando el segmento siguiente es una consonante obstruyente (p. ej., [telko] en lugar de [teɾko] *terco*). De los 12.146 casos analizados, 4.725 fueron de variantes lateralizadas, lo cual representa un 39,9 %. De acuerdo con las variables sociales, la lateralización es favorecida por los niveles socioeconómicos medio bajo (33 %) y bajo (41 %). López Morales (1989) presenta datos que indican que la lateralización es más común en el habla de los hombres y en los estilos informales, lo cual provee evidencia para suponer que las variantes laterales son propias del habla vernácula.

En el caso del español de Caracas, Venezuela y de Alcalá de Guadaira, Andalucía, Díaz-Campos y Ruiz-Sánchez (2008) presentan un trabajo comparativo en el que se muestran las siguientes tendencias: según el contexto fonético siguiente, se reporta que los sonidos resonantes, las vocales y las pausas favorecen la elisión en ambas variedades dialectales. Se encontró que en ambos dialectos la elisión es muy común en los infinitivos, la categoría gramatical más frecuente. No se reportan diferencias entre Alcalá y Caracas en relación con los casos en los que sigue un clítico (*comerlo* vs. *comer*), ya que la elisión resultó ser frecuente en los infinitivos independientemente de esta diferenciación. La frecuencia léxica de las palabras en las que ocurre la /ɾ/ final de sílaba resultó relevante para explicar los casos en los que se favorece la elisión: las palabras más frecuentes muestran mayores niveles de omisión. En cuanto a la distribución social del fenómeno, los hablantes de Alcalá de Guadaira favorecen la elisión con la excepción de las mujeres de más de 56 años de edad y los hombres de 35 a 55 años de edad. El hecho de que los jóvenes empleen este rasgo local prominentemente evidencia el avance del fenómeno en la comunidad. En contraste, los datos de Caracas muestran que el fenómeno de elisión es favorecido por los hablantes de 61 años o más. Este perfil apunta a que el fenómeno se ha estabilizado en Caracas. La vocalización de la /ɾ/ final de sílaba (p. ej., [koméj] vs [koméɾ] *comer*) en la República Dominicana ha sido documentada en la investigación de Alba (1988). De acuerdo con el nivel socioeconómico de los hablantes entrevistados, Alba reporta que la vocalización es favorecida por los niveles socioeconómicos bajos. En contraste, los hablantes de nivel socioeconómico alto favorecen las variantes normativas y una producción con cualidades fricativas. Los jóvenes menores de 35 años emplean en su habla comúnmente variantes normativas, mientras que los mayores de 50 años favorecen las variantes vocalizadas. El hecho de que no haya variantes vocalizadas en el habla de los niveles socioeconómicos altos parece indicar que la vocalización se puede considerar un **estereotipo lingüístico** asociado con los grupos socioeconómicos bajos en la ciudad de Santiago en la República Dominicana.

Las investigaciones anteriores constituyen ejemplos sólidos que demuestran la naturaleza variable del habla. Este es particularmente el caso cuando se analiza el habla en su expresión vernácula en situaciones orales. Cabe resaltar que los fenómenos ejemplificados demuestran estar condicionados consistentemente no solo por factores de tipo lingüístico, sino también por factores sociales entre los que se incluyen la edad, el nivel socioeconómico, el género, la etnicidad y el estilo, así como otras variables que pueden emplearse en la caracterización de los grupos sociales en su comunidad.

La sociolingüística cuantitativa emplea el concepto de **variable lingüística** (sociolingüística) para estudiar los fenómenos en los que se revelan alternancias que se definen como dos o más formas de decir lo mismo. Es decir, se trata del estudio de los factores lingüísticos, sociales y estilísticos que condicionan la variación en la producción de una misma unidad lingüística (p. ej., la producción variable de la /ɾ/ final de sílaba como ø, [l], [j] o [ɾ]). De esta forma una variable sociolingüística es concebida como una unidad que se correlaciona con factores lingüísticos, sociolingüísticos y estilísticos. Díaz-Campos (2014) destaca las características que Labov (1972) señala como atributos indispensables de una variable sociolingüística. En primer lugar, una variable susceptible de análisis debe ser frecuente en el habla de la comunidad que estudiemos. El hecho de que sea común nos permitirá realizar un análisis cuantitativo sólido para establecer generalizaciones. En segundo lugar, Labov (1972) destaca que las variables con implicaciones estructurales resultan más interesantes debido a que podemos observar patrones que afectan al sistema fonológico o gramatical de la lengua que estemos estudiando. La última característica que deben presentar las variables sociolingüísticas es obviamente el hecho de que deben tener algún tipo de estratificación de acuerdo con los grupos que forman parte de la comunidad. Este tipo de condicionamiento refleja el valor simbólico que poseen las variantes y las percepciones que asocian los hablantes con tales realizaciones.

2. ¿Cómo se estudia la variación fonética?

2.1. *Condicionamiento fonético-fonológico*

La sociolingüística cuantitativa tiene como objetivo fundamental el estudio de la lengua oral en situaciones cotidianas con el fin de establecer generalizaciones acerca de los procesos de variación y cambio lingüísticos según los factores internos y externos que los condicionan. Por este motivo, la colección de muestras orales mediante recursos metodológicos tales como la entrevista sociolingüística resulta fundamental. Una vez que se han hecho las entrevistas se identifica(n) la variable o variables que se desean estudiar y se observan los contextos en los que ocurre(n) con el propósito de establecer hipótesis de los factores que condicionan la ocurrencia de las variantes bajo investigación. La metodología variacionista permite la comprobación empírica de las hipótesis que se incorporan como variables independientes en el análisis. Cada variable independiente supone algún tipo de hipótesis que ayuda a explicar el fenómeno que se estudia. Por ejemplo, se ha propuesto que uno de los condicionantes de los fenómenos de variación fonético-fonológica es el uso, puesto que se ha investigado acerca del efecto que tiene el uso de los segmentos y de las estructuras en la producción y en la percepción y en cómo tales unidades se almacenan en nuestra memoria (p. ej., Bybee 2001, 2010). La evidencia presentada propone que las unidades frecuentes suelen sufrir procesos de reducción debido a la automatización que afecta su producción y gradualmente su representación mental. Las palabras que se usan más y las combinaciones altamente predecibles en las que aparecen favorecen los procesos de reducción fonética pues son de fácil acceso aun cuando las formas se reduzcan. Una manera de captar esta observación en un análisis cuantitativo consiste en instrumentar una variable independiente que mida la frecuencia de uso de los contextos o unidades léxicas donde aparece el fenómeno objeto de nuestra investigación. Ruiz Sánchez (2007) analiza la producción de la /ɾ/ final de sílaba y propone como una de sus variables independientes la frecuencia léxica definida como una variable nominal dividida en alta, media y baja frecuencia. La medida de frecuencia tomada por Ruiz Sánchez se basó en el diccionario *Frequency dictionary of Spanish words* elaborado por Juilland y Chang Rodríguez (1964). Según los coeficientes de uso en el diccionario, la frecuencia léxica fue definida de la siguiente forma: alta con un coeficiente mayor de 58,29 (p. ej., *porque*) relevante para las primeras 500 palabras; media con coeficientes entre 58,28 y 29,23 (p. ej., *guardia*) y baja con coeficientes menores de 29,22. Los resultados de Ruiz-Sánchez (2007) se basan en 5.772 casos de los cuales 1.871 fueron variantes elididas. El análisis de la regla variable según la frecuencia reveló que las palabras clasificadas como de alta frecuencia muestran una tendencia limitadamente favorecedora con un peso de .520, mientras que las palabras consideradas como de baja frecuencia desfavorecen la elisión con un peso de .475. Ruiz Sánchez (2007) encuentra que el contexto fonético que sigue a la /ɾ/ final de sílaba tiene una magnitud mayor en sus datos. Los sonidos siguientes clasificados como laterales favorecen la elisión (peso reportado .835, lo cual representa un 63 %, 297/469). Se podría revelar en este resultado la tendencia a desfavorecer sonidos contiguos que posean rasgos comunes como es el caso de /ɾ/ y /l/, los cuales pertenecen a la clase natural de las líquidas. Estas tendencias muestran el efecto del uso en el avance de la variación en la producción de la /ɾ/ final de sílaba en las palabras de alta frecuencia como primera instancia antes de extenderse a otros sectores del léxico menos frecuentes. La investigación de File-Muriel (2007) incorpora el estudio de la frecuencia en el análisis de la elisión de la /s/ final de sílaba en una muestra oral de la ciudad de Calí, Colombia. File-Muriel define la frecuencia en su análisis mediante el uso de las cifras reportadas en el Corpus de Referencia del Español Actual (CREA), auspiciado por la Real Academia de la Lengua Española. Para fines del análisis cuantitativo File-Muriel establece una clasificación que considera dos tipos de unidades léxicas: las de alta frecuencia y las de baja frecuencia. Las ocurrencias de 100 o más fueron tomadas como de alta frecuencia y las que eran menores de 99 fueron clasificadas como de baja frecuencia. El análisis de la regla variable que presenta File-Muriel (2007) muestra que la frecuencia es el factor con el mayor grado de magnitud en su análisis por encima de otros factores lingüísticos. La aspiración y elisión de la /s/ final de sílaba son altamente favorecidas en los ítemes frecuentes con un peso de .655, mientras que son desfavorecidas en las palabras de baja frecuencia con un peso de .341.

Tanto Ruiz Sánchez (2007) como File-Muriel (2007) demuestran empíricamente el efecto que tiene la frecuencia léxica en el avance de los procesos de variación y cambio fonético-fonológicos. Estas investigaciones proveen evidencia que apoya el modelo de la fonología basada en el uso (Bybee 2001, 2010), según el cual el cambio fonético regularmente progresa de manera más acelerada en los ítemes de alta frecuencia.

Regularmente en los trabajos de variación fonológica se estudia el entorno en el cual se produce el segmento que se analiza. La hipótesis que subyace a la idea de estudiar el contexto fonético implica que se presume la presencia de procesos coarticulatorios. Desde el punto de vista de los estudios fonéticos, se podría mencionar la teoría de la hiperarticulación e hipoarticulación (Lindblom 1990), la cual toma en cuenta la tensión que existe entre la economía en la producción del habla y la necesidad de que la percepción no se vea afectada. Esta teoría podría ser instrumental para el estudio de las razones que motivan algunos de los cambios sociofonológicos. Se recomienda para más detalles leer Lindblom (1990). Entre los estudios en los que se incorpora la teoría de Lindblom se incluyen Sessarego (2012a, 2012b).

Delforge (2010) presenta hallazgos que podrían interpretarse como el producto de los efectos de la coarticulación en su investigación sobre el ensordecimiento de vocales en el español andino. Los resultados de su investigación indican que el proceso de ensordecimiento es más común cuando en el entorno fonético se encuentra una /s/ (p. ej., /s/ se caracteriza como un sonido fricativo, alveolar, *sordo*). Este efecto es aún mayor cuando la vocal pertenece a una sílaba átona y cuando la /s/ forma parte de la coda silábica. De esta forma la consideración del entorno fonético nos permite ofrecer explicaciones sobre los fenómenos de variación y cambio cuando estos se encuentran motivados por razones que tienen carácter coarticulatorio.

No todos los fenómenos de variación a ese nivel se encuentran condicionados por factores de naturaleza fonética. La estructura de los sonidos del español (o de cualquiera que sea la lengua objeto de nuestra investigación) podría tener un efecto para explicar algunos de los procesos de variación que se observan a lo largo del mundo hispano. Díaz-Campos (2014) argumenta que Brown (2006) constituye un ejemplo de cómo la estructura fonotáctica del español se emplea para explicar el caso de la posteriorización de consonantes. La pronunciación de la palabra *Pepsi* como [peksi] en lugar de [peβsi] o enfáticamente [pepsi] se considera como un caso de posteriorización o velarización, debido a que en lugar de un segmento labial (p. ej., [β]) se produce el segmento velar [k]. La propuesta de Brown (2006) consiste en lo siguiente: los hablantes de las variedades donde ocurre este fenómeno emplean su conocimiento de la estructura silábica y del léxico del español según el cual la secuencia [...Cvelar$C...] es mucho más común que la secuencia [...Clabial$C...]. En otras palabras, la consonante velar [k] es mucho más frecuente en esa posición que las consonantes [p], [b] o [t], [d]. Por ejemplo, las palabras *acción*, *acto*, *actualidad*, etc. serían representativas de las secuencias del tipo [...Cvelar$C...]. Las Tablas 1 y 2 muestran los hallazgos de Brown (2006).

La Tabla 1 contiene las frecuencias de las consonantes labiales y velares. Resulta obvio por los patrones encontrados que la secuencia -kC- es de alta frecuencia en comparación con las labiales y con el segmento velar sonoro (i. e. -gC-). Los datos de Brown revelan que hay 87.462 casos de -kC- en las muestras analizadas, lo cual se considera como parte de la evidencia empírica para apoyar su posición.

Los resultados de la Tabla 2 en lugar de mostrar los casos reflejan los datos de acuerdo con los patrones que se repiten según su tipo. En este caso también se observa que cuando agrupamos por tipo la secuencia -kC- es más frecuente. De esta forma se plantea en el trabajo de Brown (2006) que la motivación de la variación se basa en la influencia de un patrón fonotáctico frecuente en la lengua española que se impone por analogía como un modelo más productivo que -bC- o -pC-. La motivación de este fenómeno, conocido como

Tabla 1 Frecuencia de las consonantes labiales y velares en coda silábica

	-bC-	-pC-	-gC-	-kC-
Frecuencia	5.895	7.335	4.537	87.462
Total	13.230		91.999	

Tabla 2 Frecuencia de tipo de las consonantes labiales y velares en coda silábica

	-bC-	-pC-	-gC-	-kC-
Frecuencia de tipo	112	148	112	875
Total	260		987	

posteriorización, constituye un ejemplo de cómo no se pueden estudiar sus causas mediante el análisis del entorno fonético, sino haciendo referencia a la organización de los sonidos en secuencias silábicas.

2.2. *Condicionamiento gramatical*

Las variables sociofonológicas en algunos casos muestran implicaciones estructurales, las cuales involucran la morfología o la sintaxis. Desde una perspectiva de la lingüística generativa tradicional, la distinción que caracterizamos en esta sección se podría enmarcar como parte de los llamados fenómenos de fonología léxica en oposición a los postléxicos. Coetzee y Pater (2011: 402) resumen esta distinción que proviene originalmente de Kiparsky (1982) en la Tabla 3:

Según este modelo, se haría una distinción estricta entre los fenómenos de alternancia fonológica que dependen del léxico y aquellos que operan una vez que los procesos de formación de palabras se han completado. La descripción anterior refleja una concepción universalista de acuerdo con la cual la entrada que proviene del componente sintáctico es procesada por el componente fonológico, con el propósito de producir la estructura de superficie, que es lo que finalmente escuchan los oyentes. En versiones tempranas de la teoría generativista la estructura subyacente y la estructura superficial se conectaban mediante la aplicación de reglas que contribuían a especificar los segmentos que constituían los enunciados. Cabe destacar que este tipo de concepción de la fonología no tomaba en cuenta la variación sociofonológica, por lo cual los factores estilísticos y contextuales eran ignorados. Precisamente en los modelos pioneros las reglas se consideraban de aplicación categórica. Sin embargo, la sociolingüística variacionista iniciada por Labov (1966, 1969, 1972) propone la noción de regla variable, según la cual se propone un tratamiento probabilístico que involucra la especificación de los efectos de los factores condicionantes (internos y externos) de las variantes de una variable sociolingüística. En versiones iniciales, Labov (1969) introduce el uso de mecanismos simbólicos para indicar la aplicación de la regla de manera opcional. El tratamiento probabilístico en el que se desarrolla el programa de la regla variable VARBRUL, especialmente diseñado para estudiar la variación, aparece detallado en el artículo de Cedergren y Sankoff (1974). Cerdergren y Sankoff proponen en su artículo que la

Tabla 3 Caracterización de los fenómenos fonológicos sujetos a restricciones léxicas versus postléxicas (adaptado según Coetzee y Pater 2011: 402)

Sujetos a restricciones léxicas	*Sujetos a restricciones postléxicas*
Condicionados por la morfología debido a la interacción directa con el lexicón	No condicionados por la morfología
Puede haber casos excepcionales que están codificados en el lexicón	No hay excepciones
Produce cambios categóricos (en el lexicón solo hay categorías)	Produce cambios no categóricos
Limitada al nivel de las palabras	Puede darse entre palabras (el enunciado como entrada)
No condicionados por factores fonéticos como la velocidad del habla	Condicionados por factores fonéticos como la velocidad del habla

variación es inherente a la competencia lingüística y que no se puede considerar como representativa de fenómenos marginales de actuación como típicamente se proponía en modelos generativos iniciales. Hoy en día el concepto de regla variable no está necesariamente atado a la noción de regla generativa lineal, sino al modelo probabilístico que refleja los factores que condicionan una variable sociolingüística.

Esta concepción tradicional de los sistemas fonológicos ha sido cuestionada por teorías basadas en el uso, en las cuales la estructura de las palabras y frases comunes (junto con aspectos no lingüísticos) se consideran como parte de la información que almacenan los hablantes sobre la fonología y estructura de la lengua en general. La representación cognitiva supone una red de conexiones basadas en la semejanza de forma y contenido. La palabra en este caso es central en la representación cognitiva no como un elemento aislado, sino como un elemento profundamente incrustado en la estructura lingüística (véanse Bybee 2001, 2010). De tal suerte que la división entre léxico y postléxico pierde vigencia en el modelo basado en el uso, debido a que no hay una división estricta entre componentes, sino una compleja red de relaciones según la frecuencia de uso y la similitud según la forma y el contenido. Esta red se concibe como un modelo ejemplar que refleja las experiencias lingüísticas del individuo.

Uno de los fenómenos más estudiados del inglés que muestra condicionamiento gramatical es la elisión de /t, d/ cuando forma parte de un grupo consonántico (p. ej., *enter* 'entrar' [enəɹ] en lugar de [entəɹ], *must* 'deber' [məs] en lugar de [məst]. Se trata de un fenómeno de variación sociolingüística que muestra las características típicas de condicionamiento estilístico, así como de factores tales como la edad, el género y el nivel social (p. ej., Guy 1992, Wolfram 1969, entre otros). El condicionamiento gramatical viene dado por el hecho de que se ha descubierto en análisis cuantitativos de diversas variedades del inglés, entre las cuales se incluye el inglés norteamericano, que la elisión de /t, d/ es favorecida si la /t, d/ forma parte de un monomorfema como *just* 'solo' en comparación con la /t, d/ que forma parte de un sufijo que indica tiempo pretérito *walked* (p. ej., *she walked* 'ella caminó'). La Tabla 4 muestra datos en los que se refleja esta generalización (véase Coetzee y Pater 2011: 407).

La Tabla 4 indica que en casos tales como *walked* los niveles de elisión son mucho menores que por ejemplo en palabras como *kept* (el pretérito del verbo *to keep* 'mantener'). Los mayores niveles de elisión se darían en palabras de un solo morfema como en *must* 'debe'. Se han ofrecido diferentes interpretaciones teóricas sobre el patrón que se refleja en el condicionamiento gramatical de la elisión de /t, d/. Por ejemplo, Guy (1991) ofrece un análisis generativo que distingue varios niveles de derivación siguiendo las ideas básicas de la fonología léxica. De tal suerte que la aplicación probabilística de la elisión afectaría más en diversos niveles del proceso derivativo a los monomorfemas en comparación con las formas del pretérito regular. En contraste, una investigación más reciente, Bybee (2002), propone que la frecuencia de uso es un factor fundamental en la explicación del cambio lingüístico, incluso en el caso de los pretéritos regulares en los que se puede observar que las

Tabla 4 Elisión de /t, d/ según el condicionamiento gramatical (adaptado de Coetzee y Pater 2011: 407)

Fuente	Pretérito regular	Pretérito irregular	Monomorfemas
Guy 1991	17 %	34 %	38 %
Santa Ana 1992	26 %	41 %	58 %
Bayley 1997	24%	34 %	56 %

formas regulares más frecuentes presentan más elisión que las formas menos frecuentes. La Tabla 5 presenta datos provenientes de Bybee (2002: 266).

Los hallazgos de Bybee (2002) ofrecen evidencia de que la frecuencia de uso es uno de los factores centrales en la explicación de los fenómenos de variación y cambio fonético. Los resultados indican que este es el caso también para las formas del pretérito regular. En contraste con lo propuesto por Guy (1991), Bybee argumenta que no es la naturaleza de la estructura morfológica de la palabra lo que condiciona la elisión de /t, d/ en sus datos, sino los contextos en los que suelen aparecer las formas del pretérito regular. Estas formas, según afirma Bybee (2002), aparecen en contextos prevocálicos en donde se desfavorece la elisión (p. ej., *[s/he] looked at* 'miró a', *[s/he] talked about* 'habló acerca de', etc.).

En el caso del español, Poplack (1986) presenta resultados sobre tres variables que sirven de ejemplo para mostrar el condicionamiento gramatical: la elisión de la /s/ final de palabra, la elisión de la /n/ final de palabra y la elisión de la /ɾ/ final de sílaba. La /s/ final de sílaba puede ocurrir en contextos en los que es marcador de plural (p. ej., *tarjetas* versus *tarjeta*) o en contextos en los que indica segunda persona del singular (p. ej., tú *cantas*). La /n/ final de sílaba también se emplea como morfema de número en los verbos conjugados en la tercera persona del plural (p. ej., ellos/ellas *cantan, comen*, etc.). La última variable, la /ɾ/ final de sílaba, aparece en contextos en los que funciona como marcador de infinitivo (p. ej., *comer, cantar*). Por limitaciones de espacio y objetivos, no discutiremos todos los factores incluidos en el análisis de Poplack (1986), sino que nos concentraremos en las variantes con valor morfológico y en los factores que condicionan la elisión completa. Poplack adopta una perspectiva funcionalista en su estudio siguiendo las ideas de Kiparsky (1982), de acuerdo con las cuales la información semánticamente relevante mostraría tendencias a mantenerse en la estructura superficial. De esta forma /s/ final de palabra, la elisión de la /n/ final de palabra y la elisión de la /ɾ/ final de sílaba cuando son morfemas favorecerían la retención siguiendo los postulados de la hipótesis funcional. Es importante hacer notar que uno de los resultados que consigue Poplack consiste en el hecho de que existe una distinción clara entre /s/ y /n/ final de palabra en comparación con la elisión de la /ɾ/. Poplack (1986) afirma que la elisión de la /ɾ/ no conlleva la pérdida de significado aun cuando esta ocurra en los infinitivos. Según ella la acentuación distintiva de los infinitivos en la última sílaba, así como las restricciones sintácticas que implica su uso, inhiben que los infinitivos sean confundidos con otras formas verbales. Sus resultados muestran que la elisión de la /ɾ/ en los infinitivos está condicionada por el contexto fonético siguiente y al no haber ambigüedad no resulta relevante su cuantificación en el análisis estadístico. La Tabla 6 presenta de manera resumida una adaptación de los hallazgos de Poplack (1986: 99–101) según la presencia de elementos redundantes (p.`ej. repeticiones de la información contenida en los morfemas {s} y {n} en el enunciado).

La interpretación de los datos, según Poplack (1986), apoya en cierta medida el análisis funcionalista según el cual los segmentos que poseen información semántica tienden a permanecer en la estructura superficial. En el caso de la {s} plural, los contextos que desfavorecen la elisión son aquellos en los que la pluralidad no es un rasgo redundante. De igual

Tabla 5 Efectos de la frecuencia en las formas regulares del pretérito según Bybee (2002: 266)

	Alta frecuencia	*Baja frecuencia*
Retención	67 (60.4 %)	47 (81 %)
Elisión	44 (39.6 %)	11 (19 %)

Tabla 6 Factores contextuales en los que se repite la información semántica contenida en los morfemas {s} y {n} (adaptado de Poplack 1986: 99–101)

	Peso probabilístico
Elisión de {s} Plural	
Tipo de información	
Morfológica y no morfológica	.59
Morfológica	.59
No morfológica	.54
Ausente (ninguna)	.29
Posición en la frase	
Tercera precedida de elisión	.75
Primera	.33
Categoría gramatical	
Determinante	.29
Adjetivo	.62
Sustantivo	.60
Elisión de {s} Verbal	
Pronombre explícito	
Tácito	.39
Explícito	.61
Elisión de {n} verbal	
Posición de la información redundante	
Después del verbo	.82
Antes del verbo	.56
Antes y después del verbo	.59
Ausente (ninguna)	.0

forma se puede ver que la primera posición y los determinantes desfavorecen la elisión de {s}, lo cual se puede interpretar como la preservación de la primera marca morfológica de pluralidad en el enunciado. Algo semejante ocurre con la {s} y la {n} cuando son morfemas del verbo, pues en los contextos donde no hay redundancia se suelen preservar y viceversa. Otro ejemplo de la perspectiva funcionalista es Hochberg (1986) quien propone la hipótesis de la compensación, según la cual en las variedades donde se elide la /s/ final de sílaba se emplearía el pronombre *tú* con las formas verbales correspondientes a la segunda persona para evitar ambigüedad (p. ej., *tú sabeø* en lugar de *sabes*).

Los ejemplos que se presentan en esta sección ilustran variables sociolingüísticas con conexiones interesantes en cuanto al condicionamiento gramatical. Tales ejemplos nos muestran no solo las implicaciones estructurales de los fenómenos discutidos, sino también las diferentes perspectivas teóricas que se han adoptado en su análisis. La última sección presenta ejemplos en los que se observa el condicionamiento de las variables según factores sociales.

2.3. Condicionamiento sociolingüístico

La sociolingüística ha incorporado al estudio de los fenómenos lingüísticos el contexto social en el que ocurren. El variacionismo laboviano ha insistido en la cuantificación de variables que reflejen las particularidades de los individuos y de las comunidades de las que estos provienen. La inclusión del estudio del contexto social es fundamental en el sentido de que se adopta una visión integral de los fenómenos lingüísticos que separa la sociolingüística de las perspectivas más tradicionales, en las que existe una concepción de la lengua como un objeto de estudio idealizado y aislado de su contexto. Entre las variables que comúnmente se han incluido en las investigaciones sociolingüísticas se pueden mencionar la edad, el nivel socioeconómico, el nivel educativo, la etnicidad, el sexo (o género según el método), así como otras maneras de definir a los individuos que provienen de estudios más detallados sobre la comunidad.

El estudio de las variables sociales permite entender la estructura social de la comunidad en la medida en que los fenómenos que se estudian reflejan las divisiones sociales de una comunidad y las actitudes que se asocian con cierta manera de hablar (qué se considera de prestigio, qué se considera como estigmatizado). Las diferentes maneras de hablar y la asociación con diversos grupos son indicativas de barreras sociales según la clase social, la edad, el sexo, etc. Por otra parte, el análisis de estas variables nos permite hacer predicciones sobre el avance de los fenómenos en la comunidad. Las variantes que muestran mayor progreso, por ejemplo, suelen ser favorecidas por las mujeres, los niveles socioeconómicos altos y los jóvenes. Regularmente, estas variantes que progresan se asocian con valoraciones positivas que reflejan la identidad lingüística de la comunidad.

Las Figuras 1 y 2 presentan un par de ejemplos en los que se analiza la retención en el caso de la /ɾ/ final de sílaba y retención de la /ɾ/ intervocálica en la alternancia de *para* versus *pa* en el español de la ciudad de Caracas, Venezuela. En ambas figuras se observa la estratificación social de las variables según la edad de los hablantes y según el nivel socioeconómico.

Los resultados relacionados con /ɾ/ final de sílaba en el español de Caracas muestran una clara estratificación social de acuerdo con la cual hay mayor retención en los grupos socioeconómicos altos seguidos por los grupos de clase media. En contraste, los sujetos del nivel

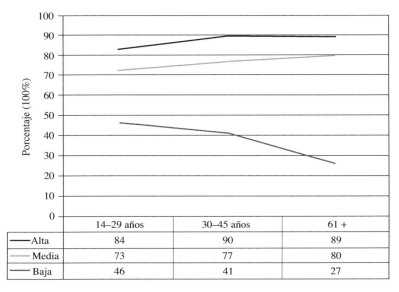

	14–29 años	30–45 años	61 +
Alta	84	90	89
Media	73	77	80
Baja	46	41	27

Figura 1   Retención de la /ɾ/ final de sílaba en el español de Caracas según la edad y el nivel socioeconómico (adaptado de Díaz-Campos, Fafulas y Gradoville 2011: 72)

socioeconómico bajo muestran menores niveles de retención, lo cual implica mayor elisión. Sin embargo, al observar el comportamiento según la edad se revela que los grupos de edad menor de nivel socioeconómico bajo muestran más retención. Díaz-Campos, Fafulas y Gradoville (2011) argumentan que este cambio refleja el hecho de que los grupos jóvenes de nivel socioeconómico bajo poseen niveles de educación más altos que las generaciones anteriores y acceso a oportunidades de trabajo que implican el uso de una variedad más normativa. La investigación presenta evidencia basada en los datos demográficos de los hablantes del corpus analizado, así como datos de la sociedad venezolana que reflejan el período al que pertenecen las grabaciones. Resultados semejantes a los de la Figura 1 se observan también en la Figura 2, en la cual la variable sociolingüística bajo estudio es la reducción de *para*.

El patrón que se revela en cuanto a la retención de la /ɾ/ intervocálica en la alternancia de *para* versus *pa* es semejante al descrito anteriormente. De esta forma, se trata de una variable que posee una estratificación social que apunta a la posible interpretación de que la variante positivamente evaluada en la comunidad caraqueña es la retención. En cuanto a la edad, se observa el mismo patrón de mayor retención en los grupos de jóvenes de nivel socioeconómico bajo en comparación con las generaciones mayores del mismo nivel, lo cual se interpreta en el artículo de Díaz-Campos, Fafulas y Gradoville (2011) mediante el mismo argumento de mayor acceso a oportunidades educativas y laborales para las generaciones jóvenes.

En resumen, las dos variables discutidas muestran patrones interesantes de estratificación social, en el sentido de que se encuentran tendencias esperadas de mayor retención en los niveles socioeconómicos altos. Sin embargo, se muestra una tendencia inesperada en el nivel socioeconómico bajo, puesto que no se observa una conducta homogénea según la edad. Los jóvenes emplean las variantes normativas más que las personas mayores, lo cual se interpreta como un producto del entorno social de la época que refleja mayores oportunidades educativas y laborales (véanse los datos demográficos en Díaz-Campos, Fafulas y Gradoville 2011).

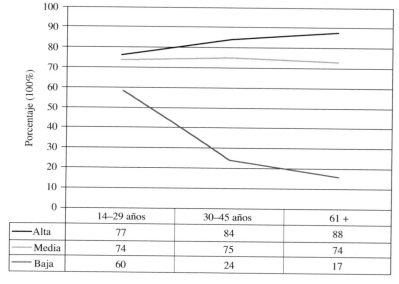

	14–29 años	30–45 años	61 +
Alta	77	84	88
Media	74	75	74
Baja	60	24	17

Figura 2   Retención de la /ɾ/ intervocálica en la alternancia de para versus pa en el español de Caracas según la edad y el nivel socioeconómico (adaptado de Díaz-Campos, Fafulas y Gradoville 2011: 73)

Bibliografía

Alba, O. (1988) "Estudio sociolingüístico de la variación de las líquidas finales de palabra en el español cibaeño", en Hammond, R. y Resnick, M. (eds.) *Studies in Caribbean Spanish Dialectology*, 1–12, Washington, DC: Georgetown University.

Brown, E. L. (2006) "Velarization of labial, coda stops in Spanish: A frequency account", *Revista de Lingüística Teórica y Aplicada*, 44, pp. 47–58.

Bybee, J. (2010) *Language, usage, and cognition*, Cambridge: Cambridge University Press.

Bybee, J. (2001) *Phonology and language use*, Cambridge: Cambridge University Press.

Cedergren, H. (1973) *The interplay of social and linguistic factors in Panama*, tesis doctoral, Cornell University.

Cedergren, H. y Sankoff, D. (1974) "Variable rules: Performance as a statistical reflection of competence", *Language*, 50, 2, pp. 333–355.

Coetzee, A. W. y Pater, J. (2011) "The place of variation in phonological theory", en Goldsmith, J., Riggle, J. y Yu, A. C. L. (eds.) *The handbook of phonological theory*, Malden, MA: Wiley-Blackwell.

Delforge, A. M. (2010) *The rise and fall of unstressed vowel reduction in the Spanish of Cuzco, Peru: A sociophonetic study*, Tesis doctoral, University of California, Davis.

Díaz-Campos, M. (2014) *Introducción a la sociolingüística hispánica*, Malden, MA: Wiley-Blackwell.

Díaz-Campos, M., Fafulas, S. y Gradoville, M. (2011) "Going retro: An analysis of the interplay between socioeconomic class and age in Caracas Spanish", en Michnowicz, J. y Dodsworth, R. (eds.) *Selected proceedings of the 5th Workshop on Spanish Sociolinguistics*, Somerville, MA: Cascadilla Proceedings Project, pp. 65–78. Accesible en www.lingref.com, document #2507.

Díaz-Campos, M. y Ruiz-Sánchez, M. C. (2008) "The value of frequency as a linguistic factor: The case of two dialectal regions in the Spanish speaking world", en Westmoreland, M. y Thomas, J. A. (eds.) *Selected proceedings of the 4th Workshop on Spanish Sociolinguistics*, Somerville, MA: Cascadilla Proceedings Project, pp. 43–53.

File-Muriel, R. (2007) *The role of lexical frequency and phonetic context in the weakening of syllable-final lexical /s/ in the Spanish of Barranquilla, Colombia*, tesis doctoral, Indiana University.

Guy, G. (1991) "Contextual conditioning in variable lexical phonology", *Language Variation and Change*, 3, pp. 223–239.

Guy, G. (1992) "Explanation in variable phonology: An exponential model of morphological constraints", *Language Variation and Change*, 3, pp. 1–22.

Hochberg, J. (1986) "Functional compensation for /s/ deletion in Puerto Rican Spanish", *Language*, 62, 3, pp. 609–621.

Kiparsky, P. (1982) *Explanation in phonology*, Berlín/Boston: De Gruyter.

Labov, W. (1972) *Sociolinguistic patterns*, Filadelfia: University of Pennsylvania Press.

Labov, W. (1969) "Contraction, deletion and the inherent variability of the English copula", *Language*, 45, 4, pp. 715–762.

Labov, W. [1966] (2006) *The social stratification of English in New York City*, Cambridge: Cambridge University Press.

Lindblom, B. (1990) "Explaining phonetic variation. A sketch of the H&H Theory", *Speech Production and Speech Modeling*, 55, pp. 403–439.

López Morales, H. (1989) *La sociolingüística*, Madrid: Gredos.

Poplack, S. (1986) "Acondicionamiento gramatical de la variación fonológica en un dialecto puertorriqueño", en Núñez-Cedeño, R. *et al.* (eds.) *Estudios sobre la fonología del español del Caribe*, Caracas: La Casa de Bello, pp. 95–107.

Poplack, S. (1980) "Deletion and disambiguation in Puerto Rican Spanish", *Language*, 56, 2, pp. 371–385.

Ruiz-Sánchez, C. (2007) *The variable Behavior of /-r/ in the Spanish variety of Alcalá de Guadaíra (Seville): The role of lexical frequency*, tesis doctoral, Indiana University.

Sessarego, S. (2012a) "Unstressed vowel reduction in Cochabamba, Bolivia", *Revista Internacional de Lingüística Iberoamericana*, 20, 2, pp. 213–230.

Sessarego, S. (2012b) "Vowel weakening in Yungueño Spanish: Linguistic and social considerations", *PAPIA: Revista Brasileira de Estudos Crioulos e Similares*, 22, 2, pp. 279–294.

Villena Ponsoda, J. A. y Ávila Muñoz, A. (eds.) (2012) *Estudios sobre el español de Málaga: Pronunciación, vocabulario y sintaxis*, Málaga: Editorial Sarriá.

Wolfram, W. (1969) *A sociolinguistic description of Detroit Negro speech*, Washington, DC: Center for Applied Linguistics.

Entradas relacionadas

fonética; fonología; sociolingüística

VARIACIÓN PRAGMÁTICA

María Elena Placencia

1. Introducción: nociones claves y delimitación del área de estudio

El uso de la lengua en la interacción social varía de acuerdo a una serie de factores situacionales y socioculturales. Por ejemplo, en la selección de tratamientos (pro)nominales entran consideraciones relacionadas con el grado de intimidad y la relación de poder entre los participantes en una interacción al igual que factores como edad, estrato socioeconómico y afiliación regional. En cuanto a este último, sería incorrecto asumir que los hablantes de diferentes variedades geográficas de un idioma —el español en este caso— comparten los mismos patrones de uso en el trato pronominal por el simple hecho de hablar el mismo idioma. En el español peninsular, *usted* es el pronombre que suele emplearse para expresar formalidad y distancia, mientras que en otras variedades, como el español colombiano (Uber 1985), el mismo pronombre puede ser utilizado para expresar tanto intimidad como distancia.

En breve, existe variación en el uso de la lengua en la interacción relacionada con factores (sociales) del contexto local y con la pertenencia de los hablantes a diferentes grupos sociales y culturales. Este tipo de variación es la que se estudia bajo el nombre de *variación pragmática*. Los primeros factores, denominados *microsociales* (Schneider y Barron 2008a), incluyen la distancia social y la relación de poder entre los participantes, y, en el caso de ciertas actividades comunicativas como los actos exhortativos, el rango de la imposición que representa el pedido u otro acto exhortativo. Pueden incluir también factores relacionados con el tipo de actividad tales como los derechos y obligaciones asociados con los roles de vendedor y comprador en una interacción comercial. Los segundos, a los que Schneider y Barron (2008a) denominan factores *macrosociales*, incluyen primordialmente género, estrato socioeconómico, afiliación regional, edad y etnicidad. Los factores microsociales surgen de la interacción entre los hablantes y por tanto pueden variar de interacción a interacción. En cambio, los factores macrosociales corresponden a rasgos relativamente estables de la identidad de los hablantes, que no cambian de interacción a interacción, aunque algunos de ellos pueden y de hecho cambian en el tiempo. Lo que interesa en variación pragmática es examinar de manera sistemática la influencia de estos diferentes factores en el uso de la lengua.

Hay una diversidad de fenómenos que pueden ser objeto de estudio en variación pragmática. Incluyen, por ejemplo, variación en la realización de actos de habla (p. ej., cumplidos, pedidos, disculpas, etc.), en la organización global de las interacciones (p. ej., secuencias de apertura y cierre) y en el intercambio de turnos (p. ej., empleo de respuestas mínimas e interrupciones). También es posible estudiar cómo varía el uso de una misma forma (p. ej., un marcador del discurso) con respecto a dimensiones sociales.

Diferentes ramas de la pragmática se ocupan del estudio de variación pragmática, prestando mayor o menor atención a factores micro o macrosociales: la pragmática transcultural (*cross-cultural pragmatics*) (Blum-Kulka, House y Kasper 1989), del interlenguaje (Kasper y Blum-Kulka 1993), intercultural (Clyne 1994), histórica (Taavitsainen y Jucker 2008), variacional (Schneider y Barron 2008b) de la que nos ocupamos principalmente en este capítulo, e inclusive la pragmática clínica (cf. Hernández Sacristán 2012). En pragmática transcultural se busca examinar variación pragmática *inter*lingüística, es decir, entre dos idiomas y culturas diferentes. Por otra parte, la variación pragmática en estudios de interlenguaje con frecuencia involucra un contraste entre usuarios de una lengua como L1 y aprendices de la lengua como L2 o L3.

Con respecto a la pragmática intercultural, nos referimos a interacciones entre miembros de diferentes grupos sociales y culturales en las que pueden darse malentendidos por diferencias en cuanto a lo que se considera comportamiento apropiado en un determinado contexto; el estudio de estas diferencias es uno de los objetos de análisis en esta rama (Clyne 1994). La perspectiva de la variación pragmática puede ser pertinente también para casos de comunicación intercultural caracterizados por algún tipo de conflicto intergrupal (Placencia 2001).

Por otro lado, en pragmática clínica, aunque la variación pragmática no sea un objeto de estudio per se, se examina en trabajos que exploran el uso de la lengua entre sujetos que padecen un determinado trastorno o lesión neurológica que puede resultar en déficits pragmáticos en su conducta comunicativa con referencia a un grupo de control que no padece del trastorno o lesión. En pragmática histórica, por su parte, se estudia variación pragmática *intralingüe* desde una perspectiva diacrónica dado que uno de los objetivos de la rama es examinar si los usuarios de un idioma emplearon el mismo tipo de actos de habla en un período de tiempo en el pasado con respecto a usos contemporáneos y si los emplearon de la misma manera (Taavitsainen y Jucker 2008).

Finalmente, en pragmática variacional (Schneider y Barron 2008b) que nos concierne principalmente en este capítulo, se examina también variación intralingüe, pero desde una perspectiva sincrónica: se busca estudiar de manera sistemática la influencia de factores macrosociales —edad, género, estrato socioeconómico, región y etnicidad— en el uso de la lengua en la interacción (§ 3). Esta es una rama de reciente constitución que, sin embargo, empezó a desarrollarse en las décadas de 1980 y 1990. Se encuentra en la intersección entre la pragmática y la dialectología moderna y surge como respuesta a la atención escasa que se ha dado en la dialectología tradicional y moderna al estudio de aspectos pragmáticos en variedades geográficas y sociales de una misma lengua. Por otro lado, surge también como respuesta a la limitada atención que se ha dado en estudios pragmáticos (transculturales) a la influencia de factores macrosociales.

Al considerar la variación pragmática como área de estudio, Terkourafi (2012) distingue entre el enfoque de la pragmática variacional propuesto por Schneider y Barron (2008a), y un enfoque que, empleando la metodología de la sociolingüística variacionista, se centra en variación morfológica y sintáctica y recurre a la pragmática para explicar fenómenos de variación (cf. Cameron y Flores Ferrán 2004). Como sugiere la misma autora, el interés en esta área está en condicionamientos lingüísticos y no sociales. Dejamos de lado en este capítulo esta corriente de estudios, enfocándonos en aquellos en los que los condicionamientos sociales en el uso de la lengua son centrales. En este sentido, seguramente sería más apropiado hablar de variación *socio*pragmática como lo hacen Márquez Reiter y Placencia (2005).

A continuación (§ 2) consideramos enfoques, niveles y ámbitos de estudio en variación pragmática desde la perspectiva de la pragmática variacional; ofrecemos algunos ejemplos de estudios del mundo hispanohablante. En el § 3 ilustramos la noción de variación pragmática intralingüe con respecto a factores macrosociales, también con ejemplos de trabajos del mundo hispanohablante, centrándonos particularmente en el área de variación pragmática regional que ha sido más extensamente estudiada. En el § 4, revisamos algunas cuestiones metodológicas, y en el § 5, consideramos algunas limitaciones del área y posibles desarrollos futuros.

2. Enfoques, niveles y ámbitos de estudio en variación pragmática

El fenómeno de variación pragmática intralingüe se ha examinado recurriendo a diferentes enfoques teóricos. Los más influyentes son posiblemente el de la teoría de los actos de habla, que, conjuntamente con la teoría de la cortesía —inicialmente la de Brown y Levinson (1987 [1978])—, ha generado numerosos estudios contrastivos entre variedades del español sobre una diversidad de actos tales como invitaciones (García 2008), disculpas (Wagner y Roebuck 2010) y pedidos (Márquez Reiter 2002; Placencia 2005; Félix-Brasdefer 2011), y el del análisis de la conversación que está detrás de estudios contrastivos sobre diferentes aspectos de la organización del habla en la interacción (cf. Fant 1996). Algunos de los estudios sobre actos de habla de hecho se inspiran en el análisis de la conversación al examinar las secuencias que constituyen o de las que forma parte un determinado acto de habla (cf. García 2008). Más recientemente, se puede observar también en algunos estudios la influencia de la lingüística de corpus (cf. Jørgensen y Aarli 2011).

La variación pragmática puede considerarse con relación a diferentes niveles y ámbitos de análisis. En cuanto a los primeros, por un lado, es posible hacer una distinción general entre trabajos pragmalingüísticos y sociopragmáticos según el énfasis esté en aspectos lingüísticos o tanto en aspectos lingüísticos como sociales (Leech 1983). La pragmalingüística se ocupa de los recursos que ofrece un idioma para comunicar determinadas ilocuciones. Aquí entrarían, por ejemplo, los recursos lingüísticos disponibles para realizar actos de habla como pedidos y cumplidos. La sociopragmática, por otra parte, se ocupa de usos de la lengua con relación a condicionamientos sociales y culturales. Esto puede implicar intentar acceder a un nivel más profundo de análisis de usos de la lengua en el que entran consideraciones de creencias subyacentes y valores culturales.

La noción de niveles de estudio es también pertinente en variación pragmática regional (véase § 3). En esta área, es posible distinguir entre el nivel nacional y el subnacional (Schneider y Barron 2008a) o subregional como punto de partida. El primero corresponde a variación a nivel de variedades nacionales de lenguas pluricéntricas (Clyne 1992; Oesterreicher 2002) tales como el español y el inglés. Así hablamos del español peninsular en contraste con el mexicano, el venezolano, etc. y del inglés americano, en contraste con el inglés británico, el australiano, etc. El trabajo de Hardin (2001) sobre estrategias de persuasión y cortesía en la publicidad televisiva en el español estadounidense, chileno y peninsular ejemplifica el estudio del nivel nacional. El segundo nivel corresponde al análisis de variedades internas de una lengua, esto es variedades distribuidas geográficamente dentro de un estado-nación. Así hablamos de variedades septentrionales y meridionales del español peninsular, que incluyen, por ejemplo, la variedad del andaluz y la variedad de las Canarias. El estudio de Villemoes (2003), por ejemplo, apunta a variación en el estilo comunicativo de negociadores del norte y sur de España.

La mayoría de trabajos disponibles se presentan como estudios centrados en el nivel nacional al ofrecer un contraste entre variedades tales como el español venezolano y el argentino. Sin embargo, en la práctica el contraste es entre variedades subregionales. Por ejemplo, los datos del trabajo de García (2008), mencionado anteriormente, corresponden a interacciones entre hablantes caraqueños y bonaerenses, si bien el título del artículo sugeriría un estudio de variedades nacionales. Los trabajos de de los Heros (2001) sobre cumplidos en Lima y Cuzco, y Placencia (2008) sobre interacciones de servicio en Quito y Manta, por otra parte, ilustran la exploración de variación pragmática en variedades geográficas internas.

Por último, con respecto a ámbitos de estudio, los principales ámbitos que se han examinado en variación pragmática pueden describirse utilizando la clasificación de Spencer-Oatey (2008 [2000]), desarrollada para la investigación de la gestión de las relaciones interpersonales. Incluye los siguientes:

- *Ilocutivo*: se enfoca en la realización lingüística de los actos de habla. Por ejemplo, en el análisis de actos exhortativos —posiblemente los más extensamente examinados— muchos estudios se han centrado en variación en la realización del acto central (*head act*) y actos de apoyo (*supportive moves*) y en el empleo de mecanismos de atenuación o intensificación del acto central, de acuerdo con el esquema de codificación de pedidos de Blum-Kulka, House y Kasper (1989). Con respecto al acto central, se ha examinado, entre otros aspectos, la frecuencia de uso de estrategias directas o (convencionalmente) indirectas en la realización de pedidos y los factores que influyen en su uso (cf. Márquez Reiter 2002). Por otra parte, con actos expresivos tales como cumplidos (cf. Placencia y Fuentes Rodríguez 2013), el objetivo ha sido identificar las *fórmulas semánticas* en uso y los factores que influyen en la selección de diferentes fórmulas. Estudios recientes en este ámbito, tales como el de Félix-Brasdefer (2011) sobre pedidos realizados por estudiantes mexicanos y dominicanos, incluyen también el análisis de rasgos prosódicos.
- *Estilístico*: se centra en aspectos estilísticos de los intercambios verbales que contribuyen al tono de la interacción tales como el uso de humor y la selección de formas de tratamiento. Este ámbito ha sido examinado, por ejemplo, en interacciones de servicio (cf. Placencia y Mancera Rueda 2011; Félix-Brasdefer 2012).
- *Participativo*: se refiere a aspectos de la toma y el intercambio de turnos en la interacción, como en el trabajo contrastivo de Fant (1996) sobre interacciones de negocios entre mexicanos y españoles.
- *Del discurso*: incluye aspectos tales como la organización temática y la estructuración global de la interacción. Aquí entraría, por ejemplo, el estudio de las secciones de apertura y cierre de diferentes actividades comunicativas como en el trabajo de Márquez Reiter y Placencia (2004) sobre interacciones comerciales en tiendas en Montevideo y Quito.
- *No verbal*: entre otros aspectos, se ocupa del empleo de gestos y la mirada, de la función de la risa en la interacción y la proxémica. Entre los primeros trabajos en este ámbito, que es el menos explorado, podemos mencionar el de Bravo (1998) sobre las funciones de la risa en las negociaciones de españoles, mexicanos y suecos.

Hay que resaltar que estas categorías de ámbitos constituyen solamente una guía y que puede ser problemático estudiarlas por separado ya que están interrelacionadas (Spencer-Oatey 2008 [2000]). Con todo, dada la prevalencia de ciertos enfoques teóricos como el de la teoría de los actos de habla, y por cuestiones prácticas, los diferentes ámbitos muchas veces se estudian por separado.

Entre hispanistas, los ámbitos que han recibido mayor atención son el ilocutivo, el estilístico y el del discurso (véase panorama de estudios en Márquez Reiter y Placencia 2005; García y Placencia 2011; Placencia 2011a).

3. Variación pragmática intralingüe y factores macrosociales

De los cinco factores macrosociales principales de los que se ocupa la pragmática variacional —edad, género, estrato socioeconómico, etnicidad y región— el último es el que más extensamente ha sido estudiado en el mundo hispanohablante (Placencia 2011a). Le sigue el factor género. La edad, el estrato socioeconómico y la etnicidad son los que menos atención han recibido.

3.1. *Variación pragmática regional*

En estudios de variación pragmática regional se asume que hay patrones de uso que caracterizan a diferentes variedades nacionales, que no se limitan a los planos fonológicos, morfosintácticos y léxicos, sino que también incluyen el plano (socio)pragmático (Clyne 1992). Se busca entonces identificar patrones de uso en una variedad geográfica determinada y rasgos en común o de variación con respecto a otras variedades.

Los primeros estudios se centraron en el contraste entre el español peninsular y una variedad latinoamericana como el español chileno (cf. Puga Larraín 1997), ecuatoriano (cf. Placencia 1998) y mexicano (cf. Fant 1996) mientras que estudios más recientes se han ocupado principalmente del contraste entre variedades latinoamericanas. Por ejemplo, García (2004) examina variación entre el español peruano y venezolano; Félix-Brasdefer (2011), entre el español dominicano y mexicano, y Márquez Reiter y Placencia (2004), entre el español uruguayo y el ecuatoriano. En esta última década también se ha empezado a prestar mayor atención a variación pragmática en variedades internas del español (cf. Placencia 2008; Bataller 2013).

Los diferentes estudios realizados han resaltado algunos rasgos en común entre variedades latinoamericanas en contraste con el español peninsular. Así, en los contextos examinados se ha encontrado un mayor empleo de mecanismos de atenuación entre hablantes del español chileno, ecuatoriano y uruguayo con respecto a hablantes del español peninsular. Sin embargo, la percepción estereotipada de que los españoles son más directos que los hablantes de las variedades latinoamericanas que han sido examinadas, no encuentra apoyo en los estudios que demuestran, por ejemplo, que tanto uruguayos como españoles prefieren formas convencionalmente indirectas en ciertos contextos (cf. Márquez Reiter 2002), o que indican que tanto españoles como ecuatorianos utilizan formas directas al realizar pedidos en encuentros de servicio (Placencia 2005). No obstante, el menor empleo de mecanismos de atenuación en el español peninsular podría ser uno de los rasgos que contribuye a explicar la percepción entre algunos latinoamericanos de un estilo más directo por parte de los españoles.

En los siguientes apartados presentamos ejemplos de estudios que examinan la correlación entre usos de la lengua y género, clase social, edad y etnicidad. Nos centramos también en estudios contrastivos dado que es en el contraste donde se puede ver qué rasgos son comunes entre variedades o propios de una variedad.

3.2. *Variación pragmática y género*

El interés en la relación entre usos de la lengua y género se remonta a las décadas de 1970 y 1980 cuando autores como Lakoff (1975) sugirieron la existencia de diferencias marcadas en el estilo del habla de hombres y mujeres, propiciando el desarrollo de múltiples estudios empíricos en diferentes idiomas y comunidades socioculturales. Para esto, la teoría de la cortesía de Brown y Levinson (1987 [1978]), refinamientos de esta teoría (cf. Scollon y Scollon 2001 [1995]), al igual que otras teorías de cortesía han servido como marco teórico en muchos estudios en esta área.

Con respecto al mundo hispanohablante, son numerosos los trabajos que examinan rasgos del habla de los hombres o de las mujeres, encaminados en años recientes a explorar la negociación y construcción de identidades femeninas o masculinas en contextos específicos (cf. Acuña Ferreira 2009). Sin embargo, los estudios contrastivos que son los que interesan en variación pragmática son relativamente escasos. Entre estos últimos, predominan los trabajos sobre la realización de diversos actos de habla (cf. Cordella, Large, y Pardo 1995; Márquez Reiter 2000). Entre los estudios más recientes podemos mencionar el de Ruzickova (2007) en el que examina pedidos en múltiples contextos de interacciones de servicio en Cuba (La Habana). Encuentra que los hombres cubanos emplean formas convencionalmente indirectas con mayor frecuencia que formas directas mientras que la diferencia entre estos dos tipos de formas es menor en los pedidos de mujeres. Observa también que los hombres emplean estrategias de cortesía negativa (Brown y Levinson 1987 [1978]) con mayor frecuencia que las mujeres, y que estas, a su vez, emplean estrategias de cortesía positiva con una cierta mayor frecuencia. Sin embargo, en conjunto, Ruzickova no encuentra diferencias significativas entre hombres y mujeres en su orientación a la cortesía. Félix-Brasdefer (2012), por su parte, examina pedidos en interacciones de servicio en un mercado mexicano (Yucatán). El autor muestra que en la realización de pedidos en su estudio influye no solo el sexo de los clientes que hacen el pedido, sino también el sexo de los vendedores.

Por último, en el área del discurso mediado por ordenador, un trabajo de interés es el de Eisenchlas (2012) sobre consejos en varios foros digitales en español en el que se examina el tipo de construcciones sintácticas empleadas de acuerdo con el sexo de la persona que ofrece consejos, y de acuerdo con el sexo de quienes buscan consejo. La autora encuentra que tanto hombres como mujeres prefieren formas directas en la realización del consejo. Atribuye esto en parte a la naturaleza de la comunicación en línea que promueve el uso de lenguaje informal y breve, al igual que al hecho de que los consejos en estos foros son solicitados. Considera también la expresión de emociones y encuentra que tanto hombres como mujeres emplean emoticonos y otras formas que comunican afecto.

Si bien no es posible sacar conclusiones definitivas sobre la relación entre género y uso de la lengua dado que los estudios disponibles son todavía relativamente escasos y se ocupan de diferentes poblaciones en contextos diferentes y con enfoques teóricos y metodologías muchas veces disímiles, algunos estudios parecen apuntar a que hay similitud a nivel de estrategias globales, y diferencias en cuanto a las subestrategias. Otros estudios destacan el hecho de que el contexto comunicativo y no necesariamente el género influye en los usos lingüísticos.

3.3. *Variación pragmática y otros factores macrosociales*

En esta sección presentamos ejemplos de estudios que se ocupan de la relación entre usos de la lengua y estrato socioeconómico, edad y etnicidad. Nuevamente nos centramos en estudios contrastivos que no son numerosos. Por ejemplo, Jørgensen (2012) examina el uso del marcador pragmático *como* entre jóvenes españoles y chilenos con base en datos de los corpus COLAM (Madrid) y COLAS (Santiago de Chile). Atiende a tres factores macrosociales de variación que están interrelacionados: estrato socioeconómico, género y procedencia regional. Entre otros resultados encuentra que las chicas de clase social alta en Madrid son las que emplean este marcador con mayor frecuencia, mientras que en Santiago de Chile los chicos de clase media son los que lo usan más frecuentemente.

Finalmente, un ejemplo de variación en el uso de la lengua con respecto a la etnicidad de los participantes se encuentra en el estudio de Placencia (2001) sobre interacciones de servicio en el contexto de una institución pública en La Paz, Bolivia. La autora ilustra cómo la variación en el uso de la lengua por parte del proveedor del servicio —el funcionario— parece orientarse a la etnicidad de los usuarios del servicio —blanco-mestizos en unos casos e indígenas en otros— y posiblemente también a su estatus socioeconómico. Placencia (2001) interpreta dicha variación, que se manifiesta a través de varios ámbitos, como un tipo de discriminación hacia los indígenas con base en prejuicios étnico-raciales dado que no reciben el mismo trato que los blanco-mestizos.

4. Algunas cuestiones metodológicas

Los estudios de variación pragmática constituyen esencialmente estudios de pragmática contrastiva y por tanto presentan retos metodológicos análogos. Uno de ellos, la necesidad de trabajar con corpus comparables, ha llevado a muchos investigadores a decantarse por cuestionarios de producción (de los Heros 2001); juegos de roles (Félix-Brasdefer 2008; García 2008) y otros métodos experimentales como cuestionarios de escala de valores (cf. Curcó y De Fina 2002) que permiten controlar variables. Entre los primeros cuestionarios están las tareas de completación del discurso o DCT (*discourse completion tasks*), posiblemente los cuestionarios más extensamente empleados a raíz del conocido trabajo de Blum-Kulka, House y Kasper (1989), mencionado anteriormente. Este tipo de cuestionario, sin embargo, tiene sus limitaciones que han sido ampliamente discutidas en el campo. Una de ellas es que produce actos de habla aislados y no secuencias de uso. Otra crítica importante es que los DCT generan lenguaje escrito y no oral, y que dan acceso a percepciones de comportamiento y no a comportamientos reales (Kasper 2008 [2000]). Sin embargo, como resaltan algunos autores (cf. Schneider 2012), es válido emplear cuestionarios de este tipo si se busca justamente acceder a percepciones de uso apropiado. Adicionalmente, algunos estudios que han contrastado resultados de DCT con resultados de interacciones naturales han mostrado que los DCT si bien no reproducen usos reales, con titubeos, reformulaciones, etc. son útiles para generar las fórmulas semánticas básicas que se emplean para realizar determinados actos de habla (cf. Beebe y Cummings 1996).

En trabajos más recientes se observa el empleo de cuestionarios que, a diferencia de los DCT tradicionales, generan secuencias de enunciados y no actos aislados, es decir, que dan acceso al discurso. Estos son los cuestionarios de completación *libre* (Barron 2005) o de producción de diálogos (cf. Schneider 2008) (sobre el español, véase, por ejemplo, Placencia 2011b). Por otro lado, los e-DCT de Mack y Sykes (2009) representan un avance metodológico en cuanto permiten que los participantes graben su respuesta generando así datos correspondientes a lenguaje oral y no escrito.

Los estudios con base en juegos de roles orales ofrecen obvias ventajas frente a los DCT tradicionales, en particular en cuanto permiten recrear la negociación de la interacción, pero tienen también sus limitaciones. El grado de *naturalidad* del lenguaje generado depende, entre otros factores, del grado de estructuración del juego de roles (Félix-Brasdefer 2003) al igual que del grado de familiaridad que tengan los participantes con la situación y con el rol que se les pida desempeñar. En última instancia, los datos provenientes de juegos de roles, si bien se aproximan más a datos espontáneos que los provenientes de DCT, no pueden ser tomados como una representación fiel de la realidad (Kerbrat-Orecchioni 2005).

Con respecto al empleo de datos naturales, hay investigadores que han optado por un enfoque etnográfico y hacen uso de datos en forma de notas provenientes de la observación (Placencia 1998), mientras que otros emplean grabaciones de interacciones espontáneas, es decir, de interacciones o usos que se dan en la vida cotidiana (Ruzickova 2007) y en el mundo de los medios de comunicación (Hardin 2001; Martínez Camino 2011), que no han sido generados con fines de investigación. Sin embargo, el empleo de datos *naturales* en la interacción cara a cara también conlleva dificultades. Por ejemplo, puede cuestionarse la *naturalidad* de este tipo de datos, dado que la presencia del investigador puede influir en la interacción (cf. Márquez Reiter y Placencia 2005).

La Red ofrece una fuente vasta de datos naturales de discurso mediado por ordenador a través de páginas web, foros y redes sociales. Empleando el enfoque de la teoría de la cortesía, Garcés-Conejos Blitvich y Bou Franch (2008), por ejemplo, examinan páginas web en español de empresas en Estados Unidos y España. Igualmente, se han realizado estudios interlingüísticos como el de Bernal (2012) sobre ciberentrevistas en la prensa digital en España y Suecia. Potencialmente, se podrían realizar también estudios de variación pragmática regional en esta área. Sin embargo, una de las dificultades para una investigación de este tipo es normalmente la falta de acceso a información sobre los participantes que permita examinar la (inter)relación entre el factor región y otros factores macrosociales. En contextos de este tipo, hay otros aspectos que cobran interés como variación en el uso de la lengua de acuerdo con el género digital (p. ej., red social, foro, chat, etc.) y las capacidades de la tecnología que sustenta a un determinado género (cf. Herring 2007). Por último, la metodología de la lingüística de corpus ofrece una valiosa alternativa para el análisis cualitativo y cuantitativo de aspectos pragmáticos. Sin embargo, este tipo de estudios también tiene sus limitaciones.

En breve, las diferentes metodologías en uso conllevan diferentes dificultades. Sin embargo, en estudios de pragmática variacional, tal como en pragmática contrastiva y otras ramas de la pragmática, hay consenso sobre el hecho de que la selección de metodología y herramienta(s) de estudio tiene que hacerse en concordancia con las preguntas y cuestiones que el investigador pretenda abordar en su trabajo, al igual que teniendo en cuenta consideraciones prácticas, éticas y otras. También hay consenso sobre la utilidad de hacer algún tipo de triangulación que permita obtener una mejor comprensión del fenómeno bajo estudio.

5. Observaciones finales

El estudio de la variación pragmática es un área fructífera en varias ramas de la pragmática. En esta entrada nos hemos ocupado principalmente de la pragmática variacional. En el mundo hispanohablante, esta rama muestra un desarrollo relativamente extenso particularmente con respecto al estudio de la relación entre usos de la lengua y región y género, pero todavía limitado en lo concerniente a otros factores como edad y estrato socioeconómico. A pesar de avances considerables en variación pragmática regional en particular, podría decirse que el área está todavía en los comienzos de su desarrollo si se tiene en cuenta, por ejemplo, la existencia de múltiples variedades nacionales y subnacionales del español al igual que la multiplicidad de fenómenos del habla y contextos de uso que podrían estudiarse contrastivamente, con poblaciones de diferentes edades y estratos socioeconómicos. Asimismo, la comunicación mediada por ordenador ha abierto una multiplicidad de nuevos contextos de estudio cuya exploración, sin embargo, está todavía en mantillas.

Por otra parte, el estudio de la relación entre usos de la lengua y factores macrosociales desde la perspectiva de la pragmática variacional no está exento de dificultades y críticas. Una de ellas es que se toman los diferentes factores macrosociales como categorías estables, adoptándose una postura que podría calificarse de determinista al hablarse del *impacto* de los diferentes factores en el uso de la lengua (Terkourafi 2012). Esto iría en contra de la perspectiva del análisis de la conversación, por ejemplo, que rechaza el empleo de categorías a priori, y que sugiere que los hablantes no necesariamente se orientan a su identidad de género u otras identidades en todas las interacciones (Schegloff 1992). Igualmente, desarrollos en sociolingüística de las últimas décadas enfatizan la necesidad de prestar atención a la coconstrucción de identidades de género y otras con el fin de evitar posturas esencialistas (Terkourafi 2012). No obstante, estamos de acuerdo con Barron (2008: 359) cuando dice que "social identities are never written on a tabula rasa in a socio-historical vacuum," y sugiere por tanto que "individuals cannot but be influenced by the social environment in which they are brought up". La pragmática variacional se ocupa justamente del estudio de estas influencias.

Con respecto a variación pragmática regional más específicamente, una crítica que puede hacerse es que los trabajos centrados en el nivel nacional asumen una homogeneidad de las variedades bajo estudio que difícilmente existe. Al respecto, es importante el desarrollo de estudios a nivel subregional. Otro aspecto espinoso en el estudio de la variación pragmática regional es que justamente se centra en el uso de la lengua en espacios geográficos. Como se señala en Placencia (2011a), con los procesos migratorios y de globalización y desarrollos tecnológicos cada vez hay más grupos que trascienden fronteras y lindes geográficos; con esto, es probable también que ciertos comportamientos estén uniformándose. Estos desarrollos han llevado a algunos críticos a predecir el fin de las culturas nacionales y en consecuencia el estudio de la variación pragmática regional perdería interés. En efecto, hay quienes abogan por que la investigación se enfoque al estudio de similitudes de comportamiento en lugar de variación cultural (cf. Martinell Gifre 2007). Ahora bien, los resultados de trabajos empíricos en variación pragmática no solo sobre el español sino sobre el inglés y otros idiomas confirman sin duda el interés del área en la actualidad (Schneider y Barron 2008b; Placencia 2011a), aunque esto puede cambiar en el futuro.

Finalmente, investigadores como Terkourafi (2007), quien se ha ocupado de variación pragmática regional en griego, advierten que si el estudio de variación es el objetivo central, se corre el riesgo de minimizar similitudes existentes entre variedades de una lengua. Es necesario tomar esto en cuenta en estudios de variación pragmática en general.

Bibliografía

Acuña Ferreira, V. (2009) *Género y discurso: las mujeres y los hombres en la interacción conversacional*, Múnich: Lincom Europa.

Barron, A. (2005) "Offering in Ireland and England", en Barron, A. y Schneider, K. P. (eds.) *The pragmatics of Irish English*, Berlín: Mouton de Gruyter, pp. 141–177.

Barron, A. (2008) "Contrasting requests in *Inner Circle Englishes: A study in variational pragmatics*", en Pütz, M. y Neff-van Aertselaer, J. (eds.) *Developing contrastive pragmatics: Interlanguage and cross-cultural perspectives*, Berlín: Mouton de Gruyter, pp. 355–402.

Bataller, R. (2013) "*¡Enrique!, échame un tintillo*. A comparative study of service encounter requests in Valencia and Granada". Comunicación presentada en *First Service Encounters and Cross-Cultural Communication Symposium*, 31 de enero-1 de febrero de 2013.

Beebe, L. M. y Cummings, M. C. (1996) "Natural speech act data versus written questionnaire data: How data collection method affects speech act performance", en Gass, S. M. y Joyce, N. (eds.) *Speech acts across cultures: Challenges to communication in a second language*, Berlín: Mouton de Gruyter, pp. 65–86.

Bernal, M. (2012) "Ciberentrevistas y actividades de (des)cortesía: un estudio comparativo español-sueco", en Placencia, M. E. y García, C. (eds.) *Pragmática y comunicación intercultural en el mundo hispanohablante*, Amsterdam: Rodopi, pp. 159–186.

Blum-Kulka, S., House, J. y Kasper, G. (1989) *Cross-cultural pragmatics: Requests and apologies*, Norwood, NJ: Ablex.

Bravo, D. (1998) "¿Reírse juntos? Un estudio de las imágenes sociales de hablantes españoles mexicanos y suecos", en Haverkate, H., Mulder, G. y Fraile Maldonado, C. (eds.) *La pragmática lingüística del español. Recientes desarrollos* (Diálogos Hispánicos, 22), Amsterdam: Rodopi, pp. 315–364.

Brown, P. y Levinson, S. C. (1987 [1978]) *Politeness: Some universals in language usage*, Cambridge: Cambridge University Press.

Cameron, R. y Flores Ferrán, N. (2004) "Perseveration of subject expression across regional dialects of Spanish", *Spanish in Context*, 1, pp. 41–65.

Clyne, M. G. (1992) *Pluricentric languages: Differing norms in different nations*, Berlín: Mouton de Gruyter.

Clyne, M. G. (1994) *Intercultural communication at work: Cultural values in discourse*, Cambridge: Cambridge University Press.

Cordella, M., Large, H. y Pardo, V. (1995) "Complimenting behavior in Australian English and Spanish speech", *Multilingua*, 14, pp. 235–252.

Curcó, C. y De Fina, A. (2002) "Modo imperativo, negación y diminutivos en la expresión de la cortesía en español: el contraste entre México y España", en Placencia, M. E. y Bravo, D. (eds.), *Actos de habla y cortesía en español*, Múnich: Lincom Europa, pp. 107–140.

Eisenchlas, S. A. (2012) "Gendered discursive practices online", *Journal of Pragmatics*, 44, pp. 335–345.

Fant, L. (1996) "Regulación conversacional en la negociación: Una comparación entre pautas mexicanas y peninsulares", en Kotschi, T., Oesterreicher, W. y Zimmerman, K. (eds.) *El español hablado y la cultura oral en España e Hispanoamérica*, Madrid/Fráncfort: Iberoamericana/Vervuert, pp. 147–183.

Félix-Brasdefer, J. C. (2003) "Validity in data collection methods in pragmatics research", en Kempchinsky, P. y Piñeros, C. E. (eds.) *Theory, practice, and acquisition: Papers from the 6th Hispanic Linguistics Symposium and the 5th Conference on the Acquisition of Spanish and Portuguese*, Somerville, MA: Cascadilla Press, pp. 239–257.

Félix-Brasdefer, J. C. (2008) "Sociopragmatic variation: Dispreferred responses in Mexican and Dominican Spanish", *Journal of Politeness Research*, 4, pp. 81–110.

Félix-Brasdefer, J. C. (2011) "Cortesía, prosodia y variación pragmática en las peticiones de estudiantes universitarios mexicanos y dominicanos", en García, C. y Placencia, M. E. (eds.) *Estudios de variación pragmática en español*, Buenos Aires: Dunken, pp. 57–86.

Félix-Brasdefer, J. C. (2012) "Pragmatic variation by gender in market service encounters in Mexico", en Félix-Brasdefer, J. C. y Koike, D. A. (eds.) *Pragmatic variation in first and second language contexts. Methodological issues*, Amsterdam: John Benjamins, pp. 17–48.

Garcés-Conejos Blitvich, P. y Bou Franch, P. (2008) "Cortesía en las páginas web interactivas. El comercio electrónico", en Briz, A., Hidalgo, A., Albelda, M., Contreras, J. y Hernández Flores, N. (eds.) *Cortesía y conversación: de lo escrito a lo oral. Actas del III Coloquio Internacional del Programa Edice* (CD), Valencia: Universitat de València, pp. 468–488.

García, C. (2004) "Reprendiendo y respondiendo a una reprimenda. Similitudes y diferencias entre peruanos y venezolanos", *Spanish in Context*, 1, pp. 113–147.

García, C. (2008) "Different realizations of solidarity politeness: Comparing Venezuelan and Argentinean invitations", en Schneider, K. P. y Barron, A. (eds.) *Variational pragmatics: A focus on regional varieties in pluricentric languages*, Amsterdam: John Benjamins, pp. 269–305.

García, C. y Placencia, M. E. (2011) "Estudios de variación pragmática (sub) regional en español: visión panorámica", en García, C. y Placencia, M. E. (eds.) *Estudios de variación pragmática en español*, Buenos Aires: Dunken, pp. 29–54.

Hardin, K. J. (2001) *Pragmatics in persuasive discourse of Spanish television advertising*, Dallas: SIL International.

Hernández Sacristán, C. (2012) "Sobre la dimensión simbólica del déficit verbal. Racionalidad, emoción y experiencia en pragmática clínica", en Placencia, M. E. y García, C. (eds.) *Pragmática y comunicación intercultural en el mundo hispanohablante*, Amsterdam: Rodopi, pp. 47–65.

Heros, S. de los (2001) *Discurso, identidad y género en el castellano peruano*, Lima: Pontificia Universidad Católica del Perú/Fondo Editorial.

Herring, S. C. (2007) "A faceted classification scheme for computer-mediated discourse. Language@ Internet" [en línea]. Accesible en http://www.languageatinternet.org/articles/2007/761 [20/11/2013].

Jørgensen, A. M. (2012) "Funciones del marcador pragmático *como* en el lenguaje juvenil español y chileno", en Placencia, M. E. y García, C. (eds.) *Pragmática y comunicación intercultural en el mundo hispanohablante* (Foro Hispánico, 44), Amsterdam: Rodopi, pp. 209–231.

Jørgensen, A. M. y Aarli, G. (2011) "Los vocativos en el lenguaje juvenil de Santiago de Chile y Madrid", en García, C. y Placencia, M. E. (eds.) *Estudios de variación pragmática en español*, Buenos Aires: Dunken, pp. 141–166.

Kasper, G. (2008 [2000]) "Data collection in pragmatics research", en Spencer-Oatey, H. (ed.) *Culturally speaking. Culture, communication and politeness theory*, Londres: Continuum, pp. 279–303.

Kasper, G. y Blum-Kulka, S. (1993) *Interlanguage pragmatics*, Nueva York/Oxford: Oxford University Press.

Kerbrat-Orecchioni, C. (2005) "Politeness in France: How to buy bread politely", en Hickey, L. y Stewart, M. (eds.) *Politeness in Europe*, Clevedon: Multilingual Matters, pp. 29–57.

Lakoff, R. T. (1975) *Language and woman's place*, Nueva York: Harper and Row.

Leech, G. N. (1983) *Principles of pragmatics*, Londres: Longman.

Mack, S. y Sykes, J. M. (2009) "*¡Qué feíto estás tú también, cariño!*: A comparison of the response to the use of 'positive' irony for complimenting in Peninsular and Mexican Spanish", *Studies in Hispanic and Lusophone Linguistics*, 2, pp. 305–345.

Márquez Reiter, R. (2000) *Linguistic politeness in Britain and Uruguay: A contrastive study of requests and apologies*, Amsterdam: John Benjamins.

Márquez Reiter, R. (2002) "A contrastive study of conventional indirectness in Spanish: Evidence from Peninsular and Uruguayan Spanish", *Pragmatics*, 12, pp. 135–151.

Márquez Reiter, R. y Placencia, M. E. (2004) "Displaying closeness and respectful distance in Montevidean and Quiteño service encounters", en Márquez Reiter, R. y Placencia, M. E. (eds.) *Current trends in the pragmatics of Spanish*, Amsterdam: John Benjamins, pp. 121–155.

Márquez Reiter, R. y Placencia, M. E. (2005) *Spanish pragmatics*, Basingstoke: Palgrave Macmillan.

Martinell Gifre, E. (2007) "La gestualidad hoy, en el marco de la competencia intercultural y de la tendencia a la globalización", en Balmaseda Maestu, E. (ed.) *Las destrezas orales en la enseñanza del español. XVII Congreso Internacional de la Asociación del Español como lengua extranjera (ASELE): Logroño, 27–30 de septiembre de 2006*, Logroño: Universidad de La Rioja, pp. 65–82.

Martínez Camino, G. (2011) "Análisis comparativo del dominio interactivo en los diálogos ficticios de la publicidad mexicana y de la española", en Fuentes Rodríguez, C., Alcaide, E. y Brenes, E. B. (eds.) *Aproximaciones a la descortesía verbal en español*, Berne: Peter Lang, pp. 443–460.

Oesterreicher, W. (2002) "El español, lengua pluricéntrica: perspectivas y límites de una autoafirmación lingüística nacional en Hispanoamérica. El caso mexicano", *Lexis*, 26, pp. 275–304.

Placencia, M. E. (1998) "Pragmatic variation: Ecuadorian Spanish vs. Peninsular Spanish", *Spanish Applied Linguistics*, 2, pp. 71–106.

Placencia, M. E. (2001) "Inequality in address behavior at public institutions in La Paz, Bolivia", *Anthropological Linguistics*, 43, pp. 198–217.

Placencia, M. E. (2005) "Pragmatic variation in corner store interactions in Quito and Madrid", *Hispania*, 88, pp. 583–598.

Placencia, M. E. (2008) "Pragmatic variation in corner shop transactions in Ecuadorian Andean and Coastal Spanish", en Schneider, K. P. y Barron, A. (eds.) *Variational pragmatics. A focus on regional varieties in pluricentric languages*, Amsterdam: John Benjamins, pp. 307–332.

Placencia, M. E. (2011a) "Regional pragmatic variation", en Andersen, G. y Aijmer, K. (eds.) *Pragmatics of society* (Handbooks of Pragmatics, 5), Berlín: De Gruyter, pp. 79–113.

Placencia, M. E. (2011b) "*¡Estás full linda!* El impacto del nivel socioeconómico en la realización de cumplidos entre mujeres en Quito", en Alcoba, S. y Poch, D. (eds.) *Cortesía y publicidad*, Barcelona: Ariel/Planeta, pp. 115–136.

Placencia, M. E. y Fuentes Rodríguez, C. (2013) "Cumplidos de mujeres universitarias en Quito y Sevilla: un estudio de variación pragmática regional", *Pragmática Sociocultural. Revista Internacional sobre Lingüística del Español*, 1, pp. 100–134.

Placencia, M. E. y Mancera Rueda, A. (2011) "Dame un cortado de máquina, cuando puedas: estrategias de cortesía en la realización de la transacción central en bares de Sevilla", en Fuentes Rodríguez, C., Alcaide Lara, E. y Brenes Peña, E. (eds.) *Aproximaciones a la (des)cortesía verbal en español*, Berna: Peter Lang, pp. 491–508.

Puga Larraín, J. (1997) *La atenuación en el castellano de Chile: un enfoque pragmalingüístico*, Valencia: Tirant Lo Blanch Libros/Universitat de València.

Ruzickova, E. (2007) "Customer requests in Cuban Spanish: Realization patterns and politeness strategies in service encounters", en Placencia, M. E. y García, C. (eds.) *Research on politeness in the Spanish-speaking world*, Mawah, NJ: Lawrence Erlbaum, pp. 213–241.

Schegloff, E. A. (1992) "In another context", en Duranti, A. y Goodwin, C. (eds.) *Rethinking context: Language as an interactive phenomenon*, Cambridge: Cambridge University Press, pp. 191–227.

Schneider, K. P. (2008) "Small talk in England, Ireland, and the U. S. A.", en Schneider, K. P. y Barron, A. (eds.) *Variational pragmatics. A focus on regional varieties in pluricentric languages*, Amsterdam: John Benjamins, pp. 99–139.

Schneider, K. P. (2012) "Appropriate behaviour across varieties of English", *Journal of Pragmatics*, 44, 9, pp. 1022–1037.

Schneider, K. P. y Barron, A. (2008a) "Where pragmatics and dialectology meet: Introducing variational pragmatics", en Schneider, K. P. y Barron, A. (eds.) *Variational pragmatics: A focus on regional varieties in pluricentric languages*, Amsterdam: John Benjamins, pp. 1–32.

Schneider, K. P. y Barron, A. (2008b) *Variational pragmatics: A focus on regional varieties in pluricentric languages*, Amsterdam: John Benjamins.

Scollon, R. y Scollon, S. W. (2001 [1995]) *Intercultural communication: A discourse approach*, 2.ª ed., Oxford: Blackwell.

Spencer-Oatey, H. (2008 [2000]) "Face, (im)politeness and rapport", en Spencer-Oatey, H. (ed.) *Culturally speaking. Culture, communication and politeness theory*, Londres: Continuum, pp. 11–47.

Taavitsainen, I. y Jucker, A. H. (2008) "Speech acts now and then: Towards a pragmatic history of English", en Jucker, A. H. y Taavitsainen, I. (eds.) *Speech acts in the history of English*, Amsterdam: John Benjamins, pp. 1–23.

Terkourafi, M. (2007) "Perceptions of difference in the Greek sphere: The case of Cyprus", *Journal of Greek Linguistics*, 8, pp. 60–96.

Terkourafi, M. (2012) "Between pragmatics and sociolinguistics. Where does pragmatic variation fit in?", en Félix-Brasdefer, J. C. y Koike, D. A. (eds.) *Pragmatic variation in first and second language contexts. Methodological issues*, Amsterdam: John Benjamins, pp. 295–318.

Uber, D. R. (1985) "The dual function of *usted*: Forms of address in Bogotá, Colombia", *Hispania*, 68, pp. 388–392.

Villemoes, A. (2003) "How do southern Spaniards create the conditions necessary to initiate negotiations with strangers?", *Hermes Journal of Linguistics*, 31, pp. 119–134.

Wagner, L. y Roebuck, R. (2010) "Apologizing in Cuernavaca, Mexico and Panama City, Panama: A cross-cultural comparison of positive- and negative-politeness strategies", *Spanish in Context*, 7, 2, pp. 254–278.

Entradas relacionadas

cortesía y descortesía; pragmática

VARIACIÓN SINTÁCTICA

María José Serrano

1. Introducción

Todas las lenguas muestran la capacidad de variar los recursos y posibilidades expresivas mediante sus gramáticas. El estudio de la variación en sintaxis se ocupa de las sucesiones y combinaciones de elementos que proporcionan a los hablantes la capacidad de representar los contenidos de modo diverso y de orientar de una u otra forma la comunicación humana. Por tanto, dado que esta variación constituye el principal punto de partida para la creación de significados, conlleva importantes repercusiones semánticas, cognitivas, sociocomunicativas y estilísticas.

2. Descripción y caracterización

No es hasta que surge la sociolingüística correlacional o laboviana, creada a partir del estudio de variantes fonológicas, cuando los analistas consideran la posibilidad de estudiar la variación de los elementos sintácticos del mismo modo que se hacía con los del plano fonético, donde la elección de una variante frente a otra no conlleva cambios en el significado. Inicialmente se pretendía que las variantes en sintaxis fueran sinónimas, lo cual dio lugar a un intenso debate sobre la existencia de "auténtica" variación. No obstante, mediante la incorporación de distintas herramientas hermenéuticas y teorías en el análisis (fundamentalmente de los estudios discursivo-pragmáticos y de la lingüística cognitiva) la variación sintáctica ha podido estudiarse y analizarse adecuadamente, no como causante de un "problema" de significado, sino precisamente como el origen de este.

Los estudios en este campo permiten entender por qué un hablante emite una construcción de una forma determinada en una situación social y comunicativa concreta y cómo se construye la elección o posibilidad significativa que comporta. Así, la variación sintáctica es uno de los mayores potenciales lingüísticos de significado que poseen todas las lenguas, ya que es el reflejo de la variabilidad del entorno natural y social donde se desenvuelve el ser humano.

3. Perspectivas teóricas e históricas

Distintos estudios sobre variantes fonéticas en algunas comunidades norteamericanas como la ciudad de Nueva York o la isla de Martha's Vineyard (Massachusetts) (Labov 1963, 1966) demostraron que la variación en la lengua no es libre, sino socialmente condicionada, de forma que cada variante fonética podía correlacionarse con uno o más factores sociales. El éxito de esta nueva metodología, diseñada casi exclusivamente para el análisis de variables fonológicas, llevó a los estudiosos a aplicarlas a otros distintos, como la sintaxis, considerando que esto no constituiría "un salto conceptualmente difícil" (Sankoff 1973: 58). Así pues, la autora emprende el estudio de distintas variables sintácticas, tales como la colocación del marcador de futuro *bai-bambai* en el tok pisin de Nueva Guinea, a la que le siguen otros trabajos (véase Laberge y Sankoff 1979; Weiner y Labov 1983). Sin embargo, todos los estudiosos advirtieron que no era posible analizar variantes sintácticas empleando la misma metodología que en el plano fonético-fonológico porque, puestas en comparación, estas conllevaban diferencias de significado, lo que dificultaba o hacía inviable la posterior correlación social y estilística. Esta supuesta insuficiencia dio lugar a un fuerte debate sobre las posibilidades de emprender un estudio sociolingüístico "más allá del plano fonológico", iniciado por Lavandera a partir de su estudio de las estructuras condicionales (1975, 1984) y secundado por Romaine (1984) y García (1985), entre otros autores. Se argumentaba básicamente que confrontar dos o más formas sintácticas (formas verbales, *dequeísmo*, alternancia entre construcción activa y pasiva, etc.) implicaba siempre un conjunto de valores semánticos y pragmáticos que no las convertía en "formas distintas de decir lo mismo". Para solventar de algún modo esta pretendida insuficiencia, Labov (1975) y Weiner y Labov (1983) consideran que no es necesario confinar el estudio de la variación sintáctica a alternativas sinónimas, aunque no proponen soluciones específicas, como sí hace D. Sankoff mediante su conocida propuesta de la *neutralización* (1988: 153–154, 157). En ella argumenta que, aunque las variantes sintácticas conllevan diferencias de significado, estas no tienen por qué ponerse de manifiesto en todas las situaciones comunicativas en las que se use, de modo que dichas diferencias pueden quedar neutralizadas en el discurso. De modo similar, Lavandera (1984: 36, 45) propone debilitar la condición del significado a partir del establecimiento de una comparabilidad funcional; sin embargo, aunque ambas operaciones se han aplicado al estudio de distintas variantes sintácticas, el significado termina por emerger de un modo u otro.

Al lado de la cuestión de la pretendida sinonimia de las variantes sintácticas, se han debatido otros tres aspectos:

a) *La naturaleza de la variable.* La tendencia más común ha sido la de imitar los procedimientos analíticos para la creación y delimitación de la noción de *variable*, como elemento que aúna dos o más posibilidades variantes; sin embargo, este procedimiento suele prescindir del conjunto de valores no solo sintácticos, sino también discursivo-pragmáticos, cognitivos, estilísticos y comunicativos que proporciona. Además, no es necesario analizar solo variantes alternantes, ya que en realidad nunca serán "formas de decir lo mismo".

b) *La "cantidad" de variación sintáctica en una lengua.* Se ha argumentado que hay menos variación sintáctica que fonológica o léxica en una lengua (Silva-Corvalán 1989: 98), sin embargo, alejándonos de una concepción meramente mecánica y formalista de la variación y teniendo en cuenta que la variación adquiere unas dimensiones significativas muy diversas, es posible afirmar que cuantitativa y cualitativamente hay tanta o más variación sintáctica que fonético-fonológica o léxica.

c) *La implicación de la sintaxis con los factores sociales*. La implicación de la sintaxis con los factores sociales ha sido también cuestionada, pero en realidad puede y debe ser puesta en relación con los distintos factores y elementos del entorno circundante, al considerarlos como representaciones estilísticas concretas que son utilizadas por los hablantes en distintas situaciones e interacciones comunicativas.

En los estudios de variación sintáctica pueden establecerse tres etapas más o menos definidas (Serrano 2011b: 190–202):

a) La primera, cuando se emprende el análisis de las variantes sintácticas como formas alternantes o sinónimas y donde se pretende hacer prevalecer el factor social como explicativo (con reminiscencias de la dialectología tradicional), estudiando formas que se correlacionan con clases o grupos sociales, entendidos estos como conjunto de individuos con unas características inherentes comunes y previsiblemente estáticas, y donde predomina el estudio de comunidades de habla localizadas geográficamente.

b) La segunda (aproximadamente a partir de los primeros años de la década de los noventa), en la que se incorporan las herramientas del análisis del discurso y de la pragmática lingüística, además de otros componentes fundamentales de la interacción comunicativa.

c) La tercera, más reciente, donde resulta obsoleto e improcedente cuestionarse la sinonimia de las variantes. Se considera que estas son "formas distintas de decir cosas distintas" a partir de sus propiedades cognitivo-textuales inherentes y que están estrechamente relacionadas con distintos factores de naturaleza social, entendidos y aplicados como elementos dinámicos, adaptados al objetivo de la comunicación y puestos en relación con el tipo de texto y con la situación o interacción donde se producen.

4. Temas y tópicos

Algunos de los temas y tópicos más frecuentemente estudiados como casos de variación sintáctica son los siguientes:

4.1. La alternancia de formas verbales en la cláusula

Las alternancias entre los modos subjuntivo, indicativo y condicional se hacen correlacionar con distintos factores sociales (sexo, edad y educación) (Lavandera 1975). Silva-Corvalán (1984) analiza las formas del condicional (*tendría*) y el subjuntivo (*tuviera*) en la prótasis de las oraciones condicionales ("Si *tendría/tuviera*") en Covarrubias (Burgos), donde la primera forma tiende a sustituir a la segunda. Se observa que el condicional constituye una forma intermedia entre el imperfecto de subjuntivo (*-ra/-se*) y las formas del indicativo y los resultados cuantitativos apuntan también a que es usada con mayor frecuencia entre las mujeres. En La Laguna (Santa Cruz de Tenerife), Serrano (1994) analizó cuatro variables condicionales según el grado de probabilidad de cumplimiento de la hipótesis: *reales*, *potenciales*, *irreales referidas al pasado* e *irreales referidas al no pasado* de acuerdo con los tiempos verbales de la prótasis y de la apódosis.

Con respecto a las terminaciones variables del modo subjuntivo (*-ra* y *-se*), Blas Arroyo y Porcar (1994) concluyen que existe una tendencia a la aparición de *-se* en registros formales, lo cual conlleva una disminución de la variante *-ra*, que es la tendencia general de las variedades españolas.

La aplicación de la metodología variacionista tradicional hace posible la observación de los posibles cambios en marcha, tal es el caso de la sustitución de las formas del indicativo en las estructuras condicionales ("Si *tenía* doce hijos, los *atendía* a todos") por las del subjuntivo y el condicional ("Si *tuviera* doce hijos, los *atendería* a todos") en las construcciones condicionales (Serrano 1995a: 179).

La *variación entre las formas de futuro sintético (iré) y analítico (voy a ir)* recibe también atención por parte de los estudiosos de la variación sintáctica; en el español castellonense es analizada por Ramírez-Parra y Blas Arroyo (2000) donde se observan influencias del contacto de lenguas. De hecho, la forma sintética (*iré*) se usa con mayor frecuencia entre los hablantes cuya lengua materna es el catalán, mientras que los hablantes que usan el castellano predominantemente tenderán al empleo de la forma perifrástica (Blas Arroyo 2008). Esta es, sin embargo, la más frecuente en el español americano, mientras que la forma sintética queda reservada casi exclusivamente al discurso escrito (Bentivoglio y Sedano 2011: 174). Por su parte, Aaron (2010) estudia estas formas relacionándolas entre sí en sus contextos de aparición.

La alternancia entre la *variación en las formas verbales de perfecto compuesto (he cantado) y el perfecto simple (canté)* es otro tema recurrente en variación sintáctica. Schwenter (1994) y Schwenter y Torres Cacoullos (2008) comprueban que el primero tiende a la gramaticalización en los distintos contextos en los que alterna con el segundo (Torres Cacoullos 2011). Esta alternancia es más frecuente en situaciones comunicativas cuyo estado de cosas se amplía o prolonga hacia el presente: "Entonces, aparte de que *he asumido* un papel, me *he dado cuenta* de que tengo una facilidad para adaptar mi voz a un escenario" (Serrano 1995–1996: 546–560).

4.2. Expresión/omisión del sujeto pronominal y su colocación preverbal/posverbal

De forma general, los trabajos sobre este caso de variación se centran fundamentalmente en distintas cuestiones discursivas y pragmáticas, además de en el tipo de verbo que acompaña al sujeto (Enríquez 1984), la función de tópico oracional (Bentivoglio 1987; Morales 1982), así como su colocación preverbal o posverbal (Ocampo 1990, entre otros). El pronombre resulta obligatorio en ciertos enunciados, como: "Cindy toma café con leche pero yo/*Ø prefiero café negro"; en estos casos el análisis se enfoca hacia su función contrastiva (Matos Amaral y Schwenter 2005: 119).

La posibilidad de que la omisión del pronombre de sujeto influya en la identificación del referente ha dado lugar a la observación de algunos mecanismos de compensación lingüística, como la elisión de la /s/ en las desinencias verbales, lo que se ha dado en llamar *hipótesis funcional* (Hochberg 1986), cuya representatividad ha sido cuestionada en algunas variedades hispánicas (Cameron 1993). Con la metodología correlacional tradicional, se ha concluido que esta variable no suele estar relacionada con factores sociales (Silva-Corvalán 2001: 155); no obstante, Cameron (1995), en su estudio sobre la expresión del sujeto en Madrid y Puerto Rico, comprueba la existencia de diferencias sociales en el uso de las variantes.

4.3. El leísmo

A partir de la distribución de este fenómeno en Valencia, Blas Arroyo (1994: 120) concluye que el *leísmo de persona* ("Vi a tu hermano>Le vi") es un fenómeno gramatical con una fuerte vitalidad en dicha comunidad de habla. El estudio se centra solamente en hablantes de la primera generación, con lo cual concluye que podría tratarse de un uso innovador que apunta a un cambio en marcha. Moreno Fernández (1998) lo analiza en el español hablado en Madrid. Por su parte, Klein Andreu (1991) realiza un estudio etimológico de las formas *le*, *la* y *lo* y sus respectivos plurales en algunas variedades de Castilla.

4.4. La alternancia tú/usted

Aunque el contraste de las variantes *tú-usted* conlleva obvias diferencias en el plano socio-pragmático e interactivo (con lo cual la imposibilidad de que signifiquen *lo mismo* se agudiza), la mayoría de las investigaciones sobre este fenómeno se han llevado a cabo con la metodología variacionista laboviana, que limita su análisis a la distribución de los contextos de uso de cada forma entre grupos sociales, a través de cuestionarios y pruebas de evocación. En comunidades como San Juan de Puerto Rico lo estudian Jaime de Arrieta y Cuadros de Béssega (1997) y como alternancia entre *tú*, *vos* y *usted*, entre otros, Páez Urdaneta (1981), Solé (1970) y Uber (1985).

4.5. El fenómeno variable (de)queísmo

Bentivoglio y D'Introno (1977) lo analizan en el español de Caracas sociolingüísticamente mediante la estratificación social. Otro estudio importante fue el realizado por García (1986), en el que argumenta que la cláusula con preposición (*pienso de que*) no es equivalente a la que se formula sin ella (*pienso que*), ya que la primera implica un alejamiento icónico del hablante con respecto al contenido de la frase, mientras que la segunda, por el contrario, conlleva una implicación del hablante sobre dicho contenido, de modo que la preposición constituye una distinción de índole comunicativa. En la misma línea, Serrano (1998: 396) encuentra que la preposición funciona como un marcador deíctico que sirve de enlace semántico del verbo con su término. Este fenómeno necesita incorporar otros elementos que superan la tradicional concepción de variación ceñida a la identidad de significado, porque son formas que no admiten equivalencia o similitud semántica. Así, en su estudio en la ciudad de Alicante, Schwenter (1999: 71) concluye que la presencia de la preposición aporta una noción metafórica de distancia presente en oraciones como "Cuando la gente se enteró *de que* era el 14 de junio" y ausente en "Luego me enteré Ø *que* el funeral había sido privado". De hecho, se ha demostrado que la preposición *de* constituye un marcador de evidencia que se utiliza para resaltar la información proposicional cuando el hablante y el referente de la información no coinciden (Guirado 2009). Scherre y Naro (1991) y Mollica (1991) estudian este fenómeno en el portugués hablado en Brasil. Por lo que respecta al *queísmo*, menos frecuente que el *dequeísmo*, Bentivoglio y Galué (1998–1999) concluyen que la preposición no es necesaria, ya que no compromete funcionalmente al contenido.

4.6. Las variantes en el plano discursivo-pragmático y comunicativo-interaccional

De los estudios sobre variación sintáctica reseñados se desprende que no se puede prescindir del significado (en todas sus dimensiones y acepciones posibles) para describirla y estudiarla óptimamente. La necesaria inclusión del factor discursivo-pragmático en los estudios de variación no fonológica hacía necesario extender el análisis hacia construcciones que exceden los márgenes estrictos de la cláusula, tal es el caso de los marcadores del discurso

(Andersen 2001; Dines 1980; Schiffrin 1987; Schilling-Estes 1999). De este modo, se empieza a abordar el análisis de fenómenos puramente discursivos, incorporando métodos cuantitativos (Pichler 2010). Blas Arroyo (1998) analiza los usos de *venga* en intervenciones directivas, reactivas, evaluativas y como rutina en las secuencias de cierre. Serrano (1995b: 13–16, 1999b) estudia los marcadores *la verdad*, *pues* y *bueno*.

Con la observación de elementos de esta naturaleza se añaden las posibles diferencias en la comunicación que deben ser tenidas en cuenta de forma situada en la interacción entre los hablantes, al tiempo que se propone una dimensión equilibrada entre las metodologías cualitativa y cuantitativa (Serrano 1999a: 11–49). Con esta nueva metodología, entre otros temas, se estudian las formas de tratamiento pronominales, la cortesía verbal (Blas Arroyo 2005a; 2005b) y la variación sintáctico-discursiva de las formas verbales de subjuntivo e infinitivo en las oraciones completivas (Serrano 2004).

5. Contribuciones recientes

Una de las deficiencias advertidas en los análisis variacionistas tradicionales es la ausencia de una explicación factible de la relación entre hablante y uso o selección variable, y ello debido al predominio de una postura conductista que analiza clases cerradas de individuos con comportamientos previsiblemente opuestos (clase alta frente a clase baja, hombre frente a mujer, etc.) en cuanto al uso de una forma lingüística, de los que se espera una conducta más o menos homogénea en su comunidad de habla. Así, por ejemplo, se relaciona el fenómeno *(de)queísmo* con un sexo o género y el uso de *usted* con la edad que posee el individuo, sin explicar nada más allá de la frecuencia con la que, según esta pertenencia, se utiliza una determinada variante en oposición a otra.

Por ello, venía siendo necesario ahondar en la naturaleza comunicativa de la variación en el plano sintáctico y enfocar su estudio desde una perspectiva diferente, donde no se *describen* simplemente fenómenos variables, sino que además se *explican*. Así pues, las contribuciones recientes al estudio de la variación sintáctica no pueden pasar por alto el paradigma teórico cognitivista, basado en que forma y contenido son indisolubles. Esto remite a principios generales de la cognición humana y a la forma en que esta se construye a través de la interacción con la sociedad y con el experiencialismo (Croft y Cruse 2008: 18–20; Langacker 2009). De este modo se crea una metodología para el estudio de la variación que, partiendo de sus propiedades cognitivas, crea distintos significados (lingüísticos y sociales), los cuales pueden dar lugar a estilos comunicativos en el discurso (Aijón Oliva y Serrano 2010, 2013; Serrano 2011a: 141–181; Serrano y Aijón Oliva 2011).

La tendencia actual que investiga los mecanismos internos de base cognitiva que subyacen en la variación sintáctica conecta con los enfoques más modernos de la lingüística cognitiva, que tiende a extender el estudio de la cognición individual hacia la social o colectiva (Kristiansen y Dirven 2008: 2; Kronenfeld 2008). Esta aproximación a una sociolingüística cognitiva se había manifestado ya en este campo (Delbecque 2005). La forma de estudiar las variables sintácticas desde la perspectiva cognitiva a partir de datos procedentes de corpus se realiza, al menos, siguiendo dos tendencias; una de ellas es la de Gries y Stefanowitsch (2004), centrada en los aspectos psicolingüísticos o internos que llevan al hablante a elegir una variante frente a otra, sin relacionarlas con variables externas. Otra es la llevada adelante por autores como Grondelaers, Geeraerts y Speelman (2006), que explica la variación como la interacción entre variables internas y externas.

Tomando como punto de partida algunas propiedades cognitivas que posee la gramática, tales como la prominencia cognitiva y la informatividad textual (Serrano 2013a), se ha podido desarrollar ampliamente el estudio de la variación sintáctica en la actualidad, fundamentalmente en lo que respecta a la variación de *los sujetos pronominales* en español. La prominencia cognitiva implica que los referentes del sujeto están activados o son accesibles en el discurso (Langacker 2009), con lo cual se hace innecesaria su formulación y por lo tanto constituye la característica básica de los sujetos omitidos. Por su parte, la informatividad textual (Beaugrande y Dressler 1997) implica el valor contrario; aporta focalización pragmática del referente del pronombre cuando viene expreso. Ambas propiedades, en conjunción con otros factores discursivo-pragmáticos, dan lugar a numerosos significados. Por ejemplo, aunque el español tiende a la omisión del pronombre sujeto, cuando se formula la primera persona 'yo', el enunciado adquiere un significado orientado cognitivamente hacia la subjetivación (Serrano 2014):

(1) *Yo* no pretendo llegar a la mayoría absoluta*yo* no digo que vayamos a tener la mayoría absoluta\\pero sí Ø digo que ahora mismo este partido es el partido de la mayoría absoluta\\ (CCEC<Med12 ElEnv11-1>).

La segunda persona del singular *tú* en algunos enunciados se transforma en un uso *objetivador* (Serrano y Aijón Oliva 2012, 2013a), cuando en realidad representa a la primera ('*tú* como si fueras *yo*'):

(2) Es una convivencia larga e intensa con todos los compañeros de la actividad\\Ø te *levanta*s con 44\\Ø *haces* la comida con 44\\Ø *tienes* hambre con 44 y el cansancio físico Ø lo *tienes* con 44 compañeros más\\Ø *vives* con 44 más\\ (CCEC Med12 <RoyCo308>).

Por lo que respecta a la variante de la segunda persona del singular 'usted', la expresión y la omisión arrojan también resultados interesantes; no solamente es uno de los pronombres que mayor frecuencia obtiene en la expresión, sino que presenta una marcada tendencia a la posposición (Serrano 2012).

Las variantes expresa, omitida y preverbal/posverbal de las personas del plural también exhiben los significados correspondientes a las propiedades cognitivas señaladas. 'Nosotros' es un pronombre que rara vez aparece expreso, por lo que la variante omitida adquiere al mismo tiempo la posibilidad de incluir o excluir a la audiencia. Esto da lugar a un conjunto muy variado de posibilidades expresivas entre las que destaca la *primera persona del plural con valor empático* (Serrano y Aijón Oliva 2013b) donde el hablante, mediante el uso de esta forma, incluye a la audiencia, implicándola y haciéndola partícipe en el contenido:

(3) *alcanzamos* las seis en punto de la tarde/*nos volvemos a encontrar*/tan solo si tú quieres/¿mañana sobre la una?/¿te va bien:? (MEDIASA <Mus-Ci-230903-18:00>).

La colocación del sujeto con respecto al verbo conlleva también distintas implicaciones de significado, basadas en sus características cognitivas; cuando aparece en posición preverbal adquiere una mayor prominencia cognitiva y una menor informatividad, al contrario de cuando aparece en posición posverbal, mediante la cual el referente del sujeto resulta más informativo (Serrano 2013b: 263–264). Estas características se confirman también en los textos de los medios de comunicación (Serrano 2012: 112–115). Cuando el sujeto cambia su posición prototípica final y se sitúa en posición preverbal en los enunciados interrogativos, el enunciado adquiere un significado modalizador (Aijón Oliva y Serrano 2012a: 143–144):

(4) A. Yo:::una pregunta que sí quería hacerle\buenos días\¿*usted* en su momento se separa o se divorcia?/

   B. No\yo me separé\(CCEC<Conv MaElex>).

Del mismo modo, en las cláusulas declarativas, la inversión del esquema SVO promueve que el sujeto pospuesto y su referente adquiera una mayor informatividad (Serrano y Aijón Oliva 2013c):

(5) ahora tengo gran ilusión en la novillada y si no embiste, *lo* tendré que hacer *yo*, porque oportunidades así, con lo que me ha costado, no se pueden dejar pasar (MEDIASA <Not-Ga-260804-37>).

Este nuevo enfoque del estudio de la variación sintáctica, que conjuga el significado de las variantes y la perspectiva cognitiva y textual con la sociocomunicativa ha permitido alcanzar notables resultados en torno a la variación estilística, fundamentalmente en torno a las dimensiones del *continuum* objetividad-subjetividad. También ha servido para abordar las tradicionales clases sociales de un modo dinámico y adaptado a la interacción; se estudian funciones comunicativas que los hablantes desempeñan en los textos conversacionales (transaccional o interpersonal) y adscripciones socioprofesionales en los textos de los medios de comunicación, además del sexo/género (Aijón Oliva y Serrano 2013: cap. 4).

6. Metodología

En sus comienzos, la metodología para el estudio de variantes sintácticas reproducía los procedimientos utilizados en el plano fonético-fonológico, condensados en los siguientes pasos:

a) Establecimiento de las posibles variantes de una variable (por ejemplo, las construcciones en activa y las construcciones en pasiva, de la *variable* voz activa/pasiva).
b) Identificación de los contextos lingüísticos que promueven el uso de cada una de las variantes (denominadas *variables independientes*).
c) Distribución de cada variante según distintos grupos sociales previamente seleccionados (también denominadas *variables independientes*).
d) Cuantificación tanto en porcentajes como en probabilidades de aparición de cada variante según las variables independientes. Una de las herramientas más conocidas y utilizadas para ello es el paquete estadístico Varbrul (*Variable Rule*), que ha ido evolucionando (*Varbrul 2,2S,3*) hasta el actual *GoldVarb Lion* (Sankoff, Tagliamonte y Smith 2012).

De forma general, el objetivo primordial de esta metodología era obtener correlaciones de variantes lingüísticas con sociales, de modo que el análisis cualitativo se reducía a una descripción más o menos exhaustiva de las variables independientes, sin explicar su relación con la variable y sus variantes, ni su significado en relación con estas. Con la introducción del factor discursivo-pragmático e interaccional, se pone de manifiesto la necesidad de explicar la naturaleza interna de las variantes sintácticas profundizando en los distintos niveles en los que participa: su aparición en un discurso determinado, su significado cognitivo-textual y el valor que adquiere en el transcurso de la interacción comunicativa.

La metodología de estudio de variantes sintácticas se ha visto implicada en la tradicional dicotomía teórica de los análisis lingüísticos en general, que distingue entre una perspectiva *formal* y otra *funcional* (Figueroa 1994: 23–25). Se ha considerado que la sociolingüística (y, en consecuencia, la variación sintáctica) podría enmarcarse en la segunda, donde se presupone que los elementos gramaticales *funcionan* con un fin comunicativo determinado. Sin embargo, todo análisis sintáctico que pretenda ser considerado *funcional* no puede prescindir de un análisis formal; de hecho, para llegar a determinar la función que cumple una determinada estructura, frase o uso sintáctico es imprescindible la observación de sus características formales; la posibilidad de que una estructura funcione de una u otra manera viene determinada en buena medida por su naturaleza formal (Serrano 2006: 7–8). Esta idea adquiere mayor relevancia si nos apoyamos en la perspectiva de la lingüística cognitiva que, si bien se centra en la función o el uso, no descuida la atención en la forma, ya que es el vehículo por medio del cual se concretan los aspectos del significado (Cuenca y Hilferty 2013: 30; Langacker 1999: 21–23; Lakoff 1987: 463). La consideración de que ambas perspectivas son dependientes ofrece el mejor método para abordar la variación sintáctica actualmente.

La metodología actual de análisis de la variación sintáctica podría comprender las siguientes etapas:

a) Observación de las posibles variantes de un fenómeno o variable gramatical en un contexto determinado (género textual o conversación espontánea).

b) Determinación de las propiedades cognitivas de dichas variantes y del significado discursivo-pragmático que se crea con cada una de ellas en un enunciado o texto determinado.

c) Observación de la utilización de cada variante según la función comunicativa del hablante y las características del género o texto donde se produce.

d) Cuantificación de cada variante según la *frecuencia relativa*, esto es, contrastando la frecuencia de una frente a otra o de una variante frente a cualquier otro elemento sociocomunicativo (por ejemplo, sexo/género, adscripción socioprofesional, etc.).

e) Cuantificación de la *variable absoluta* (si se considera necesario) calculando la frecuencia de una variante por cada 10.000 palabras en un género textual.

f) Obtención de resultados que permitan delinear el estilo comunicativo creado, que tendrá un origen gramatical variable (dado que se parte de variantes sintácticas) y cognitivo (puesto que se observan las propiedades cognitivas de las variantes).

La principal innovación de esta metodología frente a las precedentes es que presta una mayor atención al análisis cualitativo mediante el examen detenido de las características cognitivas y discursivo-pragmáticas de las variantes, así como de la coaparición de esas variantes con otros elementos lingüísticos y sociales en distintos géneros y situaciones comunicativas (Aijón Oliva y Serrano 2012b: 85–87, 92). Asimismo, el análisis cuantitativo se realiza como consecuencia de los resultados obtenidos en el plano cualitativo; de hecho, la cuantificación de la variable absoluta no es solo un simple procedimiento de cálculo, sino, además, una vía para explicar cómo se construye paralelamente la forma y el significado en un texto a partir de la cuantificación de su frecuencia en las situaciones comunicativas donde se utiliza y entre hablantes con distinta función social.

Bibliografía

Aaron, J. E. (2010) "Pushing the envelope: Looking beyond the variable context", *Language Variation and Change*, 22, 1, pp. 1–36.

Aijón Oliva, M. A. y Serrano, M. J. (2010) "The cognitive bases of linguistic style", *Sociolinguistic Studies*, 4, 1, pp. 115–144.

Aijón Oliva, M. A. y Serrano, M. J. (2012a) "La posición del sujeto pronominal en las cláusulas no declarativas", *Onomázein*, 26, 2, pp. 131–164.

Aijón Oliva, M. A. y Serrano, M. J. (2012b) "Towards a comprehensive view of variation in language: The absolute variable", *Language & Communication*, 32, 1, pp. 80–94.

Aijón Oliva, M. A. y Serrano, M. J. (2013) *Style in syntax. Investigating variation in Spanish pronoun subjects*, Berna: Peter Lang.

Andersen, G. (2001) *Pragmatic markers and sociolinguistic variation*, Amsterdam: Benjamins.

Beaugrande, R. A. y Dressler, W. (1997) *Introducción a la lingüística del texto*, Barcelona: Ariel.

Bentivoglio, P. (1987) *Los sujetos pronominales de primera persona en el habla de Caracas*, Caracas: Universidad Central de Venezuela.

Bentivoglio, P. y D'Introno, F. (1977) "Investigación sociolingüística: sus métodos aplicados a una experiencia venezolana", *Boletín de la Academia Puertorriqueña de la Lengua Española*, 6, pp. 58–82.

Bentivoglio, P. y Sedano, M. (2011) "Morphosyntactic variation in Spanish-speaking Latin America", en Díaz Campos, M. (ed.) *The handbook of Hispanic sociolinguistics*, Oxford: Wiley-Blackwell, pp. 168–186.

Bentivoglio, P. y Galué, D. (1998–1999) "Ausencia y presencia de la preposición *de* ante cláusulas encabezadas por *que* en el español de Caracas: un análisis variacionista", *Boletín de Filología de la Universidad de Chile*, 37, pp.139–159.

Blas Arroyo, J. L. (1994) "Datos sobre el uso de los pronombres átonos de tercera persona en el habla de Valencia: aproximación sociolingüística", *Epos. Revista de Filología*, 10, pp. 93–136.

Blas Arroyo, J. L. (1998) "Un caso de variación pragmática sobre la ampliación significativa de un marcador discursivo en el español actual: Aspectos estructurales y sociolingüísticos", *Analecta Malacitana*, 21, 2, pp. 453–572.

Blas Arroyo, J. L. (2005a) "Los grados de la cortesía verbal: reflexiones en torno a algunas estrategias comunicativas y recursos lingüísticos en el español peninsular contemporáneo", *Revista Internacional de Lingüística Iberoamericana*, 3, 1, pp. 9–29.

Blas Arroyo, J. L. (2005b) *Sociolingüística*, Madrid: Cátedra.

Blas Arroyo, J. L. (2008) "The variable expression of future tense in Peninsular Spanish: The present (and future) of inflectional form in the Spanish spoken in a bilingual region", *Language Variation and Change*, 20, 1, pp. 85–126.

Blas Arroyo, J. L. y Porcar, M. (1994) "El empleo de las formas *ra* y *se* en las comunidades de habla castellonenses. Aproximación sociolingüística", *Español Actual*, 62, pp. 73–98.

Cameron, R. (1993) "Ambiguous agreement, functional compensation and nonspecific *tú* in the Spanish of San Juan, Puerto Rico, and Madrid, Spain", *Language Variation and Change*, 5, 3, pp. 305–334.

Cameron, R. (1995) "The scope and limit of switch reference as a constraint on pronominal subject expression", *Hispanic Linguistics*, 6, 7, pp. 1–27.

CCEC: *Corpus conversacional del Español de Canarias* (inédito).

Croft, W. y Cruse, A. (2008) *Lingüística cognitiva*, Madrid: Akal.

Cuenca, M. J. y Hilferty, J. (2013) *Introducción a la lingüística cognitiva*, Barcelona: Ariel.

Delbecque, N. (2005) "El análisis de corpus al servicio de la gramática cognoscitiva: hacia una interpretación de la alternancia lineal SV/VS", en Knauer, G. y Bellosta von Colbe, V. (eds.) *Variación sintáctica en español: un reto para las teorías de la sintaxis*, Tubinga: Niemeyer, pp. 51–74.

Dines, E. (1980) "Variation in discourse — and stuff like that", *Language in Society*, 9, 1, pp. 13–32.

Enríquez, E. (1984) *El pronombre personal sujeto en la lengua española hablada en Madrid*, Madrid: Consejo Superior de Investigaciones Científicas.

García, E. (1985) "Shifting variation", *Lingua*, 67, 2–3, pp. 189–224.

García, E. (1986) "El fenómeno (de)queísmo desde una perspectiva dinámica del uso comunicativo de la lengua", en Moreno de Alba, J. G. (ed.) *Actas del I Congreso Internacional sobre el Español de América*, México, DF: UNAM, pp. 46–65.

Gries, S. Th. y Stefanowitsch, A. (2004) "Extending collostructional analysis: A corpus-based perspective on alternations", *International Journal of Corpus Linguistics*, 9, 1, pp. 97–129.

Grondelaers, S., Geeraerts, D. y Speelman, D. (2006) "A case for a cognitive corpus linguistics", en González Márquez, M., Mittelberg, I., Coulson, S. y Spivey, M. (eds.) *Methods in cognitive linguistics*, Amsterdam: Benjamins, pp. 150–168.

Guirado, K. (2009) *(De)queísmo: uso deíctico y distribución social en el habla de Caracas*, Caracas: Ediciones de la Facultad de Humanidades y Educación, Universidad Central de Venezuela.

Hochberg, J. (1986) "Functional compensation for /s/ deletion in Puerto Rican Spanish", *Language*, 62, 3, pp. 609–621.

Jaime de Arrieta S., Cuadros de Béssega, M., Romo de Merino A., Jiménez de Martín, A., Berenguer, J. A. y Berenguer de Strada, L. (1997) (eds.) *El lenguaje y su uso*, San Juan de Puerto Rico: Servicio de Publicaciones de la FFHA, Universidad Nacional de San Juan.

Klein-Andreu, F. (1991) "Losing ground: A discourse-pragmatic solution to the history of *-ra* in Spanish", en Fleischman, S. y Waugh, R. L. (eds.) *Discourse-pragmatics and the verb: the evidence from Romance*, Londres: Routledge, pp. 164–178.

Kristiansen, G. y Dirven, R. (2008) "Cognitive sociolinguistics: Rationale, methods and scope", en Kristiansen, G. y Dirven, R. (eds.) *Cognitive sociolinguistics: Language variation, cultural models, social systems*, Berlín: Mouton de Gruyter, pp. 1–17.

Kronenfeld, D. (2008) *Culture, society and cognition*, Berlín: Mouton de Gruyter.

Laberge, S. y Sankoff, G. (1979) "Anything *tu* can do", en Givón, T. (ed.) *Discourse and syntax*, Nueva York: Academic Press, pp. 419–440.

Labov, W. (1963) "The social motivation of a sound change", *Word*, 19, pp. 273–309.

Labov, W. (1966) *The social stratification of English in New York City*, Washington: Center for Applied Linguistics.

Labov, W. (1975) *What is a linguistic fact?*, Lisse: Peter de Ridder Press.

Lakoff, G. (1987) *Women, fire & dangerous things. What categories reveal about the mind*, Chicago: University Press.

Langacker, R. W. (1999) "Assessing the cognitive linguistic enterprise", en Janssen, T. y Redeker, G. (eds.) *Cognitive linguistics: Foundations, scope, and methodology*, Berlín: Mouton de Gruyter, pp. 13–59.

Langacker, R. W. (2009) *Investigations in cognitive grammar*, Berlín: Mouton de Gruyter.

Lavandera, B. (1975) *Linguistic structure and sociolinguistic conditioning in the use of verbal endings in 'si'-clauses*, Filadelfia: University of Pennsylvania.

Lavandera, B. (1984) *Variación y significado*, Buenos Aires: Hachette.

Matos Amaral, P. y Schwenter, S. A. (2005) "Contrast and the (non-) occurrence of subject pronouns", en Eddington, D. (ed.) *Selected proceedings of the 7th Hispanic Linguistics Symposium*, Somerville, MA: Cascadilla Proceedings Project, pp. 116–127.

MEDIASA: *Corpus de lenguaje de los medios de comunicación de Salamanca*, publicado como anexo en Aijón Oliva, M. Á. (2006) *Variación morfosintáctica e interacción social: análisis del paradigma de los clíticos verbales españoles en los medios de comunicación*, Salamanca: Ediciones Universidad de Salamanca.

Mollica, M. C. (1991) "Processing and morpho-semantic effects in complementation in Brazilian Portuguese", *Language Variation and Change*, 3, 3, pp. 265–274.

Morales, A. (1982) "La perspectiva dinámica oracional en el español de Puerto Rico", en Alba, O. (ed.) *El español del Caribe (Ponencias del VI Simposio de Dialectología)*, Santiago de los Caballeros: Universidad Católica, Madre y Maestra, pp. 203–219.

Moreno Fernández, F. (1998) "Anotaciones sobre el leísmo, el laísmo y el loísmo en la provincia de Madrid", *Epos, Revista de Filología*, 14, pp. 101–122.

Ocampo, F. (1990) "The pragmatics of word order in constructions with a one valency verb and a subject", *Hispanic Linguistics*, 4, pp. 87–128.

Páez Urdaneta, I. (1981) *Historia y geografía hispanoamericana del voseo*, Caracas: La Casa de Bello.

Pichler, H. (2010) "Methods in discourse variation analysis: Reflections on the way forward", *Journal of Sociolinguistics*, 14, 5, pp. 581–608.

Ramírez-Parra, M. J. y Blas Arroyo, J. L. (2000) "La expresión variable del futuro verbal en el español castellonense", *V Jornadas de Fomento a la Investigación*, Castellón: Publicaciones de la Universidad Jaume I, pp. 121–142.

Romaine, S. (1984) "On the problem of syntactic variation and pragmatic meaning in sociolinguistic theory", *Folia Linguistica*, 18, 3–4, pp. 409–437.

Sankoff, D. (1988) "Sociolinguistics and syntactic variation", en Newmeyer, F. J. (ed.) *Linguistics: The Cambridge Survey*, 4. Cambridge: Cambridge University Press, pp. 140–161.

Sankoff, D., Tagliamonte, S. y Smith, E. (2012) *GoldVarb Lion: A multivariate analysis application for Macintosh and Windows*, Toronto/Ottawa: Department of Linguistics, University of Toronto/ Department of Mathematics, University of Ottawa.

Sankoff, G. (1973) "Above and beyond phonology in variable rules", en Bailey, C. J. N. y Shuy, R. (eds.) *New ways of analyzing variation in English*, Washington, DC: Georgetown University Press, pp. 44–61.

Scherre, M. M. y Naro, A. J. (1991) "Marking in discourse: 'Birds of a feather'", *Language Variation & Change*, 3, 1, pp. 23–32.

Schiffrin, D. (1987) *Discourse markers*, Cambridge: Cambridge University Press.

Schilling-Estes, N. (1999) "Situated ethnicities: Constructing and reconstructing identity in the sociolinguistic interview", *University of Pennsylvania Working Papers in Linguistics*, 6, 2, pp. 137–151.

Schwenter, S. (1994) "The grammaticalization of an anterior in progress: Evidence from a Peninsular dialect", *Studies in Language*, 18, 1, pp. 71–111.

Schwenter, S. (1999) "Evidentiality in Spanish morphosyntax: A reanalysis of (de)queísmo", en Serrano, M. J. (ed.) *Estudios de variación sintáctica*, Madrid/Fráncfort: Iberoamericana/Vervuert, pp. 65–88.

Schwenter, S. A. y Torres Cacoullos, R. (2008) "Defaults and indeterminacy in temporal grammaticalization: The 'perfect' road to perfective", *Language Variation and Change*, 20, 1, pp. 1–39.

Serrano, M. J. (1994) *La variación sintáctica: formas verbales del periodo hipotético en español*, Madrid: Entinema.

Serrano, M. J. (1995a) "Sobre un cambio sintáctico en español canario: del indicativo al subjuntivo y condicional", *Hispania*, 78, 1, pp. 178–189.

Serrano, M. J. (1995b) "El uso de *la verdad* y *pues* como marcadores discursivos de respuesta", *Español Actual*, 64, pp. 5–16.

Serrano, M. J. (1995–96) "Sobre los usos de pretérito perfecto y pretérito indefinido en el español de Canarias: pragmática y variación", *Boletín de Filología de la Universidad de Chile*, 35, pp. 533–566.

Serrano, M. J. (1998) "Estudio sociolingüístico de una variante sintáctica: el fenómeno *dequeísmo* en español", *Hispania*, 81, 2, pp. 392–405.

Serrano, M. J. (1999a) "Nuevas perspectivas en variación sintáctica", en Serrano, M. J. (ed.) *Estudios de variación sintáctica*, Madrid/Fráncfort: Iberoamericana/Vervuert, pp. 11–43.

Serrano, M. J. (1999b) "*Bueno* como marcador de inicio de turno y contraposición: Estudio sociolingüístico", *International Journal of the Sociology of Language*, 140, 1, pp. 91–109.

Serrano, M. J. (2004) "Entre la gramática y el discurso: las completivas con *para que* +subjuntivo/ infinitivo en un contexto sociocomunicativo", *Estudios de Sociolingüística*, 5, 1, pp. 129–150.

Serrano, M. J. (2006) *Gramática del discurso*, Madrid: Akal.

Serrano, M. J. (2011a) *Sociolingüística*, Barcelona: Ediciones del Serbal.

Serrano, M. J. (2011b) "Morphosyntactic variation in Spain", en Díaz Campos, M. (ed.) *The handbook of Hispanic sociolinguistics*, Oxford: Wiley-Blackwell, pp. 187–204.

Serrano, M. J. (2012) "El sujeto pronominal *usted/ustedes* y su posición: variación y creación de estilos comunicativos", *Spanish in Context*, 9, 1, pp. 109–131.

Serrano, M. J. (2013a) "De la cognición al texto: el efecto de la prominencia cognitiva y la informatividad discursiva en el estudio de la variación de los sujetos pronominales", *Estudios de Lingüística de la Universidad de Alicante*, 27, pp. 267–291.

Serrano, M. J. (2013b) "Variación sociosituacional de la colocación del sujeto pronominal en textos conversacionales", *Spanish in Context*, 10, 2, pp. 261–283.

Serrano, M. J. (2014) "El sujeto y la subjetividad: variación del pronombre *yo* en géneros textuales del Español de Canarias", *Revista Signos. Estudios de Lingüística*, 47, 85.

Serrano, M. J. y Aijón Oliva, M. A. (2011) "Syntactic variation and communicative style", *Language Sciences*, 33, 1, pp. 138–153.

Serrano, M. J. y Aijón Oliva, M. A. (2012) "Cuando tú eres yo: la inespecificidad referencial de *tú* como recurso de objetivación en el discurso", *Nueva Revista de Filología Hispánica*, 60, 2, pp. 541–563.

Serrano, M. J. y Aijón Oliva, M. A. (2013a) "Discourse objectivization, social variation and style in the use of Spanish *tú*", *Folia Lingüística*, 48, 1, pp. 225–254.

Serrano, M. J. y Aijón Oliva, M. A. (2013b) *"Seguimos con la actualidad...* The omission of *nosotros* 'we' across Spanish media genres", *Discourse & Communication*, 7, 4, pp. 406–430.

Serrano, M. J. y Aijón Oliva, M. A. (2013c) "El sujeto posverbal: función pragmática y cognición en las cláusulas declarativas", *Neuphilologische Mitteilungen*, 79, pp. 275–297.

Silva-Corvalán, C. (1984) "The social profile of a syntactic semantic variable: three verb forms in Old Castile", *Hispania*, 67, 4, pp. 594–601.

Silva-Corvalán, C. (1989) *Sociolingüística: teoría y análisis*, Madrid: Alhambra.

Silva-Corvalán, C. (2001) *Sociolingüística y pragmática del español*, Washington, DC: Georgetown University Press.

Solé, Y. (1970) "Correlaciones socioculturales del uso de tú/vos y usted en la Argentina, Perú y Puerto Rico", *Thesaurus*, 25, 2, pp. 161–195.

Torres Cacoullos, R. (2011) "Variation and grammaticalization", en Díaz Campos, M. (ed.) *The handbook of Hispanic sociolinguistics*, Oxford: Wiley-Blackwell, pp. 148–167.

Uber, D. (1985) "The dual function of *usted*: Forms of address in Bogotá, Colombia", *Hispania*, 68, 2, pp. 388–392.

Weiner, E. J. y Labov, W. (1983) "Constraints on the agentless passive", *Journal of Linguistics*, 19, 1, pp. 29–58.

Lecturas complementarias

Bentivoglio, P. y M. Sedano (2011) "Morphosyntactic variation in Spanish-Speaking Latin America", en Díaz Campos, M. (ed.) *The handbook of Hispanic sociolinguistics*, Oxford: Wiley-Blackwell, pp. 168–186.

Coupland, N. (2007) *Style: Language variation and identity*, Cambridge: Cambridge University Press.

Eckert, P. y Rickford, J. R. (2001) (eds.) *Style and sociolinguistic variation*, Cambridge: Cambridge University Press.

Sedano, M. y Bentivoglio, P. (1996–1997) "En torno a una tipología de la variación gramatical", *Anuario de Lingüística Hispánica*, 12, pp. 997–1011.

Entradas relacionadas

gramaticalización; sintaxis; variación fonética; variación pragmática

For Product Safety Concerns and Information please contact our EU
representative GPSR@taylorandfrancis.com Taylor & Francis Verlag GmbH,
Kaufingerstraße 24, 80331 München, Germany

Printed and bound by CPI Group (UK) Ltd, Croydon, CR0 4YY
11/05/2025
01866582-0001